D1705284

Inderst/Bannenberg/Poppe
Compliance

Compliance

Aufbau – Management – Risikobereiche

Herausgegeben von

Dr. Cornelia Inderst   Prof. Dr. Britta Bannenberg

und

Sina Poppe

Bearbeitet von

Prof. Dr. Britta Bannenberg · Silvia C. Bauer
Dr. Marc Benzler · Dipl.-Volksw. Markus Böttcher
Kristina Brauckmann · Dr. Markus Burckhardt
Dr. Björn Demuth · Prof. Dr. Alfred Dierlamm
Dr. David Elshorst · Stefan Falge · Martina Flitsch
Dr. jur. Dr. rer. pol. Hermann Geiger, LL.M.
Dr. Frank M. Hülsberg · Dr. Cornelia Inderst
Dr. Daniel Kaiser · Carsten Kuhn
Dr. Sebastian Lach · Dipl.-Kfm. Jens C. Laue
Dipl.-Kfm. Bernd Michael Lindner · Dr. Mark Livschitz
Prof. Dr. Klaus Mentzel · Sina Poppe
Dr. Markus S. Rieder, LL.M. · Frank Romeike
Alexander von Saenger · Prof. Dr. Joachim Schrey
Eva Schrödel · Dr. Joachim Schütze
Prof. Dr. Burkhard Schwenker · Julia Vinnen
Daniela Weber-Rey · Dr. Stefan Weiss
Dr. Herbert Wohlmann · Christian Zeunert

2., neu bearbeitete Auflage

C.F. Müller

Bibliografische Information der Deutschen Nationalbibliothek

Die Deutsche Nationalbibliothek verzeichnet diese Publikation in der Deutschen Nationalbibliografie; detaillierte bibliografische Daten sind im Internet über <http://dnb.d-nb.de> abrufbar.

Bei der Herstellung des Werkes haben wir uns zukunftsbewusst für umweltverträgliche und wiederverwertbare Materialien entschieden. Der Inhalt ist auf elementar chlorfreiem Papier gedruckt.

ISBN 978-3-8114-4219-1

E-Mail: kundenservice@hjr-verlag.de

Telefon: +49 6221/489-555
Telefax: +49 6221/489-410

© 2013 C.F. Müller, eine Marke der Verlagsgruppe Hüthig Jehle Rehm GmbH
Heidelberg, München, Landsberg, Frechen, Hamburg

www.cfmueller-verlag.de

Satz: TypoScript GmbH, München
Druck: Westermann Druck Zwickau GmbH

Vorwort

„Schweife nicht unstet umher, vielmehr bei allem, was Du tust, denke ans Rechte, und bei allem, was Du denkst, halte Dich ans Begreifliche." (Marc Aurel)

Gut drei Jahre nach Erscheinen der ersten Auflage unseres Handbuchs hat sich Corporate Compliance in vielerlei Hinsicht weiterentwickelt. Vieles, was vor einigen Jahren noch als neu galt, ist inzwischen etablierte Praxis. Corporate Compliance ist nun in der Tat in aller Munde und nicht mehr ausschließlich der Fachwelt bekannt. Es vergeht kaum ein Tag, an dem der Wirtschaftspresse nicht die Ernennung eines Compliance-Vorstands oder eines Compliance-Verantwortlichen in leitender Position entnommen werden kann. Nicht nur Unternehmen, sondern sogar politische Parteien verordnen sich Compliance-Programme und Verhaltenskodizes; ein weiteres Indiz für eine Verankerung von Corporate Compliance auf breiter Ebene.

Corporate Compliance ist damit definitiv nicht nur mehr ein Thema für global agierende Konzerne, sondern hat sich weit in den wirtschaftlichen Mittelstand und in die unterschiedlichsten Institutionen hinein entwickelt. Die Ernennung von Compliance-Beauftragten und die Erstellung von Compliance-Programmen sind viel selbstverständlicher geworden als dies noch vor einigen Jahren der Fall war. Eine wahre Flut von Seminareinladungen und Veranstaltungshinweisen zum Thema bricht über Unternehmensjuristen und Rechtsanwälte herein. Vieles mag alter Wein in neuen Schläuchen sein, aber manches bedarf der kritischen Fortbildung und genaueren Betrachtung, um das Wesentliche vom Unwesentlichen zu trennen. Wir hoffen, dass uns das mit dieser überarbeiteten Auflage gelungen ist: Bewährtes wurde beibehalten, Neues aufgenommen und nicht mehr Relevantes weggelassen.

Auch in dieser Ausgabe soll die Praxis im Vordergrund stehen, um dem interessierten Leser klare Informationen an die Hand zu geben, die tatsächlich umsetzbar sind. Den Rahmen eines lesbaren Kompendiums wollen wir auch dieses Mal nicht sprengen. Das Handbuch definiert Compliance-Ziele, gibt praktische Anleitungen zur Umsetzung von Compliance-Programmen im Unternehmen und konzentriert sich auf wesentliche Risiken. Ebenso werden die Wechselwirkungen zwischen Compliance und Strafrecht bzw. Compliance und Aufsichtsrecht aufgezeigt.

Auch der zweiten Auflage möchten die Herausgeberinnen ein Zitat von Marc Aurel voranstellen. Corporate Compliance darf nicht in Formalien erstarren, sondern muss von Menschen getragen und gelebt werden. Geradlinigkeit und Verständlichkeit sind wesentliche Bestandteile einer gelebten Compliance-Kultur; wir hoffen, dass das uns und unseren Autoren gelungen ist.

Wir danken Herrn Dr. Helmut Görling für seine engagierte Arbeit als Mitherausgeber und Autor der 1. Auflage des Handbuchs und bedauern sein Ausscheiden. Wir freuen uns, dass wir statt seiner Frau Sina Poppe als Mitherausgeberin gewinnen konnten.

München/Gießen/Frankfurt am Main, im Mai 2013
Cornelia Inderst
Britta Bannenberg
Sina Poppe

V

Bearbeiterverzeichnis

Prof. Dr. Britta Bannenberg Universität Gießen	5. Kapitel C. (zusammen mit Dierlamm)
Silvia C. Bauer Rechtsanwältin, Luther Rechtsanwaltsgesellschaft, Köln	5. Kapitel F.
Dr. Marc Benzler Rechtsanwalt, Clifford Chance, Frankfurt	8. Kapitel (zusammen mit Weber-Rey)
Dipl.-Volksw. Markus Böttcher Senior Manager, KPMG, Leipzig	5. Kapitel D. (zusammen mit Lindner)
Kristina Brauckmann Rechtsanwältin, GEA Heat Exchangers, Bochum	5. Kapitel G. (zusammen mit Schrey)
Dr. Markus Burckhardt Rechtsanwalt, Hogan Lovells International LLP, München	5. Kapitel J. (zusammen mit Lach)
Dr. Björn Demuth Rechtsanwalt, Steuerberater, Fachanwalt für Steuerrecht, CMS Hasche Sigle, Stuttgart	5. Kapitel H. (zusammen mit Kaiser)
Prof. Dr. Alfred Dierlamm Rechtsanwalt, Fachanwalt für Strafrecht, Dierlamm Rechtsanwälte, Wiesbaden	5. Kapitel C. (zusammen mit Bannenberg), 7. Kapitel B.
Dr. David Elshorst Rechtsanwalt, Fachanwalt für Verwaltungsrecht, Clifford Chance, Frankfurt	5. Kapitel I.
Stefan Falge Rechtsanwalt, Shearman & Sterling LLP, München	2. Kapitel A. und 6. Kapitel E. (beide zusammen mit Rieder)
Martina Flitsch Rechtsanwältin, Jarolim Flitsch Rechtsanwälte, Wien	2. Kapitel B.
Dr. jur., Dr. rer. pol. Hermann Geiger, LL.M. Group General Counsel, Swiss Re, Zürich	5. Kapitel B.
Dr. Frank M. Hülsberg Wirtschaftsprüfer, Geschäftsführer, WTS Steuerberatungsgesellschaft mbH, Düsseldorf	4. Kapitel C. (zusammen mit Laue), 6. Kapitel D. (zusammen mit Kuhn)
Dr. Cornelia Inderst Rechtsanwältin, Director Group Compliance, Swiss Re, Unterföhring	3. Kapitel, 4. Kapitel A., Anhang 1-3

Dr. Daniel Kaiser Rechtsanwalt, küffner maunz langer zugmaier, München	5. Kapitel H. (zusammen mit Demuth)
Carsten Kuhn Rechtsanwalt, Senior Manager, WTS Steuerberatungsge- sellschaft mbH, Düsseldorf	6. Kapitel D. (zusammen mit Hülsberg)
Dr. Sebastian Lach Rechtsanwalt, Hogan Lovells International LLP, München	5. Kapitel J. (zusammen mit Burckhardt)
Dipl.-Kfm. Jens C. Laue Wirtschaftsprüfer, CPA, KPMG, Düsseldorf	4. Kapitel C. (zusammen mit Hülsberg)
Dipl.-Kfm. Bernd Michael Lindner Partner, KPMG, München	5. Kapitel D. (zusammen mit Böttcher)
Dr. Mark Livschitz Rechtsanwalt, Baker & McKenzie, Zürich	2. Kapitel C. (zusammen mit Wohlmann)
Prof. Dr. Klaus Mentzel Unternehmensberater, Hamburg	4. Kapitel F.
Sina Poppe Rechtsanwältin, Schultze & Braun Rechtsanwaltsgesell- schaft für Insolvenzverwaltung mbH, Bremen	1. Kapitel, 6. Kapitel A.
Dr. Markus S. Rieder, LL.M. Rechtsanwalt, Latham & Watkins, München	2. Kapitel A. und 6. Kapitel E. (beide zusammen mit Falge)
Frank Romeike Geschäftsführer, RiskNET GmbH, Brannenburg	4. Kapitel E.
Alexander von Saenger Rechtsanwalt, Fachanwalt für Arbeitsrecht, Schultze & Braun GmbH, Rechtsanwaltsgesellschaft, Bremen	5. Kapitel E. (zusammen mit Vinnen)
Prof. Dr. Joachim Schrey Rechtsanwalt, Fachanwalt für Informationstechno- logierecht, Noerr LLP, Frankfurt	5. Kapitel G. (zusam- men mit Brauckmann), 6. Kapitel B.
Eva Schrödel Rechtsanwältin, Fachanwältin für Strafrecht, Dierlamm Rechtsanwälte, Wiesbaden	7. Kapitel C.
Dr. Joachim Schütze Rechtsanwalt, Clifford Chance, Düsseldorf	5. Kapitel A.

Prof. Dr. Burkhard Schwenker
Chief Executive Officer, Roland Berger Strategy
Consultants, Hamburg

4. Kapitel D.

Julia Vinnen
Rechtsanwältin, Schulze & Braun GmbH, Rechts-
anwaltsgesellschaft, Bremen

5. Kapitel (zusammen
mit von Saenger)

Daniela Weber-Rey
Rechtsanwältin, Partner Clifford Chance; ab 1.6.2013:
Chief Governance Officer und Deputy Global Head
Compliance, Deutsche Bank AG, Frankfurt am Main

8. Kapitel (zusammen
mit Benzler)

Dr. Stefan Weiss
Global Data Protection Officer, Zürich

6. Kapitel A.

Dr. Herbert Wohlmann
Rechtsanwalt, Baker & McKenzie, Zürich

2. Kapitel C. (zusammen
mit Livschitz)

Christian Zeunert
Head E-Discovery, Swiss Re, Zürich

6. Kapitel C.

Inhaltsübersicht

Inhaltsverzeichnis

1. Kapitel
Begriffsbestimmungen Compliance: Bedeutung und Notwendigkeit

2. Kapitel
Grundlagen für Compliance

A. Deutschland

3. Kapitel
Der Aufbau einer Compliance-Abteilung

4. Kapitel
Compliance-Organisation in der Praxis

A. Compliance-Programm und praktische Umsetzung

C. Corporate Responsibility als Schlüssel für Compliance

D. Risikomanagement im Kontext Compliance – Grundlagen, Prozesse, Verantwortlichkeiten und Methoden

5. Kapitel
Risikobereiche

A. Kartellrecht

B. „Dawn Raids" – Verhaltensregeln in kartellrechtlichen Ermittlungsverfahren

E. Arbeitsrecht

H. Steuern

6. Kapitel
Risikomanagement und Umgang mit besonderen Risikosituationen

E. Compliance-Due Diligence
– dargestellt am Beispiel der Anti-Korruptions-Due Diligence –

7. Kapitel
Compliance und Strafrecht

A. Unternehmensinterne Ermittlungen in Compliance-Fällen

B. Strafbarkeit von Vorständen, Compliance Officern, Mitarbeitern

C. Konsequenzen: Bußgelder, Einziehung, Verfall

8. Kapitel
Compliance und Aufsichtsrecht

B. Aufsichtsrechtliche Anforderungen an Corporate Governance und Organisation von Unternehmen des Finanzsektors

Anhang

Abkürzungsverzeichnis

a.A.	anderer Ansicht
a.a.O.	am angegebenen Ort
Abb.	Abbildung
ABlEG	Amtsblatt der Europäischen Gemeinschaft
ABlEU	Amtsblatt der Europäischen Union
abl.	ablehnend
Abs.	Absatz
a.F.	alte Fassung
AG	Die Aktiengesellschaft, Aktiengesellschaft
AktG	Aktiengesetz
Alt.	Alternative
AMG	Gesetz über den Verkehr mit Arzneimitteln
amtl.	amtlich
Anh.	Anhang
Anm.	Anmerkung
AnSVG	Anlegerschutzverbesserungsgesetz
AnwBl	Deutsches Anwaltsblatt
AO	Abgabenordnung
Art.	Artikel
Aufl.	Auflage
AuG	Ausländergesetz
AuR	Arbeit und Recht
ausf.	ausführlich
AVB	Allgemeine Versicherungsbedingungen
AWG	Außenwirtschaftsgesetz
Az.	Aktenzeichen
BaFin	Bundesanstalt für Finanzdienstleistungsaufsicht
BAG	Bundesarbeitsgericht
BAV	Bundesanstalt für Versicherungsaufsicht
BB	Der Betriebs-Berater
BC	Zeitschrift für Bilanzierung, Rechnungswesen und Controlling
Bd.	Band
BDSG	Bundesdatenschutzgesetz
Bearb.	Bearbeiter
Begr.	Begründung
betr.	betreffend
BewG	Bewertungsgesetz
BFH	Bundesfinanzhof
BGB	Bürgerliches Gesetzbuch
BGBl	Bundesgesetzblatt
BGH	Bundesgerichtshof
BGHZ/St	Entscheidungen des Bundesgerichtshofs in Zivilsachen/Strafsachen
BilMoG	Bilanzrechtsmodernisierungsgesetz
BKR	Zeitschrift für Bank- und Kapitalmarktrecht
BMF	Bundesministerium der Finanzen
BpO	Betriebsprüfungsordnung
BRAO	Bundesrechtsanwaltsordnung
BR-Drucks.	Bundesratsdrucksache
BSIG	Gesetz über das Bundesamt für Sicherheit in der Informationstechnik
Bsp.	Beispiel
bspw.	beispielsweise
BStBl	Bundessteuerblatt

BSV	Bundesamt für Sozialversicherungen
BT	Bundestag
BT-Drucks.	Bundestagsdrucksache
Buchst.	Buchstabe
BVerfG	Bundesverfassungsgericht
BVerfGE	Entscheidungen des Bundesverfassungsgerichts
BVG	Bundesversorgungsgesetz
BVV	Beitragsverfahrensverordnung
bzgl.	bezüglich
bzw.	beziehungsweise
ca.	circa
CCZ	Corporate Compliance Zeitschrift
CEO	Chief Executive Officer
ChemG	Gesetz zum Schutz vor gefährlichen Stoffen
CMS	Compliance Management-System
CR	Computer und Recht; Corporate Responsibility
DAX	Deutscher Aktienindex
DB	Der Betrieb
DCGK	Deutscher Corporate Governance Kodex
DepotG	Depotgesetz
ders.	derselbe
d.h.	das heißt
dies.	dieselbe/n
DIN	Deutsches Institut für Normung
DSG	Datenschutzgesetz
DStR	Deutsches Steuerrecht
DStZ	Deutsche Steuer-Zeitung
DUD	Datenschutz und Datensicherheit
Ecolex	Fachzeitschrift für Wirtschaftsrecht
EG	Europäische Gemeinschaft, Einführungsgesetz
Einl.	Einleitung
ElektroG	Gesetz über das Inverkehrbringen, die Rücknahme und die umweltverträgliche Entsorgung von Elektro- und Elektronikgeräten
entspr.	entsprechend
EStG	Einkommensteuergesetz
etc.	et cetera
EU	Europäische Union
EuGH	Europäischer Gerichtshof
f.	folgende
ff.	fortfolgende
FKVO	Fusionskontrollverordnung
FMStFG	Gesetz zur Errichtung eines Finanzmarktstabilisierungsfonds
FMStV	Finanzmarktstabilisierungsverordnung
Fn.	Fußnote
FormVorAnpG	Formvorschriftenanpassungsgesetz
FS	Festschrift
FZG	Freizügigkeitsgesetz
GbR	Gesellschaft bürgerlichen Rechts
GDPdU	Grundsätze zum Datenzugriff und zur Prüfbarkeit digitaler Unterlagen
GebrMG	Gebrauchsmustergesetz
gem.	gemäß
GenG	Genossenschaftsgesetz

GeschmMG	Geschmacksmustergesetz
GeS	Zeitschrift für Gesellschafts- und Steuerrecht
GesR	Gesellschaftsrecht
GesRZ	Der Gesellschafter
GewO	Gewerbeordnung
GG	Grundgesetz
ggf.	gegebenenfalls
GmbH	Gesellschaft mit beschränkter Haftung
GmbHG	Gesetz betreffend die Gesellschaften mit beschränkter Haftung
GmbHR	GmbH-Rundschau
GoB	Grundsätze ordnungsgemäßer Buchführung
GoBS	Grundsätze DV-gestützter Buchführungssysteme
GPSG	Geräte- und Produktsicherheitsgesetz
grds.	grundsätzlich
GRUR	Gewerblicher Rechtsschutz und Urheberrecht
GSG	Gerätesicherheitsgesetz
GVG	Gerichtsverfassungsgesetz
GVO	Gruppenfreistellungsverordnung
GWB	Gesetz gegen Wettbewerbsbeschränkungen
GwBekErgG	Geldwäschebekämpfungsergänzungsgesetz
GwG	Geldwäschebekämpfungsgesetz, Geldwäschereigesetz
GWR	Gesellschafts- und Wirtschaftsrecht
Hdb.	Handbuch
HGB	Handelsgesetzbuch
HK-GS	Dölling/Duttke/Rössner, Handkommentar Gesamtes Strafrecht
h.M.	herrschende Meinung
Hrsg.	Herausgeber
HS	Halbsatz
i.d.F.	in der Fassung
i.d.R.	in der Regel
i.d.S.	in diesem Sinne
IntBestG	Gesetz zur Bekämpfung internationaler Bestechung
InvG	Investmentgesetz
IRG	Gesetz über Internationale Hilfe in Strafsachen
i.S.d.	im Sinne der/des
ISO	International Organization for Standardization
i.S.v.	im Sinne von
ITRB	Der IT-Rechtsberater
i.Ü.	im Übrigen
i.V.m.	in Verbindung mit
JZ	Juristenzeitung
Kap.	Kapitel
KapAusstV	Kapitalausstattungsverordnung
KartG	Kartellgesetz
KartVO	Europäische Kartellverordnung
KG	Kommanditgesellschaft
KGaA	Kommanditgesellschaft auf Aktien
KK	Karlsruher Kommentar
Kölner Komm.	Kölner Kommentar
Komm.	Kommentar, Kommentierung
KWG	Gesetz über das Kreditwesen

LAG	Landesarbeitsgericht
LG	Landgericht
Lit.	Literatur
LK	Leipziger Kommentar Strafgesetzbuch
LKA	Landeskriminalamt
MaRisk	Mindestanforderungen an das Risikomanagement
MarkenG	Gesetz über den Schutz von Marken und sonstigen Kennzeichen
MiFID	EG-Richtlinie über Märkte für Finanzinstrumente
Mio.	Million
MMR	MultiMedia und Recht
m.N.	mit Nachweisen
MoMiG	Gesetz zur Modernisierung des GmbH-Rechts und zur Bekämpfung von Missbräuchen
MPG	Gesetz über Medizinprodukte
Mrd.	Milliarde
MünchKomm	Münchener Kommentar
m.w.N.	mit weiteren Nachweisen
n.F.	neue Fassung
NJOZ	Neue Juristische Online-Zeitschrift
NJW	Neue Juristische Wochenschrift
NJW-RR	NJW Rechtsprechungsreport Zivilrecht
NK-StGB	Kindhäuser/Neumann/Paeffgen, Nomos Kommentar Strafgesetzbuch
Nr.	Nummer
NStZ	Neue Zeitschrift für Strafrecht
NStZ-RR	NStZ-Rechtsprechungs-Report Strafrecht
NZA	Neue Zeitschrift für Arbeitsrecht
NZG	Neue Zeitschrift für Gesellschaftsrecht
NZI	Neue Zeitschrift für Insolvenz und Sanierung
o.a.	oben angegeben/e
o.Ä.	oder Ähnliche/s
ÖBA	Zeitschrift für das gesamte Bank- und Börsenwesen
OECD	Organisation für wirtschaftliche Zusammenarbeit und Entwickung
o.g.	oben genannt/e
OGH	Oberster Gerichtshof (Österreich)
OHG	offene Handelsgesellschaft
ÖJZ	Österreichische Juristenzeitung
OLG	Oberlandesgericht
OWiG	Gesetz über Ordnungswidrigkeiten
PatG	Patentgesetz
PEP	politically exposed person
Pkt.	Punkt
ProdHaftG	Gesetz über die Haftung für fehlerhafte Produkte
Prot.	Protokoll
PStR	Praxis Steuerstrafrecht
RDV	Recht der Datenverarbeitung
RegE	Regierungsentwurf
Rn.	Randnummer
Rs.	Rechtssache
Rspr.	Rechtsprechung
S., s.	Satz, Seite, siehe
SigG	Signaturgesetz

Slg.	Sammlung
sog.	so genannte
StGB	Strafgesetzbuch
StoffR	Zeitschrift für Stoffrecht
StPO	Strafprozessordnung
str.	streitig
Tab.	Tabelle
TMG	Telemediengesetz
Tz.	Textziffer
u.a.	unter anderem, und andere
u.Ä.	und Ähnliche/s
UmwG	Umwandlungsgesetz
Unterabs.	Unterabsatz
UR	Umsatzsteuer-Rundschau
UrhG	Urhebergesetz
UStDV	Umsatzsteuer-Durchführungsverordnung
UStR	Umsatzsteuer-Richtlinien
usw.	und so weiter
u.U.	unter Umständen
UVG	Unfallversicherungsgesetz
UVP	Umweltverträglichkeitsprüfung
UWG	Gesetz gegen den unlauteren Wettbewerb
v.	von, vom
VAG	Versicherungsaufsichtsgesetz
VerBaFin	Veröffentlichungen der Bundesanstalt für Finanzdienstleistungsaufsicht
VersR	Versicherungsrecht
vgl.	vergleiche
VO	Verordnung
Vorb.	Vorbemerkung
VvaG	Versicherungsverein auf Gegenseitgkeit
VW	Versicherungswirtschaft
WiSt	Wirtschaftswissenschaftliches Studium
wistra	Zeitschrift für Wirtschafts- und Steuerstrafrecht
WM	Wertpapiermitteilungen
WPg	Die Wirtschaftsprüfung
WpHG	Wertpapierhandelsgesetz
WpÜG	Wertpapiererwerbs- und Übernahmegesetz
WRP	Wettbewerb in Recht und Praxis
WTO	World Trade Organization
z.B.	zum Beispiel
ZCG	Zeitschrift für Corporate Governance
ZD	Zeitschrift für Datenschutz
Ziff.	Ziffer
ZIP	Zeitschrift für Wirtschaftsrecht
ZRFC	Zeitschrift für Risk, Fraud & Compliance
ZRFG	Zeitschrift für Risk, Fraud & Governance
ZStW	Zeitschrift für die gesamte Strafrechtswissenschaft
z.T.	zum Teil
ZustRG	Zustellungsreformgesetz
ZuV	Zeitschrift für öffentliches Recht

Literaturverzeichnis

Achenbach/Ransiek (Hrsg.) Handbuch Wirtschaftsstrafrecht, 3. Aufl. 2011
Assmann/Pötzsch/Schneider Wertpapiererwerbs- und Übernahmegesetz, 2005
Assmann/Schneider (Hrsg.) Wertpapierhandelsgesetz, 6. Aufl. 2012
Bähr Handbuch des Versicherungsaufsichtsrechts, 2011
Baumbach/Hopt Handelsgesetzbuch, 34. Aufl. 2010
Baumbach/Hueck GmbH-Gesetz, 19. Aufl. 2010
Bechtold Kartellgesetz, Gesetz gegen Wettbewerbsbeschränkungen, 6. Aufl. 2010
Beckmann/Scholtz/Vollmer Investment, Ergänzbares Handbuch für das gesamte Investmentwesen, Loseblatt
Beisel Beck'sches Mandatshandbuch Due Diligence, 2007
Blümich EStG, KStG, GewStG, Loseblatt
Bohne/Steffen Die Rückgewinnungshilfe im Strafverfahren, 2009
Bohnert Kommentar zum Ordnungswidrigkeitenrecht, 3. Aufl. 2010
Boos/Fischer/Schulte-Mattler (Hrsg.) Kreditwesengesetz, 4. Aufl. 2012
Brinkmann/Schäfer Compliance-Konsequenzen aus der MiFID, 2008
Büchner/Kokert/Schmalzl Erfolgreiche Auslagerung von Geschäftsprozessen, 2008
Buff Compliance: Führungskontrolle durch den Verwaltungsrat, 2000
Bürgers/Körber Aktiengesetz, 2. Aufl. 2011
Bürkle Compliance in Versicherungsunternehmen, 2009
Bussmann Nationales Recht und Anti-Fraud Management – US-amerikanische und deutsche Unternehmen im Vergleich, 2008
Czychowski/Reinhardt Wasserhaushaltsgesetz unter Berücksichtigung der Landeswassergesetze, 10. Aufl. 2010
Dölling (Hrsg.) Handbuch der Korruptionsprävention für Wirtschaftsunternehmen und öffentliche Verwaltung, 2007
Dölling/Duttge/Rössner (Hrsg.) Gesamtes Strafrecht: StGB, StPO, Nebengesetze, 2. Aufl. 2011
Dörner/Horváth/Kagermann Praxis des Risikomanagements, 2000
Erbs/Kohlhaas Strafrechtliche Nebengesetze, Loseblatt
Fahr/Kaulbach/Bähr Versicherungsaufsichtsgesetz, 5. Aufl. 2012
Feldhaus Bundesimmissionsschutzrecht, Loseblatt
Fezer Kommentar zum Markenrecht, 4. Aufl. 2009
Fischer F. Der Betriebsbeauftragte im Umweltschutzrecht, 1996
Fischer T. Strafgesetzbuch und Nebengesetze, 59. Aufl. 2012
Fleischer (Hrsg.) Handbuch des Vorstandsrechts, 2006
Frenz Kreislaufwirtschafts- und Abfallgesetz, 3. Aufl. 2002
Fromm/Nordemann Urheberrecht, 10. Aufl. 2008
Fuchs Kommentar zum Wertpapierhandelsgesetz, 2009
Geiß/Doll Geräte- und Produktsicherheitsgesetz, 2005
Gleißner/Romeike Risikomanagement – Umsetzung, Werkzeuge, Risikobewertung, 2005
Göhler/König Gesetz über Ordnungswidrigkeiten, 16. Aufl. 2012
Gola/Schomerus BDSG Bundesdatenschutzgesetz, 11. Aufl. 2012
Göppinger/Bock Kriminologie, 6. Aufl. 2008
Goette/Habersack Münchner Kommentar zum Aktiengesetz, 3. Aufl. 2013
Gründer/Schrey Managementhandbuch IT-Sicherheit, 2007
Habersack/Mülbert/Schlitt Handbuch der Kapitalmarktrechtinformation, 2013
Hachenburg/Mertens GmbH-Gesetz, 8. Aufl. 1992
Halm/Engelbrecht/Krahe (Hrsg.) Handbuch des Fachanwalts Versicherungsrecht, 4. Aufl. 2011
Hannemann/Schneider/Hanenberg Mindestanforderungen an das Risikomanagement (MaRisk), 3. Aufl. 2011
Hauschka (Hrsg.) Corporate Compliance, 2. Aufl. 2010
Heckschen/Simon Umwandlungsrecht, 2003
Hempel/Wiemken Managerhaftung im Wandel, 2006
Hirte/Bülow (Hrsg.) Kölner Kommentar zum WpÜG, 2. Aufl. 2010

Hoffmann-Becking Münchener Handbuch des Gesellschaftsrechts, Band 4, Aktiengesellschaft, 3. Aufl. 2007

Hölters (Hrsg.) Handbuch des Unternehmens- und Beteiligungskaufs, 6. Aufl. 2005

Holzborn WpPG – Wertpapierprospektgesetz, 2008

Holznagel Recht der IT-Sicherheit, 2003

Hopt/Wiedemann Großkommentar Aktiengesetz, 4. Aufl. 2008

Horak Outsourcing in Versicherungsunternehmen, 2011

Hoeren/Sieber Handbuch Multimedia-Recht, Loseblatt

Hüffer Aktiengesetz, 10. Aufl. 2012

Immenga/Mestmäcker Wettbewerbsrecht, 4. Aufl. 2007

Jarass Bundesimmissionsschutzgesetz, 9. Aufl. 2012

Jarass/Petersen/Weidemann Kreislaufwirtschafts- und Abfallgesetz, Loseblatt

Joecks/Miebach/Hefendehl/Hohmann Münchener Kommentar zum Strafgesetzbuch, Band 4, §§ 185-262, 2. Aufl. 2012

Kallmeyer Umwandlungsgesetz, 5. Aufl. 2013

Kaplan/Norton Alignment, 2006

Kaplan/Norton/Horvath Balanced Scorecard, 1997

Kempf/Schilling Vermögensabschöpfung, 2007

Kindhäuser/Neumann/Paeffgen (Hrsg.) Nomos Kommentar Strafgesetzbuch, Band 2, 3. Aufl. 2006

Knierim/Rübenstahl/Tsambikakis Internal Investigations, Ermittlungen im Unternehmen, 2013

Koepsel Bestechlichkeit und Bestechung im geschäftlichen Verkehr (§ 299 StGB), 2006

Landmann/Rohmer (Hrsg.) Umweltrecht, Loseblatt

Langen/Bunte Kommentar zum deutschen und europäischen Kartellrecht, Band 1, Deutsches Kartellrecht, 11. Aufl. 2010

Laufhütte/Rissing-van Saan/Tiedemann Großkommentar, Band 13, 12. Aufl. 2009

Ledergerber Whistleblowing unter dem Aspekt der Korruptionsbekämpfung, 2005

Leisinger/Probst Human Security and Business, 2012

Lippross Umsatzsteuer, 23. Aufl. 2012

Lutter Umwandlungsgesetz, 4. Aufl. 2009

Marx Deutsches und europäisches Markenrecht, 2. Aufl. 2007

Mengel Compliance und Arbeitsrecht, 2009

Mes Patentgesetz, Gebrauchsmustergesetz: PatG/GebrMG, 3. Aufl. 2011

Meyer-Goßner Strafprozessordnung, 55. Aufl. 2012

Michalski Kommentar zum Gesetz betreffend die Gesellschaften mit beschränkter Haftung, 2. Aufl. 2010

Mitsch Recht der Ordnungswidrigkeiten, 2. Aufl. 2005

Moosmayer Compliance, Praxisleitfaden für Unternehmen, 2. Aufl. 2012

Moritz Das Geräte- und Produktsicherheitsgesetz, 2004

Müller (Hrsg.) 100 Jahre materielle Versicherungsaufsicht in Deutschland, Band 1, 2001

Müller-Gugenberger/Bieneck Handbuch des Wirtschaftsstraf- und Ordnungswidrigkeitenrechts, 5. Aufl. 2011

Niemann/Sradj/Wohlgemuth Jahres- und Konzernabschluss nach Handels- und Steuerrecht, 2008

Pieth Anti-Korruptions-Compliance, 2011

Prölss Versicherungsaufsichtsgesetz, 12. Aufl. 2005

Raiser/Veil Recht der Kapitalgesellschaften, 5. Aufl. 2010

Rebel Gewerbliche Schutzrechte, 6. Aufl. 2009

Ringleb/Kremer/Lutter/von Werder Kommentar zum Deutschen Corporate Governance Kodex, 4. Aufl. 2010

Rohde-Liebenau Whistleblowing – Beitrag der Mitarbeiter zur Risikokommunikation, 2005

Romeike Rechtliche Grundlagen des Risikomanagements, 2008

ders. Die Bankenkrise – Ursachen und Folgen im Risikomanagement, 2010

Rosenthal/Jöhri Handkommentar zum Datenschutzgesetz, 2008

Roth Compliance: Begriff, Bedeutung, Beispiele, 2000

Roth/Altmeppen Gesetz betreffend die Gesellschaften mit beschränkter Haftung, 7. Aufl. 2012

Säcker/Rebmann Münchener Kommentar zum Bürgerlichen Gesetzbuch, 6. Aufl. 2013

Schemmel/Ruhmannseder/Witzigmann Hinweisgebersysteme, Implementierung in Unternehmen, 2012

Schimansky/Bunte/Lwowski Bankrechts-Handbuch, 4. Aufl. 2011

Schmitt/Hörtnagl/Stratz Umwandlungsgesetz, Umwandlungssteuergesetz, 6. Aufl. 2013

Scholz GmbH-Gesetz, 10. Aufl. 2010

Schönke/Schröder Strafgesetzbuch, 28. Aufl. 2010

Semler/Peltzer Arbeitshandbuch für Vorstandsmitglieder, 2005

Semler/Stengel Umwandlungsgesetz mit Spruchverfahrensgesetz, 3. Aufl. 2012

Senge Karlsruher Kommentar zum Gesetz über Ordnungswidrigkeiten, 3. Aufl. 2006

Sölch/Ringleb Umsatzsteuergesetz: UStG, Loseblatt

Stelkens/Bonk/Sachs Verwaltungsverfahrensgesetz, 8. Aufl. 2013

Theisen Information und Berichterstattung des Aufsichtsrats, 4. Aufl. 2007

Tiedemann Wirtschaftsstrafrecht, Einführung und Allgemeiner Teil, Band 1, 3. Aufl. 2009, Band 2, 2. Aufl. 2008

Tipke/Kruse Abgabenordnung – Finanzgerichtsordnung, Loseblatt

Tipke/Lang Steuerrecht, 21. Aufl. 2013

Umnuß Corporate Compliance Checklisten, 2. Aufl. 2012

Wabnitz/Janovsky (Hrsg.) Handbuch des Wirtschafts- und Steuerstrafrechts, 3. Aufl. 2007

Wecker/van Laak Compliance in der Unternehmenspraxis, 2. Aufl. 2009

Widmann/Mayer Umwandlungsrecht – Umwandlungsgesetz, Umwandlungssteuergesetz, Loseblatt

Wiedemann Handbuch des Kartellrechts, 2. Aufl. 2008

Wieland/Steinmeyer/Grüninger (Hrsg.) Handbuch Compliance-Management, 2010

Wilrich Geräte- und Produktsicherheitsgesetz, 2004

Winter Versicherungsaufsichtsrecht, 2007

Wissmann Telekommunikationsrecht, 2. Aufl. 2006

Wissmann/Dreyer/Witting Kartell- und regulierungsbehördliche Ermittlungen im Unternehmen und Risikomanagement, 2008

Wöhe Einführung in die allgemeine Betriebswirtschaftslehre, 24. Aufl. 2010

Zöllner Kölner Kommentar zum Aktiengesetz, 3. Aufl. 2009

1. Kapitel
Begriffsbestimmungen Compliance:
Bedeutung und Notwendigkeit

I. Einführung

Der Begriff „Compliance" stammt aus der angloamerikanischen Rechtssprache und **1**
wird seit einigen Jahren selbstverständlich in der hiesigen Terminologie benutzt. Die
Übersetzung „Handeln in Übereinstimmung mit bestimmten bestehenden Regeln"
vermittelte möglicherweise zunächst den Eindruck, es handele sich um nicht mehr als
die neudeutsche Bezeichnung altbekannter Selbstverständlichkeiten. Dass dies nicht
zutrifft und unter Compliance etwas anderes und weit mehr zu verstehen ist, hat sich
inzwischen herumgesprochen. Die Komplexität zeigt sich schon an den vielen verschiedenen Definitionen, die sich herausgebildet haben, seit der Begriff erstmals in
der deutschen Rechtssprache aufgetaucht ist.

Sehr allgemein definiert bedeutet Compliance etwa die Einhaltung von gesetzlichen **2**
Bestimmungen, regulatorischen Standards und die Erfüllung weiterer wesentlicher
Anforderungen.[1] Außerdem wird Compliance auch als Haftungsvermeidung durch
das Befolgen der für das Unternehmen maßgeblichen Rechtsregeln aller Art defi-
niert.[2] Zum Teil wird Compliance auch als Organisationsmodell mit Prozessen und
Systemen verstanden, das die Einhaltung von gesetzlichen Bestimmungen, internen
Standards und wesentlicher Ansprüche von Stakeholdern sicherstellt.[3]

Die Komplexität zeigt sich daneben auch an der Frage, welchem Fachgebiet die Com- **3**
pliance zuzuordnen ist. Die Einhaltung von Regeln und Gesetzen sowie die Vermeidung der Haftung von Unternehmensverantwortlichen als wesentlicher Bestandteil
der Compliance lässt eine Zuordnung zur Rechtswissenschaft logisch erscheinen. Die
Implementierung von Prüfungs-, Kontroll- und Freigabemechanismen, die ebenfalls
zur Compliance gehört, passt dagegen wiederum in die Betriebswirtschaft. Möglicherweise gehört Compliance sogar in den Bereich der Wirtschaftsethik, wenn es letztlich
um die Frage gehen soll, wie und ob ein auf Gewinn ausgelegtes Unternehmen verantwortungsvoll und nachhaltig arbeiten kann.[4]

Bemerkenswert ist letztlich auch die kontroverse Diskussion, die Compliance ausge- **4**
löst hat. Wie kaum ein anderes rechtliches Thema scheint Compliance zu polarisieren.
Während sie einerseits als unverzichtbar gesehen wird, halten andere sie als das
größte Hindernis unternehmerischen Handelns.

Davon leitet sich auch die interessante, zugleich aber (noch) nicht zu beantwortende **5**
Frage ab: Wie wird Compliance in der Praxis und im Unternehmensalltag tatsächlich
verstanden?

---

1 *Menzies* Sarbanes-Oxley und Corporate Compliance, 2006, S. 2; *Hauschka* § 1 Rn. 2.
2 *Theisen* S. 87.
3 Vgl. *PriceWaterhouseCoopers* pwc 2005, S. 8.
4 *Moosmayer* NJW 2012, 3013.

6 Besucht man die Internetseiten großer Unternehmen, stellt man fest, dass kaum eine Homepage mehr ohne eine „Compliance-Rubrik" auskommt. Dabei besteht Einigkeit im Hinblick auf das Begriffsverständnis und den erklärten Stellenwert.

7 Die Deutsche Telekom beschreibt beispielsweise auf ihrer Homepage Compliance als die Rechtmäßigkeit des Unternehmenshandelns. Darüber hinaus bedeute es das klare Bekenntnis zu ethischen Grundsätzen wie Wertschätzung und Integrität, die in den Konzernleitlinien und dem Verhaltenskodex (Code of Conduct) verankert sind.[5]

8 Auf der Homepage von Siemens wird Compliance als die Einhaltung der jeweils gültigen Gesetze und der unternehmensinternen Grundsätze und Regeln beschrieben. Siemens begreift Compliance erklärtermaßen als elementaren Bestandteil seiner Integrität und damit als Grundlage von nachhaltigem, profitablem Wachstum.[6]

9 Der DB-Konzern versteht unter Compliance das Gewährleisten der Einhaltung von einschlägigen Gesetzen und internen Richtlinien, die für eine Geschäftsführung und –durchführung notwendig sind. Dazu gehören z. B. Antikorruptions-Gesetze mit internationaler Reichweite wie das Gesetz zur Bekämpfung internationaler Bestechung (IntBestG), relevante EU-Richtlinien oder der US-amerikanische Foreign Corrupt Practices Act (FCPA). Interne Regelwerke und organisatorische Maßnahmen sollen sicherstellen, dass sich alle Mitarbeiter des DB Konzerns an rechtliche Anforderungen halten, Korruption wird engagiert bekämpft.[7]

10 Nahezu alle Unternehmen – die oben Benannten sollen nur repräsentative Beispiele bilden – erklären Compliance zum integralen Bestandteil der Unternehmensführung.

11 Betrachtet man all die Homepages und Stellungnahmen zum Thema „Compliance", so fragt man sich, woher die kritischen Stimmen aus der Wirtschaft, die Compliance als Hindernis verstehen, kommen. Handelt es sich hier nur um vereinzelte Kritiker, die in ihren Unternehmen eine Ausnahme bilden und überhört werden? Oder sind die Kritiker doch die wenigen, die aussprechen, was alle die denken, die entgegen ihrer Überzeugung Compliance-Systeme implementieren? Diese Frage kann und soll hier nicht geklärt werden. Vielmehr soll – den Kritikern zum Trotz – aufgezeigt werden, dass und warum ein Unternehmen ohne Compliance nicht mehr auskommt.

II. Ausgangslage und Historie

12 Selbstverständlich besteht kein Zweifel daran, dass sich jedes Unternehmen grundsätzlich rechtskonform zu verhalten hat. Es ist weder neu noch besonders, wenn es das Ziel eines Unternehmens sein muss, nicht gegen bestehende Gesetze und Regularien zu verstoßen. Daneben ist selbstverständlich, dass jeder Unternehmer in rechtlicher Hinsicht Risiken ausgesetzt ist, die er mittels seiner Organisation minimieren muss.

13 Gleichwohl muss jedes Unternehmen im Lichte der Diskussion um Compliance seine bisherige Organisation unter Gesichtspunkten der Risikoüberwachung neu überdenken. Das heißt gerade nicht, dass alle Unternehmen in der Vergangenheit überhaupt keine Maßnahmen zur Kontrolle von Risiken getroffen haben. Ebenso wenig haben Unternehmen in der Vergangenheit unentwegt und ungestraft gegen Gesetze verstoßen.

---

5 Abrufbar unter www.telekom.com/compliance.
6 Abrufbar unter www.siemens.com/investor/de/corporate_governance/compliance.htm.
7 Abrufbar unter www.deutschebahn.com/de/konzern/compliance/ueberblick.html.

Dennoch kam es mittlerweile zu der Erkenntnis, dass die bestehenden Prozesse in **14** Unternehmen weder ausreichend noch geeignet waren, um Risiken effektiv zu kontrollieren.

Diese Erkenntnis wurde durch ein Zusammentreffen verschiedener Faktoren bzw. **15** Entwicklungen ausgelöst.

Eine entscheidende Rolle spielten zunächst die großen Wirtschaftsstrafverfahren, **16** Sicherheitspannen und Zusammenbrüche von Unternehmen der jüngsten Vergangenheit. Nachdem sich derartige Fälle zunächst in den USA ereigneten,[8] zeigte sich bald auch in Deutschland anhand von prominenten Insolvenzfällen oder großen Haftungsfällen, wie dramatisch sich strafbares Verhalten Einzelner in Führungspositionen auf den Bestand und die Entwicklung eines Unternehmens auswirken kann.

Im Zusammenhang mit den Vorfällen ist klar geworden, dass sich mangelhafte Kon- **17** trolle naturgemäß erst dann zeigt, wenn es zu spät ist. Diese unangenehme Erfahrung mussten auch in Deutschland einige Unternehmen machen, wobei Siemens zu den bekanntesten Fällen gehört.

Die „Wirtschaftsskandale" stellten die bestehenden Reglementierungen auf den Prüf- **18** stand und lösten die Frage aus, ob die bestehenden gesetzlichen Anforderungen an die Kontrolle in Unternehmen unzulänglich sind bzw. ob die Verfehlungen hätten vermieden werden können.

Dabei zeigte sich die Notwendigkeit, die Normen zu verschärfen und die Toleranz **19** gegenüber fehlender Kontrolle und Verantwortung der Unternehmensführung erheblich zu verringern. Ergebnis ist die sukzessive Entwicklung von verschärften Reglementierungen und Kodifizierungen, die zunächst in den USA begann und nunmehr nach und nach auch Einzug in das deutsche und europäische Rechtssystem gehalten hat.

Nicht nur auf Seiten der Gesetzgebung und Rechtsprechung kam es zu Veränderun- **20** gen. Die prominenten Negativereignisse in der Wirtschaftswelt haben auch bei Gläubigern bzw. Geschädigten zu einer neuen Sensibilität und einem veränderten Bewusstsein geführt. Bildeten früher große Haftungsprozesse eher die Ausnahme, so hat heute nicht nur die Bereitschaft, sondern auch die Möglichkeit der Anspruchsverfolgung gegenüber dem Management großer Unternehmen zugenommen. Dies zeigen die prominenten Fälle einiger der bekanntesten deutschen Manager, die sich in Haftungsprozessen in Millionenhöhe in Anspruch nehmen lassen mussten. Die Ursachen dafür sind vielseitig. Hauschka führt die verschärfte Situation bspw. auf eine verbesserte Informationsgewinnung vor allem durch das Internet, spezialisierte Anwaltskanzleien, anwaltliche Sammelklagevertreter, erfolgsbeteiligte Prozesskostenversicherer oder zunehmendes Shareholder-Value-Bewusstsein zurück.[9]

---

8 Bspw. ENRON (Energie), WorldCom (Telekommunikation), Tyco (Mischkonzern) haben durch ihre Skandale nicht nur in den USA eine Vertrauenskrise ausgelöst.
9 *Hauschka* NJW 2004, 257, 258.

III. Haftungsrisiken von Unternehmen und Management

1. BGH-Rechtsprechung zur Haftung von Aufsichtsratsmitgliedern

21 Eine wegweisende Veränderung der Rechtsprechungspraxis in Fällen von Managementhaftung brachte die ARAG/Garmenbeck-Entscheidung des Bundesgerichtshofes,[10] der sich grundsätzlich für die Pflicht des Aufsichtsrates dazu ausspricht, Ansprüche der Gesellschaft gegen Vorstandsmitglieder ordnungsgemäß zu prüfen, geltend zu machen und durchzusetzen. Die Pflicht zur Prüfung solcher Ansprüche soll schon bei geringsten Anhaltspunkten, wie etwa dem Hinweis eines Aktionärs, bestehen. Verletzt der Aufsichtsrat diese Pflichten, so ist er selbst der Gesellschaft zum Schadensersatz verpflichtet. Diese Entscheidung führte dazu, dass das vielfach übliche Untätigbleiben des Aufsichtsrates aus Gefälligkeit oder Wohlwollen gegenüber den Vorstandsmitgliedern nicht länger folgenlos bleibt.

2. Gesteigerte Verantwortung des Managements für seine Mitarbeiter

22 Mitglieder des Managements haben nicht nur eigene Pflichtverletzungen zu vermeiden, sondern auch für das pflichtgemäße Verhalten der Mitarbeiter Sorge zu tragen. Wenn der Mitarbeiter eines Unternehmens eine Pflichtwidrigkeit begangen hat, kann sich auch die Frage nach einer möglichen Aufsichtsverletzung durch das Management stellen, welches für das Unternehmen und den Mitarbeiter die Verantwortung trägt. Nicht selten führen solche Aufsichtspflichtverletzungen zu Haftungsfällen, in denen neben dem betroffenen Mitarbeiter auch das Unternehmen bzw. seine Leitungsorgane in Anspruch genommen werden. Für die Unternehmensleitung bedeutet dies, dass nicht nur Pflichtverletzungen in den eigenen Reihen vorgebeugt werden müssen, sondern, dass auch seine Mitarbeiter zu kontrollieren und zu überwachen sind.

3. Stetiger Anstieg von Haftungsrisiken

23 Rechtsgebiete, die Haftungsrisiken der Unternehmen sowie ihres Managements bergen, nehmen stetig zu. Sie sind vielfältig und nicht leicht zu überschauen. Die Vorschriften stammen etwa aus dem Kartellrecht,[11] dem Deliktsrecht, dem Patent- und Markenrecht, dem Wettbewerbsrecht, dem Arbeitsrecht, dem Steuerrecht, dem Datenschutzrecht, dem Umweltrecht sowie Umweltstrafrecht und nicht zuletzt dem Strafrecht, wobei insbesondere die Korruptionsdelikte eine bedeutende Rolle spielen.[12] Die Aufzählung ist umfangreich und keineswegs abschließend. Vielmehr kann die Liste insbesondere um branchenspezifische oder solche Risiken erweitert werden, die von der Größe oder der nationalen bzw. internationalen Ausrichtung des Unternehmens abhängig sind. Insbesondere für Geldinstitute, börsennotierte Unternehmen und solche Unternehmen, die an der US-Börse notiert sind, gelten eine Vielzahl weiterer und spezifischer Regelungen, die in den folgenden Beiträgen noch näher behandelt werden.[13]

---

10 *BGHZ* 135, 244.
11 Im Falle von Kartellabsprachen wird gem. §§ 30, 130 OWiG stets gegen die Organmitglieder wegen Verletzung der Aufsichtspflichten ermittelt.
12 Mittlerweile sind viele Korruptionssachverhalte, einschließlich derer mit Auslandsbezug, strafrechtlich erfasst. Gleichwohl sind noch nicht alle Gesetzeslücken geschlossen, so dass es nach wie vor korrupte Verhaltensformen gibt, die nicht unter Strafe gestellt sind.
13 Vgl. hierzu etwa 7. Kap.

4. Zunehmende Insolvenzen

Auch die erheblich wachsende Zahl von Insolvenzen trägt zur Entwicklung von Risi- **24** ken bei. Nicht selten birgt eine drohende bzw. bereits eingetretene Insolvenz die Gefahr von Managementfehlern. Insbesondere die Schwierigkeit einer Fortführungsprognose bei der Feststellung der Überschuldung kann zu Fehlern führen, die den Tatbestand eines Insolvenzdeliktes erfüllen.[14] Die Insolvenzgerichte sind verpflichtet, die Staatsanwaltschaft zu informieren, weshalb in solchen Fällen unmittelbar mit strafrechtlichen Konsequenzen zu rechnen ist. So wird aus einer Insolvenz schnell eine Kriminalinsolvenz, bei der der Insolvenzverwalter die Haftung und Inanspruchnahme von Leitungsorganen zu prüfen hat.

5. Business Judgement Rule

Auch aus der Kodifizierung der sogenannten Business Judgement Rule in § 93 Abs. 1 **25** AktG[15] lassen sich erhöhte Anforderungen an die Sorgfalt der Unternehmensorgane ableiten. Den Vorstand einer Aktiengesellschaft trifft im Haftungsfall die Beweispflicht dafür, dass er selbst bei der Unternehmensführung mit der nötigen Sorgfalt gehandelt hat.

Die Business Judgement Rule wurde im Rahmen des Gesetzes zur Unternehmens- **26** integrität und Modernisierung des Anfechtungsrechts (UMAG)[16] in § 93 AktG aufgenommen und regelt, dass eine Pflichtverletzung dann nicht vorliegt, wenn „das Vorstandsmitglied bei einer unternehmerischen Entscheidung vernünftigerweise annehmen dürfte, auf der Grundlage angemessener Information zum Wohl der Gesellschaft zu handeln".

Damit wird dem Umstand Rechnung getragen, dass nicht jede unternehmerische **27** Fehleinschätzung oder jeder geschäftliche Misserfolg eine Pflichtverletzung darstellt und zur Haftung führt. Schließlich gehören gewisse Risiken unvermeidlich zu jeder unternehmerischen Tätigkeit. Mit der Business Judgement Rule soll der Vorstand deshalb auch in unvermeidbaren Krisenfällen entlastet werden. Sofern es dem Vorstand gelingt nachzuweisen, alles Zumutbare getan zu haben, um in seinem Unternehmen Risiken zu überwachen und zu vermeiden, ist seine Haftung ausgeschlossen. Der Nachweis der ausreichenden Kontrolle wird jedoch nur dann zu erbringen sein, wenn der Vorstand ein verlässliches Frühwarnsystem eingerichtet hat, welches ihm zur Verfügung steht. Fehlt ein solches gänzlich, wird er schwerlich beweisen können, auf der Basis ausreichender Informationen gehandelt zu haben.[17]

Hat die Geschäftsleitung eines Unternehmens, das grundsätzlich Risikomanagement **28** betreibt, eine unternehmerische Entscheidung getroffen, die zu einem Schadensereignis geführt hat, ist die Business Judgement Rule grundsätzlich anwendbar. Anhand der Bewertung der Qualität des Risikomanagementsystems wird dann zu beurteilen sein, ob ein Vorstand sich auf das System verlassen konnte und durfte. Ist das System mangelhaft und der Vorstand nur unzulänglich informiert, kann er sich gerade nicht darauf berufen, seine Entscheidung unter Berücksichtigung und Abwägung aller Risiken getroffen zu haben. Dies alles findet allerdings nur dann Anwendung, wenn ein

---

14 *Hauschka* NJW 2004, 257, 259.
15 Vgl. hierzu auch 2. Kap. Rn. 3 ff.
16 Abrufbar unter www.ebundesanzeiger.de.
17 Vgl. *Lorenz* ZRFG 2006, 5, 9.

Unternehmen überhaupt auf ein Kotrollsystem zurückgreift. Hat es jegliche Maßnahmen des Risikomanagements unterlassen, so ist die Business Judgement Rule nicht anwendbar. Deshalb ergibt sich aus § 93 Abs. 1 AktG indirekt die Pflicht zur Implementierung eines Risikoüberwachungssystems.

29 Die Business Judgement Rule des § 93 Abs. 1 AktG gilt einschließlich ihrer Grenzen nicht nur für den Vorstand einer Aktiengesellschaft. Sie wird auch für den Geschäftsführer einer GmbH analog angewendet.[18] In diesem Fall wird sie bei der Auslegung von § 43 GmbHG herangezogen, der die Sorgfaltspflicht des Geschäftsführers regelt. Also wird auch der GmbH-Geschäftsführer zu seiner Entlastung darlegen müssen, seine unternehmerischen Entscheidungen auf der Basis ausreichender Informationen und ausschließlich zum Wohl seiner Gesellschaft getroffen zu haben. Dieser Nachweis wird auch von ihm nur anhand eines angemessenen und funktionierenden Kontrollsystems im Unternehmen zu erbringen sein.

6. Allgemeine Regeln

30 Die Verantwortung der Leitungsorgane für das rechtmäßige Verhalten ihrer Mitarbeiter findet auch gesetzlichen Niederschlag in § 831 BGB, der die Haftung von Leitungsorganen für ihre Mitarbeiter regelt.

31 Im Krisenfall haften dabei alle Leistungsträger eines Unternehmens. Das Management kann sich nicht dadurch exkulpieren, dass sich ein Mitglied etwa auf seine Unzuständigkeit für ein bestimmtes Ressort beruft. Die Verantwortung des Managements ist immer umfassend, so dass auch dann, wenn ein Unternehmen mehrere Vorstände oder Geschäftsführer hat und jedem ein bestimmter Zuständigkeitsbereich zugewiesen ist, jeder Einzelne verantwortlich für alle Zuständigkeitsbereiche bleibt.

32 Jedes einzelne Mitglied des Managements treffen grundsätzlich umfassende Aufsichts- und Kontrollpflichten, die nur dann erfüllt sind, wenn sich das Vorstandsmitglied oder der Geschäftsführer über alle anderen Ressorts informiert.[19] Sofern es Anhaltspunkte dafür gibt, dass sich ein Vorstands- oder Geschäftsführungsmitglied nicht sorgfaltsgemäß verhalten hat, so trifft die anderen Leitungsorgane eine Aufklärungs- und Interventionspflicht.

33 Die Leitungsorgane eines Unternehmens haften im Konfliktfall für eigene oder fremde Normverstöße nicht nur Dritten gegenüber nach § 823 BGB, sondern auch im Innenverhältnis gegenüber der eigenen Gesellschaft nach § 43 Abs. 2 GmbHG bzw. § 93 Abs. 2 AktG.

34 Die aktuellen Entwicklungen in Gesetzgebung und Praxis haben damit zu einer erhöhten Verantwortlichkeit des Managements geführt. Um den Anforderungen gerecht zu werden, müssen Unternehmensverantwortliche viele Aufgaben erfüllen. Dazu gehört, dass die Mitglieder des Managements die Risiken in ihrem Unternehmen zunächst einschätzen und bewerten können. Hierfür sind regelmäßig Rechtskenntnisse erforderlich. Ferner müssen die sich daraus ergebenden Regeln im Unternehmen aufgestellt und auch kommuniziert werden. Schließlich muss das Management seine Mitarbeiter und Kollegen überwachen und kontrollieren.

---

18 So etwa *Hauschka* GmbHR 2007, 11.
19 *Campos Nave/Tauber* abrufbar unter http://roedl.de/Corporate_Compliance.Roedl?ActiveID=1083.

Einer solchen Verantwortung können Unternehmen und ihre Leitungsorgane nicht **35** ohne umfassende geeignete organisatorische Maßnahmen gerecht werden. Diese Aufgaben ohne eine entsprechende Struktur und nebenbei bewältigen zu wollen, ist unrealistisch. Das gilt im Übrigen für kleine und große Unternehmen gleichermaßen. Selbstverständlich muss sich der Aufwand für die Prävention an Größe und Branche sowie auch dem Ausmaß des typischen unternehmerischen Risikos anpassen.[20] Und selbstverständlich darf eine Compliance-Organisation auch ein unternehmerisches und auf Gewinn ausgelegtes Handeln nicht aus den Augen verlieren. Insoweit darf die Kritik an übertriebenen Compliance-Maßnahmen, in denen sich Unternehmen sogar weit strengere Regeln auferlegen, als es der Gesetzgeber tut, nicht ungehört bleiben. Gleichwohl ist vor dem Hintergrund des Gesagten festzuhalten, dass kein Unternehmen ohne ein Mindestmaß an Prävention auskommt.

Dies zu gewährleisten ist die Aufgabe von Compliance. Compliance bedeutet daher **36** auch die Verpflichtung jedes Mitarbeiters, seine Pflicht zu regelkonformem Verhalten zu kennen und einzuhalten, sowie die Organisationspflicht der Leitungsorgane, das regelkonforme Verhalten seiner Mitarbeiter sicherzustellen und aktiv dafür zu sorgen, dass Schäden und Haftung von dem Unternehmen abgewehrt werden.

Es wäre dennoch unrealistisch anzunehmen, dass eine Compliance-Organisation ein **37** vollständig regelkonformes Verhalten im Unternehmen zur Folge hat. Gerade in größeren Organisationen werden sich Compliance-Verstöße niemals vollständig ausschließen lassen.

Deshalb gehört zu jeder Compliance-Organisation auch der Umgang mit eingetretenen Regelverstößen.[21] Ein effektives Krisenmanagement muss daher ebenso Teil der Compliance-Organisation sein wie ein effektives Risikomanagement. Dabei ist es wichtig, vor Eintritt einer Krise bereits Maßnahmen zur Krisenbewältigung zu treffen. Wer sich erst dann, wenn der Ernstfall eintritt, mit den entsprechenden Maßnahmen auseinandersetzt, wird wahrscheinlich scheitern. Denn es nimmt sehr viel Zeit und Aufwand in Anspruch, geeignetes Krisenmanagement zu betreiben. Naturgemäß hat das Unternehmen diese Zeit gerade nicht, wenn die Problemsituation bereits eingetreten ist.[21]

IV. Gesetzliche Grundlagen und unternehmerische Pflichten

Darüber, ob Unternehmen in Deutschland tatsächlich gesetzlich verpflichtet sind, **39** eine Compliance-Organisation zu implementieren, wird viel gestritten. Während z. T. vertreten wird, dass eine Rechtspflicht zur Einrichtung einer Compliance-Organisation besteht,[22] wird Compliance von anderen eher als unternehmerisches Ermessen verstanden.[23]

Zumindest aber besteht darüber Einigkeit, dass die Geschäftsleitung eine Pflicht trifft, **40** erforderliche, zumutbare und angemessene Maßnahmen zu ergreifen, um drohende

---

20 *Hauschka/Greeve* BB 2007, 165, 166.
21 *Rodewald/Unger* BB 2007, 1629, 1633.
22 So *Lorenz* ZRFG 2006, 5; *Schneider* ZIP 2003, 645, 648; *Campos Nave/Tauber* abrufbar unter http://roedl.de/Corporate_Compliance.Roedl?ActiveID=1083.
23 So etwa *Kort* NZG 2008, 81, 85; *Hauschka* ZIP 2004, 877.

Schäden frühzeitig zu erkennen und sie abzuwenden.[24] Dem Streit kommt also eine geringe praktische Bedeutung zu, da sich eine Verpflichtung jedenfalls faktisch für jedes Unternehmen ergibt, das die Einhaltung von Rechtsvorschriften anstrebt und Schäden abwenden will.[25]

41 Zudem lässt sich die Notwendigkeit der Einrichtung eines Risikomanagementsystems aus mehreren Vorschriften ableiten, wodurch ein etwaiges Ermessen der Unternehmensleitung dahingehend, ob eine Compliance-Organisation eingerichtet wird oder nicht, erheblich eingeschränkt,[26] wenn nicht sogar auf Null reduziert ist.

42 Im Folgenden sollen diejenigen Vorschriften dargestellt werden, aus denen sich jedenfalls die Notwendigkeit der Einrichtung eines Compliance-Systems ableiten lässt.

43 Der gesetzliche Ursprung der Compliance in Deutschland wird in § 33 WpHG gesehen. Hierin findet sich die rechtliche Grundlage für Compliance in der Reglementierung der Organisationsrichtlinien von Wertpapierdienstleistungsunternehmen für das Wertpapiergeschäft.

44 § 33 WpHG[27] war die erste Vorschrift in Deutschland unter Compliance-Gesichtspunkten. Dies erklärt auch, warum sich Compliance in Deutschland zunächst auf die Einhaltung der Regeln des Wertpapiergeschäfts ausrichtete.[28] Bekanntermaßen ist Compliance mittlerweile nicht mehr auf die Wertpapieraufsicht beschränkt, sondern hat sich auf alle anderen Wirtschaftsbereiche ausgeweitet.

45 Compliance-Programme wurden erstmals außerhalb des Wertpapierrechts im Zusammenhang mit dem Kartellordnungswidrigkeitenrecht erwähnt. Die Rechtsprechung der Kartellgerichte und die Praxis des Bundeskartellamtes haben in Zusammenhang mit § 130 OwiG als „erforderliche Aufsichtsmaßnahmen" auf die Einrichtung von Compliance-Programmen hingewiesen und damit die fehlende Konkretisierung des Gesetzgebers ausgefüllt. Auch wenn sich die Rechtsprechung in Bezug auf den Inhalt solcher Compliance-Systeme und damit der Frage nach dem „wie" entschieden zurückhält, so legt sie sich jedenfalls in Bezug auf die Frage nach dem „ob" fest.

46 Eine Pflicht zur Schaffung eines Überwachungssystems ergibt sich auch aus dem im Jahr 1998 neu eingeführten § 91 Abs. 2 AktG,[29] wonach „der Vorstand geeignete Maßnahmen zu treffen hat, insbesondere ein Frühwarnsystem einzurichten, damit den Fortbestand des Unternehmens gefährdende Entwicklungen früh erkannt werden." Die Norm ist 1998 durch das Gesetz zur Kontrolle und Transparenz im Unternehmensbereich (KonTraG)[30] eingeführt worden und entfaltet laut der Gesetzesbegründung Ausstrahlungswirkung auf die GmbH. Auch wenn § 91 Abs. 2 AktG nicht explizit vorschreibt, welche Maßnahmen der Vorstand zur Früherkennung von Risiken zu treffen hat, so bietet sich die Einrichtung eines umfassenden Risikomanagementsystems jedenfalls dringend an, um der Vorschrift gerecht zu werden. Mehr noch ist eine Alternative für den Vorstand, diese rechtliche Pflicht zu erfüllen, nicht erkennbar.

---

24 Vgl. *Rodewald/Unger* BB 2007, 1629; *Illing/Umnuß* CCZ 2009, 1 f.
25 Vgl. *Rodewald/Unger* BB 2007, 1629.
26 *Lorenz* ZRFG 2006, 5.
27 Vgl. hierzu 8. Kap. Rn. 200.
28 *Lösler* NZG 2005, 104.
29 Vgl. auch 2. Kap. Rn. 15.
30 BGBl I 1998, 786.

Aus der systematischen Auslegung des § 91 Abs. 2 AktG ergibt sich bereits, dass das **47** geforderte Risikomanagementsystem nicht etwa Aufgabe einzelner, möglicherweise eines bestimmten hierfür gewählten Vorstandsmitglieds, sondern vielmehr des gesamten Vorstandes ist.[31]

Eine Delegation ist damit zwar nicht unmöglich, gleichwohl werden die Vorstandsmit- **48** glieder dadurch gerade nicht aus der Verantwortung entlassen. Vielmehr muss sich der Vorstand berichten lassen, überwachen und vor allem bei Fehlern einschreiten.[31]

Für börsennotierte Unternehmen gilt zudem die Regelung des § 317 HGB. Hiernach **49** wird im Rahmen der Abschlussprüfung durch den Wirtschaftsprüfer beurteilt, ob der Vorstand die Pflichten des § 91 Abs. 2 AktG zureichend erfüllt und die Maßnahmen zur Risikovermeidung in ausreichendem Maße getroffen hat und das bestehende Überwachungssystem geeignet ist, seine Aufgaben zu erfüllen.[32]

Im Falle von börsennotierten Unternehmen schlägt sich das Risikomanagement auch **50** in der Rechnungslegung nieder. Nach § 289 Abs. 1 S. 4 HGB muss das Unternehmen im Lagebericht Stellung zu den aktuellen Risikomanagementzielen und Methoden nehmen.

Börsennotierte Unternehmen müssen zusätzlich auch im Rahmen der Abschlussprü- **51** fung dahingehend geprüft werden, ob der Vorstand seinen Pflichten aus § 91 Abs. 2 AktG nachgekommen ist. Gem. § 317 Abs. 4 HGB ist dies vom Wirtschaftsprüfer zu beurteilen, dem hierfür ein eigener Prüfstandard an die Hand gegeben wird.

Auch mit dem Entwurf des neunten Gesetzes zur Änderung des Versicherungsauf- **52** sichtsgesetzes[33] wird in Form des § 64a VAG eine weitere Rechtsnorm die Grundsätze der Compliance ansprechen. § 64a VAG befasst sich mit den wesentlichen Inhalten einer ordnungsgemäßen Geschäftsorganisation. Damit geht das VAG über die allgemeinen Regeln des Aktiengesetzes hinaus und wird die Auslegung und Konkretisierung der Generalklauseln des Aktiengesetzes beeinflussen.[34]

Während sich in den genannten gesetzlichen Bestimmungen vornehmlich abstrakte **53** Anhaltspunkte für die Bedeutung und die Anforderungen an Compliance finden, so wird der Deutsche Corporate Governance Index (DCGK)[35] in seinen Bestimmungen konkreter.

Die neuere Fassung des DCGK enthält erstmals den Begriff „Compliance". In Ziff. **54** 4.1.3. ist geregelt, dass „der Vorstand für die Einhaltung der gesetzlichen Bestimmungen und der unternehmensinternen Richtlinien zu sorgen" und „auf deren Beachtung durch die Konzernunternehmen" hinzuwirken hat.

Damit wird dem Vorstand die Verantwortung für die Einhaltung externer und inter- **55** ner Vorgaben zugewiesen. Er soll beide Verhaltensanforderungen durch organisatorische Vorkehrungen erfüllen. Der DCGK versteht Compliance damit als übergeordneten Begriff, der die Leitungsverantwortung des Vorstandes in eine Organisations- und eine Legalitätspflicht unterteilt.[36]

---

31 *Lorenz* ZRFG 2006, 5, 8.
32 Vgl. hierzu 8. Kap. Rn. 142.
33 RegE BT-Drucks. 16/6518 v. 24.9.2007.
34 *Kort* NZG 2008, 81, 83.
35 Abrufbar unter www.corporate-governance-code.de.
36 Vgl. dazu *Bürkle* BB 2007, 1797, 1798.

56 Durch die „unternehmensinternen Richtlinien" muss das Unternehmen seinen Mitarbeitern Verhaltensmaßstäbe an die Hand geben, die ihr Verhalten in Risikosituationen reglementieren. Unternehmensinterne Richtlinien können in Satzungen, Arbeitsverträgen, internen Arbeitsanweisungen, in der Geschäftsordnung oder in einem Verhaltenskodex geregelt sein.

57 In den internen Richtlinien kann und sollte das Unternehmen auch seine ethischen und moralischen Regeln und Wertvorstellungen festlegen. Denn nicht nur die Einhaltung gesetzlicher, sondern auch ethischer Regeln darf und sollte Bestandteil der Compliance sein. Das Unternehmen wird solche Richtlinien in einem sog. Code of Conduct, d. h. einer Sammlung von Verhaltensweisen festlegen. Ein solcher Code of Conduct ist weniger eine zwingende Vorschrift, sondern vielmehr eine freiwillige Verpflichtung, bestimmten Vorgaben zu Verhaltensmustern zu folgen oder sie zu unterlassen. Damit kann das Unternehmen vorgeben, wie sich seine Mitarbeiter in bestimmten Situationen in verschiedenen Zusammenhängen verhalten sollten und Sorge dafür tragen, dass keiner sich durch die Umgehung der Richtlinien Vorteile verschafft.

58 Schließlich empfiehlt sich die Implementierung eines Compliance Systems auch aufgrund der verschärften Regelungen der Banken zur Kreditvergabe Basel II, wonach Banken verpflichtet sind, ihre Kunden einem Rating zu unterziehen.[37]

59 Ein solches Rating wird neben den finanziellen Verhältnissen auch die Qualität des Managements und der Organisation auf den Prüfstand nehmen. Hierbei hängt ein wesentlicher Teil davon ab, welche Maßnahmen zur Erkennung und Vorbeugung von Risiken ein Unternehmen getroffen hat.

60 Dies wird in Zukunft nicht nur für Großunternehmen gelten, sondern insbesondere auch mittelständische und kleine Unternehmen betreffen. Nur durch die Implementierung eines Compliance Systems wird das Management in der Lage sein, nachzuweisen, dass es sich effektiv mit der Vermeidung von Haftungsrisiken und Fehlern auseinandersetzt. Somit kann Compliance auch Auswirkungen auf die Kreditversorgung der Unternehmen haben.

61 Nach alledem wird deutlich, warum die Verantwortung des Unternehmens unter einem neuen Blickwinkel diskutiert wird und werden muss. Die Diskussion um Compliance hat eine Vielzahl von rechtlichen Problemen für die Unternehmensorganisation aufgedeckt. Neben den verschärften Haftungsregeln und neuen Vorschriften hat die Vergangenheit gezeigt, dass bestehende Organisationsstrukturen vielfach kein effektives Risikomanagement gewährleisten konnten. Vielmehr wurde offensichtlich, dass dem erheblichen Umfang von Risiken für Unternehmen nur durch eine klare organisatorische Struktur und Verhaltensstandardisierung zu begegnen ist.

V. Bedeutung einer Compliance-Organisation

62 Unter Haftungsgesichtspunkten bietet Compliance keine Wahlmöglichkeit, sondern muss gezielt umgesetzt werden. Dabei sollte Compliance jedoch nicht nur als notwendiges Übel, sondern auch als Chance verstanden werden.

---

37   Vgl. hierzu auch 6. Kap. Rn. 137 ff.; 8. Kap. Rn. 146 ff.

Poppe

Als Instrument, welches das rechtskonforme Verhalten von Unternehmen und ihren **63** Mitarbeitern sicherstellt, bedeutet Compliance in erster Linie Schadensprävention. Damit profitiert das Unternehmen in wirtschaftlicher Hinsicht letztlich von der Implementierung einer Compliance-Organisation, da durch Rechtsverstöße verursachte Kosten vermieden werden können.

Darüber hinaus kann Compliance auch dazu beitragen, die Qualität der Prozesse im **64** Unternehmen zu verbessern, die Beständigkeit des Geschäftsmodells zu gewährleisten und damit zu erheblichen Wettbewerbsvorteilen führen. Dies zeigt sich an den verschiedenen Funktionen von Compliance, die deutlich machen, dass eine effektive Compliance-Organisation gerade nicht nur der Haftungsvermeidung, sondern auch dem Unternehmenserfolg dienen kann.

VI. Compliance-Funktionen

Lösler hat die Funktionen von Compliance in Schutzfunktion, Beratungs- und Infor- **65** mationsfunktion, Qualitätssicherungs- und Innovationsfunktion, Überwachungs- und Marketingfunktion unterteilt.[38]

Im Vordergrund steht die Schutzfunktion, da sie dem eigentlichen Ziel der Compli- **66** ance, der Vermeidung von Regelverstößen durch vorbeugende organisatorische Maßnahmen, dient. Das Unternehmen selbst, aber auch seine Mitarbeiter werden sowohl vor Haftung in Form von zu leistendem Schadensersatz als auch vor Strafen und Bußgeldern geschützt. Damit wendet das Unternehmen nicht nur finanzielle Nachteile oder Einschränkungen seiner Handlungsmöglichkeiten ab, sondern auch Reputationsschäden.

Ein Compliance-Programm kann das Unternehmen selbst dann schützen, wenn es **67** bereits zu einem Normverstoß gekommen ist. In Anlehnung an das amerikanische Recht kann ein Unternehmen in den Genuss einer Milderung kommen, sofern es präventive unternehmensinterne Maßnahmen getroffen hat. Das Bestehen einer Compliance-Organisation zählt nämlich zu den sog. „militating factors" nach den Federal Sentencing Guidelines.[39]

Compliance dient ferner der Beratung und Information. Durch die Einrichtung einer **68** Compliance-Abteilung wird den Mitarbeitern eine Anlaufstelle zur Verfügung gestellt, an die sie sich in Verdachts- bzw. Zweifelsfällen wenden können. Nicht selten scheitert ein Mitarbeiter, der sich in derartigen Fragen an eine Vertrauensperson wenden will daran, dass ihm schlicht der geeignete Ansprechpartner fehlt. Aber auch die Schulung und Aufklärung der Mitarbeiter ist Aufgabe der Compliance-Organisation. Nur wenn Mitarbeiter hinreichend über bestehende Ge- und Verbote informiert sind, entwickeln sie ein Bewusstsein für Risikosituationen und können dazu beitragen, Risiken zu minimieren.

Compliance hat zudem auch eine Qualitätssicherungs- und Innovationsfunktion. Auf **69** Grundlage des „Know your costumer-Grundsatzes" muss ein Unternehmen in der Lage sein, seine Kunden unter Risikogesichtspunkten einzuschätzen. Dies kommt jedoch nicht nur dem Unternehmen selbst, sondern auch dem Kunden zu gute. Denn

---

38 Vgl. *Lösler* NZG 2005, 104, 105 ff.
39 Abrufbar unter www.ussc.gov/guidelin.htm.

je besser ein Unternehmen seinen Kunden kennt, umso mehr wird es möglich sein, ihm ein Produkt oder eine Dienstleistung anbieten zu können, die individuell auf seine Bedürfnisse und Wünsche angepasst ist, was wiederum für das Unternehmen zu einem Wettbewerbsvorteil führen kann.

70 Zu einer Compliance-Organisation gehört auch die Überwachung. Obgleich der Begriff „Überwachung" für manchen deutlich negativ klingen mag, so ist darunter nichts anderes zu verstehen, als dass überprüft und kontrolliert wird, ob Gesetze und Regeln eingehalten werden.

71 Schließlich hat eine Compliance-Organisation auch eine Marketingfunktion für das Unternehmen. Regelverstöße und damit verbundene Straf- oder Zivilprozesse gelangen unvermeidbar an die Öffentlichkeit. Dies haben die Beispiele aus der jüngsten Vergangenheit gezeigt. Wie sehr solche Negativschlagzeilen einem Unternehmen schaden können, bedarf keiner weiteren Ausführungen. Verfügt ein Unternehmen über eine Compliance-Organisation, so darf es dies auch kommunizieren und damit werben, um sein Ansehen bei Kunden, Geschäftspartnern und Aufsichtsbehörden zu erhöhen und sich positiv im Markt zu positionieren.

72 Compliance hat sich damit bereits jetzt als allgemein anerkanntes Mittel der sachgerechten Unternehmensorganisation etabliert[40] und dient nicht nur dem Risikomanagement, sondern auch dem Schutz aller Mitarbeiter, insbesondere dem der leitenden Mitarbeiter und Leitungsorgane.

Compliance kann jedoch nur dann funktionieren, wenn sie ernsthaft betrieben wird und sich der Compliance-Gedanke fest im Unternehmen verankert und durch alle Bereiche des Unternehmens zieht. Ein Unternehmen, in welchem nur deswegen eine Compliance-Organisation eingerichtet wird, weil sich die Verantwortlichen notgedrungen dazu verpflichtet fühlen, tatsächlich aber weder Interesse noch Verständnis dafür zeigen, wird keinen Erfolg damit haben.

73 Das Einrichten einer „Feigenblatt"-Compliance-Abteilung ist nicht nur wenig zielführend, sondern bewahrt die Unternehmensverantwortlichen gerade nicht vor einer Haftung. Dies hat sich bereits anhand diverser Fälle seit Beginn des „Compliance-Zeitalters" gezeigt. Gleichgültig, ob es sich um staatsanwaltschaftliche Ermittlungsverfahren oder zivilrechtliche Haftungsprozesse handelt, das bloße „Vorzeigen" einer Compliance-Abteilung rettet die Verantwortlichen weder vor zivilrechtlicher noch strafrechtlicher Haftung. Vielmehr müssen sich die Verantwortlichen die Frage bzw. Ermittlung gefallen lassen, inwieweit sie der Kontrollpflicht, zu der sie sich in den unternehmenseigenen Kodizes verpflichtet und bekannt haben, auch tatsächlich nachgekommen sind. Die „Feigenblatt-Compliance" ist nicht nur gefährlich für Leitungsorgane, sondern auch für diejenigen, denen arbeitsvertraglich oder organisatorisch Compliance-Aufgaben zugewiesen werden. Mit der Berufung zum Compliance-Officer kommt nämlich auch die Garantenstellung, wie ein vieldiskutiertes, in der Sache aber kaum überraschendes Urteil des BGH[41] nochmals deutlich macht. Wer also seine

---

40 *Bürkle* BB 2007, 1797, 1801.
41 *BGH* Urteil v. 17.7.2009 – 5 StR 394/08: Der BGH beurteilt obiter dicta die Garantenpflicht des Compliance Officers als regelmäßig gegeben. Die Garantenpflicht i. S. d. § 13 Abs. 1 StGB, mit der Tätigkeit des Unternehmens in Zusammenhang stehende Straftaten zu verhindern, sei die notwendige Kehrseite der gegenüber der Unternehmensleitung übernommenen Pflicht, Rechtsverstöße und insbesondere Straftaten zu unterbinden.

ihm als Compliance-Aufgaben zugewiesenen Überwachungs- und Kontrollpflichten tatsächlich nicht wahrnehmen will oder darf, wird im Ernstfall im gleichen oder sogar größeren Umfang haften, wie der pflichtwidrig handelnde Unternehmensverantwortliche selbst.

Die Frage, ob und inwieweit die Compliance-Bekenntnisse der Unternehmen tatsäch- **74** lich umgesetzt und gelebt werden, ist damit nicht geklärt. Klar dürfte aber sein, worin – nicht nur unter Haftungsgesichtspunkten – der bessere Weg liegt.

2. Kapitel
Grundlagen für Compliance

A. Deutschland

Compliance nimmt in der gesellschaftlichen wie juristischen Diskussion auch mehrere **1**
Jahre nach der *causa* Siemens weiterhin eine prominente Stellung ein.[1] Standen
anfangs spektakuläre Skandale in Großunternehmen und deren Aufarbeitung im Vordergrund, sind in jüngerer Zeit der Präventionsgedanke, die Bedeutung des Themas
für den Mittelstand sowie der Umgang mit Compliance im Rahmen von Unternehmenstransaktionen in den Fokus gerückt. Losgelöst von aktuellen Anlässen und Individualinteressen einzelner Berufsgruppen hat die Compliance-Diskussion nichts anderes zum Gegenstand als die – längst überfällige – Wiederauferstehung des Leitbildes
eines ehrbaren Kaufmanns, nur eben fortgedacht und weiterentwickelt anhand der
Erfordernisse moderner, komplexer Unternehmens- und Konzernstrukturen.[2] Compliance ist letztlich nichts anderes als die organisierte Rechtschaffenheit eines Unternehmens im geschäftlichen Verkehr. Die Betonung liegt dabei auf **organisiert**.
Moderne, komplexe Unternehmens- und Konzernstrukturen bringen es mit sich, dass
Rechtstreue und Rechtschaffenheit, obgleich sie an sich für jedermann selbstverständlich sind, sich nicht immer von selbst einstellen, sondern nur durch geeignete organisatorische Maßnahmen herbeigeführt und nachhaltig sichergestellt werden können.[3]
Das vorliegende Kapitel geht in diesem Zusammenhang zwei Fragen nach: Was sind
die maßgeblichen rechtlichen Grundlagen der Compliance? Davon handelt der erste
Abschnitt. Und: Gibt es mittlerweile Grundsätze ordnungsgemäßer Compliance, also
eine Art „Best Practice" oder Verkehrssitte, wie in einem Unternehmen Compliance
grundsätzlich gestaltet werden sollte? Wir meinen ja. Davon handelt der zweite
Abschnitt.

I. Rechtliche Grundlagen der Compliance

Fragt man nach den rechtlichen Grundlagen der Compliance, begriffen als organi- **2**
sierte Rechtschaffenheit im Geschäftsverkehr, so versteht es sich zunächst von selbst,
dass jedermann an Recht und Gesetz gebunden ist. Hierfür braucht es keine weitere
Rechtsgrundlage. Bei Licht betrachtet ist die Frage nach den rechtlichen Grundlagen

---

1 Der Begriff Compliance fand vereinzelt auch Eingang in die geschriebene Rechtsordnung, vgl. §§ 33
  Abs. 1, 33b WpHG; § 12 Abs. 4 Wertpapierdienstleistungs-Verhaltens- und Organisationsverordnung – (WpDVerOV); ferner wird Compliance ausdrücklich in Ziff. 3.4, 4.1.3, 5.2 und 5.3.2 DCGK
  erwähnt.
2 Nach einer aktuellen Studie von KPMG, für die 300 repräsentativ ausgewählte mittelständische
  Unternehmen sowie 32 der 100 größten Unternehmen Deutschlands befragt wurden, sind Großunternehmen mit einer Quote von 56 % relativ doppelt so häufig wie mittelständische Unternehmen
  von Wirtschaftskriminalität betroffen (vgl. *KPMG* Wirtschaftskriminalität in Deutschland 2012, S. 6,
  25).
3 *Bergmoser/Theusinger/Gushurst* BB-Special Compliance, 2008, 1, 2 bezeichnen die Verankerung des
  Compliance-Gedankens in der Organisation eines Unternehmens als „alles andere als trivial".

der Compliance gleichbedeutend mit der Frage nach rechtlichen Maßstäben für die Organisation und die organisatorische Sicherstellung der Rechtstreue und Rechtschaffenheit eines Unternehmens, seiner Organmitglieder und Mitarbeiter. Fragt man also richtigerweise nach solchermaßen rechtsverbindlichen Organisationsvorschriften, fallen drei Kategorien ins Auge: die gesellschaftsrechtliche Geschäftsleiterverantwortung (dazu Rn. 3 ff.), strafrechtliche Organisationspflichten (dazu Rn. 20 ff.) sowie spezialgesetzliche Compliance-Vorschriften (dazu Rn. 28 ff.).

1. Die Geschäftsleiterverantwortung als wesentliche Rechtsgrundlage der Compliance (§ 93 AktG, § 43 GmbHG)

3 Betrachtet man den allgemeinen Kanon der aus der Geschäftsleiterverantwortung folgenden Geschäftsleiterpflichten, stellt man fest, dass die allgemeine Legalitätspflicht verbunden mit der Pflicht zu ordnungsgemäßer Organisation und Delegation in ihrer Zusammenschau eine wesentliche Rechtsgrundlage für die organisierte Rechtschaffenheit des Unternehmens im Geschäftsverkehr darstellen.

1.1 Die Legalitätspflicht des Geschäftsleiters

4 Zu den organschaftlichen Pflichten des Geschäftsleiters – sei es das Vorstandsmitglied einer Aktiengesellschaft oder der Geschäftsführer einer GmbH – gehört zuvorderst die Legalitätspflicht. Die Legalitätspflicht verlangt vom Geschäftsleiter in einem ersten Schritt, dass er sich selbst im Rahmen seiner dienstlichen Tätigkeit in jeder Hinsicht an die einschlägigen Gesetze hält. Das betrifft nicht nur etwa das deutsche Recht, sondern sämtliches, auch ausländisches Recht, das auf das Unternehmen und die Tätigkeit des Geschäftsleiters anwendbar ist. Bei der Einhaltung des anwendbaren Rechts kommt dem Geschäftsleiter keinerlei Ermessensspielraum zu. Schon gar nicht ist es ihm erlaubt, der Entscheidung über die Einhaltung des Rechtes eine Kosten-Nutzen-Analyse voranzustellen. Auch vordergründig „nützliche" Pflichtverletzungen bleiben Pflichtverletzungen.[4]

5 Die Legalitätspflicht endet allerdings nicht mit dem eigenen Verhalten des Geschäftsleiters. Ihm obliegt vielmehr auch, **dafür Sorge zu tragen**, dass sich Mitarbeiter des Unternehmens, Tochterunternehmen und deren Organmitglieder und Mitarbeiter ebenfalls rechtmäßig verhalten.[5] Negativ gewendet bedeutet dies, dass den Geschäftsleiter – selbstverständlich – keine Garantiehaftung für das rechtmäßige Verhalten von Mitarbeitern, Tochterunternehmen und deren Mitarbeitern obliegt. Aber er muss „dafür Sorge tragen". Damit sind die Grundsätze ordnungsgemäßer Organisation und Delegation von Aufgaben im Unternehmen angesprochen. Denn es ist eine Binsenweisheit, dass der Geschäftsleiter nicht in der Lage sein wird, durch persönliche Maßnahmen und persönliches Handeln für die Rechtmäßigkeit im Unternehmen, ja im gesamten Konzern „Sorge zu tragen". Ihm bleibt gar nichts anderes übrig, als dies durch geeignete organisatorische Maßnahmen und die Delegation von Überwachungs- und Kontrollpflichten sicherzustellen.

---

4 Großkommentar AktG/*Hopt* § 93 Rn. 99; Kölner Komm. AktG/*Mertens* § 93 Rn. 34; *Paefgen* AG 2002, 24; *Raiser/Veil* § 14 Rn. 81; *Fleischer* ZIP 2005, 148 ff.; *Ihrig* WM 2004, 2104; für die GmbH: *Michalski/Haas* § 43 Rn. 51; *Roth/Altmeppen/Altmeppen* § 43 Rn. 6; *Scholz/U. H. Schneider* § 43 Rn. 52; zur Diskussion in den USA s. *Fleischer* ZIP 2005, 147.

5 Vgl. Ziff. 4.1.3 DCGK; Kölner Komm. AktG/*Mertens* § 93 Rn. 34 ff.; Münchener Hdb. GesR/*Wiesner* § 25 Rn. 4 f.; *U. H. Schneider* ZIP 2003, 646; *J. Semler* ZGR 2004, 646; *Bürkle* BB 2005, 567; *Kock/Dinkel* NZG 2004, 442; *KG* NZG 1999, 400.

Wenngleich dem Geschäftsleiter anerkanntermaßen bei solchen Organisationsmaß- **6**
nahmen ein weiter Ermessensspielraum zukommt,[6] gibt es gleichwohl einige Grundsätze ordnungsgemäßer Organisation und Delegation, die ermessensleitenden und
ermessensbeschränkenden Charakter haben. So versteht es sich von selbst, dass diejе-
nigen Aufgaben, welche dem Geschäftsleitungsorgan in seiner Gesamtheit obliegen,
nicht auf nachgeordnete Stellen im Unternehmen delegiert werden können.[7] Die
Sicherstellung rechtschaffenen Verhaltens im Geschäftsverkehr ist allerdings keine
Maßnahme, die einem solchen vollständigen Delegationsverbot unterliegen würde.
Immerhin ist umgekehrt eine vollständige Delegation von Compliance-Aufgaben
ebenso unzulässig. Ein Kernbereich von Compliance-Verantwortung muss bei der
Geschäftsleitung verbleiben; wäre dem nicht so, würde nicht die Geschäftsleitung,
sondern eben jemand anderes „dafür Sorge tragen", dass sich Mitarbeiter, Tochterunternehmen und deren Mitarbeiter rechtmäßig verhalten. Welche Folgerungen sich
daraus für die Compliance-Organisation ergeben, werden wir sogleich sehen. Zur ordnungsgemäßen Organisation und Delegation von Pflichten gehört ferner eine präzise
und nachvollziehbare Aufgabendefinition und Aufgabenabgrenzung. Kompetenzkon-
flikte sind sowohl in positiver (Mehrfachzuständigkeit) als auch in negativer Hinsicht
(fehlende Zuständigkeit) zu vermeiden. Mitarbeiter, denen Aufgaben übertragen werden, müssen sorgfältig ausgewählt, adäquat mit Ressourcen ausgestattet und in ihre
Aufgaben hinreichend eingewiesen werden.[8] In der Regel ist neben der erstmaligen
Einweisung auch eine regelmäßige Fortbildung erforderlich. Notwendiges Korrelat
der Delegationsmöglichkeit ist die Pflicht zur angemessenen Überwachung und Kontrolle. Kontrollen sind selbstredend anlassbezogen durchzuführen. Bei besonders
gefahrgeneigter Tätigkeit können auch stichprobenartige abstrakte und unangekündigte Kontrollen angezeigt sein.[9] Werden Verstöße oder Missstände festgestellt, muss
der Geschäftsleiter einschreiten, die Verstöße abstellen, die Verantwortlichen zur
Rechenschaft ziehen (disziplinarische Maßnahmen, ggf. zivilrechtliche Schadensersatzansprüche, bis hin zur Strafanzeige) und sein Organisationsmodell so fortentwickeln, dass in Zukunft ähnliche Verstöße möglichst unmöglich gemacht werden.[10]

1.2 Folgerungen für die Compliance-Organisation

Die organschaftliche Legalitätspflicht ist mithin die Quelle gesellschaftsrechtlich fun- **7**
dierter Compliance-Organisationspflichten. Daraus folgt unmittelbar, dass sich nur
Organisationspflichten im Hinblick auf rechtmäßiges Verhalten, nicht aber weiterge-

---

6 Kölner Komm. AktG/*Mertens* § 76 Rn. 10 f. und § 93 Rn. 29, 45 ff.; *Hüffer* § 76 Rn. 12, 13; Großkom-
   mentar AktG/*Hopt* § 93 Rn. 86 f., 89, 107; *Fleischer* § 7 Rn. 42; Münchener Hdb. GesR/*Wiesner* § 25
   Rn. 5; *Baumbach/Hueck* § 43 Rn. 22; *Schneider/Schneider* ZIP 2007, 2065; MünchKomm AktG/
   Spindler § 76 Rn. 29, 30.
7 Großkommentar AktG/*Kort* § 76 Rn. 34, 49 f.; MünchKomm AktG/*Spindler* § 76 Rn. 19; Kölner
   Komm. AktG/*Mertens* § 76 Rn. 43.
8 Zum Ganzen vgl. *BGHZ* 127, 347; Großkommentar AktG/*Hopt* § 93 Rn. 59; Kölner Komm. AktG/
   Mertens § 76 Rn. 4 f., 88 sowie § 93 Rn. 46; *Fleischer* § 8 Rn. 28 ff., 36; *ders.* ZIP 2003, 6; *ders.* AG
   2003, 292 ff.; *Hauschka* AG 2004, 466 f.; *Lutter* GmbHR 2000, 304; *Turiaux/Knigge* DB 2004, 2205;
   KK OWiG/*Rogall* § 130 Rn. 40, 53; *Pampel* BB 2007, 1637.
9 Ausf. m.w.N. *Fleischer* § 8 Rn. 32 ff.; *ders.* AG 2003, 294 f.; ferner *BGH* GmbHR 1985, 143; *OLG
   Stuttgart* NJW 1977, 1410; *Hauschka* AG 2004, 467; *Turiaux/Knigge* DB 2004, 2205 f.; *Göhler/König*
   § 130 Rn. 11 f.; *Pampel* BB 2007, 1637.
10 KK OWiG/*Rogall* § 130 Rn. 40; zur Steigerung der Glaubwürdigkeit eines Compliance-Programmes
   durch Androhung von Sanktionen *Pampel* BB 2007, 1638.

hende Anforderungen an „ethisches" oder „moralisches" Verhalten ergeben können. Dies ist deshalb wichtig, weil in der internationalen Unternehmenspraxis, insbesondere beeinflusst durch amerikanische Vorbilder, der Brauch um sich greift, das Verhalten von Mitarbeitern durch umfassende „Codes of Ethics" zu reglementieren.[11] Dass es dabei zu Missbräuchen und Auswüchsen kommen kann, die letztlich sogar mit verfassungsrechtlichen Garantien, insbesondere mit dem Persönlichkeitsrecht von Mitarbeitern kollidieren können, ist mittlerweile aus der Praxis hinlänglich bekannt. Einschlägiges Negativbeispiel ist der Kodex des U.S.-amerikanischen Einzelhandelskonzerns Wal Mart, der Liebesbeziehungen zwischen Mitarbeitern verbieten wollte.[12] In dieselbe Kategorie fällt der vor einiger Zeit bekannt gewordene Fall des Logistikunternehmens UPS, das männlichen Mitarbeitern das Tragen von Vollbärten untersagte.[13] In diesem Zusammenhang ist auf eines ganz klar hinzuweisen: (Pseudo-)ethische Vorschriften dieser Art müssen von Rechts wegen nicht sein; entscheidet sich ein Unternehmen gleichwohl dafür, erfolgt dies auf freiwilliger Basis.

8 Eine zweite Folgerung ergibt sich aus dem weiten Organisationsermessen, das dem Geschäftsleiter grundsätzlich zusteht. Nicht jeder Compliance-Verstoß, der in Unternehmen geschieht, ist zugleich ein Indiz oder gar ein Beweis für das Fehlen einer hinreichenden Compliance-Organisation.[14] Im Gegenteil: ein Pflichtenverstoß im Hinblick auf die organisierte Rechtschaffenheit des Unternehmens kann nur dann vorliegen, wenn eine Compliance-Organisation vollständig fehlt oder die vorhandene Organisation evident unangemessen ist. Das kann etwa dann der Fall sein, wenn Compliance vollständig auf nachgeordnete Ebenen delegiert wird und keinerlei Restverantwortung für Compliance innerhalb der Geschäftsleitung verbleibt. Es ist also zumindest erforderlich, dass eine direkte, möglichst kurze Berichtslinie von dem Compliance-Verantwortlichen (Chief Compliance Officer) zu einem Mitglied der Geschäftsleitung existiert. Ein organschaftlicher Pflichtenverstoß ist ferner denkbar, wenn die Compliance-Organisation die wesentlichen Compliance-Risiken des Unternehmens nicht abdeckt. Tätigt das Unternehmen bspw. erhebliche Umsätze mit staatseigenen Unternehmen in Ländern, die für Korruption bekannt sind, werden organisatorische Maßnahmen zur Vermeidung von Korruptionsdelikten zur Pflicht. Fertigt ein Unternehmen Produkte, die beim Auftreten von Produktfehlern Gefahren für Leib und Leben der Kunden bergen können, sind – unabhängig von spezialgesetzlichen Pflichten – organisatorische Maßnahmen zur Sicherstellung der Produktsicherheit unabdingbar.

9 Schließlich kann ein organschaftlicher Pflichtenverstoß vorliegen, wenn die Ausstattung der Compliance-Organisation evidentermaßen ungenügend ist. Ein einzelner Compliance-Beauftragter kann bspw. nicht für die Rechtschaffenheit eines weit verzweigten, international tätigen Konzerns sorgen.

---

11 Vgl. zu Codes of Conducts und Verhaltensrichtlinien *Rodewald/Unger* BB 2007, 1630 mit Fn. 16.

12 Vgl. hierzu auch das Urteil des *LAG Düsseldorf* v. 14.11.2005, 10 TaBV 46/05 (nicht rechtskräftig); das Gericht hielt die in einer Wal Mart-Richtlinie enthaltene Einschränkung von Liebesbeziehungen unter Kollegen für generell unzulässig. Diese greife tief in die Persönlichkeitsrechte der Arbeitnehmer ein und verstoße gegen Art. 1 und Art. 2 GG, abrufbar unter www.ratgeberrecht.eu/arbeitsr-aktuell/gericht-kippt-wal-mart-ethikrichtlinie.html.

13 Vgl. hierzu die Meldung von Welt online v. 6.9.2007, abrufbar unter www.welt.de/wirtschaft/article1161436/Was_UPS_seinen_Mitarbeitern_alles_verbietet.html.

14 Dies stellen im internationalen Kontext die U.S. Federal Sentencing Guidelines unter § 8 B 2.1 (a) klar: „The failure to prevent or detect the instant offense does not necessarily mean that the program is not generally effective in preventing and detecting criminal conduct."

Liegt ein organschaftlicher Pflichtenverstoß vor, kann dies für den pflichtwidrig han- **10** delnden Geschäftsleiter zum Widerruf seiner Organbestellung, zur Kündigung seines Dienstvertrages und zur Haftung auf Schadensersatz führen.[15]

1.3 Enthaftung durch Zertifizierung?

Die Diskussion um das Thema Compliance hat eine Vielzahl unterschiedlicher Compli- **11** ance-Standards hervorgebracht, die als Grundlage für die Entwicklung unternehmens-spezifischer Compliance-Programme und damit der Erfüllung der entsprechenden Geschäftsleiterpflichten dienen.[16] Neben der Einrichtung eines Compliance-Programms zählt dessen laufende Überprüfung auf Geeignetheit und Effektivität zu den wesentlichen Pflichten der Geschäftsleitung. Mit dem Prüfungsstandard PS 980 „Prüfung von Compliance-Management-Systemen" vom 11.3.2011 stellt das Institut der Wirtschaftsprüfer in Deutschland e.V. (IDW) einen Rahmen zur Verfügung, der den Inhalt freiwilliger Prüfungen von Compliance-Programmen und die diesbezügliche Berufsauffassung der Wirtschaftsprüfer darlegt. Ob mit einer derartigen Prüfung und einer Bescheinigung der Effektivität des Compliance-Programms jedoch auch eine Enthaftung der Geschäftsleitung einhergeht, ist unter zwei Gesichtspunkten sehr zweifelhaft.[17]

Erstens verkennt die Fokussierung auf eine *betriebswirtschaftliche Prüfung*, dass die **12** Erfüllung der gesellschafts- und strafrechtlichen Organisationspflichten eine *Rechtsfrage* darstellt, die mit entsprechender juristischer Expertise und unter Nutzung praktischen juristischen Erfahrungswissens zu prüfen ist. Soll eine Wirksamkeitsprüfung tatsächlich einem „objektivierten Nachweis der ermessensfehlerfreien Ausübung [der] Leitungspflicht dienen",[18] so ist die Prüfung in erster Linie von juristischen Beratern durchzuführen, die über einschlägige Erfahrungen und Spezialwissen bei der Einordnung bestimmter Verhaltensweisen etwa in Fragen des Antikorruptionsrechts oder des Wettbewerbsrechts verfügen.

Zweitens geht das vorgesehene Prüfungsprogramm mit seiner Fokussierung auf die **13** Beschreibung des Compliance Programms[19] am Kern des Prüfungszwecks vorbei – der Sicherstellung der *praktischen* Wirksamkeit des Programms. Dies wird besonders evident durch die Vorgabe eines Hinweises in den Auftragsbedingungen, „dass keine Prüfungssicherheit über die tatsächliche Einhaltung von Regeln erlangt wird, sondern ausschließlich die in der CMS-Beschreibung getroffenen Aussagen zum CMS beurteilt werden".[20] Ein effektives Compliance Programm, das zu einer Enthaftung der Geschäftsleitung im Hinblick auf deren Organisationspflichten führen kann, erfordert mehr als nur die Existenz des Programms auf dem Papier. Dies haben insbesondere die großen Compliance-Skandale der jüngeren Zeit gezeigt.

---

15 § 93 AktG; §§ 38, 43 GmbHG; *Hüffer* § 93 Rn. 11, § 84 Rn. 39; *Baumbach/Hueck* § 35 Rn. 220, § 43 Rn. 14 ff.

16 Vgl. etwa die OECD-Leitsätze für Multinationale Unternehmen, Ausgabe 2011, abrufbar unter www.oecd.org/daf/internationalinvestment/guidelinesformultinationalenterprises/48808708.pdf; weitere Standards sind in Anlage 1 des IDW-Prüfungsstandard PS 980 „Prüfung von Compliance-Management-Systemen" v. 11.3.2011 aufgeführt.

17 Eingehend *Rieder/Falge* BB 2013, 778 ff.; *Rieder/Jerg* CCZ 2010, 201 ff., s. aber auch 4. Kap. Rn. 132 ff.

18 *IDW* PS 980, Tz. 1.

19 *IDW* PS 980, Tz. 12: „Gegenstand der Prüfung sind die in einer CMS-Beschreibung enthaltenen Aussagen über das CMS".

20 *IDW* PS 980, Tz. 30.

14 Die von Rechtsprechung und Literatur aufgestellten Anforderungen an eine Enthaftung durch Einholung professionellen Rats[21] werden daher durch eine Zertifizierung nach IDW PS 980 in aller Regel nicht erfüllt.[22]

1.4 Rechtsformspezifische Besonderheiten

15 Besonderheiten für die Ausgestaltung der Compliance-Organisation können sich aus der Rechtsform und der Konzernstruktur eines Unternehmens bzw. Unternehmensverbundes ergeben. Die strengsten Anforderungen gelten in der Aktiengesellschaft. Dort sind die Vorstandsmitglieder zur eigenverantwortlichen Leitung der Gesellschaft verpflichtet (§ 76 Abs. 1 AktG). Sie unterliegen im Grundsatz nicht den Weisungen der Gesellschafter (Aktionäre) oder des Aufsichtsrates. Korrelat dieser Freiheit ist die besondere Verantwortung für die Sicherstellung der Rechtschaffenheit im Unternehmen.[23] Die Pflicht zur Einrichtung eines Überwachungssystems für bestandsgefährdende Entwicklungen, § 91 Abs. 2 AktG, normiert nur einen engen Ausschnitt hinsichtlich der diesbezüglichen Organisationspflichten des Vorstands einer Aktiengesellschaft.[24] Im Gegensatz zum Verständnis der Betriebswirtschaftslehre und Prüfungspraxis umfasst § 91 Abs. 2 AktG nach der herrschenden gesellschaftsrechtlichen Auffassung gerade nicht den Aufbau eines umfassenden Risikomanagementsystems.[25]

16 Im Vertragskonzern bezieht sich diese Verantwortung ohne Weiteres auch auf die Tochterunternehmen. Die konzernrechtlichen Instrumentarien, insbesondere das Weisungsrecht gegenüber der Geschäftsleitung eines konzernierten Tochterunternehmens erleichtern einerseits eine konzernweite durchgehende Compliance-Organisation. Sie führen andererseits dazu, dass diese konzernrechtlichen Gestaltungsmöglichkeiten auch genutzt werden müssen, um eine möglichst effiziente Compliance-Organisation auf die Beine zu stellen.[26]

17 Im faktischen Konzern besteht, falls die beherrschte Gesellschaft in der Rechtsform der Aktiengesellschaft existiert, ein solches Weisungsrecht nicht. Dort ist aber immerhin eine faktische Einflussnahmemöglichkeit regelmäßig gegeben. Diese Einflussmöglichkeit ist auch zu nutzen, um die organisierte Rechtschaffenheit der beherrschten Tochterunternehmen sicherzustellen. Zumindest insoweit dürfte eine gewisse Konzernleitungspflicht heute anzuerkennen sein.[27]

18 Häufig werden dieser Betrachtungsweise in der Praxis die Haftungsrisiken entgegengehalten, die bei Einflussnahmen im faktischen Konzern bestehen (§§ 311, 317 AktG). Dabei handelt es sich um eine Scheindiskussion. Denn Voraussetzung für eine Haftung des herrschenden Unternehmens ist, dass sich die Einflussnahme nachteilig auf das beherrschte Unternehmen auswirkt. Weshalb und unter welchen Umständen es für ein beherrschtes Unternehmen nachteilig sein soll, wenn das herrschende Unter-

---

21 Vgl. *ders.* NZG 2010, 121, 122 ff.; *OLG Stuttgart* ZIP 2009, 2386; *Fleischer* FS Hüffer, 2010, S. 187 ff.; *BGH* BB 2011, 2960; DStR 2007, 1641; BB 2007, 1801; *ders.* ZIP 2009, 1397 ff.
22 So auch *Böttcher* NZG 2011, 1054.
23 Vgl. zu den korrespondierenden Überwachungspflichten des Aufsichtsrats *Lutter* FS Hüffer, 2010, S. 617 ff. sowie *Winter* FS Hüffer, 2010, S. 1103, 1118 ff.
24 *Bürkle* BB 2005, 565, 567; a.A. *Dreher* FS Hüffer, 2010, S. 161, 168 ff., der die Pflicht zur Einrichtung einer Compliance-Funktion allein aus § 91 Abs. 2 AktG ableitet.
25 Vgl. *Kort* NZG 2008, 81, 82; ähnlich MünchKomm AktG/*Spindler* § 91 Rn. 3.
26 Vgl. z.B. *Schneider/Schneider* ZIP 2007, 2063; a.A. *Koch* WM 2009, 1013, 1020, der eine umfassende Compliance-Organisation innerhalb des Konzerns nicht für verpflichtend hält.
27 *Ringleb/Kremer/Lutter/von Werder* Rn. 616.

Rieder/Falge

nehmen organisatorische Maßnahmen ergreift, um die Rechtschaffenheit im Handeln des Tochterunternehmens, ihrer Organmitglieder und Mitarbeiter herzustellen, lässt sich jedenfalls im Grundsatz nicht erkennen.

Bei der GmbH gelten im Ansatz vergleichbare Grundsätze wie in der Aktiengesell- **19** schaft. Die Geschäftsleiterverantwortung ist dort insoweit abgemildert, als eine (wirksame und rechtmäßige) Weisung der Gesellschafter zur Enthaftung der Geschäftsführung führt.[28] Gleichwohl tut auch ein Unternehmen in der Rechtsform der GmbH gut daran, eine Compliance-Organisation einzurichten, die der nationalen und internationalen Verkehrssitte (best practice) entspricht. Die Pflicht zur Einrichtung eines Risikomanagementsystems i.S.d. § 91 Abs. 2 AktG gilt (analog) auch für die GmbH.[29]

2. Strafrechtliche Organisationspflichten

Neben dem Gesellschaftsrecht enthält das Strafrecht, namentlich das Ordnungswid- **20** rigkeitenrecht, Rechtsquellen für Organisationspflichten, die sich auf die Compliance-Organisation im Unternehmen unmittelbar auswirken.[30] Einschlägig sind insoweit insbesondere die §§ 9, 30 und 130 OWiG.

§ 30 OWiG eröffnet die Möglichkeit, Geldbußen gegen juristische Personen und Per- **21** sonenvereinigungen zu verhängen. Voraussetzung dafür ist, dass Organmitglieder oder bestimmte weitere Personen in leitender Stellung eine Straftat oder Ordnungswidrigkeit begehen, durch die Pflichten verletzt werden, welche die juristische Person treffen oder durch die die juristische Person bereichert wird oder werden soll. In einem solchen Fall kann gegen die juristische Person eine Geldbuße festgesetzt werden, die bei Vorsatztaten bis zu 1 Mio. EUR und bei fahrlässigen Straftaten bis zu 500 000 EUR beträgt (§ 30 Abs. 2 OWiG).[31] Dieser Rahmen kann aber leicht überschritten werden, denn die Geldbuße soll auch den wirtschaftlichen Vorteil, den der Täter aus der Tat gezogen hat, übersteigen (§ 30 Abs. 3 i.V.m. § 17 Abs. 4 OWiG).

Ein Beispiel aus der jüngeren Vergangenheit zeigt dies anschaulich: § 30 OWiG ist **22** bspw. einschlägig bei Korruptionstaten und ihren typischen Begleitdelikten wie etwa Steuerhinterziehung. Im Fall Siemens führte dies im Jahr 2007 im Hinblick auf einen bestimmten Tatkomplex zu einer Sanktion nach § 30 OWiG in Höhe von insgesamt 201 Mio. EUR. Davon entfielen 1 Mio. EUR auf die reine Geldbuße nach § 30 Abs. 2 S. 1 Nr. 1 OWiG und 200 Mio. EUR auf die Gewinnabschöpfung nach § 30 Abs. 3 i.V.m. § 17 Abs. 4 OWiG.[32]

---

28 Vgl. nur *Baumbach/Hueck* § 43 Rn. 33, 34 m.w.N.
29 Vgl. *Roth/Altmeppen/Altmeppen* § 41 Rn. 15, § 43 Rn. 17, der davon ausgeht, dass § 91 Abs. 2 AktG lediglich die jeden Geschäftsleiter einer Kapitalgesellschaft treffende Pflicht zur Überwachung bestandsgefährdender Risiken präzisiert; ebenso *Claussen/Korth* FS Lutter, 2000, S. 327, 337 ff.; *Hommelhoff* FS Sandrock, 2000, S. 373 ff.
30 Nach *Moosmayer* NJW 2012, 3013, findet Compliance „ihre Rechtsgrundlage in der im Bußgeldtatbestand des § 130 OWiG geregelten und nach außen wirkenden Rechtspflicht der Unternehmensleitung, die von ihr verantworteten unternehmerischen Aktivitäten dergestalt zu organisieren und zu überwachen, dass sie mit dem geltenden Recht in Einklang stehen."
31 Gem. § 30 Abs. 2 S. 1 OWiG in der Fassung des Achten Gesetzes zur Änderung des Gesetzes gegen Wettbewerbsbeschränkungen (8. GWB-ÄndG) können Geldbußen bis zu 10 Mio. EUR bei Vorsatztaten und bis zu 5 Mio. EUR bei fahrlässigen Straftaten betragen, so dass sich der ursprüngliche Rahmen verzehnfacht.
32 Vgl. Financial Times Deutschland v. 5./6./7.10.2007, S. 1.

23 Das Beispiel zeigt: Rechtsverstöße, auch wenn sie im vermeintlichen Interesse des Unternehmens begangen werden, können drastische Sanktionen nicht nur für den einzelnen Täter, sondern für das ganze Unternehmen nach sich ziehen. Daher ist es geboten, durch organisatorische Maßnahmen sicherzustellen, dass solche Rechtsverstöße möglichst nicht vorkommen. § 30 OWiG flankiert damit die bereits aus der allgemeinen Geschäftsleiterverantwortung folgende Pflicht zur Einrichtung einer Compliance-Organisation.

24 § 130 OWiG wird im Hinblick auf Organisationspflichten noch konkreter: Ordnungswidrig handelt danach, wer als Inhaber eines Betriebes oder Unternehmens vorsätzlich oder fahrlässig diejenigen Aufsichtsmaßnahmen unterlässt, welche erforderlich sind, um im Unternehmen Zuwiderhandlungen gegen Pflichten zu verhindern, die den Inhaber als solchen treffen und deren Verletzung mit Strafe oder Geldbuße bedroht ist, wenn eine solche Zuwiderhandlung begangen wird, die durch gehörige Aufsicht verhindert oder wesentlich erschwert worden wäre. Zu den erforderlichen Aufsichtsmaßnahmen zählen nach § 130 Abs. 1 S. 2 OWiG insbesondere die Bestellung, sorgfältige Auswahl und Überwachung von Aufsichtspersonen.[33] Auch hier ist der Sanktionsrahmen grundsätzlich Geldbuße bis zu 1 Mio. EUR (§ 130 Abs. 3 S. 1 OWiG). Eine höhere Geldbuße ist möglich, wenn die begangene Pflichtverletzung, die durch gehörige Aufsicht hätte vermieden werden sollen, mit höheren Sanktionen belegt ist (§ 130 Abs. 3 S. 2 und 3 OWiG).[34] § 130 OWiG ist daher das direkte strafrechtliche Analogon zur gesellschaftsrechtlichen Organisationspflicht im Hinblick auf die Rechtschaffenheit im Unternehmen.

25 Schließlich ist noch auf § 9 OWiG hinzuweisen. Die Vorschrift betrifft Delikte, für deren Tatbestandsmäßigkeit besondere persönliche Merkmale erforderlich sind, wie bspw. die Institutseigenschaft im Bereich der Pflicht zur Identifizierung von Personen nach dem Geldwäschegesetz, §§ 17 Abs. 1 Nr. 1, 2 Abs. 1–3, 1 Abs. 4 GwG. In diesem Fall reicht es gem. § 9 Abs. 1 OWiG, dass dieses Merkmal beim Unternehmen vorliegt. Ist das der Fall, handelt der Vertreter des Unternehmens selbst ordnungswidrig, auch wenn bei ihm persönlich dieses Merkmal nicht vorliegt. Gleiches kann nach der Rechtsprechung des BGH auch im Bereich einer möglichen Strafbarkeit nach dem StGB gelten. Die Strafbarkeit einer Führungskraft setzt nicht zwingend voraus, dass diese ein Delikt eigenhändig begangen hat.[35] Daraus wird deutlich, dass Geschäftsleiter nicht nur in der Pflicht stehen, für die Einhaltung der das Unternehmen treffenden Pflichten zu sorgen. Sie werden strafrechtlich letztlich mit dem Unternehmen gleichgestellt und tragen damit ein nicht unerhebliches persönliches Risiko der Strafbarkeit für unternehmensbezogene Delikte.[36]

---

33 *Bohnert* § 130 Rn. 20; KK OWiG/*Rogall* § 130 Rn. 52.
34 Vgl. die gegen Siemens am 15.12.2008 ergangene Geldbuße i.H.v. 395 Mio. EUR wegen „unzureichender Kontrolle ihrer Geschäftsaktivitäten", Ad-hoc-Mitteilung der Siemens AG v. 15.12.2008, sowie die gegen Konzerngesellschaften der MAN SE am 10.12.2009 ergangenen Geldbußen i.H.v. insgesamt 150 Mio. EUR wegen „des Verdachts von zurechenbaren Korruptionshandlungen im Zeitraum von 2002–2009", Ad-hoc-Mitteilung der MAN SE v. 10.12.2009. Gem. § 130 Abs. 3 S. 2 OWIG i.d.F. des 8. GWB-ÄndG verzehnfacht sich das Höchstmaß der Geldbuße.
35 Vgl. exemplarisch die Entscheidungen *BGH* JZ 1971, 507 – Contergan sowie *BGH* NJW 1990, 2930 – Lederspray.
36 Eine gewisse Begrenzung dieses persönlichen Strafbarkeitsrisikos ist i.R.d. (ordnungsgemäßen) Delegation von Compliance-Verantwortlichkeiten auf nachgeordnete Stellen denkbar, vgl. *BGH* ZIP 2009, 1867, 1869 zur möglichen strafrechtlichen Garantenpflicht von Compliance Officern; ebenso *Kraft/Winkler* CCZ 2009, 29, 31 f.

Aus alledem wird deutlich, dass die im Ordnungswidrigkeitenrecht enthaltenen Orga- **26** nisationspflichten die gesellschaftsrechtlichen Organisationspflichten hinsichtlich der Sicherstellung organisierter Rechtschaffenheit im Unternehmen ergänzen und flankieren. Gleichwohl ist es wichtig, hierbei das richtige Rangverhältnis im Auge zu behalten. An erster Stelle stehen die gesellschaftsrechtlichen Pflichten; denn sie begründen eine allgemeine Legalitätspflicht, aus der entsprechende Organisationspflichten erwachsen. Die Pflichten des Ordnungswidrigkeitenrechtes setzen dagegen stets einen strafbaren oder zumindest ordnungswidrigen Compliance-Verstoß voraus und sind daher im Ausgangspunkt enger als die gesellschaftsrechtliche Legalitätspflicht. In praktischer Hinsicht darf allerdings nicht übersehen werden, dass die im täglichen Leben besonders relevanten Compliance-Felder durchgängig straf- bzw. bußgeldbewehrt sind, wie nicht zuletzt ein Blick auf die Bereiche Korruption,[37] Geldwäsche, Steuerhinterziehung, Insiderrecht, Kapitalmarktpublizität, Kartellrecht und Produktsicherheit zeigt. Insoweit treten die ordnungswidrigkeitenrechtlichen Organisationspflichten gleichberechtigt neben die diesbezüglichen gesellschaftsrechtlichen Pflichten.

Auf Ebene des Strafrechts ist schließlich im Hinblick auf Compliance-Pflichten die **27** mögliche Geschäftsleiterhaftung wegen Unterlassens zu beachten, auch soweit es um Straftaten aus dem Unternehmen heraus gegenüber Dritten geht. Eine derartige Garantenpflicht gegenüber unternehmensexternen Dritten hat der BGH für den Leiter der Rechtsabteilung und Innenrevision einer Anstalt des öffentlichen Rechts angenommen und in einem *obiter dictum* ausdrücklich eine regelmäßige Garantenstellung von Compliance Officern für die Verhinderung von aus dem Unternehmen heraus begangenen Straftaten postuliert.[38]

3. Spezialgesetzliche Compliance-Pflichten

Neben den allgemeinen gesellschaftsrechtlichen und ordnungswidrigkeitenrechtlichen **28** Grundlagen einer Compliance-Organisation existieren spezialgesetzliche Compliance-Vorschriften. Einige dieser Vorschriften, wie z.B. § 12 Abs. 1 AGG,[39] sind grundsätzlich auf alle Unternehmen anwendbar, andere Vorschriften hingegen lediglich branchen- oder tätigkeitsspezifisch. Letzteres gilt bspw. für die besonderen Compliance-Pflichten von Finanzdienstleistern,[40] Banken und Versicherungen oder die zusätzlichen Organisationspflichten, denen börsennotierte Unternehmen im Hinblick auf die Vermeidung von Insiderhandel und zur Sicherstellung der Ad-hoc-Publizität unterliegen.[41] Historisch handelt es sich dabei um die vermeintlich älteren, jedenfalls früher entdeckten Compliance-Pflichten. Vermeintlich älter deshalb, weil die aus dem Gesellschafts- und dem Ordnungswidrigkeitenrecht fließenden Organisationspflichten ihrerseits seit viel

---

37 Nach einem Urteil des BGH im Fall Siemens v. 29.8.2008 (2 StR 587/07) stellt bereits das Vorhalten von Geldern in einer „Schwarzen Kasse" einen Vermögensnachteil und damit eine vollendete Untreue zum Nachteil des Unternehmens dar (vgl. auch *Leipold/Beukelmann* NJW-Spezial 2008, 600).

38 *BGH* ZIP 2009, 1867, 1869; krit. hierzu *Campos Nave/Vogel* BB 2009, 2546, 2547 f.; *Kraft/Winkler* CCZ 2009, 29, 31 f.; eingehend zur strafrechtlichen Garantenstellung von Geschäftsleitern *Roxin* Strafrecht Allgemeiner Teil Band II, 2003, § 32 Rn. 134 ff.

39 Vgl. zur Pflicht, die zum Schutz der Beschäftigten vor Benachteiligung erforderlichen Maßnahmen zu ergreifen *Müller-Bonanni* BB-Special Compliance 2008, 28 f.

40 Vgl. *Lösler* WM 2008, 1098 ff.; *Veil* WM 2008, 1093 ff.

41 Vgl. etwa § 25a Abs. 1 KWG, § 14 Abs. 1 und 2 GwG, §§ 15, 33 WpHG.

längerer Zeit existieren, nur wurden sie erst in jüngerer Zeit als allgemeine Rechtsquellen der Compliance-Organisation entdeckt.[42]

29 Daraus erklärt sich auch die vor einigen Jahren geführte Debatte, ob sich aus den spezialgesetzlichen Compliance-Pflichten im Wege einer Gesamtanalogie eine allgemeine rechtliche Grundlage für Compliance ableiten lasse.[43] Dies war eine letztlich nicht erforderliche Diskussion; denn wie wir heute wissen, folgen Compliance-Pflichten bereits aus dem Gesellschaftsrecht und dem Ordnungswidrigkeitenrecht, wie oben ausführlich dargelegt wurde. Insbesondere in Konzernen können spezialgesetzliche Organisationspflichten denn auch nur innerhalb der gesellschaftsrechtlich gesetzten Grenzen bestehen.[44]

4. Rechtsvergleichender Ausblick: Die USA als „Mutterland" der Compliance?

30 Die USA werden nach wie vor vielfach als das Mutterland der modernen Compliance-Bewegung angesehen. Wie dargelegt ist dies jedenfalls im grundsätzlichen Ausgangspunkt so nicht zutreffend. Compliance verstanden als organisierte Rechtschaffenheit des Unternehmens im Geschäftsverkehr ist eine moderne Ausprägung des seit langem bekannten Leitbildes eines ehrbaren Kaufmanns. Nichtsdestotrotz ist nicht zu übersehen, dass die daraus für den modernen Geschäftsverkehr und moderne, komplexe Unternehmens- und Konzernstrukturen abzuleitenden konkreten Folgerungen in den USA viel früher diskutiert wurden als in Europa und auch in Deutschland, und dass uns daher die USA nach wie vor in der konkreten Umsetzung der Anforderungen an eine ordnungsgemäße Compliance weit voraus sind. Rechtliche Grundlage der Compliance in den USA sind insbesondere die „US Federal Sentencing Guidelines", und dort namentlich der Abschnitt über die Unternehmensstrafe.[45] Flankiert und verschärft wurde das Recht der Compliance für börsennotierte Unternehmen zuletzt maßgeblich durch den Sarbanes Oxley Act.[46] Die Aufdeckung von Verstößen durch Unternehmensmitarbeiter wurde ferner durch den Dodd-Frank-Act[47] deutlich incentiviert, der in § 922 eine Belohnung für originäre Hinweise auf den Behörden bislang nicht bekannte Umstände im Hinblick auf die Verletzung von U.S. wertpapierrechtlichen Vorschriften in Höhe von insgesamt 10 % bis 30 % einer erfolgreich verhängten Strafe vorsieht. Unter die Kategorie wertpapierrechtlicher Vorschriften fällt dabei auch der US Foreign Corrupt Practices Act (FCPA),[48] der u.a. die Bestechung ausländischer Amtsträger sanktioniert.

---

42 *Bürkle* BB 2005, 566.

43 *Bürkle* BB 2005, 566, 568; *Fleischer* ZIP 2003, 1 spricht von einer Schrittmacherfunktion des Wirtschaftsaufsichtsrechts für das Gesellschaftsrecht.

44 *Veil* WM 2008, 1093, 1096.

45 Vgl. *Hauschka* § 1 Rn. 40 f.

46 Abrufbar unter www.sec.gov/about/laws/soa2002.pdf.

47 Dodd-Frank Wall Street Reform and Consumer Protection Act, in Kraft getreten am 21.7.2010, abrufbar unter www.sec.gov/about/laws/wallstreetreform-cpa.pdf.

48 „FCPA", 15 U.S.C. §§ 78m, 78 dd; abrufbar unter www.justice.gov/criminal/fraud/fcpa/statutes/regulations.html; zur Interpretation durch die U.S. Behörden vgl. den „Resources Guide to the U.S. Foreign Corrupt Practices Act" des U.S. Department of Justice und der U.S. Securities and Exchange Commisson, abrufbar unter www.justice.gov/criminal/fraud/fcpa/guide.pdf.

4.1 Kapitel 8 der US Federal Sentencing Guidelines

Die USA kennen seit langem, anders als bspw. Deutschland, die Unternehmensstrafe. **31** Wenngleich auch in Deutschland seit einiger Zeit Diskussionen darüber geführt werden, ob neben § 30 OWiG auch eine Kriminalstrafe für Unternehmen eingeführt werden soll,[49] ist es in anderen Ländern, einschließlich den USA schon lange anerkannt, dass auch juristische Personen und sonstige Personenvereinigungen als solche „bestraft" werden können und sollen. Bekanntlich ist das Recht der Strafzumessung in den USA, anders als in Deutschland, sehr detailliert geregelt. Wesentliche Rechtsgrundlage sind die besagten „US Federal Sentencing Guidelines", die regelmäßig überarbeitet und aktualisiert werden. Kap. 8 der „US Federal Sentencing Guidelines" enthält demgemäß ausführliche und spezielle Strafzumessungserwägungen für Unternehmen.

Das Unternehmen soll zur Wiedergutmachung des von ihm verursachten Schadens **32** verurteilt werden. Die Strafhöhe soll sich an der Schwere der Tat orientieren. Diese wird entweder über die Höhe des erlangten Vorteils, die Höhe des verursachten Schadens oder über eine Schadenstabelle bestimmt, je nachdem, welcher Betrag höher ist. Die Schwere der Schuld wird durch sechs Faktoren konkretisiert, von denen vier strafverschärfend und zwei strafmildernd sind.[50] Diese Faktoren werden in einer konkreten Handlungsanweisung ausgewertet, um die Schwere der Schuld („Culpability Score") zu bestimmen. Strafschärfend wirken sich aus:

– die Beteiligung an einer oder Duldung einer strafbaren Handlung,
– die Vorgeschichte des Unternehmens,
– die Verletzung einer gerichtlichen Anordnung und
– eine Behinderung der Justiz.

Strafmindernd wirken sich aus: **33**

– das Vorhandensein eines effektiven Compliance- und Ethik-Programms, sowie
– eine Selbstanzeige, die Kooperation mit den Ermittlungsbehörden oder die Übernahme der Verantwortung.

Schließlich ist auch für Unternehmen vorgesehen, dass die Strafe zur Bewährung ausgesetzt werden kann. **34**

Insbesondere hinsichtlich eines effektiven Compliance-Programms enthalten die „US **35** Federal Sentencing Guidelines" in § 8 B 2.1 konkrete Vorgaben und verpflichten die Geschäftsleitung, für die Einrichtung eines Compliance-Programms sowie einer Compliance-Organisation zu sorgen und sicherzustellen, dass die Vorgaben im Unternehmen von allen Mitarbeitern eingehalten werden. Das Unternehmen hat darüber hinaus regelmäßig mögliche Compliance-Risiken zu evaluieren und das Compliance-Programm entsprechend fortzuentwickeln. Gleiches gilt für den Fall, dass strafbare Handlungen aufgedeckt werden.

Daraus wird ersichtlich, dass das amerikanische Recht – entsprechend der kasuistisch **36** veranlagten angloamerikanischen Rechtstradition – sehr konkrete Vorgaben und Vor-

---

49 Vgl. bspw. KK OWiG/*Rogall* § 30 Rn. 251; *Weber-Rey* AG 2012, 365; jüngere Beiträge zusammenfassend *Kindler* wistra 2012, 60.
50 Vgl. dazu auch den Vorschlag von Sieber, durch Richtlinien für das Straf- und Bußgeldverfahren auch in Deutschland Anreize zur Installation von Compliance-Programmen zu setzen (*Sieber* FS Tiedemann, 2008, S. 449, 482).

schläge für die Ausgestaltung der Compliance-Organisation eines Unternehmens enthält. Sofern deutsche Unternehmen dem internationalen Anwendungsbereich des amerikanischen Strafrechts unterliegen, sind diese Vorgaben für sie ohnehin verbindlich. Dies betrifft bspw. deutsche Unternehmen, die in den USA als Wertpapieremittent registriert sind und deren Wertpapiere an den Börsen in den USA gehandelt werden, die damit bspw. auch dem FCPA unterliegen. Sie müssen damit rechnen, bei Verstößen gegen dieses Gesetz nach amerikanischem Recht bestraft zu werden und ein Strafmaß zugemessen zu bekommen, welches den Vorgaben von Kap. 8 der US Federal Sentencing Guidelines folgt.

37 Bisweilen wird die Auffassung vertreten, damit habe es aber auch sein Bewenden. Im Übrigen seien die amerikanischen Compliance-Vorstellungen kaum geeignet, Vorbild für die Ausgestaltung des Compliance-Programms in deutschen oder europäischen Unternehmen zu sein.[51] Das überzeugt nicht. Die zur Begründung dieser Ansicht üblicherweise herangezogenen Erwägungen, insbesondere zu den vermeintlich grundsätzlichen Unterschieden zwischen der kontinentaleuropäischen und der angloamerikanischen Rechtstradition und der jeweiligen Rechtssysteme, gehen fehl. Denn die grundsätzlichen Unterschiede zwischen Civil Law und Common Law spielen keine Rolle, wenn es um die konkrete Ausgestaltung von Compliance-Programmen im Einzelnen geht. Im Gegenteil: die von der konkreten Fallanschauung geprägte, kasuistisch veranlagte US-amerikanische Denkweise ist in besonderer Weise hilfreich, um die sehr abstrakten Organisationsvorgaben, welche das deutsche Gesellschaftsrecht und Ordnungswidrigkeitenrecht für Compliance-Programme enthalten, zu konkretisieren. Wir können daher in diesem Bereich von den Erfahrungen in den USA sehr viel lernen. Als Nebeneffekt kommt noch hinzu, dass die USA ohnehin rein praktisch eine Schrittmacherfunktion im internationalen Geschäftsverkehr innehaben, was die Fortentwicklung von Compliance Standards und Compliance-„Best Practices" betrifft. Es wäre daher geradezu töricht, diesen Erfahrungsschatz zu ignorieren.

4.2 Sarbanes Oxley Act

38 Die für börsennotierte U.S.-amerikanische Unternehmen geltenden Compliance-Anforderungen wurden durch den „Sarbanes Oxley Act" erheblich verschärft.

39 Der zum Schutz von Investoren im Zuge der großen Bilanzmanipulationsskandale in den USA erlassene „Sarbanes Oxley Act" aus dem Jahr 2002 zielt im Wesentlichen auf die Verbesserung der Zuverlässigkeit und Richtigkeit der Unternehmensberichterstattung. Hierzu sollen insbesondere Finanzberichterstattung, „Corporate Governance", internes Kontrollsystem und Risikomanagement beitragen und stärker gesetzlich reguliert werden.[52] Von besonderer Bedeutung sind hierbei die Vorschriften in Section 404 des „Sarbanes Oxley Acts". Diese sehen zum einen vor, dass der jährliche Finanzbericht auch einen Bericht über die internen Kontrollsysteme des Unternehmens enthalten muss und zudem auf die Verantwortlichkeit des Managements für die Einrichtung und Aufrechterhaltung angemessener interner Kontrollsysteme im Bereich der Finanzberichterstattung hinweist. Darüber hinaus ist vorgesehen, dass der Bericht eine Einschätzung des Jahresabschlussprüfers sowie ein Testat darüber enthält, ob das Unternehmen hinsichtlich seiner Finanzberichterstattung ein effektives internes Kontrollsystem unterhält.

---

51 In diese Richtung etwa *Hauschka* § 1 Rn. 43.
52 *Menzies* Sarbanes-Oxley Act, 2006, S. 13 ff.

Weitere Organisationspflichten werden in Section 301 des „Sarbanes Oxley Act" auf- **40**
gestellt. Hierbei handelt es sich insbesondere um die Pflicht, ein unabhängiges „Audit
Committee" einzurichten, sowie die Möglichkeit für Mitarbeiter zu schaffen, dem
Audit Committee anonym Beschwerden und Hinweise zu den Themen Buchführung,
interne Kontrollen und Jahresabschlussprüfung zukommen zu lassen (**„whistleblowing"**).

Für deutsche Unternehmen, welche an einer US-amerikanischen Börse notiert sind, **41**
bedeutet dies, dass zusätzlich zu den ohnehin geltenden Regelungen des deutschen
Aktien- und Kapitalmarktrechts auch die strengen Vorschriften des „Sarbanes Oxley
Acts" eingehalten werden müssen. Dies hat zur Folge, dass auf allen Ebenen des
Unternehmens, einschließlich seiner Tochtergesellschaften, entsprechende Prozesse
etabliert werden müssen, um die Einhaltung von Section 404 des „Sarbanes Oxley
Acts" zu gewährleisten – was neben dem entsprechenden Know-how des lokalen
Managements entsprechende Investitionen in die Compliance-Organisation erfordert.

5. Rechtsvergleichender Ausblick: Das Vereinigte Königreich als Treiber für die Fortentwicklung europäischer Compliance?

Mit Inkrafttreten des U.K. Bribery Act[53] am 1.7.2011 trat neben den U.S.-amerikani- **42**
schen FCPA ein weiteres Regelungswerk, das insbesondere im Hinblick auf seinen
territorialen Anwendungsbereich[54] und die strafrechtliche Verantwortlichkeit von
Unternehmen[55] international Beachtung fand und kontrovers diskutiert wurde. Nach
dem durch offene Rechtsbegriffe geprägten Wortlaut der entsprechenden Vorschriften des U.K. Bribery Act können Unternehmen, die einen geschäftlichen Bezug zum
Vereinigten Königreich aufweisen, für Bestechunghandlungen mit dem Unternehmen
assoziierter Personen strafrechtlich zur Verantwortung gezogen werden. Beachtens-
wert ist, dass hierbei keine Prüfung der Schuldfrage vorgenommen wird[56] – der Nachweis eines effektiven Compliance Systems stellt die einzige Möglichkeit für das Unternehmen dar, sich zu exkulpieren.

Sowohl hinsichtlich des in seiner Reichweite teilweise unklaren Tatbestands der Sec- **43**
tion 7 Bribery Act 2010 als auch der Anforderungen an ein effektives Compliance
System, hat das U.K. Ministry of Justice im März 2011 einen im U.K. Bribery Act vorgesehenen[57] Leitfaden herausgegeben,[58] der beide Aspekte präzisiert und sechs Prinzipien für ein effektives Compliance System aufstellt:[59]

– Angemessenheit der Prozesse (*proportionate procedures*),
– Engagement der obersten Führungskräfte (top-level-commitment),
– Risikoanalyse (*risk assessment*),
– Überprüfung aller für das Unternehmen tätigen Personen (*due diligence*),

---

53 Bribery Act 2010 v. 8.4.2010, abrufbar unter www.legislation.gov.uk/ukpga/2010/23/contents.
54 Vgl. Section 12 Bribery Act 2010, der lediglich eine enge Verbindung („close connection") zum
    Vereinigten Königreich erfordert.
55 Vgl. Section 7 Bribery Act 2010.
56 *Kappel/Ehling* BB 2011, 2115.
57 Section 9 Bribery Act 2010.
58 „The Bribery Act 2010 – Guidance about procedures which relevant commercial organisations can
    put in place to prevent persons associated with them from bribing", abrufbar unter www.jus-
    tice.gov.uk/legislation/bribery.
59 Hierzu ausführlich *Deister/Geier/Dew* CCZ 2011, 81.

– Kommunikation, einschließlich Schulungen (*communication, including training*),
– Überwachung und Weiterentwicklung (*monitoring and review*).

44 Wie auch das U.S.-amerikanische Recht enthält nunmehr auch das Recht des Vereinigten Königreichs sehr konkrete Vorgaben und Vorschläge für die Ausgestaltung der Compliance-Organisation eines Unternehmens. Auch diese werden vom übergeordneten Prinzip der Verhältnismäßigkeit/Angemessenheit bestimmt – je nach Unternehmen und dessen Risikosituation werden unterschiedliche Anforderungen an ein effektives Compliance System gestellt.[60]

45 Mit dem Bribery Act 2010 und den hierzu ergangenen Leitlinien erhalten die bislang schon anerkannten Grundsätze ordnungsgemäßer Compliance (s. sogleich Rn. 46 ff.) ein neues Gewicht – das Vereinigte Königreich kann in diesem Punkt durchaus als Treiber für die Fortentwicklung der Compliance auf europäischer Ebene angesehen werden.

II. Grundsätze ordnungsgemäßer Compliance

46 Die Ausführungen des vorausgegangenen Abschnitts haben zweierlei gezeigt: Erstens enthält das deutsche Recht in der Geschäftsleiterverantwortung und in den Vorschriften des Ordnungswidrigkeitenrechts allgemeine Quellen für eine Rechtspflicht zur Sicherstellung organisierter Rechtschaffenheit des Unternehmens im Geschäftsverkehr. Zweitens müssen diese allgemeinen Rechtsprinzipien anhand des Einzelfalles konkretisiert und in die Unternehmenspraxis umgesetzt werden. Dabei bieten vor allem die Erfahrungen in den USA, aber auch die Entwicklungen im Vereinigten Königreich reichhaltiges Anschauungsmaterial. Es stellt sich daher die Frage, ob sich mittlerweile eine gewisse Verkehrssitte oder „Best Practice" herausgebildet hat, auf die ein Unternehmen zurückgreifen könnte und sollte, wenn es erstmalig eine Compliance-Organisation einrichtet oder seine bestehende Compliance-Organisation überprüft und fortentwickeln will. Wir meinen, dass diese Frage uneingeschränkt mit „Ja" zu beantworten ist und wollen im Folgenden versuchen, wesentliche allgemeingültige Grundsätze ordnungsgemäßer Compliance, die im Ausgangspunkt für jedes Unternehmen bedeutsam sind, zusammenzustellen. Auch diese Grundsätze bedürfen selbstverständlich der weiteren Konkretisierung anhand der Umstände des Einzelfalles. Dafür eine Hilfestellung zu leisten, ist Anliegen der weiteren Kapitel dieses Handbuches.[61]

47 Die wesentlichen, unseres Erachtens allgemeingültigen Grundsätze ordnungsgemäßer Compliance sind folgende: Compliance als Leitungsaufgabe (Tone at the top), der Grundsatz der Risikoadäquanz, Compliance als Organisationsaufgabe, die Grundsätze der Ausdrücklichkeit und der Schriftlichkeit, Compliance als Schulungsaufgabe und der Grundsatz der angemessenen Überwachung und Kontrolle.

1. Compliance als Leitungsaufgabe

48 Wie dargelegt, sind die gesellschaftsrechtlichen und ordnungswidrigkeitenrechtlichen Organisationspflichten des Geschäftsleiters die wesentliche Rechtsquelle der Compliance. Daraus folgt von Rechts wegen, dass ein unveräußerlicher Kernbereich der

---

60 *Deister/Geier/Dew* CCZ 2011, 81, 88 bezeichnen die Verhältnismäßigkeit/Angemessenheit (proportionality) als „Kernthema" der Leitlinien.
61 In diesem Zusammenhang verbieten sich schematische Lösungen. Vor kommerziell angebotenen Compliance-Komplettlösungen kann nur gewarnt werden.

Compliance in der Verantwortung des Geschäftsleiters bleiben muss und nicht delegiert werden darf. Compliance ist daher schon **de jure** eine Leitungsaufgabe.[62] **De facto** ist ein effektives Compliance-Programm schlechthin unmöglich, wenn Rechtschaffenheit im Geschäftsverkehr nicht von der Führungsmannschaft eines Unternehmens vorgelebt wird. Der richtige „**tone at the top**[63]" ist daher der erste und wichtigste Grundsatz ordnungsgemäßer Compliance. Die Geschäftsleitung muss sich ohne Wenn und Aber zu rechtmäßigem und rechtschaffenem Verhalten im Geschäftsverkehr bekennen. Sie muss klare Grenzen ziehen und unmissverständlich kommunizieren, dass das Unternehmen ausschließlich legale Geschäfte macht und auf solche Geschäfte verzichtet, die nur durch Rechtsbruch (bspw. Korruption) erlangt werden können.

Es liegt nahe, den **tone at the top** durch entsprechende Incentivierungen und De- **49** Incentivierungen zu flankieren. In die variable Vergütung einer Führungskraft sollte mit einfließen, wie erfolgreich die Compliance-Bemühungen der betreffenden Person in ihrem Verantwortungsbereich waren. Auch Aufstiegsmöglichkeiten sollten mit Compliance verbunden werden. Wer sich Compliance-Verstöße zuschulden kommen lässt oder in wessen Verantwortungskreis erhebliche Compliance-Verstöße vorgefallen sind, dessen Aufstiegsmöglichkeiten im Unternehmen sollten begrenzt sein.

2. Grundsatz der Risikoadäquanz

Der zweite wesentliche Grundsatz ordnungsgemäßer Compliance neben der rechten **50** Einstellung in der Geschäftsleitung lautet: Die Compliance-Bemühungen eines Unternehmens müssen in einem adäquaten Verhältnis zum Risikoprofil des Unternehmens stehen. Dazu ist in einem ersten Schritt eine umfassende Risikoanalyse erforderlich. Die Geschäftsleitung bzw. die von ihr beauftragten Personen müssen diejenigen Risikobereiche identifizieren, in denen das Unternehmen wesentlichen Gefahren rechtsuntreuen Verhaltens ausgesetzt ist. Wer bspw. in großem Umfang Geschäfte mit regierungsnahen Institutionen in traditionell korruptionsgefährdeten Ländern betreibt, wird um eine Anti-Korruptions-Compliance nicht herumkommen. Das 5. Kap. stellt die möglichen Bereiche umfassend dar. Aufgabe jedes einzelnen Unternehmens ist es, sich selbst einer kritischen Überprüfung zu unterziehen, welche dieser Bereiche für das Unternehmen einschlägig sind.

3. Compliance als Organisationsaufgabe

Sind die einschlägigen Risikobereiche eines Unternehmens identifiziert, müssen in **51** einem nächsten Schritt diejenigen Organisationsmaßnahmen ergriffen werden, die sicherstellen sollen, dass in den identifizierten Risikobereichen Rechtsverstöße möglichst vermieden werden. Die Erfahrung hat gezeigt, dass es in der Regel nicht ausreicht, den Ressortzuständigen für einzelne Geschäftsbereiche Rechtstreue und Rechtschaffenheit besonders ans Herz zu legen. Vielmehr ist eine spezifische Compliance-Organisation erforderlich, an deren Spitze ein Compliance-Verantwortlicher für das gesamte Unternehmen steht, in der Regel Chief Compliance Officer genannt. Der Chief Compliance Officer muss eine möglichst kurze Berichtslinie zur Geschäftslei-

---

62 MünchKomm AktG/*Spindler* § 76 Rn. 17; *Hüffer* § 76 Rn. 9a ff.; *Reichert/Ott* ZIP 2009, 2173 f.; *Roxin* Strafrecht Allgemeiner Teil Band II, 2003, § 32 Rn. 134 ff.; vgl. auch *BGH* ZIP 2009, 1867, 1869.
63 Vgl. zur Begrifflichkeit *Wolf* DStR 2006, 2000; *Bantleon/Thomann/Bühner* DStR 2007, 1983.

tung haben. Entweder sollte er direkt darunter oder mit nur einer weiteren Hierarchiestufe dazwischen angesiedelt sein. Vielfach ist der Chief Compliance Officer Jurist und als solcher in die Rechtsabteilung eines Unternehmens integriert. Andere Unternehmen setzen auf eine organisatorisch verselbstständigte Compliance-Abteilung außerhalb bzw. neben der Rechtsabteilung, vielfach auch im Rahmen von Investor Relations.[64] Das eine wie das andere Modell kann zweckmäßig sein. Einen eindeutigen **Best Practice-**Standard gibt es insoweit bislang nicht.

52 Der Chief Compliance Officer benötigt in der Regel einen organisatorischen Unterbau mit sachlichen und personellen Ressourcen. Dies müssen nicht notwendigerweise ausschließlich Vollzeitkräfte sein. Auch in einem mittelständischen Unternehmen empfiehlt es sich, die Compliance-Verantwortung nicht auf den Schultern einer einzelnen Person lasten zu lassen. Für Tochtergesellschaften und Niederlassungen sollten bestimmte Mitarbeiter – neben ihren sonstigen Aufgaben – zumindest auch für Compliance-Aufgaben mit zuständig sein.

53 Wesentlich ist dabei, dass ein zentrales Reporting zum Chief Compliance Officer des Unternehmens bzw. des Konzerns eingerichtet wird. Der Chief Compliance Officer muss also auf seine Compliance-Beauftragten in Tochtergesellschaften und Niederlassungen „durchregieren" können. Wären die Compliance-Beauftragten ausschließlich dem jeweiligen lokalen Management unterstellt, wären Interessenkonflikte und eine wenig effektive Compliance-Arbeit nahezu zwangsläufig die Folge. Einzelheiten zur Ausgestaltung einer Compliance-Organisation finden sich im 4. Kap. Rn. 1 ff., 42 ff.

4. Grundsatz der Ausdrücklichkeit und der Schriftlichkeit

54 Es versteht sich von selbst, dass die wesentlichen Compliance-relevanten Informationen in einem Unternehmen schriftlich niedergelegt sein müssen und dass die wichtigsten Compliance-kritischen Situationen in diesen schriftlichen Unterlagen ausdrücklich adressiert werden müssen, um den Mitarbeitern konkrete Handreichungen für ihr tägliches Tun zu geben. So hat es sich eingebürgert, allgemeine und grundsätzliche Bekenntnisse des Unternehmens zur Rechtschaffenheit im Geschäftsverkehr in einem schriftlichen Regelwerk, einem Code of Conduct oder Code of Ethics niederzulegen, der mit spezifischem Fokus auf die Risikobereiche des betroffenen Unternehmens die wesentlichen Compliance-Bereiche abdeckt. Flankiert werden Codes of Conduct regelmäßig durch bereichsspezifische Compliance-Richtlinien, bspw. für die Themen Korruption, Kartellrecht, Diskriminierungsfreiheit und vieles andere mehr. Diese schriftlichen Unterlagen schaffen vor allem dann Mehrwert für die tägliche Unternehmenspraxis, wenn sie nicht lediglich Verbote aufstellen, sondern zugleich Hilfestellungen enthalten, welche Verhaltensweisen in kritischen Situationen erlaubt bzw. empfehlenswert sind. Es nützt bspw. wenig, ein Verbot unangemessen hoher Bewirtungsaufwendungen zu erlassen, ohne gleichzeitig zu sagen, bis zu welchen Grenzen die Bewirtung von Geschäftspartnern grundsätzlich zulässig und unproblematisch ist.

55 Zum Schriftlichkeitsgrundsatz gehört auch die Verwendung von alltagstauglichen Mustern und Formularen. So sollte bspw. im Bereich der Korruptionsbekämpfung die Einbindung von Vertriebsmittlern und Intermediären auf Basis standardisierter „Due Diligence"-Fragebögen bewertet werden.[65] Kommt es zum Vertragsschluss mit einem

---

64 Vgl. auch *Rodewald/Unger* BB 2007, 1630.
65 Vgl. etwa Münchener Vertragshandbuch/*Rieder* Band 4, 7. Aufl. 2012, Form X.2.

solchen Vertriebsmittler, sollten standardmäßige Compliance-Klauseln verwendet werden.[66] Für Einzelheiten s. auch 6. Kap. Rn. 363 ff.

5. Compliance als Schulungsaufgabe

Rechtstreues Verhalten fällt nicht vom Himmel und auch der Erlass von Compliance- **56** Richtlinien allein bietet noch wenig Gewähr dafür, dass sich sämtliche Führungskräfte und Mitarbeiter in kritischen Situationen richtig verhalten. Führungskräfte und Mitarbeiter müssen daher in den wesentlichen Compliance-Bereichen des Unternehmens regelmäßig geschult werden. Hinsichtlich der Ausgestaltung des Compliance-Trainings bestehen vielfältige Möglichkeiten und keine hiervon ist absolut zwingend. Zweckmäßig ist in der Regel eine Kombination aus Unterricht und Selbststudium. Schulungen in Unterrichtsform bieten sich vor allem für Führungskräfte des Unternehmens an, die die Aufgabe haben, gleichsam kaskadenartig über die Hierarchieebenen des Unternehmens hinab die „Compliance-Botschaft" zu verbreiten. Selbststudium findet heutzutage regelmäßig in Form von E-Learning am Computerarbeitsplatz statt. Hierfür gibt es eine Reihe hervorragend geeigneter und didaktisch bestens aufbereiteter Lernprogramme, die ein Unternehmen einsetzen kann.

Unabhängig vom Einzelfall sind bei Compliance-Schulungen vier Punkte von allge- **57** meiner Bedeutung:

Erstens gilt auch hier der Grundsatz der Risikoadäquanz. Schulungsmaßnahmen soll- **58** ten speziell auf die Risikobereiche zugeschnitten sein, die für das Unternehmen besonders relevant sind. Nicht zu empfehlen ist dagegen der Einkauf von Schulungs-Komplettpaketen, die bisweilen am Markt angeboten werden. Der dabei zwangsläufig praktizierte „one size fits all"-Ansatz widerspricht dem Grundsatz, dass jedes Unternehmen für sich und anhand der Umstände des Einzelfalles entscheiden muss, welche Schulungsschwerpunkte es setzen will.

Zweitens sind bei Konzeption der Schulungsmaßnahmen insbesondere interkulturelle **59** Unterschiede und Spezifika zu beachten. Dies gilt nicht nur im Hinblick auf unterschiedliche Rechtstraditionen, sondern insbesondere auch kulturelle Unterschiede. Es empfiehlt sich daher, für Schulungen im Ausland lokale Expertise in Form von lokalen externen Beratern oder lokalen internen Mitarbeitern hinzuzuziehen, um unnötige Mißverständnisse und deren ggf. kostspielige Folgen zu vermeiden.

Drittens ist das Entscheidende an einer Schulung nicht die Tatsache, dass sie stattfin- **60** det, sondern der Schulungserfolg. Der Erfolg einer Schulung kann nur festgestellt werden, wenn er – gleichsam wie in der Schule oder der Hochschule – getestet wird. Eine geeignete und dokumentierte Erfolgskontrolle sollte daher jede Schulungsmaßnahme abschließen.

Viertens ist Schulung eine Daueraufgabe. Es ist nicht damit getan, einmalig alle Füh- **61** rungskräfte und Mitarbeiter in Compliance-Fragen zu schulen. Vielmehr ist eine Auffrischung oder Wiederholung, ggf. auch die Vermittlung neu hinzugekommenen Compliance-Wissens, in regelmäßigen Abständen erforderlich.

Das 4. Kap. enthält weitere ausführliche Informationen zum Thema Compliance-Trai- **62** ning.

---

66 Vgl. etwa Münchener Vertragshandbuch/*Rieder* Band 4, 7. Aufl. 2012, Form X.3.

6. Überwachung und Kontrolle

63 Der sechste und letzte Grundsatz ordnungsgemäßer Compliance ist der Grundsatz der Überwachung und Kontrolle. Sowohl die Rechtstreue der Mitarbeiter als solche als auch die Einhaltung der organisatorischen Vorgaben eines Compliance-Programms bedürfen der kontinuierlichen Überwachung und Verbesserung. Unternehmen sollten ihr Augenmerk in diesem Zusammenhang insbesondere auf die folgenden fünf Aspekte richten:

64 Erstens empfiehlt es sich, organisatorische Maßnahmen zu ergreifen, um Mitarbeitern die Anzeige von Compliance-Verstößen zu erleichtern. Im anglo-amerikanischen Bereich haben sich hierfür sog. Whistleblower-Hotlines eingebürgert,[67] vom Sarbanes Oxley Act werden sie sogar für diejenigen Unternehmen, welche dem Anwendungsbereich dieses Gesetzes unterliegen, zwingend verlangt.[68] Whistleblower-Hotlines ermöglichen es Mitarbeitern, anonym und vertraulich Compliance-Verstöße anderer Mitarbeiter und Führungskräfte zu melden. Im kontinentaleuropäischen Rechtskreis begegnen Whistleblower-Hotlines, jedenfalls soweit sie die anonyme Anzeige von Mitarbeitern und Führungskräften ermöglichen, nach wie vor grundsätzlichen Bedenken.[69] Es besteht die Befürchtung, dass das Unternehmen mit einer solchen Einrichtung einem ungehemmten Denunziantentum Vorschub leistet. Namentlich in Frankreich wird diese Sorge – auch bedingt durch historische Erfahrungen – besonders groß geschrieben. Ausgehend von Frankreich hat sich daher eine datenschutzrechtliche Diskussion entsponnen, deren Kernthese lautet, anonyme Whistleblower-Hotlines könnten einen Verstoß gegen das Persönlichkeitsrecht des Angezeigten insoweit darstellen, als dieser sich nicht dadurch verteidigen kann, dass er den Anzeigenden unmittelbar konfrontiert.[70] Diese Bedenken erscheinen überzogen. Anonyme Anzeigemöglichkeiten sind ein besonders wichtiges Mittel zur Aufdeckung innerbetrieblicher Missstände. Statistische Erhebungen haben ergeben, dass ca. 25 % aller Compliance-Verstöße ausschließlich durch Whistleblower-Hotlines und ähnliche Einrichtungen überhaupt ans Tageslicht gelangen. Ein Mitarbeiter, der seinen Vorgesetzten bei Compliance-Verstößen beobachtet, wird sich nur dann zu einer Anzeige durchringen, wenn er sicher sein kann, dadurch nicht seinen Arbeitsplatz zu gefährden. Dem zweifelsohne vorhandenen Missbrauchspotential von anonymen Whistleblower-Hotlines muss anders begegnet werden als durch eine pauschale Ablehnung solcher Einrichtungen. Vielmehr ist es erforderlich, dass die mit der Bearbeitung von Whistleblower-Anzeigen betrauten Mitarbeiter oder externen Berater eine besondere Sensibilität für die Möglichkeit denunziatorischer Anzeigen aufbringen. Nichts anderes muss im Übrigen auch jeder Staatsanwalt und im weiteren Sinne jede Behörde bei anonymen Anzeigen leisten.

65 Für weitere Einzelheiten zu Whistleblower-Hotlines s. 6. Kap. Rn. 211.

---

67 In Deutschland ist ein Gesetzesentwurf zur Neufassung des § 612a BGB (Ausschuss-Drucks. 16(10)849 v. 29.5.2008) einstweilen gescheitert. Der Gesetzesentwurf sollte im Wesentlichen die bisherige Rspr. des BAG in gesetzliche Regelungen überführen (vgl. hierzu auch *Sasse* NZA 2008, 990). Demnach sollte sich ein Arbeitnehmer, der konkrete Anhaltspunkte für das Vorliegen einer Pflichtverletzung im Betrieb hat, an eine zuständige Stelle zur innerbetrieblichen Klärung und Abhilfe wenden dürfen. Eine Zuwendung an eine außerbetriebliche Stelle sollte grundsätzlich erst nach Nichtabhilfe des Arbeitgebers erfolgen, es sei denn ein vorheriges Abhilfeverlangen wäre dem Arbeitnehmer unzumutbar, z.B. bei Vorliegen einer Gesundheitsgefahr („Gammelfleischfälle") oder Straftat.

68 Sec. 301 SOX; vgl. *Berndt/Hoppler* BB 2005, 2624.

69 Vgl. *Wisskirchen/Körber/Bissels* BB 2006, 1567; *Berndt/Hoppler* BB 2005, 2628.

70 *Von Zimmermann* WM 2007, 1060; *Wisskirchen/Körber/Bissels* BB 2006, 1567.

Zweitens gehört zur Überwachung und Kontrolle die Aufnahme von Ermittlungen **66** bei dem Verdacht von Compliance-Verstößen. Ermittlungen müssen umfassend, rückhaltlos und ohne Rücksicht auf das Ansehen einzelner Personen durchgeführt werden. Die in erster Linie berufene Stelle für die Aufdeckung unternehmensinterner Missstände ist die interne Revision. Ggf. können auch externe Berater, bspw. Rechtsanwälte oder forensisch versierte Wirtschaftsprüfer, hinzugezogen werden. Werden Compliance-Verstöße festgestellt, stellt sich stets auch die Frage, ob Berichtspflichten gegenüber der Öffentlichkeit, insbesondere bei kapitalmarktorientierten Unternehmen, oder Selbstanzeigepflichten gegenüber Behörden bestehen. Auch wenn keine solche Rechtspflicht existiert, ist zu erwägen, ob eine proaktive Kommunikation und ggf. eine Kooperation mit Ermittlungsbehörden aus Sicht des Unternehmens weckmäßig sein könnte. Der Trend geht in den letzten Jahren verstärkt in Richtung offener Kooperation mit Ermittlungsbehörden. Dies ist auch richtig. Das Unternehmen hat keinen Grund, sich schützend vor einen Mitarbeiter zu stellen, der durch Compliance-Verstöße, und seien sie auch im vermeintlichen Interesse des Unternehmens geschehen, den Kreis der Rechtstreuen und Rechtschaffenen verlassen hat. Compliance-Verstöße sind nie im richtig verstandenen Interesse des Unternehmens.

Werden Compliance-Verstöße identifiziert, müssen die Rechtsverstöße in einem drit- **67** ten Schritt umfassend abgestellt werden. Dies kann auch die Korrektur von Handels- und Steuerbilanzen implizieren, und zwar nicht nur der laufenden Bücher, sondern ggf. auch historischer Abschlüsse.

Viertens müssen Compliance-Verstöße effektiv sanktioniert werden. Gegen die Ver- **68** antwortlichen sind disziplinarische Maßnahmen zu ergreifen, von der Compliance-Schulung als dem mildesten Mittel über Abmahnungen, Versetzung bis hin zur ordentlichen und außerordentlichen Kündigung des Arbeitsverhältnisses (bzw. Beendigung des Organverhältnisses). Soweit ein Compliance-Verstoß Schäden verursacht hat, sind Schadenersatzansprüche gegen die Verantwortlichen grundsätzlich durchzusetzen.[71] Eine Pflicht zur Strafanzeige besteht allerdings nicht; zweckmäßig kann dies gleichwohl sein, wenn die offene Kooperation mit Ermittlungsbehörden Teil der Unternehmensphilosophie ist oder nur mithilfe staatsanwaltlicher Ermittlungsmaßnahmen der relevante Sachverhalt aufgedeckt und nachgewiesen werden kann.

Fünftens ist das Compliance-Programm selbst ständig zu evaluieren und fortzuent- **69** wickeln. Sind Compliance-Verstöße vorgekommen, ist das Compliance-System anlassbezogen dahingehend zu überprüfen, ob es so verbessert werden kann, dass die eingetretenen Verstöße in Zukunft möglichst unterbunden werden. Auch ohne Compliance-Verstöße sollte die Compliance-Organisation regelmäßigen Überprüfungen unterzogen werden, bspw. um sie im Hinblick auf neu hinzugekommene Risikobereiche, etwa im Zuge einer Unternehmensakquisition, fortzuentwickeln.

---

71 Hinsichtlich Arbeitnehmern: Großkommentar AktG/*Hopt* § 93 Rn. 112; Kölner Komm. AktG/*Mertens* § 93 Rn. 51; für die GmbH: *Hachenburg/Mertens* § 43 Rn. 26; *Ebenroth/Lange* GmbHR 1992, 69, 72; hinsichtlich Vorstandsmitgliedern: *BGHZ* 135, 252 – ARAG/Garmenbeck; *Hüffer* § 111 Rn. 4a; *Henze* NJW 1998, 3311 f.; zur Zuständigkeit des Aufsichtsrats auch für ehemalige Vorstandsmitglieder s. *BGHZ* 157, 153 f.; 130, 111 ff.; *BGH* AG 1991, 269; NJW 1997, 2324; NJW 1999, 3263; NZG 2004, 327.

III. Ausblick

70 Die vorstehenden Ausführungen haben gezeigt, dass Compliance im Grundsatz nichts Neues ist, dass die Pflicht zur Compliance sich bereits aus allgemeinen gesellschafts- und ordnungswidrigkeitenrechtlichen Grundsätzen ergibt und dass mittlerweile ein Kanon von Grundsätzen ordnungsgemäßer Compliance existiert, an denen sich jedes Unternehmen orientieren kann, das seine Compliance-Situation bewerten und ggf. verbessern möchte.

71 Der Trend zur Internationalisierung und zur internationalen Harmonisierung schreitet im Bereich Compliance unaufhaltsam voran. International tätige Unternehmen orientieren sich immer weniger an den Details einschlägiger nationaler Rechtsordnungen. Sie sind vielmehr darauf angewiesen, international möglichst einheitliche Standards durchzusetzen und zu praktizieren. Diese Standards müssen selbstverständlich alle anwendbaren lokalen Rechtsvorschriften i.S.v. Mindeststandards mitberücksichtigen und einhalten. Sie gehen aber oft weit über das hinaus, was nach nationalem Recht erforderlich wäre. Die Ausnutzung nationaler und lokaler Compliance-Spielräume muss daher oftmals zugunsten einer international einheitlichen Vorgehensweise des Unternehmens geopfert werden. Die sich dabei entwickelnden internationalen „Best Practice"-Standards wirken wiederum teilweise auf das nationale Recht als sich verfestigende Verkehrssitte zurück, die ihrerseits das Geschäftsleiter-Ermessen in Compliance-Organisationsfragen zunehmend einschränkt.

B. Österreich

I. Einführung

72 „Compliance" stammt von der englischen Wortfolge „to comply with" ab und bedeutet in diesem Zusammenhang das Handeln in Übereinstimmung mit bestimmten Regeln. Der Begriff Compliance wird im österreichischen Wirtschaftsrecht in den letzten Jahren sehr häufig verwendet. Es gibt kaum ein Unternehmen oder eine Organisation, die sich noch nicht mit dem Thema Compliance auseinandergesetzt hat. Neben unzähliger Literatur werden auch vermehrt Seminare, Arbeitskreise und Fortbildungs- bzw. Ausbildungsveranstaltungen angeboten.

73 Hat man in Österreich noch vor einigen Jahren bei dem Begriff Compliance primär an die Emittenten-Compliance oder die Compliance im Wertpapierbereich gedacht, so hat in den letzten Jahren ein umfassendes Compliance-Verständnis Einzug in die Wirtschaftswelt gehalten. Insb. die immer strengeren Bestimmungen des Korruptionsstrafrechts – zuletzt geändert mit dem Korruptionsstrafrechtsänderungsgesetz 2012 – der letzten Jahre zeigen, dass das Risiko einer Gesetzesverletzung und der damit verbundenen weitreichenden Folgen nur mit entsprechenden organisatorischen Maßnahmen reduziert werden kann. Das gleiche gilt für die wettbewerbsrechtliche Compliance, die helfen soll, folgenschwere Verstöße zu vermeiden und bei deren internen oder externen Entdeckung, richtig zu reagieren.

Dennoch gibt es in Österreich für Compliance nach wie vor weder eine gesetzliche   **74**
Begriffsbestimmung, noch eine allgemeine einheitliche Definition.[72] In der Literatur
wird Compliance zumeist als umfassende Aufgabe definiert, die nicht nur das rechtmäßige Verhalten im Unternehmen, seiner Organe und Mitarbeiter umfasst, sondern
darüber hinaus die Gesamtheit aller Maßnahmen in Unternehmen, um rechtmäßiges
Verhalten der Organmitglieder, ihnen nahestehender Personen sowie der Mitarbeiter
im Hinblick auf alle gesetzlichen Ge- und Verbote zu gewährleisten.[73]

Die Einführung einer Compliance in Unternehmen erfolgt üblicherweise in verschie-   **75**
denen Phasen, beginnend mit einer Analysephase, die von der Umsetzungs- und Kon-
solidierungsphase gefolgt wird. Durch eine den Bedürfnissen des Unternehmens angepasste Compliance-Organisation werden Verantwortlichkeiten und Zuständigkeiten
(„Compliance-Officer") festgelegt. Die erforderlichen unternehmensinternen Regelungen, welche die gesetzlichen Bestimmungen ergänzen bzw. wiederholen, werden
dann in Verhaltens- bzw. Compliance-Richtlinien und Kodices definiert.

II. Die Grundsätze ordnungsgemäßer Compliance

Jene Arbeitsgruppe, welche mit der Neufassung des „Standard Compliance Code" der   **76**
österreichischen Kreditwirtschaft (SCC)[74] beauftragt wurde, hat anlässlich der Neufassung des SCC 2008 die Grundsätze ordnungsgemäßer Compliance (GoC) erarbeitet.
Diese sollen der Kreditwirtschaft bei dem Thema Compliance eine Hilfestellung
geben, wie eine ordnungsgemäße Compliance aussehen und funktionieren sollte. Da
diese Grundsätze sehr weit gefasst sind, können sie auch anderen Branchen als Vorbild dienen.[75] In der Folge werden jene GoC, welche branchenübergreifend von
Bedeutung sein könnten, dargestellt:

Compliance i.S.d. GoC bedeutet das Handeln in Übereinstimmung mit geltenden   **77**
Gesetzen, regulatorischen Vorschriften und über- und innerbetrieblichen Regelwerken.

1. Zwecksetzungen von Compliance

1.1 Schutzzweck

Die Aufklärung der Mitarbeiter über entsprechende Regelungen sowie entsprechende   **78**
Überwachungsmaßnahmen dienen der Vorbeugung gegen bewusste und unbewusste
Verstöße gegen diese Regelungen. Dies schützt sowohl das Unternehmen als auch
Mitarbeiter vor Schaden. Zur Schutzfunktion zählt auch die Erkennung und Bewälti-
gung von Interessenkonflikten.

1.2 Beratungs- und Informationszweck

Die Compliance-Funktion ist nicht nur schulend und aufklärend tätig, sie ist auch   **79**
Anlaufstelle für die operativen Abteilungen, wenn es gilt, Zweifelsfragen zu klären.
Das Bewusstsein der Mitarbeiter für mögliche Risiken muss geschärft werden, und sie
müssen wissen, wann die Compliance-Funktion einzuschalten ist.

---

72 *Napokoj* Risikominimierung durch Corporate Compliance, 2010, Rn. 1 ff.
73 *Schneider* ZIP 2003, 645 ff.
74 S. dazu unter www.fma.gv.at/cms/site/DE/einzel.html?channel=CH0379.
75 *Lucius* ÖBA 2008, 456.

1.3 Überwachungszweck

80 Die Einhaltung aller compliance-relevanten Pflichten, die sich aus Gesetzen, regulatorischen Vorschriften oder über- und innerbetrieblichen Regelwerken ergeben, muss überwacht werden. Daher hat Compliance entsprechende Monitoringsysteme zu implementieren und deren Effizienz zu überprüfen.

1.4 Marketing-Zweck

81 Eine effiziente Compliance-Funktion vermeidet Regelverstöße und daraus resultierende operationelle Risiken, insbesondere Reputationsrisiken. Damit dient Compliance auch der Erhaltung und Stärkung des Vertrauens in das Unternehmen.

2. Zielsetzung

82 Compliance ist ein Organisationskonzept, dessen Ziel es ist, ein von Fairness, Solidarität und Vertrauen getragenes Verhältnis der Informationssymmetrie zwischen den Kunden, dem Unternehmen und den Mitarbeitern zu erreichen, Interessenkonflikte zu bewältigen und die Einhaltung geltender Gesetze und sonstiger (z.B. interner) Regelungen sicherzustellen. Aufgabe einer Compliance-Organisation ist es einerseits, das ordnungsgemäße Verhalten der Mitarbeiter zu überwachen, allfällige Regelverstöße festzustellen und Abhilfe zu schaffen. Sie hat auch dafür Sorge zu tragen, dass interne Richtlinien, Verfahren und Organisationsvorschriften entwickelt werden, die dazu beitragen, dass Unternehmen sowie deren Organe und Mitarbeiter sich regelgerecht verhalten. Andererseits dient die Compliance-Organisation auch der Schulung der Mitarbeiter sowie der Beratung in Zweifelsfällen.

3. Managementverantwortung

83 Es ist die Pflicht des Gesamtvorstandes/der Geschäftsleitung, für die Einrichtung einer derartigen unabhängigen Compliance-Organisation zu sorgen. Er hat darauf zu achten, dass die Compliance-Organisation unabhängig und weisungsfrei agieren kann, und die Befolgung von compliancerelevanten Anordnungen zu unterstützen. Der Compliance Officer ist ausschließlich dem Gesamtvorstand unterstellt.

4. Unabhängigkeit

84 Der Compliance Officer und das Compliance-Office sind im Rahmen ihrer Aufgabenerfüllung unabhängig und weisungsfrei. Der Compliance Officer leitet die Compliance-Organisation und führt seine Tätigkeit im besten Interesse und zur Wahrung der Integrität des Kreditunternehmens und des Marktes durch.

85 Zur Absicherung seiner Person und zur Wahrung seiner Unabhängigkeit sowie zur Aufrechterhaltung der nötigen Kontinuität und Erfahrung, ist er für einen Mindestzeitraum von zwei Jahren schriftlich vom Gesamtvorstand zu bestellen. Er gilt automatisch um eine weitere Funktionsperiode bestellt, wenn ihm nicht mindestens drei Monate vor Ablauf seiner Funktionsperiode schriftlich vom Gesamtvorstand Gegenteiliges mitgeteilt wird. Eine Versetzung oder Absetzung von dieser Position ist nur für den Fall einer strafrechtlichen Verurteilung oder infolge eines entsprechenden disziplinarrechtlichen Erkenntnisses möglich (in Instituten ohne Disziplinarkommission muss der Gesamtvorstand bzw. die Geschäftsleitung die Absetzung des Compliance Officer einstimmig beschließen). Nichtverlängerung, Versetzung oder Absetzung sind unverzüglich der Finanzmarktaufsicht zu melden.

5. Stellung im Unternehmen

Der Compliance-Officer und die Compliance-Abteilung unterstehen unmittelbar dem **86**
Gesamtvorstand, eine disziplinarische Unterstellung unter den Vorstandsvorsitzenden
wird empfohlen. Dazu kann auch ein Jour fixe mit dem Gesamtvorstand regelmäßig
stattfinden. Der Jahresbericht und falls erforderlich Zwischenberichte sind jedenfalls
an den Gesamtvorstand zu richten; ein Unternehmen kann zusätzlich vorsehen, dass
die genannten Berichte neben dem Gesamtvorstand auch direkt an den Aufsichtsrat
übermittelt werden. Er hat die Entscheidungsbefugnis in Fragen der Anwendbarkeit
und Auslegung compliance-relevanter Normen und kann in diesem Zusammenhang
auf das Fachwissen der Rechtsabteilung, anderer Fachabteilungen oder externer
Experten zurückgreifen.

Compliance Officer und die Mitarbeiter des Compliance-Office haben jederzeit ein **87**
uneingeschränktes Einsichts-, Zugangs- und Auskunftsrecht hinsichtlich aller einschlägigen Unterlagen, Bücher, Aufzeichnungen, Personaldaten sowie vorliegender Ton-
bandaufzeichnungen. Kein Mitarbeiter darf die Herausgabe von Unterlagen oder die
Erteilung von compliance-relevanten Auskünften verweigern. Eine Zuwiderhandlung
stellt ein schweres disziplinarrechtliches Vergehen dar, das von der Compliance-Organisation zu dokumentieren und von den Personalverantwortlichen entsprechend zu
ahnden ist.

Die Tätigkeit der Compliance ist von denen der Internen Revision und des Risikoma- **88**
nagements zu unterscheiden, eine weitgehende Zusammenarbeit mit beiden ist jedoch
erwünscht.

6. Ausstattung/Ressourcen

Eine effiziente, mit den notwendigen Ressourcen ausgestattete unabhängige Compli- **89**
ance stellt als gesetzlich vorgeschriebenes internes Kontrollsystem ein wertvolles
Asset und einen Wettbewerbsfaktor der Unternehmen dar. Compliance muss fest im
Bewusstsein der Mitarbeiter verankert und nicht zuletzt auch zum Schutz der Mitarbeiter Teil der Unternehmenskultur sein. Daher hat jedes Unternehmen für die Einrichtung einer Compliance-Funktion Sorge zu tragen. Ausmaß und Umfang einer allfälligen Compliance-Organisation richtet sich nach der Größe des Unternehmens
oder nach der Anzahl und personellen Besetzung der betroffenen Abteilungen, der
Aufgaben, dem Ausmaß, der Art und dem Umfang sowie der Komplexität der Leistungen und Geschäfte.

Das Compliance-Office und die Compliance-Organisation müssen mit der nötigen **90**
Autorität, den nötigen personellen, technischen und finanziellen Mitteln, dem nötigen
Fachwissen und der nötigen Erfahrung ausgestattet sein. Die Entlohnung der Mitarbeiter der Compliance-Organisation hat unabhängig von der finanziellen Performance
einzelner compliance-relevanter Geschäftszweige des Unternehmens zu sein.

7. Aufgabenbereiche

7.1 Entwicklung, Formulierung und Evaluierung interner Richtlinien und Verfahren

Jedes Unternehmen hat für die Einhaltung und Umsetzung aller compliance-relevan- **91**
ten Bestimmungen und gesetzlichen Regelungen zu sorgen. Deshalb hat der Compliance Officer dafür Sorge zu tragen, dass seitens der Compliance-Organisation unter

Rückgriff auf Ressourcen entsprechender Fachabteilungen des Unternehmens interne Grundsätze, Richtlinien und Verfahren entwickelt und formuliert werden; diese sind dann mittels Vorstandsbeschlusses verbindlich zu implementieren sowie den Mitarbeitern zu kommunizieren.

92 Der Compliance Officer erstattet dem Gesamtvorstand Vorschläge für eine adäquate, der Größe des Instituts, der Art, der Komplexität und dem Umfang der Geschäfte angemessene interne Compliance-Organisation, sowie – als wichtiges Element davon – für die Schaffung von Vertraulichkeitsbereichen in bestehenden oder zu schaffenden organisatorischen Einheiten des Unternehmens. Er nimmt Anpassungen an organisatorische Veränderungen durch notwendige neue Definition der Vertraulichkeitsbereiche vor und kontrolliert die Gestaltung aller organisatorischen Abläufe des Kreditunternehmens zur Hintanhaltung von Interessenkonflikten. Dem Compliance Officer fällt aber auch die Pflicht zu, Defizite in den internen Grundsätzen, Richtlinien und Verfahren sowie bei deren Umsetzung aufzuzeigen.

93 Zu den Aufgaben zählen daher insbesondere die Erstellung, Implementierung und Überwachung von internen Compliance-Richtlinien, Insiderverzeichnissen (für börsenotierte Unternehmen) und Mitarbeitererklärungen.

7.2 Laufende Überwachung aller einschlägigen Vorschriften (inklusive Schulung/ Beratung)

94 Der Compliance Officer hat die Einhaltung der Bestimmungen über die Weitergabe von Insiderinformationen sowie über die organisatorischen Maßnahmen zur Verhinderung einer missbräuchlichen Verwendung oder Weitergabe von Insiderinformationen laufend stichprobenartig zu überprüfen. Dazu kommt noch die Überprüfung der Maßnahmen zur Verhinderung von Marktmanipulation und zur Verhinderung bzw. Offenlegung von Interessenkonflikten inklusive des Beschwerdemanagements. Er berät und unterstützt den Vorstand und die Mitarbeiter des Unternehmens in compliance-relevanten Angelegenheiten. Er überwacht die Einhaltung aller maßgeblichen externen und internen Richtlinien.

95 Das Compliance-Office hat die Verantwortung für die Compliance-Schulung und -Ausbildung der Mitarbeiter, insbesondere der Mitarbeiter aus Vertraulichkeitsbereichen sowie der dortigen Compliance-Beauftragten.

III. Allgemeines Gesellschaftsrecht und „Corporate Governance"

1. Einleitung

96 Der Geschäftsführer der GmbH und der Vorstand der AG sind neben der Vertretung der Gesellschaft nach außen auch für die Geschäftsführung im Innenverhältnis zuständig. Der Aufsichtsrat der Gesellschaft überwacht und kontrolliert die Geschäftsführer. Aufgrund der umfangreichen Aufgaben und Pflichten der Geschäftsführung und des Aufsichtsrates und der damit zusammenhängenden möglichen Haftung der Organe ist es jedenfalls empfehlenswert, eine Compliance-Organisation im Unternehmen zu installieren.

97 Der englische Begriff „Corporate Governance" bedeutet „Unternehmensführung" und bezeichnet im Wesentlichen den Ordnungsrahmen für die Leitung und die Über-

wachung eines Unternehmens.[76] „Corporate Governance" ist im Verhältnis zu „Compliance" weiter zu sehen, da alle Regelungen und anerkannten Standards sorgfältiger Unternehmensführung umfasst sind.[77] Compliance ist aber ein wesentlicher Aspekt einer guten „Corporate Governance", denn eine auf gute Unternehmensführung Wert legende Organisation wird auch eine Compliance-Organisation berücksichtigen müssen.

2. Haftung der Organe

Gem. § 84 AktG und § 25 GmbHG haben Vorstandsmitglieder und Geschäftsführer **98** bei der Geschäftsführung die Sorgfalt eines ordentlichen und gewissenhaften Geschäftsleiters anzuwenden. Was diese konkretisierungsbedürftige Generalklausel „ordentlicher und gewissenhafter Geschäftsleiter" im Einzelnen bedeutet, wird im Anlassfall nach der Übung des redlichen Verkehrs unter Zugrundelegung der besonderen Verhältnisse der Gesellschaft (z.B. Größe, eingesetztes Vermögen, Art des Gesellschaftsgegenstandes, jeweilige wirtschaftliche Lage, Konkurrenzsituation) zu bestimmen sein. Maßgeblich ist der objektiv-normative (§ 1299 ABGB Sachverständigenhaftung)[78] und letztlich durch die Verkehrsauffassung bestimmte Begriff.[79] Ebenso müssen auch die Aufsichtsratsmitglieder über das erforderliche Wissen und die Erfahrung zur kompetenten Bewältigung der dem Aufsichtsrat übertragenen Aufgaben verfügen (§ 99 AktG verweist diesbezüglich auf § 84 AktG und § 33 GmbHG auf § 25 GmbHG).[80] Mit dem 2. Stabilitätsgesetz[81] hat die Hauptversammlung seit 1.7.2012 bei der Wahl der Aufsichtsratsmitglieder auf die fachlichen und persönlichen Qualifikationen der Mitglieder sowie auf eine im Hinblick auf die Struktur und das Geschäftsfeld der Gesellschaft fachlich ausgewogene Zusammensetzung des Aufsichtsrats zu achten. Weiters sind Aspekte der Diversität des Aufsichtsrats im Hinblick auf die Vertretung beider Geschlechter und die Altersstruktur sowie bei börsenotierten Gesellschaften auch im Hinblick auf die Internationalität der Mitglieder angemessen zu berücksichtigen. Es ist darauf zu achten, dass niemand zum Aufsichtsratsmitglied gewählt wird, der rechtskräftig wegen einer gerichtlich strafbaren Handlung verurteilt worden ist, die seine berufliche Zuverlässigkeit in Frage stellt.

Eine Erfolgshaftung der Organe besteht nach österreichischem Recht nicht. Die Business Judgement Rule aus dem angloamerikanischen Rechtskreis ist zwar gesetzlich nicht festgeschrieben, das „unternehmerische Ermessen" der Geschäftsleitung, wonach das Unternehmerrisiko grundsätzlich die Gesellschaft trägt, ist jedoch von der Rechtsprechung und Lehre anerkannt.[82] Sich bietende Vorteile sind in diesem Lichte jederzeit mit allen zu Gebote stehenden legalen Mitteln wahrzunehmen, wogegen drohenden Schäden rechtzeitig vorzubeugen ist.

Insbesondere trifft die „Geschäftsleiter" die Pflicht für ein gesetzmäßiges Verhalten **99** der Gesellschaft nach außen zu sorgen. Eingeschlossen ist auch die Beachtung von ausländischen Rechtsnormen, sofern diese Anwendung finden (insbesondere bei

---

76 *Hauschka* § 1 Rn. 1.
77 *Wecker/Galla* in Wecker/van Laak (Hrsg.), S. 56.
78 *OGH* SZ 2002, 26.
79 *Strasser* in Jabornegg/Strasser, AktG, 3. Aufl 2008, §§ 77–84 Rn. 95.
80 *OGH* SZ 2002/26.
81 BGBl I Nr. 35/2012.
82 *Kalss/Schauer* Österreichischer Juristentag, Graz 2006, S. 122 m.w.N.

grenzüberschreitender Tätigkeit, Notierung an einer ausländischen Börse oder Verletzung von Immaterialgüterrechten). Im Rahmen der 2010 Revision des Österreichischen „Corporate Governance"-Kodex (CGK) wurde zwecks Anpassung des CGK an das Aktienrechtsänderungsgesetz 2009[83] die Regel 15 des CGK dahingehend ergänzt, dass den Vorstand nunmehr ausdrücklich die Pflicht trifft, geeignete Vorkehrungen zur Sicherstellung der Einhaltung der für das Unternehmen relevanten Gesetze zu treffen.

100 Zu einer sorgfältigen „Geschäftsleitung" gehört ganz allgemein nicht nur die Leitung, sondern auch ein System der Überwachung einschließlich der Organisation des Unternehmens, seiner geschäftspolitischen Grundsätze und Leitlinien sowie des Systems der internen und externen Kontroll- und Überwachungsmechanismen unter Einbeziehung betriebswirtschaftlicher Erkenntnisse. Die sorgfältige Organisation und Überwachung verhindern grundsätzlich die Haftung der „Geschäftsleiter" insbesondere beim Einsatz von Mitarbeitern und Hilfspersonal, da mit bloßen – meist pauschalen – Anweisungen an Mitarbeiter zur Einhaltung der Gesetze der Sorgfaltspflicht nicht Genüge getan wird. Die Sorgfaltspflicht gebietet vielmehr die Errichtung eines geeigneten Überwachungssystems.[84]

101 Den Aufsichtsrat trifft wiederum die Pflicht zur Überwachung der Geschäftsführung gem. § 95 AktG und § 30j GmbHG. Die Überwachungsaufgabe wurde vom österreichischen Gesetzgeber im Rahmen der Umsetzung der Abschlussprüfungsrichtlinie[85] mit dem URÄG 2008 insbesondere für börsennotierte Gesellschaften erweitert.

102 Vom österreichischen Gesetzgeber derzeit vorgeschriebene Überwachungssysteme (ausgenommen sondergesetzliche Regelungen) sind:
– das den Anforderungen des Unternehmens entsprechende interne Kontrollsystem (IKS) gem. § 82 AktG und § 22 GmbHG sowie
– das Interne Kontrollsystem und Risikomanagementsystem (IKS und RMS) im Hinblick auf den Rechnungslegungsprozess gem. §§ 243a, 267 Abs. 3 UGB[86] (betrifft Gesellschaften, deren Aktien oder andere von ihnen ausgegebene Wertpapiere zum Handel auf einem geregelten Markt i.S.d. § 1 Abs. 2 BörseG zugelassen sind).

103 Die ErlRV hält diesbezüglich ausdrücklich fest, dass insbesondere die letztgenannten UGB-Bestimmungen zwar eine erhebliche Erweiterung des Lageberichtes darstellen, jedoch mit den Berichts- und Prüfpflichten des „Sarbanes Oxley Act" nicht vergleichbar sind. Unter dem IKS sind nach ErlRV lediglich „sämtliche aufeinander abgestimmten Methoden und Maßnahmen zu verstehen, die dazu dienen, das Vermögen zu sichern, die Genauigkeit und Zuverlässigkeit der Abrechnungsdaten zu gewährleisten und die Einhaltung der vorgeschriebenen Geschäftspolitik zu unterstützen".

104 Mit dem Unternehmensrechts-Änderungsgesetz (URÄG) 2008 wurden auch § 92 Abs. 4a AktG und § 30g Abs. 4a GmbHG eingeführt, wonach die Aufsichtsräte der Gesellschaften mit den Merkmalen des § 271a Abs. 1 UGB, insbesondere zur Überwachung des Rechnungslegungsprozesses, der Wirksamkeit des IKS und RMS ggf. des

---

83 Diese Anpassung darf auf allgemeinen Prinzipien des AktG beruhen: *Hasenauer/Pracht* Revision des Österreichischen Corporate Governance Kodex, Aufsichtsrat aktuell 1/2010.
84 *Urlesberger/Haid* eEcolex 2007, 363.
85 Richtlinie 2006/43/EG des Europäischen Parlaments und des Rates v. 17.5.2006 über Abschlussprüfungen von Jahresabschlüssen und konsolidierten Abschlüssen, ABlEU Nr. L 157/87 v. 6.9.2006.
86 Gilt für Geschäftsjahre nach dem 31.12.2008.

internen Revisionssystems, der Abschlussprüfung und der Unabhängigkeit des Abschlussprüfers einen Prüfungsausschuss zu bestellen haben. Somit wurde den Aufsichtsräten insbesondere die selbstständige und laufende Überwachung der Wirksamkeit eines Risikomanagementsystems des Unternehmens übertragen. Nach dem Erwägungsgrund 24 zur Abschlussprüfungsrichtlinie tragen Prüfungsausschüsse und ein wirksames IKS und RMS dazu bei, finanzielle und betriebliche Risiken sowie das Risiko von Vorschriftenverstößen auf ein Mindestmaß zu beschränken und die Qualität der Rechnungslegung zu verbessern.

Eine Pflicht zur Installierung eines umfassenden Risikomanagementsystems kann aus **105** diesen Bestimmungen jedoch nicht abgeleitet werden.[87] Trotzdem kann die Installierung und Anwendung eines umfassenden Risikomanagementsystems bei der Beurteilung der Anwendung der gebotenen Sorgfalt durch das Gericht entsprechend mitberücksichtigt werden. Es sollte dennoch nicht verkannt werden, dass sich übermäßige Kontrollen mittel- bis langfristig genauso nachteilig auswirken können wie unzureichende.[88]

3. Geschäftsleiterberichtspflichten

Neben dem Jahresabschluss, dem Lagebericht und den Quartals- und Sonderberichten **106** sind die börsennotierten Aktiengesellschaften für Geschäftsjahre ab dem 1.1.2009 gem. § 243b UGB verpflichtet, unabhängig von einer Selbstverpflichtung zum einem bestimmten Corporate Governance Kodex (CGK), einen Corporate Governance-Bericht aufzustellen. In diesem Bericht haben sie insbesondere anzugeben: den in Österreich oder am jeweiligen Börsenplatz allgemein anerkannten CGK, wo dieser öffentlich zugänglich ist, u.U. in welchen Punkten und aus welchen Gründen sie von ihm abweichen bzw. eine Begründung für den Fall, dass sie beschließen, keinem Kodex zu entsprechen. In diesem Zusammenhang sind auch die Zusammensetzung und die Arbeitsweise des Vorstands und des Aufsichtrats sowie seiner Ausschüsse und die Maßnahmen, die zur Förderung von Frauen im Vorstand, im Aufsichtsrat und in leitenden Stellen gesetzt wurden, anzugeben. Weiters sind seit der Novellierung des CGK 2012 aufgrund des 2. Stabilitätsgesetzes und der damit verbundenen Änderung einiger Bestimmungen des Aktiengesetzes und des Unternehmensgesetzbuches im Corporate Governance-Bericht gem. § 243b Abs. 2 Z 3 UGB die Gesamtbezüge der einzelnen Vorstandsmitglieder (§ 239 Abs. 1 Z 4 lit. a UGB) und die Grundsätze der Vergütungspolitik anzugeben. Darüber hinaus treffen die Geschäftsleitung auch Pflichten aus den „External Reportings", insbesondere betreffend die „Directors' Dealings" gem. § 48d Abs. 4 BörseG.

Personen, die bei einem Emittenten von Finanzinstrumenten mit Sitz im Inland bzw. **107** mit Sitz außerhalb des EWR, sofern diese im Inland jährlich einen Prospekt zu erstellen haben,[89] Führungsaufgaben wahrnehmen (insbesondere Vorstands- und Aufsichtsratsmitglieder), sowie ggf. in enger Beziehung zu ihnen stehende Personen haben der Finanzmarktaufsichtsbehörde alle von ihnen getätigten Geschäfte auf eigene Rech-

---

87 *Weber* ÖJZ 2008, 45.
88 *Büchele* GesRZ 2003, 221.
89 In richtlinienkonformer Auslegung ist diese Bestimmung jedoch auf sämtliche Unternehmen unabhängig von ihrem Sitz anzuwenden, die an der österreichischen Börse im amtlichen Handel oder im geregelten Freiverkehr notieren bzw. einen entsprechenden Zulassungsantrag gestellt haben: *Kalss/ Zollner* GeS 2005, 106.

nung mit zum Handel auf geregelten Märkten zugelassenen Aktien und aktienähnlichen Wertpapieren des Emittenten oder mit sich darauf beziehenden Derivaten oder mit ihm verbundener Unternehmen zu melden sowie diese Informationen unverzüglich zu veröffentlichen.

108 Die Meldung hat insbesondere zu enthalten:
– Grund für die Meldepflicht,
– Bezeichnung des betreffenden Emittenten,
– Beschreibung des Finanzinstruments,
– Art des Geschäftes (z.B. An- oder Verkauf),
– Abschlussdatum und Ort, an dem das Geschäft getätigt wurde,
– Preis und Geschäftsvolumen.

109 Die Meldung an die Finanzmarktaufsichtsbehörde hat innerhalb von 5 Arbeitstagen nach dem Tag des Abschlusses zu erfolgen. Sie kann jedoch aufgeschoben werden, bis die Gesamt-Abschlusssumme der Geschäfte den Betrag von 5 000 EUR erreicht. Falls dieser Betrag am Ende des Kalenderjahres nicht erreicht wird, kann die Meldung unterbleiben. Bei der Ermittlung der Gesamt-Abschlusssumme sind die getätigten Geschäfte der Führungskraft und aller Personen, die zu ihnen in enger Beziehung stehen, zusammenzurechnen.

4. Österreichischer Corporate Governance Kodex

110 In Ergänzung zu den gesetzlichen Bestimmungen wurde mit dem Corporate Governance Kodex (CGK) den österreichischen Aktiengesellschaften ein Ordnungsrahmen für die Leitung und Überwachung des Unternehmens zur Verfügung gestellt. Dieser enthält die international üblichen Standards für gute Unternehmensführung, aber auch die in diesem Zusammenhang bedeutsamen Regelungen des österreichischen Aktienrechts.

111 Der CGK ist gesetzlich nicht verpflichtend anwendbar. Geltung erlangt er durch freiwillige Selbstverpflichtung der Unternehmen zu den „Corporate Governance"-Grundsätzen.

Mit Wirkung vom 1.6.2008 hat die Wiener Börse in Abstimmung mit dem Büro des Kapitalmarktbeauftragten der Bundesregierung Dr. Schenz und dem Aktienforum das „Prime Market"[90]-Regelwerk überarbeitet, sodass alle Unternehmen des Prime Market seit 1.6.2008 zur Einhaltung eines CGK verpflichtet sind.

112 Alle börsennotierten Gesellschaften sind in dem CGK aufgerufen, sich durch eine öffentliche Erklärung zur Beachtung des CGK zu verpflichten und die Einhaltung der einzelnen Regelungen regelmäßig und freiwillig durch eine externe Institution evaluieren zu lassen und darüber öffentlich zu berichten. Auch wenn sich der CGK vorrangig an österreichische börsennotierte Aktiengesellschaften richtet, so wird in dem CGK empfohlen, dass sich auch nichtbörsennotierte Aktiengesellschaften daran orientieren, soweit die Regeln auf diese anwendbar sind.

---

90 Gemeinsam mit den Marktteilnehmern entwickeltes Marktsegment der Wiener Börse, in dem seit 1.1.2002 Aktien von Gesellschaften, die sich über die gesetzlichen Bestimmungen des BörseG hinausgehend vertraglich zur Einhaltung erhöhter Transparenz-, Qualitäts- und Publizitätskriterien verpflichten, zusammengefasst sind.

Der CGK enthält außer wichtigen gesetzlichen Vorgaben international übliche Vorschriften, deren Nichteinhaltung erklärt und begründet werden muss. Darüber hinaus enthält er Regeln, die über diese Anforderungen hinausgehen und freiwillig angewendet werden sollten. In diesem Sinn umfasst der CGK folgende Regelkategorien: **113**

- Legal Requirement (L): Regel beruht auf zwingenden Rechtsvorschriften,
- Comply or Explain (C): Regel soll eingehalten werden; eine Abweichung muss erklärt und begründet werden, um ein kodexkonformes Verhalten zu erreichen,
- Recommendation (R): Regel mit Empfehlungscharakter; Nichteinhaltung ist weder offenzulegen noch zu begründen.

Der CGK sieht eine freiwillige und regelmäßige Prüfung und öffentliche Berichterstattung über die Einhaltung des Regelwerkes vor. Dennoch enthält dieses keine Sanktionen für den Fall, dass die Regelungen nicht eingehalten werden. Vielmehr soll der Kapitalmarkt die Einhaltung des Kodex durch höhere Börsenkurse belohnen und Unternehmen, die sich dem Kodex nicht unterwerfen oder sich nicht daran halten, bestrafen oder haftbar machen. **114**

5. Gesellschaftsrechtliche Compliance

Eine Compliance-Organisation sollte auch sicherstellen, dass eine persönliche Haftung bzw. Strafbarkeit ihrer Organe vermieden wird. Neben den allgemeinen Ausführungen zuvor betreffend die Haftung der Organe ist dabei an folgende gesetzlich geregelte Haftungs- und Straftatbestände zu denken, wobei die Aufzählung nur beispielhaft erfolgt: **115**

- Gem. § 22 Abs. 1 GmbH hat der Geschäftsführer einer GmbH und gem. § 82 AktG hat der Vorstand einer AG sicherzustellen, dass ein Rechnungswesen und ein internes Kontrollsystem geführt werden, welche den Anforderungen des Unternehmens entsprechen. Weiters haben sie sicherzustellen, dass der Jahresabschluss rechtzeitig aufgestellt wird. Werden falsche Angaben gemacht oder erhebliche Umstände verschwiegen, so kann dies gem. § 122 GmbHG sowie gem. § 255 AktG mit Freiheitsstrafe bis zu zwei Jahren oder mit Geldstrafe bis zu 360 Tagessätzen sanktioniert werden.
- Der Geschäftsführer einer GmbH ist gesetzlich zu einer Vielzahl von Anmeldungen zum Firmenbuch verpflichtet (z.B. Bestellung und Abberufung von Geschäftsführern, Übergang eines Geschäftsanteils, Änderung des Gesellschaftsvertrages). Kommt der Geschäftsführer diesen gesetzlichen Verpflichtungen nicht nach, so kann das Firmenbuchgericht Zwangsstrafen gem. § 24 FBG verhängen. Parallel dazu haftet der Geschäftsführer für Schäden, die durch die Fehlerhaftigkeit oder die Unterlassung von Anmeldungen entstehen. Sind mehrere Geschäftsführer vorhanden, so haften diese solidarisch. Die Haftung besteht nicht nur gegenüber der Gesellschaft, sondern auch gegenüber Gesellschaftern und Gläubigern (§ 26 GmbHG). Auch bei der AG treffen den Vorstand Verpflichtungen zur Durchführung von Firmenbuchanmeldungen (§ 73 AktG).
- § 14 Abs 5 UGB sieht Strafen für die vertretungsbefugten Organe eines Unternehmens vor, wenn sie gewisse Mindestinformationen auf den Geschäftspapieren nicht ersichtlich machen.
- Für bestimmte Geschäftsführungsentscheidungen benötigt sowohl ein Vorstand als auch ein Geschäftsführer die Zustimmung von anderen Organen, sei es von dem Aufsichtsrat oder der Generalversammlung. Die Grundlage dafür kann sich einer-

seits aus dem Gesetz, andererseits aus Satzung/Gesellschaftsvertrag, Geschäftsordnung oder Gesellschafterbeschluss ergeben. Ein ohne oder gegen die Genehmigung des Aufsichtsrates oder der Generalversammlung getätigtes Geschäft ist trotzdem wirksam und bindet die Gesellschaft.[91] Wurde ein zu genehmigendes Rechtsgeschäft ohne Befassung des Aufsichtsrates durchgeführt, kann der Vorstand für einen aus diesem Rechtsgeschäft entstandenen Schaden ersatzpflichtig werden.[92]

– Gem. § 82 Abs. 1 GmbHG und gem. § 52 Abs. 1 AktG darf ein Unternehmen an ihre Gesellschafter nichts außer dem ordnungsgemäß festgestellten und zur Verteilung beschlossenen Bilanzgewinn leisten („Verbot der Einlagenrückgewähr"). Ein Verstoß gegen das Verbot der Einlagenrückgewähr führt zur Nichtigkeit des Rechtsgeschäfts; Aktionäre und Gesellschafter sind zum Rückersatz des Geleisteten verpflichtet (§ 56 Abs. 1 AktG, § 83 Abs. 1 GmbHG). Der Geschäftsführer haftet gegenüber der Gesellschaft gem. § 25 GmbH für den dadurch verursachten Schaden. Das gleiche gilt bei der AG gem. § 84 AktG.

IV. Unternehmensstrafrecht

116 Mit 1.1.2006 ist in Österreich erstmals ein Unternehmensstrafrecht in Kraft getreten. Bis zu diesem Zeitpunkt konnten nur natürliche Personen für ihr Verhalten mit einer Freiheits- oder einer Geldstrafe bestraft werden. Nach dem Verbandsverantwortlichkeitsgesetz[93] (VbVG) werden neben den natürlichen Personen zusätzlich auch Unternehmen strafrechtlich verantwortlich gemacht, wobei die strafrechtliche Verantwortung der gesetzwidrig agierenden oder nicht agierenden Personen wie bisher bestehen bleibt.

117 Das VbVG verwendet nicht den Begriff „Unternehmen" sondern „Verband". Darunter sind AG, GmbH, OG, KG, Vereine, Genossenschaften, Fonds und Stiftungen zu verstehen sowie Bund, Länder, Gemeinden und sonstige Körperschaften öffentlichen Rechts, soweit sie privatwirtschaftlich tätig sind. Diese Verbände haften für Straftaten, die gerichtlich strafbar sind. Keine Bestrafung erfolgt bei bloßen Verwaltungsübertretungen.

1. Zurechnung von Entscheidungsträgern und Mitarbeitern zu den Verbänden

118 Es gibt zwei Personengruppen, deren Verhalten einem Verband zugerechnet werden kann:
– Entscheidungsträger: das sind Personen in Führungspositionen
– Mitarbeiter: das sind den Entscheidungsträgern unterstellte Personen. Deren strafbares Verhalten wird dem Verband allerdings nur bei mangelnder Überwachung und Kontrolle durch Entscheidungsträger zugerechnet.

Wenn diese Personen eine Straftat begehen, werden sie neben dem Verband (Unternehmen) bestraft.

---

91 *Kalss* in Kalss/Nowotny/Schauer, Österreichisches Gesellschaftsrecht, 2008, Rn. 3/521.
92 *Jordis* in Kalss/Kunz (Hrsg.), Handbuch für den Aufsichtsrat, 2011, Rn. 19/9.
93 Bundesgesetz über die Verantwortlichkeit von Verbänden für Straftaten (Verbandsverantwortlichkeitsgesetz – VbVG), BGBl I Nr. 151/2005.

2. Die Zurechnungskriterien

Nicht jede strafbare Handlung von Entscheidungsträgern und Mitarbeitern ist einem **119** Verband zurechenbar. Ein Verband kann nur unter folgenden Voraussetzungen für eine Straftat (Handlung oder Unterlassung) verantwortlich gemacht werden:

– die Tat wurde zu Gunsten des Verbandes begangen (z.B. Bestechung) oder
– durch die Tat wurden Pflichten verletzt, die den Verband treffen (z.B. mangelhafte Absicherung einer Baugrube, Nichteinhaltung arbeitsrechtlicher Schutzvorschriften, Verstoß gegen umweltrechtliche, lebensmittelrechtliche Vorschriften etc)

Für Straftaten eines Entscheidungsträgers ist der Verband bereits dann verantwort- **120** lich, wenn der Entscheidungsträger als solcher die Tat rechtswidrig und schuldhaft begangen hat.

Im Unterschied dazu ist der Verband für Straftaten von Mitarbeitern lediglich dann **121** verantwortlich, wenn

– der betreffende Mitarbeiter rechtswidrig das gesetzliche Tatbild verwirklicht
– der betreffende Mitarbeiter vorsätzlich gehandelt hat bzw. bei Fahrlässigkeitsdelikten der betreffende Mitarbeiter die nach den Umständen gebotene Sorgfalt außer Acht gelassen hat und die Begehung der Tat dadurch ermöglicht oder wesentlich erleichtert wurde, dass Entscheidungsträger die nach den Umständen gebotene und zumutbare Sorgfalt außer Acht gelassen haben, insbesondere indem sie wesentliche technische, organisatorische oder personelle Maßnahmen zur Verhinderung solcher Taten unterlassen haben.

Taten, die nicht im Zusammenhang mit dem Verband oder dessen Tätigkeiten stehen, **122** werden nicht nach dem VbVG zugerechnet. Darunter fallen Taten, die von Betriebsangehörigen anlässlich der durch ihre Tätigkeit geschaffenen Gelegenheit begangen werden, z.B. ein Handwerker stiehlt Wertgegenstände des Wohnungsinhabers, bei welchem er Arbeiten zu verrichten hat. Ausgeschlossen ist auch die Zurechnung von Straftaten, die anlässlich einer Tätigkeit für den Verband durch die Verletzung einer für jedermann geltenden Pflicht begangen werden, z.B. der Lenker eines Transportunternehmens fährt bei Rot über die Kreuzung und verursacht einen Unfall mit Personenschaden. Taten, die sich unmittelbar gegen die Interessen des Verbandes richten, werden diesem nicht angelastet (§ 3 VbVG).

3. Maßnahmen zur Verhinderung von Bestrafungen des Verbandes („Strafrechtliches Risikomanagement")

Zur Minimierung des Risikos einer Bestrafung sollten Unternehmen ein strafrechtli- **123** ches Risikomanagement einführen, welches etwa wie folgt aussehen könnte:

3.1 Gefahrenanalyse:

– Was sind die strafgefährdeten Bereiche oder risikogeneigten Tätigkeiten in dem **124** Unternehmen?
– Was sind die konkreten Verbandspflichten des Unternehmens?
– Welche verwaltungsrechtlichen Vorschriften sind anzuwenden?
– Werden alle Bescheide und Auflagen eingehalten?
– Ist eine ausreichende Organisationsstruktur vorhanden? Gibt es klare Zuständigkeiten, adäquate Kontrollmechanismen und eine klare Ablauforganisation?

3.2 Möglichkeiten der Risikoverminderung:

125 – Abschluss von Versicherungen,
– Ausgliederung von stark risikogeneigten Tätigkeiten,
– Bestellung von verantwortlichen Beauftragten i.S.d. § 9 VStG,
– Dokumentation von Entscheidungsprozessen,
– Klare Vorgaben in Compliance-Programmen.

3.3 Strategie für den Ernstfall:

126 – Festlegung eines Krisenmanagers,
– Festlegung von Experten, die im Ernstfall sofort beigezogen werden können,
– Festlegung einer Strategie, den Umgang mit Medien betreffend,
– Vorbereitung von klaren Verhaltensanweisungen an Mitarbeiter.

4. Strafrahmen

127 Anstelle von Freiheitsstrafen werden nach dem VbVG Geldbußen verhängt. Die Geldbußen werden in Tagessätzen bemessen. Der Strafrahmen bewegt sich zwischen 40 und 180 Tagessätzen. Je schwerer die Übertretung wiegt, umso mehr Tagessätze werden verhängt. Die Höhe des einzelnen Tagessatzes ist nach der wirtschaftlichen Leistungsfähigkeit eines Verbandes zu bemessen. Als Rechengröße zur Berechnung der Höhe des Tagessatzes wird grundsätzlich ein 360tel des Jahresertrages herangezogen, wobei der einzelne Tagessatz mindestens 50 EUR und höchstens 10 000 EUR beträgt. Für Vorsatzdelikte besteht eine Höchstgrenze i.H.v. 1,8 Mio. EUR, für Fahrlässigkeitsdelikte i.H.v. 1 Mio. EUR.

128 Ziel ist es, dem Verband allfällige Überschüsse zu entziehen, ohne jedoch die wirtschaftliche Betriebsgrundlage zu gefährden. Dabei darf nicht außer Acht gelassen werden, dass die Kosten des Strafverfahrens bzw. die Kosten etwaiger Sachverständigengutachten noch zur Geldbuße hinzukommen und beträchtlich sein können (§ 4 VbVG).

V. Verwaltungsstrafgesetze

129 Viele Verwaltungsgesetze sehen bei Verletzung der materiellen Bestimmungen als Sanktion eine Verwaltungsstrafe vor. Im Verwaltungsstrafgesetz (VStG) wird die verwaltungsstrafrechtliche Verantwortung für juristische Personen und eingetragenePersonengesellschaften einer eingehenden Regelung zugeführt.

130 Gem. § 9 Abs. 1 VStG sind grundsätzlich alle zur Vertretung des Unternehmens nach außen berufenen natürlichen Personen verwaltungsstrafrechtlich verantwortlich. Sind mehrere natürliche Personen zur Außenvertretung eines Unternehmens berufen, so sind diese Personen nebeneinander strafbar. Es spielt keine Rolle, ob den verantwortlichen Personen im Unternehmen verschiedene Aufgaben zugewiesen sind oder nicht.

131 § 9 Abs. 2 VStG eröffnet den zur Außenvertretung Berufenen jedoch die Möglichkeit, sich ihrer verwaltungsstrafrechtlichen Verantwortung zu entziehen, indem sie entweder aus ihrem Kreis einen verwaltungsstrafrechtlich Verantwortlichen bestellen (damit kann die vorhin angesprochene kumulative Bestrafung mehrerer Geschäftsführer oder Vorstandsmitglieder verhindert werden) oder für bestimmte räumlich

oder sachlich abgegrenzte Bereiche des Unternehmens jeweils andere natürliche Personen, die zwar nicht zur Außenvertretung des Unternehmens berufen sind, die aber bestimmte in § 9 Abs. 4 VStG genannte Voraussetzungen mitbringen müssen, zu verwaltungsstrafrechtlichen Beauftragten zu bestellen.

Zu den Voraussetzungen, über die eine natürliche Person verfügen muss, um gem.   **132** § 9 Abs. 2 VStG zum verwaltungsstrafrechtlichen Verantwortlichen bestellt werden zu können, zählen ein Hauptwohnsitz im Inland, die strafrechtliche Verfolgbarkeit, das Bestehen einer entsprechenden Anordnungsbefugnis für den der Verantwortung des Beauftragten unterliegenden und ein klar abzugrenzender Bereich sowie der Nachweis, dass der Verantwortliche seiner Bestellung zugestimmt hat. Dieser Nachweis muss aus der Zeit vor der dem Unternehmen zur Last gelegten Verwaltungsübertretung stammen. Das bedeutet, dass etwa eine erst nach Tatbegehung datierte Bestellungsurkunde oder eine erst im laufenden Verwaltungsstrafverfahren eingeholte Zeugenaussage als Nachweis für die Bestellung eines verwaltungsstrafrechtlich Verantwortlichen nicht verwertbar sind.[94]

VI. Emittenten-Compliance

Unter dem Begriff „Compliance" i.S.d. Emittenten-Compliance versteht man jene   **133** Maßnahmen, die der Insiderprävention dienen und die die Mechanismen der Ad-hoc-Publizität absichern sollen. Es geht dabei vor allem um die innerbetriebliche Kontrolle des Informationsflusses: Sensible Nachrichten sollen nicht ungefiltert weitergereicht werden können; Interessenskollisionen sollen möglichst vermieden werden.[95]

Gem. § 82 Abs. 5 BörseG hat jeder Emittent zur Hintanhaltung von Insidergeschäften   **134**
– seine Dienstnehmer und sonst für ihn tätigen Personen über das Verbot des Missbrauchs von Insiderinformationen (§ 48a) zu unterrichten,
– interne Richtlinien für die Informationsweitergabe im Unternehmen zu erlassen und deren Einhaltung zu überwachen und
– geeignete organisatorische Maßnahmen zur Verhinderung einer missbräuchlichen Verwendung oder Weitergabe von Insiderinformationen zu treffen.

Die maßgeblichen Vorschriften für die Emittenten-Compliance finden sich im Bör-   **135** segesetz und in der Emittenten-Compliance-Verordnung 2007[96](ECV); die jüngste Novelle zur ECV ist am 1.2.2012 in Kraft getreten.[97] Die ECV wurde von der Finanzmarktaufsichtsbehörde (FMA) erlassen und regelt im Wesentlichen die Grundsätze für die Informationsweitergabe im Unternehmen sowie die organisatorischen Maßnahmen zur Verhinderung einer missbräuchlichen Verwendung oder Weitergabe von Insider-Informationen. Der Begriff der Insider-Informationen wurde im Zuge der Novelle durch den Begriff der compliance-relevanten Informationen abgelöst. Die Verordnung gilt für jene Emittenten, deren Aktien oder aktienähnliche

---

94 *Schmied* ZUV 2003, 130.
95 *Kalss/Oppitz/Zollner* Kapitalmarktrecht, 2005, Band I, S. 522.
96 Verordnung der Finanzmarktaufsichtsbehörde (FMA) über Grundsätze für die Informationsweitergabe im Unternehmen sowie betreffend organisatorische Maßnahmen zur Vermeidung von Insiderinformationsmissbrauch für Emittenten (Emittenten-Compliance-Verordnung 2007 – ECV 2007), BGBl II 2012/30.
97 BGBl II 2012/ 30.

Wertpapiere zum Handel an einem geregelten Markt i.S.d. § 1 Abs. 2 BörseG in Österreich zugelassen sind.

136 Eingangs wird nun in der ECV der Begriff „Insider-Information" definiert: Demnach handelt es sich dabei um eine öffentlich nicht bekannte, genaue Information, die direkt oder indirekt einen oder mehrere Emittenten von Finanzinstrumenten oder ein oder mehrere Finanzinstrumente betrifft und die, wenn sie öffentlich bekannt würde, geeignet wäre, den Kurs dieser Finanzinstrumente oder den Kurs sich darauf beziehender derivativer Finanzinstrumente erheblich zu beeinflussen, weil sie ein verständiger Anleger wahrscheinlich als Teil der Grundlage seiner Anlageentscheidungen nutzen würde. Eine Information gilt dann als genau, wenn sie eine Reihe von bereits vorhandenen oder solchen Tatsachen und Ereignissen erfasst, bei denen man mit hinreichender Wahrscheinlichkeit davon ausgehen kann, dass sie in Zukunft eintreten werden, und darüber hinaus bestimmt genug ist, dass sie einen Schluss auf die mögliche Auswirkung dieser Tatsachen oder Ereignisse auf die Kurse von Finanzinstrumenten oder damit verbundenen derivativen Finanzinstrumenten zulässt. Für Personen, die mit der Ausführung von Aufträgen betreffend Finanzinstrumente beauftragt sind, bedeutet Insider-Information auch eine genaue Information, die von einem Kunden mitgeteilt wurde und die sich auf die noch nicht erledigten Aufträge des Kunden bezieht. Mit der Novelle wurde im § 3 der Verordnung die Ziffer 1a eingefügt, wonach eine „Compliance-relevante Information" eine Insider-Information im Sinne der eben ausgeführten Begriffsbestimmung ist oder eine sonstige Information, die vertraulich und kurssensibel ist.

137 Als „vertrauliche, kurssensible Informationen" gelten öffentlich nicht bekannte Informationen, die, wenn sie einem verständigen Investor verfügbar wären, der regelmäßig an diesem Markt und mit dem betreffenden Finanzinstrument handelt, von diesem als relevant bei der Entscheidung über die Bedingung betrachtet würden, zu denen Geschäfte mit dem Finanzinstrument abgeschlossen werden sollten. „Vertrauliche, kurssensible Informationen" weisen im Gegensatz zu „Insiderinformationen" gem. § 48a Abs. 1 Z 1 BörseG (noch) nicht kumulativ die Eigenschaft der erheblichen Kursrelevanz sowie der in § 48a Abs. 1 Z 1 lit. a) BörseG definierten Genauigkeit (hinreichend Wahrscheinlichkeit, Bestimmtheit) auf. Keine „vertraulichen, kurssensiblen Informationen" sind Informationen, bei denen ein verständiger Investor bei sorgfältiger Betrachtung und Erwägung aller Umstände ausschließen würde, dass sich diese Informationen in Zukunft zu Insider-Informationen entwickeln könnten bzw. für einen Insider-Sachverhalt relevant sein könnten.[98]

138 Es enthält allerdings weder das BörseG noch die ECV 2007 eine abschließende Definition für die „compliance-relevante Information".

1. Grundsätze für die Informationsweitergabe im Unternehmen

1.1 Einrichtung von Vertraulichkeitsbereichen

139 Was ein Vertraulichkeitsbereich ist, ergibt sich aus der Definition in § 3 ECV: Demnach sind Vertraulichkeitsbereiche sowohl ständige als auch vorübergehend (projektbezogen) eingerichtete Unternehmensbereiche, in denen Personen regelmäßig oder anlassbezogen Zugang zu compliance-relevanten Informationen haben. Als ständige Vertraulichkeitsbereiche gelten insbesondere: Aufsichtsrat, Geschäftsleitung, Zentral-

---

98 Rundschreiben der FMA 6.2.2012, Rn. 10.

betriebsrat, die Gesamtheit der im Unternehmen des Emittenten gewählten Betriebs-räte, sofern nicht ein Zentralbetriebsrat besteht, sowie die für Controlling, Finanzen, Rechnungswesen und Kommunikation zuständigen Unternehmensbereiche.

Emittenten sind verpflichtet, die Anzahl ihrer ständigen Vertraulichkeitsbereiche fest- **140** zulegen und in der Compliance-Richtlinie festzuhalten. Eine Änderung der struktu-rellen Zusammensetzung – etwa die Schaffung eines neuen Vertraulichkeitsbereiches oder die Zusammenlegung zweier Vertraulichkeitsbereiche – ist ebenfalls in die Com-pliance-Richtlinie aufzunehmen.

Weiterhin sind Emittenten verpflichtet, vorübergehende Vertraulichkeitsbereiche fest- **141** zulegen, sofern nach allgemeiner Erfahrung im Rahmen von bestimmten Projekten Insider-Informationen typischerweise auftreten. Die wichtigsten Eckdaten solcher Projekte sind dem Compliance-Verantwortlichen zu melden.

Vertraulichkeitsbereiche sind von anderen Unternehmensbereichen durch geeignete **142** organisatorische Maßnahmen zur Verhinderung einer missbräuchlichen Verwendung oder Weitergabe von compliance-relevanten Informationen abzugrenzen. § 4 Abs. 4 ECV zählt demonstrativ einige Beispiele für geeignete organisatorische Maßnahmen zur Hintanhaltung einer missbräuchlichen Verwendung oder Weitergabe von compli-ance-relevanten Informationen auf. Zutrittsbeschränkungen können akustische Sper-ren oder versperrte Türen sein. Durch personelle Unvereinbarkeitsbestimmungen soll verhindert werden, dass ein Mitarbeiter mehreren Vertraulichkeitsbereichen angehört und dadurch compliance-relevanten Informationen mehr oder weniger unkontrolliert von einem Bereich in den anderen gelangen. Als mögliche EDV-Zugriffsbeschrän-kung sind Passwörter, aber auch automatische Benutzersperren für Computer anzuse-hen. Ein Emittent hat die jeweils für sein Unternehmen geeigneten Maßnahmen zu ergreifen.

Der Emittent hat zudem sicherzustellen, dass Personen aus Vertraulichkeitsbereichen **143** die aus den Rechts- und Verwaltungsvorschriften erwachsenden Pflichten schriftlich anerkennen und schriftlich erklären, sich der Sanktionen bewusst zu sein, die bei einer missbräuchlichen Verwendung oder einer nicht ordnungsgemäßen Verbreitung von compliance-relevanten Informationen verhängt werden. Dieser Verpflichtung kann üblicherweise dadurch nachgekommen werden, dass die Compliance-Richtlinie, in der die ständigen Vertraulichkeitsbereiche aufgezählt sind, nachweislich allen Mitarbei-tern aus Vertraulichkeitsbereichen zur Kenntnis gebracht wurde. Für sonst für den Emittenten tätige Personen und Dienstnehmer, die in vorübergehenden (projektbezo-genen) Vertraulichkeitsbereichen mitarbeiten, wird regelmäßig eine schriftliche, gegenzuzeichnende Erklärung erforderlich sein.

1.2 Umgang mit compliance-relevanten Informationen

Der Emittent hat geeignete Anweisungen zu erteilen, damit innerhalb eines Vertrau- **144** lichkeitsbereiches compliance-relevante Informationen nur jenen Personen zur Kenntnis gelangen, die mit der Bearbeitung dieser Informationen auf Grund ihrer Tätigkeit befasst sind. Dabei ist die Anzahl der mit compliance-relevanten Informati-onen befassten Personen möglichst gering zu halten. Auf Grund ihrer Tätigkeit mit Insider-Informationen befasst sind nicht nur Mitarbeiter des Emittenten, sondern z.B. auch Mitglieder des Aufsichtsrates des Emittenten oder sonstige für den Emittenten im Rahmen von Projekten tätige Personen.

145 Auch hat der Emittent geeignete Anweisungen zu erteilen, damit alle im Unternehmen erstmals bekannt gewordenen und als solche erkannten compliance-relevanten Informationen unverzüglich dem Compliance-Verantwortlichen gemeldet werden. Diese Meldung ist ohne schuldhaften Verzug an den Compliance-Verantwortlichen zu erstatten. Damit es aber nicht zu einer Überflutung des Compliance-Verantwortlichen mit Informationen kommt (etwa weil Mitarbeiter in der Beurteilung solcher Informationen unsicher sind), sollte durch den Compliance-Verantwortlichen bereits im Vorfeld eine umfassende Aufklärung und Schulung stattfinden.

146 Schriftstücke und externe Datenträger, insbesondere Disketten und CD-ROM, die compliance-relevante Informationen beinhalten, sind derart aufzubewahren, dass sie jenen Personen nicht zugänglich sind, die mit der Bearbeitung dieser compliance-relevanten Informationen, der Schriftstücke oder der externen Datenträger nicht auf Grund ihrer Tätigkeit befasst sind. Elektronisch gespeicherte Daten einschließlich elektronischer Post, die compliance-relevante Informationen beinhalten, sind derart zu sichern, dass sie jenen Personen nicht zugänglich sind, die mit der Bearbeitung dieser compliance-relevanten Informationen oder Daten nicht auf Grund ihrer Tätigkeit befasst sind.

1.3 Weitergabe von compliance-relevanten Informationen

147 Der Emittent hat sicherzustellen, dass compliance-relevante Informationen auch im internen Geschäftsverkehr gegenüber anderen Unternehmensbereichen streng vertraulich behandelt werden und einen Vertraulichkeitsbereich nur unter den in der ECV vorgesehenen Bedingungen verlassen. Compliance-relevante Informationen dürfen aus einem Vertraulichkeitsbereich in einen anderen Unternehmensbereich nur dann weitergegeben werden, wenn dies zu Unternehmenszwecken erforderlich ist. Eine solche Informationsweitergabe hat sich auf den unbedingt erforderlichen Umfang zu beschränken.

148 Sobald eine compliance-relevante Information aus einem Vertraulichkeitsbereich weitergegeben wurde, ist der Compliance-Verantwortliche unverzüglich zu informieren. Dieser hat den Informationsinhalt, den Namen der meldenden Person, den Zeitpunkt des Erhalts der Meldung und der Weitergabe der Information sowie die Namen jener Personen aufzuzeichnen, die bereits Kenntnis von der compliance-relevanten Information besitzen oder Kenntnis erlangen sollen.

149 Der Emittent hat geeignete Vorkehrungen zu treffen, dass compliance-relevante Informationen auch nach dem Verlassen eines Vertraulichkeitsbereiches einer weiteren Geheimhaltung unterliegen, es sei denn, dass Insider-Informationen unter Einhaltung der Pflichten nach § 48d Abs. 1 und 3 BörseG veröffentlicht werden. Zu diesen Vorkehrungen zählt insbesondere die Pflicht, den Adressaten der Information darauf hinzuweisen, dass es sich um eine compliance-relevante Information handelt.

150 Die Weitergabe von compliance-relevanten Informationen an unternehmensfremde Personen ist nur zulässig,
– wenn dies zu Unternehmenszwecken notwendig ist,
– wenn sich die Weitergabe auf den unbedingt erforderlichen Umfang beschränkt und
– wenn sich die unternehmensfremde Person – sofern sie nicht ohnehin auf Grund von Gesetzen oder Standesregeln zur Verschwiegenheit verpflichtet ist – im Rah-

men einer Vereinbarung verpflichtet, compliance-relevante Informationen geheim zu halten und keiner missbräuchlichen Verwendung i.S.d. § 48b BörseG zuzuführen ("Non-Disclosure Agreement").

– Hinsichtlich der Weitergabe von Insider-Informationen ist jedenfalls § 48b BörseG zu beachten, der die Strafbestimmungen für den Missbrauch von Insiderinformationen enthält.

2. Organisatorische Maßnahmen zur Verhinderung einer missbräuchlichen Verwendung oder Weitergabe von compliance-relevanten Informationen

2.1 Sperrfristen und Handelsverbote

Der Emittent hat angemessene Zeiträume festzulegen, innerhalb derer Personen aus Vertraulichkeitsbereichen keine Orders in Finanzinstrumenten des Emittenten erteilen dürfen (Sperrfristen). Nicht umfasst von dieser Bestimmung sind Mitarbeiter des Emittenten, die keinem Vertraulichkeitsbereich angehören. Das Handelsverbot bezieht sich auf Aktien und aktienähnliche Wertpapiere, die vom Emittenten begeben wurden, sowie auf von diesen abgeleitete Finanzinstrumente. **151**

Als angemessen i.S.d. Abs. 1 sind jedenfalls die Zeiträume **152**

– von 3 Wochen vor der geplanten Veröffentlichung der (vorläufigen) Quartalszahlen und
– von 6 Wochen vor der geplanten Veröffentlichung der (vorläufigen) Jahreszahlen anzusehen.

Dem Emittenten steht es frei, auch kürzere Sperrfristen festzulegen. In diesem Fall muss er jedoch in der Lage sein, gegenüber der Finanzmarktaufsicht (FMA) die Angemessenheit des gewählten kürzeren Zeitraums zu begründen.

Weitere Sperrfristen kann der Compliance-Verantwortliche in Abstimmung mit der Geschäftsleitung des Emittenten festlegen, wobei diese Sperrfristen das Handelsverbot nach Abs. 1 auch auf einen eingeschränkten Kreis von Personen aus Vertraulichkeitsbereichen oder auf einzelne Vertraulichkeitsbereiche einschränken können. Der Tag des Beginns sowie – sofern eine solche bereits feststeht – die konkrete Dauer einer Sperrfrist sind den betreffenden Personen aus Vertraulichkeitsbereichen in geeigneter Weise und nachweislich zur Kenntnis zu bringen. **153**

Ausnahmen vom Handelsverbot während einer Sperrfrist kann der Compliance-Verantwortliche einzelnen Personen eines Vertraulichkeitsbereiches in besonders begründeten, in persönlichen Umständen der Person gelegenen Fällen gewähren, wenn sichergestellt ist, dass das Geschäft in Finanzinstrumenten des Emittenten nicht der Vorschrift des § 48b BörseG zuwiderläuft. **154**

Der Compliance-Verantwortliche hat alle Anträge, die sich auf beabsichtigte Geschäfte in Finanzinstrumenten des Emittenten innerhalb von Sperrfristen beziehen, zu dokumentieren, indem er insbesondere den Namen der betreffenden Person, die Bezeichnung des Finanzinstruments sowie die Art, den Umfang und den Grund des beabsichtigten Geschäftes festhält. Darüber hinaus hat er seine Entscheidung sowie die maßgeblichen Gründe hierfür aufzuzeichnen. **155**

2.2 Übermittlung von „Directors' Dealings"-Meldungen[99]

156   Der Emittent hat durch geeignete organisatorische Maßnahmen sicherzustellen, dass Meldungen gem. § 48d Abs. 4 BörseG durch Personen aus Vertraulichkeitsbereichen auch dem Compliance-Verantwortlichen übermittelt werden und dass der Compliance-Verantwortliche den Inhalt und den Zeitpunkt dieser Meldungen aufzeichnet.

2.3 Insider-Verzeichnis

157   Der Emittent hat sicherzustellen, dass der Compliance-Verantwortliche ein Insider-Verzeichnis führt, regelmäßig aktualisiert und auf Anfrage der FMA an diese unverzüglich übermittelt. Das Insider-Verzeichnis ist nach seiner Erstellung oder ggf. nach seiner letzten Aktualisierung mindestens fünf Jahre lang aufzubewahren.

2.4 Compliance-Richtlinie

158   Gem. § 12 ECV ist jeder Emittent verpflichtet, in seinem Unternehmen eine interne Compliance-Richtlinie zu erlassen und den Mitgliedern des Aufsichtrates, den Mitgliedern der Geschäftsleitung, den Arbeitnehmern und den sonst für den Emittenten tätigen Personen zur Kenntnis zu bringen. Der Emittent hat ein Exemplar der FMA zu übermitteln und die FMA über Änderungen der Richtlinie unverzüglich in Kenntnis zu setzen.

159   Die Compliance-Richtlinie muss konkret bezeichnen und auflisten:
- die im Unternehmen des Emittenten bestehenden ständigen Vertraulichkeitsbereiche,
- die Pflichten beim Umgang mit compliance-relevanten Informationen im Unternehmen des Emittenten,
- die bei der Weitergabe von compliance-relevanten Informationen zu beachtenden Vorschriften,
- die Länge der Sperrfristen vor der geplanten Veröffentlichung der (vorläufigen) Quartals- und Jahreszahlen sowie die sich daraus ergebenden Handelsverbote,
- die Übermittlung von „Directors' Dealings"-Meldungen,
- einen Hinweis auf das vom Compliance-Verantwortlichen geführte Insider-Verzeichnis einschließlich der darin enthaltenen Angaben,
- Befugnisse und Aufgabenbereich des Compliance-Verantwortlichen sowie dessen Stellung im Unternehmen,
- mögliche zivilrechtliche oder dienstrechtliche Konsequenzen im Falle von Verstößen gegen die Compliance-Richtlinie.

---

[99]   Gem. § 48d BörseG haben Personen, die bei einem Emittenten von Finanzinstrumenten mit Sitz in Österreich Führungsaufgaben wahrnehmen, sowie ggf. in enger Beziehung zu ihnen stehende Personen, der FMA alle von ihnen getätigten Geschäfte auf eigene Rechnung mit zum Handel auf geregelten Märkten zugelassenen Aktien und aktienähnlichen Wertpapieren des Emittenten oder mit sich darauf beziehenden Derivaten oder mit ihm verbundener Unternehmen (§ 228 Abs. 3 HGB) zu melden. Ebenso haben die genannten Personen diese Informationen unverzüglich zu veröffentlichen. Die Meldungen bzw. Veröffentlichungen haben auf Basis der Verordnung der FMA über Form, Inhalt und Art der Veröffentlichung und Übermittlung von Ad-hoc-Meldungen und „Directors' Dealings"-Meldungen (Veröffentlichungs- und Meldeverordnung, BGBl II 2005/109) zu erfolgen.

2.5 Compliance-Verantwortlicher

Die Geschäftsleitung des Emittenten ist für die Umsetzung und Einhaltung der ECV **160** verantwortlich. Sofern es die Größe und die Struktur des Unternehmens erfordern, hat die Geschäftsleitung einen eigenen Compliance-Verantwortlichen zu bestellen, der in dieser Funktion direkt der Geschäftsleitung untersteht, und dessen Tätigkeitsbereich festzulegen. Bei der Beurteilung, ob dies erforderlich ist, ist insbesondere auf die Anzahl der Arbeitnehmer des Emittenten und die Anzahl der Vertraulichkeitsbereiche Bedacht zu nehmen. Ein Compliance-Verantwortlicher kann auch als verwaltungsstrafrechtlich Verantwortlicher i.S.d. VStG bestellt werden und in der Folge für den sachlich abgegrenzten Bereich der ECV verwaltungsstrafrechtlich verantwortlich sein.

Der Compliance-Verantwortliche hat die Einhaltung der Bestimmungen über die **161** Weitergabe von compliance-relevanten Informationen sowie über die organisatorischen Maßnahmen zur Verhinderung einer missbräuchlichen Verwendung oder Weitergabe von compliance-relevanten Informationen stichprobenartig regelmäßig zu überprüfen. Dadurch wird klar gestellt, dass im Rahmen dieser Verordnung von einem Compliance-Verantwortlichen keine lückenlose Überwachungstätigkeit hinsichtlich sämtlicher Personen aus Vertraulichkeitsbereichen und sonst für den Emittenten tätiger Personen gefordert wird. Seine stichprobenartigen Kontrollhandlungen haben jedoch alle Vertraulichkeitsbereiche zu umfassen.

In der ECV werden die weiteren Aufgaben des Compliance-Verantwortlichen beispiel- **162** haft aufgezählt. Neben der Berichtspflicht an die Geschäftsleitung und der Erstellung eines jährlichen Tätigkeitsberichtes ist auch seine hier festgeschriebene Verpflichtung zur Schulung und Ausbildung der Arbeitnehmer aus Vertraulichkeitsbereichen in Compliance-Angelegenheiten hervorzuheben. Dadurch soll eine Sensibilisierung der Mitarbeiter für diesen – insbesondere auch für die Kapitalmarkthygiene – wichtigen Bereich erreicht werden. Der jährliche Tätigkeitsbericht soll Zeugnis über die Aktivitäten des Compliance-Verantwortlichen ablegen und der Geschäftsleitung, dem Aufsichtsrat und der FMA die wesentlichsten Vorkommnisse im abgelaufenen Jahr zur Kenntnis bringen.

Der Compliance-Verantwortliche ist in aller Regel zur Setzung disziplinärer Maßnah- **163** men nicht befugt. Daher ist i.S.d. Abs. 5 eine Verständigung der zur Setzung arbeitsrechtlicher Schritte zuständigen Stelle im Falle von Zuwiderhandeln gegen die Compliance-Vorschriften erforderlich.

VII. Wettbewerbsrechtliche Compliance

1. Allgemeines

In der österreichischen Rechtsterminologie umfasst das Wettbewerbsrecht einerseits **164** den Regelungskomplex, der Wettbewerbsbeschränkungen und die Ausübung der Marktmacht beschränken soll („Kartellrecht") und andererseits das Recht gegen den unlauteren Wettbewerb. Aufgabe des Kartellrechts ist es, den Wettbewerb als Institution zu schützen und die Ausübung wirtschaftlicher Macht zu begrenzen. Dies geschieht durch Vorschriften betreffend

– die Bildung und Hintanhaltung von Kartellen,
– die Aufsicht über marktbeherrschende Unternehmen sowie

– die Kontrolle von Zusammenschlüssen, die das Entstehen marktbeherrschender Unternehmen oder eine Verstärkung der Marktmacht von vornherein verhindern sollen.

Das Kartellrecht ist in Österreich im Kartellgesetz 2005[100] (KartG) sowie dem Wettbewerbsgesetz[101] (WettbG) geregelt.

2. Wettbewerbsbeschränkungen (Kartelle)

2.1 Definition von Kartellen

165 Nach § 1 Abs. 1 KartG sind verboten alle Vereinbarungen zwischen Unternehmen, Zusammenschlüsse von Unternehmen, Unternehmervereinigungen und aufeinander abgestimmte Verhaltensweisen, die eine Verhinderung, Einschränkung oder Verfälschung des Wettbewerbs bezwecken oder bewirken (Kartelle). Im Wesentlichen deckt sich diese Bestimmung mit dem ersten Satz von Art. 81 Abs. 1 EGV. § 1 Abs. 2 KartG zählt einige typische Anwendungsfälle mit beschränkendem Charakter auf. Diese Aufzählung entspricht wörtlich dem Katalog in Art 1 Abs. 1 EGV.

166 Vergleicht man die drei Formen der Wettbewerbsbeschränkungen, so haben in der Praxis die Vereinbarungen zwischen Unternehmen die mit Abstand größte Bedeutung. Darunter fallen eine Reihe verschiedener wirtschaftlicher Sachverhalte, angefangen von geheimen Preisabsprachen zwischen Wettbewerbern über ökonomisch sinnvolle Unternehmenskooperationen bis hin zu verschiedenen vertikalen Vertriebsvereinbarungen mit Ausschließlichkeitsbindungen. Während für das Vorliegen einer Vereinbarung zumindest eine schlüssige Willensübereinstimmung zwischen Unternehmen erforderlich ist, liegen abgestimmte Verhaltensweisen bereits dann vor, wenn die Koordinierung zwischen Unternehmen bewusst eine praktische Zusammenarbeit an die Stelle des mit Risiken verbundenen Wettbewerbs treten lässt. Was die Form der Kontakte zwischen Unternehmen betrifft, so genügt bereits eine einseitige Informationsübermittlung auf Wunsch oder mit Zustimmung des Adressaten, etwa durch Zusendung von Preislisten an Wettbewerber oder durch Präsentation der eigenen Marktstrategie oder Preispolitik in einer Sitzung gegenüber Wettbewerbern. Nach österreichischem Recht ist die Zwischenstaatlichkeit der Wettbewerbsbeschränkung kein Kriterium für die Anwendbarkeit des Gesetzes. Ist die Zwischenstaatlichkeit allerdings gegeben, so ist (auch) Art. 101 Abs. 1 AEUV anwendbar, der – bei einem allfälligen Widerspruch – Anwendungsvorrang vor nationalem Kartellrecht hat.

2.2 Zivilrechtliche Rechtsfolgen eines Verstoßes gegen das Kartellverbot

167 Gem. § 1 Abs. 3 KartG sind verbotene Vereinbarungen und Beschlüsse nichtig. Was einen allfälligen Schadenersatzanspruch betrifft, so geht die herrschende Lehre in Österreich davon aus, dass die Wettbewerbsregeln als „Schutzgesetz" i.S.d. § 1311 ABGB zu qualifizieren sind, deren Übertretung einen Schadenersatzanspruch begründen kann.[102]

---

100 Bundesgesetz gegen Kartelle und andere Wettbewerbsbeschränkungen (Kartellgesetz 2005 – KartG 2005), BGBl I Nr. 61/2005.

101 Bundesgesetz über die Einrichtung einer Bundeswettbewerbsbehörde (Wettbewerbsgesetz – WettbG), BGBl I Nr. 62/2002.

102 Am 16.3.2007 wurde in Österreich erstmals kartellbetroffenen Personen Schadenersatz wegen eines Kartells zugesprochen (Grazer Fahrschulen). Zuvor hatte das Kartellgericht gegen diese Fahrschulen eine Geldbuße wegen Durchführung eines Preiskartells festgesetzt. Von entscheidender Bedeutung für das Schadenersatzverfahren war, dass das Zivilgericht den Verfahrensakt des Kartellgerichtes beigeschafft und der Schadenersatzklägerin zur Akteneinsicht freigegeben hat.

3. Missbrauch einer marktbeherrschenden Stellung

Nach § 5 Abs. 1 KartG ist der Missbrauch einer marktbeherrschenden Stellung ver- **168**
boten. In § 4 KartG ist festgelegt, in welchen Fällen ein Unternehmer marktbeherrschend ist. Ob ein Unternehmer marktbeherrschend ist, ist jeweils in Bezug auf
einen bestimmten relevanten Markt festzustellen. Dieser bedarf sowohl in sachlicher
als auch in örtlicher Hinsicht der Abgrenzung. Marktbeherrschend ist ein Unternehmen dann, wenn das Unternehmen als einziger Anbieter keinem oder nur einem
unwesentlichem Wettbewerb ausgesetzt ist oder eine im Verhältnis zu den anderen
Wettbewerbern überragende Marktstellung hat. Dabei sind insbesondere die Finanzkraft, die Beziehungen zu anderen Unternehmen, die Zugangsmöglichkeiten zu den
Beschaffungs- und Absatzmärkten sowie die Umstände zu berücksichtigen, die den
Marktzutritt für andere Unternehmen beschränken. Der Missbrauchsbegriff des § 5
KartG entspricht im Großen und Ganzen dem Missbrauchsbegriff in Art. 82 EGV.
Das Kriterium der Zwischenstaatlichkeit hat grundsätzlich dieselbe Bedeutung wie
im Bereich des Kartellverbots; die nationale Missbrauchsaufsicht kann jedoch stren-
ger sein als die der EU.[103]

4. Zusammenschlüsse

Da durch Unternehmenszusammenschlüsse eine marktbeherrschende Stellung entste- **169**
hen oder verstärkt werden kann, werden Zusammenschlüsse ab einer bestimmten
Größe der beteiligten Unternehmen einer besonderen Zusammenschlusskontrolle
unterworfen (Marktstrukturkontrolle).

Liegt ein Zusammenschluss[104] i.S.d. § 7 KartG vor, so ist er gem. §§ 9 f KartG bei der **170**
Bundeswettbewerbsbehörde (BWB) anzumelden, wenn die beteiligten Unternehmen
im letzten Geschäftsjahr vor dem Zusammenschluss bestimmte Umsatzschwellen
überschritten haben und auch keine der Ausnahmebestimmungen greift. Die beiden
Amtsparteien, die BWB und der Bundeskartellanwalt (BKA), können in der Folge
innerhalb von vier Wochen einen Prüfungsantrag an das Kartellgericht stellen, das in
diesem Fall binnen weiterer fünf Monate über den Zusammenschluss zu entscheiden
hat.

Anmeldepflichtige Zusammenschlüsse unterliegen einem Durchführungsverbot. Die **171**
rechtswidrige Durchführung eines Zusammenschlusses ist mit Geldbußen bedroht.
Verträge sind, soweit sie gegen das Durchführungsverbot verstoßen, unwirksam (§ 17
Abs. 3 KartG).

5. Behörden und Verfahren

5.1 Kartellgericht und Kartellobergericht

Das Oberlandesgericht Wien ist gem. § 58 Abs. 1 KartG als Kartellgericht für das **172**
gesamte Bundesgebiet zuständig. Gegen Beschlüsse des Kartellgerichts geht der
Rechtszug in die zweite und letzte Instanz an den Obersten Gerichtshof als Kartell-

---

103 *Ablasser-Neuhuber/Neumayr* in Napokoj (Hrsg) Risikominierung durch Corporate Compliance,
2010, Rn. 368.
104 Der österreichische Zusammenschlussbegriff unterscheidet sich nach wie vor von jenem der
FKVO (Art. 3). So ist etwa der Erwerb von 25 % der Anteile unabhängig von einem Kontroller-
werb anzumelden. Somit werden auch wettbewerbspolitisch unbedenkliche Vorgänge der österreichischen Zusammenschlusskontrolle unterworfen.

obergericht. Das Kartellgericht entscheidet grundsätzlich nur auf Antrag. Antragsberechtigt sind

– die BWB und der BKA,
– durch bundesgesetzliche Vorschriften zur Regulierung bestimmter Wirtschaftszweige eingerichtete Behörden,
– die Wirtschaftskammer Österreich, die Bundeskammer für Arbeiter und Angestellte und die Präsidentenkonferenz der Landwirtschaftskammer Österreichs,
– jeder Unternehmer und jede Unternehmensvereinigung, der oder die ein rechtliches oder wirtschaftliches Interesse an der Entscheidung hat.

Lediglich Anträge auf Prüfung von Zusammenschlüssen sowie auf Verhängung von Geldbußen und Zwangsgeldern können nur von der BWB oder dem BKA gestellt werden.

5.2 Bundeswettbewerbsbehörde (BWB)

173 Die beim Bundesministerium für Wirtschaft und Arbeit eingerichtete weisungsfreie und unabhängige BWB wurde ebenso wie der BKA mit der Novelle 2002 zum Kartellgesetz geschaffen. Ziel der BWB als eine der beiden Amtsparteien ist es, funktionierenden Wettbewerb sicherzustellen und Wettbewerbsverzerrungen oder -beschränkungen entgegenzutreten. Die BWB ist als Aufgriffs- und Ermittlungsbehörde ohne Entscheidungsbefugnis ausgestaltet. Sie hat (u.a.) folgende Befugnisse:

– Wahrnehmung der Parteistellung im Verfahren vor dem Kartellgericht;
– Durchführung der Europäischen Wettbewerbsregeln in Österreich;
– allgemeine Untersuchung eines Wirtschaftszweiges, sofern die Umstände vermuten lassen, dass der Wettbewerb in den betreffenden Wirtschaftszweigen eingeschränkt oder verfälscht ist (Branchenuntersuchungen);
– Leistung von Amtshilfe in Wettbewerbsangelegenheiten gegenüber dem Kartellgericht, Kartellobergericht etc.;

Die BWB kann ferner beim Kartellgericht die Erlassung eines Hausdurchsuchungsbefehls beantragen.

5.3 Bundeskartellanwalt (BKA)

174 Bei der zweiten Amtspartei neben der BWB, dem BKA, handelt es sich um eine dem Bundesminister für Justiz unmittelbar unterstellte, weisungsgebundene Behörde. Das Kartellgesetz überträgt dem BKA die Aufgabe der Vertretung des öffentlichen Interesses in Angelegenheiten des Wettbewerbs beim Kartellgericht. Wie die BWB hat auch der BKA die Möglichkeit, alle nach dem Kartellgesetz vorgesehenen Anträge einzubringen und jederzeit auch in Verfahren, in denen er nicht Antragsteller war, als Partei aufzutreten und Rechtsmittel gegen kartellgerichtliche Entscheidungen zu erheben. Die primäre Verfahrensinitiative und Betreibung soll jedoch der BWB überlassen werden.

6. Rechtsdurchsetzung

175 Liegt eine Verletzung des KartG vor, so bestehen folgende Risiken für Unternehmen:

– Nach § 26 KartG hat das Kartellgericht Zuwiderhandlungen gegen die Verbote wirksam abzustellen und dem beteiligten Unternehmen die hierzu erforderlichen Aufträge zu erteilen. Statt der Abstellung kann das Kartellgericht aber auch Verpflichtungszusagen der beteiligten Unternehmer und Unternehmervereinigungen verbindend erklären, wenn zu erwarten ist, dass diese Zusagen zukünftige Zuwiderhandlungen ausschließen.

– Gem. § 28 KartG kann das Kartellgericht eine Zuwiderhandlung gegen ein im ersten Hauptstück des Kartellgesetzes enthaltenes Verbot feststellen, auch wenn die Zuwiderhandlung gegen das Verbot bereits beendet ist. Voraussetzung ist, dass ein berechtigtes Interesse daran besteht.

– Wenn ein Unternehmer oder einer Unternehmervereinigung vorsätzlich oder fahrlässig gegen ein Verbot verstößt, kann das Kartellgericht gem. § 29 KartG auf Antrag der BWB oder des BKA Geldbußen bis zu einem Höchstbetrag von 10 % des im vorausgegangenen Geschäftsjahr erzielten Umsatzes verhängen.

– § 168b StGB enthält einen gerichtlichen Straftatbestand für Bieterabsprachen (Freiheitsstrafe bis zu 3 Jahren). Über die Bestrafung der natürlichen Person kann es auch zu einer Bestrafung des Unternehmens kommen (siehe dazu die Ausführungen zum VbVG unter Rn. 116 ff.).

7. Wettbewerbsrechtliche Compliance-Programme

Um den kartellrechtswidrigen Verhaltensweisen und der Verhängung von Geldbußen **176** vorzubeugen, aber auch um für den Fall einer überraschenden Hausdurchsuchung gewappnet zu sein, haben die meisten Unternehmen, die aufgrund ihrer Größe oder ihrer Marktposition der Gefahr einer Wettbewerbsverletzung ausgesetzt sind, bereits seit einigen Jahren spezielle „Compliance-Programme" implementiert. Sie stammen ursprünglich aus dem angloamerikanischen Rechtsraum und sind eine Reaktion auf die „Federal Sentencing Guideline" aus den frühen 90er Jahren. Die Guidelines sehen vor, dass bei einem Wirtschaftsdelikt das Vorliegen bestimmter Umstände als Milderungsgrund zu werten ist; dazu zählt u.a. ein installiertes Compliance-Programm. In Österreich und auch auf europäischer Ebene schrecken allerdings die Wettbewerbsbehörden davor zurück, Compliance-Maßnahmen im Rahmen der Geldbußenbemessung als Milderungsgrund oder gar als einen die Haftung einschränkenden Gesichtspunkt zu berücksichtigen.[105]

Die Europäische Kommission hat in dem Ende 2011 erschienenen Leitfaden mit dem **177** Titel „Compliance matters – What companies can do better to respect EU competition rules"[106] wesentliche Aussagen über den Wert von Compliance-Maßnahmen und die Mittel zur Sicherstellung der Kartellrechts-Compliance getroffen. Die Europäische Kommission unterstreicht darin die Notwendigkeit einer klar formulierten Strategie und eine auf das konkrete Unternehmen zugeschnittene Compliance-Lösung. Sie betont aber auch, dass bloße Lippenbekenntnisse oder abstrakte, formalistische Compliance-Bemühungen nicht ausreichen. Die Europäische Kommission verlangt dabei ein starkes „management committment", gepaart mit einer „top down"-Management-Kultur, welche idealerweise durch einen Compliance-Vorstand sichtbar gemacht wird.[107]

---

105 *Traugott* Compliance Praxis 1/2012, 9 ff.
106 Http://ec.europa.eu/competition/antitrust/compliance/index_en.html.
107 *Barbist* Compliance Praxis 1/2012, 7 ff.

178 Aufbau/Bestandteile eines Compliance-Programmes:[108]

- Legal Audit: Üblicherweise wird mit einer kartellrechtlichen Bestandaufnahme begonnen um festzustellen, in welchen Unternehmensbereichen potentiell Absprachen getroffen werden könnten.
- Abhaltung von Compliance-Seminaren: Den Kern eines jeden Compliance-Programmes bilden kartellrechtliche Compliance-Seminare für jene Mitarbeiter, die regelmäßig mit kartellrechtlich relevanten Sachverhalten konfrontiert sind. Ziel dieser Schulungen ist es, den handelnden Personen ein Grundverständnis dafür zu vermitteln, wann ihr Verhalten kartellrechtliche Probleme aufwerfen könnte.
- Erstellung eines Compliance-Manuals: Aus den Compliance-Manuals sind nicht nur die gesetzlichen Grundlagen mit den „dos and don'ts" zu entnehmen, sondern es finden sich auch Ablaufprozedere für eine Nachprüfung.
- Vorbereitung des Unternehmens auf eine mögliche Nachprüfung: Ein weiterer wesentlicher Eckpfeiler eines Compliance-Programmes betrifft die Vorbereitung des Unternehmens auf eine mögliche Nachprüfung durch die Europäische Kommission oder eine nationale Wettbewerbsbehörde. Hier geht es vor allem darum, das Wissen von ausgewählten Mitarbeitern hinsichtlich der Rechte und Pflichten der Wettbewerbsbehörden einerseits und des zu untersuchenden Unternehmens andererseits zu vertiefen.
- Durchführung von „Mock-Dawn-Raids": Bei dieser Übung wird eine Nachprüfung einer Wettbewerbsbehörde simuliert.
- Einführung eines Notifizierungs- und Genehmigungssytems für risikoträchtige Vorgänge: Um die Sensibilität von Mitarbeitern zu erhöhen und Beweisproblemen in einem allfälligen Kartellverfahren vorzubeugen, bietet sich die Einführung eines Notifizierungs- und Genehmigungssystems an. Demnach müssen Mitarbeiter vor jedem Kontakt mit Wettbewerbern um Genehmigung ansuchen und im Nachhinein schriftlich einen Bericht über die tatsächlichen Vorkommnisse abgeben.

VIII. Datenschutzrechtliche Compliance

179 Nach einigen Missbrauchsfällen betreffend personenbezogener Daten sowohl in Österreich als auch in Deutschland ist das Thema Compliance im Datenschutz für Unternehmen von immer größerer Bedeutung geworden. Auf eine Beachtung der gesetzlichen Bestimmungen wird daher zumeist bereits von der Geschäftsleitung großer Wert gelegt.

180 Die gesetzliche Grundlage für den Datenschutz findet sich in Österreich im Datenschutzgesetz 2000 (DSG)[109], welches die Richtlinie 95/46/EG[110] in nationales Recht umsetzt. Seit seinem Inkrafttreten am 1.1.2000 wurde es mittlerweile sieben Mal novelliert. Das DSG 2000 enthält zum einen das im Verfassungsrang stehende subjektive Recht auf Geheimhaltung von personenbezogenen Daten und regelt zum anderen die Rechtmäßigkeitsanforderungen an die Verwendung von Daten.

---

108 *Urlesberger/Haid* ecolex 2007, 363.
109 Bundesgesetz über den Schutz personenbezogener Daten (Datenschutzgesetz 2000 – DSG 2000), BGBl I Nr. 165/1999.
110 Richtlinie 95/46/EG des Europäischen Parlaments und des Rates v. 24.10.1995 zum Schutz natürlicher Personen bei der Verarbeitung personenbezogener Daten und zum freien Datenverkehr, ABlEG Nr. L 281 v. 23.11.1995, 31.

1. Grundrecht auf Datenschutz

§ 1 DSG 2000 normiert ein Grundrecht auf Datenschutz, das in umfangreichen ein- **181** fachgesetzlichen Bestimmungen (§§ 4–64) ausgeführt wird. Das Grundrecht auf Datenschutz ist mit unmittelbarer Drittwirkung ausgestattet und bewirkt einen Anspruch auf Geheimhaltung personenbezogener Daten. Darunter sind der Schutz des Betroffenen vor Ermittlung seiner Daten und der Schutz vor der Weitergabe der über ihn ermittelten Daten zu verstehen. Allerdings gibt es ein Recht auf Datenschutz nur dann, wenn ein schutzwürdiges Geheimhaltungsinteresse besteht. Jene Fälle, in denen es kein schutzwürdiges Geheimhaltungsinteresse gibt, werden ausdrücklich auf- geführt.

Voraussetzung für das Bestehen des Grundrechts ist es, dass es sich bei den Daten **182** überhaupt um personenbezogene Daten handelt, die auf eine in ihrer Identität bestimmte (oder zumindest bestimmbare) Person zurückgeführt werden können und dass diese Daten weiter geheim gehalten werden können, was dann grundsätzlich unmöglich sein wird, wenn sie allgemein zugänglich sind. An personenbezogenen Daten besteht ein schutzwürdiges Geheimhaltungsinteresse, wobei das Grundrecht nicht absolut gilt, sondern durch bestimmte, zulässige Eingriffe beschränkt werden darf. Wichtiger Grund für eine zulässige Ausnahme vom Geheimhaltungsschutz ist zunächst die Zustimmung des Betroffenen zur Verwendung seiner Daten, womit aner- kannt wird, dass in erster Linie der Betroffene selbst über das Schicksal der ihn betreffenden Daten zu entscheiden hat. Weitere Gründe für zulässige Eingriffe kön- nen sich aus den besonderen Interessen des Betroffenen selbst (lebenswichtiges Inte- resse des Betroffenen) oder aus den überwiegenden Interessen Anderer ergeben.

Die Verpflichtung zur Geheimhaltung schutzwürdiger personenbezogener Daten **183** besteht unabhängig von der Form ihrer Verarbeitung, betrifft also z.B. auch „manu- elle" Daten (Notizen auf einem Zettel, Aktenteile und dergleichen) im herkömmli- chen Sinn.

Das Grundrecht steht jedermann zu, wobei Betroffener sowohl eine natürliche als **184** auch eine juristische Person oder Personengemeinschaft sein kann. Als höchstpersön- liches Recht steht dieses Grundrecht nur lebenden Personen zu.

2. Allgemeine Grundsätze und die Zulässigkeit der Verwendung von Daten

§ 6 DSG definiert die allgemeinen Grundsätze für die Verwendung von Daten. Dem- **185** nach dürfen Daten nur nach Treu und Glauben und auf rechtmäßige Weise verwendet werden. Weitere Grundsätze sind etwa die Zweckbindung und die Verpflichtung für den Auftraggeber, für die Richtigkeit, allenfalls auch die Aktualisierung der Daten, zu sorgen. Daten dürfen nur solange aufbewahrt werden, wie dies für die Zwecke, für die sie ermittelt wurden, erforderlich ist.

Die allgemeine Zulässigkeit der Datenverwendung ist an zwei Bedingungen geknüpft: **186** Einerseits muss eine rechtliche Befugnis des Auftraggebers zur Verwendung dieser Daten (die etwa durch Gewerbeschein, Eintragung in die Ärzteliste und dergleichen dokumentiert sein kann) gegeben sein. Andererseits dürfen die schutzwürdigen Geheimhaltungsinteressen des Betroffenen nicht verletzt werden, wobei die §§ 8 und 9 DSG 2000 für sensible und nicht-sensible Daten näher präzisieren, in welchen Fällen dies gewährleistet ist.

3. Die Übermittlung von Daten

187 Im Alltagsleben von großer Bedeutung ist die Übermittlung von personenbezogenen Daten an Dritte oder deren Zugänglichmachung gegenüber Dritten. Voraussetzung für die Zulässigkeit der Übermittlung von Daten ist, dass diese aus einer zulässigen Datenanwendung stammen, der Empfänger seine ausreichende rechtliche Befugnis im Hinblick auf den Übermittlungszweck glaubhaft macht und die schutzwürdigen Geheimhaltungsinteressen des Betroffenen durch den Zweck und den Inhalt der Übermittlung nicht verletzt werden (§ 7 DSG 2000).

188 In international tätigen Konzernen stellt sich häufig die Frage, ob die Übermittlung von personenbezogenen Daten (z.B. Mitarbeiterdaten) an die Konzernmutter zulässig ist oder nicht. Was die Übermittlung dieser Daten an eine Konzernmutter in einem anderen EU-Mitgliedsstaat anbelangt, so anerkennt die Datenschutzkommission den Konzern als zulässige Organisationsstruktur, so dass jene Datenflüsse, die sich aus der Über- bzw. Unterordnung der einzelnen Konzernfirmen notwendig ergeben, zur Rechtfertigung der Übermittlung geeignet sein können.[111] Was die Übermittlung von personenbezogenen Daten an eine Konzernmutter in einem Drittland betrifft, so ist zu beachten, dass derartige Datenübermittlungen der Genehmigung durch die Datenschutzkommission bedürfen. In diesem Verfahren wird geprüft, ob im Drittstaat ein angemessener Datenschutz sichergestellt ist und ob die Geheimhaltungsinteressen der Betroffenen auch im Ausland ausreichend gewahrt sind (§ 13 DSG 2000).

4. Exkurs: Videoüberwachung

189 Mit der DSG Novelle 2010[112] wurde im Gesetz mit den §§ 50a ff. ein eigener Abschn. 9a zur Videoüberwachung aufgenommen. Eine entsprechende Regelung war insofern erforderlich, als der Einsatz von Videoüberwachungsanlagen in Betriebsräumlichkeiten sehr häufig stattfindet. Immer wenn bei einer Videoüberwachung Personen zu erkennen sind, handelt es sich dabei um personenbezogene Daten i.S.d. DSG 2000, womit ein Eingriff in das Recht auf Geheimhaltung vorliegt.[113]

190 Geregelt werden im DSG 2000 nunmehr die Voraussetzungen für den zulässigen Einsatz der Videoüberwachung. Demnach muss der Zweck und Inhalt der Datenanwendung von den rechtlichen Befugnissen des Auftraggebers gedeckt sein (§ 7 Abs. 1 DSG), die Grundrechtseinschränkung verhältnismäßig sein (§ 7 Abs. 2 und 3 DSG), die schutzwürdigen Geheimhaltungsinteressen des Betroffenen gewahrt werden (§ 7 Abs. 1 i.V.m. 8 und 9 DSG) und die allgemeinen Datenschutzgrundsätze eingehalten werden (§ 7 Abs. 3 i.V.m. § 6 DSG). Der Auftraggeber hat die Videoüberwachung bei der Datenschutzkommission vorab nach §§ 17 ff. DSG zu melden. Wurde die Videoüberwachung nicht im Vorhinein von der Datenschutzkommission genehmigt, droht der Geschäftsleitung eine Verwaltungsstrafe aufgrund der Verletzung des Datenschutzrechts.

---

111 Vgl. DSK 6.2.2008, K178.256/0005-DSK/2008.

112 Bundesgesetz, mit dem das Datenschutzgesetz 2000 und das Sicherheitspolizeigesetz geändert werden (DSG-Novelle 2010).

113 ErläutRV 472 BlgNR XXIV. GP 16.

5. Heranziehen von Dienstleistern

Dem Auftraggeber steht es frei, sich eines Dienstleisters zu bedienen, wenn dieser **191** ausreichend Gewähr für eine rechtmäßige und sichere Datenverwendung bietet. Der Auftraggeber hat mit dem Dienstleister die notwendigen Vereinbarungen zu treffen und sich von ihrer Einhaltung durch Einholung der erforderlichen Informationen über die vom Dienstleister tatsächlich getroffenen Maßnahmen zu überzeugen.

Die Mindestpflichten des Dienstleisters sind in § 11 DSG 2000 ausgeführt und umfas- **192** sen etwa das Treffen von Datensicherheitsmaßnahmen sowie die Verpflichtung, weitere Dienstleister nur mit Billigung des Auftraggebers heranzuziehen und die Daten nach Beendigung des Dienstverhältnisses wieder an den Auftraggeber zurückzugeben oder in dessen Auftrag für ihn weiter aufzubewahren oder zu vernichten. Der Dienstleister hat auch technisch und organisatorisch zu gewährleisten, dass die Rechte des Betroffenen (Auskunftserteilung, Richtigstellung und Löschung) erfüllt werden können. Vereinbarungen zwischen dem Auftraggeber und Dienstleister über die nähere Ausgestaltung dieser Pflichten sind zum Zweck der Beweissicherung schriftlich festzuhalten.

6. Whistleblower-Hotlines

Eine Whistleblower-Hotline ermöglicht einem Mitarbeiter in einem Unternehmen **193** über eine Telefon- oder webbasierte Hotline Missstände und Malversationen im Unternehmen unmittelbar der Geschäftsleitung bekannt zu geben. Da diese Meldungen im Normalfall personenbezogene Daten betreffen, ist die Zulässigkeit der Ermittlung, Sammlung und Verarbeitung von Whistleblower-Daten nach dem DSG 2000 zu beurteilen. Whistleblower-Hotlines sind daher genehmigungspflichtig. Bisher hat die Datenschutzkommission einige Whistleblowing-Systeme genehmigt. In einer ersten wichtigen (Einzelfall-)Entscheidung[114] hat die Datenschutzkommission auf Antrag eines Unternehmens folgende Auflagen für unternehmensinterne Whistleblowing Verfahren festgelegt:

a) Das Unternehmen lässt anonyme Meldungen zwar zu, fördert sie aber nicht, sondern sichert vielmehr den Meldern volle Vertraulichkeit hinsichtlich ihrer Identität zu, wenn sie diese angeben.

b) Die mit der Bearbeitung von Meldungen betrauten Stellen sind von den anderen Konzernstellen strikt getrennt und haben nur Personen als Mitarbeiter, die besonders geschult und ausdrücklich für die Vertraulichkeit der gemeldeten Daten verantwortlich sind.

c) Die Beschuldigten haben grundsätzlich Zugang zu Anschuldigungen.

d) Die Identität des Meldenden wird nur dann offengelegt, wenn sich nachträglich herausstellt, dass die Anschuldigung bewusst falsch erhoben wurde.

7. Datengeheimnis

Auftraggeber und Dienstleister – einschließlich ihrer Mitarbeiter – sind zur Geheim- **194** haltung von Daten, die ihnen auf Grund ihrer berufsmäßigen Beschäftigung bekannt geworden sind, verpflichtet (Datengeheimnis, § 15 DSG 2000).

---

114 Vgl. DSK 5.12.2008, K178.274/0010-DSK/2008.

8. Publizität der Datenanwendungen

195 Wenn ein Auftraggeber personenbezogene Daten automatisiert oder in manuellen Dateien verarbeitet (z.B. Personalverwaltung, Kundenverkehr), so ist er grundsätzlich verpflichtet, bei der Datenschutzkommission vor Aufnahme einer Datenverarbeitung eine Meldung zum Zweck der Registrierung im Datenverarbeitungsregister einzubringen, sofern nicht ausnahmsweise eine Meldepflicht entfällt (Standardanwendungen). Diese Meldung an das Datenverarbeitungsregister hat seit 1.9.2012 online zu erfolgen. Allgemeine Informationen und öffentlich zugängliche Registerdaten können somit seit 1.9.2012 öffentlich eingesehen werden.

196 Datenanwendungen, die sensible Daten oder strafrechtlich relevante Daten enthalten oder die die Auskunftserteilung über die Kreditwürdigkeit des Betroffenen zum Zweck haben, oder die in Form eines „Informationsverbundsystems" durchgeführt werden sollen, dürfen erst nach ihrer Prüfung durch die Datenschutzkommission aufgenommen werden. Manuelle Dateien sind nur dann meldepflichtig, wenn ihr Inhalt der Vorabkontrolle unterliegt.

197 Mit der Standard- und Musterverordnung 2004[115] wurde eine Vereinfachung der Meldungen geschaffen. Demnach wird zwischen Standardanwendungen, die meldefrei sind, und Musteranwendungen, die einer vereinfachten Meldepflicht unterliegen, differenziert. Unter Standardanwendungen sind „bestimmte Typen von Datenanwendungen und Übermittlungen" zu verstehen, „die von einer großen Zahl von Auftraggebern in gleichartiger Weise vorgenommen werden, wobei angesichts des Verwendungszwecks und der verarbeiteten Datenarten die Gefährdung schutzwürdiger Geheimhaltungsinteressen der Betroffenen unwahrscheinlich ist". Als solche Standardanwendungen werden z.B. Personalverwaltungen, Melderegister, die Kfz-Zulassung durch Behörden oder auch die Patientenverwaltung und Honorarabrechnung normiert. Als „Musteranwendungen" wurden die Personentransport- und Hotelreservierung, Zutrittskontrollsysteme und die Kfz-Zulassung durch beliehene Unternehmen normiert.

9. Informations- und Offenlegungspflicht des Auftraggebers

198 § 24 DSG 2000 normierte eine grundsätzliche Informationspflicht des Auftraggebers: Der Auftraggeber einer Datenanwendung hat aus Anlass der Ermittlung von Daten die Betroffenen in geeigneter Weise über den Zweck der Datenanwendung, für die die Daten ermittelt werden und über Namen und Adresse des Auftraggebers zu informieren, sofern diese Informationen dem Betroffenen nach den Umständen des Falles nicht bereits vorliegen. Gem. § 23 DSG 2000 haben Auftraggeber einer Standardanwendung jedermann auf Antrag mitzuteilen, welche Standardanwendungen sie tatsächlich vornehmen. Damit soll eine gewisse Kompensation dafür geschaffen werden, dass die Standardanwendungen auf Grund deren Meldefreiheit nicht im Datenverarbeitungsregister einsichtig sind.

10. Datensicherungsmaßnahmen

199 Gemäß § 14 DSG 2000 müssen zur Sicherstellung der Datensicherheit Maßnahmen getroffen werden, die geeignet sind, den Schutz der Daten vor zufälliger oder unrecht-

---

115 Verordnung des Bundeskanzlers über Standard- und Musteranwendungen nach dem Datenschutzgesetz 2000 (Standard- und Muster-Verordnung 2004 – StMV 2004), BGBl II Nr. 312/2004, novelliert durch BGBl II Nr. 255/2009.

mäßiger Zerstörung und vor Verlust sowie vor Verhinderung eines Zugriffs auf die Daten durch Unbefugte zu gewährleisten. Die Maßnahmen müssen nach der Art der verwendeten Daten und nach dem Umfang und Zweck der Verwendung sowie unter Bedachtnahme auf den Stand der technischen Möglichkeiten und die wirtschaftliche Vertretbarkeit angemessen sein. Daher sind entsprechend dieser gesetzlichen Anforderung technische, organisatorische und personelle Datensicherungsmaßnahmen zu treffen.[116] Die folgenden Maßnahmen sind von Gesetzes wegen zu beachten:

1. die Aufgabenverteilung bei der Datenverwendung ist zwischen den Organisationseinheiten und zwischen den Mitarbeitern ausdrücklich festzulegen,
2. die Verwendung von Daten ist an das Vorliegen gültiger Aufträge der anordnungsbefugten Organisationseinheiten und Mitarbeiter zu binden,
3. jeder Mitarbeiter ist über seine nach dem DSG 2000 und nach innerorganisatorischen Datenschutzvorschriften einschließlich der Datensicherheitsvorschriften bestehenden Pflichten zu belehren,
4. die Zutrittsberechtigung zu den Räumlichkeiten des Auftraggebers oder Dienstleisters ist zu regeln,
5. die Zugriffsberechtigung auf Daten und Programme und der Schutz der Datenträger vor der Einsicht und der Verwendung durch Unbefugte ist zu regeln,
6. die Berechtigung zum Betrieb der Datenverarbeitungsgeräte ist festzulegen und jedes Gerät ist durch Vorkehrungen bei den eingesetzten Maschinen oder Programmen gegen die unbefugte Inbetriebnahme abzusichern,
7. es ist ein Protokoll zu führen, damit tatsächlich durchgeführte Verwendungsvorgänge, wie insbesondere Änderungen, Abfragen und Übermittlungen, im Hinblick auf ihre Zulässigkeit im notwendigen Ausmaß nachvollzogen werden können,
8. eine Dokumentation über die nach Z 1 bis 7 getroffenen Maßnahmen ist zu führen, um die Kontrolle und Beweissicherung zu erleichtern.

Diese Maßnahmen müssen unter Berücksichtigung des Standes der Technik und der **200** bei der Durchführung erwachsenden Kosten ein Schutzniveau gewährleisten, das den von der Verwendung ausgehenden Risiken und der Art der zu schützenden Daten angemessen ist.

11. Die Rechte der Betroffenen

11.1 Das Recht auf Auskunft

Das DSG 2000 begründet einen Rechtsanspruch jeder Person oder Personengemein- **201** schaft, binnen einer Frist von acht Wochen nach Stellung der Anfrage beim Auftraggeber Auskunft über die zu dieser Person oder Personengemeinschaft verarbeiteten Daten, deren Herkunft und den Empfänger einer allfälligen Übermittlung zu erhalten. Diese Auskunftserteilung hat nicht nur hinsichtlich aller automationsunterstützt verarbeiteten Daten zu erfolgen, sondern auch hinsichtlich der in manuellen Dateien enthaltenen Daten. Wenn zur Person des Auskunftswerbers keine Daten vorhanden sind, genügt die Bekanntgabe dieses Umstandes (Negativauskunft).

11.2 Recht auf Richtigstellung und Löschung

Ist nach Ausübung des Auskunftsrechts oder aus anderen Umständen zu erkennen, **202** dass unrichtige Daten oder dass Daten unzulässigerweise verarbeitet werden, kann

---

116 Vgl. *Napokoj* Risikominimierung durch Corporate Compliance, 2010, Rn. 856 ff.

der Betroffene die Richtigstellung dieser Daten bzw. deren Löschung beim Auftraggeber verlangen (§ 27 DSG 2000). Daten, die nicht mehr benötigt werden, gelten als unzulässig verarbeitete Daten und sind zu löschen.

11.3 Widerspruchsrecht

203 Sofern die Verwendung von Daten nicht gesetzlich vorgesehen ist, hat jeder Betroffene das Recht, gegen die Verwendung seiner Daten wegen Verletzung überwiegender schutzwürdiger Geheimhaltungsinteressen, die sich aus seiner besonderen Situation ergeben, beim Auftraggeber der Datenanwendung Widerspruch zu erheben. Bei Vorliegen dieser Voraussetzungen hat der Auftraggeber die Daten des Betroffenen binnen acht Wochen zu löschen und allfällige weitere Übermittlungen zu unterlassen.

12. Kontrollorgane

204 Das DSG 2000 kennt als „Kontrollorgane" die Datenschutzkommission und den Datenschutzrat.

12.1 Datenschutzkommission

205 Die Datenschutzkommission erkennt über behauptete Verletzungen bestimmter subjektiver Rechte wie des Rechtes auf Geheimhaltung, Auskunftserteilung, Richtigstellung und Löschung, wenn diese Verletzungen durch Auftraggeber des öffentlichen Bereichs begangen wurden. Was die Geltendmachung des Rechtes auf Geheimhaltung, Richtigstellung und Löschung gegenüber Auftraggebern des privaten Bereiches betrifft, so liegt die Zuständigkeit hiefür nicht bei der Datenschutzkommission, sondern bei den Landesgerichten. Was allerdings Verletzungen des Rechtes auf Auskunft betrifft, so erkennt die Datenschutzkommission über Verletzungen, die von öffentlichen oder privaten Auftraggebern begangen worden sind.

206 Die Datenschutzkommission hat weitreichende Kontrollbefugnisse im DSG 2000 bekommen. Es kann sich jedermann wegen einer behaupteten Verletzung seiner Rechte oder ihn betreffender Pflichten eines Auftraggebers oder eines Dienstleisters nach dem DSG mit einer Eingabe an die Datenschutzkommission wenden. Die Kontrollbefugnisse der Datenschutzkommission nach § 30 DSG 2000 beziehen sich nicht nur auf den öffentlichen Bereich, sondern auch auf den gesamten privaten Bereich. Die Datenschutzkommission kann im Fall eines begründeten Verdachtes auf Verletzung der eben genannten Rechte und Pflichten Datenanwendungen überprüfen. Hierbei kann sie vom Auftraggeber oder Dienstleister der überprüften Datenanwendung insbesondere alle notwendigen Aufklärungen verlangen und Einschau in Datenanwendungen und diesbezügliche Unterlagen begehren.

207 Der Datenschutzkommission stehen in Ausübung dieser Befugnisse umfassende Rechte zu, wie etwa das Betreten von Räumlichkeiten des Auftraggebers (Dienstleisters) oder das Recht, Datenverarbeitungsanlagen in Betrieb zu setzen. Zur Herstellung des rechtmäßigen Zustandes kann die Datenschutzkommission Empfehlungen aussprechen, für deren Befolgung erforderlichenfalls eine angemessene Frist zu setzen ist. Die Nichtbefolgung einer solchen Empfehlung kann verschiedene Konsequenzen haben, z.B. die Einleitung eines Verfahrens der Überprüfung der Registrierung (was mit einer Untersagung der Weiterführung der Datenanwendung führen kann) oder die Erstattung einer Strafanzeige. Wenn der Verdacht einer schwerwiegenden Datenschutzverletzung durch einen Auftraggeber des privaten Bereichs vorliegt, kann die

Datenschutzkommission außerdem an Stelle des Betroffenen Feststellungsklage bei dem zuständigen Gericht erheben und dem Betroffenen dadurch eine sichere rechtliche Basis für die Verfolgung seiner Unterlassungs- und Schadenersatzansprüche verschaffen. Im öffentlichen Bereich ist das zuständige oberste Organ zu befassen, welches dafür Sorge zu tragen hat, dass der Empfehlung entsprochen wird.

12.2 Der Datenschutzrat

Hauptaufgaben des Datenschutzrates sind die Beratung von Fragen von grundsätzlicher Bedeutung für den Datenschutz und die Abgabe von Stellungnahmen zu Gesetzesentwürfen der Bundesministerien, soweit diese datenschutzrechtlich von Bedeutung sind. **208**

13. Schadenersatz

§ 33 DSG 2000 sieht eine eigene Schadensersatzregelung vor. Zum einen richten sich die Schadensersatzansprüche gegen einen Auftraggeber oder Dienstleister, der Daten schuldhaft entgegen den Bestimmungen des DSG 2000 verwendet hat, nach den Bestimmungen des ABGB. Darüber hinaus besteht ein Anspruch des Betroffenen auf Entschädigung für die erlittene Kränkung gegenüber dem Auftraggeber, wenn durch die öffentlich zugängliche Verwendung besonders heikler Datenarten schutzwürdige Daten des Betroffenen in einer Weise verletzt werden, die einer Art „Bloßstellung" i.S.d. Mediengesetzes gleichkommt. Damit wurde ein „immaterieller Schadensersatz" eingeführt, der allerdings auf besonders schwerwiegende Datenschutzverstöße beschränkt ist. Der Auftraggeber und der Dienstleister haften auch für das Verschulden ihrer Leute. Allerdings kann sich der Auftraggeber oder der Dienstleister dann von der Haftung befreien, wenn er beweist, dass der Umstand, durch den der Schaden verursacht wurde, ihm bzw. seinen Leuten nicht zur Last gelegt werden kann (Beweislastumkehr zu Gunsten des Betroffenen). **209**

14. Strafbestimmungen

Die Verletzung von Datenschutzrecht kann sowohl nach dem allgemeinen Strafrecht als auch nach dem DSG 2000 bestraft werden. Gerichtlich strafbar ist die rechtswidrige Verwendung von Daten in besonders verwerflicher Absicht, nämlich in Gewinn- oder Schädigungsabsicht (§51 DSG 2000). Seit der DSG-Novelle 2010 ist dieser Straftatbestand ein Offizialdelikt. Es droht in diesem Fall eine Freiheitsstrafe von bis zu einem Jahr. Ansonsten sieht das DSG 2000 in § 52 einen Katalog mit verschiedenen Verwaltungsstrafbestimmungen vor. Hat bereits eine Verletzungshandlung stattgefunden, so sehen die Straftatbestände eine Geldstrafe bis zu 25 000 EUR vor. Ist noch keine Verletzung eingetreten, sind allerdings die Interessen von Betroffenen gefährdet, so droht eine Verwaltungsstrafe bis zu 10 000 EUR. **210**

15. Data Privacy Rules

Zum Zeichen, dass Datenschutzbestimmungen ernst genommen werden, veröffentlichen viele Unternehmen auf ihren Websites sog. „Data Privacy Rules" (DPR). Üblicherweise enthalten diese DPR die Regelungen des Datenschutzgesetzes in Form von Selbstverpflichtungen. Folgende Regelungen finden sich oft in den DPR: **211**

– Bekenntnis zur Einhaltung aller datenschutzrechtlichen Normen,
– Einschränkung und Bekanntgabe der Daten, die erfasst werden,
– Zusagen hinsichtlich der Vertraulichkeit,
– Selbstverpflichtung zum laufenden Update der Datensammlung,
– Selbstverpflichtung zum Entfernen von obsoleten Daten,
– Zusicherung der (gesetzlichen) Rechte auf Datenlöschung und Richtigstellung der Daten sowie Achtung des Widerspruchsrechts,
– Zusicherung der Einhaltung aller erdenklicher Datensicherheitsmaßnahmen,
– Angabe einer Kontaktstelle für Fragen und Reklamationen.

IX. Antikorruptionsrecht

212 Mit Inkrafttreten des Strafrechtsänderungsgesetzes Anfang 2008 und dem Korruptionsstrafrechtsänderungsgesetz 2009 wurden in Österreich neue Regelungen zur Bekämpfung von Korruption eingeführt. Mit Inkrafttreten des Korruptionsstrafrechtsänderungsgesetz 2012 wurden in Österreich neue Regelungen zur Bekämpfung von Korruption eingeführt. Die wesentlichen Änderungen liegen in der Neuregelung der Vorteilsannahme, des „Anfütterns", der Erweiterung der Strafbarkeit im Inland und der Erweiterung des Amtsträgerbegriffs. Die Gesetzesänderungen in den vergangen Jahren stellen im Wesentlichen eine Fortsetzung der Aus- und Neugestaltung einer gewünschten erhöhten Kriminalisierung von Bestechlichkeit und Bestechung sowohl im öffentlichen als auch im privaten Sektor dar. Gleichzeitig stellen die neuen Bestimmungen auch eine Annäherung an internationale Vorgaben bzw. eine Erfüllung von Verpflichtungen Österreichs in der Korruptionsbekämpfung dar.

1. Der „private Sektor"

213 Mit den neu geschaffenen Bestimmungen des § 309 StGB „Geschenkannahme und Bestechung von Bediensteten oder Beauftragten" werden zwei zentrale Delikte im Bereich der Korruptionsbekämpfung auch in der Privatwirtschaft geschaffen.

214 § 309 Abs. 1 StGB sieht vor, dass ein Bediensteter oder Beauftragter eines Unternehmens, der im geschäftlichen Verkehr für die pflichtwidrige Vornahme oder Unterlassung einer Rechtshandlung von einem anderen für sich oder einen Dritten einen Vorteil fordert, annimmt oder sich versprechen lässt, mit Freiheitsstrafe bis zu zwei Jahren zu bestrafen ist. Übersteigt der Wert des Vorteils 3 000 EUR, so ist der Täter mit Freiheitsstrafe bis zu drei Jahren zu bestrafen. Wer die Tat in Bezug auf einen 3 000 EUR übersteigenden Vorteil begeht, ist mit Freiheitsstrafe bis zu drei Jahren, bei 50 000 EUR bis zu fünf Jahre Freiheitsstrafe zu bestrafen.

§ 168d StGB sieht vor, dass derjenige, der einem Bediensteten oder Beauftragten eines Unternehmens im geschäftlichen Verkehr für die pflichtwidrige Vornahme oder Unterlassung einer Rechtshandlung für ihn oder einen Dritten einen nicht bloß geringfügigen Vorteil anbietet, verspricht oder gewährt, mit Freiheitsstrafe bis zu zwei Jahren zu bestrafen ist.

215 Der § 309 umfasst daher sowohl die passive (Annahme eines Vorteils, um im Gegenzug eine pflichtwidrige Handlung zu erbringen) als auch die aktive (Zuwendung eines Vorteils zur Erwirkung einer pflichtwidrigen Handlung) Bestechung im privaten Sektor, wobei unter „Bedienstete" und „Beauftragte" Folgendes zu verstehen ist:

– Bedienstete: Weisungsgebundener Arbeitnehmer eines Unternehmens sowie Organmitglieder juristischer Personen. Die ErlRV führen unter Hinweis auf *M. Gumpoldsberger/Baumann* UWG § 10 Rn. 2, auch Beamte im Rahmen der Erfüllung nicht-hoheitlicher Verwaltung hierzu an.

– Beauftragte: Jene Personen, welche – ohne Organmitglieder einer juristischen Person zu sein – berechtigt sind, für Unternehmen geschäftlich zu handeln, sie also zu vertreten oder welchen auf betriebliche Entscheidungen des Unternehmens Einfluss zukommt.

Tatbestand bei diesen Delikten ist das Fordern, Sich-Versprechen-Lassen und die **216** Annahme eines Vorteils für die pflichtwidrige Vornahme oder Unterlassung einer Rechtshandlung (rechtlich relevante, nicht aber rein faktische Handlungen) im Geschäftsverkehr. Die Pflichtwidrigkeit besteht hierbei in treuwidrigem Verhalten, der Verletzung einer gesetzlich vorgeschriebenen Pflicht bzw. einer beruflichen Vorschrift oder Weisung. Die durch diese Regelungen geschützten Rechtsgüter sind fremdes Vermögen (zum Beispiel Vermögen des Unternehmens) sowie der freie lautere Wettbewerb. Geschützt werden sollen weiterhin nicht nur die Allgemeinheit, sondern auch Mitbewerber des Geschäftsverkehrs, etwa vor der Bevorzugung anderer durch Schmiergeldzahlungen sowie Schutz von Geschäftsherren vor Pflichtverletzungen durch Bedienstete oder Beauftragte.

Dritte Personen, also solche ohne besondere Pflichtbindung zu einem Unternehmen **217** können nur als Bestimmungs- oder Beitragstäter im Rahmen des § 309 StGB strafbar werden. Dies ist etwa dann der Fall, wenn eine Person einen Bediensteten oder Beauftragten zu einem Delikt anstiftet („bestimmt") oder sonst zur Ausführung des Deliktes beiträgt.

Eine gewisse Sozialüblichkeit berücksichtigend, werden all jene Vorteilsannahmen **218** ausgenommen, die so gering sind, dass sie bei vernünftiger Betrachtung nicht geeignet sind, den Eindruck zu erwecken, dass der Nehmer sich dem Geber durch die Annahme dieser Zuwendung verpflichtet. Bedeutsam ist in diesem Zusammenhang auch das Urteil des *OGH* v. 8.2.1977 zu 4 Ob 302/77. Der OGH erkannte im Folgenden, dass taugliche Bestechungsmittel i.S.d. § 10 UWG alle Vorteile und Geschenke sind, die die Lage des Begünstigten irgendwie verbessern können, so auch sog. „Werbegeschenke" oder „Verkaufsprämien" an Angestellte, wenn sie bewirken sollen, dass deren Kunden bestimmte Waren besonders empfohlen werden sollen. Nach jüngster Rechtsprechung wurde die Grenze der Geringfügigkeit vom OGH mit 100 EUR festgelegt. Von dieser Grenze von 100 EUR geht auch der Bericht des Justizausschusses zum Korruptionsstrafrechtsänderungsgesetz 2009 in Bezug auf Vorteile für pflicht*gemäße* Vornahme oder Unterlassung einer Amtshandlung aus. Die Geringfügigkeitsregelung kommt jedoch bei gewerbsmäßiger Begehung – Verschaffung einer fortlaufenden Einnahme durch wiederkehrende Begehung – nicht zur Anwendung.

Die neue Bestimmung § 309 StGB steht in unechter Konkurrenz zu den ebenfalls Kor- **219** ruptionsdelikte abdeckenden §§ 153 „Untreue" und 153a „Geschenkannahme durch Machthaber" des Strafgesetzbuches. Die Regelung zur Untreue setzt einen Missbrauch durch eine Person voraus, welche eine Sonderpflicht zur Erhaltung oder Vermehrung fremden Vermögens trifft bzw. die eine spezifische Vertretungsmacht missbräuchlich überschreitet. § 309 stellt zu dieser Norm einen Auffangtatbestand dar, dem ein weiterer Anwendungsbereich zukommt. Um eine mögliche Strafbarkeitslücke zu vermeiden, entschied sich der Gesetzgeber gegen die im Ministerialentwurf vorgeschlagene Streichung des § 153a StGB zur Geschenkannahme durch Machthaber, sodass dieser weiterhin in Geltung bleibt. Im Gegensatz zu § 153a StGB ist bei dem Delikt gem. §309 keine tätige Reue (§ 167 StGB) möglich. Bis zum Korruptionsstrafrechtsänderungsgesetz 2012 waren die Tatbestände der Korruption im privaten Sektor Privatanklagedelikte. Die Abschaffung des Privatanklageerfordernisses ging auf eine Empfehlung der Staatengruppe des Europarates gegen Korruption (GRECO) zurück, in welcher Österreich auch eine Erhöhung der Strafdrohungen bei diesen Delikten empfohlen wurde.

2. Der „öffentliche Sektor"

220 §§ 304 ff. StGB bestrafen sowohl die „Passivdelikte" der Bestechlichkeit, Vorteilsannahme und deren Vorbereitung durch einen Amtsträger als auch die „Aktivdelikte" der Bestechung, Vorteilszuwendung und Vorbereitung der Bestechung eines Amtsträgers. Der zentrale Begriff in diesem Zusammenhang ist daher der „Amtsträger". Dieser wird wie folgt definiert: Amtsträger ist jeder, der

– für den Bund, ein Land, einen Gemeindeverband, eine Gemeinde, für eine ander Person des öffentlichen Rechts, ausgenommen eine Kirche oder Religionsgemeinschaft, für einen anderen Staat oder für eine internationale Organisation Aufgaben der Gesetzgebung, Verwaltung oder Justiz als deren Organ oder Dienstnehmer wahrnimmt;

– sonst im Namen der in lit. b genannten Körperschaften befugt ist, in Vollziehung der Gesetze Amtsgeschäfte vorzunehmen, oder

– als Organ oder Bediensteter eines Unternehmens tätig ist, an dem eine oder mehrere inländische oder ausländische Gebietskörperschaften unmittelbar oder mittelbar mit mindestens 50 v.H. des Stamm-, Grund- oder Eigenkapitals beteiligt sind, das eine solche Gebietskörperschaft allein oder gemeinsam mit anderen solchen Gebietskörperschaften betreibt oder durch finanzielle oder sonstige wirtschaftliche oder organisatorische Maßnahmen tatsächlich beherrscht, jedenfalls aber jedes Unternehmens, dessen Gebarung der Überprüfung durch den Rechnungshof, dem Rechnungshof gleichartige Einrichtungen der Länder oder einer vergleichbaren internationalen oder ausländischen Kontrolleinrichtung unterliegt.

221 Aufgrund der klaren Textierung fallen Vorstände bzw. Geschäftsführer von rechnungshofprüfpflichtigen Unternehmen, wenn diese Unternehmen weit überwiegend Leistungen für die Verwaltung des Bundes, der Länder, der Gemeinden etc. erbringen (ausgegliederte Rechtsträger) unter den Begriff „Amtsträger".

2.1 Bestechlichkeit (§ 304 StGB Geschenkannahme durch Amtsträger, Schiedsrichter oder Sachverständige für pflichtwidrige Vornahme oder Unterlassung einer Amtshandlung)

222 Gegenstand dieses Deliktes ist die Annahme, das Sich-Versprechen-Lassen oder das Fordern eines Vorteils (Geschenkes) für sich selbst oder für Dritte (zum Beispiel Bekannte oder Familienmitglieder) für die pflicht*widrige* Vornahme oder Unterlassung eines Amtsgeschäftes. Der Strafrahmen beträgt 3 Jahre. Wer die Tat jedoch in Bezug auf einen 3 000 EUR bzw. 50 000 EUR übersteigenden Wert des Vorteils begeht, ist mit Freiheitsstrafe bis zu 5 bzw. 10 Jahren zu bestrafen.

2.2 Vorteilsannahme (§ 305 StGB Geschenkannahme durch Amtsträger, Schiedsrichter oder Sachverständige für pflichtgemäße Vornahme oder Unterlassung einer Amtshandlung)

Im Unterschied zur Bestechlichkeit bestraft diese Regelung die Geschenkannahme **223** für die pflicht*gemäße* Vornahme oder Unterlassung eines Amtsgeschäftes. Während die Annahme und das Sich-Versprechen-Lassen von Vorteilen immer dann strafbar ist, wenn es sich um sog. nicht gebührende Vorteile handelt, ist das Fordern eines Vorteils stets unzulässig. Klargestellt wird in dieser Bestimmung, was keine nicht gebührenden Vorteile sind:

(Z1) Vorteile, deren Annahme gesetzlich ausdrücklich erlaubt ist, oder die im Rahmen von Veranstaltungen gewährt werden, an deren Teilnahme ein amtliches oder im Fall des § 74 Abs. 1 Z 4a lit. d ein sachlich gerechtfertigtes Interesse besteht,

(Z2) Vorteile, die der Geber gemeinnützigen Zwecken (§ 35 BAO) zuwendet,

(Z3) in Ermangelung von Erlaubnisnormen i.S.d. Z 1 orts- oder landesübliche Aufmerksamkeiten geringen Werts.

Klargestellt wird in dieser Bestimmung weiters, dass keine Bestrafung erfolgt, wenn lediglich ein geringfügiger Vorteil angenommen wird.

2.3 Vorteilsannahme zur Beeinflussung (§ 306 StGB)/Vorteilszuwendung zur Beeinflussung (§ 307 b StGB)

§ 306 StGB und spiegelbildlich § 307b StGB bestrafen das so genannte „Anfüttern", **224** das nach dem Korruptionsstrafrechtsänderungsgesetz 2009 weitgehend gesetzlich erlaubt war. Eine Bestrafung droht (auf der passiven Seite) dann, wenn ein Amtsträger mit dem Vorsatz, sich dadurch in seiner Tätigkeit als Amtsträger beeinflussen zu lassen, für sich oder eine dritte Person einen Vorteil fordert oder einen ungebührlichen Vorteil annimmt oder sich versprechen lässt. Auf der aktiven Seite ist eine strafbare Vorteilszuwendung zur Beeinflussung gegeben, wenn einem Amtsträger ein ungebührlicher Vorteil für ihn oder eine dritte Person angeboten, versprochen oder gewährt wird, um ihn in der Tätigkeit als Amtsträger zu beeinflussen.

Die Materialien[117] betonen, dass auch weiterhin ein „konkretes Amtsgeschäft" Aus- **225** gangspunkt für die Strafbarkeit sein soll. Zum Ausdruck gebracht wird dies mit der Wendung „Beeinflussung der Tätigkeit des Amtsträgers". Hält es der Amtsträger ernstlich für möglich, dass er „innerhalb seines Zuständigkeitsbereichs in irgendeiner Form für denjenigen, von dem er den Vorteil fordert, annimmt oder sich versprechen lässt, in Wahrnehmung seiner Aufgaben tätig werden könnte, sich damit abfindet und dennoch einen Vorteil fordert oder einen nicht gebührenden Vorteil annimmt oder sich versprechen lässt", ist der Tatbestand erfüllt.

Im Gegensatz zu bisherigen Rechtslage ist die Unterscheidung zwischen pflichtgemä- **226** ßer und pflichtenwidriger Amtsführung nicht mehr entscheidend, es soll vielmehr „auf eine wohlwollende Behandlung, sei es inhaltlicher Natur, sei es proceduraler Natur, im Sinne einer rascheren Erledigung" abgestellt werden.

Die Annahme oder das Sich-Versprechen-Lassen ist dann nicht strafbar, wenn es sich **227** um einen „geringfügigen" Vorteil handelt. Strafbar ist – unabhängig von der Werthal-

---

117 Vgl 1950/A XXIV. GP.

tigkeit des Vorteils – aber das Fordern zum Zwecke der Beeinflussung. Die Geringfügigkeitsgrenze liegt gemäß den Materialien bei 100 EUR.

228 Hinzu kommt auch der Tatbestand der verbotenen Intervention (§ 308 StGB). Nach diesem Tatbestand macht sich auch strafbar, wer für sich oder einen Dritten dafür einen Vorteil fordert, annimmt oder sich versprechen lässt, dass er einen ungebührlichen Einfluss auf die Entscheidungsfindung eines Amtsträgers oder eines Schiedsrichters nimmt. Ebenso ist zu bestrafen, wer einem anderen dafür einen Vorteil anbietet, verspricht oder gewährt, dass dieser einen ungebührlichen Einfluss auf die Entscheidungsfindung eines Amtsträgers oder eines Schiedsrichters nimmt. Dabei ist eine Einflussnahme auf die Entscheidungsfindung eines Amtsträgers oder Schiedsrichters dann ungebührlich, wenn sie auf die pflichtwidrige Vornahme oder Unterlassung eines Amtsgeschäfts abzielt oder mit dem Anbieten, Versprechen oder Gewähren eines nicht gebührenden Vorteils für den Amtsträger oder für ihn an einen Dritten verbunden ist. Durch diese Definition soll klargestellt werden, dass nicht jede Einflussnahme auf die Entscheidungsfindung unter Strafe gestellt wird; rechtmäßiges Lobbying wird somit anerkannt und nicht mit Strafe bedroht. Generell sollen durch diese Bestimmung die verschiedenen Tatbestandselemente des Art. 12 der Konvention (Trading in influence) umgesetzt werden.

X. Geldwäsche

229 In Österreich ist Geldwäsche unter Strafe gestellt (§ 165 StGB). Unter Geldwäsche versteht man das Verschleiern des illegalen Ursprungs von Erträgen aus kriminellen Aktivitäten. Diese Tätigkeiten werden als Vortaten bezeichnet; jedoch ist festzuhalten, dass nicht jede Straftat eine Vortat zur Geldwäsche darstellt. Darunter fallen alle vorsätzlichen Handlungen, die mit mehr als einjähriger Freiheitsstrafe bedroht sind, sowie bestimmte im § 165 StGB angeführte Vergehen. Begeht daher jemand eine der in § 165 StGB beschriebenen Vortaten und verbirgt oder verschleiert er anschließend die daraus herrührenden Vermögensbestandteile, so ist er nicht nur nach der Vortat zu bestrafen, sondern auch nach § 165 Abs. 1 StGB, weil er (Eigen-)Geldwäscherei begangen hat. Das Vergehen der Geldwäscherei ist mit einer Freiheitsstrafe bis zu drei Jahren bzw. bis zu zehn Jahren, wenn jemand die Tat in Bezug auf einen 50 000 EUR übersteigenden Wert oder als Mitglied einer kriminellen Vereinigung begeht, bedroht.

230 Regelungen bezüglich Geldwäsche finden sich in verschiedenen Gesetzen; es gibt somit kein eigenes Antigeldwäschegesetz. Beispielsweise wurde durch die Novelle 2007 des Bankwesen-, Börsen-, Versicherungsaufsichts- und Wertpapieraufsichtsgesetz die 3. Geldwäsche-Richtlinie der EU 2005/06/EG umgesetzt.[118] Daneben gibt es Bestimmungen bezüglich Geldwäsche u.a. in der Rechtsanwalts- und Notariatsordnung, in der Gewerbeordnung und dem Glücksspielgesetz. Zusätzlich werden durch die Verordnung der Finanzmarktaufsichtsbehörde[119] weitere Fälle bzw. Länder eines

---

118 Richtlinie 2005/06/EG des Europäischen Parlaments und des Rates v. 26.10.2005 zur Verhinderung der Nutzung des Finanzsystems zum Zwecke der Geldwäsche und der Terrorismusfinanzierung.

119 BGBl II Nr. 377/2011 zuletzt geändert durch BGBl II Nr. 517/2012, Verordnung der Finanzmarktaufsicht (FMA) über weitere Fälle eines erhöhten Geldwäscherei- oder Terrorismusfinanzierungsrisikos.

erhöhten Risikos der Geldwäscherei oder Terrorismusfinanzierung i.S.d. § 40 Abs. 1 BWG und § 98 Abs. 1 VAG festgelegt, in denen verstärkte Sorgfalts- und Überwachungspflichten anzuwenden sind. Die Verordnung basiert auf den Berichten der „Financial Action Task Force" (FATF), ein internationales Gremium zur Bekämpfung der Geldwäsche und Terrorismusfinanzierung. Die angeführten risikohaften Länder erfüllen mit ihrer Gesetzgebung und ihren Geldwäschemaßnahmen momentan noch nicht die von der FATF festgesetzten internationalen Standards, weshalb ein erhöhtes Risiko der Geldwäsche und der Terrorismusfinanzierung bezugnehmend auf Kunden, Geschäftsbeziehungen oder Transaktionen anzunehmen ist.

All den Geldwäschebestimmungen liegt das Prinzip „Know your customer" zugrunde, **231** welches den Geldwäschern den Vorteil der Anonymität nehmen soll. Im Bankwesen muss sich beispielsweise gem. § 40 BWG jeder Kunde identifizieren, der eine dauernde Geschäftsbeziehung mit einem Finanzinstitut eingeht, der eine Transaktion im Wert von mindestens 15 000 EUR durchführt, die nicht in den Rahmen einer dauernden Geschäftsbeziehung fällt, der eine Einzahlung auf oder eine Auszahlung von Spareinlagen tätigt, wenn der ein- oder auszuzahlende Betrag mindestens 15 000 EUR bzw. den Euro-Gegenwert beträgt, der den Verdacht von Geldwäscherei oder Terrorismusfinanzierung erweckt oder der Verdacht besteht, dass der Kunde einer terroristischen Vereinigung angehört, wenn die Einzahlung einer Spareinlage nach dem 31.10.2000 bzw. die Auszahlung einer Spareinlage nach dem 31.6.2002 mindestens 15 000 EUR oder den Euro-Gegenwert beträgt, sowie wenn Zweifel an den bereits erhaltenen Identifikationsdaten bestehen. Die Identifizierung erfolgt durch einen amtlichen Lichtbildausweis. Ist der Kunde eine minderjährige oder juristische Person, so muss neben der eigenen Identität auch die Vertretungsbefugnis und die Identität der vertretenen Person nachgewiesen werden. Bei juristischen Personen erfolgt dies anhand von beweiskräftigen Urkunden, die gemäß dem am Sitz der juristischen Person landesüblichen Rechtsstandard verfügbar sind. Im Treuhandverhältnis ist die Identität des Treugebers bekannt zu geben.

Neben der Identifizierung des Kunden als standardmäßige Sorgfaltspflicht gibt es **232** auch Fälle von vereinfachter (z.B. § 40a BWG)und verstärkter Sorgfaltspflicht (z.B. § 40b BWG)die jeweils u.a. vom Kundenprofil, der Art des Geschäftes und der Transaktion abhängig gemacht wird. Die Anwendung vereinfachter Sorgfaltspflichten gegenüber Kunden ist fakultativ und auf die im Gesetz aufgezählten Fälle beschränkt. Voraussetzung für ihre Anwendung ist die Bewertung als geringeres Risiko. Sie führt zur Verminderung der Identifizierungspflichten, der Ermittlungs- und Offenlegungspflichten und der Überwachungspflichten. Verstärkte Sorgfaltspflichten sind in den Fällen anzuwenden, bei denen ihrem Wesen nach ein erhöhtes Risiko der Geldwäscherei oder Terrorismusfinanzierung besteht. Sie sind beispielsweise gegenüber „politisch exponierten Personen" anzuwenden, um Korruptionsfälle zu vermeiden. Unter „politisch exponiert" sind politische Funktionsträger auf höchster staatlicher Ebene (z.B. Minister, Nationalratsabgeordnete) zu verstehen. Darüber hinaus muss der „wirtschaftliche Eigentümer" festgestellt werden, d.h. die natürliche Person, in deren Eigentum oder unter deren Kontrolle der Kunde letztlich steht. Damit soll „Strohfirmen" und undurchsichtigen Firmenkonstruktionen das Leben erschwert werden. Sollte ein Verdachtsfall auftreten, so sind alle Informationen über den betreffenden Kunden und die Transaktion an die Geldwäschemeldestelle im Bundesministerium für Inneres weiterzuleiten. Zu diesem Zweck sind die Institute auch verpflichtet, alle Unterlagen mindestens fünf Jahre aufzubewahren.

XI. Compliance der österreichischen Kreditwirtschaft und Versicherungsunternehmen

233 Die maßgeblichen gesetzlichen Vorschriften für die Compliance der österreichischen Kreditwirtschaft und Versicherungsunternehmen finden sich im BörseG (§ 82 Abs. 5 i.V.m. § 48s), im Wertpapieraufsichtsgesetz (§ 18 Einhaltung der Vorschriften „Compliance") und mittelbar im Bankwesengesetz (BWG) sowie Versicherungsaufsichtsgesetz. Wichtige Ergänzungen zu diesen gesetzlichen Grundlagen finden sich in Verhaltenskodices, dem Standard Compliance Code der österreichischen Kreditwirtschaft (SCC) und dem Standard Compliance Code der Österreichischen Versicherungswirtschaft (SCCV) – die auf eine Empfehlung der Interessensvertretung zurückgehen. Der SCC wird, bestätigt durch den VwGH, als Handelsbrauch betrachtet.[120] Sämtliche Kreditinstitutssektoren haben sich jedoch schriftlich zur Einhaltung der Bestimmungen des SCC verpflichtet.

1. Wertpapieraufsichtsgesetz (WAG)

234 Die Compliance Regelungen des WAG betreffen insbesondere die Aufklärungspflichten bzw. Wohlverhaltensregeln (§ 40f WAG) und Organisationspflichten (§ 15f WAG).

235 Mit 1.11.2007 ist in Umsetzung der EG-Richtlinie über Märkte für Finanzinstrumente (MiFID) das neue WAG 2007 in Kraft getreten, welches zwecks Harmonisierung von Wertpapierdienstleistungen und Gewährleistung eines besseren Schutzes der Anleger insbesondere detaillierte Wohlverhaltensregeln, Vorschriften über die bestmögliche Durchführung von Dienstleistungen und erweiterte Transparenzbestimmungen enthält. Das Wertpapieraufsichtsgesetz 2007 wurde zuletzt durch das Bundesgesetz BGBl I Nr. 77/2011 geändert.

1.1 Organisatorische Anforderungen

236 Die Rechtsträger i.S.d. § 15 haben im Allgemeinen gem. § 17 WAG
- Entscheidungsprozesse und eine Organisationsstruktur, durch die Berichtspflichten und zugewiesene Funktionen und Aufgaben klar dokumentiert sind, einzurichten und laufend anzuwenden;
- dafür zu sorgen, dass alle relevanten Personen die Verfahren, die für eine ordnungsgemäße Erfüllung ihrer Aufgaben einzuhalten sind, kennen;
- angemessene interne Kontrollmechanismen, die die Einhaltung von Beschlüssen und Verfahren auf allen Ebenen sicherstellen, einzurichten und laufend aufrecht zu erhalten;
- dafür zu sorgen, dass die Aufgaben von Mitarbeitern erfüllt werden, die über die notwendigen Fähigkeiten, Kenntnisse und Erfahrungen verfügen;
- auf allen maßgeblichen Ebenen eine reibungslos funktionierende interne Berichterstattung und Weitergabe von Informationen einzurichten und laufend sicherzustellen;
- angemessene und systematische Aufzeichnungen über seine Geschäftstätigkeit und interne Organisation zu führen und
- dafür zu sorgen, dass die ordentliche, redliche und professionelle Erfüllung der einzelnen Funktionen auch dann gewährleistet ist, wenn relevante Personen mehrere Funktionen ausüben.

---

120 *Kalss/Oppitz/Zollner* Kapitalmarktrecht, 2005, Band I, S. 522.

Dabei ist der Art, dem Umfang und der Komplexität der Geschäftstätigkeit des Rechtsträgers sowie der Art und dem Umfang der erbrachten Wertpapierdienstleistungen und Anlagetätigkeiten Rechnung zu tragen.

Weiterhin hat der Rechtsträger gem. § 18 WAG durch Festlegung angemessener Stra- **237** tegien und Verfahren insbesondere dafür zu sorgen, dass er selbst, seine Geschäftsleitung, Beschäftigte und vertraglich gebundene Vermittler den Verpflichtungen dieses Bundesgesetzes sowie den Vorkehrungen für persönliche Geschäfte gem. § 24 WAG dieser Personen nachkommen.

Daneben regeln § 16 WAG die Bedingungen für die Bereitstellung von Informationen, § 19 WAG das Risikomanagement, § 20 WAG die Interne Revision, § 22 WAG die Verpflichtung zur Führung von Aufzeichnungen, § 23 und 24 WAG die persönlichen Geschäfte.

1.2 Wohlverhaltensregeln § 40f WAG

Das Ausmaß der Wohlverhaltensregeln hängt nach dem WAG 2007 von der **238** Geschäftserfahrenheit des Kunden und der vom Kunden jeweils in Anspruch genommenen Dienstleistung ab. Bei Anlageberatung und Finanzportfolioverwaltungsdienstleistungen ist eine Eignungsprüfung (suitability test) durchzuführen. Die bereits aus dem WAG a.F. bekannte Erhebungspflicht hat durch den WAG 2007 einen höheren Detaillierungsgrad erfahren (insbesondere §§ 43, 44 WAG). Erst auf Grundlage der ermittelten Daten darf die Wertpapierfirma geeignete Wertpapierdienstleistungen oder Finanzinstrumente empfehlen.

Bei den in § 45 WAG erfassten Wertpapierdienstleistungen muss lediglich eine Ange- **239** messenheitsprüfung durchgeführt werden. Dieser „appropriateness test" ist im Vergleich zur Eignungsprüfung kundenspezifischer und weniger umfassend. Der Kunde muss nur zu seinen Erfahrungen und Kenntnissen befragt werden.

§ 46 WAG regelt den sog. „Execution only Business" der lediglich in der Ausführung **240** oder Annahme und Übermittlung von Kundenaufträgen besteht. Hier entfallen sowohl die Eignungs- als auch die Angemessenheitsprüfung. Aus diesem Grund sind aber diese Geschäfte nur unter ganz bestimmten Voraussetzungen erlaubt. So können z.B. nur nicht-komplexe Finanzinstrumente, bei denen es sich im Wesentlichen um marktgängige und derivatefreie Finanzinstrumente handelt, Gegenstand eines „Execution only Business" sein.[121]

2. Aufsichtsreform 2007[122]

Im Rahmen der Aufsichtsreform 2007 hat der Gesetzgeber die Professionalisierung **241** der kreditwirtschaftlichen[123] Aufsichtsmechanismen festgeschrieben.

---

121 *Oppitz* ÖBA 2007, 954.
122 BGBl I Nr. 107/2007; BGBl I Nr. 108/2007.
123 Gilt auch für die Sparkassen gem. § 17 SpG.

2.1 Aufsichtsratsvorsitzende

242 Es wurden die Voraussetzungen an Unabhängigkeit und Eignung des Vorsitzenden des Aufsichtsrates verschärft.[124]

Es wurde eine sog. „Cooling off"-Periode eingeführt (§ 28a Abs. 1 BWG; § 11a Abs. 1 VAG), wonach die Geschäftsleiter frühestens nach Ablauf einer Periode von 2 Jahren nach Beendigung ihrer Funktion eine Tätigkeit als Vorsitzender des Aufsichtsrats innerhalb desselben Unternehmens aufnehmen können. Die Funktion eines einfachen Aufsichtratsmitgliedes oder stellvertretenden Vorsitzenden ist ihnen nicht verwehrt.[125]

243 Weiterhin wurde ein sog. „Fit and Proper"-Test eingeführt (§ 28a Abs. 3 und 4 BWG; § 11a Abs. 3 VAG). Das ist ein gesetzlich festgelegter Katalog von Anforderungen, die der Vorsitzende dauerhaft erfüllen muss. Daneben sind weiterhin die sondergesetzliche Bestimmungen sowie weitergehende satzungsmäßige Vorgaben zu beachten.

Es geht um folgende Anforderungen:[126]

– Nichtvorliegen gewerberechtlicher Ausschließungsgründe i.S.d. §§ 13 Abs. 1–3, 5 und 6 GewO bzw. Konkurs,
– geordnete wirtschaftliche Verhältnisse und persönliche Zuverlässigkeit im Zusammenhang mit der Vorsitzendenfunktion,
– fachliche Eignung: die ErlRV weist diesbezüglich auf die Unterschiede in Qualifikationserfordernissen zwischen Geschäftsleiter und Vorsitzenden. Eine einschlägige akademische Ausbildung ist nicht zwingende Voraussetzung, der Vorsitzende muss lediglich Kenntnisse besitzen, die ihn in die Lage versetzen, die Geschäftstätigkeit des jeweiligen Instituts einschließlich damit verbundener Risiken sowie Inhalt und Aussage der Finanz- und Rechnungslegungsunterlagen ausreichend zu beurteilen.

244 Das Ergebnis der Vorsitzwahl ist der Finanzmarktaufsicht (FMA) schriftlich binnen 2 Wochen unter Bescheinigung der erforderlichen Anforderungen zur Kenntnis zu bringen. Auf Antrag der FMA hat der zur Ausübung der Gerichtsbarkeit in Handelssachen berufene Gerichtshof erster Instanz im Verfahren außer Streitsachen die Wahl zu widerrufen, wenn der Vorsitzende den Anforderungen nicht entspricht.

2.2 Prüfungsausschuss des Aufsichtsrates

245 Es wurde gem. § 63a BWG und § 82b VAG die Pflicht zur Einrichtung eines Prüfungsausschusses rechtsformunabhängig für alle Kreditinstitute bzw. Versicherungsunternehmenn begründet, deren Bilanzsumme 1 Mrd. EUR übersteigt bzw. deren verrechnete Prämien des gesamten auf Grund der Konzession betriebenen Geschäfts 750 Mio. EUR übersteigen oder die übertragbare und zum Handel an einem geregelten Markt zugelassene Wertpapiere ausgegeben haben. Die Kompetenz zur Bildung obliegt dem Aufsichtsorgan.

246 Der Ausschuss hat aus mindestens drei Mitgliedern zu bestehen. Diese müssen dem Kreis der Aufsichtratsmitglieder entstammen, unabhängig davon, ob es sich dabei um

---

124 Betrifft gem. § 28a Abs. 5 BWG Kreditinstitute mit Bilanzsumme zum Zeitpunkt der Wahl über 750 Mio. EUR; gem. § 11a Abs. 5 VAG Versicherungsunternehmen, deren verrechnete Prämien zum Zeitpunkt der Wahl 500 Mio. EUR übersteigen.
125 *Schmidbauer* ecolex 2008, 234 ff.
126 Gilt für Wahl nach 1.1.2008; bei bereits angenommenen Vorsitzmandaten gilt der Fit-and-Proper Test bis zum Ablauf der Funktionsperiode, längstens bis 31.12.2010 nicht.

Flitsch

Kapital- oder Arbeitnehmervertreter handelt. Der Grundsatz der Drittelparität ist zu beachten. Ein Ausschussmitglied muss ein „Finanzexperte" sein, nicht zwingend ein Wirtschaftsprüfer.

Es gilt auch die besondere „Cooling off"-Periode, wonach Finanzexperte oder Aus-   **247** schussvorsitzender nicht Personen sein dürfen, die in den letzten drei Jahren Geschäftsleiter, leitende Angestellte oder Bankprüfer der Gesellschaft waren oder den Betätigungsvermerk unterfertigt haben.

Die Aufgabe des Prüfungsausschusses ist die aktive Überwachung der Rechnungslegung, der Wirksamkeit des Internen Kontrollsystems, der Abschlussprüfung, der Unabhängigkeit des Bankprüfers, die Prüfung und Vorbereitung der Feststellung des Jahresabschlusses, eines allfälligen Konzernabschlusses, des Vorschlags für die Gewinnverteilung, des (Konzern-)Lageberichts und ggf. des „Corporate Governance„-Berichts sowie die Erstattung des Berichts über die Prüfungsergebnisse an das Aufsichtsorgan sowie die Vorbereitung des Vorschlags für die Auswahl des Bankprüfers.

2.3 Interne Revision

Die Kreditinstitute sowie Versicherungsunternehmen haben zwecks laufender und   **248** umfassender Prüfung der Gesetzmäßigkeit, Ordnungsmäßigkeit und Zweckmäßigkeit des gesamten Unternehmens neben dem Aufsichtsrat auch eine Interne Revision einzurichten, die unmittelbar den Geschäftsleitern untersteht (§ 42 BWG; § 17b VAG). Die Interne Revision hat über die von ihr geprüften Prüfungsgebiete sowie über wesentliche Prüfungsfeststellungen u.a. auch direkt an den Prüfungsausschuss zu berichten. Zur weiteren Absicherung des Informationsflusses an den Gesamtaufsichtsrat besteht eine Berichtspflicht des Aufsichtsratsvorsitzenden gem. § 42 Abs. 3 BWG und § 17b Abs. 2 VAG, in der auf den Quartalsbericht der Internen Revision nächstfolgenden Sitzung des Aufsichtsorgans, dem Gremium über die Prüfungsgebiete und wesentlichen Prüfungsfeststellungen zu berichten.

3. Der Standard Compliance Code der österreichischen Kreditwirtschaft (SCC)

In Umsetzung der – mittlerweile aufgehobenen und durch die Bestimmungen der   **249** Marktmissbrauchsrichtlinie ersetzten – Insiderrichtlinie hat der österreichische Gesetzgeber die Emittenten zu organisatorischen Maßnahmen zur Verhinderung der missbräuchlichen Verwendung oder Weitergabe von Insiderinformationen verpflichtet. Diese Verpflichtung traf nicht nur Emittenten, sondern u.a. auch die an der Wiener Wertpapierbörse tätigen Kreditinstitute. Aufgrund der Unbestimmtheit der allgemeinen Vorgaben, aber auch wegen der grundsätzlichen Bedeutung des Vertrauensschutzes der Anleger und des Funktionsschutzes des Kapitalmarktes entschloss sich die österreichische Kreditwirtschaft, unter Federführung der Österreichischen Bankwissenschaftlichen Gesellschaft, Ende 1992/Anfang 1993 ein Regelwerk auszuarbeiten, das für alle in Österreich tätigen Kreditinstitute Geltung haben sollte: Der „Standard Compliance Code der österreichischen Kreditwirtschaft" (SCC). In Umsetzung der Marktmissbrauchs-Richtlinie und der MiFID wurde ein erheblicher Änderungsbedarf des SCC erforderlich, der schlussendlich in der Neufassung des SCC 2008 mündete.

4. Konzeption und Gliederung des SCC 2008

250 Die Idee der Gliederung des SCC 2008 war, mit den Grundsätzen ordnungsgemäßer Compliance als eine Art übergeordneter Regelung zu beginnen und danach einzelne „Bücher" oder Module fertig zu stellen. Der SCC 2008 ist somit wie folgt aufgebaut bzw. enthält die folgenden Regelungen:

251 **Überbau und Modul 1** sind die „Grundsätze ordnungsgemäßer Compliance".

252 **Modul 2** zuletzt geändert im Jahr 2010, enthält jeweils einen ausführlichen Teil zu „Insiderrecht" und „Marktmanipulation" und einen dritten Abschnitt zu „Meldepflichten". Im ersten Abschnitt wird auf den Begriff der „compliance-relevanten Informationen", die Insidertatbestände des § 48a und b BörseG, die Finanzinstrumente des WAG 2007 und auch auf die drei Eckpfeiler des ursprünglichen SCC, sprich die Vertraulichkeitsbereiche, die Beobachtungsliste und die Sperrliste näher eingegangen. Zusätzlich wird die Handels- und Beratungsbeschränkung bei Sperrlistennotizen behandelt.

Jedes Kreditinstitut muss für sich organisatorisch Vertraulichkeitsbereiche (auch Chinese Walls genannt) definieren. Als „klassische Vertraulichkeitsbereiche" wurden neben Wertpapierhandel auch Emission und Research, natürlich Vermögensverwaltung und Fonds- bzw. Portfoliomanagement, aber auch die Beratung genannt. U.U. müssen aber auch andere Geschäftsbereiche, so etwa die Kreditabteilung, einen Vertraulichkeitsbereich darstellen.

Die innerhalb eines Vertraulichkeitsbereiches angefallenen compliance-relevanten Informationen dürfen diesen Bereich grundsätzlich nicht verlassen. Da es zu betriebsnotwendigen Weitergaben kommen kann oder muss, dürfen compliance-relevante Informationen nur mit Wissen des Bereichsleiters und des Compliance Officers weitergegeben werden, wobei eine diesbezügliche Dokumentationspflicht besteht. Weiterhin ist es unbedingt erforderlich, das Zusammenwirken kreditinstitutsinterner Stellen bei der Bearbeitung von Geschäftsfällen festzulegen. Mitarbeiter müssen ex ante wissen, mit wem sie bedenkenlos kommunizieren dürfen. Grundsätzlich wird auf die betriebsgrößenspezifischen Erfordernisse des Bankbetriebs abgestellt.

Der Kontrolle, ob die Vertraulichkeitsbereiche „dicht halten", dient das Instrument der Beobachtungsliste (Watch List). Dabei handelt es sich um eine interne, nur Compliance bekannte Liste, auf die Finanzinstrumente gesetzt werden, bei denen compliance-relevante Informationen anfallen können, oder schon angefallen sind. Die Eintragung auf der Beobachtungsliste hat keine rechtlichen Folgen, vor allem gibt es keine Handels- und Beratungsbeschränkungen. Die Eintragung dient lediglich der Beobachtung von Eigenhandels- und Mitarbeitergeschäften, die den Verdacht nahelegen, dass compliance-relevante Information unfair ausgenützt worden sind.

Im Gegensatz dazu stehen auf der Sperrliste (Restricted List) Finanzinstrumente, bei deren Emittenten sich Informationen verdichten oder über die neue Information in das Kreditinstitut dringen, aufgrund derer sofortige wesentliche Kursänderungen bei Bekanntwerden zu erwarten sind. Diese Sperrliste kann kreditinstitutsweit bekannt gemacht werden oder nur bestimmten Abteilungen bzw. Vertraulichkeitsbereichen (man spricht dann von einer selektiven Sperrliste). Die Entscheidung darüber trifft Compliance. Finanzinstrumente sollen nur kurz, bis zum Bekanntwerden, auf der Sperrliste stehen. In Finanzinstrumenten der Sperrliste darf nicht aktiv gehandelt bzw. nicht aktiv beraten werden. Der zweite Abschnitt dieses Moduls beschäftigt sich mit der Marktmanipulation. Behandelt werden insbesondere jene Praktiken, welche mit den börsengesetzlichen Marktmanipulationsverboten gem. § 48a Abs. 1 Z 2 BörseG unvereinbar sind. In einem weiteren Teil werden die sogenannten „Safe Harbours", nämlich den Handel mit eigenen Aktien im Rahmen von Rückkaufprogrammen sowie die Maßnahmen zur Stabilisierung des Preises von Finanzinstrumenten nach § 48e Abs. 6 BörseG i.V.m. der Verordnung (EG) 2273/2003 zur Durchführung der Richtlinie 2003/06/EG behandelt. In zwei weiteren Punkten wird näher auf die Meldepflicht eines Verdachts auf Marktmanipulation und den Vorbehalt eines Kreditinstitutes, Mitarbeitergeschäfte zu beschränken oder ex post zu stornieren, eingegangen.

Der dritte und letzte Abschnitt geht näher auf die Meldepflichten ein und beschäftigt sich insbesondere mit internen Meldungen und den Meldungen an die FMA.

Modul 3 beinhaltet die „Richtlinien für Geschäfte von Mitarbeitern in Kreditinstitu- **253** ten". Diese Richtlinien werden entweder Teil einer allgemeinen Betriebsvereinbarung oder direkt Bestandteil eines Arbeitsvertrages.

Modul 4 regelt „Interessenkonflikte und Vorteile" und wurde durch die Vorgaben der **254** MiFID notwendig und behandelt die schwierige Frage der Inducements, also grundsätzlich verbotener Vorteile, die ein Kreditinstitut (und nicht der Kunde) erhält. Dieses Modul gibt auch Hinweise auf organisatorische Maßnahmen, wie Konfliktregister oder Konfliktbeobachtungsliste.

Modul 5 enthält Ausführungen zum Thema „Orderdurchführung" und umfasst auch **255** die Thematik der „Best Execution".

Modul 6 beinhaltet die „Österreichischen Analysestandards" aus 2010. Die bisherigen **256** Analysestandards aus dem Jahr 2005, welche von der FMA mit Rundschreiben v. 6.5.2005 als Markstandard anerkannt und mit minimalen Modifikationen aufgenommen wurden, wurden im Jahr 2010 in engster Abstimmung einer Adaption unterworfen.

Modul 7 enthält Sondervorschriften für Kapitalanlagegesellschaften, da diese ja nur **257** Sondervermögen verwalten und vom Wirkungsbereich der MiFID weitestgehend ausgenommen sind.

5. Standard Compliance Code der Österreichischen Versicherungswirtschaft (SCCV)

Versicherungsunternehmen sind nach § 48s BörseG verpflichtet, zur Hintanhaltung von **258** Insider-Geschäften die in den §§ 82 Abs. 5 Z. 1–3 BörseG genannten Maßnahmen zu treffen, also auch dann, wenn sie selbst nicht als Emittent auftreten. In diesem Lichte, sowie basierend auf § 16 WAG hat der Verband der Versicherungsunternehmen Österreichs einen Standard Compliance Code der Österreichischen Versicherungswirtschaft verabschiedet,[127] mit dem die Versicherungsunternehmen einen unzulässigen Umgang mit noch nicht öffentlich zugänglichen Informationen, die anlage- bzw. preisrelevant sind, verhindern, Verstöße aufdecken und ggf. Sanktionen verhängen, die von eingeschränkten Geschäftsmöglichkeiten des Mitarbeiters bis zu arbeitsrechtlichen Konsequenzen reichen. Dieser SCCV bezieht sich auf die Bereiche Vermögensveranlagung und -verwaltung, inklusive Beteiligungsverwaltung und Elementar- und Vermögensschadenversicherung von börsenotierten Unternehmen.

---

127 Abrufbar im Internet unter www.fma.gv.at/cms/site/DE/einzel.html?channel=CH0387.

Der SCCV ist ein Mindeststandard, den jedes Versicherungsunternehmen seinen unternehmensinternen Richtlinien zugrunde legt. Diese beschreiben jedenfalls die Vertraulichkeitsbereiche, den Compliance-Beauftragten, die Form der Mitarbeiterinformation und bei Emittenten die Vorgangsweise bei Geschäften mit Wertpapieren des eigenen Unternehmens.

C. Schweiz[128]

I. Einführung

259 Das schweizerische Bundesgericht hat seit 1970 wesentliche Compliance-Grundsätze entwickelt und für Leitungspersonen mit beherrschender Stellung im Unternehmen unter dem Titel der strafrechtlichen Geschäftsherrenhaftung für verbindlich erklärt: „Tone from the top" (*BGE* 96 IV 155); Notwendigkeit hinreichender Risikoerfassung und risikoadäquater interner Kontrollen (*BGE* 122 IV 103; 125 IV 9; 6S.447/2003); klare Verhaltensweisungen (*BGE* 96 IV 155, 125 IV 9); klare und straffe Organisation mit Verantwortlichkeits- und Vertretungsregelungen (*BGE* 125 IV 9); sowie ausreichendes Informationsmanagement und Dokumentation des betrieblich wichtigen Knowhows (*BGE* 125 IV 9). Gesetzlich wurde die Notwendigkeit risikoadäquater Compliancemaßnahmen zunächst 1997 für den regulierten Finanzsektor auf dem Gebiete der Geldwäscherei im Geldwäschereigesetz (GwG) und einer Reihe von Ausführungsverordnungen sowie Rundschreiben der Finanzmarktaufsichtsbehörde FINMA (v.a. Nr. 08-24 und 08-32) geregelt. Es folgte 2003 die Bestimmung zur Unternehmensstrafbarkeit im Strafgesetzbuch (Art. 102 StGB), wonach zur Verhinderung von Geldwäscherei, aktiver Bestechung, Terrorismusfinanzierung und der Beteiligung an (bzw. Unterstützung von) kriminellen Organisationen risikoadäquate Compliancemaßnahmen notwendig sind.

260 Rechtstatsächlich hat der Compliance-Gedanke und damit verbunden die Einführung der „Corporate Governance"-Regeln zunächst vor allem bei größeren und international tätigen Gesellschaften Fuß gefasst. Inzwischen schließen sich aber auch börsenkotierte Unternehmen jeglicher Größe an. Die Unternehmensorganisationen werden durch entsprechende Abteilungen ergänzt, entweder separat oder als Teil der Rechtsabteilung. Gesetze und „Soft Laws" in der Schweiz wurden ausgebaut.

261 Im Sinne des für dieses Handbuch geltenden Compliance-Begriffs soll nicht auf die gesamte Gesetzgebung eingegangen werden – grundsätzlich verpflichtet jeder Gesetzesartikel des zwingenden Rechts zur Compliance –, sondern es soll spezifisch im Hinblick auf die regulatorische Entwicklung der letzten zehn Jahre und ihre Administration durch Behörden und behördenähnliche Institutionen berichtet werden. Dies geschieht immer unter dem Blickwinkel, dass sich eine ausländische Gesellschaft in der Schweiz ansiedeln will, sei es mit ihrem Headquarter oder aber – was häufiger der Fall ist – durch ihre Tochtergesellschaft.

Welches sind die Regeln, die zu beachten sind? Auf welche Behörden muss zugegangen werden?

---

128 Der Beitrag entstand mit Unterstützung von Frau Alexandra Gerber, MLaw (Zürich).

Auf zwei Besonderheiten des Schweizer Rechts muss vorweg aber noch eingegangen **262** werden:

- In der Schweiz hat sich das föderalistische Prinzip bis heute bewährt, so dass viele Behörden nicht auf Bundesebene, sondern auf Kantonsebene, manchmal sogar auch auf Gemeindeebene ihren Sitz haben. Dabei kann es sich bei den Kantonsbehörden sowohl um Behörden mit selbstständigen Kompetenzen als auch um Ausführungsorgane von Bundesbehörden handeln.
- Die Schweiz hat in einem beachtlichen Ausmaß staatliche Compliance-Regelungen durch Selbstregulierung ersetzt. Es sind in diesen Fällen nicht staatliche Behörden, sondern private Institutionen, wie die Börse, oder die Selbstregulierungsorganisationen im Bereich der Geldwäscherei, welche die Regeln setzen. Dies bedeutet aber nicht, dass sie deswegen einen minderen Durchsetzungsgrad hätten. Wer sich nicht an die Regeln der Selbstregulierungsorganisation hält, verletzt ebenso staatliches Recht wie derjenige, der eine staatliche Weisung missachtet.

Hinzu kommt ein kulturelles Element: Schweizerische Behörden, selbst solche mit **263** Untersuchungsaufgaben – wie z.B. die Wettbewerbskommission, die Finanzmarktaufsicht (FINMA) und Steuerämter – verhalten sich in der Regel bürgernah und kundenfreundlich. Wer mit ihnen in Kontakt tritt, wird nicht a priori als Gegner empfunden. Mit den meisten Behörden besteht die Möglichkeit, ruhig und gelassen Probleme und Wünsche zu diskutieren. Oft zeigen einem die Behörden auch den Weg, um ein Problem zu lösen. Dies bedeutet nicht, dass schweizerische Behörden keine harten Sanktionen aussprechen oder das Recht durchsetzen können. Es ist für ausländische Unternehmen in jedem Fall ratsam, frühzeitig mit den Behörden Kontakt aufzunehmen und die Probleme sachlich zu diskutieren.[129] Aber der Unterschied in der Beziehung Beamte-Bürger steht wohl auch am Anfang der derzeitigen Kontroversen zwischen Deutschland und der Schweiz.

II. Allgemeines Gesellschaftsrecht

Bevor auf spezifische Compliance-Regelungen eingegangen wird, einige kurze Hinweise zum allgemeinen Gesellschaftsrecht. **264**

1. Handelsregister

Die Regelungen über das Handelsregister sind in der Handelsregisterverordnung ent- **265** halten. Es gibt eine eidgenössische Handelsregisterbehörde als Zentralorgan; im Regelfall wird man mit dem kantonalen Handelsregisteramt in Kontakt treten. Das Handelsregister dient der Konstituierung und Identifikation, insbesondere von Unternehmen des Handelsrechts (sog. kaufmännische Betriebe), und bezweckt die Erfassung und Offenlegung rechtlich wichtiger Tatsachen im Gesellschaftsbereich. Als wichtig für die Erfassung gelten Kapitalbewegungen, Vertretungsberechtigungen,

---

129 Als Bsp. für diese bürger- und kundenorientierte Haltung sei ein kantonales Handelsregisteramt genannt, zu dem ein kleines Unternehmen kam, mit der Sorge, dass eine große Lieferung nicht bezahlt würde, weil im Akkreditiv unglücklicherweise der Name des Unternehmens in einem Buchstaben falsch geschrieben worden war. Innerhalb von 12 Stunden wurde die Bezeichnung des Unternehmens geändert, so dass das Akkreditiv in Ordnung ging (ob später die Bezeichnung wieder zurück geändert wurde, ist nicht bekannt).

Zweck der Firma bzw. Name der juristischen Einheit und Statutenänderungen. Schweizerische Anwälte benutzen regelmäßig die Möglichkeit der Vorprüfung, d.h. sie reichen z.B. Statutenänderungen dem Handelsregisteramt zur Prüfung ein, bevor der entsprechende Beschluss in der Generalversammlung gefasst wird. Im Übrigen arbeiten die Handelsregisterämter in der Schweiz (im Gegensatz zu Deutschland) sehr speditiv, d.h. Neueintragungen und Änderungen werden innerhalb weniger Tage vollzogen. Die Eintragungen werden in kantonalen Amtsblättern und im schweizerischen Handelsamtsblatt publiziert.

2. Insiderstrafrecht

266 Per 1.5.2013 wurde die Regelung von Insiderdelikten und Kursmanipulationen verschärft, und vom Strafrecht ins Börsenrecht (BEHG) überführt. Dabei werden diese Tatbestände sowohl aufsichtsrechtlich wie auch strafrechtlich geregelt.

267 Die aufsichtsrechtliche Regelung in Art. 33e und 33f BEHG geben der FINMA neu das Recht, gegenüber allen Marktteilnehmern (einschließlich Privatanleger) aufsichtsrechtliche Maßnahmen zu ergreifen, sofern Marktteilnehmer Insiderinformationen ausnutzen oder den Markt manipulieren. Die FINMA kann dabei folgende Maßnahmen ergreifen: eine Feststellungsverfügung erlassen oder im Sinne eines „naming and shaming" eine solche veröffentlichen (Art. 32 und 34 BEHG); den erzielten Gewinn einziehen (Art. 35 BEHG); gegenüber prudentiell beaufsichtigten Marktteilnehmern (insbesondere Banken, Effektenhändler und Versicherungen) kann sie den natürlichen Personen, welche die regelverletzenden Handlungen vorgenommen haben, für maximal 5 Jahre eine Tätigkeit in leitender Stellung eines beaufsichtigten Finanzunternehmens verbieten oder im Extremfall einem von ihr beaufsichtigten Finanzinstitut die Tätigkeitsbewilligung entziehen (Art. 33 und 37 BEHG). Die FINMA trifft dabei ihre Sachverhaltsabklärungen selbst und ist nicht an die strafprozessualen Verfahrensvorschriften gebunden, auch nicht an die Verfahrensgarantien der EMRK und der Verfassung. Sie führt ein „geheimes Ermittlungsverfahren" durch, zu deren Ergebnis die Betroffenen Stellung nehmen können. Sie ist insbesondere nicht an den Grundsatz „in dubio pro reo" gebunden und kann grundsätzlich auch dann Sanktionen ergreifen, wenn noch gewisse Zweifel am Beweisergebnis bestehen. Die entsprechende Verfügung kann beim Bundesverwaltungsgericht und zweitinstanzlich beim Bundesgericht angefochten werden.

268 Das Börsengesetz sieht in den Art. 40 ff. BEHG vor, dass die Straftatbestände durch die Bundesanwaltschaft ermittelt werden. Das Verfahren, welches nur natürliche Personen erfasst, richtet sich nach der StPO, sodass dem Beschuldigten die Verfahrens- und Verteidigungsrechte zustehen. Marktteilnehmer, die Insiderdelikte begehen oder Handlungen vornehmen, die als Marktmanipulation qualifiziert werden, können mit Sanktionen von Buße bis zu fünf Jahren Freiheitsstrafe bestraft werden. Die von Art. 40 Abs. 2 bzw. Art. 40a Abs. 2 BEHG erfassten schweren Insiderdelikte und Marktmanipulationen (im Wesentlichen handelt es sich um Delikte, die zu einem finanziellen Vorteil von mehr als 1 Mio. CHF führen) gelten neu als Vortaten für Geldwäscherei i.S.v. Art. 305bis StGB.

3. Ad-hoc-Meldungen (Art. 53 Kotierungsreglement)

Obwohl systematisch zum Börsenrecht gehörend, haben Ad-hoc-Meldungen einen **269** direkten Konnex zur Insiderregelung. Art. 53 des Kotierungsreglements und eine darauf beruhende Richtlinie betreffend Ad-hoc-Publizität sind die maßgebenden Rechtsgrundlagen. Ebenfalls hat die Börse einen Kommentar zu ihren Ad-hoc-Publizitätsrichtlinien herausgegeben.

Die bei einer schweizerischen Börse kotierten Unternehmen sind verpflichtet, poten- **270** tiell kursrelevante neue Tatsachen, die geeignet sind, zu einer erheblichen Kursänderung zu führen, über das Internet (z.B. Reuters, Bloomberg) zu publizieren. Ziel ist die Chancengleichheit der Marktteilnehmer. Die Frage, ob eine neue Tatsache kursrelevant ist, bleibt eine Wertungsfrage; im Zweifel wird von einer Relevanz ausgegangen werden müssen. Zu den Tatsachen, die publikationspflichtig sind, gehören alle Arten von Transaktionen. So insbesondere Fusionen, Übernahmen, Restrukturierungen, Kapitalveränderungen, wichtige personelle Wechsel, neue wichtige Produkte sowie wesentliche Verminderungen des Gewinns oder eine Erhöhung des Verlusts (sog. Gewinnwarnungen).

4. Unternehmensstrafrecht

Seit dem 1.10.2003 besteht in der Schweiz ein Unternehmensstrafrecht, d.h. Unterneh- **271** men können strafrechtlich mit einer Buße bis zu 5 Mio. CHF belangt werden. Die entsprechende Regelung in Art. 102 Strafgesetzbuch (StGB) umfasst zwei Sachverhalte:
- Generell untersteht das Unternehmen einer Subsidiärhaftung für Verbrechen oder Vergehen im typischen Risikobereich des Betriebes (nicht aber für Übertretungen, also bloß mit Buße bedrohte Straftatbestände), die wegen mangelhafter Organisation keiner natürlichen Person im Unternehmen zugerechnet werden können (Art. 102 Abs. 1 StGB).
- Bei spezifischen Tatbeständen, nämlich bei aktiver Bestechung im öffentlichen und privaten Sektor, bei Geldwäscherei, Terrorismusfinanzierung und Beteiligung an bzw. Unterstützung von einer kriminellen Organisation, besteht eine direkte Strafbarkeit des Unternehmens, soweit organisatorisch nicht alles Zumutbare und Notwendige vorgekehrt wurde, um die Straftat zu verhindern (Art. 102 Abs. 2 StGB).
- Bemessungsgrundlage für die Buße sind sowohl die wirtschaftliche Leistungsfähigkeit des Unternehmens als auch die Schwere der Tat, die Größe des Schadens und das Organisationsverschulden (Art. 102 Abs. 3 StGB).

Daneben bestehen in einzelnen Gesetzen Bestimmungen über die Strafbarkeit des **272** Unternehmens, wie etwa im Bundesgesetz über die direkte Bundessteuer (DBG) oder im Steuerharmonisierungsgesetz (StHG), je im Zusammenhang mit Steuerhinterziehung durch das Unternehmen. Im Verwaltungsstrafrecht (also bei strafbewehrten Verstößen gegen Verwaltungsgesetze) des Bundes können die strafverfolgenden Behörden nach dem sog. Opportunitätsprinzip auf die Fahndung nach verantwortlichen Einzelpersonen verzichten und stattdessen das Unternehmen büßen; Voraussetzung ist allerdings, dass eine Buße von maximal 5 000 CHF in Aussicht genommen wird (Art. 7 des Bundesgesetzes über Verwaltungsstrafrecht, VStrR). Soweit keine dieser Spezialbestimmungen oder Art. 102 StGB greifen, kann ein Unternehmen nicht strafrechtlich verantwortlich gemacht werden. Alsdann können aber im typischen Risikobereich des Unternehmens begangene Straftaten, nach der Rechtsfigur der Geschäftsherrenhaftung, unter bestimmten Voraussetzungen (u.a. mangelhafte Compliance, siehe dazu auch vorn Rn. 259) den Leitungspersonen mit beherrschender Stellung als Unterlassungsdelikt zugerechnet werden. Rechtsgrundlage ist Art. 11 StGB oder im Verwaltungsstrafrecht Art. 6 VStrR. Allerdings können bei einem Unternehmen ungeachtet seiner Strafbarkeit deliktische Erlöse unter bestimmten Voraussetzungen strafrechtlich verfallen, d.h. konfisziert werden; sind die Erlöse nicht mehr vorhanden, kann die Justiz sogenannte Ersatzforderungen abschöpfen (Art. 70–73 StGB). Die letztgenannten Sanktionen sind, obschon keine Kriminalstrafen, häufig für Unternehmen ungleich schmerzlicher (da in der Regel mehrfach höher) als die eigentlichen Unternehmensbußen nach den Bestimmungen über die Unternehmensstrafbarkeit.

273 Mit Ausnahme der vorgenannten spezialgesetzlichen Bestimmungen ist somit für das Unternehmensstrafrecht Art. 102 StGB zentral: Strafbarkeit für mangelhafte Unternehmensorganisation. Die erste Variante dieser Strafbarkeit, nämlich diejenige der subsidiären Haftung für Nichtauffinden eines Individualtäters im Unternehmen, hat in der Praxis keine Bedeutung und ist eine gesetzgeberische Fehl- bzw. Totgeburt. Sehr wohl relevant ist aber die zweite Variante: Die Unternehmenshaftung für mangelhafte Compliance zur Verhinderung von aktiver Korruption, Geldwäscherei, etc. Die für die Vermeidung der Unternehmensstrafbarkeit notwendigen Compliance-Maßnahmen knüpfen im Wesentlichen an die vor Rn. 259 umrissenen Compliance-Prinzipien an, die das Bundesgericht im Zusammenhang mit der strafrechtlichen Geschäftsherrenhaftung entwickelt hat. Weitere, darüber hinaus empfehlenswerte oder vorgeschriebene Compliance-Maßnahmen werden nachfolgend im Zusammenhang mit den einzelnen Gesetzesbestimmungen diskutiert.

III. Bank und Börse

1. Gesetzliche Grundlagen

274 Am 1.1.2009 ist das neue Finanzmarktaufsichtsgesetz (FINMAG) in Kraft getreten. Unter einer einheitlichen Behörde (FINMA) werden Bankenaufsicht, Privatversicherungsaufsicht, Börsenaufsicht und Geldwäschereikontrolle zusammengefasst. Im Bankensektor hat die FINMA die Aufsicht über:

- Banken und Effektenhändler, insbesondere auch die Großbanken, die unmittelbar geprüft werden (so z.B. Ende 2007 in der Subprime-US-Hypotheken-Krise);
- Kollektive Kapitalanlagen (Anlagefonds);
- Pfandbriefwesen;
- Börsen und Märkte;
- Prüfgesellschaften, insbesondere auch Selbstregulierungsorganisationen (etwa für Geldwäscherei-Delikte).

275 Zusätzlich zur Aufsichtsfunktion ist die FINMA auch maßgebliche Rechtsmittelinstanz für die Offenlegung von Beteiligungen bei börsenkotierten Gesellschaften (bei Ablehnung der Empfehlung der Offenlegungsstelle der SIX), für Streitfälle bei Übernahmen (Beschwerden gegen Entscheide der Übernahmekommission), in Fragen der Geldwäschereibekämpfung und schließlich in Insolvenzfragen von Banken.

276 Die wichtigsten sachlichen Aufsichtsgebiete der FINMA sind einerseits die Bewilligung zur Aufnahme der Tätigkeit durch Überprüfung einer genügenden Organisation

und Gewährleistung einer einwandfreien Geschäftätigkeit. Aber auch während der Tätigkeit der Banken überprüft die FINMA das Risikomanagement, die Liquidität, die Existenz genügender Eigenmittel, die Erfassung von Marktrisiken und Unterlegung mit eigenen Mitteln, die Aufrechnungen von Forderungen (sog. Netting), die Vermeidung von Klumpenrisiken und die Erteilung von Krediten an Organe.

Die FINMA ist in jüngster Zeit u.a. durch ihre Tätigkeit bezüglich der UBS im Rampenlicht gestanden.

2. Börse

2.1 Gesetzliche Grundlagen

Die Regelungen über die Börse finden sich im Börsengesetz (BEHG) und in dessen **277** Verordnungen. Das Börsengesetz hat – schweizerischer Tradition folgend – seinen Schwerpunkt in Selbstregulierungsaktivitäten, d.h. die an sich privatrechtliche Börse regelt den Handel und kann Sanktionen anordnen. Das Börsengesetz ist ein Rahmengesetz, das zum Teil aber auch grundlegende Fragen regelt und Kompetenzen erteilt.

Aufsichtsbehörde ist die FINMA (siehe oben Rn. 274).

2.2 Wichtige Compliance-Regeln für kotierte Unternehmen

2.2.1 Meldepflichten über Beteiligungen an die Offenlegungsstelle

Das schweizerische Recht kennt seit einiger Zeit die Meldepflichten über die Beteili- **278** gungen, um in einem Übernahmekampf Waffengleichheit herzustellen. Nachdem mehrere Umgehungsversuche stattgefunden haben, wurde im Jahre 2007 die Meldepflicht einer dringlichen Revision unterzogen.

Alle an der SIX zugelassenen Gesellschaften müssen melden, wenn Beteiligungen **279** (Aktien, Optionen und andere Beteiligungspapiere in ihrer Gesamtheit) bei einer Person oder einer konzedierten Gruppe die Schwelle von 3, 5, 10, 15, 20, 25, 33 1/3, 50 und 66 2/3 % der Stimmrechte überschreiten oder auch wieder unterschreiten (Art. 20 Abs. 1 BEHG). Die Offenlegung der Beteiligungen hat innerhalb von vier Tagen zu erfolgen und ist innerhalb von zwei weiteren Tagen im Schweizerischen Handelsamtsblatt (SHAB) und einem elektronischen Medium (Bloomberg oder Reuters) zu veröffentlichen. Das Gesellschaftsrecht an sich lässt es zu, dass Inhaber von Aktien sich nicht ins Aktienregister der Gesellschaft eintragen lassen, so dass die Gesellschaft die Identität dieser Aktionäre nicht kennt. Nach dem BEHG allerdings haben Käufer sowie Verkäufer von Aktien die vorher genannten Schwellenwerte zu beachten und die Gesellschaft zu benachrichtigen. Es bestehen kaum Zweifel daran, dass diese Meldepflicht häufig verletzt wurde, weshalb die fahrlässige Verletzung neuerdings auch mit Sanktionen belegt wird.

2.2.2 Übernahmekommission der Börse

Die Übernahmekommission hat die Aufgabe, Übernahmen von kotierten Gesellschaf- **280** ten in der Schweiz zu überwachen und unter Wahrung der Neutralität Angebote und Verteidigungsmaßnahmen zu kontrollieren.

2.2.2.1 Das Pflichtangebot

281 Ein Pflichtangebot muss abgeben, wer mehr als ein Drittel der stimmberechtigten Beteiligungen einer Gesellschaft allein oder als Gruppe erworben hat. Das komplizierte Verfahren wird durch die Übernahmekommission überwacht.

2.2.2.2 Andere öffentliche Angebote

282 Die SIX hat ein kompliziertes Regelwerk erarbeitet, das insbesondere im Falle feindlicher Übernahmeversuche das Verfahren, die Offenlegungspflichten der angreifenden Gesellschaften, die Pflichten der Zielgesellschaft zur Gleichbehandlung aller Prätendenten sowie den Inhalt der Inserate und Prospekte etc. regelt. Die Genehmigung und Überwachung des Verfahrens erfolgt durch die Übernahmekommission.

2.2.3 Ad-hoc-Publizität

283 Zur Ad-hoc-Publizität siehe Rn. 269 f.

2.2.4 Meldungen für die Aufrechterhaltung der Zulassung

284 Kotierte Gesellschaften müssen nebst einer Jahresrechnung mit Bilanz, Erfolgsrechnung, Geldflussrechnung, Lagebericht und erweiterten Angaben im Anhang, neu zusätzlich auch einen Abschluss nach einem anerkannten Standard zur Rechnungslegung erstellen (Art. 962 Abs. 1 OR). Der Bundesrat hat in der Verordnung über die anerkannten Standards zur Rechnungslegung (VASR) fünf private Regelungswerke als anerkannte Standards bezeichnet. Dies sind: Swiss GAAP FER, IFRS (wie vom IASB verabschiedet), IFRS for SMEs, US GAAP und IPSAS.

Die Börse verlangt, dass ein Halbjahresabschluss, erstellt in Übereinstimmung mit einem vom Regulatory Board anerkannten Rechnungslegungsstandard, veröffentlicht wird (Art. 50 f. KR).

2.3 Management-Transaktionen (Art. 56 Kotierungsreglement)

285 Die Mitglieder des Verwaltungsrates und der Geschäftsleitung haben der Gesellschaft Mitteilung zu erstatten, wenn sie Beteiligungspapiere ihrer Gesellschaft oder damit verbundene Finanzinstrumente kaufen oder verkaufen. Diese Mitteilung hat spätestens am zweiten Börsentag nach der Transaktion zu erfolgen. Da ihr Vermögen nur indirekt von der Transaktion betroffen sein muss, sind auch solche nahe stehender Personen, wie Lebenspartner, meldepflichtig, falls diese unter maßgeblichem Einfluss der meldepflichtigen Person getätigt wurden (Art. 56 Abs. 3 KR und Art. 3 Abs. 2 der Management-Transaktionen Richtlinie, RLMT). Die Gesellschaft muss die ihm zugegangen Meldungen innerhalb von drei Börsentagen mittels einer elektronischen Meldeplattform an die SIX weitergeben. Diese Meldungen werden veröffentlicht und können während drei Jahren abgerufen werden. Die Sanktionen, die bei Verletzung der Meldepflicht von der Zulassungsstelle der Börse, einzeln oder kumulativ ausgesprochen werden können, reichen von Buße, Verweis, Sistierung des Handels, Dekotierung oder Umteilung unter einen anderen regulatorischen Standard bis zum Ausschluss von weiteren Kotierungen oder Entzug der Anerkennung (Art. 61 KR).

3. Corporate Governance

Die Economiesuisse – der wichtigste wirtschaftliche Dachverband in der Schweiz – **286** und die Schweizer Börse haben Richtlinien über die Corporate Governance erlassen, die für kotierte Firmen gelten. In ihnen werden Regelungen zur Organisation, z.B. zur Bildung von „Audit Committees" und Entschädigungsausschüssen, festgelegt, aber auch die Transparenz der Entschädigung der Mitglieder der Geschäftsleitung und zum Teil auch die Besetzung der Gremien. So wird beispielsweise geregelt, wie sich der Verwaltungsrat aus „executive" und „non-executive" sowie „independent" und „non-independent" Mitgliedern zusammensetzen muss. Seit 2008 müssen die Gesellschaften nicht nur einen „Corporate Governance"-Bericht innerhalb des Jahresberichtes erstatten, sondern auch einen Entschädigungsbericht, in dem die Entschädigungen des Verwaltungsrates und der Geschäftsleitung in ihrer Höhe begründet werden. Darin müssen auch die Bezüge des Verwaltungsrates einzeln und der Geschäftsleitung kollektiv, allerdings der höchste Bezug eines Geschäftsleitungsmitglieds auch individuell bekannt gegeben werden. Die Gliederung des „Corporate Governance"-Berichts wird aufgrund des Codes der Economiesuisse durch die schweizerische Börse weitgehend vorgegeben.

4. Sanktionskompetenz der FINMA

Die FINMA kann verschiedene Verwaltungssanktionen aussprechen. Werden auf- **287** sichtsrechtliche Bestimmungen schwer verletzt, so kann sie erteilte Bewilligungen entziehen, eine Feststellungsverfügung erlassen, gegen die verantwortliche Person ein befristetes Berufsverbot aussprechen und/oder den aus der Verletzung erzielten Gewinn einziehen. Ferner besteht die Möglichkeit, die aufsichtsrechtliche Verfügung zu veröffentlichen („naming and shaming").

IV. Korruptionsrecht

1. Einleitung

Für die Bekämpfung der Korruption im In- und Ausland wurde keine spezielle **288** Behörde geschaffen, sieht man einmal von der Korruptionsbekämpfung im Pharmabereich ab, die der schweizerischen Gesundheitsbehörde Swissmedic obliegt. Hingegen wurden seit dem Jahr 2000 die Regeln gegen die Korruption öffentlicher Amtsträger (im StGB) und gegen die Privatkorruption (im Gesetz gegen den unlauteren Wettbewerb, UWG) verschärft. Neu dazu kamen seither vor allem die Strafbarkeit der Bestechung und Bestechlichkeit ausländischer Amtsträger sowie die Strafbarkeit passiver Bestechlichkeit im Privatsektor. Diese Änderungen sind die Folge der Ratifikation der Anti-Korruptionskonvention der OECD von 1997 und des Strafrechtsübereinkommens des Europarates von 1999.

Die Regeln über das Korruptionsrecht sind nicht nur in der Schweiz anwendbar, son- **289** dern sie gelten insbesondere für schweizerische Unternehmen global. Sie gelten aber auch für ausländische Unternehmungen, soweit diese in der Schweiz direkt oder über schweizerische Niederlassungen oder Tochtergesellschaften korruptiv handeln. So hat die Schweizerische Bundesanwaltschaft im November 2011 beim französischen Engineeringkonzern Alstom, der von der Schweiz aus über eine lokale Tochtergesellschaft ausländische Amtsträger bestach, 38,9 Mio. CHF in Bußgeldern und verfallenen Korruptionserlösen bzw. sog. Ersatzforderungen (siehe dazu Rn. 272 am Ende) abgeschöpft. Dabei war auch die französische Muttergesellschaft verfolgt worden und musste die Schweizer Tochtergesellschaft eigens mit genügend Geldmitteln ausstatten, um der Bundesanwaltschaft die 38,9 Mio. CHF abliefern zu können. Dieselben Grundsätze erlauben es der Schweizer Justiz, auch im Zusammenhang mit Privatbestechung extraterritorial vorzugehen. Der früher häufig begangene Umweg deutscher Unternehmen, Korruptionsgelder über schwarze Kassen einer Tochtergesellschaft in der Schweiz zu bezahlen, fällt damit für die Bestechung sowohl beamteter als auch privater Entscheidungsträger weg.

2. Die strafrechtliche Regelung

290 Art. 322ter-Art. 322^{octies} des schweizerischen Strafgesetzbuches sanktionieren Korruptionsdelikte im Zusammenhang mit schweizerischen und ausländischen Amtsträgern. Amtsträger sind Privatpersonen (z.B. Mitarbeiter privater Unternehmen), die öffentliche Aufgaben wahrnehmen, gleichgestellt. Was als öffentliche Aufgabe gilt, ergibt sich aus dem Verwaltungsrecht des betreffenden Staatswesens. Häufig handelt es sich dabei um Tätigkeiten in einem Monopolbereich, die keiner Wettbewerbswirtschaft auf dem freien Markt zugänglich sind, oder um die Erfüllung öffentlichrechtlicher Leistungsaufträge (z.B. die Grundversorgung mit Spitzenmedizin sicherzustellen). Die Bestechung von Amtsträgern ist ein Offizialdelikt, d.h. diese Tat muss von Amtes wegen verfolgt werden.

291 Es wird unterschieden zwischen Bestechung bzw. Bestechlichkeit, die im Erkaufen bzw. Verkaufen einer Ermessenshandlung oder aber einer illegalen Handlung besteht, und der sog. Vorteilsgewährung bzw. Vorteilsannahme. Diese besteht im Erkaufen bzw. Verkaufen entweder einer legalen, nicht im Ermessen stehenden Handlung (i.d.R. also der Beschleunigung routinemäßiger Amtshandlungen) oder aber im Erkaufen bzw. Verkaufen allgemeinen amtlichen Wohlwollens ohne Bezug zu einer konkreten Transaktion. Im letztgenannten Zusammenhang spricht man häufig von „Anfüttern" oder „Klimaverbesserung". Als „Kaufpreis" bzw. „Verkaufspreis" kommt nebst Geld jede Art von materiellen oder immateriellen Vorteilen in Frage (Einladungen, Geschäftsgelegenheiten, Ehrungen, etc.). Es reicht aus, sich die Vorteile versprechen zu lassen bzw. diese in Aussicht zu stellen. Voraussetzung ist, dass die Vorteile „ungebührlich" sind, d.h., dass auf sie kein gesetzlicher Anspruch des Empfängers besteht.

292 Vorteilsgewährungen (im Gegensatz zu Bestechungen) sind gegenüber ausländischen Beamten straflos, hingegen bei schweizerischen Amtsträgern strafbar. Allerdings ist es gerade bei ausländischen Amtsträgern in der Praxis häufig unmöglich, Bestechung und Vorteilsgewährung auseinanderzuhalten, weil sich aus den maßgeblichen Gesetzen nur selten klar ergibt, welche Handlungen amtliche Routinehandlungen sind oder aber im Ermessensbereich des Amtsträgers liegen (und damit der Bestechung zugänglich sind). Einschlägige Gesetzesbestimmungen sind gerade in als endemisch korrupt geltenden Ländern entweder nicht vorhanden, oder aber lückenhaft oder unklar. Bestechung und Vorteilsgewährung (bzw. Bestechlichkeit und Vorteilsannahme) sind auch strafbar, wenn sie indirekt über Mittelsleute (Agenten, Konsulenten, Lieferanten, die dem Bestechenden durch fiktive oder aufgeblasene Rechnungen einen Vorwand für die Auszahlung des Geldes liefern) erfolgen. Nicht strafbar ist hingegen der

Handel mit Einflussnahme (*trading in influence, trafic d'influence*), d.h. die Gewährung eines ungebührlichen Vorteils an einen Nichtamtsträger, damit der einen Amtsträger beeinflusst, ohne diesem den erhaltenen Vorteil weiterzuleiten oder zu versprechen.

Bestechung bzw. Bestechlichkeit von Amtsträgern wird mit Freiheitsstrafe bis zu fünf **293** Jahren oder Geldstrafe (maximal 360 Tagessätze zu maximal 3 000 CHF), Vorteilsgewährung mit Freiheitsstrafe bis zu drei Jahren oder Geldstrafe bestraft. Unternehmen können nach den Regeln über das Unternehmensstrafrecht bei mangelhafter Compliance ebenfalls bestraft werden; der Strafrahmen geht bis zu 5 Mio. CHF Buße (siehe oben Rn. 271). Bestechung und Bestechlichkeit von Amtsträgern sind als Verbrechen (d.h. als Delikte mit Strafandrohung von mehr als drei Jahren Freiheitsstrafe) Vortaten zur Geldwäscherei.

Die Privatbestechung (Art. 4a UWG) ist (allerdings nur als Antragsdelikt) in passiver **294** und aktiver Form strafbar, und zwar auch gegenüber ausländischen Entscheidungsträgern der Privatwirtschaft. Strafrahmen ist Freiheitsstrafe bis zu drei Jahren oder Geldstrafe. Damit ist die Privatbestechung bzw. -bestechlichkeit kein Verbrechen (nur ein Vergehen) und somit keine Vortat zur Geldwäscherei. Wie bei der Amtsträgerbestechung sind Unternehmen ebenfalls straffähig, wenn sie keine genügende Antikorruptionscompliance haben. Geschütztes Rechtsgut der Privatbestechung ist der Wettbewerb, aber auch das Privatvermögen des Arbeit- oder Auftraggebers des bestochenen Entscheidungsträgers. Nicht strafbar sind hingegen im Privatsektor bloße Vorteilsgewährungen bzw. Vorteilsannahmen. Die schweizerische Regierung (der Bundesrat) hat im Mai 2013 einen Gesetzgebungsvorentwurf veröffentlicht, wonach die Privatbestechung als Offizialdelikt von Amtes wegen verfolgt und neu nicht mehr gemäß Art. 4a UWG, sondern gemäß zwei neuen StGB-Bestimmungen (Art. 322^{octies} und 322^{novies}) mit Freiheitsstrafe von bis zu 3 Jahren oder Geldstrafe sanktioniert werden soll. Es wird allgemein erwartet, dass dieser Vorschlag mehrheitsfähig ist, zumal er eine Empfehlung des GRECO umsetzt.

Im Bereich der Privatbestechung liegen noch keine höchstrichterlichen Entscheidun- **295** gen vor. Nach Art. 9 UWG ist zum Strafantrag berechtigt, wer durch unlauteren Wettbewerb in seiner Kundschaft, seinem Kredit oder beruflichen Ansehen, in seinem Geschäftsbetrieb oder sonst in seinen wirtschaftlichen Interessen bedroht oder verletzt wird: d.h., nicht nur die geschädigten Auftrags- bzw. Arbeitgeber, sondern insbesondere auch Konkurrenten. Strafantragsberechtigt sind aber z.B. auch Konsumentenschutzverbände. Auch Privatbestechung im Ausland ist strafbar, in jedem Fall dann, wenn ein schweizerisches Unternehmen benachteiligt wird. Bei Privatbestechung wird der bei der Beamtenbestechung marginale Unterschied zwischen eigentlicher Bestechung und Vorteilsgewährung relevant, da Vorteilsgewährungen (z.B. Geschenk an einen Einkäufer zu Weihnachten), ohne dass ein konkretes Geschäft in Aussicht steht, nicht strafbar sind. Geringfügige, sozialübliche Geschenke sind generell nicht verboten (Art. 4a Abs. 2 UWG), siehe dazu aber unten Rn. 297 f.

Ungesetzlich sind sodann nach Art. 33 Heilmittelgesetz (HMG) Bestechung und **296** Bestechlichkeit sowie Vorteilsgewährung und Vorteilsannahme im Pharmabereich (d.h. ungebührliche Vorteile an Ärzte oder Organisationen, die Personen beschäftigen, welche Medikamente verschreiben dürfen). Es geht hier um den Erkauf von Verschreibungen der Medikamente des bestechenden Pharmaproduzenten, oder aber um Anfütterung der Ärzte. In dem Zusammenhang werden häufig Gratiseinladungen von

Pharmakonzernen zu Kongressen mit luxuriösen Rahmenprogrammen etc. diskutiert. Swissmedic, die zur Verfolgung nach Art. 33 HMG zuständige Verwaltungsbehörde, hat Richtlinien publiziert, nach denen Pharmaunternehmen ohne Verstoß gegen Art. 33 HMG solche Einladungen ausrichten dürfen. Dabei geht es vor allem um Sicherstellung einer angemessenen Kostenbeteiligung der Ärzte und um Vermeidung von Luxus. Weiter ist unter Art. 33 Heilmittelgesetz die Gewährung von Rabatten an Organisationen, die verschreibungsberechtigte Ärzte bestechen, relevant. Das Bundesgericht hat unlängst entschieden, dass diese Rabatte den Patienten offenzulegen sind. Die gesetzliche Ausnahmeklausel, wonach gem. Art. 33 HMG Rabattgewährungen erlaubt sind, die handelsüblich und betriebswirtschaftlich gerechtfertigt sind und sich direkt auf den Preis des Medikamentes auswirken, wurde vom Bundesverwaltungsgericht stark relativiert. Es sei kaum möglich, hinreichend klare Kriterien für die Bestimmung solcher Rabatte zu definieren. Zzt. sind Bestrebungen im Gange, Art. 33 HMG zu revidieren, nachdem auch das Bundesgericht wiederholt bemängelt hat, dass verschiedene weitere Aspekte dieser Norm nicht hinreichend bestimmt sind.

3. Erlaubte Praktiken: Gesetzlicher Anspruch oder Sozialadäquanz

297 Vorteile dürfen einem Entscheidungsträger stets gewährt werden, und zwar auch im Zusammenhang mit Ermessensentscheiden oder anderen konkreten Handlungen, wenn das Gesetz dem Empfänger einen Anspruch auf den Vorteil gibt. Ein solcher Anspruch besteht im Privatsektor stets bei informierter Genehmigung der Vorteilsannahme durch den Geschäftsherrn (den Arbeitgeber oder Auftraggeber). Bei Amtsträgern schließt eine informierte Genehmigung der Vorteilsannahme durch die vorgesetzte Stelle die Strafbarkeit aus, wenn eine solche Bewilligungskompetenz im anwendbaren öffentlichen Recht vorgesehen ist. Bei schweizerischen Bundesbeamten ist dies nach Bundespersonalrecht stets möglich. Bei in- und ausländischen Amtsträgern sind sodann dienstrechtlich erlaubte Vorteile nicht strafbar. Im Schweizer Bundespersonalrecht (Art. 93 Bundespersonalverordnung, BPV) sind z.Zt. Geschenke bis 200 CHF erlaubt, es sei denn, das betreffende Amt oder Departement erlässt abweichende Regeln. Allerdings sollten Geschenke an dieselbe Person nicht häufig wiederholt, sondern nur aus besonderen Anlässen gewährt werden (z.B. zum Geburtstag oder Jahresende). Einladungen (z.B. zum Essen) dürfen nicht ins Ausland und nicht im Zusammenhang mit einem Entscheidprozess angenommen werden (Art. 93a BPV). Bei systematischer, wiederholter Transaktionsabschlusspraxis mit einer Behörde kann ein solcher Zusammenhang leichthin angenommen werden, weshalb in diesem Fall nur Bagatelleinladungen (wenn überhaupt) zu empfehlen sind. Vorsicht: Der Grenzwert von 200 CHF für Geschenke gilt nicht für Einladungen. Hier ist es nicht empfehlenswert, in der Schweiz 100 CHF pro Person zu überschreiten, und auch diesfalls muss eine zu häufig wiederholte Einladungspraxis (und wie gesagt jeder Zusammenhang mit einer konkreten Transaktion oder einem Entscheidprozess) vermieden werden.

298 Vorteilsgewährungen sind außerdem erlaubt, wenn sie „geringfügig und sozial üblich" (bzw. im Pharmabereich: „geldwerte Vorteile von bescheidenem Wert, die für die medizinische oder pharmazeutische Praxis von Belang") sind. Ein Vorteil ist allerdings nie geringfügig, wenn er sich mit einer konkreten Handlung in Beziehung setzen lässt: Dann hat er ja ausgereicht, um die Handlung zu erkaufen. Wer z.B. einen Polizeibeamten mit 5 CHF davon abbringt, einen Bußzettel für das falsche parkieren auszustellen, hat ihn mit bloß 5 CHF bestochen. Das bedeutet, dass das Geringfügigkeits-kriterium nur im Bereich der eigentlichen Vorteilsgewährungen, nicht aber bei der Bestechung zu Anwendung kommen kann. Geringfügigkeit des Vorteils ist alsdann anzunehmen, wenn die Höhe des Vorteils nicht ausreicht, um die Verhaltensweise des Empfängers zu beeinflussen. Bei Einladungen (außerhalb konkreter Entscheidungs-prozesse, bei denen sie ohnehin grundsätzlich zu unterlassen sind) ist daher Luxus zu vermeiden; bei Schweizer Verhältnissen sollte man daher z.b. bei einem Abendessen auf jeden Fall unter der Schwelle von 100 CHF pro Person bleiben und häufige Wie-derholungen vermeiden. Um erlaubt zu sein, müssen Vorteilsgewährungen zudem sozial üblich, d.h. sozialadäquat sein. Wann dies der Fall ist, entscheidet in der Praxis das Gericht nach seinem normativen Verständnis: Es wird keine Unsitten (wie ende-mische Korruptionspraktiken in Afrika etc.), sondern nur Sitten, die es für richtig befindet, gutheißen. Nicht sozialadäquat und damit verboten sind z.b. Geldgeschenke oder Geschenke an Entscheidungsträger außerhalb besonderer Anlässe wie Jubiläen oder dem Jahresende.

4. Compliance-Maßnahmen

Aufbauend auf den vorn Rn. 259 genannten bundesgerichtlich entwickelten Organisa-tionsprinzipien sind die folgenden Compliance-Maßnahmen zur Korruptionsbekämp-fung nach Art. 102 Abs. 2 StGB zu empfehlen, wobei das Ausmaß ihrer Umsetzung risikoadäquat auf Unternehmen, Tätigkeitsgebiet, Industrie, etc. anzupassen sind: **299**

– Tone from the top: Die oberste Unternehmensleitung muss durch dezidierte Anweisungen, nicht zu korrumpieren, und durch entsprechende Prioritätensetzung klar aufzeigen, dass keine Korruption geduldet wird und Abweichungen diszipli-niert werden. Die Unternehmensleitung muss eine Kultur der Compliance vorle-ben.
– Risk Assessment: Das Korruptionsrisiko ist systematisch und in geeigneten periodi-schen Abständen zu erfassen und zu aktualisieren. Es soll qualitativ „top down" (durch Managementgespräche) und „bottom up" (durch Gespräche mit subalter-nen Mitarbeitern mit einschlägiger Risikoexposition) erfasst, bewertet und doku-mentiert werden. Die qualitative Erfassung soll quantitativ durch die Analyse von Compliance-Indikatoren im Buchhaltungssystem (z.B. die Quote von Doppelzah-lungen, die Quote schwer verfolgbarer Zahlungen mittels Scheck etc., die Quote von Cashtransaktionen, die Analyse von Cashbüchern etc.) ergänzt werden.
– Interne Weisungen und Kontrollen: Es braucht – aufbauend auf dem Risk Assess-ment – risikoadäquate Weisungen und interne Policies, insbesondere auch über den Umgang mit (und Überprüfung von) Geschäftspartnern (Agenten, Konsulenten, Lieferanten, Dienstleistern) zur Vermeidung indirekter Bestechung. Dabei sollten Zahlungen vom Nachweis richtig erbrachter Leistungen abhängen und nicht in Drittländer getätigt werden; Offshore- und Briefkastengesellschaften sollten als Geschäftspartner grundsätzlich gemieden bzw. Briefkastenadressen (ohne physi-sche Räumlichkeiten, Angestellte, etc.) nicht akzeptiert werden. In dem Zusam-menhang sind Weisungen und Kontrollen über den richtigen Umgang mit der Buchhaltung zu implementieren (keine Verfälschung von Belegen und Büchern, keine Buchung ohne wahren Beleg, Aufgreifen und Melden verdächtiger Belege, keine schwarzen Kassen, keine unverbuchten Transaktionen, Zugangskontrollen zum SAP-System, etc.). Für M&A-Transaktionen und Kreditgewährungen empfeh-len sich Prozeduren zur Durchführung von „Compliance Quick Checks" beim

betreffenden Unternehmen, um den Erhalt von Dividenden oder Zinszahlungen aus korruptiv bemakelten Mitteln zu vermeiden.

– Training und Kommunikation: Die Mitarbeiter müssen durch stufengerechte Ausbildung ein hinreichendes Problem- und Risikobewusstsein entwickeln, um die internen Weisungen und Kontrollen richtig umsetzen zu können. Den Mitarbeitern sind Meldewege für das Aufgreifen verdächtiger Belege und das Ansprechen von Compliance-Fragen klar zu kommunizieren. Auch Training und Kommunikation sind risikoadäquat periodisch zu wiederholen.

– Monitoring und Reaktion auf Unregelmäßigkeiten: Compliance muss Thema interner Revisionen und Stichprobeprüfungen sein. Bei Auffinden eines Verdachtes besteht die Pflicht, den verdächtigen Prozess sofort einzufrieren und zu untersuchen. Weisungen und Standardprozesse zu internen Untersuchungen, die z.B. das Anwaltsgeheimnis, das Einhalten von Datenschutzregeln, die gerichtliche Verwendbarkeit der erhobenen Beweise etc. sicherstellen, sind ebenfalls sinnvoll. Die Compliance, die z.B. bei einer AG in der Verantwortung des Verwaltungsrates liegt, soll an eine interne Complianceorganisation delegiert werden, die ausreichend personell besetzt und vom Linienmanagement unabhängig ist. Häufig ist es überdies sinnvoll, eine Whistleblowing-Hotline einzurichten und sowohl Whistleblower als auch den Beschuldigten in einer entsprechenden Policy vor Mobbing und ungerechtfertigter Entlassung zu schützen.

5. Internationale Abkommen

300 Die Schweiz ist seit dem 31.5.2000 Mitglied des OECD-Übereinkommens über die Bekämpfung der Bestechung ausländischer Amtsträger im internationalen Geschäftsverkehr sowie ähnlicher Regelungen des Europarats und der Vereinten Nationen. Seit dem 1.7.2006 besteht eine Mitgliedschaft beim Strafrechtsübereinkommen und dessen Zusatzprotokoll des Europarats gegen Korruption. Am 24.10.2009 ist die der UN-Konvention gegen Korruption für die Schweiz in Kraft getreten. Die Schweiz wird sodann demnächst dem Abkommen Nr. 198 des Europarats beitreten, welches Erleichterungen für die Strafverfolgungsbehörden bei der grenzüberschreitenden Konfiskation und Repatriierung von Korruptionserlösen auf dem Rechtshilfeweg vorsieht.

V. Revisionsaufsicht

1. Allgemein

301 Im Anschluss an den US-amerikanischen „Sarbanes Oxley Act" wurden in der Schweiz wie in vielen anderen Staaten Änderungen in Bezug auf die Revisionsaufsicht notwendig. Bisher waren die Revisionsgesellschaften weitgehend der Selbstregulierung überlassen. Da durch den „Sarbanes Oxley Act" nun aber die an der US-Börse kotierten Unternehmen dazu verpflichtet wurden, gewisse Unterlagen an die US-Behörden auszuhändigen, sah man sich dazu gedrängt, eine gleichwertige Stelle in der Schweiz einzurichten, um einen Konflikt mit dem Strafrecht zu vermeiden. Dies aus dem Grund, dass sich die Unternehmen bei Übergabe der Unterlagen an die amerikanische Behörde des Geheimnisverrats nach Art. 162 StGB strafbar gemacht hätten.

Seit dem 1.9.2007 gibt es daher in der Schweiz nun eine eidgenössische Revisionsauf- **302** sichtsbehörde („RAB"). Diese beaufsichtigt Revisionsgesellschaften, welche Publikumsgesellschaften revidieren können und solche, die sich der Aufsicht freiwillig unterstellen (Art. 7 Abs. 1 Revisionsaufsichtsgesetz (RAG)).

2. Revisionsaufsicht

Die Revisionsgesellschaften haben durch das bereits erwähnte RAG diverse neue **303** Pflichten auferlegt bekommen. Wichtigste Pflicht ist das Zulassungserfordernis für den Fall, dass die Revisionsgesellschaft Dienstleistungen erbringen will, die nach neuem Recht nur noch durch zugelassene Revisoren erbracht werden dürfen (Art. 3 Abs. 1 RAG i.V.m. Art. 2 Buchst. a RAG). Dazu gehört insbesondere die ordentliche Revision, welche gem. Art. 727b Obligationenrecht (OR) nur auf diese Berufsgruppe beschränkt bleibt.

Die staatlich beaufsichtigten Unternehmen sind sodann gem. Art. 13 Abs. 1 RAG ver- **304** pflichtet, der Aufsichtsbehörde alle Auskünfte zu erteilen und Unterlagen herauszugeben, die diese zur Erfüllung ihrer Aufgaben benötigt.

Die Revisionsaufsichtsbehörde entscheidet über die Zulassung der Revisionsunter- **305** nehmen und der natürlichen Personen, überprüft die staatlich beaufsichtigten Revisionsunternehmen und entscheidet auch über den Entzug der Zulassung.

3. Arten der Revision

Nach dem neuen Rechnungslegungsrecht welches seit 1.1.2013 in Kraft ist, wird eine **306** einheitliche Ordnung für alle Rechtsformen des Privatrechts geschaffen, wobei unterschiedliche Anforderungen je nach Unternehmensgrösse an die Buchführung und Rechnungslegung gestellt werden. Abgestuft nach wirtschaftlichen Größenkriterien hat sich eine Gesellschaft entweder einer ordentlichen, einer eingeschränkten oder gar keiner Revision zu unterziehen. Letzteres ist beispielsweise bei einem Einzelunternehmen mit weniger als 500 000 Franken Umsatzerlös der Fall (Art. 957 Abs. 2 OR).

Die ordentliche Revision ist in den Art. 728 ff. OR geregelt und umfasst die Prüfung **307** der Jahres- und evtl. der Konzernrechnung auf Übereinstimmung mit gesetzlichen Vorschriften, OR und gewähltem Regelwerk, sodann die Prüfung des Antrags des Verwaltungsrates auf Verwendung des Bilanzgewinnes und die Überprüfung des Bestehens eines internen Kontrollsystems (IKS), jedoch nicht die Geschäftsführung durch den Verwaltungsrat.

Die Revisionsstelle hat bei der ordentlichen Revision sowohl für den Verwaltungsrat **308** als auch für die Generalversammlung einen Bericht zu erstellen. Zudem hat sie die Pflicht, dem Verwaltungsrat Verstöße gegen Gesetz, Statuten und Organisationsreglement zu melden. Wesentliche Verstöße gegen Gesetz und Statuten oder solche, bei denen der Verwaltungsrat trotz schriftlicher Meldung der Revisionsstelle nichts unternimmt, müssen auch der Generalversammlung gemeldet werden.

Bei der eingeschränkten Revision hat die Revisionsstelle gem. Art. 729a OR zu prü- **309** fen, ob Sachverhalte vorliegen, aus denen zu schließen ist, dass die Jahresrechnung nicht den gesetzlichen Vorschriften und den Statuten entspricht oder dass der Antrag des Verwaltungsrats auf Verwendung des Bilanzgewinns nicht den gesetzlichen Vorschriften und Statuten entspricht. Die Prüfung beschränkt sich auf Befragungen, analytische Prüfungshandlungen und angemessene Detailprüfungen. Diese Prüfungsart gibt also – wie es auch der Name schon sagt – keine umfassende Auskunft über die Regelkonformität der Buchführung, sondern nur über das Übereinstimmen mit gesetzlichen Vorschriften.

310 Zur ordentlichen Revision verpflichtet sind die folgenden Gesellschaften:
  – Publikumsgesellschaften;
  – wirtschaftlich bedeutende private Gesellschaften, d.h. solche, die in zwei aufeinander folgenden Geschäftsjahren zwei dieser drei Schwellenwerte überschreiten: Bilanzsumme 20 Mio. CHF, Umsatz 40 Mio. CHF, 250 Vollzeitstellen;
  – konsolidierungspflichtige Kleingesellschaften, also alle Gesellschaften, für welche die Erstellung einer Konzernrechnung obligatorisch ist;
  – diejenigen Kleinstgesellschaften, bei denen die ordentliche Revision durch einen Minderheitsaktionär (10 %) verlangt worden ist (*„Opting-up"*);
  – kleine und mittlere Unternehmen, bei denen die ordentliche Revision durch eine Statutenbestimmung oder einen Generalversammlungsbeschluss vorgesehen ist.

Wichtig ist somit für jede Gesellschaft, festzustellen, welcher Art der Revision sie unterliegt und eine entsprechende Prüfung durch den vorgesehenen Prüfer zu veranlassen.

311 Art. 728 OR stellt strenge Richtlinien bezüglich der Unabhängigkeit der Revisoren auf.

312 Zu beachten ist dabei auch, dass es nach neuem Recht nicht mehr möglich ist, dass irgendjemand eine Revision durchführt, sondern dass strenge Anforderungen an die Fachkompetenz bestehen, die wiederum abhängig von der Unternehmensgröße festgelegt sind.

313 Möglich sind staatlich beaufsichtigte Revisionsunternehmen, zugelassene Revisionsexperten und zugelassene Revisoren. Die Anforderungen für die Zulassung als entsprechende Revisoren sind durch das RAG geregelt (Art. 4–6 RAG).

314 Publikumsgesellschaften müssen für alle Handlungen der Revisoren ein staatlich beaufsichtigtes Revisionsunternehmen einsetzen (Art. 727b Abs. 1 OR). Andere zur ordentlichen Revision verpflichteten Gesellschaften benötigen einen zugelassenen Revisionsexperten und Unternehmen, die eine eingeschränkte Revision durchführen lassen müssen, haben einen zugelassenen Revisor einzusetzen.

VI. Geldwäscherei

1. Strafbestimmung

315 Geldwäscherei ist ein strafrechtliches Delikt und nicht nur für Personen strafbar, die im regulierten Finanzsektor (vgl. unten Rn. 320) tätig sind strafbar, sondern für jedermann. In Art. 305bis StGB wird als Geldwäscherei jede Handlung unter Strafe gestellt, die geeignet ist, die Ermittlung der Herkunft, die Auffindung und Einziehung von Vermögenswerten zu vereiteln, die aus einem Verbrechen herrühren. Typische Geldwäschereihandlungen sind gemäß Rechtsprechung z.B. die Überweisung von Geld über die Grenze (weil dann die Fahndbarkeit des Geldes für die Strafverfolgungsbehörden ungeachtet bestehender Rechtshilfeverträge etc. erschwert ist), die Barabhe-

bung verbrecherisch erlangter Geldmittel (weil dann die Fahndbarkeit des Geldes durch Unterbrechen der prüfbaren Papierspur erschwert wird), oder aber Integration der aus dem Verbrechen herrührenden Vermögenswerte in die legale Wirtschaft, indem man damit Rechnungen bezahlt, Immobilien erwirbt etc. (weil das Geld bei einem gutgläubigen Empfänger, der dafür eine marktkonforme Gegenleistung erbringt, nicht mehr verfallen bzw. konfisziert werden kann). Das Gesagte gilt nicht nur für Transaktionen mit aus Verbrechen herrührenden Vermögenswerten, sondern auch für Transaktionen mit legal erlangten Geldmitteln, die z.B. durch Vermischung auf einem Bankkonto von verbrecherischen Vermögenswerten bemakelt wurden. Umstritten ist, zu welchen Teilen ein solches Bankkonto dann bemakelt und damit geldwäschereifähig ist. Je nach Bemakelungs- oder Kontaminationstheorie kann aber die Kontamination legaler durch verbrecherische Gelder sehr weit gehen und theoretisch ein ganzes Unternehmen komplett infizieren (und damit lahmlegen). Das Problem der Bemakelung ist eines der Hauptprobleme, die für Unternehmen aus dem Geldwäschereitatbestand resultieren, war aber bisher kaum Gegenstand gerichtlicher Entscheidungen (und wurde soweit ersichtlich höchstrichterlich bis heute nicht geklärt). Genau deshalb tut jedes Unternehmen gut daran, Geldwäscherei einschließlich der für das Unternehmen risikotypischen Vortaten (häufig Korruption) durch hinreichende Compliancemaßnahmen (dazu unten Rn. 319 für den regulierten Finanzsektor und v.a. oben Rn. 259 und 299 für die übrigen Industriesektoren) zu bekämpfen.

Man wird schon strafbar, wenn man in Kauf nimmt und sich damit abfindet, dass die **316** Vermögenswerte aus einem Verbrechen (einem mit mehr als drei Jahren Freiheitsstrafe bestraften Delikt) herrühren könnten oder von verbrecherischen Vermögenswerten bemakelt sind. Nach (umstrittener) Praxis des Bundesgerichts kann der Vortäter, der das fragliche Verbrechen (die sog. Vortat) begangen hat, sein eigener Geldwäscher sein. Der Strafrahmen beträgt Freiheitsstrafe bis zu drei Jahren oder Geldstrafe, geht aber in sog. schweren Fällen bis zu fünf Jahren Freiheitsstrafe und (kumulativ) Geldstrafe bis zu 500 Tagessätzen zu max. 300 CHF. Art. 305ter StGB ergänzt diese Regelung durch eine besondere Sorgfaltspflicht für berufsmäßige Vermögensverwalter, welche die Identität der wirtschaftlich Berechtigten nicht sorgfältig überprüfen.

Beide Delikte sind auch bei Vortaten (d.h. Verbrechen, die die fraglichen Vermö- **317** genswerte erzeugen) im Ausland strafbar, wenn die Vortat sowohl in der Schweiz als auch im Ausland mit Strafe bedroht ist (doppelte Strafbarkeit, wobei es sich nicht unbedingt beiderorts um dasselbe Delikt handeln muss). Dabei werden spezifisch ausländische Merkmale (z.B. Steuerhinterziehung zulasten Deutschlands, hingegen nicht zulasten der Schweiz), die nach Schweizer Strafrecht die Strafbarkeit ausschließen, weggedacht (man tut so, als sei im Ausland eine Steuerhinterziehung zulasten der Schweiz begangen worden), um die doppelte Strafbarkeit möglichst häufig zu bejahen (man spricht von „abstrakter" doppelter Strafbarkeit). Der Vortatenkatalog soll demnächst durch Aufwertung neuer Delikte zu Verbrechen (darunter auch schwere Steuerhinterziehung) ausgeweitet werden (vgl. dazu auch unten Rn. 322). Es besteht auch die Möglichkeit, das Unternehmen, in dessen Geschäftsbereich Geld gewaschen wird, ungeachtet der Bestrafung des Individualtäters zu bestrafen, wenn das Unternehmen über keine hinreichende, risikoadäquate Geldwäschereicompliance verfügt (Art. 102 Abs. 2 StGB). Die erforderlichen Compliancemaßnahmen ergeben sich für den regulierten Finanzsektor im Wesentlichen aus dem Geldwäschereigesetz (siehe unten Rn. 319 ff.). Für nicht regulierte Unternehmen ergibt sich die erforderliche Geldwäschereicompliance aus den Compliancemaßnahmen, die zur Vermeidung der für sie betriebsrisikotypischen Vortaten (Bestechung, Insiderhandel, etc.) geboten sind.

318 Ergänzt werden die Geldwäschereibestimmungen des StGB durch Art. 260ter StGB (Strafbarkeit der Beteiligung an einer kriminellen Organisation) und Art. 72 StGB (Einziehung, d.h. strafrechtlicher Verfall, von Geldern des organisierten Verbrechens).

2. Das Geldwäschereigesetz (GwG)

319 Das Geldwäschereigesetz ist ein Rahmengesetz, das für die dem Gesetz unterstellten Personen („Finanzintermediäre") spezielle Sorgfaltspflichten schafft. Diese werden in einer Verordnung der banken- und versicherungsrechtliche Aufsichtsbehörde FINMA (GwV FINMA) konkretisiert und bestehen im Wesentlichen darin,

– den Kunden zu kennen und zu identifizieren (*know your customer* - KYC) sowie den an den fraglichen Vermögenswerten wirtschaftlich Berechtigten zu identifizieren, wenn dieser nicht mit dem Kunden (Vertragspartner der Bank, Versicherung, etc.) übereinstimmt;

– ein Risikoprofil des Kunden (und ggf. wirtschaftlich Berechtigten) zu erstellen und bei Transaktionen, die nicht zum Profil passen, Hintergrundabklärungen durchzuführen;

– verdächtige (insbesondere kommerziell nicht vernünftig erklärbare, nicht zum Risikoprofil des Kunden passende) Transaktionen bzw. Vermögenswerte, bei denen Verdacht besteht, dass sie aus einem Verbrechen herrühren, der Geldwäschereimeldestelle der Bundespolizei (MROS) zu melden und die Vermögenwerte bei Schweigepflicht gegenüber dem Kunden (und grundsätzlich auch Dritten) zu sperren (siehe dazu aber unten Rn. 326) ;

– das eigene Unternehmen mittels Geldwäschereifachstelle, internen Weisungen, Ausbildungen und Kontrollmechanismen ausreichend und risikoadäquat zu organisieren.

320 Der Finanzintermediär wird damit zum zentralen Begriff der Gesetzgebung im Geldwäschereigesetz (Art. 2 Abs. 2 und 3 GwG). Der Begriff ist weit gefasst. Finanzintermediäre sind Personen oder Unternehmen, die berufsmäßig Vermögenswerte anderer verwalten oder Zahlungsverkehrsdienstleistungen anbieten. Finanzintermediäre können Banken, Finanzinstitute, Fondsleitungen und Versicherungen, aber auch Anwälte, Treuhänder und Rohstoffhändler sein. Wer nebst Banken, Fondsleitungen oder Versicherungen berufsmäßiger Finanzintermediär ist und für welche Art von Transaktionen dies gilt, ergibt sich aus einer Verordnung der FINMA über die berufsmäßige Finanzintermediation (VBF). Wesentlich ist, dass ein und dieselbe Person oder Unternehmung mit Bezug auf einen bestimmten Transaktionstypus berufsmäßiger Finanzintermediär sein und dem GwG unterstehen kann, während er bei anderen Transaktionsarten eventuell nicht reguliert ist. So muss z.B. eine Bank keine KYC-Dokumentation führen, wenn sie von einem Büromateriallieferanten Papier kauft. Keine berufsmäßigen Finanzintermediäre sind nach geltendem Recht vor allem Immobilienmakler bzw. -agenten und Juweliere (was naheliegenderweise problematisch ist). Angesichts der 2012 zuletzt revidierten Empfehlungen der FATF (siehe dazu unten Rn. 322) wird erwartet, dass demnächst Immobilienagenden und –makler reguliert werden.

Die Kontrolle der Einhaltung der Sorgfaltspflichten erfolgt auf drei Arten: **321**
– durch die FINMA für Bank- und Versicherungsinstitute sowie durch die Eidgenössische Spielbankenkommission für Spielkasinos;
– durch Anschluss an eine sog. SRO (Selbstregulierungsorganisation) für die übrigen Finanzintermediäre; in diesem Falle wird der FINMA die Oberaufsicht (über die SRO) übertragen;
– durch direkte Unterstellung unter die Aufsicht der FINMA.

Auch ausländische Unternehmen unterstehen für ihre schweizerischen Niederlassungen der GwG-Regulierung, soweit diese als berufsmäßige Finanzintermediäre tätig sind.

Am 3.10.2008 hat das schweizerische Parlament das Bundesgesetz zur Umsetzung   **322**
der revidierten Empfehlungen der Financial Action Task Force/Groupe d'Actions Financières (FATF) angenommen. Im Wesentlichen wurden darin schon zuvor bestehenden Sorgfaltspflichten konkretisiert, eine Ausweitung zur Bekämpfung der Terrorismusfinanzierung aufgenommen, die Aufnahme neuer Vortaten der Geldwäscherei ins schweizerische Recht realisiert sowie die Wirksamkeit des Meldesystems verbessert. Die FATF hat im Februar 2012 ihre Empfehlungen erneut revidiert. In der Folge sollen in der Schweiz neu Kursmanipulation, Insiderhandel und schwere Steuerdelikte (gerade auch zulasten des Auslandes begangene) Vortaten der Geldwäscherei werden. Zudem soll die Befugnis des MROS (vgl. dazu Rn. 319), Informationen mit ausländischen Meldestellen (*Financial Intelligence Units*) auf dem Amtshilfeweg auszutauschen, stark (bis hin zur Amtshilfe ohne Anfechtungsmöglichkeit in der Schweiz) ausgebaut werden. Nach geltendem Recht ist die Amtshilfebefugnis des MROS stark eingeschränkt (nämlich auf sog. Polizeidaten).

Von all den geplanten Neuerungen wurde die Einführung des qualifizierten Insiderhan-   **323**
dels (mit illegalem Vorteil von mehr als 1 Mio. CHF) und der qualifizierten Kursmanipulation (mit illegalem Vorteil von ebenfalls mehr als 1 Mio. CHF) als Geldwäscherei-Vortaten ab 1.5.2013 umgesetzt. Laut einem Gesetzesvorentwurf der schweizerischen Regierung (des Bundesrates) ist vorgesehen, dass Steuerhinterziehung mittels verfälschter Urkunden (z.B. Steuerbilanzen mit falschen Zahlen) oder arglistiger Lügen (z.B. zum Geldverstecken errichteter Offshore-Strukturen) bei verschwiegenen oder verschleierten Steuerfaktoren von mindestens 600 000 CHF – als Vortat zur Geldwäscherei gelten soll. Desgleichen soll der qualifizierte Abgabebetrug (arglistiges Belügen der Behörde zwecks Hinterziehung indirekter Abgaben, z.B. Zölle oder Mehrwertsteuern, wenn es um illegale Vorteile oder Abgabenschäden in „besonders erheblichem Umfang" geht) zur Geldwäschereivortat werden, wenn der Abgabenhinterzieher „mit Dritten" zusammenwirkt. Unklar ist dabei insbesondere, was mit „besonders erheblichem Umfang" gemeint ist. Bisher waren nur bandenmäßiger Schmuggel und (kraft Gerichtspraxis) Mehrwertsteuerkarusselle im Bereich der indirekten Abgaben Vortaten zur Geldwäscherei. Unklar ist weiter bei beiden geplanten qualifizierten Fiskaldelikten, wie überhaupt das Konzept der Geldwäscherei funktionieren soll, braucht es doch dazu nach der herrschenden Meinungen einen individualisierten Vermögenswert, der aus dem Verbrechen herrührt; bei den Fiskaldelikten wird indessen in aller Regel „nur" eine illegale Ersparnisquote erzeugt, die theoretisch das gesamte Vermögen des Delinquenten belastet bzw. „kontaminiert". Die Gerichtspraxis wird diesen gordischen Knoten lösen müssen, ohne einer unverhältnismäßigen Totalkontamination des Delinquentenvermögens Vorschub zu leisten. Weiter sollen erweiterte Sorgfaltspflichten von

Finanzintermediären zur Vermeidung der Annahme von Schwarzgeldern eingeführt werden. In einem vorgeschlagenen Art. 6a GwG möchte die schweizerische Regierung eine Anzahl von Risikoindikatoren, die auf Schwarzgeld hindeuten, ins Gesetz aufnehmen und den Finanzintermediär zwingen, mangels steuerlicher Regularisierung die Vermögenswerte abzulehnen bzw. – bei bestehender Geschäftsbeziehung – die Geschäftsbeziehung zum Kunden abzubrechen. Abgerundet werden diese geplanten Gesetzesneuerungen durch Vorschläge zur Pflicht der Finanzintermediäre, bei nicht börsennotierten Kapitalgesellschaften Aktionäre oder Anteilsinhaber mit mehr als 25 % an Kapital oder Stimmrechten als wirtschaftlich Berechtigten zu identifizieren, inländische (und nicht wie bis anhin nur ausländische) PEPs als Kunden mit erhöhtem Risiko zu behandeln, und für sämtliche Kauftransaktionen (inklusive Fahrniskäufe und Zwangsverwertungen) für die Kaufpreiszahlung im 100 000 CHF – übersteigenden Umfang Barzahlungen strafbewehrt zu untersagen.

3. Geldwäschereibehörden

324 Die FINMA hat, als Behörde für die Bekämpfung der Geldwäscherei, die Aufgaben, Wegleitungen und Instruktionen zu erlassen, Selbstregulierungsorganisationen und andere dem Geldwäschereigesetz unterstellte juristische Personen zu kontrollieren und Untersuchungen im Gebiet der Geldwäscherei vorzunehmen oder von Banken oder Versicherungen zu verlangen, sich durch akkreditierte Prüfgesellschaften intern untersuchen zu lassen und das Ergebnis der FINMA offenzulegen. Die FINMA genehmigt die Reglemente der Selbstregulierungsorganisationen. Sie tut dies allerdings in der Praxis nur, wenn die Reglemente im Wesentlichen der GwV FINMA entsprechen (siehe dazu oben Rn. 319).

325 Die von der FINMA zugelassenen Selbstregulierungsorganisationen führen bei ihren Mitgliedern Prüfungen durch und bilden deren Geldwäschereibeauftrage regelmäßig aus bzw. –weiter.

326 Das MROS (siehe Rn. 319) nimmt Verdachtsmeldungen der Finanzintermediäre entgegen, analysiert diese und leitet sie an die Strafverfolgungsbehörden weiter, wenn der gemeldete Verdacht nicht von der Hand zu weisen ist. Wenn der meldende Finanzintermediär innert fünf Arbeitstagen keine Anweisungen seitens des MROS oder der Strafverfolgungsbehörden erhält, kann er über die gesperrten Gelder in eigener Verantwortung verfügen. Das heißt, dass zwar regulatorisch keine Sperre der Vermögenswerte mehr vorgeschrieben ist, der Finanzintermediär aber nach wie vor aufpassen muss, durch Vermögenstransfers keine Geldwäscherei nach Art. 305bis StGB zu begehen.

VII. Versicherungsaufsicht

1. Einleitung

327 In der Schweiz ist gem. der Gesetzesstruktur die Aufsicht über die Versicherungen aufgeteilt auf die FINMA einerseits und das Bundesamt für Sozialversicherungen (BSV) sowie das Bundesamt für Gesundheit (BAG) andererseits. Besonders im Gebiet der Krankenversicherung zeigt sich, dass diese Aufteilung nicht sehr effizient ist. Die Aufsicht über die obligatorische Krankenversicherung obliegt dem BAG, diejenige über die Zusatzversicherung der FINMA. Auch im Rahmen der Lebensversicherung kommt es zu Überschneidungen.

2. Privatversicherungen

Die FINMA prüft die jährlichen Rechenschaftsberichte der Versicherungen insbesondere in Bezug auf die Solvenz. Daneben werden Teile des Geschäftsplanes wie die Berechnung der technischen Rückstellungen und die Leistungsprämie untersucht. **328**

Bei den Kollektivlebensversicherungen, Krankenzusatzversicherungen, Invaliditätszusatzversicherungen und Elementarschadensversicherungen werden die Risiken geprüft. Allgemeine Versicherungsbedingungen und Tarife sind zu genehmigen. Zentrale Aufgabe ist die Sicherstellung der Ansprüche der Versicherten. Zur Solvenzüberprüfung gehört die Prüfung des Vermögens und dessen Bewertung im Hinblick auf einen Sollbetrag, der zur Deckung notwendig ist, und der Solvabilitätsspanne, d.h. der Frage nach den Eigenmitteln. Dazu wird der schweizerische Solvenztest (SST) verwendet; mit ihm wird jenes Kapital berechnet, welches mindestens notwendig ist, um die Risiken abzufedern und zu sichern. Darüber hinaus wird aber generell das Risikomanagement der Versicherungen überwacht; bei der Corporate Governance haben die Versicherungen die Grundsätze und Vorgaben der FINMA zu überwachen, kontinuierlich zu beurteilen und letztlich zu erfüllen. **329**

3. Sozialversicherungen (BSV)

Das schweizerische Sozialversicherungsrecht ist dezentral geregelt. Im Folgenden sind die verschiedenen Zweige und ihre Trägerschaft kurz aufgelistet: **330**
- Alters- und Hinterlassenen-Versicherung (AHV): Ausgleichskassen des Bundes, der Kantone und von Verbänden;
- Invalidenversicherung (IV): kantonale IV-Stellen in Zusammenarbeit mit AHV-Ausgleichskassen;
- Ergänzungsleistungen (Zusatzleistungen für Bedürftige): kantonale AHV-Ausgleichskasse in Zusammenarbeit mit Kantonen;
- berufliche Vorsorge (siehe Rn. 332 ff.);
- obligatorische Krankenversicherungen: Krankenkassen, seltener auch Versicherungsgesellschaften;
- obligatorische Unfallversicherungen: überwiegend bei der Schweizerischen Unfallversicherungsanstalt (SUVA), für Bürobetriebe zum Teil auch bei in einem Register eingetragenen Versicherungen;
- Arbeitslosenversicherungen: öffentliche Kassen und Verbandskassen;
- Erwerbsersatzordnung (EO; diese Versicherung regelt den Verdienstausfall Militär- und Zivilschutzdienst): Organe der AHV;
- Familienzulage und Landwirtschaft: kantonale AHV-Ausgleichskassen;
- kantonale Familienzulagen: kantonale und private Ausgleichskassen der AHV;
- Militärversicherung (im Gegensatz zur EO werden hier körperliche Schäden, die im Militär erlitten wurden, versichert): Bundesamt für Militärversicherung;
- Mutterschaftsversicherung: Diese seit 1.1.2005 existierende Versicherung wurde eigenartigerweise – jedoch bezeichnend für die Schweiz – im Rahmen der oben erwähnten Erwerbsersatzordnung geregelt.

331   Die dargestellte Vielfalt hat den Vorteil der föderalistischen Nähe und der fachlichen Spezialisierung. Die entstandenen Nachteile (etwa ungleiche Rechtsanwendung) sind dadurch bereinigt worden, dass 2003 ein Gesetz über einen allgemeinen Teil der Sozialgesetzgebung (ATSG) in Kraft getreten ist. Dennoch ist es unabdingbar, Spezialisten beizuziehen, weil Überlappungen entstehen können, die vermieden werden müssen.

4. Berufliche Vorsorge

332   Das schweizerische Recht der beruflichen Vorsorge (auch 2. Säule genannt) unterscheidet sich stark vom deutschem Recht. Die Hauptregelungen befinden sich im Bundesgesetz über die berufliche Alters-, Hinterlassenen- und Krankenvorsorge (BVG) und dessen Verordnungen (BVV 1 und BVV 2) sowie auch im Freizügigkeitsgesetz (FZG). Arbeitnehmer ab vollendetem 17. Altersjahr mit einem Jahreslohn von über 21 060 CHF (2013) unterstehen der obligatorischen Versicherung nach BVG. Wer obligatorisch zu versichernde Arbeitnehmer beschäftigt, muss entweder eine Vorsorgeeinrichtung gründen, die in ein Register eingetragen werden muss oder sich einer bereits anerkannten Einrichtung anschließen. Bei kleinerem Arbeitnehmerbestand wird häufig der Anschluss an eine Gemeinschafts- oder Sammelstiftung, sei es ein Branchenverband oder eine Versicherung, gewählt. Alle größeren Unternehmen haben eine eigene Pensionsstiftung errichtet. Der Stiftungsrat der Pensionsstiftung muss sich paritätisch aus Arbeitgeber– und Arbeitnehmervertretern zusammensetzen. Die Stiftungen regeln in ihren Statuten, wie sie bei einer Pattsituation verfahren wollen. In jüngerer Zeit wird häufig ein Vertreter der Rentner kooptiert (allerdings ohne Stimmrecht).

333   Eine Pensionskasse muss regelmäßig von einem technischen Experten kontrolliert und bewertet werden, um sicherzustellen, dass volle Deckung für die Pensionierten gewahrt ist. Bezüglich der Anlage und des Risikos bestehen in der Verordnung über die berufliche Alters-, Hinterlassenen- und Invalidenvorsorge (BVV 2) in den Art. 49 ff. klare Anlageregeln. So beispielsweise bezüglich der Anlage im eigenen Unternehmen, die nur sehr beschränkt gestattet ist.

334   Die Pensionskassen unterstehen in der Regel der Aufsicht der kantonalen Stiftungsbehörde, die ein Weisungs- und Kontrollrecht hat und der jährlich Jahresberichte sowie periodisch Berichte des technischen Experten zu übermitteln sind. Darüber hinaus besteht eine Oberaufsicht des Bundes.

335   Das Freizügigkeitsgesetz (FZG) sorgt dafür, dass Arbeitnehmer, die ihren Arbeitgeber wechseln, ihr angespartes Vermögen in die neue Kasse mitnehmen können.

336   Um über die Entwicklungen im Gebiete der beruflichen Vorsorge laufend informiert zu werden, empfiehlt sich für alle ausländischen Arbeitgeber mit Pensionskasse in der Schweiz die Mitgliedschaft im schweizerischen Pensionskassenverband (ASIP).

VIII. Kartellrecht

1. Gesetzliche Grundlagen

337   Das Bundesgesetz über Kartelle und ähnliche Organisationen wurde mehrfach revidiert und ist die Basis der kartellrechtlichen Anwendung durch die Behörden und auch von zivilrechtlichen Prozessen.

Vor 1995 war das Kartellrecht in der Schweiz schwach ausgebildet. Dies führte auch **338** dazu, dass Unternehmen zum Zwecke der Kartellbildung in die Schweiz auswichen und etwa Treuhandgesellschaften mit der Führung eines internationalen Kartells beauftragten.

Das geltende schweizerische Kartellrechtgesetz v. 6.10.1995 mit seinen Ergänzungen, **339** insbesondere mit der Einführung einer Sanktions- und Bonusregelung im Jahr 2004, unterscheidet sich kaum mehr von den Wettbewerbsrechten in der Europäischen Union. Im Bereich der vertikalen Verträge geht die schweizerische Gesetzgebung sogar eher weiter. Mehrere Entscheidungen der Wettbewerbskommission in jüngster Zeit betreffen in der EU selbst nicht durchwegs verbotene Exportverbote aus der EU in die Schweiz, zuletzt eine (noch nicht rechtskräftige Buße für BMW von 156 Mio. CHF). Am 17.5.2013 haben die EU und die Schweiz einen Zusammenarbeitsabkommen im Wettbewerbsrecht unterzeichnet, das eine Koordination und einen Informationsaustausch der Wettbewerbsbehörden ermöglichen.

Eine Besonderheit des schweizerischen Wettbewerbsrechts ist das Preisüberwa- **340** chungsgesetz. Dieses begründet eine spezielle Behörde, deren Aufgabe es ist, Preise in den Bereichen, die auch dem Kartellrecht unterstehen, zu überwachen. Wichtigste Arbeitsgebiete des Preisüberwachers waren bisher das Gesundheitswesen und die administrativen Staatsbetriebe. In der Regel wird eine einvernehmliche Einigung angestrebt; allerdings besteht auch die Kompetenz, Preise, die keine Wettbewerbspreise sind, zu reduzieren. Die Handlungen der Behörde sind häufig von starker Medienpublizität begleitet, was einen hohen Druck auf die Unternehmen entstehen lässt.

2. Behörden

2.1 Die Wettbewerbskommission (WEKO)

Die WEKO ist die für die Administration des Kartellrechts zuständige Behörde. Sie **341** arbeitet auch heute noch im Milizsystem. In voller Besetzung umfasst sie 15 Mitglieder, wovon etwa die Hälfte aus dem akademischen Bereich kommen oder unabhängige Experten sind, die andere Hälfte sind Spezialisten aus Wirtschaftsverbänden (z.B. Economiesuisse, Gewerkschaftsbund, Konsumentenschutzbund). Das Sekretariat der Wettbewerbskommission ist in den letzten Jahren stark ausgebaut worden und hat heute über 50 juristische und ökonomische Mitarbeiter. Die Behörde ist für kartellrechtliche Vergehen und die Zusammenschlusskontrolle zuständig. Selbst Dawn Raids sind in der Schweiz heute nicht mehr ungewöhnlich. Rekursinstanz ist das schweizerische Bundesverwaltungsgericht, ein Weiterzug an das Bundesgericht ist möglich.

2.2 Preisüberwachungsbehörde

Preisüberwachungsbehörde ist der Preisüberwacher (im Volksmund auch „Monsieur **342** Prix" genannt) mit einem kleinen juristischen Sekretariat. Der Preisüberwacher ist meist eine bekannte Persönlichkeit aus der Politik (wie etwa ein früherer Nationalrat).

3. Die Sanktionen

Die Sanktionen bei Verletzung des Kartellgesetzes, sei es im horizontalen Bereich, sei **343** es durch vertikale Gebietsabreden oder Marktabschottungen und Preisbindungen sowie auch bei Missbrauch marktbeherrschender Stellung bestehen in Geldbußen. Diese können bis zu 10 % des in den letzten drei Jahren in der Schweiz erzielten Umsatzes betragen.

344 Mit der Einführung von Sanktionen wurde auch eine Bonusregelung eingeführt (KG-Sanktionsverordnung (SVKG) v. 12.3.2004). Die Regelung entspricht in weiten Zügen der Bonusregelung in der EU. Sie wird mit einer Selbstanzeige (Formular auf der Website der WEKO) ausgelöst. Zu empfehlen ist eine vertrauliche Kontaktnahme mit dem Direktor des Sekretariats der WEKO. In einem solchen Fall werden die Meldungen vertraulich entgegengenommen und Informationen des meldenden Unternehmens werden nur im Verfahren der WEKO verwendet und sind Dritten nicht zugänglich.

4. Exkurs Fusionskontrolle

345 Auch in der Schweiz existiert eine Zusammenschlusskontrolle, die bei gemeinsamem Umsatz von über 100 Mio. CHF in der Schweiz einsetzt. Diese für neue ausländische Unternehmen doch eher hohe Schwelle wird nur selten erreicht.

IX. Datenschutz

1. Gesetzliche Grundlage

346 In der Schweiz existiert ein Datenschutzgesetz (DSG), das zuletzt mit Wirkung zum 1.12.2010 geändert worden ist. Zuvor war in einer Revision im Jahre 2008 das Informationsrecht der Person, über die Daten gesammelt und bearbeitet werden, verbessert worden. Eine weitere Aufwertung erhielt dieses Informationsrecht durch ein kürzlich ergangenes Bundesgerichtsurteil (*BGE* 138 III 425), wonach gestützt auf Datenschutzrecht ein Bankkunde bei der Bank Unterlagen zwecks Vorbereitung eines Klageverfahrens herausverlangen durfte. Seither wird vor dem Hintergrund dieses Präjudizes vor allem in arbeitsrechtlichen Auseinandersetzungen das DSG regelmäßig als Rechtsgrundlage für Versuche von Arbeitnehmeranwälten angerufen, z.B. Einblick in Personaldossiers etc. beim Arbeitgeber zu erhalten. Die genaue Tragweite des datenschutzrechtlichen Informations- bzw. Einsichtsrechts in bearbeitete Daten ist dennoch weiterhin umstritten.

347 Im Compliance-Bereich hat das DSG erhebliche Bedeutung bei internen Untersuchungen, da es die Umstände und Bedingungen regelt, unter welchen Personendaten von Mitarbeitern auch ohne deren Einwilligung bearbeitet und z.B. auch ins Ausland transferiert werden können. Im Mittelpunkt steht dabei das Verhältnismäßigkeitsprinzip, wonach die Datenbearbeitung einem Unternehmen erlaubt ist, wenn sie einem legalen und legitimen Zweck dient und die allfällige, der Datenbearbeitung entgegenstehende Interessen der Mitarbeiter (der sog. Datensubjekte) weniger schwer zu gewichten sind. Ob das Unternehmen den Mitarbeitern den Gebrauch des EDV-Systems auch zu privaten Zwecken erlaubt oder dies verbietet, ist dabei nach Schweizer Datenschutzrecht unwesentlich. Das Unternehmen wird nicht etwa zum Telekommunikationsanbieter und daher dem strafbewehrten Telekommunikationsgeheimnis verhaftet, wenn es den privaten Gebrauch seiner EDV-Infrastruktur nicht ausschließt. Das bedeutet de facto, dass Datenschutzrechte der Mitarbeitenden den internen Com-

pliance-Untersuchungen und in dem Zusammenhang der geheimen Sichtung von E-Mails und anderer persönlicher Daten etc. im Grundsatz nicht entgegenstehen.

Beim Datenexport ins Ausland sind nebst der Verwendung von Modellklauseln, **348** Datenexportverträgen, Swiss oder EU Safe Harbor-Zertifizierungen der ausländischen Datenbearbeiter oder konzerninterner einheitlicher Datenschutzstandards etc. auch die sogenannten „Blocking Statutes" (Art. 271 und/oder Art. 273 StGB) zu beachten. Diese verstärken im Ergebnis den Datenschutz bei Auslandsberührung einer Datenbearbeitungstransaktion, indem Datentransfers zu ausländischen Behörden ohne Einwilligung der Schweizer Behörden bzw. Gerichten oder ohne Beschreitung des Rechtshilfeweges unter Umständen strafbar sein können (Art. 271 StGB), oder indem sog. schweizerische Geschäftsgeheimnisse ohne Einwilligung aller in der Schweiz wohnhafter oder domizilierter Geheimnisherren (oder alternativ ohne Anonymisierung derselben) nicht an eine ausländische Gerichts- oder Amtsstelle oder Unternehmung (sogar desselben Konzerns!) übermittelt werden dürfen (Art. 273 StGB). Über diese Aspekte des Informationsschutzes ist zurzeit ein Gesetzgebungs-Vorverfahren anhängig (Vorentwurf zu einem Bundesgesetz über die Zusammenarbeit mit ausländischen Behörden und über den Schutz der schweizerischen Souveränität).

Ebenso existieren Richtlinien über eine Zertifizierung eines Datenschutzmanagement-Systems, die sich an den ISO-Standard 27001:2005 anlehnen. Die Richtlinien **349** traten auf den 1.9.2008 in Kraft.

2. Behörde

Überwachende Behörde ist der Eidgenössische Datenschutz– und Öffentlichkeitsbeauf- **350** tragte (EDÖB). Seine Aufgabe im privaten Bereich reduziert sich praktisch auf die Beratung von privaten Unternehmen in rechtlichen und technischen Fragestellungen. Daneben hat er eine Rolle als Mediator bei Konflikten zwischen Privaten einerseits und Behörden oder anderen Privaten andererseits. Trotz dieser beschränkten Kognition ist die Wirkung des Datenschutzbeauftragten durch seine Möglichkeit zur Publizität nicht zu unterschätzen. Bei systematischen Verletzungen von Datenschutzrechten einer größeren Anzahl von Personen darf der EDÖB überdies das Bundesverwaltungsgericht auf dem Klageweg anrufen. In dem Zusammenhang betrifft der bekannteste Fall Google Streetview; auf Klage des EDÖB hat in jedem Fall das Bundesverwaltungsgericht Google gezwungen, Aufnahmen von Straßenszenen und Häuseraufschriften etc. besser zu anonymisieren.

X. Arbeitsrecht

1. Allgemein

Wenn ein Arbeitgeber in der Schweiz ausländische Arbeitnehmer einstellen will, sind **351** verschiedene Regelungsbereiche zu beachten: Je nachdem, von wo der Arbeitnehmer kommt und wie lange und in welchem Bereich er tätig sein soll, kommen unterschiedliche Vorschriften zur Anwendung. Die rechtlichen Grundlagen in diesem Bereich sind vielfältig: Ausländergesetz (AuG), Verordnung über Zulassung, Aufenthalt und Erwerbstätigkeit (VZAE), Entsendegesetz (EntsendeG), OR sowie diverse Verordnungen. Auch zu beachten sind die jeweils gültigen Gesamtarbeitsverträge der Branche.

352   Besonderheiten sind vor allem im Zusammenhang mit dem Freizügigkeitsabkommen vom 21.6.1999 mit der EU und deren Mitgliedstaaten (FZA) zu verzeichnen. Dieses Abkommen ist darauf ausgerichtet, den Staatsangehörigen der Vertragsstaaten Freizügigkeit auf dem Hoheitsgebiet der anderen Vertragspartei zu garantieren. Dies erfasst auch die unselbstständige Erwerbstätigkeit. Im Zusammenhang mit der Ausführung dieses Abkommens wurden in der Schweiz die sog. flankierenden Maßnahmen erlassen, um ein allfälliges Lohn- oder Sozialdumping zu verhindern. Diese flankierenden Maßnahmen umfassen drei Aspekte: Erstens wurde das EntsendeG erlassen, zweitens wurde die Allgemeinverbindlicherklärung von Gesamtarbeitsverträgen erleichtert und drittens besteht neu die Möglichkeit zum Erlass von Normalarbeitsverträgen mit zwingenden Bestimmungen über Mindestlöhne.

2. Arbeitnehmer aus EU-Staaten, EFTA-Staaten, Malta und Zypern

353   Das Freizügigkeitsabkommen Schweiz – EU erlaubt ausländischen Arbeitgebern mit Sitz im EU/EFTA-Raum Mitarbeiter für bis zu maximal 90 Tagen zur Dienstleistungserbringung in die Schweiz zu versenden. Diese Mitarbeiter sind melde- aber nicht bewilligungspflichtig. Die im EntsendeG vorgesehene Lohnmeldung wurde in der Entsendeverordnung per 15.5.2013 insoweit ausgeführt, dass ausländische Arbeitgeber neu bei einer Entsendung ihrer Mitarbeiter in die Schweiz verpflichtet sind, im Rahmen des Meldeverfahrens den in der Schweiz bezahlten Bruttostundenlohn für jeden einzelnen Mitarbeiter anzugeben. Diese Angabe soll es den zuständigen Kontrollorganen ermöglichen, arbeitsmarktliche Kontrollen gezielter durchzuführen und Verdachtsfällen auf Lohndumping, d.h., missbräuchliche Unterbietung der Lohnbedingungen, nachgehen zu können.

Zurzeit gilt eine „Ventilklausel" für Arbeitnehmer aus den Oststaaten, die neu Mitglieder der EU geworden sind. Ob diese Klausel so wie heute weiterbesteht, auf alle EU-Staaten ausgedehnt oder gar abgeschafft wird, ist noch offen. In jedem Fall ist sie nach 2014 nicht mehr zulässig.

354   Des Weiteren ist der Arbeitgeber gem. Art. 330b OR seit dem 1.4.2006 verpflichtet, den Arbeitnehmer bei Abschluss eines Vertrages von einer Dauer von mehr als einem Monat schriftlich über folgende Punkte zu informieren: die Namen der Vertragsparteien, das Datum des Beginns des Arbeitsverhältnisses, die Funktion des Arbeitnehmers, den Lohn und allfällige Lohnzuschläge sowie die wöchentliche Arbeitszeit.

3. Arbeitnehmer aus Drittstaaten

355   Will der Arbeitgeber einen Arbeitnehmer aus einem Staat beschäftigen, der nicht zu den o.g. Staaten gehört (also insbesondere Staaten außerhalb der EU), sind die Anforderungen höher. Der Arbeitgeber ist auch hier verpflichtet, bei der kantonalen Bewilligungsbehörde ein Gesuch einzureichen.[130] Er muss für die Gutheißung des Gesuchs nachweisen, dass die Bewilligungsvoraussetzungen[131] gemäß AuG erfüllt

---

130   Eine aktuelle Liste der kantonal zuständigen Behörden bietet das Bundesamt für Migration unter www.bfm.admin.ch/bfm/de/home/die_oe/kontakt/kantonale_behoerden/adressen_kantone_ und.html.

131   Insbesondere, dass die Stelle nicht durch einen schweizerischen Staatsangehörigen oder durch einen Bürger der EU- und EFTA-Länder sowie Malta und Zypern besetzt werden kann, da der sog. Inländervorrang besteht. Ebenso muss sichergestellt werden, dass orts- und branchenübliche Arbeitsbedingungen eingehalten werden, um Lohndumping zu vermeiden.

sind. Das zuständige Amt entscheidet über das Gesuch mittels Verfügung, die für den Arbeitgeber kostenpflichtig ist.

4. Ausländischer Arbeitgeber

Besondere Vorschriften zu beachten haben auch Arbeitgeber, die ihren Sitz im **356** Ausland haben, aber Arbeitnehmer in die Schweiz entsenden. Diese besonderen Regelungen werden durch das EntsendeG statuiert. Insbesondere müssen den Arbeitnehmern die in der Schweiz üblichen minimalen Arbeits- und Lohnbedingungen garantiert werden (Art. 2 EntsendeG sowie Art. 1–5 der Verordnung zum EntsendeG). Verstöße gegen diese Vorschriften werden den zuständigen kantonalen Behörden gemeldet, welche eine Bestrafung nach Art. 9 EntsendeG aussprechen können, die soweit gehen kann, dass dem Arbeitgeber für eine Zeit bis zu fünf Jahren die Anbietung seiner Dienste in der Schweiz verboten werden kann, resp. bei Lohnstreitigkeiten kann der Arbeitgeber (oder sein Subunternehmer, dazu verpflichtet werden, seinen Arbeitnehmern die Differenz zum in der Schweiz festgelegten Minimallohn zu bezahlen.

5. Weitere Regelungsbereiche

Der Arbeitgeber hat neben den Bestimmungen zu den Arbeitsbewilligungen und **357** Meldungen auch andere Regelungsbereiche zu beachten. Der Arbeitnehmerschutz in der Schweiz befindet sich auf einem hohen Niveau, was aber auch unzählige Bewilligungspflichten mit sich bringt. In den letzten zehn Jahren wurde insbesondere die Bewilligungspflicht für Sonntags- und Nachtarbeit überarbeitet. Zuständig zur Bewilligungserteilung sind je nach Regelung die Bundes- oder die Kantonsbehörden. Diese Vorschriften befinden sich in erster Linie im Arbeitsgesetz, jedoch auch im Unfallversicherungsgesetz (UVG) sowie im OR.

XI. Erwerb von Grundstücken/Umweltschutz

1. Überblick

Im Bereich des Umweltrechts gibt es eine Fülle von Vorschriften, die ein Unterneh- **358** men zu beachten hat. Diese reichen von allgemein gültigen Grundsatzvorschriften bis zu sehr themenspezifischen, branchenbezogenen Spezialvorschriften.

Um hier nicht den Rahmen zu sprengen, wurden wenige große Themenbereiche herausgegriffen, die insbesondere bei der Ansiedlung in der Schweiz von großem Interesse sein können.

2. Grundstückserwerb

Der Grundstückserwerb durch Personen im Ausland ist in der Schweiz nicht ohne **359** weiteres möglich. Als Personen im Ausland gelten insbesondere juristische Personen, die entweder ihren statutarischen bzw. tatsächlichen Sitz[132] im Ausland haben oder auch solche, die ihren statutarischen oder tatsächlichen Sitz in der Schweiz haben, in

---

132 Der tatsächliche Sitz befindet sich in der Regel dort, wo die Verwaltung der Gesellschaft geführt wird.

denen aber Personen im Ausland eine beherrschende Stellung[133] innehaben (Art. 5 Buchst. b und c BewG). In einem solchen Fall ist eine Bewilligung für den Grundstückserwerb erforderlich. Zuständig für die Erteilung der Bewilligung ist eine kantonale Behörde am Ort des Grundstücks.[134]

360 Wichtig ist jedoch, dass für den Erwerb von Betriebsstättengrundstücken gem. Art. 2 Abs. 2 Buchst. a BewG eine Ausnahme besteht. Wenn man ein Grundstück erwerben möchte, auf dem eine ständige Betriebsstätte eines Handels-, Fabrikations- oder eines anderen nach kaufmännischer Art geführten Unternehmens, eines Handwerkbetriebs oder eines freien Berufes geführt werden soll, ist dies bewilligungsfrei möglich.

3. Altlasten

361 Der Erwerb eines Grundstücks sollte immer mit der Überprüfung desselben auf Altlasten verbunden werden.

362 Um festzustellen, ob ein Grundstück mit einer Altlast belastet ist, sind in erster Linie die kantonalen Altlastenkataster[135] zu konsultieren. Diese sind für jedermann zugänglich. In die Kataster sind alle Standorte aufzunehmen, die mit Abfällen belastet sind oder von denen mit großer Wahrscheinlichkeit zu erwarten ist, dass sie belastet sind (Art. 1 Abs. 1 i.V.m. Art. 5 Altlastenverordnung (AltlV)). Zu beachten ist hier, dass Schadstoffe im Untergrund allein noch keine Altlast ausmachen. Erst deren Auswirkungen auf die Schutzgüter – Wasser, Boden und Luft – sind maßgebend.

363 Bei jedem ins Kataster aufgenommenen Grundstück wird sodann geprüft, ob Sanierungsmaßnahmen vorgenommen werden müssen.

4. Umweltverträglichkeitsprüfung

364 Mit der Umweltverträglichkeitsprüfung (UVP) wird im Rahmen des Bewilligungsverfahrens geprüft, ob eine geplante Anlage die gesetzlichen Umweltschutzvorschriften erfüllt. Es wird jedoch nicht einfach bei jeder Anlage eine UVP vorgenommen, sondern nur bei der Errichtung oder Änderung von Anlagen, die die Umwelt erheblich belasten könnten. Im Anhang zur UVP-Verordnung ist abschließend aufgelistet, welche Anlagen der UVP unterstellt sind.

365 Geprüft wird die Umweltverträglichkeit nicht durch eine besondere Behörde, sondern jeweils durch diejenige, die über die Errichtung der Anlage entscheidet. Die zuständige Behörde entscheidet aufgrund eines Antrags der Umweltschutzfachstelle. Diese stellt ihren Antrag gestützt auf die Beurteilung des vom Gesuchsteller eingereichten Berichts sowie auf weitere von ihm eingereichte Unterlagen (Deponiekonzept, land-

---

133 Eine Beherrschung durch eine Person im Ausland liegt vor, wenn eine ausländische natürliche oder juristische Person auf Grund ihrer finanziellen Beteiligung, ihres Stimmrechts oder aus anderen Gründen allein oder mit anderen Personen im Ausland die Verwaltung oder Geschäftsführung entscheidend beeinflussen kann (Art. 6 Abs. 1 BewG).

134 Eine Liste der kantonalen Behörden ist zu finden im Merkblatt des Bundesamtes für Justiz zum Erwerb von Grundstücken durch Personen im Ausland unter www.bj.admin.ch/etc/medialib/data/wirtschaft/grundstueckerwerb.Par.0007.File.tmp/lex-d.pdf.

135 Eine Übersicht über die kantonal zuständigen Fachstellen findet sich unter www.bafu.admin.ch/altlasten/01626/01629/05008/index.html?lang=de.

schaftspflegerische Begleitplanung etc.). Der Gesuchsteller – der Bauherr – hat daher folgende Aufgaben:

– Abklären, ob eine UVP-Pflicht besteht (anhand der UVP-Verordnung);
– Feststellen der möglichen Auswirkungen des Bauvorhabens auf die Umwelt mittels Voruntersuchung;
– Erstellen eines Pflichtenhefts für die Hauptuntersuchung in Absprache mit der Umweltschutzfachstelle. Eine Hauptuntersuchung ist nur nötig, wenn die Auswirkungen der geplanten Anlage und die Umweltschutzmaßnahmen in der Voruntersuchung nicht abschließend ermittelt werden konnten (Art. 8a Abs. 1 UVP-Verordnung);
– Erarbeiten eines Berichts über die Umweltverträglichkeit. Wenn keine Hauptuntersuchung notwendig ist, beinhaltet dieser die Ergebnisse der Voruntersuchung;
– Einreichen der benötigten Unterlagen an die zuständige Behörde sowie Auskunftserteilung an die zuständige Behörde und die Umweltschutzfachstelle.

Bei der Umweltschutzfachstelle kann es sich um eine kantonale Stelle[136] oder um das **366** Bundesamt für Umwelt (BAFU) als Umweltschutzfachstelle des Bundes handeln. Die kantonale Behörde ist zuständig, wenn eine solche über die Zulässigkeit der Anlage entscheidet und das BAFU ist entsprechend zuständig, wenn dieser Entscheid in die Kompetenz des Bundes fällt.

---

136 Eine Übersicht über die kantonalen Umweltschutzfachstellen findet sich unter www.afu.ch/d_afu_adressen.cfm.

3. Kapitel
Der Aufbau einer Compliance-Abteilung

I. Einführung

Die Einrichtung einer Compliance-Struktur sowie die Gestaltung einer entsprechen- **1** den Compliance-Kultur in einem Unternehmen hängen von einer Vielzahl von Faktoren ab. Die Größe des Unternehmens, mögliche Aktivitäten im europäischen und außereuropäischen Ausland, die Branche, die Börsennotierung, die mögliche Regulierung im Banken- und Versicherungsbereich spielen ebenso eine Rolle wie die Historie eines Unternehmens (Z.B. wenn es in bestimmten Risikobereichen schon zu relevanten Vorfällen, eventuell strafrechtlicher Art, gekommen war). Nachfolgend soll lediglich die wesentliche Grundstruktur einer Compliance-Abteilung dargestellt werden. Anhand dieser Grundstruktur kann eine Compliance-Abteilung im Unternehmen aufgebaut und mit den entsprechenden Zusatzanforderungen der jeweiligen Branche ergänzt werden.

II. Die Botschaft kommt von oben – Voraussetzung zur Verankerung des Compliance-Gedankens im Unternehmen

Gem. § 76 Abs. 1 AktG hat der Vorstand eine umfassende, selbstständige Leitungsver- **2** antwortung bei der Unternehmensführung. Das bedeutet, dass das unternehmerische Handeln des Vorstands rechtskonform sein muss und er damit die Gesamtverantwortung für Compliance im Unternehmen trägt. Diese Rechtspflicht findet sich auch im Deutschen Corporate Governance Kodex (DCGK).[1]

Die Rechtspflicht zu Compliance, die aus der Organverantwortung des Vorstands **3** resultiert, führt jedoch nicht automatisch dazu, dass Organisationsstrukturen im Unternehmen entstehen oder vorhanden sind, die die Rechtmäßigkeit des Mitarbeiterverhaltens sicherstellen.

Geschäftsleitung, Unternehmensjuristen, Compliance-Beauftragte oder sonstige, mit der Erstellung und Erhaltung eines Compliance-Systems betraute Personen im Unternehmen müssen deshalb gewährleisten, dass sie für diese schwierige Aufgabe die volle Unterstützung und Rückendeckung des Vorstands oder der sonstigen Unternehmensleitung haben. Ohne eine nachhaltige Betonung und stetige Wiederholung der Bedeutung und Wichtigkeit der Einhaltung von Gesetzen, Regeln und Verhaltensnormen kann und wird keine wahre und für Mitarbeiter und Außenwelt überzeugende Compliance-Kultur entstehen können, sondern wird sich als nutzloser Papiertiger nur den Unmut der Belegschaft zuziehen oder schlimmstenfalls als Feigenblatt missbraucht. Wenn die Überzeugung, dass Compliance ein unabdingbarer Bestandteil der Unternehmensverantwortung sein muss, im Unternehmen nicht vorbildhaft gelebt wird, wird auch dem Aufbau einer Compliance-Abteilung nur ein zweifelhafter Erfolg beschieden sein.

---

1 Gem. Ziff. 4.1.3 des DCGK hat der Vorstand „für die Einhaltung der gesetzlichen Bestimmungen und der unternehmensinternen Richtlinien zu sorgen" und „auf deren Beachtung durch die Konzernunternehmen" hinzuwirken (Compliance).

4 Dass die Botschaft des Bekenntnisses zu Compliance von „oben" kommt, sollte sich im Unternehmen nicht nur in der Bekenntnis zur Rechtspflicht zu Compliance zeigen, sondern darüber hinaus auch in der klaren Vorbildfunktion einer ethischen und moralischen Unternehmenskultur. Überzeugend für Mitarbeiter und Außenwelt wird Compliance als ausfüllungsbedürftiger Begriff nur dann, wenn das Bestreben nach ethischem, moralischem und rechtlichem Wohlverhalten von der Unternehmensführung glaubwürdig vorgelebt wird. Dass sich hier zwischen Anspruch und Wirklichkeit im Unternehmen häufig eine nicht unerhebliche Kluft befindet, zeigt sich leider immer wieder.

1. Verpflichtung der Unternehmensleitung – Mission Statement

5 Ein formales Zeichen des Bekenntnisses zur Rechtstreue eines Unternehmens kann ein sogenanntes „Mission Statement" sein. Ein derartiges Bekenntnis des Vorstands oder der sonstigen Geschäftsleitung zur Einhaltung aller Gesetze, Verordnungen und Richtlinien sowie von vertraglichen Verpflichtungen und freiwillig eingegangenen Selbstverpflichtungen sollte kurz und verständlich für Mitarbeiter, Dienstleister und Kunden zusammenfassen, welche starke Bedeutung Compliance für das Unternehmen hat und dass es deshalb unabdingbar ist, dass sich alle, an die sich diese Botschaft richtet, ernsthaft mit Compliance und den Konsequenzen bei möglichen Verstößen auseinandersetzen.

6 Ein sehr allgemein gehaltenes Beispiel für ein derartiges Mission Statement könnte sein:

> „Unser Unternehmen ist Marktführer im Bereich [•]. Damit dies so bleibt, muss jeder unserer Mitarbeiter persönliche Verantwortung für unseren Erfolg übernehmen und ein Höchstmaß an Professionalität und Integrität bei allen Handlungen vorweisen.
>
> Im Lichte eines immer strengeren Aufsichtsrechts, steigender Kosten bei Rechtsverstößen und der größer werdenden Bedeutung des Corporate Governance, ist die Botschaft unserer Compliance-Abteilung, eine Kultur aufrecht zu erhalten, in der sich alle Beteiligten, seien es die Mitarbeiter, die Geschäftspartner oder die Kunden, ethisch einwandfrei und rechtmäßig verhalten. Nur damit kann sichergestellt werden, dass unser Unternehmen weiterhin den Ruf eines moralisch und ethisch korrekt handelnden und vertrauensvollen Partners genießen kann.
>
> Das Ziel unserer Compliance-Verantwortlichen ist es, eine Kultur zu haben, in der sich die Einhaltung aller Gesetze und Regelungen sowie unserer internen Richtlinien mit dem Instinkt, das Richtige zu tun, verbindet, und zwar, indem wir sicherstellen, dass
> - alle unsere Mitarbeiter unser Compliance-Programm und unseren Verhaltenskodex verstehen und befolgen, um einen konstanten Bewusstseinsprozess im Unternehmen aufrecht zu erhalten,
> - sämtliche Mitarbeiter die Möglichkeit wahrnehmen können, Verhalten, das nicht unseren Compliance-Regelungen entspricht, den Compliance-Verantwortlichen oder der zuständige Ombudsperson zu berichten, ohne dadurch Nachteile oder sonstige Schwierigkeiten befürchten zu müssen."

7 Auch dieses Bekenntnis zur Rechtstreue ist natürlich mit Leben zu füllen, um nachhaltig glaubwürdig und realistisch zu sein. Jedoch empfiehlt es sich, einen einmal festgelegten und für akzeptabel befundenen Wortlaut sämtlichen Compliance-Programmen, Schulungsmaßnahmen und sonstigen Aktivitäten in diesem Bereich voranzustellen, so dass sich das Mission Statement als überzeugender Slogan bei Mitarbeitern und Geschäftspartnern dauerhaft einprägen kann.

Ein konkretes Beispiel ist das Mission Statement von General Electric (GE), eines in **8** der Compliance-Kultur vorbildlichem Unternehmen, das sich „Geist und Wortlaut unserer Verpflichtung" nennt:

> „Mitteilung vom Vorstandsvorsitzenden
>
> Mit dem Eintritt ins 21. Jahrhundert – unserem Wachstum und unserer Weiterentwicklung – haben drei Traditionen bei GE an Bedeutung gewonnen. Neben unserem Streben nach Leistung und Veränderung haben wir die absolute und unerschütterliche Integrität zur Maxime erhoben.
>
> Dieses Unternehmen steht für Integrität. Standards werden bei uns groß geschrieben. Unser von vielen Menschen über lange Jahre aufgebautes weltweites Ansehen, das wir für ehrliche und verlässliche Durchführung unserer Geschäfte erworben haben, wird in jedem unserer Geschäftsvorgänge wieder auf die Probe gestellt und kann sich jedes Mal aufs Neue bewähren. (…)
>
> Bei unserem Streben nach Wettbewerbsfähigkeit ist unser Verhalten jedoch gleichzeitig von Recht und Ethik bestimmt. Als weltweit operierendes Unternehmen gilt es, weltweit geltende Richtlinien zu erstellen und zu befolgen. Jedes Mitglied der GE-Gemeinschaft trägt persönlich zur Einhaltung unseres Verhaltenskodex bei. Zur Einhaltung unseres ethischen Versprechens wurden bei GE einige Schlüsselrichtlinien zur Wahrung der Integrität aufgestellt. Sämtliche Mitarbeiter von GE haben sich zur Einhaltung dieser Richtlinien und des dahinter stehenden Geistes verpflichtet. Zusammen mit allen anderen GE Führungskräften stehe ich dafür, eine Unternehmenskultur zu schaffen, in der die Einhaltung der GE-Grundsätze sowie die Einhaltung der Gesetzesvorschriften im Zentrum unserer Geschäftsaktivitäten stehen. Dies ist die Art und Weise, wie wir arbeiten.
>
> (…)
>
> Grundlage und Erfolg von GE ist seit über 100 Jahren unsere Integrität – dies gilt es auch für zukünftige GE-Generationen zu bewahren.
>
> Herzlichst
>
> Jeffrey R. Immelt
>
> Chairman of the Board[2]"

In Deutschland und einigen weiteren europäischen Ländern sind derart plakative **9** Bekenntnisse zur Rechtstreue noch nicht im gleichen Umfang üblich wie in den USA und werden deshalb gerne auch einmal belächelt oder gelten schlichtweg als überflüssig.[3] Deshalb sollte, wie generell im Bereich Compliance, mit der gebotenen kulturellen Sensibilität vorgegangen werden. Ein Mission Statement, das beim Empfängerhorizont Mitarbeiter (oder auch Aktionär) als überzogen und unglaubwürdig ankommt, wird der angestrebten Compliance-Kultur einen Bärendienst erweisen. Glaubwürdigkeit sei auch hier die Devise. Keine schriftlich niedergelegte Verpflichtung, und sei sie auch noch so leidenschaftlich abgefasst, kann tatsächlich und rechtlich integres Handeln ersetzen.

---

2 Zu finden unter www.ge.com/at/ourCommitment/integrity/message.html.
3 Diese Stimmung wurde jedoch in der Vergangenheit von der Realität überholt, wie das Bsp. Siemens in aller Deutlichkeit zeigt.

2. Verpflichtung der Unternehmensleitung – Status der Compliance-Abteilung

10 Die Chance, eine Compliance-Abteilung aufzubauen, sei es als bereits dem Unternehmen angehörender Mitarbeiter (meist wird es sich um einen leitenden Angestellten handeln, der das Unternehmen kennt und ihm möglicherweise schon viele Jahre angehört), sei es als Quereinsteiger mit entsprechender Erfahrung bei der Konkurrenz oder in einem völlig anderen Geschäftsbereich, birgt vielfältige Möglichkeiten und Herausforderungen in sich. Gleichzeitig besteht von Anfang an das Risiko, die Compliance-Abteilung falsch zu positionieren. Diese Fehlpositionierung kann schlicht und einfach darin bestehen, dass der Bereich Compliance einer bestehenden Abteilung zugeordnet wird, die nicht die erforderliche Sichtbarkeit und Bedeutung im Unternehmen, sowohl intern als auch extern, genießt. Deshalb ist von Anfang an darauf zu achten, dass die Verpflichtung der Unternehmensleitung, Compliance einen herausragenden Stellenwert beizumessen, kein Lippenbekenntnis bleibt, sondern dergestalt in die Tat umgesetzt wird, dass die künftige Compliance-Abteilung so unabhängig, effektiv und erfolgreich wie möglich agieren kann (siehe hierzu auch Rn. 61).[4]

11 Im Folgenden soll auf die Einzelheiten einer funktionierenden Compliance-Abteilung eingegangen werden.

III. Der Compliance Officer – Die Person

12 Der Dreh- und Angelpunkt einer funktionierenden und wirkungsvollen Compliance-Organisation ist, quasi als Nukleus der Abteilung, der Compliance-Beauftragte, auch Compliance Officer genannt. Dabei kann es sich tatsächlich um den einzigen Compliance-Beauftragten im Unternehmen handeln, der als Einzelkämpfer in kleineren Gesellschaften tätig ist. Im größeren Konzern wird es jedoch eher der Global Compliance Officer sein, der sich Mitarbeitern oder, im Idealfall, eines weltweiten Compliance-Netzwerks bedienen kann.[5]

1. Persönlichkeitsprofil

13 Beide, der Einzelkämpfer und der Global Compliance Officer mit seinem weltweiten Netzwerk und möglicherweise einer Vielzahl von Experten, die ihm im Einzelfall zur Seite stehen, sollte im Idealfall ein Persönlichkeitsprofil auszeichnen, das sich vor allem durch Standfestigkeit, Konfliktfähigkeit, Mut und Vertrauen auszeichnet. Standfestigkeit und Konfliktfähigkeit sind unabdingbar im Dialog sowohl mit der Geschäftsleitung als auch mit den Mitarbeitern. Ein Vorkommnis, das für compliance-relevant erachtet wird, wird in einem Unternehmen stets eine Vielzahl von Meinungen nach sich ziehen, gleichgültig, ob es sich hierbei um eine Durchsuchung von Geschäftsräumen durch die Staatsanwaltschaft wegen Vorwürfen der Steuerhinterziehung oder um eine anonyme Anzeige handelt, dass ein Mitarbeiter während der Arbeitszeit illegale Inhalte im Internet anschaut. Die Belastungen, die derartige Vorkommnisse für einen Compliance-Beauftragten in persönlicher und beruflicher Hinsicht mit sich bringen können, sind nicht zu unterschätzen. Anfeindungen, Mobbing

---

4 Welche Herausforderung dies für eine Unternehmensleitung sein kann, zeigen die Entwicklungen bei MAN; ERGO und anderen.
5 Compliance-Abteilungen beschäftigen, vor allem im regulierten Banken- und Versicherungsbereich mit wirtschaftlichem Fokus auf die USA, oftmals Hunderte von Mitarbeitern.

ähnliches Verhalten, aber auch offene Aggression sind keine Seltenheit, so dass die Verantwortlichen im Unternehmen gut beraten sind, eine Persönlichkeit auszuwählen, die derartigen Stimmungen gewachsen ist und die „rote Fahne" auch dann hisst, wenn dies von einer Mehrheit im Unternehmen oder von einzelnen Entscheidungsträgern nicht gut geheißen wird.

Es klingt selbstverständlich, dass das Persönlichkeitsprofil auch Mut umfassen soll; in **14** der Realität des rauen Wettbewerbs in einem Unternehmen ist dies jedoch nicht immer der Fall. Die wenigsten Compliance-Fälle sind „sonnenklar" zu beurteilen, sondern mit einem Grauschleier des Zweifels umgeben. Jeder, der einmal eine entsprechende Untersuchung in einem Unternehmen entweder selbst durchgeführt hat oder durch einen externen Dienstleister hat durchführen lassen, weiß, wovon hier die Rede ist. Sich nicht von der einmal eingeschlagenen Strategie abbringen zu lassen, konstant in seiner Urteilsfähigkeit zu bleiben und ein verlässlicher Ansprechpartner für alle Beteiligten zu sein, kann sehr viel Mut und Durchsetzungskraft erfordern, vor allem dann, wenn die Unternehmensleitung nicht kontinuierlich die erforderliche Unterstützung leistet.[6]

2. Ganzheitlicher Ansatz

Ebenfalls von großer Bedeutung ist, dass der Compliance-Beauftragte die Fähigkeit **15** haben sollte, einen ganzheitlichen Ansatz zu vertreten. Das bedeutet in erster Linie, dass er in der Lage sein muss, den Überblick sowohl über unternehmensinterne Strukturen, Vorgänge und Veränderungen als auch über sämtliche unternehmensrelevanten rechtlichen Neuerungen zu behalten. Das Gesamtbild im Auge zu behalten und in dieser Dimension „richtig" zu handeln, ist eine große Herausforderung und bedarf wiederum der richtigen Einbindung des Compliance-Beauftragten ins Unternehmen. Die Compliance-Funktion ist wie nahezu keine andere im Unternehmen auf Informationen der Geschäftsleitung, der einzelnen Abteilungen, aber auch einzelner Mitarbeiter oder sonstiger dem Geschäftsbetrieb nahe stehender Personen angewiesen. Die Gewinnung von Informationen wird in größeren Einheiten am sinnvollsten durch Einführung bestimmter Prozesse (z.B. Client Management System, Compliance-Risiko-Datenbank, Compliance Risk Landscaping etc.) zu gewährleisten sein.[7]

Wer sich in Spezialthemen oder irrelevanten Details verliert, der kann der ganzheitli- **16** chen Aufgabe des Compliance-Beauftragten als Rechtskundiger einerseits und menschlicher Vertrauensperson andererseits weder zeitlich noch strukturell gerecht werden. Dies kann im Übrigen auch gegenüber dem Management bei der Verhandlung über Ressourcen nicht oft genug betont werden.[8]

3. Antizipieren und Einschätzen von Risiken

Eine weitere wichtige Eigenschaft des Compliance-Beauftragten sollte die Fähigkeit **17** sein, Risiken antizipieren und realistisch einschätzen zu können. Dies bedeutet, dass der Compliance-Verantwortliche in der Lage sein muss, neben dem erforderlichen

---

6 Wie verhält man sich als Compliance Officer zum Beispiel, wenn ein Mitarbeiter, der sich nicht rechtmäßig oder integer verhält, von seinem Vorgesetzten gedeckt wird?
7 Hierzu ausf. 4. Kap. Rn. 1 ff.
8 Allerdings scheinen die meisten Unternehmen verstanden zu haben, dass ausreichende Ressourcen im Compliance-Bereich Grundvoraussetzung für ein vernünftiges Compliance-Programm sind.

rechtlichen und unternehmerischen Sachverstand die Vorstellungskraft zu besitzen, aufgrund der bestehenden Geschäftsbereiche sowohl kurzfristige als auch langfristige Risikoentwicklungen zu erkennen und zu werten. Er muss also bspw. in der Lage sein, die Frage zu stellen „Könnte Geldwäsche für uns ein Problem sein?", auch wenn es sich bei dem betroffenen Geschäftsbereich nicht klassischerweise um ein von Geldwäsche bedrohtes Segment handelt. Eine gewisse Weitsicht auch außerhalb der eingefahrenen Denkmuster trägt oft mehr zu einer wirkungsvollen Compliance bei als jegliche Wiederholung jahrelanger Strukturen.

18 Die Möglichkeit, Risiken möglichst frühzeitig wahrzunehmen, besteht aber nur dann, wenn der Compliance-Beauftragte und sein Team möglichst frühzeitig in Unternehmensprozesse und Risikobewertungen einbezogen werden. Es sollte deshalb von der Compliance-Abteilung stets darauf gedrungen werden, von der Geschäftsleitung und allen relevanten Abteilungen im Unternehmen von Anfang an in strategische Überlegungen einbezogen werden.[9] Nur dann kann sichergestellt werden, dass eine vernünftige Einschätzung möglicher Risiken auch von Compliance-Seite möglich ist.[10]

19 Auch bei bereits bestehenden Prozessen sollte der Status quo stets überprüft und bei berechtigten Zweifeln in Frage gestellt werden. Die Erfahrung zeigt, dass mit der zunehmenden Einführung von Compliance-Regeln im Unternehmen die Bereitschaft der Fachabteilungen wächst, Compliance auch in bestehende Prozesse einzuführen und ggf. um Rat zu fragen. In Unternehmen mit etablierten Compliance-Abteilungen sollte es zur Regel geworden sein, so rechtzeitig als möglich diese Schritte zu unternehmen.

20 Durch diese wichtige Aufgabe der frühzeitigen Einschätzung von Risiken manifestiert sich u.a. auch der für Außenstehende nicht immer klar erkennbare Unterschied zu einer klassischen Rechtsabteilung, die auf Anfrage und auf der Basis von Aufträgen, und nicht zwingend aus sich heraus aktiv wird.[11]

4. Beruflicher Hintergrund

21 In vielen Unternehmen wird es sehr gerne gesehen, wenn der Compliance-Beauftragte einen beruflichen Hintergrund als Jurist hat. Oft wird der Compliance-Beauftragte aus der bestehenden Rechtsabteilung rekrutiert, da dies als der sicherste Weg betrachtet wird, die neu zu schaffende Compliance-Funktion zuverlässig auszufüllen. Alternativ werden für diese Position von einigen Großunternehmen auch gerne Rechtsanwälte großer Kanzleien abgeworben, die sowohl einen guten gesellschaftsrechtlichen Hintergrund als auch entsprechende Compliance-Vorbildung haben und

---

9 Je höher der Compliance Officer in der Hierarachie des Unternehmens angesiedelt ist, desto selbstverständlicher wird seine Einbeziehung in wesentliche Unternehmensvorgänge sein.

10 Gerne wird von der Unternehmensleitung Vertraulichkeit als Argument gegen eine frühzeitige Einbindung von Compliance in bedeutsame unternehmerische Prozesse angeführt. Dies ist, soll Compliance keine leere Hülse bleiben, in den meisten Fällen nicht akzeptabel; vielmehr sollte der Compliance-Verantwortliche, der ohnehin einer umfassenden Geheimhaltungsverpflichtung unterliegt, vollumfänglich in sämtliche entscheidenden Prozesse und Planungen der Unternehmensleitung einbezogen werden.

11 Aber auch die Rechtsabteilungen großer Unternehmen befanden sich in den letzten Jahren im Umbruch. Der „klassische" Jurist als Sachbearbeiter gehört immer mehr der Vergangenheit an; gefragt ist der „legal manager", der auch proaktiv tätig ist und dadurch zur Wertschöpfung im Unternehmen beiträgt.

dem Unternehmen möglicherweise bereits durch eine entsprechende Zusammenarbeit, z.B. bei einer Transaktion, bekannt sind.[12]

Solides juristisches Handwerkszeug ist in dieser Position sicherlich von großem Vorteil, spielt aber letztendlich zur effektiven Bewältigung der Compliance-Position nur sekundär eine Rolle. Von viel größerer Bedeutung sind die oben erwähnten Persönlichkeitsmerkmale und unternehmerischen Fähigkeiten; die entsprechende fachliche juristische Hilfe kann entweder von der internen Rechtsabteilung oder von einer externen Anwaltskanzlei beigesteuert werden. **22**

Schlussendlich hängt die Entscheidung „Jurist oder nicht" sicherlich sehr stark von der jeweiligen Branche und dem rechtlichen Spezialwissen ab, das ggf. erforderlich ist, um die jeweiligen Geschäftsvorgänge verstehen und durchleuchten zu können. So kann es in einem Unternehmen der IT-Branche durchaus sinnvoll sein, einen Spezialisten der Informationstechnologie als Compliance Officer zu bestellen, wenn anzunehmen ist, dass die zu erwartenden Compliance-Themen just in diesem Bereich liegen werden. Ähnlich mag es sich in einem international tätigen Bauunternehmen verhalten: Auch dort kann es sehr sinnvoll sein, einen langjährigen weitgereisten Bauingenieur mit der Compliance-Aufgabe zu betrauen statt einen „sesshaften" Juristen, der die möglichen Probleme der Bauwirtschaft wie Korruption nur aus der Theorie kennt.

In der Finanzdienstleistungsbranche, insbesondere bei Banken und Versicherungen, bildet sich seit einiger Zeit verstärkt der Trend heraus, aufgrund der komplexen Produkte Compliance-Berater in den jeweiligen Abteilungen, die diese Produkte entwickeln, vermarkten und letztlich vertreiben, zu etablieren. Hierfür eignet sich dann weniger der klassische Jurist und Generalist, sondern der Experte, der die Besonderheiten des jeweiligen Produkts und des damit verbundenen Risikos erkannt und verstanden hat. In einem Großunternehmen würde man diese Aufgabe sinnvollerweise an einen Experten innerhalb des Compliance Officer-Netzwerks delegieren, aber in einer kleineren Einheit mit starkem Risikopotenzial kann diese Aufgabe sicherlich in Personalunion von einem erfahrenen Experten des jeweiligen Geschäftsbereichs übernommen werden. **23**

Eine weitere zu beobachtende Entwicklung ist der vermehrte Einsatz von Projekt- und Prozessmanagern in grösseren Compliance-Abteilungen. Dies geht einher mit dem teilweise vertretenen Ansatz, die Compliance-Abteilung nicht mehr als Beratungsfunktion,[13] sondern als Kontroll- und Überwachungsfunktion zu organisieren (sogenannte „Assurance Function").

5. Integrität und Neutralität

Dass die Person, die entweder als Einzelkämpfer oder als Vorgesetzter einer Abteilung, die für die Einhaltung von Gesetzen, Regelungen und internen Richtlinien verantwortlich zeichnet, hinsichtlich ihrer Integrität über alle Zweifel erhaben sein muss, dürfte selbstverständlich sein. Jegliches bewusste Fehlverhalten muss absolut tabu sein, da dadurch die Glaubwürdigkeit des unternehmensinternen Compliance-Konzepts und der allumfassenden Compliance-Kultur in Gefahr kommt. Der Compliance- **24**

---

12 Das ist die übliche Rekrutierungsmethode von zahlreichen Großunternehmen, nicht nur für künftige Compliance Officer, sondern generell für Juristen.
13 Näheres hierzu im 4. Kap. Rn. 42 ff.

Beauftragte sollte sich deshalb nicht scheuen, für sich und seine Mitarbeiter Spezialbefugnisse einzufordern, wenn diese erforderlich sind, um die Tätigkeit effektiv ausüben zu können.

25 **Beispiele:** In manchen Unternehmen besteht ein Verbot in Form einer Betriebsvereinbarung, Telekommunikation für private Zwecke oder außerhalb der Arbeitszeiten zu nutzen. In einem solchen Fall sollte der Compliance-Beauftragte für sich und seine Abteilung stets Sonderbefugnisse in Form von Ausnahmegenehmigungen erhalten, da eine vernünftige Informationsbeschaffung und Ermittlung von Sachverhalten nicht immer im rein öffentlichen Bereich und sicherlich nicht nur während der üblichen Arbeitszeit möglich ist. Ebenso sollte im Unternehmen dafür Sorge getragen werden, dass sämtliche Daten der Compliance-Verantwortlichen der Geheimhaltung unterliegen, insbesondere bei der Nutzung der Telekommunikation, aber auch bei Reisekosten und Ähnlichem. All dies allerdings setzt, wie oben ausgeführt, die volle Integrität des Compliance-Verantwortlichen und seiner Mitarbeiter voraus.

Ein Arbeitsplatz, der vertrauliche Gespräche und das Arbeiten mit nicht für die Öffentlichkeit bestimmten Dokumenten ermöglicht, sollte für diejenigen Mitarbeiter, die eine Vertrauensstellung innerhalb der Compliance-Funktion innehaben, auf jeden Fall gewährleistet sein. Ein offener Arbeitsbereich innerhalb des Großraumbüros eignet sich dafür sicherlich nicht.

26 Ebenso bedeutsam ist die **Neutralität** des Compliance-Beauftragten in allen unternehmensrelevanten Zusammenhängen. Der Compliance-Verantwortliche muss bei seiner Tätigkeit ausschließlich das Interesse des Gesamtunternehmens im Blick haben, er darf keine eigenen oder Bereichsinteressen vertreten.[14]

27 Allerdings ist der Compliance-Verantwortliche stets in Gefahr, zum Spielball von Unternehmensinteressen zu werden und sollte sich deshalb stets bemühen, seine Neutralität und Unabhängigkeit zu bewahren. Auf persönliche Meinungsäußerungen, die möglicherweise Rückschlüsse auf eine subjektive Haltung oder Voreingenommenheit zulassen könnten, ist tunlichst zu verzichten. Dies gilt für allgemeine weltanschauliche, politische oder gesellschaftliche Themen ebenso wie für unternehmensinterne Vorgänge.

28 Neutralität ist insbesondere auch in der Zusammenarbeit mit einem **Betriebsrat** erforderlich. Falls in einem Unternehmen ein Betriebsrat, oder im Ausland eine sonstige Mitarbeitervertretung[15] vorhanden ist, ist eine gute Zusammenarbeit schon deshalb unabdingbar, weil für möglicherweise anstehende Compliance-Untersuchungen die Information oder gar die Zustimmung des Betriebsrats erforderlich ist. In diesem Zusammenhang sollte der Compliance-Verantwortliche darauf achten, sich nicht zu möglichen Konflikten zwischen Unternehmensleitung und Mitarbeitervertretung parteiisch zu äußern, damit er in seiner Funktion und seiner Unabhängigkeit unangefochten bleibt.[16]

---

14 *Hauschka/Bürkle* § 8 Rn. 23.
15 Z.B. der conseil d'entreprise in Frankreich oder die betriebliche Gewerkschaftsvertretung in Italien.
16 Dies mag wie eine Binsenweisheit klingen, ist aber in Anbetracht der oft emotional aufgeladenen Situation in Compliance-Fällen nicht immer einfach zu befolgen.

6. Mut und Vertrauen

Wie bereits dargestellt, sind Mut und bei so mancher Gelegenheit auch eine gewisse **29**
Unerschrockenheit für die Position des Compliance-Beauftragten von größter Wichtigkeit. Ebenso wesentlich ist jedoch die Fähigkeit des Compliance-Beauftragten, Vertrauen zu bilden und zu fördern. Er sollte jederzeit Ansprechpartner für die Unternehmensleitung, aber auch für jeden Mitarbeiter sein und dies durch eine Politik der offenen Tür dokumentieren. Vertrauensbildende Maßnahmen könnten z.B. Mitarbeiterschulungen oder Runde Tische zum Thema Compliance oder zu Spezialthemen sein. Auch die Einbindung in Unternehmensgremien verschiedener Art kann die Vertrauensstellung des Compliance-Beauftragten fördern und ausbauen.

Sicherlich ist es für einen langjährigen, im Unternehmen hoch angesehenen Mitarbeiter in der Funktion des Compliance Officer wesentlich einfacher, diese Vertrauensstellung zu bekleiden als für einen jungen Quereinsteiger, dem möglicherweise ein gewisser Argwohn entgegengebracht wird („Will uns der/die überwachen?") Allerdings wird der „Neuling" in dieser Position von der Belegschaft auch oft sehr positiv betrachtet, weil er unbeeinflusst von unternehmensinternen Vorgängen und manchmal auch politisch motivierten Strömungen agieren kann. **30**

Letztendlich wird jedoch auch hier die menschliche Komponente den Ausschlag **31**
geben, ob der Compliance-Beauftragte als Vertrauensperson im Unternehmen wahrgenommen wird. Vieles ist sicherlich ein Ausdruck der allgemeinen Persönlichkeit des Verantwortlichen; andererseits kann durch einen klaren und offenen Umgang mit Vorstand und Mitarbeitern sehr viel zur Vertrauensbildung beigetragen werden.

7. Fähigkeit zum Konfliktmanagement

Einen Teil, wenn nicht einen Großteil seiner Zeit wird der Compliance-Verantwortliche, zumal, wenn er als Einzelkämpfer agiert, damit verbringen, Konfliktmanagement im weitesten Sinne zu betreiben, d.h. sich anbahnende Konflikte möglichst zu vermeiden, bereits entstandene Konflikte zu entschärfen und bestehende Konfliktursachen dauerhaft zu beseitigen. Diese Aufgaben ergeben sich zum einen objektiv aus der Stellung von Compliance als Instrument der Führungskontrolle,[17] zum anderen, auf der subjektiven Ebene, aus der Stellung des Compliance-Beauftragten als Vertrauensperson. Die Tatsache, dass der Compliance-Beauftragte aus dieser Vertrauensstellung heraus häufig mit Konfliktsituationen konfrontiert wird, führt häufig dazu, dass er als Konfliktmanager oder auch Mediator tätig werden muss. Selten wird sich eine compliance-relevante Situation als eindeutig erweisen; vielmehr wird in der Regel Aussage gegen Aussage stehen und eines Vermittlers bedürfen, der entschärft, gemeinsam mit den Parteien nach Lösungen sucht oder auch, als ultima ratio, die Eskalation nicht scheut. **32**

Die Fähigkeit, Konfliktmanagement erfolgreich zu betreiben, stellt mitunter auch die **33**
Konfliktfähigkeit des Compliance-Beauftragten erheblich auf die Probe. Einem ganzheitlichen Compliance-Konzept wird in vielen Unternehmen, vor allem in bestimmten Branchen, noch mit sehr viel Skepsis begegnet. Der hemdsärmelige „Macher" in seiner Managerposition, der sich im Laufe seines bisherigen Berufslebens noch nie einem Verhaltenskodex oder sonstigen Compliance-Regeln unterwerfen musste, wird

---

17 Hierzu auch *Roth* S. 65 ff.

sich nicht immer widerstandslos dem neuen „System" beugen und die eine oder andere Compliance-Regelung gerne in Frage stellen.[18] Diese Kämpfe sind zu kämpfen; Konfliktfähigkeit ist dafür von großem Nutzen.

8. Organisation und Kommunikation („Tue Gutes und rede darüber")

34 Wie jede Führungspersönlichkeit sollte der Compliance-Beauftragte, auch wenn ihm Ressourcen zur Verfügung stehen, in der Lage sein, seine eigene Funktion bzw. seine Abteilung so zu organisieren, dass er den Überblick über alle compliance-relevanten Vorgänge behält und zudem in der Lage ist, das Compliance-Management-System effektiv aufzubauen bzw., falls bereits vorhanden, nach Bedarf weiterzuentwickeln. Dass er sich hierzu entsprechender Datenbanken bedient und insgesamt möglichst mit elektronischen Medien arbeitet[19] sowie die Hilfe eines Compliance-Netzwerks in Anspruch nimmt, sollte selbstverständlich sein.

Diese Organisationsfähigkeit wird der Compliance-Beauftragte insbesondere beim Aufbau der Compliance-Struktur benötigen.[20]

35 Unerlässlich für die Wahrnehmung und Sichtbarkeit von Compliance im Unternehmen sind interne und externe Informationen zum Integritätsprogramm, sei es intern durch entsprechende Veranstaltungen oder Veröffentlichungen im Intranet, sei es extern durch Veröffentlichungen in den Medien oder auch im Rahmen von Investor Relations, also der Finanzkommunikation einer börsennotierten Gesellschaft. Gerade diese Maßnahmen werden von Compliance-Verantwortlichen oft unterschätzt, was dazu führt, dass sehr viel wertvolle Arbeit letztendlich dem Mitarbeiter und/oder der Außenwelt nicht zur Kenntnis gelangt. Deshalb sollte der Compliance-Verantwortliche frühzeitig einen intensiven und regelmäßigen Austausch mit der Presse-/Kommunikationsabteilung seines Hauses herbeiführen. Damit kann sichergestellt werden, dass die neuesten Informationen auf dem Compliance-Sektor über hausinterne Kommunikationsmittel wie das Intranet, Newsletter in elektronischer Form, in Papierform oder mit anderen Möglichkeiten verbreitet werden.[21]

IV. Der Compliance Officer – Aufgabe und Verantwortung

1. Beschaffung, Verarbeitung und Bewertung von Informationen

36 Das Aufgabengebiet eines Compliance Officers ist sehr umfassend. Dies wurde vom BGH in seinem Urteil vom 17.7.2009 (Az 5 StR 394/08) klar bestätigt, in dem er den Leiter einer Rechtsabteilung und Revision wegen Beihilfe zum Betrug durch Unterlassen zu einer Geldstrafe von 120 Tagessätzen verurteilt hat, siehe hierzu 1. Kap. Rn. 72.

---

18 Diese Haltung trifft man jedoch immer seltener an, s. auch die Compliance-Entwicklungen im klassichen Produktions- und Industriegewerbe.

19 Hierzu ausf. 4. Kap. Rn. 95.

20 S. hierzu 4. Kap. Rn. 1.

21 Empfehlenswert ist z.B. eine feste Sparte im Firmenintranet, die mit wenig Aufwand gepflegt werden kann. Dort können Pressemitteilungen zum Thema Compliance ebenso eingestellt werden wie hausinterne Entwicklungen und Hinweise auf neue oder überarbeitete Compliance-Vorschriften. Auch die ein oder andere Karikatur zu diesem Thema kann durchaus dazu beitragen, dass Compliance als Bestandteil der Firmenkultur wahrgenommen und das Interesse daran am Leben gehalten wird.

Der Compliance-Beauftragte wird einen nicht unwesentlichen Teil seiner Zeit mit der **37** nicht immer einfachen Aufgabe der Beschaffung, Verarbeitung und Umsetzung von Informationen zubringen müssen. Kenntnisse über unternehmensinterne Vorgänge zum einen, aber auch über „best practice" im Bereich Compliance und Corporate Governance zum anderen, bilden die Grundlage eines erfolgreichen Compliance-Managements. Um sicherzustellen, dass der Compliance Officer die für seine Aufgabe relevanten Informationen aus dem Unternehmen erhält, sollte er Zugang zu den wichtigsten internen Informationssystemen erhalten und auf dem Verteiler des Vorstands ebenso stehen wie auf dem sonstiger wichtiger Gremien im Unternehmen.

Die erhaltenen Informationen gilt es compliance-relevant zu verarbeiten, d.h. auf ihre **38** Bedeutsamkeit hinsichtlich möglicher Compliance-Risiken einzuschätzen und zu bewerten. Bei dieser Bewertung hat der Compliance-Verantwortliche einen weiten Spielraum und damit das Dilemma zwischen Übervorsicht einerseits und zu ausgeprägter Risikobereitschaft andererseits. Das eigene Wissen über den jeweiligen Geschäftsbereich hilft hier sicherlich, einen Mittelweg zu finden und nicht aus jedem nur denkbaren möglichen Risiko einen Compliance-Fall zu konstruieren. Gerade in hochkomplexen technischen oder naturwissenschaftlich geprägten Geschäftsbereichen wird der Compliance-Beauftragte häufig weder das erforderliche Fachwissen noch die einschlägige geschäftliche Erfahrung besitzen, um ein mögliches Compliance-Risiko realistisch einzuschätzen. Ähnliches gilt im Finanzdienstleistungsbereich, dessen Spezialprodukte gezieltes Expertenwissen erfordern. In diesen Fällen sollte der Compliance Officer auf die Experten, auch mit entsprechender Weisungsbefugnis, zugreifen können, damit eine vernünftige und sachgerechte Risikobewertung ohne bürokratische Hürden gewährleistet werden kann.

Auch wenn es oft als zusätzliche Bürde neben dem täglichen Arbeitspensum empfun- **39** den wird, sollte sich der Compliance Officer um einen regen Austausch mit Compliance-Kollegen aus anderen Unternehmen, sowohl aus der gleichen Branche, als auch aus anderen Unternehmensfeldern bemühen. In den letzten Jahren sind sowohl in Deutschland, aber auch auf europäischer und globaler Ebene eine große Anzahl von Compliance-Foren und Netzwerken entstanden, die den Kenntnis- und Erfahrungsaustausch fördern und auch bei der Lösung von Einzelproblemen wertvolle Hilfestellung leisten können. Eine Teilnahme an einem Runden Tisch oder einem Compliance-Seminar sollte deshalb in regelmäßigen Abständen stattfinden.[22]

Auch der regelmäßige Blick auf die Compliance-Websites renommierter Unterneh- **40** men ist in der Regel zur Beschaffung von Informationen und als Überblick über die bestehende „best practice" lohnend. Viele Firmen haben ihre Verhaltensgrundsätze für jedermann zugänglich im Internet veröffentlicht; es ist oft hilfreich, die unterschiedlichen Ansätze des Compliance-Managements miteinander zu vergleichen und sich Anregungen für die eigene Tätigkeit zu holen.

2. Laufende Beobachtung von Trends und Entwicklungen

Die laufende Beobachtung von Trends und Entwicklungen ist ebenfalls von großer **41** Bedeutung. Trends und Entwicklungen politischer, rechtlicher und wirtschaftlicher Art, auf nationaler, europäischer und globaler Ebene, bilden die Realitäten von mor-

---

22 Dies gilt vor allem für den Einzelkämpfer, der vom Wissen der globalen Compliance-Abteilungen in Großunternehmen profitieren kann.

gen. Deshalb ist im Hinblick auf die mögliche Relevanz im eigenen Unternehmen gro-ßes Augenmerk darauf zu legen. Neben der klassischen Informationsbeschaffung durch die Tagespresse und entsprechende Fachliteratur helfen auch hier Compliance-Netzwerke weiter. Darüber hinaus sollte sich der Compliance-Beauftragte als Adres-sat der für sein Unternehmen relevanten Fachgremien benennen lassen oder sicher-stellen, dass er vom jeweiligen Vertreter des Unternehmens in relevanten Gremien über die dort diskutierten Trends und Entwicklungen umfassend informiert wird.[23]

42 Empfehlenswert ist bspw. der regelmäßige Besuch der entsprechenden Website der EU-Kommission (www.ec.europa.eu/index), um die neuesten rechtlichen und politi-schen Entwicklungen auf europäischer Ebene laufend zu beobachten. Gerade in com-pliance-relevanten Gebieten wie dem Kartellrecht oder dem Datenschutz ist eine kontinuierliche Informationsbeschaffung über europäische Entwicklungen zwingend. Z.B. ist es ratsam, im Bereich Datenschutz die Veröffentlichungen der Art. 29 Daten-schutzgruppe (www.ec.europa.eu/justice_home/fsj/privacy/workinggroup) zu beachten, um nur ein Beispiel für die vielfältigen Veröffentlichungen auf EU-Ebene zu nennen.

43 Auch hier sollte der Compliance-Beauftragte jeglichen Tunnelblick vermeiden und den Blick über den Tellerrand wagen. Oft sind gerade die Themen, die derart weit entfernt von im eigenen Geschäftsumfeld Gewohnten zu liegen scheinen, die mögli-chen Compliance-Probleme von morgen. Zum einen bringt es die zunehmende Glo-balisierung mit sich, dass sich bislang völlig unbekannte Probleme vor der eigenen Haustüre finden (z.B. kartellrechtliche Problemstellungen durch zunehmende Globa-lisierung oder auch die bereits erwähnte Geldwäsche), zum anderen kann bereits eine Fusion (Merger) mit einem anderen Unternehmen oder die Übernahme (Acquisition) einer Firma zu neuen Compliance-Themen führen, an die bislang nicht zu denken war.

3. Prüfung und Subsumption

44 Die gewonnenen Informationen und Erkenntnisse sind vom Compliance-Beauftrag-ten daraufhin zu prüfen, ob sich diese möglicherweise auf das eigene unternehmeri-sche Umfeld auswirken. Diese Subsumption sollte so realistisch wie möglich und so risikobewusst wie nötig vorgenommen werden. Ohne in Leichtsinn zu verfallen, sollte sich der Compliance-Verantwortliche stets vom gesunden Menschenverstand leiten lassen und keinerlei Horrorszenarien an die Wand malen. Dies ist leichter gesagt als getan, stellt doch der Balanceakt, Risiken realistisch und frühzeitig einzuschätzen, eine der größten Herausforderungen für den Compliance Officer dar.

4. Compliance als Frühwarnsystem

45 Eine der wichtigsten Aufgaben des Compliance-Verantwortlichen ist es, Compliance als ein Frühwarnsystem zu begreifen. Dies bedeutet, dass so präventiv wie möglich auf bevorstehende Risiken hinzuweisen ist. Dies hat zum einen abstrakt in der Form von generellen Vorschriften wie z.B. dem Verhaltenskodex des Unternehmens zu erfolgen. Zum anderen wird es immer wieder besondere Vorkommnisse geben, die „early war-ning alerts" erfordern, wie bspw. die zu bestimmten Zeiten zu verhängenden Sperr-fristen (sog. Close Periods) beim Aktienhandel für Mitarbeiter des betroffenen Unter-nehmens.

---

23 Z.B. ist im Versicherungsbereich dies der Gesamtverband der deutschen Versicherungswirtschaft (GDV), der in unterschiedlichen Arbeitskreisen tagt.

Compliance als Frühwarnsystem erfordert unter anderem eine intensive Zusammen- **46** arbeit mit der Risikomanagement-Abteilung des Unternehmens. Insbesondere ist sicherzustellen, dass ein freier Austausch von Informationen zwischen der Compli- ance-Abteilung und dem Risikomanagement in beide Richtungen vorbehaltlos und ohne Abgrenzungsmentalität erfolgt. Klares Ziel muss sein, Informationen zum Wohle des Unternehmens so transparent wie möglich vorzuhalten und sie demjenigen zur Verfügung zu stellen, der sie zur Erfüllung seiner Aufgaben benötigt.[24]

Wie schon an verschiedener Stelle erwähnt, stellt die Fähigkeit, Risiken zu antizipie- **47** ren, einen wesentlichen Bestandteil der – zumindest wünschenswerten – Compli- ance-Funktion dar. Um diese Fähigkeit zu entwickeln und auszubauen, muss der Compliance Officer, als Einzelkämpfer oder mit seiner Abteilung, als fester und unüberwindlicher Baustein in unternehmensinterne Prozesse eingebunden sein. Der Status quo dieser unternehmensinternen Prozesse ist aus Compliance-Sicht laufend auf mögliche bevorstehende Risiken zu überprüfen. In dieser Eigenschaft übt Com- pliance sicherlich eine Kontrollfunktion aus, die durch die interne Revision oder auf globaler Ebene durch die interne Revision (Internal Audit) langfristig unterstützt werden sollte.[25]

Neben der Einbindung in bestehende unternehmensinterne Prozesse ist es von beson- **48** derer Wichtigkeit, dass Compliance in bevorstehende, d.h. in der Planung befindliche, Projekte so frühzeitig wie möglich einbezogen wird. Dies gilt nicht nur intern, sondern ist bei der Beobachtung von gesetzlichen Trends und Entwicklungen, die für die Bran- che wesentlich sein können, auch extern von großer Bedeutung (siehe oben). Deshalb sollte, wie bereits erwähnt, der Compliance-Beauftragte, im Idealfall entweder direkten Kontakt mit den für die Branche wesentlichen Behörden, etwa der Aufsichtsbehörde, pflegen oder über die unternehmensinternen Beziehungen verfügen, die ihm die wesentlichen, für das Antizipieren von Risiken relevanten Informationen vermitteln.

5. Risikoanalyse

Nach der proaktiven Aufgabe von Compliance, mögliche Risiken für das Unterneh- **49** men zu antizipieren, gilt es nun, diese Risiken zu analysieren und in ihrer Bedeutung für das Unternehmen kurzfristig und langfristig möglichst realistisch einzuschätzen. Dies gehört sicherlich mit zu den schwierigsten Aufgaben des Compliance-Verant- wortlichen. Gerade deshalb sollte er sich sämtlicher Unterstützung durch die vorhan- dene Fachkompetenz innerhalb und außerhalb des Unternehmens vergewissern und entsprechend bedienen können. Auch hier ist wiederum eine enge Zusammenarbeit z.B. mit der Risikomanagement-Abteilung und ggf. auch mit einer externen Bera- tungsfirma, wenn es um künftige, bislang für das Unternehmen eher unwichtig anmu- tende Risiken geht, bedeutsam. Geht das Unternehmen neue Wege, z.B., indem in neue Produkte, Dienstleistungen oder Regionen investiert wird, sollte der Compli- ance-Beauftragte in die ohnehin vorzunehmenden Risikoprüfungen durch die Fachab- teilungen von Anfang an einbezogen werden, damit das erworbene Know-how auch für die Risikoanalyse durch Compliance effektiv genutzt werden kann.

---

24 Dies scheint selbstverständlich, ist aber in manchem Unternehmen aufgrund seit Jahrzehnten bestehender Silo-Mentalität alles andere als verbreitet.
25 Manche Unternehmen sind in den letzten Jahren ohnehin dazu übergegangen, den Kontrollcha- rakter von Compliance stärker in den Fokus zu rücken („Assurance").

6. Globale Sicht/Interesse des Gesamtunternehmens

50 „Global denken, lokal handeln" sollte der Lern- und Merksatz jedes Compliance-Beauftragten sein. Eine wahrlich globale Perspektive auf die eigenen Aufgaben und Verantwortlichkeiten einerseits, aber auch auf die Vielfältigkeiten des weltweit operierenden Unternehmens andererseits trägt dazu bei, dass der Compliance-Verantwortliche bei seiner Tätigkeit ausschließlich das Gesamtunternehmen im Blick hat und keinerlei eigene oder Bereichsinteressen vertritt. Im globalen Konzern mit lokalen Vorstands- oder Geschäftsführungsebenen kann dies zu Konflikten mit eben diesen lokalen Führungsebenen führen, die, gerade bei vorangegangenen Unternehmensübernahmen, mitunter nicht das Verständnis für Compliance-Strukturen aufbringen, das bei Großkonzernen, zumal unter US-amerikanischer Leitung, längst allgemein üblich ist. Insbesondere sollte der Compliance-Verantwortliche darauf achten, dass die auf Gruppenebene geltenden Compliance-Regeln (mehr dazu 4. Kap. Rn. 9 ff.) auch auf lokaler Ebene vollständig umgesetzt und ausgeführt und nicht durch eigenständige Direktiven jeglicher Art konterkariert werden.

51 Dies gilt selbstverständlich auch für das mittelständische Unternehmen, das nicht zwingend weltweit agiert. Auch dort muss es selbstverständlich sein, dass der Compliance Officer eigene Interessen vollständig in den Hintergrund stellt und sich nicht von Einzelbereichen im Unternehmen instrumentalisieren lässt. Dieser Versuch, den Compliance-Verantwortlichen zu manipulieren oder auf eine Seite zu ziehen, ist nicht zu unterschätzen. Oft geht es sowohl bei der Risikoanalyse, aber auch bei vorzunehmenden Compliance-Untersuchungen nicht um „harte Tatsachen", sondern um Annahmen, die noch zu beweisen oder zu verfestigen sind. Gerade dies kann dazu führen, dass Compliance zum Spielball politischer Unternehmensinteressen wird. Dem sollte mit allen lauteren Mitteln und voller Transparenz der Compliance-Funktion entgegengewirkt werden.

7. Aufbau eines Compliance-Netzwerks

52 Bisher war vom Compliance-Beauftragten als Einzelkämpfer die Rede, der, wie die sprichwörtliche „eierlegende Wollmilchsau" sämtliche bislang dargestellten Persönlichkeitsmerkmale, Aufgaben und Verantwortlichkeiten in Personalunion zu gewährleisten habe. Je größer und komplexer das Unternehmen, desto weniger wird jedoch der Einzelkämpfer in der Lage sein, die dargestellten Aufgabenfelder umfassend abzudecken. Deshalb wird es zu seinen Kernaufgaben gehören, ein effizientes und im Unternehmen sichtbares Compliance-Netzwerk aufzubauen (näher hierzu unter Rn. 56). Dabei ist es zweitrangig, ob sich der Compliance-Beauftragte hierzu interner oder externer Ressourcen bedient oder für die Bewältigung seiner vielfältigen Aufgaben Vollzeit- oder Teilzeitkräfte zur Verfügung hat. Allein entscheidend ist, dass die aufgebaute Compliance-Organisation auch tatsächlich als Netzwerk funktioniert. Dies bedeutet klare Kompetenzverteilung unter den einzelnen Compliance-Verantwortlichen, offene Kommunikation auf präventiver und repressiver Ebene und gleichzeitig die Gewährleistung der notwendigen Vertraulichkeit bei Compliance-Verstößen sowie der effizienten Kontrolle der vorhandenen Strukturen.

53 Gerade im über Deutschland hinaus tätigen Unternehmen mit Niederlassungen im inner- und außereuropäischen Ausland ist die Bildung eines derartigen Compliance-Netzwerks unabdingbar. Im Idealfall wäre ein Compliance-Verantwortlicher an jedem

Unternehmensstandort, von dem aus tatsächlich Geschäft getätigt wird, präsent. Kann diese Struktur aus Mangel an Ressourcen nicht etabliert werden, was oft der Fall sein wird, muss die Compliance-Organisation das Monitoring und Controlling aus der Zentrale heraus ermöglichen. Zu empfehlen sind regelmäßige Besprechungen zur lokalen Situation mit den Verantwortlichen vor Ort. Um sicherzustellen, dass die rechtliche Situation im Land der entsprechenden Unternehmensniederlassung ohne Lücken erfasst werden kann, sollte, falls das Know-how im Unternehmen nicht vorhanden ist, ein externer rechtlicher Berater zugezogen werden.

8. Aufbau eines Compliance-Programms

Weitere Aufgabe des Compliance-Verantwortlichen ist es, ein umfassendes Compliance-Programm aufzubauen, das dem Mitarbeiter in Schulungen und sonstigen Maßnahmen nahe gebracht wird und entsprechend verpflichtet (siehe hierzu 4. Kap. Rn. 8). **54**

Die unternehmensweite Einführung eines Compliance-Programms als Teil des Risikomanagements soll für das Unternehmen nicht nur sicherstellen, dass die einschlägigen Vorschriften (unternehmerische Gesetzestreue – Corporate Compliance) eingehalten werden, sondern soll im Fall der Fälle auch das Haftungsrisiko minimieren. Dies ist, z.B. für den Bereich des Kartellrechts, eine von der Rechtsprechung anerkannte, geeignete Maßnahme. **55**

V. Exkurs: Das Compliance-Netzwerk im globalen Konzern

Gerade im globalen Konzern ist es unabdingbar, dass der zentrale Compliance-Beauftragte (Chief Compliance Officer) durch dezentrale Compliance-Verantwortliche unterstützt wird. Die Schaffung dieser dezentralen Funktionen gewährleistet die Versorgung des zentralen Compliance-Beauftragten mit Informationen und dem notwendigen Expertenwissen und verankert das Compliance-Bewusstsein im gesamten Unternehmen. Im Idealfall bzw. in Unternehmen mit großen Compliance-Risiken (z.B. durch aufsichtsrechtliche Vorgaben im Banken- und Versicherungsbereich) sollte es pro Unternehmensstandort einen in Vollzeit beschäftigten Compliance Officer geben, der in die operativen Prozesse eingebunden und mit den vorherrschenden Geschäftspraktiken vertraut ist. In der Realität ist es aufgrund knapper Ressourcen jedoch häufig der Fall, dass ein lokaler Mitarbeiter die Rolle des dezentralen Compliance-Beauftragten als Nebenaufgabe übernimmt. Dies muss nicht unbedingt ein Nachteil sein, wenn dieser Mitarbeiter durch seine – operative oder sonstige – Aufgabe derart in das Geschäftsgeschehen eingebunden ist, dass er Compliance-Risiken unter Umständen sogar schneller und direkter erkennen kann als ein Compliance Officer in Vollzeit. **56**

Bei der Ernennung von dezentralen Compliance-Verantwortlichen sind grundsätzlich die gleichen persönlichen, fachlichen und sozialen Maßstäbe anzulegen wie für den Chief Compliance Officer. **57**

Es ist jedoch darauf zu achten, dass durch die Ernennung eines dezentralen Compliance-Verantwortlichen kein persönlicher oder sonstiger Interessenskonflikt entsteht. Deshalb ist es empfehlenswert, die dezentralen Compliance Officer diszipli- **58** narisch dem zentralen Compliance-Verantwortlichen zu unterstellen. Doch auch in diesem Bereich wird in der Realität der dezentrale Compliance Officer oft der Bereichsleitung unterstellt, zumal wenn er die Compliance-Aufgabe nur als Nebenaufgabe wahrnimmt und vorwiegend an seiner Hauptaufgabe gemessen und bewertet wird. Ist dies der Fall, sollte zumindest eine zusätzliche direkte Berichtslinie im Rahmen der Compliance-Organisation an den Chief Compliance Officer gegeben sein. In der Praxis gibt es auch Mischformen, wonach die Leistung als dezentraler Compliance-Verantwortlicher in die Leistungsbewertung insgesamt einfließt und somit Zielerreichung und variabler Gehaltsbestandteil die Compliance-Funktion mitbewerten.

59 Einige Großunternehmen integrieren in ihre Compliance-Netzwerke „Subject Matter Experts", also Spezialisten in unterschiedlichen Rechtsgebieten und Risikofeldern, die für den entsprechenden Geschäftsbereich von Bedeutung sind. Dies ist hilfreich, wenn bereits bestimmte Rechtsgebiete, etwa das Kartellrecht, das Aufsichtsrecht oder der Datenschutz, in einer Risikoanalyse als „high risk areas" identifiziert wurden. Diese Experten stehen sodann global als Ansprechpartner für das jeweilige Compliance-Risiko zur Verfügung. Experten sollte es gleichfalls für bestimmte Geschäftsfelder oder Länder geben, die als besonders risikobehaftet gelten.

Beispiel für ein Global Compliance Officer Network:

60

Chief Legal Officer N. N.			
Group Compliance Officer & Local Compliance Officer N. N.			
Head Legal Entity Compliance N. N.			
Regional Head Compliance Europe N. N.	Regional Head Compliance Americas N. N.	Regional Head Compliance Asia N. N.	Subject Matter Experts (Group-wide point person
Local Compliance Officers N. N.	Local Compliance Officers N. N.	Local Compliance Officers N. N.	Antitrust Asset Management Data Protection Employee Trading System; Conflict Avoidance System Financial Services Globals & Large Risks Intellectual Property International Trade Controls IT Governance Market Conduct Guidelines Structured Reinsurance Solutions Sustainability/Sensitive Business Tax

Denmark	N. N.	Brazil	N. N.	Australia Brazil	N. N.
France	N. N.	Canada	N. N.	China (Beijing)	N. N.
Germany	N. N.	Columbia	N. N.	China (Beijing	
Ireland	N. N.	Mexico	N. N.	Prestige HCS Ltd.)	N. N.
Israel	N. N.	USA	N. N.	China (Shanghai)	N. N.
Italy	N. N.			Hong Kong	N. N.
Netherlands	N. N.			India (Bangalore)	N. N.
Poland	N. N.			India (SRHCS)	N. N.
Russia	N. N.			India (Mumbai)	N. N.
Spain	N. N.			Japan	N. N.
South Africa	N. N.			Korea	N. N.
UK	N. N.			Malaysia	N. N.
				Singapore	N. N.
				Taiwan	N. N.

Inderst

VI. Die Positionierung der Compliance-Abteilung im Konzern

Die Positionierung der Compliance-Abteilung im Konzern, also die Einordnung von **61** Compliance in die Gesamtorganisation, hängt im wahrsten Sinne des Wortes von den „Umständen des Einzelfalls" ab, d.h. von einer Vielzahl von Umständen, die hier nicht umfassend dargestellt werden können. Es ist schwierig, wenn nicht unmöglich, eine allgemeinverbindliche Empfehlung für die Einordnung der Compliance-Organisation abzugeben. Dennoch sollen nachfolgend einige der geläufigsten Organisationsmodelle dargestellt und erläutert werden.

1. Compliance-Management als Stabsstelle

Das von KPMG vertretene Modell[26] favorisiert das Compliance-Management als **62** **Stabsstelle**, die unmittelbar der Unternehmensleitung zugeordnet ist. Damit wird die Unabhängigkeit des Compliance-Beauftragten und seiner Organisation gewahrt und die Bedeutung des Compliance-Managements im Unternehmen betont.

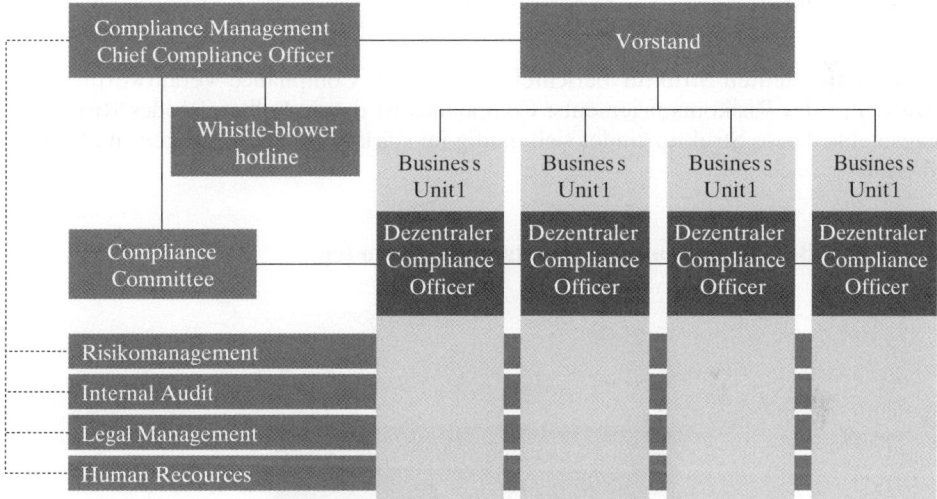

---

26 Compliance-Management-Systeme, Schriftenreihe KPMG, 2007, S. 31.

2. Compliance als Teilfunktion des Risikomanagements

63

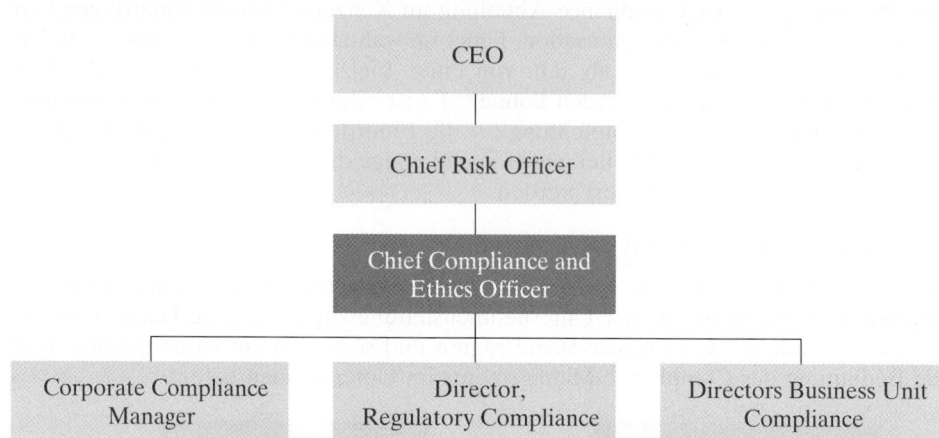

In der dargestellten Struktur berichtet der zentrale Compliance-Verantwortliche an den Leiter des Risikomanagements; Compliance ist damit Teilbereich des Risikomanagements. Diese Struktur findet sich häufig im stark regulierten Banken- und Versicherungsbereich.

3. Direkte Berichtslinie an den Vorstandsvorsitzenden

64

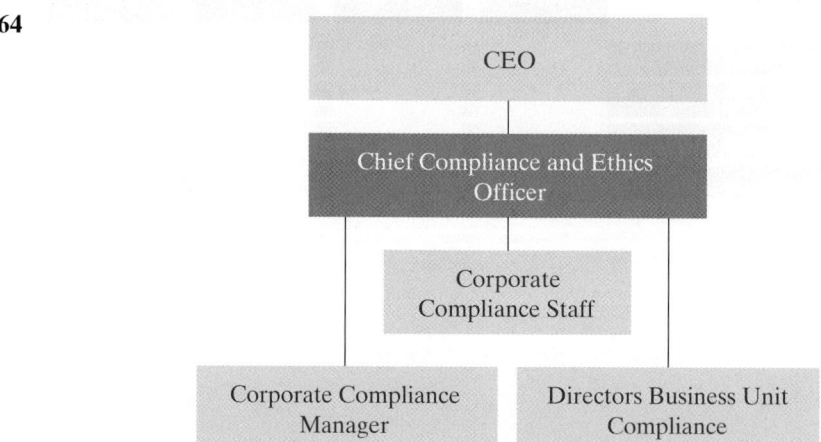

In dieser Struktur berichtet der Chief Compliance Officer direkt an den Vorstandsvorsitzenden. Wie in dem oben dargestellten Modell der KPMG gewährleistet die direkte Anbindung an den Vorstand die größtmögliche Sichtbarkeit für den Compliance-Bereich und die Wertschätzung und Bedeutung, die die Unternehmensleitung der Compliance-Funktion zukommen lässt. Dieses Modell ist ebenfalls in stark regulierten Branchen wie im Banken- und Versicherungsbereich üblich, nicht zuletzt, um auch nach außen, sei es für die Aufsichts- und Regulierungsbehörden, sei es für den Kunden, aber auch für den Aktionär, die große Bedeutung der Compliance zu betonen. Besonders Unternehmen, die eine Corporate-Governance-Krise zu überstehen hatten, bspw. Siemens, haben sich für diese Struktur entschieden.

4. Compliance als Teil der Rechtsabteilung

65

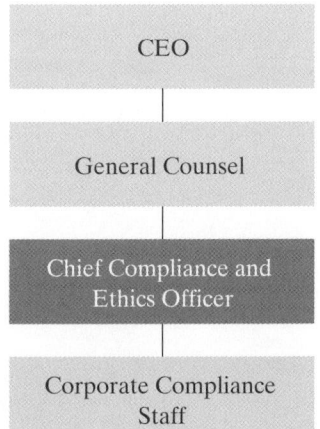

In diesem Modell berichtet der zentrale Compliance-Verantwortliche dem Leiter der Rechtsabteilung. Üblich ist dies vor allem bei kleineren Unternehmen ohne eigene Compliance-Funktion.

Sicherlich gibt es noch eine Vielzahl von Modellen (z.B. Berichtslinie an den Finanz- **66** vorstand u.a.), deren Darstellung den Rahmen dieses Beitrags sprengen würde. Auf welche Struktur auch immer ein Unternehmen sich festlegt: Entscheidend ist die größtmögliche Unabhängigkeit und Transparenz der Compliance-Struktur.

den, aber auch für der Akteure, die große Bedeutung der Compliance zu betonen. Besonders Unternehmen, die eine Compliance-Organisation erst zu übernehmen haben, helfa Stimmen haben sich für diese Struktur entschieden.

4.4 compliance als Teil der Rechtsabteilung

In dieser Modell befindet der zentrale Compliance Verantwortliche in Leiter der Rechtsabteilung. Dieser ist eine Vorteilhen beschränken Unternehmen unter einer Compliance Funktion.

Schließlich gibt es noch eine Vielzahl von Modellen (z.B. Betriebsleiter aus den Leitung erstand und) deren Darstellung den Rahmen dieser Beitrags sprengen würde. Art welche Struktur auch immer ein Unternehmen sich verlegt, entscheidend ist die größtmögliche Unabhängigkeit und Transparenz der Compliance Struktur.

4. Kapitel
Compliance-Organisation in der Praxis

A. Compliance-Programm und praktische Umsetzung

I. Das Compliance-Rahmenprogramm – Grundlagen, Prinzipien, Prozesse, Verantwortlichkeiten

1. Definition der lokalen und fachlichen Risikobereiche (Compliance Risk Landscaping)

Die Feststellung, in welchen Bereichen des Unternehmens besondere Risiken beste- **1** hen oder zu erwarten sind, also die Definition der Risikobereiche, zum Teil auch Compliance Risk Landscaping genannt, bildet die Grundlagen für ein maßgeschneidertes und damit effizientes Compliance-Programm des Unternehmens.

Identifizierung der Risiken: Besteht im Unternehmen bereits ein Compliance-Netz- **2** werk, so sollten die einzelnen Verantwortlichen in regelmäßigen Abständen die aus ihrer Sicht, basierend auf ihren Erfahrungen und ihrer (Rechts-)Kenntnis, bestehenden Compliance-Risiken aus ihrem Verantwortungsbereich identifizieren. Diese zu identifizierenden Compliance-Risiken können sich je nach Standort und Fachbereich massiv voneinander unterscheiden, da sie von den rechtlichen Gegebenheiten in einzelnen Ländern ebenso abhängen wie von den relevanten Geschäftsschwerpunkten des Unternehmens. So kann z.B. die Einführung eines neuen Kartellrechtsgesetzes in Spanien dazu führen, dass der länderverantwortliche Compliance Officer das Kartellrecht aufgrund bestehender geschäftlicher Praktiken als künftigen Risikoschwerpunkt identifiziert, wogegen bspw. die Einführung eines neuen unternehmensinternen Datenverarbeitungssystems andere Compliance-Verantwortliche dazu veranlasst wird, den Bereich Datenschutz als Compliance-Risiko zu benennen. Auch die Entwicklung neuer Geschäftsmodelle oder innovativer Produkte kann zur Identifizierung eines neuen Compliance-Risikos führen.

Für die realistische Bewertung und Einschätzung eines Compliance-Risikos empfiehlt **3** sich zudem die intensive Zusammenarbeit mit den jeweiligen Geschäftsbereichen und dem Risiko-Management. Besteht im Unternehmen noch keine (funktionierende) Compliance-Abteilung, kann die Aufgabe der Identifizierung der Risiken auch gut zum Anlass genommen werden, diese, der Bewertung der Risiken entsprechend, aufzubauen.

Die Identifizierung von Compliance-Risiken ist kein Selbstzweck, sondern soll mög- **4** lichst zügig dazu führen, dass bestehende Lücken im ggf. bereits bestehenden Compliance-Programm geschlossen werden bzw. ein für das Unternehmen sinnvolles Compliance-Programm überhaupt erst ins Leben gerufen wird. Antworten auf bevorstehende oder bereits entstandene Compliance-Risiken können bspw. die unternehmensinterne Einführung eines Verhaltenskodex (Code of Conduct, Rn. 9) und Compliance-Schulungen für Mitarbeiter (Rn. 47 f.) sein, aber auch externe Maßnahmen wie die Darstellung des Compliance-Programms auf der Unternehmens-Website oder entsprechende

Presseartikel (Rn. 80) über die Bedeutung von Compliance für das Unternehmen. Das Feststellen bestimmter Compliance-Risiken kann jedoch auch sehr konkrete und auf den Einzelfall bezogene Konsequenzen haben, indem bspw. entsprechende Compliance-Regelungen und –Ausschlüsse in vom Unternehmen verwendete Standardverträge neu aufgenommen werden.

5   Die Definition der lokalen und fachlichen Risikobereiche ist keine einmalige Angelegenheit, sondern sollte regelmäßig, z.B. zweimal jährlich, bei Bedarf auch häufiger, durchgeführt werden. Es empfiehlt sich, einen Fragebogen zu entwerfen, in dem konkret nach den Schlüsselrisiken, geordnet nach Dringlichkeit, den für das Risiko verantwortlichen Personen oder Abteilungen im Unternehmen und einer detaillierten Risikobewertung gefragt wird (Wie schätzen Sie die Schwere und die Häufigkeit des Risikos ein?). Darüber hinaus sollten auch mögliche Reputationsrisiken sowie bestehende oder zu schaffende Kontrollmöglichkeiten sowie konkrete Vorschläge zur Risikobekämpfung abgefragt werden.

2. Bestandsaufnahme und Auswertung der Compliance-Risiken im Unternehmen

6   Die im Rahmen des Compliance Risk Landscaping identifizierten Risiken sind sodann einer Bestandsaufnahme und einer Auswertung nach Höhe und Bedeutung für das Unternehmen zu unterziehen. Auch für diesen Arbeitsschritt sollte die Compliance-Abteilung die Unterstützung des Risikomanagements bekommen: Risikobewertungsprozesse müssen in der Regel nicht neu erfunden werden; das entsprechende Know-how ist in den meisten Unternehmen bereits in der ein oder anderen Form vorhanden.

7   Sobald die für das Unternehmen „bedeutsamen" Risiken herausgefiltert wurden, stellt sich die Frage, wie diese Risiken zu bekämpfen bzw. zu kontrollieren sind. Hierfür bedarf es eines Planungsprozesses, in dem für jedes identifizierte Risiko ein „Schlachtplan" festgelegt wird, anhand dessen der Umgang mit diesem Risiko bestimmt wird. In diesem Planungsprozess ist insbesondere zu berücksichtigen, dass nicht jedes Risiko vollständig bekämpft werden kann, weshalb ggf. eine „Risikotoleranzebene" definiert werden sollte. Eine derartige „Risikotoleranzebene" kontrolliert das „Inkaufnehmen" von Risiken bis zu einem bestimmten Grad.

8   Stellt sich im Rahmen der Bestandsaufnahme und der Auswertung möglicher Compliance-Risiken im Unternehmen heraus, dass bspw. drei bis fünf Hauptrisiken (z.B. Kartellrecht, Korruption, Datenschutz sowie Insiderhandel und Produkthaftung) für das Unternehmen bestehen, sollten die folgenden Maßnahmen ergriffen werden:

3. Verhaltenskodex/Code of Conduct

9   Auch deutsche Unternehmen führten in den vergangenen Jahren zunehmend Ethikrichtlinien ein. Diese Verhaltenskodizes oder Codes of Conduct sind in der Regel auf den Sarbanes Oxley Act („Sarbanes Oxley") zurückzuführen, der von börsennotierten Unternehmen in den USA verlangt, dafür Sorge zu tragen, dass zum Schutze der Anleger Fehlverhalten in den Bereichen des Rechnungs- und Bankwesens sowie der Wirtschaftskriminalität baldmöglichst aufgedeckt werden.

10   Sarbanes Oxley verpflichtet auch deutsche Unternehmen zu entsprechenden Maßnahmen, d.h. in der Regel zur Einführung eines Verhaltenskodex, wenn ihre Mutterge-

sellschaft in den USA börsennotiert ist. Dieser Kodex soll die Haftungsrisiken des Unternehmens durch die darin beschriebenen Verhaltensvorgaben und Prozesse minimieren.

Inzwischen führten auch zahlreiche Unternehmen, die weder selbst börsennotiert sind **11** noch durch ihre Muttergesellschaften an Sarbanes Oxley gebunden sind, entsprechende Ethikrichtlinien ein. Die Ursachen hierfür können unterschiedlicher Art sein: Einige Unternehmen planen evtl. einen Börsengang, andere arbeiten als Zulieferer oder Subunternehmer für Konzerne, die von ihren Dienstleistern entsprechende Verhaltenskodizes fordern. Festzustellen ist jedoch darüber hinaus eine allgemeine Tendenz, sich als „Good Corporate Citizen" zu verhalten und Corporate Compliance als freiwillige Selbstverpflichtung zu akzeptieren.

Ein für alle Mitarbeiter und Dienstleister des Unternehmens verbindlicher Verhal- **12** tenskodex mit definierten Ethikrichtlinien ist die Grundlage jeglicher Compliance-Struktur und bildet das Herzstück des Compliance-Programms. Der Code of Conduct sollte der Grundstein beim Aufbau eines Compliance-Programms sein. Alle wesentlichen Bestandteile der im Unternehmen angestrebten Compliance-Kultur und den dazugehörigen Maßnahmen sollten sich im Verhaltenskodex wiederfinden oder dort zumindest in Ansätzen skizziert sein. Dies ist deshalb von großer Bedeutung, weil es erfahrungsgemäß im Nachhinein schwierig ist, Compliance-Maßnahmen festzulegen oder entsprechende Einzelrichtlinien im Unternehmen durchzusetzen. Sobald jedoch Themenkreise bereits im Verhaltenskodex verankert sind und die Mitarbeiter hierüber entsprechend geschult werden, ist die Akzeptanz, sich gem. dem Code zu verhalten, wesentlich größer als bei punktuellen Nachbesserung zu einem späteren Zeitpunkt.

Der Verhaltenskodex ist in regelmäßigen Abständen auf den neuesten Stand zu brin- **13** gen und den veränderten rechtlichen und tatsächlichen Gegebenheiten anzupassen. Sowohl die erstmalige Einführung eines Code of Conduct als auch die regelmäßige Überarbeitung sollten vom Vorstand genehmigt und auch im Namen des Vorstands im Unternehmen kommuniziert werden.

In erster Linie dient der Verhaltenskodex dazu, den Mitarbeitern bei ihrer täglichen **14** Arbeit unterstützende Orientierungshilfe zu sein. Wie schon eingangs erwähnt, muss der Code of Conduct für jeden Mitarbeiter verbindlich sein und gilt sowohl im geschäftlichen Umfeld als auch im Umgang mit der Öffentlichkeit sowie mit staatlichen Institutionen. Die Regeln des Verhaltenskodex haben auch dann Gültigkeit, wenn in einzelnen Ländern oder Regionen das geltende Recht und die lokalen Gepflogenheiten dahinter zurückbleiben. Sollten in bestimmten Ländern oder Regionen rechtliche Regelungen oder lokale Gepflogenheiten die Anforderungen des Code of Conduct übersteigen, so sollte das Unternehmen den allgemein verbindlichen Kodex entsprechend anpassen.[1]

---

1 Dies gilt jedenfalls für die rechtlich verbindlichen Regelungen. Was die „lokalen Gepflogenheiten" betrifft, sollte genau geprüft werden, ob diese sowohl dem ethischen Anspruch des Code of Conduct als auch der herrschenden Unternehmenskultur im allgemeinen entsprechen und demgemäß umgesetzt werden sollten.

3.1 Zielsetzung und Geltungsbereich des Code of Conduct

15 Der Code of Conduct sollte sämtliche gesetzlich vorgeschriebenen, aufsichtsrechtlichen und freiwilligen Maßnahmen beinhalten und beschreiben, die sicherstellen, dass die Geschäftstätigkeit des Unternehmens und seiner Beschäftigten in rechtskonformer Weise erfolgt. Der Code of Conduct steht als Kern der Compliance-Kultur für eine vertrauensbildende Maßnahme, die dem Schutz des weltweiten Ansehens des Unternehmens und seiner Mitarbeiter dient und als Leitgedanke unter dem Gesamtkonzept „Corporate Compliance" zu sehen und zu verstehen ist.

16 Der Geltungsbereich des Code of Conduct umfasst sämtliche Unternehmen im Konzern, d.h. Tochtergesellschaften und Niederlassungen, aber auch Beteiligungsgesellschaften, bei denen das Unternehmen unmittelbar oder mittelbar mindestens 50 % hält. Bei Minderheitsbeteiligungen sollte von der Unternehmensleitung mit Unterstützung des Compliance-Beauftragten darauf hingewirkt werden, auf die Einhaltung der im Code of Conduct beschriebenen Anforderungen zu achten.

3.2 Mindestinhalt des Verhaltenskodex

17 Der Mindestinhalt eines Code of Conduct hängt stark von der jeweiligen Branche und den bestehenden und zukünftigen Geschäftsbeziehungen ab.[2] Grundgedanke für die Erarbeitung eines sinnvollen und praktikablen Verhaltenskodex muss das Ziel sein, das Unternehmen, die Mitarbeiter sowie die Geschäftspartner vor Schaden zu bewahren, der durch Nichtbeachtung von gesetzlichen Vorschriften sowie von ethischen und moralischen Regeln als auch durch Intransparenz von bestimmten Geschäften entsteht.[3] Üblicherweise sind davon u.a. folgende Themenkreise[4] betroffen:

- Ausschluss von Interessenskonflikten/Geschenke und Einladungen,
- Bestechlichkeit/Betrug/Verhalten gegenüber Amtsträgern,
- Wettbewerbs- und Kartellrecht,
- Beachtung der Menschenrechte,
- Schutz vor Diskriminierung/Ethik,
- Vertraulichkeit/Datenschutz/Verhalten in sozialen Netzwerken,
- ordnungsgemäße Rechnungslegung und Bilanzierung/Steuerrecht,
- Insiderhandel,
- IT-Sicherheit,
- Einhaltung von Umweltstandards/Gesundheitsschutz.

---

2 Der Inhalt von Verhaltensrichtlinien ist in der Praxis sehr vielfältig. Es gibt sehr kurz gefasste Kodizes, die den Mitarbeiter lediglich darauf hinweisen, sich an alle geltenden Gesetze, Vorschriften und internen Weisungen zu halten. I.d.R. sind Verhaltensrichtlinien jedoch umfangreicher und umfassen eine Vielzahl von Verhaltensvorgaben, von der Regelung zur Annahme von Geschenken bis hin zum Verbot von Kinderarbeit oder dem Alkohol- oder Drogenkonsum während der Arbeitszeit.

3 Bei der Erstellung eines Code of Conduct ist stets zu berücksichtigen, dass dieser der allgemeinen Inhaltskontrolle für Standardarbeitsbedingungen nach §§ 305 ff. BGB unterliegt. Danach können einzelne Bestimmungen unwirksam sein, wenn sie den Arbeitnehmer unangemessen benachteiligen und wenn sie zu allgemein formuliert sind und damit für den Arbeitnehmer nicht verständlich sind.

4 Teilweise wird die Einführung eines Code of Conduct für mitbestimmungspflichtig erachtet. Höchstrichterlich wurde diese Auffassung bisher zwar noch nicht bestätigt, allerdings ist zu beachten, dass Verhaltensrichtlinien Einzelbestimmungen enthalten können, die der Mitbestimmung des Betriebsrats nach dem Betriebsverfassungsgesetz unterliegen können.

Inderst

3.3 Verantwortlichkeiten

Darüber hinaus ist im Verhaltenskodex klar zu definieren, dass der Compliance-Ver- **18** antwortliche für die Umsetzung der Compliance-Regeln verantwortlich ist und allen Mitarbeitern als Ansprechpartner bei Fragen und Problemen in Sachen Compliance zur Verfügung steht. Hervorzuheben ist, dass der Compliance Officer zur absoluten Verschwiegenheit verpflichtet ist und dass dem Mitarbeiter keinerlei Nachteile entstehen dürfen, wenn er sich dem Compliance-Verantwortlichen anvertraut. Für den Mitarbeiter muss klar verständlich sein, dass es die Aufgabe des Compliance-Verantwortlichen ist, alle eingehenden Hinweise ernst zu nehmen, diese zu protokollieren und ihnen mit der gebotenen Sorgfalt nachzugehen.

3.4 Informations- und Kontrollpflichten der Vorgesetzten

Des Weiteren ist im Verhaltenskodex die Informations- und Kontrollpflicht der Vor- **19** gesetzten zu erwähnen. Die Vorgesetzten haben dafür Sorge zu tragen und darüber zu wachen, dass ihre Mitarbeiter über den Inhalt des Code of Conduct informiert sind und diesen verstanden haben. Vorgesetzte sollten durch die Beachtung der im Code festgehaltenen Normen ein vorbildliches Verhalten zeigen. Darüber hinaus haben sie darauf zu achten, dass die Mitarbeiter ihres Verantwortungsbereichs die im Code of Conduct geregelten Vorgaben einhalten und Abweichungen jeglicher Art tunlichst vermieden werden.

3.5 Verpflichtung aller Mitarbeiter/Sanktionen und Konsequenzen

Der Code of Conduct ist allen Mitarbeitern des Unternehmens entweder in Papier- **20** form auszuhändigen oder elektronisch[5] zugänglich zu machen. Auch Mitarbeiter in entlegenen Niederlassungen oder in Tätigkeiten, die außerhalb des Kernbereichs des Unternehmens liegen, sind mit dem Verhaltenskodex vertraut zu machen.

Der Code of Conduct sollte aus sich heraus verständlich sein. Insbesondere muss dem **21** Mitarbeiter klar und deutlich vor Augen geführt werden, dass sich aus den Regularien des Verhaltenskodex tatsächliche und rechtliche Verpflichtungen für ihn selbst ergeben, die einzuhalten sind. Verstöße gegen die Verpflichtungen des Code of Conduct werden arbeitsrechtlich (disziplinarisch) sanktioniert und/oder haben zivilrechtliche oder gar strafrechtliche Konsequenzen für den Mitarbeiter.[6]

3.6 Wortlaut/Sprache

In der Zwischenzeit gibt es eine Vielzahl von Verhaltenskodizes verschiedener Unter- **22** nehmen, die in der Regel auf den Webseiten öffentlich zugänglich sind und als Anregung für den Entwurf eines eigenen Code of Conduct dienen können. Als exemplarisches Muster einer Kurzfassung sei der im Anhang 1 abgedruckte Text empfohlen, der bewusst sehr allgemein gehalten ist. Im Anhang 2 findet sich eine ebenfalls sehr allgemein gefasste Langversion.

---

5 Bei der elektronischen Verbreitung des Verhaltenskodex ist darauf zu achten, dass auch diejenigen Mitarbeiter ohne Zugang zu einem Computer wie Küchenpersonal oder Angestellte des Fuhrparks etc. eine Version in Papierform erhalten und von auf dem Kodex beruhenden Schulungen nicht ausgeschlossen werden.
6 Zu den unabdingbaren Schulungsmaßnahmen, nicht nur hinsichtlich des Code of Conduct, für die Belegschaft s. Rn. 47.

23 Ein Patentrezept für die Abfassung eines unternehmensinternen Verhaltenskodex kann sicherlich nicht gegeben werden. Generell zu empfehlen ist jedoch, den Code of Conduct so klar und deutlich wie nur möglich abzufassen, um jegliche Verständnisschwierigkeiten im Bereich Compliance von Anfang an zu vermeiden. Dazu gehört bspw. auch eine klare Definition des Begriffs „Compliance", falls der Code in einer anderen Sprache als in Englisch verfasst ist. Die Vorschriften des Code of Compliance sollen den Mitarbeiter anleiten, nicht verwirren! Auch sollte der Kodex nicht zu umfangreich sein; ein allzu langes Kompendium wird ungern zur Kenntnis genommen.[7] Der Inhalt muss für alle Mitarbeiter gelten und deshalb für alle Mitarbeiter verständlich sein.

24 Der Verhaltenskodex und sämtliche relevanten, den Kodex ergänzenden Policies sollten nicht nur in der Unternehmenssprache (im internationalen Konzern zumeist Englisch), sondern darüber hinaus in allen wesentlichen, im Unternehmen vertretenen Sprachen abgefasst sein. Im europäischen Kontext werden dies neben Englisch in der Regel Deutsch, Französisch, Italienisch und Spanisch sein. Befindet sich der Schwerpunkt eines Unternehmens jedoch in einem Land mit einer weniger verbreiteten Landessprache, so sollte die Übersetzung des Verhaltenskodex in diese Sprache eine Selbstverständlichkeit sein. Nur so erreicht man auch diejenigen Mitarbeiter, die des Englischen nicht mächtig sind und in Bereichen tätig sind, die vom globalen Denken und Handeln nur peripher betroffen sind.[8]

4. Zusätzliche Compliance-Richtlinien

25 Um den Code of Conduct so verständlich wie möglich zu halten und um dem Grundsatz treu zu bleiben, dass dieser für alle Mitarbeiter gleichermaßen gelten soll, sind zusätzliche Compliance-Richtlinien und Policies unumgänglich. Zusätzliche, neben dem Verhaltenskodex geltende Richtlinien, können bspw. nur für bestimmte Mitarbeitergruppen in bestimmten Arbeitsbereichen Geltung haben, da eben nur diese Mitarbeiter mit gewissen Risikobereichen zu tun haben. Darüber hinaus können zusätzliche Richtlinien aber auch Ergänzungen sein zu im Verhaltenskodex bereits genannten Grundsätzen, Detailinformationen enthalten und Hintergrunderklärungen geben, die im Code of Conduct wegen des Anspruchs auf Einfachheit und Klarheit nicht immer beinhaltet sein können.

26 Zusätzliche Richtlinien sollten nach Bedarf und nicht inflationär geschaffen werden. Stellt sich bei der regelmäßig durchzuführenden Risikoanalyse heraus, dass verstärktes Augenmerk auf ein neues Risikofeld, bspw. auf den Bereich Dokumentenmanagement, gelegt werden sollte, kann diese Risikoidentifikation in einer zusätzlichen Policy widergespiegelt werden, ohne den bewährten Code of Conduct jedes Mal anpassen zu müssen.

27 Diese Richtlinien können durchaus mit weiterführenden Informationen verlinkt werden. Weiterführende Hinweise können z.B. einschlägige Gesetzestexte, Rechtsprechungshinweise oder Fundstellen aus der juristischen Literatur sein. Aber auch Pres-

---

7 Deshalb ist es empfehlenswert, Spezialthemen, die nur für bestimmte Personengruppen oder Geschäftsbereiche im Unternehmen relevant und von Interesse sind, in Einzelrichtlinien außerhalb des Code of Conduct zu regeln, vgl. Rn. 25.

8 Hierzu finden sich im Internet zahlreiche Beispiele: Der Code of Conduct von Voest Alpine ist zum Beispiel in 14 Sprachen übersetzt, der von Bertelmann in 10 Sprachen, andere warten gar mit 26 oder mehr Sprachen auf.

semeldungen hinsichtlich einschlägigen Fehlverhaltens mit möglichen Sanktionen oder hinsichtlich Reputationsschäden für Unternehmen können mit den Richtlinien verbunden werden. Dies schärft das Bewusstsein der Mitarbeiter für die Bedeutung von Compliance insgesamt und für die Einführung zusätzlicher Policies im Besonderen. Je praxisnäher und plastischer derartige Regelungen dargestellt werden, umso mehr Verständnis und Akzeptanz werden sie im Unternehmen erfahren.

Wie auch der Code of Conduct selbst, sind die zusätzlichen Richtlinien den Zielgruppen auf geeignete Art und Weise bekannt zu machen. Dies kann durch spezielle Trainingsmaßnahmen für die betroffenen Personenkreise geschehen oder auch nur, falls eine Schulung nicht notwendig ist, durch entsprechende Informationen oder Hinweise auf der Intranet-Seite des Unternehmens. Es kann nicht oft genug wiederholt werden, dass diese Hinweise oder Schulungsmaßnahmen praxisnah und anregend gestaltet werden sollten, damit bei der Belegschaft, und insbesondere bei bestimmten Zielgruppen im Unternehmen, die vermehrt im Fokus von Compliance-Beobachtungen stehen, keine Ermüdungen eintreten, die möglicherweise dazu führen, dass Compliance insgesamt und spezielle Richtlinien im Besonderen nicht mehr mit dem gebührenden Ernst und der notwendigen Sorgfalt zur Kenntnis genommen und befolgt werden. **28**

5. Compliance-Intranet/Compliance-Website – Aufbau und Update

5.1 Compliance-Intranet

Verhaltenskodex, zusätzliche Compliance-Richtlinien und sämtliche weiteren Zusatzinformationen rund um das Thema Compliance sollten sich komprimiert auf einer eigenen Compliance-Intranetseite finden. Diese Seite sollte klar aufgebaut und einfach zu navigieren sein. Alle Ansprechpartner wie der Group Compliance Officer und seine lokalen Vertreter sowie Spezialisten für bestimmte Gebiete sollten auf der Website mit Kontaktdaten verzeichnet sein. Auch hier gilt die Binsenweisheit, dass die Intranet-Seite zum Besuch und Weiterlesen anregen und nicht in der allgemeinen Informationsflut des Unternehmens untergehen soll. Deshalb sollte mit allen zur Verfügung stehenden Medien gearbeitet werden, um die Seite anregend und interessant zu gestalten. Auch das Mission Statement bzw. die Verpflichtung der Führungsebene zu Compliance soll auf dieser Seite klar zum Ausdruck kommen. Die Seite kann z.B. mit einem Begrüßungsvideo des Vorstands- oder Aufsichtsratsvorsitzenden über die große Bedeutung von Compliance eröffnet werden. Ausschnitte aus Medienmeldungen über Vorkommnisse aus dem Bereich Compliance lockern die doch meist trockenen Richtlinien und Informationen auf; kleine (tatsächliche oder fiktive) Geschichten können die spezifische Problematik eines Compliance-Themas besser verdeutlichen als so manch andere spröde Informationsquelle. **29**

Die Compliance-Intranetseite ist die interne Visitenkarte der Compliance-Abteilung gegenüber den Mitarbeitern. Von der Gestaltung der Seite hängt es mit ab, ob und wie sehr die Belegschaft in die Sachkenntnis und die menschlich-sozialen Fähigkeiten der Compliance-Beauftragten Vertrauen hat. Wie auch beim Code of Conduct und sonstiger Kommunikation durch die Compliance-Abteilung wirkt es vertrauensbildend, wenn der Mitarbeiter direkt angesprochen wird („Sie haben Fragen oder möchten uns etwas mitteilen? Wir sind für Sie da!"). **30**

Im Übrigen ist darauf zu achten, dass die Compliance-Intranetseite sorgfältig und regelmäßig gepflegt und überarbeitet wird. Veraltete oder widersprüchliche Informa- **31** tionen sind nutzlos und ärgerlich und stärken das Vertrauen in eine funktionierende Compliance-Organisation sicherlich nicht.

5.2 Compliance-Website

32 Neben der für den internen Gebrauch bestimmten Intranetseite sollte die Thematik Compliance auch auf der öffentlichen Website des Unternehmens an prominenter Stelle zu finden sein. Dies ist für die Außenwirkung des Unternehmens von großer Bedeutung und trägt zur klaren Definition der Unternehmenskultur zugunsten von Aktionären, Kunden, den Medien und der sonstigen Außenwelt bei. Insbesondere sollten sich die Grundlagen der Compliance-Kultur, einschließlich des Verhaltenskodex (in Kurz- oder in Langfassung) auf der Website finden. Das „Herzstück des Wohlverhaltens" darf durchaus nach außen kommuniziert werden; es gibt keinerlei Grund, dieses der Außenwelt vorzuenthalten, im Gegenteil.

33 Die Compliance-Website[9] ist, gerade im globalen Konzern, ein wichtiges Aushängeschild, das internationalen Standards entsprechen und verständlich formuliert werden sollte. Die Botschaft des Unternehmens (z.B. Null-Toleranz-Politik) sollte klar und deutlich formuliert werden, so dass Missverständnisse gar nicht erst aufkommen.[10]

6. Die Compliance-Hotline (Hinweisgebersystem - „Whistleblowing Hotline")

34 Die Selbstverpflichtung eines Unternehmens, integer und verantwortungsvoll zu handeln und höchsten Anforderungen an ein ethisch, moralisch und juristisch einwandfreies Geschäftsgebaren zu genügen, setzt die volle Unterstützung nicht nur der Unternehmensführung, sondern auch der Gesamtheit der Mitarbeiter voraus. Erfahrungsgemäß sind es in der Regel zumeist die Mitarbeiter, die von Regelverstößen oder Fehlverhalten im Unternehmen oder im Umfeld des Unternehmens erfahren. Doch die Erfahrung zeigt auch, dass diese Regelverstöße oder ein Fehlverhalten oft unentdeckt bleiben, weil die Mitarbeiter Angst haben, ihr Anliegen offen zu äußern. Gerade in Kontinentaleuropa ist diese Zurückhaltung sehr ausgeprägt, sei es aus falsch verstandener Loyalität zum Unternehmen, zum Vorgesetzten oder zu Kollegen, sei es aus Sorge, nicht ernst genommen zu werden oder auch aus der schieren Angst vor Repressalien bis hin zum Verlust des Arbeitsplatzes.[11]

35 Umso bedeutsamer ist es, dass das Unternehmen klar herausgestellt, jedes Fehlverhalten sehr ernst zu nehmen, und zwar unabhängig davon, von wem es begangen wird: Von Führungskräften, den Mitarbeitern, Kunden, Lieferanten, Auftragnehmern etc. Es ist eindeutig zu kommunizieren, welche schwerwiegenden Konsequenzen, bis hin zu strafrechtlichen Sanktionen, ein Fehlverhalten für das Unternehmen haben kann.

36 Zu empfehlen ist daher, soweit rechtlich zulässig,[12] neben dem Verhaltenskodex Richtlinien für die Annahme und Prüfung von Mitarbeitermeldungen zu erstellen (sog. „Whistleblowing Guidelines"). Diese Richtlinien sollen die Mitarbeiter ermuti-

---

9 S. z.B. die gelungene Compliance-Website von Siemens.

10 Z.B. darüber, dass nicht integres Verhalten unter Umständen oder in bestimmten Ländern doch geduldet würde.

11 In Europa mag auch die historische Erfahrung mit verschiedenen totalitären Systemen dazu geführt haben, dass jede Art von „Meldesystem" gerne als Anstiftung zum Denunziantentum verstanden wird.

12 Frankreich und Spanien sind jedenfalls aus rechtlichen Gründen aus dem Anwendungsbereich der Hinweisgebersysteme auszuklammern.

gen, in redlicher Absicht jedes Fehlverhalten mündlich oder schriftlich zu melden, das ihnen im Rahmen ihrer Tätigkeit zur Kenntnis gelangt, sei es aus erster Hand oder aus einer Quelle, die für glaubwürdig gehalten werden darf. Exemplarisch sollte die Richtlinie die Mitarbeiter ermutigen, Folgendes zu melden:

- strafbares Verhalten;
- Verstöße gegen den Verhaltenskodex des Unternehmens oder gegen sonstige Unternehmensrichtlinien;
- unethisches, unangemessenes oder gar gefährliches Geschäftsgebaren;
- Verstöße gegen Gesetze und Verordnungen;
- Betrug oder vorsätzliche Fehler bei der Erstellung, Auswertung, Überprüfung oder Revision der Jahresabschlüsse;
- Betrug, Unterschlagung oder sonstige fragwürdige Praktiken im Zusammenhang mit der Erstellung oder Führung von Finanzaufzeichnungen;
- Handlungen, die die Gesundheit oder Sicherheit der Mitarbeiter oder der Allgemeinheit gefährden;
- Handlungen, durch die einer der vorgenannten Punkte verschleiert werden soll;
- jegliche sonstigen Angelegenheiten, von denen ein Mitarbeiter annimmt, dass sie negative Auswirkungen auf das Unternehmen oder seine Mitarbeiter haben könnten.

37 Die Whistleblowing-Richtlinie sollte klarstellen, dass das Unternehmen eine Kultur der Offenheit, des Vertrauens und der Transparenz fördert und deshalb auf die Unterstützung der Mitarbeiter angewiesen ist, um unrechtmäßiges oder nicht integres Verhalten zu minimieren. Die Mitarbeiter sollten explizit ermutigt werden, offen mit ihren Vorgesetzten und/oder Compliance-Verantwortlichen zu sprechen, falls ihnen eine der oben genannten Verhaltensweisen bekannt wird. Im Rahmen der vom Unternehmen geförderten Offenheit und Transparenz sollte auch darauf hingewiesen werden, dass das Unternehmen es bevorzugt, wenn der „Whistleblower" seine Identität offenlegt, es andererseits aber auch akzeptiert wird, wenn der Meldende anonym bleiben möchte.[13]

38 Die Möglichkeiten, eine Meldung an die in der Richtlinie idealerweise namentlich bezeichneten Vertrauenspersonen zu richten, sollten vielfältig sein. Sowohl eine persönliche Besprechung als auch die Kommunikation per Briefpost, E-Mail, Telefon oder Telefax sollte möglich sein. Dabei ist auf strenge Vertraulichkeit zu achten. Die Kontaktpersonen sollten über eigene Telefone[14] und nur ihnen zugängliche Faxgeräte verfügen. Dies sollte in der Richtlinie unbedingt erwähnt werden, da das interne Meldesystem oft am mangelnden Vertrauen der Mitarbeiter in die diskrete Handhabung der übermittelten Information scheitert.

Es gibt eine starke Tendenz, die Compliance Hotline an externe Anbieter auszulagern. Interne Compliance-Mitarbeiter sind kaum in der Lage, rund um die Uhr für Hinweise verfügbar zu sein. Dies führt dann dazu, dass Hinweise gar nicht angenommen werden können und damit im Sande verlaufen. Externe Dienstleister hingegen, die sich auf 24-Stunden-Service auf globaler Ebene spezialisiert haben, garantieren eine hundertprozentige zeitliche Abdeckung und sind zudem neutrale Ansprechpart-

---

13 Anonyme Meldungen sollten jedoch die Ausnahme bleiben, da sie es u.U. erschweren, allen vorgebrachten Punkten im Detail und sachgemäß nachzugehen.

14 Sehr empfehlenswert ist ein eigenes „Compliance-Telefon", auf dem auch Nachrichten hinterlassen werden können, die nur der Vertrauensperson zugänglich sind.

ner, d.h. die Hemmschwelle des Mitarbeiters Hinweise zu geben wird dadurch möglicherweise herabgesetzt.

39 Die Whistleblowing-Richtlinie sollte die Mitarbeiter dazu ermuntern, so viele spezifische Hinweise wie nur möglich zu übermitteln, damit die zuständigen Compliance-Verantwortlichen oder die mit der Angelegenheit betrauten Personen eine Untersuchung auf der Basis der gegebenen Informationen durchführen können. Zu erwähnen ist auch, dass der meldende Mitarbeiter zwar keinen Beweis für ein angebliches Fehlverhalten beibringen muss,[15] jedoch das Anliegen substantiiert vorgetragen und nicht völlig aus der Luft gegriffen sein sollte. Auch wenn sich das angebliche Fehlverhalten nach einer entsprechenden Untersuchung nicht bestätigt und sich herausstellt, dass der Mitarbeiter sich geirrt hat, wird sein Anliegen dennoch ernst genommen, und der Mitarbeiter hat keinerlei Disziplinarmassnahmen oder Sanktionen zu befürchten.[16] Gleichermaßen sollte jedoch auch verdeutlicht werden, dass eine bewusst falsche Anzeige und böswillig erhobene Vorwürfe, die jeglicher Grundlage entbehren und dazu führen, andere zu diffamieren und zudem dem Unternehmen zu schaden, nicht hingenommen werden. Derartiges Verhalten verstößt gegen den Compliance-Kodex und muss disziplinarische oder arbeits- und strafrechtliche Konsequenzen haben.

40 Den Mitarbeitern sollte zudem in der Richtlinie klar vermittelt werden, dass sämtliche substantiiert vorgetragenen Meldungen intern oder mit Hilfe von externen Experten untersucht werden und bei Bedarf an die zuständigen Strafverfolgungsbehörden weitergeleitet werden. Sämtliche Ermittlungen sind objektiv, mit der gebotenen Sorgfalt und mit größtmöglicher Vertraulichkeit durchzuführen und haben das Ziel, die relevanten Fakten aufzuklären. Der Beschuldigte muss das Recht haben, zu den gegen ihn erhobenen Vorwürfen Stellung zu nehmen, falls nicht schwerwiegende Gründe dagegen sprechen.

41 Sämtliche gemeldeten Vorfälle sind von den Compliance-Verantwortlichen in ein Verzeichnis einzugeben, anhand dessen die Entwicklung eines Falles vom Eingang über die Untersuchung bis hin zur abschließenden Beurteilung nachvollzogen werden kann.[17] Aus diesem Verzeichnis erstellen die Compliance-Verantwortlichen regelmäßige Berichte für die Geschäftsführung, den Aufsichtsrat sowie die interne Revision.[18]

II. Einzelaufgaben der Compliance-Organisation

1. Beratungsangebot als wichtigster Baustein

42 Zu den grundlegenden Funktionen der Compliance-Organisation gehört die Beratung.[19] Diese Dienstleistung der Compliance-Abteilung umfasst die Beratung bei der

---

15 Dies ist erfahrungsgemäß selten der Fall.
16 Auch dies sollte in der Richtlinie ausdrücklich erwähnt werden, da die Angst vor disziplinarischen Maßnahmen oder arbeitsrechtlichen Sanktionen häufig dazu führt, dass Mitarbeiter über Regelverstöße oder Fehlverhalten schweigen.
17 Mehr zur Dokumentation von Compliance-Vorgängen (Compliance Risk Database) unter Rn. 95.
18 Dabei wird es sich i.d.R. um Quartalsberichte handeln.
19 Dies ist nach wie vor die feste Überzeugung der Autorin, auch wenn in einigen Unternehmen die Compliance-Abteilung als reine „Assurance"-Funktion mit Überwachungs- und Kontrollfunktionen ausgestaltet ist und jegliche Compliance-Beratung von der Rechtsabteilung übernommen werden muss.

Beschaffung von Informationen, die Unterstützung bei der Entwicklung von neuen Produkten und Abwicklungsformen und insbesondere die individuelle Hilfe in Einzelfällen und bei Zweifelsfragen.[20] Die Beratung in Compliance-Fragen sollte von einer klar erkennbaren Service-Mentalität getragen werden, die als Basis jeder professionellen Arbeit und der notwendigen Haftungsbegrenzung ohnehin unabdingbar ist.

Die Compliance-Beratung als Dienstleistung darf keine Worthülse bleiben, sondern **43** muss das Tagesgeschäft im Unternehmen prägen. So ist auf Anfragen per Telefon, E-Mails oder gar persönlicher Natur möglichst umgehend zu reagieren. Sollte dies für den Compliance-Beauftragten als Einzelkämpfer oder auch die ganze Abteilung aufgrund von Kapazitätsgründen nicht möglich sein, ist für eine angemessene Vertretung zu sorgen, die bspw. aus der Rechtsabteilung oder dem Risikomanagement zu rekrutieren ist.[21] Im Allgemeinen sollte jedoch die oben dargestellte Struktur der lokalen Compliance-Beauftragten eine umfassende und pragmatische Beratung sowohl des Managements als auch der Mitarbeiter ermöglichen.

Sämtliche Komponenten einer umfassenden und effizienten Compliance-Beratung **44** setzen das Vertrauen sowohl des Managements als auch der Mitarbeiter in die Fachkompetenz sowie die Integrität der Compliance-Abteilung voraus. Deshalb sollte sich die Compliance-Abteilung an den Arbeitsprinzipien professioneller Inhouse-Beratung orientieren. Dies schließt die klassische Organisation der Arbeitsabläufe einer Anwaltskanzlei ein: Fristen und Termine sind korrekt einzuhalten; ein Wiedervorlagensystem ist sehr zu empfehlen, um, wie in der Anwaltskanzlei, Haftungsfälle wegen Fristversäumnissen von vornherein auszuschließen. Dies gilt unabhängig davon, ob die Mitarbeiter der Compliance-Abteilung juristisch ausgebildet sind oder nicht.[22] Auch die Organisation von Posteingang und Postausgang sowie die Aktenführung sollten dem Standard einer Anwaltskanzlei entsprechen.

Insbesondere muss sichergestellt sein, dass diejenigen Mitarbeiter der Compliance- **45** Abteilung, die das Unternehmen nach außen vertreten, mit den entsprechenden Vertretungsbefugnissen (z.B. Prokura) ausgestattet sind. Ebenso wie die Rechtabteilung sollte die Compliance-Abteilung rechtsverbindliche Erklärungen abgeben können, um dadurch tatsächliche Entscheidungsgewalt nach innen und außen zu haben.[23] Der Leiter der Compliance-Abteilung sollte im Übrigen stets darum bemüht sein, seine Mitarbeiter so „sichtbar" und bekannt wie möglich zu machen, so dass diese als Unternehmensvertreter nach innen und nach außen wahrgenommen werden und mit Unterstützung der Geschäftsleitung die notwendigen rechtlichen Vertretungsbefugnisse erhalten. Ist dies nicht der Fall, bleibt die Compliance-Abteilung nur eine unglaubwürdige und als unnötig empfundene Funktion im Unternehmen.

---

20 Vgl. hierzu auch *Buff* Rn. 614.
21 Dies gilt selbstverständlich nur dann, wenn es dadurch nicht zu Interessenskonflikten kommt oder die notwendige Vertraulichkeit gewährleistet werden kann.
22 Die „klassische" Rechtsabteilung im Unternehmen arbeitet in der Regel nach den haftungsrechtlichen Anforderungen einer unabhängigen Anwaltskanzlei. Diesen Erfahrungsschatz sollte die Compliance-Abteilung als „best practice" gerne übernehmen.
23 Allerdings sollte die Compliance-Abteilung ebenso wie die Rechtsabteilung die Abgabe von Erklärungen nach außen i.d.R. den operativen Einheiten bzw. der Geschäftsführung überlassen, wenn nicht die Umstände dafür sprechen, dass ein Jurist oder der Compliance Officer explizit nach außen auftreten oder im Auslandsverkehr Schriftstücke vom „legal counsel" oder „company secretary" zu unterzeichnen sind.

46 Von größter Bedeutung ist jedoch, dass praktische Beratung durch eine „Politik der offenen Tür" tatsächlich gelebt wird. Das Vertrauen der Geschäftsleitung und der Mitarbeiter in die einzelnen Mitglieder der Compliance-Abteilung muss so ausgeprägt und nachhaltig sein, dass diese sich bei anstehenden Risikosituationen oder bereits eingetretenen Vorfällen ohne Zögern an einen Compliance-Vertreter ihres Vertrauens wenden. Nur dann wird die Compliance-Abteilung in ihrer Beratungsfunktion anerkannt.

2. Steter Tropfen höhlt den Stein – Schulungen

47 Dass Compliance-Schulungen zum Pflichtenkanon der Compliance-Aufgaben gehören, ist sicherlich nicht überraschend. Regelmäßigkeit und Wiederholung bzw. Anpassung des Trainingsmaterials an die neuesten rechtlichen und tatsächlichen Gegebenheiten sollte eine Selbstverständlichkeit sein. Es ist empfehlenswert, eine grundlegende Compliance-Schulung, die sich an alle Mitarbeiter richtet, bereits auf der Compliance-Intranetseite zu installieren. Darin sollten die für das Unternehmen relevanten Risikobereiche dargestellt und erklärt werden und das für den Mitarbeiter angemessene und „richtige" Verhalten in verständlichen Worten erläutert werden.

48 Schulungen für die Gesamtbelegschaft über die erwähnten Grundlagen hinaus sollten praxisnah und für den Einzelnen verständlich dargestellt werden. Es ist sicherzustellen, dass die zu schulenden Teilnehmer ein grundlegendes Verständnis von Compliance bekommen und die einzelnen für ihren Arbeitsbereich relevanten Risikobereiche verstehen und derart verinnerlichen, dass dieses Verständnis ein wesentlicher Bestandteil ihres Arbeitsalltags wird.

49 Eine Definition des Begriffs „Compliance" sollte am Anfang jeder Schulung stehen. Vielen nicht englischsprachigen Mitarbeitern ist nämlich nach wie vor nicht klar, was Compliance eigentlich bedeutet und beinhaltet.[24] Gerade beim Neuaufbau einer Compliance-Abteilung im Unternehmen, aber auch bei Trainingsmaßnahmen für neue Mitarbeiter, sollte dargelegt werden, wofür Compliance steht und warum es für das Unternehmen von Bedeutung ist, bestimmte Regeln und Verhaltensnormen zu etablieren und zu befolgen. Dabei sollte der Unterschied zwischen den ohnehin einzuhaltenden gesetzlichen und behördlichen Regeln und Auflagen einerseits und zwischen dem hauseigenen Verhaltenskodex andererseits klargestellt und auf die Bedeutung beider Säulen guter Unternehmensführung hingewiesen werden.

50 Für neu in das Unternehmen eintretende Mitarbeiter sollte turnusmäßig, z.B. einmal im Halbjahr, bei Bedarf und je nach Branche auch häufiger, eine Grundsatzschulung zu Compliance durchgeführt werden. Dabei ist, neben der grundlegenden Darstellung der einschlägigen Risikobereiche, vor allem darauf hinzuweisen, dass die Compliance-Abteilung eine Serviceabteilung ist, an die sich die Mitarbeiter jederzeit mit einschlägigen Fragen wenden können.

51 Weiterführende Schulungen und Trainingsmaßnahmen zu bedeutsamen Risikobereichen und Compliance-Themen sollten fachspezifisch und auf einzelne, von diesen Themen betroffene Abteilungen bzw. Führungspersonen abgestimmt sein. So sollte der Finanzbereich einer Organisation bspw. in regelmäßigen Abständen über die Gefahren von Geldwäsche und Korruption sowie über die Erfordernisse einer ord-

---

24 Dies ist zumindest die Erfahrung der Verfasserin, die immer wieder feststellen musste, dass über dem Label „Compliance" bei vielen Mitarbeitern der Nebel des Unverständnisses hängt.

nungsgemäßen Buchführung als auch über gesetzliche und interne Aufbewahrungspflichten für Geschäftsunterlagen unterrichtet werden. Die IT-Abteilung hingegen sollte hinsichtlich der Bestimmungen des Datenschutzes und sonstiger relevanter Regelungen zur Telekommunikation und den elektronischen Medien stets auf den neuesten Stand gebracht werden.

Unabhängig von den oben genannten Schulungen sollten außerdem separate Trainingsmaßnahmen für die Geschäftsleitung und das Management durchgeführt werden.[25] Innerhalb dieser Veranstaltungen ist stets darauf hinzuweisen, dass die Verantwortung für Compliance letztlich stets bei der Geschäftsleitung liegt[26] und die Nichteinhaltung von gesetzlichen, behördlichen und aufsichtsrechtlichen Regelungen nicht nur für das Unternehmen, sondern auch für Vorstände und Geschäftsführer nachhaltige haftungsrechtliche Konsequenzen haben kann. Auch auf das Reputationsrisiko für das Unternehmen samt Management durch Fehlverhalten im Bereich Compliance sollte stets eingegangen werden. Das Risiko, durch angebliches oder tatsächliches Fehlverhalten in den Medien zu erscheinen, wird vor allem bei börsennotierten Unternehmen häufig mehr gefürchtet als ein drohendes oder tatsächlich verhängtes Bußgeld.[27]   **52**

Bei sämtlichen Trainingsmaßnahmen sollten die Mitarbeiter immer die Möglichkeit haben, Fragen zu stellen und Probleme zu erörtern. Dies dient der Vertrauensbildung und verstärkt die Bereitschaft des Einzelnen, auch bei späteren Einzelproblemen oder Zweifelsfällen die Compliance-Abteilung konkret anzusprechen und die notwendige Beratung einzuholen. Oft dient eine Trainingsmaßnahme als Auslöser dafür, dass der Mitarbeiter erst erkennt, womöglich vor einem Compliance-Problem zu stehen, das er vorher mangels Bewusstseinsbildung gar nicht als solches wahrgenommen hatte.   **53**

Zu guter Letzt sei erwähnt, dass sämtliche durchgeführten Schulungen samt Teilnehmerlisten stets zu dokumentieren sind. Es muss sichergestellt werden, dass sämtliche Mitarbeiter eine Grundlagenschulung und darüber hinaus alle einschlägigen „risikonahen" Mitarbeiter eine Spezialschulung erhalten. Um dies gegenüber der internen Revision, aber auch gegenüber den zuständigen Aufsichts- oder Kontrollbehörden darzulegen und ggf. zu beweisen, ist auf eine ordnungsgemäße Dokumentation der Schulungsmaßnahmen zu achten.   **54**

2.1 Classroom Training oder E-Learning

Es gibt eine Vielzahl von Möglichkeiten, Schulungen zu gestalten. Persönlicher, und für direkte Fragen der Teilnehmer geeigneter sind sicherlich Schulungen von Angesicht zu Angesicht. Die Compliance-Abteilung hat dabei die gute Gelegenheit, sich und ihre Mitarbeiter vorzustellen und durch fachliche Kompetenz und direkte Ansprache der Teilnehmer Vertrauen zu gewinnen. Auch kann ein Classroom Training wesentlich flexibler und individueller gestaltet werden als ein vorgefertigtes Trainingsmodul, das bei Zweifels- und Auslegungsfragen auch durchaus für Verwirrung sorgen kann.   **55**

---

25 Falls derartige Trainingsmaßnahmen von der Geschäftsleitung aus unterschiedlichen Gründen nicht gewünscht sind, können alternativ bspw. „Compliance Updates" in Vorstands- oder Geschäftsleitersitzungen gegeben werden.
26 Dazu gehören Ausführungen zur Business Judgement Rule ebenso wie zu den maßgeblichen Anspruchsgrundlagen gegen Vorstandsmitglieder und Geschäftsführer (§§ 93 Abs. 2 S. 1 AktG, 43 Abs. 2 GmbHG sowie 34 Abs. 2 S. 1 GenG).
27 Hierzu ausf. unter Rn. 57.

56 Doch im globalen Konzern mit Tausenden von Mitarbeitern werden sich Schulungen auf elektronischem Wege aus Zeit-, Kosten- und Kapazitätsgründen kaum vermeiden lassen. Abgesehen von dem Nachteil des mangelnden persönlichen Kontakts mit den Teilnehmern bieten E-Learning-Programme jedoch auch vielerlei Vorteile: So kann ein einmal erstelltes E-Learning-Modul, bspw. zu den Compliance-Grundlagen, immer wieder verwendet werden, vorausgesetzt, es wird regelmäßig auf den neuesten Stand gebracht. Darüber hinaus kann durch E-Learning ein einheitlicher Trainingsstandard durch alle Unternehmensebenen gewährleistet werden. Auch Überwachung und Kontrolle, ob tatsächlich sämtliche Mitarbeiter das Compliance-Lernprogramm absolviert haben, sind auf elektronische Weise wesentlich einfacher zu handhaben.

2.2 Reputational Risk Management

57 Reputation und Reputationsrisiko haben sich in den letzten Jahren, bedingt durch den zunehmenden Vertrauensverlust der Öffentlichkeit in Unternehmen und Unternehmensführung, zu bedeutsamen Themen für Corporate Compliance und Risikomanagement entwickelt.[28]

58 Die Reputation eines Unternehmens gilt als einer der wichtigsten immateriellen Vermögenswerte, ist von größter Bedeutung für die Sicherung einer nachhaltigen Rentabilität und stellt ohne Zweifel einen zentralen Wettbewerbsvorteil für das Unternehmen dar.[29] Reputation wird definiert als der öffentliche Ruf eines Unternehmens hinsichtlich Kompetenz, Integrität und Vertrauenswürdigkeit. Reputationsrisiken bestehen in der Gefahr einer negativen Abweichung der Reputation eines Unternehmens vom erwarteten Niveau.[30] Wie einige spektakuläre Fälle[31] in den letzten Jahren immer wieder gezeigt haben, kann der gute Ruf eines Unternehmens in Windeseile zerstört werden. Entsprechend hoch ist inzwischen auch das Bewusstsein der verantwortlichen Manager. Untersuchungen haben ergeben, dass die Mehrheit der Manager und Investoren den Verlust der Reputation als das größte und am schwierigsten einzuschätzende Risiko halten.

59 Häufiger Auslöser für die Schädigung der Reputation eines Unternehmens ist mangelndes Compliance-Bewusstsein sowie das Tolerieren unethischer Praktiken durch die Führungsebene. Hierzu kommt, dass Unternehmen des Kapitalmarkts durch ihre umfangreichen Veröffentlichungspflichten sowie die Beobachtung durch Analysten, Investoren und Ratingagenturen hinsichtlich einer möglichen Schädigung ihrer Unternehmensreputation besonders gefährdet sind. Auch die Abhängigkeit von Aktionären, Konsumenten, Aufsichtsbehörden, der Politik und nicht zuletzt den Medien sollte

---

28 Eine Untersuchung des Conference Board Business Information Service hat ergeben, dass die Anzahl der Veröffentlichungen zur Thematik Unternehmensreputation/Reputationsrisiko sich seit dem Jahr 2000 mehr als verdoppelt hat, s. hierzu *The Conference Board* Reputation Risk, A Corporate Governance Perspective, Research Report 2007, 5.

29 Studien haben ergeben, dass etwa 35 % von Investmententscheidungen über die Faktoren Reputation und Image eines Unternehmens getroffen werden. Unternehmen mit hoher Reputation profitieren darüber hinaus durchschnittlich von einem Anstieg des Aktienkurses von 20,1 % pro Jahr, wogegen die zehn Unternehmen mit der schlechtesten Reputation einen Verfall ihrer Aktien von durchschnittlich 1,9 % pro Jahr hinnehmen mussten.

30 Vgl. hierzu *Schierenbeck/Grüter/Kunz* Management von Reputationsrisiken in Banken, Abteilung Bankmanagement und Controlling, Wirtschaftswissenschaftliches Zentrum (WWZ) der Universität Basel, Juni 2004, S. 2.

31 Arthur Andersen, Enron, Siemens.

dazu führen, dass Reputational Risk Management als wichtiger Faktor im Compliance- und/oder Risikomanagement des Unternehmens betrachtet wird.

Nicht zu verwechseln ist Reputational Risk Management mit Krisenmanagement, das **60** einsetzt, wenn sich ein Risiko bereits verwirklicht hat, d.h. eine Krise oder ein Schaden bereits eingetreten sind. Wie auch bei sonstigen Compliance-Risiken ist es bei Reputationsrisiken von Bedeutung, so präventiv und antizipatorisch wie möglich zu denken und zu handeln und diese Risiken auf der Basis möglicher Auswirkungen zu bewerten.

Gerade weil die Reputation eines Unternehmens sowie die Auswirkungen ihrer Schä- **61** digung schwerer messbar ist als andere Vermögenswerte und deren Beeinträchtigung, ist es umso wichtiger, dass Unternehmensleitung und Mitarbeiter über dieses Compliance-Risiko genauso intensiv unterrichtet und geschult werden wie zu den sonstigen konkreter fassbaren Compliance-Themen. Dies ist, je nach Branche, umso schwieriger, je globaler das Unternehmen, zumal wenn es börsennotiert ist, tätig ist. Unternehmen in umweltsensiblen Branchen, wie z.B. der Chemie oder Petrochemie oder der Pharmaindustrie, haben es noch mit „sichtbareren" Reputationsrisiken zu tun als bspw. Siemens, das über Jahrzehnte als Vorzeigeunternehmen galt und plötzlich mit Korruption in den eigenen Reihen konfrontiert wurde. Insgesamt jedoch sollte sich die Bewusstseinsbildung im Unternehmen auf die Identifizierung von Risiken, die Vermeidung und Begrenzung von Reputationsverlusten und die Entwicklung von Maßnahmen zur Erzielung von Reputationsgewinnen konzentrieren. Vor diesem Hintergrund ist auf die bedeutsame Zusammenarbeit der einzelnen Abteilungen im Unternehmen, wie z.B. der Rechts- und Personalabteilung, dem Risikomanagement und dem Bereich Kommunikation, hinzuweisen.

Schulungsmaßnahmen zu Reputationsrisiken können selbstverständlich in die übli- **62** chen Compliance-Schulungen, die die Compliance-Abteilung ohnehin für die Belegschaft oder bestimmte Abteilungen im Unternehmen durchführt, integriert werden. Aufgrund der großen Bedeutung der Reputation eines Unternehmens und ihrer Gefährdung ist es jedoch durchaus empfehlenswert, separate Veranstaltungen zum Thema anzubieten. Dies kann bspw. als verpflichtender Workshop für alle leitenden Angestellten des Unternehmens gestaltet werden. In einem solchen Workshop sollten praktische Fälle als „case studies" besprochen werden, die sich tatsächlich ereignet haben oder haben könnten (z.B. Enron). Hierzu sollten von den Teilnehmern Notfallpläne oder Deeskalationsmodelle erarbeitet werden, die auch im Ernstfall Verwendung finden könnten.

3. Outsourcing von Compliance-Aufgaben und -Verantwortlichkeiten

Die Entwicklung allgemeiner unternehmerischer Einsparmaßnahmen und die Ten- **63** denz der börsennotierten Unternehmen, die Eigenkosten möglichst zu senken, werden auch an einer Compliance-Abteilung nicht immer spurlos vorübergehen. Gerade der Compliance-Verantwortliche als Einzelkämpfer oder die mit nur knappen Ressourcen ausgestattete Compliance-Abteilung sollten deshalb überlegen, ob bestimmte Compliance-Aufgaben durch einen externen Dienstleister abgedeckt werden können. Grundsätzlich ist zu überdenken, ob kontinuierliche Tätigkeitsbereiche, wie z.B. zusätzliche Compliance-Beratung durch eine Rechtsanwaltskanzlei, aus der internen Compliance-Abteilung ausgegliedert werden möchten, oder ob Outsourcing nur projektbezogen stattfinden soll. Letzteres wäre der Fall bei der Beauftragung eines

Dienstleisters für die Erstellung von Schulungsmaterial, Compliance-Richtlinien oder die Auditierung und Kontrolle von Compliance-Maßnahmen im Unternehmen.

64 Einige Unternehmen entscheiden sich dafür, externe Rechtsanwälte als Ansprechpartner für Whistleblowing-Fälle oder als Ombudspersonen einzusetzen. Diese Methode gibt den Mitarbeitern die Möglichkeit, sich außerhalb des Unternehmens an eine Vertrauensperson zu wenden, so dass die Hemmschwelle, Compliance-Risiken oder -Verstöße zu berichten, möglicherweise etwas geringer ist als bei einem rein internen Meldesystem.

65 Welcher Ansatz für das Outsourcing von Compliance-Aufgaben und -Verantwortlichkeiten auch immer gewählt wird: Es ist jedenfalls sicher zu stellen, dass sämtliche mit Dienstleistungen aus dem Bereich Compliance betrauten Personen und Unternehmen zu strengster Vertraulichkeit und Geheimhaltung verpflichtet werden. Zudem sind bei der Verarbeitung personenbezogener Daten und insbesondere bei der Weitergabe von sensiblen Daten an den externen Dienstleister die Bestimmungen der einschlägigen Datenschutzgesetze zu beachten. Dies gilt insbesondere beim globalen Datentransfer außerhalb der Europäischen Union in Länder mit einem Datenschutzniveau, das von der Europäischen Union als „nicht adäquat" eingestuft wird, z.B. Indien oder die USA.

4. Direkte Berichtslinie zur Geschäftsleitung

66 Wie bereits zu Beginn des 3. Kap. (Rn. 2) dargestellt, hat der Vorstand gem. § 76 Abs. 1 AktG die Gesellschaft unter eigener Verantwortung zu leiten. Daraus sowie aus § 93 AktG[32] (Sorgfaltspflicht und Verantwortlichkeit der Vorstandsmitglieder) bzw. aus § 43 GmbHG[33] (Haftung der Geschäftsführer) und darüber hinausgehenden strafrechtlichen und ordnungswidrigkeitenrechtlichen Organisationspflichten des Geschäftsleiters ergeben sich die wesentlichen Rechtsquellen der Compliance. Ein unveräußerlicher Kernbereich der Compliance muss daher in der Verantwortung der Geschäftsleitung verbleiben,[34] die außerdem dafür sorgen muss, dass ein den Unternehmensrisiken angepasstes Compliance-Modell erstellt und gepflegt wird. Zudem ist die Verpflichtung der Geschäftsleitung auf die aus Compliance-Sicht erforderlichen Maßnahmen und die entsprechende Vorbildrolle der Umsetzung dieser Maßnahmen die Grundvoraussetzung für die Glaubwürdigkeit und Effektivität eines Compliance-Programms. Der „tone at the top" und das Compliance-Bewusstsein „top-down" wird von Mitarbeitern, Geschäftspartner und Aktionären in aller Regel sehr kritisch hinterfragt!

67 Um der Gesamtverantwortung für Compliance auf der Geschäftsleiterebene gerecht werden zu können, ist es unabdingbar, dass für den Compliance-Verantwortlichen und seine Abteilung eine direkte Berichtslinie zum Vorstand oder zur sonstigen Geschäfts-

---

32 § 93 Abs. 1 S. 1 und 2 AktG: Die Vorstandsmitglieder haben bei ihrer Geschäftsführung die Sorgfalt eines ordentlichen und gewissenhaften Geschäftsleiters anzuwenden. Eine Pflichtverletzung liegt nicht vor, wenn das Vorstandsmitglied bei einer unternehmerischen Entscheidung vernünftigerweise annehmen durfte, auf der Grundlage angemessener Informationen zum Wohle der Gesellschaft zu handeln.

33 § 43 Abs. 1 und 2 GmbHG: Die Geschäftsführer haben in den Angelegenheiten der Gesellschaft die Sorgfalt eines ordentlichen Geschäftsmannes anzuwenden. Geschäftsführer, welche ihre Obliegenheiten verletzen, haften der Gesellschaft solidarisch für den entstandenen Schaden.

34 Zu den rechtlichen Grundlagen der Compliance und insbesondere zu Compliance als Leitungsaufgabe ausf. 2. Kap. Rn. 1 ff.

führung des Unternehmens besteht. Auf dieser Ebene sollte eine regelmäßig Bericht-erstattung der Compliance-Abteilung an die Geschäftsleitung über neueste Trends und Entwicklungen sowie konkrete Compliance-Fälle im Unternehmen stattfinden. Auch informelle „Schulungen" der Geschäftsleitungsebene sind auf diese Weise mög-lich, womit ein Einberufen des Vorstands oder der Geschäftsleitung zu obligatori-schen Trainingsmaßnahmen vermieden werden kann. Die Geschäftsleitung sollte die Compliance-Abteilung als eine Vertrauensfunktion wahrnehmen, deren Vertreter grundsätzlich über anstehende geschäftspolitische Entscheidungen zu informieren und dort einzubeziehen sind, wo sich möglicherweise Compliance-Risiken abzeichnen könnten. Erfahrungsgemäß sollten diese vertraulichen Informationen so unbeschränkt wie möglich an die Compliance-Abteilung gegeben werden, um tatsächlicher Risiko-prävention Vorschub zu leiten.

An dieser Stelle sei jedoch angemerkt, dass die Positionierung der Compliance-Abtei-lung und ihrer Vertreter im Unternehmen sehr oft zu einer Konfliktsituation führen kann: Einerseits steht der Compliance-Beauftragte mit seiner Berichtspflicht an die Geschäftsleitung sowie der Verpflichtung, das Management bei der Organisation der Compliance federführend zu unterstützen und zu beraten, klar auf der Arbeitgeber-seite. Andererseits solle der Compliance-Beauftragte auch vertraulicher Ansprech-partner für die Mitarbeiter sein, wenn diese sich direkt oder anonym über die Whist-leblowing Hotline mit Anliegen und Beschwerden an den Compliance-Beauftragten wenden möchten.[35] Diese Gratwanderung kann für den Compliance-Beauftragten sowohl persönlich als auch aus professioneller Sicht sehr schwierig zu bewältigen sein. Darüber hinaus kann diese Zwitterstellung zu einem Vertrauensverlust bei der Beleg-schaft, aber auch bei der Geschäftsleitung führen, was wiederum eine massive Schwä-chung der Compliance-Kultur nach sich ziehen kann. **68**

Unter anderem aus diesen Gründen etablieren Unternehmen vermehrt eine Ombuds-person, um den Mitarbeitern unabhängig von den Verantwortlichen in der Compli-ance-Abteilung eine weitere Möglichkeit zu geben, sich vertraulich an einen Ansprechpartner wenden zu können.[36] **69**

5. Enger Kontakt zu relevanten (Aufsichts-)Behörden

Ebenso wichtig wie der regelmäßige unternehmensinterne Austausch mit der Geschäftsleitung ist für die Compliance-Abteilung, in engem Kontakt mit den für die Geschäftsbereiche des Unternehmens relevanten Behörden zu stehen. Dies sind für die Finanzdienstleister zunächst die einschlägigen Aufsichtsbehörden (in Deutschland das BaFin) in den Ländern, in denen das Unternehmen registriert bzw. tätig ist. Darü-ber hinaus sind jedoch auch die Kontakte mit den für die jeweiligen identifizierten Risikobereiche zuständigen Behörden (z.B. die EU-Wettbewerbskommission oder die zuständigen Datenschutzbehörden) regelmäßig zu pflegen. **70**

Die Vertreter der Compliance-Abteilung sollten die Kontaktpflege mit den Behörden als veritablen und integrierten Bestandteil ihrer Aufgabe betrachten. Der regelmäßige Austausch mit Behördenvertretern wird in Anbetracht der Flut von Gesetzen, Ver-ordnungen und Richtlinien, zumal wenn es sich um ein reguliertes Unternehmen der **71**

---

35 Wozu die Mitarbeiter durch eine bestehende Whistleblowing Policy i.d.R. auch aufgefordert wer-den.
36 Zum Ombudssystem s. Rn. 83.

Finanzdienstleistungs- und Versicherungsbranche handelt, immer wichtiger. Dies wird zum großen Teil auch auf Seiten der Behörden so gesehen. Schon so manch unklare behördliche Vorgabe konnte durch die Intervention der Betroffenen vereinfacht oder verständlicher gemacht werden.

72 Zu berücksichtigen ist in diesem Zusammenhang allerdings, dass der verhältnismäßig informelle Zugang zu deutschen Behörden nicht zu der Schlussfolgerung verleiten darf, dies könne auch in allen anderen Ländern, in denen das Unternehmen vertreten ist, so gehandhabt werden. Hier ist Vorsicht angebracht. So ist es im Nachbarland Frankreich nicht immer selbstverständlich, persönlich bei einer Behörde zu erscheinen, sondern es sind formelle Eingaben vorauszuschicken, auf deren Basis ggf. ein Gespräch zustande kommen kann.[37]

73 Zu beachten ist jedoch, dass viele Branchen Interessensvertretungen in Form von Verbänden haben, die diese Aufgaben stellvertretend für ihre Mitglieder wahrnehmen. In diesen Fällen empfiehlt es sich stets, zunächst mit dem Verband in Verbindung zu treten, bevor unternehmerische Alleingänge Misstimmung oder Verwirrung hervorrufen.

6. Kooperation mit der Risk-Management-Abteilung/sonstigen Abteilungen

74 Falls die Compliance-Abteilung nicht ohnehin in das Risikomanagement des Unternehmens funktionell eingegliedert ist und dadurch naturgemäß ein regelmäßiger Informationsaustausch mit dem Risikomanagement besteht, ist es empfehlenswert, die enge Kooperation mit dem Risikomanagement zu institutionalisieren. Zwar besteht heute mehrheitlich Einigkeit darüber, dass Compliance-Management einen Teil des Risikomanagements bildet,[38] doch dies ist in vielen Unternehmen zumindest strukturell nicht immer sichtbar.

75 Risikomanagement besteht im Wesentlichen im Erkennen, Vermeiden oder Minimieren von Risiken Deshalb ist die Integration von Compliance in das Risikomanagement durchaus stimmig. In jedem Fall sollte jedoch ein Compliance-Vertreter in den wesentlichen Gremien des Risikomanagements vertreten sein.

76 Der Grundsatz der engen Verzahnung von Compliance mit den wesentlichen Funktionen im Unternehmen gilt auch für andere relevante Abteilungen, insbesondere auch für die Personalabteilung. Ein Vertreter der Compliance-Abteilung sollte als vertrauter Ansprechpartner für den Bereich Personal zur Verfügung stehen und in regelmäßigen Updates über mögliche compliance-relevante Fälle auf dem Laufenden gehalten werden.

77 In der Zusammenarbeit mit sämtlichen Abteilungen des Unternehmens gilt selbstverständlich der Grundsatz des Gebens und Nehmens, d.h. der Informationsaustausch muss, sofern nicht vertraulich, beidseitig erfolgen, um zu einer effizienten und für alle Seiten nachvollziehbaren Compliance im Unternehmen zu gelangen. Denn je ausgeprägter das Silo-Denken in einem Unternehmen ist, desto weniger effektiv kann die Arbeit der Compliance-Abteilung sein, und entsprechend unterentwickelt wird sich auch die im Unternehmen bestehende Compliance-Kultur darstellen. Deshalb sollte ein reger und regelmäßiger Austausch zwischen den relevanten Funktionen im Unter-

---

37 Diese Erfahrung hat die Verfasserin bspw. bei der französischen Datenschutzbehörde CNIL gemacht.
38 S. hierzu *Roth* S. 47.

nehmen und der Compliance-Abteilung gewährleistet sein. Dieser sollte idealerweise die völlige Offenlegung der jeweiligen Strukturen und Problemfelder beinhalten. Hilfreich ist auch der temporäre Austausch zwischen den Abteilungen, um das gegenseitige Verständnis für die jeweiligen Aufgabenfelder zu fördern und die Risikoprävention zu verbessern.

Der regelmäßige Informationsaustausch, der im Übrigen von der Compliance-Abteilung stets dokumentiert werden sollte, wird langfristig dazu führen, dass bei den Verantwortungsträgern in den jeweiligen Abteilungen eine Verhaltenssteuerung und Sensibilisierung für die Werte einer Organisation aus Compliance-Sicht erreicht werden können. **78**

7. Verhaltenssteuerung/Wertevermittlung

An dieser Stelle sei noch einmal explizit auf die ureigenste Aufgabe der Compliance-Abteilung hingewiesen, im Namen und im Auftrag der Geschäftsleitung das Verhalten im Unternehmen derart zu steuern, dass es nicht nur geltenden Gesetzen, Verordnungen und Richtlinien entspricht, sondern darüber hinaus allgemein anerkannten ethischen Prinzipien und Werten. Diese Wertevermittlung kann nicht oft genug absolviert werden, geht aber leider im etablierten System eines Unternehmens oft unter. Gerade zu Beginn, d.h. beim Aufbau einer Compliance-Organisation, ist der Enthusiasmus für dieses hehre Ziel bei allen Beteiligten in der Regel noch ausgeprägt vorhanden, doch im Laufe der Zeit geht von dem guten Willen durch die Unternehmensbürokratie, von der auch Compliance nicht verschont bleibt, doch meist einiges verloren. Dies sollten sich die Compliance-Verantwortlichen immer wieder vor Augen halten und jede Möglichkeit nutzen, an der Verhaltenssteuerung mit allen zulässigen und wirksamen Mitteln zu arbeiten. Nur an einer glaubhaften Wertvermittlung lässt sich die Wirksamkeit und Glaubwürdigkeit einer Compliance-Organisation messen! **79**

8. Öffentlichkeitsarbeit/Kommunikation

Besonders zu erwähnen ist das Erfordernis einer möglichst engen Zusammenarbeit der Compliance-Organisation mit der PR- bzw. Kommunikationsabteilung des Unternehmens. Die Darstellung der Compliance-Organisation nach innen und nach außen durch professionelle PR gibt einer überzeugenden Compliance-Kultur den notwendigen letzten Schliff und trägt zur Sichtbarkeit von Compliance innerhalb des Unternehmens, aber auch in der Positionierung nach außen bei. **80**

Um die Öffentlichkeitsarbeit so professionell wie nur möglich zu gestalten, sollte die Kommunikationsabteilung jedoch eine klare Vorstellung von den Grundlagen und Zielen von Compliance haben, gepaart mit dem Bewusstsein, dass bei sämtlichen Risiken, die im umfassendsten Sinne den Aufgabenbereich von Compliance betreffen, stets Vorsicht geboten ist. Es muss den verantwortlichen Mitarbeitern im Bereich Kommunikation/PR klar sein, dass eine voreilige, inflationäre oder unpassende Berichterstattung über sensible Themen dem Unternehmen großen Schaden zufügen kann. Die Vorlage und Genehmigung von Pressemeldungen und sonstigen, für die Öffentlichkeit bestimmten Artikeln, Beiträgen etc. durch die Compliance-Abteilung vor ihrer Veröffentlichung bzw. Weitergabe an Dritte sollte deshalb eine Selbstverständlichkeit sein. Dies gilt zum einen für reguläre, wiederkehrende Pressemeldungen und Publikationen, insbesondere aber für solche Situationen, in denen das Unterneh- **81** men ohne eigenes Zutun in die Öffentlichkeit gelangt ist. Das kann bei einer behördlichen Untersuchung oder der Einleitung eines Ermittlungsverfahrens gegen das Unternehmen oder die Geschäftsleitung der Fall sein, aber auch in Situationen, die das Unternehmen nur mittelbar betreffen, wie z.B. ein Umwelt- oder Lebensmittelskandal. Gerade bei solch unvorhergesehenen Ereignissen ist größte Sensibilität in der Unternehmenskommunikation vonnöten. Dies gilt auch für unvorhergesehene Anfragen von Journalisten, die möglicherweise von einer der Geheimhaltung unterliegenden Transaktion oder einem sonstigen Sachverhalt erfahren haben, der der PR-Abteilung noch gar nicht zur Kenntnis gelangt ist.

82   Ist dieses Bewusstsein erst einmal geschaffen, kann Compliance von der professionellen Vermarktung durch die Kommunikationsabteilung in der Regel nur profitieren. Nicht zu unterschätzen ist auch die unternehmensinterne Compliance-PR, die bei Unsicherheit und Skepsis der Mitarbeiter gegenüber Compliance einiges zur Klarheit und Bedeutung dieses Bereichs beitragen kann und die oftmals „trockene" Thematik und die nicht immer inspirierende Darstellung durch die Compliance-Verantwortlichen selbst etwas publikumswirksamer gestalten kann. So empfiehlt es sich, von der Compliance-Abteilung verfasstes Trainingsmaterial sowie Hinweise und Verlautbarungen über compliance-relevante Themen von der Kommunikationsabteilung gegenzulesen und überarbeiten zu lassen. Ratsam ist es auch, die Auftritte von Compliance im Intranet sowie im Internet von der PR-Abteilung gestalten zu lassen.

9. Das Ombudssystem

83   Immer mehr Unternehmen etablieren ein sog. Ombudssystem. Dies soll den Mitarbeitern eine weitere Möglichkeit geben, sich bei Problemen vertrauensvoll an einen Ansprechpartner zu wenden, der der Geheimhaltung unterliegt und sich, wie oben dargestellt, nicht in einer potenziellen Konfliktsituation wie der Compliance-Verantwortliche befindet.

84   Die Ombudsperson erfüllt primär die Aufgabe einer unparteiischen Schiedsperson. Auch immer mehr Organisationen und Institutionen richten eine Stelle für eine Ombudsperson ein. Gerade große Unternehmen und Organisationen, in denen viel Konfliktstoff möglich ist, beschäftigen zunehmend Ombudspersonen.

85   Im globalen Konzern wird es nicht nur eine einzelne Ombudsperson geben, sondern, ähnlich wie bei den Compliance-Beauftragten, ein Netzwerk von lokal zuständigen Ombudspersonen. Dies ist nicht nur eine Frage der Effektivität, sondern insbesondere des Vertrauens, das die zuständige Ombudsperson bei den Mitarbeitern erwecken soll. Ohnehin empfiehlt es sich, Personen für diese Positionen auszuwählen, die aufgrund ihrer Stellung, ihrer langjährigen Betriebszugehörigkeit oder aufgrund sonstiger Faktoren das Vertrauen der Mitarbeiter genießen. Darüber hinaus ist es von Bedeutung, dass die Mitarbeiter ihre Sorgen, Nöte und Probleme möglichst an ihrem Standort und in der ihnen vertrauten Sprache vorbringen können.[39]

86   Zu den Aufgaben des Ombuds-Netzwerks gehört es vor allem, den Mitarbeitern bei Fragen, Problemen und Anliegen als Ansprechpartner zu Verfügung zu stehen und

---

39   General Electric (GE) hat bspw. ein globales Ombudsnetzwerk, das mehr als 700 Ombudspersonen umfasst. Dieses System beinhaltet jeden Geschäftsbereich von GE sowie jedes Land, in dem GE operativ tätig ist. Jede GE-Ombudsperson muss die jeweilige Landessprache beherrschen und die lokalen Gebräuche und geschäftlichen Gepflogenheiten kennen.

darüber hinaus zu gewährleisten, dass die angesprochenen Themen den zuständigen Abteilungen oder auch Dritten zur Klärung übergeben werden. Ein „Kummerkasten" allein genügt nicht, sondern jeder Einzelfall muss von den zuständigen Gremien bzw. Fachabteilungen untersucht, bewertet und entschieden werden. Und auch gegenüber den Ombudspersonen sollten die Mitarbeiter die Möglichkeit haben, sich mit ihren Anliegen nach ihrer Wahl anonym oder nicht-anonym zu melden.[40] Ebenso muss klar festgelegt und kommuniziert sein, dass das Vorbringen eines Anliegens bzw. einer Beschwerde zu keinerlei Nachteil für den berichtenden Mitarbeiter führen kann und darf. Der Mitarbeiter muss zudem vollständige Transparenz über den Ablauf einer Untersuchung bekommen und darf keinesfalls zum Spielball unterschiedlicher Interessen werden.

Selbstverständlich sollten die mit einer Ombudsfunktion betrauten Mitarbeiter nicht **87** unvorbereitet ihrer Aufgabe nachgehen, sondern entsprechende Einführungs- und Auffrischungsschulungen hinsichtlich ihrer Tätigkeit erhalten. Über den unternehmensinternen Prozess von der Aufnahme der Beschwerde über die Veranlassung und Überwachung einer Untersuchung bis hin zum Abschluss eines entsprechenden Verfahrens sollte bei den verantwortlichen Ombudspersonen absolute Klarheit herrschen. Darüber hinaus sollten die Ombudspersonen über ihre Verantwortung als Vertrauenspersonen und ihre Geheimhaltungspflichten sowie die Konsequenzen bei Missachtung dieser Pflichten unterrichtet werden.

III. Überwachung, Dokumentation und Kontrolle

1. Compliance als kontinuierlicher Erziehungs- und Fortbildungsprozess

„Lebenslanges Lernen" ist mit Sicherheit ein Begriff, der auf den Bereich Compliance **88** klar zutrifft. So wie sich tatsächliche Risikobereiche aufgrund veränderter unternehmensinterner Bedingungen, z.B. durch Umstrukturierungen oder der Aufnahme neuer Geschäftsbereiche oder aufgrund äußerer Umstände, wie politische Umwälzungen, Umweltprobleme etc. verändern können, so verändert sich auch die rechtliche bzw. regulatorische Landschaft durch ständige Neuerungen in der Gesetzgebung und Rechtsprechung. Entsprechend flexibel und aufgeschlossen sollte die Compliance-Abteilung sein und die anstehenden oder sich gerade erst anbahnenden Veränderungen faktischer oder rechtlicher Art so früh als möglich aufnehmen und in entsprechende Verhaltensnormen oder Trainingsmaßnahmen umsetzen.

Oft wird die Belegschaft etwas „compliance-müde", wenn in Zeiten zahlreicher Neue- **89** rungen Schulungsmaßnahmen und sonstige Information über compliance-relevante Themen inflationär zunehmen. Nichtsdestotrotz sollte die Compliance-Abteilung alle Anstrengungen unternehmen um sicherzustellen, dass stets die notwendigen Schritte eingeleitet werden, um kontinuierlich auf Veränderungen und neue bzw. zunehmende Risiken hinzuweisen.

---

40 Insbesondere für anonyme Meldungen empfiehlt sich die Einrichtung einer Hotline, für deren Einrichtung die unter Rn. 34 ff. aufgeführten Voraussetzungen und Konsequenzen gelten.

2. Regelmäßige Überprüfung von Geschäftsvorgängen (Audits, Mock Dawn Raids)

90   Jedes System ist nur so gut wie seine beste Kontrolle. Der Aufbau einer Compliance-Abteilung, die Erstellung einer rigiden und überzeugenden Compliance-Struktur und nicht zuletzt die Schaffung einer glaubhaften Compliance-Kultur hängen vom guten Willen einer Vielzahl von Beteiligten innerhalb und außerhalb des Unternehmens ab. Compliance wird in der Regel von der überwiegenden Mehrheit der Beteiligten wohlwollend unterstützt und mitgetragen. Nichtsdestotrotz ist eine regelmäßige Überprüfung von Geschäftsvorgängen und Prozessen im Unternehmen erforderlich. Diese Überprüfung kann in Form von informellen Kontrollen oder Stichproben durch einzelne Compliance-Beauftragte erfolgen, indem sie den entsprechenden Geschäftsbereich um Auskunft über Prozesse, Abläufe etc. ersuchen. In vielen Bereichen[41] empfehlen sich solche informellen Überprüfungen, damit die Compliance-Abteilung ein Gespür dafür bekommt, wo mögliche Schwachstellen in einem System liegen, ohne gleich eine offizielle Untersuchung einleiten zu müssen.

91   Eine formelle Kontrolle, ob die bestehenden Compliance-Systeme funktionieren und die entsprechenden Richtlinien eingehalten werden, wird in vielen Unternehmen durch die interne Revision (Internal Audit Team) durchgeführt. Dieser Prozess ist vor allem deshalb empfehlenswert, weil er eine unabhängige Überprüfung nicht nur von möglichen Compliance-Verstößen, sondern auch der Effektivität der Compliance-Organisation an sich ermöglicht. Derartige Audits werden in enger Zusammenarbeit mit der Compliance-Abteilung durchgeführt und betreffen in der Regel einen bestimmten Risikobereich, der näher betrachtet werden soll. Andererseits kann sich ein Audit auch auf eine bestimmte Abteilung im Unternehmen konzentrieren, um deren Compliance-Verhalten insgesamt zu überprüfen. Regelmäßige Audits finden vor allem in den operativen Bereichen sowie in der Logistik eines Unternehmens statt, da diese Abteilungen naturgemäß besonderen Compliance-Risiken unterliegen.

92   Zwar kann auch durch regelmäßige formelle und informelle Kontrollen nicht vollständig gewährleistet werden, dass jegliches Fehlverhalten von Mitarbeitern und Dienstleistern komplett ausgeschlossen oder verhindert werden könnte. Eine Fehlerquote von null Prozent ist in Anbetracht der vielfältigen Risiken für ein Unternehmen wohl illusorisch. Auch darf nicht angenommen werden, dass durch Audits und andere Prüfungsmechanismen jegliches Fehlverhalten im Unternehmen aufgedeckt werden könnte. Dennoch sind Audits als Baustein in der Compliance-Organisation von großer Bedeutung: Sie schärfen das Bewusstsein sowohl der Compliance-Abteilung, über bestehende Prozesse nachzudenken und diese bei Bedarf zu verbessern. Darüber hinaus konfrontieren sie die Mitarbeiter in den betroffenen Geschäftsbereichen mit einem Problembewusstsein, das zwar oft als mühsam oder gar unnötig empfunden wird, das aber langfristig Wirkung zeigt. Gerade diejenigen Mitarbeiter, die die Verpflichtung des Unternehmens zu Compliance und Integrität nur als ein Lippenbekenntnis abtun, werden durch den Einsatz von Kontrollmechanismen oft eines Besseren belehrt.

---

41   So sollte die Compliance-Abteilung einen guten Einblick in die IT eines Unternehmens haben und deshalb regelmäßig um Auskunft über neue Systeme, Outsourcing-Prozesse und Datenverarbeitungsprozesse ersuchen.

Im Rahmen der Überprüfung der Wirksamkeit der Compliance-Richtlinien bietet sich **93** auch die gelegentliche Durchführung eines sog. „Mock Dawn Raid" an. Dawn Raids sind unangekündigte Besuche der Polizei, der Finanz-, Aufsichts- oder sonstiger Behörden, z.B. der Generaldirektion Wettbewerb der Europäischen Kommission oder das Bundeskartellamt. Diese Behörden haben die Befugnis, Ermittlungen ohne Vorankündigung („Dawn Raids") bei Unternehmen in deren Räumlichkeiten durchzuführen.[42] Um auf derartige Überraschungsbesuche richtig vorbereitet zu sein, erstellt die Compliance-Abteilung in der Regel Richtlinien für das Empfangspersonal, die detailliert regeln, wie sich dieses bei einem unangekündigten Besuch einer Behörde zu verhalten hat. Auch für Geschäftsleiter und Manager sowie die Mitglieder der Rechts- und Compliance-Abteilung sollten entsprechende Richtlinien existieren, die sicherstellen, dass das Unternehmen alle Vorkehrungen trifft, die eine potenzielle Ermittlung in einem möglichst geordneten Rahmen ablaufen lassen.[43]

Um die Effektivität derartiger Richtlinien zu überprüfen, empfehlen sich „Mock **94** Dawn Raids", die in glaubhafter Weise den unangekündigten Besuch einer Behörde simulieren. Hierfür können sich dem Empfangspersonal und den lokalen Verantwortlichen unbekannte Mitarbeiter bspw. aus der internen Revision oder dem Audit-Team oder auch externe Anwälte zur Verfügung stellen. Damit kann mit relativ geringem Aufwand festgestellt werden, ob die geltenden Richtlinien und die entsprechenden Schulungsmaßnahmen für das betroffene Personal ausreichend sind oder ob ggf. nachgebessert werden muss. Auch kann ein derartiger „Mock Dawn Raid" den möglichen Ablauf eines unangekündigten Behördenbesuchs plastisch vor Augen führen, was unter Umständen dazu führt, Situationen, die bislang nicht bedacht wurden, durch verbesserte Richtlinien und Prozesse zu entschärfen.

3. Dokumentation der Compliance-Vorgänge

Die Dokumentation von Compliance-Vorgängen ist ein wichtiger Bestandteil der **95** Compliance-Organisation, wenn auch wegen des oft großen administrativen Aufwands nicht immer sehr beliebt. Zu dokumentieren sind zum einen sämtliche tatsächlichen oder angeblichen Compliance-Vorfälle, die der Compliance-Abteilung zur Kenntnis gelangt sind, aber auch alle Maßnahmen zur Aufklärung, Schulung und Beratung.

Die gemeldeten Compliance-Vorfälle werden üblicherweise in einer Datenbank **96** geführt, zu der die Compliance-Beauftragten Zugriff haben und in die sie die gemeldeten Sachverhalte samt geplanter Vorgehensweise zur Risikominimierung bzw. Schadensvermeidung eingeben können. Aus dieser Datenbank können in bestimmten Abständen, z.B. vierteljährlich, Compliance-Reports gezogen werden, die der Geschäftsleitung und den jeweiligen Ansprechpartnern im Unternehmen vorgelegt werden. Wie bei jeder Datenbank ist auch hier darauf zu achten, dass die Einträge regelmäßig überarbeitet werden und nicht in Vergessenheit geraten. Darüber hinaus sollte es nur eine globale Compliance-Datenbank geben, um Verwirrungen, etwa Doppelmeldungen, zu vermeiden.

---

42 Zu „Dawn Raids"– Verhaltensregeln in kartellrechtlichen Ermittlungsverfahren 5. Kap. Rn. 36 ff.
43 S. hierzu ausf. 5. Kap. Rn. 36 ff.

IV. Repression/Schadensbegrenzungsstrategien

1. Restrisiko trotz effizienter Compliance-Struktur

97   Selbst die effizienteste Compliance-Struktur wird, trotz regelmäßiger Trainings, Kontrollen und sonstiger flankierender Maßnahmen, nicht dazu führen können, jegliches Restrisiko bezüglich mangelnder Compliance auszuschließen. Es wird stets Risiken geben, die aus den unterschiedlichsten Gründen nicht vorhersehbar und nicht einschätzbar sind. Dies gilt bspw. für neue Geschäftsgebiete in entfernten Ländern, für neue Technologien, bestimmte Umweltrisiken, aber nicht zuletzt auch für den Faktor Mensch. Mitarbeiter und Geschäftsführungsorgane mögen noch so oft in Compliance-Themen geschult worden sein, dennoch werden sie unter gewissen Umständen nicht das notwendige Bewusstsein für die Vermeidung oder Minimierung von Risiken aufbringen können. Das mag an persönlichen Nöten, zu großem Leistungsdruck, Zeitmangel oder schlicht an der Unfähigkeit liegen, ein Compliance-Risiko richtig einzuschätzen. Überdies gibt es natürlich auch einen kleinen Prozentsatz Unbelehrbarer oder auch Mitarbeiter mit einer gewissen kriminellen Energie. In diesen Fällen laufen Präventivmaßnahmen wie Compliance-Schulungen und sonstige Schritte zur Entwicklung und Aufrechterhaltung einer nachhaltigen Compliance-Kultur natürlich ins Leere.

98   Die Compliance-Verantwortlichen sollten daher stets für den „Ernstfall", d.h. für die Verwirklichung eines Risikos in einen konkreten Fall bzw. Schaden, gewappnet sein und wissen, wie das Verhalten im tatsächlichen Schadensfall konkret zu sein hat.

2. Leitfaden/Schulung der Mitarbeiter im Fall behördlicher Untersuchungen

99   Ein Unternehmen sollte auf (unangemeldete) behördliche Untersuchungen („Dawn Raids")[44] stets vorbereitet sein. Deshalb sollte für diese Situationen ein Unternehmensleitfaden zur Verfügung stehen, der den ggf. von derartigen behördlichen Untersuchungen betroffenen Mitarbeitern klare Verhaltensrichtlinien an die Hand gibt. Selbst wenn dem Unternehmen keinerlei Fehlverhalten anzulasten ist, wenn also die behördliche Untersuchung am Ende ergebnislos verlaufen ist, sollte sich in diesen Fällen auch jeglicher Reputationsverlust durch unangemessenes Auftreten oder Verhalten Einzelner vermeiden lassen.

3. Optimierung des Compliance-Managements als Aufgabe des strategischen Managements oder die faktische Bewertung von Compliance-Erfolgen

100   Die Compliance-Veranwortlichen sollten stets bestrebt sein, die Optimierung des Compliance-Programms dergestalt voranzutreiben, dass es von der Geschäftsleitung und der Belegschaft als Teil des strategischen Managements begriffen wird. Diese Bestrebung und ihre damit verbundenen Vorteile für das Unternehmen sollten der Geschäftsleitung auch immer wieder verdeutlicht werden. Jegliche Neuerung einer Unternehmensstrategie sollte deshalb von Compliance begleitet und als integraler Bestandteil für künftige Entwicklungen gesehen werden. Dass diese Bemühungen von der Geschäftsleitung oft nicht erkannt oder unterstützt werden, liegt in der immer noch mangelnden Bereitschaft und Fähigkeit der ein oder anderen Unternehmensleitung, ein funktionierendes Compliance-System als strategischen Wettbewerbsvorteil

---

44   S. zur regelmäßigen Überprüfung von Geschäftsvorfällen Rn. 90.

und tatsächlichen Vermögenswert und nicht als Bürde zu sehen. Allerdings wachsen auch in diesem Bereich das Bewusstsein und die Erkenntnis, dass Compliance als wesentlicher Bestandteil des strategischen Managements im globalen Unternehmen nicht mehr wegzudenken ist.

Auch in eigener Sache sollte die Compliance-Abteilung ein Interesse daran haben, in **101** das strategische Management des Unternehmens integriert zu werden. Denn für die Mitarbeiter der Compliance-Abteilung sollten die gleichen Anreize finanzieller und sonstiger Art gelten wie für die Mitarbeiter anderer Abteilungen. Dies scheint auf den ersten Blick selbstverständlich zu sein, doch das Vermeiden und Verhindern rechtswidrigen bzw. sozial und letztlich auch ökonomisch schädlichen Verhaltens durch die Compliance-Organisation wird nicht zwingend als tatsächlicher Gewinn für das Unternehmen gesehen.[45] Hier ist darauf hinzuwirken, dass Risikovermeidung bis hin zum tatsächlichen Katastrophenmanagement als tatsächlicher Wert im Unternehmen anerkannt und geschätzt wird.

4. Eventuelle Neubewertung von Bewertungsmaßstäben und Analyseregeln

Kein Compliance-System kann langfristig perfekt sein; dazu ändert sich das globale **102** Umfeld zu schnell. Zudem sorgen Veränderungen in der Unternehmensstrategie, in der Investitionspolitik oder den Geschäftsbereichen für die Notwendigkeit, sowohl die Compliance-Struktur als auch das Compliance-Programm dergestalt flexibel auszugestalten, dass es kontinuierlich an veränderte Umstände angepasst werden kann. Überdies können die Ergebnisse eines Audits dazu führen, dass bisherige Bewertungsmaßstäbe und Analyseregeln überdacht werden müssen. Bei diesen Neubewertungen sollten sich die Compliance-Verantwortlichen nicht scheuen, die Hilfe sowohl interner als auch externer Spezialisten in Anspruch zu nehmen. Dies kann intern die Revision sein, die bei Prozessverbesserungen unter Umständen konkrete Hilfestellung geben kann, oder extern ein Dienstleister, der aufgrund seiner fachlichen oder technischen Kenntnisse entsprechende Hilfe leisten kann.

5. Reaktionsstrategie der Unternehmensleitung

Um in Krisenfällen Schaden vom Unternehmen abzuwenden bzw. um diesen so weit **103** wie nur möglich in Grenzen zu halten, sollten die Compliance-Verantwortlichen gemeinsam mit der Unternehmensleitung eine Reaktionsstrategie erarbeiten, die in Notfällen eingesetzt werden kann. Es muss also für den Notfall ein effektives Krisenmanagement für unvorhergesehene Ereignisse etabliert werden. Der Umgang mit den Mitarbeitern, den Behörden, insbesondere der Polizei, sowie der Öffentlichkeit und den Medien muss geplant und klar definiert werden. Hierfür sind interne Ansprechpartner zu benennen, die entsprechend geschult werden, um die möglichen Risiken zu erkennen und im Einzelfall abwägen zu können, ob und ggf. inwieweit die Verhältnismäßigkeit zwischen der notwendigen Offenheit gegenüber der Allgemeinheit einerseits und möglicher Geheimhaltungspflichten des Unternehmens andererseits gewahrt werden kann.

Besonders bedeutsam in diesem Zusammenhang ist die Vermeidung von möglichen **104** Reputationsschäden für das Unternehmen. Deshalb sollte eine klare Krisenkommuni-

---

45 Mit diesem Problem haben nicht nur die Compliance-Abteilung, sondern auch andere Stabsstellen in einem Unternehmen zu kämpfen.

kationsstrategie für den Umgang mit Unternehmensangehörigen sowie für die allgemeine Öffentlichkeit, insbesondere die Medien, festgelegt werden. Diese muss eine eindeutige Zuständigkeit für sämtliche unternehmensinternen und -externen Äußerungen enthalten: Pressemeldungen, interne Verlautbarungen, die Beauftragung von Fachgutachten, die Einschaltung von externen Beratern und Spezialisten sind von einer verantwortlichen Funktion zu beauftragen und zu gestalten. Nur durch ein derartiges striktes Reglement von Aufgaben und Zuständigkeiten kann das Reputationsrisiko minimiert und möglicher Schaden vom Unternehmen abgewendet werden.

B. Die Prüfung von Compliance Management-Systemen nach IDW PS 980

I. Einleitung

105   Das **Institut der Wirtschaftsprüfer in Deutschland e.V. (IDW)** hat mit dem am 11.3.2011 vom IDW-Hauptfachausschuss verabschiedeten **Prüfungsstandard „Grundsätze ordnungsmäßiger Prüfung von Compliance Management-Systemen (IDW PS 980**; nachfolgend auch „Standard") ein breites Echo in der betriebswirtschaftlichen und juristischen Literatur hervorgerufen[46] und auch die Diskussion in den Unternehmen um ein „gutes" Compliance Management und eine mögliche Reduktion der straf- und zivilrechtlichen Konsequenzen für Organmitglieder aus Compliance-Verfehlungen angeregt.

106   Dabei richtet sich der IDW PS 980 – wie alle IDW-Prüfungsstandards – streng genommen nur an die Mitglieder des IDW, die aus der Satzung des Vereins eine Verpflichtung zur Beachtung der Standards haben.[47] Die **Rechtsnatur** der Standards für Nicht-Mitglieder ist unumstritten: der IDW hat als privater Verein keinerlei direkte oder derivative Rechtssetzungskompetenz.[48] Allerdings geht die Bedeutung – gerade des IDW PS 980 – als „[...] Beitrag **sachkundiger Wirtschaftsprüfer** zur Formulierung allgemein umschriebener, nicht konkret bezeichneter Grundsätze [...]"[49] faktisch über den gesteckten Rahmen weit hinaus. Dies lässt sich – neben der zugemessenen Sachkunde – im Wesentlichen aus zwei Gründen herleiten:

– Zum einen füllt der Standard ein **Vakuum bei der Gestaltung von Compliance Management-Systemen**, da es in Deutschland keinen Standard und keine komprimierten und veröffentlichten „Good" oder „Best" Practices für Compliance Management-Systeme gibt und gesetzliche Vorgaben wie in den USA oder Großbritannien fehlen. Da jede Prüfung ein Soll-Objekt erfordert, hat der Standard **Anforderungen an zu prüfende Systeme** formuliert und so Unternehmen und Beratern Hilfestellung bei der Ausgestaltung von CMS gegeben.

---

46 Stellvertretend für viele: *Böttcher* NZG 2011, 1054 ff.; *Görtz* BB 2012, 178 ff.; *Gelhausen/Wermelt* CCZ 2010, 208 ff.; *Rieder/Jerg* CCZ 2010, 201 ff.; *Schefold* ZRFC 2011, 221 ff.; *Schefold* ZRFC 2012, 209 ff.; *Schemmel/Minkoff* CCZ 2012, 49 ff.; *Withus/Hein* CCZ 2011, 125 ff.; *von Busekist/Hein* CCZ 2012, 41 ff.; *von Busekist/Schlitt* CCZ 2012, 86 ff.
47 Vgl. MünchKomm HGB/*Ebke* 2. Aufl. 2009, § 323 Rn. 30.
48 Vgl. *Böttcher* NZG 2011, 1054 ff.
49 Vgl. *Böttcher* NZG 2011, 1056 m.w.N.

Zum anderen hat der mit der Erarbeitung des IDW PS 980 beauftragte Arbeitskreis des IDW während des rund zweijährigen Entstehungsprozesses des Standards zahlreiche **Unternehmensvertreter einbezogen** und so den Entwicklungsstand der Compliance Management-Systeme und die Anforderungen und Erwartungen der Unternehmen an eine Prüfung in den Standard eingearbeitet. Nach Veröffentlichung des Standards hat der Arbeitskreis erste Erfahrungen mit dem Standard sowie mögliche Weiterentwicklungen diskutiert und Mitte 2012 einen Workshop mit Compliance-Beauftragten deutscher Unternehmen sowie Anfang 2013 einen Workshop mit Compliance-Beauftragten, Juristen, Hochschulvertretern und Staatsanwälten durchgeführt.

Aus diesen Gründen hat der IDW PS 980 inzwischen erhebliche Relevanz bekommen. **107** Immer mehr Berater – Juristen wie Betriebswirte – und zahlreiche Unternehmen richten sich an den **Grundelementen** aus, die der Standard als **Prüfungsgegenstand** skizziert und zahlreiche Unternehmen lassen ihr Compliance Management-System bereits nach dem Standard prüfen.[50]

Der Beitrag ist in die **Kernfragen „Was wird warum von wem wie geprüft?"** gliedert. **108**

II. Was – der Prüfungsgegenstand

Der Standard definiert ein Compliance Management-System (CMS) als die Grund- **109** sätze und Maßnahmen eines Unternehmens, die auf die **Sicherstellung eines regelkonformen Verhaltens** des gesetzlichen Vertreters und der Mitarbeiter des Unternehmens sowie ggf. von Dritten abzielen.[51] Regelkonformes Verhalten beinhaltet dabei die Befolgung von **Gesetzen und unternehmensinternen Richtlinien** und folgt damit dem Compliance-Begriff des Deutschen Corporate Governance Kodex.[52] Der Standard weist eingangs auf die Verantwortung der gesetzlichen Vertreter zur Einrichtung, Ausgestaltung und Überwachung des CMS hin und stellt klar, dass hier eine **unternehmerische Entscheidung** vorliegt und somit ein **Organisationsermessen** besteht, das die unternehmensindividuellen Gegebenheiten berücksichtigen kann und soll.[53] Insofern läuft der verschiedentlich geäußerte Vorwurf einer durch den Standard postulierten „one size fits all"-Lösung a priori ins Leere.[54]

Von zentraler Bedeutung für den Prüfungsgegenstand, das „Was", ist das Soll-Objekt **110** als Prüfungsmaßstab, wobei zwischen dem **juristischen Sollen** (Einhaltung von Gesetzen) und dem **betriebswirtschaftlichen Soll-Objekt** für Prüfungszwecke zu unterscheiden ist.[55]

---

50 Nach einer von den Verfassern zusammengetragenen Marktübersicht lässt rd. ein Drittel der DAX30-Unternehmen derzeit ihr Compliance Management-System gegen den IDW PS 980 prüfen oder hat es bereits prüfen lassen. Dazu kommen rd. 100 börsennotierte sowie – zumeist größere – mittelständische Unternehmen. Daneben ist das positive Feedback auf internationaler Ebene zu erwähnen, das von verschiedenen nationalen Standard Settern und dem IAASB sowie dem AICPA gegeben wurde.
51 *IDW* PS 980 Tz. 6.
52 *IDW* PS 980, Tz. 5.
53 *IDW* PS 980 Tz. 1.
54 So geäußert von *Rieder/Jerg* CCZ 2010, 206.
55 Vgl. *Withus/Hein* CCZ 2011, 130.

- Das juristische Sollen ist nicht Betrachtungsgegenstand dieses Kapitels. Es sei nur darauf hingewiesen, dass der **Meinungsstand eindeutig** ist: Die **Zielvorstellung**, also der gesetzes- und regelkonforme Auftritt des Unternehmens, ist gesetzlich festgelegt worden. Der **Weg** zur Erreichung dieses Ziels dagegen unterliegt unternehmerischem Ermessen, sodass nicht zwangsläufig die Implementierung eines CMS für jedes Unternehmen geboten ist.[56]
- Als **Leitfaden** für die Konzeption und Ausgestaltung des betriebswirtschaftlichen Soll-Objekts lässt der Standard CMS-Grundsätze zu, die auf **allgemein anerkannten Rahmenkonzepten**[57] beruhen oder die **vom Unternehmen selbst entwickelt** wurden. Zu den allgemein anerkannten Rahmenkonzepten zählen u.a. das „Foundation Guidelines Red Book", der „Australian Standard on Compliance Programs (AS 3806-2006)" oder das aus dem Risikomanagement bekannte „COSO II"-Framework; daneben verweist der Standard auch auf Rahmenkonzepte für **bestimmte Rechtsgebiete** (z.B. auf die „Geschäftsgrundsätze für die Bekämpfung von Korruption") oder für **bestimmte Branchen** (z.B. das „Pflichtenheft zum Compliance Management in der Immobilienwirtschaft").[58]
- Quasi als Essenz[59] der allgemein anerkannten Rahmenkonzepte zählt der Standard sieben Grundelemente auf, die ein angemessenes CMS in unterschiedlicher Ausprägung beinhaltet:

  - Compliance-Kultur,
  - Compliance-Ziele,
  - Compliance-Risiken,
    Compliance-Programm,
  - Compliance-Organisation,
    Compliance-Kommunikation,
    Compliance-Überwachung und –Verbesserung[60]

und erläutert diese im Anhang.[61] Die **Kritik**, dass der Standard durch eine willkürliche Zusammenstellung den unzutreffenden Eindruck einer „one size fits all"-Lösung erweckt, solange die sieben Elemente adressiert sind,[62] hat auch durch die Ableitung aus den anerkannten Rahmenkonzepten **keinen Bestand**. Darüber hinaus stellen *von Busekist/Hein* fest, dass sich nach einer genauen Analyse der zu **§ 130 Abs. 1 OWiG** ergangenen Entscheidungen alle Grundelemente des Standards der „gehörigen Aufsicht" zuordnen lassen und § 130 OWiG damit nicht nur abbilden, sondern weiter **präzisieren**.[63]

Der Standard stellt eingangs fest, dass der Prüfungsgegenstand nicht bzw. nicht notwendigerweise das vollständige CMS eines Unternehmens ist, sondern dass eine

---

56 Stellvertretend für viele: *Hülsberg/Münzenberg* Audit Committee Quartely II/2012, 16 ff.; *Schaefer/Baumann* NJW 2011, 3601 ff.
57 Als solche definiert der Standard Rahmenkonzepte, die von einem autorisierten oder anerkannten Standardsetzer im Rahmen eines transparenten Verfahrens (einschl. Veröffentlichung eines Entwurfs und Einholung von Stellungnahmen) entwickelt und verabschiedet wurden; *IDW PS 980* Tz. 9, A6.
58 Eine Übersicht über die allgemein anerkannten Rahmenwerke ist dem Standard als Anlage beigefügt; die Anlage nennt auch die Standardsetzer und enthält die Quellennachweise.
59 Vgl. auch *Schefold* ZRFC 2011, 222, der von einer Extraktion aus den Rahmenwerken spricht.
60 *IDW* PS 980 Tz. 10, 23.
61 *IDW* PS 980 Tz. 14-20.
62 S. Rn. 109.
63 Vgl. *von Busekist/Hein* CCZ 2012, 45.

klare Abgrenzung des Prüfungsgegenstandes erforderlich ist. Diese Abgrenzung kann darin bestehen, dass bestimmte **Unternehmensbereiche** (z.B. Gesellschaften, Sparten, Regionen), **Unternehmensprozesse** (z.B. Einkauf, Vertrieb, F&E) oder **Rechtsgebiete** (z.B. Kartellrecht, Datenschutz, Antikorruptionsrecht) als Prüfungsgegenstand festgelegt werden.[64] Diese Festlegung hat elementare Bedeutung für **Prüfungsaufwand und -wirkung**. Je weiter der Prüfungsgegenstand gefasst wird, desto höher ist naturgemäß der Prüfungsaufwand. Allerdings kann die Prüfung auch **ausschließlich in den als Prüfungsgegenstand festgelegten Bereichen** ihre intendierten Wirkungen entfalten. Wie im Folgenden anhand des Prüfungsvorgehens deutlich werden wird, ist ein erheblicher Teil der Prüfungshandlungen auf den konzeptionellen Überbau für die einzelnen CMS-Teilgebiete ausgerichtet, sodass sich bei einer weiten Abgrenzung der zu prüfenden Teilgebiete des CMS **Skaleneffekte** ergeben.

III. Wer – potenzielle Prüfer

Es besteht i.d.R. **keine Verpflichtung** für Unternehmen, ihr CMS (extern) prüfen zu lassen, sodass die Prüfung auch unternehmensintern durchgeführt werden kann.[65] **111** Sofern die Entscheidung für eine externe Prüfung fällt, kommen regelmäßig verschiedene Berufsgruppen und Unternehmen in Betracht; hierzu zählen insbesondere **Wirtschaftsprüfer** und **Rechtsanwälte**, aber auch **sonstige Personen mit Sachverstand** im Bereich von CMS.[66] Auch ist eine Prüfung – intern wie extern – nicht zwingend nach einem bestimmten Standard durchzuführen, wobei in diesem Kapitel ausschließlich eine Prüfung nach IDW PS 980 betrachtet wird. Sofern der Standard nicht allein deswegen zur Anwendung kommt, weil die Prüfung von einem IDW-Mitglied durchgeführt wird, so sollte er doch in seinen Grundzügen auch von anderen sachverständigen Prüfern angewendet werden, da er sich von den sonstigen Prüfungskonzepten durch seinen **hohen Standard** erheblich unterscheidet.[67] Am Markt sind auch Prüfungsangebote zu finden, die überwiegend oder ausschließlich auf einer **Selbstbeurteilung („Self Assessment")** der Unternehmen beruhen; dies erreicht i.d.R. nicht die Qualität einer Prüfung nach IDW PS 980.

Unter Beachtung des vorstehend Gesagten ist der **Kreis der potenziellen Prüfer** weit **112** zu ziehen:

– **Interne Prüfungen** eines CMS werden üblicherweise durch die **Innenrevision** vorgenommen, wobei die Arbeitsgruppe 2 des *Forum Compliance & Integrity* des Anwenderrats für Wertemanagement die Innenrevision als neutrale Stelle gleichwertig mit externen Prüfern wie Wirtschaftsprüfern und Rechtsanwälten sieht[68] und

---

64 *IDW PS 980* nennt in Tz. A3 diese und weitere Beispiele.
65 Der Banken-, Versicherungs- und Wertpapiersektor wird hier nicht betrachtet. Daneben gibt es einige Branchenstandards wie das „Pflichtenheft zum Compliance Management in der Immobilienwirtschaft" des Initiativkreises Corporate Governance in der deutschen Immobilienwirtschaft e.V., die eine externe Auditierung des CMS vorsehen; abrufbar unter www.immo-initiative.de/zertifizierung/pflichtenheft/.
66 Vgl. *Forum Compliance & Integrity* Thesenpapier/Whitepaper „Prüfung von Compliance-Management-Systemen", Stand: Dezember 2012, abrufbar unter www.dnwe.de/261.html.
67 Vgl. *Withus/Hein* CCZ 2011, 132. Auszunehmen sind die Hinweise des Standards auf den Berufsstand des Wirtschaftsprüfers und die daran geknüpften direkten Berufspflichten.
68 Vgl. *Forum Compliance & Integrity* S. 6 f.

als Vorteil der Innenrevision anführt, dass diese mit den Prozessen und der Kultur des Unternehmens vertraut sei und daher wertvollere Erkenntnisse und Ergebnisse bringen könne als ein externer Berater bzw. Prüfer.[69] An eine Prüfung des CMS durch die Innenrevision in Anwendung der Grundzüge des Standards sind hinsichtlich **Unabhängigkeit und fachlicher Qualifikation** die Anforderungen des Institute of Internal Auditors in den Standards IIA 1100 ff. und IIA 1200 ff.[70] zu beachten.

– **Externe Prüfungen** können durch Wirtschaftsprüfer oder andere Dritte vorgenommen werden, die den erforderlichen Sachverstand mitbringen bzw. **multidisziplinäre Teams** zusammenstellen können, um den notwendigen **juristischen Sachverstand** zur Beurteilung der Abdeckung relevanter Gesetze sowie den betriebswirtschaftlichen Sachverstand in Hinsicht auf Prozessabläufe und Organisationsstrukturen abzudecken.[71] Der Standard verlangt bereits bei der Auftragsannahme die Prüfung, ob die notwendigen Fach- und Branchenkenntnisse sowie Erfahrungen mit den einschlägigen rechtlichen Anforderungen vorhanden sind.[72] Der Standard sieht vor, dass zur Abdeckung besonderer Anforderungen (z.B. bei **IT-gestützten Bestandteilen** des CMS) und insbesondere für die durch die Prüfung abzudeckenden Rechtsgebiete **Spezialisten** hinzuzuziehen sind.[73] Insofern wird die Prüfung im Regelfall durch multidisziplinäre Teams von Wirtschaftsprüfern und Rechtsanwälten, fallweise ergänzt durch weitere Spezialisten, durchgeführt werden.[74] Der zwischenzeitlich von einigen Rechtsanwälten unternommene Versuch, im Rahmen von Fachartikeln Lobbyarbeit zu betreiben und ausschließlich Rechtsanwälten die Kompetenz zur Prüfung eines CMS zuzuweisen,[75] ist von der Unternehmenspraxis wie von der Literatur[76] inzwischen als durchscheinend und untauglich zurückgewiesen worden. Auch die Frage, ob der **Abschlussprüfer** eines Unternehmens auch dessen CMS nach dem Standard prüfen darf, kann unter Beachtung der gesetzlich und berufsrechtlich anzulegenden Unabhängigkeitsregeln bejaht werden.[77]

IV. Wie – Ziel und Vorgehen bei der Prüfung

113 In diesem Abschnitt soll dargestellt werden, welche **Formen der Beauftragung** eines CMS-Prüfers aus dem Standard abzuleiten sind. Dieser geht in seiner konzeptionellen Ausrichtung davon aus, dass das beauftragende Unternehmen eine Aussage über die tatsächliche Wirksamkeit des CMS einholt. In diesem Fall spricht der Standard hier auch von der „**umfassenden Prüfung**".[78] Allerdings wird ebenso explizit darauf hingewiesen, dass auf dem Weg zur umfassenden **Wirksamkeitsprüfung** der Prozess der

---

69 Vgl. *Forum Compliance & Integrity* S. 7.
70 Abrufbar unter https://na.theiia.org/standards-guidance/mandatory-guidance/Pages/Standards.aspx.
71 Vgl. *Withus/Hein* CCZ 2011, 131 f.
72 *IDW* PS 980 Tz. 25 f.
73 *IDW* PS 980 Tz. 25, 26, 32, 49, A38.
74 Vgl. *Böttcher* NZG 2011, 1054; *Gelhausen/Wermelt* CCZ 2010, 211; *Görtz* BB 2012, 182.
75 Vgl. *Rieder/Jerg* CCZ 2010, 204 f.
76 Stellvertretend für viele und bes. deutlich: *Schemmel/Minkoff* CCZ 2012, 51.
77 Anders: *Rieder/Jerg* CCZ 2010, 204 f., die dies mit einer „Selbstprüfung" begründen. Diese liegt aber nur dann vor, wenn der Abschlussprüfer an der Erstellung des CMS mitgewirkt hätte und nicht durch die „Doppel"-Prüfung des CMS in seiner Funktion als Abschlussprüfer und Prüfer des CMS mit separater Beauftragung.
78 Vgl. *IDW* PS 980 Tz. 14.

Entwicklung und Einführung eines CMS durch den CMS-Prüfer prüferisch begleitet werden kann. Als Zwischenstufen werden dabei die **Konzeptionsprüfung** sowie die **Angemessenheitsprüfung** benannt.[79] Beide unterscheiden sich materiell von der Wirksamkeitsprüfung.

1. Konzeptionsprüfung

Bei der Konzeptionsprüfung trifft der CMS-Prüfer lediglich eine Aussage darüber, ob **114** die in der **CMS-Beschreibung** enthaltenen **Aussagen zur Konzeption des CMS angemessen dargestellt** sind. Sie ist damit alleiniger Prüfungsgegenstand. Die Prüfung ist im Wesentlichen darauf gerichtet, ob alle im Standard definierten Grundelemente mit Maßnahmen und Prozessen ausgestaltet und beschrieben sind. Neben der reinen Vollständigkeit ist die Konzeption darüber hinaus noch daraufhin zu beurteilen, ob sie in der dargelegten Form für das Unternehmen zutrifft. Die Abgrenzung zur hier ebenfalls beschriebenen Angemessenheitsprüfung kann im Zweifelsfall schwierig sein.

Bei der Bestimmung von **Art und Umfang der Prüfungshandlungen** sind die angewandten **115** CMS-Grundsätze, die Beschreibung des CMS durch die gesetzlichen Vertreter und die der Prüfung unterliegenden Teilbereiche des CMS zu berücksichtigen. Als Prüfungshandlungen kommen daher insbesondere Befragungen (z.B. der gesetzlichen Vertreter) und die Durchsicht von Organisationsunterlagen (z.B. Protokolle, Berichte der internen Revision, Handbücher) in Betracht.[80]

Keinesfalls ist in der Konzeptionsprüfung jedoch zu verifizieren, ob die eingerichteten Prozesse und Maßnahmen überhaupt geeignet sind, die Compliance-Risiken angemessen zu adressieren. Die Prüfungsaussage als solche ist hier demnach sehr eingeschränkt und dürfte in aller Regel nur als **Vorstufe** zu einer sich anschließenden Angemessenheits- oder Wirksamkeitsprüfung gesehen werden.

2. Angemessenheitsprüfung

Die Prüfung der Angemessenheit des CMS schließt sich inhaltlich an die zuvor vorgenommene **116** Würdigung der Konzeption an. In diesem Schritt werden allerdings die eingerichteten **Prozesse und Maßnahmen** noch daraufhin untersucht, ob sie bei tatsächlicher Befolgung geeignet sind, die mit dem CMS verfolgten Ziele zu erreichen, d.h. Regelverstöße zu verhindern oder zeitnah aufzudecken und zu sanktionieren. Dabei definiert der Prüfungsstandard die Angemessenheitsprüfung als Prüfung sowohl der Angemessenheit als auch der Implementierung. Daraus folgt, dass neben der grundsätzlichen Eignung der Prozesse und Maßnahmen zur Erreichung der Compliance Ziele auch untersucht werden muss, ob diese auch zum Prüfungsstichtag implementiert, d.h. eingerichtet waren.

Die Angemessenheitsprüfung ist mit der sog. „**Design Effectiveness**" vergleichbar, die **117** in der Prüfung von Internen Kontrollsystemen nach dem **PCAOB Auditing Standard 5** untersucht wird: "The auditor should test the design effectiveness of controls by determining whether the company's controls, if they are operated as prescribed by persons possessing the necessary authority and competence to perform the control effectively, satisfy the company's control objectives and can effectively prevent or detect errors or fraud that could result in material misstatements in the financial statements."[81]

---

79 Vgl. *IDW* PS 980 Tz. 15.
80 Vgl. *IDW* PS 980 Tz. A31.
81 *PCAOB* Auditing Standard 5 Tz. 42.

118 Der CMS-Prüfer muss also auch sicherstellen, dass die in der CMS-Beschreibung dokumentierten Prozesse und Maßnahmen tatsächlich auch vorgefunden werden. Dem Aspekt der Implementierung kommt insbesondere bei **Konzernprüfungen** eine große Bedeutung zu, da es hier folglich nicht ausreichend sein kann, die Maßnahmen lediglich auf Konzernebene zu beurteilen ohne sicherzustellen, dass die beschriebenen Kontrollen auch bei den einbezogenen **Tochtergesellschaften** in der Praxis umgesetzt worden sind. Dazu ist es geboten, die Prüfungshandlungen schwerpunktmäßig **dezentral**, d.h. vor Ort (z.B. im betroffenen Unternehmensteil bzw. im Rahmen einer Konzernprüfung bei der betroffenen Tochtergesellschaft) vorzunehmen. Nur dadurch kann wirklich eine Aussage getroffen werden, ob die in der CMS-Beschreibung enthaltenen Maßnahmen auch tatsächlich so durchgeführt werden.[82]

119 In Analogie zum IDW Prüfungsstandard 261 n.F. umfasst die Angemessenheitsprüfung deshalb u.a. auch die **Befragungen** von Mitgliedern des Managements, Personen mit Überwachungsfunktionen und sonstigen Mitarbeitern auf unterschiedlichen organisatorischen Ebenen. Weiterhin kann sich der Prüfer mittels **Durchsicht von Dokumenten**, z.B. Organisationshandbüchern, Arbeitsplatzbeschreibungen und Ablaufdiagrammen einen Überblick über die Prozesse und Maßnahmen verschaffen. Die **Beobachtung von Aktivitäten und Arbeitsabläufen** im Unternehmen, einschließlich der IT-gestützten Verfahren kann darüber hinaus wertvolle Beweise für die Implementierung geben.[83]

120 Sollte der CMS-Prüfer zum Ergebnis kommen, dass das eingerichtete CMS nicht angemessen ausgestaltet bzw. implementiert ist, so ist eine anschließende Prüfung der Wirksamkeit nicht zweckmäßig, da auch bei effektiver Umsetzung von nicht angemessenen Prozessen und Maßnahmen keine Wirksamkeit gegeben sein kann. Diese **Feststellungen** aus der Angemessenheitsprüfung sind daher zunächst zu adressieren und durch das Unternehmen zu **beseitigen**, bevor der nächste Prüfungsschritt begonnen werden kann.

3. Wirksamkeitsprüfung

121 Die Prüfung der Konzeption sowie der Angemessenheit beinhalten keine Aussage zur tatsächlichen Wirksamkeit des CMS und sind in erster Linie als **Vorstufe** an die Unternehmensorgane gerichtet, die an einer unabhängigen **Beurteilung des Entwicklungsstands des CMS** interessiert sind.[84] Eine Wirksamkeit ist erst dann gegeben, wenn durch entsprechende Prüfungshandlungen – in der Regel auf Stichprobenbasis – sichergestellt wurde, dass die eingerichteten angemessenen Prozesse und Maßnahmen auch **tatsächlich befolgt und umgesetzt** werden.

122 Die Wirksamkeitsprüfung ist mit der sog. „**Operating Effectiveness**" vergleichbar, die in der Prüfung von Internen Kontrollsystemen nach **PCAOB Auditing Standard 5** untersucht wird: "The auditor should test the operating effectiveness of a control by determining whether the control is operating as designed and whether the person performing the control possesses the necessary authority and competence to perform the control effectively."[85] Sie schließt daher inhaltlich immer die Prüfung der Konzeption und Angemessenheit ein.

---

82 *Rieder/Jerg* CCZ 2010, 205.
83 Vgl. IDW Prüfungsstandard: Feststellung und Beurteilung von Fehlerrisiken und Reaktionen des Abschlussprüfers auf die beurteilten Fehlerrisiken (IDW PS 261) Tz. 61.
84 Vgl. *IDW* PS 980 Tz. 14.
85 *PCAOB* Auditing Standard 5 Tz. 44.

Ebenfalls in Analogie zum IDW Prüfungsstandard 261 n.F. umfasst die Wirksamkeits- **123** prüfung deshalb die **Befragung** von Mitarbeitern, die **Durchsicht** von Nachweisen über die Durchführung der Maßnahmen, **Beobachtung** der Durchführung von Maßnahmen, **Nachvollzug** von Kontrollaktivitäten, **Auswertung** von Ablaufdiagrammen, Checklisten und Fragebögen, **Einsichtnahme** in die Berichte der Internen Revision sowie **IT-gestützte Prüfungshandlungen**.[86]

Welche der hier dargestellten Prüfungshandlungen sich für die einzelnen Maßnahmen **124** und Prozesse eignet, hängt von einer Vielzahl von Faktoren ab. Insbesondere sollte sich der Prüfer die **Komplexität der Kontrollhandlung** sowie die **Folgen des Kontrollversagens** vor Augen führen. Bei anspruchsvollen Kontrollen wäre z.B. wahrscheinlich ein Nachvollzug (d.h. eine eigene Wiederholung der Prüfungshandlung) angemessen. Bei einfachen Aktivitäten kann die bloße Einsichtnahme in die dokumentierte Kontrolle ausreichend sein. Mittels dieser Prüfungshandlungen kann durch den CMS-Prüfer festgestellt werden, ob die als angemessen eingeschätzten Maßnahmen und Prozesse auch so umgesetzt, d.h. im Unternehmen gelebt, werden. Wie im Rahmen einer **risikoorientierten und effizienten Prüfung** üblich, kann eine solche Prüfung der Prozesse und Maßnahmen in den meisten Fällen nur **stichprobenartig** erfolgen. Dabei sind insbesondere der **Stichprobenumfang** sowie die **zeitliche Streuung der Stichprobenelemente** zu bestimmen.

Während einzelne Aussagen in der Compliance Beschreibung aussageorientiert prüf- **125** bar sind (z.B. das Vorliegen eines Code of Conduct), entziehen sich andere dargestellte Maßnahmen und Prozesse hingegen aufgrund ihrer hohen Transaktionszahl einer solchen vollständigen Überprüfung (z.B. Vier-Augen-Prinzip oder das Einhalten von Unterschriftenregelungen). Hier stellt sich die Frage, nach welcher Vorgabe eine Stichprobenauswahl zu erfolgen hat. Der CMS-Prüfer wird den **Stichprobenumfang** so festlegen, dass er auf Basis der ausgewählten Elemente eine hinreichende Sicherheit bzgl. der Aussage über die Wirksamkeit der Einzelmaßnahme treffen kann. Auf Basis anerkannter internationaler Prüfungsgrundsätze (vgl. **International Standard on Auditing ISA 530**) hängt der Stichprobenumfang im Wesentlichen davon ab, wie häufig eine entsprechende Kontrolle durchgeführt wird, wie hoch die Wahrscheinlichkeit des Kontrollversagens und wie materiell das hierdurch adressierte Risiko ist.

Die Wirksamkeitsprüfung ist immer **zeitraumbezogen**, d.h. der CMS-Prüfer stellt **126** sicher und bescheinigt, dass die Maßnahmen und Prozesse innerhalb eines fest definierten Zeitraums wirksam waren. Als Folge dessen sind die ausgewählten Stichprobenelemente so zu wählen, dass sie eine verlässliche Aussage über den gesamten Prüfungszeitraum zulassen. Im Falle von Einsichtnahmen in Unterlagen kann dies auch zum Ende des Prüfungszeitraums durch eine entsprechende Auswahl von Sachverhalten und Transaktionen aus Vormonaten erfolgen. Bei Interviews und Beobachtungen sind jedoch Prüfungshandlungen aufgrund der Natur der Prüfungshandlung auch schon innerhalb des zu prüfenden Zeitraums unerlässlich.

Grundsätzlich gilt, dass sich der CMS-Prüfer bei der Entscheidung über **Art und** **127** **Umfang der Prüfungshandlungen** an den allgemeinen berufsrechtlichen Anforderungen orientiert, die zum Teil durch Kriterien im Prüfungsstandard konkretisiert werden. Keinesfalls kann es als Aufgabe von IDW PS 980 verstanden werden, eine voll-

---

86 Vgl. IDW Prüfungsstandard: Feststellung und Beurteilung von Fehlerrisiken und Reaktionen des Abschlussprüfers auf die beurteilten Fehlerrisiken (IDW PS 261) Tz. 73.

umfängliche Beschreibung der Prüfungshandlungen zu liefern. Vielmehr setzt er einen Rahmen, innerhalb dessen der CMS-Prüfer ein der Unternehmensgröße, der Branche, der inneren Struktur, der geographischen Tätigkeit sowie der Aufbau- und Ablauforganisation sowie dem Teilbereich angemessenes **Prüfprogramm individuell** entwickelt.[87]

128　Der Prüfungsstandard richtet sich an Wirtschaftsprüfer und ist somit immer im Kontext mit den bereits existierenden **allgemeinen Grundsätzen der Prüfung** zu sehen. Konkretisierende Prüfungshandlungen und Grundsätze finden sich somit in den deutschen Prüfungsstandards des Instituts der Wirtschaftsprüfer sowie in den internationalen Prüfungsstandards. Hierin finden sich **anerkannte Prüfungstechniken und –methoden**, die eine ausreichende theoretische und praktische Fundierung der Prüfung sicherstellen.[88]

4. Grenzen der Wirksamkeitsprüfung

129　Die Wirksamkeitsprüfung (mit ihren beiden Vorstufen der Konzeptions- und Angemessenheits- bzw. Implementierungsprüfung) in der hier dargestellten Form **kann nicht als Nachweis dafür gelten, dass Verstöße im Unternehmen vollständig verhindert werden**. Zum einen arbeitet der CMS Prüfer in der Regel mit stichprobenartigen Prüfungen der identifizierten Prozesse und Maßnahmen. Zwar wird durch die bewusste und sorgfältige Bestimmung des Stichprobenumfangs eine hohe Wahrscheinlichkeit erzielt, jedoch liegt einer solchen Auswahl immer das Risiko zugrunde, dass Kontrollversagen in der gezogenen Stichprobe nicht identifiziert wird. Darüber hinaus scheitern alle internen Kontrollsysteme, und so auch das CMS, immanent im Falle des sog. „**management override**", wenn durch Vorgesetzte eine eingerichtete Kontrolle durch Ausübung von Druck außer Kraft gesetzt wird. Zwar liefert gerade das CMS durch Instrumente wie das Hinweisgebersystem die Möglichkeit, diese Fälle anonym zu kommunizieren. Eine Umgehung ist dennoch nicht vollumfänglich auszuschließen.

130　Weiterhin stellt auch die **Kollusion**, d.h. das Zusammenwirken von zwei oder mehr Mitarbeitern im Unternehmen immer das Risiko dar, dass Kontrollen, wie z.B. das Vier-Augen-Prinzip, mit krimineller Energie nicht effektiv sind. Abschließend ist aus der geprüften Wirksamkeit des CMS innerhalb eines bestimmten Zeitraums nicht abzuleiten, ob es in der Vergangenheit (d.h. vor Beginn des Wirksamkeitszeitraums) sowie in der Zukunft (also nach Ende des Wirksamkeitszeitraums) auch wirksam war bzw. sein wird. Aus diesen Einschränkungen ist nicht abzuleiten, dass eine Wirksamkeitsprüfung zu keiner verwertbaren Aussage kommen kann: Der Prüfungsstandard selber weist in Tz. A12 („…auch ein ansonsten wirksames CMS unterliegt systemimmanenten Grenzen…") und Tz. 18 („…sodass möglicherweise auch wesentliche Regelverstöße auftreten können, ohne systemseitig verhindert oder aufgedeckt zu werden…") auf diese **Begrenzungen** hin. Somit ist das Vorliegen von Verstößen auch bei einem wirksamen CMS möglich und nicht per Definition ein Zeichen für dessen Versagen.

87　Vgl. *Gelhausen/Wermelt* CCZ 2010, 209 f.
88　So durchgängig *Withus/Hein* CCZ 2011, 125 ff.

V. Warum – Gründe für eine Prüfung

Für die freiwillige Prüfung des CMS lassen sich verschiedene Gründe anführen: **131**

– Ein wesentlicher Grund ist die **Vermeidung von straf- und zivilrechtlichen Konsequenzen** für Organe und andere Mitarbeiter mit Garantenstellung[89] aus nicht regelkonformem Verhalten bzw. eine Verringerung des Risikos solcher Konsequenzen. Die Diskussion einer solchen „enthaftenden" bzw. „haftungsreduzierenden" Wirkung eines CMS wird seit einiger Zeit kontrovers geführt und soll hier nicht widergegeben werden.[90] Im folgenden Kapitel wird daher ausschließlich beleuchtet, welche Wirkung die Prüfung eines CMS auf die Haftungssituation haben kann.

– Daneben werden folgende weiteren Gründe bzw. Anlässe für die Prüfung eines CMS genannt:[91]

  – Die **Geschäftsleitung** möchte die Effektivität eines implementierten CMS überprüfen lassen.

  – Der **Aufsichtsrat/Prüfungsausschuss** überprüft im Rahmen seiner Pflichten nach § 107 Abs. 3 AktG die Wirksamkeit des Internen Kontrollsystems und des Risikomanagements, was das CMS einschließt.

  – Es erfolgt eine Prüfung im Rahmen der **Jahresabschlussprüfung**, z.B. als durch den Aufsichtsrat/Prüfungsausschuss vorgegebene **Prüfungserweiterung**

  – Das CMS nach einem wesentlichen Compliance-Verstoß auf **Schwachstellen** überprüft werden.

  – Ein „**Compliance Monitor**" wird nach einem durch US-Behörden geführten Strafverfahren eingesetzt und nimmt eine laufende Überprüfung des CMS für einen bestimmten Zeitraum vor.

  – Im Rahmen einer **M&A-Transaktion** wird eine Compliance Due Diligence durchgeführt.

  – Es erfolgt eine Kontrolle des vertraglich zugesicherten CMS bei **Lieferanten/Kunden** im Rahmen von entsprechenden Prüfungsrechten oder eine entsprechende Prüfung durch den Lieferanten/Kunden zum Nachweis eines entsprechenden CMS.

  – Das CMS soll für **Nachhaltigkeitsinvestoren** geprüft werden.

Aufgrund der Flexibilität des Standards kann dieser grundsätzlich bei jedem der vorstehend aufgeführten Prüfungsanlässe zur Anwendung kommen.

VI. Rechtliche Bedeutung des IDW PS 980 für das Haftungsrecht

Der IDW PS 980 kann auf zweifache Weise für das Haftungsrecht Relevanz entfalten. **132**

Zum einen kann der Standard **von Gerichten als Auslegungshilfe** für CMS-Pflichten genutzt werden. Prüfungsstandards des IDW besitzen aufgrund der fachlichen Autorität insbesondere des letztverantwortlichen Hauptfachausschusses generell eine **hohe**

---

89 Die Diskussion hierüber wurde durch das obiter dictum des 5. Strafsenats des *BGH* angefacht, der in seiner Entscheidung vom 17.7.2009 die Garantenstellung eines Compliance-Beauftragten mit entsprechender strafrechtlicher Relevanz (Unterlassen) behandelt hatte; 5 StR 394/08, in: AG 2009, S. 740.

90 Stv. für viele: *Rieder/Jerg* CCZ 2010, 201 ff.; *Böttcher* NZG 2011, 1054 ff.; *Gelhausen/Wermelt* CCZ 2010, 208 ff.

91 Vgl. im Folgenden *Forum Compliance & Integrity* S. 1 und 7; *Rieder/Jerg* CCZ 2010, 202; *Schefold* ZRFC 2011, 221.

faktische Bedeutung. Da der Standard nicht nur Vorgaben zur Prüfung selbst sondern auch zum Prüfungsgegenstand macht, wird er die **gerichtliche Auslegung** von einem CMS zugrundeliegenden Rechtsnormen nicht verdrängen, wohl aber **beeinflussen**.[92] Die Regelungen in § 76 Abs. 1 AktG (Leitung der Aktiengesellschaft durch den Vorstand), § 91 Abs. 2 AktG (Risikofrüherkennungssystem), § 93 Abs. 1 S. 2 AktG (Business Judgement Rule), § 161 AktG in Verbindung mit dem Deutschen Corporate Governance Kodex (DCGK) oder in § 130 OWiG (sogenannter Compliance-Bußgeldtatbestand) legen die erste Führungsebene des Unternehmens nicht darin fest, wie die zentrale Aufgabe der Sicherstellung eines gesetzes- und richtlinienkonformen Handelns zu gewährleisten ist.[93] Hier kann und wird der Standard herangezogen werden, um eine mögliche Lösung dieser Aufgabe zu skizzieren.

133 Zum anderen kann eine Prüfung nach dem Standard „**enthaftend**" wirken. Organmitgliedern drohen zivilrechtliche Konsequenzen bei schuldhafter Verletzung ihrer Sorgfaltspflichten wie z.B. **Schadensersatzansprüche** aus § 93 Abs. 2 S. 1 AktG bzw. § 43 Abs. 2 GmbHG, die **Abberufung** aus der Organstellung sowie die **Kündigung** ihres Anstellungsvertrages.[94] Des Weiteren drohen dem Unternehmen **Bußgeld und Gewinnabschöpfung**, wenn gehörige Aufsichtsmaßnahmen zur Erschwerung oder Verhinderung von straf- oder bußgeldbewehrten Pflichtverletzungen unterlassen wurden (§§ 130, 30 OWiG). Und schließlich sei hier auf die **Strafbarkeit durch Unterlassen** bei Mitarbeitern mit Garantenstellung hingewiesen, die der BGH mit seinem obiter dictum 2009 betont hatte.[95] Damit eine Prüfung nach IDW PS 980 haftungsvermeidend respektive –reduzierend wirken kann, müssen folgende **Bedingungen** erfüllt sein:

– Damit die Geschäftsleitung die Ausübung ihrer Überwachungspflicht für das CMS überhaupt (partiell) auf den Prüfer delegieren kann, müssen die allgemeinen **Sorgfaltspflichten für eine vertikale Delegation** erfüllt sein:[96]
  – Bei der Auswahl des Prüfers ist auf dessen persönliche und fachliche **Eignung** zur Erfüllung der zugedachten Aufgaben zu achten (**cura in eligendo**). Da ein betriebswirtschaftliches Prüfungsurteil, wie es nach dem IDW PS 980 abzugeben ist,[97] in rechtlicher Hinsicht von geringem Wert ist, muss die Hinzuziehung ausreichenden juristischen Sachverstands sichergestellt sein.[98] Es empfiehlt sich, bei der Auswahl des Prüfers diesen Punkt kritisch zu hinterfragen.
  – Die **Einweisungs- oder Übertragungssorgfalt (cura in instruendo)** verpflichtet die Geschäftsleitung, das CMS und dessen Besonderheiten klar zu erläutern und auf besondere Umstände wie bekannte Schwachstellen des CMS und wesentliche Regelverstöße hinzuweisen.[99]
  – Die **Überwachungssorgfalt (cura in custodiendo)** verpflichtet die Geschäftsleitung, den Prüfer und dessen Arbeitsergebnisse durch eine **Plausibilitätsprüfung** zu überwachen und ggf. weitere Aufklärung zu unklaren Punkten zu verlangen.[100]

---

92 Vgl. *Böttcher* NZG 2011, 1056.
93 S. *Hülsberg/Münzenberg* Audit Committee Quartely II/2012, S. 17.
94 Vgl. *Rieder/Jerg* CCZ 2010, 202.
95 *BGH* 17.7.2009 – 5 StR 394/08.
96 Vgl. im Folgenden *Hülsberg* Sorgfaltspflichten bei Unternehmenserwerben, 2009, S. 65 m.w.N.
97 *IDW* PS 980 Tz. 24.
98 Vgl. *Böttcher* NZG 2011, 1057.
99 Hierzu wird der Wirtschaftsprüfer eine geeignete Vollständigkeitserklärung von der Geschäftsleitung einholen.
100 Vgl. *Fleischer* ZIP 2009, 1403 f.

– Eine Enthaftung ist **nur bei einer Wirksamkeitsprüfung** überhaupt denkbar; eine Konzeptionsprüfung oder eine Angemessenheitsprüfung alleine sind nicht geeignet.[101]
– Eine Enthaftung kann nur bei einem **uneingeschränkten Prüfungsurteil** in Frage kommen. Sofern der Prüfer wesentliche Mängel festgestellt hat, ist das Prüfungsurteil einzuschränken oder zu versagen.[102] Sofern die Geschäftsleitung die durch den Prüfer festgestellten Mängel nicht abstellt, kann sich u.U. hieraus sogar eine **Haftungsbegründung** ergeben. Insofern hat sich in der Praxis die Vorgehensweise bewährt, einen sogen. „**Readiness Check**" vor der eigentlichen Prüfung durchzuführen, um vor Beginn der Prüfung klar erkennbare Mängel des CMS abzustellen. Treten während der Prüfung weitere Mängel zutage, die zu einer Einschränkung/Versagung des Prüfungsurteils führen, sollte nach Beseitigung der Mängel durch die Geschäftsleitung eine **ergänzende Prüfung** über die Abstellung der Mängel bzw. eine **Wiederholung der Prüfung** beauftragt werden.
– Eine Enthaftung kommt nur für den **Teilbereich** des CMS in Frage, der durch die Prüfung auch abgedeckt wurde. Die Frage, ob die Systemprüfung[103] der sieben Grundelemente eines CMS auch **Ausstrahlungswirkungen** auf nicht geprüfte Teilgebiete entwickeln kann (kann z.B. die bei einer Festlegung auf das Teilgebiet „Antikorruptionsrecht" ohne Beanstandungen geprüfte Compliance-Kultur eines Unternehmens auch auf andere Rechtsgebiete wie etwa Kartell- und Wettbewerbsrecht ausstrahlen?) muss jedenfalls sehr zurückhaltend beurteilt werden.

Darüber, ob eine Prüfung des CMS nach dem IDW PS 980 im **Straf- oder Bußgeldverfahren** unter den vorstehend aufgeführten Voraussetzungen enthaftend wirken kann, bestehen unterschiedliche Meinungen. Von *Withus/Hein* wird vertreten, dass eine solche Prüfung bei der Führung des Nachweises helfen kann, dass in dem/den geprüften Teilgebiet(en) des CMS eine gehörige Aufsicht i.S.d. § 130 OWiG geführt wurde und dass ein zu beurteilender Gesetzes- oder **Regelverstoß trotz und nicht wegen fehlender Aufsicht** begangen werden konnte. Dann könnte das Gericht im Bußgeldverfahren u.U. ganz auf eine Sanktionierung des Verstoßes verzichten. Darüber hinaus könnte die Abstellung von in der Prüfung aufgedeckten Mängeln des CMS durch die Geschäftsleitung nach § 17 Abs. 3 OWiG und § 46 Abs. 2 Alternative 6 StGB als **Vortat- oder Nachtatverhalten** positiv gewürdigt werden und die Höhe der Geldbuße reduzieren helfen. [104] Noch weiter gehen *Gelhausen/Wermelt*, die unter den obenstehenden Bedingungen und unter der Voraussetzung, dass ein begangener Regelverstoß in dem durch die (Wirksamkeits-)Prüfung abgedeckten Zeitraum begangen wurde, einem uneingeschränkten IDW PS 980-Prüfungsurteil eine **tatbestandsausschließende Wirkung** zumessen.[105] Deutlich zurückhaltender ist *Böttcher*, der eine generelle Enthaftung durch die Befolgung des Standards auch bei Vorliegen der obigen Voraussetzungen verneint und einer Prüfung nach IDW

134

---

101 Vgl. *Böttcher* NZG 2011, 1057. Diese Auffassung wurde in dem IDW-Workshop Anfang 2013 mit Compliance-Beauftragten, Juristen, Hochschulvertretern und Staatsanwälten bestätigt, wobei auch die Bedeutung der Angemessenheitsprüfung für die zukünftige Compliance betont wurde, da sich die Prüfung der Wirksamkeit naturgemäß auf die Vergangenheit bezieht.
102 *IDW* PS 980 Tz. 59 f.
103 *IDW* PS 980 Tz. 18.
104 Vgl. *Withus/Hein* CCZ 2011, 129 m.w.N.
105 Vgl. *Gelhausen/Wermelt* CCZ 2010, 209.

PS 980 lediglich eine **hilfreiche Wirkung** bei der ansonsten anders zu führenden Exkulpation zuspricht.[106]

135   Im **Zivilprozess** gelten dieselben Voraussetzungen für eine enthaftende Wirkung wie im Straf- bzw. Bußgeldverfahren. Der Prüfungsbericht kann als **Privatgutachten** urkundenbeweislich ohne Zustimmung des Prozessgegners eingebracht werden und der Prüfer kann als **sachverständiger Zeuge** gehört werden. Bei Privatgutachten und Zeugenaussage liegt es dann bei der Gegenseite, den geführten Beweis zu entkräften.[107]

136   Abschließend sei bemerkt, dass eine zivilrechtliche **Haftungsverlagerung** auf Wirtschaftsprüfer bzw. Rechtsanwälte als Prüfer des CMS gelegentlich in der Praxis als Argument für die Prüfung durch einen Berufsträger beobachtet werden kann. Generell gilt dann, dass zunächst Fehler und ihre Kausalität für Schäden feststellbar und nachweisbar sein müssen, was in der Praxis schwierig sein kann.[108] Die Verlagerung der zivilrechtlichen Haftung ist – bei allen Schwierigkeiten in der praktischen Durchsetzung – allerdings nicht völlig von der Hand zu weisen und wird z.B. in den USA expressis verbis vom *American Law Institute* als Möglichkeit genannt: „[…] it is essential that directors be able to rely on the advice of others when making their decisions, and not be faulted for reasonable decisions not to read lengthy legal documents or conduct a detailed cross-exmaniation of those whom they reasonably rely."[109]

VII. Prüfbereitschaft

1. Die CMS-Beschreibung als Prüfungsgrundlage

137   Der Prüfungsstandard definiert als Gegenstand einer Prüfung des CMS die in einer **CMS-Beschreibung** enthaltenen Aussagen über das CMS.[110] Die Verantwortung für die Erstellung liegt ausschließlich bei den gesetzlichen Vertretern. Damit ist die CMS-Beschreibung Grundlage der Prüfung und stellt analog zum Jahresabschluss in der Jahresabschlussprüfung das Objekt dar, auf das sich jede Aussage in der Berichterstattung und damit jede Prüfungshandlung des CMS-Prüfers bezieht. Die Beschreibung selbst muss unter Berücksichtigung der angewandten CMS-Grundsätze zunächst sämtliche Grundelemente adressieren und so darlegen, wie die Organisation die einzelnen Bestandteile prozessual und mit konkreten Maßnahmen besetzt bzw. umgesetzt hat.[111]

138   Damit ist der **erste Schritt** bei der Prüfungsvorbereitung grundsätzlich immer eine **Bestandsaufnahme** der eingerichteten Maßnahmen und Prozesse. Im Rahmen von Workshops und Interviews können die Compliance-Verantwortlichen sich eine Übersicht über den aktuellen Status der Umsetzung verschaffen. Dabei macht es Sinn, sich an den Grundelementen des IDW PS 980 zu orientieren und dann zu festzustellen,

---

106   Vgl. *Böttcher* NZG 2011, 1057.
107   Vgl. *Withus/Hein* CCZ 2011, 130.
108   Ausführlich zur Haftung von Wirtschaftsprüfern und anderen Freiberuflern: *Poll* Die Haftung der Freien Berufe – Aspekte der Berufshaftung von Wirtschaftsprüfern und verwandten Professionen, abrufbar unter www.wpk.de/pdf/Poll.pdf.
109   Vgl. *American Law Institute* (Hrsg.) Principles of corporate governance: analysis and recommendations (1994), S. 394.
110   Vgl. *IDW* PS 980 Tz. 13.
111   Vgl. *IDW* PS 980 Tz. 11 ff.

wie diese im Unternehmen zum Zeitpunkt der Bestandsaufnahme umgesetzt sind. Diese Inventur ist dann in der Regel Grundlage einer ersten Dokumentation des existierenden CMS in der Form einer CMS-Beschreibung.

Um eine objektive Darstellung und Überprüfbarkeit der hier enthaltenen Aussagen **139** zu ermöglichen, sind entsprechende Anforderungen an die Abfassung der Beschreibung zu stellen. So muss die **Sprache klar** sein. Die einzelnen Aussagen dürfen **keine Übertreibungen** beinhalten oder **Fehlinterpretationen** zulassen. Darüber hinaus müssen sie so formuliert werden, dass sie im Rahmen der Prüfung belegbar und somit durch den CMS-**Prüfer intersubjektiv nachprüfbar** sind.

Gegenwärtig bildet sich gegenwärtig erst eine „**good practice**" im Bezug auf die **Form,** **140** **Länge und Struktur** der CMS-Beschreibung heraus. Es ist aber bereits festzuhalten, dass die Beschreibung nicht in der Form eines allumfassenden Handbuchs erfolgen muss. Vielmehr spricht der Prüfungsstandard selbst von einer Darstellung mittels Verweis oder durch Aufzählung der Elemente. Es kann demnach nicht gefordert werden, dass die Beschreibung eine detaillierte Wiedergabe der Inhalte sämtlicher Elemente (z.B. Richtlinien, Merkblätter, Unterschriftenregelungen etc.) enthält. Im Sinn einer besseren Verständlichkeit und Nachvollziehbarkeit der Beschreibung ist es allerdings zielführend, mit kurzen Inhaltsangaben zu arbeiten. Der Prüfungsstandard fordert hier lediglich, dass eine CMS-Beschreibung eine **Zusammenfassung der relevanten** **internen Verfahrensbeschreibungen** enthält.[112] Mit Abschluss der Erstellung der CMS-Beschreibung ist dann der Prüfungsgegenstand erstellt.

2. Herstellen der operativen Prüfbereitschaft

Der IDW PS 980 zielt in seiner Darstellung vorrangig auf die Durchführung einer **141** Wirksamkeitsprüfung ab (vgl. Rn. 113 ff. zu den unterschiedlichen Prüfungsarten). Allerdings war bei der Abfassung des Prüfungsstandards aufgrund der hier erstmals vorgenommenen Systematisierung und Definition der Grundelemente und Inhalte berücksichtigt worden, dass die Herstellung der Prüfbereitschaft im Bezug auf die Wirksamkeitsprüfung ggf. über einen **vorgelagerten Prozess** zu erfolgen hat. Der Standard selber führt dazu aus: „Um den Prozess der Entwicklung und Einführung eines CMS prüferisch zu begleiten, ist es zulässig, Prüfungsleistungen zu erbringen, die sich nur auf die Konzeption des CMS (Konzeptionsprüfung) oder nur auf die Angemessenheit und Implementierung des CMS beziehen (Angemessenheitsprüfung)." Damit soll sichergestellt werden, dass nicht eine Entwicklung und Einführung eines CMS erfolgt, das entweder nicht den Anforderungen an das Konzept genügt (vollständige Adressierung aller Grundelemente) bzw. nicht angemessen ist, die identifizierten Compliance Ziele zu erreichen. Eine Wirksamkeitsprüfung der Prozesse und Maßnahmen eines solchen CMS wäre zwecklos.

In der **Praxis** hat sich aber darüber hinaus eine weitere Vorstufe der Prüfung bewährt **142** (häufig je nach Intensität und Umfang als „**Quick Scan**" oder „Readiness Check" bezeichnet), in der die aktuelle Ausgestaltung des CMS mit sich aus dem Prüfungsstandard ergebenden sowie in der Praxis herausgebildeten Mindestanforderungen verglichen wird. Mit dieser ersten Gegenüberstellung ist sichergestellt, dass wesentliche konzeptionelle Lücken und Fehler noch vor Beginn einer eigentlichen CMS-Prüfung erkannt und somit adressiert werden können.

---

112 Vgl. *IDW* PS 980 Tz. A8.

143 Unternehmen müssen sich darauf einstellen, dass es im Laufe der Prüfung, auch in Abhängigkeit vom gewählten Umfang und Art der Prüfung, zu einer teilweise **erheblichen Belastung der einbezogenen Unternehmensbereiche** kommen kann. Der Vorbereitung der Prüfung auch im organisatorischen Sinne kommt daher eine große Bedeutung zu. Durch eine planvolle und ausgiebige Vorbereitung kann dieser Aufwand jedoch merklich minimiert werden, in dem z.B. bestimmte Dokumentationen und Nachweise bereits im Vorfeld in ein sog. „**Dokumentations-Kit**" eingestellt und dem Prüfer zu Beginn übergeben werden. Dies erfolgt am besten in enger Abstimmung mit dem CMS-Prüfer und bietet sich als eines der Ergebnisse aus der Durchführung eines Readiness Checks an.

3. Festlegung des Prüfungsumfangs

144 Der Prüfungsstandard ist bewusst auch mit einer hohen **Flexibilität** hinsichtlich der Durchführung einer Prüfung ausgestaltet. Damit sollte z.B. den unterschiedlichen Unternehmensgrößen und Branchen Rechnung getragen werden. Weiterhin stellt das CMS als solches jedoch ein komplexes System dar, das für eine Prüfung bewusst **in sachlicher und zeitlicher Hinsicht beschränkt** werden kann. Im Rahmen der Prüfungsvorbereitung muss sich die Unternehmensleitung daher insbesondere mit den folgenden Fragen beschäftigen:

– Welche **Teilbereiche** sollen geprüft werden?
– Welche **zeitlichen Rahmenbedingungen** werden gesetzt?
– Welche **Tochtergesellschaften** sollen einbezogen werden?

145 Das Compliance Management eines Unternehmens sollte grundsätzlich immer darauf ausgerichtet sein, rechtliche Verstöße für alle Rechtsgebiete zu verhindern, aufzudecken und zu sanktionieren. Durch die große Vielfalt an für Unternehmen relevanten Rechtsgebieten ist es, auch im Sinne einer Wesentlichkeitsbetrachtung, jedoch nicht möglich oder zielführend, das CMS mit der gleichen Intensität für sämtliche Bereiche einzurichten. Insofern bietet der Standard die Möglichkeit auch einer **Fokussierung der Prüfung**, die sich auf **Geschäftsbereiche**, **Unternehmensprozesse** oder auf bestimmte **Rechtsgebiete** (sog. **Teilbereiche**) beziehen kann.[113] Die Prüfung kann somit z.B. auf den Teilbereich Kartellrecht beschränkt werden und umfasst dann nur Prüfungshandlungen, die sich auf Maßnahmen und Prozesse beziehen, die hierfür relevant sind. Dabei kann es für Unternehmen sinnvoll sein, sich zunächst auf nur wenige Teilbereiche zu beschränken und im Sinne eines Rotationsplans weitere Teilbereiche zu einem späteren Zeitpunkt zu ergänzen.

146 Eine wesentliche weitere Dimension ist die Festlegung des Prüfungsstichtags sowie des Wirksamkeitszeitraums. Die Prüfung der Angemessenheit und Implementierung geht immer der Frage nach, ob „die Grundsätze und Maßnahmen zu einem bestimmten Zeitpunkt implementiert waren". Demgegenüber bezieht sich die Wirksamkeitsprüfung immer auf einen Zeitraum, für den es zu überprüfen gilt, ob diese „während eines bestimmten Zeitraums wirksam waren"[114]. Der **Wirksamkeitszeitraum** wird dabei im Prüfungsstandard nicht fest definiert sondern es wird lediglich ausgeführt, dass die Beurteilung der Kontinuität der Beachtung der Grundsätze und Maßnahmen einen angemessenen Zeitpunkt, z.B. ein Geschäftsjahr abdecken soll.

---

113 Vgl. *IDW* PS 980 Tz. 6.
114 Vgl. *IDW* PS 980 Tz. 14.

In der Praxis haben sich Zeiträume von **mindestens sechs Monaten** herauskristalli- **147** siert. Es erscheint fraglich, ob ein Unterschreiten der sechs Monate noch eine sinn- volle Aussage über die Wirksamkeit des CMS möglich macht, zumal davon ausgegan- gen werden muss, dass bestimmte Maßnahmen innerhalb eines sehr kurzen Zeitraums ggf. nicht zum Einsatz kamen, so dass eine Implementierungs- und Wirksamkeitsprü- fung hier nicht vorgenommen werden kann. Der Festlegung der zeitlichen Dimension kommt daher eine großen Bedeutung zu und sollte so erfolgen, dass das Unterneh- men sich im Vorfeld ausreichend Zeit einräumt, so dass eventuelle Lücken und Schwächen im CMS unbedingt noch vor Prüfungsbeginn (z.B. im Rahmen eines wei- ter oben dargestellten „Readiness Checks") abgestellt werden können.

Eine weitere Beschränkung der Prüfung erfolgt bei Konzernen durch die eventuelle **148** Abgrenzung der einzubeziehenden nationalen und internationalen **Tochtergesellschaf- ten**. Grundsätzlich muss davon ausgegangen werden, dass ein Verstoß gegen geltendes Recht innerhalb der ausgewählten rechtlichen Teilbereiche bei einer ausländischen Tochter immer auch dem deutschen Konzern zugerechnet wird. Dennoch kann es aus verschiedenen Gründen (z.B. abweichendes CMS in bestimmten geographischen Regio- nen) sinnvoll sein, den Geltungsbereich für eine Prüfung auf Teile des Konzerns zu beschränken. Darüber hinaus ist in der Praxis zu beobachten, dass Beteiligungen aus dem Prüfungsumfang herausgenommen werden, bei denen das Unternehmen keinen herrschenden Einfluss ausüben kann (z.B. Joint Ventures). Bei diesen Gesellschaften ist es aufgrund der Mehrheitsverhältnisse oftmals nicht möglich, sämtliche Grundsätze und Maßnahmen des CMS durchzusetzen, wodurch eine vollständige Implementierung und demnach auch die Wirksamkeit nicht sichergestellt werden können.

Alle drei hier dargestellten, im Vorfeld der Prüfung zu definierenden, Einschränkun- **149** gen des Prüfungsumfangs finden sich letztlich in der **Bescheinigung** des CMS-Prüfers wieder, der in seiner Aussage über das CMS explizit Bezug auf die hier vorgenom- mene Eingrenzung Bezug nehmen wird. Eine solche eindeutige Bezugnahme ist von elementarer Bedeutung, um eine potentielle Erwartungslücke auf Seiten der Adressa- ten zu vermeiden.

VIII. Die Prüfung der Grundelemente eines CMS

1. Compliance-Kultur

1.1 Definition

Der Standard misst der Compliance-Kultur eine zentrale Bedeutung für die Angemes- **150** senheit und Wirksamkeit eines CMS zu. Sie wird durch die Grundeinstellungen und den Wertekanon des Managements und des Aufsichtsorgans geprägt und setzt deren klare Bekenntnis zu gesetzes- und regelkonformen Verhalten („**Bekenntnispflicht**")[115] und ein Vorleben der Werte durch diese voraus („**tone at the top**"). Die Compliance- Kultur ist entscheidend für die Bedeutung, die Mitarbeiter und auch Unternehmens- fremde dem gesetzes- und regelkonformen Verhalten zumessen und für Ihre Bereit- schaft, Gesetze und Richtlinien auch selbst einzuhalten. [116] Zu den wesentlichen Merkmalen einer (guten) Compliance-Kultur zählen neben der Bekenntnis und dem

---

115 So *von Busekist/Hein* CCZ 2012, 45.
116 *IDW* PS 980 Tz. 23 und A14.

Vorleben durch Management und Aufsichtsorgan die Berücksichtigung von gesetzes- und regelkonformem Verhalten bzw. von Verstößen von Mitarbeitern bei der **Einstellung, Beförderung und Vergütung** sowie die **Sanktionierung** von Verstößen ohne Ansehen der Person und ihrer hierarchischen Stellung im Unternehmen.[117]

1.2 Prüfung

151 Die Compliance-Kultur ist ein „weiches" Grundelement eines CMS und ist schwer messbar. Dennoch ist eine Prüfung der wesentlichen Merkmale und ihrer Wirksamkeit möglich.

152 Ein **erster Prüfungsschritt** ist **Durchsicht** von zentralen Rahmenwerken/Richtlinien auf Existenz und Relevanz für den geprüften CMS-Teilbereich. Insbesondere einem Code of Conduct wird regelmäßig eine zentrale Bedeutung für die Kommunikation der Geschäftsleitung zu ihrem Verständnisses und ihrer Selbstverpflichtung zu gesetzes- und regelkonformem Verhalten zukommen. Der Prüfer wird regelmäßig beurteilen, ob die zentralen Rahmenwerke/Richtlinien diese Botschaft **klar und eindeutig enthalten** und (in Verzahnung mit der Prüfung des Grundelements Compliane-Kommunikation) auch **breit und nachhaltig** an die Mitarbeiter sowie ggfs. Externe Dritte wie Kunden und Lieferanten **transportieren**. Ebenso ist zu prüfen, ob das **Aufsichtsorgan** des Unternehmens das CMS im Rahmen seiner Überwachungspflichten überprüft und diese Überprüfung auch kommuniziert.

153 Des Weiteren wird der Prüfer das Management (Top-Management und die Leitung des geprüften Teilbereichs) sowie andere zentrale Personen in Querschnittsfunktionen (z.B. Leitung Rechtsabteilung, Einkauf, Vertrieb, Interne Revision, Risikomanagement, Unternehmenssicherheit, IT, Unternehmenskommunikation) zu ihrer Einstellung zur Compliance sowie zur von ihnen wahrgenommenen Einstellung ihrer Vorgesetzten, Kollegen und Mitarbeiter **befragen** (360°-Sicht).

154 Ein weiterer Prüfungsschritt ist die Durchsicht von Protokollen und Sitzungsberichten der Geschäftsleitung und des Aufsichtsorgans sowie – wenn vorhanden – eines Compliance Committees oder ähnlichen Gremiums auf Anhaltspunkte für **Nicht-Übereinstimmung** mit der beschriebenen bzw. eingeforderten Compliance-Kultur. Auch sind Berichte der Internen Revision auf Anhaltspunkte durchzusehen, ob tatsächlich eine andere Compliance-Kultur „gelebt" wird.

155 Schließlich wird der Prüfer nachvollziehen, ob die Verankerung der Compliance-Kultur in den **Anreizsystemen** (Scorecards/Zielvereinbarungen, Bonussysteme) erfolgt ist, bei der **Beförderung** regelmäßig auf Compliance-Verstöße geprüft und diese in die Entscheidung einbezogen werden, ob bei externen Einstellungen in durch das CMS festgelegten Kernpositionen (z.B. Management, zentrale Einkaufs- und Vertriebspositionen) auf **Compliance-Verstöße in vorherigen Positionen** geprüft wurde (insb. durch das Einholen von Referenzen) und ob ein transparentes und stringentes **Sanktionsverfahren** eingerichtet ist, was sowohl Systemverbesserungen als auch personenbezogene Maßnahmen beinhaltet und ob diese **personen- und hierarchieunabhängig** gestaltet sind. Die hier dargestellten Prüfungshandlungen umfassen bei der Wirksamkeitsprüfung auch Stichproben (etwa die Einsicht in abgeschlossene Zielvereinbarungen, die Einsicht in entsprechende Unterlagen von Bewerbern und das Nachvollziehen von dokumentierten Compliance-Fällen auf Einhaltung der Sanktionsverfahren).

---

117 *IDW* PS 980 Tz. A14.

Sofern das Unternehmen eine **Messung seiner Compliance-Kultur** durchführt (durch   **156**
Mitarbeiterbefragung), ist diese ebenfalls Prüfungsgegenstand. Sofern z.B. in einem
Readiness Check für eine CMS-Prüfung Zweifel an einer „guten" Compliance-Kultur
bestehen, kann der Prüfer eine entsprechende Messung anregen. Hierzu stehen inzwischen marktgängige Verfahren wie das „Integrity Thermometer"[118] oder der „Kultur
Kompass"[119] zur Verfügung. Eine solche Messung kann bei regelmäßiger Durchführung
auch die Entwicklung der Kultur durch spezifische Maßnahmen transparent machen.

2. Compliance-Risiken

2.1 Definition

Die Feststellung und Beurteilung von Compliance-Risiken stellt die **Grundlage** für die   **157**
Entwicklung eines angemessenen Compliance-Programms[120] und nach überwiegender
Meinung des gesamten CMS dar; ohne eine sorgfältige Risikoanalyse lässt sich weder
einschätzen, ob eine Compliance-Maßnahme erforderlich ist noch wie sie auszugestalten ist, um der Aufsichtspflicht nach § 130 OWiG nachzukommen.[121] *Goette* vertritt die
Auffassung, dass selbst ein uneingeschränktes Prüfungsurteil vor Gericht nichts hilft,
wenn die Risikoanalyse, die das Unternehmen selbst vorzunehmen hat und auf der
die Prüfung des CMS basiert, nicht stimmt.[122]

Als Compliance Risiken sind mögliche Ereignisse zu beschreiben, die die Erreichung   **158**
der festgelegten Compliance-Ziele gefährden könnten. Die entsprechende **Risikoanalyse („Risk Assessment")**umfasst[123]

– Prozesse zur **Risikoidentifizierung** (Interviews, Fragebögen, Workshops, Auswer-
  tung verfügbarer Informationen im eigenen Unternehmen – „Unternehmenshisto-
  rie" – sowie aus der Branche/anderen Unternehmen),[124]
– Methoden zur Einschätzung der **Eintrittswahrscheinlichkeit**,[125]
– Methoden zur Bewertung möglicher **Folgen** (Schadenshöhe),[126]
– Entscheidungen der Geschäftsleitung zum **Umgang mit identifizierten Risiken**
  (Risikovermeidung, -reduktion, -überwälzung, -akzeptanz).

Dabei ist die Risikoanalyse keine einmalige Aktivität, sondern ist als Regelprozess im
Rahmen der kontinuierlichen Weiterentwicklung und Verbesserung des CMS auszugestalten.[127]

---

118 Www.ethicsmanagement.info/content.php?pagina=5&type=0.
119 Die Prüfungs- und Beratungsgesellschaft *MAZARS* hat hierzu rd. 300 Indikatoren zusammenge-
     stellt, mit denen die Unternehmenskultur gemessen werden kann.
120 *IDW* PS 980 Tz. A16.
121 Vgl. stellvertretend für viele: *von Busekist/Schlitt* CCZ 2012, 86, die einen zentralen Beitrag zur
     Bedeutung der Risiko-Analyse für ein wirksames CMS und zur Vorgehensweise bei der Risikoer-
     mittlung und –bewertung verfasst haben.
122 *Wulf Goette*, ehemaliger Vorsitzender Richter des II. Zivilsenats beim BGH, zitiert von *Schlüter*
     Persilschein vom Wirtschaftsprüfer, in Compliance, Mai 2011, abrufbar unter http://compliance-
     plattform.de/archiv/2011.html.
123 Vgl. *IDW* PS 980 Tz. A16; *von Busekist/Schlitt* CCZ 2012, 88; *Beste* Rn. 129 ff.
124 Hierzu ausführlich: *Schefold* ZRFC 2011, 224 f.; *von Busekist/Schlitt* CCZ 2012, 91.
125 I.d.R. wird in der Praxis ein 2-Jahreszeitraum betrachtet.
126 Einige Unternehmen wenden ergänzend statt einer reinen Monetarisierung der Auswirkung von
     Compliance-Verstößen die Kriterien „Bedeutung für das Unternehmen" an und unterscheiden in
     die drei Kategorien operative und finanzielle Bedeutung sowie Auswirkung auf die Reputation.
127 Vgl. *IDW* PS 980 Tz. A16.

159   Die Abstimmung der Ergebnisse der Risikoanalyse mit den Compliance-Zielen wird bi-direktional und iterativ erfolgen. *Schefold* vergleicht die Frage, ob zuerst grobe Compliance-Ziele festgesteckt oder zuerst mit der Risikoanalyse begonnen werden solle, mit der „Henne-Ei-Problematik" und plädiert richtigerweise für den Beginn mit einer Risikoanalyse.[128] Unbeschadet dessen sollte die Geschäftsleitung ihre die Compliance-Kultur prägenden Grundüberzeugungen vorab formulieren, wozu etwa auch der „**Zero Tolerance**"-Grundsatz als Leitplanke für die anschließende Risikoanalyse zählt.

2.2 Prüfung

160   Der Prüfer wird die vorstehend beschriebenen Schritte der Risikoanalyse darauf prüfen, ob alle Schritte **systematisch** und mit der notwendigen **Betrachtungstiefe** durchgeführt wurden und er wird regelmäßig eine **Plausibilisierung** der Ergebnisse der Risikoanalyse vornehmen. Des Weiteren wird er das Ergebnis der Risikoanalyse mit den Compliance-Zielen und den getroffenen Maßnahmen (Angemessenheitsprüfung) abgleichen.

161   Der Prüfer wird darauf achten, dass das Unternehmen bei der Risikoanalyse insbesondere folgende vom Standard genannte **Risikofaktoren** einbezogen hat:
– Änderungen im wirtschaftlichen, rechtlichen, politischen oder gesellschaftlichen Umfeld,
– Personalveränderungen,
– überdurchschnittliches Wachstum oder signifikante Umsatzrückgänge
– neue Technologien,
– neue oder atypische Geschäftsfelder und Produkte,
– Umstrukturierungen, Fusionen, Akquisitionen,
– Eröffnung neuer Niederlassungen/Gründung von Tochtergesellschaften,
– Orte der Geschäftstätigkeit (besondere Risikoneigungen, z.B. verbreitete Korruption),[129]
– sonstige Expansion in neue Märkte.[130]

162   Des Weiteren wird der Prüfer den Prozess der Risikoidentifizierung darauf hin nachvollziehen bzw. prüfen,
– ob der **Risikobegriff** klar formuliert und zu Beginn der Risikoanalyse kommuniziert wurde;
– wie die **Teilnehmer für Workshops** ausgewählt (Sicherstellung erforderlicher fachlicher Expertise in bestimmten Rechtsgebieten, Nähe zu den analysierte Unternehmensprozessen, Abdeckung der einzelnen geografischen Regionen)und vorbereitet wurden (Briefing Packlages, Einführung in die Thematik während des Workshops, Umgang mit Fragen, Vertraulichkeit der individuellen Beiträge und Hinweise außerhalb der Workshops);[131]
– ob bei Einsatz von **Fragebögen** keine tendenziösen/ausschließenden Formulierungen verwendet wurden und ob auch freie Textfelder für individuelle Hinweise vorgesehen waren;

---

128 Vgl. *Schefold* ZRFC 2012, 209 f.
129 Hier wird regelmäßig der Corruption Perception Index (CPI) als anerkannter Gradmesser für Korruptionsrisiken in den einzelnen Ländern herangezogen; so auch *von Busekist/Hein* CCZ 2012, 48.
130 Vgl. *IDW* PS 980 Tz. A16.
131 Vgl. *von Busekist/Schlitt* CCZ 2012, 91 f.

- ob Vorgesetzte und Sachbearbeiter auch getrennt voneinander in Workshops eingebunden wurden, um **größtmögliche Offenheit** zu gewährleisten;
- welche **Quellen** einbezogen wurden (höchstrichterliche Rechtsprechung, Branchenrisikoeinschätzungen von Verbänden, Beratern und Hochschulen, Presseberichte);[132] Risikohistorie des Unternehmens, insb. gespeist aus der Rechtsabteilung, Personalabteilung und Internen Revision);[133]
- und schließlich: wie die identifizierten **Risiken bewertet und reduziert** wurden (Brutto- und Nettorisiken, Einbezug des Risikoappetits der Geschäftsleitung, zugrundegelegte Risikowesentlichkeit).[134]

Als **wesentliche Prüfungsschritte** kommen die Durchsicht der für die Risikoanalyse **163** verwendeten Unterlagen, der Auswertungen von Workshops und Fragebögen und der herangezogenen Unterlagen zur Compliance-Historie im Unternehmen sowie der sonstigen Unterlagen sowie Interviews mit den Compliance-Verantwortlichen, Vertretern der Rechts- und Personalabteilung sowie der Internen Revision und Workshop-Teilnehmern in Frage.

3. Compliance-Ziele

3.1 Definition

Die Angemessenheit der in einem CMS enthaltenen Maßnahmen hängt von den mit **164** dem CMS verfolgten Zielen bzw. dem Zielekanon ab; insofern besteht eine „**Definitionspflicht**" der Geschäftsleitung.[135] Dabei wird oftmals „**Zero Tolerance**", d.h. die unbedingte Einhaltung von Gesetzen und Richtlinien, als zentrales Ziel gesteckt. Dieses kann nicht isoliert und losgelöst von den übrigen strategischen und operativen Unternehmenszielen verfolgt werden. So kann dieses zentrale Ziel die übrigen Unternehmensziele dergestalt beeinflussen, dass sich das Unternehmen aus bestimmten Geschäftsfeldern oder Ländern zurückzieht, weil die erfolgreiche geschäftliche Entwicklung nur unter Hinnahme von Compliance-Verstößen erreichbar erscheint.[136] Sofern „Zero-Tolerance" nicht das Ziel ist, müssen klare Kriterien für die anzuwendende **Toleranz** bei Compliance-Verstößen genannt werden[137].

Des Weiteren bedeutet die Formulierung der Compliance-Ziele auch die **Festlegung** der **165** in das CMS einbezogenen **Teilbereiche** sowie die Festlegung der in den Teilbereichen einzuhaltenden Regeln.[138] Hier können – abhängig von den ins CMS einbezogenen Teilbereichen – Anforderungen auch aus exogenen Quellen kommen (Spezialgesetze wie § 52a Abs. 2 BImSchG, § 53 Abs. 2 KrW-/AbfG, § 14 Abs. 2 GwG,[139] dem UK Bribery Act sowie aus Anforderungen von Kunden, Lieferanten oder Kapitalgebern[140]).

---

132 Vgl. *Schemmel/Minkoff* CCZ 2012, 52 f.; *Schefold* ZRFC 2012, 210 f.
133 Vgl. *von Busekist/Schlitt* CCZ 2012, 91 m.w.N.
134 Geringe Risiken können wegen des Grundsatzes des „erlaubten Risikos" vernachlässigt werden. Vgl. *von Busekist/Schlitt* CCZ 2012, 89 f., 93.
135 Vgl. *von Busekist/Hein* CCZ 2012, 46.
136 So *Gerd Becht*, Vorstand für Compliance, Datenschutz und Recht bei der Deutschen Bahn AG, im Interview mit *Hülsberg/Vogler*: Audit Committee Quarterly II/2012, S. 15.
137 Ausnahmen können z.B. bei nicht gesetzlich oder anderweitig verbindlich vorgeschriebenen Regeln möglich sein. Bei gesetzlichen Bestimmungen gilt immer die „Zero Tolerance".
138 *IDW* PS 980 Tz. 23.
139 *Hülsberg/Münzenberg* Audit Committee Quartely II/2012, S. 16.
140 Vgl. *Schefold* ZRFC 2011, 224.

3.2 Prüfung

166 Die Prüfung der Zielbeschreibung richtet sich insbesondere auf folgende Anforderungen aus:[141]

– Verständlichkeit und Praktikabilität der Ziele:
  – Die Beschreibung der Ziele muss eindeutig und klar verständlich sein. Hier wird ein allgemein formuliertes Ziel wie etwa „Korruption wird im Unternehmen nicht geduldet" nicht ausreichen. Eine unscharfe Definition der Compliance-Ziele kann sowohl zu organisatorischer Unsicherheit bei der Verantwortlichkeit der Teilbereiche als auch zu Unsicherheit bei der Prävention gegen und Sanktionierung von Verstößen sein. *von Busekist/Hein* führen hierzu aus, dass der Standard selbst beim Teilbereich Antikorruptionsrecht in Tz. A3 den § 299 StGB nennt, der aber als Straftat gegen den Wettbewerb angesehen wird und damit dem Teilbereich „Wettbewerbs- und Kartellrecht" zugeordnet werden könnte. Ebenso könnte bei einem weiten Korruptionsbegriff auch § 119 Abs. 1 Nr. 3 BetrVG in der Form der Begünstigung von Betriebsratsmitgliedern als korruptive Handlung mit den entsprechenden Konsequenzen gefasst werden, ohne dass dies der Intention des Zielsetzers entspricht. Genauso müssen **Toleranzgrenzen** klar und eindeutig sein und dürfen keinen Spielraum für Missbrauch der Toleranz lassen oder die Ziele des CMS verwässern. Dabei wird der Prüfer berücksichtigen, dass vorhandene Spielräume bei der Durchführung von internen Kontrollen oder bei der Festsetzung von Sanktionen nicht zwingend eine Abweichung von den definierten Zielen einschl. des „Zero-Tolerance"-Ziels darstellen.[142]
– Konsistenz der dargestellten Ziele:
  Hier wird der Prüfer regelmäßig auf **Zielkonflikte** der Compliance-Ziele untereinander sowie der Compliance-Ziele mit den anderen Unternehmenszielen achten.
– Messbarkeit des Grades der Zielerreichung:
  Die Zahl der Verstöße ist an sich kein Gradmesser für die Erreichung von Compliance-Zielen. Allerdings lassen sich die zahlenmäßige Entwicklung sowie die Qualität der Anfragen im präventiven Bereich (z.B. bei Helplines) oder auch die Qualität der Verstöße gegen Compliance-Vorgaben messen.[143] Hier wird regelmäßig eine enge Verzahnung mit der Prüfung der Anforderungen an die Compliance-Kultur erfolgen.
– Abstimmbarkeit mit verfügbaren Ressourcen:
  Hier wird durch den Prüfer eine Plausibilisierung der Erreichbarkeit der gesteckten Compliance-Ziele mit der gegebenen Compliance-Organisation und den verfügbaren Ressourcen im zentralen und dezentralen Compliance Management sowie der internen Revision vornehmen.

167 Als **Prüfungshandlungen** werden insbesondere Gespräche mit Management und Aufsichtsorganen, die Durchsicht von Protokollen von Geschäftsleitungs- und Aufsichtsratssitzungen, eine Durchsicht von Berichten der Internen Revision in Hinblick auf Zielabweichungen sowie Gespräche mit Compliance-Verantwortlichen und der Leitung der Internen Revision in Hinblick auf verfügbare Ressourcen durchgeführt werden.

---

141 *IDW* PS 980 Tz. A15.
142 Vgl. *von Busekist/Hein* CCZ 2012, 46 f.
143 So auch *Becht* Vorstand für Compliance, Datenschutz und Recht bei der Deutschen Bahn AG, im Interview mit *Hülsberg/Vogler*: Audit Committee Quarterly II/2012, S. 14.

4. Compliance-Programm

4.1 Definition

Das Compliance-Programm **operationalisiert** die nach Festlegung der Compliance- **168** Ziele und der sie bedrohenden Compliance-Risiken **notwendigen Grundsätze und Maßnahmen**. Diese sind ausgerichtet auf den Zwecke eines CMS und sollen daher sowohl präventiv als auch aufdeckend und sanktionierend ausgestaltet sein. Zur Sicherstellung der unterbrechungsfreien Anwendung und Personenunabhängigkeit im Unternehmen sollte das Compliance Programm dokumentiert sein.[144] Neben explizit für das CMS institutionalisierten Programmbestandteilen wie z.B. einem Hinweisgebersystem sowie Berichtswegen zur Kommunikation von Verstößen umfasst das Programm insbesondere integrierte Kontrollen, mit denen die Einhaltung der Grundsätze und die Durchführung der Maßnahmen sichergestellt werden.

4.2 Prüfung

Die Prüfung des Compliance-Programms bildet einen Schwerpunkt der CMS-Prüfung, **169** da es als **Bindeglied zwischen Compliance-Zielen und Compliance-Risiken** prozessual dafür Sorge zu tragen hat, dass die angestrebten Ziele erreicht werden. Mit der Einbindung entsprechender Maßnahmen in die Unternehmensprozesse soll sichergestellt werden, dass eine Beachtung compliance-relevanter Aspekte durchgängig erfolgt. Beispielhafte dazu implementierte Kontrollen sind dabei insb. Funktionstrennungen, Berechtigungskonzepte, Genehmigungsverfahren, Unterschriftsregelungen, Vorkehrungen zum Vermögensschutz sowie unabhängige Gegenkontrollen (4-Augen-Prinzip).[145] **Wesentliche Bestandteile** des Compliance-Programms sind dabei **Richtlinien**, das **Business Partner Screening**, **Hinweisgebersysteme** und **sonstige im internen Kontrollsystem verankerte Kontrollen** mit direktem Compliance Bezug.

Ein zentrales Medium innerhalb des CMS zur direkten Adressierung von Compliance **170** Risiken stellen die unternehmensinternen **Richtlinien und Merkblätter** dar. In ihnen kann das Verständnis von Compliance in den jeweiligen Teilbereichen sowie eine Konkretisierung und damit Operationalisierung in die täglichen Unternehmensprozesse erfolgen. In der Praxis finden sich hier in Abhängigkeit von den wesentlichen rechtlichen Teilgebieten z.B. Richtlinien für den Umgang mit Lieferanten, Kunden, Sponsorentätigkeit, Spenden, Geschenke, Entertainment, Einladungen, Provisionszahlungen, Reisen oder Exportgeschäfte. Im Rahmen der Prüfung wird sich der CMS-Prüfer neben der eigenen Würdigung (unter Zuhilfenahme juristischer Expertise) der Inhalte auf Angemessenheit auch mit Entstehung der Richtlinie beschäftigen, d.h. welchem Prozess der Entwurf und die inhaltlichen Freigabe der Dokumente unterlegen hat. Nur so kann sichergestellt werden, dass die notwendige Expertise eingeflossen ist und die Richtlinie überhaupt geeignet sein kann, die identifizierten Risiken zu adressieren.

Darüber hinaus muss gewährleistet werden, dass die Richtlinien der Zielgruppe vollum- **171** fänglich, zeitnah und in der jeweiligen **Landessprache** zur Verfügung gestellt wurden. Auch die regelmäßige Aktualisierung (und der hier zugrunde liegende Genehmigungsprozess) der Inhalte und die sich anschließende Kommunikation muss dabei untersucht werden. Die Richtlinien können den Mitarbeitern in Papierform, per E-Mail oder auch

---

144 Vgl. *IDW* PS 980 Tz. 23.
145 Vgl. *IDW* PS 980 Tz. A17.

nach entsprechender Ankündigung über ein unternehmensinternes Intranet bereitgestellt werden. Auch hierbei ist darauf zu achten, dass die Kommunikation und das jeweilige Medium und deren Ausgestaltung zielgruppengerecht sind und damit auch sichergestellt werden kann, dass die handelnden Personen erreicht werden. Nur dann kann von einer Angemessenheit ausgegangen werden.

172 Letztlich wird eine **Überprüfung der Wirksamkeit** immer auch eine stichprobenartige Befragung der Zielgruppen auf Kenntnis der Inhalte der Richtlinien einschließen müssen, um würdigen zu können, ob die vom Unternehmen eingesetzten Kommunikationsformen effektiv sind. Dabei ist zentrales Merkmal der Wirksamkeit im Bezug auf Richtlinien die tatsächliche Einhaltung der hier spezifizierten Regeln und Grundsätze. Die Prüfung der Wirksamkeit wird daher ebenso eine stichprobenartige Überprüfung von Geschäftsvorfällen beinhalten, bei denen der CMS-Prüfer untersucht, inwieweit die notwendigen Prozeduren eingehalten wurden. Bei einer Richtlinie über den Einsatz von Vertriebsmittlern kann dies z.B. bedeuten, dass für eine ausgewählte Stichprobe an Provisionszahlungen die zugrundeliegenden Verträge auf Genehmigungen und Unterschriften, so wie ggf. in der Richtlinie gefordert, überprüft werden. Letztlich stellt das den ultimativen Beweis dafür da, dass die Botschaften einer angemessenen Richtlinie auch in die Unternehmensprozesse integriert und gelebt werden.

173 Die Überprüfung der Geschäftspartner (sog. „**Business Partner Screening**") kann vielfältig sein und sich dabei sowohl auf Kunden also auch Lieferanten, Anbieter von Dienstleistungen, Vertriebsmittler, Distributoren, Konsortialpartner oder z.B. auch Zollagenten beziehen. Zur Sicherstellung der eigenen Compliance innerhalb der definierten Rechtsgebiete ist eine sorgfältige Prüfung derjenigen, mit denen geschäftliche Kontakte unterhalten werden, unumgänglich. Dabei ist zu unterscheiden zwischen der zunächst notwendigen inhaltlichen Bewertung des Risikos im Bezug auf einen konkreten Geschäftspartner und der darauf folgenden Durchführung einer Compliance Due Diligence.[146]

174 Im **ersten Schritt** wird anhand der potentiellen Geschäftsbeziehung eine Analyse vorgenommen, welches **Risikopotential** grundsätzlich aus der Art der Transaktion resultiert. Anhand eines Kriterienkatalogs (für den Teilbereich Antikorruption z.B. geographische Aspekte, Vergütungsstruktur, Tätigkeit im öffentlichen Sektor oder Zahlungsmodalitäten) sollen jene spezifischen Partner identifiziert werden, die aufgrund ihrer individuellen Tätigkeit ein erhöhtes Compliance Risiko aufweisen Hier kann sich der CMS-Prüfer zunächst ein Bild vom gewählten Verfahren machen und eine Würdigung vornehmen, ob die Prozesse geeignet sind, entsprechende Risiken aus den Beziehungen zu erkennen und zu bewerten. Durch stichprobenartige Überprüfung von einzelnen Geschäftspartnern kann sichergestellt werden, dass das Verfahren auch wirksam ist.

175 In einem **zweiten Schritt** des Business Partner Screenings sind als höher risikobehaftet eingestufte Beziehungen einer Compliance Due Diligence zu unterziehen. Dies kann durch Fragebögen an den Geschäftspartner erfolgen oder auch durch eine externe Recherche mittels eines professionellen Dienstleisters. Auch hier bietet es sich im Rahmen der Prüfung an, auf der Basis von Stichproben sowohl die Risikoeinschätzung als auch die Durchführung des Verfahrens im Detail zu überprüfen. Ein ganz wesentlicher Schritt ist die Überführung der Ergebnisse aus Risikobewertung und

---

146 Vgl. *Moosmayer* S. 73 ff.

Compliance Due Diligence in entsprechende Maßnahmen. Ein zentraler Prüfungs-schritt ist hier nachzuvollziehen, ob die Ergebnisse zu den notwendigen Konsequen-zen geführt haben (z.B. die Ablehnung einer Lieferbeziehung).

Zum einen dienen diese Analysen der Reduktion und Adressierung der eigenen Risi- **176** ken (z.b. im Falle der passiven Korruption nach erfolgter Beschäftigung mit neuen Lieferanten). Zum anderen muss berücksichtigt werden, dass ein Fehlverhalten von Geschäftspartner häufig auch zugerechnet wird und mindestens **Reputationsschäden** hervorrufen kann. Zu den Grundpflichten im Rahmen des Business Partner Scree-nings gehören regelmäßig die vollständige Dokumentation von Geschäftsbeziehungen über schriftliche Verträge ohne Nebenabreden, die in einem sorgfältigen Vertragsma-nagement nachgehalten werden. Dabei ist für Rahmenverträge darauf zu achten, dass diese nach erfolgter Aktualisierung den Parteien wieder zugänglich gemacht werden und diesen bekannt sind.

Für neue Geschäftspartner muss sich der Prüfer davon überzeugen, dass relevante **177** **Hintergrundrecherchen** angestrebt werden um auszuschließen, dass mit Partnern eine Geschäftsbeziehung eingegangen wird, die z.B. in der Vergangenheit in einem der relevanten Teilbereiche durch Verstöße bekannt geworden sind. Dieser Prozess sollte in klaren Verfahrensanweisungen dokumentiert sein und bei den verantwortlichen Mitarbeitern geschult werden.

Ein weiteres wesentliches Element stellt das **Hinweisgebersystem** (auch „**whistleblo-** **178** **wer system**" genannt) dar. Bei der Prüfung der Angemessenheit und Wirksamkeit eines solchen Systems muss sich der CMS-Prüfer mit dem Prozess, den jeweiligen Ver-antwortlichkeiten, der Ausgestaltung bzw. der Werkzeuge sowie letztlich der Qualität der handelnden Personen auseinandersetzen. Für die Effektivität des Hinweisgeber-systems ist dabei von grundlegender Bedeutung, dass die Kommunikationskanäle allen Mitarbeitern zur Verfügung stehen und diese auch bekannt gemacht werden.

Wie bei allen Prozessen ist auch hier insbesondere bei **internationalen Konzernen** **179** darauf zu achten, ob sowohl die Kommunikation der Kontaktinformationen des Hinweisgebersystems (d.h. Telefonnummer und eMail-Adressen) sowie auch die die Kommunikation mit dem Hinweisempfänger selber **in allen relevanten Fremd-sprachen** angeboten wird. Eine rein zweisprachige Institution (deutsch/englisch) kann nicht als ausreichend erachtet werden, da damit eine Vielzahl potentieller Hinweisgeber weltweit ausgeschlossen wird. Auch hier kann durch eine entspre-chende stichprobenartige Befragung von Mitarbeitern festgestellt werden, inwie-weit die **Kontaktinformationen bekannt** sind. Die hier aufgezeigten Bedingungen eines wirksamen Hinweisgebersystems hinsichtlich der Bekanntmachung und Spra-che gelten analog auch für den Fall, wenn Unternehmen das Hinweisgebersystem auch für Dritte wie z.B. Lieferanten und Kunden öffnen. Ebenso kann es hier sinn-voll sein, eine Befragung vorzunehmen.

Die Effektivität eines Hinweisgebersystems hängt elementar davon ab, ob den Hinweis- **180** gebern eine vollständige **Anonymität** eingeräumt wird. Das betrifft zum einen die orga-nisatorische Einrichtung selber, mit der das Unternehmen eine solche Kommunikation sicherstellt. Darüber hinaus ist aber auch entscheidend, dass diese Anonymität von den Mitarbeitern auch wahrgenommen wird. Im Rahmen der Prüfung muss daher auch sichergestellt werden, dass den Mitarbeiter dieser Anonymität bekannt gemacht wor-den ist. Es ist ebenfalls für die Akzeptanz wichtig, dass die gemeldeten Fälle auch transparent und nachvollziehbar abgearbeitet werden. Die Mitarbeiter dürfen nicht das Gefühl haben, dass ihre Hinweise ins Leere laufen. Auch aus diesem Grund sollte der CMS-Prüfer eine Stichprobe der gemeldeten Sachverhalte aus der Grundgesamtheit der aufgenommenen Meldungen ziehen und die Bearbeitung der Fälle ggf. bis hin zur Kommunikation der Ergebnisse über unternehmensinterne Medien nachvollziehen.

181 Eine Vielzahl der im Unternehmen eingerichteten **internen Kontrollen** verfolgt Compliance Ziele, auch ohne dass diese explizit zu diesem Zweck eingerichtet wurden. Hierzu zählen insbesondere die Aufgabentrennung, das 4-Augen-Prinzip sowie z.B. Unterschriftenregelungen. Bei der Verbindung von Compliance Risiken und Compliance Zielen werden diese Kontrollen häufig zur Verhinderung von Verstößen benannt. Der CMS-Prüfer muss hier sicherstellen, dass diese Kontrollen im Wirksamkeitszeitraum wirksam waren. Für den Bereich der Berechtigungskonzepte aber auch in Teilen des 4-Augenprinzips wird dabei der Einsatz von IT-Spezialisten notwendig sein, um innerhalb der Systeme festzustellen, ob konfligierende Berechtigungen bestehen.

5. Compliance-Organisation

5.1 Definition

182 Die zentrale Aufgabe der Compliance-Organisation besteht darin, **Rollen und Verantwortlichkeiten** (z.B. Beauftragte und Gremien) zu definieren sowie eine **Aufbau- und Ablauforganisation** als integralen Bestandteil der Unternehmensorganisation zu implementieren. Dazu muss die Unternehmensleitung ausreichende Ressourcen zur Verfügung stellen, um eine Wirksamkeit des CMS zu ermöglichen. Hier ist zu beachten, dass das CMS stets integraler Bestandteil der **Corporate Governance** (d.h. etwa des internen Kontrollsystems bzw. des Risikomanagementsystems) des Unternehmens ist.[147] Unter die Compliance Organisation fällt damit auch die Festlegung der hierarchischen Stellung bzw. der organisatorischen Einordnung sowie der eingerichteten Berichtslinien.

5.2 Prüfung

183 Die Prüfung der Compliance Organisation umfasst im Wesentlichen die Aufbau- und Ablauforganisation sowie die personelle und sachliche Ressourcenausstattung.

184 Im Rahmen der Prüfung der Aufbau- und Ablauforganisation beschäftigt sich der CMS-Prüfer mit den zugewiesenen Rollen und Verantwortlichkeiten, der Integration in die bestehende Unternehmensorganisation sowie den Berichtswegen und –pflichten sowohl auf Ebene der Muttergesellschaft als auch, im Konzern, mit der lokalen Umsetzung in den Tochtergesellschaften. Dabei kann grundsätzlich unterschieden werden in eine eigenständig in die bestehenden Corporate Governance Strukturen eingebettete Compliance-Organisation sowie eine Umsetzung der Anforderungen durch eine **Matrixorganisation**.

185 Bei der Matrixorganisation werden im Gegensatz zu einer autonomen Compliance-Abteilung relevante Aufgaben auf die **Fachabteilungen** (z.B. Rechtsabteilung, Revision, Personalabteilung, Einkauf) und hier auf die **sog. Compliance Verantwortlichen übertragen**. Den Vorteilen einer Matrix-Organisation, die im Wesentlichen in einer hohen Flexibilität, geringem finanziellen und personellem Ressourcenbedarf sowie

---

147 Vgl. *IDW* PS 980 Tz. 23.

einer Beibehaltung von Zuständigkeiten und grundlegenden Organisationsstrukturen besteht, steht in der Praxis in der Regel ein hoher Abstimmungsbedarf entgegen. Zur Adressierung einer effektiven Abstimmung innerhalb der Organisation wird daher bei der Prüfung des CMS ein Schwerpunkt auf der Kommunikation, Dokumentation und Koordination liegen. Um eine zeitgerechte Entscheidungsfindung der jeweils Compliance-Verantwortlichen sicherzustellen, müssen z.B. **klare Zuständigkeiten, Berichtswege, Arbeitsabläufe, Zustimmungsanforderungen sowie auch konkrete Fristen** geregelt sein. Die Ausgestaltung der Matrixorganisation muss in ihren Inhalten damit dafür sorgen, dass die systemimmanenten Nachteile durch eine klar definierte und auch nachvollziehbare Ablauforganisation kompensiert werden. Nur wenn dies der Fall ist, kann überhaupt eine wirksame Compliance-Organisation vorliegen.

Zur weiteren **Kompensation der immanenten Schwachpunkte** (z.B. höherer Abstimmungsbedarf, fehlende Konzentration von Compliance Expertise) einer Compliance Matrix-Organisation richten viele Unternehmen ein sog. **Compliance Committee** an. Dieses hat die Aufgabe, die Gesamtverantwortung für die operativen Prozesse innerhalb des Compliance Management Systems zu übernehmen und wird in der Regel durch den Chief Compliance Officer (CCO) geleitet. Als Mitglieder werden aus den einbezogenen Fachbereichen Compliance-Verantwortliche benannt, die damit die schnittstellenübergreifende Koordination der relevanten Prozesse und Maßnahmen über die Fachbereichsgrenzen hinaus sicherstellen. Darüber hinaus wird ein solches Compliance Committee in der Praxis regelmäßig ergänzt um weitere Unternehmensvertreter, in deren Bereichen compliance-relevante Berührungspunkte existieren. **186**

Ob ein solches Compliance Committee **wirksam arbeitet**, lässt sich für den CMS-Prüfer daran festmachen, ob die wesentlichen Funktionen erfüllt werden. Darunter fallen hauptsächlich die Koordinationsfunktion (z.B. die Abdeckung sämtlicher Elemente eines Compliance Management Systems), die Kommunikationsfunktion (z.B. die Berichterstattung über compliance-relevante Sachverhalte an die Unternehmensleitung) sowie die Dokumentationsfunktion (z.B. die Dokumentation von Verfahrensanweisungen wie Richtlinien und Merkblättern). Das Compliance Committee sollte dabei direkt an die Unternehmensleitung berichten, um eine **organisatorische Unabhängigkeit** sicherzustellen. Das Compliance Committee muss auch prozessual festlegen, wie Unstimmigkeiten bei der Auseinandersetzung mit präventiven, aufdeckenden und sanktionierenden Maßnahmen in einer festgelegten Berichtslinie **eskaliert** werden. Insbesondere für den sensiblen Compliance Bereich ist wichtig, dass bestimmte Entscheidungen und Vorgänge nicht ausschließlich durch den Leiter des Compliance Committees entschieden werden können. **187**

Die **notwendige Ausstattung**, das Budget und sonstige Ressourcen der Compliance-Organisation hängen von Art und Umfang der im Rahmen der Konzeption getroffenen Entscheidungen maßgeblich ab. Für eine wirksame Organisation müssen insbesondere Personal, IT und Räumlichkeiten eingerichtet werden. Darüber werden Kosten für Schulungen, Fortbildungen, Reisekosten und Sitzungen anfallen, die in einem angemessenen Budget berücksichtigt sein müssen. **188**

Beim **Personal** ist durch den CMS-Prüfer neben der reinen quantitativen Besetzung, d.h. der Größe der Abteilung bzw. der Anzahl der hier eingesetzten Mitarbeiter insbesondere auch darauf zu achten, dass die Verantwortlichen über ausreichende Expertise und Erfahrung mit Compliance Management-Systemen verfügen. In diesem Zusammenhang ist sowohl eine Analyse der beruflichen und fachlichen Qualifikation notwendig als auch zu hinterfragen, inwieweit durch Schulungen sichergestellt ist, dass die Mitarbeiter fortlaufend trainiert und so auch über neue Entwicklungen informiert werden.

6. Compliance-Kommunikation

6.1 Definition

189 Der Compliance Kommunikation kommt innerhalb des CMS eine wesentliche Bedeutung zu, da es eine unmittelbare **Schnittstelle zwischen der Konzeption eines CMS und dessen Wirksamkeit** darstellt. Ein vom Unternehmen entwickeltes CMS kann in der Praxis nämlich nur dann effektiv sein, wenn die betroffenen Mitarbeiter und ggf. Dritte über das Compliance-Programm sowie die festgelegten Rollen und Verantwortlichkeiten informiert werden. Denn nur dann können sie ihre Aufgaben im CMS ausreichend verstehen und sachgerecht erfüllen.[148] Zur Wahrnehmung dieser Aufgabe umfasst Compliance Kommunikation im Wesentlichen die Verlautbarung von Regeln, die Festlegung der Berichtspflichten und -wege für vermutete und festgestellte Verstöße sowie die Kommunikation der Ergebnisse von Überwachungsmaßnahmen.[149]

6.2 Prüfung

190 Ziel der Prüfung des Grundelements der Compliance Kommunikation ist damit, ob die Inhalte des CMS zeitnah, vollständig und an alle betroffenen Mitarbeiter in verständlicher Form kommuniziert wurden. **Gängige Elemente** der Vermittlung dieses Wissens in Unternehmen sind z.B. Mitarbeiterbriefe, Ansprachen, Intranet-Inhalte oder Schulungsveranstaltungen. Für die Prüfung lässt sich die Compliance Kommunikation generell in drei Elemente aufteilen: **Schulungsmaßnahmen, Beratung und Information**.

191 Im Rahmen der Prüfung der Schulungen wird zunächst zu analysieren sein, welches Training angesichts der relevanten Teilbereiche und Risiken notwendig sind und welche Zielgruppe innerhalb der Mitarbeiter zu erreichen ist. Nur ein zielgerichtetes Training, das die individuellen Inhalte transportiert, kann als angemessen erachtet werden. Darüber hinaus werden die Schulungsinhalte inhaltlich geprüft und daraufhin analysiert, ob sie vollständig und richtig alle Informationen enthalten, die notwendig sind, um ein entsprechendes Verhalten der Mitarbeiter sicherzustellen. Für diesen Schritt kann es sinnvoll sein, auch juristische Expertise mit in die Prüfung einzubringen, um sicherzustellen, dass entsprechende juristische Mindestanforderungen durch das vermittelte Trainingswissen erreicht werden. Eine Aktualisierung der Inhalte sollte auf regelmäßiger Basis zur Einarbeitung aktueller Entwicklungen sowie im Rahmen der grundsätzlichen Verbesserung erfolgen. In internationalen Konzernen ist darüber hinaus sicherzustellen, dass das Training **in allen relevanten Sprachen** angeboten wird. Da die deutsche oder englische Sprache in vielen Ländern nicht vorausgesetzt werden kann, sind die Schulungen in die jeweilige Landessprache zu übersetzen

192 Es sollte auch darauf geachtet werden, ob die Schulungsveranstaltungen in der angebotenen Form (d.h. Methode der Wissensvermittlung) sinnvoll sind. In Abhängigkeit der zu vermittelnden Kenntnisse kann entweder ein **Präsenz- oder webbasiertes Training** effektiver sein. In jedem Fall ist darauf zu achten, welche Art der Überprüfung

---

148 Vgl. *IDW* PS 980 Tz. 23.
149 Vgl. *IDW* PS 980 Tz. A19.

des Lernerfolgs angewendet wird. Insbesondere bei **E-Learnings** ist zu erwarten, dass das vermittelte Wissen zum Abschluss der Schulung durch gezielte und geeignete Wissensfragen überprüft wird, bevor eine erfolgreiche Teilnahme bestätigt wird. Dies erscheint notwendig, weil die tatsächliche Beschäftigung mit den Inhalten ansonsten nicht gewährleistet ist. Bei **Präsenzschulungen** ist für die Wirksamkeit der Maßnahme zu prüfen, ob die Anwesenheit der Teilnehmer z.B. durch Unterschriftenlisten nachgewiesen werden kann bzw. wie eine Nachverfolgung oder auch Sanktionierung von fehlenden Teilnehmern durchgeführt und nachgehalten wird. Letztlich kann es für den CMS-Prüfer zielführend sein, die Effektivität und Eignung des gesamten Schulungsangebots im Bereich Compliance durch eine entsprechende **Mitarbeiterbefragung** zu überprüfen (sog. „**sounding**").

Für die Beratung von Compliance-relevanten Sachverhalten ist eine **Anlaufstelle im** **193** **Unternehmen** einzurichten. In der Praxis wird diese den Mitarbeitern häufig durch eine feste Telefon-Hotline oder ein intranet-basiertes System zur Verfügung gestellt. Der CMS-Prüfer muss sicherstellen, dass diese Hotline innerhalb des Konzerns bekanntgemacht wurde und von überall erreicht werden kann. Auch hier ist sicherzustellen, dass die eine Anfrage für eine Compliance Beratung in der jeweiligen Landessprache erfolgen kann und entsprechend beantwortet wird. Gerade bei Mitarbeitern ohne Bildschirmarbeitsplatz muss darüber hinaus gewährleistet sein, dass auch sie einen Zugang zur Beratungsstelle haben. Hierbei sollte überprüft werden, ob und welche Antworten im Betrachtungszeitraum abgegeben werden und wie die Qualifikation der Mitarbeiter der Hotline ist. Für die **Prüfung der Wirksamkeit** kann es ratsam sein, stichprobenhaft innerhalb des Zeitraums vorgenommene Beratungsanfragen nachzuverfolgen und somit zu überprüfen, ob jede Anfrage vollständig und auch mit der notwendigen Qualität beantwortet wurde.

Unternehmen senden über verschiedene Medien compliance-relevante Informationen **194** an die Mitarbeiter. Der CMS-Prüfer muss sicherstellen, dass die Kommunikation nur über solche Medien erfolgt, die von den Mitarbeitern gelesen und verwertet werden können. Auch hier ist insbesondere darauf zu achten, dass nicht alle Mitarbeiter im Unternehmen einen Bildschirmarbeitsplatz und somit Zugang zu den Mitteilungen haben, die lediglich über das Intranet oder E-Mails kommuniziert werden. Ein angemessenes CMS muss daher auch solche Medien einsetzen, die diese Zielgruppe erreicht. Es ist weiterhin zu erwarten, dass entsprechende Botschaften zu gegebener Zeit wiederholt und erneut zu kommunizieren sind, um eine Wirkung zu erzielen. Wie weiter oben gezeigt, kann auch hier eine stichprobenartige Befragung der Mitarbeiter sinnvoll sein, um ein Gefühl dafür zu bekommen, ob die Informationen auch tatsächlich ankommen und verstanden werden. Im Hinblick auf die Prüfung der Wirksamkeit ist von entscheidender Bedeutung, dass die gesendeten Botschaften auch die Zielgruppe erreichen. Ebenfalls sind hier die weiter oben diskutieren Anforderungen an die Kommunikation in der jeweiligen Landessprache zu stellen.

7. Compliance-Überwachung und Verbesserung

7.1 Definition

Ein jedes System, welches auf internen Kontrollen beruht, ist im Zeitablauf dem **195** Risiko unterworfen, dass sich die äußeren Umstände und Faktoren ändern, Schlüsselpersonen rotieren oder ausscheiden und darüber hinaus die Aufmerksamkeit und Beachtung der Prozesse und Maßnahmen abnimmt, wenn diese nicht fortlaufend hinterfragt und verifiziert werden. Darüber hinaus ist ein kontinuierlicher Verbesserungsprozess notwendig, der die Effektivität des bestehenden CMS weiter erhöht. Aus diesem Grunde müssen die Angemessenheit und Wirksamkeit eines CMS **fortlaufend überwacht** und identifizierte Schwachstellen zur Mängelbeseitigung an die verantwortlichen Stellen kommuniziert werden.

7.2 Prüfung

196 Um eine wirksame Überwachung zu ermöglichen muss zunächst sichergestellt sein, dass diese von einer Stelle ausgeführt wird, die **unabhängig** vom CMS ist. Dadurch wird einer Selbstprüfungsgefahr begegnet. Es ist aus diesem Grund problematisch, wenn die Compliance Organisation der internen Revision (oder umgekehrt) unterstellt ist. Diese Abhängigkeit lässt grundsätzlich keine objektivierte Wahrnehmung der Überwachungsaufgabe zu. Bestandteile einer wirksamen Überwachung sind darüber hinaus die Festlegung der **Zuständigkeiten**, die Entwicklung eines **Überwachungsplans**, die Bereitstellung angemessener **Ressourcen**, die Bestimmung der **Berichtswege** sowie die Erstellung der **Berichte** über das Ergebnis der Überwachung.[150]

197 Als übergreifende Aspekte werden dabei in der CMS-Prüfung insbesondere das Überwachungskonzept als solches sowie das Vorhandensein unabhängiger Compliance Audits gewürdigt.

198 Gegenstand der Prüfung sind hier zunächst das Überwachungskonzept, d.h. die Verantwortlichkeiten und der Prozess der Überwachung selbst. Dabei muss insbesondere auch überprüft werden, ob die für die Überwachung zur Verfügung stehenden Ressourcen überhaupt ausreichend sind, um die notwendigen Maßnahmen durchzuführen. Hier ist neben der **quantitativen** Betrachtung auch darauf zu achten, dass das Unternehmen Mitarbeiter mit entsprechender **Qualifikation** einsetzen kann. Die Herausforderungen im Bereich der CMS gehen teilweise deutlich über den Tätigkeitsbereich der klassischen internen Revision hinaus. In vielen Fällen werden neben Spezialkenntnissen über die Ausgestaltung von CMS auch juristische Kenntnisse notwendig sein, um Sachverhalte zu beurteilen. Eine Aussage über die adäquate Ausstattung mit Ressourcen kann daher nur in der Gesamtschau beider Faktoren getroffen werden.

199 Ein Werkzeug vieler Unternehmen, um die Wirksamkeit des eigenen CMS zu überprüfen, sind sog. **Selbsteinschätzungen** („**Self Asssessment**"). Mit Hilfe von häufig selbst entwickelten Fragebögen können compliance-relevante Sachverhalte im Unternehmen erhoben werden. Dadurch kann insbesondere eine Einschätzung getroffen werden, ob die vielfältigen Maßnahmen und Prozesse eine Wirkung zeigen und tatsächlich wahrgenommen und umgesetzt werden. Die Fragebögen bieten dem CMS-Prüfer eine gute Grundlage für eine zielgerichtete Fokussierung seiner Prüfungshandlungen.

200 Ein weiterer wesentlicher Aspekt ist die Frage, wie **Ergebnisse** aus den Überwachungsaktivitäten innerhalb des CMS **kommuniziert, aufgearbeitet** und schließlich durch die Ausarbeitung neuer oder Revision bestehender Maßnahmen **umgesetzt** werden. Der CMS-Prüfer wird daher die Berichte der mit der Überwachung beauftragten Instanz (häufig die Interne Revision) lesen und stichprobenartig nachvollziehen, wie die einzelnen Feststellungen bewertet und welche Maßnahmen ergriffen wurden, um

---

150 *IDW* PS 980 Tz. A 20.

die identifizierten Mängel zu beseitigen. Nur so kann sichergestellt werden, dass den Risiken durch ein optimiertes CMS ausreichend Rechnung getragen wird.

Die Prüfung des CMS nach IDW PS 980 stellt eine **Systemprüfung** dar, die sich mit **201** der Angemessenheit und zumeist Wirksamkeit der eingerichteten Grundsätze, Prozesse und Maßnahmen beschäftigt. In diesem Zusammenhang werden die internen Kontrollen jeweils in ausreichender Stichprobe getestet, um eine Aussage über das System treffen zu können. Keinesfalls handelt es sich dabei um eine aussageorientierte Prüfung, die zum Ziel hat, für den Wirksamkeitszeitraum festzustellen, dass es auch tatsächlich zu keinen Verstößen gekommen ist. Während eine solche Untersuchung nicht Teil des IDW PS 980 Prüfung ist, muss das Unternehmen sehr wohl durch entsprechende Compliance Audits sicherstellen, dass die Regelungen auch eingehalten werden.

Derartige Compliance Audits unterscheiden sich daher insbesondere darin von den **202** Tätigkeiten im Rahmen der IDW PS 980 Prüfung, dass in der Regel mit deutliche größeren Stichproben, einer höheren Prüfungstiefe sowie über die Einhaltung formeller Kontrollen hinaus auch die tatsächliche Umsetzung der Maßnahmen überprüft wird. Nur so kann das Unternehmen die Ergebnisse der Risikoanalyse angemessen durch entsprechende vertiefende Prüfungen berücksichtigen. Diese Compliance Audits können sowohl anlassbezogen nach der Kommunikation eines Verstoßes sowie auch systemisch eingebettet in einen festen Revisionsplan zur möglichst breiten Abdeckung der Unternehmensteile und –gesellschaften erfolgen.

Damit wird die Planung und Durchführung der Compliance Audits als Bestandteil des **203** Grundelements „Überwachung und Verbesserung" selbst ebenfalls Bestandteil einer Angemessenheits- und Wirksamkeitsprüfung. Ein Prüfungsschwerpunkt liegt daher zum einen darin, ob die Feststellung von wesentlichen Verstößen zu entsprechenden unternehmensinternen Prüfungen geführt hat. Darüber hinaus ist zu überprüfen, wie das Management sicherstellt, dass durch eine angemessene, auf der Risikoanalyse basierende und ggf. rotierende Planung alle relevanten Unternehmensteile einem Compliance Audit unterzogen werden.

C. Corporate Responsibility als Schlüssel für Compliance

I. Einführung

Unternehmen stehen heute vor vollkommen neuen Herausforderungen. Die globale **204** Wirtschafts- und Finanzkrise hat unverkennbar deutlich gemacht, dass wir neu über die Führung von Unternehmen nachdenken müssen. Trends sind nicht mehr verlässlich – und zwar nicht erst seit der Krise. Globalisierung, technischer Fortschritt und langfristige Veränderungen wie Klimawandel und die demographische Herausforderung haben eine starke Dynamisierung bewirkt. Wir brauchen deshalb neue Instrumente für die Unternehmensführung und müssen uns von dem Paradigma verabschieden, jede Planung bis auf den letzten Cent quantifizieren zu wollen und zu können. Unter diesen Voraussetzungen werden die unternehmerischen Entscheidungen notgedrungen kurzfristiger, die Umsetzung noch herausfordernder. In dieser Lage müssen

Führungskräfte mit einer klaren Werteorientierung für Sicherheit sorgen. Damit diese Werte glaubhaft und konkret werden, müssen sie von den Führungskräften vorgelebt werden.

205 Mitarbeiter und Führungskräfte erheben verstärkt den Anspruch, ihre Werteorientierung in ihrem Arbeitsalltag umzusetzen. Auch weil sie davon überzeugt sind, dass dadurch Geschäftsbeziehungen stabiler und langfristig ertragreicher werden. Das zeigt etwa eine Umfrage der Wertekommission unter jungen Führungskräften.[151]

206 Diese Problemstellung führt uns zu grundlegenden Fragen: Wie können Firmen sicherstellen, dass ein global gültiger Verhaltenskodex („Code of Conduct" oder „Code of Ethics"), d.h. neben den rein rechtlichen Vorgaben auch unternehmensweite Verhaltensregeln in einer (immer größeren und geographisch verzweigten, wenn wir die Krise nachhaltig überwinden werden,) Organisation von allen Mitarbeitern verbindlich eingehalten werden – ohne dass die persönliche Kreativität und Freiheit des Einzelnen über Gebühr eingeschränkt wird? Wie kann eine Unternehmenskultur geschaffen werden, in der es einfach zum Selbstverständnis aller Mitarbeiter gehört, sich an diese Regeln zu halten und sie nicht zu brechen? Mit anderen Worten: **Wie kann eine vollwertige Vertrauensorganisation aufgebaut werden?**[152]

207 **Bloße Regeln allein sind nicht die Lösung.** Es gibt leider genug Beispiele von Unternehmen, in denen die Compliance-Abteilungen sogar Rechtsverstöße gedeckt haben, die sie eigentlich verhindern sollten, oder in denen einfach nicht genau genug hingeschaut wurde. Gerade der Finanzsektor hat bei der jüngsten Krise gezeigt, wie gefährlich fehlendes oder falsches Risikomanagement ist, das nicht erst bei der Bewertung von Finanzprodukten beginnt, sondern schon bei dem grundlegenden Verständnis für das Geschäft.

208 Es muss also zu allererst um die persönliche Einstellung eines jeden Mitarbeiters gehen – allen voran der Unternehmensspitze. Erst wenn diese Einstellung stimmt, können aus **Regeln gelebte Werte werden**. Ein wichtiger Baustein beim Errichten einer Vertrauen und Integrität fördernden Organisationsstruktur, kann „**Corporate Responsibility**" (CR) sein. Unter CR verstehen wir die Förderung der eigenen Mitarbeiter ebenso wie die Förderung oder gar selbstständige Durchführung gesellschaftlich relevanter Projekte, indem CR für die ethischen Grundlagen eines Unternehmens steht, für die Unternehmenskultur im täglichen Geschäft. CR kann Vertrauen nach innen und außen schaffen. Dabei gilt: Wer verändert, wird auch selber verändert. Unter der Voraussetzung, dass **CR ernsthaft betrieben** wird. Unternehmen, die CR-Aktivitäten planen, müssen sich von vornherein bewusst sein: Wer diese Aktivitäten nicht ernsthaft betreibt, sondern als reine Marketingaktionen betrachtet, dessen Imageschaden könnte am Schluss bei negativen Nachrichten aus dem Konzern größer ausfallen, als wenn von vornherein auf CR verzichtet worden wäre – ganz abgesehen von der Unwirksamkeit bei der Verbesserung des innerbetrieblichen Klimas.

209 Natürlich hat Milton Friedman im Prinzip weiterhin Recht mit seinem Satz: „The business of business is business." Doch diese Aussage passt letztlich gut zusammen mit einem Wort des Siemens-Gründers Werner von Siemens: „Für augenblicklichen Gewinn verkaufe ich die Zukunft nicht." Die weitere gesellschaftliche Verantwortung

---

151 Wertekommission Führungskräftebefragung 2009.
152 Vgl. *Schwenker/Bötzel* Wachsen durch Vertrauen. Die Vertrauensorganisation als integratives Konzept, Roland Berger Strategy Consultants, 2005.

seines Unternehmens abzulehnen und sich nur auf die reine Gewinnmaximierung zu konzentrieren, mag in vielen Fällen vielleicht die ehrliche Einstellung des Managements sein, eine langfristig tragfähige Option für ein Unternehmen, das im Wettbewerb bestehen soll, ist es nicht. **Unternehmen sind keine isolierte Einheit**, sie sind Teil der Gesellschaft und für deren Entwicklung mitverantwortlich, das ist auch eine Lehre aus der jüngsten Krise. Sie müssen sich deshalb schon aus wirtschaftlichem Eigeninteresse auch als Akteur innerhalb und nicht außerhalb oder getrennt von der Gesellschaft verstehen. Sie müssen sich bewusst machen, welche Folgen ihr Handeln oder auch Nicht-Handeln für die Gesellschaft hat – d.h. unmittelbar durch das tägliche Geschäft, durch inhaltliche Positionen zu gesellschaftlichen Entwicklungen im Rahmen des öffentlichen Diskurses und durch ordnungspolitische Weichenstellungen etwa durch Selbstverpflichtungen.

Eine Vertrauenskultur nach innen und außen – und die konsequente Beachtung des **210** Rechtsrahmens – ist der Schlüssel zu nachhaltigem Wachstum. Und darum muss es nach den Erfahrungen der Krise gehen. Wie kommen wir nicht nur wieder zurück auf den Wachstumspfad, sondern wie gestalten wir dieses Wachstum nachhaltiger? Verantwortliches Handeln muss dabei nicht nur eine Pflicht sein, sondern kann auch profitable Chancen eröffnen. Viele Verbraucher nehmen das Verhalten von Unternehmen durchaus sehr genau wahr – und fordern sozial und ökologisch verantwortliches Management ein, wie eine Befragung von 40 000 Haushalten in Deutschland durch Roland Berger Strategy Consultants und GfK ergeben hat.[153]

Die unternehmerischen Ansprüche an das Management sind durch den rapide wach- **211** **senden Wettbewerb in der Globalisierung und durch die zunehmende Unsicherheit gestiegen.**[154] Gleichzeitig erwartet auch die Gesellschaft – angesichts langfristig sinkender Leistungen von Staatsseite, schließlich müssen die öffentlichen Haushalte bald nach dem Kraftakt der Krisenintervention wieder konsolidiert werden – eine größere Wahrnehmung ihrer Verantwortung durch die Unternehmen. **Unternehmen werden verstärkt in die Pflicht genommen, bei den gesellschaftlichen Veränderungsprozessen mitzuwirken.**[155] Durch Selbstverpflichtungen etwa – die oft explizit als Ersatz für eine gesetzliche Regelung eingegangen werden – werden die Rahmenbedingungen in ganzen Wirtschaftszweigen neu definiert und auch das Bewusstsein der breiten Öffentlichkeit für bestimmte Fragen mit bestimmt. I.d.S. haben Unternehmen nicht nur eine Handlungsverantwortung in ihrem ureigenen Geschäft, sondern vielmehr auch eine Diskurs- und Ordnungsverantwortung. Die Strategie, mit der ein Unternehmen auf die Ansprüche reagiert, ist CR.[156]

Ein Unternehmen kann die übrigen Stakeholder vielleicht eine Zeitlang über Fehlver- **212** halten hinweg täuschen, früher oder später kommen Altlasten jedoch ans Tageslicht und können wie beim bisher weltweit größten Fall Enron zum Ende ganzer Konzerne führen. In der modernen Unternehmensführung sind Compliance und CR nicht mehr von einander zu trennen – sie sind zu den beiden Seiten einer Medaille geworden. Oder, so hat es Prof. Guido Palazzo, Max-Weber-Preisträger für Wirtschaftsethik, einmal ausgedrückt: **„Der freie Markt funktioniert nur dort, wo es rechtliche und morali-**

153 *Roland Berger Strategy Consultants/GfK* Sozial verantwortliches Management und Nachhaltigkeit – Potenziale für Hersteller und Händler?, 2009.
154 Vgl. *Schwenker* Strategisch denken, mutiger führen, 2008, S. 17–21.
155 Vgl. *Porter/Kramer* Harvard Business Review 2006, 1 f.
156 Vgl. *Schwenker* Strategisch denken, mutiger führen, 2008, S. 120–126.

sche Leitplanken gibt." Diese drohten jedoch in Zeiten der Globalisierung[157] wegzu-
fallen, da ihr Einfluss in der Regel geographisch begrenzt sei.

II. Schnelle Veränderung und Unsicherheit erzeugen Handlungsbedarf

213 In den 90er Jahren war **Globalisierung** vor allem ein Schlagwort, **im 21. Jahrhundert
ist sie schnell Wirklichkeit geworden**. Deutschland und Europa haben davon profitiert – und haben ebenfalls die Voraussetzungen dafür, auch vom neuen Aufschwung
nach der globalen Krise und der weiteren Vertiefung der Globalisierung zu profitieren. **Gerade die jüngste Krise zeigt die Grenzen des anglo-amerikanischen Manage-
mentmodells**, das die Welt in den vergangenen Dekaden dominiert hat. **Im Gegensatz
dazu kann Europa auf Stärken setzen, die wir lange Zeit vernachlässigt oder nicht hinreichend wertgeschätzt haben**: Die langfristige Orientierung, unser breiteres und auf
Dauer angelegtes Verständnis von Unternehmenserfolg gehören dazu. Dass die Philosophie des deutschen HGBs, das vor kurzem noch als langweilig und altmodisch galt,
wieder weltweit Interesse findet, ist ein guter Beleg dafür. Überzeugend ist aber vor
allem die Leistungsfähigkeit der europäischen Unternehmen. In einer Roland Berger-
Studie haben wir die Erfolgsmuster der 3000 größten Unternehmen der Welt mit
Blick auf Europa untersucht, in einer langen Zeitreihe von 1998 bis 2008, mit beein-
druckenden Ergebnissen: Die europäischen Unternehmen in dieser Top-Gruppe sind
schneller gewachsen – mehr als 10 % jedes Jahr vs. weniger als 9 % für die Amerikaner und nur 3 % bei den Japanern – und vor allem profitabler; 13 % durchschnittliches
Gewinnplus pro Jahr vs. rund 7 % bei den Hauptwettbewerbern. Europa steht also
schon seit langem für profitables Wachstum. Und dessen Grundlage wiederum sind
die industriellen Stärken, die gerade Deutschland mit einem Anteil von 24 % am BIP
im Vergleich zu den USA (14 %) auszeichnen.

214 Die industriellen Stärken bilden außerdem das Fundament, um langfristige Herausforderungen wirksam anzugehen. Der Klimawandel gehört dazu und vor allem die Frage,
wie wir Umweltschutz und Wachstum miteinander verbinden. Ich glaube, dass wir hier
mit „Green Tech" auf einem guten Weg sind, denn gerade hier können wir heute
erkennen, dass Umweltschutz und verantwortlicher Umgang mit knappen Ressourcen
in Wachstum umgesetzt werden kann.[158] Und das – wie die besondere Förderung von
Umwelttechnik in den Konjunkturprogrammen der USA und Chinas zeigt – auf
einem globalen Level.

215 Europas Top-Unternehmen haben sich – wie unsere Studie ebenfalls zeigt – international besonders breit aufgestellt und durchgesetzt. Sie machen mittlerweile fast 40 %
ihres Umsatzes außerhalb der (europäischen) Heimatregion. Bei amerikanischen und
japanischen Unternehmen ist der Anteil im Schnitt 30 % (und bei vielen sogar noch
geringer). Die Internationalisierung bedeutet neben Chancen auch eine Herausforderung für die Unternehmensführung: eine **geographische Zersplitterung sowohl der
Beschäftigten als auch der Kunden**. Vor diesem Hintergrund stellen sich sehr rele-

---

157 Vgl. *Suchanek/Lin-Hi* Eine Konzeption unternehmerischer Verantwortung, Hrsg. v. Wittenberg-
    Zentrum für Globale Ethik, Diskussionspapier Nr. 2006-7, 2006, S. 5 f.
158 Vgl. *Schwenker* Handelsblatt, 7.12.2009; vgl. auch – mit einer guten Zusammenfassung zu den ein-
    zelnen Wirkbereichen von Corporate Responsibility – *Peters* Wege aus der Krise – CSR als strate-
    gisches Rüstzeug für die Zukunft, 2009.

vante Fragen: Wie spricht man die Kunden- und Mitarbeitergruppen aus sehr unterschiedlichen Kultur- und Sprachräumen an? Wie schafft man es, in der Vielfalt ein allgemein gültiges Versprechen zu vermitteln, es zu halten und so kontinuierlich echtes Vertrauen zu schaffen? **Wie führt man ein Unternehmen richtig im Tagesgeschäft – und in die Zukunft?**[159]

III. Management als Vorbild

Vertrauen ist die Grundlage aller Wirtschaftsbeziehungen. Was bei einem Vertrauens- **216** verlust drohen kann, haben wir gerade erst bei der weltweiten Finanzkrise gesehen. Bei einem ersten Kontakt zwischen Wirtschaftsakteuren wird immer ein Vertrauensvorschuss gegeben, der bei schlechten Erfahrungen aber schnell aufgebraucht sein kann. Tiefes Vertrauen – das B2B- und B2C-Transaktionen deutlich effizienter werden lässt – entwickelt sich dann, wenn Erwartungen und Anforderungen, die an ein Unternehmen von den verschiedenen Seiten gestellt werden, über einen längeren Zeitraum zuverlässig erfüllt werden – oder unerwartete Schwierigkeiten, etwa einen Auftrag zu erfüllen, offen, transparent und rasch kommuniziert werden. Es geht darum, die einklagbaren Regeln einzuhalten (Compliance) und sich gleichzeitig als verlässlicher Partner zu zeigen, der sich bietende Lücken nicht einseitig ausnutzt, sondern verantwortungsbewusst wirtschaftet (CR). Es geht darum, „die richtigen Dinge zu tun" und „die Dinge in der richtigen Weise zu tun". Um dieses Ziel zu erreichen, muss die Führung bei sich selbst zuerst ansetzen und Werte vorleben. **Der unverzichtbare Schlüssel zu einer Vertrauensorganisation ist Authentizität und Verantwortungsbewusstsein des gesamten Managements.**[160] Das primäre Vertrauen – man könnte auch sagen das „Urvertrauen" – der Mitarbeiter, aber auch der externen Stakeholder des Unternehmens, hängt vom Verhalten der Führungskräfte ab. Mit ihnen steht und fällt, ob eine Organisation als vertrauensbasiert anerkannt wird. Denn die Aufmerksamkeit konzentriert sich in der Regel auf die Führungspersonen, deren Auftreten als pars pro toto aufgefasst wird. Schließlich haben die Führungsgremien des Unternehmens genau diese Personen an eine prominente Stelle gesetzt, um die gesamte Firma nach außen zu repräsentieren. Diese hervorgehobene Stellung gilt im Übrigen durch die gesamte Hierarchie. Der Blick richtet sich immer auf die jeweils nächsthöhere relevante Stufe. Bei der Führungskräftebefragung 2007 der Wertekommission war das Ergebnis, dass gut 61 % der Befragten Eigentümer und Führungskräfte als die wichtigsten Einflussfaktoren für die in einem Unternehmen gelebten Werte sehen – damit haben sie aus Sicht der Befragten ein um die Hälfte größeres Gewicht als die Kunden und sind fast doppelt so wichtig wie die sonstigen Mitarbeiter. Dieses Ergebnis spiegelt sich in der bereits zitierten Führungskräftebefragung von 2009, in der junge Führungskräfte insbesondere ihre Vorgesetzten als hemmenden Faktor sehen, wenn es um das Leben von Werten im Unternehmen geht.

Deshalb ist es **entscheidend, dass es bei Führungskräften ein geschärftes Bewusstsein** **217** **für moralische und ethische Fragen gibt.** Dieses Bewusstsein entsteht wiederum nicht automatisch, nicht einfach auf natürliche Art und Weise. Es muss wie alle wichtigen Fähigkeiten immer wieder geübt und verfeinert werden. Jedoch spielen ethische

---

159 Vgl. *Schwenker* Strategisch denken, mutiger führen, 2008, S. 77 ff.
160 Vgl. *Schwenker* Strategisch denken, mutiger führen, 2008, S. 130 ff.

Aspekte in der Ausbildung des Managementnachwuchses heute an vielen Hochschulen eine viel zu kleine Rolle, auch wenn einige positive Gegenbeispiele unter den Business Schools, etwa die HHL in Leipzig und die EBS in Hessen, zu finden sind.

218 Mit dem gesellschaftlichen Wandel und der Erosion traditionell in der Familie oder durch Institutionen wie Schule und Kirche vermittelter christlich-abendländischer Grundwerte hat sich eine Lücke aufgetan, die bisher nicht adäquat geschlossen wurde. **Die Managementausbildung ist bislang noch zu sehr auf die Aspekte der Geschäftsführung und -entwicklung fokussiert**, muss aber einen wesentlich breiteren Ansatz verfolgen, wenn die Rolle, die Unternehmen in der Gesellschaft übernehmen, verbessert werden soll. Die globale Wirtschaftskrise scheint zwar zu einem gewissen Umdenken geführt zu haben, doch ist noch lange nicht entschieden, wie nachhaltig dieses Umdenken tatsächlich ist.

219 Voraussetzung für ernsthafte CR und die Grundbedingung für Compliance ist die **vertrauensbasierte Führungskultur**. Die folgenden sechs Kernmerkmale[161] zeichnen diese Kultur aus (auf weitere Aspekte, die die Rolle der Organisation eines Unternehmens bei der Vertrauensbildung betreffen, kommen wir im nächsten Kap. zu sprechen):

– **Breite Beteiligung**: Alle Mitarbeiter sind aufgefordert, sich in die Diskussion über die weitere Entwicklung des Geschäfts und des Unternehmens insgesamt einzubringen – im Sinne einer echten Teilhabe oder „Inclusion". Geheime Zirkel oder Seilschaften, die die entscheidenden Themen exklusiv unter sich aus machen, darf es nicht geben. Denn so wird nur das Unrechtsbewusstsein und das Gefühl der eigenen Verantwortung untergraben.

– **Angemessene Kommunikation**: Die Führungspersonen teilen wichtige Nachrichten intern allen Ebenen rasch und umfassend mit. Dabei können die Inhalte je nach Zielpublikum in Tiefe und Breite variieren, die Grundaussage muss aber stets die gleiche bleiben. So wird ein Zugehörigkeitsgefühl geschaffen, das verantwortungsvolles Verhalten fördert. Und dazu sollte auch gehören, intern offen über Fehler und/oder Fehlverhalten zu sprechen.

– **Erkennbare Kontinuität**: Die Verhaltensmuster und Vorgehensweisen des Unternehmens beruhen auf definierten, allgemein gültigen Werten und einer gemeinsamen Kultur. Dadurch fällt es den Mitarbeitern leicht, sich zu den Zielen zu bekennen. Sobald Brüche und Ausnahmen zugelassen werden, besteht jedoch die Gefahr, dass schnell das Gefühl entsteht: „Der Ehrliche ist der Dumme."

– **Individuelle Unterstützung**: Die Mitarbeiter werden individuell gefördert, so dass jeder sein Potenzial und seine Kreativität entfalten kann. Das ist eine der wichtigsten Säulen der CR – und legt durch die Qualifizierung der Mitarbeiter die Grundlage für Compliance. Hier sollte ein Unternehmen auch nicht die nötigen Ausgaben für qualitativ hochwertige Seminare für ihre Mitarbeiter scheuen. Der langfristige Schaden könnte sonst immens sein. Hier sei an einen Satz des 3M-Chefs George Buckley erinnert. Auf die Frage „What if you train them and they leave?" antwortete er nur: „What if you don't – and they stay."

– **Hohe Glaubwürdigkeit**: Die Führungskräfte des Unternehmens sind – wie bereits oben ausgeführt – Vorbilder beim (Vor-)Leben der Unternehmenskultur. Letztlich entscheiden sie darüber, ob der „Code of Conduct" eines Unternehmens nur ein Absichtskatalog ist oder tatsächlich umgesetzt wird. Führungskräfte verkörpern die Visionen und Leitsätze des Unternehmens in ihrem tagtäglichen Verhalten und

---

161 Vgl. *Schwenker/Bötzel* Auf Wachstumskurs, 2006, S. 10 f.

strahlen so auf das gesamte Unternehmen ab. Unterstützen Führungskräfte z.B. ernsthaft und mit spürbarem Engagement CR-Aktivitäten, signalisieren sie damit, dass auch sie den Sinn des Unternehmens jenseits der reinen Gewinnmaximierung sehen. Mit diesem Vorbild vor Augen fällt es Mitarbeitern leichter, auf kurzfristigen Gewinn durch einen möglichen Compliance-Verstoß zu verzichten und ihre langfristige Verantwortung wahr zu nehmen.

– **Ausgeprägte Leistungsorientierung**: Leistungsorientierte Führung gibt anspruchsvolle Ziele vor und kommuniziert klar den Grad der Zielerreichung. Sachverstand, Engagement und Integrität werden belohnt, Karriereentwicklung und Incentives beruhen ausschließlich auf Kompetenz sowie Leistung. Und hier dürfen nicht nur monetär messbare Kriterien einfließen. Incentive-Kataloge für Führungskräfte (und auch für die einfachen Beschäftigten) müssen auch soziale und ethische Kompetenz angemessen berücksichtigen.

Vertrauenswürdigkeit der Führungskräfte setzt auch physische Präsenz voraus. Nur **220** wenn die Führungskräfte innerhalb eines Unternehmens greif- und erlebbar sind, wenn sie ihre Strategien und Ziele persönlich vermitteln, können sie ihre Mitarbeiter zu Höchstleistungen motivieren. **Mitarbeiter merken aber auch schnell, wenn die Führung selbst nicht genau weiß, wohin die Reise geht**. Und dann bröckelt das Vertrauen – und die Versuchung wächst, Regeln – auch zum vermeintlichen Wohl des Unternehmens – zu brechen, weil man selber entscheiden und handeln muss.[162]

IV. Dezentralität bereitet die strukturelle Grundlage für Vertrauen

Neben dem Bewusstsein des Führungspersonals **müssen Unternehmen auch ihre inne-** **221** **ren Strukturen den neuen Anforderungen anpassen**. D.h., es müssen die richtigen Rahmenbedingungen geschaffen werden, damit sowohl Wachstumsfähigkeit als auch Vertrauen in Zeiten der Unsicherheit und schnellen Veränderung erhalten bleiben können. Das beste Mittel ist, **konsequent auf Dezentralität zu setzen**.[163] Dezentralität wird zur Pflicht, will sich ein global agierendes Unternehmen erfolgreich ausrichten und sein gesamtes Potenzial ausschöpfen. Wobei es auf die richtige Balance zwischen Zentralität und Dezentralität ankommt. Dezentral gestaltete Strukturen können am besten auf Anforderungen und Veränderungen der Umwelt reagieren – und statt einer aufwendigen Kontrollorganisation eine Vertrauensorganisation wachsen lassen. Das ist wichtig, damit die Erfüllung der erhöhten gesellschaftlichen Anforderungen nicht zu Effizienzverlusten im operativen Geschäft führt.

Natürlich bedeutet es für viele Firmen ein Dilemma, wenn es um die übergreifende **222** Unternehmenskultur geht, die von den dezentral organisierten einzelnen Einheiten gemeinsam gelebt werden muss. Für viele Unternehmen ist das eine echte Herausforderung. Die notwendigen Mühen, bei allen Freiheiten auch die gemeinsame kulturelle Klammer sicher zu stellen, lohnen sich aber. Denn konsequente Dezentralität zeichnet sich durch eine Reihe von Vorteilen aus:[164]

---

162 Vgl. *Schwenker* Strategisch denken, mutiger führen, 2008, S. 104 ff.
163 Vgl. *Schwenker* Strategisch denken, mutiger führen, 2008, S. 115 ff.
164 Vgl. *Schwenker/Bötzel* Auf Wachstumskurs, 2006, S. 63 ff.

1. Fokussierung

223 Die Unternehmensspitze wird entlastet. Das ist besonders wichtig, weil die Unternehmensführung für Wachstum, das Kernziel eines jeden Unternehmens, eine schlüssige Strategie braucht. Strategische Kernentscheidungen – eine konsistente CR-Strategie ist ein zentraler Bestandteil – müssen vom CEO und den übrigen Vorständen gefällt werden. Dezentrale Strukturen führen dazu, dass die Leitung des Gesamtunternehmens vom operativen Geschäft entlastet wird und sich besser auf die strategischen Aufgaben konzentrieren kann. In zentral geführten Unternehmen erstickt häufig das Tagesgeschäft die strategische Initiative. Die Bereitschaft, sich neuen Anforderungen, die CR dringend notwendig machen, zu stellen, schwindet bei Überlastung.

2. Marktnähe

224 Während die Unternehmensführung also den Blick für das Gesamtbild behält, erhalten regionale und lokale Einheiten mehr Aufgaben, die ihrer Expertise entsprechen. **Dezentrale Unternehmen sind näher an ihren Märkten und damit an den Kunden und sonstigen lokalen Stakeholdern.** Sie haben das beste Gefühl dafür, welche Produkte und welche damit verbundenen Werte angeboten werden müssen. Dieses Thema wird mit zunehmender Internationalisierung immer wichtiger. Strategien müssen auf die spezifischen Bedürfnisse der jeweiligen Märkte abgestimmt werden. Die mit dezentralen Strukturen verbundene Entscheidungsbefugnis für die lokalen, regionalen und nationalen Einheiten hat den Vorteil, dass Entscheidungen dort getroffen werden, wo das Informationsniveau über den betreffenden Markt am größten ist. **Das gilt auch für die konkrete Ausgestaltung einzelner CR-Maßnahmen innerhalb des Strategierahmens**, der von der Unternehmensspitze definiert wird. Kunden, Lieferanten und andere Stakeholder fühlen sich in ihren jeweiligen Ansprüchen und Eigenheiten ernst genommen – und entwickeln über die Zeit Vertrauen. Gerade für große, weltweit tätige Konzerne muss die Grundregel lauten: „Think global, act local." **Dauer und Komplexität von Entscheidungsfindungsprozessen werden in der Regel reduziert.** Dies ist vor allem dem Umstand zu verdanken, dass kleinere Einheiten wesentlich bessere Voraussetzungen für Kommunikation bieten. Die Zahl der Kommunikationspartner ist überschaubarer, direkte Kommunikation ist besser möglich und die Kommunikation fällt leichter, da Mentalität und kulturelle Hintergründe der betroffenen Menschen ähnlich sind. Schließlich gibt es für ein und dieselbe Botschaft je nach Hintergrund und Bedürfnissen der Adressaten unterschiedliche Wege, wie sie am besten vermittelt werden kann.

3. Motivation

225 Dezentrale Strukturen sind der ideale Rahmen, um die **intrinsische Motivation von Führungskräften und Mitarbeitern** zu steigern – unter der Voraussetzung, dass eine gemeinsame Unternehmenskultur eine anerkannte Klammer um alle Einheiten bildet. Ohne diesen gemeinsamen Konsens besteht die Gefahr, dass die Zentrifugalkräfte zu groß werden. Ist diese Voraussetzung aber erfüllt, dann können dezentrale Einheiten ihre spezifischen Stärken ausspielen, denn sie sind in der Regel für konkrete Prozesse verantwortlich. **Diese Ganzheitlichkeit der Aufgabenstellung fördert die Identifikation.** Zudem lassen sich durch die bessere Möglichkeit der direkten Interaktion innerhalb kleiner, homogener Einheiten Mitarbeiter leichter für gemeinsame Ziele motivieren, als dies im relativ anonymen Umfeld einer Großorganisation gelingen kann.

Für CR bedeutet das: Aktionen können authentischer gestaltet werden, weil sie tatsächlich für das Lebensumfeld der Mitarbeiter relevante Fragen ansprechen können. Und hier wird auch die Frage nach Compliance berührt – **Compliance muss eine tägliche Selbstverständlichkeit sein**, die Befolgung dieser Regeln muss automatisch ablaufen. Das gelingt aber nur, wenn man den Mitarbeitern, die Compliance-Problemen gegenüber stehen, im täglichen Umgang mit den Regeln hilft. Und die beste Hilfe ist eine **gelebte Kultur des Verantwortungsbewusstseins**. Zudem wissen die Manager dezentraler Einheiten besser als die Zentrale, wie ihre Mitarbeiter am besten zu motivieren sind und welche Maßnahmen gerade die dringendsten wären. Das bedeutet aber nicht einen Persil-Schein, nach Gutdünken zu handeln. Freiräume müssen durch eine konsequente Evaluation der Zielerfüllung und durch ein intelligentes Controlling ergänzt werden.

4. Transparenz und Ergebnisverantwortung

Werden Entscheidungsbefugnisse delegiert, kann das Management dezentraler Einheiten im Wesentlichen selbstständig agieren. Als „Unternehmer im Unternehmen" trägt der Leiter eines Moduls auch die Verantwortung für die Ergebnisse seiner Entscheidungen – sowohl im übertragenen Sinne als auch unmittelbar in Form von Gewinnen und Verlusten. **Die dezentrale Struktur ist eine grundlegende Voraussetzung für das Prinzip der Ergebnisverantwortung – und für Transparenz nach innen und außen insgesamt.** Transparenz ist ein wesentlicher Faktor, um Vertrauen zu erzeugen. Transparenz macht CR glaubwürdig und Compliance erst praktikabel. Unsicherheit und Überraschungen sorgen für Misstrauen. Transparenz verringert zudem Graubereiche – und damit den Nährboden für Verstöße gegen Compliance. Die adäquate Kommunikation mit den Stakeholdern muss lokal sicher gestellt werden. CR-Aktivitäten sind immer lokal ausgerichtet, da es um die Rahmenbedingungen in dem entsprechenden Markt geht. **226**

5. Anpassungskraft

Wir haben bereits gesehen, dass sich die globale Wirtschaft und die Anforderungen an Unternehmen immer schneller und unvorhersehbarer wandeln. Unternehmen müssen deshalb ihre Anpassungsfähigkeiten stärken. Nichts hilft da besser als **Dezentralität – ergänzt durch CR, durch die das Gespür für gesellschaftlichen Wandel gestärkt wird**. Dezentrale Unternehmen zeichnen sich durch große Flexibilität bei einer Neustrukturierung der Gesamtorganisation aus, die so rasch auf sich ändernde Marktbedingungen reagieren kann. Das bedeutet: Kundenbedürfnisse, die sich mit der Gesellschaft laufend ändern, können besser befriedigt und die Wettbewerbspositionen gefestigt werden. Auch das Verstehen des anderen schafft im Übrigen Vertrauen. Da dezentrale Einheiten weitgehend in sich abgeschlossene Prozesse bearbeiten, lassen sie sich außerdem relativ leicht umgruppieren. Bei einer Akquisition, Fusion oder Kooperation sind einzelne Module besser integrierbar, bei einer Portfolio-Bereinigung besser veräußerbar. Nur durch offene Kommunikation mit allen Betroffenen lassen sich solche Umbrüche ohne Effizienzverluste und in angemessener Zeit umsetzen. **Eine Vertrauensorganisation, die CR auch nach innen auf ihre Beschäftigten anwendet, kann sicherstellen, dass sich bietende unternehmerische Möglichkeiten komplett ausgeschöpft werden können** – zum Wohle aller Stakeholder. **227**

V. Corporate Responsibility (CR) und Compliance können zusammen zusätzliche Werte schaffen

228   Anhänger von CR und konsequenter Compliance müssen sich immer wieder rechtfertigen, wenn Ressourcen eines Unternehmens – ganz besonders Managementzeit – in diese Felder investiert werden. Wie wir aber bereits in den vorherigen Kapiteln gesehen haben, sind CR und Compliance essentiell, wenn es darum geht, ein nachhaltig aufgestelltes Unternehmensmodell zu entwickeln – jenseits kurzfristiger Gewinne. **Investitionen in CR und Compliance lohnen sich also immer, wenn sie in die richtigen Maßnahmen fließen – auch in Krisenzeiten.**[165]

229   Viele Manager reagieren trotzdem oftmals noch immer mit einer Abwehrhaltung beim Thema CR, ganz besonders wenn es um optionale Aktivitäten geht. Verbrauchen Krisenmanagement und die Verteidigung der Marktposition nicht schon genug Kräfte? Die Antwort: Eine Reihe von Studien – sowohl von Roland Berger Strategy Consultants als auch von renommierten Wissenschaftlern wie Michael Porter[166] – hat gezeigt, **dass es zwischen einer verantwortungsbewussten Unternehmenskultur und dem Unternehmenserfolg eine hohe Korrelation gibt.** Auch wenn niemand ein Unternehmen letztlich zu CR-Aktivitäten zwingen kann, sind sie doch – richtig eingesetzt – eine Stärkung der Geschäftsposition eines Unternehmens. CR ist eben kein „Nice to have" – es birgt ein großes Potenzial. Und es ergänzt Compliance hervorragend, indem es die Frage nach Verantwortung umfassender beantwortet.

230   Nach einer Analyse von Roland Berger Strategy Consultants[167] unterstützt ein umfassendes CR-Konzept die Geschäftsaktivitäten auf drei Ebenen (im folgenden Kapitel werden wir konkrete Projekte vorstellen):

– **Geschäfte werden gesichert und auf Dauer erhalten.** Gesetzlich geforderte Mindestnormen einzuhalten, ist das Hauptmotiv vieler Unternehmen, wenn sie Compliance und CR das erste Mal als Themen für sich entdecken. Es kann sich aber lohnen, über diese Pflichtübung hinauszugehen. Auch ein internes Frühwarnsystem zur Korruptionsbekämpfung, etwa durch die Möglichkeit, anonym auf destruktive Aktivitäten hinzuweisen, werden mögliche Geschäftsverluste etwa aufgrund von Sanktionen vermieden. Voraussetzung ist aber auch hier natürlich, dass die Unternehmensspitze tatsächlich daran interessiert ist, Negativmeldungen aus der Belegschaft zu erhalten – und Fehlverhalten nicht sogar aktiv einfordert. Es gibt noch immer zu viele Unternehmen, die interne Kritiker als Nestbeschmutzer und Querulanten behandeln, statt ihre Beobachtung zur Verbesserung der Strukturen zu nutzen.

– **Geschäfte werden gefördert,** weil die Wahrnehmung gesellschaftlicher Verantwortung entscheidend dazu beiträgt, Marke und Image eines Unternehmens positiv aufzuladen, Ressourcen optimal einzusetzen und an den Standorten förderliche Rahmenbedingungen zu schaffen. Ein solches „Responsibility Branding" ist eine sichere Investition in die Zukunft des Unternehmens. Angesichts des rasanten Anstiegs von „Socially Responsible Investments" (SRI) wird auch die Position des

---

165 Eine gute, knappe Diskussion zu durch CR erzielte Erfolge ist zu finden bei *Sarstedt/Ganßauge* WiSt 2009, 500–505. Ein überzeugendes Plädoyer pro CR bietet das Interview mit Prof. Kasturi Rangan von *Martha Lagace* Corporate Social Responsibility in a Downturn, in Harvard Business School, Working Knowledge, 2009.

166 Vgl. *Porter/Kramer* Harvard Business Review 2006, 7–12.

167 Vgl. *Bloching* Everyone profits. CR activities contribute to corporate success, Forum Nachhaltig Wirtschaften, Mai 2008, S. 10 f. und *Schwenker* Strategisch denken, mutiger führen, 2008, S. 120 f.

Unternehmens in Indizes immer wichtiger, in denen „weiche Faktoren" wie Diversity, Familienfreundlichkeit und Corporate Citizenship bewertet werden.

– **Zusätzliche Geschäfte werden generiert.** Gesellschaftliche Herausforderungen – der schon erwähnte Klimawandel z.B. oder die demographischen Veränderungen mit sich wandelnden Kundenansprüchen – bieten für Unternehmen zusätzliche und neue Möglichkeiten. Unternehmen, die ihre gesellschaftliche Verantwortung ernst nehmen, erhalten auch eine Vielzahl neuer Anregungen zu den Themen, die die Menschen bewegen. Und das sind wertvolle Hinweise darauf, welche neuen Märkte entstehen – etwa für ressourcenschonende Produkte wie die „Green IT" oder nachhaltig ökologische Angebote, die gerade von einkommensstarken Verbrauchern zunehmend verlangt werden, wie die bereits erwähnte Studie von Roland Berger und GfK zeigt. Ganz zu schweigen von den Angeboten für den globalen Markt für Umwelttechnik. Hier zeigt sich direkt, dass unternehmerische Verantwortung und ökonomisches Wachstum keine Gegensätze mehr sind. Der Markt für Green Tech wird binnen weniger Jahre auf 3,2 Billionen EUR anwachsen. CR kann also – im wahrsten Sinne des Wortes – sehr wertvoll sein.

VI. Handlungsansätze aus der Unternehmenspraxis

Es gibt also viele Möglichkeiten, wie sich Unternehmen in die Gestaltung unserer Gesellschaft einbringen können – ohne die Rolle des selbstlosen Samariters zu übernehmen, sondern gleichzeitig die ureigenste Aufgabe eines Unternehmens, nämlich die Stärkung des eigenen Geschäfts, zu verfolgen. Einige konkrete Beispiele besonders empfehlenswerter Ansätze sollen im Folgenden anregen, über eigene Initiativen nachzudenken. **231**

1. Initiative „Responsible Care"[168]

Um Standards zu setzen und für Best Practice Werbung zu machen, ist es hilfreich, wenn Firmen bei CR und Compliance kooperieren, etwa einer spezifischen Branche. Dies machen z.B. **weltweit tätige Chemieunternehmen mit der Initiative ‚Responsible Care'.** Die Initiative wurde 1985 in Kanada gegründet, seit 1991 ist auch die deutsche Chemieindustrie beteiligt. Mittlerweile gibt es Teilnehmerfirmen in 53 Ländern, die nach eigenen Angaben für rund 90 % der weltweiten Chemieproduktion stehen. Die Vernetzung erfolgt über die nationalen Branchenverbände. In Deutschland ist die zwingende Voraussetzung für eine Mitgliedschaft im Verband der Chemischen Industrie (VCI) die Teilnahme an „Responsible Care". **232**

Die Initiative fördert Maßnahmen zur Verbesserung der Sicherheit bei der Produktion und gleichzeitig der Profitabilität. Relevante Informationen werden zwischen den teilnehmenden Firmen ausgetauscht, die Performance wird regelmäßig genau überprüft. Doch nicht nur innerhalb der Initiative soll Transparenz herrschen, sondern – und das ist das erklärte Ziel von „Responsible Care" – auch gegenüber alle Stakeholdern, von den Gemeinden, in denen produziert wird, über Umweltaktivisten bis hin zu Regierungen und Medienvertretern. Die Initiative will nicht passiv auf Kritik reagieren, sondern offensiv den Dialog mit anderen suchen. Dabei versucht „Responsible Care", sowohl **gemeinsame Standards** zu setzen als auch auf Kulturunterschiede und unterschiedliche Rechtslagen Rücksicht zu nehmen. **233**

---

168 Ausf. Informationen und weiterführende Links unter www.responsiblecare.org.

234 Deutsche Chemieunternehmen fördern vor dem Hintergrund der Initiative Projekte sowohl in Deutschland als auch im Ausland. Die Wacker-Gruppe z.B. hat einen eigenen Hilfsfonds aufgelegt, der in Sri Lanka Hilfe leistet. Zusammen mit dem Malteser Hilfsdienst wird eine Schule gefördert, mit der Stiftung „Little Smile" werden wiederum Ausbildungsmöglichkeiten für junge Menschen in dem Inselstaat geschaffen. Im Inland hat Wacker neue Arbeitszeitmodelle eingeführt, damit die Mitarbeiter Familie und Beruf besser vereinbaren können. Durch ein spezielles Schulungs- und Förderungsprogramm hat die Wacker Gruppe es zudem geschafft, die gesetzlich vorgeschriebene Quote von Beschäftigten mit Behinderungen nicht nur zu erfüllen, sondern sogar zu übertreffen.

235 Der Chemiekonzern BASF ist etwa für seine Projekte zur frühkindlichen Erziehung bekannt. Sieben Aktionen zusammen mit 90 Kindertagesstätten im Umland des Stammsitzes Ludwigshafen sind es, die das Grundverständnis für naturwissenschaftliche Zusammenhänge verbessern, aber auch beim Spracherwerb unterstützen sollen. Regional verankerte Projekte hat BASF auch an internationalen Standorten wie in Südamerika oder Asien. Konzernvertreter haben immer wieder öffentlich klar gemacht, dass dieses Engagement unverzichtbar sei. Verliere ein so großes Unternehmen den Kontakt zu den Menschen, dann seien auf längere Sicht massive wirtschaftliche Probleme zu erwarten.

2. „Business in the Community" – Initiative der Wirtschaft in Großbritannien[169]

236 Eine **besonders breite nationale, branchenübergreifende Verankerung** hat die britische Initiative „Business in the community" (BITC) geschafft. Sie wurde 1982 ins Leben gerufen angesichts verfallender Innenstädte und grassierender wirtschaftlicher und sozialer Probleme in Großbritannien. Unternehmer realisierten, dass diese Entwicklung die Grundlage des Wirtschaftens zerstören könnte – und dass die Wirtschaft zur Sicherung ihrer Zukunft dagegen etwas tun musste. Zunächst wurde lokalen Unternehmern und Gründern Beratung angeboten, um die Wirtschaftsstrukturen wiederzubeleben. In den 1990er Jahren folgten Programme, bei denen Mitarbeiter der beteiligten Firmen sich freiwillig und ehrenamtlich in ihren Gemeinden engagierten. Mehrere hundert Obdachlose etwa wurden im Rahmen eines Dauerprogramms wieder in die Arbeitswelt integriert – zu ihrem Vorteil und zum Vorteil der Firmen, die neue Talente gewinnen konnten.

237 Heute hat sich der Fokus von BITC noch stärker geweitet. Jetzt werden auch **umfassende Antworten darauf gegeben, was „verantwortungsbewusstes Wirtschaften" bedeutet**, etwa durch Regeln für richtiges Marktverhalten, Einflussnahme auf Zulieferer und Maßnahmen zum Klimaschutz. Die **stärkere globale Vernetzung** der Initiative wird nun angestrebt. Außerdem wird darüber diskutiert, strengere Regeln für die Mitgliedschaft aufzulegen, um zu verhindern, dass die Teilnahme nur als moralisches Feigenblatt missbraucht wird.

238 Mittlerweile sind nach Angaben von BITC mehr als 800 Firmen Mitglied der Initiative, zusammen stehen sie für ein Fünftel der Beschäftigten der britischen Privatwirtschaft. Prominentester Unterstützer ist Prinz Charles, der schon insgesamt mehr als 600 führende Manager dazu gebracht hat, Regionen und Stadtteile in Großbri-

---

169 Ausf. Informationen und weiterführende Links unter www.bitc.org.uk.

Schwenker

tannien zu besuchen, um das Problembewusstsein in der Wirtschaft jenseits des eigenen Umfelds zu stärken.

3. Schulprogramme von GE und IBM[170]

Schulen sind – ebenso wie das Beispiel-Krippen aus Abschn. VI. 1. – maßgeblich dafür **239** mitverantwortlich, **Kinder auf die Anforderungen im Berufsleben vorzubereiten**. Versäumnisse in der Schulbildung sind später nur schwer oder gar nicht mehr auszugleichen. Das bedeutet für die betroffenen Kinder schlechtere Aussichten – und für Unternehmen einen **Mangel an guten Mitarbeitern**, die sie eigentlich bräuchten, um im Wettbewerb zu bestehen. Viele Firmen haben sich diesem Problem mit unterschiedlichen Mitteln gestellt, zwei wollen wir herausgreifen.

Der US-Elektro- und Mischkonzern General Electric (GE) kümmert sich – an mehre- **240** ren großen amerikanischen Standorten – um eine Reihe von High Schools, die zwischenzeitlich in Schwierigkeiten geraten waren. Über einen Zeitraum von fünf Jahren erhielt jede Schule in einer ersten Welle zum einen Geld – gezahlt wurden zwischen 250 000 und eine Mio. Dollar – zum anderen Sachleistungen. Die Hilfe wurde aber nicht einfach nur gewährt. Manager und andere Beschäftigte von GE machten sich zusammen mit den Schulverwaltungen Gedanken darüber, was benötigt wurde. Außerdem unterrichteten und berieten die GE-Mitarbeiter die Schüler. Das Ergebnis war hervorragend. Eine unabhängige Studie ergab, dass sich fast überall **massive Verbesserungen** eingestellt hatten, insbesondere die **Quote der Schulabbrecher sank rapide**. Dieses Programm wird von der GE Foundation immer noch weitergeführt. Insgesamt wurden dadurch bereits Mittel von insgesamt mehr als 75 Mio. US-Dollar ausgeschüttet. Für die involvierten GE-Beschäftigten ist das Programm etwas, worauf sie stolz sein können. Ihr Unternehmen zeigt Verantwortungsbewusstsein – und sie selber zeigen es auch. Der ehemalige CEO von GE, Jack Welch, ist eher für konsequente, manche würden auch sagen: harte, Unternehmensführung bekannt. Aber auch er unterstreicht mittlerweile, dass Toptalente vor allem von den Arbeitgebern angezogen werden, die verstehen, ‚dass das, was gut für die Gesellschaft ist, auch gut für das Geschäft ist,‘. Man könnte hinzufügen: Und jede Firma kann froh sein, wenn ihre Mitarbeiter sich diese Gedanken machen, denn sie werden auch an das eigene Verhalten höhere Maßstäbe setzen: die ideale Grundlage für Compliance.

Bei GE mag der direkte Geschäftsnutzen des Engagements in den Schulen für das **241** Unternehmen noch etwas unklar sein, bei unserem zweiten Beispiel. ist er jedoch sehr klar. IBM hat 1994 das Programm „Reinventing Education" gestartet und **unterstützt in diesem Rahmen Schulen bei der Nutzung von Informationstechnologie**. Das Unternehmen sammelte so nicht nur Pluspunkte bei Lehrern und Schülern weltweit, viele Auszeichnungen und Top-Plätze in CR-Rankings, das Programm hatte zusätzliche handfeste Auswirkungen für das Konzerngeschäft. Geförderte Schulen kaufen auch in der Folgezeit IBM-Produkte, was die Schulsparte des Konzerns nach elf verlustreichen Jahren in die Profitzone zurückkehren ließ. Außerdem nutzt IBM die Schulen als Testfeld für Innovationen.

---

170 Vgl. *Bloching* Everyone profits, CR activities contribute to corporate success, Forum Nachhaltig Wirtschaften, Mai 2008, S. 10.

4. Gemeinsam Korruption bekämpfen[171]

242 Bodenschätze sind für viele Schwellenländer die Haupteinnahmequelle. Allerdings sind in vielen dieser Staaten die öffentlichen Strukturen schwach, Korruption ist stark ausgeprägt. Damit müssen auch Firmen umgehen, die in die Ausbeutung der dortigen Bodenschätze investieren wollen. Häufig gab es nur zwei Alternativen: sich entweder auf die Korruption einlassen – oder auf das Geschäft verzichten. Das geht aber nur solange, wie Firmen gegeneinander ausgespielt werden können. Das ist der Hintergrund für die „Extractive Industries Transparency Initiative" (EITI). Dieser – Ende 2002 durch den damaligen britischen Premier Tony Blair angestoßenen – Initiative sind bislang schon 37 der größten weltweit tätigen Öl-, Gas- und Minenkonzerne beigetreten. Darunter sind z.B. Alcoa, BP, Norsk Hydro, Petrobras, Rio Tinto, Shell und TOTAL. Ebenso gehören der Initiative mehr als 70 Investmentorganisationen an, die ein verwaltetes Vermögen von mehr als 12 Billionen US-Dollar vereinen. Auch eine Reihe von Regierungen unterstützt EITI, darunter Deutschland. Im Rahmen von EITI werden Zahlungen an Regierungen und öffentliche Stellen in rohstoffreichen Ländern transparent gemacht. Die Einhaltung der Kriterien zertifiziert EITI. Im September 2007 wurde dafür das Internationale Sekretariat in Oslo eröffnet.

243 Die Vorteile von EITI für (fast) alle Seiten sind klar. **Unternehmen erhalten ein stabiles Investitionsumfeld, in dem Leistung und Verlässlichkeit entscheiden und nicht die Höhe des Schecks unterm Schreibtisch.** Die Länder, die sich dem EITI-Prozess unterwerfen, zeigen, dass sie eben dieses Investmentumfeld schaffen – und ziehen so weitere Unternehmen an. Für die Gesellschaften ist es ein Vorteil, dass Transparenz eingeführt wird – und die Regierungsarbeit so besser bewertet werden kann. **Die Einzigen, die nicht profitieren, sind diejenigen, die bisher die Hand aufgehalten haben.** Ohne den Kapitalfluss aus der Korruption verlieren sie außerdem nach und nach ihre Machtbasis, was für alle, die ehrliche Geschäfte machen wollen, nur von Vorteil sein kann. Doch dieses Ziel kann nur erreicht werden, wenn zusammen gehandelt wird und Standards gesetzt werden, um die niemand herum kommt. Hier greifen CR und Compliance idealtypisch ineinander. Die Liste der Länder, die bereit sind, transparenter zu arbeiten, wird regelmäßig länger.

244 Hinter vorgehaltener Hand hört man leider immer wieder von einzelnen Unternehmen, dass ohne Korruption international doch nichts laufen würde. Hier lohnt ein Blick in die regelmäßig erstellte Korruptionstabelle von Transparency International. Unter den 10 Ländern, deren Unternehmen am geringsten als korrupt wahrgenommen werden, sind die skandinavischen Staaten. Wirtschaftliche Erfolgslosigkeit kann man deren Unternehmen wohl kaum vorwerfen. **Verantwortliches, ehrliches Wirtschaften zahlt sich auf Dauer aus.**

---

171 Ausf. Informationen und weiterführende Links unter www.eitransparency.org.

D. Risikomanagement im Kontext Compliance – Grundlagen, Prozesse, Verantwortlichkeiten und Methoden

I. Einführung

Für Unternehmen ist ein sicherer und zugleich professioneller Umgang mit Risiken **245** (und damit auch Chancen) aus existenziellen Gründen unumgänglich. Ohne das Eingehen von Risiken gäbe es auch keinerlei Chancen. Der verantwortungsvolle Umgang mit Risiken stellt in Wirklichkeit einen wesentlichen Werttreiber für das Unternehmen und damit auch für alle Stakeholder dar. Chancen („upside risk") und Wagnisse („downside risk") sind die zwei Seiten ein und derselben Medaille. Um Werte für ein Unternehmen zu schaffen, müssen Risiken eingegangen werden. Der Erfolg eines Unternehmens ist jedoch maßgeblich dadurch bestimmt, dass die „richtigen" Risiken eingegangen werden. Risiken zu managen heißt auch, die richtigen Strategien zu entwickeln und entsprechend effektive und effiziente Geschäftsprozesse zu definieren.[172]

Völlig unabhängig von den regulatorischen Veränderungen zählt das präventive **246** Management von Chancen und Risiken schon immer zu den originären Leitungsaufgaben eines Vorstands bzw. Geschäftsführers. Insbesondere die „Business Judgement Rule"[173] regelt im deutschen Gesellschaftsrecht als Teil der Organhaftung, nach welchen Verstößen der Vorstand oder Aufsichtsrat für begangene schuldhafte Pflichtverletzungen persönlich haftet und den entstandenen Schaden ersetzen muss. So muss der Geschäftsführer bzw. Vorstand beispielsweise im Einzelfall nachweisen, dass er seine Entscheidung auf der Grundlage angemessener Information getroffen hat – und daher auch „Wetterwarnungen" auf dem Radar hatte. Hierzu gehört insbesondere, dass die zukünftigen Chancen und Risiken proaktiv bewertet und abgewogen werden.

Zwar darf ein Geschäftsführer auch risikoreiche Geschäfte eingehen oder verlustbringende **247** gende Maßnahmen ergreifen, jedoch niemals die Risikotragfähigkeit seines Unternehmens überschreiten und auch nie sein unternehmerisches Ermessen fehlerhaft ausüben. Dies ist beispielsweise dann anzunehmen, wenn aus ex-ante Perspektive das Handeln des Geschäftsführers hinsichtlich ausreichender Information als Entscheidungsgrundlage zum Wohl der Gesellschaft unvertretbar erscheint.

II. Die Entstehung des modernen Risikobegriffs

Der moderne Risikobegriff (ital. rischio, span. riesgo, frz. risque, engl. risk) kann **248** sowohl auf das frühitalienische *risco* (für „die Klippe") zurückverfolgt werden als auch auf das griechische α („rhíza") für „Wurzel".[174] Sowohl eine zu umschiffende „Klippe" als auch eine aus dem Boden herausragende „Wurzel" kann ein Risiko darstellen. Unter Etymologen umstritten ist die Rückführung auf das arabische Wort „risq" für „göttlich Gegebenes, Schicksal, Lebensunterhalt". Risiko kann daher allge-

---

172 Vgl. *Romeike/Hager* Erfolgsfaktor Risiko-Management, 2013, S. 85 ff.
173 Vgl. 1. Kap. Rn. 25 ff.
174 *Klippe, cliff, récif* sind die Wortursprünge des spanischen *riesgo*, des französischen *risque* und des italienischen *risico, risco, rischio*. Das deutsche „Risiko" ist aus diesen italienischen Worten entlehnt.

mein als das mit einem Vorhaben, Unternehmen oder ähnlichem verbundene Wagnis definiert werden.

249 Der heutige Begriff „Risiko" tauchte im 14. Jahrhundert das erste Mal in den norditalienischen Stadtstaaten auf. Der aufblühende Seehandel führte zur gleichen Zeit zur Entstehung des Seeversicherungswesens.[175] Risiko bezeichnet die damals wie heute existierende Gefahr, dass ein Schiff sinken könne, etwa weil es an einer Klippe zerschellt oder von Piraten gekapert wird. Das „Risiko" quantifiziert das Ausmaß einer Unsicherheit und ermöglicht den kontrollierten Umgang damit.[176]

250 Seit dem 15. Jahrhundert etabliert sich der Risikobegriff als kaufmännische Definition zunehmend auch in den anderen europäischen Volkssprachen. In Deutschland finden sich als italienisches oder katalanisches Fremdwort kurz vor 1500 erste Belege, und wenig später finden wir „Risiko" in der Doppelformel mit dem geläufigen Ausdruck „Abenteuer" bzw. „Auventura" in einem Buchhaltungsbuch von 1518: Im Hinweis, dass „auf sein Auventura und Risigo" zu handeln sei.[177]

251 Insbesondere die ersten Versicherungsunternehmen, die Mitte des 17. Jahrhunderts gegründet wurden, erkannten, dass der langfristige Erfolg im Versicherungsgeschäft über die Qualität des Risikomanagements definiert wird.[178] So verfügte die Hamburger Feuerkasse als ältestes Versicherungsunternehmen der Welt (am 30.11.1676 wurde der „Puncta der General Feur-Ordnungs-Cassa" durch Rat und Bürgerschaft der Stadt Hamburg verabschiedet) bereits über präventive Ansätze, nicht höhere Risiken (auch Compliance-Risiken) einzugehen, als die Risikotragfähigkeit zugelassen hat. So war der Eintritt in die Hamburger Feuerkasse freiwillig. Der Austritt hingegen war zunächst genehmigungspflichtig. Die Gebäude wurden nach ihrem tatsächlichen Wert (Verkehrswert) versichert. Hierbei betrug die maximale Versicherungssumme 15 000 Mark mit „einem quart" Selbstbeteiligung. So wurde aktiv das „subjektive" Betrugsrisiko (auch dies ist ein Compliance-Risiko) reduziert. Außerdem wurde mit den Mitgliedern neben festen Beiträgen (ordentliche Zulage) auch eine unbegrenzte Nachschusspflicht (außerordentliche Zulage) vereinbart. So konnte die Risikotragfähigkeit flexibel an die tatsächliche Risikosituation angepasst werden.

III. Risiko ist ein Konstrukt unserer Wahrnehmungen

252 Risiken sind ein Konstrukt unserer Wahrnehmungen. Unser Wissen, unsere Emotionen, Moralvorstellungen, Moden, Urteile und Meinungen bestimmen das Risikokonstrukt.[179] Was der eine als Risiko wahrnimmt, muss für den anderen noch lange kein Risiko sein. Des Weiteren basiert Risikowahrnehmung auf Hypothesen. Dadurch werden häufig für gleiche Risiken unterschiedliche Vermutungen und Theorien aufgestellt. Die Diskussion um die Risiken der Gentechnik ist ein Beispiel für die Subjektivität der (gesellschaftlichen) Risikowahrnehmung. Auf der einen Seite ist ein Widerstand als Protest gegen die

---

175 Vgl. *Romeike* Zur Historie des Versicherungsgedankens und des Risikobegriffs, 2008.
176 Vgl. *Romeike* Zur Historie des Versicherungsgedankens und des Risikobegriffs, 2008 sowie *Romeike/Hager* Erfolgsfaktor Risiko-Management, 2009, S. 31.
177 *Keller* Auf sein Auventura und Risigo handeln, Risknews 2004, 62.
178 Vgl. *Korte/Romeike* MaRisk VA erfolgreich umsetzen, 2011, S. 12 sowie *Nguyen/Romeike* Versicherungswirtschaftslehre, 2012, S. 25.
179 Vgl. *Romeike/Müller-Reichart* Risikomanagement in Versicherungsunternehmen, 2008, S. 53 ff. sowie *Romeike* Narren des Zufalls, 2013.

Überwältigung durch Innovationsprozesse und basierend auf fundamental ethischen Einwänden zu beobachten. Auf der anderen Seite werden die Chancen in der Pflanzenzucht, Tierzucht, Lebensmittelindustrie und Medizin „wahrgenommen.[180] Wahrnehmung wiederum wird durch einen Kontext, d.h. die Berücksichtigung der Raum- und Zeitperspektive, bestimmt. Es gibt keine Wahrnehmung ohne Zusammenhang.

Finanz- und Währungskrisen liefern uns regelmäßig Beweise, dass Menschen kein natürliches Gefühl für Risiken haben. Unter anderem liefert die Ankerheuristik (engl. anchoring effect) aus der Kognitionspsychologie einen Grund.[181] So haben vor allem Umgebungsinformationen selbst dann einen Einfluss auf die Einschätzung (von Risiken), wenn sie für die Entscheidung eigentlich irrelevant sind. Wir orientieren uns an einem willkürlichen „Anker": Risiko wird zu einem Konstrukt unserer Wahrnehmungen. **253**

Außerdem fehlt Menschen ein intuitives Verständnis für Wahrscheinlichkeiten. Beispielsweise treffen wir Anlageentscheidungen nicht selten nur an Hand der Renditeerwartungen. Und blenden dabei aus, dass Renditeerwartungen nur im Kontext der hiermit verbundenen Risiken zu beurteilen sind. In der Wissenschaft wird hierbei von „Neglect of Probability" (Vernachlässigung der Wahrscheinlichkeit) gesprochen.[182] Dies führt in der Praxis zu Entscheidungsfehlern und nicht selten auch zu mikro- oder makroökonomischen Krisen. **254**

Besonders kritisch mit der grundsätzlichen Aussagefähigkeit von Methoden und Modellen im Risikomanagement befasst sich Taleb.[183] Er verweist auf die herausragende Bedeutung sehr seltener und nahezu unvorhersehbarer Einzelereignisse. Derartige außergewöhnliche Einzelereignisse, die er „Schwarzen Schwan" (Black Swan) nennt, sind „Ausreißer", die außerhalb des üblichen Bereichs der Erwartung liegt, da in der Vergangenheit nichts Vergleichbares geschehen ist. **255**

Menschen unterschätzen im Risikomanagement systematisch die – häufig existenzbedrohenden – Folgen von Extremereignissen. Wir denken in schlüssigen Geschichten, verknüpfen Fakten zu einem stimmigen Bild, nehmen die Vergangenheit als Modell für die Zukunft. So schaffen wir uns eine Welt, in der wir uns zurechtfinden. Aber die Wirklichkeit ist anders: chaotisch, überraschend, unberechenbar. Taleb glaubt, dass die meisten Menschen „schwarze Schwäne" ignorieren, weil es für uns angenehmer ist, die Welt als geordnet und verständlich zu betrachten. Taleb nennt diese Blindheit „platonischer Fehlschluss" und legt dar, dass dies zu drei Verzerrungen führt:[184] **256**

– erzählerische Täuschung (narrative fallacy): Das nachträgliche Schaffen einer Erzählung, um einem Ereignis einen erkennbaren Grund zu verleihen.
– Spieltäuschung (ludic fallacy): Der Glaube daran, dass der strukturierte Zufall, wie er in Spielen anzutreffen ist, dem unstrukturierten Zufall im Leben gleicht. Taleb beanstandet Modelle der modernen Wahrscheinlichkeitstheorie wie den Random Walk.
– statistisch-regressive Täuschung (statistical regress fallacy): Der Glaube, dass sich das Wesen einer Zufallsverteilung aus einer Messreihe erschließen lässt.

---

180 Vgl. *Romeike/Müller-Reichart* Risikomanagement in Versicherungsunternehmen, 2008, S. 53 ff.
181 Vgl. *Kahneman* Thinking Fast and Slow, 2011, S. 119 ff.
182 Vgl. *Rottenstreich/Hsee* Money, kisses, and electric shocks: on the affective psychology of risk, 2001, S. 185-190 sowie *Kahneman* Thinking Fast and Slow, 2011, S. 143 ff.
183 Vgl. *Taleb* Der schwarze Schwan: Die Macht höchst unwahrscheinlicher Ereignisse, 2008.
184 Vgl. *Romeike* Die 3 „M": Aktuelle Herausforderungen für das Risikomanagement von Versicherungsunternehmen, 2009.

IV. Grundlagen des Risikomanagements

257 Ausgehend von der Definition des Risikobegriffs sowie der Darstellung einer idealtypischen Risikolandkarte wird im folgenden Kapitel der generische Regelkreis des Risikomanagement beschrieben.

1. Definition und Abgrenzung des Risikobegriffs

258 Risiken sind die aus der Unvorhersehbarkeit der Zukunft resultierenden, durch „zufällige" Störungen verursachten Möglichkeiten, von geplanten Zielwerten abzuweichen. Risiken können daher auch als „Streuung" um einen Erwartungs- oder Zielwert betrachtet werden (vgl. Abbildung 1). Risiken sind immer nur in direktem Zusammenhang mit der Planung eines Unternehmens zu interpretieren. Mögliche Abweichungen von den geplanten Zielen stellen Risiken dar – und zwar sowohl negative („**Gefahren**") als auch positive Abweichungen („**Chancen**").

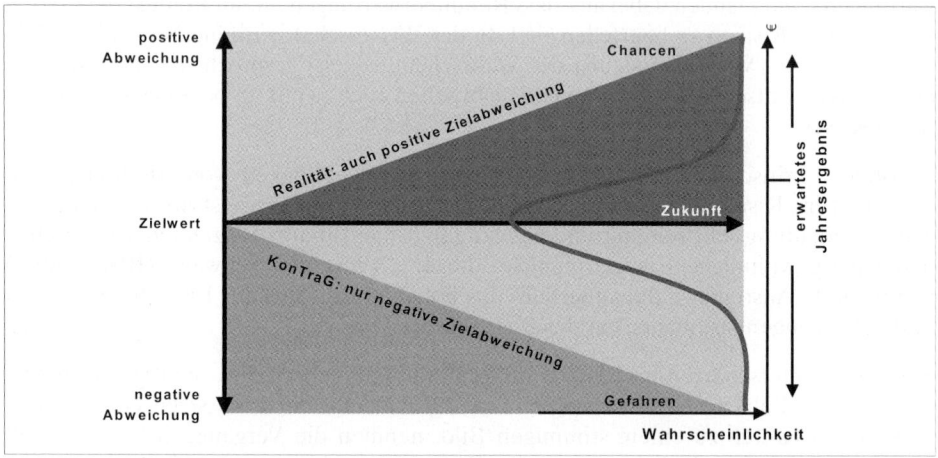

Abb. 1: Risiken als mögliche Planabweichung[185]

259 Es ist eine Aufgabe des Risikomanagements bei Unternehmen, die Streuung bzw. die Schwankungsbreite von Gewinn und Cashflow zu reduzieren. Dies führt u.a. zu folgenden Vorteilen für Unternehmen:[186]

– Die Reduzierung der Schwankungen erhöht die Planbarkeit und Steuerbarkeit eines Unternehmens, was einen positiven Nebeneffekt auf das erwartete Ertragsniveau hat.

– Eine prognostizierbare Entwicklung der Zahlungsströme reduziert die Wahrscheinlichkeit, unerwartet auf teure externe Finanzierungsquellen zurückgreifen zu müssen.

– Eine Verminderung der risikobedingten Schwankungsbreite der zukünftigen Zahlungsströme senkt die Kapitalkosten und wirkt sich positiv auf den Unternehmenswert aus.

---

185 Quelle: *Gleißner/Romeike* Risikomanagement, 2005, S. 27; vgl. auch *Romeike/Hager* Erfolgsfaktor Risiko-Management, 2009, S. 107.
186 Vgl. *Gleißner/Romeike* Risikomanagement, 2005, S. 28 f. sowie *Romeike/Hager* Erfolgsfaktor Risiko-Management, 2009, S. 108.

- Eine stabile Gewinnentwicklung mit einer hohen Wahrscheinlichkeit für eine ausreichende Kapitaldienstfähigkeit ist im Interesse der Kapitalmärkte, was sich in einem guten Rating, einem vergleichsweise hohen Finanzierungsrahmen und günstigen Konditionen widerspiegelt.
- Eine stabile Gewinnentwicklung sowie eine hohe Risikotragfähigkeit (Eigenmittelausstattung) reduziert die Wahrscheinlichkeit einer Insolvenz.
- Eine stabile Gewinnentwicklung sowie eine niedrigere Insolvenzwahrscheinlichkeit sind im Interesse von Arbeitnehmern, Kunden und Lieferanten, was es erleichtert, qualifizierte Mitarbeiter zu gewinnen und langfristige Beziehungen zu Kunden und Lieferanten aufzubauen.
- Bei einem progressiven Steuertarif haben zudem Unternehmen mit schwankenden Gewinnen Nachteile gegenüber Unternehmen mit kontinuierlicher Gewinnentwicklung.
- Die Verhinderung von wirtschaftskriminellen Handlungen verringert finanzielle Schäden.
- Ein präventives Risiko- und Compliancemanagement reduziert das Risiko von Reputationsschäden und schützt die Marke sowie den Unternehmenswert.

Ein proaktives Risikomanagement bietet vor allem den Vorteil einer erhöhten Planungssicherheit sowie einer nachhaltigen Steigerung des Unternehmenswerts. **260**

2. Die Risikolandkarte im Unternehmen

Wie bereits dargestellt, ist die Wahrnehmung von Risiken eine höchst subjektive **261** Angelegenheit, da Risiken in ihrer Dimension und Materialität und Immaterialität durch unsere Sinnesorgane konstruiert werden.[187]

Daher sind Risikolandkarten nicht nur über die Branchengrenzen hinweg, sondern **262** auch innerhalb eines Unternehmens eher heterogen. Empirische Studien zeigen jedoch auf, dass Unternehmenszusammenbrüche primär auf strategische oder operative Risiken zurückgeführt werden können.[188] Strategische und operative Risiken zusammen werden auch als operationelle Risiken bezeichnet. In Abbildung 2 ist eine generische und branchenübergreifende Risikolandkarte skizziert.

Risiken im Kontext Compliance sind in unterschiedlichen Risikokategorien wiederzu- **263** finden. So können sich beispielsweise Risiken in der Folge deliktischer bzw. doloser Handlungen[189] sowohl im Bereich Finanzrisiken als auch im Bereich der operativen bzw. strategischen Risiken niederschlagen.

---

187 Vgl. *Romeike/Hager* Erfolgsfaktor Risiko-Management, 2009, S. 109.
188 Vgl. *Romeike* BIT 2004, 41-54 sowie *Erben/Romeike* Allein auf stürmischer See, 2003, S. 13 ff.
189 Der Begriff dolose Handlungen (nach lat. dolosus = arglistig, trügerisch) fasst hierbei Bilanzmanipulationen, Untreue, Unterschlagung und alle anderen zum Schaden des Unternehmens vorsätzlich durchgeführten Handlungen zusammen. In der Konsequenz werden derartige Handlungen vor allem auch zu einem Reputationsverlust führen.

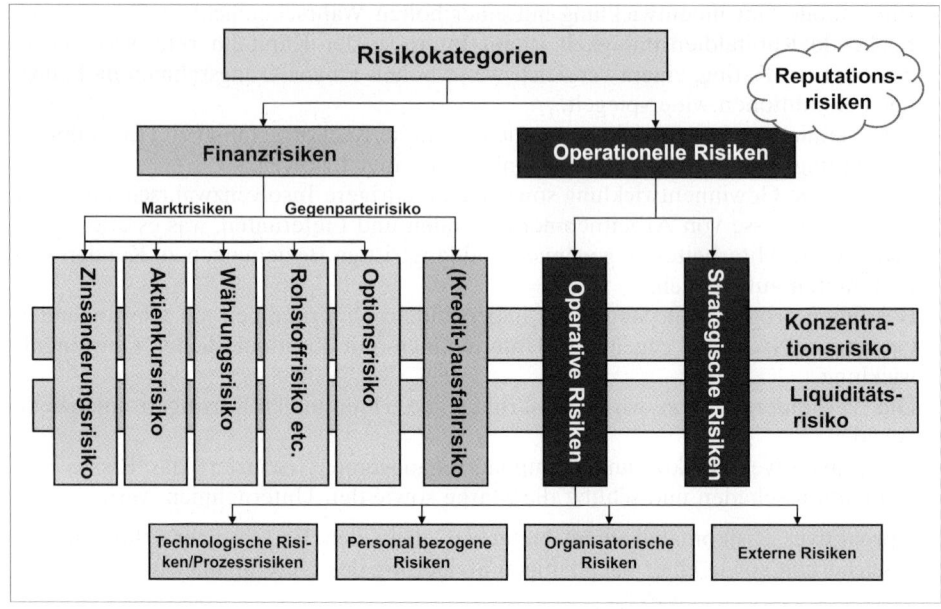

Abb. 2: Risikokategorien im Überblick[190]

264 Des Weiteren können Risiken durch externe oder interne Ereignisse und Störungen verursacht werden. So kann etwa ein Beschaffungsrisiko auf Schwierigkeiten im Beschaffungsprozess oder ebenso auf die Ursache zurückgeführt werden, dass durch ein externes Schadensereignis (Erdbeben, Überschwemmung etc.) bestimmte Produkte auf dem Weltmarkt nicht mehr oder nur zu höheren Preisen verfügbar sind. Nachfolgend sind einige Beispiele für potenzielle Risikobereiche aufgezählt:

– Bedrohung von Kernkompetenzen oder Wettbewerbsvorteilen;
– Risiken durch eine Unternehmensstrategie, die inkonsistent ist oder auf sehr unsicheren Planungsprämissen basiert;
– strukturelle Risiken der Märkte infolge ungünstiger Struktur der Wettbewerbskräfte (beispielsweise geringe Differenzierungschancen in stagnierenden Märkten, niedrige Markteintrittshemmnisse oder erhebliche Substitutionsgefahr);
– starke Abhängigkeiten von wenigen Kunden oder wenigen Lieferanten;
– Markteintritt neuer Wettbewerber;
– Adressausfallrisiken, insbesondere Ausfall von Kundenforderungen;
– Wertschwankungen von Beteiligungen oder Wertpapieren des Umlaufvermögens;
– Organisatorische Risiken durch fehlende bzw. unklare Aufgaben- und Kompetenzregelung oder Schwächen des internen Kontrollsystems (Wirtschaftskriminalität in Form von Bilanzmanipulationen, Vermögensschädigungen, Korruptionssachverhalten und sonstigen Compliance-Verstößen („Fraud and Misconduct"));
– Risiken durch den Ausfall von Schlüsselpersonen;
– Schadenersatzforderungen oder Produkthaftpflichtfälle;
– Sachanlageschäden, beispielsweise infolge von Feuer;
– Reputationsrisiken;

---

190 Vgl. *Romeike/Hager* Erfolgsfaktor Risiko-Management, 2009, S. 111.

– Risiken aus korrumptiven Handlungen von Mitarbeitern;
– Know-How-Verlust durch Wirtschaftsspionage.

Ein Blick in die Praxis der Unternehmen zeigt, dass eine Abgrenzung zwischen den **265**
einzelnen Risikokategorien aufgrund der Vielschichtigkeit und Komplexität häufig
nicht unproblematisch ist. Insbesondere die komplexe Verknüpfung der Einzelrisiken
ist von besonderer Bedeutung für das Management strategischer und operativer Risiken. Risikokategorien dürfen nicht losgelöst voneinander erfasst und analysiert werden, da Risiken durch positive und negative Rückkopplungen miteinander verbunden
sind (vgl. Abbildung 3).

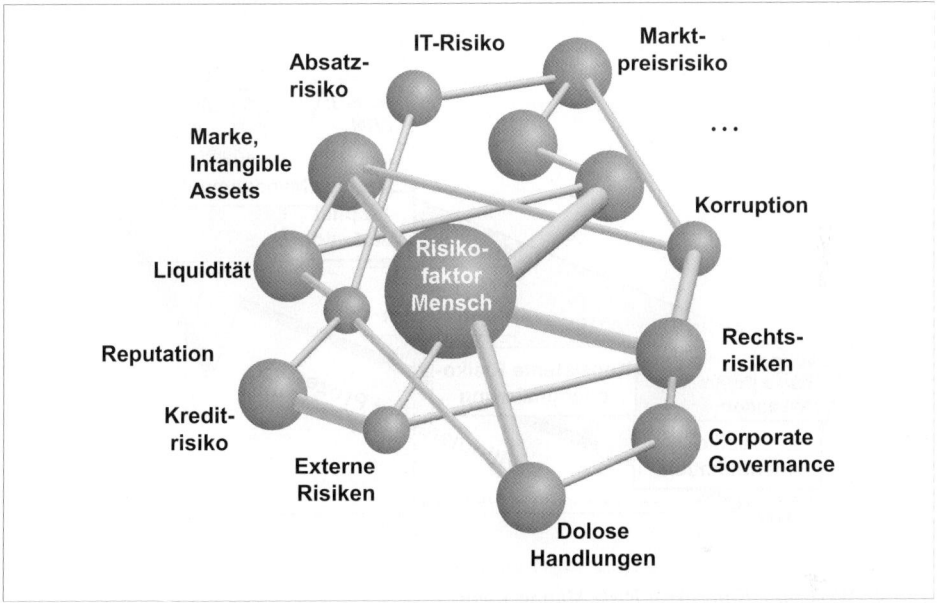

Abb. 3: Dynamische und interaktive Beziehungen prägen eine Risikolandkarte[191]

Die in der Praxis zu beobachtenden Kettenreaktionen (Dominoeffekt) sind insbeson- **266**
dere bei Compliance-Risiken zu beobachten:

– eine Verfälschung von Finanzinformationen (Bilanzfälschung etc.) führt zu einem
 Reputationsverlust für das betroffene Unternehmen bzw. die Marke;
– dies wiederum führt ggf. zu einer Beeinträchtigung von Kunden- und Lieferanten-
 beziehungen;
– dies führt ggf. zu einer Beeinträchtigung der Beziehungen zu Behörden (beispielsweise keine öffentlichen Aufträge mehr);
– dies führt in der Konsequenz ggf. zu einem Motivationsverlust der Mitarbeiter bzw.
 einem Rückgang der Arbeitsethik;
– obige Beeinflussungen führen zu einem erhöhten Zeit- und Arbeitsaufwand (Pressearbeit, Kommunikation, Entwicklung und Umsetzung von Steuerungsmaßnahmen etc.) und in der Konsequenz zu einem höheren finanziellen Aufwand;

---

191 Vgl. *Romeike* Integriertes Risiko-Controlling und -Management, 2006, S. 439.

– dies führt insgesamt zu einem höheren finanziellen und zeitlichen Aufwand bzw. einem Liquiditätsrisiko;

– in der Konsequenz kann dies zu einem Unternehmenszusammenbruch führen.

267 Sehr häufig ist ein ganzes Bündel von unterschiedlichen Risikokategorien für die Schieflage eines Unternehmens verantwortlich. Vor diesem Hintergrund wird auch die Bedeutung einer integrierten Gesamtrisikosteuerung (Enterprise Risk Management, vgl. Abbildung 4) deutlich. Im Kontext Compliance ist ein besonderes Augenmerk auf den Risikofaktor „Mensch" zu setzen.

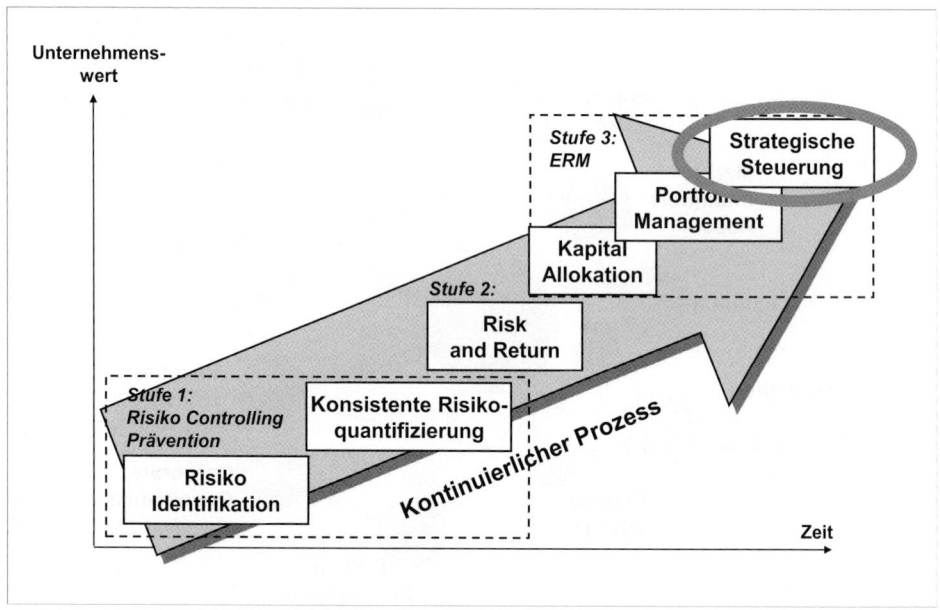

Abb. 4: Weg zum Enterprise Risk Management

3. Der Risikomanagement-Prozess in der Praxis

268 Ein effizienter Risikomanagement-Prozess funktioniert ähnlich dem menschlichen Organismus oder anderer Netzwerkstrukturen in der Natur. In einem menschlichen Organismus arbeiten Gehirn, Herz und Nervensystem zusammen. Netzwerke sind anpassungsfähig und flexibel, haben gemeinsame Ziele, spielen zusammen und vermeiden Hierarchien. Netzwerkstrukturen sind skalierbar und außerordentlich überlebensfähig.[192]

3.1 Strategisches Risikomanagement

269 Übertragen auf den Prozess des Risikomanagements bedeutet dies, dass verschiedene Sensoren und Sinne (etwa Auge, Ohr, Nerven oder Frühwarnindikatoren) die Risiken aufnehmen und sie an eine zentrale Stelle weiterleiten (Gehirn bzw. Risikomanager). Und insgesamt entscheidet die strategische Ausrichtung des Systems (Unternehmens) über das Risikoverständnis. In diesem Zusammenhang ist es wichtig, die strategische

---

192 Vgl. *Romeike/Hager* Erfolgsfaktor Risiko-Management, 2009, S. 120 ff.

Dimension des Risikomanagements nicht etwa losgelöst von der strategischen Unternehmensführung (Geschäftsstrategie) zu betrachten.

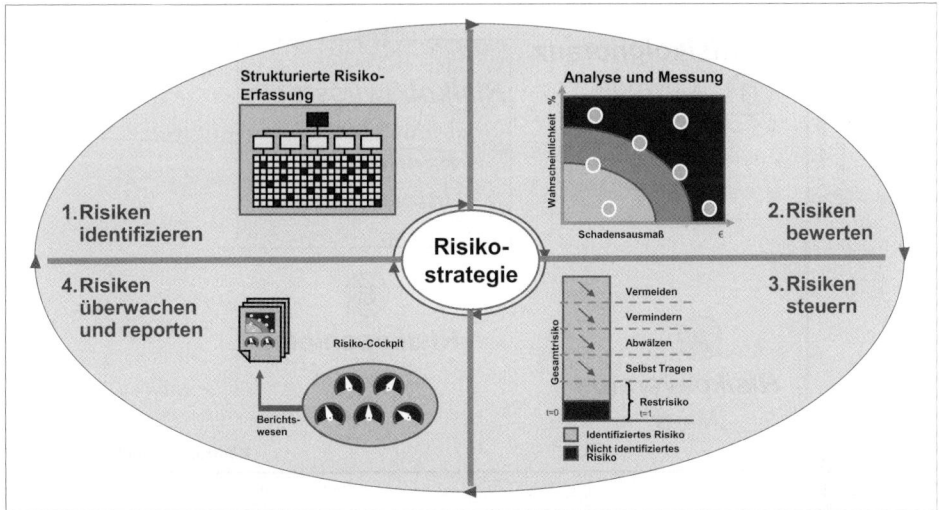

Abb. 5: Der Prozess des Risikomanagements in der Praxis[193]

Das **Strategische Risikomanagement** bildet die integrative Klammer und das Funda- **270**
ment des gesamten Risiko-Management-Prozesses. Es beinhaltet vor allem die Formulierung von Risikomanagement-Zielen in Form einer **Risikostrategie**. Bevor das Risikomanagement als kontinuierlicher Prozess eingeführt und gelebt werden kann, müssen zunächst die Grundlagen bezüglich der Rahmenbedingungen (etwa Risk Policy Statement bzw. Risikostrategie), Organisation (etwa Funktionen, Verantwortlichkeiten und Informationsfluss) und die eigentlichen Prozessphasen definiert werden. Bei der Entwicklung der Risikostrategie sollte darauf geachtet werden, dass auch Compliance-Aspekte adäquat berücksichtigt werden.

Risiken effizient zu steuern und zu kontrollieren sowie Chancen zu erkennen und zu **271**
nutzen, gehört zur unternehmerischen Kerntätigkeit jedes Unternehmens. Trotzdem ist die Bereitschaft der Unternehmen, Risiken einzugehen, sehr unterschiedlich und abhängig von den Eigentumsverhältnissen, der Liquidität und auch der persönlichen Risikoneigung der Unternehmensleitung bzw. der Eigentümer. Eine idealtypische Kategorisierung von Risikotypen ist in Abbildung 6 dargestellt.

---

193 Vgl. *Romeike/Hager* Erfolgsfaktor Risiko-Management, 2009, S. 121.

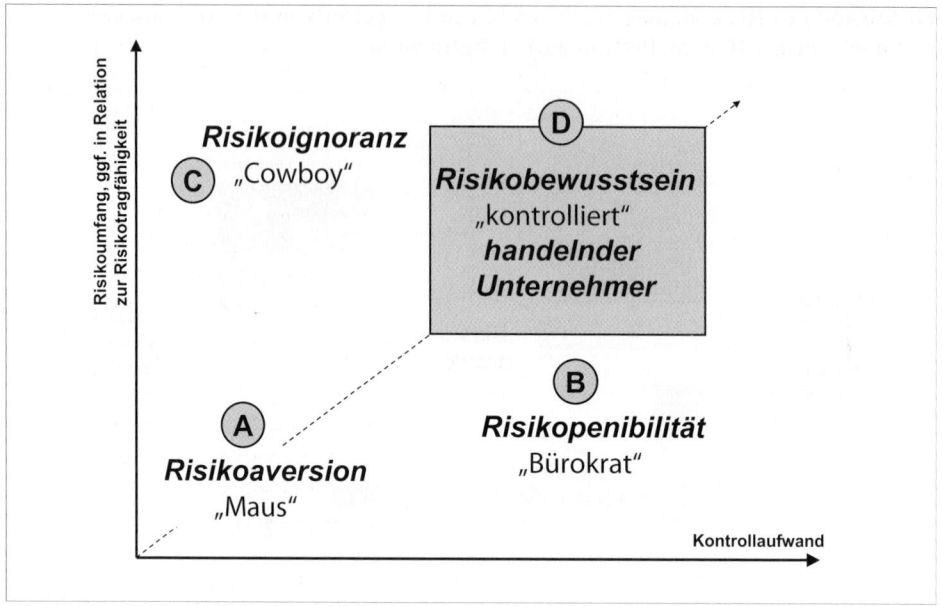

Abb. 6: Idealtypische Risikotypologie[194]

272 Eine **Maus** (A) geht ein geringes Risiko ein und hat einen äußerst geringen Kontrollaufwand. Der **Bürokrat** (C) hingegen ist ähnlich risikoscheu, nimmt aber durch seine Kontrollstruktur in Kauf, dass auch seine Chancen – und damit sein Wachstums- und Entwicklungspotenzial – äußerst begrenzt sind. Ein **Cowboy** (C) hingegen riskiert die Gefahr, von negativen Entwicklungen überrascht zu werden, die er nicht mehr kontrollieren kann. Der **kontrolliert handelnde Unternehmer** (D) demgegenüber verwendet bei seinen Entscheidungen die Werkzeuge des Risikomanagements und geht Risiken bewusst und kontrolliert ein, um die damit verbundenen Gewinnchancen zu realisieren.

273 So gibt es eher risikofreudige Unternehmen, weil etwa eine kurzfristige Gewinnmaximierung angestrebt wird oder eine gute Kapitalausstattung vorhanden ist. Andere Marktteilnehmer investieren hohe Summen in die Risikosteuerung und -kontrolle und verhalten sich eher risikoavers, weil etwa die Liquiditätslage angespannt ist oder unplanmäßige Kosten vermieden werden sollen. Werden eine langfristige Sicherung der Marktposition und eine langfristige wertorientierte Unternehmenssteuerung angestrebt, so wird sich ein Unternehmen risikoneutral verhalten und sein Risiko-Chancen-Profil optimieren, um den Unternehmenswert zu erhöhen.

3.2 Risikoidentifikation

274 Das **operative Risikomanagement** (vgl. Abbildung 5) beinhaltet den Prozess der systematischen und laufenden Risikoanalyse der Geschäftsabläufe. Ziel der **Risikoidentifikation** ist die frühzeitige Erkennung von „den Fortbestand der Gesellschaft gefährdende Entwicklungen"[195], d.h. die möglichst vollständige Erfassung aller Risikoquellen, Schadensursachen und Störpotenzialen. Für einen effizienten Risiko-

---

194 Vgl. *Romeike/Hager* Erfolgsfaktor Risiko-Management, 2009, S. 115.
195 Vgl. in diesem Kontext § 91 Abs. 2 AktG.

Management-Prozess kommt es darauf an, dass dieser als kontinuierlicher Prozess – im Sinne eines Regelkreises – in die Unternehmensprozesse integriert wird.

Die Informationsbeschaffung ist die schwierigste Phase im gesamten Prozess und eine **275** Schlüsselfunktion des Risikomanagements, da dieser Prozessschritt die Informationsbasis für alle nachfolgenden Phasen liefert – schließlich können nur Risiken bewertet und gesteuert werden, die auch erkannt wurden.

Ein wichtiges Instrument zur Risikoidentifikation[196] sind außerdem **Frühwarnsysteme**, mit **276** deren Hilfe Frühwarnindikatoren (etwa externe Größen wie Zinsen oder Konjunkturindizes, aber auch interne Faktoren wie etwa Fluktuation im Management) ihren Benutzern rechtzeitig latente (d.h. verdeckt bereits vorhandene) Risiken signalisieren, sodass noch hinreichend Zeit für die Ergreifung geeigneter Maßnahmen zur Abwendung oder Reduzierung der Bedrohung besteht.[197] Frühwarnsysteme verschaffen dem Unternehmen Zeit für Reaktionen und optimieren somit die Steuerbarkeit eines Unternehmens.

Die Wahl der Methodik zur Risikoidentifikation hängt stark von den spezifischen **277** Risikoprofilen des Unternehmens und der Branche ab. In der betrieblichen Praxis werden die einzelnen Identifikationsmethoden häufig kombiniert. Abbildung 7 gibt einen Überblick über die verschiedenen in der Praxis angewendeten Methoden. Bei der Erfassung der Risiken helfen Checklisten, Workshops, Besichtigungen, Interviews, Organisationspläne, Bilanzen und Schadenstatistiken. Ergebnis der Risikoanalyse sollte ein Risikoinventar sein. Die identifizierten Risiken müssen im anschließenden Prozessschritt detailliert analysiert und bewertet werden. Ziel sollte dabei ein sinnvolles und möglichst für alle Risikokategorien anwendbares Risikomaß sein.

Kollektionsmethoden	Suchmethoden	
	Analytische Methoden	**Kreativitätsmethoden**
• Checkliste • SWOT-Analyse / Self-Assessment • Risiko-Identifikations-Matrix (RIM) • Interview, Befragung	• Fragenkatalog • Morphologische Verfahren • Fehlermöglichkeits- und Einflussanalyse • Baumanalyse	• Brainstorming • Brainwriting • Delphi-Methode • Synektik • Szenarioanalyse (deterministisch, stochastisch)
Vorwiegend geeignet zur Identifikation bestehender und offensichtlicher Risiken	**Vorwiegend geeignet zur Identifikation zukünftiger und bisher unbekannter Risikopotentiale (proaktives Risikomanagement)**	

Abb. 7: Methoden der Risikoidentifikation[198]

---

196 Auf die einzelnen Methoden der Identifikation von Risiken sei auf die Literatur verwiesen, beispielsweise: *Romeike/Hager* Erfolgsfaktor Risiko-Management, 2009, S. 125 ff. bzw. *Bessis* Risk Management in Banking, 2002 sowie *Hull* Risikomanagement, 2011.

197 Vgl. *Romeike* Der Aufsichtsrat 2008, 65 sowie *Romeike* Frühwarnsysteme im Unternehmen, 2005, S. 22-27.

198 Vgl. *Romeike/Hager* Erfolgsfaktor Risiko-Management, 2009, S. 123. Hier finden Sie auch detaillierte Ausführungen und Beispiele zu den aufgeführten Methoden.

3.3 Risikobewertung

278 Die Ersteinschätzung von Risiken erfolgt in der Praxis häufig basierend auf einem Relevanzfilter. Experten unterteilen die Risiken beispielsweise in fünf Relevanzklassen von *„unbedeutendes Risiko"* bis *„bestandsgefährdendes Risiko"*.

279 Relevanz wird dabei als die **Gesamtbedeutung** des Risikos für das Unternehmen verstanden. Sie gilt als weiteres Risikomaß und ist von folgenden Parametern abhängig:
– mittlere Ertragsbelastung (Erwartungswert),
– realistischer Höchstschaden,
– Wirkungsdauer.

280 Ein weiterer Vorteil der Relevanzeinschätzung besteht darin, dass sie die Information über die Schwere eines Risikos in einfacher Form beschreibt und so die Kommunikation relevanter Risikoinformationen erleichtert.

281 In einem nächsten Schritt erfolgt eine Detailbewertung alles Risiken, die als „relevant" betrachtet werden. Als Bewertungsmethodik bietet sich entweder ein „Top-down"- oder ein „Bottom-up"-Ansatz an. Erfolgt die Bewertung nach einer Top-down-Methode, so stehen für das Unternehmen die bekannten Folgen der Risiken im Vordergrund. Hierbei werden Daten der Gewinn- und Verlustrechnung wie etwa Erträge, Kosten oder das Betriebsergebnis im Hinblick auf deren Volatilitäten hin untersucht. Der Top-down-Ansatz bietet den Vorteil einer relativ schnellen Erfassung der Hauptrisiken aus strategischer Sicht. Diese „Makroperspektive" kann jedoch auch dazu führen, dass bestimmte Risiken nicht erfasst werden oder Abhängigkeiten bzw. Korrelationen zwischen Einzelrisiken nicht korrekt bewertet werden.

282 Der Werkzeugkasten des Risiko- und des Compliance Managers bietet eine große Vielfalt an Methoden und Analysemethoden zur Bewertung von Risiken.[199] Die Auswahl der Werkzeuge und Methode wird primär von den verfügbaren Daten der einzelnen Risiken determiniert. Bei quantifizierbaren Risiken können die potenziellen Verlust in drei Bereiche aufgeteilt werden: erwartete Verluste, statistische Verluste und Stressverluste.

283 Die Ergebnisse der Risikobewertung können in das **Risikoinventar** (bzw. den Risikokatalog) übernommen werden. Wenn basierend auf den oben skizzierten Bottom-up-bzw. Top-down-Methoden die Eintrittswahrscheinlichkeiten und der Ergebniseffekt (Impact, Schadensausmaß etc.) quantifiziert wurden, lassen sich diese in einer **Risk Map** (auch Risikomatrix oder Risikolandschaft genannt)[200] darstellen. In Abbildung 8 finden Sie ein Beispiel für eine Risikolandkarte. Eine Risk Map gibt einen Gesamtüberblick über das Risikoportfolio eines Unternehmens und kann den Entscheidungsträgern als erste Grundlage zur Risikosteuerung und -kontrolle dienen.

---

199 Vgl. *Romeike/Hager* Erfolgsfaktor Risiko-Management, 2009, S. 132 ff.
200 Zu den Grenzen einer Risikolandkarte bzw. Risk Map vgl. *Gleißner/Romeike* Die größte anzunehmende Dummheit im Risikomanagement, Risk, Compliance & Audit, 2011, 21 ff.

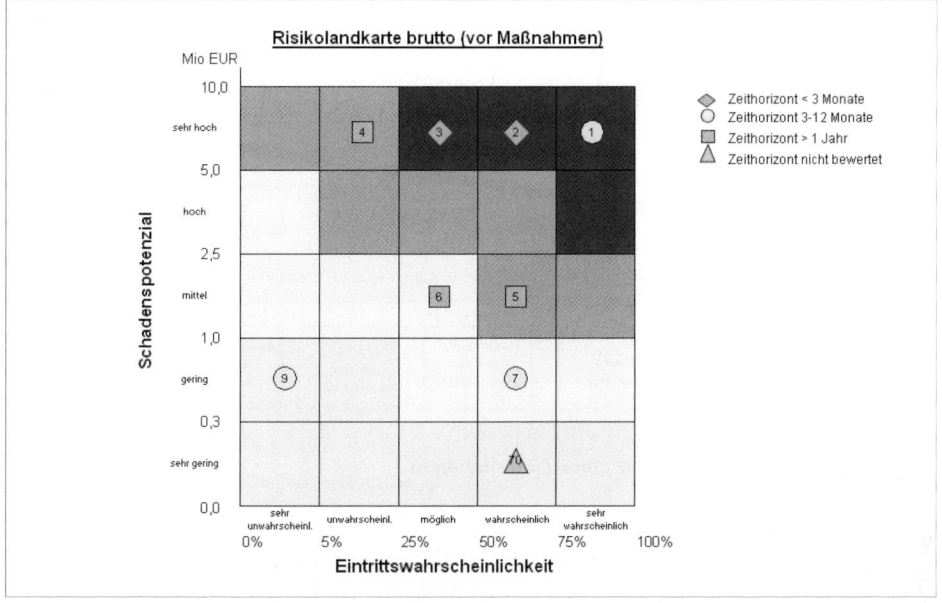

Abb. 8: Beispiel einer Risikolandkarte

Eine **Aggregation** aller relevanten Risiken ist erforderlich, weil sie auch in der Rea- **284**
lität zusammen auf Gewinn und Eigenkapital wirken. Es ist damit offensichtlich,
dass alle Risiken gemeinsam die Risikotragfähigkeit eines Unternehmens belasten
(siehe Abbildung 9). Die Risikotragfähigkeit wird – vereinfacht betrachtet – von
zwei Größen bestimmt, nämlich zum einen vom Eigenkapital und zum anderen von
den Liquiditätsreserven. Die Beurteilung des Gesamtrisikoumfangs ermöglicht eine
Aussage darüber, ob die oben bereits erwähnte Risikotragfähigkeit eines Unternehmens ausreichend ist, um den Risikoumfang des Unternehmens tatsächlich zu tragen
und damit den Bestand des Unternehmens zu gewährleisten. Sollte der vorhandene
Risikoumfang eines Unternehmens gemessen an der Risikotragfähigkeit zu hoch
sein, werden zusätzliche Maßnahmen der Risikobewältigung erforderlich. Die
Kenntnis der relativen Bedeutung der Einzelrisiken (Sensitivitätsanalyse) ist für ein
Unternehmen in der Praxis wichtig, um die Maßnahmen der Risikofinanzierung und
-steuerung zu priorisieren.

Die Aggregation von Risiken zu einer Gesamtrisikoposition kann grundsätzlich auf **285**
zwei Wegen erfolgen, analytisch oder durch Simulation.[201]

---

201 Auf die einzelnen Methoden zur Aggregation kann im Rahmen dieses Textes nicht eingegangen
    werden. Hier sei auf die weiterführende Literatur verwiesen. Vgl. *Hager* Corporate Risk Manage-
    ment, 2004 sowie *Romeike/Hager* Erfolgsfaktor Risiko-Management, 2013, S. 128 ff.

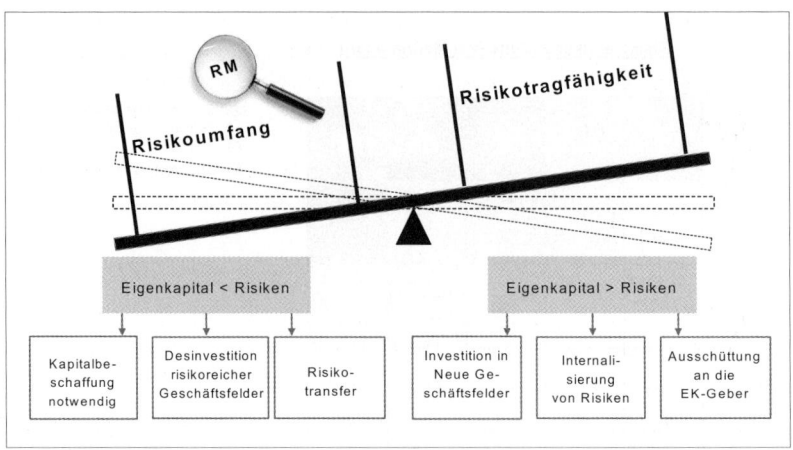

Abb. 9: Die Risikotragfähigkeit eines Unternehmens

3.4 Risikosteuerung

286 Der Gesamtrisikoumfang – als Ergebnis der Risikoaggregation – ermöglicht erst eine fundierte Beurteilung der Risikoeigentragungskraft des Unternehmens, die maßgeblich die nachfolgenden Maßnahmen der Risikofinanzierung oder des Risikotransfers bestimmen. In diesem Zusammenhang ist auch eine Berechnung der kalkulatorischen Eigenkapitalkosten – eine wesentliche Komponente der Gesamtrisikokosten – wichtig. So substituieren Risikotransferlösungen (beispielsweise Versicherungen) letztlich knappes und relativ teures Eigenkapital. Die kalkulatorischen Eigenkapitalkosten resultieren als Produkt von Eigenkapitalbedarf und Eigenkapitalkostensatz, der von der akzeptierten Ausfallwahrscheinlichkeit und der erwarteten Rendite von Alternativanlagen (beispielsweise am Aktienmarkt) abhängt.[202]

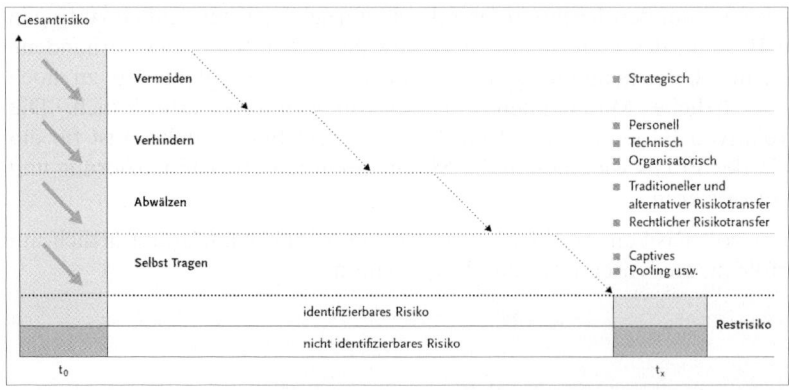

Abb. 10: Unterschiedliche Maßnahmen der Risikosteuerung[203]

---

202 Vgl. *Romeike/Löffler* Wert- und Effizienzsteigerung durch ein integriertes Risiko- und Versicherungsmanagement, 2007.
203 *Romeike* Integriertes Risiko-Controlling und -Management, 2006, S. 450.

Eine Schlüsselstelle im gesamten Risk-Management-Prozess nimmt die **Risikosteue-** 287 **rung und -kontrolle** ein (siehe Abbildung 10). Diese Phase zielt darauf ab, die Risi-kolage des Unternehmens positiv zu verändern bzw. ein ausgewogenes Verhältnis zwischen Ertrag (Chance) und Verlustgefahr (Risiko) zu erreichen, um den Unterneh-menswert zu steigern. Die Risikosteuerung und -kontrolle umfasst alle Mechanismen und Maßnahmen zur Beeinflussung der Risikosituation, entweder durch eine Verringe-rung der Eintrittswahrscheinlichkeit und/oder des Schadensausmaßes. Dabei sollte die Risikosteuerung und -kontrolle mit den in der Risikostrategie definierten Zielen sowie den allgemeinen Unternehmenszielen übereinstimmen. Ziele dieser Prozessphase sind die Vermeidung von nicht akzeptablen Risiken sowie die Reduktion und der Transfer von nicht vermeidbaren Risiken auf ein akzeptables Maß. Eine optimale Risikosteue-rung und -bewältigung ist dabei diejenige, die durch eine Optimierung der Risikopositi-onen des Unternehmens den Unternehmenswert steigert.

Im Hinblick auf die Steuerung bzw. das Management von Risiken bestehen prinzipiell 288 drei Strategiealternativen. Die so genannte **präventive** (oder auch *ätiologische*) **Risi-kopolitik** zielt darauf ab, Risiken aktiv durch eine Beseitigung oder Reduzierung der entsprechenden **Ursachen** zu vermeiden oder zu vermindern. Es wird versucht, die Risikostrukturen durch Verringerung der Eintrittswahrscheinlichkeit und/oder der Tragweite einzelner Risiken zu verringern.

Im Gegensatz zu diesen **aktiven Steuerungsmaßnahmen**, die direkt an den strukturel- 289 len Risikoursachen (Eintrittswahrscheinlichkeit, Schadensausmaß) ansetzen, wird bei der so genannten **korrektiven** (oder *palliativen*) **Risikopolitik** der Eintritt eines Risi-kos bewusst akzeptiert. Ziel der passiven Risikopolitik ist es nicht, die Eintrittswahr-scheinlichkeiten oder die Tragweite der Risiken zu reduzieren, d.h. die Risikostruktu-ren werden nicht verändert. Der Risikoträger versucht vielmehr, durch geeignete Maßnahmen Risikovorsorge zu betreiben. Diese Risikovorsorge hat zum Ziel, die **Auswirkungen** des Risikoeintritts zu vermeiden oder zu vermindern. Dies kann bei-spielsweise in Form der häufig praktizierten Überwälzung von Risiken auf andere Risikoträger (etwa Versicherer oder Kapitalmarkt) geschehen. Bei einem Risikoein-tritt werden neben der Bereitstellung der erforderlichen Liquidität die negativen Kon-sequenzen auf der Ertragslage abgefedert.

Werden die finanziellen Folgen von Risikoeintritten nicht auf professionelle Risiko- 290 träger transferiert, muss das Unternehmen die notwendige Liquidität und die ertrags-mäßigen Belastungen aus dem eigenen Finanzsystem bereitstellen. Das Selbsttragen von Risiken kann dabei bewusst oder unbewusst geschehen. Wurden Risiken nicht identifiziert oder korrekt bewertet, so müssen die Folgen dieser Fehleinschätzung im Schadensfall aus dem laufenden Cash-Flow, aus Rücklagen oder durch die Auflösung stiller Reserven finanziert werden. Dies kann jedoch dazu führen, dass der Unterneh-mensgewinn durch einen Schadeneintritt in einem gewinnschwachen Jahr besonders belastet wird.

V. Standards im Risikomanagement

1. Überblick

291 Ein Risikomanagement-Standard (RMS) ist ein auf die formalen Abläufe und Strukturen zur Risikohandhabung in Organisationen gerichteter Standard. Es existieren rund 100 nationale und internationale Standards von Normungsinstituten sowie Frameworks von Gremien und Organisationen zum Thema Risikomanagement. Beispielhaft seien aufgeführt:

- CAN/CSA Q850 Risk Management: Guideline for Decision-Makers (Kanada 1997),
- BS-6079-3:2000 Project management. Guide to the management of business related project risk (Großbritannien 2000),
- JIS Q 2001:2001 Guidelines for development and implementation of a risk management system (Japan 2001),
- IEC Guide 73:2009 Risk Management–Vocabulary – Guidelines for use in standards (international 13.11.2009),
- COSO ERM Enterprise Risk Management – Integrated Framework (USA 2004),
- ONR 49000:2004 ff. Risikomanagement für Organisationen und Systeme: Begriffe und Grundlagen (Österreich 2004),
- AS/NZS 4360:2004 Risk Management (Australien, Neuseeland 2004),
- ONR 49000:2008 ff. Risikomanagement für Organisationen und Systeme – Begriffe und Grundlagen – Anwendung von ISO/DIS 31000 in der Praxis (Österreich 2008),
- ISO 31000 Risk Management – Guidelines for principles and implementation of risk management (international, 15.11.2009),
- ISO 31010 Risk management – Risk assessment techniques (international, 27.11.2009),
- ISACA Risk IT – IT Risk Management Framework (international, 8.12.2009),
- ISO/IEC 27005 – Information security risk management (international, 30.6.2008).

2. Der Risiko-Management-Prozess als PDCA-Zyklus basierend auf der ISO 31000

292 Der systemische Ansatz zeigt die Aufgaben der Führung einer Organisation. Diese umfassen die Planung, die Umsetzung, die Leistungsbewertung sowie die Verbesserung. Dieser Regelkreis findet in vielen Teilbereichen der Führung Anwendung, am bekanntesten ist er in der Normenreihe EN ISO 9000 ff. hinterlegt.

293 Am 15.11.2009 hat die Internationale Standardisierungsorganisation (ISO, *International Organization for Standardization*) erstmals einen weltweit verbindlichen Standard für Risikomanagement veröffentlicht.[204] Zwei Kategorien von ISO-Standards sind für die Entstehung von ISO 31 000 maßgebend. Auf der einen Seite gibt es seit vielen Jahren eine immer größere Anzahl von branchenspezifischen Risk-Management-Standards. Auf der andern Seite existieren Standards, die Management-Systeme beschreiben. Die wohl bekannteste Serie ist die Standardfamilie ISO 9000 ff. Qualitätsmanagement-Systeme. Besonders weit verbreitet und zertifiziert ist die Norm ISO 9 001:2008 Qualitätsmanagement-Systeme, Anforderungen. Dieser Standard ist heute weltweit rund eine Million Mal umgesetzt und zertifiziert worden.[205]

---

204 Vgl. *Brühwiler/Romeike* Praxisleitfaden Risikomanagement, 2010.
205 ISO 2007, The ISO Survey of Certification, S. 8.

Romeike

Ein Managementsystem beschreibt eine in sich selbst abgeschlossene Systematik zur **294** Steuerung und Kontrolle von Organisationen. So definiert ISO 9000 das Managementsystem als „System zum Festlegen von Politik und Zielen sowie zum Erreichen dieser Ziele".[206] ISO 31 000 vereinigt beide Aspekte, indem ein branchenübergreifender Standard zum Risikomanagement entstand, der gleichzeitig einen systemischen Ansatz enthält und damit die Eigenschaften eines Managementsystems bzw. eines Risikomanagement-Systems umfasst.

ISO 31 000 knüpft an die Tatsache an, dass Risikomanagement an sich nichts Neues **295** und von vielen Organisationen bereits praktiziertes Konzept ist. Oft wird die zutreffende Behauptung geäußert, dass die Führung aller erfolgreichen Organisationen und Unternehmen die Grundsätze des Risikomanagements schon seit langem beachten. Den Beweis liefert ihre andauernde und erfolgreiche Existenz.

Die folgenden Punkte skizzieren die grundsätzliche Basis der ISO 31 000: **296**
– Risikomanagement ist ein Top-down-Ansatz,
– Risikomanagement ist eine umfassende Führungsaufgabe mit einem gegebenen Regelkreis,
– die Norm stellt einen branchenübergreifenden Ansatz dar,
– die Norm ist funktionsübergreifend anwendbar und
– sie ist ein international breit abgestütztes Konzept.

Außerdem folgt der Standard ISO 31000 dem bekannten PDCA-Zyklus (auch **297** Demingkreis, Deming-Rad bzw. Shewhart cycle genannt). PDCA steht hierbei für *Plan – Do – Check – Act*, was im Deutschen auch als *Planen-Umsetzen-Überprüfen-Verbessern* übersetzt wird (vgl. Abbildung 11).

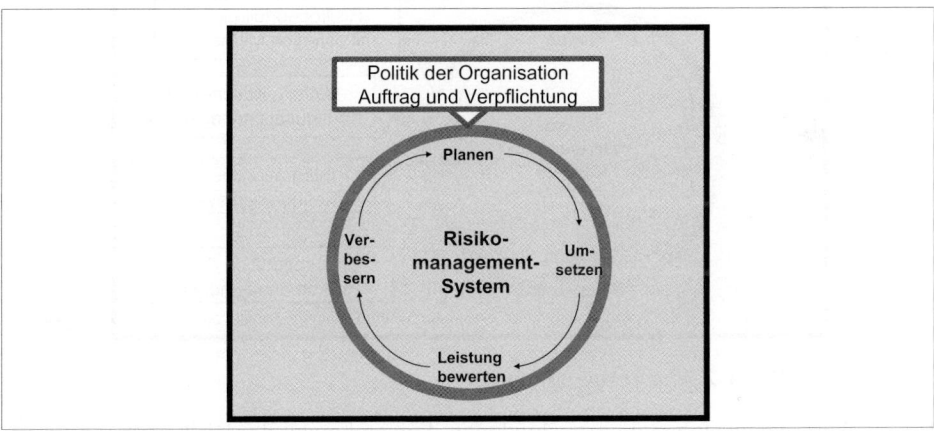

Abb. 11: Der PDCA-Zyklus im Standard ISO 31 000

Nachfolgend werden nun die einzelnen Elemente aus dem Regelkreis der Führung **298** dargestellt. Besonders wird dann auf die Fragen der Einführung des Risk-Management-Systems, auf die Risk-Management-Politik sowie auf die Zertifizierung des Risk-Management-Systems eingegangen.

---

206 ISO 9000:2005, Ziff. 3.2.2.

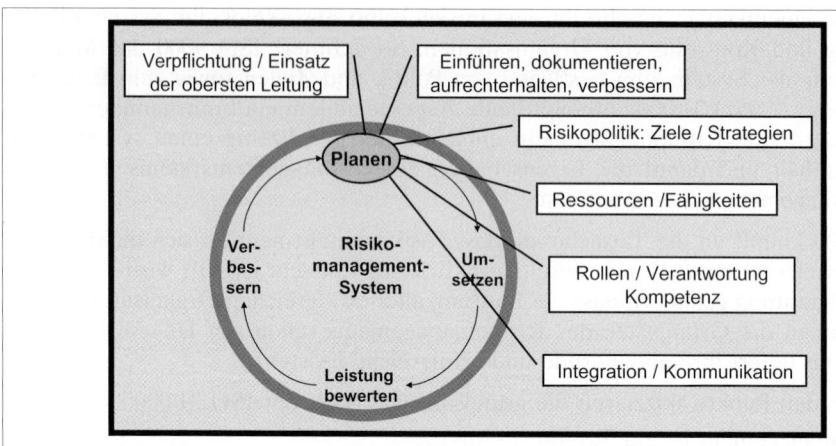

Abb. 12: Der PDCA-Zyklus (Planen/Plan)

299 Die **Planung** umfasst die Verpflichtung und den Einsatz der obersten Leitung, insbesondere auch das Was und Wie im Umgang mit Risiken, die dazu erforderlichen Ressourcen und Fähigkeiten, die Rollen, Verantwortlichkeiten und Kompetenzen sowie die Integration des und die Kommunikation im Risikomanagement (vgl. Abbildung 12).

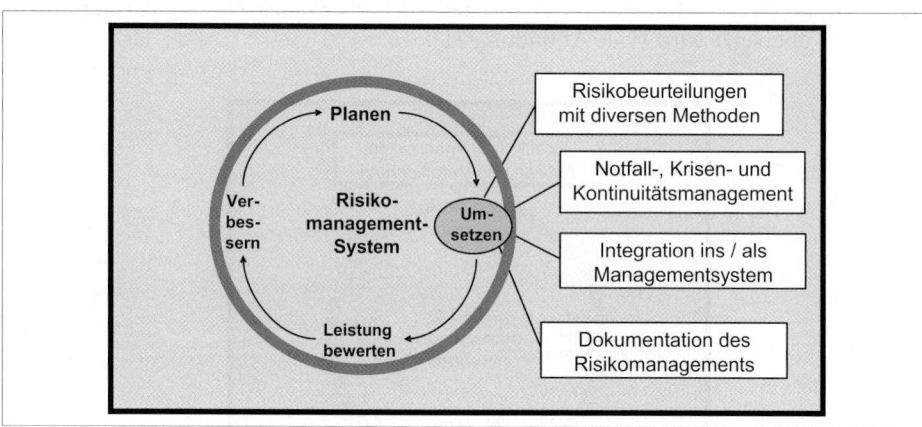

Abb. 13: Der PDCA-Zyklus (Umsetzen/Do)

300 Bei der **Umsetzung** stehen die verschiedenen Anwendungen des Risiko-Management-Prozesses im Mittelpunkt. Auch die Frage, wie es im Managementsystem eingebettet werden soll (alleinstehend oder integriert), ist zu klären. Schließlich gehören die umfangreichen Dispositionen des Notfall-, Krisen- und Kontinuitätsmanagement, die in vielen Organisationen eingeführt sind, auch zum Risikomanagement (vgl. Abbildung 13).

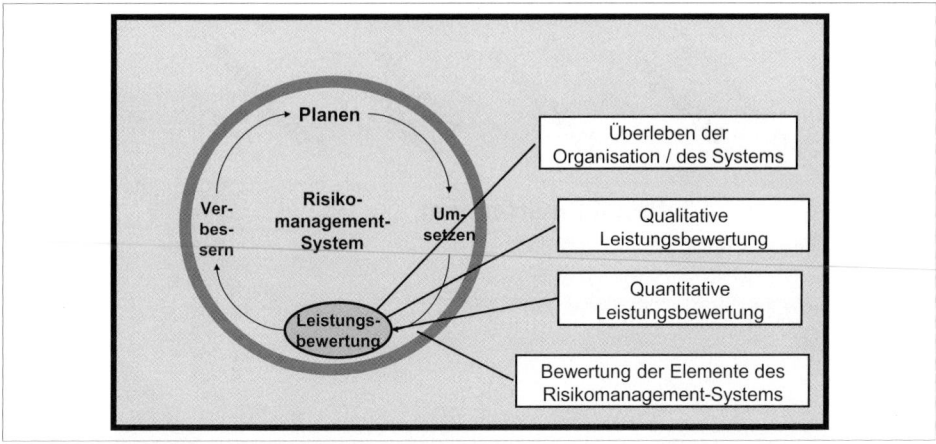

Abb. 14: Der PDCA-Zyklus (Leistungsbewertung/Check)

Die **Bewertung** zielt darauf ab, festzustellen, ob das Risikomanagement überhaupt 301
wirksam ist und die erhofften Verbesserungen von Unternehmensstrategie und operativen Tätigkeiten auch wirklich eintreten. Qualitative und quantitative Leistungsbewertungen sind dabei ebenso möglich wie ein „Audit" des Risikomanagements in einer Organisation (vgl. Abbildung 14).

Ergebnis der Bewertung des Risikomanagement-Systems ist die Gegenüberstellung 302
der Anforderungen mit der tatsächlich erfolgten Umsetzung des Risikomanagement. Daraus entstehen Lücken und allenfalls auch Duplizitäten, die zu **Verbesserungsmaßnahmen** Anlass geben.

3. COSO ERM

Das älteste Regelwerk im Risikomanagement ist das COSO-Framework. Das COSO 303
(Committee of Sponsoring Organizations of the Treadway Commission) ist eine freiwillige privatwirtschaftliche Organisation in den USA, die helfen soll, Finanzberichterstattungen durch ethisches Handeln, wirksame interne Kontrollen und gute Unternehmensführung qualitativ zu verbessern. COSO wurde im Jahr 1985 als Plattform für die „National Commission on Fraudulent Financial Reporting" (Treadway Commission) gegründet

Ab dem Jahr 1992 wird COSO durch die SEC (Securities and Exchange Commission, 304
sie ist für die Kontrolle des Wertpapierhandels in den USA zuständig) als Standard für das interne Kontrollsystem offiziell anerkannt. Die Weiterentwicklung führte zur COSO-Ausgabe von 2004, die als „Enterprise Risk Management Framework" bezeichnet wird.[207]

Der Inhalt bzw. die Dimensionen des COSO-ERM-Standards sind in Abbildung 15 305
dargestellt.

---

207 Vgl. vertiefend *Brünger* Erfolgreiches Risikomanagement mit COSO ERM, 2009.

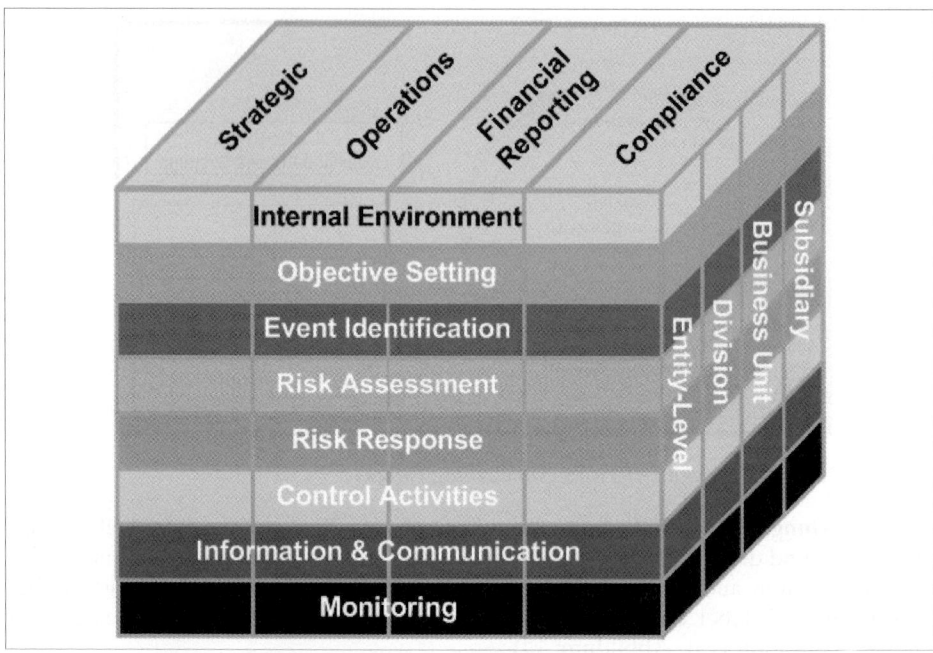

Abb. 15: Das COSO-ERM-Framework

306 Die Umsetzung von COSO erfolgt in den USA vor allem im Rahmen des Sarbanes-Oxley Act of 2002 (auch SOX oder SOA genannt). Hierbei handelt es sich um ein US-Bundesgesetz, das als Reaktion auf Bilanzskandale von Unternehmen wie Enron oder Worldcom die Verlässlichkeit der Berichterstattung von Unternehmen, die den öffentlichen Kapitalmarkt der USA in Anspruch nehmen, verbessern sollte.

VI. Regulatorische und gesetzliche Grundlagen

307 § 91 Abs. 2 AktG legt fest, dass der Vorstand geeignete Maßnahmen zu treffen hat, insbesondere ein Überwachungssystem einzurichten hat, damit den Fortbestand des Unternehmens gefährdende Entwicklungen früh erkannt werden: „Der Vorstand hat geeignete Maßnahmen zu treffen, insbesondere ein Überwachungssystem einzurichten, damit den Fortbestand der Gesellschaft gefährdende Entwicklungen früh erkannt werden."

308 Bereits in der Gesetzesbegründung wird darauf hingewiesen, dass mit dieser Vorschrift keine neue Leitungsaufgabe für den Vorstand geschaffen worden ist, sondern lediglich eine Aufgabe besonders hervorgehoben werden sollte.[208]

309 Zum § 91 Abs. 2 AktG hat der Gesetzgeber keine Entsprechung im GmbH- oder Personengesellschaftsrecht geschaffen. Allerdings wird in der Gesetzesbegründung ausdrücklich auf eine „Ausstrahlungswirkung" auf andere Gesellschaftsformen hingewie-

---

208 Vgl. *Romeike* Rechtliche Grundlagen des Risikomanagements, 2008, S. 6.; vgl. auch BT-Drucks. 13/9712, 15.

sen. Die Intensität dieser Ausstrahlungswirkung ist allerdings von der Größe und der Komplexität der jeweiligen Unternehmensstruktur abhängig.

In der Literatur wird diskutiert, ob durch § 91 Abs. 2 AktG eine ausdrückliche **310** Pflicht begründet wird, ein umfassendes Risikomanagementsystem einzurichten. Einige Kommentatoren sind der Ansicht, dass allenfalls eine Komponente eines Risikomanagement-Systems gefordert wird, nämlich die Einrichtung eines Überwachungssystems zur Früherkennung von bestandsgefährdenden Entwicklungen. Im Gesetzeswortlaut wird der Begriff „Risiken" nicht verwendet. Vielmehr wird von „den Fortbestand der Gesellschaft gefährdende Entwicklungen" gesprochen. Nach Einschätzung des Gesetzgebers gehören zu den Entwicklungen, die den Fortbestand der Gesellschaft gefährden können, insbesondere risikobehaftete Geschäfte, Unrichtigkeiten der Rechnungslegung und Verstöße gegen gesetzliche Vorschriften, die sich auf die Vermögens-, Finanz- und Ertragslage der Gesellschaft oder des Konzerns wesentlich auswirken.

Insgesamt wird jedoch vor allem im betriebswirtschaftlichen Schrifttum bzw. in der **311** Prüfungspraxis überwiegend die Auffassung vertreten, dass § 91 Abs. 2 AktG die Grundlage für eine Verpflichtung der Unternehmen zur Einführung eines umfassenden Risikomanagementsystems darstellt. Ein solches bestehe aus einem Frühwarnsystem, aus einem Internen Überwachungssystem und dem Controlling (vgl. Abbildung 16).

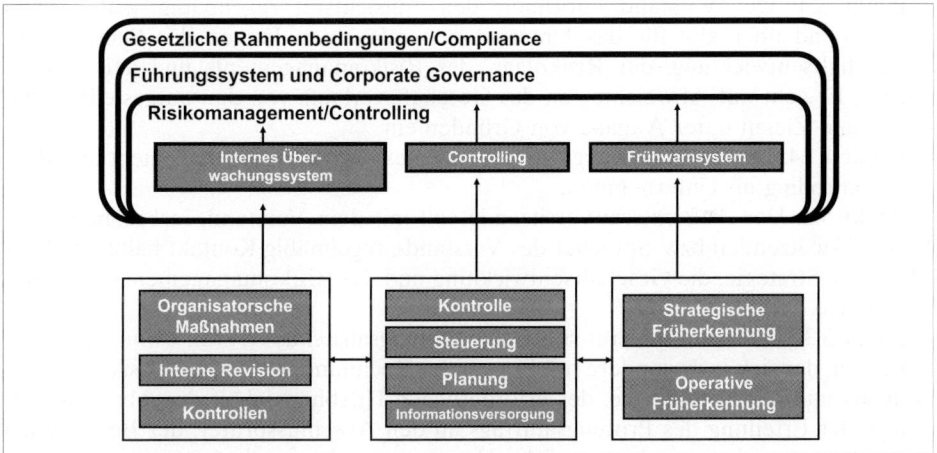

Abb. 16: Risikomanagement im Kontext Corporate Governance

Der Begriff der Überwachung wird primär auf die Überwachung von Risiken bzw. **312** potenziellen Planabweichungen bezogen. Die Interne Überwachung gewährleiste die Zuverlässigkeit der betrieblichen Prozesse, während das Controlling die Planung, Informationsversorgung, Kontrolle und Steuerung übernimmt. Dies umfasst auch eine Geschäfts- bzw. Risikostrategie zur Vermeidung, Verminderung, Überwälzung und das Selbsttragen von Risiken. Sämtliche Entscheidungen sollten daher auf das Risikopotenzial und ihre Gefahr für den Bestand der Gesellschaft hin untersucht und entsprechend behandelt werden.

313 Selbst wenn § 91 Abs. 2 AktG so – wie von einigen Kommentatoren – interpretiert wird, dass sich aus dem Gesetzestext keine Verpflichtung zur Einrichtung von umfassenden Risikomanagement-Systemen ergibt, verlangt § 76 Abs. 1 AktG und der anzulegende Sorgfaltsmaßstab den angemessenen Umgang des Vorstandes mit Risiken. Daraus ergibt sich bereits, dass das Risikomanagement eine originäre Leitungspflicht des Vorstands darstellt.

314 Ergänzend fordert § 93 Abs. 1 AktG eine gebotene Sorgfalt bei der Geschäftsführung, hierzu gehört auch die Bewertung und Steuerung von Risiken, die den Fortbestand der Gesellschaft gefährden könnten. „Die Vorstandsmitglieder haben bei ihrer Geschäftsführung die Sorgfalt eines ordentlichen und gewissenhaften Geschäftsleiters anzuwenden. Eine Pflichtverletzung liegt nicht vor, wenn das Vorstandsmitglied bei einer unternehmerischen Entscheidung vernünftigerweise annehmen durfte, auf der Grundlage angemessener Information zum Wohle der Gesellschaft zu handeln."

315 Eine ähnliche Regelung findet sich in § 347 Abs. 1 HGB: „Wer aus einem Geschäft, das auf seiner Seite ein Handelsgeschäft ist, einem anderen zur Sorgfalt verpflichtet ist, hat für die Sorgfalt eines ordentlichen Kaufmanns einzustehen."

316 Neben branchenspezifischen Gesetzen (Versicherungsaufsichtsgesetz, Kreditwesengesetz etc.) fordert auch der Deutsche Corporate Governance Kodex (DCGK) die Einrichtung eines Risikomanagements. Er enthält eine Reihe von Regelungen, die sich mit dem Risikomanagement befassen:[209]
  – Punkt 3.4: Der Vorstand informiert den Aufsichtsrat regelmäßig, zeitnah und umfassend über alle für das Unternehmen relevanten Fragen der Planung, der Geschäftsentwicklung, der Risikolage, des Risikomanagements und der Compliance. Er geht auf Abweichungen des Geschäftsverlaufs von den aufgestellten Plänen und Zielen unter Angabe von Gründen ein.
  – Punkt 4.1.4: Der Vorstand sorgt für ein angemessenes Risikomanagement und Risikocontrolling im Unternehmen.
  – Punkt 5.2: Der Aufsichtsratsvorsitzende soll mit dem Vorstand, insbesondere mit dem Vorsitzenden bzw. Sprecher des Vorstands, regelmäßig Kontakt halten und mit ihm die Strategie, die Geschäftsentwicklung und das Risikomanagement des Unternehmens beraten.
  – Punkt 5.3.2: Der Aufsichtsrat soll einen Prüfungsausschuss (*Audit Committee*) einrichten, der sich insbesondere mit Fragen der Rechnungslegung, des Risikomanagements und der Compliance, der erforderlichen Unabhängigkeit des Abschlussprüfers, der Erteilung des Prüfungsauftrags an den Abschlussprüfer, der Bestimmung von Prüfungsschwerpunkten und der Honorarvereinbarung befasst.

317 Risikomanagement ist eine Führungsaufgabe und darf weder vom Vorstand einer Aktiengesellschaft (börsennotiert oder nicht börsennotiert) noch von den entsprechenden Organen anderer Unternehmensformen vernachlässigt werden.

318 Eine Geschäftsleitung, die die Implementierung eines umfassenden und präventiven Risikomanagements unterlässt, und dennoch für sich in Anspruch nimmt, ordentlich und gewissenhaft i.S.d. § 93 Abs. 1 S. 1 AktG zu handeln, sieht sich bei der Realisierung eines Risikos hinsichtlich seines Unterlassens einem immensen Rechtfertigungs-

---

209 Vgl. Deutscher Corporate Governance Kodex (in der Fassung vom 26.5.2010): www.corporate-governance-code.de.

druck sowie einer potenziellen persönlichen Haftung ausgesetzt.[210]

Zur Beurteilung einer persönlichen Haftung der Organe wird in der Praxis die *„Busi-* **319** *ness Judgement Rule"* (BJR) herangezogen. Diese „Regel für unternehmerische Ent-scheidungen" beruht auf den *Principles of Corporate Governance* des American Law Institute aus dem Jahr 1994 und der deutschen höchstrichterlichen Rechtsprechung des BGH. Der BGH hatte in seinem Urteil vom 21.4.1997 entschieden, dass ein Unternehmensleiter hinsichtlich der zu treffenden unternehmerischen Entscheidungen einen bestimmten Spielraum hat. Das Organ trifft danach keine persönliche Haftung, wenn er ausreichend gut informiert ist und eine Entscheidung nachvollziehbar im besten Sinne des Unternehmens getroffen hat.

VII. Fazit und Ausblick

In der Vergangenheit haben sich nicht wenige Unternehmen verhalten wie der Autofah- **320** rer, dessen Frontscheibe beschlagen ist und der deshalb mit Hilfe des Rückspiegels fährt. Reaktives Risikomanagement unterstellt eine Ursache-Wirkungs-Folge. Die komplexe Realität sieht jedoch etwas anders aus: Unternehmen können insgesamt als zielgerichtete, offene und hochgradig komplexe sozioökonomische Systeme charakteri-siert werden. Sie zeichnen sich durch eine Vielzahl sehr heterogener Elemente aus, die durch zahlreiche unterschiedliche Beziehungen sowohl miteinander als auch mit ande-ren Umweltelementen verknüpft sind, wobei diese Elemente und Beziehungen ständi-gen – häufig auch sehr starken und abrupten – Veränderungen unterworfen sind. Unter-nehmen sind komplexe Netzwerke ohne einfache Ursache-Wirkungs-Logik.

Benoît B. Mandelbrot kritisierte seit Jahrzehnten viele traditionelle Methoden im **321** Risikomanagement, da sie die Realität nur sehr eingeschränkt abbilden würden. Man-delbrot weist darauf hin, dass Risiken falsch gemessen werden: „Jahrhunderte hin-durch haben Schiffbauer ihre Rümpfe und Segel mit Sorgfalt entworfen. Sie wissen, dass die See in den meisten Fällen gemäßigt ist. Doch sie wissen auch, dass Taifune aufkommen und Hurrikane toben. Sie konstruieren nicht nur für die 95 % der See-fahrttage, an denen das Wetter gutmütig ist, sondern auch für die übrigen 5 %, an denen Stürme toben und ihre Geschicklichkeit auf die Probe gestellt wird. Die Finan-ziers und Anleger der Welt sind derzeit wie Seeleute, die keine Wetterwarnungen beachten."[211]

Viele Risikomanager konstruieren ihr Risikomanagement so, als gäbe es nur Sonnen- **322** tage und keinerlei Schlechtwetterwarnungen. Das Risikomanagement muss sich auf das konzentrieren, was für das Unternehmen wirklich zu Krisen führen kann. Hierbei muss vor allem auch berücksichtigt werden, dass die Wahrnehmung von Risiken ein Konstrukt ist.

Ein funktionierendes und effizientes Risikomanagement sowie eine gelebte Risiko- **323** und Kontrollkultur entwickeln sich zunehmend zu wesentlichen Erfolgsfaktoren für Unternehmen aller Branchen. Nur diejenigen Unternehmen, die ihre Risiken effizient steuern und kontrollieren sowie dabei auch ihre Chancen erkennen und nutzen wer-

---

210 Vgl. *Lorenz* Einführung in die rechtlichen Grundlagen des Risikomanagement, 2008, S. 27.
211 Vgl. *Mandelbrot* (Mis)behaviour of Markets: A Fractal View of Risk, Ruin and Reward, 2004, S. 52.

den langfristig erfolgreich sein und ihren Unternehmenswert steigern. Um bei zunehmenden Risiken wirtschaftlich erfolgreich zu sein, wird eine adäquate Informationsversorgung der Entscheidungsträger immer wichtiger.

324 Für die Bewertung und Identifikation von Risiken stehen zahlreiche Instrumente und Methoden bereit. Diese wurden in den letzten Jahren ständig verbessert und verfeinert. Einige Risiken sind quantifizierbar, andere dagegen können nur qualitativ beschrieben werden. Für alle Unternehmen überlebenswichtig ist die Information über das Gesamtrisiko in Relation zur Risikotragfähigkeit.

325 Zum Abschluss noch eine wichtige Klarstellung: Risikomanagement versteht sich nicht als Kunst der Propheterie, sondern liefert Prognosen zur besseren Steuerung von Risiken. Die Zukunft ist nämlich nur dem vorhersehbar, „der die Begebenheiten selber macht und veranstaltet, die er zum voraus verkündigt", wie Immanuel Kant zu bedenken gibt.

E. Integritätsmanagement als Waffe gegen Wirtschaftskriminalität

I. Einführung

326 Fehlverhalten von Mitarbeitern und Führungskräften gegenüber Normen und ethischen Werten der Gesellschaft oder Unternehmen entsteht, wenn diese Mitarbeiter und Führungskräfte Machtpositionen erhalten oder gewinnen wollen. In diesen Situationen dominieren Eigeninteressen die Gesamtziele eines Unternehmens. Sobald dieses eintritt, verliert das Unternehmen an Wirtschaftlichkeit, da seine Ziele nur noch verfolgt werden, wenn diese mit den Individualzielen von Mitarbeitern und Führungskräften übereinstimmen.

327 Ein Fehlverhalten von Mitarbeitern und Führungskräften kann nicht durch Anweisungen oder Regeln vermieden werden, die den Interessen dieser Mitarbeiter und Führungskräfte widersprechen. Wirksam kann dies nur verhindert werden, wenn die Notwendigkeit für ein Fehlverhalten (Machtstreben) aufgelöst wird. Das will das Integritätsmanagement erreichen, indem es die Ziele von Mitarbeitern, Führungskräften und Unternehmen (Kapital) harmonisiert.

328 Das Integritätsmanagement verhindert nicht nur Fehlverhalten von Mitarbeitern und Führungskräften, sondern ist somit auch ein Erfolgskonzept für Unternehmen.

329 Unter Wirtschaftskriminalität wird im Folgenden verstanden, wenn Mitarbeiter bzw. Führungskräfte mit ihren Handlungen gegen gesetzliche Vorschriften oder gegen gesellschaftliche Normen und ethische Werte verstoßen. Normen und ethische Werte können auch in die Zielsysteme von Unternehmen eingebettet sein. Diese Form der Wirtschaftskriminalität wird als Fehlverhalten oder illegale Handlungen bezeichnet.

330 Integrität wird im Sinn der Unternehmensführung wie folgt definiert:

Der Mitarbeiter orientiert seine individuellen Werte an den ganzheitlichen Zielsetzungen des Unternehmens. Er ist bereit, Verantwortung zu übernehmen und sich für die Erreichung der Unternehmensziele freiwillig zu engagieren.[212]

---

212 *Mentzel* Integritätsmanagement, FS Brödner, 2004, S. 142.

Diese These wird mittels einiger weiterer Thesen untermauert: **331**

1. Integrität von Mitarbeitern und Führungskräften ist die Speerspitze des Unternehmenserfolges, da diese bei eigenverantwortlichem und selbstständigem Handeln noch nicht genutzte Kompetenzen freisetzen, z.B. bei der Lösung von ganz schwierigen Problemen.
2. Sicherheit vor Schädigung eines Unternehmens durch Fehlverhalten der Mitarbeiter und Führungskräfte wird nur durch deren Integrität gewährleistet.
3. Mitarbeiter, die starken Kontrollen unterliegen, fühlen sich berechtigt, diese zu unterlaufen. Integrität ist nicht mehr gewährleistet, insbesondere unter Bezug auf eine Harmonisierung der Ziele von Mitarbeitern, Führungskräften und Kapital.
4. Mitarbeiter, denen Vertrauen entgegengebracht wird, fühlen sich verpflichtet, dieses Vertrauen zu rechtfertigen. Integrität kann dann erreicht werden.

In einem effektiven Integritätsmanagement ordnen Mitarbeiter und Führungskräfte **332** ihre persönlichen Ziele einem mit dem Unternehmen gemeinsamen Satz von Normen und ethischen Werten unter. Sie unterlassen alle Handlungen, die diesen Satz verletzen würden. Ausgangspunkt dieser Verhaltensweisen ist die Überzeugung, dass eine Verletzung der Normen und ethischen Werte dem Unternehmen Schaden zufügen würde. Dabei ist es nicht relevant, ob der Mitarbeiter sich mit diesen Handlungen persönlich bereichern oder dem Unternehmen einen Schaden zufügen wird. Dieser Schaden könnte auch in Reaktionen der Öffentlichkeit auf Fehlverhalten zugunsten des Unternehmens bestehen.

Integrität von Mitarbeitern (d.h. die Einhaltung von Compliance-Prinzipien) basiert **333** demnach nicht auf sozialromatischen Vorstellungen, sondern stellt eine Basis für Unternehmenserfolg dar. Vorraussetzung ist allerdings, dass Unternehmen, Führungskräfte und Mitarbeiter einen gemeinsamen Satz an ethischen Normen und Werten entwickeln, dem sie sich unterordnen und dass dieser wiederum mit den Gesamtzielen des Unternehmens übereinstimmt.

II. Warum ist Compliance ein Problem für Unternehmen?

Im internationalen Wettbewerb arbeiten Unternehmen häufig in Märkten, die von **334** unterschiedlichen Kulturen geprägt sind. Sie treffen dort auch auf Konkurrenten aus anderen Kulturen, die andere Spielregeln aus dem Thema der Rechtschaffenheit herleiten. Um in diesen Märkten erfolgreich arbeiten zu können, müssen die Unternehmen den dort üblichen Spielregeln folgen. Es kann darüber hinaus festgestellt werden, dass in vielen Ländern zwar Spielregeln nach Compliance-Prinzipien aufgestellt werden, allerdings niemand diese Regeln einhält.

Fast alle Unternehmen sind nach dem klassischen Muster, Aufgabenzergliederung **335** und Integration der zergliederten Aufgaben über Hierarchien, organisiert.[213] Diese Organisationsform hat dazu geführt, dass sich in den Unternehmen Machtzentren (aus den Hierarchien heraus) gebildet haben, die Machterhaltung bzw. -erweiterung in das Zentrum ihrer Verhaltensweisen stellen. Jede integrierende Stelle wird durch eine Person repräsentiert, die ihrerseits ein Machtzentrum darstellt.

---

213 *Kosiol* Organisation der Unternehmung, 2. Aufl. 1976, S. 10 ff.

336   Machtinhaber können ihre Macht nur erhalten, wenn sie kurzfristige Erfolge aufweisen, dies gilt insbesondere für das Erzeugen von Umsatz über zusätzliche Aufträge. Diese Erfolge können im internationalen Geschäft häufig nur mittels illegaler Handlungen erreicht werden, vor allem, wenn diese Handlungen in den betreffenden Ländern nicht als illegal angesehen werden. Da diese Verhaltensweisen einfach und erfolgreich sind, werden sie auch in den Heimmärkten angewandt.

337   Erfolge aus illegalen Handlungen treten zwar kurzfristig ein, sind allerdings in der Regel nicht nachhaltig. Methoden, nachhaltige Erfolge zu erzielen, werden gemieden, weil sie meist erst mittel- bis langfristig wirken und in der Praxis der Unternehmensführung heute kurzfristige Ergebnisse im Vordergrund stehen. Dieses kurzfristige Erfolgsstreben wird getrieben von

1. den Börsen, die schon mit der Ankündigung von Veränderungen der finanziellen Basiswerte reagieren,
2. den Methoden der Betriebswirtschaftslehre, die vor allem kurz- bis höchstens mittelfristige Planungen und Nachkalkulationen unterstützen,
3. und dem Glauben in der traditionellen Unternehmensführung, dass nur die Führungskraft erfolgreich sei, die ihre kurzfristigen Pläne präzise einhält. Verursacht wird dieser Glauben durch das „Budgetary Control Modell" der Betriebswirtschaftslehre, das umfangreiche Abweichungsanalysen erzwingt, um kontrollieren zu können, ob die Budgets bzw. Pläne eingehalten wurden.[214]

338   Unternehmen haben Gesamtziele, die in der Regel von den Kapitaleignern vorgegeben werden. Diese Gesamtziele beinhalten fast immer die Forderung, den Unternehmenswert zu steigern und den Kapitaleignern eine angemessene Rendite zu erwirtschaften. Diese Gesamtziele werden in Unternehmen von Individualzielen der Entscheidungsträger dominiert, was wiederum die Verhaltensweisen von Führungskräften und Mitarbeitern bestimmt, die ihrerseits Machtzentren darstellen und überwiegend nur solche Handlungen zulassen, die der Machterhaltung oder Machterweiterung dienen. Handlungen, die allein dem Unternehmenserfolg dienen, unterbleiben. Der wirtschaftliche Erfolg der Unternehmen wird auf diese Weise begrenzt. Die Verletzung von Compliance-Prinzipien durch Führungskräfte ist also systembedingt.

III. Integrität der Führungskräfte und Compliance

339   Die Unternehmensführung, wie sie heute noch überwiegend praktiziert wird, beruft sich auf die Aufgabenzergliederung.[215] Die maximale Effizienz von Arbeiten wird in einer höchsten Spezialisierung der verschiedenen Aufgaben gesehen. Mit der Integration dieser spezialisierten Aufgaben werden Personen beauftragt (Führungskräfte). Da aber immer nur eine Person eine begrenzte Anzahl von Aufgaben integrieren kann, müssen immer mehrere Führungskräfte eingesetzt werden, deren Handlungen wiederum zu integrieren sind. Auf diese Weise entstehen Hierarchien. Die Inhaber der jeweiligen Integrationsaufgaben haben sich zu Machtzentren entwickelt, deren Ziele, nämlich Machterhalt oder Machterweiterung, die Gesamtziele des Unternehmens dominieren.

---

214 *Weber* Neugestaltung, 2008, S. 11.
215 *Kosiol* Organisation der Unternehmung, 2. Aufl. 1976, S. 10 ff.

Es wird beobachtet, dass vielen Führungskräften fast jedes Mittel recht ist, um ihre **340** Individualziele zu erreichen. Diese Individualziele sind häufig:

– Erhaltung bzw. Erweiterung der Macht,
– Entwicklung bzw. Nutzung der Karrierechancen,
– Maximierung des Einkommens,
– Steigerung des Marktwertes.

Da der Auftrag an Führungskräfte lautet, die Gesamtziele des Unternehmens zu ver- **341** folgen und bei deren Erreichung mitzuwirken, befinden sie sich immer dann in einer Konfliktsituation, wenn die Gesamtziele des Unternehmens den Individualzielen widersprechen. Typisch für derartige Konfliktsituationen sind

– Machtkämpfe zwischen Führungskräften, die häufig zu Lasten des Unternehmens ausgetragen werden, da sie alle sonstigen Aktivitäten lähmen,
– organisatorische Veränderungen, die zwar den Einfluss der Führungskraft reduzieren, allerdings dem Unternehmen Vorteile bringen würden,
– Bezahlungssysteme, die das eigene Einkommen betreffen,
– aufwändige Weiterbildungsmaßnahmen, die über die Anforderungen der Aufgabe hinausgehen und nur der Führungskraft nutzen,
– Fragen des persönlichen Ansehens gegenüber Dritten, wie z.B. Firmenfahrzeuge oder Status, auch wenn dieses dem Unternehmenserfolg entgegensteht,
– Abwenden von Schäden für das Unternehmen, etwa durch Manipulation von Vermögenswerten in der Bilanz (dies erfolgt meist auch, um die eigene Position zu stärken).

Um derartige Konfliktsituationen aufzulösen, verfolgen Führungskräfte häufig fol- **342** gende Handlungsweisen

– Unterdrückung bzw. Manipulation von Informationen, um „gut dazustehen". Dies schließt auch die Steuerung von Informationen gegenüber Dritten ein (bspw. die Manipulation von Ergebnissen oder Bilanzen),
– Beeinflussung von Kollegen oder Dritten mittels nicht haltbarer Versprechen oder mittels finanzieller Vorteile,
– Akzeptanz von finanziellen oder sonstigen Vorteilen,
– Diskriminierung von Kollegen oder Mitarbeitern (Mobbing).

Diese Verhaltensweisen beinhalten auch bewusste illegale (die Compliance-Prinzipien **343** verletzende) Handlungsweisen. Die Situation kann deshalb auch nicht über zentral vorgegebene Compliance-Prinzipien aufgelöst werden. Es müssen Wege gefunden werden, die Ziele der Führungskräfte mit den Gesamtzielen des Unternehmens in Übereinstimmung zu bringen. Falls dieses nicht gelingt, beeinträchtigt das Fehlverhalten von Führungskräften auch den wirtschaftlichen Erfolg eines Unternehmens. Die Einhaltung von Compliance-Prinzipien hat demnach nachhaltigen Einfluss auf den Unternehmenserfolg.

IV. Integrität der Mitarbeiter und Compliance

Auch für Mitarbeiter können Konfliktsituationen mit den Gesamtzielen des Unter- **344** nehmens entstehen. Die Gesamtziele eines Unternehmens beinhalten fast immer

– die Schaffung von Unternehmenswerten,
– die Sicherung einer angemessenen Rentabilität des eingesetzten Kapitals.

345 Die Mitarbeiter verfolgen dem gegenüber andere Ziele. Diese sind in der Regel
- hohes Einkommen,
- sichere Arbeitsplätze,
- Zufriedenheit am Arbeitsplatz.

346 Häufig sind den Mitarbeitern die Gesamtziele des Unternehmens nicht bekannt. Sie können deshalb nur noch ihre Individualziele verfolgen. Selbst wenn das Unternehmen seine Gesamtziele offen kommuniziert, sind diese für den Mitarbeiter so weit entfernt, dass er seine Individualziele in den Vordergrund stellt und diese die Gesamtziele des Unternehmens dominieren. Seine Handlungsweisen orientieren sich an seinen Individualzielen, er spürt nicht einmal, ob er mit seinen Verhaltensweisen Compliance-Prinzipien des Unternehmens verletzt. Diese Verhaltensweisen können sein
- Manipulation von Leistungsdaten (dieses kann illegal sein, wenn mit diesen Daten eine Entlohnung verbunden ist),
- Diskriminierung von Kollegen, Kolleginnen und Vorgesetzten,
- Zugriff auf das Umlaufvermögen des Unternehmens (unfertige Fabrikate),
- Nutzung des Anlagevermögens zu persönlichen Vorteilen (etwa PCs).

347 Auch bei Mitarbeitern gilt, dass die Situation nicht über von der Unternehmensleitung festgelegte Compliance-Prinzipien gelöst werden kann, diese sind für den Mitarbeiter zu weit entfernt und damit eher theoretischer Natur. Auch hier müssen Wege gefunden werden, um die Individualziele der Mitarbeiter mit den Gesamtzielen des Unternehmens zu harmonisieren.

348 Mitarbeiter unterliegen mit ihren Handlungsweisen den Weisungen der Führungskräfte. Diese folgen wiederum überwiegend Individualinteressen. Darüber hinaus dürfen Mitarbeiter nur solche Kompetenzen einsetzen, welche die Individualinteressen der Führungskräfte unterstützen bzw. diese nicht behindern. Weitere Kompetenzen der Mitarbeiter werden nicht im Interesse von Gesamtzielen genutzt. Compliance-Prinzipien dürfen ebenfalls nur verfolgt werden, wenn diese den Individualinteressen der Führungskräfte dienen.[216]

V. Wie kann die Integrität von Mitarbeitern und Führungskräften sichergestellt werden?

349 Integrität wurde in der Einführung definiert als die Übereinstimmung von Individualzielen mit den Gesamtzielen des Unternehmens. Diese Integrität herzustellen ist mit den bisherigen Managementansätzen, insbesondere den Zielsystemen der Betriebswirtschaftslehre, nicht gelungen.

Neue Führungstechniken, wie sie von Psychologen empfohlen werden, konnten sich in der Praxis der Unternehmensführung nicht durchsetzen, obwohl dieses häufig von Unternehmensführern behauptet wird.

350 Dies liegt daran, dass die Ursachen für Probleme in der Führung von Menschen nicht in den Führungsprozessen zu finden sind. Ihre Wurzeln liegen bspw. in den Organisationen (wegen der Machtzentren, die jede Form von Eigenständigkeit der Machtunterworfenen unterbinden müssen), den Planungen (wegen der von der Betriebswirtschafts-

---

216 *Goshal/Bartlett* The Individualized Coporation, 1999, S. 280 ff.

lehre erzeugten Planungsgläubigkeit, welche die Mitarbeiter zwingt, Veränderungen des unternehmerischen Umfeldes zu ignorieren und nur noch den Weisungen der Machtinhaber zu folgen), den Entscheidungen (da Entscheidungsträger mit ihren Entscheidungen nicht die Belange der Mitarbeiter verfolgen, sondern nur ihre Individualinteressen in den Vordergrund stellen) und den Methoden der Betriebswirtschaftslehre (die für die Steuerung von Unternehmen benötigt werden, allerdings überwiegend auf zergliederte Aufgaben zugeschnitten sind und somit den Interessen der Machtinhaber dienen bzw. von diesen manipuliert werden können).

In der Vergangenheit wurden unterschiedliche Zielsysteme eingesetzt, die allerdings das **351** beschriebene Problem nicht lösen konnten. Bei den Zielsystemen handelt es sich um

– den Systemansatz, der dem Primat der Gewinnmaximierung folgte und schließlich in dem Shareholder-Value Prinzip mündete, das besagte, dass mittelfristig der Unternehmenswert zu steigern sei,[217]

– den Sozialansatz, der von reinen Wertzielen zu mehr qualitativen Zielen führen sollte und in dem Stakeholder-Value Prinzip mündete. Dieses beinhaltet, dass Unternehmen im Gleichgewicht aller, das Unternehmen beeinflussenden Kräfte, wachsen sollen.

Der Sozialansatz konnte sich in der Praxis nicht durchsetzen, da ein Gleichgewicht **352** zwischen den, das Unternehmen beeinflussenden Kräften nicht herzustellen ist und in dem Umgang mit Mitarbeitern und Dritten Personen das klassische Menschenbild des „Homo Oeconomicus" angewandt wurde.[218] Dieses besagt, dass der Mitarbeiter faul und träge, nicht bereit sei, Verantwortung zu übernehmen und zu Leistungen getrieben werden müsse (extrinsische Motivation). Entsprechend diesem Menschenbild hätte es ausgereicht, dem Mitarbeiter Vorgaben über Ziele zu geben, die dieser dann erfüllt hätte.[219] In der Praxis hat der Mitarbeiter allerdings diese Vorgaben nicht angenommen, so dass eine Übereinstimmung von Individualzielen und Gesamtzielen des Unternehmens nicht erreicht wurde.

Inzwischen wurde nachgewiesen, dass Mitarbeiter sehr wohl bereit sind, Verantwor- **353** tung zu übernehmen und eigenverantwortlich und selbstständig zu handeln.[220] Auf dieser Basis können Zielsysteme entwickelt werden, die eine Harmonisierung von Individualzielen und Gesamtzielen erlauben.

Moderne Führungssysteme empfehlen grundsätzlich, dem Mitarbeiter und der unter- **354** gebenen Führungskraft Vertrauen entgegen zu bringen und diese zu eigenverantwortlichem und selbstständigem Handeln zu bewegen. Da diese allerdings in der Vergangenheit auf der Basis von traditionellen Ansätzen der Unternehmensführung nicht ernst genommen wurden und ihnen zum Teil unrealistische Vorgaben „von oben" vorgegeben wurden, sind ihre Verhaltensweisen von einem tiefen Misstrauen gegenüber den Entscheidungsträgern geprägt. Sie sind nur dann bereit, eigenverantwortlich und selbstständig zu handeln, wenn sie an der Erarbeitung der zu erreichenden Ziele beteiligt werden. Dies gilt auch für Normen und ethische Werte, die in Zielsysteme eingearbeitet werden müssen.

---

217 *Macharzina* Unternehmensführung, 6. Aufl. 2008, S. 177 ff.; *Taylor* Principles, 1911, S. 47 ff.
218 *Taylor* Principles, 1911, S. 47 ff.; *Picot/Wiegand* Die grenzenlose Unternehmung, 5. Aufl. 2003, S. 432 ff.
219 *Taylor* Principles, 1911, S. 47 ff.
220 *Mentzel* Die permanente Krise, 2003, S. 68 ff.

355 Eine Beteiligung von Mitarbeitern und Führungskräften an der Entwicklung von Zielsystemen reduziert insbesondere für Mitarbeiter deren mentale Entfernung zu den Zielen und ermöglicht ihnen ein stärkeres Engagement für diese, inklusive der Normen und ethischen Werte.

1. Der Integritätsansatz

356 Auf der Basis dieser Erkenntnisse wurde ein weiteres Zielsystem entwickelt: Der Integritätsansatz. Dieser beinhaltet, dass Unternehmen im Gleichgewicht der das Unternehmen treibenden Kräfte wachsen sollen. Das Wachstum steht hier für den Systemansatz (Werte erzeugen) und das Gleichgewicht aller treibenden Kräfte für den Sozialansatz (Berücksichtigung des Menschen). Im Gegensatz zu dem Stakeholder Value wird im Integritätsansatz nicht ein Gleichgewicht aller, das Unternehmen beeinflussenden Kräfte (also auch Dritte wie Lieferanten oder Wettbewerber) sondern nur der treibenden Kräfte, d.h. Kapital (das in der Regel auch durch Menschen vertreten wird), Führungskräfte und Mitarbeiter. Falls es gelingt, insbesondere Führungskräfte und Mitarbeiter zu eigenverantwortlichem und selbstständigem Handeln zu bewegen, können auch deren Individualziele auf die Gesamtziele des Unternehmens abgestimmt werden. Eigenverantwortung heißt in diesem Zusammenhang, auch Verantwortung für das Unternehmen zu übernehmen.[221]

357 Der Zusammenhang zwischen eigenverantwortlichem Handeln und der Ausrichtung von Individualzielen an Gesamtzielen kann leicht hergestellt werden. Mitarbeiter akzeptieren keine Ziele, wenn diese von der Leitung vorgegeben werden (das beinhaltet auch Normen und Werte in Zielen). Sie sind aber nach dem neuen Menschenbild bereit, Verantwortung für das Unternehmen zu übernehmen, wenn sie selbst gestalten dürfen und die Ziele in Übereinstimmung mit ihren Individualzielen entwickeln können, d.h. sie müssen an der Gestaltung beteiligt werden.

358 Der Integritätsansatz baut also auf einem neuen Menschenbild auf und erlaubt es
– Ziele von Mitarbeitern und Führungskräften mit den Zielen des Unternehmens zu harmonisieren,
– in diese Ziele Normen und ethische Werte einzuarbeiten, welche Verhaltensweisen von Mitarbeitern bestimmen.

359 Das eigenverantwortliche und selbstständige Handeln der Führungskräfte und Mitarbeiter setzt Kompetenzen frei, die nach dem alten Menschenbild („Homo Ökonomicus") verschüttet waren. Diese Potenziale erhöhen den Erfolg von Unternehmen und damit auch den Erfolg der handelnden Personen, so dass die Harmonisierung der Ziele ein Verfolgen von Individualzielen zu Lasten des Unternehmens überflüssig macht.

360 Die Freisetzung von Kompetenzen soll an einem einfachen Beispiel. aus der Praxis dargestellt werden. Eine Produktionseinheit musste in drei Schichten arbeiten, um den Markt versorgen zu können. Mitarbeiter der zweiten Schicht stellten fest, dass der dritten Schicht ein wichtiges Material ausgehen würde. Die Materialwirtschaft war schon nicht mehr verfügbar. Eine Maschinenbedienerin aus der zweiten Schicht besorgte das Material über den Geschäftsführer des Lieferanten. Die Mitarbeiterin hatte Versorgungslücken verhindert, Leerkosten in der dritten Schicht vermieden und sie war einer Norm gefolgt: Der Verpflichtung, Kolleginnen und Kollegen der dritten Schicht zu helfen.

---

221 *Mentzel* Integritätsmanagement, 2004, S. 142 ff.

Offen bleibt die Frage, wie Mitarbeiter zu eigenverantwortlichem und selbstständigen **361** Verhaltensweisen angeregt werden können, denn sie werden sich nicht entfalten, wenn sie von Organisationsstrukturen, Planungssystemen, Entscheidungsprozessen und Informationssystemen eingeengt werden. Das Integritätsmanagement soll diese Hindernisse beseitigen und eine Harmonisierung von Individualzielen und Gesamtzielen ermöglichen. Erst im Rahmen dieser Harmonisierung können ethische Werte und Normen in Ziele eingearbeitet werden.

2. Das Umdenken in der Unternehmensführung

Obwohl die Personalführungslehre klare Aussagen gemacht hat, wie Mitarbeiter zu **362** eigenverantwortlichem und selbstständigem Handeln bewegt werden können, ist es in der Vergangenheit nicht gelungen, hierfür einen praktikablen Weg zu finden. Denn Unternehmen bleiben dem traditionellen Menschenbild verhaftet und auch den daraus folgenden Organisationsstrukturen, Planungsmechanismen und Informationsprozessen, die wiederum die Handlungsspielräume der Mitarbeiter derart einengen, dass diese sich nicht entfalten können und wollen (da dieses in traditionellen Ansätzen risikobehaftet ist). Es bedarf also eines umfassenden Umdenkens in der Unternehmensführung, um ein Integrationsmanagement effektiv einsetzen und somit Fehlverhalten von Mitarbeitern und Führungskräften vermeiden zu können.

2.1 Das Umdenken in der Organisation

Das traditionelle Denken in Hierarchien hat Unternehmen in Machtzentren zergliedert, die überwiegend Individualinteressen (Machterhaltung bzw. Machterweiterung) **363** verfolgen. Dieses Denken in Hierarchien drückt sich in Organigrammen aus, die festlegen, wer wem etwas zu sagen hat und welche Position ein Stelleninhaber in dem Unternehmen einnimmt.

Der Einfluss von Machtzentren muss drastisch reduziert werden und die Führungs- **364** kräfte müssen Macht an die Mitarbeiter abgeben, damit diese eigenständig handeln können. Dieses Umdenken kann in traditionellen Organigrammen ausgeschlossen werden. Es wird empfohlen, Organigramme durch prozessorientierte Aufgabenbeschreibungen abzulösen. Prozessorientiert heißt, dass Aufgaben nach Abläufen zusammengeführt werden und die Organisation (die Verantwortlichkeiten) in Kreisen dargestellt wird. Aus diesen Kreisen entstehen dann die sog. Lotusdiagramme. Die folgende Abbildung (s. Rn. 365) zeigt den Aufbau eines solchen Lotusdiagramms:

– In dem Beispiel verfügt das Unternehmen über drei Hauptprozesse (Kernprozesse: Die Marktbearbeitung, die Marktversorgung und den After Sales Service).
– Diese Kernprozesse sind in Kompetenzzentren (unterstützende Prozesse) eingebettet. Unterstützende Prozesse können Forschung & Entwicklung, Finanzen oder Personalwesen sein.
– Wenn Mitarbeiter eigenverantwortlich handeln sollen, muss die hochgradige Spezialisierung, wie sie von Smith, Taylor und Kosiol gelehrt wurde aufgegeben werden.[222] Die Mitarbeiter müssen für multifunktionale Aufgaben qualifiziert werden und lösen dann in Gruppen gemeinsam Aufgaben. Der Verlust an Effizienz wegen der Aufgabe der Spezialisierung wird durch die Entfaltung zusätzlicher Kompetenzen der Mitarbeiter überkompensiert.

---

222 *Kosiol* Organisation der Unternehmung, 2. Aufl. 1976, S. 10 ff.

365 Ein einfaches Beispiel aus der Praxis soll dieses bestätigen: In einer Produktionseinheit wurden Mitarbeiter mit verschiedenen Qualifikationen und Kompetenzen (z.B. Handwerker und Maschinenbediener) zusammengefasst und multifunktional ausgebildet. Die Gruppe entwickelte ein Konzept für eine neue Aufstellung ihrer Maschinen, die hierfür notwendige Investition konnte innerhalb eines Jahres aus den Kosteneinsparungen zurückverdient werden.

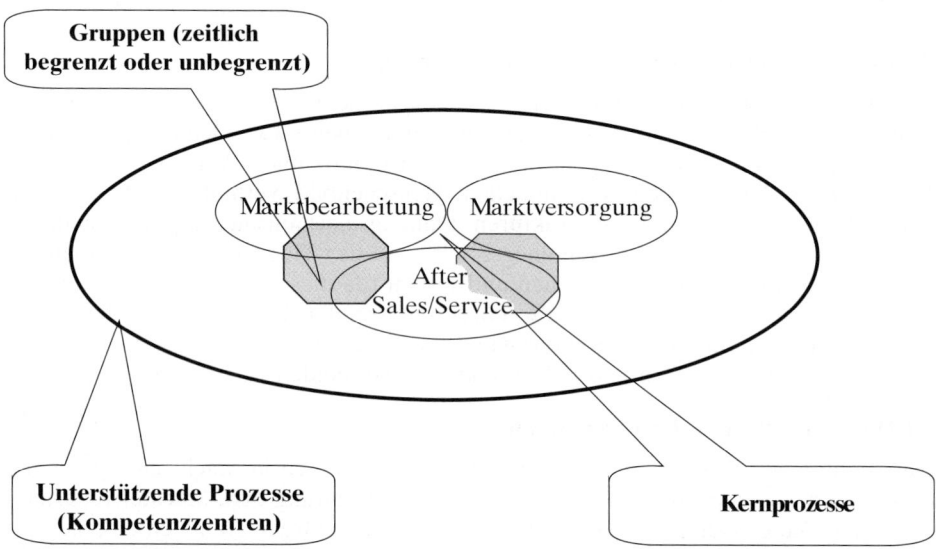

Abb. 17: Gruppenorganisation

366 In dieser Organisationsform lassen sich Hindernisse für die Entfaltung der Mitarbeiter vermeiden. Der einengende Einfluss von Machtzentren wird reduziert, obwohl auch in Lotusdiagrammen Machtzentren nicht vollständig zu vermeiden sind, da auch die Beschreibung von Aufgaben Machtbestrebungen auslösen kann.

367 Wesentliche Voraussetzung für diesen Effekt ist ein Umdenken in der Organisation, dass die Steuerung nicht mehr ausschließlich über die Führungskräfte erfolgt, sondern, dass die Mitarbeiter aufgrund ihrer eigenständigen Handlungen einen wesentlichen Einfluss auf das Geschehen im Unternehmen ausüben und Führungskräfte einen Teil ihrer bisherigen Macht an die Mitarbeiter abgeben. Die Notwendigkeit, Individualinteressen in den Vordergrund zu stellen und daraus Fehlverhalten herzuleiten, wird deutlich reduziert.

2.2 Das Umdenken in der Führung

368 Die Personalführungslehre betont schon seit einiger Zeit, dass die Leistungsfähigkeit der Mitarbeiter drastisch steigt, wenn diese für eine freiwillige Leistung gewonnen wurden und somit intrinsisch motiviert sind,[223] d.h., dass sie nicht zu einer Leistung gezwungen wurden (z.B. durch Belohnung mit Geld oder Kontrollen mit der Folge von Bestrafung, wenn die geforderte Leistung nicht erbracht wurde). Sie könnten

---

223 *Mentzel* Die permanente Krise, 2003, S. 62 ff.; *Sprenger* Mythos Motivation, 18. Aufl. 2007, S. 56 ff.; *Kets de Vries:* Life and Death in the Executive Fast Lane, 1995, S. 5 ff.

dann alle verdeckten Kompetenzen entfalten (wie eine unmittelbare Reaktion auf neu entstehende Probleme zu zeigen und deren schnelle Lösung herbeizuführen) und wesentlich mehr leisten, ohne mehr zu arbeiten. Sie würden nur zusätzliche Kompetenzen einsetzen.

Obwohl es zur Zeit modern ist, eine sog. mitarbeiterorientierte Personalpolitik zu **369** betreiben, konnte sich diese Philosophie in der Praxis überwiegend nicht durchsetzen, weil Mitarbeiter nur dann zu der Übernahme von Verantwortung gewonnen werden können, wenn die Voraussetzungen innerhalb der Organisation, der Planung und der Information geschaffen wurden, was häufig nicht gesehen wird.

Das Umdenken in der Führung bedeutet demnach, **370**

– dass ein neues Menschenbild akzeptiert wird (was vielen Führungskräften schwer fällt, weil sie dann Macht abgeben und den Mitarbeitern Vertrauen entgegenbringen müssten),
– dass, um Mitarbeiter intrinsisch motivieren zu können, auch in den Organisationsstrukturen, den Planungsabläufen und der Informationsbereitstellung umgedacht werden muss.

2.3 Das Umdenken in den Planungsabläufen

In den Planungsabläufen bedeutet Umdenken, dass Veränderungen des unternehme- **371** rischen Umfeldes akzeptiert und Chancen, die sich aus diesen Veränderungen ergeben, genutzt werden. Das unternehmerische Umfeld ist heute nicht mehr so stabil, wie es von den Vätern der traditionellen Unternehmensführung unterstellt wurde.[224] Es verändert sich mit zunehmender Geschwindigkeit und in diskontinuierlichen Sprüngen. Beispiel hierfür sind die Globalisierung mit neuen Märkten oder die Verschiebung von Konsumentengruppen.[224] Dieses Umdenken hat erhebliche Folgen für alle Planungsabläufe:

– Die unternehmerische Aufgabe kann nicht mehr lauten „Ein Unternehmen hat zu funktionieren wie eine gut geölte Maschine", sondern muss heißen „Ein Unternehmen ist in die Lage zu versetzen, Chancen aus Veränderungen (jede Veränderung beinhaltet auch Chancen) in Profitabilität umzuwandeln.[225]
– Unternehmen müssen schnell auf Veränderungen reagieren, da sie andernfalls von Risiken bedroht werden (Veränderungen beinhalten Chancen und Risiken, wer schnell reagiert kann Chancen nutzen, wer langsam reagiert wird von Risiken bedroht).
– Unternehmen können nur dann schnell reagieren, wenn eigenverantwortlich und selbstständig handelnde Mitarbeiter Veränderungen unmittelbar aufnehmen und diese in Chancen umwandeln. Diese Mitarbeiter treiben dann das Unternehmen und sind den Gesamtzielen des Unternehmens einschließlich den darin eingebetteten Compliance-Prinzipien verbunden.
– Der Glaube an optimale Lösungen muss vor dem Hintergrund permanenter Veränderungen aufgegeben zugunsten einer möglichst großen Flexibilität als Reaktion auf Veränderungen.
– Der Glaube, dass Pläne einzuhalten seien, ist ebenfalls aufzugeben, denn wenn aus Veränderungen die Chancen genutzt werden sollen, müssen Pläne angepasst werden.

---

224 *Mentzel* Die permanente Krise, 2003, S. 28 ff.
225 *Scholz* Strategische Organisation, 2000, S. 227 ff.

– Als Zielsystem ist der Integritätsansatz zu verwenden, der hilft, die Individualziele von Mitarbeitern und Kapital zu harmonisieren, damit alle Kompetenzen der Mitarbeiter entfaltet und auf Unternehmensziele gelenkt werden. In diesem Zielsystem ist auch ein Satz von ethischen Normen und Werten enthalten, der sicherstellen soll, dass Mitarbeiter ihre Freiheiten nicht zu Lasten des Unternehmens missbrauchen.

2.4 Das Umdenken in der Informationsbereitstellung

372   Die oben beschriebenen Individualinteressen führen dazu, dass Informationen zur Wahrung der eigenen Interessen blockiert bzw. manipuliert werden. Dieses Fehlverhalten wird von Machtzentren verstärkt, die Informationen zur Wahrung bzw. Vermehrung ihres Einflusses im Unternehmen benutzen.

373   Obwohl dieser Tatbestand in Unternehmen nicht offen zugegeben wird, wissen alle, das Unternehmen treibenden Kräfte, hiervon, was wiederum Misstrauen unter den Mitarbeitern und Führungskräften erzeugt. Beide Gruppen werden nicht eigenverantwortlich und selbstständig handeln, wenn sie nur über unvollständige und manipulierte Informationen verfügen. Ein Integritätsmanagement kann nur effektiv gestaltet werden, wenn in den Unternehmen eine Kommunikation auf der Basis ehrlicher Informationen gefunden wird. Dies setzt allerdings ein Umdenken in den Planungs-, Organisations- und Führungsprozessen voraus. Eine Harmonisierung von Zielen der Führungskräfte, Mitarbeiter und Kapital kann ausgeschlossen werden, wenn Eigeninteressen dominieren und deshalb Informationen blockiert werden. Fehlverhalten von Mitarbeitern und Führungskräften kann nur verhindert werden innerhalb einer ehrlichen und vertrauensvollen Kommunikation.

3. Das Integritätsmanagement schafft finanzielle Werte

374   Sobald es gelungen ist, Mitarbeiter und Führungskräfte zu eigenverantwortlichem und selbstständigem Handeln zu bewegen,
– setzen diese bislang in traditionellen Verhaltensweisen verschüttete Kompetenzen frei,
– sind diese bereit, ihre Individualinteressen den Gesamtinteressen des Unternehmens unterzuordnen,
– kann das Unternehmen wegen der direkten Reaktion auf Veränderungen schneller Chancen ergreifen, die sich aus den Veränderungen ergeben,
– ist der Erfolg des Unternehmens ein wesentlicher Teil der Individualinteressen.

375   Der Erfolg kann in finanziellen Wertsteigerungen gemessen werden. Der Zusammenhang von Integritätsmanagement und finanziellen Wertzuwächsen wird in Anlehnung an die „Balanced Scorecard" von Kaplan/Norton in einer „Compliance Card" dargestellt.[226] Die Perspektiven Organisation, Führung, Planung und Information stehen für das Umdenken in der Unternehmensführung, das ermöglichen soll, die Ziele aller Akteure im Unternehmen zu harmonisieren, um eigenverantwortlich und selbstständig handelnde Mitarbeiter zu gewinnen und auf diese Weise zusätzliche finanzielle Werte zu schaffen. Diese Werte finden sich in der Bilanz wieder.

---

226 *Kaplan/Norton* Balanced Scorecard, S. 36 ff.

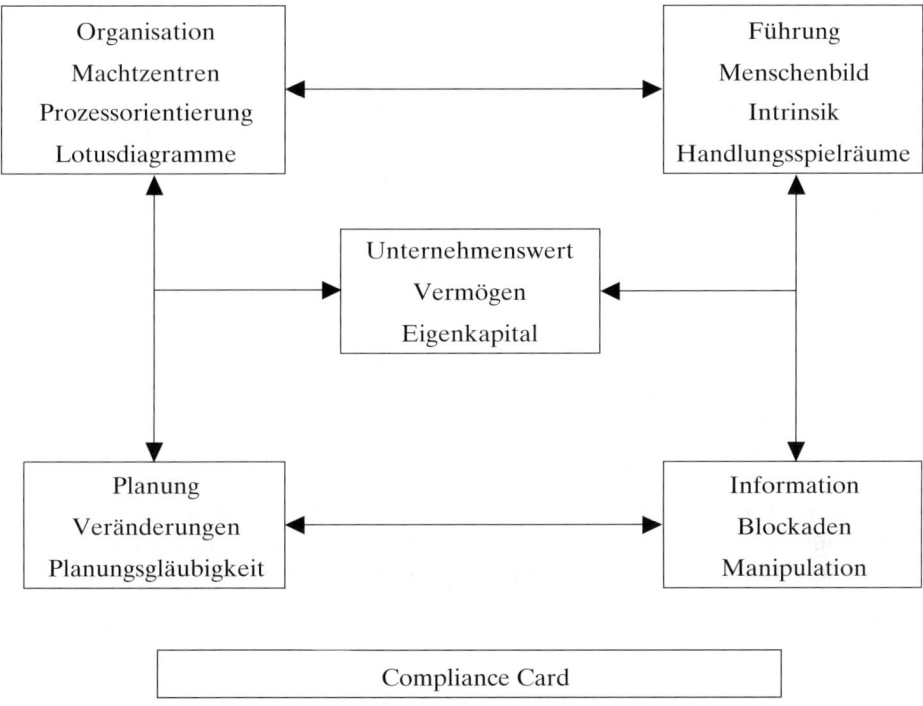

Abb. 18: Compliance Card

Das Integritätsmanagement unterstützt demnach nicht nur die Einhaltung von ethi- **376**
schen Werten, sondern schafft für Unternehmen zusätzliche Möglichkeiten, finanzielle
Werte zu schaffen.

VI. Warum hilft die Integrität von Führungskräften und Mitarbeitern, Wirtschaftkriminalität zu verhindern?

Oben wurde festgestellt, dass Wirtschaftskriminalität in nahezu allen Fällen der **377**
Befriedigung individueller Ziele dient, auch wenn offiziell das Interesse des jeweiligen
Unternehmens in den Vordergrund gestellt wird. Die handelnden Personen wollen
auf diese Weise einen persönlichen Vorteil aus den illegalen Handlungen ziehen,
meist um mehr Einfluss im Unternehmen zu gewinnen oder sich für das Unternehmen
wichtig zu machen.

Illegale Handlungen zu Gunsten eines Unternehmens haben normalerweise nur kurz- **378**
fristigen Erfolg und müssen ständig wiederholt werden, um Nachhaltigkeit zu sichern.
Selbst dann, wenn ein Unternehmen einen kurzfristigen Erfolg aufweisen kann, entsteht ihm auf Dauer ein Schaden – entweder, weil die Handlungen öffentlich bekannt
werden, oder weil das Fehlverhalten zu einer normalen Handlung mutiert und die
oben beschriebenen Folgen eintreten.

Wirtschaftskriminalität trägt also nicht zu einem Unternehmenserfolg bei, sondern **379**
verursacht eher Schäden, selbst dann, wenn die handelnden Personen sich nicht persönlich zu Lasten des Unternehmens bereichert haben.

380   In einem Integritätsmanagement entfällt für die Führungskräfte und Mitarbeiter die Notwendigkeit, ihre Individualziele in den Vordergrund zu stellen. Nach einer Harmonisierung der Ziele verfolgen sie nachhaltige Vorteile für das Unternehmen, indem sie finanzielle Werte schaffen und alle Handlungen unterlassen, die dem Unternehmen Schaden zufügen könnten, auch wenn diese Handlungen nicht öffentlich bekannt werden.

381   Es geht nicht darum, illegale Handlungen nur unterbinden zu wollen, sondern mittels eines Integritätsmanagements überflüssig zu machen. Dieses kann nur gelingen,
- wenn die Ziele aller handelnden Personen in einem Unternehmen harmonisiert werden, also die Gesamtziele eines Unternehmens identisch sind mit den Zielen der Personen,
- wenn alle handelnden Personen dies eigenverantwortlich und selbstständig dürfen und auch wollen, um auf diese Weise finanzielle Werte zu schaffen, wodurch kriminelle Handlungen wiederum überflüssig würden,
- wenn zur Unterstützung der handelnden Personen in dem neuen Zielsystem nach dem Integritätsansatz ein gemeinsamer Satz von Normen und ethischen Werten enthalten ist, der diesen einen Rahmen für ihre Handlungen gibt,
- wenn dieser Satz von Normen und ethischen Werten den handelnden Personen nicht vorgeschrieben, sondern gemeinsam mit ihnen entwickelt worden ist.

5. Kapitel
Risikobereiche

A. Kartellrecht

I. Einführung

Die Bedeutung des Kartellrechts als Teil des allgemeinen Aufsichtsrechts für die wirt- **1** schaftliche Betätigung von Unternehmen und damit auch für die Versicherungswirtschaft hat in den letzten Jahren ständig zugenommen.[1] Insbesondere in Europa und Nordamerika haben sich die Kartellbehörden zum Ziel gesetzt, kartellrechtswidriges Verhalten von Unternehmen und Personen aufzuspüren und zu sanktionieren, um mit abschreckenden Bußgeldern möglichst effektiv Prävention zu betreiben. Auch wenn die Regeln der verschiedenen Jurisdiktionen im Einzelnen insbesondere hinsichtlich der Rechtsfolgen kartellrechtswidrigen Verhaltens divergieren können, ist ihnen jedoch gemein, dass Verhaltensweisen von Unternehmen und Personen, die in irgendeiner Form eine Beschränkung des Wettbewerbs herbeiführen können, als unzulässig angesehen werden.

Kartellrechtswidriges Handeln stellt nicht nur ein beträchtliches Unternehmensrisiko **2** dar. Es kann vielmehr auch zu ernsten persönlichen Konsequenzen für die verantwortlichen Personen führen.[2] Vor diesem Hintergrund gilt es aus Unternehmenssicht, im Rahmen von Compliance Programmen strukturell einen möglichst wirksamen Organisationsrahmen zu schaffen, um Kartellverstöße zu verhindern oder, sollte es gleichwohl zu einem Kartellverstoß kommen, aus Sicht des Unternehmens zumindest darlegen zu können, dass seitens des Unternehmens und der Unternehmensleitung kein Organisationsverschulden besteht.

II. Wettbewerbsbeschränkungen

Gemäß § 1 des Gesetzes gegen Wettbewerbsbeschränkungen („GWB") sowie Art. 101 **3** des Vertrages über die Arbeitsweise mit der Europäischen Union („AEUV") sind Vereinbarungen und abgestimmte Verhaltensweisen zwischen Unternehmen, die den Wettbewerb beeinträchtigen oder eine solche Beeinträchtigung bezwecken, verboten. Die Wettbewerbsbeschränkung muss somit von den Unternehmen/Personen nicht beabsichtigt sein. Die bloße wettbewerbsbeschränkende Wirkung reicht aus.

---

1 Dies gilt spätestens seit der Einleitung einer Untersuchung des Wettbewerbs im Unternehmensversicherungssektor am 13.6.2005 durch die Europäische Kommission (Art. 17 der Verordnung (EG) Nr. 1/2003). Der endgültige Bericht ist abrufbar unter www.ec.europa.eu/comm/competition/sectors/financial_services/inquiries/business.html.
2 S. dazu unten Rn. 34 f.

1. Vereinbarungen, abgestimmte Verhaltensweisen von Unternehmen sowie Beschlüsse von Unternehmensvereinigungen

4 Unter das Verbot wettbewerbsbeschränkender Abreden nach § 1 GWB, Art. 101 AEUV fallen keineswegs nur schriftliche Verträge. Auch mündliche Vereinbarungen sowie bloße Verständigungen im Rahmen eines „Gentlemen's Agreement" werden erfasst. Des Weiteren fallen abgestimmte Verhaltensweisen, also jede andere praktische Zusammenarbeit, auch wenn sie nicht auf der Grundlage einer vertraglichen Vereinbarung erfolgt, unter das Verbot. Im Gegensatz zum – erlaubten – bloßen parallelen Verhalten von Wettbewerbern, liegt eine verbotene abgestimmte Verhaltensweise immer dann vor, wenn eine bewusste Koordinierung des wettbewerblichen Verhaltens erfolgt. Für die Annahme einer bewussten Koordinierung reicht es bereits aus, dass ein Unternehmen etwa per Pressemitteilung ein bestimmtes Verhalten (z.B. eine Preiserhöhung oder Angebotsverknappung) ankündigt, sofern diese Ankündigung in der berechtigten Erwartung erfolgt, dass die Wettbewerber das angekündigte Verhalten übernehmen werden. Auch Beschlüsse von Unternehmensvereinigungen (wie etwa ein Branchenverband) können unter das Verbot des § 1 GWB bzw. Art. 101 AEUV fallen.[3]

2. Horizontal- oder Vertikalverhältnis

5 Für die kartellrechtliche Beurteilung kommt es nachhaltig darauf an, ob die an der Vereinbarung oder abgestimmten Verhaltensweise beteiligten Unternehmen zueinander in einem Wettbewerbsverhältnis stehen. Dies ist nicht nur dann der Fall, wenn die Unternehmen mit ihren Produkten oder Dienstleistungen aktuell in Konkurrenz zueinander stehen, d.h. um die Gewinnung oder Beibehaltung derselben Kunden konkurrieren (aktueller Wettbewerb). Ein Wettbewerbsverhältnis wird auch dann angenommen, wenn dieses nur potentiell ist, d.h. auf der Grundlage einer die praktischen und kommerziellen Gegebenheiten berücksichtigenden vernünftigen Betrachtung der Eintritt dieses Unternehmens in den betreffenden Markt (sachlich und räumlich) möglich erscheint (potentieller Wettbewerb).

6 Kontakte zwischen Wettbewerbern sind kartellrechtlich natürlich deutlich sensitiver zu beurteilen als solche zwischen Nichtwettbewerbern. Im Verhältnis zwischen Wettbewerbern gilt der Grundsatz: Jedes Unternehmen hat sein wettbewerbliches Verhalten autonom zu bestimmen. Dabei unterstellt die Kartellrechtstheorie, dass in einem Markt einzelne Unternehmen mit Neuerungen in preislicher, vertrieblicher oder technischer Hinsicht vorstoßen und andere Marktteilnehmer nachstoßend reagieren, ohne dass es zu einem Austausch von Informationen oder Abstimmungen zwischen den Marktteilnehmern kommt. Vor diesem Hintergrund sind Preisabsprachen zwischen Wettbewerbern *per se* verboten.[4] Dies gilt nicht nur für Abreden über Preise, sondern auch über Preiselemente, Preisentwicklungen, Rabatte, Werbekosten und sonstige Marketingzuschüsse, Boni oder Nachlässe, Mindestpreise, Preisziele, Preissenkungen und ähnliches. Ebenso unzulässig ist die Aufteilung von Märkten oder Kunden. Verboten sind ferner auch Abstimmungen über die Aufteilung von Gebieten sowie die

---

3 So verhängte das Bundeskartellamt am 8.1.2008 Geldbußen gegen mehrere Apothekerverbände wegen ihrer Aufforderungen an die Apotheker, die unverbindlichen Preisempfehlungen der Hersteller zu befolgen. S. dazu die Pressemitteilung des Bundeskartellamtes, abrufbar unter www.bundeskartellamt.de/wDeutsch/aktuelles/presse/2008_01_08.php.

4 Dabei handelt es sich um sog. „hardcore"- oder Kernbeschränkungen.

wechselseitige Zuweisung von Kunden oder Kundengruppen. Hierzu zählt auch die Abrede über das Unterlassen von Wettbewerbsangeboten. Ebenso unzulässig ist ein Boykott, bei dem sich Wettbewerber dahingehend verständigen, bestimmte Kunden oder Kundengruppen nicht mehr zu beliefern oder deren Angebote nicht mehr zu beziehen. Gleiches gilt für die Lieferantenseite. Ebenso verboten sind Submissionsabsprachen, bei denen sich Unternehmen, die sich im Rahmen eines Ausschreibungsverfahrens um die Vergabe eines Auftrags bewerben, untereinander über die Höhe der abzugebenden Gebote oder darüber, ob überhaupt ein Gebot abgegeben wird, absprechen.[5]

Die vorstehend skizzierten wettbewerbsbeschränkenden Absprachen zwischen Wettbewerbern gehören zu den Kartellverstößen, die von Kartellbehörden am nachhaltigsten verfolgt werden.[6] Ungeachtet dessen gibt es darüber hinaus weitere Formen wettbewerbsbeschränkender Verhaltensweisen, die von dem Kartellverbot des § 1 GWB bzw. des Art. 101 AEUV erfasst werden. Hierzu zählt der Austausch von Informationen zwischen Wettbewerbern. Dieser ist grundsätzlich als kritisch einzustufen und dürfte in vielen Fällen unter das Kartellverbot fallen, da der „Geheimwettbewerb" als solcher kartellrechtlich geschützt werden soll. Zwischen Wettbewerbern dürfen sensible geschäftsbezogene Daten – d.h. Daten zu Preisen, Umsatz, Margen, Rabatten und Posten, aber auch Informationen zur allgemeinen Geschäftsplanung, zu Investitionen und Innovationen sowie Kapazitäten – grundsätzlich nicht ausgetauscht werden. Dahinter steht die Überlegung, dass der Informationsaustausch zwischen Wettbewerbern dazu führen kann, die Ungewissheit über das Verhalten des jeweils anderen Wettbewerbers zu verringern und somit den (Geheim-)Wettbewerb zu beschränken. **7**

Der Austausch von Meinungen und Erfahrungen, die nicht vertraulich oder sensibel sind, ist unproblematisch. Gleiches gilt für Informationen über Verkauf oder Ertrag, die derart alt sind, dass sie keine Rückschlüsse auf das aktuelle Marktverhalten der Wettbewerber mehr zulassen. Insoweit wird gemeinhin eine zeitliche Grenze von zwei bis drei Jahren als Richtschnur betrachtet.[7] Allerdings werden Kartellbehörden wahrscheinlich kritisch hinterfragen, warum historische Daten zwischen Wettbewerbern ausgetauscht werden, wenn sie keinerlei Bedeutung für die gegenwärtige Marktsituation und das Verhalten der Wettbewerber mehr haben. **8**

Im Zusammenhang mit der Organisation in Wirtschaftsverbänden können sich aus Sicht von Kartellbehörden ebenfalls kartellrechtliche Bedenken im Hinblick auf etwaige horizontale Wettbewerbsbeschränkungen ergeben. Es gilt zwar der Grundsatz, dass die Mitgliedschaft in Wirtschaftsverbänden, deren Beiräten oder Gremien und die Teilnahme an entsprechenden Treffen unbedenklich sind. Allerdings sind sämtliche potentiell wettbewerbsbeschränkende Verhaltensweisen zwischen Wettbewerbern auch in derartigen Unternehmensvereinigungen untersagt. Beispielsweise können die Aktivitäten von Wirtschaftsverbänden insbesondere dann kartellrechtswidrig sein, wenn sie die Teilnehmer dazu bewegen, ihre geschäftlichen Entscidun- **9**

---

5 Dies kann auch eine Straftat gem. §§ 263, 298 StGB darstellen.
6 Aus diesem Grund wurden bei der Europäischen Kommission und dem Bundeskartellamt Sonderabteilungen zur Kartellbekämpfung eingerichtet.
7 Welche Sperrfristen im konkreten Fall einzuhalten sind, hängt von den Marktgegebenheiten ab, so dass stets eine einzelfallbezogene Prüfung zu erfolgen hat. Vgl. Schreiben des Bundeskartellamtes WuW 1976, 581 ff.; vgl. ferner *Immenga/Mestmäcker/Zimmer* Bd. 2, GWB, § 1 Rn. 303 ff.

gen und Aktivitäten aufeinander abzustimmen.[8] Dazu zählt auch unter den vorstehend genannten Voraussetzungen der Austausch von Marktinformationen. Dies kann selbst dann gelten, wenn die Daten anonymisiert sind, aufgrund der Marktgegebenheiten jedoch für die Marktteilnehmer ohne Weiteres erkennbar ist, welche Daten welche Wettbewerber betreffen, oder der Kreis der teilnehmenden Wettbewerber vergleichsweise klein ausfällt, so dass schon aus diesem Grund individuelle Rückschlüsse möglich sind.[9]

10 Wer während eines Verbandstreffens feststellt, dass gleichwohl wettbewerbssensitive Themen diskutiert werden, sollte den Abbruch der Diskussion fordern und, sofern man seiner Bitte nicht nachkommt, die Veranstaltung verlassen und sicherstellen, dass sein Protest ebenso wie das Verlassen der Veranstaltung im Protokoll vermerkt werden. Man sollte im Zusammenhang mit Treffen von Wirtschaftsverbänden stets darauf achten, weder aktiv noch passiv an Diskussionen, Gesprächen oder sonstigen Foren teilzunehmen, bei denen es um eine gemeinsame Festsetzung oder Kommunikation von Preisen für ein Produkt oder eine Dienstleistung gehen könnte. Gleiches gilt für den Austausch von Informationen über aktuelle oder zukünftige Preise und Konditionen sowie den Austausch geschäftsbezogener Informationen, wenn diese nicht hinreichend anonymisiert werden, bevor sie den Teilnehmern zugänglich gemacht werden.

11 Zu den grundsätzlich erlaubten Tätigkeiten eines Wirtschaftsverbands gehören die Vertretung der Brancheninteressen gegenüber der Regierung oder anderen öffentlichen Stellen, die Durchführung von Marktforschung für die Branche, die Bereitstellung eines Forums, um Angelegenheiten zu diskutieren, die für die Branche von allgemeiner Bedeutung sind, die Sammlung und Verteilung statistischer Daten über die ganze Branche, sofern es sich nicht um aktuelle Informationen und nicht um eine sehr stark konzentrierte Branche handelt sowie allgemeine Werbekampagnen für die gesamte Branche. Vor diesem Hintergrund sollte man vor der Teilnahme an einer Verbandssitzung sorgfältig die Tagesordnung prüfen und sich vergewissern, ob die dort vorgesehenen Themenkomplexe kartellrechtlich zulässig sind und sofern diesbezüglich Zweifel oder Bedenken bestehen, dies beanstanden.

12 Auch in Vertikalverhältnissen zwischen Nichtwettbewerbern können Vereinbarungen oder abgestimmte Verhaltensweisen kartellrechtlich unzulässig sein. Wenn auch wegen des fehlenden Wettbewerbsverhältnisses weniger strikte Anforderungen gelten, finden die Vorschriften des § 1 GWB sowie Art. 101 AEUV gleichwohl grundsätzlich Anwendung.

13 So ist es beispielsweise unzulässig, seinen Kunden vorzuschreiben, zu welchen (Mindest-)Preisen diese die erworbenen Produkte weiterverkaufen dürfen. Alle weitervertreibenden Kunden müssen in ihrer Preisgestaltung frei sein und dürfen auch nicht durch geschäftliche Anreize (z.B. bestimmte Rabatte oder Boni) dazu angehalten wer-

---

8 Ein bekanntes Beispiel aus der Versicherungsindustrie ist die Entscheidung des *EuGH* Slg. 1987, 405 Rn. 29 ff. – Verband der Sachversicherer. Danach lag ein Kartellrechtsverstoß vor, da die Verbandsmitglieder im Falle der Nichtbefolgung eines Verbandsbeschlusses mit Nachteilen rechnen mussten und sich aus diesem Grund an die Empfehlungen des Verbandes hielten.

9 In der sog. „Fettsäuren"-Entscheidung der Europäischen Kommission vom 2.12.1986, IV/31128, wurden sensible Marktinformationen nur zwischen drei Unternehmen ausgetauscht, so dass die Zuordnung der Daten ohne Weiteres erfolgen konnte.

Schütze

den, die empfohlenen (Mindest-)Preise zu implementieren.[10] Es ist jedoch rechtlich zulässig, Ausschließlichkeitsbindungen oder Exklusivitätsvereinbarungen mit Zulieferern oder Kunden einzugehen, sofern die Marktanteile – sowohl des Anbieters der Waren oder Dienstleistungen als auch des Abnehmers – auf den betroffenen Märkten jeweils unterhalb von 30 % bleiben, die Laufzeit des Vertrages nicht länger als fünf Jahre ist und ferner keine stillschweigende, automatische Verlängerung vorgesehen ist.[11] Die Europäische Kommission hat eine Reihe sog. "Gruppenfreistellungsverordnungen" erlassen, in denen bestimmte, typisierte Vertragsgestaltungen beschrieben und vom europäischen Kartellverbot und dem Kartellverbot der Mitgliedsstaaten freigestellt werden. Diese Gruppenfreistellungsverordnungen tragen in der Praxis erheblich zur Klarheit und Rechtssicherheit bei. Die praktisch bedeutsamste Gruppenfreistellungsverordnung ist die sog. Vertikal-GVO,[12] durch welche bestimmte vertikale Vereinbarungen generell vom Kartellverbot freigestellt werden.

Ferner können Ausschließlichkeitsbindungen oder Exklusivitätsvereinbarungen mit **14** Kunden eingegangen werden, soweit eine solche Einschränkung der unternehmerischen Freiheit erforderlich ist, um die Einheitlichkeit des Erscheinungsbildes des eigenen Unternehmens bzw. des eigenen Produktes, den Qualitätsanspruch und den Ruf des eigenen Unternehmens zu schützen.[13] Die Grenzen sind jedoch fließend, da das Verhältnismäßigkeitsprinzip gilt.[14] Dies bedeutet, dass nur diejenigen Einschränkungen der wettbewerblichen Freiheit überhaupt gerechtfertigt sein können, die zwingend erforderlich sind, um die vorstehend genannten Ziele zu erreichen. Bei überschießenden, d.h. unverhältnismäßigen Beschränkungen entfällt die privilegierende Wirkung der Gruppenfreistellungsverordnung jedoch für die betreffende vertikale Vereinbarung insgesamt mit der Folge, dass selbst die Bestimmungen, die nach der Gruppenfreistellungsverordnung für vertikale Vereinbarungen zulässig wären, nicht mehr von den Kartellverboten freigestellt sind.[15]

III. Regeln für Unternehmen mit marktbeherrschender oder zumindest marktstarker Stellung

Unternehmen mit marktbeherrschender Stellung dürfen diese nach §§ 19, 20 GWB **15** und Art. 102 AEUV nicht missbrauchen. Marktbeherrschend ist ein Unternehmen, wenn es aufgrund seiner ökonomischen Vormachtstellung seine Geschäftsentschei-

---

10 Dies ergibt sich aus Art. 4 der Vertikal-Gruppenfreistellungsverordnung (GVO), Verordnung (EG) Nr. 330/2010 der Europäischen Kommission v. 20.4.2010. Nach Art. 3 Abs. 1 GVO soll die 30 %-Schwelle auch für den Abnehmer hinsichtlich des Einkaufsmarktes gelten.
11 Diese Privilegierung folgt aus Art. 3 und 5 GVO.
12 Vertikal-Gruppenfreistellungsverordnung (GVO), Verordnung (EG) Nr. 330/2010 der Europäischen Kommission v. 20.4.2010.
13 Ausschließlichkeitsbindungen sind auch dann aus kartellrechtlicher Sicht unbedenklich, wenn die Gewährung eines Alleinvertriebsrechts die Erschließung eines neuen Marktes erst ermöglicht. Vgl. bereits *EuGH* Slg. 1966, 281 – Maschinenbau Ulm.
14 Das Verhältnismäßigkeitsprinzip wird allgemein aus Art. 101 Abs. 3 AEUV abgeleitet und erfasst nach ständiger Verwaltungspraxis der Kommission auch nicht-wirtschaftliche Gemeinwohlinteressen, wie etwa den Umweltschutz oder regionalpolitische Zielsetzungen. S. dazu *Immenga/Mestmäcker/Ellger* Bd. 1, EG/Teil 1 Art. 101 Abs. 3 AEUV, Rn. 311 f.
15 Sog. „Alles-oder-nichts-Prinzip", vgl. dazu *Immenga/Mestmäcker/Ellger* Bd. 1, Art. 101 Abs. 3 AEUV, Rn. 356 m.w.N.

dungen im Wesentlichen unabhängig vom Verhalten seiner Wettbewerber und Kunden treffen kann.

16 Zur Feststellung, ob ein Unternehmen marktbeherrschend ist, bedarf es der Definition des relevanten Marktes in sachlicher und räumlicher Hinsicht. Alle Produkte oder Dienstleistungen, die aus Sicht der Marktgegenseite, d.h. der Kunden, aufgrund ihrer Eigenschaften, ihres Preises und ihres Verwendungszwecks untereinander austauschbar sind, gehören demselben Produktmarkt an. Ausgangspunkt der vorzunehmenden Betrachtung ist die Frage nach der wahrscheinlichen Reaktion der Kunden bei einer geringen (5–10 %igen), nicht bloß vorübergehenden Änderung des Preises.[16] Wechseln Kunden in einem derartigen Fall von dem betrachteten Produkt oder der Dienstleistung auf ein anderes Produkt oder eine andere Dienstleistung, gehören beide Produkte oder Dienstleistungen ein und demselben Markt im kartellrechtlichen Sinne an. Weitere Faktoren bei der Abgrenzung des relevanten Produktmarktes können die Anbieteridentität, die Flexibilität der Anbieter, von einem Produkt oder einer Dienstleistung auf ein anderes Produkt oder eine andere Dienstleistung ohne Weiteres umstellen zu können (Umstellungsflexibilität) sowie die Homogenität der Marktbedingungen für betreffende Produkte oder Dienstleistungen sein. Stellt man beispielsweise die Frage, ob die Mercedes-S-Klasse und der VW Polo ein und demselben Produktmarkt angehören, wird man zu dem Ergebnis gelangen, dass zwar beide Fahrzeuge den gleichen Verwendungszweck (Transport von Personen) sowie die gleiche Funktionsweise (Verbrennungsmotor getriebenes Fahrzeug) haben, der Preis der beiden Fahrzeuge jedoch derart unterschiedlich ist, dass sie nicht demselben Produktmarkt angehören und stattdessen einem Markt für Oberklasse – oder Luxusfahrzeuge einerseits und Kleinwagen andererseits angehören.

17 Neben der Produktmarktdefinition ist der relevante Markt auch in geographischer Hinsicht abzugrenzen. Bei der Beurteilung, welche Ausdehnung der räumlich relevante Markt hat, ist wiederum Ausgangspunkt die Frage, wie sich Kunden bei einer moderaten Preiserhöhung des lokalen Anbieters verhalten würden. Wechseln die Kunden in diesem Fall zu einem Anbieter in einer anderen Region, spricht dies dafür, auch diesen Anbieter und damit auch diese Region in den insoweit zu bildenden räumlichen Markt einzubeziehen. Neben derartigen Überlegungen bei einer hypothetischen Preiserhöhung spielt – wie auch bei der Produktmarktbestimmung – das sonstige Nachfrageverhalten der Kunden eine nachhaltige Rolle. So ist beispielsweise offensichtlich, dass im Bereich des Lebensmitteleinzelhandels nur in einem vergleichsweise geringen Radius die betreffenden Geschäfte miteinander konkurrieren.[17] Im Ergebnis führt dies dazu, dass es deutschlandweit eine Vielzahl sich überschneidender regionaler Märkte gibt.[18] Richtschnur bei der Bestimmung der räumlichen Ausdehnung des relevanten Marktes ist im Übrigen, ob in dem Gebiet, in dem die betroffenen Unternehmen Produkte oder Dienstleistungen anbieten, die Wettbewerbsbedin-

---

16 Sog. SSNIP-Test (*Small but significant and nontransitory increase in price*).
17 S. etwa die Freigabeentscheidung des Bundeskartellamtes im Fusionskontrollverfahren EDEKA/ SPAR, B 9 – 27/05, S. 23, in der die Kartellbehörden über 90 regionale Märkte prüfen mussten.
18 Die enge regionale Marktabgrenzung gilt z.B. auch für den Krankenhäusermarkt. So hat der *BGH* in seiner Entscheidung v. 16.1.2008, KVR 26/07 – Bad Neustadt, festgestellt, dass der räumlich relevante Markt bei Krankenhäusern faktisch auf das Gebiet der jeweiligen Stadt begrenzt ist. Gleiches gilt für den sachlichen Markt für Asphaltmischgut, der ca. 25 km um das betreffende Mischwerk abzugrenzen ist, da das Mischgut nur in einer bestimmten Temperatur zur Baustelle transportiert werden kann. S. den Beschl. des Bundeskartellamtes, B 1 – 190/07, v. 15.11.2007.

gungen hinreichend homogen sind. Soweit sie sich aufgrund merklich unterschiedlicher Wettbewerbsbedingungen von anderen Gebieten unterscheiden, folgt daraus die räumliche Begrenzung. Werden Produkte oder Dienstleistungen deutschlandweit von sämtlichen Anbietern einer bestimmten Branche vertrieben und fragen die Kunden die betreffenden Produkte oder Dienstleistungen deutschlandweit ohne lokale Präferenzen nach (beispielsweise über das Internet), wird man in räumlicher Hinsicht einen deutschlandweiten Markt annehmen müssen. Gleiches würde gelten, wenn dies für die EU oder den EWR oder möglicherweise weltweit der Fall ist. Dann wäre von einem EU-, EWR- oder weltweiten Markt auszugehen.[19]

Marktbeherrschung wird nach deutschem Kartellrecht (§ 19 Abs. 2 GWB) vermutet, **18** wenn das betreffende Unternehmen einen Marktanteil von 33,33 %.in dem relevanten Markt hat. Im Rahmen der geplanten 8. GWB Novelle, die vom Bundestag am 18.10. beschlossen wurde und die derzeit (Dezember 2012) im Vermittlungsausschuss beraten wird, soll die Marktanteilsschwelle für die Einzelmarktbeherrschungsvermutung auf 40 % angehoben werden. Diese Vermutung ist durch die Darlegung intensiven Wettbewerbs widerlegbar. Maßgebliche Faktoren hierbei sind eine generell fallende Preisentwicklung, eine hohe Wechselquote bei den Kunden, schwankende Marktanteile der führenden Anbieter sowie besonders finanzstarke Abnehmer.[20] Sowohl nach deutschem als auch nach europäischem Kartellrecht kommt zwar dem Marktanteil eine vorrangige Bedeutung zu. Weitere Faktoren, die in der Praxis zur Begründung von Marktbeherrschung herangezogen werden, sind die Finanzkraft des betreffenden Unternehmens, die Verflechtung mit anderen Unternehmen, Marktzutrittsschranken sowie eine geringe Marktmacht der Marktgegenseite.[21]

Neben der singulären Marktbeherrschung durch ein Unternehmen gibt es auch die **19** gemeinsame Marktbeherrschung durch mehrere Unternehmen (Oligopol). Auch insoweit kennt das deutsche Kartellrecht wiederum eine gesetzliche Vermutung. Danach liegt Marktbeherrschung vor, wenn drei Unternehmen einen gemeinsamen Marktanteil von 50 % oder mehr oder fünf Unternehmen einen gemeinsamen Marktanteil von 66,66 % oder mehr haben.[22] Auch diese Vermutung ist widerlegbar. In der Praxis kommt es weniger auf die Vermutung, sondern mehr darauf an, ob zwischen den Oligopolisten wesentlicher Wettbewerb herrscht (sog. Innenwettbewerb) und die Oligopolisten in ihrer Gesamtheit wesentlichem Wettbewerb durch andere Unternehmen ausgesetzt sind (sog. Außenwettbewerb).[23] Auch insoweit gilt wiederum, dass Finanzkraft, Verflechtungen mit anderen Unternehmen, Marktzutrittsschranken und geringe Marktmacht der Marktgegenseite eine Rolle bei der Beurteilung spielen, ob gemeinsame Marktbeherrschung vorliegt.

---

19 So hat die Europäische Kommission im Fusionsverfahren AXA/Winterthur den sachlichen Markt für Rückversicherungen EWR-weit abgegrenzt, COMP/M.4284, 28.8.2006.
20 Weitere Faktoren in diesem Zusammenhang sind z.B. die strukturellen Besonderheiten des Marktes, etwa der Zugang zu den Beschaffungs- und Absatzmärkten, die den Fortbestand des Wettbewerbs gewährleisten. Für weitere Beispiele s. *Immenga/Mestmäcker/Möschel* Bd. 2, GWB, § 19 Rn. 59.
21 S. auch die Auflistung in § 19 Abs. 2 Nr. 2 GWB.
22 Vgl. § 19 Abs. 3 S. 2 GWB.
23 So untersagte das Bundeskartellamt im Fusionskontrollverfahren Phonak/GN ReSound den Zusammenschluss, da die das Oligopol bildenden Unternehmen auf dem Markt für Hörgeräte weder im Innen- noch im Außenverhältnis einem wesentlichen Wettbewerb ausgesetzt waren, B 3–578/06, 11.4.2007; s. ferner *Bechtold/Bechtold* § 19 Rn. 52 f.

20 Selbst wenn man auf der Grundlage der vorstehenden Kriterien zur Annahme einer marktbeherrschenden Stellung in einem bestimmten Markt kommt, liegt damit selbstverständlich noch kein Verstoß gegen kartellrechtliche Vorschriften vor. Eine marktbeherrschende Stellung anzustreben, ist nicht kartellrechtswidrig, sondern ein legitimes Unternehmensziel. Die Marktteilnehmer sollen lediglich davor geschützt werden, dass das marktbeherrschende Unternehmen seine Marktstellung missbraucht.

21 Ein Verhalten ist grundsätzlich missbräuchlich, wenn es den Wettbewerb innerhalb eines Marktes ernsthaft verzerrt und sich nicht rechtfertigen lässt. Bei den Missbrauchstatbeständen wird gemeinhin je nach Wirkung zwischen Behinderungs- und Ausbeutungsmissbrauch unterschieden.[24] Ein typischer Fall des Behinderungsmissbrauchs i.S.d. §§ 19, 20 GWB und Art. 102 AEUV ist die Weigerung, ein bestimmtes Unternehmen zu beliefern. Weitere Fälle sind Ausschließlichkeitsverträge des marktbeherrschenden Unternehmens, durch die andere Unternehmen daran gehindert werden, mit dem derart gebundenen Unternehmen zu kontrahieren.[25] Ebenfalls behindernde Wirkung kann die Kopplung von Produkten oder Dienstleistungen haben, durch die Wettbewerber oder Kunden in ihrer wettbewerblichen Freiheit beeinträchtigt werden können.[26] Bei bestimmten Rabatt- und Bonussystemen wird die behindernde Wirkung darin gesehen, dass dadurch ein Sog-Effekt zugunsten des marktbeherrschenden Produktes oder mit seiner Hilfe erzeugt wird, mit dem Wettbewerber nicht konkurrieren können.[27] Sonstige Formen der Behinderung der Konkurrenz sind die gezielte Preisunterbietung oder der Verkauf unter Einstandspreis mit dem Ziel, bestimmte Unternehmen aus dem Markt zu drängen, sowie Boykottaufrufe zulasten anderer Marktteilnehmer.[28]

22 Der Ausbeutungsmissbrauch zeichnet sich dadurch aus, dass die Nachfrageseite durch ungünstige Geschäftsbedingungen oder zu hohe bzw. zu niedrige Preise durch die Nachfrage geschädigt wird. Als weitere Fallgruppe des Missbrauchs kann Diskriminierung, d.h. die Ungleichbehandlung von Abnehmern und Lieferanten ohne sachlichen Grund angesehen werden. Man kann die Diskriminierung aber ebenso als einen Fall des Behinderungsmissbrauchs ansehen. Letztendlich kommt es auf diese Klassifizierung nicht an.[29]

23 Ein Missbrauch ist hingegen ausgeschlossen, wenn es einen sachlichen Grund für das betreffende Verhalten des Marktbeherrschers gibt. So kann beispielsweise die Nicht-

---

24 Diese Unterscheidung entspricht dem Missbrauchsbegriff des Art. 82 EG, s. allg. dazu *Langen/ Bunte/Nothdurft* § 19 Rn. 99.

25 So hat der EuG in einem Fall entschieden, dass die Vertragspraxis eines marktbeherrschenden Speiseeislieferanten den Abnehmern Kühltruhen nur unter der Bedingung zu liefern, dass dort ausschließlich Produkte des Speiseeislieferanten gelagert werden, einen Verstoß gegen Art. 82 EG (nunmehr Art. 102 AEUV) darstellt, T-65/98, 23.10.2003.

26 Dabei spricht man von der sog. Hebelwirkung oder „leveraging". Der prominenteste Fall in diesem Zusammenhang ist wohl das Verfahren gegen Microsoft, in dem die Kommission unter Berufung auf Art. 82 S. 2 (jetzt Art. 102 S. 2 AEUV) EG die Kopplung zwischen dem Windows-Betriebssystem und dem Windows Media Player beanstandete, COMP/C-3/37.792, 24.5.2004.

27 Vgl. das Missbrauchsverfahren gegen RTL und PRO7Sat.1, deren Rabattsysteme für Media-Agenturen erhebliche Rabatt- und sonstige Rückvergütungen vorsahen, wenn diese bestimmte hohe Anteile ihres Werbebudgets bei der jeweiligen Sendergruppe platzierten. Die Pressemitteilung des Bundeskartellamtes vom 30.11.2007 ist abrufbar unter www.bundeskartellamt.de/wDeutsch/archiv/ PressemeldArchiv/2007/2007_11_30.php.

28 Vgl. § 21 Abs. 1 GWB.

29 Vgl. dazu *Langen/Bunte/Nothdurft* § 19 Rn. 134 m.w.N.

belieferung eines Abnehmers durch dessen Unzuverlässigkeit oder Zahlungsrückstände gerechtfertigt sein. Rechtfertigende Wirkung kann für den Marktbeherrscher auch die ihm zugestandene Freiheit haben, sein Vertriebssystem selbst zu gestalten und beispielsweise bestimmte oder alle Produkte nur im Direktvertrieb zu vertreiben.[30] Bei der Frage, ob eine sachliche Rechtfertigung des betreffenden Verhaltens des Marktbeherrschers vorliegt, findet in der Regel eine Abwägung der Interessen des Marktbeherrschers und des oder der anderen betroffenen Unternehmen statt. Dabei ist das Schutzinteresse der anderen Marktteilnehmer vor Behinderungen durch einen überlegenen Wettbewerber mit dessen Interesse, die eigenen Wettbewerbschancen zu verbessern, abzuwägen. Die Beweislast für die sachliche Rechtfertigung liegt beim marktbeherrschenden Unternehmen.

Die vorstehend dargestellten Anforderungen an das Marktverhalten gelten nach deutschem Kartellrecht[31] auch für diejenigen Unternehmen und Unternehmensvereinigungen, von denen kleine oder mittlere Unternehmen als Anbieter oder Nachfrager von Produkten oder Dienstleistungen in der Weise abhängig sind, dass ihnen ausreichende und zumutbare Möglichkeiten zum Ausweichen auf andere Unternehmen nicht zur Verfügung stehen. In diesem Sinne "marktstarke" Unternehmen dürfen von ihnen abhängige, kleine und mittlere Unternehmen weder behindern noch diskriminieren, d.h. ohne sachlich gerechtfertigten Grund ungleich behandeln.[32] **24**

IV. Regeln der Fusionskontrolle

Die Fusionskontrolle und ihre Vorschriften sind im betrieblichen Alltag im Vergleich zum Kartell- und Missbrauchsverbot von geringerer Bedeutung. Die Fusionskontrolle beschränkt sich auf die Fälle, in denen die Kontrolle (allein oder mit einem anderen Gesellschafter) über ein anderes Unternehmen erworben oder ein Joint-Venture gegründet wird. Hat die betreffende Transaktion Auswirkungen auf den deutschen Markt, ist je nachdem, ob die (höheren) Umsatzschwellen der Europäischen Fusionskontrolle oder die entsprechend geringeren Schwellenwerte des § 35 GWB erreicht werden, eine Anmeldung bei der Europäischen Kommission oder beim Bundeskartellamt notwendig, um die erforderliche Fusionskontrollfreigabe zu erhalten. Die deutsche Fusionskontrolle gilt grundsätzlich nur, soweit die – insoweit vorrangige – Europäische Fusionskontrolle nicht eingreift, sei es, weil die entsprechenden Umsatzschwellen nicht erreicht werden oder weil die betreffende **25**

---

30 Dies ergibt sich bereits aus dem Grundsatz der Privatautonomie und dem Prinzip der unternehmerischen Freiheit. S. den Tätigkeitsbericht des Bundeskartellamtes 2003/2004, S. 155 – Nettopreissystem der Lufthansa: „Auch einem marktstarken oder marktbeherrschenden Unternehmen steht der unternehmerische Freiraum zu, sein Vertriebssystem nach seinen Vorstellungen und den wirtschaftlichen Erfordernissen zu gestalten. Die mit dem neuen (direkten) Vertriebssystem angestrebte Senkung der Vertriebskosten war daher legitim."

31 Vgl. § 20 Abs. 2 GWB.

32 Das bekannteste Bsp. ist die Abhängigkeit kleiner und mittlerer Zulieferer von Kraftfahrzeugherstellern, da sie ihre Produktion durch umfangreiche Investitionen auf die Hersteller ausgerichtet haben. S. *BGH* NJW-RR 1988, 1502 – Opel-Blitz: „Ein Kfz-Vertragshändler mit Ausschließlichkeitsbindung ist von dem Automobilhersteller regelmäßig unternehmensbedingt abhängig, wenn sein Geschäftsbetrieb so stark auf die Produkte des Herstellers ausgerichtet ist, dass er nur unter Inkaufnahme erheblicher Wettbewerbsnachteile auf die Vertretung eines anderen Herstellers überwechseln könnte."

Transaktion nach Europäischer Fusionskontrolle keinen Zusammenschlusstatbestand erfüllt (vgl. unten Rn. 464).

26 Nach deutschem Fusionskontrollrecht ist nicht nur der Erwerb der alleinigen oder gemeinsamen Kontrolle über ein anderes Unternehmen bei Erreichen der Umsatzschwellen anmeldepflichtig. Auch der Erwerb von 25 % der Kapitalanteile oder Stimmrechte an einem anderen Unternehmen wird als Zusammenschlusstatbestand angesehen. Dies gilt unterhalb von 25 % auch für den Erwerb des sog. wettbewerblich erheblichen Einflusses. Zu berücksichtigen ist des Weiteren, dass nicht nur der Anteils- und Stimmrechtserwerb fusionskontrollrechtlich relevant sein kann, sondern auch der Erwerb des Vermögens eines anderen Unternehmens ganz oder zu einem wesentlichen Teil. Diese Regelung hat weitreichende Bedeutung, da dadurch beispielsweise auch der Erwerb nur eines einzigen Grundstücks der deutschen Fusionskontrolle unterfallen kann, wenn dieses den wesentlichen Teil des Vermögens des betreffenden Unternehmens darstellt. Konzerninterne Vorgänge sind der Fusionskontrolle entzogen. Es gilt der Grundsatz, dass der Konzernverbund kartellrechtlich als ein Unternehmen anzusehen ist und somit innerhalb des Konzerns das Kartellrecht in der Praxis keine Rolle spielt.

27 Liegt ein anmeldepflichtiges Zusammenschlussvorhaben vor, darf dieses Vorhaben weder rechtlich noch faktisch vollzogen werden. Erst mit Freigabe durch das Bundeskartellamt oder die Europäische Kommission ist der Vollzug zulässig. Verträge über einen Zusammenschlusstatbestand, der der deutschen oder europäischen Fusionskontrolle unterfällt, müssen deshalb durch geeignete Regelungen (in der Regel eine aufschiebende Bedingung) gewährleisten, dass der Zusammenschluss erst dann wirksam wird, wenn die notwendige fusionskontrollrechtliche Freigabe erteilt worden ist.

V. Folgen von Verstößen

28 Die Folgen eines Verstoßes gegen kartellrechtliche Vorschriften können sowohl für das Unternehmen als auch für den verantwortlichen Mitarbeiter schwerwiegend sein.

1. Folgen für das Unternehmen

29 Dem betroffenen Unternehmen drohen hohe Geldbußen im Falle eines Verstoßes gegen deutsches oder europäisches Kartellrecht. Kartellbehörden können Geldbußen in Höhe von bis zu 10 % des Jahresgesamtumsatzes des beteiligten Unternehmens (also des gesamten Konzerns) festsetzen.[33] So wurde dem Microsoft-Konzern im Jahre 2004 eine Geldbuße in Höhe von ca. 500 Mio. EUR auferlegt.[34] Gegen das sog. Vitamin-Kartell verhängte die Europäische Kommission im Jahre 2001 sogar Bußgelder in Höhe von insgesamt ca. 850 Mio. EUR. Zu nennen sind daneben Bußgelder im Fall Aufzüge und Fahrtreppen im Jahre 2007 in Höhe von ca. 992 Mio. EUR, im Autoglas Fall aus dem Jahre 2008 in Höhe von ca. 1,4 Mrd. EUR, gegen Intel im Jahre 2009 in Höhe von ca. 1,06 Mrd. EUR sowie gegen E.ON und GDF Suez im Jahre 2009 in Höhe von ca. 1,1 Mrd. EUR. Die bis dato höchsten Bußgelder in Höhe von ca.

---

33 Vgl. § 81 Abs. 4 GWB, Art. 23 Abs. 2 VO 1/2003.
34 Entscheidung des *EuG* v. 26.7.2004 – Rs. T-201/04 R – Microsoft I = EWS 2005, 75; die Entscheidung ist vom EuG bestätigt worden, vgl. *EuG* Urt. v. 17.9.2007 – Rs. T-201/04 – Microsoft II = WuW/E EU-R 1307.

1,5 Mrd. EUR verhängte die Europäische Kommission im Dezember 2012 gegen mehrere Hersteller von Bildröhren für Fernsehgeräte und Computerbildschirme. Bezogen auf die Versicherungswirtschaft verhängte das Bundeskartellamt im Jahr 2005 wegen Kartellverstößen Bußgelder in Höhe von ca. 150 Mio. EUR. Die geahndeten Kartellverstöße betrafen vor allem den Bereich der industriellen Sachversicherung (insbesondere Feuer-, Feuer-Betriebsunterbrechungs-, EC und All-Risk-Versicherungen sowie die Technische Versicherung), die Gebäude-Monopol-Versicherung sowie die Sachversicherung im Krankenhausbereich. Nach den Feststellungen des Bundeskartellamtes hatten sich die betroffenen Versicherer seit Mitte 1999 abgesprochen, wie Versicherungsprämien und -bedingungen gestaltet werden sollten, um eine Marktwende zu ihren Gunsten herbeizuführen.

Neben Geldbußen der Kartellbehörden können betroffene Unternehmen auch Scha- **30** densersatzansprüchen von Kunden ausgesetzt sein. Kunden, die durch einen Kartellverstoß geschädigt wurden, können von dem oder den verantwortlichen Unternehmen Ersatz des ihnen entstandenen Schadens fordern.[35] Hat eine Kartellbehörde rechtskräftig einen Verstoß gegen kartellrechtliche Vorschriften festgestellt, ist es als Kartellgeschädigter vergleichsweise einfach, auf der Grundlage dieser Feststellung entsprechende Schadensersatzansprüche zivilgerichtlich durchzusetzen.[36] Allerdings wurde jüngst höchstrichterlich entschieden, dass der Umstand, dass Kunden die infolge eines Kartells überhöhten Preise ihrerseits an ihre Abnehmer weitergereicht haben, einen Schaden entfallen lassen kann (sog. "passing-on defence").[37] Insoweit entschied der BGH, dass der kartellbedingte Schaden entfällt, wenn es dem beklagten Kartellmitglied gelingt nachzuweisen, dass (i) eine Abwälzung des Schadens nach den konkreten Umständen auf dem betroffenen Markt möglich war, (ii) dem Kartellgeschädigten durch die Abwälzung keine Nachteile entstanden sind und dass (iii) die Möglichkeit für den Kartellgeschädigten zur Schadensabwälzung nicht auf dessen eigener Leistung beruht. In einer solchen Konstellation können aber möglicherweise den indirekten Abnehmern der Kartellanten Schadensersatzansprüche zustehen.

Darüber hinaus kann das Bundeskartellamt einen durch Kartellverstöße erzielten **31** wirtschaftlichen Vorteil abschöpfen. Neben die wirtschaftlich negativen Folgen tritt im Falle von Kartellverstößen in der Regel ein Image- und Ansehensverlust. Öffentliche Berichte über laufende Ermittlungen oder die Verhängung eines Bußgeldes schaden dem Ansehen des betroffenen Unternehmens.[38]

Eine weitere Folge eines Verstoßes gegen kartellrechtliche Vorschriften ist die **32** Nichtigkeit entsprechender Verträge. Vereinbarungen, die gegen kartellrechtliche Vorschriften verstoßen, sind nach §§ 1 GWB, 134 BGB, Art. 101 Abs. 2 AEUV bzw.

---

35 Vgl. § 33 Abs. 3–5 GWB.
36 Insoweit kommt den Geschädigten die Bindungswirkung des § 33 Abs. 4 GWB bzw. des Art. 16 VO 1/2003 zugute; vgl. dazu *Bechtold/Bechtold* § 33 Rn. 38 ff.; *Immenga/Mestmäcker/Emmerich* GWB, § 33 Rn. 71 ff.
37 Entscheidung des *BGH* v. 28.6.2011 – KZR 75/10 – ORWI = NJW 2012, 928, vgl. dazu *Immenga/ Mestmäcker/Emmerich* GWB, § 33 Rn. 52 ff.; *Langen/Bunte/Bornkamm* § 33 Rn. 98 ff.
38 Aus jüngster Zeit ist das Kartellverfahren gegen Luxuskosmetikhersteller zu erwähnen, gegen die wegen Einführung eines kartellrechtswidrigen Marktinformationssystems Bußgelder in Höhe von knapp 10 Mio. EUR verhängt wurden. Da es sich aber bei den betroffenen Unternehmen um namhafte Markenhersteller handelt, wird der Image- und damit der tatsächliche wirtschaftliche Schaden umso höher zu bewerten sein.

§ 41 Abs. 1 S. 2 GWB (Verstoß gegen das Vollzugsverbot) unwirksam und damit nicht durchsetzbar. Die Unwirksamkeit erfasst je nach vertraglicher Konstellation dabei unter Umständen die gesamten Vertragswerke und nicht nur einzelne Bestimmungen.

33 Eine weitere Folge von Verstößen gegen kartellrechtliche Vorschriften sind Durchsuchungen und Zwangsmaßnahmen. Bei hinreichendem Verdacht haben Kartellbehörden die Befugnis, bei den beteiligten Unternehmen unangemeldet Durchsuchungen vorzunehmen (sog. „Dawn raids").[39] Schließlich entstehen durch derartige Verfahren hohe Kosten und führen darüber hinaus zu einem erheblichen internen Aufwand, nämlich durch die Sachverhaltsaufbereitung und alle damit zusammenhängenden Tätigkeiten.

2. Folgen für Mitarbeiter und Unternehmensleitung

34 Weiterhin müssen auch die für das kartellrechtswidrige Verhalten verantwortlichen Mitarbeiter mit Geldbußen rechnen. Die Möglichkeit einer Absicherung solcher Geldbußen über eine D&O-Versicherung besteht nicht. In manchen Ländern (USA, Großbritannien, Frankreich und je nach Sachverhalt auch in Deutschland) drohen sogar Haftstrafen.

35 Darüber hinaus können Entscheidungsträger eines Unternehmens im Falle eines Organisationsverschuldens persönlich haftbar sein. Ein solches Organisationsverschulden ist immer dann anzunehmen, wenn die gesetzliche Pflicht, ausreichende Vorbeuge- oder Reaktionsmaßnahmen zu treffen, verletzt wurde.[40] Die Unternehmensführung ist mit anderen Worten dazu verpflichtet, wirksame Maßnahmen gegen kartellrechtswidriges Verhalten ihrer Mitarbeiter zu treffen.

B. „Dawn Raids" – Verhaltensregeln in kartellrechtlichen Ermittlungsverfahren

I. Einführung

36 Bedienstete der Generaldirektion Wettbewerb der Europäischen Kommission und des Bundeskartellamtes haben die Befugnis, Ermittlungen ohne Vorankündigung („Dawn Raids") bei Unternehmen in deren Räumlichkeiten, unter gewissen Voraussetzungen auch in den Wohnungen von Unternehmensleitern und Mitgliedern der Aufsichts- und Leitungsorgane sowie sonstigen Mitarbeitern, durchzuführen. Die Anlässe für die Aufnahme von Ermittlungen können vielfältig sein. Neben förmlichen Beschwerden natürlicher oder juristischer Personen sind ausgeschiedene Mitarbeiter, Konkurrenten, Abnehmer und Lieferanten häufig informelle Quellen für die Kartellbehörden. Weitere Verdachtsmomente für die Behörden ergeben sich regelmäßig aus anonymen Hinweisen sowie Publikationen in der Presse und Zeitschriften. Auch Unternehmens-

---

39 S. hierzu 5. Kap. Rn. 36 ff.
40 Vgl. §§ 91 Abs. 2, 93 Abs. 2 AktG, § 317 Abs. 4 HGB.

käufe mit der damit regelmäßig einhergehenden „due diligence" können entsprechende Verdachtsmomente liefern. Besondere Aufmerksamkeit gilt der Verfolgung von Kartellen aufgrund der Kronzeugenregelung sowie im Gefolge der Aufnahme von Sektoruntersuchungen und der Untersuchung bestimmter Arten von Vereinbarungen durch die Europäische Kommission. Die aktuelle Entwicklung zeigt, dass neben einem verstärkten Einsatz dieser Instrumente hieraus zunehmend kartellbehördliche Ermittlungsverfahren nachfolgen.

In der Praxis werden solche Warnsignale häufig nicht hinreichend wahrgenommen **37** und in entsprechende präventive Vorkehrungen und Maßnahmen umgesetzt. Umso wichtiger ist es, eine effiziente Risikovorsorge und ein Risikomanagement in der Form eines „Competition Law Compliance-Programms" ganz allgemein im Unternehmen zu verankern.[41] Den Verhaltensregeln in kartellrechtlichen Ermittlungsverfahren kommt dabei eine große Bedeutung zu. Neben grundlegenden Weichenstellungen bereits zu Beginn eines solchen Verfahrens ist das richtige Verhalten in kartellrechtlichen Ermittlungsverfahren auch unter dem Gesichtspunkt der Minimierung einer eventuellen Geldbuße wichtig. Beispielsweise kann die Europäische Kommission Zwangsgelder oder Geldbußen verhängen, wenn die Mitwirkung verweigert wird beziehungsweise unrichtige oder irreführende Angaben gemacht werden. Die Europäische Kommission berücksichtigt auch bei der endgültigen Bemessung einer Geldbuße, inwieweit das Unternehmen sich bei der Aufklärung des Sachverhalts kooperativ gezeigt hat.

Vor diesem Hintergrund werden nachfolgend die wesentlichen Befugnisse von Kar- **38** tellbehörden nach europäischem und nach nationalem Recht skizziert, Schlussfolgerungen für effektive Verhaltensregeln im Ermittlungsfall gezogen, sowie Hinweise und Muster für Prävention und Risikomanagement im Bereich kartellrechtlicher Ermittlungsverfahren vorgeschlagen.

II. Befugnisse und Grenzen in kartellrechtlichen Ermittlungsverfahren

Grundlegend ist die Unterscheidung zwischen kartellrechtlichen Ermittlungsverfahren **39** (den sog. Nachprüfungen) nach europäischem Recht (Art. 101 und 102 des Vertrages über die Arbeitsweise der Europäischen Union (AEUV)[42], vormals Art. 81, 82 EG-Vertrag) und solchen nach nationalem Recht (GWB). Die den Behörden zustehenden Befugnisse in **EU-Verfahren** finden sich in der Verordnung (EG) Nr. 1/2003 des Rates vom 16.12.2002 zur Durchführung der in den Art. 81 und 82 EG-Vertrag niedergelegten Wettbewerbsregeln („VO (EG) 1/2003") und in dazugehörigen Bekanntmachungen, Leitlinien und Mitteilungen. Die Nachprüfung gemäß Art. 20 VO (EG) 1/2003 stellt in der Praxis das zentrale Ermittlungsinstrument der Europäischen Kommission dar und bildet die Vorbereitungsgrundlage in beinahe jedem EG-Kartellbußgeldverfahren.[43]

---

41 Zum Kartellrecht als Ausgangspunkt der Competition Law Compliance allgemein s. 5. Kap. A sowie 2. Kap. Rn. 164 ff. und Rn. 337 ff. S. dazu auch *Moosmayer* Compliance S. 93 ff. sowie das Handbuch der EU-Kommission zu kartellrechtlichen Compliance Strategien unter *European Commission* Compliance matters, What companies can do better to respect EU competition rules, 2011.

42 In der Fassung des Vertrages von Lissabon, konsolidierte Fassung, ABlEU Nr. C 83 v. 30.3.2010, 47 ff.

43 Ausf. dazu *Immenga/Mestmäcker* EG, Art. 20 VO (EG) 1/2003 Rn. 5 m.w.N.

Für kartellrechtliche Ermittlungen nach nationalem Recht ist zwischen dem **Verwaltungsverfahren**, für welches der 3. Teil des GWB einschlägig ist, und dem Bußgeldverfahren auf der Grundlage der Regelungen des OWiG und der StPO, zu unterscheiden. Die vorgenannte Unterscheidung ist deshalb grundlegend, weil die Eingriffsbefugnisse der Behörden im EU-Verfahren und im nationalen Verfahren stark variieren. Während die Beamten der Europäischen Kommission in Nachprüfungen auf der Grundlage des Europarechts insbesondere keine eigene Durchsuchungsbefugnis haben und insoweit der Unterstützung der Behörden des betreffenden Mitgliedstaates bedürfen,[44] können Beamte des Bundeskartellamtes im Verwaltungsverfahren ein solches Recht wahrnehmen. Im **Bußgeldverfahren** wird das Bundeskartellamt ohnehin als Strafverfolgungsbehörde tätig und hat dieselben Rechte und Pflichten wie die Staatsanwaltschaft bei der Verfolgung von Straftaten.[45] Die wesentlichen Befugnisse und Unterschiede zwischen europäischem Recht und nationalem Recht stellen sich wie folgt dar:

	EU-Verfahren	**Nationales Verfahren**
Zuständige Behörde	Europäische Kommission	Bundeskartellamt
Verfahren	Verwaltungsverfahren	Trennung zwischen (a) Verwaltungsverfahren und (b) Bußgeldverfahren
Rechtsgrundlagen für Nachprüfung und Durchsuchung („Dawn Raid")	Förmliche Nachprüfungsentscheidung Art. 20 Abs. 4 VO (EG) 1/2003[46]	(a) Förmliche Nachprüfungsentscheidung § 59 Abs. 1 Nr. 3, Abs. 7 GWB oder richterliche Durchsuchungsanordnung § 59 Abs. 4 GWB (b) Richterliche Durchsuchungsanordnung § 46 OWiG i.V.m. §§ 105 Abs. 1, 102, 103 StPO[47]
Zeitpunkt	Nur während der üblichen Geschäftszeiten[48]	(a) Nur während der üblichen Geschäftszeiten (§ 59 Abs. 1 Nr. 3 GWB) (b) Zur Tageszeit (§ 46 Abs. 1 OWiG i.V.m. § 104 StPO), zur Nachtzeit nur bei Gefahr in Verzug (§ 104 Abs. 1 und 3 StPO)

44   Vgl. Art. 20 Abs. 6 VO (EG) 1/2003.
45   Vgl. § 46 Abs. 2 OWiG.
46   Art. 20 Abs. 4 VO (EG) 1/2003 ist vom einfachen Prüfungsauftrag gemäß Art. 20 Abs. 3 VO (EG) 1/2003 abzugrenzen, bei dem keine Duldungspflicht des betroffenen Unternehmens vorgesehen ist. Entscheidet sich das betroffene Unternehmen, eine einfache Nachprüfung zu dulden, so muss es die für förmliche Nachprüfungsentscheidungen geltenden Grundsätze befolgen, d.h. insbesondere das Vollständigkeitsgebot.
47   Ausnahme: Bei Gefahr im Verzug, wenn die Einholung der richterlichen Anordnung den Zweck der Durchsuchung gefährden würde. In diesem Fall ist eine formlose Anordnung und Durchführung einer Durchsuchung bzw. Ad-hoc-Erweiterung einer Durchsuchungsanordnung durch die zuständigen Kartellbeamten möglich.
48   Dies ergibt sich zwar nicht direkt aus dem Wortlaut der VO (EG) 1/2003, entspricht aber ständiger Praxis der Europäischen Kommission. Die Nachprüfungsentscheidung bezeichnet dementsprechend den Beginn der Nachprüfung. Vgl. hierzu auch *Wiedemann* § 42 Rn. 34.

	EU-Verfahren	Nationales Verfahren
Duldungspflicht	Ja, Art. 20 Abs. 2 und Abs. 4 S. 1 VO (EG) 1/2003[49]	(a) Ja, § 59 Abs. 2 GWB (b) Ja
Mitwirkungspflicht	Ja, Art. 20 Abs. 3 S. 1 VO (EG) 1/2003 VO (EG) 1/2003 „Vollständigkeitsgebot" (aktive vollständige Vorlage von Geschäftsunterlagen, begrenzt durch das Anwaltsprivileg;[50] Begrenzung durch die Gefahr der Selbstbezichtigung strittig[51])	(a) Ja, § 59 Abs. 2 GWB (vollständige Vorlage von Geschäftsunterlagen) (b) Nein, bloße Duldungspflicht als Betroffener (eingeschränkte Mitwirkungspflicht als Zeuge § 46 Abs. 1 OWiG, § 106 StPO)
Geschäftsräume	Ja, Betretungsrecht (keine eigene Durchsuchungsbefugnis) Art. 20 Abs. 2 Buchst. a VO (EG) 1/2003 und Vor-Ort-Relevanzprüfung von Geschäftsunterlagen Art 20 Abs. 2 Buchst. b VO (EG) 1/2003 VO (EG) 1/2003	(a) Ja, § 59 Abs. 1 Nr. 3, Abs. 3 GWB (Nachprüfung vor Ort) (b) Ja, § 46 Abs. 1 OWiG, §§ 102, 103 StPO[52] (Durchsuchung)
Andere Räumlichkeiten einschließlich Privaträume	Ja, Art. 21 Abs. 1 VO (EG) 1/2003 (falls begründeter Verdacht auf schweren Verstoß gegen Art. 81, 82 EG)[53]	(a) Nein, § 59 Abs. 4 GWB (Ausnahme: Bei Wohnung auf Firmengelände) (b) Ja, § 46 Abs. 1 OWiG, §§ 102, 103 StPO)
Mitnahme von Originalen	Nein, nur Fertigung von Kopien (ggf. Versiegelung für die Dauer der Nachprüfung Art. 20 Abs. 2 Buchst. d VO (EG) 1/2003 VO (EG) 1/2003)	(a) Ja, §§ 58, 59 Abs. 2 GWB (b) Ja, § 46 Abs. 1 OWiG, §§ 94, 98 Abs. 1, 111e StPO

---

49 Grundvoraussetzung für eine Nachprüfungsentscheidung ist das Bestehen eines konkreten Anfangsverdachtes. Reine „Fishing Expeditions" sind unzulässig. Dazu näher *Wissmann/Dreyer/Witting* § 3 Rn. 30 ff. unter Hinweis auf den Verhältnismäßigkeitsgrundsatz. Bei Vorliegen eines einfachen Prüfungsauftrages gem. Art. 20 Abs. 3 VO (EG) 1/2003 gibt es demgegenüber keine Duldungspflicht, so dass das Unternehmen die für förmliche Nachprüfungsentscheidungen geltenden Grundsätze befolgen muss, d.h. insbesondere das Vollständigkeitsgebot.

50 Der EuGH lehnt ein Anwaltsprivileg („legal privilege") für Syndikusanwälte ab, dazu näher Rn. 49 und Rn. 60

51 Nach der Rspr. des EuGH besteht kein Recht des betroffenen Unternehmens, belastende Auskünfte und die Vorlage belastender Unterlagen zu verweigern, dazu näher *Bechthold* § 59 Rn. 22. A.A. unter Hinweis auf Art. 6 EMRK; *Wissmann/Dreyer/Witting* § 3 Rn. 126.

52 Es ist umstritten, ob Unternehmen im strafprozessualen Sinne immer als „Dritte" i.S.d. § 103 StPO (und nicht als Verdächtige i.S.d. § 102 StPO) anzusehen sind und damit Durchsuchungsbeschlüsse den gesteigerten Darlegungsvoraussetzungen unterliegen. Die h.M. verneint dies unter Hinweis auf § 30 OWiG, vgl. etwa *Immenga/Mestmäcker* GWB vor § 81 Rn. 222. A.A. etwa *Minoggio* Firmenverteidigung, 2. Aufl. 2010, Rn. 440.

53 Zu den Besonderheiten der Nachprüfung in anderen Räumlichkeiten vgl. Art. 21 Abs. 3 VO (EG) 1/2003 (richterliche Genehmigung) und Art. 21 Abs. 4 VO (EG) 1/2003 (Nachprüfungsbefugnisse: Nur Betreten und Prüfen von Geschäftsunterlagen, kein Recht zur Einholung mündlicher Erklärungen, kein Recht zur Versiegelung).

	EU-Verfahren	**Nationales Verfahren**
Befragungen vor Ort	Ja, Pflicht von Vertretern und Mitarbeitern des betroffenen Unternehmens zu „Erläuterungen" in Bezug auf vorgefundene Unterlagen und Tatsachen Art. 20 Abs. 2 Buchst. e VO (EG) 1/2003[54] (Begrenzung dieses Rechts durch die Gefahr der Selbstbezichtigung strittig[55])	(a) Ja, aber nur von Inhabern von Unternehmen oder deren Organe § 59 Abs. 2 GWB,[56] begrenzt durch Zeugnisverweigerungsrechte und der Gefahr der Selbstbezichtigung (b) Nein (Vernehmung nur schriftlich oder nach ordnungsgemäßer Ladung § 46 Abs. 1 OWiG, § 163a StPO)
Zwangsmaßnahmen bei Widersetzung	Nein, nur im Wege der Amtshilfe Art. 20 Abs. 6 VO (EG) 1/2003;[57] lediglich Zwangsgeld (Art. 24 Abs. 1 Buchst. e VO (EG) 1/2003) und Bußgeld (Art. 23 Abs. 1 Buchst. c VO (EG) 1/2003) möglich	(a) Ja, polizeiliche Durchsuchung § 59 Abs. 4 GWB; Zwangsgeld (§ 86a GWB) und Bußgeld (§ 81 Abs. 2 Nr. 6 GWB) möglich (ggf. Strafbarkeit nach § 113 StGB, § 21 OWiG) (b) Ja, polizeiliche Durchsuchung (ggf. Strafbarkeit nach § 113 StGB, § 21 OWiG)

III. „Dawn Raids Legal Risk Management"

40 Dawn Raids bezwecken das Ausnutzen eines Überraschungseffekts. Die Ermittler agieren und sind vorbereitet, das Unternehmen ist es im Regelfall nicht. Dawn Raids bezwecken ferner, Belastungsmaterial aufzufinden und nicht selten Zufallsfunde, belastende Spontanäußerungen und Zeugenaussagen aufzugreifen. Umso wichtiger ist es, dass Unternehmen für diesen Fall generelle Risikovorsorge betreiben und Vorkehrungen treffen, welche eine Ermittlung in einem möglichst geordneten Rahmen ablaufen lässt. Gegliedert nach dem zeitlichen Ablauf einer Ermittlungsmaßnahme sind Regelungen insbesondere für die folgenden Bereiche zu treffen:

---

54 Da der Kommission kein allgemeines Recht zur Zeugenvernehmung zusteht, ist die Erteilung von Angaben im Übrigen freiwillig, vgl. Art. 19 Abs. 1 VO (EG) 1/2003. Das Prinzip der Freiwilligkeit für Befragungen i.S.v. Art. 19 VO (EG) 1/2003 erstreckt sich im Übrigen auch auf andere Personen als die in Art. 20 Abs. 2 Buchst. e VO (EG) 1/2003 genannten Personen.

55 Dazu bereits *Bechthold* § 59 Rn. 22. A.A. unter Hinweis auf Art. 6 EMRK; *Wissmann/Dreyer/Witting* § 3 Rn. 126; anerkannt ist im Rahmen von Befragungen lediglich das Recht, Geständnisse zu verweigern.

56 Andere Personen, d.h. rechtsgeschäftliche Vertreter wie Prokuristen und Handlungsbevollmächtigte sowie sonstige Angestellte, können nur als Zeuge gem. § 57 Abs. 2 GWB bei ordnungsgemäßer Ladung und Nichtvorliegen von Zeugnisverweigerungsrechten befragt werden, vgl. etwa *Immenga/Mestmäcker* GWB § 59 Rn. 18. Bedeutsam ist, dass bereits die Gefahr von zukünftigen Ermittlungen gegen einen potenziellen Zeugen ihm ein Aussageverweigerungsrecht gibt, d.h. es kommt nicht darauf an, ob sich der Zeuge tatsächlich strafbar gemacht hat.

57 Daneben kann die Europäische Kommission gemäß Art. 22 VO (EG) 1/2003 das Bundeskartellamt um Nachprüfung bei einem bestimmten Unternehmen ersuchen. In diesem Fall üben die für die Durchführung dieser Nachprüfung verantwortlichen Bediensteten des Bundeskartellamtes ihre Befugnisse nach Maßgabe ihrer innerstaatlichen Rechtsvorschriften aus.

„First line of defense": **Empfangspersonal** **(Rezeption, Pförtner,** **Sicherheitspersonal)**[58]	Schriftliche Verhaltensanweisung[59] – für das Auftreten des Empfangspersonals gegenüber behördlichen Ermittlern und der Polizei – der zu kontaktierenden Personen im Unternehmen mit Angabe aller Geschäfts- und Privatnummern – für die Bereitstellung eines oder mehrerer Räume für die Ermittler sowie sonstiger unterstützender Maßnahmen (z.B. Fotokopierer, Computer) – für die Identitätsprüfung sowie das Kopieren der Nachprüfungsentscheidung oder des Durchsuchungsbeschlusses.
„Second line of **defense": Dawn Raid** **Response Team und** **Rechtsabteilung**	Benennung von Personen aus dem Unternehmen,[60] welche – als erste über das Eintreffen von Ermittlungsbeamten informiert werden („Dawn Raid Response Team") – das Auftreten des Unternehmens gegenüber den Ermittlungsbeamten koordinieren – die Geschäftsleitung und die externen Rechtsanwälte informieren und gegebenenfalls herbeirufen – einen Beauftragten bestimmen, der sich gegenüber den Ermittlungsbeamten als Ansprechpartner zu erkennen gibt (regelmäßig ein Mitarbeiter der Rechtsabteilung) – ggf. weitere Personen zur Eskortierung der Ermittler herbeirufen.
	Schriftliche Verhaltensanweisung[61] – für das Auftreten gegenüber behördlichen Ermittlern und der Polizei – betreffend der Legitimationsprüfung der Nachprüfungsentscheidung oder des Durchsuchungsbeschlusses – der zu kontaktierenden externen Rechtsanwälte – der zu kontaktierenden Personen im Unternehmen mit Angabe aller Geschäfts- und Privatnummern – zur Sicherstellung eines geordneten Ablaufes der Ermittlung.

---

58 In der Praxis zeigt sich, dass gerade das Empfangspersonal einem häufigen Wechsel unterliegt. Es ist daher besonders darauf zu achten, dass die Verhaltensanweisung dem gesamten Empfangspersonal vorliegt und dort jeder Zeit bekannt und zugreifbar ist.
59 S. dazu unten Muster 1: Richtlinien für das Empfangspersonal sowie 4. Kap. Rn. 99.
60 S. dazu unten Muster 2: Richtlinien für das Dawn Raid Response Team.
61 S. dazu unten Muster 3: Richtlinien für Mitglieder des Dawn Raid Response Teams sowie für Geschäftsleiter und Manager.

Unternehmensinhaber, Geschäftsleiter und Manager	Schriftliche Verhaltensanweisung für das Auftreten gegenüber behördlichen Ermittlern und der Polizei.[62] Schriftliche Information über Inhalte und Ablauf von Ermittlungen (nebst Schulung dieses Personenkreises – „Competition Compliance Leadership Training").
Andere Mitarbeiter	Allgemeine Information und Schulung das Auftreten gegenüber behördlichen Ermittlern und der Polizei betreffend. Allgemeine Information und Schulung über Inhalte und Ablauf von Ermittlungen.
Presseabteilung	Vorbereiteter Presseverteiler, getrennt nach Wirkungsbereichen (Regionalmedien, überregionale Medien, Fachmedien).[63] Benennung eines Pressesprechers.

IV. Verhaltensregeln bei Nachprüfung und Durchsuchung

41 Um das richtige Verhalten in kartellrechtlichen Ermittlungsverfahren systematisch einzuordnen, sollte zwischen den verschiedenen Stufen einer Ermittlungsmaßnahme unterschieden werden. Dies ist deshalb von großer Bedeutung, weil insbesondere der in die Ermittlungsmaßnahme einbezogene Personenkreis im Unternehmen nach dem Zeitablauf der Untersuchung verschieden ist. Als „Golden Rules" für richtiges Verhalten im Falle einer Vor-Ort-Ermittlung über sämtliche Verfahrensstadien hinweg hat sich das Folgende[64] bewährt:

– Nicht aggressiv gegenüber den Ermittlungsbeamten auftreten. Ruhe bewahren. Höfliche und freundliche Atmosphäre herstellen.
– Sofortige Beiordnung eines Vertreters der Rechtsabteilung sowie der externen Rechtsanwälte sicherstellen.
– Eine ausreichende Anzahl von Begleitpersonen für die Ermittlungsbeamten sicherstellen.
– Zuhören, nicht ungefragt reden und keine informatorischen Gespräche führen. Nicht zu entgegenkommend sein. Man sollte nicht dem Irrglauben erliegen, man könnte durch große Offenheit und pro-aktives Zugehen auf die Ermittlungsbeamten eine schnelle und unkomplizierte Erledigung der Angelegenheit erreichen. Soweit nicht die Pflicht zur Mitwirkung besteht ist es legitim, nicht zuletzt in Anbetracht des Überraschungs- und Überrumpelungseffektes einer Nachprüfung oder Durchsuchung von gesetzlich verbürgten Schweigerechten Gebrauch zu machen. Entsprechend ist es ebenfalls legitim, bei der bloß informatorischen Befragung der

---

62 S. dazu unten Muster 3: Richtlinien für Mitglieder des Dawn Raid Response Teams sowie für Geschäftsleiter und Manager.
63 S. dazu näher Rn. 59.
64 Zum Ablauf, Grenzen und Handlungsoptionen bei Dawn Raids durch die Kartellbehörden s. auch *de Crozals/Jürgens* CCZ 2009, 92; *Weitbrecht/Weidenbach* NJW 2010, 2328; *Moosmayer* S. 107 ff.; *Wissmann/Dreyer/Witting* § 9; *Wabnitz/Janovsky* 27. Kap. Rn. 64 ff., *Minoggio* Firmenverteidigung, 2. Aufl. 2010, Rn. 408 ff.

Mitarbeiter des betroffenen Unternehmens durch die Ermittlungsbehörden den Rat zu geben, keinerlei Auskünfte zu erteilen.

– Bei Vorliegen einer Nachprüfungsentscheidung durch dic Europäische Kommission kooperieren. Antworten zu Fragen betreffend den Gegenstand der Untersuchung ohne rechtliche Beratung im Zweifel nicht verweigern. Eine rechtlich beanstandbare Weigerung zur Kooperation kann zu Zwangsgeldern gegen das Unternehmen führen oder auch die Höhe einer eventuellen Geldbuße signifikant beeinflussen.

– Gleiches gilt im Grundsatz im Verwaltungsverfahren des Bundeskartellamtes.[65] Hingegen besteht eine bloß passive Duldungspflicht im Bußgeldverfahren des Bundeskartellamtes. Dort besteht keine Verpflichtung zur aktiven Mitwirkung, die im Einzelfall nach Absprache mit dem Rechtsberater aber sinnvoll sein kann. Dies gilt insbesondere hinsichtlich der Beantwortung rein organisatorischer Fragen zur Unterstützung der Untersuchung.

– Auf keinen Fall die Nachprüfung oder Durchsuchung behindern, insbesondere keine Geschäftsunterlagen und Speichermedien verbringen oder vernichten, keine Warnung an Dritte betreffend der Ermittlungsmaßnahme erteilen.

– Erstellung von Kopiensätzen aller Unterlagen, welche von den Ermittlungsbeamten kopiert oder beschlagnahmt wurden.

– Erstellung eines unternehmensinternen Protokolls hinsichtlich des vollständigen Ablaufes der Ermittlungsmaßnahme, insbesondere Darstellung der untersuchten Räume, Akten, Computer, Computerdaten, der Fragen der Ermittlungsbeamten und Antworten der Geschäftsleiter und Mitarbeiter, der offenen und streitigen Punkte.

– Keine verfahrensrechtlich relevanten Erklärungen wie etwa Rechtsmittelverzicht ohne vorherige Abstimmung mit einem anwaltlichen Berater abgeben.

Neben den in kartellrechtlichen Ermittlungsverfahren allgemein gültigen „Golden **42** Rules" wird im Folgenden ausführlich auf die verschiedenen Stufen einer Nachprüfung und Durchsuchung eingegangen und es werden diesbezügliche Handlungsempfehlungen gegeben.

1. Ankunft der Ermittler

Den Erstkontakt mit den Ermittlungsbeamten wird in der Regel das Empfangsperso- **43** nal im Unternehmen (Rezeption, Pförtner, Sicherheitspersonal) haben („first line of defense"). Eine schriftliche Verhaltensanweisung für das Empfangspersonal ist daher besonders wichtig. Zweckmäßigerweise wird das Empfangspersonal bei Erscheinen der Ermittlungsbeamten das Folgende tun:

– Nachfrage nach dem Zweck des Erscheinens;

– Benachrichtigung des Beauftragten des Unternehmens, regelmäßig eines Vertreters der Rechtsabteilung. Ggf. auch Benachrichtigung der Geschäftsleitung und der externen Rechtsanwälte.[66] Inhalt der Mitteilung sollte lediglich sein, dass Ermittlungsbeamte vor Ort sind und eine Nachprüfung bzw. eine Durchsuchung beabsichtigen. Die Ermittlungsbeamten haben grundsätzlich[67] keine Befugnis, solche

---

65 Vgl. § 59 Abs. 2 GWB.

66 Es ist im individuellen Fall anhand der Personalsituation zu entscheiden, ob die Information an die externen Rechtsanwälte bereits durch das Empfangspersonal vorgenommen werden soll oder erst durch das Dawn Raid Response Team bzw. die Rechtsabteilung erfolgt.

67 Ausnahmen können sich bei Inanspruchnahme der Bonusregelung oder bei Stellung eines sogenannten Leniency-Antrages ergeben. Dazu ausf. *Wissmann/Dreyer/Witting* § 6 m.w.N.

Benachrichtigungen zu unterbinden oder dazu aufzufordern, dass ihre Anwesenheit bei der Benachrichtigung verschwiegen wird.

– Information an die Ermittlungsbeamten geben, dass das Empfangspersonal angewiesen ist, keinem Besucher ohne Begleitung durch einen Vertreter des Unternehmens den Zugang zu Geschäftsräumen zu gewähren.

– Zuweisung geeigneter, vom laufenden Geschäftsbetrieb getrennter Räume. Regelmäßig wird nicht davon auszugehen sein, dass die Nachprüfung oder Durchsuchung wesentlich behindert wird, wenn die Ermittlungsbeamten in einen separaten Raum gebeten werden. Eine entsprechende Bitte stellt daher grundsätzlich kein Widersetzen dar.

– Bitte gegenüber den Ermittlungsbeamten äußern, dass mit der Ermittlungsmaßnahme bis zum Eintreffen eines Mitarbeiters der Rechtsabteilung und der externen Rechtsanwälte zugewartet wird. Anders als in Durchsuchungen des Bundeskartellamtes warten die Bediensteten der Europäischen Kommission regelmäßig das Eintreffen der externen Rechtsanwälte des Unternehmens ab, bevor mit der Nachprüfung begonnen wird. Ein Anspruch hierauf besteht allerdings nicht. Die Kommission gesteht einem betroffenen Unternehmen regelmäßig eine Wartezeit dann nicht zu, wenn es über eine eigene Rechtsabteilung verfügt.[68] Wichtig ist in diesem Zusammenhang die Erkenntnis, dass die entscheidenden Weichen in kartellrechtlichen Ermittlungsverfahren bereits während der Vor-Ort-Untersuchung gestellt werden. Grundsätzlich falsch wäre es, den externen anwaltlichen Spezialisten erst nach Abschluss der Ermittlungen hinzuzuziehen. Am wirksamsten und effektivsten ist die optimale Gestaltung der Vor-Ort-Untersuchung selbst.[69]

– Bereits jetzt Kopie der Nachprüfungsentscheidung oder des richterlichen Durchsuchungsbeschlusses[70] erstellen.

44 Nach dem Eintreffen des Vertreters der Rechtsabteilung, eines Mitgliedes der Geschäftsleitung oder einer anderen vom Unternehmen bestimmten Person werden sich die Ermittlungsbeamten diesem Personenkreis vorstellen. Zweckmäßigerweise sollte von Seiten des Unternehmens das Folgende veranlasst werden:

– Ein Unternehmensrepräsentant gibt sich als Verantwortlicher gegenüber den Ermittlungsbehörden zu erkennen und nimmt Kontakt mit dem gesamtverantwortlichen Ermittler auf. Der Unternehmensrepräsentant sollte keine Person sein, welche in den Untersuchungsgegenstand selbst involviert ist. Für entsprechende Ersatzpersonen sollte das Dawn Raid Response Team Vorsorge getroffen haben.

---

68 Dazu auch *Immenga/Mestmäcker* EG, Art. 20 VO (EG) 1/2003 Rn. 101.

69 Es sollten vorab Vereinbarungen mit solchen externen Rechtsanwälten getroffen werden, die im Kartellrecht und Strafrecht spezialisiert sind und kurzfristig in das Unternehmen beordert werden können. Zu diesem Zweck sollten in der Verhaltensanweisung sämtliche Kontaktdaten einschließlich einer Hotline aufgeführt werden. Abzuraten ist davon, der Rechtsabteilung des Unternehmens das komplette Management einer kartellrechtlichen Ermittlung zu überlassen. Neben rechtlichen Erwägungen hinsichtlich dem Anwaltsprivileg schaffen Dawn Raids eine Stress-Situation, in der völlige Objektivität und Distanz zum Ermittlungsthema und den betroffenen Personen gefordert ist.

70 Der richterliche Durchsuchungsbeschluss wird dem Betroffenen vor Beginn der Durchsuchung vorgezeigt. Es besteht aber kein Anspruch auf dessen Aushändigung vor dem Beginn der Durchsuchung. Wird die Erstellung einer Kopie verweigert, so sollte der wesentliche Inhalt des Durchsuchungsbeschlusses schriftlich aufgezeichnet werden. Nach der beendeten Durchsuchung ist dem Betroffenen auf Verlangen eine schriftliche Mitteilung zu machen, die den Grund der Durchsuchung sowie im Falle einer Durchsuchung beim Verdächtigen die strafbare Handlung bezeichnen muss (§ 107 StPO).

– Etwaige Telefongespräche mit externen Beratern oder Mitarbeitern des Unternehmens sollten in Gegenwart der Ermittlungsbeamten geführt werden. Damit soll jeglicher Eindruck vermieden werden, man wolle Beweismittel unterdrücken oder Dritte warnen.

– Auf die Anwesenheit externer Rechtsanwälte sollte bestanden werden. Sofern eine Mitwirkungspflicht besteht, sollte diese aber grundsätzlich nicht verweigert werden.

– Die Vorlage der Dienstausweise sollte erbeten werden. Das Vorzeigen der Dienstausweise ist für die Ermittlungsbeamten Pflicht. Auf diese Weise kann festgestellt werden, welche Beamten den jeweils involvierten Behörden zugeordnet werden können, was für die Bestimmung der Nähe der Beamten zum Ermittlungsgegenstand von Relevanz sein kann. Die Erstellung von Kopien der Dienstausweise werden die Ermittlungsbeamten häufig verweigern. In diesem Fall sollten Visitenkarten nachgefragt werden.

– Um Vorlage der Ermächtigungsgrundlage für die Ermittlungsmaßnahme (Nachprüfungsentscheidung bei Maßnahme der Europäischen Kommission, Nachprüfungsentscheidung oder Durchsuchungsbeschluss bei Maßnahme des Bundeskartellamtes, gegebenenfalls mit zusätzlichem Beschlagnahmebeschluss) bitten und Kopien erstellen. Die grundlegenden formellen Voraussetzungen der Ermächtigungsgrundlage sollten genau überprüft werden. Allerdings sollte in diesem Verfahrensstadium grundsätzlich keine Stellungnahme abgegeben und auch kein Widerspruch zu den materiellen Ausführungen der Nachprüfungsentscheidung oder des Durchsuchungsbeschlusses geäußert werden. Dies sollte nur in Abstimmung mit den externen Rechtsanwälten und nach vorheriger, hinreichender Vorbereitung geschehen. Die Beamten der Europäischen Kommission werden um Unterzeichnung der Zustellungsbestätigung bitten, welche lediglich den Erhalt der Nachprüfungsentscheidung bestätigt und kein Unterwerfen bedeutet. Die Unterschriftsleistung ist daher unproblematisch und sollte aufgrund der Mitwirkungspflicht nicht verweigert werden.

– Klärung technischer Fragen hinsichtlich Art und Weise der Nachprüfung oder Durchsuchung, wie etwa Ort und Verbleib von Geschäftsunterlagen, Bereitstellung von Fotokopierern, Zugang zu Computern usw.

– Sicherstellung durch geeignete Maßnahmen (unter anderem durch eine vorbereitete standardisierte Kommunikation),[71] dass Mitarbeiter des Unternehmens keinerlei Beweise unterdrücken oder Dritte über die Untersuchung informieren.

– Nachfrage an die Ermittler, ob andere Standorte des Unternehmens oder Konzernunternehmen von den Ermittlungsmaßnahmen betroffen sind. Die Ermittler sind allerdings nicht verpflichtet, hierüber aufzuklären.

Im Rahmen der Prüfung der formellen Voraussetzungen einer Nachprüfungsentschei- **45** dung oder Durchsuchung ist das Folgende zu beachten:

– Anders als bei einem einfachen Prüfungsauftrag mit bloß freiwilliger Duldung gemäß Art. 20 Abs. 3 VO (EG) 1/2003 besteht eine Duldungspflicht der Vor-Ort-Untersuchung bei einer förmlichen Nachprüfungsentscheidung gemäß Art. 20 Abs. 4 VO (EG) 1/2003. Gleiches gilt bei einer Nachprüfungsentscheidung des Bundeskartellamtes oder einer richterlichen Durchsuchungsanordnung. In beiden Fällen besteht keine Möglichkeit, bei Vorliegen der formellen Voraussetzungen den Fortgang der Untersuchung zu verhindern. Wichtig ist angemessenes und vorsichti-

---

71 S. dazu Rn. 62 Anlage 2 zu Muster 2: Richtlinien für das Dawn Raid Response Team.

ges Verhalten, um Ausweitungen der Untersuchung und Folgeschäden zu vermeiden. Auf die Einhaltung der Rechte als Beschuldigter oder Zeuge ist zu achten. Rechtsmittel können zu einem späteren Zeitpunkt geboten sein.
– Die nachfolgend dargestellten formellen Voraussetzungen der Ermittlungsmaßnahme sind genau zu prüfen:

Nachprüfungsent-scheidung Art. 20 Abs. 4 VO (EG) 1/2003	– Entscheidung der Europäischen Kommission, unterzeichnet von Kommissionsmitglied – Angabe von Gegenstand und Zweck der Nachprüfung unter Benennung des betroffenen Unternehmens und der dort befindlichen Geschäftsräume[72] – Bestimmung des Zeitpunkts des Beginns der Nachprüfung – Information über Folgen von Zuwiderhandlungen, Art. 23 und 24 VO (EG) 1/2003 – Rechtsmittelbelehrung
Nachprüfungsbe-schluss § 59 Abs. 1 S. 1 Nr. 3, Abs. 7 GWB	– Beschluss des Bundeskartellamtes mit Zustimmung seines Präsidenten[73] – Angabe von Zeitpunkt, Rechtsgrundlage, Gegenstand und Zweck der Prüfung unter Benennung des betroffenen Unternehmens und der dort befindlichen Geschäftsräume – Rechtsmittelbelehrung (§ 61 Abs. 1 GWB) Hinweis: Für eine Beschlagnahme ist eine vorherige richterliche Anordnung nicht zwingend notwendig (§ 58 GWB)
Durchsuchungsbe-schluss im Verwal-tungsverfahren § 59 Abs. 4 GWB	– Unterzeichneter Beschluss eines deutschen Amtsgerichtes[74] – Angaben zum kartellrechtswidrigen Verhalten, dessen Begehung Anlass zur Durchsuchung gibt – Angabe von Zweck, Ziel und Ausmaß der Durchsuchung[75] – Rechtsmittelbelehrung[76] Hinweis: Bei Geltendmachung von „Gefahr im Verzug"[77] ist keine bestimmte Form vorgeschrieben. Es besteht lediglich eine Pflicht zur Niederschrift (§ 59 Abs. 4 S. 4 GWB)

---

72 Falls eine Bezugnahme auf „andere Räumlichkeiten" i.S.v. Art. 21 VO (EG) 1/2003 vorliegt, sind diesbezügliche Angaben hinsichtlich eines schweren Verstoßes gegen Art. 81 und 82 EG-Vertrag und die Aufbewahrung relevanter Beweismittel in solchen Räumen erforderlich.

73 Die Zustimmung des Präsidenten ist eine Zulässigkeitsvoraussetzung der Anordnung der Nachprüfung und ist dieser daher beizufügen, vgl. *Immenga/Mestmäcker* GWB § 59 Rn. 47.

74 Zur Geltungsdauer eines Durchsuchungsbeschlusses hat das Bundesverfassungsgericht klargestellt, dass ein solcher Beschluss innerhalb von sechs Monaten seit seinem Erlass vollzogen sein muss (*BVerfG* NJW 1997, 2165). Anderenfalls ist dessen Vollziehbarkeit verbraucht.

75 Erforderlich ist eine konkret formulierte Anordnung, die den Rahmen der Durchsuchung absteckt und eine Kontrolle durch ein Rechtsmittelgericht ermöglicht. Dazu gehören insbesondere tatsächliche Angaben über die aufzuklärenden Straftaten bzw. den aufzuklärenden Tatvorwurf, wobei eine nur schlagwortartige Umschreibung nicht ausreicht (*BGH* v. 3.12.2003, 2 BVR 666/03).

76 Die richterliche Durchsuchungsanordnung kann mit der Beschwerde nach den §§ 306–310, 311a StPO angefochten werden (§ 59 Abs. 4 S. 2 GWB).

77 Das Bundesverfassungsgericht legt den Begriff „Gefahr im Verzug" (Art. 13 Abs. 2 GG) eng aus und besteht auf dem prinzipiellen Richtervorbehalt (*BVerfG* NJW 2001, 1121). Eine Durchsuchung ohne richterlichen Durchsuchungsbeschluss kann deshalb nur die Ausnahme sein und muss mit Tatsachen begründet werden, die sich aus dem konkreten Einzelfall ergeben.

Durchsuchungsbe- schluss[78] im Buß- geldverfahren § 46 OWiG i.V.m. §§ 105 Abs. 1, 102, 103 StPO	– Unterzeichneter Beschluss eines deutschen Amtsgerichts – Angaben zum kartellrechtswidrigen Verhalten, dessen Begehung Anlass zur Durchsuchung gibt – Angabe von Zweck, Ziel und Ausmaß der Durchsuchung – Rechtsmittelbelehrung[79] Hinweis: Bei Geltendmachung von „Gefahr im Verzug" ist keine bestimmte Form vorgeschrieben. Dem Betroffenen ist auf Verlangen eine Durchsuchungsbescheinigung zu erteilen (§ 107 StPO)

Liegen erhebliche Unregelmäßigkeiten hinsichtlich der formellen Voraussetzungen **46** der Ermittlungsmaßnahme vor, beispielsweise die Angabe eines falschen Unternehmens oder Untersuchungsgegenstandes, so sollten die Ermittler nach Absprache mit den anwaltlichen Beratern höflich aber bestimmt gebeten werden, von der Durchführung der Untersuchung abzusehen. Im Übrigen sollten gebotene Klarstellungen hinsichtlich der Nachprüfungsentscheidung oder des Durchsuchungsbeschlusses verlangt werden. Ob Rechtsmittel gegen eine Nachprüfung oder Durchsuchung eingelegt werden, bedarf im Einzelfall der genauen Abwägung. Die Praxiserfahrung zeigt, dass die Erfolgsaussichten solcher Rechtsmittel als verhältnismäßig gering einzustufen sind.[80]

2. Durchführung der Untersuchung

Die Ermittlungsbeamten haben im Rahmen der Durchführung einer Nachprüfung **47** oder Durchsuchung weitreichende Rechte:

– Sie können zunächst alle Räumlichkeiten, Grundstücke und Transportmittel von Unternehmen betreten.[81] Bei begründetem Verdacht, Geschäftsunterlagen könnten in anderen Räumlichkeiten wie beispielsweise den Wohnungen von Geschäftsleitern gelagert werden, haben Beamte der Europäischen Kommission auch das Recht zum Betreten solcher Räumlichkeiten. Zu beachten ist, dass die Beamten der Europäischen Kommission im Rahmen einer Nachprüfungsentscheidung aber generell keine Durchsuchungsberechtigung oder die Befugnis zur Ausübung unmittelbaren Zwangs haben.[82]
– Demgegenüber steht den Beamten des Bundeskartellamtes keine Befugnis zur Nachprüfung in Privaträumen zu. Hierfür benötigen die Beamten wiederum einen richterlichen Durchsuchungsbeschluss. Bei dessen Vorliegen und gegebenenfalls

---

78 Die Verbindung von Durchsuchungs- und Beschlagnahmebeschluss ist zulässig. Die Beschlagnahme wird in solchen Fällen bereits vor der Durchsuchung angeordnet zu einem Zeitpunkt, zu dem die zu beschlagnahmenden Unterlagen regelmäßig noch nicht hinreichend konkret bekannt sind. Fehlt die genaue Bezeichnung der Gegenstände in der Beschlagnahmeanordnung, so handelt es sich lediglich um eine Richtlinie für die Durchsuchung; dazu näher *Meyer-Goßner* § 105 Rn. 7.
79 Gegen einen richterlichen Durchsuchungsbeschluss ist das Rechtsmittel der Beschwerde statthaft, vgl. §§ 304, 306 StPO. Bei Geltendmachung von Gefahr in Verzug kann Antrag auf richterliche Entscheidung nach § 98 Abs. 2 S. 2 StPO gestellt werden.
80 Dazu auch *Wabnitz/Janovsky* 27. Kap. Fn. 73.
81 Erfasst ist hierbei das Unternehmen im weiteren Sinne, d.h. die Duldungspflicht gilt im Konzernverhältnis auch in Bezug auf Tochtergesellschaft und andere verbundene Unternehmen, vgl. *Wiedemann* § 42 Rn. 37.
82 Im Weigerungsfalle muss die Europäische Kommission daher Beamte des Bundeskartellamtes zur Unterstützung anfordern, die dann aufgrund eines Durchsuchungs- und Beschlagnahmebeschluss entsprechend agieren können.

eines zusätzlichen Beschlagnahmebeschlusses können die Beamten auch Gewalt gegen Sachen[83] ausüben (z.B. Aufbruch von Schränken und anderen Behältnissen), und zwar regelmäßig durch hinzugezogene Polizeibeamte.

– Bücher und sonstige Geschäftsunterlagen, unabhängig davon, in welcher Form sie vorliegen, können durchgesehen werden.[84] Ob solche Unterlagen Geschäftsgeheimnisse enthalten, ist dabei unerheblich.

– Ermittlungsbeamte der Europäischen Kommission haben lediglich die Befugnis zur Anfertigung von Kopien oder Auszügen gleich welcher Art aus den vorgenannten Büchern und Unterlagen, nicht aber das Recht zur Mitnahme von Originaldokumenten. Hingegen haben Beamte des Bundeskartellamtes sowohl im Verwaltungsverfahren[85] als auch im Bußgeldverfahren[86] die Befugnis, Geschäftsunterlagen im Original zu verbringen.

– Die betrieblichen Räumlichkeiten und Bücher oder Unterlagen jeder Art können für die Dauer und in dem Ausmaß, wie es für die Nachprüfung erforderlich ist, versiegelt werden.

– Die Ermittlungsbeamten können Erläuterungen zu Tatsachen oder Unterlagen verlangen, die mit dem Gegenstand und Zweck der Nachprüfung in Zusammenhang stehen, und diesbezügliche Antworten zu Protokoll nehmen. Alle Mitarbeiter haben insoweit die grundsätzliche Pflicht, die Ermittler bei ihren Maßnahmen zu unterstützen und jegliche Handlungen zu unterlassen, welche die Ermittlungen behindern oder unangemessen verzögern würden. Sollten Verzögerungen unvermeidbar sein, beispielsweise im Hinblick auf abwesende Mitarbeiter oder in Archive ausgelagerte Geschäftsunterlagen, so muss dies den Ermittlern deutlich erklärt werden.

– Bei einer Durchsuchung im Bußgeldverfahren des Bundeskartellamtes, bei welcher der staatliche Eingriff lediglich zu dulden und nur Angaben zur Person zu machen sind, trifft den von der Maßnahme Betroffenen keine Verpflichtung zur Aussage. Eine solche Pflicht trifft – vorbehaltlich etwaiger Zeugnisverweigerungsrechte und insbesondere der Gefahr der Selbstbezichtigung – ausschließlich den Zeugen.

48 Es ist wahrscheinlich, dass sich die Ermittler im Rahmen der Durchführung einer Untersuchung in kleinere Teams aufteilen und verschiedene Räumlichkeiten des Unternehmens gleichzeitig betreten. Es sollte unter allen Umständen vermieden werden, dass sich die Ermittler zu irgendeinem Zeitpunkt alleine im Unternehmen bewegen und dadurch in die Lage versetzt werden, bloß informatorische Gespräche frei zu führen sowie Zufallsfunde und Spontanäußerungen einzusammeln. Auf die Bereitstellung einer ausreichenden Anzahl unternehmensinterner und externer Rechtsanwälte oder Begleitpersonen ist daher zu achten. Dazu sollten auch Personen aus dem Bereich Informationstechnologie gehören, welche die EDV-Spezialisten auf Ermittler-

---

83 Gewalt gegen Personen ist unter keinen Umständen zulässig.

84 D.h. neben Verträgen, Korrespondenz, Reiseberichten, Spesenabrechnungen, Visitenkarten, Terminkalendern auch alle elektronisch gespeicherten Dokumente. Zu beachten ist, dass die Ermittler auch Papierkörbe inspizieren werden, zumal dann, wenn Verdunkelungsgefahr besteht.

85 Im GWB findet sich keine dem Art. 20 Abs. 2 Buchst. c VO 1/2003 entsprechende Begrenzung der Befugnisse auf die Anfertigung von Kopien. Vielmehr kann gemäß § 58 Abs. 1 GWB die Beschlagnahme angeordnet werden. Nach dem Verhältnismäßigkeitsgrundsatz kann es angezeigt sein, dass dem betroffenen Unternehmen die Anfertigung von Kopien der beschlagnahmten Originalen gestattet wird. Zu möglichen Rechtsmitteln gegen die Beschlagnahme s. § 58 Abs. 2 und 3 GWB.

86 § 98 StPO.

seite begleiten und bei Datenzugriffen unterstützen können. Wichtig ist in diesem Zusammenhang, dass die von der Vor-Ort-Nachprüfung betroffenen Geschäftsleiter, Firmen- und Wohnungsinhaber zwar ein Anwesenheitsrecht haben, jedoch grundsätzlich keine Verpflichtung, bis zum Abschluss der Ermittlung vor Ort zu bleiben. Letzteres gilt auch für Mitarbeiter des betroffenen Unternehmens.

2.1 Bücher und sonstige Geschäftsunterlagen

Im Mittelpunkt einer Nachprüfung durch die Europäische Kommission wird zunächst die Suche nach Geschäftsunterlagen stehen, die einen Bezug zum Gegenstand der Nachprüfung haben. Im Rahmen der Mitwirkungs- und Duldungspflicht ist zweckmäßigerweise das Folgende veranlasst: **49**

– Prüfung, ob die Geschäftsunterlagen vom Nachprüfungsgegenstand umfasst und hierfür relevant sind. Zu beachten ist, dass die Einsichtnahme in private Unterlagen[87] sowie reine „fishing expeditions"[88] nach Geschäftsunterlagen, die außerhalb des Nachprüfungsgegenstandes liegen, und mit denen aufgrund bloß abstrakter Vermutungen Beweismittel über mutmaßliche Wettbewerbsverstöße erhoben werden sollen, nicht von Art. 20 VO (EG) 1/2003 gedeckt sind. Die Letztentscheidung hinsichtlich der Frage der Relevanz liegt allerdings bei den Ermittlungsbeamten. Ferner sollte die Nachprüfung von Geschäftsunterlagen ohne vorherige rechtliche Beratung nicht verweigert werden. Liegen die Ermittlungsmaßnahmen außerhalb des Umfangs der Nachprüfungsentscheidung, sollte hiergegen unverzüglich widersprochen und sichergestellt werden, dass dies entsprechend im Protokoll vermerkt wird.

– Offenlegung und Bereitstellung aller relevanten Geschäftsunterlagen, nach denen die Kommissionsbeamten fragen. Dabei genügt es, wenn die Ermittler allgemein nach bestimmten Arten von Dokumenten oder Dateien fragen, d.h. die Ermittler sind nicht gehalten, die gewünschten Geschäftsunterlagen präzise zu identifizieren. Üblicherweise suchen die Ermittler direkt in den Büros bestimmter Mitarbeiter und sichten und markieren dort die relevanten Unterlagen vor Erstellung der Kopien. Bedeutsam ist, dass im Europäischen Recht kein allgemeines Recht existiert, wonach selbstbelastende Dokumente nicht offen gelegt und überlassen werden müssten.[89]

– Erstellen eines detaillierten Verzeichnisses mit allen durchgesehenen Geschäftsunterlagen, sämtlichen bloß herausgegebenen, aber nicht durchgesehenen Geschäftsunterlagen sowie sämtlichen angeforderten, aber nicht herausgegebenen Geschäftsunterlagen nebst einer Begründung für die Nichtherausgabe.

– Im Falle der Nachprüfung von Datenbanken und EDV-Anlagen einschließlich E-Mail sind sämtliche jeweils verwendeten Suchbegriffe aufzulisten. Falls möglich sollte die Referenzkarte der Suchbegriffe überprüft werden, welche Ermittler regelmäßig verwenden, auch vor dem Hintergrund der Überprüfung der Relevanz aller Suchbegriffe für den Gegenstand der Nachprüfung.

– Kennzeichnung relevanter Geschäftsunterlagen als „Vertraulich – Enthält Geschäftsgeheimnisse". Damit soll sichergestellt werden, dass der Zugriff Dritter

---

87 Vgl. *Wiedemann* § 42 Rn. 40.
88 Dazu näher *Wissmann/Dreyer/Witting* § 3 Rn. 30 ff.
89 Nach der Rspr. des EuGH besteht kein Recht des betroffenen Unternehmens, belastende Auskünfte und die Vorlage belastender Unterlagen zu verweigern, dazu näher *Bechthold* § 59 Rn. 22; a.A. unter Hinweis auf Art. 6 EMRK *Wissmann/Dreyer/Witting* § 3 Rn. 126.

auf solche geschäftssensiblen Unterlagen, beispielsweise im Rahmen einer Akteneinsicht, unterbunden wird. Zu beachten ist, dass die Vertraulichkeit von Geschäftsunterlagen keinen Grund darstellt, deren Vorlage zu verweigern.

- Sofern Kopien von Geschäftsunterlagen angefordert werden: Erstellung identischer und nummerierter Kopiensätze für die Ermittler, die externen Rechtsanwälte sowie das Unternehmen. Bei einer erheblichen Anzahl von Kopien kann das betroffene Unternehmen bei den Inspektoren um Kostenerstattung nachsuchen.
- Sofern Kopien von Computerdateien angefordert werden: Erstellung identischer und nummerierter Ausdrucke für die Ermittler, die externen Rechtsanwälte sowie das Unternehmen. Es ist in diesem Zusammenhang darauf hinzuweisen, dass die Ermittlungsbeamten der Europäischen Kommission auch das Recht haben, Kopien von elektronischen Datenträgern zu fertigen.[90]
- Durchsetzung des Anwaltsprivileges („legal privilege"): Nach europäischem Recht ist grundsätzlich nur die Verteidiger- und Beratungskorrespondenz zwischen dem betroffenen Unternehmen und seinen in der Europäischen Union zugelassenen externen Rechtsanwälten privilegiert, d.h. sie muss nicht an die Kommissionsbeamten herausgegeben werden.[91] Regelmäßig wird es genügen, wenn den Beamten Adresse und Briefkopf eines Dokuments als Nachweis für dessen Privilegierung offen gelegt wird.

50 Abweichungen vom Vorgesagten ergeben sich bei Durchsuchungen mit Beschlagnahmebeschluss des Bundeskartellamtes, welche das betroffene Unternehmen lediglich zu dulden hat:

- Beschlagnahme bedeutet die förmliche Sicherstellung eines Gegenstandes (und zwar des Originals) durch Begründung von amtlichem Gewahrsam.
- Duldungspflicht heißt, dass durchsuchenden Polizeibeamten und Ermittlern keine Unterstützung im Rahmen der Ermittlungsmaßnahme gewährt werden muss. Insbesondere müssen weder Geschäftsunterlagen aktiv zur Kenntnis gebracht werden noch sonstige Unterstützung beispielsweise zum Screening der EDV[92] gegeben werden. Die Taktik hinsichtlich einer eventuellen Mitwirkung sollte mit den anwaltlichen Beratern abgestimmt werden. Es kann sich durchaus empfehlen, die Ermittlungsbeamten zum Aufbewahrungsort derjenigen Unterlagen zu führen, nach denen von ihnen gesucht wird. Damit ist die Durchsuchung insoweit grundsätzlich abgeschlossen, wenngleich die Einsichtnahme weiterer Räume und Unterlagen nicht verhindert werden kann.
- Zur Aufrechterhaltung eines reibungslosen weiteren Geschäftsbetriebes sollte zunächst versucht werden, die Beamten dazu zu bewegen, Kopien zu erstellen und von der Mitnahme der Originaldokumente Abstand zu nehmen. Ferner sollte den Beamten gegenüber dargelegt werden, dass keine freiwillige Herausgabe von

---

90 Vgl. Art. 20 Abs. 2 Buchst. c VO (EG) 1/2003. Allerdings kann das Kopieren nicht durch unmittelbaren Zwang durchgesetzt werden. Hierfür ist wiederum die Unterstützung der Beamten des Bundeskartellamtes im Wege der Amtshilfe notwendig.

91 Der EuGH hat mit seiner Entscheidung v. 14.9.2010 in dem Verfahren „Akzo Nobel Chemicals Ltd. und Akcros Chemicals Ltd./Kommission", Az. C-550/07 P, die ablehnende Rechtsprechung zum Anwaltsprivileg von Syndikusanwälten bestätigt. Dazu näher *Moosmayer* NJW 2010, 3548 ff.

92 Passwörter und anderweitige Zugangsberechtigungen sind in der Regel offen zu legen: *de Crozals/ Jürgens* CCZ 2009, 92, 95.

Geschäftsunterlagen erfolgt und der Beschlagnahme widersprochen wird. Zugleich ist darzustellen, dass dies nicht geschieht, um die Ermittlungen zu behindern, sondern um keine eigenen Rechte preiszugeben.

– Zu beachten ist, dass das Bundeskartellamt nicht auf die Erstellung von bloßen Kopien verwiesen werden kann. Die Beamten haben das Recht, Originaldokumente und Dateien[93] zu beschlagnahmen und dies durch unmittelbaren Zwang auch durchzusetzen.[94]

– Ferner sollte Widerspruch erhoben werden, falls Polizeibeamte die Geschäftsunterlagen durchsehen sollten. Dies ist nur den Beamten der Staatsanwaltschaft und des Bundeskartellamtes gestattet. Gegebenenfalls ist auf eine Versiegelung der Unterlagen gem. § 110 Abs. 2 S. 2 StPO zu bestehen, wobei die Mitnahme aller Unterlagen regelmäßig die Folge sein wird.

– Zu beachten ist, dass bei Durchsuchungen und Beschlagnahmen nach nationalem Recht eine Privilegierung von Dokumenten wie im europäischen Recht nicht vorliegen wird. Die Voraussetzungen des sog. Verteidigerschriftverkehrs gem. § 148 StPO sowie der Beschlagnahmeverbote nach § 97 StPO werden bei kartellrechtlichen Ermittlungsmaßnahmen regelmäßig nicht gegeben sein.

– Zu beachten ist ferner, dass Geschäftsunterlagen selbst dann beschlagnahmt werden können, wenn sie nicht zum Ermittlungsgegenstand gehören, aber Verstöße gegen Wettbewerbsrecht belegen.[95] Lediglich eine systematische Suche nach solchen Zufallsfunden ist nicht zulässig.

Allgemein gilt, dass jeglicher Versuch, das Auffinden oder den Inhalt von Geschäfts- **51** unterlagen zu unterdrücken oder die Ermittlungsbeamten über deren Inhalt in die Irre zu führen, unterlassen werden muss. Neben entsprechenden bußgeldrechtlichen Sanktionen[96] kann in Einzelfällen die Annahme von Verdunkelungsgefahr (§ 112 Abs. 2 Nr. 3 StPO) drohen. Folge hiervon kann die Anordnung von Untersuchungshaft sein. Entsprechend wichtig ist die strikte Befolgung der Anweisungen der Geschäftsleitung und der Richtlinien des betroffenen Unternehmens hinsichtlich der Dokumentenaufbewahrung.

2.2 Mündliche Erklärungen

Einen weiteren Schwerpunkt der Ermittlungstätigkeit bilden Fragen der Beamten. Im **52** Rahmen einer Nachprüfungsentscheidung kann die Europäische Kommission von allen Vertretern oder Mitgliedern der Belegschaft des Unternehmens Erläuterungen zu Tatsachen oder Unterlagen verlangen, die mit Gegenstand und Zweck der Nachprüfung in Zusammenhang stehen, und ihre Antworten zu Protokoll nehmen (Art. 20

---

93 Zur Vorgehensweise des Bundeskartellamtes bei der Sicherstellung von IT-Asservaten im Rahmen einer Unternehmensdurchsuchung im Kartellordnungswidrigkeitenverfahren ausf. *Saller* CCZ 2012, 189 ff. sowie zur EDV-Beweissicherung allgemein *Wabnitz/Janovsky* 25. Kap.

94 Im Verwaltungsverfahren durch vorherigen Beschluss der Beschlussabteilung gem. § 58 Abs. 1 GWB (bei Vor-Ort-Anordnung und Widerspruch des betroffenen Unternehmens ist eine richterliche Bestätigung innerhalb von drei Tagen erforderlich, § 58 Abs. 2 GWB), im Bußgeldverfahren durch richterliche Beschlagnahmeanordnung (Ausnahme: Bei Gefahr im Verzug).

95 Zufallsfunde sind gem. § 46 Abs. 1 OWiG i.V.m. § 108 StPO zu beschlagnahmen. Zuständig hierfür ist neben dem Richter und Staatsanwalt jeder Ermittlungs- und Polizeibeamte. Gefahr im Verzug wird gesetzlich vermutet, vgl. *Meyer-Goßner* § 108 Rn. 6.

96 Vgl. Art. 23 Abs. 1 und 3 VO (EG) 1/2003 sowie § 81 Abs. 2 Nr. 6 GWB.

Abs. 2 Buchst. e VO (EG) 1/2003).[97] Die Ermittler können dabei insbesondere Auskünfte zum Ort und zum Verbleib von Geschäftsunterlagen, zum Inhalt von gesichteten Geschäftsunterlagen sowie zu aus solchen Geschäftsunterlagen sich ergebenden Angelegenheiten einholen. Für solche mündlichen Erklärungen ist das Folgende zu beachten:

– Entsprechend der Mitwirkungspflicht sind gestellte Fragen vollständig und wahrheitsgemäß zu beantworten. Die Grenze bildet die Relevanz der gestellten Frage für den Ermittlungsgegenstand. Eine weitere Grenze ergibt sich aus dem Zweck der Befragung selbst, welche sich auf Tatsachenangaben zu beschränken hat, beispielsweise zur Erläuterung von Geschäftsunterlagen, der Organisationsstruktur des Unternehmens oder zum Aufbewahrungsort relevanter Unterlagen. Daraus folgt, dass sowohl Ausforschungsfragen durch Beamte der Europäischen Kommission zum Beleg des eigentlichen Tatvorwurfes als auch die Durchführung einer Vernehmung oder eines Kreuzverhöres nicht zulässig sind.[98] Ob die Antwort auf Fragen verweigert werden kann, sollte immer zuvor mit den internen oder externen Rechtsanwälten abgestimmt werden.
– Antworten sollten konkret und knapp sein sowie sich ausschließlich auf den Gegenstand der Ermittlung beziehen. Darüber hinaus gehende Angaben, insbesondere Spontanäußerungen sowie die Äußerung von Vermutungen, sind zu unterlassen. Sofern eine Frage nicht eindeutig verstanden wurde, sollte um Klarstellung nachgesucht werden. Sofern mangels eigener Kenntnis keine Angaben gemacht werden können, sollte dies den Beamten gegenüber eindeutig festgestellt werden.
– Die Antworten sollten der Frage entsprechen. Es sollte nicht der Versuch unternommen werden, Fragen der Ermittler zu korrigieren oder umzuformulieren.
– Sollte der Eindruck entstehen, die Ermittler stellen zu viele Fragen, welche insbesondere als „fishing" qualifiziert werden können oder nicht direkt zum Gegenstand der Untersuchung oder deren Inhalte gehören, so sollte bei den Ermittlern nachgefragt werden, ob die Fragen als Teil einer informatorischen Befragung anzusehen sind oder aber die Ermittler von einem gesetzlichen Fragerecht Gebrauch machen. Liegen die Fragen außerhalb des Umfangs der Ermittlungsmaßnahme, sollte hiergegen widersprochen und sichergestellt werden, dass dies entsprechend im Protokoll vermerkt wird.
– Sollte die Komplexität des Untersuchungsthemas eine schriftliche Antwort angezeigt erscheinen lassen, so sollte eine dahingehende Bitte geäußert werden. Sollte dies nicht akzeptiert werden, so sollte eine Ergänzung der Antwort vorbehalten werden.
– Grundsätzlich ist es dem Unternehmen freigestellt zu bestimmen, wer auf die gestellten Fragen antwortet. Im Grundsatz besteht auch keine Verpflichtung, eine mündliche Einvernahme am Tag der Nachprüfung abzuhalten. Um eine wechselseitige Behinderung von Ermittlung und mündlicher Einvernahme zu vermeiden, sollte versucht werden, Termine für solche Gespräche auf einen anderen Tag oder jedenfalls an einen anderen Ort außerhalb der untersuchten Räume zu verlegen.

---

97 Von dem Recht der Kommissionsbeamten, mündliche Erklärungen i.S.v. Art. 20 Abs. 2 Buchst. e VO (EG) 1/2003 zu verlangen ist die Möglichkeit, Befragungen i.S.v. Art. 19 VO (EG) 1/2003 durchzuführen, strikt zu unterscheiden. Hinsichtlich letzterer gilt das Prinzip der Freiwilligkeit, d.h. betroffene Personen müssen einer solchen informatorischen Befragung zustimmen. Zum Verfahren nach Art. 19 VO (EG) 1/2003 näher *Wissmann/Dreyer/Witting* § 3 Rn. 146 ff.
98 S. auch *Wiedemann* § 42 Rn. 43.

– Das Protokoll der Ermittlungsbeamten zu den mündlichen Erklärungen ist vor Unterzeichnung genau zu prüfen. Etwaige Fehler sowie nicht richtig oder nicht vollständig wiedergegebene Ausführungen sind zu korrigieren.

Im Verwaltungsverfahren des Bundeskartellamtes sind nur die Inhaber und Organe **53** von Unternehmen auskunftspflichtig.[99] Sonstige Mitarbeiter des Unternehmens können nur als Zeugen vernommen werden. Komplexer stellt sich die Situation im Bereich von Bußgeldverfahren des Bundeskartellamtes dar. Hierbei ist zum einen eine Unterscheidung nach dem Grad der Einbeziehung in das Verfahren als Verantwortlicher,[100] Beschuldigter[101] oder Zeuge[102] zu treffen, zum anderen danach, ob es sich um eine formelle Vernehmung[103] oder eine bloß informelle Befragung[104] handelt. Vor dem Hintergrund der bloß passiven Duldungspflicht einer Durchsuchung können folgende Leitlinien aufgestellt werden:

– Nach Absprache mit den anwaltlichen Beratern sollten Vernehmungen von Zeugen oder Beschuldigten im Unternehmen nicht erlaubt und auf die Einhaltung der jeweils geltenden formellen Voraussetzungen bestanden werden. Den Beamten gegenüber sollte dargelegt werden, dass dies nicht geschieht, um die Ermittlungen zu behindern, sondern um keine Rechte preiszugeben. Gleichfalls sollten Spontanäußerungen unterbleiben und informatorische Befragungen aus den vorgenannten Gründen unterbunden werden. Die Praxiserfahrung in Wirtschaftsstrafsachen zeigt, dass Spontanäußerungen ebenso wie Sofortaussagen von Zeugen oder Beschuldigten dem Unternehmen und dem Betroffenen selbst wenig nutzen und tendenziell eher schaden.

– Von Ermittlungsmaßnahmen betroffene Mitarbeiter im Unternehmen sollten wissen, dass keine Aussagepflicht als Zeuge oder Beschuldigter gegenüber Polizeibeamten besteht.[105] Die Gefahr einer Selbstbezichtigung ist hierfür nicht Voraussetzung.

---

99 Vgl. § 59 Abs. 2 GWB.

100 Regelmäßig werden Ermittlungsverfahren gegen die Verantwortlichen des betroffenen Unternehmens geführt. Neben den Geschäftsleitungsorganen können hierzu auch sonstige Angestellte zählen, die im Verdacht stehen, Ordnungswidrigkeiten oder Straftaten in Ausübung ihrer Tätigkeit für das Unternehmen begangen zu haben.

101 Als Beschuldigter wird eine strafmündige Person bezeichnet, der die Begehung einer Straftat vorgeworfen wird und gegen die daher ein strafrechtliches Ermittlungsverfahren betrieben wird. Beschuldigter i.S.d. StPO kann nur eine natürliche Person sein, nicht aber eine juristische.

102 Als Zeuge wird eine natürliche Person bezeichnet, die in einem nicht gegen sie gerichteten Strafverfahren hinsichtlich eines aufzuklärenden Sachverhaltes durch eigene Wahrnehmung Angaben zur Sache machen kann.

103 Die Vernehmung ist die förmliche Einvernahme zu einem Sachverhalt mit einem Beschuldigten oder Zeugen. Sie ist die einzige strafprozessuale Gesprächsform mit einem Beteiligten und unterliegt strengen Regelungen hinsichtlich der Ladung, Belehrungspflichten sowie Erscheinungs- und Auskunftspflichten, vgl. dazu §§ 136, 163a StPO.

104 Eine informelle oder informatorische Befragung ist ein Gespräch zwischen Ermittlungsbeamten und Personen, die möglicherweise als Verdächtige bzw. Betroffene oder Zeugen einer Straftat in Frage kommen. Ein solches Gespräch unterfällt nicht den für Vernehmungen geltenden Vorschriften, und es besteht keine Verpflichtung der betroffenen Person, sich hierauf einzulassen. Geschieht dies dennoch, so kann der Ermittlungsbeamte über ein solches Gespräch einen Aktenvermerk verfassen und später als Zeuge hierzu vernommen werden. Äußerungen der befragten Personen, die später den Status eines Beschuldigten erhalten, sind als Spontanäußerung anzusehen, die im anschließenden Ermittlungsverfahren der Strafverfolgungsbehörden verwendet werden.

105 Gleichermaßen besteht keine Pflicht zum Erscheinen bei Vorladungen der Polizeibehörden, vgl. § 161a Abs. 1. S. 1 StPO.

– Eine Aussagepflicht besteht allerdings gegenüber anwesenden Staatsanwälten. Zu beachten ist, dass die Ermittlungsbeamten des Bundeskartellamtes als Verfolgungsbehörde im Bußgeldverfahren dieselben Rechte und Pflichten wie die Staatsanwaltschaft bei der Verfolgung von Straftaten haben.[106] Im Kontext von Durchsuchungen im Unternehmen ist bedeutsam, dass die Strafprozessordnung weder eine Mindest-Ladungsfrist für Zeugen kennt noch ein Formerfordernis, wonach eine Ladung zur Vernehmung schriftlich erfolgen müsse.[107] Eine zeitliche Grenze stellt aber das Recht von Zeugen dar, sich über mögliche Aussage- und Auskunftsverweigerungsrechte mit einem Rechtsanwalt ihres Vertrauens zu beraten, was unter Umständen auch eine gewisse Einarbeitungszeit erforderlich machen kann. Dies gilt insbesondere bei Gefahr einer möglichen Selbstbezichtigung (§ 55 StPO). Dieses Recht gilt es durchzusetzen.[108]

– Sofern eine Pflicht zur Zeugenaussage besteht und Angaben zur Geschäftsleitung oder dem Unternehmen sowie dem Verhalten von Kollegen gefordert werden, sehen sich Mitarbeiter häufig in einer Konfliktsituation, sich solidarisch zu verhalten. Das geltende Recht stellt Zeugen in solchen Fällen keinerlei Verweigerungsrechte zu, sondern sieht zur Durchsetzung von Aussagepflichten Zwangsmittel[109] und Straftatbestände[110] vor.

– Für den Syndikusanwalt ist im Rahmen der Unterstützung von Zeugen Zurückhaltung u.a. im Hinblick auf die Gefahr möglicher Interessenkollisionen angezeigt.

– Während die intensive Gesprächsvorbereitung in Wirtschaftsunternehmen den Regelfall in der allgemeinen Unternehmenspraxis darstellt, ist grundsätzlich davon abzuraten, Zeugen auf eine bevorstehende Vernehmung durch entsprechende Gespräche mit der Geschäftsleitung oder der Rechtsabteilung vorzubereiten. Ermittlungsbeamte werden Zeugen regelmäßig auf solche Vorbereitungsmaßnahmen befragen, und der Zeuge hat hierauf wahrheitsgemäß zu antworten. Es liegt auf der Hand, dass neben dem Verdacht der unzulässigen Beeinflussung von Zeugen unter Umständen die Annahme von Verdunkelungsgefahr im Raum stehen kann.[111]

2.3 Checkliste: Zeugen- und Beschuldigtenvernehmungen im Bußgeldverfahren

54 Überblicksartig stellen sich die Rechte und Pflichten im Rahmen von Zeugen- und Beschuldigtenvernehmungen im Bußgeldverfahren des Bundeskartellamtes wie folgt dar:

Pflichtenkreis	Beschuldigter	Zeuge
Erscheinungspflicht bei Ladung durch		
– Polizei – Staatsanwaltschaft – Richter	– Nein – Ja – Ja	– Nein – Ja – Ja

---

106 Vgl. § 46 Abs. 2 OWiG.
107 Vgl. § 48 StPO. Demgegenüber hat der Beschuldigte immer das Recht, allein mit seinem anwaltlichen Berater (Verteidiger) sprechen zu können (§ 137 Abs. 1 i.V.m. §§ 163a Abs. 4, 136 Abs. 1 S. 2 StPO).
108 I.d.S. auch *Minoggio* Firmenverteidigung, 2. Aufl. 2010, Rn. 420 ff.
109 Vgl. § 70 StPO.
110 Vgl. etwa §§ 164, 153 ff., 258 StGB.
111 Vgl. § 112 StPO.

Pflichtenkreis	Beschuldigter	Zeuge
Angaben zur Person gegenüber Polizei, Staatsanwaltschaft und Richter	Ja	Ja
Aussagepflicht/Angaben zur Sache gegenüber		
– Polizei – Staatsanwaltschaft – Richter	– Nein – Nein – Nein	– Nein – Ja – Ja Ausnahme: Aussage- oder Auskunftsverweigerungsrecht
Wahrheitspflicht bei Vernehmung durch		
– Polizei – Staatsanwaltschaft – Richter	– Nein – Nein – Nein Grenze: Belastung Dritter mit wissentlich falschen Angaben	– Ja – Ja – Ja (bewehrt mit Straftatbestand der Falschaussage § 153 StGB)
Anwesenheitsrecht des Verteidigers bei Vernehmung durch		
– Polizei – Staatsanwaltschaft – Richter	– Nein – Ja – Ja	– Nein – Ja – Ja

3. Abschluss

Sofern nicht bereits während der Vor-Ort-Ermittlung geschehen gilt es spätestens **55** nach Beendigung der Ermittlungsmaßnahme, Abschriften der von den Beamten erstellten Protokolle und Verzeichnisse zu erbitten. Wenngleich ein förmliches Nachprüfungsprotokoll nicht in der VO (EG) 1/2003 vorgesehen ist, fertigen die Beamten in Verfahren der Europäischen Kommission aufgrund gängiger Amtspraxis ein Protokoll, welches dem betroffenen Unternehmen im Regelfall auf Wunsch in Abschrift überlassen wird. Eine Verpflichtung zur Protokollierung trifft die Beamte demgegenüber hinsichtlich mündlicher Erklärungen.[112] Auch hiervon werden die Beamten dem betroffenen Unternehmen im Regelfall eine Abschrift überlassen. Aus Sicht des Unternehmens sollte es das Ziel sein, spiegelbildliche Kopiensätze für das Unternehmen von allen Aufzeichnungen mündlicher Erklärungen sowie aller von den Beamten kopierter Geschäftsunterlagen anzufertigen. Das Bundeskartellamt trifft sowohl im Verwaltungsverfahren als auch im Bußgeldverfahren die Verpflichtung, in einem Durchsuchungsprotokoll bzw. in dem Beschlagnahmeprotokoll das wesentliche

---

112 Vgl. Art. 20 Abs. 2 Buchst. e VO (EG) 1/2003.

Ermittlungsergebnis darzulegen und ein Verzeichnis der freiwillig herausgegebenen oder der beschlagnahmten Geschäftsunterlagen zu erstellen und auszuhändigen. Bei Geltendmachung von Gefahr im Verzug sind die entsprechenden Gründe mit darzulegen. Zu beachten ist allerdings, dass für den Zeugen oder seinen Anwalt kein Recht existiert, eine Abschrift des Vernehmungsprotokolls zu erhalten.

56 Zum Ende der Ermittlungsmaßnahme sollte zwischen dem Unternehmen, vertreten durch die externen Rechtsanwälte bzw. die Rechtsabteilung oder die Geschäftsleitung, und den Ermittlungsbeamten ein Abschlussgespräch geführt werden. In diesem Rahmen sollten insbesondere folgende Themenkreise angesprochen werden:

– Klärung oder Ergänzung etwaiger offen gebliebener Fragen. Eine inhaltliche Stellungnahme des Unternehmens zu den erhobenen Vorwürfen sollte der schriftlichen Form vorbehalten bleiben. Die erhobenen Vorwürfe werden auch in diesem Verfahrensstadium nicht durch mündliche Erläuterungen zu entkräften sein. Es sollte daher auch im Rahmen einer Abschlussbesprechung von dem Versuch Abstand genommen werden, durch spontane Bekundungen und Äußerungen die erhobenen Vorwürfe zu entkräften. Zielführender ist es, schriftlich nach genauer Kenntnis der Sachlage und durchgeführter Beweisaufnahme Stellung zu beziehen.

– Anfertigung von Kopien beschlagnahmter Geschäftsunterlagen, sofern nicht bereits zuvor geschehen.

– Vereinbarung von Terminen für weitere Befragungen sowie die Vernehmung von Beschuldigten und Zeugen.

– Es sollte durch Nachfrage sichergestellt werden, dass die Vor-Ort-Ermittlung nunmehr tatsächlich beendet ist. Nur in diesem Fall kann die vorgelegte Nachprüfungsentscheidung bzw. die Durchsuchungsanordnung als verbraucht angesehen werden.

4. Nach Beendigung der Untersuchung

57 Nachdem die Vor-Ort-Ermittlung als beendet erklärt wurde und sämtliche Ermittlungsbeamte das Unternehmen verlassen haben, sollten alle an der Nachprüfung oder Durchsuchung beteiligten Geschäftsleiter und Mitarbeiter des Unternehmens zusammen mit den Vertretern der Rechtsabteilung sowie den externen Rechtsanwälten zunächst eine Besprechung abhalten, in der alle Aspekte der Ermittlung noch einmal durchgegangen und diskutiert werden. Ziel dieser Besprechung sollte sein, ein komplettes unternehmensinternes Protokoll von der Ermittlungsmaßnahme zu erstellen, welches insbesondere folgende Punkte auflisten sollte:

– Sämtliche Fragen der Ermittlungsbeamten sowie sämtliche Antworten nebst Benennung der antwortenden Person hierauf.

– Sämtliche durchgesehenen Geschäftsunterlagen, sämtliche bloß herausgegebenen, aber nicht durchgesehenen Geschäftsunterlagen, sowie sämtliche angeforderten, aber nicht herausgegebenen Geschäftsunterlagen nebst Begründung der Nichtherausgabe.

– Sämtliche Geschäftsunterlagen, welche kopiert oder beschlagnahmt wurden.

– Sämtliche weiteren Vorkommnisse und Gesichtspunkte, wie etwa Diskussionen über die Relevanz von Geschäftsunterlagen, die Unverhältnismäßigkeit von Maßnahmen, Hinweise der Ermittlungsbeamten usw.

58 Sodann sollte eine solche Besprechung zum Anlass genommen werden, den Gegenstand der Nachprüfung oder Durchsuchung zu analysieren und die in diesem Zusammenhang überlassenen Geschäftsunterlagen und mündlichen Erklärungen auf folgende Notwendigkeiten hin zu überprüfen:

– Ergänzung oder Korrektur hinsichtlich der überlassenen Geschäftsunterlagen und mündlichen Erklärungen.
– Überlassung weiterer Geschäftsunterlagen. Insofern ist gegebenenfalls zu prüfen, ob Maßnahmen zum Erhalt von Dokumenten und elektronisch gespeicherten Informationen einzuleiten sind. Dazu gehören sowohl entsprechende Anweisungen an relevante Mitarbeiter ("legal hold") als auch die Ausserkraftsetzung von Dokumentenvernichtungsprozessen in der EDV und anderen Dokumentenverwaltungsstellen.
– Nachkennzeichnung von Dokumenten, welche Geschäftsgeheimnisse enthalten.

Ferner ist zu überprüfen, ob unter dem Gesichtspunkt der Reputationswahrung des **59** betroffenen Unternehmens PR-Maßnahmen einzuleiten sind. Studien zufolge glaubt eine überwiegende Leserschaft an die Schuld von Betroffenen, wenn eine Kommentierung der Vorwürfe verweigert wird. Eine gezielte Pressearbeit, welche kurzfristig und schnell auf eine Nachprüfung oder Durchsuchung reagiert, kann daher positive Wirkungen entfalten. Dabei sollten schriftliche Information möglichst nicht juristisch abgefasst (wohl aber juristisch geprüft), sondern grundsätzlich knapp und verständlich sein. Die Einladung ausgewählter Medienvertreter zu Pressekonferenzen kann ebenfalls ein probates Mittel sein. Ziel aller solcher Maßnahmen ist es, die Reputation des Unternehmens und ihrer Geschäftsleiter und Mitarbeiter zu wahren, ohne zu versuchen, Einflussnahme auf das laufende Verfahren zu nehmen. Sinnvollerweise sollte das betroffene Unternehmen auf diese Situation durch einen klaren Presseverteiler, getrennt nach Wirkungsbereichen (Regionalmedien, überregionale Medien, Fachmedien), sowie durch die Benennung eines Pressesprechers vorbereitet sein.[113]

Mitarbeiter des Unternehmens einschließlich Mitarbeiter der Rechtsabteilung müssen **60** sich darauf beschränken, ein reines Tatsachenprotokoll anzufertigen. Zur Wahrung des Anwaltsprivileges sollten ausschließlich die externen Rechtsanwälte damit beauftragt werden, zu den Inhalten und Risiken der Ermittlung sowie zur weiteren Strategie des Unternehmens Stellung zu beziehen. Ausführungen können beispielsweise veranlasst sein im Hinblick auf die Weigerung des Unternehmens betreffend die Herausgabe von Geschäftsunterlagen oder diesbezüglich geäußerte Vorbehalte, zum Sachverhalt und Gegenstand der Untersuchung, zur Verwertbarkeit von Beweismitteln, sowie allgemein zur Einlegung von Rechtsmitteln. Einen wichtigen Aspekt im Rahmen der Strategiebestimmung kann auch die Inanspruchnahme der Kronzeugenregelung sein. All diese Überlegungen sollten schriftlich ausschließlich in Dokumenten niedergelegt werden, welche dem Anwaltsprivileg unterfallen.

V. Muster

Muster 1: Richtlinien für das Empfangspersonal
– Fragen Sie die Ermittlungsbeamten nach dem Grund ihres Erscheinens und **61** notieren Sie deren Antwort.
– Fragen Sie nach den Dienstausweisen der Ermittlungsbeamten.

---

113 Zum Umgang mit Presse und Öffentlichkeit im Rahmen behördlicher Ermittlungsverfahren vgl. ausf. *Minoggio* Firmenverteidigung, 2. Aufl. 2010, Rn. 607 ff.

- Fragen Sie nach der schriftlichen Nachprüfungsentscheidung bzw. dem Durchsuchungsbeschluss.
- Erstellen Sie Kopien der vorgenannten Ausweise und Unterlagen.
- Erklären Sie den Ermittlungsbeamten, dass das Unternehmen Verhaltensanweisungen hat, welche die Arbeit der Ermittlungsbeamten unterstützen sollen, und dass Sie gehalten sind, bestimmte Personen im Unternehmen über die Ankunft der Ermittlungsbehörden zu informieren.
- Kontaktieren Sie unverzüglich die in der Anlage aufgeführten Personen. Übersenden Sie diesem Personenkreis auf schnellstem Wege die von Ihnen angefertigten Kopien.
- Begleiten Sie die Ermittlungsbeamten in einen geeigneten Konferenzraum und bitten Sie um Zuwarten, bis die Kontaktpersonen persönlich erscheinen. In Nachprüfungen der EU Kommission werden die Ermittlungsbeamten im Allgemeinen bereit sein, für die Dauer von etwa 30 Minuten mit dem Beginn der Untersuchung zuzuwarten. Sollten die Ermittlungsbeamten auf den unverzüglichen Beginn der Untersuchung bestehen, kontaktieren Sie die Rechtsabteilung oder einen zunächst erreichbaren Abteilungs- oder Bereichsleiter, damit eine erste Begleitung der Ermittler sichergestellt ist.
- Lassen Sie die Ermittlungsbeamten zu keiner Zeit alleine im Unternehmen sich bewegen.
- Vermeiden Sie jegliche Diskussion mit den Ermittlungsbeamten. Sollten die Ermittler Fragen an Sie richten, so bitten Sie die Ermittler mit allen Fragen zuzuwarten, bis die Untersuchung beginnt, und dass die Ermittler ihre Fragen an die noch zu bestimmenden Mitarbeiter des Unternehmens richten. Sollten die Ermittler dennoch Fragen stellen, die außerhalb Ihres direkten Wissenskreises liegen, so bitten Sie die Ermittler, diese Frage schriftlich aufzuzeichnen und weisen Sie darauf hin, dass die Antwort von einem noch zu bestimmenden Mitarbeiter des Unternehmens gegeben wird.

Wichtiger allgemeiner Hinweis: Das Auftreten gegenüber den Ermittlungsbeamten sollte freundlich und höflich sein. Grundsätzlich ist mit den Ermittlern zu kooperieren. Jedoch müssen Sie davon Abstand nehmen, Vermutung oder Meinungen zu äußern, oder Informationen zu geben, nach denen nicht gefragt wurde.

Anlage: Kontaktliste

Abteilung/Funktion	Name (ggf. mit Stellvertreter)	Kontaktdaten Telefon Mobil Privat Fax E-Mail
Chefsyndikus		
Compliance Officer		
Vorstand/Geschäftsführer		
IT		
Externe Rechtsanwälte		

Muster 2: Richtlinien für das Dawn Raid Response Team

Bedienstete der Generaldirektion Wettbewerb der EU Kommission sowie des Bundeskartellamtes haben die Befugnis, Ermittlungen ohne Vorankündigung („Dawn Raids") bei Unternehmen in deren Räumlichkeiten, unter gewissen Voraussetzungen auch in den Wohnungen von Unternehmensleitern und Mitgliedern der Aufsichts- und Leitungsorgane sowie sonstigen Mitarbeitern, durchzuführen. Die in einem solchen Fall zu beachtenden nachfolgenden Richtlinien haben nicht das Ziel, Ermittlungshandlungen zu erschweren oder zu unterbinden. Sie bezwecken vielmehr eine möglichst geordnete Begleitung und Unterstützung der Ermittlungsmaßnahme. **62**

– Das Dawn Raid Response Team begleitet und koordiniert die Ermittlungsmaßnahme von Seiten des Unternehmens. Es ist die zentrale Anlaufstelle für Fragen der Ermittlungsbeamten als auch für Fragen der Mitarbeiter des Unternehmens.

– Das Dawn Raid Response Team setzt sich aus den in der Anlage 1 (Kontaktliste) aufgeführten Personen zusammen. Der Chefsyndikus leitet das Dawn Raid Response Team.

– Das Dawn Raid Response Team trifft sich nach Ankunft der Ermittlungsbeamten bzw. Information durch das Empfangspersonal umgehend im Raum [Raumnummer, Telefonnummer].

– Der Chefsyndikus gibt sich als Unternehmensrepräsentant gegenüber den Ermittlungsbehörden zu erkennen und nimmt Kontakt mit dem gesamtverantwortlichen Ermittlungsbeamten auf.

– Das Dawn Raid Response Team bestimmt geeignete Räumlichkeiten für die Ermittlungsbeamten und weist diese zu. Das Empfangspersonal ist hierüber in Kenntnis zu setzen.

– Das Dawn Raid Response Team ist während der gesamten Untersuchung zuständiger Ansprechpartner für die Ermittlungsbeamten. Es klärt technische Fragen hinsichtlich der Art und Weise der Ermittlungsmaßnahme, wie etwa Ort und Verbleib von Geschäftsunterlagen, Bereitstellung von Fotokopierern, Zugang zu Computern usw. Es stellt die dauerhafte Erreichbarkeit für die Ermittlungsbeamten und deren Begleitung durch ein Mitglied des Dawn Raid Response Teams oder eines vom Dawn Raid Response Team bestimmten Vertreters sicher.

– Die Hinzuziehung weiterer Mitarbeiter oder externer Rechtsanwälte erfolgt auf Anweisung des Chefsyndikus.

– Das Dawn Raid Response Team stellt sicher, dass Mitarbeiter des Unternehmens keinerlei Beweise unterdrücken oder Dritte über die Untersuchung informieren. Zu diesem Zweck wird unverzüglich die in der Anlage 2 enthaltene Standardkommunikation versendet. Der Leiter EDV stellt sicher, dass etwaige Routinelöschungen elektronisch gespeicherter Daten vorübergehend außer Kraft gesetzt werden.

Anlage 1: Kontaktliste Dawn Raid Response Team

Abteilung/Funktion	Name (ggf. mit Stellvertreter)	Kontaktdaten Telefon Mobil Privat Fax E-Mail
Chefsyndikus		
Compliance Officer		
Leiter EDV		
Leiter Unternehmenskommunikation		
Leiter Dokumentenmanagement		
Leiter Interne Revision		
Externe Rechtsanwälte		
Repräsentant (Vorstand, Geschäftsführer, Manager) des betroffenen Geschäftsbereiches		
Weitere von den vorgenannten Personen bestimmte Mitarbeiter		

Anlage 2: Musterinformation an Mitarbeiter des von einer Ermittlungsmaßnahme betroffenen Unternehmens

Von: Geschäftsleitung

An: Alle Mitarbeiter von Unternehmen [Firma]

Betreff: Ermittlung (Vor-Ort-Nachprüfung bzw. Durchsuchung) durch die Europäische Kommission bzw. das Bundeskartellamt

Sehr geehrte Kolleginnen und Kollegen,

Beamte der Europäischen Kommission bzw. des Bundeskartellamtes haben heute damit begonnen, eine kartellrechtliche Nachprüfung bzw. Durchsuchung in unseren Geschäftsräumen vorzunehmen.

Vor dem Hintergrund signifikanter, auch strafrechtlicher Sanktionen bitten wir Sie, keinerlei Versuch zu unternehmen, Dokumente zu vernichten, zu verändern oder zu verstecken. Gleichmaßen sind Sie gehalten, keinerlei Information über diese kartellrechtliche Nachprüfung bzw. Durchsuchung an Dritte weiterzugeben.

Die Ermittlungsbeamten der Europäischen Kommission bzw. des Bundeskartellamtes werden während der kartellrechtlichen Nachprüfung bzw. Durchsuchung von einer zuständigen Person des Unternehmens oder einem externen Rechtsanwalt begleitet. Sollte ein Ermittlungsbeamter der Europäischen Kommission bzw. des Bundeskartellamtes unbegleitet bei Ihnen erscheinen, bitten wir Sie um unverzügliche Mitteilung an das Dawn Raid Response Team unter [Telefonnummer].

Sollten die Ermittlungsbeamten Fragen an Sie richten, so erklären Sie, dass das Unternehmen Verhaltensanweisungen hat, welche die Arbeit der Ermittlungsbeamten unterstützen soll, und dass Sie danach gehalten sind, hinsichtlich Fragen der Ermittlungsbeamten an das Dawn Raid Response Team zu verweisen. Sollten die Ermittlungsbeamten dennoch Fragen stellen, so bitten Sie darum, dass Fragen schriftlich aufgezeichnet werden, und dass Sie im Übrigen die Befragung bei Anwesenheit einer zuständigen Person des Unternehmens oder einer vom Unternehmen hierfür benannten Person fortsetzen möchten.

Über das weitere Verfahren werden wir Sie unterrichten.

Mit freundlichen Grüssen

Muster 3: Richtlinien für Mitglieder des Dawn Raid Response Teams sowie für Geschäftsleiter und Manager

Bedienstete der Generaldirektion Wettbewerb der EU Kommission sowie des Bundeskartellamtes haben die Befugnis, Ermittlungen ohne Vorankündigung („Dawn Raids") bei Unternehmen in deren Räumlichkeiten, unter gewissen Voraussetzungen auch in den Wohnungen von Unternehmensleitern und Mitgliedern der Aufsichts- und Leitungsorgane sowie sonstigen Mitarbeitern, durchzuführen. Die in einem solchen Fall zu beachtenden nachfolgenden Richtlinien haben nicht das Ziel, Ermittlungshandlungen zu erschweren oder zu unterbinden. Sie bezwecken vielmehr eine möglichst geordnete Begleitung und Unterstützung der Ermittlungsmaßnahme. **63**

Das Dawn Raid Response Team (vgl. Anlage zu diesen Richtlinien) begleitet und koordiniert die Ermittlungsmaßnahme von Seiten des Unternehmens und beachtet dabei die nachfolgenden Richtlinien. Diese sind gedacht als Checkliste für die Mitglieder des Dawn Raid Response Teams, ersetzen aber keine Rechtsberatung im Einzelfall durch einen internen oder externen Rechtsanwalt des Unternehmens.

Falls Ermittlungsbeamte der Europäischen Kommission oder des Bundeskartellamtes eine Nachprüfung bzw. Durchsuchung außerhalb der Geschäftsräume des Unternehmens, d.h. in anderen Räumlichkeiten, auf anderen Grundstücken oder in anderen Transportmitteln – darunter auch die Wohnungen von Unternehmensleitern und Mitgliedern der Aufsichts- und Leitungsorgane sowie sonstigen Mitarbeitern – durchführen, so sollten die betroffenen Personen diese Richtlinien so eng als möglich befolgen.

1. Allgemeine Verhaltensgrundsätze
– Ermittlungsbeamte der Europäischen Kommission haben das Recht zum Betreten aller Räumlichkeiten, Grundstücke und Transportmittel von Unternehmen, zur Durchsicht von Büchern und sonstigen (auch elektronisch gespeicherten) Geschäftsunterlagen, und zur Anfertigung von Kopien und Versiegelung derselben. Sie können ferner Erläuterungen zu Tatsachen oder Unterlagen von allen Vertretern oder Mitgliedern der Belegschaft des Unternehmens verlangen, die mit Gegenstand und Zweck der Nachprüfung in Zusammenhang stehen, und ihre

Antworten zu Protokoll zu nehmen. Ein Durchsuchungsbeschluss gibt den Ermittlungsbeamten zusätzlich das Recht zur Ausübung von Gewalt gegen Sachen (z.B. Aufbruch von Schränken und anderen Behältnissen) sowie zur Vernehmung von Zeugen. Ein Beschlagnahmebeschluss gibt ferner zusätzlich das Recht zur Beschlagnahme von Originalen.

– Die Ausübung dieser Rechte darf grundsätzlich nicht behindert werden. Unterstützen Sie vielmehr die Ermittler bei ihren Maßnahmen und unterlassen Sie jegliche Handlungen, welche die Ermittlungen behindern oder unangemessen verzögern würden.

– Treten Sie gegenüber den Ermittlungsbeamten nicht aggressiv auf, bewahren Sie die Ruhe, und stellen Sie eine höfliche und freundliche Atmosphäre her. Es ist im besten Interesse des Unternehmens, wenn Sie grundsätzlich den Eindruck einer offenen Kooperation vermitteln.

– Stellen Sie eine ausreichende Anzahl von internen und externen Begleitpersonen für die Ermittlungsbeamten sicher. Jeder Ermittlungsbeamte ist während der gesamten Untersuchung ununterbrochen von einem Mitglied des Dawn Raid Response Teams, einem von diesem Team bestimmten Vertreter und möglichst einem internen oder externen Rechtsanwalt zu begleiten.

– Fertigen Sie interne Protokolle hinsichtlich sämtlicher Ermittlungsmaßnahmen an, welche den gesamten Ablauf der Ermittlung widerspiegeln, insbesondere Angaben zu den Ermittlern, ihrem Vorgehen, aller angeforderten und durchgesehenen Geschäftsunterlagen, aller Fragen und Antworten, sowie aller Streitpunkte und sonstiger wesentlicher Vorkommnisse.

– Sofern Geschäftsunterlagen von den Ermittlungsbeamten angefordert werden, fertigen Sie identische und nummerierte Kopiensätze für die Ermittler, die externen Rechtsanwälte sowie für das Unternehmen.

– Sämtliche Entscheidungen über die Verweigerung der Herausgabe von Geschäftsunterlagen oder mündlicher Erklärungen sowie über Widersprüche gegen einzelne Ermittlungsmaßnahmen dürfen nur nach vorheriger Absprache mit einem internen oder externen Rechtsanwalt erfolgen.

2. Erstkontakt mit den Ermittlungsbeamten

– Sofern nicht bereits geschehen, kontaktieren Sie unverzüglich die in der Anlage aufgeführten Personen, insbesondere den vom Unternehmen benannten externen Rechtsanwalt sowie den Chefsyndikus des Unternehmens. Führen Sie diese Telefongespräche möglichst in Gegenwart der Ermittlungsbeamten.

– Sofern nicht bereits geschehen, überprüfen Sie den Dienstausweis der Ermittlungsbeamten sowie die schriftliche Nachprüfungsentscheidung bzw. den Durchsuchungsbeschluss. Geben Sie keine Stellungnahme oder Widerspruch zu den Ausführungen der Nachprüfungsentscheidung oder des Durchsuchungsbeschlusses ab.

– Sofern nicht bereits geschehen, erstellen Sie Kopien der vorgenannten Ausweise und Unterlagen und senden Sie diese auf schnellstem Wege an die in der Anlage aufgeführten Personen, insbesondere an den vom Unternehmen benannten externen Rechtsanwalt sowie an den Chefsyndikus des Unternehmens.

– Bitten Sie die Ermittlungsbeamten, mit dem Beginn der Untersuchung bis zum Eintreffen der externen Rechtsanwälte zuzuwarten.

– Liegen offenkundige und erhebliche Fehler der Nachprüfungsentscheidung oder des Durchsuchungsbeschlusses vor, beispielsweise die Angabe eines falschen

Unternehmens oder Untersuchungsgegenstandes, bitten Sie die Ermittlungsbeamten, von der Durchführung der Untersuchung abzusehen. In Zweifelsfällen bitten Sie die Ermittlungsbeamten, diesen Punkt im Beisein eines internen oder externen Rechtsanwaltes zu klären.

3. Bücher und sonstige Geschäftsunterlagen

– Legen Sie sämtliche Geschäftsunterlagen offen, nach denen die Ermittlungsbeamten fragen (d.h. nicht unaufgefordert), und stellen Sie diese den Beamten zur Verfügung. Dies gilt nicht für Geschäftsunterlagen, welche keinen Bezug zum Gegenstand der Ermittlung haben, sowie für Korrespondenz mit in der Europäischen Union zugelassenen externen Rechtsanwälten, wenn diese zur Beratung oder Verteidigung erfolgte.

– Achten Sie darauf, dass im Falle der Untersuchung von Datenbanken und EDV-Anlagen einschließlich E-Mail nur Suchbegriffe verwendet werden, welche für den Gegenstand der Untersuchung relevant sind. Die EDV-Suche sollte nur im Beisein eines internen oder externen Rechtsanwaltes erfolgen.

– Erlauben Sie die Versiegelung von Geschäftsräumen (nicht aber anderen Räumlichkeiten einschließlich Privatwohnungen) und Geschäftsunterlagen einschließlich Computer für die Dauer der Ermittlung, und soweit für diese notwendig. Verlangen Sie die Versiegelung, falls Unsicherheit darüber besteht, ob Geschäftsunterlagen herausgegeben werden müssen.

– Kennzeichnen Sie Geschäftsunterlagen, welche Geschäftsgeheimnisse enthalten, entsprechend.

– Erklären Sie bei Vorliegen eines richterlichen Beschlagnahmebeschlusses den Ermittlungsbeamten, dass keine freiwillige Herausgabe von Geschäftsunterlagen erfolgt und der Beschlagnahme widersprochen wird. Erklären Sie ferner, dass dies nicht geschieht, um die Ermittlungen zu behindern, sondern um keine Rechte preiszugeben. Versuchen Sie darauf hinzuwirken, dass lediglich Kopien beschlagnahmt werden.

4. Mündliche Erklärungen

– Machen Sie gegenüber den Ermittlungsbeamten zu Beginn der Durchsuchung deutlich, welchem Personenkreis Fragen gestellt werden sollen und wer Auskunftsperson ist. Andere Personen sollten keine mündlichen Erklärungen geben.

– Beantworten Sie von den Ermittlungsbeamten gestellte Fragen vollständig, wahrheitsgemäß und nicht irreführend. Ihre Antworten sollten konkret und knapp sein sowie sich ausschließlich auf den Gegenstand der Ermittlung beziehen. Ersuchen Sie die Ermittlungsbeamten um Klarstellung, sofern eine Frage nicht eindeutig verstanden wurde.

– Unterlassen Sie Spontanäußerungen sowie die Äußerung von Vermutungen.

– Antworten sollten nicht auf Fragen gegeben werden, welche keinen Bezug zum Gegenstand der Ermittlung haben, welche nicht knapp und akkurat an Ort und Stelle beantwortet werden können (bieten Sie in diesem Fall eine schriftliche Antwort an), welche die Gefahr einer Selbstbezichtigung mit sich bringen, oder welche Inhalte der Korrespondenz des Unternehmens mit seinen in der Europäischen Union zugelassenen externen Rechtsanwälten aufzeigen würde.

– Signalisieren Sie grundsätzlich Ihre Bereitschaft, an einer Befragung mitzuwirken. Versuchen Sie aber möglichst, Befragungen auf einen anderen Tag oder in einen von der Ermittlungsmaßnahme nicht betroffenen Gebäudeteil zu verlegen.

– Geben Sie mündliche Erklärungen grundsätzlich nur im Beisein eines internen oder externen Rechtsanwalts.
– Erlauben Sie keine formellen Vernehmungen von Zeugen oder Beschuldigten durch Beamte des Bundeskartellamtes oder anwesende Staatsanwälte im Unternehmen. Bestehen Sie auf einer formellen Vorladung und erklären Sie den Beamten, dass dies nicht geschieht, um die Ermittlungen zu behindern, sondern um keine Rechte preiszugeben.

5. Nach der Untersuchung

– Stellen Sie durch entsprechende Nachfrage sicher, dass die Untersuchung tatsächlich beendet ist. Informieren Sie die Mitarbeiter des Unternehmens hierüber und weisen Sie darauf hin, dass die Ermittlungsbeamten jederzeit die Ermittlungshandlungen fortsetzen könnten.
– Bitten Sie die Ermittlungsbeamten um Aushändigung des Verzeichnisses der freiwillig herausgegebenen oder der beschlagnahmten Geschäftsunterlagen. Verifizieren Sie die Richtigkeit der Aufzeichnungen der Ermittlungsbeamten. Vereinbaren Sie gegebenenfalls Termine betreffend der Vernehmung von Beschuldigten und Zeugen.
– Erklären Sie den Vorbehalt, zu streitigen Punkten der Untersuchung schriftlich Stellung zu beziehen.
– Besprechen Sie nach Verlassen der Ermittlungsbeamte mit dem Dawn Raid Response Team sowie sämtlichen weiteren an der Nachprüfung oder Durchsuchung beteiligten Personen alle Aspekte der Untersuchung und stellen Sie sicher, dass ein komplettes unternehmensinternes Tatsachenprotokoll von der Ermittlungsmaßnahme vorhanden ist bzw. zeitnah erstellt wird.
– Beauftragen Sie zur Wahrung des „legal privilege" ausschließlich die externen, in der Europäischen Union zugelassenen Rechtsanwälte, zu den Inhalten und Risiken der Ermittlung sowie zur weiteren Strategie des Unternehmens Stellung zu beziehen.
– Überprüfen Sie, ob Maßnahmen zum Erhalt von Dokumenten und elektronisch gespeicherten Informationen einzuleiten sind.
– Überprüfen Sie, ob unter dem Gesichtspunkt der Reputationswahrung PR-Maßnahmen einzuleiten sind.

Anlage:

Kontaktliste Dawn Raid Response Team

Abteilung/Funktion	Name (ggf. mit Stellvertreter)	Kontaktdaten Telefon Mobil Privat Fax E-Mail
Chefsyndikus		
Compliance Officer		
Leiter EDV		

Abteilung/Funktion	Name (ggf. mit Stellvertreter)	Kontaktdaten Telefon Mobil Privat Fax E-Mail
Leiter Unternehmenskommunikation		
Leiter Dokumentenmanagement		
Leiter Interne Revision		
Externe Rechtsanwälte		
Repräsentant (Vorstand, Geschäftsführer, Führungsverantwortlicher) des betroffenen Geschäftsbereiches		
Weitere von den vorgenannten Personen bestimmte Mitarbeiter		

C. Korruption

I. Einführung

Korruption und Kundenpflege überschneiden sich in Grenzbereichen und rufen Verunsicherung in der Praxis hervor. Zur schwierigen Grenzziehung zwischen erlaubten Geschäftskontakten und Strafrecht und damit auch der Abgrenzung zwischen Strafrecht und Compliance hat der Arbeitskreis Compliance einen Kodex (s. Rn. 78 ff.) vorgelegt, dem einige Vorbemerkungen vorangestellt werden sollen. Das Korruptionsbekämpfungsgesetz – KorrbekG – vom 13.8.1997 (Gesetz zur Bekämpfung der Korruption vom 13.8.1997, BGBl I 2038), in Kraft getreten am 20.8.1997, hat die Straftatbestände gegen Korruption entscheidend geändert. Die Amtsdelikte bilden nach wie vor den Kern der Korruptionsdelikte. Man unterscheidet Vorteilsannahme und Vorteilsgewährung (§§ 331, 333 StGB) von den Tatbeständen der Bestechlichkeit und Bestechung (§§ 332, 334 StGB), die eine pflichtwidrige Diensthandlung voraussetzen. Das KorrbekG wollte für Vorteilsannahme und Vorteilsgewährung Beweiserleichterungen für den in der Praxis häufig schwierigen Nachweis der sogenannten Unrechtsvereinbarung ermöglichen, die Strafbarkeit sollte aber auch durch ein verändertes Beziehungsverhältnis zwischen Vorteil und Gegenleistung erweitert werden. Seitdem ist bereits das fordern, sich versprechen lassen oder annehmen bzw. anbieten, versprechen oder gewähren von Vorteilen „für die Dienstausübung" gem. §§ 331, 333 StGB unter Strafe gestellt. Der Nachweis einer bestimmten Diensthandlung als Gegenleistung für den Vorteil wird

64

nicht mehr gefordert. Die sogenannte Unrechtsvereinbarung, das ungeschriebene Tatbestandsmerkmal der Korruptionsvorschriften für Amtsträger, wurde bei §§ 331, 333 StGB gelockert. Die Beeinflussung der Dienstausübung erfordert also nicht den Nachweis einer konkreten Handlung des Amtsträgers. Es reicht vielmehr grundsätzlich aus, dass der Vorteil als Gegenleistung dafür bestimmt ist, dass der Amtsträger in irgendeiner Weise dienstlich tätig gewesen ist oder tätig sein wird.[114] Umgekehrt stellt aber nicht jede Gewährung materieller Vorteile an Amtsträger (oder umgekehrt die Annahme von Vorteilen), die von außen betrachtet vielleicht den Eindruck einer Besserstellung erweckt, eine strafbare Handlung i.S.d. §§ 331, 333 StGB dar. Der Gesetzgeber hat bei den Beratungen eine mögliche, noch weitere Fassung einer Vorteilsgewährung („im Zusammenhang mit dem Amt") wegen zu unbestimmter Ausweitung abgelehnt.[115]

65 Das KorrbekG hat auch die Tatbestände der Angestelltenbestechlichkeit (§ 299 Abs. 1 StGB) und -bestechung (§ 299 Abs. 2 StGB) in das Strafgesetzbuch eingefügt; hier sind Zuwendungen nur dann strafbar, wenn sie die Gegenleistung für eine unlautere Bevorzugung im Wettbewerb darstellen. Rechtspolitisch sollte mit der Gesetzesverschärfung eine Effektivierung der strafrechtlichen Verfolgung der Korruption und eine Stärkung generalpräventiver Aspekte erreicht werden.[116]

66 Als spezifische Problemfälle der Vorteilsannahme und Vorteilsgewährung in Abgrenzung zum noch erlaubten Verhalten stellen sich damit vor allem folgende Bereiche (jeweils für beide Seiten: potentielle Geber und Nehmer) dar: Wann sind Einladungen erlaubt und erfolgen aus Gründen der Höflichkeit oder der sogenannten (erklärungsbedürftigen) Sozialadäquanz und wann sind diese strafbar? Welche Geschenke sind erlaubt, welche stellen bereits unlautere Einflussnahmen dar? Darf ein Sponsoring zugunsten der Öffentlichen Hand stattfinden und unter welchen Voraussetzungen? Auch Wahlkampfspenden und Drittmittel für Forschung und Lehre sind in der strafrechtlichen Diskussion, stellen sich aber für unser Thema der Abgrenzung zur erlaubten Kundenpflege als zu speziell dar.[117]

67 Der Bundesgerichtshof hat am 14.10.2008 (1 StR 260/08, *BGHSt* 53, 6) im Fall der Einladungen von Mitgliedern der Landesregierung Baden-Württemberg durch EnBW (Energiekonzern Baden-Württemberg) zu Spielen im Rahmen der Fußballweltmeisterschaft wichtige Abgrenzungskriterien genannt. In dem Fall ging es um die Anklage gegen den Vorstandsvorsitzenden der EnBW wegen möglicher Vorteilsgewährung (§ 333 Abs. 1 StGB). EnBW war einer der Hauptsponsoren der FIFA-WM 2006 und der einzige nationale Sponsor aus Baden-Württemberg. In einem umfassenden Sponsoringkonzept war auch die Verteilung von 14 000 Eintrittskarten durch die EnBW vorgesehen. Das Einladungskonzept sah unter anderem vor, „einen kleinen Teil der Karten für Repräsentanten aus Wirtschaft, Gesellschaft, Kultur, Wissenschaft und Politik zu verwenden, um den Eingeladenen die Gelegenheit zu geben, ihre entsprechenden Institutionen zu präsentieren und zu repräsentieren, und zugleich durch das

---

114 *Dölling* Anm. zu *BGH* JR 2005, 519; *Fischer* § 331 Rn. 6, 21–24a.

115 Zustimmend *Dölling* Empfehlen sich Änderungen des Straf- und Strafprozessrechts, um der Gefahr von Korruption in Staat, Wirtschaft und Gesellschaft wirksam zu begegnen? Gutachten C zum 61. Deutschen Juristentag in Karlsruhe 1996, C 62 ff., Thesen C 111. Im Gutachten wird die Debatte umfassend aufgearbeitet. Zur Gesetzgebungsgeschichte auch *BGH* v. 14.10.2008 – 1 StR 260/08, Rn. 25 ff. (*BGHSt* 53, 6).

116 *Schaupensteiner* Kriminalistik 1996, 237 ff., 306 ff.; *Dölling* Gutachten C zum 61. Deutschen Juristentag, Karlsruhe 1996, C 42 ff.; BR-Drucks. 298/95, Anl. 9, 21; HK-GS/*Bannenberg* § 331 Rn. 2–6.

117 Dazu etwa Fall Kremendahl – *BGH* NJW 2004, 3569.

öffentliche Erscheinen angesehener und bekannter Persönlichkeiten die Rolle der EnBW als Hauptsponsor der Fußballweltmeisterschaft werbewirksam hervorzuheben".[118] Im Rahmen des Versands von 700 Weihnachtsgrußkarten wurden auch Gutscheine für Eintrittskarten an den Ministerpräsidenten und fünf Minister der Landesregierung Baden-Württemberg sowie an einen Staatssekretär im Bundesministerium für Umwelt, Naturschutz und Reaktorsicherheit versandt. Es gab dienstliche Bezüge zu den Eingeladenen. Alle waren hochrangige Repräsentanten und hätten auch anderweitig freien Zugang zu den WM-Spielen gehabt. Die Rechtsfrage bestand nun darin zu klären, ob mit diesen Einladungen das Angebot eines Vorteils „für die Dienstausübung" und damit Vorteilsgewährung vorlag oder ob es sich hier um noch erlaubte Einladungen von Repräsentanten der Behörden handelte. Das Landgericht hat den Angeklagten freigesprochen und der BGH bestätigte diesen Freispruch, verwies allerdings auf die Möglichkeit einer Verurteilung, wenn das Landgericht eine abweichende Sachverhaltsbewertung vorgenommen hätte: „Die den Angeklagten erheblich belastenden Indizien mögen berechtigten Anlass dazu gegeben haben, gegen ihn Anklage zu erheben und sodann wegen der noch ungesicherten Rechtslage eine höchstrichterliche Entscheidung herbeizuführen. Dass sich das Landgericht trotz dieser belastenden Indizien nicht davon hat überzeugen können, dass der Angeklagte die Versendung der Gutscheine veranlasste, um etwaige dienstliche Tätigkeiten der bedachten Amtsträger zu honorieren oder zu beeinflussen, ist jedoch – gemäß dem oben Gesagten – nach revisionsrechtlichen Maßstäben hinzunehmen. Dass eine gegenteilige Überzeugung möglicherweise ebenso revisionsrechtlich unbeanstandet geblieben wäre, ändert hieran nichts."[119] Eine deutliche Grenze zur Strafbarkeit kann man nicht ziehen. Der BGH[120] fordert in jedem Fall eine **Einzelfallabwägung** und nennt folgende mögliche **Abgrenzungskriterien** bzw. Indizien für die Prüfung der „Einflussnahme auf die Dienstausübung" (**Gesamtschau**):

– Plausibilität einer anderen Zielsetzung,
– Stellung des Amtsträgers,
– Beziehung des Vorteilsgebers zum Amtsträger und dessen dienstlichen Aufgaben,
– Vorgehensweise bei dem Angebot pp. (transparent oder heimlich),
– Art, Wert und Zahl der Vorteile.

Auch bisher schon fanden sich in der Literatur Hinweise auf Abgrenzungskriterien **68** zwischen erlaubtem und nicht erlaubtem Verhalten. Insbesondere Schünemann[121] hat sich explizit zu dieser Thematik geäußert und **sechs verschiedene Indizien** entwickelt, die nicht *für* die Amtsausübung, sondern für einen bloßen *Repräsentationsakt* sprechen: (1) Die Zuwendung findet in einem öffentlichen Repräsentationsrahmen statt, (2) sie ist mit der Zuwendung an andere Personen mit repräsentativen Stellungen im öffentlichen Leben in gleichmäßiger Weise verknüpft, bedeutet also keine Bevorzugung eines einzelnen Adressaten, sie fällt nicht wegen der (3) Höhe, (4) Kontinuität oder (5) Verwertbarkeit (indem der Empfänger daraus bleibende Vermögensvorteile ziehen kann) aus dem Rahmen des für repräsentative Einladungen typischen „gehobenen Konsums" heraus (6) und sie wird nicht aufgrund einer geheimen Absprache, sondern im Rahmen eines insgesamt transparenten Verfahrens gewährt.

---

118 *BGH* 14.10.2008 – 1 StR 260/08, Rn. 4.
119 *BGH* 14.10.2008 – 1 StR 260/08, Rn. 48.
120 *BGH* 14.10.2008 – 1 StR 260/08, Rn. 32 ff.
121 *Schünemann* Die Unrechtsvereinbarung als Kern der Bestechungsdelikte nach dem KorrBekG, FS Harro Otto, 2007, S. 777 ff.

69 In einem „Gemeinsamen Standpunkt zur strafrechtlichen Bewertung der Zusammenarbeit zwischen Industrie, medizinischen Einrichtungen und deren Mitarbeitern", den verschiedene Verbände der Medizin-Industrie und der Krankenhäuser herausgegeben haben,[122] werden vier Prinzipien dargestellt, die einerseits die Korruption verhindern, andererseits aber auch eine ungerechtfertigte Stigmatisierung von Ärzten vermeiden sollen. Das **Trennungsprinzip** erfordert eine klare Trennung zwischen der Drittmittelforschung und etwaigen Umsatzgeschäften. Wer über größere Bestellungen entscheidet, darf nicht gleichzeitig Nutznießer von Zuwendungen der Lieferanten sein. Jede Abhängigkeit der Forschung von Beschaffungsentscheidungen muss vermieden werden. Das **Transparenz- bzw. Genehmigungsprinzip** verlangt die Offenlegung von Zuwendungen gegenüber den Verwaltungen oder Leitungen bzw. Trägern medizinischer Einrichtungen. Durch die Offenlegung aller Aufträge, Absprachen und Zuflüsse von Geld und anderen Vorteilen wird den Leistungsbeziehungen die Heimlichkeit genommen, die ein Wesensmerkmal für Korruption ist. Das ergänzende Genehmigungsprinzip bindet Entscheidungsträger auf anderer Ebene mit ein und soll damit ebenfalls der Objektivierung dienen. Das **Dokumentationsprinzip** ergänzt das Transparenzgebot durch schriftliche Fixierung, so dass zu jeder Zeit nachvollzogen werden kann, welche Absprachen getroffen und welche Leistungen geflossen sind. Schließlich soll das **Äquivalenzprinzip** die Unterstützung bloßer „Schein-Forschungen" verhindern, die in Wirklichkeit die Entlohnung anderer Leistungen (Auftragsvergaben) darstellen.[123]

70 Auch mit den aufgeführten Kriterien – sei es nach der BGH-Entscheidung oder ähnlichen Auffassungen in der Literatur – muss mit künftigen erheblichen Unsicherheiten bei Einladungen von Amtsträgern, die zugleich Repräsentanten ihrer Behörde darstellen, aber auch der im Alltag üblichen Annahme von Einladungen und Geschenken gerechnet werden.

71 §§ 299, 300 StGB: Die Aufnahme der Angestelltenbestechung in das StGB durch das KorrBekG soll nach dem Willen des Gesetzgebers das Bewusstsein in der Bevölkerung dafür schärfen, „dass es sich auch bei der Korruption im geschäftlichen Bereich um eine Kriminalitätsform handelt, die nicht nur die Wirtschaft selbst betrifft, sondern Ausdruck eines allgemeinen sozialethisch missbilligten Verhaltens ist".[124] §§ 299 f. schützen – ebenso wie § 298 – den freien **Wettbewerb** vor unlauteren Einflussnahmen und zwar den inländischen wie den ausländischen Wettbewerb.

72 Trotz der gegenüber §§ 331, 333 StGB engeren Tatbestandsfassung bestehen aktuell in der Praxis vor allem folgende **Problembereiche** bei der Auslegung des § 299: Die in der Wirtschaft weit verbreitete Praxis der **Geschenke und Einladungen**, die **Beraterverträge** oder allgemeiner die Frage der Einschaltung von Beratern oder Vermittlern und die Zulässigkeit von **Provisionsvereinbarungen**.

---

122 Hierzu, zum „Kodex Medizinprodukte" und zu weiteren Compliance-Regelungen, die typische Problembereiche von Ärzten und Mitarbeitern medizinischer Einrichtungen betreffen s. *Bundesverband Medizintechnologie e.V.* (www.medtechkompass.de); *Fischer* § 331 Rn. 27d.

123 Dazu *Dieners* Vermeidung von Korruptionsrisiken aus Unternehmenssicht – Rechtliche Gestaltung von Geschäftsbeziehungen, Behördenkontakten und Lobbying, in Dölling (Hrsg.), S. 183 ff., 201 ff., der diese Prinzipien als zentrale Grundsätze für die Gestaltung von Verträgen und Leistungsbeziehungen verallgemeinert.

124 BT-Drucks. 13/5584, 15; konstruktiv die Auslegung als Schutz des Leistungsprinzips, *Koepsel* S. 111.

Geschenke und Einladungen sind ein übliches und ausgefeiltes Mittel der Kunden-   **73**
bindung und -beeinflussung. Strafrechtlich problematisch sind Geschenke und Einladungen in **laufenden Geschäftsbeziehungen**. Hier kann die an sich im Wettbewerb
strafrechtlich nicht erfasste Klimapflege nicht sicher von der unlauteren Wettbe-
werbsverzerrung durch Kundenbeeinflussung abgegrenzt werden.[125] In der Regel
geht es bei den problematischen Fällen nicht um geringwertige Zuwendungen, sondern um solche, die mit Bedacht auf den Empfänger gezielt ausgewählt sind, nicht
jedem Kunden gewährt werden und selbstverständlich Kundenbindung und neue
Aufträge bezwecken (z.B. Einladung wichtiger Kunden ins Ausland mit privatem
Freizeitprogramm und luxuriöser Unterbringung; Einladung ausgewählter Kunden
in die Loge des Sportstadions mit VIP-Programm und Bewirtung; teure und ausge-
suchte Weine zu Weihnachten an Top-Kunden; teure Markenkleidung mit kleinem
Firmenlogo etc.). Die Lösung über Geringwertigkeit führt nur für einen kleinen Teil
klar zur Straflosigkeit und ist deshalb für die Mehrzahl der Fälle nicht der entscheidende Gesichtspunkt. Für die Zweifelsfälle muss sich in den Unternehmen ein
Umdenken insbesondere unter Compliance-Gesichtspunkten und Risikoabwendung
vollziehen. Was bisher allgemein üblich war, stellt zunehmend ein strafrechtlich relevantes Risiko dar. Zu denken ist dabei auch an das Dilemma, den Eingeladenen und
Beschenkten in Risiken oder unangenehme Situationen zu verstricken, weil mittlerweile vielfach Verhaltensrichtlinien die Geschenkannahme und Einladungspraxis
stark einschränken.

Provisionsvereinbarungen können zulässig sein, dienen in der Praxis aber häufig der   **74**
Verschleierung von Schmiergeldern. Werden Provisionsvereinbarungen (typischerweise 3 % der Nettoauftragssumme bei Großaufträgen, bei anderen Aufträgen auch
deutlich höhere prozentuale Beteiligungen) nicht transparent als solche bezeichnet
und begründet ausgewiesen, sondern verdeckt als vermeintliche Beraterleistungen,
Stundenabrechnungen, Reparaturleistungen, Schulungsmaßnahmen u.Ä. abgerechnet,
handelt es sich um verdeckte Zahlungen. Hierbei kann es sich um Bestechungsgelder
handeln, teilweise auch um unerlaubte Rückflüsse (kick-backs) zur eigenen Bereicherung, weil diese Summen regelmäßig in die Auftragssummen eingerechnet werden.
Mindestens kommt Untreue in Betracht. Ungeklärte Summen wie diese geben klare
Hinweise auf typische Korruptionsmuster.

Ebenso verhält es sich mit vermeintlichen **Beraterverträgen**: Lassen sich diesen   **75**
keine zugrundeliegenden realen Leistungen zuordnen oder finden sich wertlose
„Gutachten" und fehlende Belege (etwa Stundennachweise, konkretisierte Tätig-
keitsbeschreibungen, Protokolle über Kontakte und Termine), so ist regelmäßig von
Scheinverträgen auszugehen. Diese werden häufig geschlossen, um Schmiergeldzahlungen an die wahren Empfänger (Beauftragte, Angestellte, Amtsträger) zu verschleiern und damit auch die unlautere Beeinflussung zu verbergen.[126] Letztge-
nannte Verschleierungspraktiken korruptiver Verhaltensweisen sind eine besondere
Herausforderung für Compliance-Strategien. Durch die aktuelle BGH-Rechtsprechung ist bei der Einrichtung und dem Halten schwarzer Kassen zum Zwecke der
Zahlung von Bestechungsgeldern auch mit einem hohen Risiko strafrechtlicher

---

125 Zur Abgrenzungsproblematik auch *Rönnau* in Achenbach/Ransiek, S. 252 ff.
126 Zu Korruptionspraktiken und Risiken *Bannenberg* in Wabnitz/Janovsky, 10. Kap.; HK-GS/*Bannenberg* § 299 Rn. 18 ff.

Ermittlungen wegen Untreue zu rechnen.[127] Den Alltag bestimmen die möglicherweise problematischen Geschenke und Einladungen.

76 In der Folge sind diese verbreiteten Verhaltensweisen im Umgang von Unternehmen mit Verwaltungen oder auch der Unternehmen untereinander problematisch geworden, auf die heute schon vielerorts mit unternehmensinternen Richtlinien reagiert wird. Es stellen sich für viele Unternehmen und Behörden im Alltag grundsätzliche Fragen nach der Zulässigkeit von Einladungen, Bewirtungen, Geschenkepraktiken und umgekehrt der Annahme von derartigen Zuwendungen, die einerseits völlig harmlose, den gesellschaftlichen Gepflogenheiten und der Höflichkeit entsprechende Handlungen darstellen können, andererseits aber – bei einer kleinen Änderung der Situation des Einzelfalles – bereits strafbar und als korruptes Verhalten bezeichnet werden können. Mit der Strafrechtsverschärfung wurden also nicht nur Probleme der Beweiswürdigung und Verfolgung der Korruption beseitigt oder verringert. Neue Probleme tauchen auf und stellen Unternehmen und Verwaltungen zunehmend vor Schwierigkeiten: Welches Verhalten ist noch erlaubt und kann sicher von korruptiven Verhaltensweisen abgegrenzt werden? Mit anderen Worten: Wo hört die Kundenpflege auf und wo beginnt die Korruption? Diese Fragestellung ist keineswegs theoretischer Natur, sondern führt in einer Vielzahl von Fällen zur Einleitung von Ermittlungsverfahren. Die Unsicherheit in der Praxis nimmt zu.

77 Aus diesem Grund hat sich der „Arbeitskreis Compliance" dieser Fragestellung angenommen und versucht, ein Regelwerk zu entwickeln, das Handlungssicherheit für eine Vielzahl gleichartiger Verhaltensweisen in diesem Kontext geben kann. Der Arbeitskreis nimmt dabei bewusst keine strafrechtliche Detailwürdigung vor, sondern versucht eine Richtschnur für das Verhalten von Unternehmen unter Compliance-Gesichtspunkten zu geben. Es wurde ein plakatives Modell der „Ampel" gewählt, um für viele, immer wiederkehrende Fragen, die verallgemeinerbar geregelt werden können, mit „grünen", „gelben" und „roten" Phasen eine Orientierung anzubieten. Der Arbeitskreis ist interdisziplinär zusammen gesetzt und hat Anregungen aus der Praxis mit aufgenommen. Er erhebt keinen Anspruch auf die Lösung von Einzelfällen und besonderen Problemen und der Kodex soll keine strafrechtlichen Grenzen ziehen (dazu ist im Zweifel die strafrechtliche Einzelfallbeurteilung weiterhin notwendig), sondern eine handhabbare Richtschnur zur Compliance liefern.

II. Kodex zur Abgrenzung von legaler Kundenpflege und Korruption[128]

1. Die „Ampel" im Umgang mit Amtsträgern

1.1 Einleitung

78 **Vielfältige Kontakte der Wirtschaft mit Amtsträgern** in Staat und Kommunen und in Unternehmen der öffentlichen Hand sollen weiter **selbstverständlich bleiben**. Durch die Änderung des Korruptionsstrafrechts vor einigen Jahren sind große Unsicherheiten darüber entstanden, was bei derartigen Kontakten erlaubt und was verboten ist.

---

127 *BGH* v. 29.8.2008, 2 StR 587/07, *BGHSt* 52, 323 ff. – Siemens-Enel und *BGH* v. 27.8.2010, 2 StR 111/09, *BGHSt* 55, 266 – Kriegskasse (Kölner Müllverfahren); zur Untreue umfassend MünchKomm StGB/*Dierlamm* § 266.
128 Die Nachweise wurden aktualisiert.

Es fehlt – so der Bundesgerichtshof in der oben erwähnten Grundsatzentscheidung (Eintrittskarten zur Fußball-WM)[129], – an „trennscharfen Konturen", um verbotenes und erlaubtes Verhalten zu unterscheiden. **Ziel** dieses **Kodexes** ist es, den **Beteiligten in der Wirtschaft** solche **Konturen an die Hand zu geben**. Er wurde von einer Arbeitsgruppe erarbeitet, der namhafte Wissenschaftler, Compliance-Verantwortliche großer deutscher Unternehmen, führende Vertreter kommunaler Unternehmen, bekannte Strafverteidiger und hochrangige Vertreter der Strafjustiz angehören. Nach der **„Ampel" im Umgang mit Amtsträgern** (Rn. 78) folgen die **„Ampel" im unternehmerischen Umgang mit Geschäftspartnern** (Rn. 91) sowie **ergänzende Hinweise zu grenzüberschreitenden Sachverhalten** (Rn. 111) Den rechtlichen Rahmen des Umgangs mit Amtsträgern bilden die §§ 331–338 des Strafgesetzbuchs (StGB). Zweck der Vorschriften ist es, die **Lauterkeit der Amtsausübung und das öffentliche Vertrauen in diese** zu schützen. **Dieser Schutz** ist **viel weitergehender als bei Kontakten der Privatwirtschaft untereinander**. In der Privatwirtschaft sind Zuwendungen bislang nur dann strafbar, wenn sie eine Gegenleistung für eine unlautere Bevorzugung im Wettbewerb sein sollen. Bei Amtsträgern wird hingegen die Gewährung und Annahme von Vorteilen schon dann bestraft, wenn sie „für die Dienstausübung" geschieht. Dies beruht auf der besonderen Stellung und Aufgabe von Amtsträgern, die als Teil der öffentlichen Gewalt nicht korrumpierbar sein dürfen und bei denen schon der Anschein von Käuflichkeit vermieden werden muss.

Problematisch hinsichtlich der Abgrenzung sind hierbei nicht die Fälle, in denen etwa **79** Vertreter der Wirtschaft in offensichtlich unlauterer Weise mit erheblichen Zuwendungen auf staatliches Handeln Einfluss nehmen wollen oder umgekehrt Amtsträger für ihre Dienstausübung geldwerte Vorteile für sich persönlich fordern. Derartiges Verhalten ist stets strafbar. Problematisch sind andere Fälle: Im täglichen Umgang der Wirtschaft mit Amtsträgern gibt es eine Vielzahl von Situationen, in denen die Gewährung von Vorteilen (wie etwa die Einladung zu einem Kaffee oder Essen) sozial üblich ist oder aus den Repräsentationsaufgaben des Amtsträgers folgt. Ein solches Verhalten ist zulässig. Es ist nicht geeignet, das Vertrauen der Allgemeinheit in die Sachlichkeit staatlicher Entscheidungen zu beeinträchtigen.

Diese **unverdächtigen Fälle von den verdächtigen abzugrenzen**, ist bei der derzeitigen **80** Rechtslage **nicht einfach**. **Starre Wertgrenzen für Zuwendungen helfen dabei nicht weiter**. **Entscheidend** für die Abgrenzung von erlaubtem und unerlaubtem Verhalten ist vielmehr, **ob mit Vorteilen unlauter auf eine künftige Dienstausübung Einfluss genommen werden soll oder nicht**. Dies bestimmt sich nach der gesamten Interessenlage der Beteiligten. **Entscheidende Gesichtspunkte** sind **hierbei** nach Auffassung des BGH (Rn. 67): die Plausibilität einer anderen Zielsetzung, die Stellung des Amtsträgers, die Beziehung des Vorteilgebers zu dessen dienstlichen Aufgaben, die Vorgehensweise bei dem Angebot, dem Versprechen oder dem Gewähren von Vorteilen sowie die Art, der Wert und die Zahl solcher Vorteile. Notwendig ist dabei die Gesamtschau aller Faktoren.

Für unlautere Absichten können etwa Heimlichkeit[130] oder besondere dienstliche **81** Berührungspunkte zwischen Vorteilsgeber und Amtsträger sprechen. Gegen unlauteres Handeln spricht dagegen, wenn Regeln für den Umgang mit Amtsträgern und

---

129 Rn. 67 ff.; *BGH* v. 14.10.2008, 1 StR 260/08, *BGHSt* 53, 6 – EnBW.
130 *BGHSt* 48, 44.

Vertretern der Wirtschaft bestehen, diese wirksam kontrolliert werden und hinreichende Transparenz gesichert ist. **Regeln, Transparenz und Kontrolle im Umgang der Wirtschaft mit Amtsträgern** werden am sinnvollsten durch unabhängige Korruptionsbeauftragte der öffentlichen Hand und Compliance-Beauftragte in Unternehmen gewährleistet.

82   Die Arbeitsgruppe hat diese verschiedenen Gesichtspunkte in ein praktikables Modell umzusetzen versucht („**Ampelmodell**"). Dieses soll auf der Grundlage der Rechtsprechung des Bundesgerichtshofs jenseits **der Vielzahl bestehender Regelwerke eine einfache Orientierungshilfe für den Umgang mit Amtsträgern bieten**. Jeder soll damit unproblematisch erkennen können, was erlaubt ist („**grün**"), was verboten ist („**rot**") und was genehmigt werden sollte („**gelb**"). Ziel ist dabei zweierlei: Jeder Anschein einer unlauteren Verbindung von direkten oder indirekten Zuwendungen an Amtsträger mit deren Dienstausübung muss durch klare Regeln vermieden werden. Andererseits dürfen der sozialübliche Umgang mit Amtsträgern und angemessene Kontakte mit Repräsentanten von Staat und Kommunen nicht unnötig kriminalisiert werden.

83   Die **Zielsetzung des Ampelkonzeptes** ist es, einen **Handlungsrahmen** zu beschreiben, der **von den Unternehmen im Rahmen ihrer Compliance-Strategie** zusätzlich durch die Festlegung von Standards, deren Kommunikation und Trainings sowie eines permanenten Monitorings ihrer Einhaltung **noch auszufüllen und zu konkretisieren ist**. Erst durch die Verankerung der ethischen und kulturellen Unternehmenswerte in die täglich gelebte Prozesse entfaltet das Ampelkonzept seine volle Wirkung.

1.2 Verhaltensrichtlinien

1.2.1 Die „grüne Phase"

84   Die erste Stufe der „Ampel" ist die „grüne Phase". Während mit einer Verkehrsampel bei grünem Licht die Anordnung „Der Verkehr ist freigegeben" getroffen wird (vgl. § 37 Abs. 1 Nr. 1 StVO), bedeutet die **Zugehörigkeit** einer Zuwendung zu der „**grünen Phase" der „Ampel"**, dass deren **Annahme bzw. Gewährung vorbehaltlos freigegeben** ist. Da es darauf ankommt, bereits den Anschein der Bereitschaft zur Bestechung oder Bestechlichkeit zu vermeiden, ist der Kreis der Zuwendungen, die dem Bereich der „grünen Phase" zuzuordnen sind, tendenziell eng zu ziehen. Ferner ergibt sich die Notwendigkeit einer restriktiven vorbehaltlosen Freigabe von Zuwendungen aus dem Umstand, dass unter dem Gesichtspunkt der Unterbindung von unzulässiger Einflussnahme auf Amtsträger die Gewährung einseitiger Leistungen zum Zwecke der strafrechtlichen Risikominimierung mit besonderer Sorgfalt ausgestaltet und/oder geregelt sein sollte, wenn sie schon nicht völlig vermieden wird. Mit anderen Worten fällt längst nicht jede „legale" Zuwendung in die **grüne Phase** der „Ampel". Vielmehr umfasst der Kreis **nur solche Zuwendungen, bei denen ein Korruptionsverdacht nahezu denknotwendig ausgeschlossen ist**.

Sozialadäquate Zuwendungen

85   Zuwendungen sind sozialadäquat, wenn sie der Höflichkeit oder Gefälligkeit entsprechen und sowohl sozial üblich als auch unter Gesichtspunkten des Rechtsgüterschutzes allgemein gebilligt sind. Es kommt darauf an, ob nach den Umständen des Einzelfalls Art und Umfang des gewährten Vorteils als ungeeignet zur Beeinflussung der dienstlichen Tätigkeit des Amtsträgers angesehen werden kann. Im gegenteiligen Fall,

wenn sich der Vorteil als „Gegenleistung" darstellt und die Vermutung unlauterer Verquickung von dienstlichen und privaten Belangen naheliegt, ist die Zuwendung nicht erlaubt.[131]Unter die sozialadäquaten Zuwendungen fallen geringwertige Aufmerksamkeiten, z.b. geringwertige Werbegeschenke, gelegentliche Bewirtung im oben aufgeführten Rahmen.[132]

Zuwendungen im Zusammenhang mit der Repräsentationsfunktion von Amtsträgern

Zuwendungen im Zusammenhang mit der Repräsentationsfunktion von Amtsträgern **86** sind ebenfalls zulässig. Hierbei handelt es sich insbesondere um Einladungen zu Veranstaltungen, die der Amtsträger gerade in seiner Funktion als Repräsentant einer öffentlich-rechtlichen Einrichtung wahrnimmt.

Repräsentationsaufgaben können vom diensthöchsten Amtsträger der Einrichtung wahrgenommen werden, aber auch von Vertretern nachgeordneter Führungsebenen. Unbedenklich sind derartige Einladungen, wenn der Einladende damit Werbezwecke verfolgt und eine Veranstaltung durch die Anwesenheit des hochrangigen Amtsträgers gerade als Repräsentant der Behörde aufwerten will (s. auch Sponsoring). Beispiele: Einladungen zu Einweihungen, Sport- und Kulturveranstaltungen, Jubiläen, Bällen und Festveranstaltungen.

Sponsoring

Sponsoring in den Bereichen Kultur, Sport, Soziales und Wirtschaft ist zulässig, wenn **87** keine unzulässige Kopplung mit dienstlichen Aufgaben erfolgt. Das Sponsoringkonzept ist zu dokumentieren.[133]

1.2.2 Die „gelbe Phase" – Verbot mit Genehmigungsvorbehalt (§ 333 Abs. 3 StGB)

Welche Zuwendungen in den Anwendungsbereich der „gelben Phase" der Ampel fallen, **88** lässt sich am ehesten negativ definieren. Der **Anwendungsbereich der „gelben Phase"** umfasst **alle Zuwendungen, deren Gewährung** nicht ohne Genehmigung **freigegeben** („grüne Phase"), aber auch **nicht ausnahmslos verboten** ist („rote Phase"). Welche Zuwendungen genehmigungsfähig sind und welche Stelle die Genehmigung erteilen muss, richtet sich nach den öffentlich-rechtlichen Vorschriften. Es genügt, wenn der Empfänger der Zuwendung zusichert, dass die Annahme des Vorteils vorher genehmigt wurde oder sie auf unverzügliche Anzeige des Empfängers genehmigt wird. Diese **Zusicherung** ist **zu dokumentieren**. Der **Compliance-Beauftragte** ist **über den Sachverhalt** zu **informieren**.

In den Bereich der „gelben Phase" fallen z.B. Einladungen, die aufgrund ihres Wertes **89** nicht mehr der „grünen Phase" zuzuordnen sind.

Anlass und Umfang der Einladung müssen angemessen sein, was im Wege einer Gesamtbewertung aufgrund folgender Faktoren zu ermitteln ist: sozialer und rechtlicher Status des Eingeladenen, Anlass, Umfang, Charakter und Häufigkeit der Bewir-

---

131 Vgl. *Fischer* § 331 Rn. 25; kritisch zur Formel von der Sozialadäquanz LK-StGB/*Sowada* § 331 Rn. 34, 72: Maßgeblich ist soziale Üblichkeit, bemessen „freilich nicht an etwa eingerissenen Missständen, sondern an den Regeln der Höflichkeit und des sozialen Verkehrs".
132 *Fischer* § 331 Rn. 25; *Gorf* in Graf/Jäger/Wittig (Hrsg.), Wirtschafts- und Steuerstrafrecht, 2011, § 331 StGB Rn. 83.
133 *Satzger* ZStW 2003, 469 ff.; *BGHSt* 53, 6.

tung. Der „gelben Phase" sind des weiteren Einladungen zu Geschäftsreisen, zu Betriebsbesichtigungen und zur Teilnahme an Fortbildungsveranstaltungen zuzuordnen. Abwägungskriterium für zulässiges Verhalten kann ein deutliches Überwiegen der fachlichen Ausrichtung sein, das Fehlen privater Begleitpersonen sowie soziale Aktivitäten und Bewirtungen, die sich insoweit nur als Randprogramm darstellen.

1.2.3 Die „rote Phase" – verbotene Zuwendungen

90 Rot bedeutet „Stop", nicht nur im Verkehr, sondern auch im Rahmen dieses Modells. **Zuwendungen, die der „roten Phase"** dieses Modells **zuzuordnen sind, sind per se unzulässig.** Diese Unzulässigkeit ergibt sich entweder aus der absoluten Unvereinbarkeit der Zuwendung mit unternehmensethischen Grundsätzen oder aus der Strafbarkeit ihrer Gewährung bzw. ihrer Annahme. Hierzu zählen:

- durch Amtsträger geforderte Vorteile;
- Zuwendungen, die *für* eine dienstliche Tätigkeit gewährt werden, also eine unlautere Beeinflussung des Amtsträgers bezwecken;
- Geldgeschenke oder geldähnliche Geschenke (z.B. Darlehen, Wertpapiere, die Stundung einer Schuld oder der Verzicht auf einen Anspruch);
- Zuwendungen sexueller oder anstößiger Natur;
- außergewöhnliche Einladungen mit sehr hohem Kostenaufwand (z.B. zu Motorsportveranstaltungen, Boxkämpfen, Olympische Spiele, Fußball-Weltmeisterschaften), es sei denn, der Amtsträger nimmt die Einladung, sofern ihm dies nach den internen Verwaltungsrichtlinien gestattet ist, in seiner Funktion als Repräsentant der öffentlich-rechtlichen Einrichtung wahr;
- Zuwendungen, die dem Trennungsprinzip zuwiderlaufen: Nach dem Trennungsprinzip sollen zur Vermeidung missbräuchlicher Einflussnahmen des Unternehmens Zuwendungen nicht in Abhängigkeit von der Vornahme behördlicher Entscheidungen erfolgen. So sind beispielsweise Zuwendungen während eines Ausschreibungs- oder Vergabeverfahrens unzulässig, sofern die Möglichkeit der Einflussnahme des Zuwendungsempfängers auf den Entscheidungsprozess besteht.

2. Die „Ampel" im unternehmerischen Umgang mit Geschäftspartnern

2.1 Einleitung

91 Den rechtlichen Rahmen des Umgangs im geschäftlichen Verkehr bilden die §§ 299–302 des Strafgesetzbuches (StGB). Das Korruptionsbekämpfungsgesetz vom 13.8.1997 (BGBl I, 2038) hat die Tatbestände der Angestelltenbestechlichkeit (Abs. 1) und -bestechung (Abs. 2) in das StGB eingefügt. Am 30.8.2002 trat § 299 Abs. 3 StGB in Kraft, der Handlungen im ausländischen Wettbewerb umfasst. Die Aufnahme der **Angestelltenbestechung** in das StGB soll nach dem Willen des Gesetzgebers das Bewusstsein in der Bevölkerung dafür schärfen, „dass es sich auch bei der **Korruption im geschäftlichen Bereich** um eine **Kriminalitätsform** handelt, **die nicht nur die Wirtschaft selbst betrifft, sondern Ausdruck eines allgemeinen sozialethisch missbilligten Verhaltens ist".**[134] §§ 299, 300 StGB schützen den freien Wettbewerb vor unlauteren Einflussnahmen. Trotz einer erheblichen Verschärfung der strafrechtlichen Sanktionen in der jüngeren Vergangenheit lässt sich noch nicht feststellen, dass Korruption im Geschäfts-

---

134 BT-Drucks. 13/5584, 15.

verkehr umfassend eingedämmt worden ist.[135] Der Druck auf die Unternehmen wächst. Dazu trägt auch die Vorschrift des § 130 OWiG bei, wonach der **Inhaber eines Betriebes oder Unternehmens ordnungswidrig handelt**, wenn er vorsätzlich oder fahrlässig diejenigen **Aufsichtsmaßnahmen unterlässt**, die erforderlich sind, um eine Zuwiderhandlung gegen betriebsbezogene Pflichten zu verhindern, sofern deren Verletzung mit Strafe oder Geldbuße bedroht ist und die Zuwiderhandlung durch gehörige Aufsicht verhindert oder wesentlich erschwert worden wäre. Zudem ergibt sich aus § 91 Abs. 2 AktG auch die **Verpflichtung, zum Schutz des Unternehmens sowie seiner Angehörigen und Anteilseigner der Korruption aktiv entgegenzuwirken.** Ziel des Ampelkonzepts ist es, für den geschäftlichen Verkehr einen nachvollziehbaren und praktikablen Handlungsrahmen zu schaffen, der von den Unternehmen im Rahmen der unternehmensinternen Kodizes noch ausgefüllt und konkretisiert werden kann und muss. Ein Wort noch zur **Position des Compliance-Beauftragten.** Er sollte nicht zugleich über Disziplinarbefugnisse verfügen. Er sollte ferner bei der Wahrnehmung seiner Aufgabe nicht weisungsgebunden sein und unmittelbaren Zugang zur Vorstandsebene haben.[136] Über den Compliance-Beauftragten hinaus ist in einem mehrköpfigen Leitungsgremium die Verantwortung für die Korruptionsprävention einem Geschäftsleitungsmitglied zuzuweisen, um eine eindeutige Aufgabenzuteilung festzuhalten und einen konkreten Ansprechpartner zur Verfügung zu haben.[137]

2.2 Verhaltensrichtlinien

2.2.1 Die „grüne Phase" – Zulässigkeit der Annahme und Gewährung

Sozialübliche Zuwendungen
In erster Linie fallen **die sog. sozialadäquaten Zuwendungen** in den **Bereich der „grünen Phase".** Solche liegen nach einer im strafrechtlichen Schrifttum gängigen Definition dann vor, wenn der Zuwendung nach den Umständen des Einzelfalls, insbesondere nach dem betroffenen Geschäftsbereich, der Stellung und der Lebensumstände der Beteiligten sowie dem Wert der Zuwendung objektiv die Eignung fehlt, geschäftliche Entscheidungen sachwidrig und in einer den fairen Wettbewerb gefährdenden Weise zu beeinflussen.[138] Die **mangelnde Schärfe und** die daraus resultierende **fehlende Praktikabilität dieser Formel** ist augenscheinlich. **Aus diesem Grunde** sollen **Fallgruppen** gebildet werden, **mittels derer der Bereich der „Sozialüblichkeit" verdeutlicht werden kann.** **92**

Kleinere Aufmerksamkeiten fallen nicht in den Anwendungsbereich der § 299 ff. StGB, sondern sind erlaubt. Sie sind nicht geeignet, das Allgemeininteresse an lauteren Wettbewerbsbedingungen zu beeinträchtigen und Interessen von Mitbewerbern und Geschäftsherren zu gefährden. Ob eine Zuwendung eine solch „kleinere" Aufmerksamkeit ist, soll nach der herrschenden Meinung zu § 299 StGB danach beurteilt werden, ob aufgrund von Zuwendungen dieses Werts vernünftigerweise vom Schenker keine pflichtwidrige Entscheidung des Beschenkten erwartet werden kann und auch der Beschenkte nicht davon ausgehen kann, er solle in seinem Verhalten sachwidrig beein- **93**

---

135 Vgl. *Ringleb* 2. Teil, Rn. 805.
136 Vgl. *Scherer* RIW 2006, 363, 369.
137 S. speziell zum Organisationsmangel aufgrund fehlender eindeutiger Zuordnung und damit verbundener Kompetenzüberschneidungen *OLG Düsseldorf* wistra 1999, 115 f.; *OLG Naumburg* NZV 1998, 41.
138 MünchKomm StGB/*Diemer/Krick* § 299 Rn. 20; NK-StGB/*Dannecker* § 299 Rn. 40; *Heine* in Schönke/Schröder, § 299 Rn. 20.

flusst werden.[139] Auch die Stellung und die Lebensumstände der Beteiligten sollen berücksichtigt werden. Obgleich eine solch differenzierende und einzelfallorientierte Bewertung im Rahmen eines Strafverfahrens durchaus sachgerecht ist, ist sie im betrieblichen Alltag schlichtweg nicht praktikabel, da die Ergebnisse einer solchen Abwägung – je nach der Persönlichkeit des abwägenden Mitarbeiters – durchaus voneinander abweichen können. Ferner sind **Wertgrenzen**, die sich an der sozialen Verhältnismäßigkeit orientieren, auch aus einem anderen Aspekt **kritisch zu betrachten**: Sie führen in der Praxis zu Akzeptanzproblemen gerade bei Geringverdienern und können zu Neiddebatten führen, die in Unternehmen vermieden werden sollten. Aus diesen Gründen sind in den Verhaltenskodizes **Orientierungswerte** zu implementieren, bei deren Überschreitung eine Zuwendung nicht mehr vorbehaltlos angenommen oder gewährt werden darf. Dies ist arbeitsrechtlich ohne weiteres zulässig.[140] Um bereits den bösen Schein der Korruption zu vermeiden, sollte ein solcher Richtwert in den „Codes of Conduct" deutlich unterhalb des oberen Schwellenwerts der Sozialadäquanz und damit niedrig angesetzt werden. Nach den Erfahrungen von Wirtschaftsunternehmen haben sich Summen in einer Höhe bis zu 50,– EUR als praktikabel und sachgerecht erwiesen. Solche Richtwerte finden sich bereits in einer Vielzahl von firmenspezifischen Regelungen, vorwiegend im angelsächsischen Raum.[141] Sie haben **sich bis dato in Europa nicht durchgesetzt**, weil sie nach Auffassung des überwiegenden Schrifttums die Unterschiedlichkeit der Lebenssachverhalte nicht angemessen berücksichtigen.[141] Diesem Einwand ist jedoch zu entgegnen, dass die mit (niedrig angesetzten) Orientierungswerten einhergehende Schlechterbehandlung von Mitarbeitern mit einer herausgehobenen Stellung durch die Praktikabilität des hier vorgeschlagenen Konzepts sachlich gerechtfertigt erscheint.[142] Die hier vorgeschlagene pauschale „Freigabe" von kleineren Aufmerksamkeiten entspricht den in 2004 von Transparency International und der Gruppe Social Accountability herausgegebenen Geschäftsgrundsätzen für die Bekämpfung von Korruption.[143]

94 **Beispiele:** Unter den Begriff dieser sozialüblichen und damit nicht zu beanstandenden Aufmerksamkeiten fallen, sofern ihr Wert nicht die oben dargestellte Richtgröße überschreitet, insbesondere Werbegeschenke oder sonstige Waren, kleinere Dienstleistungen, Essenseinladungen, Eintrittskarten für Veranstaltungen oder Rabatte, die sonst nicht erhältlich sind. In den Verhaltenskodizes, die das hier konzipierte „System der Ampel" umsetzen, sollte unmissverständlich zum Ausdruck gebracht werden, dass der **Begriff der „Aufmerksamkeit" weit auszulegen** ist und Vorteile jeder Art umfasst. Auch direkte oder indirekte **Geschenke für Ehepartner oder Familienangehörige** gelten als „Aufmerksamkeiten" im vorgenannten Sinne, wenn sie im Rahmen einer Geschäftsbeziehung zu dem Unternehmen eines Beschäftigten übergeben werden. Für diese Geschenke gelten sowohl bei der Vergabe als auch bei der Annahme die gleichen Regeln wie für Mitarbeiter.

95 **Zuwendungen, deren Ablehnung landesüblichen Werten widerspräche:** Gelegentlich kann es bei Geschäftsbeziehungen vorkommen, dass der **Austausch von Geschenken höheren Werts** üblich ist, d.h. den **landesüblichen Vorstellungen von Gastfreundschaft** entspricht. In solchen Fällen dürfen die Mitarbeiter diese Geschenke ohne vorherige Rücksprache mit dem Compliance- Beauftragten des Unternehmens annehmen. Die

---

139 Vgl. NK-StGB/*Dannecker* § 299 Rn. 40.
140 Vgl. *Dölling/Maschmann* in Dölling (Hrsg.), Kap. 3 Rn. 50.
141 Vgl. *Ringleb* 2. Teil, Rn. 811.
142 Im Ergebnis ebenso *Dölling/Dieners* in Dölling (Hrsg.), Kap. 4 Rn. 58.
143 Abrufbar unter www.transparency.de/fileadmins/pdfs/Themen/Wirtschaft/Business_Principles_German_klein_website.pdf, Ziff. 5.5.1, S. 8.

Zugehörigkeit solcher Zuwendungen zu der „grünen Phase" steht jedoch **unter dem Vorbehalt,** dass die angenommenen Geschenke **unverzüglich der** Compliance-Stelle des Unternehmens **übergeben** werden, um dann beispielsweise für den internen Gebrauch, zum allgemeinen Nutzen der Mitarbeiter oder als Spende für einen wohltätigen Zweck Verwendung zu finden.

Zuwendungen ohne geschäftlichen Hintergrund
Zuwendungen, die keinen geschäftlichen Hintergrund und keinen anderweitigen Inte- **96** ressenskonflikt mit unternehmensbezogenen Aufgaben oder Pflichten beinhalten, sind gestattet. Beispiele für solche Zuwendungen sind insbesondere Geschenke, Bewirtungen und Unterhaltungsangebote, die **im Rahmen einer privaten Beziehung** erfolgen. „**Privat**" in diesem Sinne sind alle Beziehungen, die unabhängig von der Verbindung des Angestellten zu seinem Unternehmen entwickelt und/oder unterhalten werden. Auch **Preise oder Auszeichnungen,** die von einem Geschäftspartner im Rahmen einer Incentive- oder Promotion-Aktion verliehen werden und keinen geschäftlichen Hintergrund aufweisen, sind problemlos, es sei denn, sie stellen sich als „getarnte" Beeinflussungsversuche dar. Dann wäre mit einer Ablieferungspflicht Unbedenklichkeit erreicht. Die Auszahlung solcher Preise kann in den verschiedensten Formen und aus unterschiedlichen Gründen erfolgen. Wesentliche Voraussetzung ist, dass die Aktion oder der Wettbewerb, in deren Rahmen für das Erreichen bestimmter Zielsetzungen Preise ausgeschrieben sind, im Voraus bekannt gegeben werden.

2.2.2 Die „gelbe Phase" – Verbot mit Informationsvorbehalt
Fällt eine **Zuwendung** in die **gelbe Phase** dieses Modells, so ist sie **weder eo ipso zuläs-** **97** **sig noch unzulässig.** Vielmehr hat der betroffene Mitarbeiter im Falle einer solchen Zuwendung zwingend den **Compliance-Beauftragten zu informieren,** um die Vereinbarkeit dieser konkreten Zuwendung mit den Compliance- Grundsätzen des Unternehmens zu überprüfen. Mit anderen Worten gilt im Bereich der „gelben Phase" ein **generelles Verbot des Zuwendungsempfangs bzw. der Zuwendungsgewährung mit Informationsvorbehalt.** Das mit diesem Konzept vorgeschlagene „**Vier-Augen-Prinzip**" verspricht den Vorteil, dass die Gewährung und Annahme von rechtlich oder unternehmensethisch zweifelhaften Zuwendungen durch eine weitgehende innerbetriebliche Transparenz bereits im Ansatz vermieden werden und entspricht der Sache nach sowohl dem allgemeinen **Transparenzprinzip** als auch einem bereits 2002 von *Bannenberg* erhobenen Korruptionspräventionsvorschlag.[144] Zudem ist durch die „Zwischenschaltung" eines Compliance-Beauftragten gewährleistet, dass der **Vorgang dokumentiert** wird.[145] Die Information des Compliance-Beauftragten muss grundsätzlich vorher erfolgen. Nur in Ausnahmefällen, wenn eine vorherige Information nach den Umständen nicht möglich ist, kann sie nachträglich erfolgen. Welche Zuwendungen bei abstrakter Betrachtung in den Anwendungsbereich der „gelben Phase" der Ampel fallen, lässt sich am ehesten negativ definieren: Der Anwendungsbereich der „gelben Phase" umfasst alle Zuwendungen, deren Annahme bzw. Gewährung nicht vorbehaltlos freigegeben („grüne Phase"), aber auch nicht ausnahmslos verboten ist („rote Phase").

---

144 Vgl. *Bannenberg* Korruption in Deutschland und ihre strafrechtliche Kontrolle, 2002, S. 473.
145 Vgl. hierzu *Hauschka* AG 2004, 461, 464 f.

Sozialadäquate Zuwendungen mittleren Werts

98 Die erste Gruppe der Zuwendungen, die der „gelben Phase" des hier konzipierten „Ampel-Systems" zuzuordnen sind, sind die sozialadäquaten Zuwendungen (m.a.W. „Aufmerksamkeiten") mittleren Werts. Dieses sind die Zuwendungen, deren Wert oberhalb des Bereichs der „grünen Phase" anzusiedeln ist, aber zugleich noch unterhalb eines Wertes liegt, mit welchem die äußere Obergrenze **der sozialen Üblichkeit** gesetzt wird. Auch in diesem Zusammenhang ist in den „Codes of Conduct" unmissverständlich zum Ausdruck zu bringen, dass der Begriff der „Zuwendung" bzw. der „Aufmerksamkeit" weit auszulegen ist und Vorteile aller Art umfasst. Auch bei der aktiven Gewährung von sozialadäquaten Aufmerksamkeiten mittleren Werts ist jeder Anschein der Unredlichkeit zu vermeiden. Im Zweifel ist der Empfänger zu bitten, sich den Erhalt des Vorteils von seiner Führungskraft vorab genehmigen zu lassen. Sträubt sich der Empfänger hiergegen, zeigt dies, dass er selbst den Empfang als fragwürdig oder gar unkorrekt einstuft. In diesem Falle ist die Zuwendungsgewährung der „roten Phase" zuzuordnen und hat somit zu unterbleiben.

Einladungen

99 von Geschäftspartnern, die aufgrund ihres Wertes nicht bereits der „grünen Phase" zuzuordnen sind, sollten nach vorheriger Information des Compliance Officers nur dann gewährt und angenommen werden, wenn Anlass und Umfang der Einladung angemessen sind und die Ablehnung der Einladung dem Gebot der Höflichkeit widersprechen würde. In den unternehmensinternen Verhaltenskodizes ist mittels Regelbeispielen zu präzisieren, wann eine „Angemessenheit" im vorstehenden Sinne anzunehmen ist. Im Unterschied zu der Annahme und Gewährung von sonstigen einseitigen Zuwendungen mittleren Werts ist die Angemessenheit von „Bewirtungen" im Wege einer Gesamtbewertung folgender Faktoren zu ermitteln: Sozialer und rechtlicher Status des Bewirteten, Anlass, Umfang, Charakter und Häufigkeit der Bewirtung, Anwesenheit des Einladenden bzw. eines von ihm beauftragten Vertreters, Kostentragung für Anreise und Unterkunft durch den Eingeladenen, Mitreise von nahestehenden Personen. Diese Faktoren sind den Regelbeispielen zugrunde zu legen.

Geschäftsreisen inklusive Betriebsbesichtigungen und Teilnahme an Fortbildungsveranstaltungen

100 Da die Zulässigkeit und die kostenmäßige Erstattungsfähigkeit von Geschäftsreisen in jedem Betrieb schon aus steuerlichen Gründen geregelt werden, liegt es nahe, darin auch ein Verbot der Kostenübernahme durch Dritte – etwa durch Geschäftspartner – zu sehen.[146] Jedoch erscheint es sachgerecht, Geschäftsreisen zumindest dann dem „gelben" Bereich zuzuordnen, sofern sie den Erfordernissen genügen, die vorstehend für Einladungen aufgestellt wurden. Mit anderen Worten sind sie sachgerecht und demnach von dem Compliance-Beauftragten nicht zu beanstanden, wenn die Einladung nach Anlass und Umfang der Einladung als angemessen zu betrachten ist. Die unternehmensinternen Verhaltenskodizes sollten – da Geschäftsreisen leicht als Gewährung unzulässiger Vorteile angesehen werden können – auch für Geschäftsreisen Orientierungspunkte darüber beinhalten, ob und unter welchen Voraussetzungen Geschäftsreisen zulässig sind. Bei der Erstellung dieser Orientierungspunkte könnte beispielsweise auf die **im Gesundheitswesen und in der Rüstungsindustrie bereits vorhandenen Kriterienkataloge** zurückgegriffen werden (Rn. 69).[147]

---

146 Vgl. *Dölling/Maschmann* in Dölling (Hrsg.), Kap. 3 Rn. 49.
147 S. *Dölling/Dieners* in Dölling (Hrsg.), Kap. 4 Rn. 69, 70.

Potentielle Interessenkonflikte
Ferner fallen **sämtliche Zuwendungen** in den **Bereich der „gelben Phase"**, deren **101**
Gewährung bzw. **Annahme einen Interessenkonflikt** zwischen den **privaten Interessen des Mitarbeiters** und den **Unternehmensinteressen** befürchten lässt. Aus diesem Grunde ist es unter Compliance-Gesichtspunkten **zweckmäßig**, in den unternehmensinternen Verhaltenskodizes eine Art „Generalklausel" einzuführen, nach welcher die Annahme und die Gewährung von Zuwendungen bei Vorliegen eines Interessenkonflikts von der Information und Zustimmung des Compliance-Beauftragten abhängt. Die Zielrichtung dieser Generalklausel ist zweckmäßigerweise anhand mehrerer Beispiele zu verdeutlichen. Eine von Sinn und Zweck der zu schaffenden Generalklausel erfasste Interessenkollision ist beispielsweise dann gegeben, wenn eine Zuwendung von einem Unternehmensmitarbeiter an eine ihm nahestehende Person gewährt werden soll.

2.3 Die „Rote Phase" – Verbot der Annahme und Gewährung

Allgemeines Verbot des Gewährens oder Empfangens von Geld
Geldgeschenke sind unter Compliance-Gesichtspunkten **absolut** und unabhängig von **102**
ihrer Höhe **unzulässig**. Sie dürfen weder gewährt noch angenommen werden. Gleiches gilt für geldähnliche Geschenke wie Darlehen oder Wertpapiere, die Stundung einer Schuld oder den Verzicht auf Ansprüche. Eine **Ausnahme** kann nur **bei ausländischen Gästen** in Betracht kommen, sofern diesen ein „Handgeld" von geringem Wert zugewendet wird.

Allgemeines Verbot von Zuwendungen, die dem Trennungsprinzip zuwiderlaufen
Nach dem Trennungsprinzip sollen zur Unterbindung missbräuchlicher Einflussnahme **103**
des Unternehmens auf Dritte **Zuwendungen** an Mitarbeiter von Unternehmen **nicht in Abhängigkeit von der Vornahme betrieblicher Entscheidungen** erfolgen. Diesem Prinzip zuwiderlaufende Zuwendungen sind dem Bereich der „roten Phase" des hier konzipierten Modells zuzuordnen und demnach ausnahmslos verboten.

Vorteile sexueller oder anstößiger Natur
Immaterielle Zuwendungen sexueller Natur sind absolut und ausnahmslos unzulässig. **104**
Sie dürfen ebenfalls weder gewährt noch angenommen werden. Gleiches gilt ausnahmslos für anstößige, obszöne und/oder illegale Produkte.

Private Aufträge
Kein Mitarbeiter darf private Aufträge von Firmen ausführen lassen, mit denen er **105**
geschäftlich zu tun hat, wenn ihm dadurch Vorteile entstehen könnten. Das gilt insbesondere dann, wenn der entsprechende Mitarbeiter auf die Beauftragung der Firma durch seinen Arbeitgeber direkt oder indirekt Einfluss nehmen kann.

Zuwendungen während eines Verhandlungs- oder Bietprozesses
direkt oder indirekt von einer oder an eine der beteiligten Parteien sind unzulässig. **106**
Aus solchen Zuwendungen könnte der Anschein einer Unrechtsvereinbarung erwachsen.

Geforderte Vorteile
Zuwendungen dürfen nicht gefordert werden. **107**

Hochwertige Geschenke

108 von Geschäftspartnern, die den oberen Schwellenwert der Sozialadäquanz deutlich überschreiten, dürfen nicht gewährt oder angenommen werden. Zwar ist die Wettbewerbsbeeinflussung i.S.d. § 299 StGB nicht allein durch die Höhe des Wertes indiziert; es besteht jedoch ein gesteigertes Risiko der Einleitung eines Strafverfahrens, da aus dem Wert der Zuwendung die unlautere Wettbewerbsbeeinflussung gefolgert werden kann.

Außergewöhnliche luxuriöse Einladungen

109 mit selektivem Kundenkreis ohne oder mit nur geringem geschäftlichen Hintergrund, bei der auch das Unternehmen nicht repräsentiert wird, können ein starkes Indiz (nicht das sichere Vorliegen) für die Strafbarkeit nach § 299 StGB darstellen (Beispiel: Ski-Urlaub an luxuriösem Ort „mit allem drum und dran"). Diese Art von Einladungen von Geschäftspartnern sind unzulässig, wenn sie auf eine Wettbewerbsbeeinflussung (Vergabeentscheidung in den nächsten Monaten) zielen. Extreme Beispiele für derartige Einladungen sind etwa solche zu Motorsportveranstaltungen der Formel 1 oder zu anderen sehr kostspieligen Sportevents (Olympische Spiele, Fußball-Weltmeisterschaft, Boxkämpfe etc.) im Allgemeinen. Ob und ab welchem Wert Einladungen dieser Art nicht mehr als sozial üblich, sondern als Einflussnahme anzusehen sind, ist im strafrechtlichen Schrifttum äußerst umstritten.[148] Im Rahmen eines präventiven Compliance-Konzepts sind solche Einladungen jedoch **eher abzulehnen**, da das Risiko, dass die Strafverfolgungsorgane eine **solche Einladung** als strafbar betrachten, stets gegeben ist.

Strafbare Zuwendungen

110 Selbstverständlich fallen in den Bereich der „roten Phase" sämtliche Zuwendungen, deren Gewährung oder Annahme einen gesetzlichen Straftatbestand erfüllt.

3. Ergänzende Hinweise für grenzüberschreitende Sachverhalte

111 Das **OECD-Übereinkommen über die Bekämpfung der Bestechung ausländischer Amtsträger im Internationalen Geschäftsverkehr** vom 17.12.1997 wurde durch das Gesetz zur Bekämpfung internationaler Bestechung (IntBestG) vom 10.9.1998 in deutsches Recht umgesetzt; dieses Gesetz trat am 15.2.1999 in Kraft. Das IntBestG enthält im Wesentlichen die **Gleichstellung von ausländischen** und **inländischen Amtsträgern sowie Richtern bei Bestechungshandlungen. Die Gleichstellung gilt allerdings nur für die aktive Seite, also für den Bestechenden.** Dieser macht sich einer Bestechung strafbar, wenn sie sich auf eine künftige richterliche oder sonstige Diensthandlung bezieht und bezweckt, sich einen unbilligen Vorteil im internationalen geschäftlichen Verkehr zu verschaffen oder zu sichern. Eine künftige Handlung liegt vor, wenn zwar nach der Diensthandlung ein Vorteil gewährt wird, das Verhalten aber auf einer vorausgegangenen Abrede beruht. Der **Begriff „geschäftlicher Verkehr"** ist **weit zu verstehen.** Er muss **grenzüberschreitend oder auslandsbezogen sein.** Einem deutschen Amtsträger werden die Amtsträger eines ausländischen Staates und die Personen, die beauftragt sind, „bei einer oder für eine Behörde eines ausländischen Staates, für ein öffentliches Unternehmen mit Sitz im Ausland oder sonst öffentliche Aufgaben für den ausländischen Staat wahrzunehmen, ... (und) Amtsträger und sonstige Bediens-

---

148 S. zum Meinungsstand *Rönnau* in Achenbach/Ransiek (Hrsg.), S. 252 ff.

tete einer internationalen Organisation und eine mit der Wahrnehmung ihrer Aufgaben beauftragte Person" gleichgestellt. Über diese Regelungen hinaus ist zu berücksichtigen, dass **nach vielen nationalen Strafrechtsordnungen**[149] **die Gewährung von Vorteilen für Amtsträger umfassend strafbar ist und die ausländischen Strafvorschriften teilweise über den Anwendungsbereich des deutschen Strafrechts hinausgehen.** Die bislang vielfach als nicht strafbar betrachteten **facilitation payments** werden von Großunternehmen zunehmend als verboten eingestuft, um Unsicherheiten und Schlupflöcher zu vermeiden, die nur zu Unternehmensrisiken führen.[150] Im Rahmen dieses Konzepts ist es nicht möglich, alle nationalen Regelungen vergleichend auszuwerten und darzustellen. Insoweit ist jedes Unternehmen verpflichtet, sich über die strafrechtliche Situation vor Ort zu informieren. Hier kann nur darauf verwiesen werden, dass ein grundsätzlicher Rahmen mit einem Verhaltenskodex für alle Mitarbeiter auch für den Auslandsverkehr verabschiedet werden sollte. Dieser darf sich nicht nah an der strafrechtlichen Grenze orientieren, sondern sollte Verhaltenssicherheit geben und damit dem Graubereich strafrechtlichen Handelns vorgelagert sein. Hierbei ist zu bedenken, dass eine internationale Ächtung unangemessener Einflussnahmen auf dienstliches Handeln oder den Wettbewerb nur erreicht werden kann, wenn ein grundsätzlicher ethischer Konsens über die Unangemessenheit unzulässiger Einflussnahmen im Unternehmen besteht. Hinter den hier vorgeschlagenen Standards sollten Verhaltensrichtlinien auch international nicht zurückbleiben.

Damit verbindet sich die Pflicht der Unternehmen, auch im Auslandsgeschäft die Schulung der Mitarbeiter und die Ausrichtung auf legale Geschäftsabschlüsse zu betreiben.

Durch Gesetz vom 22.8.2002 wurden die Vorschriften der §§ 299 Abs. 1 und Abs. 2 **112** StGB zur Bestechlichkeit und Bestechung im geschäftlichen Verkehr durch die Einfügung des § 299 Abs. 3 StGB auf den ausländischen Wettbewerb ausgedehnt. **Der Umstand, dass in nicht unerheblichen Teilen des Weltmarktes Vorteilsgewährungen** im Sinne des § 299 StGB nicht nur **weithin üblich**, sondern für den Abschluss größerer Geschäfte vielfach geradezu vorausgesetzt sind, **führt nicht zum Wegfall der Strafbarkeit**.[151] Betrachtet man die internationale Entwicklung seit der Verabschiedung des FCPA 1977, können nach anfänglichem Leugnen in vielen Ländern Korruptionspraktiken nicht mehr bestritten werden. Nicht nur für deutsche Unternehmen, sondern generell im Auslandsgeschäft sind heute zivil- und strafrechtliche Folgen, finanzielle Sanktionen, vor allem aber kostenträchtige Reputationsrisiken zu beachten.[152] Angemessene Anti-Korruptions-Compliance Systeme müssen auf einem risikobasierten Ansatz aufbauen, der neben der Vermeidung strafrechtlich relevanter Verhaltensweisen auch das langfristige Unternehmensinteresse, ein ethisch vertretbares Handeln, die Reputationsrisiken und spezielle Haftungsrisiken beachtet.[153]

---

149 Vgl. die umfassende Länderliste des CPI, Corruption Perceptions Index, abrufbar unter www.transparency.org.
150 *Pieth* S. 63 ff.; Beiträge in den Compliance-Handbüchern von Hauschka (Hrsg.) 2010 und Wieland/Steinmeyer/Grüning.
151 Vgl. nur *Fischer* § 299 Rn. 23a.
152 *Pieth* 2011; *Moosmayer* 2012.
153 Praxisorientierte Darstellung mit zahlreichen Details zum Aufbau einer Anti-Korruptions Compliance bei *Pieth* 2011.

113 Deutsche Unternehmen können weitergehenden Risiken einer strafrechtlichen Verfolgung durch die USA (Unternehmensstrafrecht) ausgesetzt sein. **In Deutschland** ist die **strafrechtliche Verfolgung von Unternehmen nicht möglich. In den USA ist dies anders.** Ein Unternehmen ist – neben der handelnden natürlichen Person – verantwortlich für Handlungen, die ein Mitarbeiter im Rahmen seiner Tätigkeit für das Unternehmen begeht. Deutsche Unternehmen, die an den US-amerikanischen Börsen notiert sind, mit ihren Produkten **auf dem US-Markt** präsent sind oder im Zusammenhang mit Straftatbeständen wie „mail fraud" und „wire fraud" (Nutzung amerikanischer Kommunikationssysteme) auffallen, können amerikanischen Strafgesetzen unterfallen. **Strafvorschriften** finden sich im **Kartellstrafrecht, Korruptionsstrafrecht, Bilanzstrafrecht** und **Insiderstrafrecht**. Das amerikanische Korruptionsstrafrecht verbietet die Bestechung von Amtsträgern sowie die Vorteilsgewährung an Amtsträger. Zuwendungen an Mitarbeiter eines geschäftlichen Betriebes, um ihr Verhalten gegenüber dem Geschäftsherrn zu beeinflussen, sind als Angestelltenbestechung strafbar. Nach dem sog. Sarbanes-Oxley-Act vom 30.7.2002 und den Ausführungsregelungen der SEC sind der Vorstandsvorsitzende und der Finanzvorstand von Unternehmen, die an der US-amerikanischen Börse notiert sind, verpflichtet, schriftliche Versicherungen über die Richtigkeit und Vollständigkeit des Geschäftsabschlusses sowie über die Einrichtung eines funktionierenden Kontrollsystems abzugeben. Eine strafrechtliche Verantwortlichkeit droht beiden, wenn die Versicherungen unzutreffend sind. Diese Regeln haben auch für Korruptionsdelikte erhebliche Bedeutung, da eine Bilanz unrichtig sein kann, wenn beispielsweise Schmiergeldzahlungen an der Buchführung vorbei geleistet werden.

Im Strafverfahren gegen ein Unternehmen können durch interne Aufdeckung bereits Anklagen verhindert oder die Compliance-Maßnahmen strafmildernd bei einer Verurteilung berücksichtigt werden. Voraussetzung wirksamer Compliance-Maßnahmen sind Kriterien zur Effizienz nach amerikanischen Strafzumessungsvorschriften. Danach müssen diese folgende Regelungsbereiche enthalten: Verhaltensrichtlinien für Mitarbeiter mit der Verpflichtung zur Einhaltung der Strafvorschriften, Prüfungen eingeführter Maßnahmen auf Mängel und Beseitigung von Mängeln, den Schutz von Whistleblowern sowie die Einrichtung einer Stelle, bei der Mitarbeiter die Verletzung von Vorschriften anzeigen können, ohne dass sie Nachteile erleiden dürfen, die Verhängung disziplinarischer Maßnahmen gegen Mitarbeiter, die gegen die Vorschriften verstoßen sowie interne Kontrollsysteme, um strafrechtlich relevante Vorgänge zu untersuchen. Für börsennotierte Unternehmen gelten erweiterte Dokumentations- und Kontrollpflichten.[154]

D. Geldwäsche

I. Einleitung

114 Der nachfolgende Artikel bietet einen Überblick über die wesentlichen Vorgaben zur Prävention von Geldwäsche und Terrorismusfinanzierung. Dabei wird in einem ersten Schritt eine Eingrenzung des Themas vorgenommen und im Weiteren auf die umfas-

---

154 Vgl. hierzu die Darstellung von *Bannenberg* in Wabnitz/Janovsky (Hrsg.), S. 680 ff.; *Pieth* Anti-Korruptions-Compliance, 2011.

senden Regelungen für Institute und Versicherungsunternehmen eingegangen. Anschließend erfolgt eine Darstellung der Besonderheiten für ausgewählte weitere zur Prävention von Geldwäsche und Terrorismusfinan-zierung verpflichtete Personen und Unternehmensgruppen.

Sofern im Folgenden zu Zwecken der Vereinfachung von Geldwäsche bzw. Geldwä- **115** scheprävention die Rede ist, ist davon auch die Terrorismusfinanzierung bzw. die Verhinderung der Terrorismusfinanzierung umfasst.

1. Begriffsbestimmungen

1.1 Geldwäsche

Bei Geldwäsche handelt es sich um das Einschleusen durch rechtswidrige Taten **116** unrechtmäßig erlangter Vermögenswerte in den legalen Wirtschaftskreislauf mit dem Ziel, deren wahre Herkunft zu verschleiern. Ein Katalog solcher rechtswidriger Taten (sog. Vortaten) findet sich in § 261 Abs. 1 S. 2 StGB. Neben Verbrechen und Vergehen gem. StGB zählen hierzu u.a. auch Straftatbestände wie gewerbsmäßige oder bandenmäßige Steuerhinterziehung (vgl. § 370 AO), Insiderhandel oder Marktmanipulation (vgl. § 38 WpHG) oder Vergehen mit Bezug zu Urheberrechtsverletzungen (vgl. §§ 106–108b UrhG).

Die Geldwäsche kann dabei im Wesentlichen in drei Phasen erfolgen: Einschleusen **117** der Vermögenswerte, Verschleiern der kriminellen Herkunft und schließlich Integration der gewaschenen Vermögenswerte.

1.2 Terrorismusfinanzierung

Im Rahmen der Terrorismusfinanzierung werden finanzielle Mittel gesammelt und zur **118** Bildung terroristischer Vereinigungen sowie Finanzierung ihrer Aktivitäten bereitgestellt. Hierbei sind häufig bereits kleinere Summen ausreichend, welche nicht zwingend aus kriminellen Quellen stammen müssen. Entsprechend schwierig ist es, diese Gelder mit den Methoden der Geldwäscheprävention aufzuspüren. Die Terrorismusfinanzierung bildet mit der Sammlung und Bereitstellung von Vermögensgegenständen für Terroristen oder terroristische Organisationen die Schnittstelle zwischen der Geldwäscheprävention und der gesetzlichen Verpflichtung zur Verhinderung der Bereitstellung wirtschaftlicher Ressourcen an sanktionierte Personen, Organisationen, Institutionen und Länder.

2. Internationale Vorschriften

2.1 Financial Action Task Force on Money Laundering

Wesentlicher Impulsgeber für die Entwicklung von Maßnahmen zur Verhinderung **119** von Geldwäsche und Terrorismusfinanzierung ist die im Jahre 1989 von den G7-Staaten gegründete Financial Action Task Force on Money Laundering (FATF). Deren inzwischen mehrfach überarbeitete Empfehlungen bilden heute die internationalen Standards auf diesem Gebiet. Zugleich stellen die FATF-Empfehlungen den Ausgangspunkt für gesetzgeberische Entwicklungen auf internationaler, EU- und nationaler Ebene dar. Die Empfehlungen und Sonderempfehlungen der FATF wurden zuletzt im Februar 2012 in einer überarbeiteten Fassung veröffentlicht.

Darüber hinaus werden von der FATF sog. Länderprüfungen durchgeführt, die eine **120** Aussage über die Einhaltung der Standards zur Verhinderung von Geldwäsche und

Terrorismusfinanzierung im jeweiligen Land treffen. Anlässlich der im Rahmen der letzten Untersuchung für Deutschland in 2010 identifizierten Defizite hat der deutsche Gesetzgeber in 2011 und 2012 mehrfach Anpassungen im nationalen Recht vorgenommen.

2.2 Europäische Union

121 Auf Ebene der EU gilt bzgl. der Geldwäscheprävention derzeit eine wesentliche Richtlinie, welche von den Mitgliedstaaten jeweils in nationales Recht umzusetzen ist.

122 Die 3. EG-Geldwäsche-Richtlinie[155] trat am 15.12.2005 in Kraft. Hierin findet sich die EU-weite Grundlage für Maßnahmen in der Bekämpfung von Geldwäsche und Terrorismusfinanzierung. Basis hierfür waren die damals aktuellen 40 Empfehlungen und 8 Sonderempfehlungen der FATF in der Fassung von 2003. Vor dem Hintergrund etwaiger Änderungen des Rechtsrahmens im Zusammenhang mit Erkenntnissen aus neuen internationalen Standards (u.a. FATF-Empfehlungen) wird diese Richtlinie regelmäßig überarbeitet und ggf. eine 4. EG-Geldwäsche-Richtlinie erlassen.

3. Nationale Vorschriften

3.1 Gesetze

123 Das „Gesetz über das Aufspüren von Gewinnen aus schweren Straftaten", Geldwäschegesetz (GwG) genannt, trat in Deutschland erstmals im Jahre 1993 in Kraft.[156] In diesem sind u.a. notwendige interne Sicherungsmaßnahmen und erforderliche Kundensorgfaltspflichten normiert. Über das GwG hinaus gelten im Zusammenhang mit der Verhinderung von Geldwäsche und Terrorismusfinanzierung spezielle Regelungen für Institute[157] und Versicherungsunternehmen.[158]

124 Eine wesentliche Änderung des GwG erfolgte durch das am 22.12.2011 verkündete „Gesetz zur Optimierung der Geldwäscheprävention".[159] Die Gesetzesänderungen resultierten nicht zuletzt aus dem FATF-Deutschlandbericht. Das Gesetz sah nun neben der Reformierung des Verdachtsmeldewesens und einer Erweiterung des Kataloges der internen Sicherungsmaßnahmen in Bezug auf die Schulung und Zuverlässigkeitsprüfung der Beschäftigten insbesondere auch Änderungen der bestehenden Kundensorgfaltspflichten vor. Diese betrafen u.a. die Neujustierung der vereinfachten Sorgfaltspflichten, die Konkretisierung der Sorgfaltspflichten hinsichtlich der Identifizierung des wirtschaftlich Berechtigten sowie die Ergänzung der verstärkten Sorgfaltspflichten in Bezug auf im Inland ansässige politisch exponierte Personen. Außerdem wurden die internen Sicherungsmaßnahmen für den Nichtfinanzsektor ausgeweitet. Die E-Geld-Unternehmen[160] werden mit einem umfangreichen Maßnahmenkatalog berücksichtigt. Die meisten der geänderten Vorschriften sind zum 29.12.2011 in Kraft getreten. Aufgrund des mit der Umset-

---

155 Richtlinie 2005/60/EG des Europäischen Parlaments und des Rates vom 26.10.2005 zur Verhinderung der Nutzung des Finanzsystems zum Zwecke der Geldwäsche und der Terrorismusfinanzierung, ABlEU Nr. L 309/15.

156 Gesetz über das Aufspüren von Gewinnen aus schweren Straftaten, BGBl I 1993, 1770.

157 Gesetz über das Kreditwesen, BGBl I 1998, 2776.

158 Gesetz über die Beaufsichtigung der Versicherungsunternehmen, BGBl I 1993, 2.

159 BGBl I 2011, 2959.

160 E-Geld-Unternehmen in diesem Sinne sind verpflichtet entsprechend §§ 2 Abs. 1 Nr. 2a, 2b und 2c.

zung verbundenen Aufwandes waren einzelne gesetzliche Regelungen hingegen von den jeweiligen Verpflichteten erst per 1.3.2012 umzusetzen. Einzelheiten zu den konkreten Pflichten werden nachfolgend dargestellt.

Die letzte Anpassung des GwG wurde mit dem „Gesetz zur Ergänzung des Geldwä- **125** schegesetzes" vorgenommen. Bedeutend ist dabei die Aufnahme der Veranstalter und Vermittler von Glücksspielen im Internet in den Verpflichtetenkreis sowie eine Ausweitung der entsprechenden internen Sicherungsmaßnahmen. Die Änderung trat zum 26.2.2013 in Kraft.

3.2 Rundschreiben der BaFin

Die Abteilung Geldwäscheprävention (GW) der BaFin übt die geldwäscherechtliche **126** Aufsicht über alle in § 16 Abs. 2 Nr. 2 GwG genannten Institute, Unternehmen und Personen aus.

Mit Hilfe diverser Rundschreiben stellt die BaFin insbesondere gesetzliche Sachver- **127** halte durch eine entsprechende Auslegung aus Sicht der Aufsicht klar (sog. Klarstellung), gibt in Folge vermehrter Anfragen grundlegende Handlungsleitlinien, gibt Erklärungen und Informationsberichte der FATF in deutscher Sprache wieder und informiert nicht zuletzt die von ihr beaufsichtigten Unternehmen über die Verwaltungspraxis der BaFin.

3.3 Auslegungs- und Anwendungshinweise

Die Deutsche Kreditwirtschaft (DK) – zuvor Zentraler Kreditausschuss (ZKA) – ent- **128** wickelt im Konsens mit dem Bundesministerium der Finanzen und der BaFin die sog. Auslegungs- und Anwendungshinweise (AuA) für Institute. Diese dienen zur Konkretisierung der gesetzlichen Vorschriften zur Verhinderung von Geldwäsche und Terrorismusfinanzierung im GwG und KWG. Sie wurden zuletzt mit BaFin-Rundschreiben 1/2012 veröffentlicht und entsprechen somit der Verwaltungspraxis der Aufsicht. Im September 2012 wurden aufgrund der erneuten gesetzlichen Änderungen ergänzende Auslegungs- und Anwendungshinweise zur Umsetzung des Gesetzes zur Optimierung der Geldwäscheprävention erarbeitet und mit BaFin-Rundschreiben 4/2012 veröffentlicht.

Speziell für den Versicherungssektor wurden durch den Gesamtverband der Deut- **129** schen Versicherungswirtschaft e.V. (GDV) ebenfalls Auslegungs- und Anwendungshinweise entwickelt. Darüber hinaus existieren noch weitere Industriestandards, z.B. für Bausparkassen und Leasingunternehmen.

II. Pflichten für Institute und Versicherungsunternehmen

Kreditinstitute, Finanzdienstleistungsinstitute sowie Versicherungsunternehmen (Ver- **130** pflichtete i.S.d. § 2 Abs. 1 Nr. 1, 2 und 4 GwG) unterliegen dem vollumfänglichen Pflichteninhalt des GwG. Aufgrund ihrer volkswirtschaftlichen Bedeutung sowie der Anzahl und Häufigkeit möglicher risikobehafteter Zahlungsströme werden hohe und detaillierte Anforderungen an die risikobasierte Ausgestaltung der Prozesse und Maßnahmen zur Verhinderung von Geldwäsche und Terrorismusfinanzierung bei Instituten und Versicherungsunternehmen gestellt. Diese umfassen insbesondere die Einrichtung von internen Sicherungsmaßnahmen sowie die Erfüllung von Kundensorgfaltspflichten in

Abhängigkeit vom Risiko des jeweiligen Vertragspartners. Als Grundlage für die vorgenannten Maßnahmen dient eine unternehmensspezifische Gefährdungsanalyse.

1. Interne Sicherungsmaßnahmen

1.1 Geldwäschebeauftragter

131 Kern der Maßnahmen zur Verhinderung von Geldwäsche und Terrorismusfinanzierung bildet in Instituten und Versicherungsunternehmen die Bestellung eines Geldwäschebeauftragten. Dieser ist zuständig für die Definition und Umsetzung von jeweils unternehmensspezifisch angemessenen Maßnahmen und Prozessen zur Durchführung der entsprechenden Vorschriften im Unternehmen. In Instituten ist der Geldwäschebeauftragte grundsätzlich auch mit der Wahrnehmung der Pflichten zur Prävention sonstiger strafbarer Handlungen betraut. Diese sog. „Zentrale Stelle" koordiniert sämtliche Maßnahmen zur Verhinderung von Geldwäsche, Terrorismusfinanzierung und sonstigen strafbaren Handlungen und sorgt für ein risikominimierendes Gesamtkonzept.

132 Die Funktion des Geldwäschebeauftragten und die damit verbundenen Aufgaben und Zuständigkeiten sind entsprechend in einer Stellenbeschreibung zu fixieren. Es ist darauf zu achten, dass der Geldwäschebeauftragte insbesondere mit den erforderlichen Kompetenzen; Befugnissen und Rechten zur Erfüllung seiner Aufgaben ausgestattet wird. Hierzu gehört neben dem Zugang zu allen erforderlichen Daten und Systemen vor allem auch die Möglichkeit, Entscheidungen im Sinne des Risikomanagements zur Verhinderung von Geldwäsche und Terrorismusfinanzierung, z.B. in Form eines Vetorechts, treffen zu können.

133 Der Geldwäschebeauftragte muss in seiner Funktion organisatorisch und fachlich der Geschäftsleitung unmittelbar nachgeordnet sein und hat seine Aufgaben unabhängig zu erfüllen. Diese unmittelbare Unterstellung des Geldwäschebeauftragten unter die Geschäftsleitung dient insbesondere der Vermeidung möglicher Interessenkonflikte, die auch eine zusätzliche Wahrnehmung von Aufgaben in operativ tätigen Bereichen kaum darstellbar macht. Explizit verboten ist die Wahrnehmung der Funktion der internen Revision. Darüber hinaus sollte der Geldwäschebeauftragte grundsätzlich nicht die Aufgaben des Datenschutzbeauftragten wahrnehmen. Der Geldwäschebeauftragte und sein Stellvertreter benötigen für die Wahrnehmung der Funktion eine hinreichende Sachkunde.

1.2 Sicherungssysteme und Kontrollen

134 Grundlage der internen Sicherungsmaßnahmen sind gem. § 9 Abs. 2 Nr. 2 GwG die Entwicklung und Aktualisierung von angemessenen geschäfts- und kundenbezogenen Sicherungssystemen und Kontrollen. Zu den entsprechend wesentlichen Prozessen sind eindeutige und verbindliche Anweisungen erforderlich, die für die betroffenen Mitarbeiter des Unternehmens zugänglich sein sollten. In diesem Zusammenhang ist insbesondere die unternehmensspezifische Ausgestaltung der Kundensorgfaltspflichten festzuschreiben. Hierzu gehört u.a. die Definition eines risikobasierten Kundenannahmeprozesses.

Neue Produkte, Märkte oder Technologien können dazu führen, dass die Anonymität von Geschäftsbeziehungen oder Transaktionen begünstigt wird. Sie stellen ein Risiko für Geldwäsche und Terrorismusfinanzierung dar. Entsprechend ist es erforderlich, dass der Geldwäschebeauftragte in sog. Neu-Produkt-Prozesse eingebunden ist und bereits frühzeitig entsprechenden Tendenzen entgegenwirken bzw. rechtzeitig adäquate Präventionsmaßnahmen implementieren kann.

Die Beschäftigten sind entsprechend der gesetzlichen Regelungen über Typologien **135** und aktuelle Methoden der Geldwäsche und Terrorismusfinanzierung sowie ihre Pflichten zu informieren. Betroffen sind davon sämtliche Beschäftigten in geldwäscherelevanten Geschäftsbereichen.[161] Neben der Schulung zu Beginn der relevanten Beschäftigung sind zusätzlich risikobasierte Nachschulungen durchzuführen. Auslöser können neben gesetzlichen Änderungen oft auch offensichtlich fehlende Kenntnisse – z.B. bei erhöhten Fehlerquoten in der Kontrolle der Einhaltung der Sorgfaltspflichten – sein. Es empfiehlt sich somit die Erarbeitung eines risikobasierten Schulungskonzeptes, um einerseits den Anforderungen gerecht zu werden und andererseits kostenintensive überflüssige Schulungen zu vermeiden. In diesem Zusammenhang sind vor allem die angemessene Einbeziehung der relevanten Beschäftigten in Abhängigkeit vom Risiko der betreuten Geschäftsbeziehungen sowie ein angebrachter Wiederholungsturnus für die Nachschulungen darzustellen.

Des Weiteren sind die Beschäftigten einer Zuverlässigkeitsprüfung zu unterziehen. **136** Hierzu schränken die ergänzenden AuA ein, dass ausschließlich solche Beschäftigten darunter zu verstehen sind, die geeignet sind, der Geldwäsche und Terrorismusfinanzierung Vorschub zu leisten.[162] Die Zuverlässigkeit ist bei Beginn der Beschäftigung zu prüfen und im laufenden Beschäftigungsverhältnis nachzuhalten. Es empfiehlt sich im Rahmen der Personalbeurteilungssysteme und Kontrollsysteme sicherzustellen, dass alle relevanten Mitarbeiter effektiv überwacht werden. Die ergänzenden AuA stellen in diesem Zusammenhang klar, dass eine reine Negativmeldung nicht ausreicht.

Institute und Versicherungsunternehmen sind zu einer kontinuierlichen Überwachung **137** sämtlicher Geschäftsbeziehungen, einschließlich der in ihrem Verlauf durchgeführten Transaktionen, verpflichtet. Insbesondere Institute haben angemessene Datenverarbeitungssysteme vorzuhalten, um ihre Kunden, Produkte und Transaktionen einer IT-gestützten Überwachung, sog. Monitoring, zu unterziehen. Dabei werden anhand von implementierten Indizien und Typologien die Geschäftsbeziehungen nach Auffälligkeiten untersucht. Die hierfür erforderlichen Indizien und Typologien sind aus der Gefährdungsanalyse nachvollziehbar abzuleiten. Zu beachten ist, dass nicht alle Institute und Versicherungsunternehmen zwingend ein IT-gestütztes Monitoring durchführen müssen. In bestimmten Fällen ist es möglich, anhand entsprechend generierter Listen Auffälligkeiten zu bestimmen und zu bearbeiten.

Der Geldwäschebeauftragte eines Institutes oder Versicherungsunternehmens muss **138** sich durch regelmäßige Kontrollen davon überzeugen, dass die getroffenen Vorgaben zur Verhinderung der Geldwäsche und Terrorismusfinanzierung auch eingehalten werden. Infolgedessen ist vom Geldwäschebeauftragten ein aus der Gefährdungsanalyse abgeleiteter, risikobasierter Kontrollplan zu erstellen und nachzuhalten. Die Ergebnisse sind wiederum in der nächsten Gefährdungsanalyse zu fixieren, ggf. sind notwendige Maßnahmen abzuleiten.

Der Geldwäschebeauftragte hat der Geschäftsführung über die Ergebnisse seiner **139** Arbeit und die aufgetretenen Verdachtsmeldungen direkt und unmittelbar zu berich-

---

161 BT-Drucks. 17/6804, 34.
162 BaFin-Rundschreiben 4/2012.

ten. Hierbei sind sowohl ein regelmäßiges Reporting als auch Regelungen für eine ggf. erforderliche ad-hoc-Berichterstattung zu treffen. Es ist sicherzustellen, dass der Vorsitzende des Aufsichtsorgans den Jahresbericht des Geldwäschebeauftragten ebenfalls erhält. Etwaige Änderungen innerhalb des Berichts durch die Geschäftsleitung sind gesondert zu kennzeichnen. Darüber hinaus ist sicherzustellen, dass der Vorsitzende des Aufsichtsorgans ein direktes Auskunftsrecht beim Geldwäschebeauftragten hat.

1.3 Gruppenweite Umsetzung

140 Für Institute und Versicherungen gilt entsprechend § 25g KWG bzw. § 80d Abs. 5 VAG die Pflicht, Sorgfaltspflichten gruppenweit umzusetzen.[163] Verantwortlich für die gruppenweit einheitlichen Mindeststandards ist das übergeordnete Unternehmen/Mutterunternehmen.[164]

141 Die gruppenweite Umsetzung ist bei Instituten für alle nachgeordneten Unternehmen, Zweigstellen und Zweigniederlassungen im In- und Ausland[165] bzw. bei Versicherungsunternehmen hinsichtlich der Niederlassungen und mehrheitlich im Eigentum befindlichen Unternehmen sicherzustellen.

142 Zu den nachgeordneten Unternehmen einer Gruppe gehören zunächst Tochterunternehmen oder Unternehmen, auf die das übergeordnete Unternehmen einen beherrschenden Einfluss ausüben kann. Der beherrschende Einfluss kann über eigene Beteiligungen unmittelbar vorliegen oder mittelbar gegeben sein, sofern das zwischengeschaltete Unternehmen ein Tochterunternehmen des übergeordneten Unternehmens ist. Ein beherrschender Einfluss liegt auch dann vor, wenn entsprechende Stimmrechtsverhältnisse, vertragliche Bindungen oder personelle Verflechtungen zutreffen.

143 Im nächsten Schritt ist dann ein einheitlicher Standard aller Sicherungsmaßnahmen und Sorgfaltspflichten zu erstellen, der sämtliche für die Gruppe erforderlichen unternehmensspezifischen Vorgaben enthält. Die Einhaltung dieser einheitlichen Standards ist durch Kontrollen des Konzern-Geldwäschebeauftragten zu überwachen. Gelten im Ausland höhere Präventionsstandards sind diese für das betroffene Unternehmen anzuwenden. Sind die unternehmensspezifischen Mindeststandards nach dem Recht des Auslands nicht zulässig, sind die entsprechend gesetzlich normierten Maßnahmen zu ergreifen.

2. Kundensorgfaltspflichten

2.1 Allgemeine Sorgfaltspflichten

144 Das GwG definiert allgemeine Sorgfaltspflichten, die von allen Verpflichteten einzuhalten sind. Diese umfassen:
- Identifizierung des Vertragspartners,
- Einholung von Informationen über den Zweck und die angestrebte Art der Geschäftsbeziehung, soweit sich diese im Einzelfall nicht bereits zweifelsfrei aus der Geschäftsbeziehung ergeben,

---

163 Es ist zu beachten, dass für Versicherungsunternehmen die Pflicht zur gruppenweiten Einhaltung von Sorgfaltspflichten nur dann besteht, wenn die Holdinggesellschaft selbst Lebensversicherungen oder Unfallversicherungsverträge mit Prämienrückgewähr anbietet, also selbst Verpflichtete i.S.d. GwG ist.
164 Vgl. § 10a Abs. 1 S. 1 KWG i.V.m. § 1 Abs. 6 KWG bzw. § 80d Abs. 5 VAG.
165 Vgl. BaFin-Rundschreiben 17/2009.

– Abklärung, ob der Vertragspartner für einen wirtschaftlich Berechtigten handelt, und, soweit dies der Fall ist, dessen Identifizierung sowie
– kontinuierliche Überwachung der Geschäftsbeziehung, einschließlich der in ihrem Verlauf durchgeführten Transaktionen.

Zunächst gibt es vier Auslöser für die allgemeinen Sorgfaltspflichten: **145**
– Begründung einer Geschäftsbeziehung,
– Transaktion außerhalb einer Geschäftsbeziehung,
– Verdachtsfall,
– Zweifel an den erhobenen Angaben.

Die Identifizierung folgt sowohl für natürliche als auch für juristische Personen einem **146** zweistufigen Prozess, nachdem im ersten Schritt bestimmte Daten festzustellen und in einem zweiten Schritt anhand eines Legitimationsdokumentes bzw. eines amtlichen Dokumentes zu überprüfen sind.

Für jede Geschäftsbeziehung sowie jede relevante Transaktion außerhalb einer sol- **147** chen Geschäftsbeziehung muss der wirtschaftlich Berechtigte ermittelt werden. Bei diesem kann es sich entsprechend der gesetzlichen Definition ausschließlich um eine natürliche Person handeln, in deren Eigentum oder unter deren Kontrolle der Vertragspartner steht oder auf deren Veranlassung eine Transaktion durchgeführt oder eine Geschäftsbeziehung begründet wird.[166] Für die Identifizierung des wirtschaftlich Berechtigten ist zu berücksichtigen, dass die erhaltenen Angaben risikobasiert zu überprüfen sind. Hierzu können z.B. Personalausweiskopien oder Gesellschafterlisten herangezogen werden. Bei Vorliegen der Voraussetzungen für die Anwendung der vereinfachten Sorgfaltspflichten ist es möglich, auf die Feststellung des wirtschaftlich Berechtigten zu verzichten. Dies kann z.B. für börsennotierte Aktiengesellschaften gelten. Eine eindeutige und nachvollziehbare Dokumentation ist für diese Fälle sicherzustellen.

Für Institute und Versicherungsunternehmen ergibt sich der Geschäftszweck in den **148** meisten Fällen aus dem jeweiligen Vertrag sowie den zugehörigen Unterlagen. Soweit dies nicht der Fall ist, muss der Geschäftszweck durch Befragung ermittelt, plausibilisiert und dokumentiert werden. Hierbei handelt es sich um eine erforderliche Information, mit der später bestimmt werden kann, ob das tatsächliche Verhalten des Vertragspartners im Verlauf der Geschäftsbeziehung auffällig ist, weil dieses von seinem Profil abweicht.

Sämtliche Geschäftsbeziehungen, einschließlich der in ihrem Verlauf durchgeführten **149** Transaktionen, sind kontinuierlich zu überwachen. Ziel der Überwachung ist es, Geschäftsbeziehungen und einzelne Transaktionen zu erkennen, die auf Grund des öffentlich und im Unternehmen verfügbaren Erfahrungswissens über die Methoden der Geldwäsche, der Terrorismusfinanzierung sowie sonstiger strafbarer Handlungen als zweifelhaft oder ungewöhnlich anzusehen sind. Ermittelte Auffälligkeiten sind aufzuzeichnen und hinsichtlich eines Verdachtsfalles auf Geldwäsche oder Terrorismusfinanzierung zu untersuchen. Dabei empfiehlt es sich aufgrund der hohen Anzahl an Geschäftsbeziehungen und der Häufigkeit von Transaktionen auf IT-gestützte Monitoring-Systeme zurückzugreifen, wenngleich dies nicht für alle Verpflichteten zwingend gesetzlich gefordert ist.

---

166 Vgl. § 1 Abs. 6 GwG.

150 Die zu Beginn der Geschäftsbeziehung erhobenen Kundendaten und -informationen (zumindest Namen, Adresse und Angaben zum wirtschaftlich Berechtigten) sind regelmäßig zu aktualisieren. Dies hat entweder anlassbezogen – wobei dafür im Unternehmen Aktualisierungsroutinen vorhanden sein müssen – oder periodisch unter Berücksichtigung der Risikoklassifizierung des Vertragspartners zu erfolgen. Hierzu ist nicht zwangsläufig ein Kundenkontakt erforderlich, soweit sich die Informationen auch aus anderen Quellen ermitteln lassen.

151 Für die einzuholenden Informationen sind die Verpflichteten auf die Mitwirkung ihrer Vertragspartner angewiesen, daher wurde in § 4 Abs. 6 GwG eine entsprechende Pflicht zur Mitwirkung festgeschrieben. Eine darüber hinausgehende Fixierung dieser Pflicht, z.B. in den AGB, erscheint nicht notwendig.

152 Soweit die Sorgfaltspflichten nicht eingehalten werden können, darf die Geschäftsbeziehung nicht eingegangen oder fortgeführt bzw. die Transaktion nicht ausgeführt werden. Hinzu kommt eine Meldepflicht an die zuständige Strafverfolgungsbehörde und das Bundeskriminalamt – Zentralstelle für Verdachtsmeldungen (sog. Financial Intelligence Unit/FIU), soweit der Geschäftspartner seiner Offenlegungspflicht zum wirtschaftlich Berechtigten nicht nachkommt.[167] Im Rahmen einer Verhältnismäßigkeitsabwägung kann die Beendigungsverpflichtung im Einzelfall jedoch entfallen. Betroffen sind ausschließlich Fälle in denen die Verletzung der Sorgfaltspflichten geringfügig oder kurzfristig ist. Hinzu kommen Fälle, bei denen es tatsächlich unmöglich ist, die Sorgfaltspflichten zu erfüllen, sofern keine Hinweise auf ein konkretes Geldwäsche – oder Terrorismusfinanzierungsrisiko bestehen.

2.2 Vereinfachte Sorgfaltspflichten

153 Gesetzlich sind abschließend Personengruppen und Produkte festgelegt, für die ein geringeres Risiko angenommen wird und daher vereinfachte Sorgfaltspflichten als ausreichend angesehen werden, sofern die Voraussetzungen für die Erfüllung von verstärkten Sorgfaltspflichten ausgeschlossen werden können und eine Risikobewertung des Unternehmens auf Grund besonderer Umstände des Einzelfalls nicht dagegen spricht.[168] Entsprechend ist es für Institute und Versicherungsunternehmen erforderlich, Kriterien für sonstige Indikatoren, die darauf hindeuten, dass die vereinfachten Sorgfaltspflichten nicht ausreichend sind, zu ermitteln und diese entsprechend zu überwachen. Auf diese Weise kann der Anforderung „vorbehaltlich einer Risikobewertung des Verpflichteten auf Grund besonderer Umstände des Einzelfalls"[169] Rechnung getragen werden.

2.3 Verstärkte Sorgfaltspflichten

154 Analog zu den vereinfachten Sorgfaltspflichten definiert der Gesetzgeber auch verstärkte Sorgfaltspflichten für Geschäftsbeziehungen mit einem erhöhten Risiko.[170] Regelmäßig ist bei politisch exponierten Personen (PeP) sowie im Falle der sog. Fernidentifizierung von einem erhöhten Risiko auszugehen. Darüber hinaus ist unternehmensspezifisch festzulegen, in welchen Fällen erhöhte Risiken bezüglich der Geldwäsche oder der Terrorismusfinanzierung bestehen können, welche die

---

167 Vgl. § 11 Abs. 1 i.V.m. § 4 Abs. 6 S. 2 GwG.
168 Vgl. § 5 GwG, § 25d KWG, § 80e VAG.
169 Vgl. § 5 Abs. 1 S. 1 GwG.
170 Vgl. § 6 GwG, § 25f KWG, § 80g VAG.

Anwendung verstärkter Sorgfaltspflichten zur Folge haben. Für Institute sind entsprechend dem KWG in diesem Zusammenhang zusätzlich auch Geschäftsbeziehungen zu Korrespondenzinstituten berücksichtigen.

Politisch exponierte Personen sind solche Personen, die wichtige öffentliche Ämter **155** ausüben oder in den letzten 12 Monaten ausgeübt haben. Hierbei sind solche Ämter als wichtige öffentliche Ämter zu betrachten, die auf nationaler Ebene angesiedelt sind, einschließlich Landesministerpräsidenten als Mitglieder des Bundesrates.[171] Darüber hinaus sind unmittelbare Familienmitglieder dieser Personen oder diesen Personen bekanntermaßen nahestehende Personen ebenfalls als politisch exponierte Personen zu behandeln.

Ausnahmen gelten, soweit es sich um einen PeP handelt, der sein Amt im Inland **156** bekleidet, im Inland ins Europäische Parlament gewählt wurde oder seit mindestens einem Jahr kein wichtiges öffentliches Amt mehr bekleidet. In diesen Fällen können die allgemeinen Sorgfaltspflichten angewendet werden, soweit eine Risikoanalyse des Einzelfalls keine Hinweise auf ein Geldwäsche– oder Terrorismusfinanzierungsrisiko ergibt.

Institute müssen sowohl ihre Vertragspartner als auch deren wirtschaftlich Berechtigte **157** auf eine PeP-Eigenschaft überprüfen. Versicherungsunternehmen haben zusätzlich auch die Bezugsberechtigten einer Überprüfung hinsichtlich ihres PeP-Status zu unterziehen.

Zu den verstärkten Sorgfaltspflichten gehören in diesen Fällen die Zustimmung eines **158** dem für den Verpflichteten Handelnden vorgesetzten Mitarbeiters zur Begründung der Geschäftsbeziehung, die Ermittlung der Herkunft der Vermögenswerte sowie eine verstärkte kontinuierliche Überwachung der Geschäftsbeziehung. Bei einer bestehenden Geschäftsbeziehung ist eine Genehmigung zur Fortführung erforderlich.

Des Weiteren können Personen aus bestimmten Ländern (Nationalität oder Wohn- **159** sitz) verstärkten Sorgfaltspflichten unterliegen, soweit es sich gem. § 25f Abs. 5 KWG bzw. § 80g Abs. 2 VAG um Tatsachen oder Bewertungen nationaler oder internationaler Stellen zur Bekämpfung von Geldwäsche handelt. Hierunter sind insbesondere die FATF-Bewertungen zu verstehen, die auch von der BaFin regelmäßig veröffentlicht werden.

Darüber hinaus gelten natürliche Personen, die bei ihrer Identifizierung nicht persön- **160** lich anwesend sind, zu dem Personenkreis von Vertragspartnern, für den verstärkte Sorgfaltspflichten anzuwenden sind. Diese beziehen sich dabei vor allem auf die Überprüfung der Identität anhand gesetzlich abschließend vorgegebener Dokumente sowie die Sicherstellung, dass die erste Transaktion zwingend von einem Konto des zu identifizierenden Vertragspartners bei einem anderen Kreditinstitut innerhalb des EWR oder in einem gleichwertigen Drittstaat, welches eine entsprechende Identifizierung bereits vorgenommen hat, erfolgt.[172] Im Ergebnis muss der Vertragspartner zumindest ein Konto eröffnet haben, bei dem er entsprechend der rechtlichen Vorgaben identifiziert wurde.

Schließlich sind anhand eigener Vorgaben insbesondere in Bezug auf kunden-, pro- **161** dukt- und transaktionsbezogene Parameter weitere Fälle erhöhter Risiken zu ermit-

---

171 Vgl. BaFin-Rundschreiben 4/2012.
172 Vgl. § 6 Abs. 2 Nr. 2 GwG.

teln und entsprechend verstärkte Sorgfaltspflichten zu definieren und durchzuführen. Ausschlaggebend können beispielsweise Parameter wie Staatsangehörigkeit oder juristischer Sitz, Wohnsitz bzw. Adressland, Branche und Rechtsform des Vertragspartners, Art der genutzten Produkte sowie Art, Höhe und Häufigkeit der Transaktionen sein.

162 Der Begriff der Korrespondenzinstitute ist gesetzlich nicht eindeutig definiert. Bei einer Geschäftsbeziehung zu einem Korrespondenzinstitut handelt sich meist um die Eröffnung von Loro- bzw. Nostrokonten eines Kreditinstitutes bei einem anderen Kreditinstitut. Diese Konten dienen der Abwicklung des internationalen Zahlungsverkehrs, insbesondere in Fremdwährung. Da in diesen Geschäftsbeziehungen nicht der Zahlungsverkehr der Kreditinstitute selbst abgewickelt wird, sondern der Zahlungsverkehr der Vertragspartner der beteiligten Kreditinstitute, fehlt die Nähe zum beauftragenden Kunden. Das Know-Your-Customer-Prinzip ist hier kaum aufrechtzuerhalten. Vor diesem Hintergrund ist bei Geschäftsbeziehungen mit Korrespondenzinstituten mittels entsprechenden Abfragen sicherzustellen, dass die bei dem jeweiligen Korrespondenzinstitut implementierten Standards zur Geldwäscheprävention in Bezug auf die Erfüllung der Sorgfaltspflichten angemessen sind. Die verstärkten Sorgfaltspflichten gelten grundsätzlich für alle Korrespondenzinstitute in einem Drittstaat, also außerhalb des EWR. Für diese sind detaillierte Informationen zum Korrespondenzinstitut, seiner Geschäfts- und Leitungsstruktur sowie seinen Präventionsmaßnahmen zu Geldwäsche und Terrorismusfinanzierung einzuholen und zu aktualisieren. Schließlich ist ein spezieller Genehmigungs- und Überwachungsprozess erforderlich. Darüber hinaus ist über entsprechende Maßnahmen sicherzustellen, dass das Korrespondenzinstitut keine verbotenen Geschäfte i.S.v. § 25h KWG durchführt. Verboten sind die Aufnahme oder Fortführung von Korrespondenz- oder sonstigen Geschäftsbeziehungen mit Bank-Mantelgesellschaften sowie die Errichtung und Führung sog. Durchlaufkonten. Für Korrespondenzinstitute des EWR können die allgemeinen Sorgfaltspflichten angewendet werden, solange keine Hinweise auf ein erhöhtes Risiko vorliegen.

2.4 Ausführung von Sorgfaltspflichten durch Dritte

163 Das GwG sieht die Möglichkeit vor, einen Teil der allgemeinen Sorgfaltspflichten von sog. zuverlässigen Dritten wahrnehmen zu lassen.[173] Wichtig ist, dass die Verantwortung für die Einhaltung der Sorgfaltspflichten nicht übertragen werden kann, sondern beim jeweiligen Verpflichteten verbleibt. Es wird nach zuverlässigen Dritten per Gesetz und zuverlässigen Dritten per Vertrag unterschieden.

164 Als zuverlässige Dritte per Gesetz gelten grundsätzlich in den Mitgliedstaaten der EU ansässige Verpflichtete i.S.d. GwG.[174] In diesem Zusammenhang ist lediglich sicherzustellen, dass diese zuverlässigen Dritten die im Rahmen der allgemeinen Sorgfaltspflichten erhobenen Informationen unverzüglich weiterleiten und weiterhin auf Nachfrage entsprechenden Unterlagen zur Verfügung stellen.

165 Darüber hinaus können zuverlässige Dritte die Sorgfaltspflichten der jeweiligen Verpflichteten auf Grundlage einer vertraglichen Vereinbarung übernehmen. Hierbei ist zunächst zwingend ein Vertrag erforderlich. Des Weiteren hat sich der Verpflichtete

---

173 Vgl. § 7 GwG.
174 Vgl. § 7 Abs. 1 GwG.

Lindner/Böttcher

vor Beginn der Zusammenarbeit von der Zuverlässigkeit zu überzeugen und im Verlauf der Geschäftsbeziehung die Umsetzung der unternehmensspezifischen Vorgaben zur Geldwäscheprävention in Form von Stichproben nachzuhalten. In diese Überprüfungen sind alle Mitarbeiter einzubeziehen, die für den Vertragspartner tätig werden. Zur Überprüfung der Zuverlässigkeit gehört auch, ob der Vertragspartner ausreichend für die vorzunehmenden Aufgaben geschult ist.

2.5 Auslagerung

Nach vorheriger Zustimmung durch die jeweils zuständige Behörde dürfen Verpflich- **166** tete ihre internen Sicherungsmaßnahmen nach §§ 8 und 9 Abs. 2 GwG auf einen Dritten auslagern, soweit sichergestellt ist, dass die Maßnahmen ordnungsgemäß durchgeführt werden, der Verpflichtete seine Steuerungsmöglichkeiten behält und die zuständige Aufsichtsbehörde in ihren Kontrollmöglichkeiten nicht behindert wird.[175] Die Eigenverantwortung des Verpflichteten bleibt von der Auslagerung unberührt.

3. Gefährdungsanalyse

Das Prinzip des risikobasierten Ansatzes für die Ausgestaltung von Präventionsmaß- **167** nahmen gegen Geldwäsche und Terrorismusfinanzierung setzt voraus, dass zunächst das unternehmensspezifische Risiko ermittelt wird, da nur auf dieser Grundlage angemessene Sicherungsmaßnahmen abgeleitet werden können.

Anhaltspunkte für den Inhalt und das Vorgehensmodell einer Gefährdungsanalyse **168** sind u.a. im BaFin Rundschreiben 8/2005 sowie in den Auslegungs- und Anwendungshinweisen der DK bzw. des GDV enthalten.

In der Gefährdungsanalyse sollten entsprechend folgende Aspekte berücksichtigt wer- **169** den:
– Zielsetzung und Vorgehensmodell der Analyse,
– vollständige Abbildung der Geschäftätigkeit, einschließlich Kundenstruktur, Produktangebot und -struktur, Zahlungsströme, Vertriebswege,
– Methodik der Risikobewertung,
– Risikobewertung von Kundenstruktur, Produktangebot und -struktur, Zahlungsströmen und Vertriebswegen,
– Darstellung der internen Sicherungsmaßnahmen und der Sorgfaltspflichten in Abhängigkeit vom jeweiligen Risiko,
– Darstellung der Ergebnisse der Gefährdungsanalyse (Bewertung, ob interne Sicherungsmaßnahmen und Sorgfaltspflichten dem Risiko entsprechend angemessen sind) sowie
– Ableitung von ggf. zusätzlichen Maßnahmen auf Basis der Ergebnisse der Gefährdungsanalyse.

Die Gefährdungsanalyse bildet nicht nur die Basis für die Ableitung von internen **170** Sicherungsmaßnahmen und konkretisierten Kundensorgfaltspflichten, sondern ist zugleich die Grundlage, um gegenüber der zuständigen Aufsichtsbehörde den Nachweis erbringen zu können, dass die getroffenen Maßnahmen zur Verhinderung von Geldwäsche und Terrorismusfinanzierung dem Risiko (Kunde, Produkt, Transaktion) angemessen sind.

---

175 Vgl. § 9 Abs. 3 S. 2 und 3 GwG sowie § 25c Abs. 5 KWG.

171   Darüber hinaus ist es zielführend, einzelne Risikocluster innerhalb des Unternehmens, z.B. auf Grundlage von Organisationseinheiten, zu bilden, um eine risikoangemessene Maßnahmenableitung auch innerhalb der Organisation gewährleisten zu können. So kann beispielsweise für Organisationseinheiten mit niedrigeren Risiken auch der Turnus von Nachschulungen für die betroffenen Mitarbeiter verlängert werden.

172   Ebenso müssen die im Monitoring-System verwendeten Typologien und Risikomodelle aus der Gefährdungsanalyse ableitbar sein. Auch alle weiteren Sicherungsmaßnahmen sowie die Ausgestaltung der Anti-Geldwäsche-Organisation müssen sich aus der Gefährdungsanalyse ableiten lassen. Hierzu gehören u.a. der Kontrollplan des Geldwäschebeauftragten oder die risikobasierte Ausgestaltung für die entsprechenden Prozesse.

173   Zunächst ist eine Gefährdungsanalyse für das Einzelinstitut zu erstellen, die sich an den Anforderungen des BaFin-Rundschreibens 8/2005 orientiert. Zugleich ist sicherzustellen, dass zwischen den Gefährdungsanalysen Geldwäsche/Terrorismusfinanzierung und sonstige strafbare Handlungen keine grundsätzlichen Diskrepanzen entstehen.

174   Besteht die Notwendigkeit der Umsetzung von gruppenweiten Sorgfaltspflichten[176] ist zusätzlich die Erstellung einer Konzern-Gefährdungsanalyse erforderlich. Innerhalb der Konzern-Gefährdungsanalyse sind alle relevanten Unternehmen zu betrachten.

4. Verdachtsmeldewesen

175   Ein Institut ist verpflichtet, jeden Sachverhalt, der als zweifelhaft oder ungewöhnlich anzusehen ist, zwingend zu untersuchen. Liegen Tatsachen vor, die darauf hindeuten, dass Vermögenswerten im Zusammenhang mit einer Vortat der Geldwäsche oder mit Terrorismusfinanzierung stehen, hat der Verpflichtete entsprechende Geschäftsbeziehungen oder Transaktionen unabhängig von ihrer Höhe unverzüglich der zuständigen Strafverfolgungsbehörde und der FIU zu melden.

176   In diesem Zusammenhang ist die Definition interner Prozesse zur Meldung und Bearbeitung von Verdachtsfällen für Institute ebenso wichtig wie die Festlegung von Vorgaben für die Erstattung einer Verdachtsmeldung an die vorgenannten Stellen: Für das interne Verdachtsmeldewesen empfiehlt sich der Einsatz eines für alle Mitarbeiter zugänglichen standardisierten Formblattes. Grundsätzlich ist die interne Meldung an den Geldwäschebeauftragten unmittelbar, ohne Einbeziehung eines Vorgesetzten, abzugeben. Die Entscheidung zur Erstattung einer Verdachtsmeldung erfolgt anschließend nach eingehender Prüfung und entsprechender Aufzeichnung des Sachverhaltes, der Ermittlung und des Ergebnisses der Ermittlung durch den Geldwäschebeauftragten. Sofern es sich bei dem Verdacht um eine Vortat zur Geldwäsche handelt, ist durch den Geldwäschebeauftragten eine Verdachtsmeldung nach § 11 GwG an die zuständige Strafverfolgungsbehörde und die FIU zu stellen. Um personenbezogene Rückfragen zu vermeiden, unterzeichnet der Geldwäschebeauftragte die Verdachtsmeldung in seiner Funktion, aber ohne Nennung seines Namens. In jedem Fall ist der meldende Mitarbeiter über den Fortgang der Angelegenheit schriftlich zu informieren. Hierzu kann ein standardisiertes Antwortschreiben verwendet werden.

---

176   Vgl. § 25g KWG bzw. § 80d Abs. 5 VAG.

Soweit der Geldwäschebeauftragte die Entscheidung trifft, keine Verdachtsmeldung **177** zu erstatten, besteht für den meldenden Mitarbeiter die Möglichkeit, eine private Verdachtsanzeige zu erstatten.

Der Vertragspartner, Auftraggeber der Transaktion oder sonstige Dritte dürfen in kei- **178** nem Fall von einer beabsichtigten oder erstatteten Meldung in Kenntnis gesetzt werden. Angetragene Transaktionen des betreffenden Vertragspartners dürfen nur mit Zustimmung der Staatsanwaltschaft und möglichst auf Weisung Geldwäschebeauftragten durchgeführt werden. Davon ausgenommen sind Transaktionen, die aufgrund von Gebühren sowie ähnlicher Kosten bzw. Zinsbelastungen anfallen.

Für eine verbesserte Verdachtsfallerkennung kann auf die von der BaFin, der FIU **179** oder der FATF veröffentlichten Typologien für Geldwäsche zurückgegriffen werden. Der Einsatz von IT-Tools ermöglicht anhand von Typologien und Indizien eine risikoorientierte Geldwäscheprävention.

III. Vorgaben für weitere Verpflichtete

Nachfolgend werden die Vorgaben zur Prävention von Geldwäsche und Terrorismus- **180** finanzierung für weitere Verpflichtete des GwG dargestellt. Zu diesem Verpflichtetenkreis zählen u.a. E-Geld-Unternehmen, Immobilienmakler, Spielbanken und Personen, die gewerblich mit Gütern handeln.

Zu den notwendig umzusetzenden und nachfolgend dargestellten Pflichten zählen **181** einerseits die Implementierung von internen Sicherungsmaßnahmen – diese stellen die organisatorische Basis der Geldwäscheprävention dar – sowie im Weiteren die Definition von Sorgfaltspflichten, die bei Eintreten bestimmter Auslöseetatbestände anzuwenden sind.

1. Interne Sicherungsmaßnahmen

1.1 Geldwäschebeauftragter

Der Geldwäschebeauftragte ist in seiner Funktion der Geschäftsleitung unmittelbar **182** zu unterstellen und für die Implementierung geeigneter Regelungen und Vorgaben zur Geldwäscheprävention zuständig. Zur Bestellung eines Geldwäschebeauftragten sind nach dem GwG Finanzunternehmen und Spielbanken verpflichtet. Darüber hinaus kann die zuständige Behörde die Bestellung für die weiteren Verpflichteten anordnen, wenn sie es für angemessen erachtet oder die Haupttätigkeit insbesondere im Handel mit hochwertigen Gütern liegt.[177]

1.2 Sicherungssysteme und Kontrollen

Verpflichtete Unternehmen haben im Rahmen ihrer Aufbau- und Ablauforganisation **183** angemessene kunden- und geschäftsbezogene Sicherungssysteme zu schaffen, zu aktualisieren und zu überwachen.[178] Auch wenn eine Gefährdungsanalyse gesetzlich nicht explizit gefordert ist, sollte diese den Ausgangspunkt für angemessene interne Sicherungsmaßnahmen bilden. Eine Aussage über die Angemessenheit der ergriffenen Sicherungsmaßnahmen lässt sich nur dann nachvollziehbar treffen, wenn die Risiken vollständig ermittelt und analysiert wurden.

---

177 Vgl. § 9 Abs. 2 Nr. 1 und Abs. 4 GwG.
178 Vgl. § 9 Abs. 2 Nr. 2 GwG.

184 Die internen Sicherungsmaßnahmen und die abgeleiteten Sorgfaltspflichten sind schriftlich zu fixieren und den Mitarbeitern zur Verfügung zu stellen. Insbesondere sollten die Handlungsanweisungen Regelungen und Vorgaben für alle geldwäscherelevanten Prozesse, die eindeutige Zuordnung von Zuständigkeiten, die Festlegung von Informationswegen, Standards zu den Aufzeichnungs- und Aufbewahrungspflichten sowie Maßnahmen im Verdachtsfall enthalten.

185 Zur Sicherstellung der Einhaltung der getroffenen Maßnahmen sind fortlaufend Kontrollen durchzuführen. Die Kontrollen sind so zu definieren, dass sie sich auf die Einhaltung der internen Grundsätze sowie der Sicherungssysteme inklusive der Überwachungsmaßnahmen des Unternehmens erstrecken. Dabei ist der jeweilige Umfang der Kontroll- und Sicherungsmaßnahmen am spezifischen Risiko auszurichten. Produkte und Transaktionen, welche die Anonymität begünstigen, sind in diesem Zusammenhang mit besonderer Sorgfalt zu beobachten.[179]

186 Auch für die weiteren Verpflichteten gilt die Pflicht, die Beschäftigten hinsichtlich ihrer Pflichten zur Verhinderung von Geldwäsche und Terrorismusfinanzierung zu schulen und auf ihre Zuverlässigkeit hin zu prüfen. Dabei sind alle Beschäftigten zu berücksichtigen, die in Bereichen arbeiten, in denen sie der Geldwäsche und Terrorismusfinanzierung Vorschub leisten können.[180]

187 Im Rahmen der Schulung sind alle aktuellen Typologien und Methoden der Geldwäsche und Terrorismusfinanzierung sowie die Pflichten zu ihrer Verhinderung zu behandeln. Wichtig ist hierbei, dass den Beschäftigten weniger generische Standards, sondern vielmehr die unternehmensspezifischen Maßnahmen und Prozesse zur Geldwäscheprävention vermittel werden. Turnus und Umfang der Schulung sind risikoangemessen auszugestalten.

188 Die Zuverlässigkeitsprüfung ist nicht nur zu Beginn der Beschäftigung, sondern auch regelmäßig währenddessen vorzunehmen. Die Einzelheiten entsprechen denen für Institute und Versicherungen.

189 Mit vorheriger Zustimmung der jeweiligen Aufsichtsbehörde ist es den Unternehmen möglich, die Sicherungsmaßnahmen gegen Geldwäsche und Terrorismusfinanzierung unter Berücksichtigung von § 9 Abs. 3 S. 2 GwG auszulagern. Die Zustimmung darf nur dann erteilt werden, wenn klar ist, dass das Auslagerungsunternehmen diese Aufgaben auch ordnungsgemäß erbringen kann und ein entsprechender Vertrag vorliegt. Die Eigenverantwortung des Verpflichteten bleibt von der Auslagerung unberührt.

2. Kundensorgfaltspflichten

190 Analog zu Instituten und Versicherungsunternehmen haben auch die weiteren Verpflichteten bei Eintreten von Auslösetatbeständen bestimmte Sorgfaltspflichten zu erfüllen.

191 Auslösetatbestände stellen insbesondere die Begründung einer Geschäftsbeziehung, Transaktionen ab 15 000 EUR außerhalb einer Geschäftsbeziehung, Verdacht auf Geldwäsche oder Terrorismusfinanzierung sowie Zweifel an den erhobenen Angaben dar. Die Verpflichteten müssen dabei berücksichtigen, dass gem. § 1 Abs. 5 GwG elektronisches Geld (z.B. auf dem Chip einer ec-Karte) dem Bargeld gleichgestellt ist.

---

179 Vgl. Entwurf eines Gesetzes zur Optimierung der Geldwäscheprävention, BT-Drucks. 17/6804, 33.
180 Vgl. Entwurf eines Gesetzes zur Optimierung der Geldwäscheprävention, BT-Drucks. 17/6804, 34.

Im Handel mit gewerblichen Gütern gilt die Besonderheit, dass die beiden Auslösetat- **192**
bestände Begründung einer Geschäftsbeziehung und Transaktionen außerhalb einer
Geschäftsbeziehung ohne Relevanz sind, sofern keine Annahme von Bargeld ab
15 000 EUR oder mehr erfolgt.[181]

Zu den Sorgfaltspflichten gehören die Identifizierung des Vertragspartners und die **193**
Ermittlung des wirtschaftlich Berechtigten. Wird eine Geschäftsbeziehung auf Dauer
begründet, ist es zusätzlich erforderlich, die Geschäftsbeziehung zu überwachen und
Informationen zu Art und Zweck der Geschäftsbeziehung einzuholen. Darüber
hinaus gelten die Beendigungsverpflichtung und Meldepflicht bei Nichteinhaltung der
Sorgfaltspflichten, die ggf. mögliche Anwendung der vereinfachten Sorgfaltspflichten,
die verstärkten Sorgfaltspflichten bei politisch exponierten Personen und bei persönlich nicht anwesenden Vertragspartnern sowie die Möglichkeit der Ausführung von
bestimmten Sorgfaltspflichten durch Dritte.

3. Besondere Anforderungen an Verpflichtete

Besonderheiten gelten vor allem für Spielbanken und Veranstalter/Vermittler von **194**
Online-Glücksspielen sowie Verpflichtete im E-Geld-Vertrieb.

3.1 Spielbanken und Veranstalter/Vermittler von Online-Glücksspielen

Aufgrund des hohen Umsatzes, des beträchtlichen Anteils an Bargeld und des häufi- **195**
gen Umschlags sind Glücksspiele insbesondere in Spielbanken und Automatenhallen
für Zwecke der Geldwäsche geeignet.

In diesem Zusammenhang gehören Spielbanken schon länger zum Verpflichtetenkreis **196**
des GwG. Die Aufsicht über die Automatenhallen wurde jedoch den Ländern übertragen.

Bisher war es für Spielbanken lediglich erforderlich, einen Spielbankbesucher zu iden- **197**
tifizieren, der Spielmarken im Wert von 2 000 EUR erworben hat. Dies konnte allgemein bereits beim Betreten der Spielbank erfolgen. Eine Zuordnung von Spielmarken
zu einem bestimmten Spieler war dabei nicht zu gewährleisten. Sowohl von der FATF
als auch von der EU wurde diese Praxis kritisiert.

Mit dem Gesetz zur Optimierung der Geldwäscheprävention ist daher seit 1.3.2012 **198**
sicherzustellen, dass für jeden Kauf, Verkauf oder Tausch von Spielmarken ab 2 000
EUR eine eindeutige Zuordnung zum jeweiligen Spieler erfolgen kann. Hierfür sind
entsprechende technische Vorkehrungen vorzuhalten.[182]

Für die Identifizierung gelten die bereits beschriebenen Vorgaben. **199**

Zu den Besonderheiten des inzwischen auch in Deutschland möglichen Online- **200**
Glücksspiels gehört der fehlende persönliche Kontakt zwischen dem Anbieter oder
Vermittler von Glücksspielen im Internet und dem Spieler:[183] Online-Glücksspiele
bieten in Bezug auf die Identifizierung des Spielers und der Finanzströme mangels
persönlichem Kontakt zwischen Spieler und Veranstalter oder Vermittler der Online-
Glücksspiele zusätzlich erhöhte Risiken für Geldwäsche.

---

181 Vgl. § 3 Abs. 2 GwG.
182 Vgl. § 3 Abs. 3 S. 2 GwG.
183 Vgl. Gesetz zur Ergänzung des Geldwäschegesetzes (GwGErgG).

201 Im Rahmen des Gesetzes zur Ergänzung des Geldwäschegesetzes werden seit neuestem auch Veranstalter und Vermittler von Online-Glücksspielen in den Kreis der Verpflichteten des GwG aufgenommen sowie entsprechende spezifische Sicherungsmaßnahmen für das Glücksspiel im Internet festgelegt.

202 Neben einem angemessenen Risikomanagement mit Verfahren und Grundsätzen zur Verhinderung der Geldwäsche und der Terrorismusfinanzierung sind die Einrichtung einer internen Revision, die Bestellung eines Geldwäschebeauftragten und die Implementierung eines Monitoring-Systems obligatorisch. Weitere interne Sicherungsmaßnahmen können von der zuständigen Aufsichtsbehörde angeordnet werden. Allerdings ist bei vorliegen eines geringen Geldwäscherisikos und der Einhaltung der glücksspielrechtlichen Anforderungen auch die Reduzierung der Sicherungsmaßnahmen durch die Aufsichtsbehörde möglich.

203 Vor der Teilnahme am Online-Glücksspiel sind die Spieler zu identifizieren und ein auf ihren Namen lautendes Spielerkonto zu errichten. Für jeden Spieler darf nur ein Spielerkonto errichtet werden. Weiterhin sind die Arten der möglichen Zahlungswege vom Spieler an den Verpflichteten begrenzt. Ausschließlich Zahlungseingange von einem auf den Namen des Spielers eingerichteten Zahlungskonto mittels Lastschrift, Überweisung oder per Zahlungskarte sind möglich.[184] Dabei ist insbesondere sicherzustellen, dass zwischen dem Einzahler oder Empfänger und dem Spieler Identität besteht. Zusätzliche Einlagen, die nicht unmittelbar dem Spiel dienen, sind nicht zulässig.

204 Darüber hinaus sind alle zweifelhaften oder ungewöhnlichen Sachverhalte darauf zu prüfen, ob eine Verdachtsmeldung nach § 11 GwG oder eine Strafanzeige nach § 158 StPO bei den zuständigen Strafverfolgungsbehörden zu stellen ist. Darüber hinaus ist die zuständige Behörde unverzüglich zu informieren, wenn der Spieler für einen wirtschaftlich Berechtigten handelt.

205 Zusätzlich enthalten die Regelungen für Veranstalter oder Vermittler von Online-Glücksspielen auch Verpflichtungen für die Zahlungsverkehrsdienstleister, die für die Einzahlungen der Spielbeiträge auf den Spielerkonten genutzt werden. Diese müssen eine entsprechende Händlerkennzeichnung vornehmen, um alle Transaktionen von und zu Veranstaltern oder Vermittlern von Online-Glücksspielen herausfiltern und näher analysieren zu können.

3.2 E-Geld-Unternehmen

206 Über den Kauf und Verkauf von E-Geld besteht ein erhöhtes Risiko anonymer Transaktionen und in diesem Zusammenhang auch eine hohe Geldwäscherelevanz. Entsprechend wurden im Rahmen des Gesetzes zur Optimierung der Geldwäscheprävention E-Geld-Unternehmen in den Verpflichtetenkreis des GwG aufgenommen.

207 E-Geld ist entsprechend der Legaldefinition in § 1a Abs. 3 ZAG elektronisch (auch auf Magnetstreifen) gespeichertes Geld, welches gegen Zahlung eines Geldbetrages ausgestellt und auch von anderen Unternehmen als der ausgebenden Stelle angenommen wird (sogenannter „open loop"). Bekannte Beispiele für E-Geld sind die Geldkarte, die Paysafecard oder die Wirecard. Kein E-Geld in diesem Sinne sind hingegen Prepaid-Handykarten, iTunes-Karten oder elektronische Gutscheine für online-Shops,

---

184 Vgl. § 9c Abs. 3 GwG.

da diese nur zur Bezahlung bei dem ausgebenden Anbieter dienen („closed loop").[185] Verpflichtet sind alle Verkaufsstellen, welche gegen (Bar-)Zahlung unmittelbar eine E-Geld-Aufladung vornehmen bzw. Coupons, Chips oder Gutscheine ausgeben, mit deren Nutzung eine E-Geld-Aufladung erfolgen kann[185] (z.B. Supermärkte, Kioske, Tankstellen[186]).

208 Analog Instituten und Versicherungsunternehmen sowie weiterer Verpflichteten teilen sich auch die Maßnahmen zur Verhinderung von Geldwäsche und Terrorismusfinanzierung von E-Geld-Unternehmen in interne Sicherungsmaßnahmen und Sorgfaltspflichten mit Auslösetatbeständen.

209 Die Verkaufsstellen müssen daher jeden Vertragspartner identifizieren, die Geschäftsbeziehung kontinuierlich überwachen sowie alle relevanten Daten aufzeichnen und aufbewahren. Lediglich im Rahmen einer Bagatellgrenze kann davon abgesehen werden. Dabei muss sichergestellt werden, dass maximal 100 EUR pro Kalendermonat ausgegeben werden, die E-Gelder verschiedener E-Geld-Inhaber nicht miteinander verbunden werden können (sog. Pooling) und ein Rücktausch in Bargeld zu maximal 20 EUR erfolgt.[187]

210 Damit die Emittenten von E-Geld die Umsetzung dieser Anforderungen auch in Bezug auf alle Verkaufsstellen, sicherstellen können, sind von diesen im Innenverhältnis die Einrichtung technischer Maßnahmen zu verlangen und ein entsprechender Vollzug zu kontrollieren. Lässt sich dies nicht sicherstellen, muss jeder Kunde, an den E-Geld herausgegeben wird, identifiziert werden. Die Einhaltung muss gegenüber der BaFin nachgewiesen werden.

E. Arbeitsrecht

I. Einführung

211 Für Unternehmen bedeutet Compliance heute, die Einhaltung aller für sie maßgeblichen Gesetze und Normen sicherzustellen. Daneben erfüllt Compliance heute auch immer mehr die Funktion eines Risikomanagement- und controllingsystems. Ausfluss aus den Compliance-Richtlinien ist damit häufig die Einführung einer verbindlichen Geschäfts- und Risikostrategie. Compliance – insbesondere mit arbeitsrechtlichem Bezug – erfolgt auch durch die Festlegung von Handlungs- und Verhaltensweisen für die Mitarbeiter im Rahmen von Ethikrichtlinien (sog. Code of Conduct oder Code of Ethics). Dabei zeigt sich gerade im Bereich des Arbeitsrechts nach allgemeiner Auffassung die Doppelnatur der Compliance: Einerseits ist das Arbeitsrecht selbst die „Fachcompliance", d.h. es müssen alle bestehenden arbeitsrechtlichen Gebote und Verbote eingehalten werden. Andererseits gibt es Compliance im Arbeitsrecht, d.h. es können für die Arbeitnehmer sog. Compliance- oder Ethikrichtlinien aufgestellt werden als Instrument präventiver Unternehmensorganisation. Derartige Verhaltenskodi-

---

185 Vgl. Entwurf eines Gesetzes zur Optimierung der Geldwäscheprävention, BT-Drucks. 17/6804, 26.
186 Vgl. *Stauder* Praktische Folgen der neuen Geldwäschegesetzgebung für Unternehmen und Rechtsanwälte, GWR 07/2012, 146.
187 Vgl. §§ 3 Abs. 2 S. 4 GwG, 25i Abs. 2 KWG.

zes beinhalten nicht nur allgemeine ethisch-moralische Grundsätze auf Grundlage der Unternehmensphilosophie (z.B. Einhaltung der Menschenrechte, Verbesserung der Umwelt, Nachhaltigkeit), sondern auch genaue Verhaltensanforderungen an die Arbeitnehmer. Sie werden durch die verbindliche Umsetzung auf betrieblicher Ebene Bestandteil der Unternehmensstruktur. In personeller Hinsicht erfordert die Einführung einer Compliance-Struktur – und dies empfiehlt sich auch – die Implementierung eines hauptamtlichen Compliance Officers oder jedenfalls eines Compliance-Beauftragten. Für Aktiengesellschaften und in besonderem Maße auch für Kreditinstitute und Versicherungen ergibt sich eine Pflicht zur Implementierung einer angemessenen Compliance-Organisation aus dem Gesetz: So haften z.B. die Organe von Aktiengesellschaften gem. § 93 Abs. 2 AktG für den Fall eines unzureichenden Risiko-bzw. Compliance-Managements persönlich und gesamtschuldnerisch gegenüber dem Unternehmen. Für diese Norm wird auch eine „Ausstrahlungswirkung" für die GmbH angenommen.[188] Für Wertpapierdienstleistungsunternehmen gilt § 33 Abs. 1 WpHG. Für Finanzdienstleistungsunternehmen fordert § 25a Abs. 1 KWG eine ordnungsgemäße Geschäftsorganisation, die die Einhaltung der von den Instituten zu beachtenden gesetzlichen Bestimmungen gewährleistet. Weitere Festlegungen für die Umsetzung einer Compliance-Struktur können dem Entwurf des IDW-Prüfungsstandards 980 vom 11.3.2010 des Hauptausschusses des Instituts der Wirtschaftsprüfer in Deutschland (IDW EPS 980) entnommen werden. Grundsätzlich befinden sich die Unternehmen bei der Implementierung eines Compliance-Überwachungssystems in einem Dilemma: Auf der einen Seite besteht die aufgezeigte Verpflichtung zur Herstellung von Compliance und deren Regeln, auf der anderen Seite sind bei der Einführung der hierfür erforderlichen Überwachungssysteme zahlreiche Vorschriften des Arbeits- und Datenschutzrechtes zu beachten. Unternehmensleitungen bewegen sich auf einem schmalen Grat, wenn sie einerseits effiziente Compliance-Systeme einführen müssen, andererseits dabei die Rechte der zu überwachenden Personen streng zu wahren haben.[189]

II. Inhalte und Grenzen eines Verhaltenskodex

1. Inhalte

212 Ein Verhaltenskodex kann einerseits Regelungen für den dienstlichen als auch für den außerdienstlichen Bereich schaffen. Zudem wird regelmäßig die Verpflichtung des Arbeitnehmers enthalten sein, Verstöße gegen den Kodex zu melden (sog. Whistleblowing[190]). Im dienstlichen Bereich sind Bestimmungen denkbar, die die Annahme von Geschenken regeln, ein Verbot von Insidergeschäften beinhalten, Schutz vor sexueller Belästigung bieten, Preisabsprachen verbieten oder auch Regelungen zur Vermeidung von Interessenkonflikten. Daneben sind auch Regelungen der Betriebs-Ethik denkbar. Das betriebliche Interesse des Arbeitgebers kann auch Pflichten eines Arbeitnehmers rechtfertigen, die in seinen Privatbereich hineinreichen und sich somit im außerdienstlichen Bereich bewegen. Es können daher die Anzeigepflicht von Nebentätigkeiten geregelt sein oder ein Alkoholverbot vor Dienstbeginn für bestimmte Gruppen von Arbeitnehmern (z.B. Piloten, Berufskraftfahrer).

---

188 *Kirsch* BB 2011, VI.
189 *Heldmann* DB 2010, 1235.
190 Ausführliche Informationen hierzu 4. Kap. Rn. 178 ff.

von Saenger/Vinnen

2. Grenzen

Bei der Einführung eines Verhaltenskodex bestehen für den Arbeitgeber zwei wich- **213** tige Schranken für die Verhaltensregeln:
- das allgemeine Persönlichkeitsrecht des Arbeitnehmers,
- das betriebliche Mitbestimmungsrecht von Arbeitnehmervertretungen.

2.1 Allgemeines Persönlichkeitsrecht, Art. 2 Abs. 1 GG i.V. mit Art. 1 Abs. 1 GG

Der Arbeitnehmer hat gem. § 242 BGB gegenüber seinem Arbeitgeber Anspruch auf **214** Achtung der Menschenwürde und auf die Entfaltung der individuellen Persönlich-keit.[191] Die Verhaltensregeln dürfen dieses Persönlichkeitsrecht nicht verletzen. Ob es verletzt ist, muss jeweils aufgrund einer umfassenden Güter- und Interessenabwägung unter besonderer Berücksichtigung des Verhältnismäßigkeitsgrundsatzes für die ein-zelne Regel ermittelt werden. Auf Seiten des Arbeitnehmers fließen insbesondere die Intensität der Beeinträchtigung und der betroffene Bereich, auf Seiten des Arbeitge-bers die den Eingriff motivierenden betrieblichen Interessen in die Abwägung ein.[192]

2.2 Betriebliche Mitbestimmung, § 87 Abs. 1 Nr. 1 BetrVG

Ein Verhaltenskodex ist weder pauschal mitbestimmungspflichtig noch pauschal mitbe- **215** stimmungsfrei. Es kommt entscheidend auf die einzelne Verhaltensregel eines Kodex an.[193] Mitbestimmungsrechte bestehen daher nur für die Regeln, die mitbestimmungs-pflichtige Inhalte haben. Konkrete Regeln, die ausschließlich das Arbeitsverhalten betreffen sowie Bestimmungen, die lediglich gesetzliche Vorschriften wiederholen, sind mitbestimmungsfrei. Ist hingegen das Ordnungsverhalten der Arbeitnehmer betroffen, unterfällt dies der Mitbestimmung des Betriebsrates gem. § 87 Abs. 1 Nr. 1 BetrVG.[193] Dieses Mitbestimmungsrecht ist berührt, wenn das Verhalten der Belegschaft im Betrieb beeinflusst und koordiniert werden soll oder die Verhaltensregel Auswirkungen auf dieses hat, wie z.B. bei einem Rauchverbot. Mitbestimmungspflichtig sind auch sog. Whistelbower-Klauseln in Ethikrichtlinien, wenn diese den Arbeitnehmern bestimmte Verhaltenspflichten im Falle der Feststellung eines Verstoßes auferlegen.[194] Wirkt sich eine Maßnahme zugleich auf das Arbeits- und Ordnungsverhalten aus, kommt es darauf an, welcher Regelungszweck überwiegt. Liegt der Schwerpunkt im Ordnungsverhalten, hat der Betriebsrat mitzubestimmen. Dies ist insbesondere der Fall, wenn die Maß-nahme nur einen Randbereich der arbeitsvertraglich geschuldeten Leistung betrifft.[195] Sollen technische Einrichtungen, die dazu bestimmt sind, das Verhalten oder die Leis-tung des Arbeitnehmers zu überwachen, in den Compliance-Regeln eingeführt werden, so unterfällt dies ebenso der Mitbestimmung des Betriebsrates gem. § 87 Abs. 1 Nr. 6.

3. Einhaltung von Compliance-Regeln durch Mitarbeiterkontrolle

Der Arbeitgeber hat sicherzustellen, dass die Compliance-Regeln auch eingehalten **216** werden. Dies ist in größeren Unternehmen die Aufgabe eines Compliance Officers oder eines Syndikus-Anwalts. Es gibt vielfältige Möglichkeiten, eine Einhaltung zu erzielen. Als präventive Maßnahmen ist in erster Linie an eine transparenzfördernde

---

191 Erfurter Kommentar zum Arbeitsrecht/*Preis* § 611 Rn. 619 ff.
192 Erfurter Kommentar zum Arbeitsrecht/*Preis* § 611 Rn. 621.
193 *BAG* 22.7.2008 – 1 ABR 40/07.
194 *LAG Düsseldorf* 14.11.2005 – 10 TaBV 46/05.
195 *BAG* NZA 2002, 1299.

Arbeitsorganisation zu denken. Hierzu zählt beispielsweise die Einführung des „Vier-Augen-Prinzips" oder auch – als Vorschritt jeder Einführung einer Compliance-Struktur unverzichtbar – eine Trennung von unvereinbaren Tätigkeiten im Unternehmen. Mögliches Mittel ist auch die Implementierung einer Personalrotation. Maßnahmen der konkreten Kontrolle sind die Überwachung der Kommunikation der Arbeitnehmer. Hier unterliegen die Möglichkeiten des Arbeitgebers jedoch strikten Grenzen.

3.1 Überwachung der E-Mail- und Internetnutzung

217 Eine Überprüfung des korrekten Arbeitsverhaltens eines Arbeitnehmers könnte durch eine Überwachung seiner E-Mail- und Internetnutzung erfolgen. Für die Bewertung der Zulässigkeit von Überwachungen der E-Mail- und Internetnutzung ist ausschlaggebend, ob der Arbeitgeber die Privatnutzung dieser Medien zugelassen hat.

3.1.1 Kontrolle dienstlicher E-Mail- und Internetnutzung

218 Ist den Arbeitnehmern die E-Mail- und Internetnutzung nur zu dienstlichen Zwecken gestattet, können sich die Grenzen einer Kontrolle im Rahmen einer Compliance-Verhaltensregel aus dem Bundesdatenschutzgesetz (BDSG)ergeben. Die Zulässigkeit einer Überwachung der Telekommunikation am Arbeitsplatz könnte sich aus § 32 BDSG ergeben. Dabei wird das Interesse des Arbeitgebers regelmäßig dahin gehen, Verkehrsdaten (Datum, Uhrzeit von Versand/Empfang der E-Mail sowie evtl. das übermittelte Datenvolumen) zu erfassen, zu speichern und zu nutzen. Aber auch die auf § 32 BDSG gestützte Überwachung der dienstlichen Telekommunikation muss erforderlich und verhältnismäßig sein. Die Erfassung des Inhalts der Kommunikation ist als dauerhafte Totalüberwachung nicht zulässig.

3.1.2 Kontrolle gestatteter privater E-Mail- und Internetnutzung

219 Erlaubt der Arbeitgeber seinen Arbeitnehmern die private Nutzung dienstlicher E-Mail-Accounts und es Internets am Arbeitsplatz, greifen die Sonderregelungen des Telekommunikationsgesetzes (TKG). Verkehrsdaten dürfen hier nur in engen Grenzen zur Missbrauchskontrolle geprüft werden, Inhalte der E-Mail- und Internetkommunikation dürfen nur in begründeten absoluten Ausnahmefällen untersucht werden, etwa bei konkreten Verdachtsmomenten im Hinblick auf die Begehung einer Straftat.[196]

3.1.3 Gesetzeskonforme E-Mail-Kontrolle

220 Eine neuere Möglichkeit einer gesetzeskonformen E-Mail-Kontrolle ist es, personenbezogene Information aus Datenbeständen entweder durch Anonymisierung oder Pseudonymisierung so aufzubereiten, dass eine präventive Kontrolle von E-Mail-Korrespondenzen möglich ist. Somit kann beispielsweise ein unspezifischer Anfangsverdacht begründet werden oder auch Verfehlungen erkannt werden, bevor ein größerer Schaden entsteht.[197] Bei der Anonymisierung werden alle personenbezogenen Daten, die die Identität des betreffenden Gesprächspartners preisgeben könnten, wie bei einem zensierten Dokument geschwärzt. Der mit der Untersuchung beauftragte Unternehmensjurist oder Anwalt kann alle relevanten Dokumente durchsehen und bei Aufkommen oder Erhärtung eines Verdachtsmoments die nötigen Schritte einleiten und dann auch rechtmäßig die Identität des Mitarbeiters offenlegen. Ergibt sich

196 *Schmidt* BB 2009, 1295, 1296; *Mengel* BB 2004, 1445, 1451.
197 *Laute* Deutscher AnwaltSpiegel 2013, Ausgabe 7, 13, 14.

kein Verdachtsmoment, kann der Vorgang geschlossen werden, und es herrscht Klarheit, ohne dass Datenschutzbestimmungen verletzt worden sind.[198] Bei der Pseudonymisierung hingegen werden die Namen der Korrenspondenzpartner durch generische Namen ersetzt. Der Vorteil hierbei ist, dass im Gegensatz zur einfachen Schwärzung aller Namen mögliche Kommunikationsmuster und Diskussionsstränge zwischen einzelnen Personen erkannt werden können, deren Identität aber nur im begründeten Verdachtsfall offengelegt werden muss.[198]

3.1.4 Kollektivrechtliche Regelungen

Besteht ein Betriebsrat, ist dessen Beteiligung an der betrieblichen Gestaltung der Überwachungsmaßnahmen zur Wahrung der Mitbestimmungsrechte gem. § 87 Abs. 1 Nr. 6 BetrVG erforderlich. **221**

3.2 Telefonüberwachung

Eine weitere Überprüfungsmöglichkeit des Arbeitnehmers kann in der Überwachung seiner Telefonate bestehen. Auch bei der Prüfung der Zulässigkeit der Telefonüberwachung in einem Anstellungsverhältnis ist zunächst festzustellen, ob der Arbeitgeber seinen Arbeitnehmern die Telefone auch für Privatgespräche zur Verfügung stellt. **222**

3.2.1 Telefonüberwachung nur bei dienstlich gestatteter Nutzung

Erhält ein Arbeitnehmer einen Telefonanschluss nur zur rein dienstlichen Nutzung, ergeben sich die Grenzen der Zulässigkeit von Überwachungsmaßnahmen wieder aus dem BDSG. Die Erhebung von Verkehrsdaten zu dem Zweck, eine Kosten- und Wirtschaftlichkeitskontrolle durchzuführen, ist grundsätzlich zulässig.[199] Weiterhin sind Kontrollen zur Überprüfung von unerlaubter Privatnutzung gestattet – in diesem Rahmen darf auch die vollständige Zielrufnummer erfasst werden.[200] **223**

3.2.2 Telefonüberwachung bei gestatteter Privatnutzung

Ist die Privatnutzung der betrieblichen Telefonanlage gestattet, entsteht zwischen dem Arbeitgeber und seinen Arbeitnehmern ein Anbieter-Nutzerverhältnis im telekommunikationsrechtlichen Sinn, das zu einer Bindung des Arbeitgebers an das Fernmeldegeheimnis nach § 88 TKG führt.[201] Die Erhebung von Verkehrsdaten i.S.d. §§ 3 Nr. 30, 96 TKG ist nur dann zulässig, wenn die private Telefonnutzung gegen Kostenerstattung erfolgt und die Verkehrsdaten für die Abrechnung benötigt werden (§ 88 Abs. 3 S. 1, 2 TKG). Im Umkehrschluss bedeutet das, dass bei kostenfreier Nutzungsmöglichkeit Verkehrsdaten nicht erhoben werden dürfen. Nur zur Störungsbeseitigung gem. § 100 Abs. 1 TKG oder zur Aufdeckung sowie dem Unterbinden von Leistungserschleichungen gem. § 100 Abs. 3 TKG dürfen notwendige Daten erhoben werden. Ist zwischen dienstlicher und privater Telefonkommunikation nicht zu unterscheiden, darf der Arbeitgeber aus den genannten Grundsätzen keine Verkehrsdaten erheben, weil ansonsten auch die Verkehrsdaten privater Telefonate betroffen wären.[201] **224**

---

198 *Laute* Deutscher AnwaltSpiegel 2013, Ausgabe 7, 13, 14.
199 *Heldmann* DB 2010, 1235, 1239; *Mengel* BB 2004, 1445, 1448.
200 *Heldmann* DB 2010, 1235, 1239; *Schmidt* BB 2009, 1295, 1299; *LAG Düsseldorf* DB 1984, 2624.
201 *Heldmann* DB 2010, 1235, 1239.

3.2.3 Kollektivrechtliche Regelungen

225 Werden Verbindungsdaten bei einem Telefongespräch von einer technischen Vorrichtung automatisch erfasst, liegt eine mitbestimmungspflichtige Maßnahme nach § 87 Abs. 1 Nr. 6 BetrVG vor.

3.3 Systematischer Datenabgleich („Screening")

226 Bei einem „Screening" werden mit spezieller Software die Stammdaten von Arbeitnehmern und Lieferanten, wie z.B. Kontonummern und Adressen, verglichen. Das soll Erkenntnisse darüber bringen, ob ein Arbeitnehmer unrechtmäßig Geld für angebliche Aufträge des Arbeitgebers auf eigene Konten überweist. Buchungen zu ungewöhnlichen Zeiten oder auf selten genutzte Konten könnten einen ersten Verdacht erregen. Bei der Einführung und Anwendung von technischen Überwachungseinrichtungen steht dem Betriebsrat ein Mitbestimmungsrecht gem. § 87 Abs. 1 Nr. 6 BetrVG zu. Die zum Datenabgleich regelmäßig eingesetzte Software stellt eine technische Einrichtung im Sinne der Vorschrift dar. Wenn beim Screening Informationen über das Verhalten erhoben und aufgezeichnet werden, ist die dabei eingesetzte Software zur Überwachung geeignet und bestimmt.[202] Auch die Auswertung der Daten ist mitbestimmungspflichtig, wenn verhaltens- oder leistungsbezogene Daten programmgemäß gesichtet, sortiert, zusammengestellt oder miteinander in Beziehung gesetzt werden, um damit Aussagen über Verhalten von Arbeitnehmern zu erlangen.[203] Das EDV-gestützte Screening unterfällt damit unter arbeitsrechtlichen Aspekten dem Mitbestimmungsrecht des Betriebsrats gem. § 87 Abs. 1 Nr. 6 BetrVG.

III. Implementierung eines Verhaltenskodex

227 Eine effektive Compliance-Organisation setzt die wirksame Implementierung eines Verhaltenskodex im Arbeitsverhältnis voraus. Die Verhaltensvorgaben sind für den Arbeitgeber nur dann von Wert, wenn sie für den Arbeitnehmer verbindlich sind und nicht lediglich eine Verhaltensempfehlung darstellen. Nur dann lassen sich im Falle einer Verletzung auch arbeitsrechtliche Sanktionen verhängen. Es bestehen folgende Möglichkeiten, Compliance-Regeln in das Arbeitsverhältnis einzubeziehen:

– Ausübung des arbeitgeberseitigen Direktionsrechts,
– Einbeziehung in den Arbeitsvertrag,
– Abschluss von Betriebs-,Gesamtbetriebsrat- oder Konzernvereinbarungen oder Dienstvereinbarungen im Geltungsbereich des Personalvertretungsrechts.

228 Je nach Inhalt der vom Arbeitgeber gewünschten Verhaltensregeln ist zu überlegen, wie die Verhaltensregel eingeführt werden soll. Die drei Möglichkeiten der Einbeziehung greifen unterschiedlich weit in die Rechtsstellung des Arbeitnehmers ein.[204]

1. Direktionsrecht

229 Gemäß § 315 BGB bzw. § 106 GewO kann der Arbeitgeber einseitig im Wege des Direktionsrechts einen Verhaltenskodex gegenüber einem Arbeitnehmer vorgeben.

---

202 *BAG* NZA 2004, 556.
203 *Heldmann* DB 2010, 1235, 1238.
204 *Mengel/Hagemeister* BB 2007, 1386 ff.

Eine Zustimmung seitens des Arbeitnehmers ist hierzu nicht erforderlich. Der Arbeitnehmer muss lediglich Kenntnis von den Inhalten des Kodex erhalten. Hierbei genügt der Arbeitgeber seiner Pflicht, wenn er die üblichen Mitteilungswege wie z.B. über das Intranet oder einen Aushang am schwarzen Brett wählt. Auf die tatsächliche Kenntnisnahme des Arbeitnehmers kommt es dann nicht an. Aufgrund seines Direktionsrechts darf der Arbeitgeber die im Arbeitsvertrag in der Regel nur allgemein umschriebenen Leistungspflichten nach Zeit, Ort und Art näher bestimmen, wobei sich Anweisungen auch auf die Ordnung und das Verhalten der Arbeitnehmer im Betrieb erstrecken können,[205] z.B. Anweisungen zur Vertraulichkeit; Verhalten gegenüber Kollegen, Kunden oder Konkurrenten; Umgang mit Arbeitsmitteln; Auskünfte gegenüber den Medien und Behörden; Alkohol- und Rauchverbot am Arbeitsplatz.[206] Eine Erweiterung des gesetzlichen Pflichtenkreises des Arbeitnehmers ist mittels Direktionsrechts allein jedoch nicht möglich.

2. Arbeitsvertrag

Bei Neueinstellungen ist eine Einbeziehung der Compliance-Regeln in den Arbeitsvertrag problemlos möglich, entweder als Anhang oder durch separate Unterzeichnung eines Annex.[207] Im laufenden Arbeitsverhältnis erfordert die Einführung von Compliance-Regeln eine Vertragsergänzung mit Zustimmung des Arbeitnehmers. Hier sollte bedacht werden, dass bei nachträglichen Änderung der Verhaltensvorschriften wiederum die Zustimmung der Arbeitnehmer eingeholt werden muss. Ein derartiger administrativer Aufwand ließe sich durch eine arbeitsvertragliche „Jeweiligkeitsklausel", d.h. durch eine dynamische Verweisung, verhindern, welche die jeweils im Unternehmen geltenden Compliance-Regeln zum Vertragsbestandteil erklärt.[208] In jedem Fall unterliegt die Einbeziehung eines Verhaltenskodex einer Inhaltskontrolle nach §§ 305 ff. BGB, die das Transparenzgebot zum Inhalt hat sowie das Verbot der unangemessenen Benachteiligung. Wesentlich Verhaltensänderungen bedürfen daher einer erneuten Zustimmung des Arbeitnehmers und fallen damit nicht unter eine „Jeweiligkeitsklausel"[208].

230

3. Betriebsvereinbarung/Dienstvereinbarung

Besteht in einem Unternehmen eine Arbeitnehmervertretung, so kann der Arbeitgeber mit der Arbeitnehmervertretung eine Betriebsvereinbarung bzw. eine Dienstvereinbarung zu einem Verhaltenskodex treffen. Der Inhalt einer derartigen Betriebsvereinbarung gilt gem. § 77 Abs. 4 BetrVG unmittelbar für die Arbeitnehmer des Betriebes. Bei Abschluss einer Betriebsvereinbarung sollte daran gedacht werden, mit den Geschäftsführern, Vorständen und leitenden Angestellten entsprechende Verhaltensregeln zu vereinbaren, da diese Personengruppen gem. § 5 Abs. 2, 3 BetrVG von einer Betriebsvereinbarung nicht erfasst werden.[209]

231

205 *BAG* DB 1990, 2026; *Kock* ZIP 2009, 1406, 1410.
206 *Schuster/Darsow* NZA 2005, 273 ff.
207 *Kock* ZIP 2009, 1406, 1410.
208 *Mengel/Hagemeister* BB 2007, 1386, 1391.
209 *Kock* ZIP 2009, 1406, 1411.

IV. Arbeitsrechtliche Stellung des Compliance Officer

1. Position des Compliance Officer

232 Die Position eines Compliance Officer muss derart ausgestaltet und ausgestattet sein, dass er effektiv eine Compliance-Abteilung leiten kann. Seine arbeitsrechtliche Stellung sollte zudem auf die besondere Konfliktsituation des Compliance Officer abgestimmt sein und Schutz für eine unabhängige Aufgabenerfüllung bieten.[210]. Als Rechtsgrundlage für die Schaffung der Position eines Compliance Officer kann im Anwendungsbereich des Wertpapierhandelsgesetzes (WpHG) § 33 Abs. 1 WpHG gesehen werden. Konkretisierung erfährt diese Norm durch die „Richtlinie zur Konkretisierung der Organisationspflichten von Wertpapierdienstleistungsunternehmen gem. § 33 Abs. 1 WpHG" des Bundesaufsichtsamtes für den Wertpapierhandel (BAWe), hier Ziff. 4.2 sowie die Wertpapierdienstleistungs-Verhaltens- und Organisationsverordnung – WpDVerOV. Der Compliance-Beauftragte eines Wertpapierdienstleisters darf nach § 12 IV Abs. 2 WpDVerOV grundsätzlich nicht an den Wertpapierdienstleistungen beteiligt sein, die er überwacht. Weiter konkretisiert wird dies durch das Rundschreiben 4/2010 (WA) der BaFin über Mindestanforderungen an die Compliance-Funktion und die weiteren Verhaltens-, Organisations- und Transparenzpflichten nach §§ 31 ff. WpHG für Wertpapierdienstleistungsunternehmen (MaComp) vom 7.6.2010 in der Fassung vom 30.11.2012. Nach der MaComp soll der Compliance-Beauftragte als Instrument der Geschäftsleitung dieser organisatorisch und disziplinarisch unmittelbar unterstellt sein. Der Compliance-Beauftragte wird von der Geschäftsleitung bestellt und entlassen. Wichtig ist auch die Vorgabe, dass die Compliance-Funktion die operativen Bereiche bezüglich strategischer Entscheidungen und bei wesentlichen organisatorischen Veränderungen beraten können muss. Das macht eine entsprechende Ausstattung und Information des Compliance Officers zwingend erforderlich. Zudem bestimmt die MAComp ausdrücklich, dass die Compliance-Funktion über angemessene Mittel für ihre Aufgabenerfüllung verfügen muss. Genannt sind hier ausdrücklich die personellen, sachlichen und sonstigen Mittel sowie eine angemessenes Budget.[211] Die MAComp bestimmt auch, dass die Compliance-Mitarbeiter mit allen Befugnissen ausgestattet werden, die für die Ausübung ihrer Tätigkeit erforderlich sind. Hier ist also auch der Compliance Officer gehalten, den Zugang zu den maßgeblichen Informationsquellen einzufordern, will er regelungskonform tätig werden. Die MAComp stellt auch Voraussetzungen der Sachkunde und Zuverlässigkeit der Compliance-Mitarbeiter und insb. des Compliance-Beauftragten auf. Für den Compliance-Beauftragten selbst wird weiter eine fachspezifische Berufspraxis gefordert. Wesentlich ist auch die Bestimmung der Unabhängigkeit der Compliance-Funktion insb. von Weisungen anderer Fachbereiche. Gefordert werden auch eine max. 24-monatige Ernennung und eine 12-monatige Kündigungsfrist des Compliance Officers. Die Position des Compliance Officers soll sich von der Stellung, den Befugnissen und der Vergütung an dem Leiter der internen Revision orientieren. Diese Vorgaben können zum allgemeinen Leitbild der Funktion, Stellung und Ausgestaltung der Position des Compliance Officers erhoben werden.[212] Ein Compliance Officer und seine Mitarbeiter sollten nicht in die zu überwachenden Fachabteilungen eingebunden sein. Nur durch eine Trennung von „Überwachenden" und „Überwachten" kann Konflikten

---

210 *Krieger/Günther* NZA 2010, 367, 369.
211 MaComp der BaFin v. 7.6.2010 – BT 1.3., nachzulesen unter www.bafin.de.
212 So auch *Krieger/Günther* NZA 2010, 367, 370.

von Saenger/Vinnen

vorgebeugt werden und eine unabhängige Compliance-Organisation gewährleistet werden. Für die Praxis heißt das, dass die Compliance-Organisation in einem eigenständigen Bereich zu organisieren ist. Weitere Vorgaben für die Stellung und die personelle und sachliche Ausstattung eines Compliance Officer können dem Entwurf des IDW-Prüfungsstandards 980 vom 11.3.2010 entnommen werden. Wichtig ist die Analyse der rechtlichen Stellung des Compliance Officer: Eine herausgehobene Position wie dies bspw. die gesetzlich definierten Tätigkeiten eines Strahlenschutzbeauftragen oder Datenschutzbeauftragten haben, hat der Compliance Officer nicht. Bei dem Compliance Officer bestimmen die Rechte und Pflichten aus der Funktion nach den allgemeinen Bestimmungen des Arbeitsverhältnisses, wenn es keine besonderen Regelungen für den Status des Compliance Officers im Unternehmen gibt. Dies gilt bspw. auch für den in der Praxis schwierig zu beurteilenden Fall von Anzeigepflichten bei der Kenntnisnahme von Unregelmäßigkeiten oder gar Rechtsverstößen im Unternehmen.[213] Der BGH hat jedenfalls angenommen, dass Arbeitnehmer, die in einem Unternehmen eine Sonderverantwortlichkeit wahrnehmen (im Fall: Leiter der Rechtsabteilung und der Innenrevision), in einer Garantenpflicht stehen, Straftaten, die im Unternehmen begangen werden und diesem erhebliche Nachteile verursachen können, zu verhindern.[214] Diese Grundsätze können auch für den Compliance Officer Geltung entfalten, so dass sich aus der Tätigkeit auch eine strafrechtliche Verantwortlichkeit ergeben kann. Jedenfalls für den Bereich des KWG ist bestimmt, dass die Tätigkeit des Compliance Officers der vollen Kontrolle der internen Revision unterliegen muss. Auch hier ergeben sich keine Privilegien für eine Tätigkeit des Compliance Officers in einem kontrollfreien Raum. Die eher beratende und unterstützende Tätigkeit des Compliance Officers darf auch nicht mit einer weiteren Prüfungs- oder Kontrollinstanz gleichgesetzt werden. Dies obliegt – jedenfalls in den klassischen Finanzdienstleistungsbereichen – nach wie vor der internen Revision. Beide Institute, d.h. der Compliance Officer und die interne Revision – stehen nebeneinander.

2. Kündigungsschutz des Compliance Officers

Der Compliance Officer ist in einem äußerst sensiblen Bereich tätig und sein Verhältnis zur Geschäftsführung bzw. Unternehmensleitung kann in besonderem Maße konfliktgefährdet sein. Ein gesetzlicher Sonderkündigungsschutz für den Compliance Officer besteht aber bislang nicht. Der Gesetzgeber hat zwar bestimmten Betriebsbeauftragten Sonderkündigungsschutz eingeräumt. So kann das Anstellungsverhältnis mit einem Immissionsschutzbeauftragten nach § 58 Abs. 2 BImSchG nur aus wichtigem Grund gekündigt werden. Gleiches gilt für den Datenschutzbeauftragten nach § 4f Abs. 3 S 5 und 6 BDSG. Ordentliche Kündigungen sind hier nicht zulässig. Für den Compliance Officer existiert aber keine entsprechende Regelung. Mit Blick auf das Spannungsfeld aus Aufklärungs- und Sanktionsauftrag einerseits und dem arbeitnehmer-/arbeitgeberseitigen Loyalitäts- bzw. Fürsorgeerfordernis andererseits kann es deshalb angebracht sein, dem Compliance Officer vertraglich eine gestärkte Position einzuräumen.[215] Dies fördert seine Unabhängigkeit und erleichtert eine offene Kommunikation mit der Geschäftsleitung. Arbeitsrechtlich kann eine solche Stärkung der kündigungsrechtlichen Stellung nur durch entsprechende arbeitsvertragliche Regelun-

233

---

213 Ausführliche Informationen hierzu s. 4. Kap. Rn. 178 ff.
214 *BGH* 17.7.2009 – 5 StR 394/08.
215 *Krieger/Günther* NZA 2010, 367, 371.

gen geschaffen werden. Denkbar sind auch Regelungen auf Basis einer Betriebsvereinbarung oder Dienstvereinbarung im mitbestimmten Betrieb. In Bezug auf den kündigungsrechtlichen Status des Compliance Officer ist auch zu berücksichtigen, dass dieser im Regelfall eine besondere Vertrauensstellung einnimmt und damit u.U. als leitender Angestellter im kündigungsrechtlichen Sinne zu qualifizieren sein wird. Die bestehende enge Vertrauensstellung eines leitenden Angestellten hat den Gesetzgeber dazu veranlasst, den Kündigungsschutz bei leitenden Angestellten abzuschwächen. Zwar unterliegt der leitende Angestellte grundsätzlich den arbeitsrechtlichen Schutzmechanismen, allerdings gilt gem. § 14 Abs. 2 KSchG der erste Abschnitt des Kündigungsschutzgesetzes nur eingeschränkt für den leitenden Angestellten. Insoweit ist vertretbar festzuhalten, dass sich der Gesetzgeber de lege lata gewissermaßen für einen abgeschwächten Kündigungsschutz des leitenden Angestellten zugunsten eines verbesserten Abfindungsschutzes entschieden hat. Dies jedenfalls vor dem Hintergrund des § 14 Abs. 2 KSchG, nach welchem die Abfindungsregelung des § 9 Abs. 1 S. 2 KSchG nur mit der Maßgabe Anwendung findet, dass ein Antrag des Arbeitgebers auf Auflösung des Arbeitsverhältnisses gegen Abfindungszahlung keiner Begründung bedarf. Im Wesentlichen nicht anwendbar ist für den leitenden Angestellten auch das Betriebsverfassungsrecht.[216] Er wird – wenn ein solches Gremium geschaffen ist – durch den Sprecherausschuss vertreten, der jedoch über weniger Rechte als ein Betriebsrat verfügt. Im Falle des Compliance Officers erscheint damit eine generelle Begrenzung des arbeitgeberseitigen Kündigungsrechts auf das Vorliegen eines wichtigen Grundes nicht geboten.[217] Ein entsprechender gesetzgeberischer Wille ist nicht festzustellen. Angemessen kann es hingegen sein, die Möglichkeiten einer ordentlichen Kündigung auf gewisse Kündigungsgründe zu beschränken. Denkbar ist auch eine Regelung, die die Wirksamkeit einer Kündigung an die vorherige Information oder sogar Zustimmung des Aufsichtsorgans knüpft. Hierdurch wird die Objektivität der Kündigungsentscheidung gesteigert und es kann verhindert werden, dass das betriebliche bzw. unternehmerische Leitungsorgan einen unbequemen Compliance Officer alleine aus tätigkeitsbezogenen Gründen in Erfüllung seiner Pflichten kündigt.[217] Für den Anwendungsbereich des WpHG bestimmt die sog. MaComp der BaFin, dass die Vereinbarung einer 12-monatigen Kündigungsfrist seitens des Arbeitgebers ein geeignetes Mittel zur Stärkung des Compliance-Beauftragten sein kann.[218] Die vertragliche Stärkung der kündigungsrechtlichen Situation des Compliance Officers ist aber keine Voraussetzung für eine wirksame Delegation der Handlungsverantwortung. Unabhängig von kündigungsrechtlichen Maßnahmen bleiben dem Arbeitgeber jedoch andere arbeitsrechtliche Handlungsoptionen, die sich jedoch im Rahmen des arbeitgeberseitigen Direktionsrechts bewegen müssen, erhalten. Diese können beispielsweise in der widerruflichen oder unwiderruflichen Freistellung bestehen. Hier wird zwar nicht das Arbeitsverhältnis des Compliance Officers beendet, jedoch führt die Freistellung faktisch und unmittelbar zum Entzug der Möglichkeit des Compliance Officers, seine Tätigkeit auszuüben. Auch sind ihm dadurch Informationswege und ein tätigkeitsunterstützender personeller und funktioneller Apparat genommen. Der Vergütungsanspruch des freigestellten Arbeitnehmers bleibt jedoch – bis auf insolvenzbedingte Ausnahmen – erhalten. Wurde die Funktion des Compliance Officers diesem aufgrund ausdrücklicher arbeitsvertraglicher Vereinbarung zugesprochen, ist diese

---

216 Vgl. § 5 Abs. 3 BetrVG.
217 *Krieger/Günther* NZA 2010, 367, 371.
218 MaComp der BaFin v. 7.6.2010, BT 1.3.3.4 Ziff. 4 (nachzulesen unter www.bafin.de).

Zusage separat zu widerrufen bzw. zu kündigen, bevor arbeitsrechtliche Maßnahmen gegen den Compliance Officer ergriffen werden können.[219] Dies kann im Falle des Bestehens eines besonderen Abberufungsschutzes (bisher gesetzlich bestimmt nur im Falle des Datenschutzbeauftragten) problematisch sein.[220] Wurde einem Compliance Officer die Funktion – was regelmäßig nicht der Fall sein wird – lediglich qua Direktionsrecht übertragen, also nicht über eine arbeitsvertragliche Vereinbarung, so kann diese Funktion auch wieder durch Ausübung des Direktionsrechtes widerrufen werden.[221] Denkbare Rechtsschutzmöglichkeiten des Compliance Officers gegen entsprechende Arbeitgebermaßnahmen ist der Angriff einer Kündigung im Wege einer Kündigungsschutzklage, wenn er seine Tätigkeit im Rahmen eines Arbeitsverhältnisses verrichtet oder – im Falle einer Freistellung – die Durchsetzung seiner Beschäftigung im Wege einer Leistungsklage, ggf. auch im Wege eines Verfahrens im einstweiligen Rechtsschutz. Hier sind die von der Rechtsprechung vorgegebenen Voraussetzungen insb. an die Feststellung eines zwingend erforderlichen sog. Verfügungsgrundes, also der Dringlichkeit der Durchsetzung des Beschäftigungsanspruches, sehr hoch. Eine Sonderproblematik kann dann entstehen, wenn der Compliance Officer im Rahmen seiner Tätigkeit zu rechtswidrigen Methoden greift. Dies kann beispielsweise dann der Fall sein, wenn der Compliance Officer bei Überwachungsmaßnahmen[222]Mittel anwendet, die nicht zulässig sind und die Persönlichkeitsrechte der betroffenen Arbeitnehmer verletzen. Ein solches Verhalten kann der Arbeitgeber zum Anlass nehmen, dass Arbeitsverhältnis des Compliance-Beauftragten zu kündigen. Allerdings soll eine solche Kündigung nur dann zulässig sein, wenn der Compliance Officer objektiv rechtswidrig gehandelt hat und er in subjektiver Hinsicht Kenntnis von der Rechtswidrigkeit der Maßnahmen hatte.[223] In Bezug auf die Kenntnis von der Rechtswidrigkeit sind umfangreiche Darlegungen des Arbeitgebers insb. dann erforderlich, wenn der Compliance Officer selbst kein Jurist ist und andere Mitarbeiter des Compliance-Bereichs hätten wissen müssen, dass die ergriffen Maßnahmen rechtswidrig sind. Dies gilt jedenfalls dann, wenn es sich bei diesen Mitarbeitern um Juristen handelt und u.U. sogar Rechtsgutachten über die Frage der Rechtmäßigkeit von Überwachungsmaßnahmen eingeholt wurden.[223]

3. Haftung des Compliance Officers

Haftungsfragen stellen sich für den Compliance Officer aus zivilrechtlicher, d.h. arbeitsrechtlicher Sicht sowie aus strafrechtlichen Grundsätzen.   **234**

3.1 Arbeitsrechtliche Haftungsgrundsätze

In arbeitsrechtlicher Sicht finden auch für den Compliance Officer, wenn dieser im Rahmen eines Arbeitsverhältnisses seine Tätigkeit ausübt, die Grundsätze der privilegierten Arbeitnehmerhaftung Anwendung. Zu berücksichtigen ist jedoch, dass der BGH die Grundätze der eingeschränkten Haftung auf bestimmte Beschäftigte nicht anwenden will, so beispielsweise den Justitiar eines Unternehmens, weil dieser gerade zu dem Zweck eingestellt wurde, das den geschäftlichen Unternehmungen anhaftende   **235**

---

219 Vgl. *BAG* 13.3.2007 – 9 AZR 612/05 für den Datenschutzbeauftragten.
220 *BAG* 23.3.2011 – 10 AZR 562/09.
221 *LAG Düsseldorf* 29.9.2009 – 6 Sa 492/09.
222 Vgl. Rn. 216 ff.
223 *ArbG Berlin* 18.2.2010 – 38 Ca 12879/09.

rechtliche Risiko auszuschalten.[224] Das BAG hat offengelassen, ob es dieser Rechtsprechung folgen will.[225] Das Gericht hat einen leitenden Angestellten jedenfalls dann, wenn er den Schaden nicht bei einer für seine Position charakteristischen Tätigkeit verursacht hat, die nach arbeitsgerichtlicher Rechtsprechung bestehende Haftungsprivilegierung zugestanden.[226] Diese Grundsätze dürften auch für die Haftung des Compliance Officer anzuwenden sein. Zunächst hatte das BAG als Tatbestandsmerkmal für die Anwendung der Haftungsprivilegierung den Begriff der gefahrengeneigten Arbeit bestimmt. Diese Voraussetzung wurde jedoch inzwischen aufgegeben.[227] Die Haftungsprivilegierung kommt damit in allen Fällen zur Anwendung, in denen der Arbeitnehmer bei der betrieblichen Tätigkeit einen Schaden verursacht. Nach der Rechtsprechung des BAG muss sich der Arbeitgeber demnach in analoger Anwendung des § 254 BGB die Betriebsgefahr des Unternehmens zurechnen lassen. Dies führt im Ergebnis dazu, dass eine Schadensteilung nach dem Grad des Verschuldens erfolgt.[228] Bei Vorsatz besteht eine volle Haftung des Arbeitnehmers. Bei grober Fahrlässigkeit hat der Arbeitnehmer den Schaden grundsätzlich alleine zu tragen, allerdings macht die Rechtsprechung des BAG eine Einschränkung insoweit, als das eine Aufteilung des Schadens zwischen Arbeitgeber und Arbeitnehmer dann erfolgt, wenn der Schaden außer Verhältnis zu dem erzielten Verdienst des Arbeitnehmers steht.[229] Liegt mittlere Fahrlässigkeit vor, ist der Schaden zwischen den Arbeitsvertragsparteien quotal zu verteilen, wobei für die Bemessung der Quote die Berücksichtigung der Umstände des Einzelfalls maßgeblich ist.[230] Dabei spielen auch die Höhe des Schadens, die Verwirklichung eines von einer Versicherung deckbaren Risikos oder die Höhe des Arbeitsentgeltes des Arbeitnehmers eine Rolle.[231] Bei leichter Fahrlässigkeit trägt dagegen der der Arbeitgeber den Schaden in voller Höhe.

3.2 Strafrechtliche Haftung

236 Neben der zivilrechtlichen Haftung drohen dem Compliance-Beauftragen auch strafrechtliche Konsequenzen, wenn ein strafrechtlich relevantes Fehlverhalten im Rahmen der betrieblichen Tätigkeit festzustellen ist. Grundlegend für die Bestimmung der strafrechtlichen Verantwortlichkeit des Compliance Officer ist die Entscheidung des BGH vom 17.7.2009.[232] Der BGH hatte einen Leiter der Rechtsabteilung und Leiter der Innenrevision wegen Beihilfe zum Betrug durch Unterlassen zu einer Geldstrafe verurteilt. Das Gericht hat aus diesen Funktionen eine Garantenstellung i.S.d. § 13 StGB angenommen. Aufgrund seiner Funktionen sei der Mitarbeiter verpflichtet gewesen, die Einhaltung der gesetzlichen Regelungen sicherzustellen (Sonderverantwortlichkeit). Das Gericht sieht eine besondere Pflichtstellung, eine betrügerische Handlung zu verhindern. Die Einstandspflicht beschränkt sich nicht nur darauf, Vermögensbeeinträchtigungen des eigenen Unternehmens zu unterbinden, sondern erfasst auch die Verpflichtung, aus dem eigenen Unternehmen kommenden Straftaten gegen dessen Vertragspartner zu verhindern. Explizit hält der BGH – wenn auch orbi-

---

224 *BGH* 7.10.1969 – VI ZR 223/67.
225 Erfurter Kommentar zum Arbeitsrecht/*Preis* § 619a Rn. 19.
226 *BAG* 11.11.1976 – 3 AZR 266/75.
227 *BAG* 27.9.1994 – GS 1/89.
228 Erfurter Kommentar zum Arbeitsrecht/*Preis* § 619a Rn. 13 m.w.N.
229 *BAG* 12.10.1989 – 8 AZR 741/87; *BAG* 12.11.1998 – 8 AZR 221/97.
230 *BAG* 24.11.1987 – NZA 1988, 597; *BAG* 16.2.1995 – NZA 1995, 563.
231 Erfurter Kommentar zum Arbeitsrecht/*Preis* § 619a Rn. 16.
232 *BGH* 17.7.2009 – 5 StR 394/08.

ter dictum – für den Compliance Officer fest, dass diesen aufgrund des konkreten Aufgabengebietes, nämlich der Verhinderung von Rechtsverstößen und insb. auch von Straftaten, die aus dem Unternehmen heraus begangen werden und diesem erhebliche Nachteile durch Haftungsrisiken und Ansehensverlust bringen können, regelmäßig eine Garantenstellung gem. § 13 StGB zukommt. Die Garantenstellung sei nach Auffassung des BGH die Kehrseite der gegenüber der Unternehmensleitung übernommenen Pflicht, Rechtsverstöße und Straftaten von Unternehmensangehörigen zu verhindern. Mit Urteil vom 20.10.2011 hat der BGH einschränkend das Kriterium der betriebsbezogenen Straftat weiter definiert, die eine strafrechtliche Verantwortlichkeit eröffnet.[233]

3.3 Konsequenzen aus der haftungsrechtlichen Lage

Die zivil- und strafrechtliche Verantwortlichkeit des Compliance Officers wird durch die oben genannten Grundsätze umschrieben. Insbesondere die strafrechtliche Verantwortlichkeit erfordert eine exakte unternehmensspezifische Definition der Aufgabenkreise des Compliance Officers oder Beauftragten, um eine übermäßige Haftung des Compliance-Mitarbeiters zu begrenzen. Zwar ist zu begrüßen, dass der BGH klarstellend das haftungseinschränkende Kriterium der Betriebsbezogenheit als weitere Tatbestandsvoraussetzung für eine strafrechtliche Verantwortlichkeit definiert hat, jedoch birgt die Stellung des Compliance Officers trotz der an sich bestehenden präventiven Funktion weiterhin latent die Gefahr von zivilrechtlicher und strafrechtlicher Haftung in sich. Dem kann nur mit einer klaren vertraglichen Grundlage im Verhältnis zwischen Unternehmen und Compliance Officer begegnet werden. **237**

F. Datenschutz

I. Einführung

Während der Datenschutz früher ein eher bescheidenes Dasein führte, rückte er in den letzten Jahren immer mehr in den Fokus der Öffentlichkeit. Diverse medienwirksame Skandale,[234] die Globalisierung und auch der technische Fortschritt haben die Menschen für das Thema sensibilisiert. Die Angst vor dem „gläsernen Menschen", der ohne sein Wissen (video)überwacht wird oder dessen Daten im Nirvana des WorldWideWeb umherirren und für Zwecke genutzt werden, die er nicht absehen kann, wird immer größer. Daneben steigen im digitalen Zeitalter die Risiken des Missbrauchs von Daten – dies beginnt bei Risiken durch die Nutzung von Geldautomaten mittels EC-Karten und endet mit dem Abfangen von Kreditkartendaten im Internet. Dazu kommt, dass Datenschutz immer mehr als ein internationales Thema erkannt wird; die Europäische Union strebt nicht zuletzt aus diesem Grund eine **238**

---

233 *BGH* 20.10.2011 – 4 StR 71/11.
234 Vgl. www.bild.de/BILD/politik/wirtschaft/2009/11/29/edeka-bespitzelt/offenbar-seine-mitarbeiter-verdacht.html; www.spiegel.de/wirtschaft/0,1518,581938,00.html; www.stern.de/wirtschaft/news/unternehmen/bespitzelung-bei-lidl-der-skandal-der-die-republik-erschuetterte-649156.html; www.dw-world.de/dw/article/0,,3982792,00.html; www.focus.de/digital/internet/datenschutzskandal-strafanzeige-gegen-schuelervz-mitarbeiter_aid_453973.html; www.datensicherheit.de/aktuelles/datenschutz-skandal-postbank-gewaehrt-detaillierten-einblick-in-millionen-girokonten-7886.

umfassende Harmonisierung des europäischen Datenschutzrechts an und plant bis spätestens 2017 die Einführung einer einheitlichen europäischen Datenschutzgrundverordnung, die direkt in sämtlichen Mitgliedsstaaten der europäischen Union gelten soll.[235]

II. Entwicklung des Datenschutzrechtes

239 Auch wenn der Datenschutz bis vor wenigen Jahren von der Öffentlichkeit nicht so wahrgenommen wurde, hat er in Deutschland bereits eine lange Tradition: Die Geschichte der Datenschutzgesetzgebung hat hier bereits im Jahr 1970 mit der Verabschiedung des ersten Landesdatenschutzgesetzes in Hessen begonnen.[236] Das erste Bundesdatenschutzgesetz folgte 1977.[237] Seit dem hat sich das Bundesdatenschutzgesetz und der Datenschutz an sich stetig weiterentwickelt. Maßgeblich für die Entwicklung waren hierbei zum einen das Volkszählungsurteil des Bundesverfassungsgerichts vom 15.12.1983, welches unter anderem mit der Verknüpfung des Rechts auf informationelle Selbstbestimmung mit dem Grundgesetz die Bedingungen der Verarbeitung personenbezogener Daten neu festlegte.[238] Dieses gewährleistet das Recht des Einzelnen, grundsätzlich über die Preisgabe und Verwendung seiner persönlichen Daten zu bestimmen. Der Grundsatz lautet: So viel Freiheit wie möglich und so viel Bindung wie nötig. Neben dieser Entwicklung erfordern auch die ständigen Neuentwicklungen in der Informations- und Kommunikationstechnologie zu nicht geahnten Möglichkeiten der globalen Datenverarbeitung, die eine Modernisierung des Datenschutzes erforderlich machen.

240 Ein einheitliches Datenschutzniveau innerhalb Europas wurde durch die Richtlinie 95/46/EG vom 24.10.1995 zum Schutz natürlicher Personen bei der Verarbeitung personenbezogener Daten und zum freien Datenverkehr geschaffen.[239] Der deutsche Gesetzgeber hat diese Richtlinie durch das BDSG vom 20.12.2001 (BDSG 2001) angepasst; welches seitdem verschiedene Änderungen erfahren hat.[240] Wie bereits oben ausgeführt, wird das europäische – und auch das deutsche Datenschutzrecht – erhebliche Änderungen erfahren, da eine direkt in den Mitgliedsstaaten der europäischen Union geltende europäische Datenschutzgrundverordnung eingeführt werden soll. Ein erster Entwurf liegt – wie oben ausgeführt – bereits vor, der zurzeit von den verantwortlichen Gremien der Europäischen Union geprüft wird. Auch wenn die

---

235 Vgl. Europäische Kommission, Vorschlag für eine Verordnung des europäischen Parlaments und des Rates zum Schutz natürlicher Personen bei der Verarbeitung personenbezogener Daten und zum Schutz des freien Datenverkehrs (Datenschutz-Grundverordnung – DS-GVO), Kom (2012) 11 endg.; s. auch die negative Haltung der Bundesregierung v. 26.7.2010, RDV 2011, 157 und Stellungnahme des Bundesrates v. 11.2.2011 (BR-Drucks. 707/10); vgl. auch *Hornung* ZD 2012, 99, *Wybitul/Fladung* BB 2012, 509.

236 Vgl. *Simitis* Kommentar zum BDSG, 7. Aufl. 2011, Einl. Rn. 1; GVBl. I 1970, 625; dazu *Birkelbach* IBM-Nachrichten 1974, 241 ff., 333 ff.; *Reh* Gegenstand und Aufgabe des Datenschutzes in der öffentlichen Verwaltung, Beiträge zum Datenschutz, hrsg. vom Hessischen Datenschutzbeauftragten, H.2 (1974), insbesondere S. 23 ff.; *Gola/Schomerus* BDSG, 11. Aufl 2012, Einl. Rn. 1.

237 Vgl. *Gola/Schomerus* BDSG, 11. Aufl. 2012, Einl. Rn. 1; *Simitis* Kommentar zum BDSG, 7. Aufl. 2011, Einl. Rn. 1; BGBl I 1977, 201; *Bull* NJW 1979, 1177 ff.; *Dammann* NJW 1978, 1931 ff.

238 Vgl. *BVerfGE* 65, 1; *Gola/Schomerus* BDSG, 11. Aufl. 2012, Einl. Rn. 3; *BVerfGE* 65, 1.

239 S. dazu EG-Datenschutzrichtlinie v. 24.10.1995, abrufbar unter http://eur-lex.europa.eu/LexUriServ/LexUriServ.do?uri=CELEX:31995L0046:de:html.

240 S. dazu BDSG-Novelle 2001 v. 20.12.2001, abrufbar unter www.dud.de/documents/bdsg0501.pdf.

Regelungen dieser Verordnung stark den Regelungen des BDSG ähneln, wird sich trotzdem Handlungsbedarf in den Unternehmen ergeben.[241]

Die letzte Änderung erfuhr das BDSG durch die umfassenden Novellierungen in **241** 2009.[242] Mit der „Novelle I" regelte der Gesetzgeber die Tätigkeit von Auskunfteien und ihrer Vertragspartner, insbesondere Kreditinstituten, sowie das Scoring neu. Die „Novelle II" änderte u.a. den Beschäftigtendatenschutz, die Auftragsdatenverarbeitung, die Informationspflichten bei Datenschutzverstößen, schuf neue Befugnisse für die Aufsichtsbehörden und führte einen verstärkten Kündigungsschutz für Datenschutzbeauftragte ein. Daneben wurden die möglichen Sanktionen erheblich verschärft.[243]

Gleichwohl ist in der Praxis zu beobachten, dass trotz der strengeren gesetzlichen **242** Anforderungen erst dann Aktivitäten der Unternehmen zu verzeichnen waren, als tatsächlich Strafen in Millionenhöhe verhängt wurden und damit einhergehend die Reputation diverser Unternehmen erheblichen Schaden nahm. Effektiv war in diesem Zusammenhang insbesondere der mit § 42a BDSG eingeführte so genannte „Datenschutzpranger": Danach bestehen bei bestimmten Verstößen bzw. der unberechtigten Kenntnisnahme von Daten durch Dritte erweiterte Informationspflichten gegenüber den Betroffenen und den Datenschutzaufsichtsbehörden, die auch die Verpflichtung beinhalten können, in zwei bundesweit erscheinenden Tageszeitungen die entsprechenden Verstöße anzuzeigen, um die Betroffenen zu informieren. Diverse große Unternehmen nahmen diese Vorkommnisse zum Anlass, ihre Datenschutzorganisation anzupassen und Datenschutz als einen wesentlichen Bestandteil der Compliance – Organisation des Unternehmens zu installieren.

III. Anwendungsbereich des Datenschutzrechts

1. Gesetzliche Grundlagen

Das BDSG gilt für Unternehmen der Privatwirtschaft, öffentliche Stellen des Bundes **243** und öffentliche Stellen der Länder soweit diese bspw. Bundesrecht ausführen, § 1 Abs. 2 BDSG. Der Umgang mit personenbezogenen Daten durch öffentliche Stellen der Länder wird nicht durch das BDSG, sondern durch die einzelnen Landesdatenschutzgesetze geregelt, die in diesem Fall vorrangig gelten. Soweit daneben für einzelne Bereiche Spezialgesetze bestehen, sind diese ebenfalls vorrangig zu beachten. Dazu zählen bspw. die Verarbeitung von Daten, die in einem Online-Shop erhoben werden, da hier das Telemediengesetz vorrangig anwendbar ist oder der Umgang mit Sozialdaten, der u.a. in den Sozialgesetzbüchern geregelt ist.[244]

---

241 Bspw. sind nach heutigem Stand künftig Datenschutzrichtlinien u.Ä. einzuführen, die die datenschutzrechtliche Strategie der Unternehmen erkennen lassen, jedes Verfahren ist einer Folgenabschätzung zu unterziehen, in der die datenschutzrechtlichen Risiken des Verfahrens zu bewerten sind, Datenschutzbeauftragte sind zwingend nur ab einer Anzahl von 250 Mitarbeitern, die Daten automatisiert im Unternehmen verarbeiten, zu bestellen.

242 S. BGBl I, 2254, 2814 und 2355.

243 S. BR-Drucks. 4/09, BT-Drucks. 16/10529, BT-Drucks. 16/12011 sowie BT-Drucks. 16/13657; s. auch den Text der BDSG Novellen I, II, III, abrufbar unter www.gdd.de/nachrichten/news/bdsg-novelle-ii-verabschiedet.

244 S. dazu: *Bauer* Marketing und Vertrieb in: Handbuch Versandhandelsrecht, 535 ff.

2. Personenbezogene Daten

244 Das BDSG gilt grundsätzlich nur für die Erhebung etc. personenbezogener Daten **natürlicher Personen** (so genannte Betroffene). Allerdings vertritt die überwiegende Meinung inzwischen die Auffassung, dass immer dann, wenn Informationen über eine juristische Person einen Rückschluss auf eine natürliche Person zulassen, auch der Anwendungsbereich des BDSG eröffnet sein soll. So kann bspw. aus dem Umstand, dass eine 1-Mann-GmbH insolvent ist, ein Rückschluss auf die Vermögenslage des Gesellschafters gezogen werden.[245] Das gleiche gilt für Ansprechpartner von Unternehmen: Grundsätzlich ist das eine Unternehmen (und damit die juristische Person) zwar der Kunde des anderen Unternehmens; gleichwohl werden die Daten des Ansprechpartners des Kunden (und damit einer natürlichen Person) ebenfalls gespeichert. Diese dürfen nicht ohne weiteres bspw. für Marketingzwecke genutzt werden.

Der Begriff des **Personenbezugs** ist weit zu fassen: Personenbezogene Daten sind alle Einzelangaben über persönliche oder sachliche Verhältnisse einer bestimmten oder bestimmbaren natürlichen Person, z.B. Name, Geburtsdatum, Gehalt, Arbeitgeber, Zeugnisse oder Aktienbesitz.

245 – „**Bestimmt**" ist eine Person dann, wenn sie in einer Personengruppe eindeutig zu identifizieren ist; in der Regel ist sie durch ihren Namen zu identifizieren.
– „**Bestimmbarkeit**" setzt voraus, dass grundsätzlich die Möglichkeit besteht, die Person zu identifizieren; z.B. dann, wenn der Personenbezug durch eine Kombination von Informationen mit auch nur zufällig vorhandenem Zusatzwissen hergestellt werden kann. Für die Bestimmbarkeit kommt es auf die Möglichkeit der Kenntnisermittlung durch denjenigen, der für die Erhebung etc. der Daten gegenüber dem Betroffenen verantwortlich ist. In der Regel ist dies ein Unternehmen. Innerhalb des Unternehmens muss der Bezug zu dem Betroffenen mit den dort normalerweise zur Verfügung stehenden Hilfsmitteln ohne unverhältnismäßig großen Aufwand hergestellt werden können.[246]

3. Besondere personenbezogene Daten

246 Neben den personenbezogenen Daten findet das BDSG auch Anwendung auf die so genannten „**besonderen personenbezogenen Daten**", die Angaben über die rassische und ethnische Herkunft, politische Meinung, religiöse oder philosophische Überzeugung, Gewerkschaftszugehörigkeit, Gesundheit oder Sexualleben. Besondere Arten personenbezogener Daten unterliegen bei der Verarbeitung besonderen Schutzvorschriften da ihre Kenntnisnahme etc. besondere Risiken für den Einzelnen birgt.[247]

4. Definition der Verarbeitung etc. von Daten

247 Das BDSG gilt zunächst für die automatisierte Erhebung, Verarbeitung oder Nutzung von personenbezogenen Daten mittels entsprechender IT-Systeme. Werden Daten daneben in einer organisierten Struktur erhoben (bspw. Aktenordner), findet das BDSG ebenfalls Anwendung. Im Bereich des Beschäftigtendatenschutzrechts ist es unerheblich, ob Daten automatisiert oder manuell erhoben etc. werden; hier findet jedenfalls das BDSG Anwendung, § 32 Abs. 1 BDSG.

---

245 Vgl. *Taeger/Gabel/Buchner* Kommentar zum BDSG, 2010, § 3 Rn. 8.
246 Vgl. *Gola/Schomerus* BDSG, 11. Aufl. 2012, § 3 Rn. 10.
247 Siehe dazu unten, Rn. 298.

IV. Verantwortliche Stelle

Gemäß § 3 Abs. 7 BDSG ist jede Person oder Stelle, die personenbezogene Daten **248** für sich selbst, erhebt, verarbeitet oder nutzt bzw. dies durch andere im Auftrag vornehmen lässt, für die Zulässigkeit der Datenerhebung, -verarbeitung oder Nutzung verantwortlich. Sie muss dafür Sorge tragen, dass nicht nur innerhalb des eigenen Unternehmens sondern auch bei dem von ihr ggf. eingesetzten Auftragnehmer die datenschutzrechtlichen Vorgaben eingehalten werden. Die Verantwortung obliegt dabei dem jeweiligen Unternehmen als juristische Person und nicht nur der betrieblichen Einheit, die in der Praxis mit den Daten umgeht.[248]

Daraus leitet sich auch eine besondere Verantwortung der Geschäftsführung des **249** Unternehmens ab: Sie hat dafür Sorge zu tragen, dass im Unternehmen die erforderlichen organisatorischen Strukturen eingeführt werden, die datenschutzrechtliche Compliance sicherstellen.

V. Datenschutzrechtliche Pflichten von privaten Unternehmen

Datenschutzrechtliche Compliance setzt u.a. die Einhaltung der Vorgaben des BDSG **250** voraus. In der Praxis sind sich viele Unternehmen dieser Vorgaben nicht bewusst oder haben sie bislang als eher lästigen Bestandteil der IT-Compliance unter technischen Aspekten betrachtet. Durch die Datenschutzskandale der Vergangenheit beginnt sich dieses Bewusstsein zu ändern: Der Gesetzgeber hat mit Verschärfungen des BDSG reagiert, die deutschen Datenschutzaufsichtsbehördenhaben haben nun erstmals empfindliche Sanktionen in Form von Geldbußen verhängt bzw. verschärfen ihre Kontrollen von Unternehmen.[249] Daneben beobachtet die Öffentlichkeit mit Argwohn Unternehmen, denen Datenmissbrauch zur Last gelegt wird.

Nachfolgend wird ein kurzer Überblick über die wesentlichsten Pflichten gegeben, **251** die von Unternehmen zu erfüllen sind, um datenschutzrechtliche Compliance sicherzustellen.[250] Compliance erfordert dabei ein abgestimmtes Vorgehen zwischen den verschiedensten Stellen im Unternehmen: Der Aufbau einer funktionierenden Datenschutzorganisation stellt Anforderungen an die Geschäftsführung, den Datenschutzbeauftragten, die IT, die Revision und nicht zuletzt an die mit der Datenverarbeitung beschäftigten Mitarbeiter. Insbesondere letztere müssen durch ihr eigenes Verhalten im Umgang mit personenbezogenen Daten sicherstellen, dass im Unternehmen Daten entsprechend den gesetzlichen Vorgaben erhoben etc. werden. Insofern zählt es auch zu den wesentlichen Pflichten des Unternehmens, Mitarbeiter im Bereich Datenschutz zu sensibilisieren bzw. entsprechende Schulungen durch den Datenschutzbeauftragten durchführen zu lassen.

---

248 Vgl. *Simitis/Dammann* Kommentar zum BDSG, 7. Aufl. 2011, § 3 Rn. 225 ff.
249 S. dazu bspw. die Pressemitteilung über den Beschluss des Innenministerium Baden-Württemberg – Aufsichtsbehörde für den Datenschutz im nichtöffentlichen Bereich – v. 11.9.2008, abrufbar unter www.baden-wuerttemberg.de/fm7/2028/Lidl%20%20Bu%DFgeldverfahren%20abgeschlossen. 470204.pdf; s. dazu auch als Beispiel die Tätigkeitsberichte des hamburgischen Beauftragten für Datenschutz und Informationsfreiheit, abrufbar unter www.Datenschutz-hamburg.de/publikationen-taetigkeitsberichte/taetigkeitsberichte.html; s. in diesem Zusammenhang zur Historie der BDSG-Novellen BR-Drucks. 4/09, BT-Drucks. 16/10529, BT-Drucks. 16/12011.
250 Vgl. dazu bspw. *Bauer/Wesselmann* WISU 8-9/08, 1128; *Bauer* Datenschutzpraxis 9/2008, 2.

1. Formelle Anforderungen

1.1 Bestellung von Datenschutzbeauftragten

252 Der Datenschutzbeauftragte ist u.a. für die Kontrolle der Zulässigkeit der Datenverarbeitung im Unternehmen zuständig und gilt als verlängerter Arm der Datenschutzaufsichtsbehörden. Das Unterlassen der Bestellung kann als Ordnungswidrigkeit gem. § 43 Abs. 1 Nr. 2 BDSG geahndet werden.[251]

253 Ob ein Datenschutzbeauftragter bestellt werden muss,[252] richtet sich entweder

- nach der **Anzahl** der mit der Erhebung, Verarbeitung oder Nutzung von personenbezogenen Daten **beschäftigen Personen** im Unternehmen, wobei dazu sämtliche Beschäftigte, die in einem arbeitnehmerähnlichen Status stehen, zählen.[253]

Der Datenschutzbeauftragte ist zu bestellen, sofern das Unternehmen

- **mindestens zehn Personen** wenigstens vorübergehend mit **automatisierter** Datenerhebung, -verarbeitung oder -nutzung beschäftigt (§ 4f Abs. 1 S. 4 BDSG) oder
- **mindestens zwanzig Personen** wenigstens vorübergehend mit **nichtautomatisierter** Datenerhebung, -verarbeitung oder -nutzung beschäftigt (§ 4f Abs. 1 S. 3 BDSG).

oder

- nach der **Art der vorgenommenen Datenverarbeitung**, § 4f BDSG.

Der Datenschutzbeauftragte ist zu bestellen, sofern das Unternehmen

- personenbezogene Daten **geschäftsmäßig** zum Zweck der Übermittlung oder der anonymisierten Übermittlung erhebt, verarbeitet oder nutzt (beispielsweise Auskunfteien, Adressverlage, Markt- und Meinungsforschungsunternehmen; § 4f Abs. 1 S. 6 BDSG) oder
- automatisierte Datenverarbeitungsvorgänge durchführt, die eine **Vorabkontrolle** gem. § 4d Abs. 5 BDSG verlangen (z.B. Systeme zur Bewertung der Kreditwürdigkeit, Einsatz von Videoüberwachung, Einführung von Personalinformationssystemen, die eine Persönlichkeitsüberwachung zulassen,[254] § 4f Abs. 1 S. 6 BDSG).

254 Der Datenschutzbeauftragte ist spätestens **binnen eines Monats** nach Eintritt der obigen Voraussetzungen schriftlich zu bestellen. Es empfiehlt sich, dabei seine Aufgaben klarstellend zu definieren (s. §§ 4f, 4g BDSG).[255] Bestellt werden können Mitarbeiter aus dem Unternehmen (interne Datenschutzbeauftragte) oder auch externe Dienstleister. Die Bestellung muss nicht gegenüber den Datenschutzaufsichtsbehörden angezeigt werden.

---

251 Vgl. dazu die Pressemitteilung über den Beschluss des Innenministerium Baden-Württemberg – Aufsichtsbehörde für den Datenschutz im nichtöffentlichen Bereich – v. 11.9.2008, a.a.O., nach der 10 000 EUR als Geldbuße für die Nichtbestellung verhängt wurden.

252 Vgl. zu den seit 2006 geltenden Neuregelungen zusammenfassend *Gola/Klug* NJW 2007, 118 ff.

253 Damit zählen neben Arbeitnehmern u.a. auch Telearbeitnehmer oder an die IT angebundene Handelsvertreter dazu; siehe *Däubler/Klebe/Wedde/Weichert/Däubler* BDSG, 4. Aufl. 2011, § 4f Rn. 15 ff.

254 Vgl. *Bergmann/Möhrle/Herb* Datenschutzrecht, 2011, § 4d Rn. 34 ff.; *Simitis/Petri* Kommentar zum BDSG, 7. Aufl. 2009, § 4d Rn. 32.

255 Vgl. zum Berufsbild des Datenschutzbeauftragten *LG Ulm* CR 1991, 103, mit Anm. *Ehmann*; *Koch/Haag/Borchardt* Anlagenüberwachung im Umweltrecht – zum Verhältnis von staatlicher Überwachung und Eigenkontrolle, 1998, S. 131 ff.; *Rudolf* NZA 1996, 296 ff.

Wird ein interner Datenschutzbeauftragter bestellt, ist zu beachten, dass dieser nach **255** § 4f Abs. 3 S. 5 und 6 BDSG einem **besonderen Kündigungsschutz** unterliegt, der dem von Betriebsräten ähnelt. Ziel des Kündigungsschutzes ist es, die Unabhängigkeit des Datenschutzbeauftragten und dessen Weisungsfreiheit gegenüber der verantwortlichen Stelle zu stärken. Das Arbeitsverhältnis eines internen Datenschutzbeauftragten darf danach nur gekündigt werden, wenn dem internen Datenschutzbeauftragten eine Tat zur Last gelegt werden kann, die das Unternehmen zu einer Kündigung aus wichtigem Grund berechtigen würden. Auch die Bestellung darf nur widerrufen werden, wenn entsprechende wichtige Gründe vorliegen (vgl. dazu auch § 626 BGB). Nach seiner Abbestellung gilt sein Kündigungsschutz im Übrigen für die Zeitdauer von einem Jahr weiter. In der Konsequenz ist ein interner Datenschutzbeauftragter kaum kündbar.[256]

Als Datenschutzbeauftragter sollte im Übrigen nicht jeder beliebige Mitarbeiter **256** benannt werden; der Datenschutzbeauftragte muss u.a. die notwendige **Sach- und Fachkunde** zur Ausübung der Tätigkeit aufweisen. Dies setzt u.a. die Kenntnis des geltenden Rechts oder auch der Grundlagen der IT-Sicherheit voraus.[257] Die Datenschutzaufsichtsbehörden können die Abberufung ungeeigneter Personen verlangen, § 38 Abs. 5 S. 3 BDSG.

Um die Unabhängigkeit des Datenschutzbeauftragten sicherzustellen, sollte kein Mit- **257** arbeiter benannt werden, der in **Interessenkonflikte** geraten könnte, wie beispielsweise ein Mitglied der Geschäftsführung, der Leiter der IT, Personalabteilung oder des Vertriebs.[258] Daneben ist sicherzustellen, dass der Datenschutzbeauftragte die nötige Zeit hat, seine Aufgabe auszuüben. Insbesondere sollte das Unternehmen Teilzeit-Datenschutzbeauftragte ausreichend freistellen. In der Regel gilt: Je größer das Unternehmen und je sensibler die Daten sind, mit denen es zu tun hat (bspw. Adresshandel, medizinische Daten), desto aufwändiger ist die Tätigkeit.

Unternehmen sind im Übrigen gesetzlich verpflichtet, dem Datenschutzbeauftragten **258** **Fort- und Weiterbildungsveranstaltungen** zu bezahlen und ihn auch dafür freizustellen. Zusätzlich stehen ihm die für seine Tätigkeit erforderlichen Mittel zu (bspw. Büroausstattung, Literatur).

Aktuell bestellen viele Unternehmen auch einen sogenannten **Konzerndatenschutzbe-** **259** **auftragten**, der für sämtliche Unternehmen einer Konzerngruppe zuständig ist.[259] Das BDSG kennt diese Funktion nicht. In der Praxis wird der Konzerndatenschutzbeauftragte oft als interner Datenschutzbeauftragter des Mutterunternehmens und als

---

256 Vgl. *Wagner* DUD 2008, 660 ff.; *BAG* v. 23.3.2011 – 10 AZR 562/09, NZA 2011, 1063; insbesondere ist die Bestellung nicht widerrufbar weil bspw. aus Kostengründen ein externer Datenschutzbeauftragter bestellt werden soll.

257 S. dazu die Ausführungen des Berufsverbands der Datenschutzbeauftragten Deutschland e.V.: Das berufliche Leitbild der Datenschutzbeauftragten, abrufbar unter https://www.bvdnet.de/dokumente/bvd_leitbild.pdf.

258 Vgl. dazu auch *Tinnefeld/Ehmann/Gerling* Einführung in das Datenschutzrecht, 5. Aufl. 2012, S. 448 ff.; *BAG* RDV 1994, 182, wonach auch Mitarbeiter dieser Abteilungen nicht bestellt werden sollten, oder *Simitis/Simitis* Kommentar zum BDSG, 7. Aufl. 2011, § 4f, Rn. 99 ff., der bereits die Bestellung des Leiters bzw. Mitarbeiter der Revision oder der Rechtsabteilung, von Betriebsräten, Sicherheits- und Geheimschutzbeauftragten als bedenklich ansieht; a.A. *Bergmann/Möhrle/Herb* Datenschutzrecht § 4f Rn. 108.

259 Vgl. zur Sinnhaftigkeit der Bestellung eines konzernweiten bzw. multinationalen Datenschutzbeauftragten, *Simitis/Simitis* Kommentar zum BDSG, 7. Aufl. 2011, § 4f Rn. 36 ff.

externer Datenschutzbeauftragter der Tochterunternehmen bestellt (so genanntes Einheitsmodell). Alternativ koordiniert er die Datenschutzbeauftragten des Konzerns, die ihm unterstehen (so genanntes Koordinationsmodell). Da Datenschutzbeauftragte grundsätzlich weisungsfrei agieren, birgt letzteres Modell ein höheres Konfliktpotential für Unternehmen, da jeder Datenschutzbeauftragte in der Regel unabhängig von den Weisungen des Konzerndatenschutzbeauftragten agieren kann. Die Tätigkeit des Konzerndatenschutzbeauftragten liegt mehr im organisatorischen als im operativen Geschäft, er trägt üblicherweise dafür Sorge, dass in der Konzerngruppe ein einheitliches Datenschutzniveau herrscht und Datenschutz wirtschaftlich umgesetzt wird.

1.2 Verfahrensmeldungen

1.2.1 Meldepflichten gegenüber den Datenschutzaufsichtsbehörden

260 Unternehmen sind gem. § 4d i.V.m. § 4e BDSG verpflichtet, eine automatisierte Datenverarbeitung vor ihrer Aufnahme gegenüber der für sie zuständigen Datenschutzaufsichtsbehörde zu **melden**. Eine nicht rechtzeitige, unvollständige, fehlerhafte oder unterlassene Meldung kann als Ordnungswidrigkeit geahndet werden (§ 43 Abs. 1 Nr. 1 BDSG).

261 Die Meldung muss folgende **Angaben** enthalten (s. § 4e BDSG):[260]
– Name des Unternehmens;
– Inhaber, Vorstände, Geschäftsführer oder sonstige Vertretungsberechtigte;
– Anschrift des Unternehmens;
– Zweckbestimmung der Datenerhebung, -verarbeitung oder -nutzung;
– Beschreibung der von der Verarbeitung betroffenen Personengruppen und der betroffenen Daten oder Datenkategorien;
– Empfänger oder Empfängerkategorien der Daten (inklusive etwaiger Auftragsdatenverarbeiter);
– Regelfristen für die Löschung der Daten;
– geplante Datenübermittlung in Drittstaaten (d.h. Länder, die kein den EU-Vorgaben entsprechendes Datenschutzniveau aufweisen, beispielsweise die USA oder Indien);
– eine allgemeine Beschreibung, die eine vorläufige Beurteilung ermöglicht, ob die ergriffenen technischen und organisatorischen Maßnahmen gem. § 9 BDSG angemessen sind und die Datensicherheit gewährleisten.

262 Die Pflicht **entfällt** gem. § 4d Abs. 2, 3 BDSG für Unternehmen,
– die einen **Datenschutzbeauftragten** bestellt haben oder
– bei denen **höchstens neun Personen** mit der Datenverarbeitung etc. beschäftigt sind, die Datenverarbeitung dabei für **eigene Zwecke** des Unternehmens erfolgt und entweder die **Einwilligung** desjenigen, dessen Daten verarbeitet werden, vorliegt oder die Verarbeitung etc. für Zwecke der Erfüllung eines **Vertrages** oder **vertragsähnlichen Vertrauensverhältnisses** erfolgt.

Die meisten deutschen Unternehmen haben Datenschutzbeauftragte bestellt, so dass die Meldung in der Regel entbehrlich ist.

---

260 S. dazu beispielhaft das Merkblatt zum Meldebogen des Unabhängigen Landeszentrums für Datenschutz Schleswig-Holstein nebst entsprechender Meldeformulare unter www.datenschutzzentrum.de/download/merkmeld.pdf.

Abweichendes gilt für Unternehmen, die **geschäftsmäßig** Daten für Zwecke der Über- **263** mittlung oder der anonymisierten Übermittlung speichern: Diese sind jedenfalls zur **Meldung verpflichtet** (§ 4d Abs. 4 BDSG). Dazu zählen Beispielsweise Auskunfteien, Adressverlage oder Kreditschutzorganisationen wie die SCHUFA,[261] die dauerhaft und für wirtschaftliche Zwecke Daten verarbeiten.

1.2.2 Erstellung der Verfahrensübersicht

Gem. § 4g Abs. 2 BDSG sind Unternehmen verpflichtet, für sämtliche Datenverarbei- **264** tungsvorgänge eine **Verfahrensübersicht zu erstellen** und diese ihrem **Datenschutzbeauftragten zu übergeben**. In der Verfahrensübersicht sind die oben unter Rn. 261 aufgelisteten Angaben für jedes Verfahren aufzuführen sowie Informationen über die jeweils zugriffsberechtigten Personen. Ändern sich die Datenverarbeitungsvorgänge, ist die Verfahrensübersicht zu aktualisieren. Üblicherweise werden in der Praxis ausführliche interne Verfahrensverzeichnisse für jedes einzelne automatisierte Datenverarbeitungsverfahren erstellt, die dann in einer Verfahrensübersicht durch den Datenschutzbeauftragten zusammengefasst werden.

In der Praxis kommen Unternehmen ihren entsprechenden Pflichten regelmäßig nur zögerlich nach – was wohl auch damit zu erklären ist, dass ein Unterlassen nicht sanktioniert wird. Da die Übersichten jedoch bei einer eventuellen Kontrolle durch die Datenschutzaufsichtsbehörden gem. § 38 Abs. 4 S. 2 BDSG diesen zur Einsicht zur Verfügung zu stellen sind, ist von einem Unterlassen abzuraten. Hier empfiehlt sich sowohl die Fachabteilungen als auch die IT einzubinden und diesen die Pflicht aufzuerlegen, entsprechende Verzeichnisse zu erstellen und mit dem Datenschutzbeauftragten abzustimmen. Damit ist auch sichergestellt, dass der Datenschutzbeauftragte alle Informationen erhält, die es ihm – entsprechend seiner Aufgabenstellung – ermöglichen, die Zulässigkeit der im Unternehmen durchgeführten Datenverarbeitungen zu kontrollieren.

1.2.3 Öffentliches Verfahrensverzeichnis

Der Datenschutzbeauftragte (oder alternativ das Unternehmen, wenn keiner zu **265** bestellen ist) hat **jedermann** auf Anfrage ein öffentliches Verfahrensverzeichnis **zur Verfügung zu stellen** (§ 4g Abs. 2 BDSG). Wie die Zurverfügungstellung erfolgt, kann der Datenschutzbeauftragte selbst entscheiden (beispielsweise durch Übersendung, Einsichtnahme in seinen Büroräumen oder über das Internet).[262] Das öffentliche Verfahrensverzeichnis muss die unter Rn. 261 aufgelisteten Angaben mit Ausnahme der Angaben zu den technischen und organisatorischen Maßnahmen bzw. Datensicherheitsmaßnahmen enthalten. Die Angaben können hier allgemeiner gehalten sein als in der Verfahrensübersicht. Das öffentliche Verfahrensverzeichnis dient lediglich der Information der Allgemeinheit, wohingegen die Verfahrensübersicht dem Datenschutzbeauftragten detaillierte Informationen über die Datenverarbeitungsvorgänge zur Durchführung seiner Rechtmäßigkeitsprüfung liefern soll.[263]

---

261 S. dazu *Gola/Schomerus* BDSG, 11. Aufl. 2012, § 29 Rn. 6 f.
262 Vgl. *Bergmann/Möhrle/Herb* Datenschutzrecht § 4g Rn. 49, *Gola/Schomerus* BDSG, 11. Aufl. 2012, § 4g Rn. 30.
263 Vgl. *Bergmann/Möhrle/Herb* Datenschutzrecht § 4g Rn. 49; s. auch die im Internet abrufbaren „Öffentlichen Verfahrensverzeichnisse" einzelner Unternehmen.

1.3 Vorabkontrolle

266 Datenverarbeitungen, die **besondere Risiken** für die Rechte und Freiheit der Betroffenen bergen, unterliegen nach § 4d Abs. 5, 6 BDSG einer vorherigen Kontrolle durch den Datenschutzbeauftragten.[264] Basis der Vorabkontrolle ist die Verfahrensmeldung gem. § 4e S. 1 BDSG i.V.m. § 4g Abs. 2 BDSG, die das Unternehmen dem Datenschutzbeauftragten übergibt (siehe dazu bereits oben unter Rn. 260). Die Prüfung durch den Datenschutzbeauftragten ist grundsätzlich formale Rechtmäßigkeitsvoraussetzung der jeweiligen Verarbeitung. Sofern der Datenschutzbeauftragte Zweifel an der Zulässigkeit der Datenverarbeitung hat, hat er die zuständige Datenschutzaufsichtsbehörde zu kontaktieren (§ 4d Abs. 6 S. 3 BDSG), die dann u.a. gem. § 38 Abs. 1, 3 BDSG Kontrollmaßnahmen im Unternehmen durchführen kann. Auch wenn das Unterlassen der Vorabkontrolle nicht direkt zu Sanktionen führt bzw. das Unternehmen trotz eventueller Rechtmäßigkeitsbedenken des Datenschutzbeauftragten nicht an dem Start der Verarbeitung gehindert ist,[265] ist davon auszugehen, dass die Öffentlichkeit auf Verstöße bei bspw. der Verarbeitung von Gesundheitsdaten durch Versicherungsunternehmen besonders sensibel reagiert. Daher empfiehlt sich hier für Unternehmen bereits aus Eigeninteresse besondere Vorsicht.

267 Der Vorabkontrolle unterliegen Verarbeitungen,

- in denen **besondere Arten personenbezogener Daten** (§ 3 Abs. 9 BDSG), also Daten betreffend die rassische/ethnische Herkunft, politische Meinung, religiöse oder philosophische Überzeugung, Gewerkschaftszugehörigkeit, Gesundheit oder Sexualleben verarbeitet werden bzw.
- die der **Bewertung der Persönlichkeit** des Betroffenen dienen (insbesondere Fähigkeits-, Leistungs- und Verhaltenskontrollen).

268 Damit sind regelmäßig Personalinformationssysteme, Beförderungsranglisten, Videoüberwachungssysteme, Scoringdatenbanken etc. von der Vorabkontrolle umfasst.[266]

269 Die Vorabkontrolle kann **entfallen**, bei

- der Durchführung von automatisierten Verfahren aufgrund gesetzlicher Vorschriften;
- dem Vorliegen der Einwilligung des jeweiligen Betroffenen oder
- der Verarbeitung oder Nutzung der Daten im Rahmen der Zweckbestimmung eines Vertragsverhältnisses oder eines vertragsähnlichen Vertrauensverhältnisses mit dem Betroffenen.

270 Insofern ist insbesondere im Bereich der Verarbeitung von Beschäftigtendaten, die in der Regel für Zwecke des Arbeitsvertrages erfolgt, keine Vorabkontrolle erforderlich. Da der Datenschutzbeauftragte jedoch in jedem Fall die Zulässigkeit der Datenverarbeitung überprüfen muss, empfiehlt sich seine vorherige Einbindung. Daher sollten entsprechende Prozesse im Unternehmen etabliert werden.

---

264 Vgl. zur Durchführung der Vorabkontrolle: *Bergmann/Möhrle/Herb* § 4d Rn. 46 ff.

265 Dem Datenschutzbeauftragten fehlt die entsprechende Weisungsbefugnis gegenüber dem Unternehmen, vgl. auch *Roßnagel/Königshofen* Handbuch Datenschutzrecht, 2003, Kap. 5.5. Rn. 58.

266 Vgl. *Bergmann/Möhrle/Herb* Datenschutzrecht § 4d Rn. 36 ff.; s. auch *Ehmann* Datenschutzpraxis 2009, 12 ff.

1.4 Verpflichtung auf das Datengeheimnis

Alle Personen, die in einem Unternehmen mit der Datenverarbeitung beschäftigt **271** sind, sind gem. § 5 BDSG mit Beginn ihrer Tätigkeit auf die **Einhaltung des Datengeheimnisses zu verpflichten.**[267] Danach ist es verboten, Daten unbefugt zu erheben, zu verarbeiten oder zu nutzen. Ein Verstoß gegen diese Verpflichtung kann arbeitsrechtliche Sanktionen nach sich ziehen;[268] daneben kann die unbefugte Verarbeitung von Daten sowohl für den Täter als auch für das Unternehmen als verantwortliche Stelle zu Schadensersatzansprüchen der Betroffenen bzw. Sanktionen der Datenschutzaufsichtsbehörden führen.

Der Mitarbeiter ist persönlich zu verpflichten und über seine Rechte und Pflichten zu **272** belehren.[269] Unterbleibt die Belehrung, befindet sich der Mitarbeiter ggf. in einem unvermeidbaren Verbotsirrtum und geht möglicherweise straflos aus, wohingegen das Unternehmen gegenüber den Betroffenen haftet bzw. sanktioniert wird.[270] Zum Nachweis empfiehlt daher eine schriftliche Verpflichtung, die zu Beginn der Tätigkeit eingeholt und in der Personalakte abgelegt wird. Die Verpflichtung zur Einhaltung des Datengeheimnisses erstreckt sich über das Ende der Tätigkeit des Mitarbeiters hinaus (§ 5 S. 3 BDSG).

Empfehlenswert ist es auch, Dienstleister u.ä., die Zugriff auf Daten im Unternehmen **273** erlangen könnten, entsprechend zu verpflichten bzw. dem Dienstleister die entsprechende Verpflichtung seiner Mitarbeiter aufzuerlegen. Damit wird sichergestellt, dass diese sich nicht darauf zurückziehen können, nichts von ihren entsprechenden Pflichten gewusst zu haben und daher den Verstoß nicht zu vertreten haben.

1.5 Einführung und Einhaltung von technischen und organisatorischen Maßnahmen

Unternehmen müssen die in § 9 BDSG in Verbindung mit der Anlage 1 zu § 9 S. 1 **274** BDSG aufgelisteten technischen und organisatorischen Maßnahmen umsetzen, um die Rechtmäßigkeit der Datenverarbeitung und damit einhergehend datenschutzrechtliche Compliance zu gewährleisten. Umfasst sind Maßnahmen betreffend die **Zutritts-, Zugangs-, Zugriffs-, Weitergabe-, Eingabe-, Auftrags-, und Verfügbarkeitskontrolle** sowie die Einhaltung des **Trennungsgebots**, d.h. der Sicherstellung, dass die zu unterschiedlichen Zwecken erhobenen Daten getrennt verarbeitet werden.[271] Die Maßnahmen unterliegen der Kontrolle der Datenschutzaufsichtsbehörden, die die Umsetzung kontrollieren, anordnen und untersagen dürfen. Daneben können sie bei Zuwiderhandlungen Zwangsgelder verhängen, § 38 Abs. 5 BDSG.

---

267 Jeder, der faktisch die Möglichkeit hat, Zugang zu personenbezogenen Daten zu erlangen, ist zu verpflichten; also auch bspw. Mitarbeiter von Wartungs- oder Reinigungsunternehmen, vgl. *Simitis/Walz* Kommentar zum BDSG, 11. Aufl. 2011, § 5 Rn. 14 ff.

268 Vgl. zur Kündigung wegen unbefugter Datenverarbeitung *LAG Köln* DB 1983, 124; *LAG Chemnitz* RDV 2000, 177; *VG Frankfurt* RDV 2000, 279; *LAG Berlin* RDV 2004, 129.

269 Vgl. *Simitis/Walz* Kommentar zum BDSG, 11. Aufl. 2011, § 5 Rn. 30.

270 Vgl. *Däubler/Klebe/Wedde/Weichert/Däubler* BDSG, 4. Aufl. 2013, § 5 Rn. 15.

271 Vgl. dazu auch die von dem Bundesamt für Sicherheit und Informationstechnik (BSI) empfohlenen datenschutzrechtlichen Maßnahmen, die der Sicherheit dienen; tabellarische Aufstellung der möglichen Maßnahmen abrufbar unter www.bsi.bund.de/gshb/deutsch/baust/b01005.htm; Beschreibung der Maßnahmen unter www.bsi.bund.de/gshb/deutsch/m/m01.htm.

Üblicherweise übernimmt die IT-Abteilung mit Unterstützung des Datenschutzbeauftragten die Umsetzung der Maßnahmen. Daneben sind organisatorische Maßnahmen, wie beispielsweise Datenschutzrichtlinien, Verpflichtungen zur Einhaltung von bestimmten Prozessen oder auch verbindliche Löschkonzepte festzulegen, die die Einhaltung der Vorgaben durch die Mitarbeiter sicherstellen.

Auch wenn für jedes Unternehmen ein hoher Sicherheitsstandard erstrebenswert ist, ist es ausreichend, **angemessene Maßnahmen** zu treffen. Der für die Umsetzung anfallende Aufwand bzw. die entstehenden Kosten sollen im Verhältnis zu dem angestrebten Schutzzweck stehen, § 9 S. 2 BDSG.[272] Damit wird dem Umstand Rechnung getragen, dass nicht jede Datenverarbeitung gleich hohe Risiken für die Betroffenen birgt (beispielsweise ist die Verarbeitung von Daten, die dem Bankgeheimnis unterliegen, risikobehafteter als die Verarbeitung von Daten betreffend den Zugriff auf einen Onlineshop). Höhere Risiken erfordern daher aufwändigere Maßnahmen als geringere. Es empfiehlt sich hier, eine Risikoanalyse (bspw. durch einen unabhängigen Gutachter) durchzuführen, damit ein ausreichendes und dem Risiko angemessenes Schutzniveau erzielt wird.[273]

275 Unternehmen sind daneben verpflichtet, die von ihnen im Rahmen einer **Datenverarbeitung im Auftrag** gem. § 11 BDSG eingesetzten Auftragnehmer hinsichtlich der Einhaltung der nach § 9 BDSG und der Anlage zu § 9 S. 1 BDSG geforderten Maßnahmen zu kontrollieren, § 11 Abs. 2 BDSG.[274] Entsprechende **Kontrollbefugnisse** sind vertraglich in den entsprechenden Auftragsdatenverarbeitungsverträgen festzulegen (s. dazu ausführlich Rn. 316).

Seit dem 1.9.2009 sind Auftragsdatenverarbeitungsverträge zwingend mit den in § 11 BDSG festgelegten Inhalten schriftlich zu schließen. Daneben sind die Auftragnehmer vor Beginn der Datenverarbeitung und im Anschluss regelmäßig zu kontrollieren. Eine Zuwiderhandlung gegen diese Vorgaben gilt gem. § 43 Abs. 2b BDSG als Ordnungswidrigkeit, die mit einem Bußgeld bis zu einer Höhe von 50 000 EUR bestraft werden kann. Die Regelung gilt auch für Altverträge, so dass Unternehmen sorgfältig prüfen sollten, ob ihre Verträge ggf. einer Anpassung bedürfen.

2. Grundlagen des Datenschutzrechts

276 Neben den formellen Anforderungen müssen Unternehmen auch sicherstellen, dass der Umgang mit den Daten an sich den rechtlichen Anforderungen genügt. Das BDSG enthält dazu explizite Vorgaben.

2.1 Transparenz der Datenverarbeitung

277 Jeder Betroffene hat das Recht selbst zu bestimmen, wer wann, zu welcher Gelegenheit und zu welchem Zweck über welche Daten zu seiner Person verfügt. Dies setzt eine umfassende Information über die entsprechenden Vorgänge voraus.

§ 4 Abs. 3 BDSG sieht daher eine Informationspflicht über die Identität der verantwortlichen Stelle, die Zwecke der Erhebung, Verarbeitung oder Nutzung und im Falle

---

272 Vgl. *Simitis/Ernestus* Kommentar zum BDSG, 11. Aufl. 2011, § 9 Rn. 23 ff.
273 Vgl. dazu bspw. die Angaben im IT-Grundschutzkatalog des Bundesamtes für Sicherheit und Informationstechnik (BSI), s. dazu www.bsi.de/gshb/baustein-datenschutz bzw. www.bsi.de/gshb/deutsch.
274 S. zu den Voraussetzungen der Auftragsdatenverarbeitung, unten Rn. 316.

einer Datenübermittlung auch über die Übermittlungszwecke und Kategorien von Empfängern vor. Eine Ausnahme kann gelten, wenn der Betroffene von diesen Informationen auf andere Weise Kenntnis von den Informationen erlangt (bspw. im Rahmen eines Vertragsschlusses). Zusätzlich ist er – vorausgesetzt er hat keine Kenntnis – gem. § 33 BDSG bei der erstmaligen Erhebung seiner Daten von der verantwortlichen Stelle entsprechend zu unterrichten. Die Offenlegung dieser Informationen dem Betroffenen gegenüber ist die Basis für eine transparente Datenverarbeitung und für die Wahrnehmung der Betroffenenrechte auf Auskunft, Berichtigung und Löschung gem. § 6 BDSG i.V.m. § 35 BDSG.

Daneben hat jeder Betroffene zu jeder Zeit das Recht, Auskunft über die zu seiner **278** Person gespeicherten Daten, die Herkunft der Daten, die Empfänger bzw. Kategorien von Empfängern und den Zweck der Speicherung zu verlangen, § 34 BDSG. Dies ist insbesondere im Bereich der Werbung von Relevanz; hier sind Unternehmen verpflichtet, insbesondere bei einem Kauf von Adressen festzuhalten, von wem diese Adressen stammen und an wen Daten für Werbezwecke weitergegeben werden, § 34 Abs. 1a BDSG. Diese Informationen sind für die Dauer von zwei Jahren von den beteiligten Unternehmen nach deren Übermittlung/Erhalt zu speichern.

2.2. Grundsatz der Datenvermeidung und der Datensparsamkeit

Im Datenschutzrecht gilt der Grundsatz: Je weniger Daten verarbeitet werden, desto **279** besser. Daher ist die Erhebung etc. personenbezogener Daten auf das Maß des Notwendigen zu begrenzen und es dürfen nur die Daten erhoben etc. werden, die für das Erreichen des jeweiligen Zwecks auch erforderlich sind, § 3a BDSG. Eine Datenerhebung auf Vorrat verbietet sich damit. Daneben sollten Datenverarbeitungssysteme entsprechend ausgestaltet werden. In Frage kommen dabei bspw. nur die Felder zur Eingabe zuzulassen, die tatsächlich für den verfolgten Zweck benötigt werden, Freitextfelder zu vermeiden oder die Zugriffsberechtigungen zu beschränken.

Zusätzlich ist – soweit wirtschaftlich vertretbar – der anonyme und pseudonyme **280** Umgang mit Daten zu bevorzugen. Anonymisierung bedeutet, dass Daten nicht mehr oder nur mit einem unverhältnismäßigen großen Aufwand an Zeit, Kosten und Arbeitskraft einer Person zugeordnet werden können, § 3 Abs. 6 BDSG. Pseudonymisieren ist das Ersetzen von Identifikationsmerkmalen durch ein Kennzeichen zu dem Zweck, die Identifizierung des Betroffenen zu erschweren bzw. auszuschließen, § 3 Abs. 7 BDSG. Mangels Personenbezug findet das BDSG auf solchermaßen veränderte Daten keine Anwendung mehr. Damit empfiehlt es sich z.B. Statistiken etc. möglichst immer ohne Namen zu erstellen oder in Testsystemen die Echt-Daten entsprechend zu verändern.

Weiterhin sind personenbezogene Daten, die nicht mehr erforderlich sind, nach die- **281** sem Grundsatz zu löschen. Steht der Löschung z.B. eine gesetzliche Aufbewahrungsfrist nach HGB oder AO entgegen (wie u.a. § 147 AO, § 257 ff. HGB), dürfen die Daten für diesen Zweck aufbewahrt werden, sind allerdings für andere Zwecke zu sperren. Empfehlenswert ist die Einführung entsprechender Archivierungskonzepte, die diese Vorgaben berücksichtigen.

2.3. Direkterhebung bei dem Betroffenen

Personenbezogene Daten müssen grundsätzlich direkt von dem Betroffenen erhoben **282** werden, § 4 Abs. 2 BDSG. Ausnahmen bestehen u.a., wenn eine Rechtsvorschrift die

Erhebung zwingend voraussetzt oder die direkte Erhebung einen unverhältnismäßigen Aufwand nach sich ziehen würde und nicht davon auszugehen ist, dass der Betroffene mit negativen Konsequenzen zu rechnen hat (bspw. die Mitteilung von Adressdaten eines Dritten für Zwecke der beruflichen Kontaktaufnahme durch eine andere Person).

2.4 Zweckbindung

283 Personenbezogene Daten dürfen nur für die Zwecke verarbeitet und genutzt werden, für die sie erhoben wurden. Dieser Zweck ist dem Betroffenen transparent mitzuteilen. Zweckänderungen sind nur in engen Grenzen zulässig, bspw. wenn berechtigte Interessen der verantwortlichen Stelle bestehen, die gegenüber den schutzwürdigen Interessen des Betroffenen überwiegen, § 28 Abs. 2 BDSG. Daher dürfen z.B. Daten, die für vertragliche Zwecke erhoben werden nicht ohne weiteres für Werbezwecke genutzt werden.

3. Zulässigkeit des Umgangs mit Daten

284 Das BDSG verbietet grundsätzlich die Erhebung etc. von personenbezogenen Daten. Personenbezogene Daten dürfen nur dann erhoben, verarbeitet oder genutzt werden, wenn dies durch einen gesetzlichen Erlaubnistatbestand, eine andere Rechtsvorschrift oder eine Einwilligung des Betroffenen gestattet ist (so genanntes Verbot mit Erlaubnisvorbehalt, § 4 Abs. 1 BDSG). Jeder einzelne Schritt im Umgang mit personenbezogenen Daten (bspw. die Erhebung, Speicherung, Veränderung, Übermittlung, Löschung oder auch die sonstige Nutzung) bedarf einer entsprechenden Legitimation und ist einzeln zu prüfen. Als andere Rechtsvorschrift gilt auch eine Betriebsvereinbarung; diese sollte sich allerdings an den Rechtsgrundlagen des BDSG orientieren, da dieses die vorrangige Mindestschutznorm darstellt.[275]

3.1 Gesetzliche Erlaubnis

3.1.1 Umgang mit Daten von Kunden etc.

285 § 27 BDSG ff. regeln, in welchen Fällen Unternehmen personenbezogene Daten erheben etc. dürfen. Erlaubt ist bspw. nach § 28 Abs. 1 Nr. 1 BDSG, Daten für eigene Geschäftszwecke, insbesondere zum Abschluss, zur Durchführung oder zur Aufhebung eines Vertrages zu erheben etc.. Erlaubt ist z.B. auch die Erhebung von Daten für Zwecke der Vertragsanbahnung oder der Mitgliedschaft in einem Verein.[276]

Ferner ist nach § 28 Abs. 1 Nr. 2 BDSG eine Datenerhebung,-verarbeitung oder Nutzung gestattet, soweit dies zur Wahrung berechtigter Interessen der verantwortlichen Stelle erforderlich ist und schutzwürdige Interessen des Betroffenen nicht überwiegen, die die geplante Erhebung etc. verbieten würden. Hier ist jeweils im Einzelfall zu prüfen, ob die geplante Nutzung der Daten tatsächlich erlaubt ist. Unternehmen sind daher gehalten, bspw. bei einer Überprüfung von Lieferanten im Rahmen von „Supplier-Investigations", Geldwäscheüberprüfungen etc. sorgfältig zu prüfen, ob tatsächlich im Einzelfall die entsprechende Datenverarbeitung und -nutzung erlaubt ist. Auch wenn die Prüfung aus Compliance-Gründen erforderlich erscheinen mag, darf diese nur unter Einhaltung der datenschutzrechtlichen Vorgaben erfolgen; dazu zäh-

---

275 Vgl. *Gola/Wronka* in: Handbuch zum Arbeitnehmerdatenschutz, 5. Aufl. 2010, Rn. 1821 ff.
276 Vgl. dazu ausführlich: *Bergmann/Möhrle/Herb* BDSG, § 28 BDSG, Rn. 30 ff, 200 ff.

len auch der Grundsatz der Datenvermeidung und -sparsamkeit, der nahelegt, im ersten Schritt nur anonymisierte Prüfungen durchzuführen.[277]

§ 28 Abs. 3 BDSG sieht explizit vor, unter welchen Voraussetzungen Daten für Werbe-   **286**
zwecke genutzt werden dürfen. Während die postalische Werbung gegenüber Bestandskunden unter Beachtung des Transparenzgrundsatzes und u.a. ihrer Widerspruchsrechte erlaubt ist, ist die Bewerbung von Neukunden oder die telefonische Bewerbung nicht ohne weiteres zulässig. In der Regel wird hier eine Einwilligung erforderlich sein.[278]

Daneben sind bestimmte, besonders sensible Bereiche eigenständig geregelt: § 28a   **287**
BDSG führt aus, in welchen Fällen welche Daten an Auskunfteien übermittelt werden dürfen (bspw. darf eine Forderung eingemeldet werden, wenn diese rechtskräftig ist oder der Kunde diese anerkannt hat). Ziel der Regelung ist, Kunden vor übereilten und unangemessenen Meldungen zu schützen, die erhebliche Auswirkungen für sie haben. Auch der Bereich des Scorings (§ 28b BDSG), die geschäftsmäßige Datenverarbeitung, der Adresshandel und die Markt- und Meinungsforschung sind gesondert geregelt (§§ 29, 30, 30a BDSG), um die schutzwürdigen Interessen der Betroffenen besser zu wahren. Hier wurden insbesondere zusätzliche Informationspflichten, stärkere Widerspruchsrechte der Betroffenen oder auch das Ziel, mehr Anonymisierung und damit Datensparsamkeit zu erreichen, gesetzlich verankert.[279]

3.1.2. Umgang mit Beschäftigtendaten

Gerade im Bereich des Umgangs mit Arbeitnehmerdaten ist besondere Sensibilität   **288**
gefragt: Beschäftigte befinden sich in der Regel in einem Abhängigkeitsverhältnis von ihrem Arbeitgeber und sind häufig nicht in der Position, diesem gegenüber Forderungen zu stellen oder auf einen sorgfältigen bzw. rechtmäßigen Umgang mit ihren Daten zu bestehen. In der Vergangenheit kam es darüber hinaus insbesondere im Bereich der Überwachung von Arbeitnehmern immer wieder zu Skandalen, die bspw. die heimliche Überwachung der Arbeitnehmer per Video oder GPRS, die Kontrolle von E-Mails oder die Telefonüberwachung, die Durchführung von heimlichen Gentests oder auch den Einsatz von Detektiven betrafen.[280] Unternehmen begründen ihre diesbezüglichen Aktivitäten häufig mit dem Hinweis, dass sie verpflichtet seien, bestimmte Maßnahmen zur Einhaltung von Compliance zu ergreifen; doch auch diese müssen sich selbstverständlich an den Grundlagen des BDSGs und – im Bereich der Prüfung von E-Mails, Verbindungsdaten u.ä. – ggf. des Telekommunikationsgesetzes orientieren.[281]

---

277 Vgl. dazu ausführlich: *Bergmann/Möhrle/Herb* BDSG, § 28 BDSG, Rn. 226 ff.
278 Vgl. dazu ausführlich: *Bergmann/Möhrle/Herb* BDSG, § 28 BDSG, Rn. 310 ff.; *Bauer* Marketing und Vertrieb in: Handbuch Versandhandelsrecht, 533 ff.; *Drewes* ZD 2011, 115; *Roßnagel/Jandt* MMR 2011, 86.
279 Vgl. ergänzend: *Bahr* Recht des Adresshandels oder auch *Krämer* NJW 2012, 3201.
280 Vgl. zu den Risiken für Arbeitnehmer ausführlich: *Freckmann/Wahl* BB 2008, 1904 ff.; *Gola/Wronka* in: Handbuch zum Arbeitnehmerdatenschutz, 5. Aufl. 2010, Rn. 48 ff.; *Oberwetter* NZA 2008, 609 ff.
281 Vgl. *Bauer* Datenschutzpraxis 5/09, 1 ff.; *Bull* ZRP 2008, 233 ff.; *Dann/Gastell* NJW 2008, 2945 ff.; *Gola* NZA 2007, 1139 ff.; s. auch zum IT-Grundrecht und dem daraus resultierenden Schutz des Allgemeinen Persönlichkeitsrechts des Arbeitnehmers: *BVerfG* v. 27.2.2008 – 1 BvR 370/07 und 1 BvR 595/07, ZUM 2008, 301.

289 Die Skandale der Vergangenheit in diesem Bereich haben den Gesetzgeber bewogen, im Jahr 2009 einen besonderen Erlaubnistatbestand einzuführen, der die Persönlichkeitsrechte der Beschäftigten besser schützen soll. § 32 BDSG regelt nun als Spezialtatbestand die Erhebung, Verarbeitung etc. von Beschäftigtendaten. Voraussetzung für deren Erhebung etc. ist nun, dass diese für Zwecke der **Begründung, Durchführung oder Beendigung des Beschäftigtenverhältnisses** erforderlich sind, § 32 Abs. 1 S. 1 BDSG.

290 Daneben dürfen personenbezogene Daten von Beschäftigten zur **Aufdeckung von Straftaten** genutzt werden, wenn zu dokumentierende tatsächliche Anhaltspunkte den Verdacht begründen, dass der Betroffene im Beschäftigungsverhältnis eine Straftat begangen hat, die Erhebung, etc. der Daten zur Aufdeckung der Straftat erforderlich ist und das schutzwürdige Interesse des Beschäftigten an dem Ausschluss der Erhebung etc. nicht überwiegt, § 32 Abs. 1 S. 2 BDSG. Art und Ausmaß der seitens des Arbeitgebers ergriffenen Maßnahme darf darüber hinaus im Hinblick auf den Anlass nicht unverhältnismäßig sein.

291 § 32 BDSG war und ist heftiger Kritik ausgesetzt, da Arbeitgeber sich insbesondere bei der Umsetzung der gesetzlich erforderlichen präventiven Compliance-Maßnahmen, wie bspw. von vorbeugenden Maßnahmen zur Bekämpfung von Korruption oder Wirtschaftskriminalität, stark beeinträchtigt sahen bzw. weiterhin sehen. Nach seinem Wortlaut lässt § 32 Abs. 1 S. 2 BDSG nämlich lediglich die repressive Strafverfolgung zu. Gleiches gilt für die Verfolgung von Ordnungswidrigkeiten etc., die ausdrücklich aus dem Anwendungsbereich des § 32 BDSG ausgenommen sind.[282]

292 Inzwischen ist allerdings sowohl in der Praxis als auch seitens der herrschenden juristischen Meinung weitgehend anerkannt, dass sich entsprechende Maßnahmen einerseits durch § 32 Abs. 1 S. 1 BDSG rechtfertigen lassen, da sie als erforderlich erachtet werden, um zu prüfen, ob der Beschäftigte seinen arbeitsvertraglichen Pflichten nachkommt. Alternativ wird argumentiert, dass entsprechende Maßnahmen über § 28 Abs. 1 Nr. 2 BDSG gerechtfertigt seien, da diese Daten für Zwecke neben dem Beschäftigtenverhältnis (bspw. die oben benannten Zwecke wie Korruptionsbekämpfung, Verpflichtung des Arbeitgebers zur Einführung von Internen Kontrollsystemen, Haftung der Geschäftsführung bei Unterlassen von Kontrollen) genutzt würden und berechtigte Interessen des Arbeitgebers bestünden, hinter denen die schutzwürdigen Interessen des Betroffenen zurücktreten müssten.

293 Dahingestellt, welche Rechtsgrundlage den Maßnahmen zugrunde gelegt wird, setzt deren Umsetzung jedenfalls eine Prüfung der Verhältnismäßigkeit der Maßnahme voraus. Damit muss bei einer Nutzung der Daten von Beschäftigten für präventive Compliance-Maßnahmen das jeweils mildeste Mittel zur Erreichung des gewünschten Zwecks verwendet werden (bspw. sind erst anonyme Kontrollen, dann pseudonyme Kontrollen und bei Erhärtung von Verdachtsmomenten gezielte personenbezogene Kontrollen durchzuführen).[283]

---

282 Vgl. bspw. *Albrecht/Maisch* DSB 3/2010, 11 ff.; *Behling* BB 2010, 892 ff.; *Beisenherz/Tinnefeld* DuD 2010, 221 ff.; *Bierekoven* CR 2010, 203 ff., *Forst* RDV 2010, 8 ff.; *Kamp/Körffer* RDV 2010, 72 ff.; *Kramer* DSB 5/2010, 14 ff.; *Salvenmoser/Hauschka* NJW 2010, 331 ff.; vgl. auch die Beiträge von *Däubler* Gläserne Belegschaften, 5. Aufl. 2010, Rn. 183; *Gola/Wronka* Handbuch zum Arbeitnehmerdatenschutz, 5. Aufl. 2010, Rn. 847 ff.
283 Vgl. ausführlich zu der Thematik: *Thüsing* Arbeitnehmerdatenschutz und Compliance, 2010.

Da die deutschen Datenschutzaufsichtsbehörden entsprechenden Kontrollen eher kri- **294** tisch gegenüberstehen und die Rechte der Betroffenen umfassend gewahrt sehen wollen, bestehen durchaus Restrisiken, die es erforderlich machen, die jeweiligen Maßnahmen sorgfältig im Vorfeld zu prüfen. Zusätzlich sollten die im Rahmen entsprechender Compliance-Maßnahmen geplanten Aktivitäten in einer Richtlinie exakt festgelegt werden. Dazu zählt insbesondere zu dokumentieren, wer wann welche Kontrollen vornimmt und wie mit den Ergebnissen umgegangen wird.[284] Ebenfalls ist zu beachten, dass – sofern existent – der Betriebsrat einzubinden ist. Dies gilt im Übrigen für sämtliche IT-Systeme, die eine Leistungs- und Verhaltenskontrolle von Beschäftigten möglich machen könnten, vgl. § 87 Abs. 1 Nr. 6 BetrVG.

Die Bundesregierung hat zwischenzeitlich auf die heftige Kritik an § 32 BDSG rea- **295** giert und die Einführung eines Beschäftigtendatenschutzrechts in Angriff genommen. Ein solches Gesetz wird bereits seit über zehn Jahren verlangt und immer wieder diskutiert. Gleichwohl hielt auch der seitens des Gesetzgebers in 2009 vorgelegte Entwurf für ein Beschäftigtendatenschutzrecht der umfassenden Kritik[285] nicht stand und wurde in der Zwischenzeit mehrfach überarbeitet.[286] Im Januar 2013 sollte der Entwurf trotzdem final verabschiedet werden; auch dieses Vorhaben ist aufgrund des immensen Widerstands u.a. von Arbeitgeberseite als auch von Seiten der Gewerkschaften gescheitert.[287] Mit der Verabschiedung in 2013 wird nicht mehr ernsthaft gerechnet.

Als ein Grund für den Stopp der Verabschiedung werden auch die Entwicklungen auf **296** europäischer Ebene angeführt: In 2012 hat die Europäische Kommission entschieden, dass in Europa künftig eine einheitliche Datenschutzgrundverordnung gelten soll.[288] Diese wird unmittelbar in den Mitgliedstaaten der Europäischen Union Anwendung finden.[289]

---

284 Insbesondere dürfen auch die Regelungen des Telekommunikationsgesetzes, die bei zumindest geduldeter privater Nutzung von bspw. E-Mail-Accounts durch Arbeitnehmer nach wohl noch herrschender Meinung Anwendung finden, nicht unberücksichtigt bleiben (insbesondere §§ 88 ff. TKG, die das Telekommunikationsgeheimnis schützen und zu einer Strafbarkeit desjenigen, der eine private E-Mail sichtet, führen können). Vgl. dazu auch *Behling* BB 2010, 892; *Fülbier/Splitgerber* NJW 2012, 1995.

285 Vgl. *Thüsing* RDV 2010, 147 ff., *Tinnefeld/Petri/Brink* MMR 2010, 727, *Forst* NZA 2010, 1043.

286 Vgl. BR-Drucks. 535/10, BT-Drucks. 17/4230, BT-Drucks. 17/4853, Gesetzentwürfe SPD-Fraktion, BT-Drucks. 17/69; Fraktion Bündnis 90/Die Grünen, BT-Drucks. 17/121, BT-Drucks. 17/4853 und Fraktion Die Linke, BT-Drucks. 17/779; www.bundestag.de/bundestag/ausschuesse17/a04/Anhoerungen/Anhoerung08/Stellungnahmen_SV/; www.bfdi.bund.de/SharedDocs/Publikationen/Entschliessungssammlung/DSBundLaender/81DSK_beschaeftigtendatenschutz.pdf?__blob=publicationFile; http://beschds.files.wordpress.com/2013/01/17_4_636_aenda_cdu-csu_u_fdp-beschds.pdf; http://extdsb.files.wordpress.com/2013/01/17_11_1047-1_aenderungsantrag_der_spd. pdf; in *Grobys/Panzer-Panzer-Heemeier* StichwortKommentar Arbeitsrecht, 1. Aufl., 4. Edition 2012, Kap. 62 Datenschutz, allgemein Rn. 58 ff., 69.

287 Vgl dazu www.faz.net/aktuell/wirtschaft/datenschutz-fuer-arbeitnehmer-koalition-stoppt-reform-12043652.html.

288 Vgl. Europäische Kommission, Vorschlag für eine Verordnung des europäischen Parlaments und des Rates zum Schutz natürlicher Personen bei der Verarbeitung personenbezogener Daten und zum Schutz des freien Datenverkehrs (Datenschutz-Grundverordnung – DS-GVO), Kom (2012) 11 endg.; siehe auch die negative Haltung der Bundesregierung v. 26.7.2010, RDV 2011, 157 und Stellungnahme des Bundesrates v. 11.2.2011 (BR-Drucks. 707/10); vgl. auch *Hornung* ZD 2012, 99, *Wybitul/Fladung* BB 2012, 509.

289 S. dazu bereits oben, Rn. 240.

297 Auch wenn die EU den Bereich des Beschäftigtendatenschutzes ausdrücklich offen lässt und den Mitgliedsstaaten die entsprechende Regelung überlässt, ist in dem Entwurf der EU-Datenschutzgrundverordnung vorgesehen, dass sich der deutsche Gesetzgeber an deren Regelungen orientieren muss. Die zurzeit geplanten Regelungen des Beschäftigtendatenschutzrechts weichen jedoch bspw. im Bereich der Erteilung von Einwilligung oder auch im Bereich des Austauschs von Daten in Konzerngruppen von denen der Datenschutzgrundverordnung ab. Da die Verordnung voraussichtlich ab 2017 in Deutschland gelten wird, wäre spätestens bis dahin eine erneute Überarbeitung des Beschäftigtendatenschutzrechts erforderlich.[290]

3.1.3. Umgang mit besonderen personenbezogenen Daten

298 Das BDSG erlaubt die Erhebung, Verarbeitung und Nutzung von besonderen personenbezogenen Daten, wie Gesundheitsdaten[291] nur in Ausnahmefällen (z.B. zum Schutz lebenswichtiger Interessen des Betroffenen oder eines Dritten, wenn diese vom Betroffenen selbst offenkundig gemacht worden sind oder wenn der Arbeitgeber diese aus bestimmten Gründen, bspw. für steuerliche Zwecke benötigt). In der Regel bedarf es einer Einwilligung des Betroffenen, damit diese Daten erhoben etc. werden dürfen. Diese Einwilligung muss zudem ausdrücklich auf diese Daten Bezug nehmen.

Unternehmen sollten ihren Umgang mit diesen Daten besonders sorgfältig prüfen und den Datenschutzbeauftragten vorab die Zulässigkeit der Verarbeitung etc. solcher Daten prüfen lassen.[292] Gerade der Verlust von bspw. Patientendaten oder der Missbrauch von Krankheitsdaten Beschäftigter erregen in der Regel viel Aufsehen in der Öffentlichkeit und sorgen bei Bekanntwerden für einen erheblichen Vertrauensverlust.

3.1.4. Einführung besonderer Verfahren (Videoüberwachung, GPS, RFID, Biometrie etc.)

299 Die moderne Technologie ermöglicht eine völlig neue Qualität der Datenverarbeitung und der heimlichen Überwachung von Betroffenen; dies führt naturgemäß zu einem erheblichen Risikopotential:

- durch Thinking cameras werden Bilder mittels Videoüberwachung intelligent erfasst und ausgewertet;[293]
- dank GPS oder Tachographen können Spediteure oder Vertriebsmitarbeiter jederzeit lokalisiert werden;[294]
- unter Einsatz von mit RFID ausgerüsteten Chips in Betriebsausweisen oder als Warenkennzeichnung wird neben der Lokalisierung auch noch die Abfrage der im Chip gespeicherten Daten möglich;[295]
- die Biometrie erlaubt die Speicherung von Fingerabdrücken oder Augenkennzeichnungen auf Ausweisen bzw. in Datenverarbeitungssystemen usw.;[296]

---

290 S. dazu *Bauer* Datenschutzpraxis 6/2012, 14.
291 S. dazu die Definition unter Rn. 244.
292 S. dazu bereits oben, Rn. 266.
293 Vgl. *Winkler* DuD 2011, 797.
294 Vgl. *Gola* ZD 2012, 308.
295 Vgl. *Dreyer* ZD 2012, 20.
296 Vgl dazu die Stellungnahme der *Art. 29 Working Group* WP 193 vom 27.4.2012: Opinion 3/2012 on developments in biometric technologies.

– durch Tracking-Tools wie Google-Analytics können Nutzer von Internet-Angeboten umfassend überwacht werden und ohne deren Wissen umfassende Profile erstellt werden.[297]

Dass Unternehmen diese Techniken gerne nutzen, um rechtswidrig Informationen über Mitarbeiter oder auch Dritte zu sammeln, zeigen die Fälle wie Lidl, Telekom oder auch die Deutsche Bundesbahn drastisch auf.[298] Teilweise werden die Risiken auch schlicht unterschätzt oder sind gar nicht bekannt.

Der unzulässige Einsatz solcher Technologien kann als Ordnungswidrigkeit mit Freiheitsstrafe oder Bußgeld von den Datenschutzaufsichtsbehörden geahndet werden, §§ 43, 44 BDSG. Ggf. kommen sogar strafrechtliche Konsequenzen in Betracht, wenn die Verantwortlichen schuldhaft handeln.[299] Daneben können Betroffene Schadensersatzansprüche auf Grundlage des § 7 BDSG bzw. der zivilrechtlichen Anspruchsgrundlagen wegen Verletzung ihrer Persönlichkeitsrechte geltend machen. **300**

Um die Rechte der Betroffenen weitestgehend zu wahren, sind sorgfältige **Rechtmäßigkeitsprüfungen** durch den Datenschutzbeauftragten erforderlich, die insbesondere die Vorgaben des BDSG (wie beispielsweise § 6b BDSG im Rahmen der Videoüberwachung) umfassen müssen.[300] Diese Regelungen dürfen insbesondere bei einer Überwachung von Mitarbeitern nicht unberücksichtigt bleiben. **301**

Daneben unterliegt die Verwendung solcher „mobiler Speicher- und Versorgungsmedien" (auch „Chip"- oder „Smartcards") besonderen Informationspflichten, § 6c BDSG. Danach ist der Betroffene nicht nur über den Datenverarbeiter, sondern auch über die Funktionsweise, die Art der verarbeiteten Daten, seine Rechte auf Löschung etc. und ggf. Maßnahmen bei Verlust oder Zerstörung zu unterrichten.[301] **302**

3.1.5 Einsatz von Social Media

Sorgfältige Rechtmäßigkeitsprüfungen erfordert auch der Einsatz von Social Media: Der „Gefällt-mir-Button" von Facebook oder der „1+-Button" von Google werden aus Marketinggründen eingesetzt, obwohl sie datenschutzrechtlich kritisch bewertet werden. Die Buttons können von Nutzern angeklickt werden, die damit anderen Nutzern mitteilen, dass ihnen die Webseite, der Inhalt etc. gefällt. Unternehmen versprechen sich davon Kundenbindung, höhere Präsenz und Wahrnehmung, ein positives Image sowie Erkenntnisse über die eigenen Nutzer. **303**

Kritisch ist dabei, dass Daten an Facebook oder auch Google übermittelt werden, ohne dass der Nutzer dem widersprechen oder dies irgendwie verhindern kann. Auch weiß er in der Regel nicht, was mit seinen Daten geschieht. Die Datenschutzaufsichtsbehörden sehen daher in dem Einsatz der Buttons eine unzulässige Datennutzung, da insbesondere bereits das bloße Ansehen der Website die entsprechende Datenübertragung auslösen kann und es bspw. Facebook ermöglicht, jedwedes Surfverhalten der **304**

---

297 Vgl. dazu ausführlich *Bauer* Marketing und Vertrieb in: Handbuch Versandhandelsrecht, Kap. 9 A, Rn. 101 ff.

298 Vgl. bspw. Financial Times Deutschland v. 28.7.2008, 145/31, S. 1 oder auch www.stern.de/wirtschaft/unternehmen/unternehmen/:Daten-Skandal-Bahn-Mitarbeiter/652179.html.

299 Vgl. *Dann/Gastell* NJW 2008, 2945 ff.

300 Vgl. *Gola* NZA 2007, 1139 ff.

301 Vgl. *Simitis/Bizer* Kommentar zum BDSG, 7. Aufl. 2011, § 6c Rn. 34 ff.; weiterführend zum Arbeitnehmerdatenschutz: *Gola/Wronka* Handbuch zum Arbeitnehmerdatenschutz, 5. Aufl. 2010, Rn. 48 ff., *Oberwetter* NZA 2008, 609 ff.

Nutzer einer Webseite, die den Button enthält, aufzuzeichnen. [302] Damit einhergehend kann auch das Surfverhalten von Nutzern außerhalb der besuchten Website mit den erhobenen Daten verknüpft werden.

305 Bei Nutzung der Tools ist daher in der Datenschutzerklärung ausführlich über das Tool zu belehren und es muss ein entsprechendes Widerspruchsrecht vorgesehen werden.[303] Empfehlenswert ist auch, eine 2-Klick-Variante vorzusehen: Der Button ist bei Aufruf einer Seite der Button zunächst deaktiviert und es wird erst nach dem Anklicken des Buttons eine Verbindung zu Facebook hergestellt.[304]

3.2 Einwilligung

306 Sofern keine Rechtsnorm die Erhebung, Verarbeitung und Nutzung personenbezogener Daten erlaubt, bedarf es hierfür einer Erlaubnis (Einwilligung) des Betroffenen, § 4a BDSG.

307 Eine wirksame Einwilligung setzt voraus, dass diese **freiwillig** erfolgt. Jeder Betroffene muss daher – ohne nachteilige Konsequenzen befürchten zu müssen – frei sein, die Einwilligung nicht zu erteilen. Dies ist insbesondere im Beschäftigungsverhältnis kritisch, da aufgrund des Über- und Unterordnungsverhältnisses zwischen Arbeitgeber und Beschäftigtem (wozu auch Bewerber zählen) regelmäßig erhebliche Zweifel an der „Freiwilligkeit" bestehen können.[305] Arbeitgeber sollten daher darauf achten, nur solche Datenverarbeitungen etc. durchzuführen, die bereits auf Basis einer Rechtsgrundlage erlaubt sind und lediglich in absoluten Ausnahmefällen auf die Alternative der Einwilligung zurückgreifen.

308 Üblich ist die Einholung von Einwilligungen allerdings im Umgang mit Kundendaten; insbesondere der Versand von **Newslettern**, die telefonische Ansprache von Kunden zu **Werbezwecken** oder die Einholung von **Bonitätsauskünften** bedarf in der Regel einer Einwilligung des Kunden.[306] Verstöße gegen das Datenschutzrecht – wozu insbesondere im Online-Bereich auch die entsprechenden Regelungen des Telemediengesetzes zählen – können in diesem Zusammenhang auch nach den Regelungen des Gesetzes zur Bekämpfung des Unlauteren Wettbewerbs (UWG) von Wettbewerbern, Verbrauchern oder auch Verbraucherschutzverbänden abgemahnt werden. Daneben gehen die Datenschutzaufsichtsbehörden verstärkt entsprechenden Hinweisen von Betroffenen nach und führen Kontrollen durch. Insofern empfiehlt sich hier besondere Sorgfalt.

---

302 S. dazu die Entschließung des Düsseldorfer Kreises v. 8.12.2011: https://www. datenschutzzentrum.de/internet/20111208-DK-B-Soziale-Netzwerke.html, ausführliche Informationen zum Streit zwischen den Datenschutzaufsichtsbehörden und Facebook, siehe: https://www.datenschutzzentrum.de/facebook/; die IHK Schleswig-Holstein hat Klage gegen entsprechende Bußgeldbescheide vor dem VG Schleswig erhoben, die Entscheidung wird für Mitte 2013 erwartet. Bis dahin werden wohl keine weiteren Bußgeldbescheide erlassen. Weiterführend statt vieler: *Voigt/Alich* NJW 2011, 3541, *Ernst* NJOZ 2010, 1917.

303 Vgl. dazu auch die Entscheidung des *KG Berlin* Beschluss v. 29.4.2011 – 5 W 88/11, NJW-RR 2011, 1264: Ein Unterlassen der Belehrung ist nicht wettbewerbswidrig, da § 13 TMG keine markschützende Norm nach UWG ist.

304 Vgl. zum Beispiel: www.hamburg.de/datenschutz/.

305 Vgl. dazu *Gola/Wronka* Handbuch zum Arbeitnehmerdatenschutz, 5. Aufl. 2010, Rn. 253 ff.; *Bergmann/Möhrle/Herb* BDSG, § 4, Rn. 34.

306 Vgl. dazu ausführlich *Bauer* Marketing und Vertrieb in: Handbuch Versandhandelsrecht, Kap. 9 A, Rn. 45 ff, *Drewes* ZD 2012, 11.

Eine wirksame Einwilligung muss bestimmten Kriterien genügen; u.a. muss sie infor- **309** miert und ausdrücklich abgegeben werden. Der Einwilligende muss konkret darauf hingewiesen werden, welche seiner personenbezogenen Daten für welche **Zwecke** verarbeitet werden. Hier empfiehlt sich regelmäßig, anwaltlichen Rat bei der Formulierung einzuholen, da die Rechtsprechung hinsichtlich der zulässigen Formulierungen sehr enge Grenzen setzt.[307] Die einwilligende Person muss zudem **bewusst einwilligen**; die Einwilligung darf nicht versteckt in einen Vertragstext integriert werden.[308] Der Einwilligende ist zudem über die Möglichkeit des jederzeitigen Widerrufs der Einwilligung für die Zukunft sowie die Konsequenzen einer Ablehnung zu unterrichten.

Grundsätzlich bedarf die Einwilligung der **Schriftform**, § 4a BDSG. In Ausnahmefäl- **310** len darf auch eine elektronische oder auch mündliche Einwilligung erteilt werden. Diese müssen jeweils wiederum bestimmten Anforderungen genügen (bspw. Protokollierung des Zeitpunkts der elektronischen Einwilligung, umgehende Bestätigung des Textes einer mündlichen Einwilligung, vgl. § 28 Abs. 3a BDSG sowie § 13 TMG).[309]

3.3 Austausch von personenbezogenen Daten

Besonderen Risiken unterliegt regelmäßig der Austausch von personenbezogenen **311** Daten: Jeder Austausch bedarf einer Rechtsgrundlage, die nicht in jedem Fall ohne weiteres vorliegt. Zu unterscheiden ist insbesondere zwischen einer Übermittlung von Daten und einer Weitergabe im Rahmen einer Auftragsdatenverarbeitung.

Unter einer **Übermittlung** von Daten ist deren Weitergabe an einen Dritten (= andere **312** verantwortliche Stelle) zu verstehen, wobei dazu auch der Abruf der Daten ausreichend ist. Als andere verantwortliche Stelle gilt jede Stelle außerhalb des eigenen Unternehmens, selbst wenn der Empfänger der gleichen Konzerngruppe angehört. Im Datenschutzrecht besteht kein Konzernprivileg, welches im Vergleich zu einer Übermittlung von Daten an Dritte weniger strenge Maßstäbe an die Zulässigkeit der Datenweitergabe von einem Konzernunternehmen zu einem anderen anlegen würde.

Keine Übermittlung von Daten liegt hingegen vor, wenn die Daten nicht an einen Drit- **313** ten, sondern an den Betroffenen, einen Auftragnehmer (= **Auftragsdatenverarbeiter**) oder Personen oder Stellen innerhalb der speichernden Stelle weitergegeben werden.

3.3.1 Übermittlung von Daten

Jede Übermittlung von Daten – auch wenn diese konzernintern erfolgt – bedarf einer **314** **Rechtsgrundlage**, d.h. entweder muss ein Gesetz die Übermittlung erlauben oder es liegt eine Einwilligung des jeweils Betroffenen nach den allgemeinen Regeln vor. Als Rechtsgrundlage kommt bspw. die Übermittlung im Rahmen eines Vertrages in Betracht, § 28 BDSG, so wenn Adressdaten von einem Versandhändler an einen Lieferanten zum Versand der Ware weitergegeben werden.

Die Übermittlung von **Beschäftigtendaten** bedarf besonderer Prüfung und muss für **315** Zwecke des Beschäftigungsverhältnisses erforderlich sein, § 32 BSDG. Hier ist in der

---

307 Vgl. dazu ausführlich *Bauer* Marketing und Vertrieb in: Handbuch Versandhandelsrecht, Kap. 9 A, Rn. 57 ff.

308 Vgl. dazu *BGH* BGHZ 177, 253 – Payback; *BGH* NJW 2010, 864 – Happy Digits.

309 Vgl. zu der Anforderung des Double-Opt-In: *BGH* MMR 2011, 662 und Aufsichtsbehörde für den Datenschutz im nicht öffentlichen Bereich in Hessen, 31. Tätigkeitsbericht, Landtags-Drucksache 16/1680 v. 11.12.2003, 32.

Regel ein Austausch zwischen verschiedenen Konzernunternehmen nur dann als erforderlich zu betrachten, wenn der Empfänger eine Entscheidungsbefugnis über den Beschäftigten hat, der Beschäftigte sich bspw. in einem internationalen Konzernarbeitsverhältnis befindet oder andere Gründe vorliegen, die im Einzelfall eine Übermittlung für Zwecke des Beschäftigtenverhältnisses erforderlich machen.[310]

3.3.2 Auftragsdatenverarbeitung

316 Sofern ein Dritter von einem Unternehmen mit der Speicherung, Verarbeitung o.ä. von personenbezogenen Daten beauftragt wird und er speichert etc. diese Daten strikt nach den Anweisungen des Unternehmens, liegt in der Regel eine Auftragsdatenverarbeitung vor (bspw. Speicherung von Daten im Rechenzentrum, Druck/Versand von Gehaltsabrechnungen). Das beauftragende Unternehmen bleibt für die Aktivitäten des Auftragnehmers – auch gegenüber den Betroffenen und den Datenschutzaufsichtsbehörden – voll verantwortlich. Der Auftragnehmer steht sozusagen im Lager des Auftraggebers; damit gilt die Weitergabe der Daten an den Auftragnehmer nicht als eine Übermittlung. Eine Rechtsgrundlage für die Übermittlung ist daher entbehrlich.

317 Erforderlich ist allerdings der Abschluss eines Auftragsdatenverarbeitungsvertrags, § 11 BSDG. Der Auftragsdatenverarbeitungsvertrag bedarf zwingend der **Schriftform** und muss bestimmte **Inhalte** aufweisen, die in § 11 BSDG ausdrücklich normiert sind. Zuwiderhandlungen gelten als Ordnungswidrigkeit.

318 Es sind bspw. die Weisungsbefugnisse des Auftraggebers bezüglich der Art und Weise der Verarbeitung etc. der personenbezogenen Daten, der Zweck der Verarbeitung etc., Regelungen betreffend den Einsatz von Subunternehmer, Kontrollrechte des Auftraggebers, Regelungen betreffen die Rückgabe von Daten oder auch die vom Auftragnehmer umzusetzenden technischen und organisatorischen Maßnahmen zum Schutz dieser Daten in diesen Vertrag aufzunehmen.[311]

319 Der Auftraggeber ist verpflichtet, den Auftragnehmer vor Beginn und sodann regelmäßig auf die Einhaltung bestimmter Vorgaben, wie bspw. die Einhaltung der vereinbarten technisch-organisatorischen Maßnahmen, zu **kontrollieren**. Auch das Unterlassen der Kontrolle gilt als Ordnungswidrigkeit, die mit 50 000 EUR bestraft werden kann.

320 Die Regelungen des § 11 BDSG gelten auch für Altverträge; insofern ist zu prüfen, ob diese den o.g. Anforderungen Genüge tun.

3.3.3 Übermittlung an Empfänger mit Sitz in unsicheren Drittstaaten

321 Die Übermittlung personenbezogener Daten in Länder außerhalb der europäischen Union (EU) bzw. des europäischen Wirtschaftsraums (EWR) ist grundsätzlich nur zulässig, sofern in diesen Ländern ein angemessenes Datenschutzniveau herrscht, das dem Niveau der Mitgliedsstaaten der EU bzw. des EWR entspricht §§ 4b, 4c BDSG.[312]

---

310 Vgl. *Däubler* Gläserne Belegschaften, 5. Aufl. 2010, Rn. 438 ff., *Gola/Wronka* Handbuch zum Arbeitnehmerdatenschutz, 5. Aufl. 2010, Rn. 1085 ff.

311 Risiken ergeben sich insbesondere, wenn Unternehmen im Rahmen des Cloud Computing Daten im Auftrag verarbeiten lassen möchten; hier ist es oft nicht möglich, die Voraussetzungen des § 11 BDSG ohne Weiteres zu erfüllen; vgl. *Engels* K&R 2011, 548; *Gaulke* DuD 2011, 417.

312 Vgl. *Gola/Schomerus* 11. Aufl. 2012, § 4c Rn. 10 ff.

Angemessen ist das Datenschutzniveau grundsätzlich dann, wenn es den Datenschutzvorstellungen des europäischen Rechts entspricht, d.h. wenn der Kernbestand der Privatsphäre, so wie dieser in den Mitgliedsstaaten der EU übereinstimmend verstanden wird, geschützt wird. Ob ein Drittstaat ein angemessenes Datenschutzniveau aufweist, entscheidet die EU-Kommission. Bisher hat die europäische Kommission folgenden Ländern ein angemessenes Datenschutzniveau attestiert: Andorra, Argentinien, Kanada, den Färöer Inseln, Guernsey, Israel, Isle of Man, Jersey, Schweiz und zuletzt Uruguay.

Die Übermittlung von Daten in andere Staaten, den so genannten unsicheren Drittstaaten, die kein angemessenes Datenschutzniveau aufweisen, bedarf – sofern die Übermittlung nicht über eine Einwilligung des jeweils Betroffenen oder bereits über den Vertragszweck legitimiert ist – daher neben den üblichen Voraussetzungen noch einer **zusätzlichen Legitimation** (z.B. den Abschluss der so genannten Standardvertragsklauseln, die Einführung von Binding Corporate Rules in der Unternehmensgruppe oder der Teilnahme des Empfängers mit Sitz in der USA am so genannten Safe Harbor-Programm[313]). Damit wird gewährleistet, dass die übermittelten personenbezogenen Daten im unsicheren Drittstaat angemessen geschützt werden.[314] **322**

Klarstellend sei darauf hingewiesen, dass der Abschluss eines Auftragsdatenverarbeitungsvertrages nicht ausreichend ist, um die Weitergabe zu legitimieren. Auch hier sind zusätzliche Garantien zu schaffen, da ein Auftragsdatenverarbeitungsvertrag nicht ausreicht, um für ein angemessenes Datenschutzniveau im unsicheren Drittstaat zu sorgen.[315] **323**

Zur Minimierung von Risiken aufgrund unzulässiger Übermittlung sollten Unternehmen kritisch ihre diesbezüglichen Prozesse prüfen. **324**

4. Wahrung der Rechte der Betroffenen

4.1 Auskunftsrechte

Jeder Betroffene hat gem. § 34 BDSG das Recht, von einem Unternehmen Auskunft über die **325**

- über ihn gespeicherten Daten sowie deren Herkunft,
- Empfänger oder Kategorien von Empfänger, an die die Daten übermittelt werden und
- den Zweck der Speicherung

zu verlangen.

Daneben sind die Auskunftsrechte der Betroffenen im Rahmen von **Werbemaßnahmen** in 2009 durch die BDSG-Novelle II gestärkt worden: Hat ein Unternehmen auf **326**

---

313 Die Datenschutzaufsichtsbehörden verlangen bei einer Teilnahme am Safe-Harbor-Programm inzwischen weitere Garantien, da es sich dort maßgeblich um eine Selbstzertifizierung handelt; vgl. https://www.ldi.nrw.de/mainmenu_Service/submenu_Entschliessungsarchiv/Inhalt/Beschluesse_ Duesseldorfer_Kreis/Inhalt/2010/Pruefung_der_Selbst-Zertifizierung_des_Datenimporteurs/ Beschluss_28_29_04_10neu.pdf.

314 S. zu den daraus resultierenden Risiken für Cloud Computing: *Weber/Voigt* ZD 2011, 74; *Erd* DuD 2011, 275, *Wagner/Blaufuß* BB 2012, 1751 oder auch das Working Paper der Art. 29 Gruppe, WP 196 v. 1.7.2012 „Opinion 05/2012 on Cloud Computing" sowie die Orientierungshilfe der Datenschutzaufsichtsbehörden: www.datenschutzbayern.de/technik/orient/oh_cloud.pdf.

315 Vgl. *Scholz/Lutz* CR 2011, 424.

Grundlage des sog. Listenprivilegs seine Daten an ein anderes Unternehmen für Werbezwecke übermittelt, kann der Betroffene nach § 34 Abs. 1a BDSG über die Herkunft seiner Daten und den Empfänger der Daten von dem Unternehmen verlangen. Dies hat diese Informationen für die Dauer von zwei Jahren nach Übermittlung für Zwecke der Auskunftserteilung zu speichern. Gleiches gilt für den Empfänger der Daten; auch dieser muss zumindest Informationen über die Herkunft der Daten für zwei Jahre nach Empfang speichern und dem Betroffenen ggf. Auskunft erteilen. Es empfiehlt sich, zu prüfen, ob die eigenen Prozesse im Unternehmen diesen Bedingungen entsprechen.

Die Auskunft hat – soweit nicht besondere Umstände vorliegen – **schriftlich** zu erfolgen. Sie ist **kostenfrei**, sofern die Daten nicht geschäftsmäßig (wie beispielsweise durch die SCHUFA) gespeichert werden. Im letzteren Fall wurde im Rahmen der BDSG-Novelle I festgelegt, dass die erste Auskunft im Kalenderjahr ebenfalls kostenfrei erfolgen muss, § 34 Abs. 8 BDSG.[316]

Jeder Auskunft sollte ein **Identitätscheck** des Anfragenden vorausgehen, um Missbrauch zu verhindern. Um unnötige Verzögerungen zu vermeiden, sollten Prozesse etabliert werden, die festlegen, wer wie welche Auskünfte in welcher Form erteilt und wer dabei kurzfristig unterstützt (beispielsweise wird die IT dem Datenschutzbeauftragten die Information über die gespeicherten Daten liefern müssen).

4.2 Berichtigung, Sperrung und Löschung etc. von Daten

327 § 35 BDSG regelt die Rechte von Betroffenen hinsichtlich der Berichtigung, Löschung, Sperrung von Daten, des Widerspruchs gegen eine Datenverarbeitung sowie die korrespondierenden Pflichten der Unternehmen.

Diese Rechte können gem. § 6 Abs. 1 BDSG nicht vertraglich oder über eine Betriebsvereinbarung ausgeschlossen werden. Damit sollen Eingriffe in die Rechte von beispielsweise Arbeitnehmern oder auch Kunden verhindert werden.

Auch hier sollten die **Verantwortlichkeiten** und die notwendigen **Prozesse** festgelegt werden, um unnötige Verzögerungen zu vermeiden und Risiken zu minimieren.

VI. Haftungsrisiken

328 Haftungsrisiken aus der Verletzung von Datenschutzbestimmungen können sowohl der verantwortlichen Stelle als auch den einzelnen Beschäftigten der verantwortlichen Stelle als auch dem Datenschutzbeauftragten erwachsen. In Betracht kommen insoweit neben Schadensersatzansprüchen aus dem BDSG vertragliche und deliktische Ansprüche.

1. Schadensersatzansprüche nach dem BDSG

329 § 7 BDSG enthält einen eigenständigen auf die Verarbeitung personenbezogener Daten zugeschnittenen Schadensersatzanspruch des Betroffenen gegen die verantwortliche Stelle. Danach hat die verantwortliche Stelle Betroffenen einen durch eine nach dem BDSG oder anderen Vorschriften über den Datenschutz unzulässige Erhebung, Verarbeitung oder Nutzung personenbezogener Daten entstandenen Schaden

---

316 Vgl. die BDSG-Novelle I trat zum 1.4.2010 in Kraft.

zu ersetzen. Verantwortliche Stellen haften danach grundsätzlich auch dann, wenn sie Auftragnehmer eingeschaltet haben.[317] Ansprüche gegen Beauftragte für den Datenschutz oder einzelne Beschäftigte der verantwortlichen Stelle können nach dieser Vorschrift nicht geltend gemacht werden.[318] Die verantwortliche Stelle kann sich nach § 7 Abs. 2 BDSG exkulpieren und wird von der Verantwortung frei, wenn sie die nach den Umständen des Falls gebotene Sorgfalt beachtet hat.[319] Der verantwortlichen Stelle wird somit auferlegt sich zu entlasten, es findet eine Beweislastumkehr statt.[320] Auch dies zeigt, wie wichtig datenschutzrechtliche Compliance im Unternehmen ist.

2. Vertragliche Ansprüche

Dem Betroffenen können auch vorvertragliche bzw. vertragliche Ansprüche zustehen. **330** In Betracht kommen dürfte insoweit insbesondere ein Schadensersatzanspruch gegen die verantwortliche Stelle wegen Verletzung vertraglicher Nebenpflichten. Die verantwortliche Stelle trifft grundsätzlich eine vertragliche Nebenpflicht, bei der Verwendung von Daten im Vertragsverhältnis die hierfür geltenden Vorschriften zu beachten.[321] Auch die vertragliche Haftung erfasst grundsätzlich die Tätigkeit von Auftragnehmern und einem externen Datenschutzbeauftragten als Erfüllungsgehilfen gem. § 278 BGB. Vertragliche Ansprüche des Betroffenen gegen einzelne Beschäftigte bzw. einen externen Datenschutzbeauftragten kommen mangels vertraglicher Grundlage nicht in Betracht. Diese können jedoch Haftungsrisiken der verantwortlichen Stelle ausgesetzt sein aus arbeitsvertraglichen Ansprüchen bzw. aus dem Vertrag zwischen verantwortlicher Stelle und dem Datenschutzbeauftragten.[322]

3. Deliktische Ansprüche

Sowohl die verantwortliche Stelle als auch die den Schaden verursachenden Personen **331** bei der verantwortlichen Stelle als auch ein externer Datenschutzbeauftragter können grundsätzlich deliktischen Ansprüchen des Betroffenen gem. § 823 Abs. 1 BGB ausgesetzt sein. Das Recht auf informationelle Selbstbestimmung zählt zu den sonstigen Rechten nach § 823 Abs. 1 BGB, deren Verletzung zu einer Schadensersatzpflicht führen kann.[323] Von § 823 BGB werden auch immaterielle Schäden des Betroffenen erfasst. Weitere deliktische Anspruchsgrundlagen können die §§ 823 Abs. 2, 824 und 826 BGB sein.

4. Ordnungswidrigkeit und Straftat

§ 43 BDSG enthält einen umfangreichen Katalog von Ordnungswidrigkeiten. § 43 **332** Abs. 1 BDSG enthält vor allem Verstöße gegen formelle Pflichten, wie z.B. gegen die

---

317 Vgl. hierzu *Simitis/Simitis* Kommentar zum BDSG, 7. Aufl. 2011, § 7 Rn. 11.
318 Vgl. hierzu *Simitis/Simitis* Kommentar zum BDSG, 7. Aufl. 2011, § 7 Rn. 12.
319 Vgl. hierzu *Simitis/Simitis* Kommentar zum BDSG, 7. Aufl. 2011, § 7 Rn. 4; *Dammann/Simitis* EG-Datenschutzrichtlinie, 1997, Art. 23 Rn. 7 ff.
320 *Simitis/Simitis* Kommentar zum BDSG, 7. Aufl. 2011, § 7 Rn. 4; *Dammann/Simitis* EG-Datenschutzrichtlinie, 1997, Art. 23 Rn. 7 ff.; darüber hinaus *Gola/Schomerus* BDSG, 11. Aufl. 2012, § 7 Rn. 9.
321 Vgl. hierzu *Simitis/Simitis* Kommentar zum BDSG, 7. Aufl. 2011, § 7 Rn. 52 ff.; *Gola/Schomerus* BDSG, 11. Aufl. 2012, § 7 Rn. 18; *Wind* RDV 1991, S. 16.
322 Vgl. hierzu *Gola/Schomerus* BDSG, 11. Aufl. 2012, § 7 Rn. 18.
323 Vgl. hierzu *BVerfGE* 65, 141; *Simitis/Simitis* Kommentar zum BDSG, 7. Aufl. 2011, § 7 Rn. 56.

Pflicht zum Abschluss von Auftragsdatenverarbeitungsverträgen, zur Kontrolle der Auftragnehmer, zur Information des Betroffenen, zur Bestellung eines Datenschutzbeauftragten etc.; hierfür können Bußgelder bis zu 50 000 EUR verhängt werden.

§ 43 Abs. 2 BDSG sanktioniert demgegenüber Verstöße gegen materielle Pflichten wie die unzulässige Erhebung oder Verarbeitung von personenbezogenen Daten. Diese Verstöße können mit Bußgeldern bis zu 300 000 EUR geahndet werden. Zu beachten ist, dass jeder einzelne Verstoß geahndet wird, so dass die Höhe des Bußgelds in Summe den oben genannten Betrag überschreiten kann.[324] Soweit die Verstöße gegen materielle Pflichten nach § 43 Abs. 2 BDSG gegen Entgelt oder mit Bereicherungs- oder Schädigungsabsicht vorgenommen werden, gelten sie nach § 44 BDSG als Straftat.

5. Maßnahmen der Datenschutzaufsichtsbehörden

333 Die zuständige Datenschutzaufsichtsbehörde kontrolliert nach § 38 BDSG die Einhaltung des BDSG und anderer Datenschutzvorschriften.

Im Rahmen der Kontrollen kann sie Auskunft verlangen oder auch direkt in den Geschäftsräumen des Unternehmens eine Prüfung durchführen. Die Prüfungen können anlasslos durchgeführt werden, in der Praxis kommt es jedoch überwiegend zu anlassbezogenen Kontrollen aufgrund von Beschwerden von Bürgern. Neben der Verhängung der o.g. Bußgelder kann die Behörde auch Zwangsgelder verhängen, wenn sich ein Unternehmen bspw. weigert, Mängel im Bereich der technisch-organisatorischen Maßnahmen zu beheben, § 38 i.V.m. § 43 BDSG.

334 In der Vergangenheit haben sich die Datenschutzaufsichtsbehörden überwiegend darauf beschränkt, Kontrollen durchzuführen und den Unternehmen im Anschluss die Gelegenheit gegeben, die beanstandeten Mängel zu beheben.[325] In der Konsequenz wurden weniger Zwangs- bzw. Bußgelder verhängt und die Öffentlichkeit war weniger über vermeintliche Skandale informiert. Dieses Bild hat sich gewandelt: Die Datenschutzaufsichtsbehörden werden immer aktiver und ahnden Verstöße immer häufiger mit empfindlichen Strafen.[326] Unternehmen sollten sich daher auf umfassendere und striktere Kontrollen gefasst machen.

6. Besondere Informationspflichten bei Datenschutzverstößen

335 Mit § 42a BDSG hat der Gesetzgeber eine besondere Informationspflicht eingeführt: Sofern bspw.

– besondere Arten personenbezogener Daten,
– personenbezogene Daten, die einem Berufsgeheimnis unterliegen,

---

324 S. dazu bspw. die Pressemitteilung über den Beschluss des Innenministerium Baden-Württemberg – Aufsichtsbehörde für den Datenschutz im nichtöffentlichen Bereich – v. 11.9.2008, abrufbar unter www.baden-wuerttemberg.de/fm7/2028/Lidl%20%20Bu%DFgeldverfahren%20abgeschlossen. 470204.pdf; s. dazu auch als Beispiel die Tätigkeitsberichte des hamburgischen Beauftragten für Datenschutz und Informationsfreiheit, abrufbar unter www.Datenschutz-hamburg.de/publikationen-taetigkeitsberichte/taetigkeitsberichte.html.
325 Vgl. etwa *Weichert* NStZ 1999, 490.
326 Allein in Bayern wurden 2010 insgesamt 108 Bußgeldverfahren eingeleitet und in 25 Fällen Zwangsgelder erlassen, die sich im Rahmen von 30 EUR bis 200 000 EUR bewegten; vgl. dazu *Kranig* Datenschutzpraxis 7/2012, 1, 14.

– personenbezogene Daten, die sich auf strafbare Handlungen oder Ordnungswidrigkeiten beziehen oder

– personenbezogene Daten, die Bank-oder Kreditkartenkonten betreffen,

unrechtmäßig übermittelt oder auf sonstige Weise Dritten unrechtmäßig zur Kenntnis gelangt sind und schwerwiegende Beeinträchtigungen für die Rechte oder schutzwürdigen Interessen von Betroffenen zu befürchten sind, sind diese darüber zu informieren. Daneben sind die Datenschutzaufsichtsbehörden einzuschalten. Erfordert die Benachrichtigung der Betroffenen einen zu großen Aufwand, können auch zwei Anzeigen in bundesweit erscheinenden Tageszeitungen geschaltet oder ähnlich wirksame Maßnahmen ergriffen werden.

Unternehmen sollten daher Prozesse umsetzen, die zum einen das Risiko entsprechender Verstöße minimieren (bspw. Verschlüsselung sämtlicher Laptops der Mitarbeiter) und zum anderen bei Eintreten eines solchen Verstoßes ein schnelles Handeln ermöglichen (bspw. Notfallpläne).   **336**

VII. Maßnahmen zur Sicherstellung von datenschutzrechtlicher Compliance

Datenschutzrechtliche Risiken können auf vielfältigste Weise minimiert werden; wesentlich ist dabei neben dem Erkennen von bereits bestehenden Missständen und deren Beseitigung auch die Einführung von präventiven Maßnahmen, die bereits im Vorfeld rechtsmissbräuchliche Datenverarbeitungen verhindern können. Sowohl präventive als auch repressive Maßnahmen sollten so ausgestaltet sein, dass sie die Rechte der Betroffenen so wenig wie möglich beeinträchtigen, also das jeweils mildeste Mittel zur Erzielung des gewünschten Zwecks sind und dabei jeweils gesetzlichen Neuregelungen berücksichtigen. Unverhältnismäßige Maßnahmen können – wie sich in der Vergangenheit eindrucksvoll gezeigt hat – leicht dazu führen, dass sie unzulässig sind.[327] Dabei bieten sich verschiedene Lösungsmöglichkeiten an, von denen einzelne nachfolgend kurz skizziert werden.   **337**

1. Datenschutz-Audit

Ziel eines Audits ist grundsätzlich die Prüfung der Datenschutzkonzepte und technischen Einrichtungen eines Unternehmens durch unabhängige Gutachter, bei deren Erfolg am Ende ein Siegel verliehen werden soll.[328]   **338**

Die Ermittlung des im Unternehmen vorhandenen datenschutzrechtlichen Status Quo kann in Form eines Datenschutz-Audits erfolgen. Dabei wird eine Bestandsaufnahme des im Unternehmen gegebenen datenschutzrechtlichen „Ist-Zustand" erstellt, der sich eine Gegenüberstellung des „Soll-Zustands" anschließt. Der Vergleich ermöglicht die Identifizierung von Verbesserungsbedarf. Dieser Verbesserungsbedarf wird im Anschluss umgesetzt und es werden Zielvorgaben für den künftigen Umgang mit Daten definiert. Es empfiehlt sich, Audits in regelmäßigen Zeitintervallen durchzu-

---

327 Vgl. zur Zulässigkeit von Maßnahmen im Rahmen der Bekämpfung von Korruption nach alter Rechtslage *Bauer* Datenschutzpraxis 5/2009, 1.
328 S. zu einem möglichen Ablauf eines Audits: *Simitis/Bizer* Kommentar zum BDSG, 7. Aufl. 2011, § 9a Rn. 37 ff. oder auch *Roßnagel/Roßnagel* Handbuch Datenschutzrecht, 2003, S. 437 ff., 477.

führen, um die Umsetzung des aufgezeigten Verbesserungsbedarfs und der Zielvorgaben zu kontrollieren und ggf. neue Ziele zu definieren. Ein gut strukturiertes Datenschutz-Audit trägt erheblich zur Verbesserung der Datenschutzorganisation im Unternehmen bei.

339 Als erster Schritt kann sich ein internes Audit durch den Datenschutzbeauftragten oder die Compliance-Abteilung empfehlen. In der Regel hat dies jedoch wenig Außenwirkung und wird – da es von dem Unternehmen selbst kommt – wohl eher kritisch gewürdigt.

340 Alternativ empfiehlt sich der Einsatz neutraler Prüfer als Auditoren. Zwar gibt es auch hier bislang keine durchgängig akzeptierten Prüfer, die nach einem offiziell festgelegten Standard prüfen. Gleichwohl orientieren sich die Audits an den gesetzlichen Vorgaben, so dass zumindest der aktuelle Datenschutzstandard im Unternehmen festgestellt und verbessert werden kann.

1.1 Gesetzliche Vorgaben für Audits

341 Während auf Landesebene verschiedene Verfahrensregelungen zur Durchführung von Behördenaudits umgesetzt wurden, fehlen solche Regelungen für den privaten Sektor.[329] Insbesondere besteht keine rechtliche Verpflichtung zur Auditierung.

Das in § 9a BDSG vorgesehene formalisierte Datenschutz-Audit dient als Instrument der Selbstkontrolle von Unternehmen und soll einen datenschutzkonformen Umgang mit Daten fördern.[330] § 9a BDSG sieht in diesem Zusammenhang allerdings nur die abstrakte Möglichkeit vor, Konzepte, Programme und Systeme auditieren zu lassen.[331]

Der Gesetzgeber plante zur Vereinfachung der Durchführung eines solchen Audits die Einführung eines Bundesdatenschutzauditgesetzes (§ 9a S. 2 BDSG). Der Entwurf liegt seit September 2007 vor, ist jedoch noch nicht umgesetzt. Bereits im Rahmen der Novellierung des BDSG im Jahre 2009 galt er als gescheitert; insofern ist davon auszugehen, dass er auch jetzt nicht mehr verabschiedet wird.[332]

342 Als Alternative hatte der Gesetzgeber 2012 beschlossen, bis Oktober 2012 eine Stiftung Datenschutz einzurichten, die sich verstärkt um die Entwicklung von Datenschutzgütesiegel kümmern sollte, aber auch um die Konzeption von Audits, mittels derer Unternehmen neutral einen „Daten-TÜV" durchführen lassen können.[333] Unternehmen könnten dann – neben der Feststellung des status quo in ihrem Betrieb – eine offizielle Bestätigung der Datenschutzkonformität ihrer Prozesse erhalten. Allerdings scheint auch dieses Vorhaben vorerst gescheitert zu sein. Nachdem zunächst offen war, wie und

---

329 Vgl. u.a. § 11c BgfDSG; § 7b BremDSG; § 10a DSG NRW, § 4 Abs. 2 LDSG SH nebst den erforderlichen Ausführungsvorschriften in Schleswig-Holstein (Landesverordnung über ein Datenschutzaudit; GS Schl-H., S. 51, – Gl. Nr. 204-4-2 = RDV 2001, 203 nebst weiterführenden Hinweisen des ULD unter www.datenschutzzentrum.de/audit/material.htm.

330 S. zu Pro und Kontra eines allgemeinen Datenschutzaudits *Gola/Schomerus* BDSG, 11. Aufl. 2012, § 9a Rn. 3 ff.

331 S. zu Pro und Kontra eines allgemeinen Datenschutzaudits: *Gola* in: Gola/Schomerus, BDSG, 11. Aufl. 2012, § 9a Rn. 3 ff.

332 Vgl. dazu die unter www.datenschutzzentrum.de/bdsauditg/ abrufbaren Materialien und den Gesetzentwurf, BR-Drucks. 4/09; vgl. auch *Hanloser* MMR 2008, XIII; vgl. auch BR-Drucks. 4/09, abrufbar unter http://dip21.bundestag.de/dip21/brd/2009/0004-09.pdf.

333 Vgl. den angenommenen Antrag der FDP-Fraktion: http://dipbt.bundestag.de/dip21/btd/17/100/1710092.pdf.

mit welchen Mitteln die Stiftung ihre Arbeit aufnehmen sollte, haben sich die Datenschutzaufsichtsbehörden im November 2012 gegen die Stiftung ausgesprochen und ihre Mitwirkung verweigert: Diese könne nicht die in sie gesetzten Erwartungen erfüllen und sei lediglich ein Feigenblatt. Insbesondere soll sie wohl lediglich Datenschutzsiegel entwickeln und nicht mehr die neutrale Auditierung vorangetrieben werden.[334] Auch hier bleibt daher die weitere Entwicklung abzuwarten.

1.2 Datenschutzgütesiegel

Auf Länderebene bietet zurzeit beispielsweise das Unabhängige Landeszentrum für **343** Datenschutz Schleswig-Holstein mit seinem Datenschutzgütesiegel die Möglichkeit der datenschutzkonformen Prüfung von IT-Produkten.[335] Zusätzlich können Unternehmen auf europäischer Ebene ihre IT-Produkte durch das EuroPriSe-Siegel zertifizieren lassen.[336]

Für Unternehmen kann sich ein solches Siegel als öffentlichkeitswirksames Marketinginstrument empfehlen, da sich damit die Qualität des Produkts nachweisen lässt. Gleichwohl sind solche Siegel nicht dafür geschaffen, umfassendes Vertrauen zu schaffen, da sie sich jeweils nur auf einen kleinen Teilabschnitt konzentrieren.

2. Aufbau einer Datenschutzorganisation

In der Praxis zeigt sich, dass Datenschutz bislang eher als Hemmnis und notwendiges **344** Übel betrachtet wird. Da Datenschutz jedoch immer mehr (negatives) öffentliches Interesse erregt und auch die Datenschutzaufsichtsbehörden die Einhaltung der datenschutzrechtlichen Vorgaben heute häufiger kontrollieren und sanktionieren als in der Vergangenheit, sollte ihm eine herausragende Stellung in einer Compliance-Organisation eingeräumt werden.

Daher empfiehlt sich der Aufbau einer Datenschutzorganisation, in der in den jeweiligen Abteilungen Verantwortliche benannt werden, die dort jeweils für die Einhaltung der datenschutzrechtlichen Vorgaben Sorge tragen. Diese sollten sich regelmäßig mit der Geschäftsleitung, dem Datenschutzbeauftragten und der EDV-Abteilung austauschen.[337] Diese Mitarbeiter sollten so für Datenschutzbelange sensibilisiert werden, dass sie eigenständig etwaige Verstöße erkennen können und Maßnahmen zu deren Eliminierung einleiten.[338]

3. Datenschutzrichtlinien/Code of Conduct

Ein Instrument, um Mitarbeiter in die Datenschutzorganisation einzubinden, ist die **345** Einführung von sog. „Datenschutzrichtlinien" oder „Datenschutzpolicies".[339] In den Datenschutzrichtlinien, die von dem Datenschutzbeauftragten erstellt bzw. geprüft

---

334 Vgl. dazu: www.spiegel.de/netzwelt/netzpolitik/verzicht-auf-mitarbeit-stiftung-datenschutz-ohne-datenschuetzer-a-866250.html.
335 Vgl. www.datenschutzzentrum.de/guetesiegel/index.htm.
336 Vgl. https://www.european-privacy-seal.eu/.
337 Vgl. dazu auch *Bauer* Datenschutzpraxis 09/2009, 6 ff., *Quiring-Kock* DuD 2012, 11.
338 Vgl. dazu auch *Kilian/Heusen* Computerrechtshandbuch, 31. EL 2012, I. Abschn., Teil 13 „Systemdatenschutz", Ziff. VI, Rn. 21 ff.
339 Nach den Vorgaben der EU-Datenschutzgrundverordnung sollen Unternehmen künftig verpflichtet sein, ihre Datenschutzstrategien zu dokumentieren; damit werden entsprechende Richtlinien verpflichtend.

werden sollten, werden Mitarbeiter regelmäßig verpflichtet, bestimmte datenschutzrechtliche Pflichten zu erfüllen und u.a. das geltende Datenschutzrecht zu beachten.

346 Die zu regelnden Bereiche sind vielfältig: Von der allgemeinen Organisationsanweisung, in der der Umgang mit Daten geregelt wird, können auch speziellere Themen Inhalt sein, beispielsweise

- den Umgang mit Passwörtern,
- die Nutzung von IT-Systemen,
- die Nutzung von Internet, E-Mail und Telefon,
- der Umgang mit Social Media,
- den Umgang mit Telefax-Geräten,
- die Videoüberwachung,
- die Archivierung und Löschung von Daten oder auch
- Maßnahmen zur Erstellung von Verfahrensverzeichnissen.

347 Nicht zuletzt sollte die Einhaltung von datenschutzrechtlichen Vorgaben auch ein wesentlicher Bestandteil eines Ethikkodizes oder Code of Conduct[340]sein: Datenschutz ist Ausfluss des allgemeinen Persönlichkeitsrechts und Grundrechtsschutz.[341] Unternehmen – unabhängig davon, ob sie wegen rechtlicher Vorgaben gezwungen sind, einen Ethikkodex einzuführen oder nicht[342] – sind daher gehalten, sowohl die Persönlichkeitsrechte ihrer eigenen Mitarbeiter als auch die Persönlichkeitsrechte der Personen, deren Daten in ihrem Unternehmen verarbeitet und genutzt werden, umfassend zu wahren. Verbindliche Richtlinien zu einem verantwortungsbewussten Umgang mit Daten sollten daher in keinem Ethikkodex fehlen.

348 Alternativ können Code of Conducts auch allein für den Bereich des Datenschutzes erstellt werden: Damit soll insbesondere der Austausch von Daten in internationalen Konzernen legitimiert werden, § 4c Abs. 2 BDSG.[343] Diese Code of Conducts erfordern eine Genehmigung der Datenschutzbehörden, was mitunter einen langwierigen Prozess darstellen kann.

349 § 38a BDSG erlaubt darüber hinaus Berufsverbänden oder ähnliche Gruppierungen den Datenschutzaufsichtsbehörden Kodizes zur Prüfung vorzulegen.[344] Regelmäßig sind solche Kodizes aber für Unternehmen nur dann von Interesse, wenn sie in entsprechenden Verbänden tätig sind oder kritische Datenverarbeitungen durchgeführt werden.

---

340 Vgl. dazu auch *Wecker/van Lack/Galla* Compliance in der Unternehmerpraxis, 2008, Ziff. 1.2.; zur Mitbestimmung des Betriebsrats bei der Einführung von Ethikkodizes: *BAG* BB 2008, 2520.

341 Vgl. hierzu das Volkszählungsurteil des BVerfG v. 15.12.1983 (*BVerfGE* 65, 1), in dem das BVerfG den Rahmen für den künftigen Umgang mit personenbezogenen Daten klar festgelegt hat; vgl. dazu auch weiterführend: *Simitis/Simitis* Kommentar zum BDSG, 7. Aufl. 2011, Einl. Rn. 27 ff. und *Tinnefeld/Ehmann/Gerling* Einführung in das Datenschutzrecht, 5. Aufl. 2012, S. 138 ff.

342 Vgl. hierzu bspw. die Regelungen des Sarbanes-Oxley-Acts von 2002, abrufbar unter http:// frwebgate.access.gpo.gov/cgi-bin/getdoc.cgi?dbname=107_cong_bills&docid=f:h3763enr.tst.pdf.

343 Vgl. bspw. den „code of conduct" von Daimler-Chrysler; abrufbar unter www.daimlerchrysler.com/ Projects/c2c/channel/documents/184264_coc_itr_g.pdfin.

344 Vgl. bspw. den Code of Conduct der Versicherungswirtschaft, dem „OBA" (Online Behavioural Advertising, dem Rahmenwerk zur Selbstregulierung von nutzungsbasierter Online-Werbung) oder auch dem Datenschutz-Kodex für Geodatendienste, abrufbar unter www.bitkom.org/files/ documents/Datenschutz_Kodex.pdf.

4. Konzepte zum Datenschutz

Einhergehend mit der Erstellung von Datenschutzrichtlinien empfiehlt es sich, struk-   **350**
turiert die datenschutzrechtlich relevanten Maßnahmen zu identifizieren und in bindende Konzepte einzubringen. Unternehmen sollten daher Konzepte zur Sicherstellung der Zweckbindung, der Datensicherheit oder auch des Umgangs mit den Daten
entwickeln und sich selbst verpflichten, den Datenschutz kontinuierlich zu verbessern.
Von Notfallplänen über Berechtigungssysteme oder Sperrkonzepte sollten die für den
Datenschutz relevanten Bereiche konzeptionell erfasst und protokolliert werden.
Damit ist sichergestellt, dass eine kontinuierliche Überwachung und ein bleibender
rechtlicher und technischer Status Quo besteht.

5. Schulung der Mitarbeiter

Nur dann, wenn die Mitarbeiter des Unternehmens sorgfältig und rechtskonform   **351**
Daten verarbeiten und nutzen, kann ein Unternehmen datenschutzrechtliche Compliance sicherstellen.[345]

Voraussetzung dafür ist regelmäßig die umfassende und bedarfsgerechte Schulung der
Mitarbeiter. Verantwortlich für die Durchführung solcher Schulungen ist der Datenschutzbeauftragte. Inhaltlich sollten Themen wie die wesentlichen Voraussetzungen
der Datenverarbeitung (beispielsweise Zweckbindung, gesetzliche Erlaubnistatbe-
stände, Einwilligungserklärung, Übermittlung von Daten in Drittstaaten), die Rechte
der Betroffenen, die Grundlagen der technischen und organisatorischen Maßnahmen
und auch die Konsequenzen der unzulässigen Datenverarbeitung behandelt werden.
Es empfiehlt sich, auch abteilungsspezifische Besonderheiten zu beachten und beispielsweise die Marketingabteilung hinsichtlich der Verarbeitung von Daten für Werbezwecke ausführlicher zu schulen.

6. Whistleblowing-Hotlines

Die Aufdeckung von Datenklau, Wirtschaftskriminalität, Korruption etc. ist häufig   **352**
nur möglich, wenn die Mitarbeiter der Geschäftsführung entsprechende Missstände
anzeigen. Mitarbeiter scheuen sich jedoch häufig aus Angst vor den Konsequenzen,
offen solche Missstände anzuprangern. Viele Unternehmen haben daher sog. „Whist-
leblowing-Hotlines" eingeführt. Handelt es sich um Unternehmen, die selbst oder
deren Muttergesellschaft an US-Börsen notiert sind, sind sie dazu sogar durch die
Vorgaben des Sarbanes-Oxley-Acts[346] verpflichtet.

„Whistleblowing" bedeutet übersetzt „in die Pfeife blasen, auf etwas aufmerksam
machen". Ziel dieser Hotlines ist es, Mitarbeitern eine Möglichkeit zu geben, das
Fehlverhalten anderer anzuzeigen. Die Hotlines können beispielsweise über eine
Telefonhotline oder auch online betrieben werden. Der Betrieb kann durch Externe
(beispielsweise Callcenter, Rechtsanwälte, Ombudsmänner) oder auch Interne (beispielsweise Legal Affairs, Compliance Abteilung des Unternehmens) erfolgen.

---

345 Vgl. bspw. zu den Voraussetzungen der Datenverarbeitung in Unternehmen: *Roßnagel/Tinnefeld*
Handbuch Datenschutzrecht, 2003, S. 485 ff.; *Tinnefeld/Ehmann/Gerling* Einführung in das Datenschutzrecht, 5. Aufl. 2012, S. 539 ff.
346 Vgl. die Regelungen des Sarbanes-Oxley-Acts von 2002, abrufbar unter http://frwebgate.
access.gpo.gov/cgi-bin/getdoc.cgi?dbname=107_cong_bills&docid=f:h3763enr.tst.pdf.

353 Die Datenschutzbehörden stehen solchen Hotlines kritisch gegenüber: So sind der Eingriff in die Persönlichkeitsrechte des Eingemeldeten bei beispielsweise einer Falschanzeige oder auch die möglichen Konsequenzen für den Melder, wenn dessen Daten in falsche Hände geraten, datenschutzrechtlich höchst kritisch zu würdigen. Zu beachten ist dabei auch, dass auf Grundlage der europäischen Datenschutzgesetze der Betrieb einer solchen Hotline nicht ohne Weiteres rechtlich zulässig ist. Dies gilt insbesondere, wenn im Rahmen der Hotline ein umfassender Datenaustausch zwischen diversen Beteiligten mit Sitz innerhalb und außerhalb der EU stattfindet.[347]

354 Da – wie oben ausgeführt – gerade Tochtergesellschaften amerikanischer Unternehmen jedoch eine Pflicht treffen kann, eine solche Hotline einzuführen, hat die Art. 29-Gruppe, die sich aus den Datenschutzbeauftragten der EU-Mitgliedstaaten zusammensetzt, eine Stellungnahme betreffend die datenschutzrechtliche Zulässigkeit des Betriebs einer solchen Hotline innerhalb des Gebiets der EU abgegeben.[348] Parallel dazu haben andere Datenschutzbehörden in Europa oder auch die Internationale Handelskammer entsprechende Empfehlungen bzw. sogar Registrierungs- oder Anzeigepflichten erlassen, die vor der Inbetriebnahme einer Hotline zu erfüllen sind.[349] Im Ergebnis soll durch diese Empfehlungen sowohl der Gemeldete als auch der Melder ausreichend geschützt und der unkontrollierte Datenfluss überflüssiger und diskriminierender Daten zu verhindert werden. Die Empfehlungen umfassen daher u.a. den Inhalt der Meldungen, den Umgang mit den Meldungen, die Zugriffsberechtigungen, die Meldebefugnisse, den Personenkreis, der gemeldet werden darf oder auch die bestehenden Informationspflichten gegenüber Mitarbeitern, Melder und Gemeldetem.[350] Damit einhergehend wurde inzwischen mit der Einführung des § 612a BGB auch eine Verankerung des Informantenschutzes für Arbeitnehmer umgesetzt, die diesen bei einer Anzeige von Missständen Rechtssicherheit gewähren soll.[351]

VIII. Ausblick

355 Die permanent voranschreitende Technik ermöglicht es immer leichter, das einzelne Individuum in einen gläsernen Menschen zu verwandeln. Auch wenn sich der Einzelne oft freiwillig seiner Daten begibt, darf dies nicht dazu führen, dass Unternehmen wahllos ihre Mitarbeiter ausforschen, Kundenprofile anlegen und gerade kritische Daten, wie Gesundheitsdaten, ohne entsprechende Sicherheitsmaßnahmen oder Einwilligungen verarbeiten und ungefiltert übermitteln. Durch die Skandale der Ver-

---

347 Vgl. bspw. die Entscheidungen der französischen Datenschutzbehörde CNIL, *CNIL* Entscheidung 2005-110 v. 26.5.2005 (Mc Donald's Gruppe Frankreich); *CNIL* Entscheidung 2005-111 v. 26.5.2005 (Exide Technologies) oder auch die Entscheidung des *LAG Düsseldorf* BB 2006, 335 betr. die Mitbestimmung bei Einführung einer Ethikrichtlinie im Fall Wal-Mart.

348 Abrufbar unter http://ec.europa.eu/justice_home/fsj/privacy/docs/wpdocs/2006/wp117_en.pdf.

349 Vgl. bspw. unter www.cnil.fr/fileadmin/documents/uk/CNIL-recommandations-whistleblowing-VA.pdf. oder die Empfehlungen des Düsseldorfer Kreises für den Betrieb von Hotlines in Deutschland, abrufbar unter www.hamburg.de/contentblob/254868/data/whistleblowing.pdf; s. auch www.icc-deutschland.de/fileadmin/ICC_Dokumente/GuideICCWhistleblowing.pdf; *Niemayer* BB 2008, 1629.

350 Vgl. dazu weitergehend *Wisskirchen/Körber/Bissels* BB 2006, 28 ff.; *Breilinger/Krader* RDV 2006, 1 ff.; *Deiseroth/Derleder* ZRP 2008, 248, *Bauer* Datenschutzpraxis 11/2012, 14 ff.

351 Vgl. dazu NJW-Spezial 2008, 500 „Whistleblowing" – Gesetzliche Regelung im BGB geplant.

gangenheit sind sich sowohl der Gesetzgeber als auch die Öffentlichkeit der mit dem Datenmissbrauch einhergehenden Gefahren verstärkt bewusst geworden. Es gilt künftig eine Balance zu finden zwischen wirtschaftlich sinnvollen, pragmatischen Lösungen zum Umgang mit Daten, die sowohl Unternehmen eine ihren Interessen dienende Verarbeitung dieser Daten ermöglicht, als auch die Interessen der Betroffenen sinnvoll zu schützen. Es bleibt abzuwarten, ob dies insbesondere durch die neue EU-Datenschutzgrundverordnung gelingen wird.

Unabhängig davon sollten Unternehmen durch die Einführung einer effizienten **356** Datenschutzorganisation, die regelmäßige Auditierung ihrer Datenverarbeitungsvorgänge und einem allgemein sensibleren Umgang mit Daten dafür Sorge tragen, dass sie keinem Betroffenen schaden und weder von der Öffentlichkeit oder auch den Datenschutzbehörden für einen allzu sorglosen Umgang mit Daten abgestraft werden.

G. Intellectual Property

I. Einführung

Viele Unternehmen investieren viel Zeit, Geld und Know-how in die Forschung und **357** in die Entwicklung ihrer Produkte. In vielen Branchen spielen dabei Schutzrechte eine bedeutende Rolle. Um ihre Erfindungen, Produkte und Marken angemessen zu verwerten, müssen Unternehmen diese vor Nachahmung und Missbrauch durch Dritte schützen. So sichern sie zugleich ihre Wettbewerbsfähigkeit und letztendlich ihre Investitionen in die Forschung und Entwicklung. Auf der anderen Seite besteht für das Unternehmen die Gefahr, selbst im Zuge einer Produktentwicklung oder Produktvermarktung gegen Schutzrechte Dritter zu verstoßen. Bei Forschungs- und Entwicklungsprojekten ist es daher unerlässlich sicherzustellen, dass einerseits die Forschungs- und Entwicklungstätigkeit selbst nicht gegen geltendes Recht verstößt und andererseits die für Herstellung und Inverkehrbringen des Produkts geltenden Vorschriften zum Schutz von Rechtsgütern Dritter nicht verletzt werden.[352]

Vor diesem Hintergrund wird ersichtlich, welche Bedeutung der strategische Umgang **358** mit geistigem Eigentum und dessen Einbindung in die Unternehmensstrategie für den ökonomischen Erfolg einer Unternehmung hat. Ein gezieltes IP-Management kann dabei die Möglichkeit eröffnen, den Risiken aus der Verletzung geistigen Eigentums Dritter entgegenzuwirken und die Herausforderungen im Kampf gegen die Verletzung eigener Schutzrechte erfolgreich zu meistern. Vor allem vor dem Hintergrund der zunehmenden Globalisierung mit nicht nur immer neuen und größeren Absatzmärkten, sondern auch zahlreichen nationalen und internationalen Schutzsystemen für gewerbliche Schutzrechte ist ein bewusster Umgang mit allen Aspekten geistigen Eigentums in der betrieblichen Praxis notwendig. Es gilt daher, das geistige Eigentum frühzeitig in der Produktentwicklung zu berücksichtigen.

---

352 *Hauschka/Kesper* § 20 Rn. 1.

II. „Intellectual Property" – Überblick über Schutzrechte

359 Rechte des geistigen Eigentums gewähren dem Inhaber ein territorial und in der Regel zeitlich beschränktes subjektives Ausschließlichkeitsrecht, das ihm die Benutzung und Verwertung seiner Erfindung bzw. seines Kennzeichens oder Werkes zuordnet (positive Seite) und ihm grundsätzlich die Möglichkeit gibt, jeden Dritten davon auszuschließen (negative Seite).[353] Im Gegensatz zu ausländischen Rechtsordnungen, in denen sich der Begriff „Intellectual Poperty" bzw. „Geistiges Eigentum" etabliert hat, werden im deutschen Sprachgebrauch meistens nach wie vor die Begriffe „Gewerblicher Rechtsschutz und Urheberrecht" verwendet, während sich der allgemeinere Begriff des „geistigen Eigentums" nur schwer durchsetzt.[354] Dies erklärt sich dadurch, dass nach deutschem Recht grundsätzlich zwischen technisch und gewerblichen Schutzrechten einerseits und ästhetischen Schutzrechten andererseits unterschieden wird. Während der Zweck der technisch/gewerblichen Schutzrechte, also insbesondere Patente, Marken, Unternehmenskennzeichen und Geschmacksmuster, die wirtschaftliche Verwertbarkeit ist, sind die sog. ästhetischen Schutzrechte, wie insbesondere das Urheberrecht, Rechte des Inhabers als Ausfluss seines Persönlichkeitsrechts, §§ 11, 14 UrhG. Diese differenzierte Betrachtung führt zu Unterschieden in der Entstehung und Übertragung der Schutzrechte, aber auch bei ihrer Durchsetzung.

1. Entstehung der Schutzrechte

1.1 Patente

360 Patente werden gem. § 1 Abs. 1 PatG für Erfindungen erteilt, die neu sind, auf einer erfinderischen Tätigkeit beruhen und gewerblich anwendbar sind. Eine Erfindung gilt gem. § 3 Abs. 1 PatG als neu, wenn sie nicht zum Stand der Technik gehört. Der Stand der Technik umfasst alle Kenntnisse, die vor dem für den Zeitrang der Anmeldung maßgeblichen Tag durch schriftliche oder mündliche Beschreibung, durch Benutzung oder in sonstiger Weise der Öffentlichkeit zugänglich gemacht worden sind. Formelle Voraussetzung für die Patenterteilung ist die schriftliche Anmeldung der Erfindung beim Deutschen Patent- und Markenamt (DPMA) unter Beachtung bestimmter Verfahrenserfordernisse. Der begünstigende Verwaltungsakt der Patenterteilung ergeht auf Antrag nach Prüfung der Zulässigkeit und Begründetheit des Patentbegehrens. Ein Patent entsteht mithin nicht, wie beispielsweise das Urheberrecht durch den geistigen Schöpfungsakt der Erfindung, sondern (erst) durch die behördliche Erteilung des Patents.[355] Die Schutzdauer eines Patents beträgt gem. § 16 PatG 20 Jahre ab dem Datum der Anmeldung und kann nach Ablauf dieser Frist nicht erneuert werden.

361 Um einen einheitlichen und vor allem kostengünstigeren Patentschutz innerhalb der EU gewährleisten zu können, wurde am 12.12.2012 in Brüssel von fast allen EU-Ländern (ausgenommen Italien und Spanien) die Einführung eines einheitlichen EU-Patents beschlossen. Bisher muss ein vom Europäischen Patentamt erteiltes europäisches Patent in jedem Mitgliedstaat, für den der Patentinhaber Schutz begehrt, validiert werden. Dies erfordert in der Regel eine kostspielige Übersetzung in die entsprechende Amtssprache. Zukünftig reicht es aus, wenn ein Erfinder bei der Europäischen Patentorganisation (EPO) das einheitliche EU-Patent beantragt,

---

353 *McGuire/von Zumbusch/Joachim* GRUR Int 2006, 682, 683.
354 Vgl. dazu ausf. *Götting* GRUR 2006, 353 ff.
355 *Mes* Rn. 6.

das dann in allen 25 teilnehmenden Mitgliedstaaten gültig ist. Anträge müssen nunmehr nur noch in einer der drei Amtssprachen eingereicht werden (Deutsch, Englisch oder Französisch). Vor dem europäischen Patentgericht kann in einem einzigen Verfahren die Verletzung oder Gültigkeit des Schutzrechts einheitlich für alle beteiligten Staaten geklärt werden. Das EU-Patentgericht soll seinen Sitz in Paris erhalten, mit Außenstellen in London und München. Zusätzlich soll eine Beschwerdeinstanz in Luxemburg geschaffen werden. Das neue System startet nach Auskunft des Bundesministeriums der Justiz erst dann, wenn mindestens 13 Staaten das Übereinkommen über das einheitliche Patentgericht ratifiziert haben; dies wird voraussichtlich ab 2015 der Fall sein.[356]

1.2 Gebrauchsmuster

Als Gebrauchsmuster werden gem. § 1 Abs. 1 GebrMG Erfindungen geschützt, die **362** neu sind, auf einem erfinderischen Schritt beruhen und gewerblich anwendbar sind. Die Voraussetzung des erfinderischen Schritts bedeutet beim Gebrauchsmuster ein geringeres Maß an Erfindungshöhe als beim Patent. Gebrauchsmuster sind beim DPMA zwar anzumelden, es bedarf jedoch keines eingehenden Prüfungsverfahrens mit abschließender Erteilung, sondern nur der Eintragung, § 4 Abs. 1 und 5 GebrMG. Damit entfällt eine Prüfung der materiellen Voraussetzungen eines Gebrauchsmusters von Amts wegen; diese Prüfung erfolgt erst im Rahmen eines Verletzungsprozesses, bei dem es um die Abwehr von Erfindungen Dritter, die das Gebrauchsmuster verletzen könnten, oder um die Verteidigung des Gebrauchsmusters gegen angeblich stärkere – ältere – Schutzrechte auf Erfindungen geht. Die Schutzdauer eines Gebrauchsmusters beträgt im Höchstfall 10 Jahre und kann ebenfalls nicht verlängert werden, § 23 Abs. 2 S. 1 GebrMG.

1.3 Geschmacksmuster

Geschmacksmuster sind zweidimensionale Muster und dreidimensionale Modelle, die **363** zur Nachbildung, Vervielfältigung und Serienfertigung bestimmt sind (§ 1 GeschmG). Konkreter Schutzgegenstand sind damit Farb- und Formgestaltungen, die geeignet und dazu bestimmt sind, das geschmackliche Empfinden des Betrachters anzusprechen. Materielle Schutzvoraussetzung ist, dass das Muster zum Anmeldetag neu ist und Eigenart hat (§ 2 GeschmG). Die Schutzwirkung für ein Geschmacksmuster entsteht ebenfalls mit Hinterlegung beim DPMA und hat eine Dauer von 25 Jahren, wobei nach dem fünften Jahr Aufrechterhaltungsgebühren für jeweils weitere fünf Jahre Schutzdauer zu zahlen sind, ansonsten endet die Schutzdauer (§ 27 GeschmG).

1.4 Geschützte Kennzeichen nach dem Markengesetz

Als Marke können gem. § 3 Abs. 1 MarkenG alle Zeichen, insbesondere Wörter einschließlich Personennamen, Abbildungen, Buchstaben, Zahlen, Hörzeichen, dreidimensionale Gestaltungen einschließlich der Form einer Ware oder ihre Verpackung sowie sonstige Aufmachungen einschließlich Farben und Farbzusammenstellungen geschützt werden, die geeignet sind, Waren oder Dienstleistungen eines Unternehmens von denjenigen anderer Unternehmen zu unterscheiden. Voraussetzung ist die abstrakte Unterscheidungskraft, welche verlangt, dass die Marke dem angesprochenen Verkehr in ihrem gesamten Erscheinungsbild als ein individuelles Kennzeichen **364**

---

356 Pressemitteilung des BMJ v. 12.12.2012, www.bmj.de.

erscheinen kann. Daran fehlt es, wenn ein rein beschreibender Inhalt wiedergegeben wird oder wenn sich der Inhalt eines Zeichens in einem gebräuchlichen Wort der deutschen oder einer bekannten Fremdsprache erschöpft und dieses Wort nur als solches und nicht als Kennzeichnungsmittel verstanden wird.[357]

365 Ebenfalls durch das Markengesetz geschützt werden geschäftliche Bezeichnungen sowie geografische Herkunftsangaben. Unter geschäftlichen Bezeichnungen werden gem. § 5 MarkenG Unternehmenskennzeichen (Kennzeichnung der Firma oder eines besonderen Geschäftsbetriebs sowie Geschäftsabzeichen) und Werktitel (Bezeichnung von Druckschriften, Filmen, Bühnenwerken etc.) verstanden. Geografische Herkunftsangaben gem. den §§ 126 ff. MarkenG sind Bezeichnungen von Produkten, die ihren Ursprung aus bestimmten Orten oder Regionen dokumentieren, wie beispielsweise das „Lübecker Marzipan".

366 Die Schutzwirkung für die Marke entsteht üblicherweise durch Anmeldung und Eintragung des Zeichens für bestimmte Waren und/oder bestimmte Dienstleistungen in das beim DPMA geführte Markenregister und endet zehn Jahre nach der Anmeldung. Im Gegensatz zum Patent kann die Schutzdauer der Marke jeweils vor Ende der Zehnjahresfrist beliebig oft verlängert werden. Voraussetzung einer jeden Eintragung ist, dass ein Inhaber ein schutzfähiges Zeichen anmeldet, dem keine absoluten, d.h. in der Marke selbst liegenden Schutzhindernisse entgegenstehen. Ob absolute Schutzhindernisse der Eintragung entgegenstehen, prüft das DPMA von Amts wegen. Das DPMA prüft sowohl formelle als auch materielle Schutzvoraussetzungen, wie beispielsweise das Vorliegen von Eintragungshindernissen, die Markenfähigkeit sowie das Bestehen der erforderlichen Unterscheidungskraft des angemeldeten Zeichens. Es prüft jedoch gerade nicht, ob die angemeldete Marke identisch oder verwechselungsfähig mit bereits eingetragenen Marken ist, und dadurch insbesondere im Bereich identischer oder ähnlicher Waren und/oder Dienstleistungen eine Verwechselungsgefahr entsteht. Diese Prüfung müssen vielmehr die Inhaber eingetragener Marken selbst vornehmen – die sog. Überwachung von Marken, die sinnvollerweise als permanente Maßnahme einzurichten ist.

367 Auch nicht eingetragene Marken werden geschützt, wenn sie entweder im Geschäftsverkehr benutzt werden und innerhalb der beteiligten Verkehrskreise Verkehrsgeltung erlangt haben, § 4 Nr. 2 MarkenG. Ein Schutz ohne vorherige formelle Eintragung kommt auch in Betracht, wenn es sich um eine notorisch bekannte Marke i.S.d. Art. 6bis der Pariser Verbandsübereinkunft zum Schutz des gewerblichen Eigentums (PVÜ)[358] handelt, § 4 Nr. 3 MarkenG. Notorische Bekanntheit verlangt eine allgemeine Kenntnis von der Marke als produktidentifizierendes Unterscheidungszeichen innerhalb der beteiligten Verkehrskreise im Inland.[359]

1.5 Urheberrechte

368 Gem. § 11 UrhG schützt das Urheberrecht den Urheber in seinen geistigen und persönlichen Beziehungen zum Werk und in der Nutzung des Werkes. Das Urheberrecht als Ausfluss des Persönlichkeitsrechts bedarf zu seiner Entstehung daher auch keiner

---

357 *Marx* Rn. 56.
358 Die PVÜ v. 20.3.1883 ist einer der ersten internationalen Verträge auf dem Gebiet des Gewerblichen Rechtsschutzes und wird von der Weltorganisation für geistiges Eigentum (WIPO) verwaltet; s. auch www.wipo.int/treaties.
359 *Fezer* § 4 Rn. 227.

formellen Verfahrensschritte, wie beispielsweise der Eintragung in ein Register, sondern entsteht mit Erstellung eines urheberrechtlich schutzfähigen Werkes. Einzige Voraussetzung ist, dass es sich um ein Original handelt. Nach § 2 Abs. 2 UrhG sind Werke „persönliche geistige Schöpfungen". Der Begriff der Schöpfung impliziert, dass als Voraussetzung für die Entstehung des Urheberrechts etwas Neues entstehen muss, wobei damit nicht gemeint ist, dass etwas objektiv bisher nicht Vorhandenes geschaffen werden müsste, sondern es reicht bereits, dass etwas aus Sicht des Werkschöpfers subjektiv Neues entsteht.[360] Der Schutz des Urheberrechts endet erst 70 Jahre nach dem Tod des Urhebers, § 64 UrhG.

1.6 Prioritätsprinzip

Bei eintragungspflichtigen Schutzrechten gilt grundsätzlich der Prioritätsgrundsatz, **369** d.h. dass derjenige als Schutzrechtsinhaber gilt, der zuerst das betreffende Schutzrecht anmeldet. Beispielsweise im Markenrecht bestimmt sich das Prioritätsprinzip nach § 6 Abs. 1 MarkenG. Nach dem Grundsatz der Gleichwertigkeit der unterschiedlichen Kennzeichenrechte kommt es allein auf die Priorität, aber nicht darauf an, ob es sich um eine eingetragene oder nicht eingetragene, erst durch Verkehrsgeltung Schutz erlangende Marke handelt. Auch bei Patenten gilt das Prioritätsprinzip; selbst wenn ein Dritter nachweisen kann, dass er dieselbe Erfindung zeitlich früher gemacht hat, ist dennoch Berechtigter, wer die Erfindung als Erster angemeldet hat. Dies verdeutlicht, wie wichtig die Einbeziehung schutzrechtlicher Überlegungen im Bereich Forschung und Entwicklung ist und wie wichtig Aspekte des Geheimnis- und Prototypenschutzes bei jeglichem unternehmerischen Handeln, aber auch bei der Organisation von Abläufen im Unternehmen (z.B. der Aufenthalt Betriebsfremder auf dem Betriebsgelände) ist. Denn je früher eine Anmeldung einer bis dahin nicht bekannten Entwicklung vorgenommen wird, desto geringer ist die Wahrscheinlichkeit, dass ein Konkurrent das gleiche Schutzrecht früher anmelden oder in Benutzung nehmen kann.

Das Urheberrecht kennt dagegen keinen Prioritätsgrundsatz. Schaffen zwei Urheber völlig unabhängig voneinander gleichartige Werke, werden beide Werke nebeneinander geschützt.

2. Bedeutung der Schutzrechte

Die Schutzrechte des geistigen Eigentums gewähren dem Inhaber zunächst das aus- **370** schließliche Benutzungsrecht am Schutzrechtsgegenstand (z.B. einer Erfindung, Marke oder seinem Werk). Er kann sein Recht im Rahmen des Schutzbereiches benutzen und Dritten dagegen den Eingriff verbieten. Die nationalen gewerblichen Schutzrechte, also alle Patent-, Muster- und Markenrechte gelten zunächst nur innerhalb der Grenzen desjenigen Staatsgebietes, für welches sie eingetragen wurden. Um darüber hinausgehenden Schutz zu erreichen, bedarf es entsprechender Anträge auf internationale Registrierung.

Wenn ein Produkt aufgrund einer diesem Produkt zugrunde liegenden Erfindung oder **371** aufgrund des Designs schutzrechtsfähig ist, bietet nur die Eintragung des Schutzrechtes Schutz vor unzulässiger Nachahmung durch Wettbewerber. Die Eintragung einer Marke bietet dem Markeninhaber darüber hinaus auch die Möglichkeit gegen sog.

---

360 *Fromm/Nordermann* § 2 Rn. 8.

„Domain-Grabbing" vorzugehen, also das unberechtigte Reservieren eines Domain-Namens einzig zu dem Zweck, eine eingetragene Domain dem potentiellen Namensinhaber zum Kauf anzubieten. Benutzt der unberechtigte Anmelder die Domain selbst und lehnt er sich dabei deutlich an fremde Markenrechte an, so kann dies als Verletzung des ergänzenden wettbewerbsrechtlichen Leistungsschutzes aus § 4 Nr. 9 UWG oder wegen einer Blockade von anderweitig bestehenden Markenrechten als Behinderung gem. § 4 Nr. 10 UWG wettbewerbswidrig sein. Die Registrierung eines fremden Kennzeichens als Domain in der Absicht, die Domain nicht selbst zu benutzen, sondern den Kennzeicheninhaber gezielt von der Benutzung als Internet-Adresse auszuschließen, ist gleichfalls als Behinderung zu qualifizieren und stellt zudem einen rechtswidrigen Eingriff in den eingerichteten und ausgeübten Gewerbebetrieb i.S.d. § 823 Abs. 1 BGB dar. Eine wettbewerbswidrige Behinderung ist auch zu bejahen, wenn sich der Anmelder das sachlich vorrangige Interesse eines Kennzeicheninhabers an der Benutzung eines gleich lautenden Domainnamens zunutze macht, indem er ihm die Domain zum Verkauf oder zur entgeltlichen Benutzung anbietet.[361]

372 Es gibt zahlreiche wirtschaftliche Gründe zur Anmeldung seiner Schutzrechte. Zum einen sind gewerbliche Schutzrechte immaterielle Vermögensgegenstände, die einen nicht unerheblichen Bestandteil des Unternehmenswertes ausmachen können. Durch Einräumung von Nutzungsrechten an Dritte kann der Umsatz eines Unternehmens gesteigert werden. Nicht zuletzt haben Schutzrechte eine Werbewirkung, da ein seriöses Image vermittelt werden kann.

3. Ansprüche bei Verletzung

373 Die gewerblichen Schutzrechte sowie das Urheberrecht sind absolute Rechte, d.h. sie wirken gegenüber jedermann, ohne dass es besonderer Rechtsbeziehungen zwischen Inhaber und dritten Parteien bedarf.

Im Falle von Schutzrechtsverletzungen, wenn also ein Dritter ohne Zustimmung des Schutzrechtsinhabers den Gegenstand des Schutzrechts (die Erfindung, das Werk, die Formschöpfung oder ein Kennzeichen) benutzt, stehen dem Verletzten zunächst zivilrechtliche Unterlassungsansprüche zu. Voraussetzung für diesen Anspruch ist jeweils die drohende Schutzrechtsverletzung, die sich sowohl aus einer Begehungs- als auch aus einer Wiederholungsgefahr ergeben kann. Um einen Unterlassungsanspruch geltend machen zu können, bedarf es keines Verschuldens des Schädigers, § 139 Abs. 1 PatG, § 24 Abs. 1 GebrMG, § 14 Abs. 5 MarkenG, § 97 Abs. 1 UrhG.

374 Des Weiteren hat der Inhaber eines gewerblichen Schutzrechtes einen Anspruch auf Vernichtung der schutzrechtsverletzenden Erzeugnisse, Verfahren und Gegenstände, außer wenn der Verletzungszustand auf andere Weise beseitigt werden kann oder die Vernichtung unverhältnismäßig wäre, § 140a Abs. 1 PatG, § 24a Abs. 3 GebrMG, § 18 Abs. 2 MarkenG, § 98 UrhG.

Zur besseren Durchsetzbarkeit der zivilrechtlichen Ansprüche wird dem Geschädigten ein Auskunftsanspruch über die Herkunft und die Vertriebswege von rechtsverletzenden Produkten gewährt, d.h. derjenige, der das betreffende Schutzrecht verletzt hat, muss dem Geschädigten Angaben über Namen und Anschrift des Herstellers, der Lieferanten, anderer Vorbesitzer, des Abnehmers des Auftraggebers und über die

---

361 *Hoeren/Sieber* Rn. 45.

Schrey/Brauckmann

Menge der hergestellten, ausgelieferten, erhaltenen oder bestellten Gegenstände machen, § 140b PatG, § 24 GebrMG, § 19 MarkenG, § 101 UrhG.

Für den Inhaber des Gebrauchsmusters besteht darüber hinaus gem. § 15 Abs. 1 GebrMG ein Löschungsanspruch gegen den als Inhaber Eingetragenen, wenn (i) der Gegenstand des Gebrauchsmusters nicht schutzfähig ist, (ii) der Gegenstand des Gebrauchsmusters bereits aufgrund einer früheren Patent- oder Gebrauchsmusteranmeldung geschützt worden ist oder (iii) der Gegenstand des Gebrauchsmusters über den Inhalt der Anmeldung in der Fassung hinausgeht, in der sie ursprünglich eingereicht worden ist.

Bei verschuldeten, also vorsätzlich oder fahrlässig verursachten, Schutzrechtsverletzungen bestehen zudem Schadensersatzansprüche (§§ 139 Abs. 2 PatG, 24 Abs. 2 GebrMG, 42 Abs. 2 GeschmMG, 14 Abs. 6, 15 Abs. 5, 101 Abs. 2, 128 Abs. 2 MarkenG, 9 UWG) auf Ersatz des durch die Schutzrechtsverletzung entstehenden Schadens. **375**

Aber auch strafrechtliche Vorschriften können durch eine Schutzrechtsverletzung tangiert sein, beispielsweise die unerlaubte Verwertung urheberrechtlich geschützter Werke nach § 106 UrhG, die strafbare Kennzeichenverletzung gem. § 143 MarkenG oder die strafbare Patentverletzung gem. § 142 PatG.

III. Durchsetzung von Schutzrechten

Das Interesse eines Unternehmens, dessen Schutzrechte verletzt wurden, zielt in der Regel in erster Linie darauf, die Verletzungshandlung, also beispielsweise die rechtswidrige Nachahmung des eigenen Produktes oder der eigenen Marke, zu unterbinden und ggf. entstandene Schäden ersetzt zu bekommen. Der zivilrechtliche Unterlassungs- und Schadensersatzanspruch sind dafür geeignete Instrumente. Schwierigkeiten können sich jedoch ergeben, wenn der Geschädigte mit eigenen Mitteln diese Ansprüche nicht oder nur mit erheblichem finanziellen und zeitlichen Aufwand nachweisen kann oder für einen Nachweis seiner Ansprüche auf Informationen aus dem gegnerischen Organisationsbereich angewiesen ist. Denn im Zivilprozess gilt grundsätzlich der sog. Beibringungsgrundsatz, welcher bedeutet, dass das Gericht nur über den Tatsachenstoff entscheiden kann, den die Parteien selbst in den Prozess einführen. Dem Geschädigten kann daher in Einzelfällen geraten sein, wegen begangener Schutzrechtsverletzungen Strafantrag zu erstatten, da bei Einleitung eines Strafverfahrens die Staatsanwaltschaft von Amts wegen ermitteln und dabei die strafprozessualen Zwangsmittel einsetzen kann. Verneint die Staatsanwaltschaft allerdings ein öffentliches Interesse an der Strafverfolgung, verweist sie den Schutzrechtsinhaber auf den Privatklageweg. **376**

1. Das Strafverfahren als Vorreiter zum Zivilprozess

In Fällen von Marken- und Produktpiraterie durch Verwendung identischer Kennzeichen erweisen sich strafrechtliche Ermittlungsmaßnahmen häufig effektiver als zivilrechtliche Maßnahmen. Dies gilt insbesondere, weil es sich in diesen Fällen meist um Erscheinungsformen von Wirtschafts- und organisierter Kriminalität handelt. Durchsuchungen und Beschlagnahmen können die Weiterverbreitung von Pirateriewware effektiver stoppen und Informationen über die Verletzten ergeben, als zivilrechtliche Maßnahmen, beispielsweise nach §§ 14, 15, 18, 19 MarkenG, bei denen häufig schon die genaue Identifizierung und Zustellung Schwierigkeiten bereiten kann. **377**

378 Bei organisierten Verbrechern, die Markenrechte systematisch und in großem Stil verletzen, ist die Identifizierung der Drahtzieher und deren pfändbaren Vermögens ohne die Hilfe der staatlichen Ermittlungsbehörden nur selten möglich. Gerade der genaue Verletzungsumfang und der Verbleib der illegalen Erlöse kann von den staatlichen Ermittlungsbehörden im Rahmen von Durchsuchungen, der Sicherstellung von Handelsunterlagen, insbesondere des Warenwirtschaftssystems, sowie durch Einholung von Auskünften bei Banken und Behörden ermittelt werden.[362]

379 Zum 1.1.2007 hat der Gesetzgeber durch das „Gesetz zur Stärkung der Rückgewinnungshilfe und der Vermögensabschöpfung bei Straftaten" die Möglichkeiten der durch Marken- und Produktpiraterie geschädigten Unternehmen erweitert, ihre Schadensersatzansprüche gegen die Täter mit Hilfe der staatlichen Ermittlungsbehörden im Wege der sog. Rückgewinnungshilfe zu verwirklichen. Als „Rückgewinnungshilfe" wird die Sicherstellung der aufgefundenen Vermögenswerte gem. §§ 111b ff. StPO durch das Tätigwerden der Ermittlungsbehörden mit dem Ziel bezeichnet, die aus der Tat gezogenen Erlöse abzuschöpfen und den geschädigten Unternehmen den Zugriff darauf im Rahmen der Zwangsvollstreckung zu ermöglichen.[362] Ein Anspruch der Verletzten auf Rückgewinnungshilfe besteht jedoch nicht, ihre Gewährung steht im pflichtgemäßen Ermessen der Ermittlungsbehörden.[363]

Abgesehen von den Fällen der Produktpiraterie führt das Strafverfahren häufig allerdings nicht zum gewünschten Erfolg. Im Gegensatz zu den verschuldensunabhängigen zivilrechtlichen Unterlassungsansprüchen muss im Rahmen des Strafverfahrens Vorsatz des Täters nachgewiesen werden. Um dies zu erleichtern, empfiehlt es sich, Produkte, die Gegenstand gewerblicher Schutzrechte oder urheberrechtlich geschützt sind, entsprechend zu kennzeichnen, wie z.B. durch ein „C" im Kreis für urheberrechtlich geschützte Werke, ein „R" im Kreis für im Verbreitungsgebiet registrierte Marken oder durch Patentvermerke.

Eine weitere Schwierigkeit besteht in der fehlenden Spezialisierung der Strafgerichte sowie Ermittlungsbehörden auf dem Gebiet des gewerblichen Rechtsschutzes. Außerdem dürfte sich der Rechteinhaber in den meisten Fällen mit einer Verweisung auf den Privatklageweg mangels öffentlichen Interesses nach §§ 374 Abs. 1 Nr. 8, 376 StPO konfrontiert sehen. Da der Privatkläger nicht mit den Ermittlungsbefugnissen der Staatsanwaltschaft ausgestattet ist, laufen die Vorteile des Strafverfahrens in diesem Fall leer.

2. Enforcement Richtlinie

380 Durch das Gesetz zur Verbesserung der Durchsetzung von Rechten des geistigen Eigentums vom 7.7.2008[364] soll den Betroffenen die Durchsetzung ihrer Rechte leichter gemacht werden, indem der Kreis der zur Auskunft Verpflichteten erweitert wird. Die Auskunftspflicht wird entsprechend Art. 8 der EU-Enforcement-Richtlinie auch auf Dritte erstreckt, die nicht an der Rechtsverletzung beteiligt waren. Dazu wurden die Auskunftsansprüche in den §§ 101 UrhG, 140b PatG, 19 MarkenG, 24b GebrMG, 46 GeschmMG, 9 Halbleiterschutzgesetz und § 37b Sortenschutzgesetz neu gefasst. Der Dritte kann innerhalb eines anhängigen Verletzungsverfahrens auf Auskunftser-

---

362 *Hansen/Wolff-Rojczyk* GRUR 2007, 468, 469.
363 *Hansen/Wolff-Rojczyk* GRUR 2007, 468, 473.
364 BGBl I 2008, 1191.

teilung in Anspruch genommen werden. Der entscheidende Unterschied zur bis dahin gültigen zivilprozessualen Regelung besteht darin, dass der Dritte – mit Hilfe seiner Aussage – zur Substantiierung des Streitgegenstandes des laufenden Verfahrens herangezogen werden kann. Es ist kein Antrag auf ein eindeutig bestimmtes Beweismittel bzw. Beweisthema erforderlich, sondern dieses definiert sich erst durch die Angaben des Dritten selbst. Der Rechtsinhaber wird jedoch nicht davon entbunden, zunächst den Verletzer und dessen Eingriff in ein bestehendes Schutzrecht hinreichend darzulegen, denn eine Klage gegen Unbekannt kennt das deutsche Recht nicht. Der erweiterte Kreis der Auskunftsverpflichteten dient somit vor allen Dingen der besseren Realisierung eines zumindest bezüglich des Rechtsverletzers bestimmten Anspruchs.[365]

Als wesentliche Neuerung besteht die weitere Möglichkeit, bei einer offensichtlichen **381** Schutzrechtsverletzung auch einen an der Verletzungshandlung Unbeteiligten auf Auskunft in Anspruch zu nehmen, wenn noch kein Gerichtsverfahren gegen den Verletzer rechtshängig ist. Dadurch verbessert sich die Position des Schutzrechtsinhabers merklich, weil es leichter wird, etwaige Hintermänner der Verletzung zu ermitteln, um gegen diese vorzugehen. Die Durchsetzung des Auskunftsanspruchs, basierend auf einer offensichtlichen Rechtsverletzung, ist auch für das Verfahren des einstweiligen Rechtsschutzes gesetzlich ausdrücklich normiert, worin der maßgebliche Vorteil für den Rechtsinhaber gegenüber der bisherigen rechtlichen Ausgestaltung liegt. Er wird in die Lage versetzt, bei Vorliegen der materiellen Voraussetzungen einer offensichtlichen Rechtsverletzung eine kurzfristige gerichtliche Anordnung zu beantragen, die einem Dritten aufgibt, über Name und Adresse des Verletzters Auskunft zu erteilen (siehe beispielhaft § 101 Abs. 2–Abs. 7 UrhG oder § 140 Abs. 2–Abs. 7 PatG). Offensichtlichkeit ist nach der Begründung des Regierungsentwurfes anzunehmen, wenn die Rechtsverletzung so eindeutig erscheint, dass eine ungerechtfertigte Belastung eines Dritten ausgeschlossen werden kann.[366]

Die Neuregelung führt schließlich zu einer verbesserten Beschaffung und Sicherung **382** von Beweismitteln zum Nachweis von Schutzrechtsverletzungen, wobei die beweisrechtlichen Möglichkeiten sowohl während des anhängigen Verfahrens als auch bereits im Vorfeld gestärkt werden. Dem Betroffenen werden weitreichende Besichtigungsbefugnisse eingeräumt (siehe z.B. § 140c PatG oder § 101a UrhG). Er wird in die Lage versetzt, sich zwangsweise Zugang, beispielsweise zu einer patentverletzenden Maschine auf einem fremden Werksgelände zu verschaffen, um die Maschine durch einen Sachverständigen gründlich untersuchen zu lassen. Dadurch kann schon im Vorfeld eines möglichen gerichtlichen Verfahrens geklärt werden, ob von einer Verletzung auszugehen ist.

IV. Übertragung der Schutzrechte

1. Urheberrecht

Aufgrund der Tatsache, dass das Urheberrecht Ausfluss des Persönlichkeitsrechts des **383** Urhebers ist und primär dessen ideellen sowie materiellen Interessen dienen soll, steht dieses Recht nur dem Urheber selbst und keiner juristischen Person zu und ist

---

365 *Nägele/Nitsche* WRP 2007, 1047, 1048.
366 *Nägele/Nitsche* WRP 2007, 1047, 1049; Regierungsentwurf, BT-Drucks. 16/5048, 65.

darüber hinaus in seinem Kerngehalt auch nicht übertragbar. Das Urheberrecht kann allenfalls vererbt werden. Mit der Einräumung einfacher oder ausschließlicher Nutzungsrechte kann der Urheber jedoch sein Werk wirtschaftlich verwerten, indem er anderen erlaubt, sein Werk zu nutzen. Ein einfaches Nutzungsrecht berechtigt den Erwerber, das Werk neben dem Urheber auf die ihm erlaubte Art zu nutzen, § 31 Abs. 2 UrhG, während das ausschließliche Nutzungsrecht dem Nutzungsberechtigten das Recht einräumt, das Werk unter Ausschluss aller anderen Personen einschließlich des Urhebers auf die ihm erlaubte Art zu nutzen und selbst einfache Nutzungsrechte einzuräumen, § 31 Abs. 3 UrhG. Da das Urheberrechtsgesetz keine speziellen Bestimmungen bezüglich der Einräumung oder Übertragung von Nutzungsrechten enthält, richten sich diese nach den Vorschriften des Bürgerlichen Gesetzbuches.

2. Gewerbliche Schutzrechte

384 Dagegen sind gewerbliche Schutzrechte unbeschränkt übertragbar. Will der Inhaber eines Patents, einer Marke oder eines anderen gewerblichen Schutzrechtes anderen deren Nutzung ermöglichen, ist sowohl die Vollrechtsübertragung als auch die beschränkte Einräumung von Nutzungsrechten möglich. Bei der Einräumung von Nutzungsrechten kann sowohl eine ausschließliche als auch eine einfache Lizenz erteilt werden. Beide Rechtsgeschäfte, die Vollrechtsübertragung sowie die Einräumung eines Nutzungsrechts, sind formlos möglich und auch die Eintragung des Inhaberwechsels in ein Register ist für dessen Wirksamkeit nicht erforderlich, da dem Register keine Publizitätswirkung zukommt. Dennoch ist für die unternehmerische Praxis dringend zu empfehlen, den Wechsel der Inhaberschaft eines registrierten Schutzrechts im jeweiligen Register eintragen zu lassen, da die Registrierung dem Inhaber Vorteile bei der Wahrnehmung seiner Rechte gegenüber Dritten gewährt, insbesondere gegenüber einem potentiellen Verletzer seines Schutzrechts.

3. Vertragsmanagement

385 Bei der Einräumung von Nutzungsrechten sind eine Reihe von Regelungsgebieten zu berücksichtigen. Zunächst muss festgelegt werden, ob eine ausschließliche Lizenz, also eine Nutzungsberechtigung unter Ausschluss der eigenen, eingeräumt werden soll, oder lediglich ein einfaches Nutzungsrecht. Weitere Regelungsinhalte sind beispielsweise die Nutzungsdauer, die Gewährleistung für den Rechtsbestand und die Festlegung einer angemessenen Lizenzgebühr.

386 Aber auch bei anderen Vertragstypen müssen Überlegungen zu Schutzrechten angestellt werden. Beispielsweise empfiehlt sich eine Absicherung in Kaufverträgen dahingehend, dass eventuelle Schutzrechte befugtermaßen benutzt werden können, bzw. die Ware frei von gewerblichen Schutzrechten Dritter ist. Bei einem Bezug von Importeuren kann nicht davon ausgegangen werden, dass der Importeur generell die Freiheit der Ware von Schutzrechten Dritter überprüft. Da der Verkauf von Plagiaten durch den Berechtigten des plagiierten Schutzrechts untersagt werden kann, ist es anzuraten, dass bei unbekannten Schutzrechten eine entsprechende Freistellungsklausel in den Kaufvertrag aufgenommen wird, insbesondere, da auch der Importeur in der Praxis die Frage des Bestehens oder Nichtbestehens eines gewerblichen Schutzrechts vor Ort nicht abklären kann.[367] Entsprechendes gilt bei der Vergabe von For-

---

367 *Rebel* S. 64.

schungs- und vor allem Entwicklungsaufträgen oder beim Eingehen entsprechender Kooperationen sowie beim Abschluss sonstiger Verträge, bei denen erfinderisches oder in sonstiger Weise kreatives Schaffen eine Rolle spielt.

V. Strategien für die Praxis

1. Analyse der Schutzrechte

Um das eigene Unternehmen bestmöglich vor Schutzrechtsverletzungen Dritter zu **387** schützen, sollte zunächst eine Identifizierung der bestehenden Schutzrechte durchgeführt werden. Jedes identifizierte Schutzrecht sollte daraufhin bewertet und auf seine Relevanz überprüft werden. Im Rahmen der Bewertung können beispielsweise die wirtschaftlichen Auswirkungen auf das Unternehmen berücksichtigt werden, falls

– das Unternehmen von seinem Schutzrecht keinen Gebrauch machen kann oder
– in Bezug auf die Benutzung des betreffenden gewerblichen Schutzrechtes nur eingeschränkte Nutzungsmöglichkeiten bestehen, oder
– Dritten eine unbeschränkte Nutzung des betreffenden gewerblichen Schutzrechts möglich ist.

Im Anschluss daran gilt es, den genauen Schutzumfang zu definieren, d.h. die geogra- **388** fische und inhaltliche Erstreckung des jeweiligen Schutzrechts. Ebenfalls in die Bewertung mit aufgenommen werden sollte die Überprüfung aller notwendigen formellen Voraussetzungen für die Schutzwirkung. In die Schutzrechtsanalyse sollte zudem aufgenommen werden, welche Maßnahmen für einen möglichst dauerhaften Schutz wann getroffen werden müssen (Erneuerung der Schutzdauer), um den ungewollten Verlust von Schutzrechten zu vermeiden. Wichtig ist darüber hinaus eine ständige Pflege und Aktualisierung des Schutzrechtsportfolios sowie die Einrichtung einer permanenten Überwachung des eigenen Schutzrechtsportfolios in Hinblick auf möglicherweise konfligierende Schutzrechtsanmeldungen Dritter. Um letzteres zu kontrollieren, empfiehlt sich die Festlegung von verantwortlichen Personen für diese Aufgabe.

2. Analyse fremder Schutzrechte

Um seinerseits zu vermeiden, fremde Schutzrechte zu verletzen, sollte gerade im **389** Bereich Forschung und Entwicklung eine gründliche Recherche bezüglich möglicher fremder Patente, Gebrauchsmuster oder anderer Schutzrechte erfolgen. Gerade die Tatsache, dass zivilrechtliche Unterlassungsansprüche verschuldensunabhängig bestehen, birgt ein großes Risikopotential für das entwickelnde Unternehmen. Bei Nichtbeachtung fremder Schutzrechte drohen im Einzelfall selbst bei unverschuldeten Schutzrechtsverletzungen hohe finanzielle Risiken, sieht sich das Unternehmen auf einmal fremden Ansprüchen ausgesetzt. Dies nicht nur bezogen auf die möglichen Kosten, die eine rechtliche Verteidigung gegen diese Ansprüche mit sich bringt, sondern auch aufgrund der Tatsache, dass man die eigene Erfindung oder das eigene Produkt nicht nutzen oder vermarkten kann und sich die getätigten Investitionen nicht amortisieren können. Welche Größenordnung derartige Auseinandersetzungen annehmen können, zeigt folgendes Beispiel aus den USA: Das Unternehmen NTP war Inhaber mehrerer Patente auf eine, allerdings nur recht allgemein beschriebene, Technologie zur drahtlosen Übertragung von E-Mails mit Hilfe eines Funknetzwerks.

Auf der Grundlage dieser Patente verklagte NTP das Unternehmen Research in Motion (RIM), das die Blackberry-Technologie entwickelt hatte. In einem fünf Jahre andauernden Verfahren erstritt NTP schließlich vor dem auf Patentrecht spezialisierten Court of Appeals for the Federal Circuit ein Unterlassungsurteil. Daraufhin legten die Parteien den Streit gegen Zahlung einer Summe von 612,5 Mio. Dollar bei.[368]

3. IP-Richtlinie

390 Unter Zugrundelegung der so gewonnenen Erkenntnisse kann eine unternehmensinterne IP-Richtlinie geschaffen werden, die in der Folgezeit implementiert und überwacht werden muss. Eine unternehmensinterne IP-Richtlinie muss Handlungsanweisungen für den Schutz unternehmenseigener Schutzrechte und Regelungen zur Vermeidung von Konflikten mit Schutzrechten Dritter enthalten. Im Rahmen der IP-Richtlinie ist auch die Überwachung der bestehenden Schutzrechte und die entsprechende Marktbeobachtung zu regeln. Des Weiteren gilt es, den Bereich des Lizenzvertragsmanagements und der Verwaltung entsprechender vertraglicher Vereinbarungen festzulegen. Ein weiteres, in der IP-Richtlinie zu regelndes Feld sind Handlungsanweisungen für den Erwerb/die Lizenzierung fremder Schutzrechte.[369] Im Anschluss an die Implementierung müssen die Mitarbeiter, insbesondere aus den relevanten Abteilungen wie Einkaufs-, Marketing- und FuE-Abteilung entsprechend (regelmäßig) geschult werden.

H. Steuern

I. Einführung

391 Auf den Begriff Compliance wurde bereits oben ausführlich eingegangen. Der Begriff steuerliche Compliance fügt sich hier problemlos ein: Es handelt sich um einen Teilbereich der allgemeinen Compliance, der darauf gerichtet ist, Steuergesetze zu befolgen sowie haftungsrechtliche und steuerstrafrechtliche Risiken zu vermeiden. Dabei stehen die gesetzlichen Vorgaben im Fokus, die strafbewährt sind oder erhebliche, teils existentielle, Risiken für ein Unternehmen oder dessen Geschäftsführung/Vorstand begründen können.

392 Die steuerliche Compliance hat einen hohen Stellenwert. Es gibt eine Fülle gravierender Rechtsverstöße, die sowohl strafrechtliche als auch enorme finanzielle Konsequenzen auslösen. Besonders eng ist auch die Schnittstelle zur Strafbarkeit in Form der Bestechung bzw. Schmiergeldzahlung, die immer im Mittelpunkt des Themas Compliance steht. Grund dafür sind gesetzliche Änderungen des Jahres 2003/2004, aufgrund derer das steuerliche Abzugsverbot für Schmiergeldzahlungen (§ 4 Abs. 5 Nr. 10 EStG) bereits greift, wenn eine strafbare Handlung vorliegt. Früher musste eine rechtskräftige Verurteilung vorausgehen. Verstärkt wurde diese Folge noch durch die Rechtsprechung, nach der bereits die Finanzverwaltung – sei es in der Steuerveranlagung oder in der Betriebsprüfung – verpflichtet ist, etwaige Verdachtsmomente umgehend der Staatsanwaltschaft zu melden.[370]

---

368 Vgl. Ausführungen m.w.N. *Ohly* GRUR Int 2008, 787.
369 *Wecker/van Laak* S. 167.
370 *BFH* DStR 2008, 1734.

Hinzu kommt, dass „Schwarzgeldkonten" nach wie vor einem erhöhten Entdeckungs-risiko und verstärkten Verfolgungen ausgesetzt sind. Nachdem das Steuerabkommen zwischen Deutschland und der Schweiz (vorläufig) gescheitert ist, sind weitere Ankäufe von Steuer-CDs durch die Finanzverwaltung durchaus wahrscheinlich. Insge-samt kann man sagen, dass alle Länder weltweit (insbesondere die Europäer und Amerikaner) – veranlasst durch die Wirtschaftskrise – intensiv um eine Austrocknung der Steueroasen und „Steuerverstecke" bemüht sind und Steuerhinterziehung den Kampf angesagt haben. In diesem Kontext stehen auch die durch das Jahressteuerge-setz 2009 auf 10 Jahre verlängerte strafrechtliche Verjährungsfrist für besonders schwere Fälle der Steuerhinterziehung, das im Jahr 2009 in Kraft getretene Steuerhin-terziehungsbekämpfungsgesetz und der verstärkte Informationsaustausch mit früher nicht kooperierenden Staaten sowie die vermehrten Überprüfungen und Kontrollen von Bankvermögen und Kontobewegungen.

393 Durch das Schwarzgeldbekämpfungsgesetz v. 28.4.2011[371] sind die Voraussetzungen für eine wirksame Selbstanzeige erheblich verschärft worden: Insbesondere wurden die Sperr- und Ausschlussgründe ausgeweitet und die sog. Teilselbstanzeige abge-schafft. Zusätzlich hat der BGH seine Rechtsprechung zur Strafzumessung bei Steuer-hinterziehungen nochmals intensiviert: So wurden in dem Urteil v. 7.2.2012[372] die Strafzumessungsgrenzen (insbesondere die Grenze von 1 Mio. EUR, bei der regelmä-ßig eine aussetzungsfähige Freiheitsstrafe nicht mehr in Betracht kommen soll) auf den Bereich der sog. Gesamtstrafenbildung ausgedehnt, womit nun ein Erreichen der Grenze durch Addition von Steuerschäden über die Veranlagungszeiträume und Steu-erarten hinweg möglich ist. Auch die Finanzverwaltung geht immer rigoroser gegen (angeblich) steuerhinterziehende Unternehmen vor. Im Rahmen von Betriebsprüfun-gen wird immer öfter mit Steuerstrafverfahren gedroht. Die Zahl der eingeleiteten Ermittlungsverfahren bei Unternehmen steigt und die Finanzverwaltung entdeckt zunehmend das Instrumentarium des Ordnungswidrigkeitenrechts. Insbesondere Geldbußen wegen Organisationsverschuldens gem. § 130 OWiG und Verfallsanord-nungen gem. § 29a OWiG zur Abschöpfung von Zinsvorteilen kommen immer mehr „in Mode". Daneben findet eine rasante Entwicklung im Umsatzsteuerrecht im Hin-blick auf innergemeinschaftliche Lieferungen statt. Zahlreiche Urteile der obersten Gerichte (EuGH, BGH, BFH) präzisieren etwa die Anforderungen an die Sorgfalts-und Nachweispflichten von ehrlichen Unternehmern bezüglich der Verwicklung in Umsatzsteuerkarusselle. Außerdem sehen sich Unternehmer durch gesetzliche Neue-rungen wie die sog. Gelangensbestätigung und die elektronische Rechnung vor zusätz-liche Herausforderungen gestellt, die durchaus weitere Risikopotentiale in sich ber-gen. Schließlich können sich auch aus ausländischen Gesetzen wie dem „US-Foreign Corrupt Practices Act" (FCPA) und dem „UK Bribery Act" noch nicht geahnte Straf-barkeitsrisiken auch jenseits der eigentlichen Korruptionsdelikte ergeben.[373] Während die Bestimmungen des FCPA nur für Unternehmen gelten, deren Wertpapiere nach US-Vorschrift für den US-Börsenhandel zugelassen sind, können ausländische (außer-halb des Vereinigten Königreichs) Unternehmen (oder natürliche Personen) nach dem UK Bribery Act auch dann zur Verantwortung gezogen werden, wenn eine Bestechungstat im Ausland begangen wird und der Täter eine enge Verbindung

---

371 BGBl I 2011, 676.
372 *BGH* NJW 2012, 1458.
373 Vgl. hierzu umfassend etwa *Grau/Meshulam/Blechschmidt* Foreign Corrupt Practices Act (FCPA), 15 U.S.C. §§ 78dd–1ff.

(„close connection") zum Vereinigten Königreich aufweist. Das ist etwa der Fall, wenn eine juristische Person nach dem Recht des Vereinigten Königreichs gegründet wurde. Beide Rechtsakte zeigen jedenfalls, dass durch die Internationalisierung des Rechts Compliance nicht nur landesspezifisch betrachtet werden kann. Derzeit ist die konkrete Auswirkung des FCPA und des UK Bribery Act auf deutsche Unternehmen noch nicht voll überblickbar.

394 Die steuerliche Compliance hat zweierlei Zielsetzungen: Vermeidung gravierender steuerlicher Verstöße sowie Kontrolle potentieller Rechtsverstöße in anderen Bereichen. Damit ist sie ein wichtiges Überwachungsinstrument des Managements und dient so auch dessen Absicherung.

395 Ziel einer erfolgreichen steuerlichen Compliance ist jedoch nicht lediglich die Vermeidung von steuerlichen Haftungsrisiken. Vielmehr geht es stets auch um die Steueroptimierung für das Unternehmen.[374] Zugleich lassen sich z.T. auf diesem Wege auch betriebswirtschaftliche Optimierungen erzielen. Dabei dürfen aber die Grenzen des Strafrechts (Steuerhinterziehung) nicht überschritten werden. Damit bewegt sich eine erfolgreiche steuerliche Compliance stets im Grenzbereich. Eine in Bezug auf steuerstrafrechtliche Risiken zu vorsichtige Steueroptimierung versagt gleichermaßen wie eine solche, die steuerstrafrechtliche Grenzen überschreitet.[374] Erfolgreiche steuerliche Compliance gelingt dann, wenn Steueroptimierung in Form von minimaler Steuerlast erreicht wird, ohne hierbei steuerstrafrechtliche Grenzen zu überschreiten.[375] Dazu gehört auch, auf Betriebsprüfungen und Steuerfahndungen optimal vorbereitet zu sein sowie steuerrechtliche Standpunkte nicht vorschnell oder aus vorauseilendem Gehorsam gegenüber den Finanz- und Strafverfolgungsbehörden aufzugeben.

396 Der hier zugrunde gelegte Begriff der steuerlichen Compliance deckt sich nicht mit dem Begriffsverständnis der Finanzverwaltung. Nach der Finanzverwaltung besteht die Zielsetzung von steuerlicher Compliance darin, „den Steuerpflichtigen zu einer verbesserten Einhaltung der Steuergesetze zu motivieren, den Kontrollbedarf im Einzelfall dadurch nachhaltig zu senken und zur Steigerung der Effektivität des Gesetzesvollzugs beizutragen".[376] Die Finanzverwaltung will im Zuge von steuerlicher Compliance also einen effektiveren Gesetzesvollzug sowie einen geringeren Überprüfungs- und Kontrollbedarf erreichen. Dem ist jedoch entgegenzusetzen, dass der Steuerpflichtige gerade nicht dazu verpflichtet ist, der Finanzverwaltung im Wege vorauseilenden Gehorsams die Arbeit zu erleichtern, sondern nach der geltenden Gesetzeslage bestehende Gestaltungsspielräume tatsächlich ausnutzen kann und sollte.

397 Die folgende Darstellung konzentriert sich auf die wesentlichen Gefahrensituationen, die zu überwachen sind, um Risikokontrolle und –management sinnvoll und erfolgreich betreiben zu können. Eine umfassende Darstellung aller Compliance-Möglichkeiten würde den Umfang dieses Beitrags sprengen. Compliance-Instrumente werden jedoch an anderen Stellen dieses Buches dargestellt. Ein ausgeprägtes Kosten- und Leistungs-System, gekoppelt an die laufende Buchhaltung, ist jedoch eine wichtige Basis für den Erfolg eines Compliance-Systems.

---

374 Vgl. *Streck/Binnewies* DStR 2009, 231.
375 Vgl. *Schwedhelm* AnwBl 2009, 90.
376 Vgl. *Nagel/Waza* DStZ 2008, 321, 323.

Demuth/Kaiser

II. Steuerstrafrechtliche- und bußgeldrechtliche Tatbestände

Die Tatbestände des Steuerstrafrechts und des Ordnungswidrigkeitenrechts sind in **398** den §§ 369–412 AO geregelt. Soweit dort keine Spezialregelungen enthalten sind, gelten die allgemeinen Vorschriften, u.a. das StGB, die StPO sowie das OWiG.[377] Die wichtigsten steuerstrafrechtlichen und bußgeldrechtlichen Tatbestände sind:[377]

- § 370 AO (Steuerhinterziehung, Steuerstraftat),
- § 378 AO (Leichtfertige Steuerverkürzung, Steuerordnungswidrigkeit),
- § 380 AO (Vorsätzliche oder leichtfertige Gefährdung von Abzugssteuern, Steuerordnungswidrigkeit),
- § 26b UStG (Schädigung des Umsatzsteueraufkommens, Steuerordnungswidrigkeit),
- § 26c UStG (Gewerbsmäßige oder bandenmäßige Schädigung des Umsatzsteueraufkommens, Steuerstraftat),
- § 30 OWiG (Geldbuße gegen juristische Personen und Personenvereinigungen),
- § 130 OWiG (Verletzung der Aufsichtspflicht in Betrieben und Unternehmen).

Die in der Praxis mit Abstand am wichtigsten Tatbestände des Steuerstrafrechts und Ordnungswidrigkeitenrechts sind § 370 AO (Vorsätzliche Steuerhinterziehung), § 378 AO (Leichtfertige Steuerverkürzung) sowie in jüngster Zeit zunehmend auch die Vorschriften des OWiG, hier insbesondere § 30 OWiG und § 130 OWiG.

Nach § 370 Abs. 1 Nr. 1 AO wird wegen Steuerhinterziehung bestraft (mit Freiheits- **399** strafe bis zu fünf Jahren oder mit Geldstrafe), wer den Finanzbehörden über steuerlich erhebliche Tatsachen unrichtige oder unvollständige Angaben macht und hierdurch Steuern verkürzt. In gleicher Weise wird nach § 370 Abs. 1 Nr. 2 AO bestraft, wer die Finanzbehörden pflichtwidrig über steuerlich erhebliche Tatsachen in Unkenntnis lässt und hierdurch Steuern verkürzt. § 370 Abs. 1 Nr. 1 AO kann grundsätzlich jede Person verwirklichen, das Unterlassungsdelikt des § 370 Abs. 1 Nr. 2 AO kann nur derjenige verwirklichen, welchen eine besondere Pflicht zur Aufklärung (Garantenstellung) trifft.[378] Steuern sind nach § 370 Abs. 4 S. 1 AO namentlich dann verkürzt, wenn sie nicht, nicht in voller Höhe oder nicht rechtzeitig festgesetzt werden. Dies gilt nach § 370 Abs. 4 S. 1 HS 2 AO auch dann, wenn eine Steueranmeldung einer Steuerfestsetzung unter dem Vorbehalt der Nachprüfung gleichsteht. Umsatzsteuer-Voranmeldungen sind Steueranmeldungen i.S.v. § 150 Abs. 1 S. 3 AO und stehen einer Steuerfestsetzung unter dem Vorbehalt der Nachprüfung gleich (§ 168 S. 1 AO). Die Steuerhinterziehung durch unrichtige Angaben (§ 370 Abs. 1 Nr. 1 AO) oder durch Unterlassen (§ 370 Abs. 1 Nr. 2 AO) ist bei Anmeldesteuern wie der Umsatzsteuer aufgrund der Regelung in § 370 Abs. 4 S. 1 HS 2 AO daher bereits vollendet, wenn zum gesetzlich bestimmten Termin die Steueranmeldung nicht vorliegt oder die Anmeldung zu niedrig ist.[379] Eine Steuerverkürzung setzt damit nicht voraus, dass es auch tatsächlich und endgültig zu einem Steuerausfall für den Fiskus kommt. Vielmehr zeigt der Wortlaut des § 370 Abs. 4 S. 1 AO, dass das Gesetz die Steuerverkürzung auf Zeit („nicht rechtzeitig") und die Steuerverkürzung der Höhe nach („nicht

---

377 Vgl. *Simon/Vogelberg* Steuerstrafrecht, 3. Aufl. 2011, S. 3.
378 Vgl. hierzu ausführlich beispielsweise *Joecks* in: Franzen/Gast/Joecks, Steuerstrafrecht, 7. Aufl. 2009, § 370 AO, Rn. 161 ff.
379 *BGH* Urt. v. 15.12.1982 – 3 StR 421/82, UR 1983, 193; *BGH* Urt. v. 3.3.1989 – 3 StR 552/88, NJW 1989, 2140.

festgesetzt") grundsätzlich gleichrangig einstuft. Der tatbestandliche Erfolg der Steuerverkürzung besteht nach der Rechtsprechung des BGH auch bei Steuerhinterziehungen „auf Zeit" in der Höhe des Nominalbetrags der verkürzten Umsatzsteuer und nicht lediglich in Höhe der Hinterziehungszinsen. Hierzu führt der BGH im Urt. v. 17.3.2009[380] im Leitsatz aus:

„Bei der Hinterziehung von Umsatzsteuern bemisst sich der Umfang der verkürzten Steuern oder erlangten Steuervorteile auch dann nach deren Nominalbetrag, wenn die Tathandlung in der pflichtwidrigen Nichtabgabe oder der Abgabe einer unrichtigen Umsatzsteuer-Voranmeldung i.S.v. § 18 UStG liegt. Der Umstand, dass in solchen Fällen im Hinblick auf die Verpflichtung zur Abgabe einer Umsatzsteuerjahreserklärung (§ 18 Abs. 3 UStG) zunächst nur eine Steuerhinterziehung „auf Zeit" gegeben ist, führt nicht dazu, dass der tatbestandsmäßige Erfolg lediglich in der Höhe der Hinterziehungszinsen zu erblicken wäre."

400 Nach § 370 Abs. 1 Nr. 1 AO ist nur die vorsätzliche Steuerhinterziehung strafbar. Nach ständiger Rechtsprechung des BGH bedarf es für eine Strafbarkeit wegen Steuerhinterziehung keiner Absicht oder eines direkten Hinterziehungsvorsatzes, es genügt vielmehr, dass der Täter die Verwirklichung der Merkmale des gesetzlichen Tatbestands für möglich hält und billigend in Kauf nimmt, so genannter Eventualvorsatz oder bedingter Vorsatz.[381] Der erste Strafsenat des BGH hat in jüngster Zeit die Rechtsprechung im Steuerstrafrecht – u.a. auch bzgl. des bedingten Vorsatzes – verschärft. Zuletzt hat der BGH mit Urteil v. 8.9.2011[382] die Voraussetzungen für das Vorliegen von bedingtem Vorsatz eher niedrig eingestuft. In dem Urteil des BGH vom 8.9.2011 wird u.a. ausgeführt:

„Ob ein Angeklagter das Bestehen eines Steueranspruchs für möglich gehalten hat, muss vom Tatgericht im Rahmen der Beweiswürdigung geklärt werden. Dabei hat das Gericht bei Kaufleuten deren Umgang mit den in ihrem Gewerbe bestehenden Erkundigungspflichten in die Würdigung einzubeziehen. Informiert sich ein Kaufmann über die in seinem Gewerbe bestehenden steuerrechtlichen Pflichten nicht, kann dies auf seine Gleichgültigkeit hinsichtlich der Erfüllung dieser Pflichten hindeuten. Dasselbe gilt, wenn es ein Steuerpflichtiger unterlässt, in Zweifelsfällen Rechtsrat einzuholen. Auch in Fällen, in denen ein nicht steuerlich sachkundiger Steuerpflichtiger eine von ihm für möglich gehaltene Steuerpflicht dadurch vermeiden will, dass er von der üblichen Geschäftsabwicklung abweichende Vertragskonstruktionen oder Geschäftsabläufe wählt, kann es für die Inkaufnahme einer Steuerverkürzung sprechen, wenn er keinen zuverlässigen Rechtsrat einholt, sondern allein von seinem laienhaften Rechtsverständnis ausgeht. Dies gilt nicht nur bei rechtlich schwierigen oder ungewöhnlichen Inlandsgeschäften, sondern gerade auch bei grenzüberschreitenden Lieferungen oder Leistungen."

401 Im Ergebnis zwingt der BGH mit diesem Urteil den Steuerpflichtigen dazu, sich bei etwaigen Zweifeln im Rahmen der steuerlichen Deklaration steuerlichen Rat eines Rechtsanwalts oder eines Steuerberaters einzuholen. Kommt der Steuerpflichtige dem nicht nach, liegt nach dem BGH die Annahme von bedingtem Vorsatz nahe.

Sofern eine Steuerverkürzung nicht vorsätzlich, sondern lediglich leichtfertig herbeigeführt wird, liegt keine vorsätzliche Steuerhinterziehung i.S.v. § 370 Abs. 1 AO vor, sondern lediglich eine Steuerordnungswidrigkeit in Gestalt der leichtfertigen Steuer-

---

380 *BGH* Urt. v. 17.3.2009 – 1 StR 627/08, NJW 2009, 1979.
381 *BGH* Urt. v. 16.12.2009 – 1 StR 491/09, HFR 2010, 866.
382 *BGH* Urt. v. 8.9.2011 – 1 StR 38/11, wistra 2011, 465.

Demuth/Kaiser

verkürzung nach § 378 Abs. 1 AO. Leichtfertig handelt nach ständiger Rechtsprechung des BGH, wer die Sorgfalt außer Acht lässt, zu der er nach den besonderen Umständen des Einzelfalles und seinen persönlichen Fähigkeiten und Kenntnissen verpflichtet und im Stande ist, obwohl sich ihm aufdrängen musste, dass dadurch eine Steuerverkürzung eintreten wird.[383] Das Merkmal der Leichtfertigkeit ist in etwa mit dem zivilrechtlichen Begriff der groben Fahrlässigkeit vergleichbar. Nach einem Urteil des OLG Karlsruhe handelt leichtfertig, wer „aus besonderem Leichtsinn oder besonderer Gleichgültigkeit fahrlässig handelt"[384]. Bei der Auswahl von Hilfspersonen kann ein leichtfertiges Verhalten darin liegen, dass der Steuerpflichtige die Erledigung seiner Buchführung oder die Fertigung seiner Abschlüsse und Steuererklärungen Personen überträgt, von denen er auf Grund bestimmter Anhaltspunkte im Voraus hätte annehmen müssen, dass sie der Aufgabe nicht gewachsen oder hierfür aus charakterlichen Gründen nicht oder nur bedingt geeignet sein würden.[385] Eine Überwachung von Hilfspersonen ist auch bei gegebener fachlicher und charakterlicher Eignung erforderlich, zumindest in Form gelegentlicher Stichproben.[386] Jeder Steuerpflichtige, der sich der Hilfe anderer fachkundiger Personen bedient, muss sich im Rahmen des ihm Möglichen und Zumutbaren vergewissern, ob seine Angestellten die ihnen übertragenen Aufgaben ordnungsgemäß ausführen.[387] Eine besondere, auf einen einzelnen Vorgang bezogene Prüfungspflicht ist bei Routinegeschäften aber nur ausnahmsweise anzunehmen.[388] Auf die weiteren oben genannten und in der Praxis wichtigen Tatbestände der §§ 26b, 26c UStG sowie die §§ 30, 130 OWiG wird unten näher eingegangen.

III. Persönliche Haftung für Steuerschuld des Unternehmens

Bei einem Verstoß gegen steuerliche Pflichten droht der Geschäftsleitung eines Unter- **402** nehmens nicht nur ein Straf- oder Ordnungswidrigkeitenverfahren.[389] Daneben ist unter bestimmten Voraussetzungen auch eine persönliche Haftung für Steuerschulden des Unternehmens möglich. Eine solche Haftung kann – da grundsätzlich unbeschränkt – unter Umständen deutlich gravierendere Folgen haben als eine strafrechtliche Verfolgung; im Extremfall kann sie sogar den wirtschaftlichen Ruin der betroffenen Person bedeuten. Vor diesem Hintergrund wird die Bedeutung steuerlicher Compliance für die Geschäftsleitung auch in persönlicher Hinsicht mehr als deutlich. Die persönliche Haftung für Steuern des Unternehmens wird insbesondere, aber nicht nur, in einer Krise bzw. bei späterer Insolvenz des Unternehmens relevant. In diesem Fall prüft die Finanzverwaltung routinemäßig, ob sie ihre offenen Steuerforderungen nicht auch bei den Organen und Vertretern der Gesellschaft geltend machen kann.[390]

---

383 *BGH* Urt. v. 16.12.2009 – 1 StR 491/09, Rn. 40, HFR 2010, 866; *BGH* Urt. v. 8.9.2011, wistra 2011, 465 Rn. 17.
384 *OLG Karlsruhe* Urt. v. 9.3.1971 – 3 Ss (B) 104/70, DB 1972, 661.
385 Vgl. *Joecks* in: Franzen/Gast/Joecks, Steuerstrafrecht, 7. Aufl. 2009, § 378 AO Rn. 41.
386 Vgl. *Joecks* in: Franzen/Gast/Joecks, Steuerstrafrecht, 7. Aufl. 2009, § 378 AO Rn. 42.
387 *OLG Karlsruhe* DB 1972, 661.
388 *OLG Karlsruhe* DB 1961, 437. Vgl. *Joecks* in Franzen/Gast/Joecks, Steuerstrafrecht, 7. Aufl. 2009, 378 AO Rn. 42.
389 Vgl. oben Rn. 398–401 zu den einzelnen Tatbeständen.
390 *Peetz* GmbHR 2009, 186.

403 Die persönliche Haftung für Steuerschulden eines Unternehmens ist in §§ 69, 71 AO (Haftungstatbestände) sowie §§ 34, 35 AO (potentielle Haftungsschuldner i.R.d. § 69 AO) geregelt. Während § 71 AO bei einer Steuerhinterziehung (zu Gunsten des Unternehmens) oder Teilnahme hieran Anwendung findet, genügt für die Haftung nach § 69 AO bereits die grob fahrlässige Verletzung einer (beliebigen) steuerlichen Pflicht durch ein Mitglied der Geschäftsleitung.

1. Umfang der Haftung und Haftungsbescheid

404 Ziel der Haftung nach §§ 69, 71 AO ist es, Steuerausfälle auszugleichen, die durch schuldhafte Pflichtverletzungen (im Fall des § 71 AO in Form der Steuerhinterziehung) der Geschäftsleitung des Unternehmens (Steuerschuldner) verursacht worden sind. Beide Haftungsnormen haben Schadensersatzcharakter. Hinsichtlich der Feststellung des Schadenumfangs unterscheiden sich § 71 und § 69 AO nicht. Als Haftungsmasse steht dem Fiskus jeweils das gesamte Privatvermögen unbeschränkt zur Verfügung.

405 Für einen Durchgriff der Finanzverwaltung auf das persönliche Vermögen des Haftungsschuldners ist der Erlass eines sog. Haftungsbescheids (§ 191 Abs. 1 S 1 AO) notwendig. Ein Durchgriff auf Grundlage eines an die Gesellschaft gerichteten Steuerbescheids ist nicht möglich.

406 Der Erlass eines Haftungsbescheids und die Entscheidung, gegen welche Personen er gerichtet wird, liegt im pflichtgemäßen Ermessen der Finanzverwaltung, § 191 Abs. 1 S. 1 AO. Die Finanzverwaltung ist gesetzlich nicht verpflichtet, sich zunächst an den Steuerschuldner (Unternehmen) und erst danach an den Haftungsschuldner zu halten.[391] Jedoch ergeht in der Praxis in aller Regel ein Haftungsbescheid erst dann, wenn eine Erfüllung der Steuerschuld durch das Unternehmen nicht zu erwarten ist.[392]

407 Ein oder mehrere Haftungsschuldner haften neben dem Unternehmen als Gesamtschuldner, § 44 AO. Insofern kann nach der Inanspruchnahme nur eines oder einzelner Schuldner ein zivilrechtlicher Innenausgleich gem. § 426 BGB durchgesetzt werden.

2. Haftungsnorm des § 69 AO

408 Nach § 69 AO haften die in den §§ 34, 35 AO bezeichneten Personen, soweit Ansprüche aus dem Steuerschuldverhältnis (§ 37 AO) infolge vorsätzlicher oder grob fahrlässiger (leichtfertiger) Verletzung der ihnen auferlegten Pflichten nicht oder nicht rechtzeitig festgesetzt oder erfüllt werden oder soweit infolgedessen Steuervergütungen oder Steuererstattungen ohne rechtlichen Grund gezahlt werden.

2.1 Haftungsschuld

409 Die Inhaftungnahme der Geschäftsleitung ist grundsätzlich vom Bestehen einer originären Steuerschuld der Gesellschaft abhängig (Grundsatz der Akzessorietät). Erlischt die originäre Steuerschuld der Gesellschaft (etwa durch Tilgung oder bei Festsetzungsverjährung), scheidet eine persönliche Haftung aus (Ausnahme: Steuerhinterziehung, § 191 Abs. 5 S. 2 AO). Dem potentiellen Haftungsschuldner stehen also grundsätzlich dieselben Einwendungen wie der Gesellschaft zur Verfügung. Dies gilt aber

---

391 *Klein* Abgabenordnung, 11. Aufl. 2012, § 219 Rn. 8.
392 *Talaska* BB 2012, 1195, 1198.

nicht, wenn die Steuer gegenüber der Gesellschaft (unanfechtbar) festgesetzt ist und der potentielle Haftungsschuldner als Vertreter die Festsetzungen hätte angreifen können und hierzu rechtlich in der Lage war (§ 166 AO). In diesem Fall sind ihm die Einwendungen abgeschnitten.[393]

2.2 Der Haftungsschuldner

Haftungsschuldner sind gem. § 69 AO die Vertreter des Unternehmens i.S.d. §§ 34, 35 AO, insbesondere: **410**

– das Vorstandsmitglied einer AG;
– der Geschäftsführer einer GmbH;
– der zur Geschäftsführung berufene Gesellschafter einer KG, OHG oder GbR, bei diesen kommt auch eine Haftung nach § 128 HGB (analog) in Betracht, die nicht vom Verschulden abhängt;
– der Prokurist jedoch nur, sofern die im Streit stehende steuerliche Pflicht dem ihm allgemein zugewiesenen Geschäftsbereich zugehört oder er sie darüber hinaus nach außen hin wahrgenommen hat;[394]
– der sog. faktische Geschäftsführer/Vorstand oder jeder andere Dritte, der i.S.v. § 35 AO als Verfügungsberechtigter über die Mittel der Gesellschaft verfügen kann oder zumindest nach außen derart aufritt und rein faktisch in der Lage ist, die steuerlichen Pflichten der GmbH zu erfüllen.[395]

Die im Folgenden dargestellten Haftungsgrundsätze zu § 69 AO sind vom BFH anhand der Haftung von Geschäftsführern einer GmbH entwickelt worden, gelten aber insbesondere auch für Vorstände einer AG.[396] Diese beiden Gesellschaftsformen bzw. Haftungsschuldner spielen i.R.v. § 69 AO die bei weitem größte Rolle. Vertreter von Personengesellschaften sind zwar wie gesehen ebenfalls erfasst, aber deren Inhaftungnahme ist häufig gar nicht nötig, weil sie als Gesellschafter ohnehin Schuldner insbesondere der Einkommensteuer sind. Deren Haftung gem. § 69 AO kommt nur für Steuerarten in Betracht, bei denen die Personengesellschaft als eigene Rechtspersönlichkeit selbst Steuerschuldner ist (z.B. bei Gewerbe- und Umsatzsteuer). **411**

Beratungshinweis: Übernimmt ein externer Berater (insb. Rechtsanwalt oder Steuerberater) nach außen hin Geschäftsführungsaufgaben, besteht die Gefahr, dass er als faktischer Geschäftsführer angesehen wird und sich dem Haftungsrisiko nach § 69 AO aussetzt.[397] **412**

Neben einem faktischen Geschäftsführer/Vorstand bleiben die organschaftlichen Geschäftsführer/Vorstandmitglieder voll verantwortlich/haftbar.[398] **413**

Es kommt für die Haftung nicht auf eine Eintragung (etwa als Geschäftsführer einer GmbH) im Handelsregister an. Entscheidend ist die gesellschaftsrechtliche Bestellung. Auf die Wirksamkeit der Bestellung kommt es in aller Regel nicht an, da dann in der Regel zumindest die Haftung als faktischer Organwalter eingreift. **414**

---

393 *BFH* NJW 1994, 607.
394 *BFH* NJW 1985, 400.
395 *Oppenländer/Trölitzsch* § 27 Rn. 21; *Wellhöfer/Peltzer/Müller* § 3 Rn. 86.
396 *Talaska* BB 2012, 1195, 1196 m.w.N.
397 *Streck/Mack/Schwedhelm* Rn. 6.278.
398 *BFH* 12.5.2009 – VII B 266/08.

415 Die Haftung dauert an, bis das Mitglied der Geschäftsleitung seine Organstellung wieder verliert, sei es durch Abberufung oder durch Niederlegung. Auf die Eintragung der Beendigung der Vertretungsbefugnis im Handelsregister kommt es – wie bei der Bestellung – nicht an: mit der Abberufung/Niederlegung endet die Haftung nach § 69 AO. Auch aus § 15 HGB (Publizität des Handelsregisters) ergibt sich nichts anderes, da für die Haftung des gesetzlichen Vertreters der öffentliche Glaube des Handelsregisters zum Schutz des Geschäftsverkehrs ohne Bedeutung ist.[399]

416 Es ist aber § 36 AO zu beachten, wonach das Erlöschen der Vertretungsmacht oder der Verfügungsbefugnis die entstandenen Pflichten unberührt lässt, soweit diese den Zeitraum betreffen, in dem die Vertretungs- oder Verfügungsmacht noch bestanden hat und der Verpflichtete sie erfüllen kann. So bleibt etwa der ausgeschiedene Geschäftsführer für die Veranlagungszeiträume, in denen er noch Geschäftsführer war, grundsätzlich steuererklärungspflichtig.

2.3 Pflichtverletzung

417 Zu den Pflichten der in §§ 34, 35 AO genannten Personen (im Folgenden: „Vertreter") gehört die Erfüllung der steuerlichen Pflichten der Gesellschaft. Nur die Verletzung dieser (öffentlich-rechtlichen) Pflichten kann eine Haftung gem. § 69 AO begründen; der bloße Verstoß gegen gesellschaftsrechtliche Pflichten führt nicht zu einer steuerlichen Haftung. Zu den steuerlichen Pflichten gehören u.a. die Aufzeichnungs- und Buchführungspflichten, die Steuererklärungspflichten, die Einbehaltungs- und Abführungspflichten bei Abzugsteuern und die Zahlungspflichten. Die Verletzung einer dieser Pflichten ist Haftungsvoraussetzung.

418 Bei einer mehrköpfigen Geschäftsleitung hat jedes einzelne Mitglied die steuerlichen Pflichten der Gesellschaft zu erfüllen (**Grundsatz der Gesamtverantwortung**); bei Nichterfüllung dieser Pflichten trifft alle Mitglieder der Geschäftsleitung eine solidarische Verantwortung.[400] Durch eine interne, **schriftliche** (!)[401] (z.B. in einem Gesellschafterbeschluss oder in einem von den Organmitgliedern beschlossenen Geschäftsverteilungsplan) **Zuständigkeitsverteilung** kann die Haftung zumindest begrenzt werden: Der nicht mit den steuerlichen Angelegenheiten der Gesellschaft betraute Vertreter kann nicht haftbar gemacht werden, wenn er sich fortwährend von dem pflichtgemäßen Verhalten des zuständigen Vertreters überzeugt hat (Überwachungspflicht). Dafür ist es erforderlich, aber auch ausreichend, sich „generelle Kenntnis" davon zu verschaffen, dass die Geschäftsführung durch den zuständigen Vertreter ordnungsgemäß ist. Welche Überwachungsmaßnahmen und organisatorischen Vorkehrungen erforderlich sind, ist Frage des Einzelfalls.[402]

419 **Beratungshinweis**: In der Krise eines Unternehmens verliert eine derartige interne Zuständigkeitsverteilung ihre Wirkung. Alle Mitglieder der Geschäftsleitung sind wieder für alles zuständig und verantwortlich.[403]

420 Die Delegation steuerlicher Pflichten auf Hilfspersonen (Steuerabteilung, Berater, Buchhalter) führt nicht per se zur Entlastung der Geschäftsleitung. Die Erfüllungs-

---

399 *BFHE* 143, 203.
400 Ständige Rspr., vgl. nur *BGH* NJW 1997, 130.
401 *BFH* NJW 1985, 400; *BFH* GmbHR 1986, 288.
402 Vgl. zum Ganzen: *Klein* Abgabenordnung, 11. Aufl. 2012, § 69 Rn. 105 ff.
403 *BFH* GmbHR 2006, 894.

Demuth/Kaiser

pflicht wandelt sich dann in eine Auswahlsorgfalts-, Instruktions- und Überwachungspflicht um.[404] Bei unterlassener Überwachung eines sorgfältig ausgewählten, mit steuerlichen Angelegenheiten beauftragten Mitarbeiters liegt ein die Geschäftsführerhaftung begründendes, grob fahrlässiges Verhalten jedoch i.d.R. nur dann vor, wenn die Überwachungsmaßnahmen, zu deren Vornahme im Einzelfall Anlass bestand, auch geeignet gewesen wären, die Beanstandungen zu verhindern.[405]

Beratungshinweis: In einer Krise des Unternehmens ist der Überwachungspflicht in   **421**
gesteigertem Maße Rechnung zu tragen, da die laufende Erfüllung der Verbindlichkeiten nicht mehr gewährleistet erscheint.[406]

2.4 Schaden und Kausalität

Haftungsvoraussetzung ist die Entstehung eines Steuerschadens, für welchen die   **422**
Pflichtverletzung des Vertreters ursächlich war. Ein Schaden entsteht, wenn eine Festsetzung von Steuern unterbleibt, zu niedrig ausfällt, nicht rechtzeitig erfolgt oder Steuern bei Fälligkeit nicht oder nicht vollständig gezahlt werden.

Für den Schaden sind nur solche Pflichtverletzungen kausal, die erfahrungsgemäß   **423**
geeignet sind, diesen Steuerschaden zu verursachen. Wäre der Schaden auch ohne die Pflichtverletzung eingetreten, fehlt es an der erforderlichen Kausalität.[407]

2.5 Verschulden und Enthaftung

Eine Inhaftungnahme setzt weiter voraus, dass der Vertreter die steuerliche Pflicht   **424**
vorsätzlich oder grob fahrlässig (leichtfertig) verletzt hat. Es gilt also nach dem Gesetz ein erhöhter Verschuldensmaßstab (einfache Fahrlässigkeit reicht nach dem Wortlaut nicht). Allerdings führt die insofern strenge Rechtsprechung des BFH im Ergebnis in aller Regel dazu, dass der Vertreter für eine objektiv vorliegende Pflichtverletzung immer auch subjektiv verantwortlich ist: Entweder er hat es unterlassen, sich die notwendigen Kenntnisse über die steuerrechtlichen Fragen anzueignen, was jedenfalls grob fahrlässig ist, oder er handelt unter Verletzung ihm bekannter Vorschriften und damit vorsätzlich.[408] So indiziert nach der Rechtsprechung des BFH etwa die in der Nichtentrichtung fälliger Steuern liegende objektive Pflichtwidrigkeit den gegenüber dem Vertreter zu erhebenden Schuldvorwurf (Vorsatz oder Fahrlässigkeit).[409]

Folgende beispielhaft aufgezählte Gesichtspunkte können die Pflichtverletzung regel-   **425**
mäßig **nicht** entschuldigen:[410]

– der Vertreter ist nur Strohmann und kann weder die Geschäfte führen, noch hat er Zugriff auf Geschäftskonten oder -unterlagen,[411]
– eine Globalzession lässt dem Vertreter keine Freiräume für eigene Entscheidungen,[412]

---

404 *BFH* 26.11.2008 – V B 210/07.
405 *BFH* NJW 1995, 1920 m.w.N.
406 *BFH* NJW 1985, 400.
407 *Talaska* BB 2012, 1195, 1197.
408 *Neusel* GmbHR 1997, 1129, 1133.
409 *BFH* 25.7.2003 – VII B 240/02.
410 Weitere Beispiele aus der Rspr. zum Geschäftsführer einer GmbH in *Neusel* GmbHR 1997, 1129, 1133.
411 *BFH* 17.1.1989 – VII B 96-97/88.
412 *BFH* 13.7.1994 – I R 112/91.

– der Vertreter war in der Einarbeitungszeit und hatte noch keinen Überblick für die Geschäfte,[413]
– Gesellschafter gängeln und entmündigen den Vertreter,[414]
– der Vertreter benachteiligt das Finanzamt, um das Unternehmen zu retten.[415]

Zusammenfassend: Eine Inhaftungnahme scheitert in aller Regel nicht an fehlendem Verschulden!

3. Haftungsnorm des § 71 AO

426 Die Haftung für Steuerschulden des Unternehmens droht nicht nur den Vertretern i.S.d. §§ 34, 35 AO. Gemäß § 71 AO haften auch diejenigen Personen, die – zu Gunsten des Unternehmens – den Tatbestand der Steuerhinterziehung (§ 370 AO) oder der Steuerhehlerei (§ 374 AO) erfüllen bzw. hieran teilnehmen. Insofern ist etwa an (nichtvertretungsberechtigte) Gesellschafter einer Personengesellschaft, Aufsichtsorgane (Aufsichtsrat/Beirat) und Berater (Rechtsanwalt, Sanierungsberater, Steuerberater etc.) zu denken. Grundsätzlich kann sich jeder Mitarbeiter eines Unternehmens – unabhängig von seiner Hierarchieebene – als Täter oder Teilnehmer zugunsten des Steuerschuldners (des Unternehmens) strafbar machen und gem. § 71 AO in Haftung genommen werden.[416] Dies gilt selbstverständlich auch für die in §§ 34, 35 AO bezeichneten Personen. Die Haftung nach § 71 AO und die Haftung nach § 69 AO können gleichzeitig und nebeneinander eintreten bzw. bestehen.[417]

427 Voraussetzung der Haftung nach § 71 AO ist, dass objektiver und subjektiver Tatbestand der Steuerhinterziehung bzw. der Beihilfe hierzu erfüllt sind. Hinsichtlich der tatbestandlichen Voraussetzungen kann auf die Ausführungen unter Rn. 398 ff. verwiesen werden.

428 Die Finanzbehörde trägt bei beabsichtigter Inhaftungnahme die Feststellungslast für das Vorliegen des Straftatbestandes. Für das Vorliegen einer Steuerhinterziehung ist dabei kein höherer Grad von Gewissheit erforderlich als für die Feststellung anderer Tatsachen, für die die Finanzbehörde die Feststellungslast trägt.[418] Beweismaßerleichterungen, die im Besteuerungs- und Finanzgerichtsverfahren in Folge der Verletzung von Mitwirkungspflichten eintreten, dürfen bei der Feststellung einer Steuerhinterziehung oder Steuerhehlerei dem Grunde und der Höhe nach aber nicht genutzt werden.[418]

429 Die Finanzbehörde ist an die Rechtsauffassung und die tatsächlichen Feststellungen eines Strafgerichts nicht gebunden.[419] Der Freispruch eines Strafgerichts wegen des Verdachts der Steuerhinterziehung schließt eine Inhaftungnahme nach § 71 AO also nicht zwingend aus. Umgekehrt zieht eine steuerliche Inhaftungnahme – auch wenn durch den BFH bestätigt – nicht unbedingt eine strafrechtliche Verurteilung nach sich. Ein Strafgericht ist nicht gebunden, zumal im Strafrecht höhere Beweisanforderungen gelten. Eine strafbefreiende Selbstanzeige wirkt nur strafbefreiend, eine Haftung nach § 71 AO bleibt weiterhin möglich.

---

413 *BFH* 9.2.1988 – VII B 169/87.
414 *BFH* 25.4.1989 – VII S 15/89.
415 *BFH* 17.7.1984 – VIII S 9/84.
416 *Geuenich/Kiesel* BB 2012, 155, 157.
417 *BFH* NJW 1985, 400.
418 *BFH* NJW 2007, 1310.
419 *BFHE* 107, 168.

IV. Schwarzgeldbekämpfungsgesetz vom 28.4.2011/Neuregelung der Vorschriften zur Selbstanzeige/§ 398a AO/AStBV

1. Neuregelung der Selbstanzeige § 371 AO

Nach § 371 AO wird, „wer gegenüber der Finanzbehörde zu allen unverjährten Steu-   **430** erstraftaten einer Steuerart in vollem Umfang die unrichtigen Angaben berichtigt, die unvollständigen Angaben ergänzt oder die unterlassenen Angaben nachholt, wegen dieser Steuerstraftaten nicht nach § 370 AO bestraft". Die Selbstanzeige i.S.v. § 371 AO stellt einen persönlichen Strafaufhebungsgrund dar.[420]

Beratungshinweis: Für eine Selbstanzeige sind keine besonderen Formalien erforder-   **431** lich, insbesondere sollte die Offenlegung nicht ausdrücklich als Selbstanzeige bezeichnet sein.

Nach bisheriger ständiger BGH-Rechtsprechung stellt auch die Umsatzsteuer-Jahres-   **432** erklärung eine Selbstanzeige bzgl. etwaig zuvor durch die Abgabe unrichtiger Umsatzsteuer-Voranmeldungen begangener Steuerhinterziehungen dar, ein ausdrücklicher Hinweis des Steuerpflichtigen ist hierfür nicht erforderlich.[421]

Das in § 371 AO niedergelegte Recht der strafbefreienden Selbstanzeige wurde im Zuge   **433** des Schwarzgeldbekämpfungsgesetzes vom 28.4.2011[422] grundlegend neu geregelt und deren Möglichkeiten erheblich eingeschränkt. Insbesondere wurde die sog. „Teilselbstanzeige" abgeschafft und für Steuerhinterziehungen mit einem Verkürzungsbetrag von mehr als 50 000 EUR die Strafbefreiung grundsätzlich ausgeschlossen. Für den letztgenannten Fall besteht allerdings die Möglichkeit, zu einer Verfahrenseinstellung über § 398a AO zu gelangen, der neben einer Nachzahlung der hinterzogenen Steuern eine zusätzliche Geldzahlung verlangt (siehe hierzu unten). Eine weitere wesentliche Verschärfung i.R.d. § 371 AO besteht darin, dass der Betroffene alle strafrechtlich noch verfolgbaren Taten derselben Steuerart in einem Schritt „vollständig" anzeigen muss, um Straffreiheit zu erreichen.[423]

Nach der neuen Rechtslage liegt demnach eine wirksame Selbstanzeige nur dann vor,   **434** wenn der Steuerpflichtige für sämtliche strafrechtlich nicht verjährten Steuerstraftaten einer Steuerart „in vollem Umfang die unrichtigen Angaben berichtigt".

Beratungshinweis: Nach diesen Grundsätzen ist z.B. die Korrektur einer Umsatz-   **435** steuer-Voranmeldung oder einer Umsatzsteuer-Jahreserklärung grundsätzlich nur dann als wirksame Selbstanzeige i.S.v. § 371 AO einzustufen, wenn mit ihr sämtliche etwaig zuvor begangenen und steuerstrafrechtlich noch nicht verjährten Steuerstraftaten (betreffend die Umsatzsteuer) berichtigt wurden.

Die steuerstrafrechtliche Verjährungsfrist beträgt grundsätzlich fünf Jahre. In den Fäl-   **436** len einer Steuerhinterziehung in einem besonders schweren Fall verlängert sich die steuerstrafrechtliche Verjährungsfrist nach § 376 Abs. 1 AO auf zehn Jahre. Ein besonders schwerer Fall der Steuerhinterziehung liegt nach § 370 Abs. 3 Nr. 1 AO z.B. dann vor, wenn Steuern „in großem Ausmaß" verkürzt werden. Ein „großes Ausmaß" in diesem Sinne nimmt der BGH grundsätzlich bei Steuerverkürzungen von über

---

420 Vgl. *Joecks* in Franzen/Gast/Joecks, Steuerstrafrecht, 7. Aufl. 2009, § 371 AO, Rn. 32.
421 *BGH* wistra, 1999, 27.
422 BGBl I, 2011, 676.
423 Vgl. *Beckemper/Schmitz/Wegner/Wulf* wistra 2011, 281, 282.

100 000 EUR an, bei der Erschleichung von Vorsteuererstattungen zieht der BGH die Grenze bereits bei 50 000 EUR.

2. Geringfügige Abweichungen im Sinne der BGH-Rechtsprechung

437 Trotz des in § 371 AO enthaltenen Vollständigkeitsgebots sind geringfügige Differenzen zu den an sich erforderlichen vollständigen und wahrheitsgemäßen Angaben nach einer BGH-Entscheidung zu § 371 AO n.F. unschädlich.[424] Bei nur geringfügigen Abweichungen ist die Selbstanzeige demnach vollumfänglich wirksam, bei mehr als geringfügigen Abweichungen demgegenüber vollumfänglich unwirksam.

438 In dem Beschluss vom 25.7.2011 führt der BGH hierzu u.a. aus:

„Der Senat ist der Ansicht, dass nach der neuen Gesetzesfassung des § 371 Abs. 1 AO, die für die Wirksamkeit einer Selbstanzeige eine Berichtigung bzw. Nacherklärung „in vollem Umfang" verlangt, jedenfalls eine Abweichung mit einer Auswirkung von mehr als fünf Prozent vom Verkürzungsbetrag i.S.d. § 370 Abs. 4 AO nicht mehr geringfügig ist. Wurden damit z.B. im Rahmen einer Steuerhinterziehung Steuern im Umfang von 100 000 EUR verkürzt, so wären die Abweichungen in einer sich auf diese Tat beziehenden Selbstanzeige jedenfalls dann nicht mehr geringfügig, wenn durch die Selbstanzeige lediglich eine vorsätzliche Verkürzung von weniger als 95 000 EUR aufgedeckt würde. Allerdings führt nicht jede Abweichung unterhalb dieser (relativen) Grenze stets zur Annahme einer unschädlichen „geringfügigen Differenz". Vielmehr ist – in diesen Fällen – eine Bewertung vorzunehmen, ob die inhaltlichen Abweichungen vom gesetzlich vorausgesetzten Inhalt einer vollständigen Selbstanzeige noch als „geringfügig" einzustufen sind. Diese wertende Betrachtung kann auf der Grundlage einer Gesamtwürdigung der Umstände bei Abgabe der Selbstanzeige auch unterhalb der Abweichungsgrenze von 5 % die Versagung der Strafbefreiung rechtfertigen. Bei dieser Bewertung spielen neben der relativen Größe der Abweichungen im Hinblick auf den Verkürzungsumfang insbesondere auch die Umstände eine Rolle, die zu den Abweichungen geführt haben. Namentlich ist in die Würdigung mit einzubeziehen, ob es sich um bewusste Abweichungen handelt oder ob – etwa bei einer Schätzung der Besteuerungsgrundlagen – in der Selbstanzeige trotz der vorhandenen Abweichungen noch die Rückkehr zur Steuerehrlichkeit gesehen werden kann, denn gerade diese soll durch die Strafaufhebung gem. § 371 AO honoriert werden".

439 **Beratungshinweis:** Nach der BGH-Rechtsprechung führt damit eine Abweichung von über 5 % auf jeden Fall zur Unwirksamkeit der Selbstanzeige, bei einer Abweichung von unter 5 % entscheidet eine Gesamtwürdigung.

3. Sperrgründe im Rahmen der Selbstanzeige/Einstellung des Verfahrens nach § 398a AO/Bekanntgabe einer Prüfungsordnung

440 Der Gesetzgeber hat mit § 371 Abs. 2 Nr. 3 AO einen neuen Sperrgrund im Hinblick auf die Wirksamkeit/Unwirksamkeit der Selbstanzeige geschaffen, der in der bisherigen Fassung des § 371 AO nicht enthalten war. Nach § 371 Abs. 2 Nr. 3 AO tritt die Straffreiheit nach § 371 AO nicht ein, wenn die nach § 370 Abs. 1 AO verkürzte Steuer einen Betrag von 50 000 EUR je Tat übersteigt. Der Tatbegriff bezieht sich auf die materiell-rechtliche Tat im steuerlichen Sinn, die durch den Steuerpflichtigen, die

---

424 *BGH* NJW 2011, 3249.

Demuth/Kaiser

Steuerart und den Besteuerungszeitrum bestimmt wird.[425] Bei der Umsatzsteuer stellt z.B. jede Voranmeldung eine eigene materiell-rechtliche Tat in diesem Sinne dar.[426] Übersteigt der verkürzte Steuerbetrag die Grenze von 50 000 EUR, greift nicht mehr der persönliche Strafaufhebungsgrund der Selbstanzeige nach § 371 AO ein. In diesem Fall kann vielmehr lediglich noch unter den Voraussetzungen des § 398a AO Straffreiheit erlangt werden. § 398a AO lautet:

„In Fällen, in denen Straffreiheit nur deswegen nicht eintritt, weil der Hinterziehungsbetrag 50 000 EUR übersteigt (§ 371 Abs. 2 Nr. 3), wird von der Verfolgung einer Steuerstraftat abgesehen, wenn der Täter innerhalb einer ihm bestimmten angemessenen Frist

1. die aus der Tat zu seinen Gunsten hinterzogenen Steuern entrichtet und
2. einen Geldbetrag in Höhe von 5 % der hinterzogenen Steuer zugunsten der Staatskasse zahlt."

Beratungshinweis: I.R.d. § 398a AO sind zahlreiche Fragen umstritten und es besteht derzeit eine erhebliche Rechtsunsicherheit. **441**

Rechtsprechung zu § 398a AO existiert bislang – soweit ersichtlich – nicht, so dass hier **442** lediglich die in der Literatur diskutierten Fragen dargestellt werden. Unklar ist bereits, welche Rechtsnatur § 398a AO besitzt und nach welcher strafprozessualen Norm ein etwaig eingeleitetes Strafverfahren einzustellen ist.[427] Ausweislich der Gesetzesbegründung soll § 398a AO dem § 153a StPO „nachempfunden" sein.[428] Diese Nachbildung reicht allerdings nur insoweit, als es sich um eine Vorschrift bzgl. der Verfahrenseinstellung handelt; ansonsten unterscheiden sich die Regelungen erheblich, weshalb der Hinweis auf § 153a StPO in die Irre führt.[429]

Weiter hat der Gesetzgeber bei der Schaffung des § 398a AO nicht im Blick gehabt, **443** dass an einer Steuerhinterziehung mehrere Personen beteiligt sein können.[430] Demnach ist bislang unklar, ob in dem Fall, dass mehrere Täter der Steuerhinterziehung beschuldigt werden, jeder einzelne Täter den gesamten Betrag i.S.v. § 398a AO nachzuentrichten hat oder ob eine Aufteilung des Betrages zwischen den Beteiligten zu erfolgen hat. Beispielsweise ist unklar, ob beide Geschäftsführer einer GmbH den vollen Betrag nach § 398a AO entrichten müssten oder ob insofern eine Aufteilung stattzufinden hätte. Teilweise wird auch vertreten, dass der Fremdgeschäftsführer einer GmbH überhaupt keine Geldauflage i.S.v. § 398a AO zu entrichten habe, da er insofern keine Steuern „zu seinen Gunsten" hinterzogen habe. Die i.R.d. § 398a AO bestehenden Unklarheiten wurden hier lediglich beispielhaft und auszugsweise dargestellt, es existieren darüber hinaus zahlreiche weitere offene Fragen.

Nach § 371 Abs. 2 Nr. 1 Buchst. a AO ist die Selbstanzeige zudem gesperrt, „wenn bei **444** einer der zur Selbstanzeige gebrachten unverjährten Steuerstraftaten vor der Berichtigung, Ergänzung oder Nachholung dem Täter oder seinem Vertreter eine Prüfungsanordnung nach § 196 bekannt gegeben worden ist". Auch dieser Eintritt der Sperrwirkung bereits mit Bekanntgabe einer Prüfungsanordnung stellt eine Verschärfung im

---

425 BT-Drucks. 17/5067, 21.
426 *BGH* NJW 2009, 1984.
427 Vgl. *Schauf/Schwartz* PStR 2011, 117, 121.
428 BT-Drucks. 17/5067 (neu), 20.
429 Vgl. auch *Beckemper/Schmitz/Wegner/Wulf* wistra 2011, 281, 285.
430 Vgl. *Beckemper/Schmitz/Wegner/Wulf* wistra 2011, 281, 287.

Vergleich zur früheren Rechtslage dar. Nach der alten Fassung des § 371 AO war die Möglichkeit zur Abgabe einer strafbefreienden Selbstanzeige erst dann ausgeschlossen, wenn ein Amtsträger der Finanzbehörde vor Ort zur steuerlichen Prüfung und/oder zur Ermittlung einer Steuerstraftat oder einer Steuerordnungswidrigkeit erschienen war (sog. Fußmattentheorie). Der Sperrgrund des Erscheinens des Amtsträgers ist – wörtlich unverändert – in § 371 Abs. 2 Nr. 1 Buchst. c AO enthalten, ihm kommt nunmehr lediglich noch ein Auffangcharakter zu. Auch im Zusammenhang mit der Vorverlagerung der Sperrwirkung auf den Zeitpunkt der Bekanntgabe der Prüfungsanordnung bestehen zahlreiche Rechtsunsicherheiten, auf die hier lediglich überblicksartig eingegangen werden kann.

445 Anordnungen bzgl. Betriebsprüfungen oder Umsatzsteuer-Sonderprüfungen werden in der täglichen Praxis der Finanzbehörden regelmäßig nicht per förmlicher Zustellung dem Steuerpflichtigen bekannt gegeben, sondern vielmehr lediglich per einfachem Brief an diesen versendet. Folglich finden im Regelfall die Vorschriften der AO hinsichtlich der Bekanntgabe von Verwaltungsakten gem. § 122 AO Anwendung. Nach § 122 Abs. 2 AO gilt ein schriftlicher Verwaltungsakt, der durch die Post übermittelt wird, bei einer Übermittlung im Inland am 3. Tag nach der Aufgabe zur Post als bekannt gegeben, es sei denn er ist tatsächlich zu einem späteren Zeitpunkt zugegangen. Nach dem eindeutigen Wortlaut von § 122 Abs. 2 AO hat im Zweifel die Behörde den Zugang des Verwaltungsakts und den Zeitpunkt des Zugangs nachzuweisen. Nach der Rechtsprechung des BFH verlängert sich diese 3-Tages-Frist zwischen der Aufgabe eines Verwaltungsaktes zur Post und seiner vermuteten Bekanntgabe für den Fall, dass das Fristende auf einen Sonntag, gesetzlichen Feiertag oder Samstag fällt, bis zum nächstfolgenden Werktag.[431]

446 **Beratungshinweis:** Demnach gilt: Erhält der Betroffene die Anordnung einer Betriebsprüfung oder Umsatzsteuer-Sonderprüfung tatsächlich bereits vor Ablauf der 3-Tages-Frist, ist die Selbstanzeige grundsätzlich – bis zum Eintritt der Bekanntgabefiktion i.S.v. § 122 AO – noch möglich.[432]

447 Nach dem eindeutigen Wortlaut von § 371 Abs. 2 Nr. 1 Buchst. a AO tritt die Sperrwirkung ein, wenn dem „Täter oder seinem Vertreter eine Prüfungsanordnung nach § 196 AO bekannt gegeben worden ist". Der Gesetzgeber hat bei dieser Neuregelung des § 371 Abs. 2 Nr. 1 Buchst. a AO nicht berücksichtigt, dass im Rahmen von Betriebsprüfungen oder Umsatzsteuer-Sonderprüfungen bei juristischen Personen die Prüfungsanordnung regelmäßig an die juristische Person und nicht an die Organe der juristischen Peron adressiert sind. Etwaige Steuerstrafverfahren nach § 370 AO (Steuerhinterziehung) oder § 378 AO (leichtfertige Steuerverkürzung) werden jedoch nicht gegen juristische Personen, sondern gegen die Organe der juristischen Personen (beispielsweise dem Geschäftsführer einer GmbH) geführt. Demnach müsste man bei streng wortlautorientierter Anwendung eine Selbstanzeige in diesen Fällen trotz Bekanntgabe der Prüfungsanordnung an die juristische Person noch für möglich halten.[432] Auch darüber hinaus bestehen im Zusammenhang mit der Neuregelung des § 371 Abs. 2 Nr. 1 Buchst. a AO zahlreiche weitere Unklarheiten.[432]

---

431 *BFH* Urt. v. 14.10.2003 – IX R 68/98, BStBl. II 2003, 898.
432 Vgl. *Beckemper/Schmitz/Wegner/Wulf* wistra 2011, 281, 288.

4. Änderung der Anweisungen für das Straf- und Bußgeldverfahren (AStBV)/ Berichtigung von Umsatzsteuer-Voranmeldungen und Lohnsteuer-Anmeldungen

Die Neuregelung der Selbstanzeige durch das Schwarzgeldbekämpfungsgesetz (s. aus- **448** führlich oben) hat in der Praxis zu zahlreichen Problemen und Unklarheiten geführt. Besonders groß ist die Verunsicherung im Unternehmensbereich, insbesondere im Zusammenhang mit der Einreichung und Berichtigung von Umsatzsteuer-Voranmeldungen (die nachfolgend bezüglich Umsatzsteuer-Voranmeldungen gemachten Ausführungen gelten in vergleichbarer Weise auch hinsichtlich Lohnsteuer-Anmeldungen). Eine ggf. auch mehrfache Korrektur von Umsatzsteuer-Voranmeldungen war in der Vergangenheit insbesondere bei größeren Unternehmen übliche Praxis und teilweise aufgrund der Komplexität der Geschäftsvorgänge und der bestehenden Schwierigkeit der exakten Abbildung sämtlicher Umsätze zum Stichtag der Einreichung der Umsatzsteuer-Voranmeldung auch unumgänglich.

Beratungshinweis: Die Besonderheit bei der Umsatzsteuer besteht darin, dass eine **449** Steuerhinterziehung durch aktives Tun (§ 370 Abs. 1 Nr. 1 AO) oder eine Steuerhinterziehung durch Unterlassen (§ 370 Abs. 1 Nr. 2 AO) bereits dann vollendet ist, wenn zum gesetzlich bestimmten Termin die Umsatzsteuer-Voranmeldung nicht vorliegt oder die Umsatzsteuer-Voranmeldung zu niedrige Umsätze aufweist.[433]

Die Umsatzsteuer-Voranmeldung ist grundsätzlich bis zum 10. Tag nach Ablauf des **450** Voranmeldungszeitraums abzugeben (sofern keine Dauerfristverlängerung besteht). Demnach liegt beispielsweise mit Ablauf des 10.3.2013 eine vollendete Umsatzsteuerhinterziehung durch Unterlassen vor, sofern die Umsatzsteuer-Voranmeldung Februar 2013 bis zu diesem Zeitpunkt nicht an die Finanzbehörden übermittelt wurde. Hintergrund ist, dass Umsatzsteuer-Voranmeldungen als Steueranmeldungen i.S.v. § 150 Abs. 1 S. 3 AO einzustufen sind und damit einer Steuerfestsetzung unter dem Vorbehalt der Nachprüfung gleichstehen (§ 168 S. 1 AO).

Das Einreichen einer verspäteten Umsatzsteuer-Voranmeldung stellt grundsätzlich eine Selbstanzeige i.S.v. § 371 AO bzgl. der zuvor etwaig (vorsätzlich) verwirklichten Steuerhinterziehung durch Unterlassen (durch Nichtabgabe der Umsatzsteuer-Voranmeldung zum gesetzlich bestimmten Termin) dar. Sofern die Umsatzsteuer-Voranmeldung Februar 2013 z.B. verspätet am 15.3.2013 eingereicht wird, ist diese am 15.3.2013 verspätet eingereichte Umsatzsteuer-Voranmeldung grundsätzlich als strafbefreiende Selbstanzeige bzgl. der zuvor (durch Unterlassen der rechtzeitigen Einreichung der Umsatzsteuer-Voranmeldung Februar 2013 zum 10.3.2013) begangenen Steuerhinterziehung einzustufen. Früher waren diese Fälle in der Praxis mit nicht allzu großen Schwierigkeiten verbunden. Seit Inkrafttreten des Schwarzgeldbekämpfungsgesetzes hat sich dies jedoch geändert, insbesondere aufgrund der Tatsache, dass die neue Fassung des § 371 AO keine strafbefreienden Teilselbstanzeigen mehr vorsieht und Selbstanzeigen demnach nur noch dann strafbefreiende Wirkung entfalten, wenn zu allen strafrechtlich unverjährten Steuerstraftaten einer Steuerart (hier Umsatzsteuer) vollumfänglich die unrichtigen Angaben berichtigt werden. Nach diesen Grundsätzen wäre die verspätete Einreichung der Umsatzsteuer-Voranmeldung Februar 2013 am 15.3.2013 nur dann als wirksame und strafbefreiende Selbstanzeige bzgl. der zuvor begangenen Steuerhinterziehung durch Unterlassen (Nichtabgabe der Umsatzsteuer-

---

433 *BGH* NJW 1989, 2140.

Voranmeldung zum 10.3.2013) einzustufen, wenn mit ihr sämtliche etwaig zuvor begangenen und steuerstrafrechtlich noch nicht verjährten Steuerstraftaten betreffend die Umsatzsteuer berichtigt wurden.

451 **Beratungshinweis:** Die Sicherstellung einer derartigen Vollständigkeit i.S.v. § 371 AO ist insbesondere bei größeren Unternehmen schwierig und in der Praxis kaum sicherzustellen, da insofern sämtliche Umsätze der vergangenen Jahre bzgl. der strafrechtlich noch nicht verjährten Zeiträume überprüft werden müssten.

452 Zu einer zusätzlichen und erheblichen Verunsicherung hat in diesem Zusammenhang die Änderung der Anweisungen für das Straf- und Bußgeldverfahren (AStBV) beigetragen. Bei den AStBV handelt es sich um eine Verwaltungsanweisung für Steuerstrafverfahren und Bußgeldverfahren. Die Finanzverwaltung verfolgt mit den AStBV das Ziel, für das Steuerstrafrecht – ebenso wie für das Steuerrecht z.B. in Gestalt der Lohnsteuerrichtlinien oder dem Umsatzsteuer-Anwendungserlass – bundeseinheitliche und bindende Anweisungen vorzugeben.[434] Nach der alten Fassung der AStBV (AStBV 2011) konnten die Veranlagungsbeamten davon absehen, verspätete Umsatzsteuer-Voranmeldungen an die Bußgeld- und Strafsachenstellen vorzulegen (Nr. 132 Abs. 1 S. 4 AStBV 2011). Hiermit ging in der Vergangenheit die Praxis einher, Umsatzsteuer-Voranmeldungen ggf. auch mehrfach zu korrigieren, straf- oder bußgeldrechtliche Risiken waren hiermit in der Regel nicht verbunden. Zum 31.10.2011 erfolgte eine Neufassung der AStBV (AStBV 2012) und u.a. auch die Streichung des ursprünglich in Nr. 132 Abs. 1 AStBV 2011 enthaltenen Satzes 4. Im Zuge dessen hatten die Veranlagungsstellen grundsätzlich bei strikter Beachtung des Wortlautes der AStBV 2012 jede verspätet eingereichte Umsatzsteuer-Voranmeldung an die Bußgeld- und Strafsachenstellen weiterzuleiten.

453 Nach deutlicher Kritik durch zahlreiche Verbände und durch das Fachschrifttum haben nunmehr mit Wirkung vom 30.10.2012 die AStBV 2013 die AStBV 2012 abgelöst. Die neue Fassung von Nr. 132 Abs. 2 AStBV 2013 lautet: „Bei der Umsatz- und Lohnsteuer sind berichtigte oder verspätet abgegebene Steuer(vor)anmeldungen nur in begründeten Einzelfällen an die BuStra weiterzuleiten. Kurzfristige Terminüberschreitungen und geringfügige Abweichungen sind unschädlich, es sei denn, es bestehen zusätzliche Anhaltspunkte für eine Steuerhinterziehung oder leichtfertige Steuerverkürzung. Liegen derartige Anhaltspunkte vor, kann die Abgabe einer vollständigen und richtigen Umsatzsteuer-Jahreserklärung als Selbstanzeige hinsichtlich unrichtiger, unvollständiger oder unterlassener Angaben in den zuvor abgegebenen Umsatzsteuer-Voranmeldungen dieses Jahres gewertet werden. Für die Wirksamkeit der Selbstanzeige bedarf es dann keiner gesonderten Korrektur des einzelnen Voranmeldungszeitraums."

454 Im Zuge der erneuten Änderung von Nr. 132 AStBV ist nun – zumindest behördenintern – geregelt, dass die Finanzbehörden berichtigte oder verspätet eingereichte Steuer(vor)anmeldungen nicht stets, sondern nur in begründeten Einzelfällen an die Bußgeld- und Strafsachenstellen (BuStra) weiterzuleiten haben. Dies ist begrüßenswert, schafft jedoch nur in begrenztem Umfang Rechtssicherheit für die beteiligten Unternehmer und Berater. Zum Einen handelt es sich bei den AStBV um verwaltungsinterne Anweisungen, die weder Staatsanwaltschaften noch Gerichte binden. Vor dem

---

434 Vgl. *Kemper* in Rolletschke/Kemper, Steuerverfehlungen, Kommentar zum Steuerstrafrecht, Loseblatt, Stand Mai 2009, § 385 Rn. 35.

Hintergrund des klaren Wortlauts von § 371 AO und des darin enthaltenen Vollständigkeitsgebots ist eine – von Nr. 132 Abs. 2 AStBV 2013 abweichende – Beurteilung durch Staatsanwaltschaften oder Gerichte durchaus möglich.[435] Auch die in Nr. 132 Abs. 2 AStBV 2013 enthaltenen unbestimmten Rechtsbegriffe in Gestalt des begründeten Einzelfalls, der kurzfristigen Terminüberschreitung oder der Grenze der Geringfügigkeit tragen nicht unbedingt zu einer gesicherten und für Unternehmen und Berater praxisgerechten Rechtsanwendung bei. Rechtssicherheit kann letztendlich nur durch eine Gesetzesänderung des § 371 AO oder durch ein BGH-Urteil hergestellt werden, das die Regelung in Nr. 132 Abs. 2 AStBV 2013 bestätigt.

Beratungshinweis: Vor diesem Hintergrund sollten im Zusammenhang mit der Einrei- **455** chung von Umsatzsteuer-Voranmeldungen unbedingt die folgenden Punkte berücksichtigt werden:[436]

- Umsatzsteuer-Voranmeldungen sind fristgerecht den Finanzbehörden zu übermitteln, erforderlichenfalls ist rechtzeitig ein Fristverlängerungsantrag nach § 109 AO zu stellen.
- Sofern im Zeitpunkt der Einreichung der Umsatzsteuer-Voranmeldung Zweifel an der Richtigkeit oder Vollständigkeit der erklärten Umsätze bestehen, sollten diese möglichst mit einem Sicherheitszuschlag geschätzt werden und auf diese Schätzung in einem Begleitschreiben hingewiesen werden. Gegen etwaig zu hohe Schätzungen kann im Einspruchswege vorgegangen werden.
- Sofern eine verspätet eingereichte oder unrichtige Umsatzsteuer-Voranmeldung im Wege einer Selbstanzeige i.S.v. § 371 AO korrigiert wird, muss diese Selbstanzeige sämtliche etwaig zuvor begangenen und steuerstrafrechtlich noch nicht verjährten Steuerstraftaten betreffend die Umsatzsteuer umfassen. Ggf. ist auch hier hinzu zu schätzen.

Die eben genannten Beratungshinweise gelten in vergleichbarer Weise für die Einrei- **456** chung von Lohnsteuer-Anmeldungen.

5. Bußgeldbefreiende Selbstanzeige nach § 378 Abs. 3 AO

Sofern eine leichtfertige Steuerverkürzung nach § 378 Abs. 1 AO verwirklicht ist, sind **457** die Regelungen bezüglich der bußgeldbefreienden Selbstanzeige nach § 378 Abs. 3 AO zu beachten. Nach § 378 Abs. 3 AO wird eine Geldbuße nicht festgesetzt, „soweit der Täter gegenüber der Finanzbehörde die unrichtigen Angaben berichtigt, bevor ihm oder seinem Vertreter die Einleitung eines Straf- oder Bußgeldverfahrens wegen der Tat bekannt gegeben worden ist".

Beratungshinweis: Anders als bei der Selbstanzeige nach § 371 AO (vorsätzliche Steu- **458** erhinterziehung) kann der Betroffene im Rahmen der leichtfertigen Steuerverkürzung (§ 378 AO) eine bußgeldbefreiende Selbstanzeige auch dann noch abgeben, wenn ihm zuvor eine Betriebsprüfungs-Anordnung oder Umsatzsteuer-Sonderprüfungs-Anordnung bekannt gegeben wurde. Auch wenn die Betriebsprüfung „im Haus" ist, ist die bußgeldbefreiende Selbstanzeige nicht gesperrt.

Im Gegensatz zur Selbstanzeige i.S.v. § 371 AO („Selbstanzeige bei vorsätzlicher Steu- **459** erhinterziehung") hat der Gesetzgeber im Zuge des Schwarzgeldbekämpfungsgeset-

---

435 Vgl. *Zugmaier/Kaiser* DStR 2013, 18.
436 Vgl. *Schwartz* PStR 2012, 120 ff.

zes bei der bußgeldbefreienden Selbstanzeige i.S.v. § 378 Abs. 3 AO keine Verschärfungen eingeführt. Insbesondere gilt bei der bußgeldbefreienden Selbstanzeige i.S.v. § 378 Abs. 3 AO weder das i.R.d. § 371 AO eingeführte Vollständigkeitsgebot noch findet bei § 378 Abs. 3 AO die oben dargestellte Regelung des § 398a AO Anwendung.

V. Berichtigungspflicht nach § 153 AO

460 Erhebliche Bedeutung in der Praxis hat die Berichtigungspflicht nach § 153 AO.

§ 153 Abs. 1 S. 1 Nr. 1 AO lautet:

„Erkennt ein Steuerpflichtiger nachträglich vor Ablauf der Festsetzungsfrist,

1. dass eine von ihm oder für ihn abgegebene Erklärung unrichtig oder unvollständig ist und dass es dadurch zu einer Verkürzung von Steuern kommen kann oder bereits gekommen ist oder
2. …

so ist der verpflichtet, dies unverzüglich anzuzeigen und die erforderliche Richtigstellung vorzunehmen."

461 Die Berichtigungspflicht nach § 153 AO begründet eine Garantenstellung i.S.v. § 370 Abs. 1 Nr. 2 AO. Kommt der Steuerpflichtige der Anzeige- und Berichtigungspflicht aus § 153 AO nicht nach, kann demnach eine Steuerhinterziehung durch Unterlassen gem. § 370 Abs. 1 Nr. 2 AO vorliegen.[437]

462 Nach § 153 Abs. 1 S. 2 AO sind zur Berichtigung nach § 153 AO neben dem Steuerpflichtigen auch die nach den §§ 34 und 35 AO für den Steuerpflichtigen handelnden Personen verpflichtet. Hierzu zählen beispielsweise gesetzliche Vertreter, Geschäftsführer, Vereinsmitglieder, Gesellschafter, Vermögensverwalter oder als verfügungsberechtigte Auftretende (s. zum Begriff des Steuerpflichtigen auch oben 3.2.2).[438] In der Literatur ist umstritten, ob § 153 AO als steuerstrafrechtliche Spezialregelung die Anwendbarkeit des § 13 StGB (Garantenstellung aus vorangegangenem gefahrschaffenden Verhalten) sperrt, oder ob § 13 StGB auch im Steuerstrafrecht anwendbar ist.[439] Diese Frage wird vorwiegend im Zusammenhang mit der Berichtigungspflicht von Steuerberatern diskutiert. Für den Steuerberater besteht grundsätzlich keine Berichtigungspflicht nach § 153 AO, da er nicht zu dem von § 153 AO definierten Personenkreis gehört. Umstritten und durch den BGH noch nicht entschieden ist jedoch u. a. die folgende Fallkonstellation: Der Steuerberater erkennt nachträglich einen eigenen Fehler oder einen von ihm pflichtwidrig von dem Mandanten übernommenen Fehler in der Steuererklärung und legt diesen Fehler nicht gegenüber den Finanzbehörden offen. Umstritten ist in diesem Fall, ob den Steuerberater eine Garantenstellung aus Ingerenz i.S.v. § 13 StGB (vorangegangenes gefahrschaffendes Verhalten) und damit eine Strafbarkeit nach § 370 Abs. 1 Nr. 2 AO, § 13 StGB trifft.

463 Nach dem Wortlaut des § 153 AO muss eine Steuerpflichtiger nachträglich erkennen, dass eine von ihm oder für ihn abgegebene Erklärung unrichtig oder unvollständig ist und dass es dadurch zu einer Verkürzung von Steuern kommen kann oder bereits gekommen ist. Nachträgliches Erkennen der Unrichtigkeit liegt nach richtiger Ansicht

---

437 *BFH* wistra 2008, 22.
438 Vgl. *Seer* in Tipke/Kruse, AO, § 153 Rn. 3.
439 Vgl. hierzu *Seer* in: Tipke/Kruse, AO, § 153 Rn. 11a; *Achenbach* Steuerberatung 1996, S. 303.

nicht vor, wenn der Steuerpflichtige die Unrichtigkeit oder Unvollständigkeit der Steuerdeklaration bereits bei Abgabe der Erklärung erkannt hatte.[440]

Beratungshinweis: Nach dem Beschluss des BGH vom 17.3.2009[441] besteht die Berich- **464** tigungspflicht i.S.v. § 153 AO auch dann, wenn der Steuerpflichtige die Unrichtigkeit seiner Angaben bei Abgabe der Steuererklärung nicht gekannt, aber billigend in Kauf genommen hat (bedingter Vorsatz) und erst später zu der sicheren Erkenntnis gelangt, dass die Angaben unrichtig sind.

Diese Entscheidung des BGH wird in der Literatur stark kritisiert, da sie faktisch **465** dazu führt, dass der Steuerpflichtige zur Offenlegung einer zuvor von ihm begange-nen – bedingt vorsätzlichen – Steuerhinterziehung gezwungen ist und somit eine Ver-letzung des verfassungsrechtlich geschützten Nemo-tenetur-Grundsatzes im Raum steht.[442]

Aufgrund des eindeutigen Wortlauts des § 153 AO muss der Steuerpflichtige die **466** Unrichtigkeit tatsächlich erkennen, ein Erkennen müssen oder Erkennen können genügt nicht.[443] § 153 AO unterscheidet zwischen der unverzüglichen Anzeigepflicht und der erforderlichen Richtigstellung. Lediglich die Anzeige der Unrichtigkeit oder Unvollständigkeit hat unverzüglich und ohne schuldhaftes Zögern i.S.v. § 121 BGB zu erfolgen.[444] Soweit die erforderliche Richtigstellung nicht unverzüglich und ohne schuldhaftes Zögern möglich ist, z.B. weil noch umfassende Sachverhaltsaufklärung erforderlich ist, ist sie in angemessener Frist nachzuholen.[444]

VI. OWiG/Verbandsgeldbuße/Abschöpfung

1. § 30 OWiG

Das Instrument der Verbandsgeldbuße i.S.v. § 30 OWiG wird in jüngster Zeit von der **467** Finanzverwaltung verstärkt auch im Bereich von Steuerstrafverfahren und Steuerord-nungswidrigkeitsverfahren eingesetzt. Beispielsweise wurde gegen die Credit Suisse eine Geldbuße in Höhe von 150 000 000 EUR – festgesetzt, im Gegenzug wurden die gegen die Mitarbeiter der Bank geführten Steuerstrafverfahren wegen Beihilfe zur Steuerhinterziehung eingestellt. Die gegen die Credit Suisse festgesetzte Geldbuße zeigt zugleich den interessanten und in der Praxis nicht unüblichen „Verteidigungsan-satz" auf: Das betroffene Unternehmen einigt sich mit den Strafverfolgungsbehörden auf die Zahlung einer Verbandsgeldbuße i.S.v. § 30 OWiG, im Gegenzug werden die gegen Mitarbeiter oder Geschäftsführer/Vorstände geführten steuerstrafrechtlichen/steuerordnungswidrigkeitsrechtlichen Ermittlungen/Verfahren eingestellt.

§ 30 OWiG lautet: **468**

„Hat jemand

1. **als vertretungsberechtigtes Organ einer juristischen Person** oder als Mitglied eines sol-chen Organs,

---

440 Vgl. *Seer* in Tipke/Kruse, AO, § 153 Rn. 11.
441 Vgl. *BGH* NJW 2009, 1984.
442 Vgl. *Seer* in Tipke/Kruse, AO, § 153 Rn. 11 unter Verweis auf weitere Fundstellen.
443 Vgl. *Seer* in Tipke/Kruse, AO, § 153 Rn. 12.
444 Vgl. *Seer* in Tipke/Kruse, AO, § 153 Rn. 15.

2. als Vorstand eines nicht rechtsfähigen Vereins oder als Mitglied eines solchen Vorstandes,
3. als vertretungsberechtigter Gesellschafter einer rechtsfähigen Personengesellschaft,
4. als Generalbevollmächtigter oder in leitender Stellung als Prokurist oder Handlungsbevollmächtigter einer juristischen Person oder einer in Nummer 2 oder 3 genannten Personenvereinigung oder
5. als sonstige Person, die für die Leitung des Betriebs oder Unternehmens einer juristischen Person oder einer in Nummer 2 oder 3 genannten Personenvereinigung verantwortlich handelt, wozu auch die Überwachung der Geschäftsführung oder die sonstige Ausübung von Kontrollbefugnissen in leitender Stellung gehört, **eine Straftat oder Ordnungswidrigkeit begangen, durch die Pflichten, welche die juristische Person** oder die Personenvereinigung treffen, verletzt worden sind oder die juristische Person oder die Personenvereinigung bereichert worden ist oder werden sollte, **so kann gegen diese eine Geldbuße festgesetzt werden.**"

469 § 30 OWiG ermöglicht demnach die Festsetzung einer Geldbuße gegen juristische Personen oder Personenvereinigungen in dem Fall, dass deren Repräsentanten eine Straftat oder Ordnungswidrigkeit begangen haben, wenn hierdurch entweder die Pflichten des Verbandes verletzt wurden oder durch die Pflichtverletzung eine Bereicherung eingetreten ist.[445] § 30 Abs. 1 OWiG ist weit gefasst und umfasst im Ergebnis sämtliche für eine juristische Person bzw. für eine dieser gleichgestellten rechtsfähigen Personenvereinigung verantwortlich handelnden Personen (z.B. Vorstände, Geschäftsführer, vertretungsberechtigte und persönlich haftende Gesellschafter etc.).[446] In der Regel tauchen im Rahmen von Steuerstrafverfahren oder Steuerordnungswidrigkeitsverfahren zwei Grundkonstellationen – neben zahlreichen weiteren möglichen Konstellationen, die hier im Detail nicht dargestellt werden können – auf: Entweder haben sich Verantwortliche eines Unternehmens wegen leichtfertiger Steuerverkürzung oder vorsätzlicher Steuerhinterziehung in für die Ermittlungsbehörden nachweisbarer Weise strafbar gemacht, oder dies ist nicht der Fall.

470 Sofern die Verantwortlichen eines Unternehmens im Zusammenhang mit Steuerdeklarationspflichten, z.B. bei der Einreichung einer Umsatzsteuer-Voranmeldung, eine leichtfertige Steuerverkürzung oder eine vorsätzliche Steuerhinterziehung in für die Ermittlungsbehörden nachweisbarer Weise begangen haben, kann gegen das Unternehmen nach § 30 Abs. 1, Abs. 2 OWiG eine Verbandsgeldbuße festgesetzt werden. Die Geldbuße beträgt nach § 30 Abs. 2 S. 1 Nr. 1 OWiG bei einer vorsätzlichen Steuerhinterziehung bis zu 1 000 000 EUR. Im Falle einer leichtfertigen Steuerverkürzung bestimmt sich das Höchstmaß der Geldbuße nach § 30 Abs. 2 S. 2 OWiG nach dem für die Ordnungswidrigkeit angedrohten Höchstmaß der Geldbuße. Das Höchstmaß der Geldbuße für eine leichtfertige Steuerverkürzung beträgt nach § 378 Abs. 2 AO bis zu 50 000 EUR je Ordnungswidrigkeit. Es ist jedoch zu beachten, dass nach § 30 Abs. 3 OWiG in Verbindung mit § 17 Abs. 4 OWiG das gesetzlich angedrohte Höchstmaß der Geldbuße auch überschritten werden kann. Eine Überschreitung des Höchstmaßes kommt insbesondere in Betracht, um etwaig aus der Tat erlangte wirtschaftliche Vorteile abzuschöpfen.

471 **Beratungshinweis:** Nach § 17 Abs. 4 OWiG können beispielsweise durch das Unternehmen erlangte Zinsvorteile abgeschöpft werden.

---

445 Vgl. *Rogall* in Senge, § 30 Rn. 1.
446 Vgl. hierzu im Einzelnen *Göhler* § 30 Rn. 14.

Die zweite Möglichkeit im Rahmen der Grundkonstellationen besteht darin, dass die **472**
Verantwortlichen eines Unternehmens keine vorsätzliche Steuerhinterziehung oder
leichtfertige Steuerverkürzung verwirklicht haben oder dies von den Ermittlungsbehörden nicht nachgewiesen werden kann und in Folge dessen das eingeleitete Steuerstrafverfahren oder Steuerordnungswidrigkeitsverfahren im weiteren Verlauf eingestellt oder von Strafe abgesehen wird. Diesbezüglich ist die Regelung des § 30 Abs. 4
OWiG zu beachten.

§ 30 Abs. 4 OWiG lautet: **473**

„Wird wegen der Straftat oder Ordnungswidrigkeit ein Straf- oder Bußgeldverfahren nicht
eingeleitet oder wird es eingestellt oder wird von Strafe abgesehen, so kann die Geldbuße
selbstständig festgesetzt werden. … Die selbstständige Festsetzung einer Geldbuße gegen
die juristische Person ist jedoch ausgeschlossen, wenn die Straftat oder Ordnungswidrigkeit
aus rechtlichen Gründen nicht verfolgt werden kann."

Nach § 30 Abs. 4 S. 3 OWiG ist die selbstständige Festsetzung einer Geldbuße dem- **474**
nach „ausgeschlossen, wenn die Straftat oder Ordnungswidrigkeit aus rechtlichen
Gründen nicht verfolgt werden kann". Unklar ist, ob auch ein Absehen von der Verfolgung i.S.v. § 398a AO ein rechtliches Hindernis i.S.v. § 30 Abs. 4 S. 3 OWiG darstellt.
Rechtsprechung existiert zu dieser Frage bislang – soweit ersichtlich – nicht, da § 398a
AO erst im Zuge des Schwarzgeldbekämpfungsgesetzes am 3.5.2011 in Kraft getreten
ist. Anerkannt ist jedenfalls, dass eine wirksame Selbstanzeige i.S.v. § 371 AO sowie
eine wirksame bußgeldbefreiende Selbstanzeige i.S.v. § 378 Abs. 3 AO ein rechtliches
Hindernis i.S.v. § 30 Abs. 4 S. 3 OWiG darstellen.[447]

2. § 29a OWiG/Verfall

§ 29a OWiG zielt darauf ab, beim Täter Vermögensvorteile abzuschöpfen, die er durch **475**
eine mit Geldbuße bedrohte Handlung erlangt hat, es soll mithin ein rechtswidriger
Zustand für die Zukunft beseitigt werden.[448] Die Anwendbarkeit des § 30 OWiG
schließt die Anwendbarkeit des § 29a OWiG aus (vgl. § 30 Abs. 5 OWiG). Dies gilt
deshalb, da etwaig erlangte Vermögensvorteile auch bereits nach § 30 OWiG abgeschöpft werden können, einer zusätzlichen Anwendung des § 29a OWiG bedarf es in
diesen Fällen nicht. § 29a Abs. 2 OWiG trifft sinngemäß folgende Regelung:

Hat der Täter einer mit Geldbuße bedrohten Handlung für einen anderen gehandelt
und dieser dadurch etwas erlangt, so kann gegen ihn der Verfall eines Geldbetrags bis
zu der Höhe angeordnet werden, die dem Wert des Erlangten entspricht.

Im Ergebnis können hiernach beispielsweise die durch ein Unternehmen im Zuge der **476**
Einreichung unrichtiger Steuerdeklarationen erlangten Zinsvorteile abgeschöpft werden. Dies gilt zumindest dann, sofern eine Abschöpfung nicht bereits über § 30 OWiG
möglich ist.

Beratungshinweis: Einer Abschöpfung nach § 29a OWiG steht regelmäßig nicht entge- **477**
gen, dass die Verfolgung einer Steuerordnungswidrigkeit nach § 378 AO (leichtfertige
Steuerverkürzung) wegen einer bußgeldbefreienden Selbstanzeige i.S.v. § 378 Abs. 3
AO nicht mehr möglich ist.[449]

---

447 Vgl. *Joecks* in: Franzen/Gast/Joecks, Steuerstrafrecht, 7. Aufl. 2009, § 377 AO, Rn. 49b.
448 Vgl. *Gürtler* in Göhler, § 29a Rn. 1.
449 Vgl. *Joecks* in: Franzen/Gast/Joecks, Steuerstrafrecht, 7. Aufl. 2009, § 377 AO, Rn. 38.

478 Die Anordnung des Verfalls nach § 29a OWiG ist auch dann möglich, wenn von der Festsetzung einer Geldbuße aus Opportunitätserwägungen nach § 47 Abs. 1 OWiG abgesehen wird.[450]

3. Pflichten im Sinne von § 30 OWiG/130 OWiG

479 Eine Verbandsgeldbuße nach § 30 OWiG kann nur festgesetzt werden, sofern eine Straftat oder Ordnungswidrigkeit begangen wurde, durch die Pflichten, welche die juristische Person oder die Personenvereinigung treffen, verletzt wurden. Derartige Pflichten ergeben sich bezogen auf das Steuerrecht aus der Abgabenordnung und den einzelnen Steuergesetzen. Hierzu gehört beispielsweise die Verpflichtung des Unternehmers nach § 18 Abs. 1 UStG, bis zum 10. Tag nach Ablauf jedes Voranmeldungszeitraums eine Umsatzsteuer-Voranmeldung elektronisch an die Finanzbehörden zu übermitteln und den geschuldeten Steuerbetrag zu entrichten oder die Pflicht zur rechtzeitigen Anmeldung und Abführung von Lohnsteuern gem. § 41a EStG.

480 Wichtig ist in diesem Zusammenhang auch die Vorschrift des § 130 OWiG. § 130 OWiG lautet:

„(1) Wer als Inhaber eines Betriebes oder Unternehmens vorsätzlich oder fahrlässig die Aufsichtsmaßnahmen unterlässt, die erforderlich sind, um in dem Betrieb oder Unternehmen Zuwiderhandlungen gegen Pflichten zu verhindern, die den Inhaber treffen und deren Verletzung mit Strafe oder Geldbuße bedroht ist, handelt ordnungswidrig, wenn eine solche Zuwiderhandlung begangen wird, die durch gehörige Aufsicht verhindert oder wesentlich erschwert worden wäre. Zu den erforderlichen Aufsichtsmaßnahmen gehören auch die Bestellung, sorgfältige Auswahl und Überwachung von Aufsichtspersonen.

(2) Betrieb oder Unternehmen im Sinne des Absatzes 1 ist auch das öffentliche Unternehmen.

(3) Die Ordnungswidrigkeit kann, wenn die Pflichtverletzung mit Strafe bedroht ist, mit einer Geldbuße bis zu einer Million Euro geahndet werden. Ist die Pflichtverletzung mit Geldbuße bedroht, so bestimmt sich das Höchstmaß der Geldbuße wegen der Aufsichtspflichtverletzung nach dem für die Pflichtverletzung angedrohten Höchstmaß der Geldbuße. S. 2 gilt auch im Falle einer Pflichtverletzung, die gleichzeitig mit Strafe und Geldbuße bedroht ist, wenn das für die Pflichtverletzung angedrohte Höchstmaß der Geldbuße das Höchstmaß nach S. 1 übersteigt."

481 **Beratungshinweis:** Besondere Bedeutung kommt § 130 OWiG neben der eigenständigen Ahndungsmöglichkeit nach § 130 Abs. 3 OWiG aufgrund der Tatsache zu, dass die Aufsichtspflichtverletzung i.S.v. § 130 OWiG eine betriebsbezogene Ordnungswidrigkeit i.S.v. § 30 OWiG darstellt und damit den Durchgriff auf das Unternehmen ermöglicht.[451]

482 Die vorsätzliche oder fahrlässige Unterlassung von Aufsichtsmaßnahmen durch den Inhaber des Betriebs stellt demnach eine Verletzung seiner betriebsbezogenen Pflichten dar, die eine Geldbuße gegen die juristische Person nach § 30 OWiG ermöglicht.[451] Dem Unternehmensleiter soll es im Zuge von § 130 OWiG unmöglich gemacht werden, seine Haftung und die seines Unternehmens zu umgehen, indem er Verantwortungsbereiche und Aufgaben auf untere Hierarchieebenen überträgt, ohne die Delegation auch mit entsprechenden Aufsichtsmaßnahmen zu verknüpfen.[451]

---

450 Vgl. *Gürtler* in Göhler, § 29a Rn. 1.
451 Vgl. *Gürtler* in Göhler, § 130 Rn. 3.

Demuth/Kaiser

Beratungshinweis: Zu den erforderlichen Maßnahmen i.S.v. § 130 OWiG zählen etwa **483** die Bestellung, sorgfältige Auswahl und Überwachung von Aufsichtspersonen, die Aufmerksamkeit gegenüber rechtlichen Entwicklungen und deren innerbetriebliche Bekanntmachung und Beachtung, die Durchführung von häufigen Stichproben-Kontrollen sowie insbesondere die Einrichtung einer Revisionsabteilung.[452]

VII. Betriebsprüfung/Steuerfahndung

1. Betriebsprüfung

Betriebsprüfungen (§§ 193 ff. AO), die das Gesetz Außenprüfungen nennt, bergen **484** ebenso wie Steuerfahndungen (§§ 208 ff. AO) besondere Risiken. Deshalb sind sie besonders gefahrenträchtig, weshalb stets besondere Verhaltensregeln beachtet werden sollten.

Eine Betriebsprüfung ist grundsätzlich bei Steuerpflichtigen zulässig, die einen **485** gewerblichen Betrieb unterhalten oder freiberuflich tätig sind (§ 193 Abs. 1 AO). Nach § 193 Abs. 2 Nr. 2 AO ist eine Betriebsprüfung auch bei anderen Personen, z.B. Privatpersonen, zulässig. Der Anwendungsbereich dieser Vorschrift ist weit zu verstehen. Eine Betriebsprüfung kommt immer dann zum Tragen, wenn es nach den Erfahrungen der Finanzverwaltung als möglich erscheint, dass der Steuerpflichtige seine steuerlichen Deklarationen nicht vollständig oder mit unrichtigem Inhalt abgegeben hat.[453] Laut den internen Verwaltungsrichtlinien für die Anordnung und Durchführung von Betriebsprüfungen[454] wird eine solche Prüfungssituation nicht nur aus konkreten Anlässen hergeleitet, sondern auch aus Umständen, die potentiell Anlass geben. Dazu gehören gewisse Größenklassen von Betrieben. Großbetriebe sind grundsätzlich lückenlos zu prüfen während Kleinbetriebe i.d.R. nur stichprobenartig oder bei besonderem Anlass geprüft werden sollen. Im Jahr 2004 betrug die Prüfungsdichte bei Großbetrieben 4,4 Jahre, bei Mittelbetrieben 12,8 Jahre, bei Kleinbetrieben 23,6 Jahre und Kleinstbetrieben lediglich 43,5 Jahre.[455] Besondere Regelungen bestehen zur Kontrolle der Umsatzsteuerabführung, die besonders gefahrenträchtig ist.

Eine ordnungsgemäße Betriebsprüfung setzt ein Handeln der zuständigen Behörde **486** voraus. Zudem ist die Betriebsprüfung dem Betroffenen in einer schriftlichen Prüfungsanordnung mit Rechtsbehelfsbelehrung rechtzeitig im Voraus bekannt zu geben (vgl. §§ 196, 197 AO). Die zuständige Behörde kann auf die Bekanntgabe der Prüfungsanordnung gegenüber dem Steuerpflichtigen nur dann verzichten, wenn bei Bekanntgabe der Prüfungsanordnung der Prüfungszweck gefährdet würde (vgl. § 197 Abs. 1 S. 1 AO). Eine Betriebsprüfung darf aber dessen ungeachtet regelmäßig nur gegenüber der in der Prüfungsanordnung genannten Person erfolgen.[456] Hinsichtlich Zufallsfunden gelten jedoch gem. § 194 Abs. 3 AO Besonderheiten. Werden demnach

---

452 Vgl. *Gürtler* in Göhler, § 130 Rn. 3.
453 *BFH* BStBl II 1993, 146.
454 Vgl. BpO v. 15.3.2000.
455 Vgl. die statistischen Aufzeichnungen der obersten Finanzbehörden der Länder, abrufbar unter www.bundesfinanzministerium.de.
456 Lt. *BFH* BStBl. II 1987, 664 muss bei einer Prüfung von Ehegatten eine Prüfungsanordnung für beide Ehegatten vorliegen. Zudem müssen die Voraussetzungen des § 193 AO bei beiden Ehegatten gegeben sein.

bei einer Betriebsprüfung Verhältnisse anderer als der in der Anordnung genannten Person aus den Unterlagen der zu prüfenden Personen festgestellt, die Anlass zu Korrekturen geben, so ist die Auswertung der Feststellung insoweit zulässig, als ihre Kenntnis für die Besteuerung dieser anderen Person von Bedeutung ist oder die Feststellungen eine unerlaubte Hilfeleistung in Steuersachen betreffen. Deshalb ist es so wichtig, dass nur die für die Prüfung relevanten Belege bereitgelegt werden und kein freier Zugriff auf alle Unterlagen und IT-Speicher besteht.

487 Eine Betriebsprüfung ist grundsätzlich unzweckmäßig, wenn konkrete Verdachtsmomente für eine Steuerstraftat oder –ordnungswidrigkeit bereits vor der Prüfung bestehen. Generell, aber insbesondere wenn die Verdachtsmomente noch nicht so konkret sind, ist die Anordnung einer Außenprüfung nach BFH jedoch unverändert zulässig, soweit ausschließlich festgestellt werden soll, ob und inwieweit Steuerbeträge hinterzogen oder leichtfertig verkürzt worden sind.[457]

Beratungshinweis: Nach BFH besteht keine sich gegenseitig ausschließende Zuständigkeit von Außenprüfung und Steuerfahndung. Ein paralleles Agieren von Betriebsprüfung und Steuerfahndung ist rechtlich zulässig.[458]

Demnach ist das Finanzamt also nicht gehindert, das nach seiner Ansicht zweckmäßigste Mittel für die Feststellung der Besteuerungsgrundlagen – auch im Hinblick auf eine mögliche Steuerstraftat – auszuwählen.[458]

488 Entstehen oder konkretisieren sich in einer Betriebsprüfung Verdachtsmomente für ein Steuerdelikt, so ist die Prüfung zu unterbrechen und der Betroffene darauf und auf seine Rechte nach der StPO hinzuweisen. Aufgrund der steuerlichen Mitwirkungspflicht des Steuerschuldners in der Prüfung würde das Fehlen eines entsprechenden Hinweis an den Steuerpflichtigen eine unzulässige strafrechtliche Ermittlung bedeuten. Strafrechtlich würden solche unzulässig erlangten Informationen einem Verwertungsverbot unterliegen, steuerlich können und werden solche Informationen aber dessen ungeachtet verwertet. Ein Indiz, dass die Finanzverwaltung Verdachtsmomente für ein strafrechtlich relevantes Verhalten hat, ist zumeist, wenn unerwartet die Prüfung unterbrochen und dann zu einem völlig anderen Thema an einem anderen Tag fortgesetzt wird. In diesem Moment ist besondere Vorsicht geboten und es sind alle Maßnahmen wie im Rahmen einer strafrechtlichen Ermittlung zu treffen

489 Bei Betriebsprüfungen von Personengesellschaften können neben den steuerlichen Verhältnissen der Gesellschaft auch zum Teil die steuerlichen Verhältnisse der Gesellschafter mit geprüft werden, jedenfalls insoweit, als diese für die zu überprüfenden einheitlichen Feststellungen von Bedeutung sind (§ 194 Abs. 1 S. 3 AO). Die Überprüfung kann sich somit auf Sondervergütungen i.S.v. § 15 Abs. 1 S. 1 Nr. 2 S. 1 EStG, Sonderbetriebsvermögen sowie die Überprüfung von Entnahmen und Einlagen erstrecken.

490 Nach beendeter Betriebsprüfung ist regelmäßig eine sogenannte Schlussbesprechung über das Ergebnis der Betriebsprüfung abzuhalten (§ 201 AO). Hier hat der Steuerpflichtige die Möglichkeit, eine verbindliche Zusage nach § 204 AO dahingehend zu beantragen, wie ein für die Vergangenheit geprüfter und im Prüfungsbericht dargestellter Sachverhalt in der Zukunft steuerrechtlich zu behandeln ist, wenn diese zukünftige steuerrechtliche Behandlung für die geschäftlichen Maßnahmen des Steu-

---

457 *BFH* BStBl. II 1998, 113.
458 *BFH* BStBl. II 1999, 7.

erpflichtigen von Bedeutung ist. Die Kostenpflicht wie bei der Anfrage verbindlicher Auskünfte nach § 89 Abs. 2 AO besteht hier nicht. Der Anwendungsbereich und die Anforderungen sind gerade auch günstiger als in § 89 AO. Von dieser Möglichkeit sollte deshalb verstärkt Gebrauch gemacht werden, um Rechtssicherheit für die Zukunft zu erlangen.

Erhebliche praktische Bedeutung hat bei Schlussbesprechungen auch die sog. tatsäch- **491** liche Verständigung. Dieses Rechtsinstitut ist in der AO zwar nicht ausdrücklich geregelt, jedoch von der Rechtsprechung anerkannt. Es dient dazu, einen Sachverhalt verbindlich für alle Beteiligten festzuhalten, wenn hierüber Unklarheiten bestehen. Nach der BFH-Rechtsprechung setzt eine wirksame tatsächliche Verständigung voraus, dass der Sachverhalt nicht oder nur mit erheblichem und unangemessenem Aufwand ermittelt werden kann.[459] Zudem muss der zuständige Beamte handeln.[460] Nach der BFH-Rechtsprechung ist die Finanzbehörde nach dem Grundsatz von Treu und Glauben an die in einer tatsächlichen Verständigung getroffene Vereinbarung gebunden.[461] Eine tatsächliche Verständigung sollte im Hinblick auf Beweisgesichtspunkte in jedem Fall schriftlich festgehalten werden. Eine Bindung an Rechtsauffassungen ist hingegen nicht rechtlich wirksam vereinbar.[462]

Die bei einer Betriebsprüfung regelmäßig vorliegende Prüfungsanordnung stellt einen **492** Verwaltungsakt dar, so dass Einspruch (§§ 347 ff., 361 Abs. 1 AO) und Anfechtungsklage (§ 40 Abs. 1 FGO) hiergegen statthaft sind. Da Einspruch und Anfechtungsklage im Steuerverfahren jedoch grundsätzlich keine aufschiebende Wirkung zukommt, kann die Prüfung hiermit nicht verhindert werden. Es verbleibt dem Steuerpflichtigen in diesen Fällen daher lediglich die Möglichkeit, nach Erledigung der Prüfung Fortsetzungsfeststellungsklage zu erheben (§ 100 Abs. 1 S. 4 FGO).[463] Die Erhebung der Fortsetzungsfeststellungsklage ist unbedingt zu empfehlen, wenn die Prüfungsbehörden bei der Betriebsprüfung rechtswidrig gehandelt haben: Nur hierdurch kann die Unverwertbarkeit von rechtswidrig erlangen Prüfungsergebnissen erreicht werden.[464]

Da Betriebsprüfungen latent die Gefahr der Entdeckung von Deklarationsfehlern bein- **493** halten, sollten sie nicht unvorbereitet hingenommen werden. Es sind insbesondere verschiedene organisatorische Maßnahmen zu treffen: etwa das Bereitstellen der für die Prüfung relevanten Unterlagen in einem separaten Raum oder die Festlegung der einzigen Ansprechpartner,[465] die vorherige Durchsicht der bereitgestellten Unterlagen auf mögliche Risiken, die Abstimmung der Strategie des Verhaltens während der Prüfung mit dem externen Berater[466] sowie die Koordination der Termine, damit alle relevanten Entscheidungsträger und Informationspersonen bei Bedarf verfügbar sind.

459 *BFH* BStBl. II 1985, 354; BStBl. II 1991, 45.
460 *BFH* BStBl. II 1991, 45.
461 *BFH* BStBl. II 1991, 673; BStBl. II 2004, 1975.
462 *BFH* BStBl. II 1996, 25.
463 *BFH* BStBl. II 1989, 483.
464 *BFH* BStBl. II 1985, 191.
465 Ein Kontakt zu anderen Personen des Unternehmens sollte tunlichst vermieden werden. Insbesondere sollten andere Mitarbeiter, die möglicherweise in Kontakt mit den Prüfern kommen können, dringend dahingehend angewiesen werden, keine Auskünfte zu erteilen. Nur der interne Koordinator der Prüfung spricht mit den Betriebsprüfern und beschafft in Abstimmung mit dem externen Berater etwaige weitere Unterlagen und Informationen.
466 Ohne externen Berater sollte grds. keine Betriebsprüfung durchgeführt werden, da es immer zu Situationen kommt, in denen schnelle Entscheidungen getroffen und Entwicklungen und Risiken abgeschätzt werden müssen, für die eine große Erfahrung erforderlich ist.

2. Steuerfahndung

494 Aufgabe der Steuerfahndung ist bei entsprechendem Verdacht sowohl die Erforschung von Steuerstraftaten und Steuerordnungswidrigkeiten als auch die diesbezügliche Ermittlung von Besteuerungsgrundlagen (sog. Doppelfunktion der Steuerfahndung). Die für die Steuerfahndung zuständigen Beamten haben im Steuerstrafverfahren dieselben Rechte und Pflichten, welche den Polizeibeamten nach den Vorschriften der StPO zustehen (§ 404 AO). Anders als Betriebsprüfer, deren Erscheinen dem Steuerpflichtigen zuvor im Zuge der Prüfungsanordnung bekannt zu gegeben ist, erscheinen Steuerfahnder unangemeldet, um entsprechende Ermittlungsmaßnahmen, z.B. Hausdurchsuchungen, durchzuführen. Der große Erfolg von Steuerstraffahndungen liegt im Überraschungseffekt, der Einschüchterung und fehlender Koordination auf Seiten des Unternehmens, wodurch Mitarbeiter Spontanaussagen tätigen, die vom Unternehmen oder dessen Organen später u.U. nicht mehr so leicht revidiert werden können.

495 Da niemand weiß, ob und wann eine Steuerfahndung im Unternehmen und in privaten Räumen, etwa bei leitenden Mitarbeitern, durchgeführt wird, ist eine sorgfältige Vorbereitung mit Maßnahmenkatalog nötig, damit im Falle eines Falles Handlungsfähigkeit gesichert ist. Vor einer solchen Durchsuchung ist niemand gefeit, zumal der Anlass auch außerhalb des Unternehmens liegen kann, etwa weil ein Geschäftspartner in Verdacht geraten ist und sich hieraus Ausstrahlungswirkungen auf Geschäftspartner ergeben können. Besonders gefährlich sind insofern Umsatzsteuersachverhalte mit Auslandsbezug, Bestechungsdelikte und Transferpreis-Themen.

3. Maßnahmen im Vorfeld von Ermittlungsmaßnahmen

496 Schutz vor ungeschicktem Verhalten und damit dem Begründen weiterer Verdachtsmomente im Rahmen eines Ermittlungsverfahrens bietet ein im Vorfeld gewissenhaft aufgestelltes Handlungskonzept. Im Zentrum eines solchen steht der Handlungsablauf, der in etwa wie Folgt aussehen sollte:

– Zunächst hat das Unternehmen bestimmte Mitarbeiter zu benennen, die bei Erscheinen von Ermittlungsbeamten diesen gegenübertreten und die erforderlichen Maßnahmen koordinieren. Die zuständigen Mitarbeiter des Unternehmens können z.B. die Geschäftsführer, Rechts- oder Steuerabteilungsleiter oder aber auch andere Personen, wie externe Berater, sein. Wichtig ist vor allem, dass konkret zuständige Personen benannt werden und deren Erreichbarkeit sichergestellt wird. Zudem sind für den Fall der etwaigen Abwesenheit entsprechende Vertretungsbefugnisse (Ersatzpersonen) festzulegen, um einen schnellen und reibungslosen Kommunikationsablauf zu gewährleisten.

– Da die Fahnder oft in größeren Teams erscheinen und an mehreren Orten gleichzeitig zuschlagen, sollten außer dem „Hauptkoordinator" einer Durchsuchungsmaßnahme weitere vertrauenswürdige und geeignete Mitarbeiter benannt werden, die die einzelnen Ermittlungsbeamten begleiten, den Hauptkoordinator auf dem Laufenden halten und insbesondere bei besonderen Problemsituationen kontaktieren.

– Bei Erscheinen von Ermittlungsbeamten sind diese zunächst von der Pforte an den Empfang zu verweisen.

– Der Empfang informiert umgehend die zuständigen Sekretariate der beauftragten Koordinatoren. Er stellt sicher, dass die Fahnder sich nicht selbstständig im Unternehmen bewegen, und sorgt dafür, dass die Fahnder bis zum Erscheinen des Hauptkoordinators oder eines Vertreters des Unternehmens warten. Allerdings wird die Fahndung nicht beliebig lange warten müssen. Die Zwischenzeit sollte dazu genutzt werden, die Erschienenen namentlich mit Dienststelle zu erfassen und die Kontaktdaten der Verantwortlichen der Fahndung zu dokumentieren.

– Die zuständigen Mitarbeiter und der Hauptkoordinator des Unternehmens, die zuvor detailliert über ihre Rechte und Pflichten informiert und geschult wurden, treten den jeweiligen Ermittlungsbeamten gegenüber und begleiten die Durchsuchung (zu den einzelnen Rechten und Pflichten bei einer Durchsuchung siehe unten). Sie oder ihre Sekretariate kontaktieren umgehend die für solche Fälle vorgesehenen externen Berater, die sich zumindest möglichst für die Dauer der Durchsuchung sofort verfügbar halten sollten oder noch besser vor Ort teilnehmen.

Entscheidend ist also, sämtliche involvierte Personen (insbesondere auch die Erstkontakte wie Pforte und Empfang) über die Verhaltensweisen bereits im Vorfeld zu unterrichten. Eine Checkliste ist ein Muss! Teilweise wird das Strafverfahren auch als Deckmantel benutzt, um an bestimmte Informationen zu gelangen oder bereits festsetzungsverjährte Steuerbescheide wieder zu öffnen. Schließlich ist der Fiskus, unterstützt vom Gesetzgeber, darum bemüht, durch Erweiterung der Strafverfolgung[467] einen Gleichlauf der strafrechtlichen Ermittlungen mit der Steuerfestsetzungsverjährung von 10 Jahren zu erreichen, um alle strafrechtlichen Ermittlungsmöglichkeiten uneingeschränkt zur Steuererhebung mit in Anspruch nehmen zu können. **497**

4. Verhaltensregeln bei einer Durchsuchung

Bei einer Durchsuchung sind folgende Verhaltensregeln zu beachten: **498**

– In der Regel wird der Betroffene die Durchführung der Durchsuchung und die Mitnahme von Unterlagen durch die Steuerfahndung nicht verhindern können. Schränke und Safes sind auf Verlangen der Ermittlungsbeamten zu öffnen. Der Mitnahme von Unterlagen sollte aber ausdrücklich widersprochen werden. Keinesfalls darf der Betroffene der Durchsuchung bzw. Beschlagnahme mit Gewalt entgegentreten. Widerstand gegen Vollstreckungsbeamte ist strafbar (§ 113 StGB).

– Der Inhaber der zu durchsuchenden Räume darf bei der Durchsuchung anwesend sein. Die Steuerfahndung ist allerdings nicht verpflichtet, bis zu seiner Anwesenheit zu warten. Auch der Verteidiger hat ein Recht auf Anwesenheit.

– Der Betroffene kann den Durchsuchungsleiter darauf hinweisen, dass er von allen mitgenommenen Originalunterlagen Kopien benötigt, soweit eine Mitnahme von Kopien durch die Steuerfahndung nicht ausreichend ist. Die erforderlichen Kopien sollten möglichst vor Abschluss der Durchsuchung gefertigt werden. Sofern PCs oder Festplatten mitgenommen werden, sollte deren Rückgabe zeitnah vereinbart werden. Üblicherweise muss es den Ermittlern genügen, eine Backup-Kopie hiervon zu ziehen, so dass etwa nach 3 Werktagen eine Rückgabe der IT-Hardware möglich ist, damit der laufende Geschäftsbetrieb nicht über Gebühr beeinträchtigt wird.

– Es ist zu klären, ob das Unternehmen als Dritter (§ 103 StPO) oder als Beschuldigter (Tatvorwurf gegen einen Mitarbeiter, § 102 StPO) durchsucht wird. Richtet sich der Tatvorwurf gegen einen Mitarbeiter, sollte dieser zunächst umfassend von seinem Schweigerecht Gebrauch machen und zudem ein Strafverteidiger hinzugezo-

---

467 So wurde im Zuge des Jahressteuergesetzes 2009 die strafrechtliche Verjährungsfrist für Fälle besonders schwerer Steuerhinterziehung auf zehn Jahre erhöht.

gen werden. Der Beschuldigte hat jederzeit das Recht darauf, einen Rechtsanwalt hinzuziehen, eine Telefonsperre darf nicht verhängt werden. Wird das Unternehmen als Dritter i.S.v. § 103 StPO durchsucht, ist die Hinzuziehung eines Strafverteidigers unter Umständen ebenfalls sinnvoll, jedoch nicht zwingend erforderlich. Auch Dritte (nicht beschuldigte Personen) sollten zunächst keine Angaben zur Sache machen. Hier ist Vorsicht geboten: Häufig versuchen die Ermittlungsbehörden die Anwesenden in Gespräche zu verwickeln, um von ihnen Informationen zu bekommen.

– Der Durchsuchungsbeschluss ist sorgfältig zu prüfen: Er darf nicht älter als 6 Monate sein und muss zudem Tatverdacht, Tatzeiträume und aufzufindende Gegenstände ausreichend konkret bezeichnen. Durchsuchungen sind nur in dem durch den Durchsuchungsbeschluss abgedeckten Umfang zulässig. Beschränkt sich der Durchsuchungsbeschluss beispielsweise auf bestimmte Besteuerungszeiträume (z.B. Umsatzsteuer 2008 bis 2010), ist die Durchsicht von Unterlagen bezüglich anderer Besteuerungszeiträume grundsätzlich unzulässig. Die systematische Suche nach Zufallsfunden ist unzulässig.

– Existiert kein Durchsuchungsbeschluss und wird die Durchsuchung mit Gefahr im Verzug begründet, gilt folgendes: Gefahr im Verzug liegt vor, wenn die richterliche Anordnung nicht eingeholt werden kann, ohne dass die hiermit verbundene zeitliche Verzögerung den Zweck der Durchsuchung gefährdet. Es müssen konkrete, einzelfallbezogene Tatsachen vorliegen, die ein sofortiges Tätigwerden rechtfertigen (enge Auslegung durch das Bundesverfassungsgericht). Die durch die Beamten genannten konkreten Gründe für die Durchsuchung und die besondere Eilbedürftigkeit sind detailliert und möglichst wörtlich zu protokollieren.

– Die Durchsicht von Unterlagen steht grundsätzlich nur der Staatsanwaltschaft, bei ausdrücklicher Anordnung durch die Staatsanwaltschaft auch deren Ermittlungspersonen (u.a. Polizeibeamten) zu (vgl. § 110 Abs. 1 StPO). Die Anordnung der Staatsanwaltschaft hinsichtlich der Durchsicht von Papieren durch Ermittlungsbeamte ist anzufordern. Sofern diese – auch mündlich mögliche – Anordnung nicht vorliegt, ist die Durchsicht von Unterlagen durch Ermittlungsbeamte nicht zulässig und die Durchsicht der Unterlagen durch die Staatsanwaltschaft zu verlangen.

– Bei umfangreichen Wirtschafts- und Steuerstrafverfahren steht bei Ergehen der Durchsuchungsbeschlüsse häufig noch nicht fest, welche konkreten beweisrelevanten Unterlagen und Gegenstände bei den Betroffenen erhoben werden sollen. Demnach ergeht regelmäßig durch das zuständige Gericht keine Beschlagnahmeanordnung, vielmehr wird im Durchsuchungsbeschluss lediglich die Sicherstellung von potenziellen Beweismitteln angeordnet. Erst wenn sich im Zuge der Sicherstellung ergibt, dass Unterlagen oder Gegenstände als Beweismittel von Bedeutung sein können, erfolgt dann eine konkrete Beschlagnahmeanordnung. Sofern die Durchsicht von Unterlagen aufgrund deren geringem Umfang im Rahmen der Durchsuchung abschließend möglich ist, können diese bereits im Rahmen der Durchsuchungsmaßnahme beschlagnahmt werden. Handelt es sich dagegen – was bei Wirtschaftsstraf- und Steuerstrafverfahren häufig der Fall sein wird – um umfangreiche Unterlagen, hinsichtlich welcher eine abschließende Sichtung im Rahmen der Durchsuchung nicht möglich ist, erfolgt zunächst eine sog. vorläufige Beschlagnahme zur weiteren Sichtung. Es sollte darauf hingewirkt werden, dass diese sog. vorläufige Beschlagnahme zur weiteren Sichtung auch ausdrücklich im Beschlagnahmeprotokoll sowie im Durchsuchungsbericht niedergelegt wird. Dies gilt insbesondere vor dem Hintergrund, dass die Formulare der Ermittlungsbeamten regelmäßig nicht speziell auf Durchsuchungen in Wirtschaftsstraf- und Steuerstrafverfahren ausgelegt sind, sodass in der Regel lediglich das Feld „Beschlagnahme als Beweismittel" vorhanden ist.

– Bei der Beschlagnahme digitaler Unterlagen ist im Hinblick auf die „Kontrolle des Informationsflusses" zwingend ein IT-Spezialist des Unternehmens heranzuziehen.

– Die Ermittlungsbehörden erstellen in der Regel ein Verzeichnis bezüglich der beschlagnahmten Unterlagen. Unabhängig hiervon sollte durch einen geeigneten Mitarbeiter des Unternehmens ein eigenes Sicherstellungs- und Beschlagnahmeverzeichnis zu Dokumentations- und Beweissicherungszwecken erstellt werden. Hierbei sollten die beschlagnahmten Unterlagen möglichst genau bezeichnet werden, idealerweise – sofern möglich – auch bezüglich des Inhalts einzelner Leitz-Ordner. Zudem ist das durch die Behörden erstellte Sicherstellungs- und Beschlagnahmeverzeichnis auf jede einzelne Position detailliert zu überprüfen.

– Soweit Unterlagen mitgenommen wurden, die nicht oder nicht sicher vom Durchsuchungsbeschluss umfasst sind, ist auf Verpackung und Versiegelung zu bestehen, bis der Richter über deren Verwertbarkeit entschieden hat.

– Das durch die Behörden erstellte Protokoll bezüglich der Durchsuchung darf nur unterzeichnet werden, wenn sämtliche durch die Verantwortlichen des Unternehmens vorgebrachten Einwände (beispielsweise der Widerspruch gegen die Durchsuchungsmaßnahme und gegen die Sicherstellung und die Beschlagnahme von Beweismitteln) in diesem festgehalten wurden.

Bei der Durchsuchung von Rechtsanwalts- oder Steuerberatungskanzleien sind zudem unbedingt die folgenden Punkte zusätzlich zu beachten:

– Es gilt die Verschwiegenheitspflicht (sofern diesbezüglich keine Entbindung von der Verschwiegenheitspflicht durch den Mandanten vorliegt).

– Unterlagen dürfen keinesfalls freiwillig, sondern nur nach Beschlagnahme durch die Ermittlungsbehörden herausgegeben werden.

– Die Beschlagnahmefreiheit nach § 97 Abs. 1 StPO ist zu beachten. Demnach dürfen u.a. schriftliche Mitteilungen zwischen Mandant und Rechtsanwalt/Steuerberater sowie Aufzeichnungen über die durch den Mandanten im Rahmen des Mandatsverhältnisses anvertrauten oder sonst bei der Bearbeitung des Falls bekannt gewordenen Tatsachen (u.a. die Handakte mit Beratungsunterlagen) durch die Ermittlungsbehörden nicht beschlagnahmt werden.

– Der betroffene Mandant ist keinesfalls während der Durchsuchung zu informieren.

Nach der Durchsuchung sind etwaige Rechtsmittel – u.a. eine Beschwerde – zu prüfen. Dienstaufsichtsbeschwerden können in Einzelfällen ebenfalls sinnvoll sein. Dies ist jedoch von Fall zu Fall individuell abzuwägen und von der Verteidigungsstrategie abhängig.

VIII. Umsatzsteuer

Die Umsatzsteuer ist aufgrund ihrer streng formalen Ausgestaltung und hohen Komplexität der Sachverhalte besonders fehleranfällig. Sie steht auch aufgrund ihres hohen Anteils am Gesamtsteueraufkommen des Staates und der vielen Steuerhinterziehungen – insbesondere durch betrügerische Umsatzsteuerkarusselgeschäfte – sehr **499** im Fokus der Steuerkontrollen. Zudem ist ihre Höhe für ein Unternehmen schnell existentiell gefährlich, denn die Gewinnmarge beträgt nicht immer 19 % des Umsatzes. Hinzu kommt, dass Ermittlungsmaßnahmen, sei es durch die Betriebsprüfung oder Steuerfahndung, häufig erst nach mehreren Jahren, (u.U. mehr als 5 Jahren) vom Fiskus ergriffen werden und bis dahin eine entsprechend hohe Summe zzgl. Zinsen aufgelaufen ist, da sich Fehler zumeist über Jahre hinweg fortsetzen.

500 Im Rahmen der Umsatzsteuer sollten Steuerpflichtige die gesetzlichen Anforderungen genau beachten, da die Finanzbehörden zunehmend auf die Einhaltung der streng formalen Anforderungen des Umsatzsteuergesetzes achten. Hält sich der Steuerpflichtige hieran nicht, kann es leicht zu Umsatzsteuernachforderungen, dem Verlust des Vorsteuerabzugs, Bußgeldern oder sogar der Einleitung von Steuerstrafverfahren kommen. Häufig kann zwar durch entsprechende Korrekturen ein Sachverhalt weitgehend wieder steuerlich geheilt werden. Der Fiskus profitiert aber in jedem Falle deshalb, weil für die Zwischenzeit bis zur Korrektur eine Zinserhebung auf den Steuerbetrag in Höhe von 6 % p.a. erfolgt.[468]

1. Ausstellung und Aufbewahrung von Rechnungen/Bußgeld bei Verstößen

501 Rechnungen haben im Umsatzsteuerrecht in mehrfacher Hinsicht eine zentrale Bedeutung. So hat der Leistungsempfänger nur im Falle einer ordnungsgemäß erstellten Rechnung das Recht zum Vorsteuerabzug. Zudem ist die Rechnung sowohl beim Rechnungsaussteller als auch beim Leistungsempfänger Anknüpfungspunkt für Kontrollmaßnahmen der Finanzbehörden.[469] Umfassende Kontrollmöglichkeiten ergeben sich aus der zehnjährigen Aufbewahrungsfrist für Unternehmer für Ein- und Ausgangsrechnungen (vgl. § 14b Abs. 1 S. 1–4 UStG) und die in bestimmten Fällen geltende zweijährige Aufbewahrungsfrist für Nichtunternehmer (vgl. § 14 Abs. 2 S. 1 Nr. 1 UStG, § 14b Abs. 1 S. 5 UStG).

502 Die Vorschrift des § 26a UStG enthält Bußgeldandrohungen für den Fall der Verletzung von Aufbewahrungs- oder Rechnungsausstellungspflichten. So handelt der Unternehmer ordnungswidrig, wenn er entgegen § 14b Abs. 1 S. 1 UStG ein dort bezeichnetes Doppel oder eine dort bezeichnete Rechnung nicht oder nicht mindestens zehn Jahre aufbewahrt (vgl. § 26a Abs. 1 Nr. 2 UStG). Bei Verstoß gegen diese Vorschrift kann ein Bußgeld bis zu der Höhe von 5 000 EUR festgesetzt werden (vgl. § 26a Abs. 2 UStG).

503 Zudem handelt ordnungswidrig, wer vorsätzlich oder leichtfertig entgegen § 14 Abs. 2 S. 1 Nr. 1 UStG eine Rechnung nicht oder nicht rechtzeitig ausstellt (vgl. § 26a Abs. 1 S. 1 UStG). Ausgestellt ist eine Rechnung mit der Anfertigung und Übermittlung an den Leistungsempfänger. Für eine rechtzeitige Rechnungsausstellung muss diese innerhalb von sechs Monaten nach Ausführung der Leistung erfolgen.[470] Auch der Verstoß gegen die Verpflichtung zur Ausstellung einer Rechnung kann mit einer Geldbuße bis zu 5 000 EUR geahndet werden (vgl. § 26a Abs. 2 UStG).

---

468 Vgl. §§ 233a, 238 AO. *EuGH* Urt. v. 8.5.2013 – Rs. C-271/12 – Petrona Transports u.a.
469 Vgl. *Lippross* S. 757.
470 Vgl. *Lippross* S. 802.

2. Die elektronische Rechnung

2.1 Die Voraussetzungen der elektronischen Rechnung

Mit Gesetz v. 1.11.2011 wurde das Steuervereinfachungsgesetz 2011 verabschiedet, wel- **504**
ches in Bezug auf die Änderungen des § 14 Abs. 1 und 3 UStG (dieser regelt die Anforderungen an Rechnungen) mit Wirkung zum 1.7.2011 in Kraft trat, vgl. § 27 Nr. 18 UStG.
Mit Schreiben vom 2.7.2012[471] hat das Bundefinanzministerium ausführlich zu der Neuregelung Stellung genommen und zugleich die neuen Regelungen des Umsatzsteueranwendungserlasses publiziert. Diese sind Grundlage dieser Ausführungen.

Eine elektronische Rechnung ist zunächst einmal gem. § 14 Abs. 1 S. 8 UStG legal defi- **505**
niert als eine in einem elektronischen Format (PDF, Bilddatei) ausgestellte und empfangene Rechnung. Auch eine elektronische Rechnung muss aber selbstverständlich
alle Pflichtangaben einer Rechnung, wie sie § 14 Abs. 4 S. 1 Nr. 1–9 UStG definiert,
enthalten.

Ab dem 1.7.2011 ist für die Übermittlung einer elektronischen Rechnung (z.B. als PDF **506**
im Anhang einer Email) keine qualifizierte elektronische Signatur oder ein elektronischer Datenaustausch (EDI) gem. § 14 Abs. 3 UStG mehr notwendig. Dies bedeutet,
dass ab diesem Zeitpunkt elektronische Rechnungen auch steuerlich Berücksichtigung
finden können, wenn diese beispielsweise ohne qualifizierte elektronische Signatur versendet werden. Die Anforderungen an eine qualifizierte elektronische Rechnung wie
auch an das EDI-Verfahren sind in der Praxis hoch.[472] So entspricht die qualifizierte
elektronische Signatur von der Sicherheitsstufe einer Unterschrift. Keine elektronische
Rechnung ist hingegen anzunehmen, wenn eine Rechnung mit einem Standard-Fax
oder Computer-Telefax an ein Standard-Faxgerät versendet wird.[473] Wenn die Rechnung beim Empfänger somit in Papierform ankommt, liegt keine elektronische Rechnung vor.

Die Voraussetzungen für die steuerliche Anerkennung einer elektronischen Rech- **507**
nung werden im Folgenden dargestellt:

2.2 Zustimmung des Rechnungsempfängers

Die erste Voraussetzung für die umsatzsteuerliche Berücksichtigung einer elektroni- **508**
schen Rechnung ist die Zustimmung des Rechnungsempfängers zur elektronischen
Übermittlung der Rechnung, vgl. § 14 Abs. 1 S. 7 UStG. Es werden allerdings durch die
Finanzverwaltung keine überhöhten Anforderungen an dieses Zustimmungserfordernis des Rechnungsempfängers gestellt. Die Zustimmung kann z.B. durch den Einsatz
allgemeiner Geschäftsbestimmungen erteilt werden oder auch nachträglich erklärt
werden.[474] Es ist schließlich sogar ausreichend, dass die elektronische Übermittlung
von Rechnungen von den Beteiligten tatsächlich praktiziert und dadurch konkludent
gebilligt wird.[475]

Es ist zu empfehlen, die Rechnungsempfänger in einem Rundschreiben über die (aus- **509**
schließliche) Übermittlung der Rechnungen auf dem elektronischen Weg zu informieren. Hierzu sollte in dem Rundschreiben formuliert werden, dass man ohne explizit

---

471 *BMF*-Schreiben v. 2.7.2012 – BMF IV D 2 – S 7287-a/09/10004:003, BStBl. I, 726.
472 Vgl. hierzu *Groß/Lamm* BC 2009, 514; *Crantz* BC 2010, 168.
473 Abschn. 14.4 Abs. 2 S. 4 UStAE; vgl. auch *Schmitz/Trinks* UR 2012, S. 781/781 a.E.
474 Abschn. 14.4 Abs. 1 S. 3 und 4 UStAE.
475 Abschn. 14.4 Abs. 1 S. 5 UStAE.

eingelegten Widerspruch des Vertragspartners (Rechnungsempfängers) von dessen Zustimmung zur neuen Übermittlungsform ausgeht.

510 Die Übermittlung der elektronischen Rechnung kann per E-Mail (als Anhang z.B. im PDF-Format), De-Mail, per Computer-Fax oder per EDI erfolgen.[476]

511 Das Risiko, dass nach Übermittlung einer elektronischen Rechnung hiergegen Widerspruch erhoben wird, sodann eine Rechnung in Papierform erneut verschickt werden muss und somit im Ergebnis zwei Rechnungen mit der Rechtsfolge des § 14c UStG vorliegen, besteht nicht. Die Finanzverwaltung stellt hierzu klar, dass die Übersendung von inhaltlich identischen Mehrstücken derselben Rechnung (elektronisch und in Papierform) nicht zur mehrfachen Umsatzsteuerschuld führt.[477] Dies ist eine äußerst wichtige Neuerung, welche die Praktikabilität der elektronischen Rechnung erheblich verbessert.

2.3 Rechnungskontrolle

512 Wesentlich für die umsatzsteuerliche Akzeptanz einer Rechnung ist ihre Kontrolle auf Echtheit der Herkunft (dies bedeutet die Sicherheit bezüglich der Identität des Rechnungsausstellers, § 14 Abs. 1 S. 3 UStG), die Unversehrtheit des Inhalts und die Lesbarkeit der Rechnung durch den empfangenden Unternehmer, vgl. § 14 Abs. 1 S. 2 und 5 UStG. Diese Themen müssen bei der Verwendung der elektronischen Rechnung beachtet und gelöst werden. Dies wird in Zukunft die Hauptproblematik sein. Dem Unternehmer ist jedoch freigestellt, auf welche Art und Weise er diese Anforderungen sicherstellt und eine Dokumentation und Kontrolle ermöglicht. Als lesbar gilt eine Rechnung dann, wenn sie für das menschliche Auge wahrnehmbar ist, nicht wenn sie verständlich oder rechtschreibfehlerfrei ist.[478]

513 Eine Kontrolle ist nach § 14 Abs. 1 S. 6 UStG gewährleistet, soweit ein „verlässlicher Prüfpfad zwischen Rechnung und Leistung" geschaffen wird. In seiner Konkretisierung verzichtet das BMF darauf, ein bestimmtes technisches Verfahren vorzugeben. Es bleibt dem Unternehmer sogar überlassen, ob er eine manuelle oder EDV-gestützte Kontrolle einführen möchte.[479] Der Unternehmer kann mithin auf bestehende Rechnungsprüfungssysteme zurückgreifen.[480] Ein Prüfpfad ist dabei z.B. gewährleistet, wenn der Unternehmer die Rechnung mit vorhandenen geschäftlichen Unterlagen (Kopie der Bestellung, Auftrag, Kaufvertrag, Lieferschein oder Zahlungsbeleg) abgleicht.[481] Wenn bei der Prüfung der Rechnung festgestellt wird, dass diese inhaltlich zutreffend ist, insbesondere Leistung, Entgelt, leistender Unternehmer und Zahlungsempfänger zutreffend angegeben sind, so kann davon ausgegangen werden, dass bei der (elektronischen) Übermittlung der Rechnung keine die Echtheit der Herkunft oder die Unversehrtheit des Inhalts beeinträchtigende Fehler aufgetreten sind.[482]

---

476 Abschn. 14.4 Abs. 2 S. 3 UStAE; zu den zu verwendenden Formaten auch *Groß/Lamm/Lindgens* DStR 2012, 1413/1416 a.E. bis 1417.
477 Vgl. Abschn. 14c.1 Abs. 4 S. 3 UStAE.
478 *Schnittmann* MMR 2012, 656/657.
479 Vgl. Abschn. 14.4 Abs. 5 S. 3 UStAE.
480 Abschn. 14.4 Abs. 5 S. 2 UStAE.
481 Abschn. 14.4 Abs. 6 S. 2 UStAE.
482 Abschn. 14.4 Abs. 6 S. 3 UStAE.

Demuth/Kaiser

Zu beachten ist, dass eine entsprechende Kontrolle nicht notwendig ist, soweit eine   **514**
qualifizierte elektronische Signatur verwendet oder die Rechnung per EDI-Verfahren
übermittelt wird.[483]

2.4 Aufbewahrung

Nach § 14b UStG sind Rechnungen für mindestens zehn Jahre aufzubewahren.[484] Auf-   **515**
zubewahren hat der Unternehmer ein Doppel jeder ausgestellten Rechnung sowie
aller erhaltenen Rechnungen. Die Aufbewahrungsfrist beginnt mit dem Ende des
Kalenderjahres, in dem die Rechnung ausgestellt wurde, vgl. § 14b Abs. 1 S. 3 UStG.
Die elektronische Rechnung ist als originär digitales Dokument auch verfälschungssi-
cher originär elektronisch aufzubewahren, die Aufbewahrung ausgedruckt in Papierform genügt dieser Anforderung nicht.[485]

Zudem muss die Rechnung während des gesamten Aufbewahrungszeitraums den   **516**
Anforderungen des § 14 Abs. 1 S. 2 UStG genügen. Dies bedeutet, die Echtheit der
Herkunft, die Unversehrtheit des Inhalts und die Lesbarkeit der Rechnung müssen
gewährleistet sein.[486] Dies ist dann gewährleistet, wenn die Rechnungen auf einem nur
einmal beschreibbaren Datenträger (z.B. CD-ROM, DVD) gespeichert werden,
soweit kein revisionssicheres Archivsystem besteht.[485] Sollten die vorbeschriebenen
Rechnungseigenschaften während der Archivierungsphase (z.B. während einer
Außenprüfung) nicht nachweisbar sein, so droht eine Geldbuße wegen Ordnungswidrigkeit in Höhe von 5 000 EUR.[487]

Zu beachten sind weiterhin die Vorschiften der Abgabenordnung zur Aufbewahrung,   **517**
zur Prüfung und zum Datenzugriff (§§ 146, 147, 200 AO), die Grundsätze ordnungsgemäßer EDV-gestützter Buchführung (GoBS[488]) und die Grundsätze zum Datenzugriff
und zur Prüfbarkeit digitaler Unterlagen (GDPdU[489]).

2.5 Vorsteuerabzug

Das Recht zum Abzug der Vorsteuer setzt voraus, dass eine Rechnung in der nach   **518**
§ 14 oder § 14a UStG vorgeschriebenen Form vorliegt, vgl. § 15 Abs. 1 S. 1 Nr. 1 S. 2
UStG. Hierunter fällt auch die elektronische Rechnung. Damit der Vorsteueranspruch
später nicht angezweifelt wird, sollte diese allerdings – wie soeben beschrieben – ordnungsgemäß aufbewahrt werden. Ansonsten droht bei Verlust der Rechnungen eine
Schätzung.

2.6 Zusammenfassung

Die neuen, nun konkretisierten Vorschriften zur elektronischen Rechnung bringen   **519**
erhebliche Erleichterungen für den Wirtschaftsverkehr. Die elektronische Rechnung
steht nun gleichberechtigt neben der Papierrechnung und wird diese wohl auch stetig
ersetzen. Die durch das BMF festgesetzten Durchführungsvorschriften im Umsatz-
steueranwendungserlass sind weitegehend praxisnah und erlauben individuelle

---

483 Vgl. *Schnittmann* MMR 2012, 656/657.
484 Das JStG 2013 plant für 2013–2015 eine Verkürzung der Frist auf 8 und ab 2015 auf 7 Jahre.
485 *Groß/Lamm/Lindgens* DStR 2012, 1413, 1418.
486 Abschn. 14b.1 Abs. 5 S. 1 UStAE.
487 *Schmitz/Trinks* UR 2012, 781, 782.
488 Vgl. Anlage zum BMF Schreiben v. 7.10.1995, BStBl. I, 738.
489 Vgl. BMF Schreiben v. 16.7.2001 – IV D 2 – S 0316-136/01, BStBl. I 2001, 415.

Umsetzung. Insbesondere werden an die Kontrolle der Rechnungen keine überhöhten Anforderungen gestellt. Bezüglich der revisionssicheren Aufbewahrung der Rechnungen sollte man sich bei IT-Spezialisten absichern, da hier die Gefahr lauert, Vorsteueransprüche zu verlieren. Dies ist der verbleibende risikobeladene Bereich, der noch keine finale Lösung aufweist.

520 Nicht möglich ist aber auch nach der Neuregelung durch das Steuervereinfachungsgesetz 2011, dass die elektronischen Rechnungen gemäß einem vereinheitlichten Datenstandard (Rechnungs-Taxonomie) für die Finanzbuchhaltungssysteme übermittelt werden.[490]

3. Rechtzeitige Zahlung

521 Unternehmer sollten stets auf die rechtzeitige Abführung der Umsatzsteuer achten. So handelt nach § 26b UStG ordnungswidrig, wer die in einer Rechnung i.S.v. § 14 UStG ausgewiesene Umsatzsteuer zu einem der in §§ 18 Abs. 1 S. 3 oder Abs. 4 S. 1 oder S. 2 UStG genannten Fälligkeitszeitpunkte nicht oder nicht vollständig entrichtet. Nach § 26b UStG kann die nicht rechtzeitige Zahlung der Umsatzsteuer mit einer Geldbuße bis zu 50 000 EUR geahndet werden.

522 Für die rechtzeitige Zahlung gilt folgendes:

Die Vorauszahlung ist regelmäßig am zehnten Tag nach Ablauf des Voranmeldungszeitraums fällig (vgl. § 18 Abs. 1 S. 3 UStG). Voranmeldungszeitraum ist grundsätzlich das Kalendervierteljahr. Übersteigt die Umsatzsteuer für das vorangegangene Jahr jedoch den Betrag von 7 500 EUR, ist der jeweilige Kalendermonat der Voranmeldungszeitraum. Bei Neugründung von Unternehmen, worunter auch Tochtergesellschaften fallen, gilt eine monatliche Anmeldepflicht ungeachtet des Umsatzes (vgl. § 18 Abs. 2 S. 4 UStG).

Beispiel: Der Unternehmer U hat seine Umsatzsteuer-Voranmeldungen pro Kalendermonat abzugeben. Das bedeutet, er muss beispielsweise die Umsatzsteuer-Voranmeldung für den Monat Januar 2013 bis spätestens zum 10.2.2013 einreichen (sofern keine Dauerfristverlängerung besteht) und die fällige Umsatzsteuer an das Finanzamt entrichten. Verstößt er gegen diese Verpflichtung, kann das Finanzamt ein Bußgeld bis zu 50 000 EUR festsetzen.

523 Ebenso greift die Vorschrift des § 26b UStG ein, wenn der Unternehmer die für das Kalenderjahr zu entrichtende Umsatzsteuer nicht rechtzeitig zum genannten Fälligkeitszeitpunkt entrichtet.

524 Allerdings setzt die Anwendung von § 26b UStG voraus, dass der Unternehmer zum Fälligkeitszeitpunkt auch tatsächlich in der Lage war, die Steuer zu entrichten.[491] Wer keine ausreichende Liquidität hat, kann nur zum Insolvenzantrag, nicht aber zur Zahlung einer Steuer verpflichtet werden. Schließlich können die Folgen des § 26b UStG nur bei vorsätzlichem Handeln eintreten. D. h. der Täter muss davon Kenntnis haben, dass die in der Rechnung ausgewiesene Umsatzsteuer entstanden und fällig ist.[492]

---

490 *Groß/Lamm/Lindgens* DStR 2012, 1413, 1419.
491 Vgl. *Lippross* S. 1082; *Wilhelm* UR 2005, 474.
492 Vgl. *Lippross* S. 1082.

Gemäß dem Bericht des Finanzausschusses[493] kann in der Regel von einer Verfolgung **525** Abstand genommen werden, wenn der Unternehmer „dem Finanzamt unverzüglich und plausibel darlegt, weshalb ihm eine fristgerechte Entrichtung trotz ernsthaften Bemühens nicht möglich ist oder war und er anschließend in der gesetzten Frist die Umsatzsteuer entrichtet und dadurch die Gefährdung des Steueraufkommens beseitigt". Demnach hat die Finanzverwaltung bei der Anwendung des § 26b UStG regelmäßig das Opportunitätsprinzip zu beachten.

Eine Straftat begeht, wer in den Fällen des § 26b UStG gewerbsmäßig oder banden- **526** mäßig handelt (Freiheitsstrafe bis zu fünf Jahre).

4. Umsatzsteuerprüfungen

Die Umsatzsteuer ist eine sog. „Selbstberechnungssteuer".[494] Der Unternehmer muss **527** für die jeweiligen Voranmeldungszeiträume (Kalendermonat oder Kalendervierteljahr) Voranmeldungen abgeben, welche einem Steuerbescheid gleichgestellt werden, wenn sich eine Zahllast ergibt (§§ 167, 168 AO). Somit berechnet der Unternehmer seine zu entrichtende Umsatzsteuer selbst. Nur bei einem Vorsteuerüberhang wird ein Erstattungsanspruch des Unternehmers von der Zustimmung des Finanzamtes abhängig gemacht. Entsprechendes wie für die Voranmeldungszeiträume gilt für die Umsatzsteuerjahreserklärung, in der der Unternehmer die von ihm für das Kalenderjahr zu entrichtende Umsatzsteuer selbst berechnet und dem Finanzamt anzumelden hat. Auch die Jahresanmeldung ist eine Steuererklärung, der die Wirkung einer Steuerfestsetzung unter dem Vorbehalt der Nachprüfung (vgl. § 168 S. 1 AO) zukommt. Eine Steuerfestsetzung durch das Finanzamt per Steuerbescheid erfolgt in der Regel nur, wenn diese zu einer von der Jahresanmeldung abweichenden Steuer führt (vgl. § 167 Abs. 1 S. 1 AO).

Die Ausgestaltung der Umsatzsteuer als Selbstberechnungssteuer, die weitgehend **528** ohne Mitwirkung der Finanzbehörden abläuft, ist ebenso wie das System des Vorsteuerabzugs besonders missbrauchsanfällig. Daher stehen den Finanzbehörden im Bereich der Umsatzsteuer umfassende Kontroll- und Prüfungsbefugnisse zu. Es handelt es sich hierbei insbesondere um:
- die Betriebsprüfung (§§ 193 ff. AO);
- die Umsatzsteuer-Sonderprüfung als besondere Außenprüfung (§ 194 I. S. 2 AO);
- die Umsatzsteuernachschau i.S.v. § 27b UStG und
- die Steuerfahndung.

Die Betriebsprüfung und die Steuerfahndung wurden bereits oben behandelt (vgl. oben).

4.1 Umsatzsteuer-Sonderprüfung

Nach § 194 Abs. 1 S. 2 AO kann die Außenprüfung auf bestimmte Steuerarten oder **529** bestimmte Sachverhalte beschränkt werden. Eine solche besondere Außenprüfung stellt die Umsatzsteuer-Sonderprüfung dar. Demnach gelten auch für die Umsatzsteuer-Sonderprüfung die normalen Vorschriften der Betriebsprüfung (§§ 193 ff. AO).

---

493 BT-Drucks. 14/7471.
494 Vgl. *Lippross* S. 1107.

530 Im BMF-Schreiben vom 7.11.2002 (BStBl. I, 1366) ist ein umfassender Katalog von Anhaltspunkten enthalten, aufgrund derer von den Finanzämtern Umsatzsteuer-Sonderprüfungen angeordnet werden können. Hierzu zählen u.a.:

– außergewöhnlich hohe Vorsteuerbeträge;
– Vorsteuerberichtigungen nach § 15a UStG im Zusammenhang mit Grundstücksveräußerungen;
– Verträge des Unternehmers mit Anteilseignern, Gesellschaftern, Mitgliedern oder nahestehenden Personen;
– Vermietung von Freizeitgegenständen (z.B. Wohnimmobilien oder Segelschiffe) und
– Steuerschuldnerschaft des Leistungsempfängers.

Umsatzsteuer-Sonderprüfungen werden von speziell geschulten Prüfern und nicht von allgemeinen Betriebsprüfern durchgeführt. Im Jahr 2006 wurden von 1512 Umsatzsteuer-Sonderprüfern 97 417 Sonderprüfungen durchgeführt. Dadurch erzielte der Fiskus ca. 1,4 Mrd. EUR zusätzliche Einnahmen.[495]

4.2 Umsatzsteuernachschau[496]

531 Anders als die Betriebsprüfung dient die Umsatzsteuernachschau nicht der Nachprüfung von in der Vergangenheit liegenden Sachverhalten, sondern vielmehr der laufenden Kontrolle. Die zur Bekämpfung der Umsatzsteuerhinterziehung eingeführte Umsatzsteuernachschau gibt den Finanzbehörden die Möglichkeit, ohne vorherige Ankündigung außerhalb einer Betriebsprüfung Räume und Grundstücke von Unternehmern während der Geschäfts- und Arbeitszeiten zu betreten, und für die Besteuerung erhebliche Sachverhalte festzustellen. Entsprechend dem Zweck der Umsatzsteuernachschau als Instrument der laufenden Kontrolle dürfen in der Regel nur gegenwartsbezogene Sachverhalte, nicht jedoch vergangenheitsbezogene Sachverhalte geprüft werden.

Beispiel: Gegenwartsbezogen sind beispielsweise Existenzprüfungen bei neugegründeten Unternehmen, Auskunftsersuchen anderer Finanzbehörden und Amtshilfeersuchen anderer EG-Mitgliedsstaaten.[497] Vergangenheitsbezogene Sachverhalte sind dagegen solche, bei denen bereits eine Steueranmeldung oder ein Steuerbescheid vorhanden ist.

532 Bei einer vergangenheitsbezogenen Prüfung hat das Finanzamt keine Umsatzsteuernachschau, sondern eine normale Außenprüfung oder eine Umsatzsteuer-Sonderprüfung durchzuführen.

533 Der mit der Durchführung der Umsatzsteuernachschau beauftragte Finanzbeamte hat sich regelmäßig auszuweisen. Ein besonderer Auftrag ist nach Ansicht der Verwaltung nicht erforderlich.[498] Nach Ansicht der Literatur ist jedoch eine interne Anordnung erforderlich, die die wesentlichen Voraussetzungen einer Prüfungsanordnung i.S.v. § 196 AO erfüllt.[499] Die Amtsträger haben bei einer Umsatzsteuernachschau ein Betretungsrecht für Grundstücke und Räume des Unternehmers während der Geschäfts- und Arbeitszeiten. Zudem haben die von der Umsatzsteuernachschau betroffenen Personen den Amtsträgern auf Verlangen Aufzeichnungen, Bücher,

---

495 Vgl. *BMF*-Pressemitteilung UR 2007, 495.
496 Vgl. hierzu auch *Zugmaier/Kaiser* in Hartmann/Metzenmacher, Kommentar UStG, § 27b, Rn. 1 ff.
497 Vgl. Abschn. 282b Abs. 2 UStR 2008.
498 Vgl. Abschn. 282b UStR 2008.
499 Vgl. *Sölch/Ringleb/Mößlang* § 27b Rn. 9; *Lippross* S. 1109.

Geschäftspapiere und andere Urkunden bezüglich umsatzsteuererheblicher Tatsachen vorzulegen und Auskünfte zu erteilen. Ein Betreten von Wohnräumen gegen den Willen des Inhabers ist nur bei dringenden Gefahren für die öffentliche Sicherheit und Ordnung und damit nur in Ausnahmefällen möglich. Die Beamten haben bei der Umsatzsteuernachschau kein Recht zur Wegnahme von Urkunden. Ein Wegnahmerecht besteht lediglich bei Vorliegen der Voraussetzungen einer Beschlagnahme nach den §§ 105 Abs. 1, 98 StPO.[500] Die Umsatzsteuernachschau gewährt auch kein Durchsuchungsrecht im Sinne eines ziel- und zweckgerichteten Suchens nach Personen oder Sachen.[501]

Anders als bei der Außenprüfung ist bei einer Umsatzsteuernachschau auch keine **534** Schlussbesprechung abzuhalten oder ein Prüfungsbericht anzufertigen.[502] Sollen aufgrund der Umsatzsteuernachschau jedoch Besteuerungsgrundlagen geändert werden, ist dem Steuerpflichtigen rechtliches Gehör zu gewähren.[502] Nach Ansicht der Verwaltung liegt ein Verwaltungsakt bei einer Umsatzsteuernachschau nur dann vor, wenn der Beamte konkrete Maßnahmen gegenüber dem Steuerpflichtigen trifft. Dies soll insbesondere dann der Fall sein, wenn der Betroffene dazu aufgefordert wird,

– das Betreten der nicht öffentlich zugänglichen Geschäftsräume zu dulden;
– Aufzeichnungen, Bücher, Geschäftspapiere und andere umsatzsteuerrelevante Urkunden vorzulegen oder
– Auskunft zu erteilen.[503]

Wie bei der Betriebsprüfung kann der Steuerpflichtige im Rahmen einer Umsatzsteuernachschau nur dann ein Verwertungsverbot erreichen, wenn er gegen den Verwaltungsakt Einspruch einlegt und die Rechtswidrigkeit der Maßnahme im Rahmen einer Fortsetzungsfeststellungsklage feststellen lässt. Ergeht aufgrund der Nachschau ein Steuerbescheid, muss auch dieser Bescheid angefochten werden, um ein steuerliches Verwertungsverbot zu erlangen.[504] **535**

Die Verwaltung kann die im Rahmen einer Nachschau angeordneten Verwaltungs- **536** akte grundsätzlich auch mit Zwangsmitteln, insbesondere durch unmittelbaren Zwang nach § 331 AO, durchsetzen. Unmittelbarer Zwang ist jedoch zuvor seitens des Beamten schriftlich anzudrohen (§ 332 Abs. 1 S. 1 AO). Zudem muss der Unternehmer stets damit rechnen, dass im Fall einer Verweigerung seinerseits eine Außenprüfung angeordnet oder eine Fahndung durchgeführt wird.[505] Eine gewisse Kooperation ist somit zu erwägen.

Das Finanzamt kann bei einer Umsatzsteuernachschau ohne vorherige Prüfungsan- **537** ordnung zu einer Außenprüfung nach § 193 AO übergehen, wenn die bei der Nachschau getroffenen Feststellungen hierzu Anlass geben.[506] Dieser Übergang zur Außenprüfung ist jedoch nur für Umsatzsteuersachverhalte möglich.[506] Der Übergang von der Umsatzsteuernachschau zur Außenprüfung muss inhaltlich den Anforderungen einer ordnungsgemäßen Prüfungsanordnung entsprechen.[506]

---

500 Vgl. *Lippross* S. 1109.
501 Vgl. Abschn. 282b Abs. 5 UStR 2008.
502 Vgl. Abschn. 282b Abs. 6 UStR 2008.
503 Vgl. Abschn. 282b Abs. 8 UStR 2008.
504 Vgl. Abschn. 282b Abs. 10 UStR 2008.
505 Vgl. *Lippross* S. 1110.
506 Vgl. Abschn. 282b Abs. 9 UStR 2008.

538 Anders als bei der Außenprüfung hemmt der Beginn der Umsatzsteuernachschau den Ablauf der Festsetzungsfrist nicht (vgl. § 171 Abs. 4 AO).

539 Inwiefern eine Umsatzsteuernachschau den Verlust zur Möglichkeit einer strafbefreienden Selbstanzeige nach sich zieht, ist umstritten. Es spricht jedenfalls viel dafür, den Verlust der strafbefreienden Wirkung der Selbstanzeige nur auf gegenwartsbezogene Sachverhalte zu erstrecken.[507]

5. Nachweispflichten bei innergemeinschaftlichen Lieferungen

540 Bei grenzüberschreitenden Lieferungen sollten Unternehmer besonders genau auf die Erfüllung der umsatzsteuerrechtlichen Nachweispflichten achten. Andernfalls kann es zu einer Versagung der Steuerbefreiung für eine Ausfuhr bzw. eine innergemeinschaftliche Lieferung kommen. Vorliegend wird lediglich auf die Nachweisvoraussetzungen bei innergemeinschaftlichen Lieferungen eingegangen. Demgegenüber werden die Nachweisvoraussetzungen bei Ausfuhrlieferungen in Drittländer nicht behandelt.

Beispiel: Der in Deutschland ansässige Unternehmer U liefert im Jahr 2010 Waren im Gesamtwert von 5 Mio. EUR an den in Frankreich ansässigen Unternehmer F. Die Waren werden per Post an F übersandt. In seinen Umsatzsteuer-Voranmeldungen sowie in seiner Umsatzsteuer-Jahreserklärung deklariert U steuerbefreite innergemeinschaftliche Lieferungen. Im Jahr 2013 kommt es zu einer Außenprüfung bei U. Hierbei beanstandet der Betriebsprüfer, dass die von der Verwaltung für innergemeinschaftliche Lieferungen aufgestellten Nachweisvoraussetzungen (ordnungsgemäßer Buch- und Belegnachweis nach den §§ 17a ff. UStDV) nicht in der gewünschten Form erbracht wurden, was auf Nachlässigkeiten in der Buchführung des U zurückführen ist. Aufgrund der entdeckten Unregelmäßigkeiten wird die Außenprüfung zu einer Umsatzsteuer-Sonderprüfung ausgeweitet, zudem wird die Steuerfahndung eingeschaltet. Aufgrund der nicht ordnungsgemäß erbrachten Nachweise wird U für sämtliche im Jahr 2010 getätigte innergemeinschaftliche Lieferungen die Steuerbefreiung versagt. In dem geänderten Steuerbescheid für das Jahr 2010 wird nachträglich Umsatzsteuer auf den Gesamtbetrag von 5 Mio. EUR erhoben. Zudem wird gegen U ein Steuerstrafverfahren wegen Verdachts der Umsatzsteuerhinterziehung eingeleitet.

541 Dieses Beispiel – kein Einzelfall – zeigt, welche gravierenden Auswirkungen bereits geringe Nachlässigkeiten im Bereich der Erbringung der umsatzsteuerrechtlichen Nachweispflichten nach sich ziehen können. Allein der Aufwand und die Kosten, sich der Vorwürfe wieder zu entledigen und die damit einhergehende Behinderung des Tagesgeschäftes, sind enorm. All dies stellt für das Unternehmen eine große Belastung dar.

542 Daher sollte der Unternehmer im Rahmen von innergemeinschaftlichen Lieferungen die nachfolgenden Grundsätze beachten. Insbesondere sollten die Voraussetzungen einer innergemeinschaftlichen Lieferung regelmäßig im Zuge eines Belegnachweises sowie eines Buchnachweises dokumentiert werden (vgl. §§ 17a ff. UStDV).

5.1 Belegnachweis bei innergemeinschaftlichen Lieferungen

543 Gemäß § 4 Abs. 1 Nr. 1 Buchst. b i.V.m. § 6a UStG sind innergemeinschaftliche Warenlieferungen umsatzsteuerfrei. Unternehmer, die diese Steuerbefreiung für sich in Anspruch nehmen wollen, müssen die Voraussetzungen des § 6a UStG nachweisen.

---

507 Vgl. *Lippross* S. 1111.

Gemäß §§ 17a, 17c UStDV hat dies durch sog. Buch- und Belegnachweise zu erfolgen. In der Vergangenheit sahen sich Unternehmer oft schwerwiegenden Problemen bei der Nachweisführung ausgesetzt, denn für sie war es aufgrund der Zahl der unterschiedlichen Nachweise und der geforderten detaillierten Angaben teilweise kaum möglich, die Nachweispflichten vollständig zu erfüllen.

Die Rechtsprechung hat diese Probleme aufgegriffen. BFH und EuGH haben in **544** den letzten Jahren in zahlreichen Entscheidungen die früher bestehenden Nachweispflichten als nicht mehr mit dem materiellen Recht, insbesondere mit den europarechtlichen Vorgaben, vereinbar erklärt. Danach können die Voraussetzungen für innergemeinschaftliche Lieferungen mittlerweile auch auf andere Weise nachgewiesen werden, die Nachweise gehören nicht mehr zu den materiell-rechtlichen Voraussetzungen der Steuerbefreiung (s. hierzu auch unten).

Auf diese Entwicklungen in der Rechtsprechung hat der Gesetzgeber reagiert und **545** mit Wirkung zum 1.1.2012 eine grundlegende Änderung der §§ 17a, 17c UStDV beschlossen. Mit der Änderung der §§ 17a, 17c UStDV verfolgte der Gesetzgeber den Zweck, für Beförderungs- und Versendungsfälle identische Belegnachweise zu schaffen. Demnach sollte es für den Belegnachweis nicht mehr darauf ankommen, wie die Ware transportiert wird. Vielmehr sollte der Belegnachweis lediglich noch aus zwei Dokumenten bestehen: dem Doppel der Rechnung und einer sog. Gelangensbestätigung, d.h. einer Bestätigung des Abnehmers, dass der gelieferte Gegenstand in den Bestimmungsmitgliedstaat gelangt ist. Demnach hatte der Gesetzgeber in den §§ 17a, 17c UStDV die sog. Gelangensbestätigung als zentralen Belegnachweis für innergemeinschaftliche Lieferungen geregelt. Es folgten massive Widerstände durch Verbände und Unternehmen. Kritisiert wurde, dass sowohl der propagierte Vereinfachungszweck, als auch die bezweckte Bekämpfung von Umsatzsteuerbetrug nicht erreicht würden.[508] Insbesondere weigerte sich die Speditionsbranche, aufgrund des ihr auferlegten Haftungsrisikos, die Gelangensbestätigung für den Lieferanten einzuholen.[509] Die Zukunft der Gelangensbestätigung ist damit stark in Zweifel gezogen. Im Hinblick auf diese massiven Widerstände hatte das BMF zunächst mit Schreiben vom 9.12.2011 eine Nichtbeanstandungsregelung erlassen. Gemäß dieser Regelung beanstandete die Finanzverwaltung nicht, wenn Unternehmen die Nachweise für innergemeinschaftliche Lieferungen weiterhin auf Basis der alten Rechtslage führten. Diese Nichtbeanstandungsregelung galt zunächst bis zum 31.3.2012. Mit Schreiben vom 6.12.2012 hat das BMF diese Nichtbeanstandungsregelung zunächst bis zum 30.6.2012 verlängert. Anschließend verlängerte das BMF diese Nichtbeanstandungsregelung mit Schreiben vom 1.6.2012 erneut. Nach dem BMF-Schreiben vom 1.6.2012 gilt die Nichtbeanstandungsregelung nunmehr solange, bis eine erneute Änderung des § 17a UStDV in Kraft tritt. Bis zu diesem Zeitpunkt wird es demnach nicht beanstandet, wenn Unternehmer den Belegnachweis auf Basis der alten Rechtslage führen. Faktisch gelten somit die alten Regelungen nach § 17a UStDV bis zu einer entsprechenden Neuregelung durch den Gesetzgeber weiter. Vor diesem Hintergrund werden im Folgenden sowohl die Regelungen nach § 17a UStDV alte Fassung (die faktisch derzeit weiterhin anwendbar sind) als auch § 17a UStDV neue Fassung dargestellt.

---

508 Vgl. *Geberth* DB 2012, Heft 15, 1, der mit geschätzten Mehrkosten von 6 Mrd. EUR durch die Gelangensbestätigung rechnet.
509 Pressemitteilung des DSLV v. 6.3.2012.

546 Gemäß § 17a Abs. 2 UStDV neue Fassung ist der Belegnachweis wie folgt zu führen:

1. durch das Doppel der Rechnung (§§ 14 und 14a des Gesetzes) und
2. durch eine Bestätigung des Abnehmers gegenüber dem Unternehmer oder dem mit der Beförderung beauftragten selbstständigen Dritten, dass der Gegenstand der Lieferung in das übrige Gemeinschaftsgebiet gelangt ist (Gelangensbestätigung). Der Beleg hat folgende Angaben zu enthalten:
   a) den Namen und die Anschrift des Abnehmers,
   b) die Menge des Gegenstands der Lieferung und die handelsübliche Bezeichnung einschließlich der Fahrzeug-Identifikationsnummer bei Fahrzeugen im Sinne des § 1b Absatz 2 des Gesetzes,
   c) im Fall der Beförderung oder Versendung durch den Unternehmer oder im Fall der Versendung durch den Abnehmer den Ort und Tag des Erhalts des Gegenstands im übrigen Gemeinschaftsgebiet und im Fall der Beförderung des Gegenstands durch den Abnehmer den Ort und Tag des Endes der Beförderung des Gegenstands im übrigen Gemeinschaftsgebiet,
   d) das Ausstellungsdatum der Bestätigung sowie
   e) die Unterschrift des Abnehmers.

Bei einer Versendung ist es ausreichend, wenn sich die Gelangensbestätigung bei dem mit der Beförderung beauftragten selbstständigen Dritten befindet und auf Verlangen der Finanzbehörde zeitnah vorgelegt werden kann. In diesem Fall muss der Unternehmer eine schriftliche Versicherung des mit der Beförderung beauftragten selbstständigen Dritten besitzen, dass dieser über einen Beleg mit den Angaben des Abnehmers verfügt.

Nach § 17a UStDV alte Fassung (der in der Praxis aufgrund des oben genannten BMF-Schreibens weiterhin anwendbar ist) ist der Belegnachweis für eine innergemeinschaftliche Lieferung wie folgt zu führen (Voraussetzungen müssen kumulativ vorliegen):

1. Bei einer Beförderung des Gegenstands durch den Lieferer:
   a) durch ein Doppel der Rechnung i.S.d. §§ 14, 14a UStG;
   b) durch einen handelsüblichen Beleg, aus dem sich der Bestimmungsort ergibt (insbesondere Lieferschein) sowie
   c) durch eine Empfangsbestätigung des Abnehmers oder seines Beauftragten (vgl. Muster unten).
2. Bei Beförderung des Gegenstands durch den Abnehmer:
   a) durch die unter 1. genannten Nachweise sowie zusätzlich
   b) durch eine Versicherung des Abnehmers oder seines Beauftragten, den Gegenstand der Lieferung in das übrige Gemeinschaftsgebiet zu befördern (sog. Vorbringungsnachweis, siehe Muster unten).
3. Bei Versendung durch den Lieferer oder Abnehmer:
   a) durch ein Doppel der Rechnung im Sinne der §§ 14, 14a UStG und
   b) durch einen Beleg im Sinne von § 10 Abs. 1 UStDV (z.B. Spediteurbescheinigung, CMR-Frachtbrief mit Empfangsbestätigung).
   c) Alternativ kann der Nachweis auch wie in den Beförderungsfällen erbracht werden.

5.2 Belegnachweismuster

Ein Belegnachweismuster gem. § 17a UStDV alte Fassung (der in der Praxis aufgrund **547** des oben genannten BMF-Schreibens zunächst weiterhin anwendbar ist) ist im Folgenden dargestellt.

Firma   Datum   **548**

USt-ID-Nr. ....
(Veräußerndes Unternehmen)

Lieferschein

An Firma

Branche   **USt-ID-Nr.** ....
                                                    (Erwerber)

Am ... lieferten wir Ihnen:

durch:

Bestimmungsort:
Menge, Einzelpreis, Gesamtpreis

Empfangsbestätigung
Der Empfänger/Beauftragte bestätigt, dass er die o.g. Ware am .... ordnungsgemäß erhalten hat.

Verbringungserklärung

Bei Eigenbeförderung durch den Abnehmer versichert der Empfänger/Beauftragte die Liefergegenstände zum Bestimmungsort .... zu verbringen.

....
Ort, Datum

....
Unterschrift Empfänger/Beauftragte

5.3 Nachweisvoraussetzung und Steuerbefreiung

Nachweisvoraussetzungen sind keine materiellrechtliche Voraussetzung für die Steu- **549** erbefreiung.

Konnte der Belegnachweis nicht i.S.v. § 17a UStDV erbracht werden, versagte die **550** Finanzverwaltung früher stets die Steuerbefreiung der innergemeinschaftlichen Lieferung und ging von einer steuerpflichtigen Lieferung aus. Nach früherer Ansicht der Verwaltung handelte es sich bei den Nachweisvoraussetzungen i.S.v. § 17a ff. UStDV (Buch- und Belegnachweis) also um unverzichtbare, materiellrechtliche Voraussetzungen für die Steuerbefreiung.

Diese Verwaltungsansicht entsprach nicht der geltenden Rechtslage. So hat der BFH **551** bereits mit Urteil vom 8.7.2007[510] seine frühere Auffassung aufgegeben und entschieden, die Erbringung der in den §§ 17a ff. UStDV geforderten Nachweise sei keine materiellrechtliche Voraussetzung für die Steuerbefreiung. Vielmehr bestimmen die

---

510 *BFH* DStR 2008, 716.

Regelungen nach Auffassung des BFH lediglich, dass und wie der Unternehmer die Nachweise zu erbringen hat. Kommt der Unternehmer den Nachweispflichten i.S.v. § 17a UStDV nicht nach, ist laut BFH grundsätzlich davon auszugehen, dass die Voraussetzungen einer innergemeinschaftlichen Lieferung nicht erfüllt sind. Etwas anderes gilt jedoch dann, wenn aufgrund der objektiven Beweislage feststeht, dass die Voraussetzungen einer steuerbefreiten innergemeinschaftlichen Lieferung vorliegen. In diesem Fall ist also die Steuerbefreiung zu gewähren, auch wenn der Unternehmer die erforderlichen formalen Nachweise nicht erbringt. Der Nachweis der Voraussetzungen für die Steuerfreiheit kann somit auch durch andere als die in den §§ 17a ff. UStDV ausdrücklich bezeichneten Nachweise erbracht werden.

552 Die BFH-Entscheidung ist nach einem Urteil des niedersächsischen Finanzgerichts[511] auch auf die hier nicht ausdrücklich behandelten Ausfuhrlieferungen in Drittländer anzuwenden.

553 Mittlerweile hat die Finanzverwaltung die Sichtweise des BFH, dass es sich bei den nach § 17a ff. UStDV geforderten Nachweisen nicht um materiell-rechtliche Voraussetzungen für die Steuerbefreiung der innergemeinschaftlichen Lieferung handelt, übernommen. Zudem erkennt auch die Finanzverwaltung an, dass die Steuerbefreiung der innergemeinschaftlichen Lieferung in Ausnahmefällen auch dann gewährt werden kann, wenn aufgrund der vorliegenden Belege und der sich daraus ergebenden tatsächlichen Umstände objektiv feststeht, dass die Voraussetzugnen einer steuerfreien innergemeinschaftlichen Lieferung gem. § 6a Abs. 1 und Abs. 2 UStG vorliegen.[512] Nach dem BMF stellt sich die Frage nach Vertrauensschutz für den Unternehmer erst dann, wenn er den Nachweispflichten i.S.d. §§ 17a ff. UStDV vollständig nachgekommen ist.[513]

Der Unternehmer hat nach der oben genannten BFH-Entscheidung und mittlerweile auch der Ansicht der Finanzverwaltung die Möglichkeit, den Nachweis für eine steuerbefreite innergemeinschaftliche Lieferung auch durch andere als die in den §§ 17a ff. UStDV aufgeführten Nachweise zu erbringen.

Beratungshinweis: Nach der Rechtsprechung des BFH[514] ergibt sich bezüglich der Prüfung, ob die Beleg- und Buchnachweise ordnungsgemäß i.S.d. §§ 17a, 17c UStDV erbracht wurden, ein dreistufiges Prüfungsschema:[515]

1. Stufe: Wurde der Beleg- und Buchnachweis im Sinne der Regelung der UStDV ordnungsgemäß erbracht?
2. Stufe: Ist die Steuerbefreiung der innergemeinschaftlichen Lieferung aufgrund der objektiven Beweislage zu gewähren?
3. Stufe: Gewährung von Vertrauensschutz entsprechend der Regelung des § 6a Abs. 4 S. 1 UStG

5.4 EuGH-Rechtsprechung/Wichtige Indizwirkung der Umsatzsteuer-Identifikationsnummer

554 Im Urteil vom 6.9.2012 (Rs. C-273/11, Mecsek-Gabona) hat der EuGH die wichtige Aussagekraft der Umsatzsteuer-Identifikationsnummer im Zusammenhang mit inner-

---

511 Urt. v. 19.5.2008 (Az: 16 K 177/06).
512 Abschn. 6a.2, Abs. 3 S. 5 UStAE.
513 Vgl. *BMF*-Schreiben v. 6.1.2009, Rn. 50.
514 Vgl. beispielsweise *BFH* VR 65/06, DStR 2009, 639.
515 *Robisch* in Bunjes, Kommentar UStG, 11. Aufl. 2012, § 6a, Rn. 55.

Demuth/Kaiser

gemeinschaftlichen Lieferungen betont.[516] In dem vom EuGH entschiedenen Fall war unstreitig, dass die Umsatzsteuer-Identifikationsnummer des Vertragspartners (an welchen innergemeinschaftliche Lieferungen durchgeführt wurden) im Zeitpunkt der Durchführung der Umsätze gültig war, jedoch einige Monate danach von den italienischen Behörden rückwirkend gelöscht wurde, da es sich bei dem italienischen Vertragspartner um ein Scheinunternehmen handelte. Hierzu führt der EuGH in Rn. 63 aus:

„Da die zuständige nationale Behörde den Status eines Steuerpflichtigen zu prüfen hat, bevor sie ihm eine Mehrwertsteuer-Identifikationsnummer zuteilt, können eventuelle Unregelmäßigkeiten des Registers nicht dazu führen, dem Wirtschaftsteilnehmer, der sich auf die Angaben in diesem Register gestützt hat, die Steuerbefreiung zu nehmen, auf die er einen Anspruch hätte."

Der EuGH grenzt damit eindeutig die Verantwortungssphären ab: Die Finanzbehörden haben vor Erteilung einer USt-Identifikationsnummer den Unternehmer-Status zu überprüfen, der Unternehmer kann auf eine als gültig hinterlegte USt-Identifikationsnummer vertrauen. Sofern den Finanzbehörden bei der Erteilung der USt-Identifikationsnummer Fehler unterlaufen oder die USt-Identifikationsnummer trotz etwaiger Unregelmäßigkeiten erteilt wird, kann sich dies nicht zu Lasten des Unternehmers auswirken.

Der Unternehmer kann die Steuerbefreiung der innergemeinschaftlichen Lieferung demnach bei Vorliegen der weiteren Voraussetzungen auch dann in Anspruch nehmen, wenn sich später herausstellt, dass es sich bei dem Vertragspartner um ein Scheinunternehmen handelt. Wenn die Finanzbehörden dem Unternehmer die Steuerbefreiung mit dem Hinweis verwehren, dass es sich bei dem Vertragspartner um ein Scheinunternehmen handele, kann das vorliegende EuGH-Urteil angeführt werden. Zudem hat der EuGH mit Urteil v. 27.9.2012[517] entschieden, dass eine steuerfreie innergemeinschaftliche Lieferung auch dann vorliegen kann, wenn der Empfänger über keine USt-Identifikationsnummer verfügt. Die USt-Identifikationsnummer des Vertragspartners ist damit nur eine Möglichkeit und keine notwendige Voraussetzung mehr, die Unternehmereigenschaft des Leistungsempfängers nachzuweisen und die Steuerbefreiung der innergemeinschaftlichen Lieferung in Anspruch zu nehmen.

5.5 Zeitpunkt des Belegnachweises

Teilweise hat die Finanzverwaltung früher die Ansicht vertreten, ein fehlerhafter Belegnachweis könne nicht mehr nachgeholt werden. Nachdem der BFH bereits mit Urteil v. 30.3.2006[518] entschieden hatte, der nach § 17a UStDV erforderliche Belegnachweis könne bis zum Schluss der mündlichen Verhandlung vor dem Finanzgericht nachgeholt werden, ist dieser Ansicht nunmehr auch das BMF im Schreiben vom 6.1.2009 gefolgt.[519] Dies gilt jedoch nicht in den sog. Missing-Trader-Fällen (siehe hierzu noch unten). Führt der Unternehmer eine Lieferung an einen sog. Missing-Trader aus, und besitzt er im Zeitpunkt der Lieferung die notwendigen Belegnachweise nicht, kann er sich nach BFH-Rechtsprechung auch nicht auf § 6a Abs. 4 UStG (Gutglaubensschutz) berufen.

555

516 Vgl. hierzu *Kaiser* PStR 2012, 271.
517 *EuGH* Urt. v. 27.9.2012 – C-587/10 – Rs. VSTR.
518 *BFH* BStBl. II, 2006, 634.
519 Vgl. *BMF*-Schreiben v. 6.1.2009, Rn. 26.

5.6 Rechnungsmuster für eine innergemeinschaftliche Lieferung

556

Firma   Datum

USt-ID-Nr. ....
(Veräußerndes Unternehmen)

                              Rechnung

An Firma

Branche   **USt-ID-Nr.** ....

                                          (Erwerber)

Am ... lieferten wir Ihnen:

durch:

Menge, Einzelpreis, Gesamtpreis

In Deutschland umsatzsteuerfrei nach § 4 Nr. 1b i.V.m. § 6a UStG

5.7 Buchnachweise

557 Um in den Genuss der steuerbefreiten innergemeinschaftlichen Lieferung zu kommen, muss der Unternehmer neben dem Belegnachweis auch einen Buchnachweis i.S.v. § 17c UStDV erbringen. Das bedeutet, der Unternehmer muss die Voraussetzungen der Steuerbefreiung einschließlich der Umsatzsteueridentifikationsnummer des Abnehmers buchmäßig nachweisen, wobei die Voraussetzungen sich eindeutig und leicht nachprüfbar aus der Buchführung ergeben müssen. Im Rahmen der Erbringung des Buchnachweises kommt u.a. der Aufzeichnung der Umsatzsteueridentifikationsnummer Bedeutung zu. Bei den in § 17 Abs. 2 UStDV genannten Angaben handelt es sich lediglich um Sollaufzeichnungspflichten, deren Missachtung allein nicht die Versagung der Steuerbefreiung nach sich ziehen kann.

558 Früher gingen der BFH und die Verwaltung davon aus, dass die für den „buchmäßigen Nachweis" erforderlichen Aufzeichnungen „laufend und unmittelbar nach Ausführung der jeweiligen Umsätze" zu erstellen sind. Demnach wurde die Steuerbefreiung der innergemeinschaftlichen Lieferung früher versagt, wenn der Buchnachweis erst nachträglich erstellt wurde (z.B. erst nach Ablauf des Voranmeldungszeitraums, in welchem die innergemeinschaftliche Lieferung ausgeführt wurde). Auf Vorlage des BFH[520] hat der EuGH[521] entschieden, dass die Befreiung einer tatsächlich ausgeführten innergemeinschaftlichen Lieferung nicht allein mit der Begründung versagt werden kann, der Nachweis einer solchen Lieferung sei nicht rechtzeitig erbracht worden.

559 Vielmehr dürfe die Tatsache des nicht zeitnahen Buchnachweises nur dann berücksichtigt werden, wenn eine Gefährdung des Steueraufkommens bestehe und diese vom Steuerpflichtigen nicht vollständig beseitigt worden ist.

---

520 *BFH* UR 2005, 256.
521 *EuGH* Urt. v. 27.9.2007, C-146/05.

Beratungshinweis: Aufgrund der Entscheidung des EuGH darf die Verwaltung die **560** Gewährung der Steuerbefreiung der innergemeinschaftlichen Lieferung nicht mehr allein mit dem Argument versagen, der Buchnachweis sei nicht zeitnah erbracht worden. Entscheidende Bedeutung kommt in diesen Fällen stets der Frage zu, ob die verspätete Erbringung des Buchnachweises zu einer Gefährdung des Steueraufkommens geführt hat.

6. Umsatzsteuerbetrug/Karussellbetrug

Besondere Gefahren lauern für Unternehmer, wenn sie unwissentlich in Umsatz- **561** steuer-Karussellgeschäfte oder sonstige Umsatzsteuer-Betrugsgeschäfte hineingezogen werden. Im Kern geht es bei klassischen Fällen des Umsatzsteuerbetrugs um zwei Problemkomplexe:

– Kann ein gutgläubiger Unternehmer, der im Rahmen der Ausführung von innergemeinschaftlichen Lieferungen unwissentlich in ein Umsatzsteuer-Karussell gerät, die Steuerbefreiung der innergemeinschaftlichen Lieferung in Anspruch nehmen (vgl. hierzu 8.6.1)?
– Steht dem Unternehmer, der unwissentlich in ein Umsatzsteuer-Karussell oder sonstige auf Umsatzsteuerbetrug angelegte Geschäftsaktivitäten involviert wird, der Vorsteuerabzug aus Eingangsrechnungen zu? (vgl. hierzu 8.6.2)

6.1 Gewährung der Steuerbefreiung bei innergemeinschaftlichen Lieferungen

Häufig tauchen in der Praxis Fälle auf, bei denen ein Unternehmer Ware an einen in **562** einem anderen Mitgliedsstaat ansässigen Unternehmer liefert und hierbei unwissentlich in ein Umsatzsteuer-Karussell oder sonstige in auf Umsatzsteuerbetrug angelegte Aktivitäten gerät.

Beispiel: Unternehmer U verkauft an den französischen Unternehmer F Waren und erklärt gegenüber der Finanzverwaltung umsatzsteuerfreie innergemeinschaftliche Lieferungen (§ 6a UStG). Zuvor hat U beim Bundeszentralamt für Steuern eine qualifizierte Bestätigungsanfrage durchgeführt, woraufhin ihm die Gültigkeit der Umsatzsteueridentifikationsnummer des F sowie dessen Adresse bestätigt wurde. Zudem erfüllt U zum Zeitpunkt der Lieferung die von der Finanzverwaltung geforderten formalen Voraussetzungen eines ordnungsgemäßen Beleg- und Buchnachweises. Später ergeben die von den französischen Steuerbehörden durchgeführten Ermittlungen, dass der F zum Zeitpunkt der Lieferung ein Scheinunternehmen (rechtlich existent jedoch wirtschaftlich inaktiv) geführt hat.

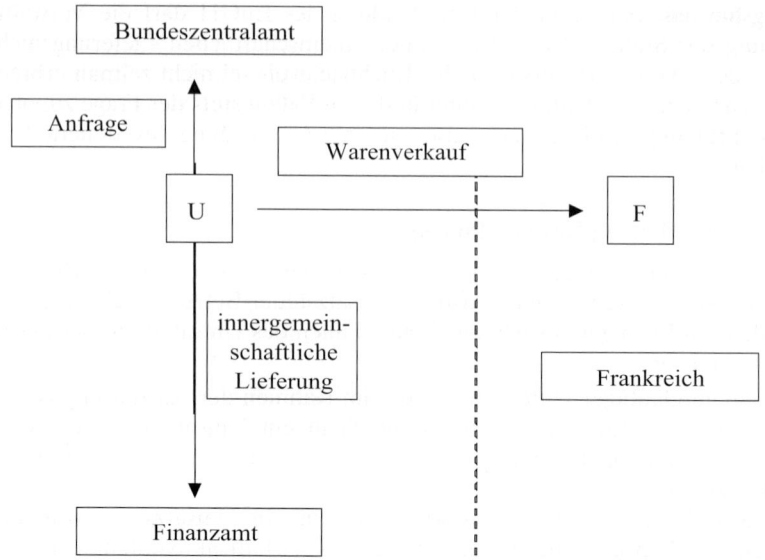

563   Die deutschen Finanzbehörden versagten dem U in derartigen Fällen früher häufig die Gewährung der Steuerbefreiung für die innergemeinschaftliche Lieferung und forderten eine Nachversteuerung der zuvor als steuerfrei deklarierten Warenlieferungen.

564   Die Verwaltung berief sich hierbei darauf, U habe nicht die richtige Umsatzsteueridentifikationsnummer des wirklichen Abnehmers aufgezeichnet (vgl. u.a. OFD Cottbus v. 2.5.2002, S 7144-0001-ST 244). Die Anwendung der Gutglaubensschutzregelung des § 6a Abs. 4 UStG lehnte die Verwaltung mit dem Argument ab, § 6a Abs. 4 UStG gewähre keinen Vertrauensschutz dafür, der angebliche Abnehmer sei mit dem wirklichen Abnehmer identisch. Im Hinblick auf die BFH-Rechtsprechung hat die Finanzverwaltung ihre Ansicht in den letzten Jahren geändert. Nunmehr kommt nach Ansicht der Finanzverwaltung in diesen Fällen zumindest die Gutglaubensschutzregelung des § 6a Abs. 4 UStG zur Anwendung.

565   Entgegen der Ansicht der Finanzverwaltung löst der BFH diese Fälle nicht erst auf der Ebene der Gutglaubensschutzregelung des § 6a Abs. 4 UStG, sondern vielmehr bereits auf der Ebene der steuerfreien innergemeinschaftlichen Lieferung. So führt der BFH[522] aus, die in der Rechnung aufgeführte Umsatzsteueridentifikationsnummer des angeblichen Leistungsempfängers sei nicht unrichtig, wenn sie diesem tatsächlich erteilt worden sei.[523] Sofern der restliche Buchnachweis vorliege, sei beim Lieferer für seine innergemeinschaftliche Lieferung die Steuerfreiheit zu gewähren, auf die Gutglaubenschutzvorschrift des § 6a Abs. 4 UStG komme es nicht an. Etwas anderes gilt nach BFH nur dann, wenn der Empfänger einer innergemeinschaftlichen Lieferung die Umsatzsteueridentifikationsnummer eines anderen existenten Unternehmers verwendet hat. Diese Fälle können aber gerade durch eine qualifizierte Bestätigungsanfrage beim Bundeszentralamt für Steuern vermieden werden (vgl. hierzu unten).

---

522 *BFH/NV* 2005, 81.
523 Dies gelte auch in den Fällen, in welchen der Unternehmer eine bestimmte Rechtsform nur als Firmenmantel benutzt habe. Demnach liege in diesen Fällen eine richtige Umsatzsteueridentifikationsnummer der registrierten Gesellschaft vor.

Demuth/Kaiser

Auch aus der EuGH-Rechtsprechung ergibt sich, dass die Steuerbefreiung im vorge- **566** nannten Beispiel zu gewähren ist.[524] Die Steuerbefreiung einer innergemeinschaftlichen Lieferung im vorgenannten Beispiel kommt allerdings dann nicht in Betracht, wenn der Unternehmer in kollusivem Zusammenwirken mit dem Abnehmer die Identität des Warenerwerbers verschleiert, um diesem die Hinterziehung von Umsatzsteuer zu ermöglichen.[525]

Beratungshinweis: Der Unternehmer sollte auf jeden Fall darauf achten, bereits zum **567** Zeitpunkt der Ausführung der Lieferung einen ordnungsgemäßen Belegnachweis zu besitzen. Andernfalls kann es zu einer Versagung der Steuerbefreiung kommen.

Beispiel: Motorradhändler U verkauft in Stuttgart 10 Motorräder an den französischen Motorradhändler F. F holt die Fahrzeuge in Stuttgart ab. U hat zuvor ordnungsgemäß eine qualifizierte Bestätigungsanfrage beim Bundeszentralamt für Steuern durchgeführt. Aus Nachlässigkeit ließ sich U nicht sofort eine Versicherung i.S.v. § 17a Abs. 2 Nr. 4 UStDV durch F ausfüllen, dass dieser den Gegenstand der Lieferung nach Frankreich befördert (siehe Muster oben). Diese Versicherung des F erhielt U daher erst ein halbes Jahr später, nachdem die Nachlässigkeit im Betrieb des U aufgefallen war. Ermittlungen der Finanzbehörden decken später auf, dass F die Motorräder gar nicht nach Frankreich transportiert hat. Vielmehr hatte er diese sofort in Deutschland steuerpflichtig weiterverkauft, die Umsatzsteuer jedoch nicht abgeführt. Die Finanzverwaltung versagt dem U daraufhin die ursprünglich gewährte Steuerbefreiung der innergemeinschaftlichen Lieferung und erlässt geänderte Steuerbescheide.

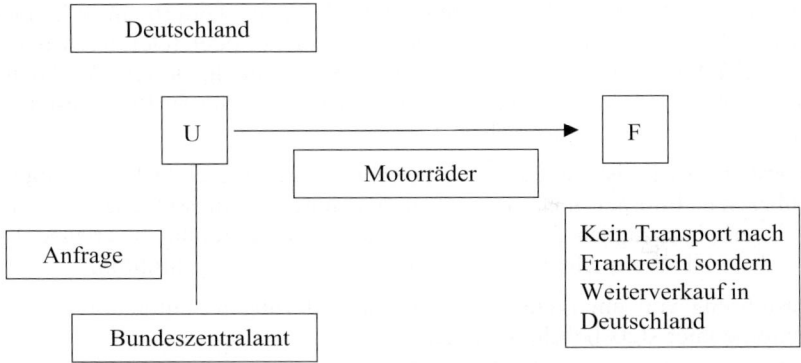

Hier hilft dem U auch die oben erwähnte BFH-Rechtsprechung nicht. Der Unterneh- **568** mer kann sich nach der Rechtsprechung des BFH[526] bei einem Missing-Traderfall nur dann auf § 6a Abs. 4 UStG berufen, wenn zum Zeitpunkt der Lieferung ein ordnungsgemäßer Beleg- und Buchnachweis vorlag, da nur dann die Sorgfaltspflichten eines ordentlichen Kaufmannes eingehalten wurden. Andernfalls trifft auch nach BFH den Unternehmer bei einer Verwicklung in einem Missing-Trader-Fall in vollem Umfang das Risiko einer Nachversteuerung. Ein zivilrechtlicher Regress beim Vertragspartner scheitert, weil dieser nicht mehr greifbar ist.

524 *EuGH* Urt. v. 27.9.2007, C-146/05.
525 *EuGH* Rs. C-285/09 – Rs. R, DStR 2010, 2572; *BFH* V R 3/10, DStR 2011, 2047; *BFH* V R 19/10, UStB 11, 372.
526 *BFH* BB 2007, 930.

569 Die Lieferung des U wird demnach vorliegend als steuerpflichtig behandelt. Eine Berufung auf die Gutglaubensregelung nach § 6a Abs. 4 UStG kommt nicht in Betracht, da zum Zeitpunkt der Lieferung kein ordnungsgemäßer Belegnachweis **vorlag** (Fehlen der Versicherung des Abnehmers).

570 **Beratungshinweis:** Kann der Unternehmer im Zeitpunkt der Lieferung den Buch- und Belegnachweis ordnungsgemäß erbringen und führt er zudem eine qualifizierte Bestätigungsanfrage beim Bundeszentralamt für Steuern durch, trifft ihn nach der Rechtsprechung bei einem Missing-Trader-Fall grundsätzlich nicht das Risiko einer nachträglichen Versteuerung.

571 **Beratungshinweis:** Können die eben genannten Voraussetzungen (ordnungsgemäßer Buch- und Belegnachweis bzw. qualifizierte Anfrage bereits zum Zeitpunkt der Lieferung) nicht erfüllt werden, sollte dem Vertragspartner die Umsatzsteuer zunächst in Form einer Kaution (ohne gesonderten Ausweis der Umsatzsteuer) vorläufig berechnet werden. Eine Zurückerstattung sollte erst bei Vorlage sämtlicher Unterlagen erfolgen.

572 Wie bereits oben erwähnt kommt im Hinblick auf eine Vermeidung von Risiken der sog. qualifizierten Bestätigungsanfrage beim Bundeszentralamt für Steuern entscheidende Bedeutung zu. Bei der qualifizierten Bestätigungsanfrage wird die Umsatzsteueridentifikationsnummer des Vertragspartners, dessen Name und Anschrift überprüft. Das Bundeszentralamt für Steuern überprüft diese Daten anhand einer Anfrage bei den zuständigen Behörden des anderen Mitgliedsstaates. Unternehmer können ihre qualifizierte Bestätigungsanfrage schriftlich, per Telefax oder telefonisch beim Bundeszentralamt für Steuern stellen. Das Ergebnis der qualifizierten Bestätigungsanfrage wird vom Bundeszentralamt für Steuern grundsätzlich schriftlich bestätigt, auch bei lediglich vorherigen telefonischen Anfragen!

573 **Beratungshinweis:** Es ist unbedingt zu beachten, dass eine einfache Bestätigungsanfrage über das Internet nicht den oben genannten Voraussetzungen genügt, um Rechtssicherheit bezüglich der Gewährung der Steuerbefreiung zu erlangen! Daher ist auf jeden Fall eine qualifizierte Bestätigungsanfrage durchzuführen.

574 Bei Ausführung von innergemeinschaftlichen Lieferungen sollten folgende Punkte vom Unternehmer stets beachtet werden:
– Durchführung des sog. qualifizierten Bestätigungsverfahrens beim Bundeszentralamt für Steuern (§ 18e UStG) vor Ausführung der Lieferung;
– zeitnahe Erbringung des Buchnachweises i.S.v. § 17c UStDV (insbesondere Aufzeichnung der Umsatzsteueridentifikationsnummer des Leistungsempfängers);
– ordnungsgemäße rechtzeitige Erbringung des Belegnachweises i.S.v. § 17a UStDV (insbesondere Vorliegen einer korrekten Rechnung).
– Bei der Empfangsbestätigung i.S.v. § 17a Abs. 2 Nr. 3 UStDV ist darauf zu achten, dass der Abnehmer eindeutig identifiziert ist. Eine Kopie des Personalausweises des Abnehmers ist anzufertigen.
– In Fällen der Beförderung durch den Abnehmer (§ 17a Abs. 2 Nr. 4 UStDV) ist die Bestätigung auf einem vorbereiteten Musterformular zu empfehlen, auf welchem die Rechnung sowie die Ware genau bezeichnet sind.

6.2 Vorsteuerabzug

Zum anderen stellt sich die Frage, ob Unternehmer, die unwissentlich in Umsatz- **575** steuer-Karussellgeschäfte oder sonstige auf Umsatzsteuerbetrug angelegte Aktivitäten involviert werden, hinsichtlich ihnen in Rechnung gestellter Umsatzsteuer zum Vorsteuerabzug berechtigt sind.

Beispiel: Der Unternehmer U1 in Deutschland bezieht im Zuge von innergemeinschaftlichen Lieferungen steuerfrei Ware vom französischen Unternehmer F. Anschließend veräußert U1 die Ware an U2 im Inland unter Ausweis von Umsatzsteuer weiter, die Umsatzsteuer wird von U2 auch bezahlt. U1 führt die Umsatzsteuer nicht ab und verschwindet anschließend. Hier stellt sich nunmehr die Frage, ob U2 in dieser Konstellation zum Vorsteuerabzug bzgl. der von U1 in Rechnung gestellten Umsatzsteuer berechtigt ist.

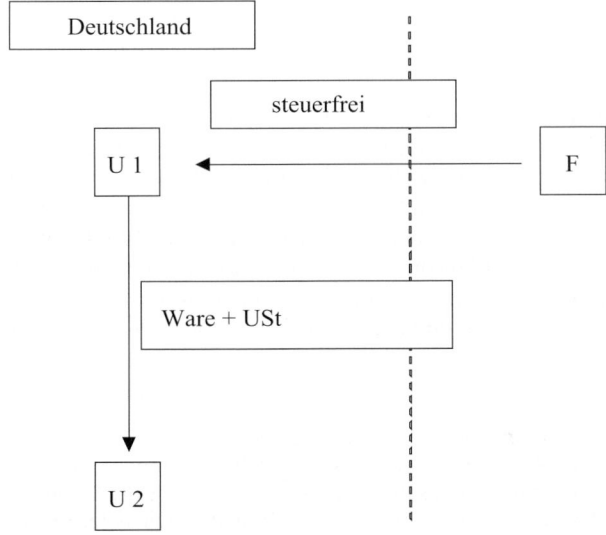

Bezüglich des Problemkreises des Vorsteuerabzugs im Rahmen von Umsatzsteuer- **576** Karussellgeschäften oder sonstigen auf Umsatzsteuerbetrug angelegten Aktivitäten sind in letzter Zeit einige Entscheidungen des BGH und des EuGH ergangen, die für die Praxis erhebliche Bedeutung besitzen:

Der BGH hat u.a. mit Beschluss v. 8.2.2011[527] hinsichtlich des Problemkreises des Vorsteuerabzugs für Lieferungen im Rahmen eines auf Hinterziehung von Umsatzsteuern angelegten Systems entschieden. Der Leitsatz des Beschlusses des BGH v. 8.2.2011 lautet:

„Jedenfalls dann, wenn derjenige, für den eine Lieferung ausgeführt wird, weiß, dass diese Teil eines auf Hinterziehung von Umsatzsteuer angelegten Systems ist, so ist er hinsichtlich der Lieferung nicht als Unternehmer i.S.v. § 15 UStG tätig. Macht er dennoch die in einer Rechnung für diese Lieferung ausgewiesene Umsatzsteuer nach § 15 UStG als Vorsteuer geltend, begeht er eine Steuerhinterziehung."

Der eben genannte Beschluss des BGH vom 8.2.2011 betraf eine Konstellation, in **577** welcher am Vorsatz der involvierten Personen hinsichtlich der wissentlichen Einbezie-

---

527 Vgl. *BGH* NJW 2011, 1616.

hung in betrugsbehaftete Umsätze aus Sicht des BGH kein Zweifel bestand.[528] Häufiger sind in der Praxis jedoch die Fälle, in welchen Unternehmen unwissentlich in vermeintliche Umsatzsteuerkarusselle involviert werden. Die Finanzbehörden verwehren in diesen Fällen den Unternehmen den Vorsteuerabzug häufig mit dem Argument, diese hätten Kenntnis bzgl. etwaiger betrugsbehafteter Umsätze auf vorgelagerten Umsatzstufen gehabt oder hätten diesbezüglich Kenntnis haben müssen. Hier hat der EuGH in jüngster Zeit zwei wichtige Urteile gefällt und die Rechte der Steuerpflichtigen gestärkt.[529] Bereits im Urteil Kittel und Recolta Recycling[530] hatte der EuGH entschieden, dass das Recht auf Vorsteuerabzug nicht besteht, wenn aufgrund objektiver Umstände feststeht, dass der Steuerpflichtige wusste oder hätte wissen müssen, dass seine Umsätze in eine vom Leistenden oder von einem anderen Wirtschaftsteilnehmer auf einer vorhergehenden Umsatzstufe begangene Steuerhinterziehung einbezogen waren.[531] Mit Datum vom 21.6.2012 hat der EuGH ein grundlegendes Urteil gefällt und die in dem Urteil Kittel und Recolta Recycling gemachten Ausführungen konkretisiert.

578 **Beratungshinweis:** In dem Urteil vom 21.6.2012 hat der EuGH entschieden, dass bloße Zweifel der Finanzbehörden nicht ausreichen, dem Steuerpflichten das Recht auf Vorsteuerabzug zu verwehren. Vielmehr obliege es „der Steuerbehörde, die objektiven Umstände, die den Schluss zulassen, dass der Steuerpflichtige wusste oder hätte wissen müssen, dass der zur Begründung dieses Rechts geltend gemachte Umsatz in eine vom Liefernden bzw. vom Leistenden oder einem anderen Wirtschaftsteilnehmer – auf einer vorhergehenden Umsatzstufe der Lieferkette – begangene Steuerhinterziehung einbezogen war, rechtlich hinreichend nachzuweisen" (vgl. Rn. 49 des EuGH-Urteils).

579 Im Leitsatz des Urteils vom 21.6.2012 führt der EuGH aus:

„Die Art. 167, 168 Buchst. a, 78 Buchst. a, 220 Nr. 1 und 226 der Richtlinie 2006/112/EG des Rates vom 28.11.2006 über das gemeinsame Mehrwertsteuersystem sind dahin auszulegen, dass sie einer nationalen Praxis entgegenstehen, nach der die Steuerbehörden einem Steuerpflichtigen das Recht den für die an ihn erbrachten Dienstleistungen geschuldeten oder entrichtenden Mehrwertsteuerbetrag von der ihm geschuldeten Mehrwertsteuer als Vorsteuer abzuziehen, mit der Begründung verweigert, der Aussteller der Rechnung über diese Dienstleistungen oder einer der Dienstleistungserbringer des Rechnungsausstellers habe Unregelmäßigkeiten begangen, ohne dass diese Behörde anhand objektiver Umstände nachweist, dass der betroffene Steuerpflichtige wusste oder hätte wissen müssen, das der zur Begründung dieses Rechts geltend gemachte Umsatz in eine vom Rechnungsaussteller oder einem anderen Wirtschaftsteilnehmer auf einer vorhergehenden Umsatzstufe der Leistungskette begangene Steuerhinterziehung einbezogen war."

580 Diese im Leitsatz gemachten Ausführungen konkretisiert der EuGH u.a. in den Rn. 61 und 62:

„Die Steuerverwaltung kann jedoch von dem Steuerpflichtigen, der sein Recht auf Vorsteuerabzug ausüben möchte, nicht generell verlangen, zum einen zu prüfen, ob

---

528 Vgl. *BGH* Beschl. v. 8.2.2011 – 1 StR 24/10, Rn. 21.
529 *EuGH* Urt. v. 21.6.2012 – verbundene Rs. C-80/11 und C-142/11 – Mahageben/David sowie Urt. v. 6.9.2012 – Rs. C-324/11 – Toth UR 2012, 851; vgl. hierzu *Zugmaier/Kaiser* EuGH justiert die Beweislast beim Vorsteuerabzug neu.
530 Vgl. *EuGH* Urt. v. 6.7.2006 – Rs. C-439/04 und Rs. C-440/04 – Kittel und Recolta Recycling UR 2006, 594.
531 Ähnlich auch bereits *EuGH* Urt. v. 12.1.2006 – Rs. C-354/03 – Optigen UR 2006, 157.

der Aussteller der Rechnung über die Gegenstände und Dienstleistungen, für die dieses Recht geltend gemacht wird, Steuerpflichtiger ist, über die fraglichen Gegenstände verfügte und sie liefern konnte und seinen Verpflichtungen hinsichtlich der Erklärung und Abführung der Mehrwertsteuer nachgekommen ist, um sich zu vergewissern, dass auf der Ebene der Wirtschaftsteilnehmer einer vorhergehenden Umsatzstufe keine Unregelmäßigkeiten und Steuerhinterziehung vorliegen, oder zum anderen entsprechende Unterlagen vorzulegen. Es ist nämlich grundsätzlich Sache der Steuerbehörden, bei den Steuerpflichtigen die erforderlichen Kontrollen durchzuführen, um Unregelmäßigkeiten und Mehrwertsteuerhinterziehung aufzudecken und gegen den Steuerpflichtigen, der diese Unregelmäßigkeiten oder Steuerhinterziehung begangen hat, Sanktionen zu verhängen."

Anders als in früheren Urteilen[532] macht der EuGH in seinem Urteil vom 21.6.2012 **581** nunmehr konkrete Ausführungen zur grundsätzlich den Finanzbehörden obliegenden Beweislast. Diese Frage hatte der EuGH bislang stets offen gelassen und allgemein darauf verwiesen, mangels einer einschlägigen Gemeinschaftsregelung oblägen die Verfahrensmodalitäten zur Umsetzung der Rechte des Steuerpflichten aus dem Gemeinschaftsrecht den jeweiligen innerstaatlichen Rechtsordnungen der Mitgliedsstaaten.[533] Die im Urteil vom 21.6.2012 gemachten Ausführungen wiederholt der EuGH in vergleichbarer Weise in im Urteil vom 6.9.2012 (siehe oben).

Nach ständiger Rechtsprechung des BFH[534] trägt der den Vorsteuerabzug begehrende **582** Unternehmer in tatsächlicher Hinsicht die Feststellungslast dafür, dass die Voraussetzungen seines Rechts zum Vorsteuerabzug erfüllt sind. Im Zuge dieser BFH-Rechtsprechung wurden bereits bislang die vom EuGH u.a. in der Rs. Kittel/Recolta gemachten Vorgaben – unter Verstoß gegen die gemeinschaftsrechtlichen Grundsätze der steuerlichen Neutralität, der Rechtssicherheit und der Verhältnismäßigkeit – nicht zutreffend umgesetzt. Dies führte bereits bislang dazu, dass eine Vielzahl von Unternehmen unter Verstoß gegen die eben genannten gemeinschaftsrechtlichen Grundsätze und aufgrund außerhalb ihrer Sphäre liegender Umstände endgültig mit Vorsteuer belastet wurde. Aufgrund des nunmehr vorliegenden EuGH-Urteils v. 21.6.2012 steht eindeutig fest, dass die Finanzbehörden dem Steuerpflichtigen nicht unter Verweis auf die ständige BFH-Rechtsprechung sowie unter Verweis auf – aus der Sicht der Finanzbehörde bestehende bloße Zweifel – das Recht auf Vorsteuerabzug verwehren können.

Entscheidend ist daher, ob der Unternehmer nach der Sorgfalt eines ordentlichen **583** Kaufmanns erkannt hat bzw. hätte erkennen können, dass sein Eingangsumsatz in einen Umsatzsteuerbetrug verwickelt ist. Dem Unternehmer wird der Nachweis der Beachtung der Sorgfalt insbesondere dann schwer fallen, wenn er die Ware zu einem deutlich unter dem Marktpreis liegenden Wert erwirbt. In diesen Fällen ist besondere Sorgfalt geboten.

Um sicherzustellen, nicht in ein Umsatzsteuerbetrugskarussell oder sonstige auf **584** Umsatzsteuerbetrug angelegte Aktivitäten involviert zu werden, sollte der Unternehmer sowohl im Zuge der Anbahnung neuer Geschäftsbeziehungen als auch im Rah-

---

532 Vgl. z.B. das *EuGH* Urt. v. 6.7.2006 – Rs. C-439/04 und Rs. C-440/04 – Kittel und Recolta Recycling, UR 2006, 594; Urt. v. 12.1.2006 – Rs. C-354/03 – Optigen, UR 2006, 157; Urt. v. 15.3.2007 – Rs. C-35/05 – Reemtsma, UR 2007, 343.
533 *EuGH* UR 2007, 343.
534 Vgl. z.B. *BFH* UR 2007, 693.

men laufender Geschäftsbeziehungen stets eine möglichst umfassende und detaillierte Überprüfung seines Geschäftspartners vornehmen. Je höher die mit einem Vertragspartner getätigten Umsätze sind, desto höher werden in der Regel die von den Finanzbehörden gestellten Anforderungen an die Überprüfung des Vertragspartners sein.

585 **Beratungshinweis:** Eine Überprüfung von Vertragspartnern kann beispielsweise in Gestalt der folgenden Maßnahmen durchgeführt werden:

– Einholung von Handelsregisterauszügen und sonstigen im Handelsregister niedergelegten Unterlagen (z.B. Gesellschaftsverträgen, Änderungen der Satzung etc.),
– Überprüfung des Internetauftritts des Vertragspartners,
– Überprüfung der Identität der für den Vertragspartner handelnden Personen (z.B. Anfertigung von Kopien der Personalweise der Geschäftsführer etc.),
– regelmäßige Überprüfung der Umsatzsteuer-Identifikationsnummer des Vertragspartners in Gestalt der Durchführung sog. qualifizierter Bestätigungsanfragen beim Bundeszentralamt für Steuern (§ 18e UStG),
– Überprüfung der tatsächlichen Existenz des Vertragspartners, z.B. in Gestalt der Besichtigung der Firmenräumlichkeiten.

586 Bei den eben aufgezählten Überprüfungsmaßnahmen handelt es sich lediglich um eine beispielhafte Auswahl möglicher Prüfungsmaßnahmen, die nicht als abschließend zu verstehen sind. Vielmehr hängen die im Einzelfall erforderlichen Überprüfungsmaßnahmen von zahlreichen Einzelfaktoren ab, auch die Finanzbehörden stellen diesbezüglich je nach Einzelfall unterschiedliche Anforderungen (Kriterien sind beispielsweise die Höhe der Umsätze, die konkret betroffene Branche sowie ob es sich bei dieser Branche um eine betrugsbehaftete Branche handelt, die Unternehmensgröße, die Anzahl der Mitarbeiter des Vertragspartners etc.).

7. § 14c-Fälle

587 Der Unternehmer sollte stets darauf achten, die Umsatzsteuer bei Ausstellung von Rechnungen entsprechend den gesetzlichen Voraussetzungen des Umsatzsteuergesetzes auszuweisen. Andernfalls kommt eine Steuerschuld für unrichtig oder unberechtigt ausgewiesene Umsatzsteuer nach § 14c UStG in Betracht. § 14c Abs. 1 UStG regelt die Steuerschuld bei unrichtigem Steuerausweis, § 14c Abs. 2 UStG die Steuerschuld bei unberechtigtem Steuerausweis.

7.1 Unrichtiger Steuerausweis (§ 14c Abs. 1 UStG)

588 Weist der Unternehmer in einer Rechnung für eine Lieferung oder sonstige Leistung einen höheren Steuerbetrag gesondert aus, als er nach UStG schuldet, muss er auch den Mehrbetrag in Höhe der unrichtig ausgewiesenen Umsatzsteuer an das Finanzamt abführen (§ 14c Abs. 1 UStG). Im Falle des unrichtigen Steuerausweises nach § 14c Abs. 1 UStG kann der Unternehmer jedoch die Rechnung berichtigen (siehe hierzu auch unten).

589 Ein unrichtiger Steuerausweis i.S.v. § 14c Abs. 1 UStG ist z.B. dann anzunehmen, wenn der leistende Unternehmer dem Leistungsempfänger für die Ausführung einer Lieferung den Regelsteuersatz in Höhe von 19 % in Rechnung stellt, obwohl eigentlich der ermäßigte Steuersatz in Höhe von 7 % anzuwenden wäre.

Beispiel: U1 stellt U2 für eine Lieferung ein Entgelt in Höhe von 100 000 EUR zuzüglich Umsatzsteuer in Höhe von 19 000 EUR in Rechnung. Tatsächlich anwendbar wäre jedoch der ermäßigte Steuersatz in Höhe von 7 %. Obwohl der gesetzlich geschuldete Umsatzsteuerbetrag lediglich 7 000 EUR (7 % von 100 000 EUR) beträgt, schuldet U1 den darüber hinaus gehenden Steuerbetrag in Höhe von 12 000 EUR (§ 14c Abs. 1 UStG). U1 hat jedoch die Möglichkeit, die Rechnung entsprechend § 17 UStG zu berichtigen.

§ 14c Abs. 1 UStG kommt auch dann zur Anwendung, wenn der leistende Unternehmer dem Leistungsempfänger die Umsatzsteuer gesondert in Rechnung stellt, obwohl der Leistungsempfänger nach § 13b UStG die Umsatzsteuer schuldet (Reverse-Charge-Verfahren). **590**

Beispiel: Der SAP-Berater R in Berlin erbringt eine Beratungsleistung gegenüber dem französischen Unternehmer F und weist die Umsatzsteuer gesondert aus. Richtigerweise hätte R dem F vorliegend eine Nettorechnung ohne gesonderten Ausweis von Umsatzsteuer erteilen müssen. Wegen des gesonderten Umsatzsteuerausweises schuldet R die Umsatzsteuer nach § 14c Abs. 1 UStG, hat jedoch die Möglichkeit, die Rechnung zu berichtigen.

§ 14c Abs. 1 UStG kommt auch dann zur Anwendung, wenn der Unternehmer über eine eigentlich nicht steuerbare oder steuerfreie Leistung mit gesondertem Umsatzsteuerausweis abrechnet. **591**

Beispiel: U1 stellt U2 für die Vermietung eines Grundstücks 10 000 EUR zuzüglich 1 900 EUR Umsatzsteuer in Rechnung. Obwohl es sich um eine nach § 4 Nr. 12 S. 1 UStG steuerfreie Grundstücksvermietung handelt, schuldet U1 die Umsatzsteuer nach § 14c Abs. 1 UStG. Eine Rechnungsberichtigung ist aber möglich.

Bei unrichtigem Steuerausweis i.S.v. § 14c Abs. 1 UStG kann der Unternehmer die Rechnung gegenüber dem Leistungsempfänger berichtigen. Gleichzeitig hat der Leistungsempfänger einen etwaigen Vorsteuerabzug zu berichtigen und sollte dies dem Rechnungsteller belegen. Der Unternehmer kann die Berichtigung aber erst für den Besteuerungszeitraum vornehmen, in welchem er die Rechnung gegenüber dem Leistungsempfänger berichtigt. **592**

7.2 Unberechtigter Steuerausweis (§ 14c Abs. 2 UStG)

Wer in einer Rechnung einen Steuerbetrag gesondert ausweist, obwohl er zum gesonderten Ausweis der Steuer nicht berechtigt ist (unberechtigter Steuerausweis), schuldet den ausgewiesenen Betrag nach § 14c Abs. 2 UStG. Diese Fälle sind problematischer, denn anders als bei § 14c Abs. 1 UStG ist eine Rechnungsberichtigung in diesen Fällen an die Zustimmung des Finanzamtes geknüpft. § 14c Abs. 2 UStG begründet nämlich eine Gefährdungshaftung für die unberechtigte Ausstellung von Rechnungen mit gesondertem Steuerausweis.[535] Wer den Gefährdungstatbestand des § 14c Abs. 2 UStG geschaffen hat, muss daher hierfür u.U. auch dann einstehen, wenn kein vorwerfbares Verhalten vorliegt.[536] **593**

Auch wenn der Unternehmer in der Rechnung einen anderen als den tatsächlich gelieferten Leistungsgegenstand angibt, findet die Regelung des § 14c Abs. 2 UStG Anwendung. **594**

---

535 Vgl. *Lippross* S. 790.
536 *BFH* BStBl. II 1988, 1019; 2003, 498. § 14c Abs. 2 UStG greift z.B. auch ein, wenn Kleinunternehmer, die nach § 19 Abs. 1 S. 4 UStG nicht zum gesonderten Ausweis der Umsatzsteuer berechtigt sind, Umsatzsteuer in einer Rechnung gesondert ausweisen. Auch wenn ein Nichtunternehmer Umsatzsteuer gesondert ausweist, greift § 14c Abs. 2 ohne Rücksicht darauf ein, ob er seine Eigenschaft als Nichtunternehmer kannte oder ob er sich rechtsirrtümlich als Unternehmer angesehen hat.

Beispiel: U1 liefert U2 eine Küche für dessen Privathaus. In der Rechnung wird als Gegenstand der Lieferung „Büromöbel" angegeben, damit U1 die Vorsteuer abziehen kann. U1 schuldet hier den ausgewiesenen Steuerbetrag nach § 14c Abs. 2 S. 2 UStG, zudem auch die Steuer für die tatsächlich gelieferte Küche.

Dasselbe gilt, wenn in einer Rechnung ein falscher Leistungsempfänger angegeben wird.

595 Der nach § 14c Abs. 2 UStG geschuldete Steuerbetrag kann erst berichtigt werden, soweit eine Gefährdung des Steueraufkommens beseitigt wurde (vgl. § 14c Abs. 2 S. 3 UStG). Die Gefährdung des Steueraufkommens ist beseitigt, wenn ein Vorsteuerabzug beim Empfänger der Rechnung nicht durchgeführt oder die geltend gemachte Vorsteuer an die Finanzbehörde zurückgezahlt wurde (vgl. § 14c Abs. 2 S. 4 UStG). Der Unternehmer hat die Berichtigung bei dem für seine Besteuerung zuständigen Finanzamt schriftlich zu beantragen. Nur wenn das Finanzamt zu dem Ergebnis kommt, eine Gefährdung des Steueraufkommens sei beseitigt, wird die Zustimmung zur Berichtigung erteilt. Erst dann findet auch die Gutschrift statt. In der Zwischenzeit wird dem Fiskus Zins geschuldet. Aufgrund einer neuen Entscheidung des BFH können auch nach Rechnungstellung aber vor Veranlagung durch das Finanzamt dem Leistungsempfänger zugeleitete ergänzende Unterlagen zur rückwirkenden Anerkennung der Rechnung an ihn zum Zwecke eines damit einhergehenden rückwirkend zulässigen Vorsteuerabzugs führen.[537]

8. Checkliste

596 Folgende Punkte sollten von Unternehmern unbedingt beachtet werden, um Umsatzsteuerrisiken zu vermeiden:

597 – regelmäßige Überprüfung der Empfängerdaten (Umsatzsteueridentifikationsnummer, Name, Adresse, Rechtsform etc.), insbesondere wenn innergemeinschaftliche Lieferungen ausgeführt werden und es sich um große Warenmengen handelt ist eine monatliche Überprüfung anzuraten;
– regelmäßige Überprüfung der Daten von Lieferanten in Hinblick auf die Sicherstellung des Vorsteuerabzugs (Umsatzsteueridentifikationsnummer, Name, Adresse, Rechtsform etc.), insbesondere wenn große Warenmengen bezogen werden ist eine monatliche Überprüfung anzuraten;
– sorgfältige Dokumentation des Buch- und Belegnachweises bei innergemeinschaftlichen Lieferungen bereits im Zeitpunkt der Lieferung;
– sorgfältige Korrektur von fehlerhaften Rechnungen;
– sorgfältige Erstellung von Rechnungen, um § 14c-Fälle zu vermeiden.

IX. Funktionsverlagerungen

1. Begriffsbestimmung

598 Der Gesetzgeber hat im Zuge des Unternehmenssteuerreformgesetzes 2008 in § 1 Abs. 3 AStG die Besteuerung von sog. Funktionsverlagerungen geregelt. Zur Konkretisierung der Funktionsverlagerungsbesteuerung hat das BMF die sog. Funktionsverlagerungsverordnung erlassen.[538]

---

537 Vergl. Im Einzelnen *BFH* Beschl. V. 10.1.2013, XI B 33/12, NV; MwStR 2013, 170 f.
538 Vgl. Funktionsverlagerungsverordnung v. 12.8.2008, BGBl I 2008, 1680.

Besteuert wird jede Funktionsverlagerung von einem inländischen Unternehmen **599** auf ein ausländisches, mit dem inländischen Unternehmen verbundenen Unternehmen. Als Funktion gilt eine Geschäftstätigkeit, die aus der Zusammenfassung gleichartiger betrieblicher Aufgaben besteht, die von bestimmten Abteilungen eines Unternehmens erledigt werden (vgl. § 1 Abs. 1 S. 1 Funktionsverlagerungsverordnung). Eine Funktion ist damit ein Bündel aus mehreren zusammengehörenden betrieblichen Aufgaben, die einen „Teilbereich" (nicht notwendig Teilbetrieb i.S. d EStG) der unternehmerischen Gesamtaufgabe darstellen. Typische Funktionen sind beispielsweise die Forschung, die Entwicklung, der Einkauf, die Produktion, die Beschaffung, der Vertrieb, das Marketing, die Werbung oder die Logistik.[539] Nach der Gesetzesbegründung soll aber keine ausufernde Anwendung des Funktionsbegriffs erfolgen,[540] sodass die Funktion einen „organischen Teil eines Unternehmens" darstellen muss. Dies setzt eine gewisse betriebswirtschaftliche Eigenständigkeit voraus, die von anderen betrieblichen Funktionen des Betriebs klar abgrenzbar ist.[539]

Eine Funktionsverlagerung i.S.v. § 1 Abs. 3 S. 9 AStG liegt insbesondere vor, wenn das **600** verlagernde Unternehmen einem anderen, nahestehenden Unternehmen (übernehmendes Unternehmen) Wirtschaftsgüter und sonstige Vorteile sowie die damit verbundenen Chancen und Risiken überträgt oder zur Nutzung überlässt, damit das übernehmende Unternehmen diese Funktion ausüben kann, die bisher von dem verlagernden Unternehmen ausgeübt worden ist, und dadurch die Ausübung der betreffenden Funktion durch das verlagernde Unternehmen eingeschränkt wird (vgl. § 1 Abs. 2 S. 1 Funktionsverlagerungsverordnung).

Nur der Übergang wesentlicher immaterieller Wirtschaftsgüter stellt eine Funktions- **601** verlagerung dar. Die Wesentlichkeit wird sowohl nach qualitativen (Erforderlichkeit für die jeweilige Funktion) als auch quantitativen Maßstäben bestimmt. Quantitativ muss das immaterielle Wirtschaftsgut für den übertragenden Betrieb „wesentlich" sein, also nicht nur von untergeordneter Bedeutung.[541] Eine nähere Präzisierung dieser Grundsätze soll noch durch ein BMF-Schreiben erfolgen.

2. Personalentsendungen

Grundsätzlich ist bei Personalentsendungen im Konzern nicht von einer Funktionsver- **602** lagerung auszugehen (vgl. § 1 Abs. 7 S. 2 Funktionsverlagerungsverordnung). D. h. die schlichte Versetzung oder Abordnung von Mitarbeitern in ausländische Unternehmensteile stellt für sich grundsätzlich noch keine Funktionsverlagerung dar. Etwas anderes gilt jedoch dann, wenn das gesamte Personal seinen bisherigen Zuständigkeitsbereich aus dem entsendenden Unternehmen mitnimmt und nach der Entsendung im aufnehmenden Unternehmen die gleiche Tätigkeit ausübt.[542] Diese Regelung wird vielfach mit dem Hinweis kritisiert, dass auch in Personalentsendungsfällen eine Funktionsverlagerung danach beurteilt werden müsse, ob eine Funktion im Sinne eines organischen Teils des Unternehmens übertragen werde, was bei normalen Perso-

---

539 Vgl. *Baumhoff/Ditz/Greinert* DStR 2008, 1946.
540 Vgl. Gesetzesbegründung zu § 1 Abs. 1 S. 1 Funktionsverlagerungsverordnung, BR-Drucks. 352/08.
541 Bagatellgrenze von 25 % der Summe der Einzelverrechnungspreise für die Bestandteile des Transferpaketes.
542 Vgl. Gesetzesbegründung zu § 1 Abs. 7 S. 2 Funktionsverlagerungsverordnung, BR-Drucks. 352/08.

nalentsendungen in Konzernen eher nicht anzunehmen sei.[543] Eine abschließende rechtliche Klärung steht jedoch noch aus.

3. Funktionsverdopplung

603 Wichtig ist eine Abgrenzung der Funktionsverlagerung von der sog. Funktionsverdopplung, da eine Funktionsverdopplung nicht die Rechtsfolgen der Funktionsverlagerungsbesteuerung auslöst. Eine Funktionsverdopplung liegt vor, wenn innerhalb von fünf Jahren nach Aufnahme der Funktion durch das ausländische Unternehmen keine Einschränkung der Ausübung der betreffenden Funktion durch das verlagernde inländische Unternehmen eintritt (vgl. § 1 Abs. 6 S. 1 Funktionsverlagerungsverordnung). Leider enthält die Funktionsverlagerungsverordnung keine Konkretisierung, wann eine derartige Einschränkung der neuen Funktion anzunehmen sein soll. Es bleibt insofern auf nähere Ausführungen im geplanten BMF-Schreiben zu hoffen. Falls es nun innerhalb von fünf Jahren beim übertragenden Unternehmen zu einer Einschränkung der inländischen Funktion kommt, ist grundsätzlich insgesamt von einer einheitlichen Funktionsverlagerung auszugehen. Jedoch hat der Unternehmer die Möglichkeit dies zu widerlegen, indem er darlegt, dass die Einschränkung der Funktion nicht im unmittelbaren wirtschaftlichen Zusammenhang mit der Funktionsverdopplung steht. Hier kann der Unternehmer z.B. einen veränderten Wettbewerb oder veränderte Verbraucherbedürfnisse anführen.[544] Auch wenn die Funktionsverdopplung lediglich zu einer geringfügigen oder zeitlich begrenzten Einschränkung der betreffenden Funktion beim verlagernden Unternehmen führt, findet die Funktionsverlagerungsbesteuerung keine Anwendung (Bagatellfälle). Für die Praxis kann somit festgehalten werden, dass der Dokumentation der Umstände der Funktionsverdopplung und der Gründe für eine Veränderung im Umfang der inländischen Funktion eine zentrale Bedeutung zukommt. Streitanfällig ist das Thema allemal und aufgrund von § 90 Abs. 3 AO liegt eine Beweislastumkehr zu Lasten des Steuerpflichtigen vor. Dem kann nur durch zeitnahe Dokumentation begegnet werden.

4. Nutzungsüberlassung

604 Des Weiteren ist die Funktionsverlagerung von einer bloßen Nutzungsüberlassung zu unterscheiden. Bei einer Übertragung des Transferpaketes findet die Funktionsverlagerungsverordnung mit der Folge der Sofortbesteuerung Anwendung, ähnlich einem Unternehmensteilverlauf im Wege eines Asset-Deals. Erfolgt dagegen lediglich eine Nutzungsüberlassung, ist von einer Lizenzierung auszugehen, bei welcher die Funktionsverlagerungsbesteuerung keine Anwendung findet. Die Unterscheidung zwischen einer Funktionsübertragung und einer Nutzungsüberlassung wird nach den Grundsätzen des § 39 AO beurteilt. So ist von einer Funktionsverlagerung nur auszugehen, wenn es zu einem Übergang des wirtschaftlichen Eigentums auf den Lizenznehmer kommt. Dagegen verbleibt das wirtschaftliche Eigentum im Rahmen einer Nutzungsüberlassung beim Lizenzgeber.

---

543 Vgl. *Baumhoff/Ditz/Greinert* DStR 2008, 1947.
544 Vgl. *Baumhoff/Ditz/Greinert* DStR 2008, 1948.

Demuth/Kaiser

5. Verstoß gegen Europarecht

Nach Rechtsprechung und Literatur verstößt § 1 AStG und somit auch die Funktions- **605**
verlagerungsbesteuerung gegen die Niederlassungsfreiheit. Es besteht daher die Möglichkeit, dass die Funktionsverlagerungsbesteuerung durch den BFH oder EuGH
nicht angewandt wird. Unter Umständen sollte daher überlegt werden, Funktionsver-
lagerungsbesteuerungen verfahrensrechtlich offen zu halten, z.B. im Zuge von Ein-
sprüchen gegen etwaig ergehende Steuerbescheide.[545] Bisher ist die Finanzverwaltung
von den Entwicklungen aber unbeeindruckt und verfolgt die Vorgänge intensiv.

X. Probleme bei Verrechnungspreisen

Noch stärker als die Funktionsverlagerungen nimmt die Finanzverwaltung die Trans- **606**
ferpreise unter die Lupe.

Steuerpflichtige müssen ihrer Einkünfteermittlung aus Geschäftsbeziehungen zum **607**
Ausland mit einer nahe stehenden Person die Bedingungen zugrunde legen, die voneinander unabhängige Dritte unter gleichen oder vergleichbaren Verhältnissen vereinbart hätten (sog. Fremdüblichkeit). Anderenfalls kann die Finanzbehörde gem. § 1
Abs. 1 AStG n.F. die Einkünfte des Steuerpflichtigen so ansetzen, wie sie unter den
zwischen voneinander unabhängigen Dritten vereinbarten Bedingungen angefallen
wären. Um eine solche – teils willkürliche – externe Einkünfteberichtigung zu vermeiden, ist es für internationale Geschäftsbeziehungen zwischen Konzernunternehmen zu
empfehlen, dass Verrechnungspreise von vorneherein dem Fremdvergleichsgrundsatz
entsprechend angesetzt und dokumentiert werden. Andernfalls besteht die Gefahr
einer doppelten Gewinnversteuerung.

Dem zusätzlichen Aufwand, der mit der Erstellung einer Verrechnungspreisdokumen- **608**
tation verbunden ist, stehen erhebliche Vorteile gegenüber:
– Zum einen wird die Anwendbarkeit von § 162 Abs. 3 S. 1 AO vermieden, der die
  nachteilige Vermutung fingiert, dass die gewählten Verrechnungspreise unangemessen sind.
– Zum anderen muss der Steuerpflichtige nicht hinnehmen, dass die Finanzbehörden
  gem. § 162 Abs. 3 S. 2 AO im Rahmen einer Schätzung die Preisspannen zu Lasten
  des Steuerpflichtigen ausschöpfen.
– Schließlich muss der Steuerpflichtige keine Zuschläge i.S.d. § 162 Abs. 4 AO hinnehmen.

1. Verrechnungspreismethoden

Zur Ermittlung von Verrechnungspreisen sind nach § 1 Abs. 3 AStG n.F. vorrangig die **609**
Preisvergleichsmethode, die Wiederverkaufspreismethode oder die Kostenaufschlagsmethode anzuwenden, wenn zumindest eingeschränkt vergleichbare Fremdvergleichs-
werte ermittelt werden können. Dies war bereits vor Neufassung des § 1 AStG allgemein anerkannt.[546]

Für die Beurteilung der Vergleichbarkeit sind alle Faktoren heranzuziehen, die sich
auf die Preisgestaltung auswirken können. § 1 Abs. 3 S. 1 AStG n.F. nennt ausdrücklich

---

545 Vgl. *Baumhoff/Ditz/Greinert* DStR 2008, 1952.
546 *BMF* BStBl. I 1983, 218, Tz 2.2.

die ausgeübten Funktionen, die eingesetzten Wirtschaftsgüter und die übernommenen Chancen und Risiken. Uneingeschränkte Vergleichbarkeit ist gegeben, wenn die Geschäftsbedingungen identisch sind oder Unterschiede bei den Geschäftsbedingungen keine wesentlichen Auswirkungen auf die Preisgestaltung haben oder diese Unterschiede durch hinreichend genaue Anpassungen beseitigt worden sind.[547]

Unter den Standardmethoden selbst gibt es keine vorgegebene Rangfolge. Sie können auch keinen bestimmten Fallgruppen fest zugeordnet werden. Vielmehr ist diejenige Methode vorrangig heranzuziehen, mit der der Fremdvergleichspreis im konkreten Einzelfall mit der größtmöglichen Wahrscheinlichkeit seiner Richtigkeit ermittelt werden kann.[548] Das ist aber oft genau die Tatfrage. Das Thema Verrechnungspreise birgt damit enormes Streit- und Risikopotential, das es zu steuern und reduzieren gilt.

1.1 Preisvergleichsmethode

610 Bei der Preisvergleichmethode wird der Verrechnungspreis für die bezogenen oder gelieferten Wirtschaftsgüter durch Vergleichspreise ermittelt, die Fremde im Markt unter ähnlichen Bedingungen vereinbart haben. Dafür sind zunächst ein oder mehrere marktrelevante Vergleichspeise festzustellen. In Betracht kommen zum einen Vergleichspreise, die sich aus Abschlüssen des Unternehmens mit Fremden ergeben (innerer Preisvergleich), zum anderen können Börsen- und Branchenpreise oder Preise von Konkurrenten – soweit zugänglich – herangezogen werden (äußerer Preisvergleich).

Es ist dann zu prüfen, wie weit die den Vergleichspreisen zugrunde liegenden Geschäftsbeziehungen den geprüften Geschäftsbeziehungen ähnlich sind. Ein vergleichbarer Fremdpreis liegt vor, wenn er für gleichartige Güter oder Waren in vergleichbaren Mengen in dem belieferten Absatzmarkt auf vergleichbarer Handelsstufe und zu vergleichbaren Lieferungs- und Zahlungsbedingungen vereinbart wurde.[549] Der Verrechnungspreis ist der sich ergebenden Gesamtheit der Vergleichspreise zu entnehmen. Hauptproblem dieser Methode ist, ob „Vergleichbarkeit" zu bejahen ist.

1.2 Wiederverkaufspreismethode

611 Mit der Wiederverkaufspreismethode wird der Verrechnungspreis für ein Wirtschaftsgut unter Rückgriff auf den Preis ermittelt, zu dem der Belieferte es anschließend an Fremde weiterveräußert hat.[550] Es ist also zunächst der zu überprüfende Warenfluss abzugrenzen. Sodann ist anhand eines (inneren oder äußeren) Marktvergleichs eine Handelsspanne für den Weiterverkauf unter Fremden festzustellen. Hierfür sind neben der Preissteigerung durch Weiterverarbeitung auch marktübliche Maklergebühren, Vertreterprovisionen oder sonstige Funktionsrabatte zu berücksichtigen.[551] Um Vergleichbarkeit zu gewährleisten, ist von Funktionen, Produkten, Risiken und Aufgabenbereichen ähnlicher Unternehmen auszugehen. Für den abgegrenzten Bereich kann dann von dem tatsächlich vom Steuerpflichtigen verrechneten Fremdpreis auf den Verrechnungspreis für die Lieferung an ihn zurückgerechnet werden, indem von dem Wiederverkaufspreis die Handelsspanne abgezogen wird.

---

547 *BMF* BStBl. I 2005, 570, Tz. 3.4.12.7 a).
548 *BFH* BStBl. II 2004, 171.
549 *BMF* BStBl. I 1983, 218, Tz. 3.1.
550 *BMF* BStBl. I 1983, 218, Tz. 2.2.3.
551 Vgl. *Blümich/Menek* AStG § 1 Rn. 69.

Diese Methode ist der Preisvergleichsmethode insbesondere dann vorzuziehen, wenn für das zwischen Konzernunternehmen gelieferte Produkt kein Markt besteht (Halbfertigfabrikate).[552]

1.3 Kostenaufschlagsmethode

Mit Hilfe der Kostenaufschlagsmethode wird der Verrechnungspreis für ein Wirtschafts- **612** gut unter Rückgriff auf die nach betriebswirtschaftlichen Grundsätzen ermittelten Kosten des Lieferanten ermittelt.[553] Wiederum ist das zu prüfende Produkt abzugrenzen. Dem abgegrenzten Bereich sind die durch ihn veranlassten Kosten zuzuordnen. Hierfür können die innerbetrieblich meist ohnehin bestehenden Systeme der Kostenerfassung und Kalkulation genutzt werden. Die Kostenaufschlagsmethode setzt aber voraus, dass die Kosten durch konzernextern beschafften Aufwand entstanden sind, die Kosten also zu Fremdpreisen anfallen.[554] Entsprechend der Handelsspanne bei der Wiederverkaufspreismethode ist anschließend der marktgerechte Bruttogewinnaufschlag zu ermitteln. Demnach wird dem Lieferanten ein Funktionsgewinn unabhängig davon zugewiesen, ob und welche Gewinnchancen das Endprodukt auf seinen Endmärkten hat.[555] Das ist aber gerade bei Produkt-Neueinführungen ein Problem. Von dem zu Marktpreisen entstandenen Aufwand kann auf den Verrechnungspreis für die Lieferung des Produkts weitergerechnet werden, indem zu dem Aufwand der Bruttogewinnaufschlag hinzuaddiert wird.

2. Grundlagen/Dokumentationspflichten

Gemäß § 90 Abs. 3 S. 1 AO hat der Steuerpflichtige bei Sachverhalten, die Vorgänge **613** mit Auslandsbezug betreffen, über die Art und den Inhalt seiner Geschäftsbeziehungen mit nahe stehenden Personen i.S.d § 1 Abs. 2 AStG Aufzeichnungen zu erstellen. Zur Konkretisierung der Dokumentationspflichten wurde die Gewinnabgrenzungsaufzeichnungsverordnung (GAufzV) erlassen.[556]

2.1 Formale Anforderungen an die Verrechnungspreisdokumentation

Es gibt keine konkreten Vorschriften, wie eine Verrechnungspreisdokumentation in **614** formaler Hinsicht zu erstellen ist. Gemäß § 2 Abs. 1 S. 3 GAufzV ist lediglich erforderlich, dass die Aufzeichnungen einem sachverständigen Dritten ermöglichen, innerhalb einer angemessenen Frist festzustellen, welche Sachverhalte der Steuerpflichtige im Zusammenhang mit seinen Geschäftsbeziehungen zu nahe stehenden Personen verwirklicht hat und ob und inwieweit er dabei den Fremdvergleichsgrundsatz beachtet hat. Angesichts dieser unbestimmten Formulierung besteht für den Steuerpflichtigen ein weiter Ermessensspielraum bei der Strukturierung seiner Dokumentation.[557]

Die Aufzeichnungen können sowohl schriftlich als auch elektronisch erstellt werden, § 2 Abs. 1 S. 1 GAufzV. Sie sind grundsätzlich in deutscher Sprache zu erstellen, wobei auf Antrag des Steuerpflichtigen auch eine Verrechnungspreisdokumentation in ausländischer Sprache zugelassen werden kann, § 2 Abs. 5 GAufzV.

---

552 Vgl. *Blümich/Menek* AStG § 1 Rn. 63.
553 *BMF* BStBl. I 1983, 218, Tz. 2.2.4.
554 Vgl. *Blümich/Menek* AStG § 1 Rn. 75.
555 Vgl. *Blümich/Menek* AStG § 1 Rn. 74.
556 BGBl I 2003, 2296 ff.
557 Vgl. *Baumhoff/Ditz/Greinert* DStR 2004, 157, 158.

2.2 Inhaltliche Anforderungen an die Verrechungspreisdokumentation

615 Nach § 90 Abs. 3 S. 2 AO erstreckt sich die Dokumentationspflicht auf die wirtschaftlichen und rechtlichen Grundlagen, die belegen, dass bei der Vereinbarung von Preisen und anderen Geschäftsbedingungen mit nahe stehenden Personen der Grundsatz des Fremdvergleichs beachtet wurde. Diese Bestimmung der AO wird durch § 1 Abs. 1 GAufzV konkretisiert: Danach hat der Steuerpflichtige neben Aufzeichnungen über die für die Geschäftsbeziehung relevanten Sachverhalte („Sachverhaltsdokumentation[558]") auch Aufzeichnungen zu erstellen, aus welchen die Beachtung des Fremdvergleichsgrundsatzes hervorgeht („Angemessenheitsdokumentation[558]"). Zudem sollte in regelmäßigen Abständen, möglichst jährlich, eine Überprüfung der Angemessenheit der Preise und gegebenenfalls daran anknüpfend eine Anpassung der Preise erfolgen.

– Grundsätzlich sind die Aufzeichnungen geschäftsvorfallbezogen zu erstellen.
– Unter den Voraussetzungen des § 2 Abs. 3 S. 2, 3 GAufzV können, gemessen an Funktionen und Risiken, wirtschaftlich vergleichbare Geschäftsvorfälle für die Erstellung von Aufzeichnungen zu Gruppen zusammengefasst werden (Vereinfachungsregel).

616 §§ 4, 5 GAufzV geben konkrete inhaltliche Vorgaben hinsichtlich allgemein erforderlicher Aufzeichnungen und erforderlicher Aufzeichnungen in besonderen Fällen. Da diese Vorschriften aus sich heraus klar und verständlich sind, erübrigt sich eine separate Darstellung:

2.2.1 § 4 Allgemein erforderliche Aufzeichnungen

617 Der Steuerpflichtige hat nach Maßgabe der §§ 1–3 folgende Aufzeichnungen, soweit sie für die Prüfung von Geschäftsbeziehungen i.S.d. § 90 Abs. 3 AO von Bedeutung sind, zu erstellen:

618 1. Allgemeine Informationen über Beteiligungsverhältnisse, Geschäftsbetrieb und Organisationsaufbau:

a) Darstellung der Beteiligungsverhältnisse zwischen dem Steuerpflichtigen und nahe stehenden Personen i.S.v. § 1 Abs. 2 Nr. 1 und 2 AStG, mit denen er unmittelbar oder über Zwischenpersonen Geschäftsbeziehungen unterhält, zu Beginn des Prüfungszeitraums sowie deren Veränderung bis zu dessen Ende;

b) Darstellung der sonstigen Umstände, die ein „Nahestehen" i.S.v. § 1 Abs. 2 Nr. 3 AStG begründen können;

c) Darstellung der organisatorischen und operativen Konzernstruktur sowie deren Veränderungen, einschließlich Betriebsstätten und Beteiligungen an Personengesellschaften;

d) Beschreibung der Tätigkeitsbereiche des Steuerpflichtigen, zum Beispiel Dienstleistungen, Herstellung oder Vertrieb von Wirtschaftsgütern, Forschung und Entwicklung.

619 2. Geschäftsbeziehungen zu nahe stehenden Personen:

a) Darstellung der Geschäftsbeziehungen mit nahe stehenden Personen, Übersicht über Art und Umfang dieser Geschäftsbeziehungen (zum Beispiel Wareneinkäufe, Dienstleistungen, Darlehensverhältnisse und andere Nutzungsüberlassungen, Umla-

---

[558] Vgl. *Baumhoff/Ditz/Greinert* DStR 2004, 157, 158.

gen) und Übersicht über die den Geschäftsbeziehungen zu Grunde liegenden Verträge und ihre Veränderung;

b) Zusammenstellung (Liste) der wesentlichen immateriellen Wirtschaftsgüter, die dem Steuerpflichtigen gehören und die er im Rahmen seiner Geschäftsbeziehungen zu nahestehenden Personen nutzt oder zur Nutzung überlässt.

3. Funktions- und Risikoanalyse: **620**

a) Informationen über die jeweils vom Steuerpflichtigen und den nahe stehenden Personen im Rahmen der Geschäftsbeziehungen ausgeübten Funktionen und übernommenen Risiken sowie deren Veränderungen, über die eingesetzten wesentlichen Wirtschaftsgüter, über die vereinbarten Vertragsbedingungen, über gewählte Geschäftsstrategien sowie über die bedeutsamen Markt- und Wettbewerbsverhältnisse;

b) Beschreibung der Wertschöpfungskette und Darstellung des Wertschöpfungsbeitrags des Steuerpflichtigen im Verhältnis zu den nahe stehenden Personen, mit denen Geschäftsbeziehungen bestehen.

4. Verrechnungspreisanalyse: **621**

a) Darstellung der angewandten Verrechnungspreismethode;

b) Begründung der Geeignetheit der angewandten Methode;

c) Unterlagen über die Berechnungen bei der Anwendung der gewählten Verrechnungspreismethode;

d) Aufbereitung der zum Vergleich herangezogenen Preise beziehungsweise Finanzdaten unabhängiger Unternehmen sowie Unterlagen über vorgenommene Anpassungsrechnungen.

2.2.2 § 5 Erforderliche Aufzeichnungen in besonderen Fällen

Soweit besondere Umstände der in S. 2 genannten Art für die vom Steuerpflichtigen **622**
vereinbarten Geschäftsbeziehungen von Bedeutung sind oder er sich im Hinblick auf
von ihm vereinbarte Geschäftsbedingungen zur Begründung der Fremdüblichkeit auf
besondere Umstände beruft, sind Aufzeichnungen über diese Umstände nach Maßgabe der §§ 1–3 zu erstellen. Dazu können nach den Verhältnissen des Einzelfalles folgende Aufzeichnungen gehören:

1. Informationen über die Änderung von Geschäftsstrategien (zum Beispiel Marktan- **623**
teilsstrategien, Wahl von Vertriebswegen, Management-Strategien) und über andere
Sonderumstände wie Maßnahmen zum Vorteilsausgleich, soweit sie die Bestimmung
der Verrechnungspreise des Steuerpflichtigen beeinflussen können;

2. Bei Umlagen die Verträge, gegebenenfalls in Verbindung mit Anhängen, Anlagen **624**
und Zusatzvereinbarungen, Unterlagen über die Anwendung des Aufteilungsschlüssels und über den erwarteten Nutzen für alle Beteiligten sowie mindestens Unterlagen
über Art und Umfang der Rechnungskontrolle, über die Anpassung an veränderte
Verhältnisse, über die Zugriffsberechtigung auf die Unterlagen des leistungserbringenden Unternehmens, über die Zuordnung von Nutzungsrechten;

3. Informationen über Verrechnungspreiszusagen oder -vereinbarungen ausländischer **625**
Steuerverwaltungen gegenüber beziehungsweise mit dem Steuerpflichtigen und über
beantragte oder abgeschlossene Verständigungs- oder Schiedsstellenverfahren anderer
Staaten, die Geschäftsbeziehungen des Steuerpflichtigen mit Nahestehenden berühren;

626 4. Aufzeichnungen über Preisanpassungen beim Steuerpflichtigen, auch wenn diese die Folge von Verrechnungspreiskorrekturen oder Vorwegauskünften ausländischer Finanzbehörden bei dem Steuerpflichtigen nahe stehenden Personen sind;

627 5. Aufzeichnungen über die Ursachen von Verlusten und über Vorkehrungen des Steuerpflichtigen oder ihm Nahestehender zur Beseitigung der Verlustsituation, wenn der Steuerpflichtige in mehr als drei aufeinander folgenden Wirtschaftsjahren aus Geschäftsbeziehungen mit Nahestehenden einen steuerlichen Verlust ausweist;

628 6. in Fällen von Funktions- und Risikoänderungen i.S.d. § 3 Abs. 2 Aufzeichnungen über Forschungsvorhaben und laufende Forschungstätigkeiten, die im Zusammenhang mit einer Funktionsänderung stehen können und in den drei Jahren vor Durchführung der Funktionsänderung stattfanden oder abgeschlossen worden sind; die Aufzeichnungen müssen mindestens Angaben über den genauen Gegenstand der Forschungen und die insgesamt jeweils zuzuordnenden Kosten enthalten. Dies gilt nur, soweit ein Steuerpflichtiger regelmäßig Forschung und Entwicklung betreibt und aus betriebsinternen Gründen Unterlagen über seine Forschungs- und Entwicklungsarbeiten erstellt, aus denen die genannten Aufzeichnungen abgeleitet werden können.

3. Zeitliche Anforderungen an die Verrechnungspreisdokumentation

629 Hinsichtlich der zeitlichen Anforderungen an die Verrechnungspreisdokumentation ist zwischen dem Zeitpunkt der Erstellung und dem Zeitpunkt der Vorlage der Aufzeichnungsunterlagen zu unterscheiden.[559]

– Bezüglich der Erstellung einer Verrechnungspreisdokumentation für <u>außergewöhnliche</u> Geschäftsvorfälle verlangt § 90 Abs. 3 S. 3 AO eine zeitnahe Erstellung. Dies bedeutet nach § 3 Abs. 1 GAufzV, dass die Erstellung innerhalb von sechs Monaten nach Ablauf des Wirtschaftsjahrs, in dem sich der Geschäftsvorfall ereignet hat, erfolgen muss. Damit soll dem Steuerpflichtigen die Möglichkeit gegeben werden, die Aufzeichnungen für außergewöhnliche Geschäftsvorfälle im Rahmen der Abschlussarbeiten des betreffenden Wirtschaftsjahres zu erstellen.[560] Allerdings ist der Begriff „außergewöhnliche Geschäftsvorfälle" äußerst unbestimmt.[559] Eine Begriffsdefinition gibt es nicht. § 3 Abs. 2 GAufzV nennt lediglich einige nicht abschließende Beispiele.

– Für **„gewöhnliche"** Geschäftsvorfälle fehlt eine zeitliche Vorgabe zur Erstellung. Diese lässt sich lediglich aus den Vorschriften zur Vorlage der Aufzeichnungen gegenüber den Finanzbehörden ableiten. Danach soll die Vorlage von Aufzeichnungen in der Regel nur für die Durchführung einer Außenprüfung verlangt werden können, dann aber hat die Vorlage innerhalb einer Frist von 60 Tagen zu erfolgen, §§ 90 Abs. 3 S. 6, 8 AO. Durch diese Regelung wird es dem Steuerpflichtigen zwar ermöglicht, die Aufzeichnungen für gewöhnliche Geschäftsvorfälle nicht mehr auf Vorrat erstellen zu müssen, sondern dies erst unmittelbar vor der Vorlage vorzunehmen. Angesichts des erheblichen Mehraufwands, der für die Dokumentation eines mehrere Jahre zurückliegenden Geschäftsvorfalles betrieben werden muss, ist es jedoch empfehlenswert, die Aufzeichnung unmittelbar nach dem Geschäftsvorfall vorzunehmen.[559]

---

559 Vgl. *Baumhoff/Ditz/Greinert* DStR 2004, 157, 161.
560 Begr. zur GAufzV, BR-Drucks. 583/03, 11.

XI. Steuerliche Behandlung von Strafverteidigerkosten

Die steuerliche Behandlung von Strafverteidigerkosten ist unter Compliance- **630**
Gesichtspunkten in zweierlei Hinsicht von Bedeutung. Zum einen sollte es zum Ser-
vice-Verhalten eines („Compliance")-Anwalts gehören, seinen Mandanten über die
steuerliche Behandlung seiner Honorare zu informieren. Zum anderen kann die falsche steuerliche Behandlung von Strafverteidigerkosten unter Umständen erneut zu
Compliance-Problemen – in Form u.U. steuerstrafrechtlich relevanten Verhaltens –
führen und selbst Beratungsbedarf auslösen.

1. Einkommensteuer

Aus Sicht der Einkommen-/Körperschaftsteuer stellt sich die Frage, ob Honorare für **631**
die Tätigkeit des strafrechtlich beratenden Rechtsanwalts für den Mandanten als
Betriebsausgabe/Werbungskosten bzw. außergewöhnliche Belastung abzugsfähig sind.

Bezüglich **Betriebsausgaben-/Werbungskostenabzug** darf diese Frage nach der ständi- **632**
gen Rechtsprechung des BFH[561] als geklärt angesehen werden: Danach sind Strafverteidigungskosten **nur** dann als Betriebsausgabe oder Werbungskosten **abzugsfähig**,
wenn der strafrechtliche Vorwurf, gegen den sich der Steuerpflichtige zur Wehr setzt,
durch sein berufliches Verhalten veranlasst gewesen ist. Dies ist der Fall, wenn die
dem Steuerpflichtigen zur Last gelegte Tat in Ausübung der beruflichen Tätigkeit
begangen worden ist. Die dem Steuerpflichtigen vorgeworfene Tat muss ausschließlich und unmittelbar aus seiner betrieblichen oder beruflichen Tätigkeit heraus erklär-
bar sein.

Beispiel (nach BFH Urteil vom 18.10.2007 – VI R 42/04): Dem Steuerpflichtigen A wird
im Rahmen eines Strafverfahrens vorgeworfen, als angestellter Geschäftsführer einen
Geschäftsanteil an der Gesellschaft, bei der er angestellt war, unter Preis erworben, und
die Gesellschaft dadurch pflichtwidrig geschädigt zu haben.

Dem Steuerpflichtigen B wird im Rahmen eines Strafverfahrens vorgeworfen, als
Geschäftsführer seiner Gesellschaft leitende Mitarbeiter eines Lieferanten veranlasst zu
haben, sachlich unrichtige Bescheinigungen über die vollständige Erfüllung der Ansprüche
dieser Gesellschaft aus Gegengeschäftsvereinbarungen auszustellen. Mit diesen Bescheinigungen erzielte die Gesellschaft eigene Einnahmen (= Anstiftung zur Untreue zu Lasten
des Lieferanten).

Im ersten Fall ist die vorgeworfene Tat nicht im Rahmen der Berufsausübung des A als
Geschäftsführer begangen worden, sondern auf ein privat veranlasstes Verhalten, nämlich
den Erwerb von Privatvermögen in der Gestalt eines Geschäftsanteils an der Gesellschaft,
zurückzuführen. A kann keinen Werbungskostenabzug für Strafverteidigerkosten aus dem
Strafverfahren geltend machen.

Im zweiten Fall steht die strafbare Handlung im Zusammenhang mit der beruflichen Tätigkeit von B als Geschäftsführer. B kann Strafverteidigerkosten aus dem Strafverfahren als
Werbungskosten geltend machen.

Scheidet der Abzug als Betriebsausgabe/Werbungskosten nach diesen Grundsätzen **633**
aus, bleibt allein die Möglichkeit eines Abzugs als **außergewöhnliche Belastung** i.S.d.
§ 33 EStG. Dieser Überlegung hat der BFH aber bislang eine Absage erteilt: So können Strafprozesskosten (also auch Strafverteidigerkosten) – anders als Kosten eines

---

561 Zuletzt *BFH* DStR 2011, 2235 m.w.N.

Zivilverfahrens[562] – grundsätzlich nicht nach § 33 EStG berücksichtigt werden, wenn der Steuerpflichtige verurteilt wird und gem. § 465 StPO die Kosten des Verfahrens zu tragen hat.[563] Diese Kosten sind keine außergewöhnliche Belastung, weil sie dem Steuerpflichtigen nicht zwangsläufig erwachsen. Wenn und soweit der Steuerpflichtige hingegen freigesprochen wird, hat er einen Anspruch gegenüber der Staatskasse auf Erstattung der Strafverteidigerkosten – aber nur in Höhe der unauskömmlichen gesetzlichen Gebühren (§ 467 StPO). Hinsichtlich der in der Praxis völlig üblichen weiteren Kosten (insbes. aufgrund Honorarvereinbarung) ist ein Abzug gem. § 33 EStG mangels Zwangsläufigkeit wiederum nicht möglich.[564] Allerdings scheint das letzte Wort zu dieser Thematik noch nicht gesprochen. Nach der Rechtsprechungsänderung des BFH zu Zivilprozesskosten[562] gibt es Überlegungen in der Literatur, nun auch Strafverteidigungskosten als außergewöhnliche Belastung steuerlich zu berücksichtigen.[565] Jedenfalls hat das Urteil des BFH zu Zivilprozesskosten dazu geführt, dass nun eine Revision beim BFH zu der Frage, Strafprozesskosten als außergewöhnliche Belastung anzuerkennen, anhängig ist.[566] Im Falle vorsätzlicher verurteilter Taten scheidet eine Anerkennung als außergewöhnliche Belastung wohl aus.[567]

634 Unabhängig von einer etwaigen Rechtsprechungsänderung durch den BFH stellt sich aber heute schon die Frage, ob Kosten für die strafrechtliche/Compliance-Beratung dann als außergewöhnliche Belastung geltend gemacht werden können, wenn es zu einem (verurteilenden oder freisprechenden) Strafurteil gegen den Steuerpflichtigen nie kommt. Ermittlungsverfahren kommen häufig nicht zur Anklage, sondern werden etwa mangels hinreichenden Tatverdachts, wegen geringer Schuld gem. § 153 Abs. 1 StPO oder unter Auflagen gem. § 153a Abs. 1 StPO eingestellt. In diesem Fall hat der Steuerpflichtige keinen Anspruch gegen die Staatskasse auf Erstattung der Strafverteidigerkosten. Unseres Erachtens sind sie aber (mindestens in Höhe der gesetzlichen Gebühren) als außergewöhnliche Belastungen anzusehen. Da schon die bisherige Rechtsprechung des BFH für die Abzugsfähigkeit von Strafverfahrenskosten maßgeblich auf die Feststellungen zum Schuldvorwurf abgestellt hat,[568] ist konsequenterweise bei einer Einstellung mangels nachgewiesener Schuld (Einstellung mangels Tatverdachts) oder hypothetischer geringer Schuld (Einstellung gem. §§ 153, 153a StPO) die Abzugsfähigkeit zu bejahen.[569]

635 **Beratungshinweis:** Strafverteidigerkosten können dann nicht steuerlich geltend gemacht werden, wenn und soweit sie von dritter Seite (Rechtsschutzversicherung, D&O-Versicherung, Prozesskostenhilfe) erstattet werden. Es findet insoweit eine Vorteilsanrechnung statt.[562]

636 **Beratungshinweis:** Will man von der dargestellten gesicherten Rechtsprechung abweichen (z.B. § 33 EStG für die gesetzlichen Gebühren übersteigende Verteidigerhonorare), sollte im Rahmen der Steuererklärung unbedingt der dem Steuerabzug zugrunde liegende Sachverhalt (unter Hinweis auf die abweichende Rechtsansicht

---

562 *BFH* NJW 2011, 3055.
563 *BFH* NJW 1990, 2492.
564 *BFH* NJW 2008, 1342.
565 *Bron/Ruzik* DStR 2011, 2069; *Kanzler* NWB 2011, 2433.
566 *BFH* IX R 5/12; Vorinstanz: *FG Hamburg* 14.12.2011 – 2 K 6/11.
567 *FG Münster* Urt. v. 5.12.2012 – 1 K 4517/10 E (Revision ist zugelassen).
568 Vgl. nur *BFH* NJW 1990, 2492; *BFH* NJW 1958, 927.
569 So auch *Bron/Ruzik* DStR 2011, 2069.

und ggf. die beim BFH anhängige Revision) mitgeteilt werden. Ansonsten besteht das Risiko, dass die nicht erfolgte Offenlegung durch die Finanz- und Ermittlungsbehörden als Steuerhinterziehung eingestuft wird.

2. Umsatzsteuer

2.1 Überblick

Stellt der Strafverteidiger einem Unternehmer als seinem Mandanten eine Rechnung **637** mit Umsatzsteuerausweis, stellt sich die Frage, ob und unter welchen Voraussetzungen der Mandant die in den Anwaltsrechnungen ausgewiesene Umsatzsteuer als Vorsteuer gem. § 15 Abs. 1 S. 1 Nr. 1 S. 1 UStG abziehen kann.

Diese Frage ist für die Praxis von nicht zu unterschätzender wirtschaftlicher Bedeu- **638** tung. Werden Ermittlungsverfahren gegen Mitarbeiter geführt oder wird gegen diese im weiteren Verlauf sogar Anklage erhoben, übernehmen viele Unternehmen für ihre Mitarbeiter die Kosten für den Rechtsbeistand, gegebenenfalls durch eine D&O-Versicherung. Jedes Unternehmen hat schließlich auch ein Interesse daran, ein „Abfärben" von (ggf. vermeintlichen) Taten ihrer Mitarbeiter auf den Ruf des Unternehmens zu vermeiden, zumal sich hieraus auch Haftungsfragen etwa nach §§ 73 ff. StGB (Verfall) oder § 29a OWiG (Verfall) und §§ 30, 130 OWiG (Geldbuße) ergeben können. Der Aufwand in solchen Verfahren ist oft erheblich. So geht es in einem Fall, der dem BFH Ende 2011 zur Entscheidung vorlag,[570] etwa um einen Vorsteuerabzug von etwa 26 000 EUR. Dieser Betrag kann sich bei größeren Verfahren – wie jüngst bei Siemens oder MAN – auch schnell vervielfachen, wenn es – nicht wie in diesem Fall (Einstellung nach § 153a StPO) – tatsächlich zu einem (in der Regel langwierigen) Gerichtsverfahren kommt oder komplexe Sachverhalte und viele Mitarbeiter betroffen sind. Insofern stellt der Vorsteuerabzug eine durchaus beachtliche Kostenersparnis oder anderenfalls Mehrbelastung dar.

Im Gegensatz zur ertragssteuerlichen Seite ist die umsatzsteuerliche Behandlung von **639** Strafverteidigerkosten noch weitgehend ungeklärt. In der Literatur erfährt das Thema keine größere Beachtung. Mehrheitlich wird aber dann die Ansicht vertreten, dass Strafverteidigerkosten zum Vorsteuerabzug zugelassen werden, soweit der Gegenstand der Verteidigung dem unternehmerischen Verhalten des Unternehmers zuzurechnen ist.[571] Vorsteuerabzug von Strafverteidigerkosten sei somit immer dann zuzulassen, wenn die Straftat oder Ordnungswidrigkeit den Zwecken des Unternehmens diente.[572] Dabei sei im Rahmen des Umsatzsteuerrechts die unternehmerische Zuordnungsentscheidung ausschlaggebend. Diese Zuordnungsentscheidung äußere sich regelmäßig durch Geltendmachung des Vorsteuerabzugs.[573] Eine andere Ansicht geht hingegen davon aus, dass Strafverteidigerkosten generell nicht vorsteuerabzugsfähig sind, weil es sich bei der Verteidigertätigkeit nicht um eine Leistung für das Unternehmen i.S.d. § 15 UStG handele.[574]

---

570 Details unter 11.2.2; Vorlagefrage des *BFH* v. 22.12.2011, V R29/10.
571 *Von Briel/Ehlscheid* BB 1999, 2539, 2542; *Beckmann/Matusche-Beckmann* § 37 Rn. 182; in diese Richtung wohl auch *Franzen/Gast/Joecks* § 408 Rn. 14.
572 *Rau/Dürrwächter* § 15 Rn. 257.
573 *Von Briel/Ehlscheid* BB 1999, 2539, 2542; *Widmaier* § 43 Rn. 74 ff.
574 *Kotz* NStZ-RR 1998, 129, 130.

640 Diese Frage war – soweit ersichtlich – bis vor kurzem nicht Gegenstand der finanzgerichtlichen Rechtsprechung. Ende des Jahres 2011 wurde dann aber ein entsprechendes Verfahren beim BFH anhängig; eine endgültige Entscheidung steht noch aus, da der BFH eine Vorlage zum EuGH für notwendig erachtete.[575] Die EuGH-Vorlage wird im Folgenden dargestellt, da sie die maßgeblichen Aspekte anführt und sich aus ihr die Folgen für die Praxis ableiten lassen.

2.2 Vorlage zum EuGH

641 Im entschiedenen Fall handelt es sich bei den beiden Klägern um Geschäftsführer einer im Baugewerbe tätigen GmbH. In dem gegen beide gerichteten Ermittlungsverfahren hatten sich die Kläger anwaltlich vertreten lassen. Als Auftraggeber trat neben den Klägern auch die GmbH auf. Die Honorarrechnungen gingen jeweils an die GmbH, die hieraus einen Vorsteuerabzug geltend machen wollte.

642 Bei der Auslegung des maßgeblichen § 15 Abs. 1 Nr. 1 UStG hat sich der BFH an Art. 17 Abs. 2 Buchst. a der Richtlinie 77/388/EWG (jetzt: Art. 168 Buchst. a der Richtlinie 2006/112/EG) zu orientieren. Danach ist ein Unternehmer unter anderem dann zum Vorsteuerabzug berechtigt, wenn Dienstleistungen (für die er Mehrwertsteuer entrichtet hat und die ihm von einem anderen Steuerpflichtigen erbracht wurden) für Zwecke seiner besteuerten Umsätze verwendet werden. Der BFH sieht trotz der hierzu bereits ergangenen EuGH-Rechtsprechung weiteren Auslegungsbedarf im Hinblick auf die „Zwecke seiner besteuerten Umsätze".

643 Im Hinblick auf diese Vorlagefrage hält der BFH ausgehend von der bisherigen Rechtsprechung des EuGH zwei Auslegungsmöglichkeiten für den Begriff „Zwecke seiner besteuerten Umsätze" für denkbar. Nach Ansicht des BFH könne man – unter Zugrundelegung der bisherigen EuGH-Rechtsprechung – entweder auf die „objektiven Umstände bzw. die objektive Natur des Umsatzes" abstellen. Es könne aber auch maßgeblich sein, ob die bezogene Leistung ihren „ausschließen Entstehungsgrund" in den steuerpflichtigen Tätigkeiten hat. In der ersten Variante wäre im Vorlagefall der Vorsteuerabzug zu versagen, weil die Anwaltsleistungen dazu dienten, das private (also nichtwirtschaftliche) Interesse der beiden Beschuldigten gegen die nur sie persönlich treffenden Strafverfolgungsmaßnahmen zu schützen. In der zweiten Variante käme man zu dem gegenteiligen Ergebnis, weil die Leistungen der Rechtsanwälte ohne die steuerpflichtige Umsatztätigkeit der GmbH nicht bezogen worden wären.

644 Weiterhin ist Gegenstand der Vorlage, wie sich die Beauftragung des Strafverteidigers durch zwei Auftraggeber auf den Vorsteuerabzug (sofern der EuGH diesen gewährt) auswirkt. Diese zweite (Vorlage-)Frage resultiert im Fall daraus, dass keine näheren Vereinbarungen mit den Rechtsanwälten getroffen wurden, wer in welchem Umfang das Entgelt für deren Tätigkeit zu entrichten hat – die umsatzsteuerpflichtige GmbH bzw. deren Organträger oder die jeweilige nicht umsatzsteuerpflichtige Privatperson. Der BFH sieht drei Varianten, wie der erneut einschlägige Art. 17 Abs. 2 Buchst. a der Richtlinie 77/388/EWG (jetzt: Art. 168 Buchst. a der Richtlinie 2006/112/EG) ausgelegt werden kann: Man könne zum einen darauf abstellen, an wen die Rechnung ausgestellt werde und wer sie in der Folge begleicht. Denkbar sei weiterhin eine anteilige Aufteilung des Rechnungs- und damit Vorsteuerbetrages nach Anzahl der Auftragge-

---

575 *BFH* BB 2012, 1265 m. Anm. *Demuth/Eberhard;* vgl. hierzu auch *Zugmaier/Kaiser* PStR 2012, 109.

ber. Und schließlich könne auch maßgeblich sein, wer nach der internen Vereinbarung der Auftraggeber letztlich die Kosten zu tragen hat.

2.3 Praxisfolgen

Bis zur Klärung der Frage durch den EuGH bzw. den BFH ist in Konstellationen wie **645** der vorliegenden folgendes Vorgehen zu empfehlen: Bei anstehenden Umsatzsteuervoranmeldungen/-jahreserklärungen sollte Vorsteuerabzug für entsprechende Rechtsanwaltskosten beansprucht werden mit einem Hinweis, dass es sich um Vorsteuern aus Verteidigerkosten handelt und ein Verfahren beim EuGH anhängig ist. Ansonsten besteht das Risiko der Einleitung eines Steuerstrafverfahrens durch die Finanz- und Ermittlungsbehörden (wegen etwaig unberechtigtem Vorsteuerabzug).

Zwischenzeitlich hat der EuGH die Vorlagefragen beantwortet und einem Vorsteuer- **646** abzug aus Strafverteidigungskosten eine Absage erteilt.[576]Grund für die Ablehnung ist insbesondere das Fehlen eines objektiven Zusammenhangs mit der unternehmerischen Tätigkeit. Daran ändere auch die vermeintliche Kostentragungspflicht der Gesellschaft nichts. Durch die Ablehnung eines Vorsteuerabzugs hat sich die zweite Vorlagefrage des BFH erledigt. Die Entscheidung des EuGH wird auf verschiedene andere Themen auch Auswirkung haben, wie etwa auf Vorsteuerabzugsmöglichkeiten bei Holdinggesellschaften.[577]

XII. Checkliste für Ihre steuerliche Compliance

Die nachfolgende Zusammenstellung soll eine kleine Checkliste darstellen, was im **647** Rahmen der steuerlichen Compliance zu überprüfen ist. Die zeitlichen Angaben sind nicht zwingend, jedoch sollte der Rhythmus einer jährlichen Prüfung nicht ausgedehnt werden.

- **Monatliche Überprüfung:** **648**
- der Empfängerdaten (Umsatzsteueridentifikationsnummer, Name, Adresse, Rechtsform etc.) im Wege des qualifizierten Bestätigungsverfahrens, insbesondere wenn innergemeinschaftliche Lieferungen ausgeführt werden und es sich um große Warenmengen handelt; bei Lieferungen im kleineren Umfang reicht u.U. auch eine vierteljährliche oder halbjährliche Überprüfung aus;
- der Daten von Lieferanten im Wege des qualifizierten Bestätigungsverfahrens (Umsatzsteueridentifikationsnummer, Name, Adresse, Rechtsform etc.), insbesondere wenn große Warenmengen bezogen werden; beim Bezug von Warenmengen im kleineren Umfang kann u.U. auch eine vierteljährliche oder halbjährliche Überprüfung ausreichen;
- der ordnungsgemäßen Erbringung des Buch- und Belegnachweises bereits im Zeitpunkt der Lieferung;
- ob in Abholfällen eine Versicherung des Abnehmers vorliegt, dass er den Gegenstand der Lieferung in das übrige Gemeinschaftsgebiet befördert hat;
- der sorgfältigen Erstellung von Rechnungen, um die Rechtsfolgen von § 14c-UStG Fällen zu vermeiden;

---

576 *EuGH* Urt. v. 21.2.2013, C 104/12, MwStR 2013,129 ff.; zugrundeliegende Vorlagefrage des BFH v. 22.12.2011 – V R 29/10; s. hierzu auch Kommentierung *Demuth/Eberhard* BB 2012,1265 ff.
577 Hierzu näher Kommentierung von *Meurer* MwStR 2013, 132 f.

- der Eingangsrechnungen im Hinblick auf die Erfüllung der Voraussetzungen des § 15 UStG (Sicherstellung des Vorsteuerabzugs);
- der korrekten und rechtzeitigen Deklaration und Abführung von Lohnsteuern und Sozialversicherungsbeiträgen (Vermeidung der Haftung für Steuern von Dritten);
- der Erfüllung der steuerlichen Deklarations- und Zahlungspflichten, insbesondere der monatlichen Abgabe der Umsatzsteuer-Voranmeldungen und Lohnsteuererklärungen sowie der damit korrespondierenden Zahlungen.[578]

649 **– Jährliche Überprüfung/Überprüfung vor Jahresabschluss:**
- der Umsatzsteuerbarkeit, wenn Gesellschafter Geschäftsführungsaufgaben erledigen;
- im Hinblick auf verdeckte Gewinnausschüttungen und verdeckte Einlagen;
- von Rechtsgeschäften mit nahestehenden Personen (z.B. Gesellschaftern oder Angehörigen). Die vereinbarten Leistungen müssen hier Fremdvergleichsgrundsätzen entsprechen und tatsächlich durchgeführt werden;
- der sorgfältigen Erstellung der Funktionsverlagerungsdokumentationen (z.B. um belegen zu können, dass es sich bei einer konkreten Auslagerung lediglich um eine Funktionsverdopplung und um keine Funktionsverlagerung handelt);
- der sorgfältigen Erstellung der Verrechnungspreisdokumentationen;
- ob rückdatierte Verträge vorliegen. Diese sind zu vermeiden, da sie im besonderen Maße die Aufmerksamkeit der Finanzbehörden erregen;
- von grenzüberschreitenden Sachverhalten betreffend Zulässigkeit von Gewinnverlagerungen, Anerkennung ausländischer Gesellschaften, Transfer von Verlusten über die Grenze sowie von Konzernumlagevereinbarungen;
- der Bewertungsansätze nach HGB, IAS/IFRS, Steuerrecht (vor allem bei „kritischen" Bilanzpositionen wie z.B. Forderungen, Rückstellungen und Darlehensverbindlichkeiten);
- der Abziehbarkeit von Betriebsausgaben, insbesondere Prüfung, ob Abzugsbeschränkungen eingreifen (z.B. Zinsschranke, § 4 Abs. 5 EStG).

650 **– Nach Vertragsabschluss zeitnahe Dokumentation und Buchhaltung sowie regelmäßige Überprüfung:**
- von Cash-Pooling Verträgen,
- der Umsetzung von Gesellschafterbeschlüssen, insbesondere bezüglich Gewinnausschüttungen und
- der Einhaltung von Verträgen mit nahestehenden Personen/Gesellschaften.

651 **– Stichprobenartige Überprüfung:**
- von Betriebseinnahmen und Betriebsausgaben, insbesondere bei großen Beträgen, auf zutreffende Verbuchung und Belege,
- ob Anhaltspunkte für Schmiergeldzahlungen bestehen, d.h. insbesondere bei Zahlungen auf nicht Firmenkonten und in Länder, die „gefahrgeneigt" für solche Zahlungen sind.

652 **– Allgemein:**
- regelmäßige Schulung der Mitarbeiter in der Steuer- und Vertragsabteilung;
- Eine besonders sorgfältige Überprüfung des Vertragpartners ist erforderlich, wenn Waren zu einem deutlich unter dem Marktpreis liegenden Wert erworben

---

578 Anderenfalls läuft der Geschäftsführer in der Krise Gefahr für die anfechtbaren verspäteten Zahlungen zu haften (*BFH* Urt. v. 11.11.2008, VII R 19/08).

werden (Problemkreis Vorsteuerabzug) und wenn neue Geschäftsbeziehungen eingegangen werden;

– Versicherung von steuerrechtlichen Haftungsrisiken/D&O Versicherung erwägen;
– regelmäßige Sensibilisierung und Schulung von Mitarbeitern, damit diese keine entscheidenden Informationen an Betriebsprüfung oder Steuerfahndung im Falle eines Falles unbedarft weitergeben und dass problematische Fälle erkannt und fachgerecht behandelt werden;
– Erstellung eines klaren Handlungskonzeptes im Vorfeld von Ermittlungsmaßnahmen (klare Regelung von Zuständigkeiten, Information über Rechte und Pflichten bei Durchsuchungen etc.);
– professionelle Vorbereitung von Betriebsprüfungen, insbesondere Prüfung ob Selbstanzeigen abgegeben werden sollen;
– Kontrollierter Umgang mit steuerlich relevanten Daten (wer hat Kenntnis und Zugriffsbefugnis? An wen dürfen steuerliche Daten weitergegeben werden?);
– sorgfältige Überwachung von Fristen in Einspruchs- und finanzgerichtlichen Verfahren;
– kein vorauseilender Gehorsam gegenüber den Finanzbehörden: Oft lassen sich Rechte erst im Zuge von Einspruchs- und finanzgerichtlichen Verfahren durchsetzen.

I. Umweltrecht

I. Einführung

Für den Bereich des Umweltrechts ist das, was heute mit „Compliance" umschrieben **653** wird, kein neues Thema. Schon seit mehr als hundert Jahren zählen die Anforderungen des Umweltrechts, welche durch Gesetze, Verordnungen und die Anlagengenehmigungen an Unternehmen und teilweise auch an die staatliche Verwaltung gestellt werden, zu den aufsichtsbehördlich überwachten Rechtsgebieten. Anders als in anderen Bereichen wurde die Einhaltung etwa von Emissionsgrenzwerten immer schon durch spezialisierte Behörden überwacht. Die Eigenüberwachung ist seit Jahrzehnten in allen größeren produzierenden Unternehmen ein selbstverständlicher Bestandteil des operativen Geschäfts.[579]

Zugleich ist nicht zu verkennen, dass die Regelungsdichte des Umweltrechts insbesondere **654** seit den frühen 1970er Jahren stark zugenommen hat. In den späten 1980er und den 1990er Jahren kamen wichtige neue Regelungsmaterien hinzu. Heute zählt das Umweltrecht zu den komplexesten deutschen Rechtsmaterien mit einer Vielzahl unterschiedlicher Spezialgebiete wie etwa Emissionsschutzrecht, Wasserrecht, Altlastenrecht oder Gefahrstoffrecht. In Deutschland ist dieses Recht nur teilweise in Bundesgesetzen kodifiziert. Wichtige Regelungen finden sich auch in Landesgesetzen der deutschen Bundesländer, deren Inhalte durchaus von Bundesland zu Bundesland unterschiedlich sein können.

---

579 Vgl. hierzu etwa die für Betriebe, die mit ionisierenden Strahlen umgehen, vorgeschriebenen sog. Strahlenschutzanweisungen (etwa § 34 Verordnung über den Schutz vor Schäden durch ionisierende Strahlen).

655 Um diese komplexe Materie angemessen im Unternehmen abzubilden, finden sich in vielen Umweltgesetzen Regelungen zu spezialisierten „Beauftragten", die im Unternehmen auf die Einhaltung bestimmter Gesetze achten müssen. Die Tätigkeit dieser Mitarbeiter ist die Sicherstellung der Compliance des Unternehmens. Unabhängig davon, ob die Beauftragten beim betroffenen Unternehmens fest angestellt oder extern beauftragte Sachverständige sind, lässt sich sicher feststellen, dass Compliance schon lange ein fester Bestandteil des Umweltrechts ist.

656 Doch hat die Compliance mit Umweltgesetzen in jüngerer Zeit einen Wandel und eine Erweiterung seiner Bedeutung erfahren. Es geht nicht mehr nur um die bloße Einhaltung der anwendbaren gesetzlichen Vorschriften. Mindestens ebenso wichtig ist die Vermeidung und Minimierung von Risiken. Vor allem geht es um die Risiken strafrechtlicher Verfolgung sowie zivilrechtlicher Schadensersatzansprüche. Große Bedeutung hat die Compliance auch für die Öffentlichkeitsarbeit eines Unternehmens. Dies gilt für die breite Öffentlichkeit (kaum ein Unternehmen, welches heute keinen „Umweltbericht" auf seiner Homepage im Internet veröffentlicht). Es gilt aber auch für die unmittelbare Nachbarschaft der Produktionsstandorte. Nicht zuletzt aus diesem Grund haben viele Unternehmen in Deutschland über die gesetzlichen Anforderungen hinaus sog. Umweltmanagementsysteme etabliert. Der Sache nach handelt es sich auch hier um Compliance-Instrumente.

657 Dieser Abschnitt kann nicht einen umfassenden Überblick bieten über alle rechtlichen Pflichten, die sich allgemein für unterschiedliche unternehmerische Aktivitäten aus den anwendbaren Vorschriften des Umweltrechts ergeben, oder die sich speziell für die unterschiedlichen „Beauftragten" ergeben. Auch ist es in diesem Zusammenhang nicht möglich, Details zu Umweltmanagementsystemen darzustellen. Es muss mit einem Überblick über diese Pflichten, einer Darstellung, insbesondere der haftungsrechtlichen Rahmenbedingungen in Deutschland, sowie einiger grundlegender Pflichten sein Bewenden haben. Wer Antworten auf spezielle Fragen benötigt, wird diese hoffentlich in der Fachliteratur finden.

II. Rechtsquellen der Compliance-Anforderungen im Umweltrecht

658 Das Umweltrecht ergibt sich aus einer Vielzahl unterschiedlicher Gesetze, die jeweils bestimmte Regelungsmaterien mehr oder minder umfassend zu regulieren suchen. Die bekanntesten Gesetze sind
– das Bundes-Immissionsschutzgesetz,[580]
– das Wasserrecht (Wasserhaushaltsgesetz),[581]
– das Bodenschutzrecht (Bundes-Bodenschutzgesetz),[582]

---

580 Gesetz zum Schutz vor schädlichen Umwelteinwirkungen durch Luftverunreinigungen, Geräusche, Erschütterungen und ähnliche Vorgänge (Bundes-Immissionsschutzgesetz – BImSchG) i.d.F. der Bekanntmachung v. 17.3.2013 (BGBl I S. 1274).
581 Gesetz zur Ordnung des Wasserhaushalts (Wasserhaushaltsgesetz – WHG); verkündet als Gesetz zur Neuregelung des Wasserrechts v. 31.7.2009, zuletzt geändert durch Art. 2 G zur Umsetzung der RL über Industrieemissionen v. 8.4.2013 (BGBl I S. 734).
582 Gesetz zum Schutz vor schädlichen Bodenveränderungen und zur Sanierung von Altlasten (Bundes-Bodenschutzgesetz – BBodSchG) v. 17.3.1998; zuletzt geändert durch Art. 5 Abs. 30 des Gesetzes v. 24.2.2012 (BGBl I, S. 212).

– das Gefahrstoffrecht (insbesondere das Chemikaliengesetz[583] mit Verordnungen) und
– das Naturschutzrecht (Bundes-Naturschutzgesetz).[584]

Aus diesen Gesetzen, den auf ihrer Grundlage erlassenen Rechtsverordnungen und **659** Verwaltungsvorschriften, sowie aus den erteilten Genehmigungen der jeweiligen Unternehmen ergeben sich in der Gesamtschau die rechtlichen Pflichten, welche im Einzelfall von einem Betrieb an einem bestimmten Standort mit einer bestimmten Anlage einzuhalten sind.

Neben diesen gesetzlichen Anforderungen finden sich weitere Anforderungen, die **660** zum Teil quasi-staatlicher Natur sind. Hierzu zählen z.B. die berufsgenossenschaftlichen Vorschriften oder die Regelungen, die in DIN-Vorschriften oder TÜV-Regularien enthalten sind. Auch wenn diese unmittelbar regelmäßig keinen staatlichen oder quasi-staatlichen Durchsetzungsanspruch haben, kommt ihnen in der Praxis dennoch regelmäßig eine vergleichbare Bedeutung zu.

All diesen Regelungen gemein ist, dass sie zum Ziel haben, die „Umwelt" vor uner- **661** wünschten Folgen menschlichen Handels zu schützen. Der Begriff der Umwelt darf dabei nicht zu eng verstanden werden und erfasst völlig selbstverständlich neben der unberührten Natur auch den Lebensraum der Menschen sowie (insbesondere durch die berufsgenossenschaftlichen Regelungen) den Arbeitsplatz und die Arbeitssicherheit.

Spezielle Rechtsvorschriften etablieren für bestimmte Regelungsbereiche „Umwelt- **662** schutzbeauftragte", die sich um bestimmte Regelungsbereiche im Unternehmen kümmern müssen. Hier sind zu nennen etwa der Immissionsschutzbeauftragte, der Strahlenschutzbeauftragte, der Abfallbeauftragte und andere mehr. Im Detail hierzu sogleich unter Rn. 664.

Neben diesen speziellen, umweltrechtlichen Compliance-Vorschriften gelten auch im **663** Bereich des Umweltrechts selbstverständlich die allgemeinen Anforderungen des Gesellschaftsrechts. So ist etwa der Geschäftsführer einer GmbH ebenso wie der Vorstand einer Aktiengesellschaft im Rahmen seiner allgemeinen Pflichten natürlich verpflichtet, dafür zu sorgen, dass (auch) die umweltrechtlichen Vorschriften in seinem Betrieb beobachtet werden.

III. Der Umweltschutzbeauftragte

1. Allgemeines

Der Umweltschutzbeauftragte stellt eine besondere Ausprägung der Pflicht zur **664** Eigenüberwachung eines jeden Unternehmens dar. Da diese Eigenüberwachungspflicht je nach Gefahrenpotential des betroffenen Unternehmens unterschiedlich stark ausgeprägt ist, hat der Gesetzgeber für bestimmte – besonders gefahrgeneigte –

---

583 Gesetz zum Schutz vor gefährlichen Stoffen (Chemikaliengesetz – ChemG) i.d.F. der Bekanntmachung v. 2.7.2008, zuletzt geändert durch § 44 Abs. 6 Tiergesundheitsgesetz v. 22.5.2013 (BGBl I 1324).
584 Gesetz über Naturschutz und Landschaftspflege (Bundesnaturschutzgesetz – BNatSchG) v. 29.7.2009, zuletzt geändert durch Art. 7 des Gesetzes v. 21.1.2013 (BGBl I S. 95). Bundesnaturschutzgesetz BNatSchG.

betriebliche Tätigkeiten die Bestellung eines Umweltschutzbeauftragten zwingend vorgeschrieben. Der Begriff „Umweltschutzbeauftragte" ist dabei ein Oberbegriff für die Ausübung verschiedener gesetzlich vorgesehener Funktionen durch (zumeist) betriebszugehörige Mitarbeiter.

665 Je nach seiner konkreten Ausgestaltung im jeweiligen Betrieb hat der Umweltschutzbeauftragte allgemein für die Einführung und Einhaltung eines möglichst hohen Umweltstandards innerhalb des Unternehmens zu sorgen. Weitergehende Aufgaben, wie etwa die Überwachung der relevanten gesetzlichen und behördlichen Vorgaben (wie Verschmutzungsgrenzwerte), obliegen ihm nur im Einzelfall.

666 Der Umweltschutzbeauftragte steht in keinem direkten Verhältnis zu den zuständigen staatlichen Überwachungsstellen. Er ist kein „verlängerter Arm" der Behörden, weder Beliehener noch Verwaltungshelfer.[585] Er ist (bis auf einige wenige nachfolgend beschriebene Besonderheiten) grundsätzlich mit keinen besonderen Befugnissen ausgestattet.[586] Im Verhältnis zu den Behörden gehört der Umweltschutzbeauftragte eindeutig zur Sphäre des Unternehmens.

667 Die Stellung des jeweiligen Umweltschutzbeauftragten kann aber je nach Betrieb durchaus über die ihm durch Gesetz zugewiesenen Befugnisse hinausgehen. Seine konkrete Stellung im Einzelfall hängt zudem oftmals mit den Vorgaben eines im Betrieb ggf. vorhandenen Umweltmanagementsystems zusammen.

668 Einem Umweltschutzbeauftragten kommen regelmäßig Kontroll-, Mitteilungs- und Berichtspflichten zu. So hat er nicht nur die von ihm überwachte Betriebsstätte regelmäßig im Hinblick auf umweltrelevante Mängel hin zu untersuchen, sondern muss erkannte Mängel seinen Vorgesetzten melden und entsprechende Maßnahmen zur Beseitigung dieser Mängel vorschlagen. Der Umweltschutzbeauftragte hat im Hinblick auf umweltrelevante Vorschläge oder Bedenken regelmäßig ein Recht zum Vortrag unmittelbar gegenüber der Geschäftsführung.[587] Auch ist regelmäßig eine Stellungnahme des Umweltschutzbeauftragten vor solchen Investitionsentscheidungen einzuholen, die seinen Überwachungsbereich betreffen.[588] Die innerbetriebliche Stellung des Umweltschutzbeauftragten wird durch das Verbot der Benachteiligung wegen der Erfüllung der ihm übertragenen Aufgaben (sog. Benachteiligungsverbot) sowie einen erweiterten Kündigungsschutz[589] gestärkt.

2. Gesetzliche Vorgaben an Umweltschutzbeauftragte

669 Die Rechte und Pflichten eines Umweltschutzbeauftragten ergeben sich vor allem aus diversen gesetzlichen Regelungen, die je nach Art des Unternehmens unterschiedlich ausgestaltet sein können und zum Teil kumulativ eingreifen. Nachfolgend sollen nur die wichtigsten gesetzlichen Vorgaben genannt werden.

2.1 Immissionsschutzbeauftragter (§§ 53 ff. BImSchG/5. BImSchV)

670 Nach § 53 Abs. 1 BImSchG haben Betreiber genehmigungsbedürftiger Anlagen einen oder mehrere Betriebsbeauftragte für Immissionsschutz (Immissionsschutzbeauf-

---

585 *Jarass* § 26 Rn. 2, § 52 Rn. 1, § 53 Rn. 1; *Landmann/Rohmer/Hansmann* Vor § 53 BImSchG Rn. 15 ff.
586 *Landmann/Rohmer/Hansmann* Vor § 53 BImSchG Rn. 17, § 54 BImSchG Rn. 1.
587 Vgl. § 57 BImSchG.
588 Vgl. § 56 BImSchG.
589 Vgl. § 58 BImSchG.

tragte) zu bestellen, sofern dies erforderlich ist im Hinblick auf die Art oder die Größe der Anlagen wegen der von den Anlagen ausgehenden Emissionen, wegen technischer Probleme der Emissionsbegrenzung oder wegen der Eignung der Erzeugnisse, bei bestimmungsgemäßer Verwendung schädliche Umwelteinwirkungen durch Luftverunreinigungen, Geräusche oder Erschütterungen hervorzurufen.

Das Bundesumweltministerium hat in einer Anlage zur Verordnung über Immissions- **671** schutz- und Störfallbeauftragte (5. BImSchV)[590] diejenigen Anlagen beschrieben, für die ein Immissionsschutzbeauftragter zu bestellen ist. Es handelt sich hierbei um Anlagen der Industrie. Die zuständige Behörde kann jedoch auch gegenüber Betreibern von Anlagen, die nicht in diesem Annex aufgeführt sind, anordnen, dass diese einen oder mehrere Immissionsschutzbeauftragte zu bestellen haben.[591]

Der in den §§ 53 ff. BImSchG beschriebene Immissionsschutzbeauftragte stellt den **672** Prototyp des Umweltschutzbeauftragten dar. Dementsprechend ähneln die nachfolgend beschriebenen gesetzlichen Regelungen der sonstigen Beauftragten oftmals den Vorgaben im Hinblick auf den Immissionsschutzbeauftragten.

2.1.1 Bestellung des Immissionsschutzbeauftragten

Der Immissionsschutzbeauftragte wird schriftlich bestellt. Die ihm obliegenden Aufga- **673** ben müssen genau bezeichnet werden. Die Bestellung des Immissionsschutzbeauftragten und die Bezeichnung seiner Aufgaben sind der zuständigen Behörde unverzüglich anzuzeigen. Gleiches gilt für Veränderungen im Aufgabenbereich des Immissionsschutzbeauftragten und für dessen Abberufung.

2.1.2 Unterstützungspflicht des Anlagenbetreibers

Der Betreiber hat den Immissionsschutzbeauftragten bei der Erfüllung seiner Aufga- **674** ben zu unterstützen und ihm insbesondere, soweit dies zur Erfüllung seiner Aufgaben erforderlich ist, Hilfspersonal sowie Räume, Einrichtungen, Geräte und Mittel zur Verfügung zu stellen und die Teilnahme an Schulungen zu ermöglichen.[592]

Die 5. BImSchV konkretisiert zudem die Anforderungen an die Fachkunde und **675** Zuverlässigkeit des Beauftragten.

2.1.3 Fachkunde des Immissionsschutzbeauftragten

Die Fachkunde[593] i.S.d. § 55 Abs. 2 S. 1 und § 58c Abs. 1 des BImSchG erfordert regel- **676** mäßig

– den Abschluss eines Studiums **entweder** auf den Gebieten des Ingenieurwesens, oder der Chemie oder der Physik an einer Hochschule,
– **und** die Teilnahme an einem oder mehreren von der zuständigen obersten Landesbehörde oder der nach Landesrecht bestimmten Behörde anerkannten Lehrgän-

---

590 Fünfte Verordnung zur Durchführung des Bundes-Immissionsschutzgesetzes (Verordnung über Immissionsschutz- und Störfallbeauftragte – 5. BImSchV) v. 30.7.1993, zuletzt geändert durch Art. 2 VO zur Umsetzung der Richtlinie über Industrieemissionen, zur Änderung der VO über Immissionsschutz- und Störfallbeauftragte und zum Erlass einer BekanntgabeVO v. 2.5.2013 (BGBl I S. 973).
591 Vgl. § 53 Abs. 2 BImSchG.
592 Vgl. § 55 Abs. 4 BImSchG.
593 Hierzu im Einzelnen: *Landmann/Rohmer/Hansmann* § 55 BImSchG Rn. 3ff.; *Feldhaus* § 55 BImSchG Nr. 4ff.

gen, in denen Kenntnisse entsprechend dem Anh. II der 5. BImSchV vermittelt worden sind, die für die Aufgaben des Beauftragten erforderlich sind,
– **und** während einer zweijährigen praktischen Tätigkeit erworbene Kenntnisse über die Anlage, für die der Beauftragte bestellt werden soll, oder über Anlagen, die im Hinblick auf die Aufgaben des Beauftragten vergleichbar sind.[594]

677 Die zuständige Behörde kann im Einzelfall auf Antrag des Betreibers als Voraussetzung der Fachkunde auch anerkennen eine technische Fachschulausbildung oder (im Falle des Immissionsschutzbeauftragten) die Qualifikation als Meister auf einem Fachgebiet, dem die Anlage hinsichtlich ihrer Anlagen- und Verfahrenstechnik oder ihres Betriebs zuzuordnen ist. Voraussetzung sind dann aber zusätzlich während einer mindestens vierjährigen praktischen Tätigkeit erworbene, qualifizierte Kenntnisse.[595]

2.1.4 Zuverlässigkeit des Immissionsschutzbeauftragten

678 Der Immissionsschutzbeauftragte muss auch zuverlässig[596] sein. Dies erfordert, dass der Beauftragte auf Grund seiner persönlichen Eigenschaften, seines Verhaltens und seiner Fähigkeiten zur ordnungsgemäßen Erfüllung der ihm obliegenden Aufgaben geeignet ist. Die erforderliche Zuverlässigkeit ist in der Regel nicht gegeben, wenn der Immissionsschutzbeauftragte oder der Störfallbeauftragte wegen Verletzung der Vorschriften
– des Strafrechts über gemeingefährliche Delikte oder Delikte gegen die Umwelt,
– des Immissionsschutz-, Abfall-, Wasser-, Natur- und Landschaftsschutz-, Chemikalien-, Gentechnik- oder Atom- und Strahlenschutzrechts,
– des Lebensmittel-, Arzneimittel-, Pflanzenschutz- oder Seuchenrechts,
– des Gewerbe- oder Arbeitsschutzrechts, oder
– des Betäubungsmittel-, Waffen- und Sprengstoffrechts,

679 mit einer Geldbuße in Höhe von mehr als 500 EUR oder einer Strafe belegt worden ist. Sie ist regelmäßig nicht gegeben, wenn er wiederholt und grob pflichtwidrig gegen die vorgenannten Vorschriften verstoßen hat oder seine Verpflichtungen als Immissionsschutzbeauftragter, als Störfallbeauftragter oder als Betriebsbeauftragter nach anderen Vorschriften verletzt hat.[597]

2.1.5 Fortbildungspflicht des Immissionsschutzbeauftragten

680 Der Beauftragte muss regelmäßig, mindestens alle zwei Jahre, an Fortbildungsmaßnahmen teilnehmen.[598]

2.1.6 Aufgaben (Beratungs- und Hinweisfunktion) des Immissionsschutzbeauftragten

681 Dem Immissionsschutzbeauftragten kommt generell eine Beratungs- und Hinweisfunktion des Anlagenbetreibers in allen Fragen des Immissionsschutzes zu. Sowohl der Immissionsschutzbeauftragte als auch der Störfallbeauftragte sind zudem auf Verlangen der zuständigen Behörde im Rahmen von behördlichen Überwachungsmaßnahmen hinzuzuziehen.

---

594 Vgl. § 7 5. BImSchV.
595 Vgl. § 8 5. BImSchV.
596 Hierzu *Landmann/Rohmer/Hansmann* § 55 BImSchG Rn. 6 ff.; *Feldhaus* § 55 BImSchG Nr. 7.
597 Vgl. zu alledem § 10 5. BImSchV.
598 Vgl. § 9 5. BImSchV.

Der Immissionsschutzbeauftragte berät den Betreiber und die Betriebsangehörigen in **682** Angelegenheiten, die für den Immissionsschutz bedeutsam sein können. Er ist berechtigt und verpflichtet, auf die Entwicklung und Einführung umweltfreundlicher Herstellungsverfahren und umweltfreundlicher Erzeugnisse hinzuwirken. Er hat bei der Entwicklung und Einführung umweltfreundlicher Verfahren und Erzeugnisse mitzuwirken, insbesondere durch Begutachtung der Verfahren und Erzeugnisse unter dem Gesichtspunkt der Umweltfreundlichkeit. Er muss (soweit dies nicht Aufgabe eines Störfallbeauftragten[599] ist) die Einhaltung des Immissionsschutzrechts und die Erfüllung behördlich erteilter Bedingungen und Auflagen zu überwachen. Er erfüllt diese Aufgabe insbesondere durch Kontrolle der Betriebsstätte in regelmäßigen Abständen und durch die Messungen von Emissionen und Immissionen. Festgestellte Mängel hat er mitzuteilen und dabei Vorschläge über Maßnahmen zur Beseitigung dieser Mängel zu machen. Der Immissionsschutzbeauftragte hat die Betriebsangehörigen über die von der Anlage verursachten schädlichen Umwelteinwirkungen aufzuklären. Dazu gehört auch die Information über die vorhandenen Einrichtungen und Maßnahmen zur Verhinderung dieser Einwirkungen. Der Immissionsschutzbeauftragte hat dem Anlagenbetreiber schließlich jährlich einen Bericht über die von ihm getroffenen und beabsichtigten Maßnahmen zu erstatten.[600]

2.1.7 Beteiligungspflicht des Anlagenbetreibers

Der Anlagenbetreiber hat vor Entscheidungen über die Einführung von technischen **683** Verfahren und Erzeugnissen sowie vor Investitionsentscheidungen eine Stellungnahme des Immissionsschutzbeauftragten einzuholen, wenn die Entscheidungen für den Immissionsschutz bedeutsam sein können. Die Stellungnahme ist so rechtzeitig einzuholen, dass sie bei den betrieblichen Entscheidungen angemessen berücksichtigt werden kann. Sie muss der jeweils über die Maßnahme entscheidenden Stelle auch vorgelegt werden.[601] Durch innerbetriebliche Organisationsmaßnahmen muss der Anlagenbetreiber auch sicherzustellen, dass der Immissionsschutzbeauftragte seine Vorschläge oder Bedenken unmittelbar der Geschäftsleitung vortragen kann. Dies gilt namentlich dann, wenn er sich mit dem zuständigen Betriebsleiter nicht einigen konnte und er wegen der besonderen Bedeutung der Sache eine Entscheidung der Geschäftsleitung für erforderlich hält. Kann der Immissionsschutzbeauftragte sich über eine von ihm vorgeschlagene Maßnahme im Rahmen seines Aufgabenbereichs mit der Geschäftsleitung nicht einigen, so hat diese den Immissionsschutzbeauftragten umfassend über die Gründe ihrer Ablehnung zu unterrichten.[602] Eine Entscheidungsfunktion des Immissionsschutzbeauftragten in dem Sinne, dass seine Hinweise zwingend durch den Anlagenbetreiber umgesetzt werden müssten, besitzt der Beauftragte trotz aller Beteiligungs- und Mitspracherechte also nicht.[603]

2.1.8 Benachteiligungs- und Kündigungsverbot

Das Gesetz verbietet es ausdrücklich, den Immissionsschutzbeauftragten wegen der **684** Erfüllung der ihm übertragenen Aufgaben zu benachteiligen. Ist der Immissionsschutzbeauftragte Arbeitnehmer des Anlagenbetreibers, so ist die Kündigung des

---

599 Gem. § 58b Abs. 1 S. 2 Nr. 3 BImSchG.
600 Vgl. hierzu § 54 BImSchG.
601 Vgl. § 56 BImSchG.
602 Vgl. § 57 BImSchG.
603 *Landmann/Rohmer/Hansmann* § 54 BImSchG Rn. 8.

Arbeitsverhältnisses unzulässig. Ausnahmen gibt es nur, wenn Tatsachen vorliegen, die den Betreiber zur Kündigung aus wichtigem Grund ohne Einhaltung einer Kündigungsfrist berechtigen. Auch nach der Abberufung als Immissionsschutzbeauftragter ist eine Kündigung innerhalb eines Jahres, vom Zeitpunkt der Beendigung der Bestellung an gerechnet, unzulässig (wiederum mit Ausnahme der Kündigung aus wichtigem Grund ohne Einhaltung einer Kündigungsfrist).[604]

2.2 Störfallbeauftragter (§§ 58a ff. BImSchG/5. BImSchV)

685 Anlagenbetreiber haben (schriftlich) einen Störfallbeauftragten zu bestellen, sofern dies im Hinblick auf die Art und Größe der Anlage wegen der bei einer Störung des bestimmungsgemäßen Betriebs auftretenden Gefahren für die Allgemeinheit und die Nachbarschaft erforderlich ist.[605]

686 Entsprechend dem Immissionsschutzbeauftragten kann sich die Pflicht zur Bestellung eines Störfallbeauftragten unmittelbar aus den gesetzlichen Vorschriften oder aus einer entsprechenden behördlichen Anordnung ergeben. Insbesondere solche Betriebe, die der sog. Störfall-Verordnung (12. BImSchV) unterfallen, haben regelmäßig einen Störfallbeauftragten zu bestimmen.

687 Der in den §§ 58a ff. BImSchG beschriebene Störfallbeauftragte ist dem Immissionsschutzbeauftragten nachgebildet.[606] Ihm kommt die spezielle Funktion zu, den Anlagenbetreiber in Fragen der Anlagensicherheit zu beraten. Er ist berechtigt und verpflichtet,[607]

– auf die Verbesserung der Sicherheit der Anlage hinzuwirken,
– dem Betreiber unverzüglich Störfälle mitzuteilen,
– die Einhaltung der immissionsschutzrechtlichen Vorschriften sowie die Erfüllung behördlich erteilter Bedingungen und Auflagen zur Verhinderung von Störfällen zu überwachen, insbesondere durch Kontrolle der Betriebsstätte in regelmäßigen Abständen, Mitteilung festgestellter Mängel und Vorschläge zur Beseitigung dieser Mängel,
– Mängel, die den vorbeugenden und abwehrenden Brandschutz sowie die technische Hilfeleistung betreffen, unverzüglich dem Anlagenbetreiber zu melden.

688 Der Störfallbeauftragte hat ebenfalls jährlich Bericht zu erstatten. Darüber hinaus ist er aber auch verpflichtet, die von ihm ergriffenen Maßnahmen zur Erfüllung seiner Aufgaben schriftlich aufzuzeichnen. Er muss diese Aufzeichnungen mindestens fünf Jahre aufbewahren.[608]

689 Für den Störfallbeauftragten gelten die oben unter Rn. 676 ff. beschriebenen Anforderungen an Fachkunde, Zuverlässigkeit und Fortbildung genauso.[609]

690 Der Störfallbeauftragte ist zu beteiligen und hat das Vortragsrecht zur Geschäftsführung, wenn durch eine Maßnahme die Sicherheit der Anlage betroffen sein kann. Der Betreiber kann dem Störfallbeauftragten für die Beseitigung und die Begrenzung der Auswirkungen von Störfällen konkrete Entscheidungsbefugnisse übertragen.[610]

---

604 Vgl. § 58 BImSchG.
605 Vgl. § 58a BImSchG.
606 Vgl. *Jarass* § 53 Rn. 1, 1a.
607 Vgl. § 58b Abs. 1 BImSchG.
608 Vgl. § 58b Abs. 2 BImSchG.
609 Vgl. § 58c Abs. 1 S. 2 BImSchG.
610 Vgl. § 58c BImSchG.

Elshorst

Der Störfallbeauftragte darf ebenso wenig benachteiligt oder entlassen werden wie **691** der Immissionsschutzbeauftragte.[611]

2.3 Gewässerschutzbeauftragter (§§ 64 ff. Wasserhaushaltsgesetz)

Ein Gewässerschutzbeauftragter hat die Aufgabe, den jeweiligen Benutzer eines **692** Gewässers sowie dessen Betriebsangehörige in Angelegenheiten, die für den Gewässerschutz bedeutsam sein können, zu beraten.[612]

Er ist berechtigt und verpflichtet, die Einhaltung der Vorschriften, Bedingungen und **693** Auflagen des Gewässerschutzes zu überwachen.[613] Er erfüllt diese Aufgabe insbesondere durch regelmäßige Kontrolle der Abwasseranlagen im Hinblick auf die Funktionsfähigkeit, den ordnungsgemäßen Betrieb sowie die Wartung, aber auch durch Messungen des Abwassers nach Menge und Eigenschaften, sowie durch Aufzeichnungen der Kontroll- und Messergebnisse. Der Gewässerschutzbeauftragte hat dem Gewässerbenutzer festgestellte Mängel mitzuteilen und Maßnahmen zu ihrer Beseitigung vorzuschlagen.[614] Er soll ferner auf die Anwendung geeigneter Abwasserbehandlungsverfahren hinwirken, ebenso auf die Entwicklung und Einführung von innerbetrieblichen Verfahren zur Vermeidung oder Verminderung des Abwassers. Der Gewässerschutzbeauftragte hat schließlich die Betriebsangehörigen über die in dem Betrieb verursachten Gewässerbelastungen sowie über die Einrichtungen und Maßnahmen zu ihrer Verhinderung unter Berücksichtigung der wasserrechtlichen Vorschriften aufzuklären.[615]

Auch der Gewässerschutzbeauftragte muss fachkundig und zuverlässig sein.[616] Er **694** erstattet dem Gewässerbenutzer jährlich einen Bericht über die zum Gewässerschutz getroffenen und beabsichtigten Maßnahmen.[617]

Die Pflicht zur Bestellung eines Gewässerschutzbeauftragten ergibt sich entweder **695** unmittelbar aus dem Gesetz (nämlich dann wenn der jeweilige Benutzer eines Gewässers berechtigt ist mehr als 750 Kubikmeter Abwasser pro Tag in ein Gewässer einzuleiten) oder aus einer Anordnung der zuständigen Behörde im Einzelfall, durch die ein Gewässerschutzbeauftragter bestellt wird.[618]

Der Gewässerschutzbeauftragte ist zu beteiligen[619] und hat das Vortragsrecht zur **696** Geschäftsführung,[619] wenn durch eine Maßnahme der Gewässerschutz betroffen sein kann. Der Gewässerschutzbeauftragte ist vom Gewässerbenutzer zu unterstützen.[620] Er darf ebenso wenig benachteiligt oder entlassen werden wie der Immissionsschutzbeauftragte.[619]

---

611 Vgl. § 58d BImSchG.
612 Vgl. § 65 Abs. 1 WHG.
613 Zu den Kontroll-/Überwachungsaufgaben vgl. *Siedler/Zeitler/Dahme/Gößl* Wasserhaushaltsgesetz und Abwasserabgabengesetz, Loseblatt, § 21b WHG Rn. 4a ff.; *Czychowski/Reinhardt* § 21b Rn. 2 ff.
614 Zu den Initiativaufgaben vgl. *Siedler/Zeitler/Dahme/Gößl* Wasserhaushaltsgesetz und Abwasserabgabengesetz, Loseblatt, § 21b WHG Rn. 18 ff.; *Czychowski/Reinhardt* § 21b Rn. 6 ff.
615 Zu den Aufklärungs- und Informationsaufgaben vgl. *Siedler/Zeitler/Dahme/Gößl* Wasserhaushaltsgesetz und Abwasserabgabengesetz, Loseblatt, § 21b WHG Rn. 31 ff.; *Czychowski/Reinhardt* § 21b Rn. 10 f.
616 Vgl. § 66 WHG, der auf die entsprechenden Normen des BImSchG verweist.
617 Vgl. § 65 Abs. 2 WHG.
618 Vgl. § 64 WHG.
619 Vgl. § 66 WHG.
620 Vgl. § 66 Abs. 4 WHG.

2.4 Abfallbeauftragter (§§ 59, 60 Kreislaufwirtschaftsgesetz)

697 Bestimmte größere Produktionsbetriebe[621] haben einen oder mehrere Betriebsbeauftragte für Abfälle (Abfallbeauftragte) zu bestellen, sofern dies im Hinblick auf die Art oder die Größe der Anlagen wegen der

– in den Anlagen anfallenden, verwerteten oder beseitigten Abfälle,
– technischen Probleme bei der Vermeidung, Verwertung oder Beseitigung der Abfälle oder
– besonderen Eigenschaften eines Produktes oder Erzeugnisses, bei oder nach bestimmungsgemäßer Verwendung Probleme hinsichtlich der schadlosen Verwertung oder umweltverträglichen Beseitigung hervorzurufen,

erforderlich ist. Die Bestellung eines Abfallbeauftragten kann auch im Einzelfall durch die zuständige Behörde angeordnet werden.

698 Laut Kreislaufwirtschaftsgesetz (KrWG) berät der Abfallbeauftragte den Betreiber und die Betriebsangehörigen in Angelegenheiten, die für die Kreislaufwirtschaft und die Abfallbeseitigung bedeutsam sein können.[622] Er ist berechtigt und verpflichtet, den Weg der Abfälle von ihrer Entstehung oder Anlieferung bis zu ihrer Verwertung oder Beseitigung zu überwachen. Er darf und muss die Einhaltung der abfallrechtlichen Vorschriften sowie die Erfüllung behördlicher Bedingungen und Auflagen überwachen. Dazu hat er die Betriebsstätte und die Art und Beschaffenheit der darin anfallenden, verwerteten oder beseitigten Abfälle in regelmäßigen Abständen zu kontrollieren. Stellt der Abfallbeauftragte Mängel fest, hat er dies mitzuteilen und Vorschläge über Maßnahmen zur Beseitigung dieser Mängel zu machen. Zu seinen Aufgaben gehört auch die Aufklärung der Betriebsangehörigen über Beeinträchtigungen, die von den in der Anlage aufkommenden Abfällen ausgehen können, und über die betrieblichen Einrichtungen und Maßnahmen zur Verhinderung dieser Beeinträchtigungen.[623]

699 Bei Anlagen, die nach § 4 BImSchG genehmigungspflichtig sind, sowie bei solchen Anlagen, in denen regelmäßig gefährliche Abfälle anfallen, muss der Abfallbeauftragte zudem auf die Entwicklung und Einführung umweltfreundlicher und abfallarmer Verfahren, sowie umweltfreundlicher und abfallarmer Erzeugnisse hinwirken. Er hat bei der Entwicklung und Einführung solcher Verfahren mitzuwirken und bei Anlagen, in denen Abfälle verwertet oder beseitigt werden, zudem auf Verbesserungen des Verfahrens hinzuwirken.[624]

700 Wie beim Gewässerschutzbeauftragten sind die Rechte und Pflichten des Abfallbeauftragten nahezu identisch mit denjenigen des Immissionsschutzbeauftragten. Der Abfallbeauftragte hat jährlich Bericht zu erstatten.[625]

---

621 Namentlich die Betreiber von genehmigungsbedürftigen Anlagen i.S.d. § 4 BImSchG, Betreiber von Anlagen, in denen regelmäßig gefährliche Abfälle anfallen, Betreiber ortsfester Sortier-, Verwertungs- oder Abfallbeseitigungsanlagen sowie Besitzer von Abfällen i.S.d. § 59 KrWG (Gesetz zur Förderung der Kreislaufwirtschaft und Sicherung der umweltverträglichen Bewirtschaftung von Abfällen (Kreislaufwirtschaftsgesetz – KrWG), v. 24.2.2012, zuletzt geändert durch § 44 Abs. 4 Tiergesundheitsgesetz v. 22.5.2013 (BGBl I S. 1324). Die Betriebe sind im Detail in § 1 der Verordnung über Betriebsbeauftragte für Abfall v. 26.10.1977 (BGBl I, 1913) genannt.
622 Vgl. § 60 Abs. 1 KrW-/AbfG.
623 Hierzu im Einzelnen: *Jarass/Petersen/Weidemann/Kotulla* § 60 Rn. 28 ff.; *Frenz* § 55 Rn. 1 ff.
624 § 60 Abs. 1 KrW-/AbfG.
625 § 60 Abs. 2 KrW-/AbfG.

Auch der Abfallbeauftragte muss besondere Anforderungen an Fachkunde, Zuverläs- **701** sigkeit und Fortbildung erfüllen. Er ist zu beteiligen und hat das Vortragsrecht zur Geschäftsführung, wenn durch eine Maßnahme die Sicherheit der Anlage betroffen sein kann.[626] Zudem muss durch den Betreiber sichergestellt sein, dass er das Vortragsrecht zur Geschäftsführung hat, soweit er sich nicht mit dem zuständigen Betriebsleiter einigen konnte und er eine Entscheidung der Geschäftsleitung für erforderlich hält.Der Abfallbeauftragte darf ebenso wenig benachteiligt oder entlassen werden wie der Immissionsschutzbeauftragte.[627]

2.5 Strahlenschutzbeauftragter (§§ 31 ff. Strahlenschutzverordnung/§§ 13 ff. Röntgenverordnung)

Betreiber von Anlagen, die bestimmte Tätigkeiten ausüben, welche dem Atomgesetz **702** unterfallen, haben einen Strahlenschutzbeauftragten zu bestellen, soweit dies zur Gewährleistung des Strahlenschutzes notwendig erscheint.[628] Gleiches gilt für bestimmte Anlagen, für die eine Genehmigung oder Anzeige nach der Röntgenverordnung erforderlich ist.[629]

Die Anforderungen an die Fachkunde und Zuverlässigkeit des Strahlenschutzbeauf- **703** tragten sind höher als an die anderer Umweltbeauftragter, was sowohl mit der besonderen Gefährlichkeit ionisierender Strahlen als auch mit der Schwierigkeit der technisch-naturwissenschaftlichen Materie zusammenhängt.

Der Strahlenschutzbeauftragte ist im Vergleich zu den sonstigen Beauftragten mit **704** zusätzlichen Rechten und Pflichten ausgestattet. So hat der Strahlenschutzbeauftragte etwa dafür zu sorgen, dass bestimmte gesetzliche Vorschriften und behördliche Anordnungen durch den Anlagenbetreiber tatsächlich eingehalten werden. Zugleich resultiert daraus jedoch auch die Befugnis des Strahlenschutzbeauftragten, bei Gefahr für Mensch und Umwelt unverzüglich geeignete Maßnahmen zur Abwendung dieser Gefahr zu ergreifen. Darüber hinaus hat der Betreiber der Anlage die Ablehnung einer vom Strahlenschutzbeauftragten vorgeschlagenen Mängelbeseitigung diesem gegenüber schriftlich zu begründen und eine Abschrift dieser Begründung zugleich der zuständigen Behörde zu übersenden.

Durch diese erweiterten Rechte und Pflichten des Strahlenschutzbeauftragten wird **705** dessen Eigenständigkeit und Unabhängigkeit innerhalb des Betriebes gegenüber den sonstigen Umweltschutzbeauftragten deutlich erhöht.

Dennoch steht auch der Strahlenschutzbeauftragte in keiner unmittelbaren rechtli- **706** chen Beziehung zur überwachenden Behörde.

2.6 Ämterhäufung

In der Praxis ist es durchaus üblich, einem einzigen Betriebsbeauftragten verschie- **707** dene gesetzliche Funktionen zu übertragen, etwa die des Gewässer-, des Immissions-

---

626 § 60 Abs. 3 KrW-/AbfG, der auf die entsprechenden Vorschriften des BImSchG verweist.
627 § 60 Abs. 3 KrWG i.V.m. § 58 BImSchG.
628 Vgl. § 31 Abs. 2 Verordnung über den Schutz vor Schäden durch ionisierende Strahlen (Strahlenschutzverordnung – StrlSchV) v. 20.7.2001, zuletzt geändert durch Art. 5 Abs. 7 G zur Neuordnung des Kreislaufwirtschafts- und Abfallrechts vom 24.2.2012 (BGBl I, 212).
629 Vgl. § 13 Abs. 2 Verordnung über den Schutz vor Schäden durch Röntgenstrahlen (Röntgenverordnung – RöV) i.d.F. der Bekanntmachung der Fassung v. 30.4.2003, zuletzt geändert durch Art. 2 der Verordnung v. 4.10.2011 (BGBl I, 2000).

schutz- sowie des Betriebsbeauftragten für Abfall. In einem solchen Fall spricht man vom sog. Mehrfachbeauftragten (vgl. § 59 Abs. 3 Kreislaufwirtschafts- und Abfallgesetz).

708 Unter bestimmten Voraussetzungen ist es auch möglich, einen einzigen Umweltschutzbeauftragten für verschiedene Anlagen oder sogar für alle Anlagen eines ganzen Unternehmens oder Konzerns zu bestellen (vgl. §§ 4 und 5 der 5. BImSchV).

709 Darüber hinaus ist es grundsätzlich möglich, Umweltschutzbeauftragte zu bestellen, die nicht dem jeweiligen Betrieb angehören.

710 Durch eine Doppel- oder Mehrfachbeauftragung darf jedoch ebenso wenig die sachgemäße Erfüllung der Aufgaben beeinträchtigt werden wie durch die Bestellung eines externen Beauftragten (vgl. nur §§ 1 Abs. 3, 3 und 4 der 5. BImSchV). Werden mehrere Immissionsschutzbeauftragte bestellt, so hat der Betreiber für die erforderliche Koordinierung in der Wahrnehmung der Aufgaben, insbesondere durch Bildung eines Ausschusses für Umweltschutz, zu sorgen. Entsprechendes gilt, wenn neben einem oder mehreren Immissionsschutzbeauftragten Betriebsbeauftragte nach anderen gesetzlichen Vorschriften bestellt werden. Der Betreiber hat ferner für die Zusammenarbeit der Betriebsbeauftragten mit den im Bereich des Arbeitsschutzes beauftragten Personen zu sorgen.

2.7 Erleichterungen bei auditierten Unternehmen

711 Die gesetzlichen Vorschriften sehen die Möglichkeit vor,[630] dass Unternehmen, die ein Umweltmanagementsystem nach EMAS[631] einrichten, Erleichterungen zum Inhalt der Antragsunterlagen im Genehmigungsverfahren sowie überwachungsrechtliche Erleichterungen gewährt werden.

712 Zur Umsetzung hat der Gesetzgeber die EMAS-Privilegierungs-Verordnung[632] geschaffen. Diese gilt für Betriebe, die einen Immissionsschutzbeauftragten und/oder einen Abfallbeauftragten zu stellen haben. Die EMAS-Privilegierungs-Verordnung gewährt Erleichterungen, wenn der Umweltgutachter die Einhaltung der Umweltvorschriften geprüft hat, keine Abweichungen festgestellt hat und dies in der Gültigkeitserklärung bescheinigt. Insbesondere geht es um Erleichterungen zu Anzeige- und Mitteilungspflichten zur Betriebsorganisation,[633] den Verzicht auf jährliche Berichte,[634] Kalibrierungen, Ermittlungen von Emissionen, die Verlängerung von Messintervallen[635] und die Häufigkeit der behördlichen Überwachung.

713 Die Teilnahme an einem EMAS-Umweltmanagementsystem kann sogar die Stellung des Immissionsschutzbeauftragten, Störfallbeauftragten und/oder Abfallbeauftragten gänzlich entbehrlich machen.[636] Die zuständige Behörde „soll" von der Pflicht, solche

---

630 Vgl. z.B. § 58e BImSchG; § 61 KrwG; § 24 WHG (der allerdings der Umsetzung durch die Bundesländer bedarf).
631 Hierzu nachstehend Rn. 712.
632 Verordnung über immissionsschutz- und abfallrechtliche Überwachungserleichterungen für nach der Verordnung (EG) Nr. 761/2001 registrierte Standorte und Organisationen (EMAS-Privilegierungs-Verordnung – EMASPrivilegV) v. 24.6.2002, zuletzt geändert durch Art. 3 der Verordnung v. 24.4.2012 (BGBl I, 661).
633 § 2 EMAS-PrivilegierungsVO.
634 § 43 Abs. 2 EMAS-PrivilegierungsVO.
635 § 8 EMAS-PrivilegierungsVO.
636 § 3 Abs. 1 EMAS-PrivilegierungsVO.

Elshorst

Beauftragte zu stellen, befreien, wenn ein EMAS-Umweltmanagementsystem eingerichtet ist. Das bedeutet, dass die Behörde einer Befreiung nicht zustimmen muss,
allerdings in ihrem Ermessen auch nicht mehr frei ist. Vielmehr hat sie dieses Ermessen nach dem Willen des Gesetzgebers im Zweifel für die Befreiung auszuüben.

2.8 Kurzüberblick über die Haftung der Umweltbeauftragten

Die Umweltbeauftragten können (im Innenverhältnis) aus den allgemeinen arbeits- **714**
und dienstvertragsrechtlichen Grundsätzen haftbar sein. Davon zu unterscheiden ist
die rechtliche Verantwortlichkeit des Unternehmens für die Beauftragten nach außen,
die sich aus ihren Kompetenzen ergibt. Die folgenden Ausführungen gelten unabhängig von etwaigen anderen Aufgaben- und Pflichtenstellungen des Umweltbeauftragten
im Betrieb, aus denen sich weitere Haftungsrisiken folgen können. Diese werden hier
nicht betrachtet.

Die Umweltbeauftragten übernehmen im Unternehmen beratende bzw. kontrollie- **715**
rende Aufgaben.[637] Diese können teilweise durch die Behörde erweitert bzw. eingeschränkt werden.[638] Der Betreiber kann dem Umweltbeauftragten auch weitere Entscheidungsbefugnisse übertragen.[639] Das Gesetz hat dem Unternehmen grundsätzlich
die Möglichkeit gelassen, selbst zu entscheiden, wo Umweltbeauftragte organisatorisch in das Unternehmen eingeordnet werden. Hier wird vom gesetzlichen Normalfall ausgegangen. Eine Sonderstellung in der rechtlichen Konzeption der Umweltbeauftragten gilt für den Strahlenschutzbeauftragten, der nicht bloßer Berater des
Unternehmens ist.[640]Gleiches gilt für verantwortliche Personen nach dem Gentechnikgesetz, dem Bundesberggesetz und dem Sprengstoffgesetz. Diese sind Repräsentanten, haben somit als „Außenorgane" unmittelbar verwaltungsrechtliche Pflichten
gegenüber den zuständigen Behörden.[641]

Die Umweltbeauftragten besitzen keine öffentlich-rechtliche Pflichtenstellung unmit- **716**
telbar gegenüber der Behörde. Sie bereiten Entscheidungsprozesse der Unternehmensleitung vor, welche die Umweltbelange eigenverantwortlich zu berücksichtigen
hat. Weisungs- oder Entscheidungsbefugnisse sind nicht vorgesehen. Dies gilt nicht für
den Strahlenschutzbeauftragten (Rn. 704), der in eine „Linienposition" bestellt ist und
deshalb in die Entscheidungen der Unternehmensleitung eingebunden werden
muss.[640] Bei Gefahr im Verzug ist er zusätzlich Adressat behördlicher Verfügungen.[642]
Der allgemeine verwaltungsrechtliche Grundsatz, dass Träger von Rechten und Pflichten gegenüber Behörden nur der Unternehmensträger ist, wird hier durchbrochen.
Dies ist bei den Umweltbeauftragten nach anderen Gesetzen nicht so. Bei jenen bleibt
keine besondere Verantwortlichkeit nur auf sie beschränkt.[643] Sie tragen nicht die
rechtliche Letztverantwortung, da sie nur eingeschränkte Handlungsmacht besitzen.

Die Umweltbeauftragten mit ausschließlicher Beratungsfunktion sind nicht straf- oder **717**
ordnungsrechtlich zur Verantwortung zu ziehen, soweit sie pflichtgemäß handelten.

---

637 §§ 58b Abs. 1 BImSchG (Störfallbeauftragter); § 54 Abs. 1 BImSchG (Immissionsschutzbeauftrag-
     ter); § 65 WHG (Gewässerschutzbeauftragter); § 60 KrWG (Abfallbeauftragter).
638 § 65 Abs. 3 WHG (Gewässerschutzbeauftragter).
639 § 58c Abs. 3 BImSchG (Störfallbeauftragter).
640 §§ 29–32 StrlSV.
641 § 6 Abs. 4 GenTG, §§ 14, 15 GenTSV; § 19 Abs. 1 Nr. 3, 4, § 21 SprengG; §§ 58–60 BbergG.
642 § 31 II, Abs. 3 StrlSV.
643 *Rehbinder* ZHR 165 (2001), 5.

Sie haben keine Garantenstellung i.S.d. §§ 13 StGB, 8 OWiG inne. Sie gelten auch nicht als besonderer Beauftragter i.S.d. § 14 Abs. 2 StGB, § 9 OWiG. Die Beauftragten sind nicht derart für den Umweltschutz tätig, dass sie Umweltmedien schützen oder gar Umweltschäden selbst verhindern, denn sie haben nach dem gesetzlichen Leitbild keine betrieblichen Lenkungsfunktionen. Eine begrenzte Verantwortlichkeit ergibt sich lediglich dann, wenn sie ihre Pflichten zur ordnungsgemäßen Überwachung, Kontrolle und wahrheitsgemäßer Information der Betriebsführung verletzten.[644] Strafrechtlich wird der Umweltbeauftragte mithin als sogenannter Überwachungsgarant angesehen.[644] Er kann sich deshalb der Beilhilfe zu Unterlassungsdelikten strafbar machen, doch muss zur Pflichtverletzung stets dazu kommen, dass „es bei einer Pflichterfüllung zur Abwendung der Gefahr gekommen wäre."[644]

718 Im Gegensatz dazu kann der Strahlenschutzbeauftragte aufgrund seiner Kompetenzen nach § 14 Abs. 2 StGB wegen des Verstoßes gegen strafrechtliche Vorschriften, oder ordnungsrechtlich (nach Strahlenschutzverordnung), haftbar sein.

Mangels eigener Entscheidungs- oder sonstiger Anordnungsbefugnisse können die Umweltbeauftragten grundsätzlich nicht Täter einer unerlaubten Handlung wegen Unterlassens (Verkehrspflichtverletzung) sein. Mangels Kompetenzen ist im Rahmen des gesetzlichen Leitbilds auch eine Haftung nach § 31 BGB ausgeschlossen. Einzig der Strahlenschutzbeauftragte kann hingegen Täter einer unerlaubten Handlung wegen Unterlassens sein. Der Geschäftsherr hat neben § 31 BGB auch gem. § 831 BGB für ihn einzustehen. Zu beachten ist, dass ein Unternehmen die Kompetenzen des Umweltbeauftragten jeweils auch erweitern kann. Dadurch kann es zu einer Haftungsverschärfung kommen.

3. Resümee und Ausblick

719 Die Einführung des Instituts des Umweltschutzbeauftragten folgte der Überlegung, dass ein effektiver Umweltschutz nicht allein durch repressive stattliche Kontrolle zu erreichen ist, sondern zusätzlich einer Mitwirkung und Eigeninitiative des jeweiligen Unternehmens bedarf. Diese Ausprägung des generell im Umweltrecht vorhandenen Kooperationsprinzips hat sich nach allgemeiner Einschätzung bewährt, wobei die Effektivität eines Umweltschutzbeauftragten im konkreten Einzelfall von der jeweiligen Ausgestaltung seiner Funktion innerhalb des Unternehmens abhängig ist.

720 Entsprechend dem Referentenentwurf für ein einheitliches Umweltgesetzbuch aus dem Jahre 2008 sollten die Regelungen über die Bestellung von Immissionsschutz-, Störfall-, Abfall- und Gewässerschutzbeauftragten, die bislang in verschiedenen Gesetzen zusammengefasst waren (s.o.), in einheitlich geltenden Vorschriften zusammengefasst werden. Dem Vorbild der 5. BImSchV folgend sollten zudem alle existierenden untergesetzlichen Regelungen zu den zuvor genannten Beauftragten in einer einheitlichen Umweltbeauftragtenverordnung gebündelt werden.

721 Die Anstrengungen des Gesetzgebers, das einheitliche Umweltgesetzbuch zu erlassen, sind aus politischen Gründen im Frühjahr 2009 gescheitert. Gegenwärtig ist nicht abzusehen, ob und wann dieses Gesetzgebungsvorhaben erneut auf die Tagesordnung kommt. Es bleibt daher vorerst bei der Vielzahl verschiedener gesetzlicher Vorschriften im Hinblick auf den Umweltschutzbeauftragten.

---

644 MünchKomm StGB/*Schmitz* §§ 324 ff. Rn. 124.

J. Produktsicherheit und Produkthaftung

I. Einführung

Compliance-Fragen im Bereich fehlerhafter Produkte werden im Wesentlichen durch **722** zwei Regelungsbereiche bestimmt – die Regelungen zur Produktsicherheit und die Regelungen zur Produkthaftung. Die Produktsicherheits- und Produkthaftungsvorschriften haben hierbei unterschiedliche Aufgaben, um die Verantwortung von Unternehmen für ihre Produkte sicher zu stellen.

Das Produktsicherheitsrecht regelt die erste Stufe der Produktverantwortung. Es soll **723** durch regulatorische Vorschriften sicherstellen, dass nur sichere Produkte auf dem Markt bereitgestellt werden. Diese Vorschriften stellen generelle Anforderungen an die Sicherheit von Produkten und regeln entsprechende Eingriffsbefugnisse der Behörden bei deren Verletzung. Die öffentlich-rechtlichen Produktsicherheitsvorschriften stellen den klassischen Bereich der Compliance im Bereich der Produktverantwortung dar. Zentrale Regelung ist hierbei das auf der Produktsicherheitsrichtlinie[645] beruhende Produktsicherheitsgesetz (ProdSG). Daneben gibt es eine Vielzahl von Sonderregelungen, die Sicherheitsanforderungen für besondere Produktgruppen enthalten.

Die zweite Stufe der Produktverantwortung wird durch das Produkthaftungsrecht **724** geregelt. Die Produkthaftungsgesetze enthalten hauptsächlich zivilrechtliche Anspruchsgrundlagen.[646] Trotz der zivilrechtlichen Ausprägung sind jedoch auch im Bereich der Produkthaftung Handlungsvorgaben für Compliancebeauftragte im Unternehmen zu beachten. Compliance ist hierbei im Sinne eines Vorsorgeprinzips zu verstehen. Sie dient nicht der Einhaltung öffentlich-rechtlicher Handlungsvorgaben, sondern ist ein Bündel sinnvoller Verhaltensweisen, um die Möglichkeit einer späteren Haftung zu minimieren.

II. Produktsicherheit

1. Maßgebliche Normen

Die für die Produktsicherheit maßgeblichen Normen finden sich im Produktsicher- **725** heitsgesetz (ProdSG)[647] und in den dazu ergangenen speziellen Rechtsverordnungen. Mit diesem Gesetz wurde die europäische Produktsicherheitsrichtlinie und das sogenannte „New Legislative Framework"[648] in nationales Recht umgesetzt. Das ProdSG übernimmt eine Auffangfunktion und gilt nur, wenn und soweit es keine vorrangigen,

---

645 Richtlinie 2001/95/EG des Europäischen Parlaments und des Rates v. 3.12.2001 über die allgemeine Produktsicherheit.

646 Vgl. MünchKomm BGB/*Wagner* Einl. ProdHaftG Rn. 8.

647 Das ProdSG trat zum 1.12.2011 in Kraft. Es löste das bis dahin geltende Geräte- und Produktsicherheitsgesetz (GPSG) ab. Zu den Hintergründen der Einführung des ProdSG sowie zu Änderungen zum bisherigen GPSG vgl. *Polly/Lach* BB 2012, 71 ff.; *Polly/Lach* PHi 2011, 220 ff.; *Lach/Polly* Produktsicherheitsgesetz, 2012, S. 3 ff.

648 Vgl. hierzu Verordnung (EG) Nr. 765/2008 zur Akkreditierung und Marktüberwachung sowie EG-Beschluss Nr. 768/2008 v. 9.7.2008 über einen gemeinsamen Rechtsrahmen für die Vermarktung von Produkten.

spezialgesetzlichen Sonderregelungen für die jeweiligen Produkte gibt. Als Sonderregelungen zum ProdSG sind vor allem das Arzneimittelgesetz,[649] das Chemikaliengesetz,[650] das Medizinproduktegesetz[651] und das Lebensmittel-, Bedarfsgegenstände- und Futtermittelgesetzbuch[652] zu beachten. Soweit sie sich auf die Produktsicherheit beziehen, verdrängen diese Vorschriften grundsätzlich das ProdSG. Eine ergänzende Anwendung des ProdSG ist, soweit Lücken bestehen, jedoch möglich.[653]

Im Folgenden soll das ProdSG als zentrale Norm des Produktsicherheitsrechts im Mittelpunkt der Betrachtung stehen. In der Praxis ist zunächst jedoch stets zu prüfen, ob für die jeweils betroffene Produktgruppe Sonderregelungen existieren, die vorrangig oder neben dem ProdSG anwendbar sind. Zudem bleiben für die jeweiligen Produktarten Spezialvorschriften anwendbar, die andere Regelungen als Sicherheitsanforderungen an das Inverkehrbringen von Produkten treffen.

2. Anwendungsbereich des ProdSG

726   Der Anwendungsbereich des ProdSG ist äußerst weit. Das ProdSG und auch die spezialgesetzlichen Sondervorschriften zur Produktsicherheit sollen einen umfassenden Schutz der Anwender von Produkten gewährleisten. Dies zeigt sich vor allem am Adressatenkreis und an der Anzahl der Produkte, die von den Regelungen zur Produktsicherheit erfasst werden.

2.1 Adressaten

727   Adressaten des ProdSG sind sämtliche „Wirtschaftsakteure". Dies ist nach der Definition des ProdSG ein Sammelbegriff für Hersteller, Bevollmächtigte, Einführer und Händler. Grundsätzlich können sämtliche Wirtschaftsakteure Adressaten von produktsicherheitsrechtlichen Anforderungen und Vorschriften sein.[654]

728   Hersteller[655] ist derjenige, der ein Produkt herstellt oder entwickeln oder herstellen lässt und dieses Produkt unter eigenem Namen oder der eigenen Marke vermarktet. Als Hersteller gilt auch derjenige, der geschäftsmäßig seinen Namen, seine Marke oder ein anderes unterscheidungskräftiges Kennzeichen an einem Produkt anbringt und sich dadurch als Hersteller ausgibt oder ein Produkt wiederaufbereitet oder die Sicherheitseigenschaften eines Verbraucherprodukts beeinflusst und diese anschließend auf dem Markt bereitstellt.

---

649   Gesetz über den Verkehr mit Arzneimitteln (Arzneimittelgesetz – AMG).

650   Gesetz zum Schutz vor gefährlichen Stoffen (Chemikaliengesetz – ChemG). Hierbei sollte auch die direkt geltende Verordnung (EG) Nr. 1907/2006 des Europäischen Parlaments und des Rates v. 18.12.2006 zur Registrierung, Bewertung, Zulassung und Beschränkung chemischer Stoffe (REACH), beachtet werden.

651   Gesetz über Medizinprodukte (Medizinproduktegesetz – MPG).

652   Lebensmittel-, Bedarfsgegenstände- und Futtermittelgesetzbuch (LFBG). Das LFBG betrifft insbesondere Lebensmittel, Futtermittel und kosmetische Produkte. Für Tabakwaren gilt das vorläufige Tabakgesetz.

653   Textilien und Spielzeug sind zwei der wichtigsten Produktgruppen, bei denen eine solche ergänzende Anwendung in Betracht kommt. Auf Lebensmittel und Medizinprodukte findet das ProdSG hingegen ausdrücklich keine Anwendung, vgl. zu Anwendungsbereich des Gesetzes, § 1 Abs. 3 ProdSG.

654   Vgl. § 2 Nr. 29 ProdSG. Hierzu *Polly/Lach* CCZ, 2012, 59 ff.

655   Zum Herstellerbegriff s. § 2 Nr. 14 ProdSG.

Bevollmächtigter[656] ist jede im Europäischen Wirtschaftsraum[657] niedergelassene Person, die der Hersteller schriftlich beauftragt hat, in seinem Namen zu handeln. Importeur – im ProdSG „Einführer"[658] genannt – ist jede im Europäischen Wirtschaftsraum ansässige Person, die ein Produkt aus einem Drittland in den Europäischen Wirtschaftsraum in den Verkehr bringt. **729**

Auch der Händler hat dazu beizutragen, dass nur sichere Produkte auf dem Markt bereitgestellt werden. Er darf insbesondere kein Produkt auf dem Markt bereitstellen, von dem er weiß oder anhand der ihm vorliegenden Informationen oder seiner Erfahrung wissen muss, dass es nicht den allgemeinen Anforderungen entspricht. **730**

Diese Definitionen sind abschließend, d.h sie umfassen in ihrem Anwendungsbereich sämtliche mögliche Konstellationen der Produktverantwortlichkeit. Dies bedeutet, dass es grundsätzlich für jedes im Europäischen Wirtschaftsraum befindliche Produkt i.S.d. ProdSG einen Verantwortlichen gibt. Die Produktverantwortung nach dem ProdSG soll damit umfassend sichergestellt werden. **731**

2.2 Produktbegriff

Der Produktbegriff[659] des ProdSG ist äußerst weit und umfasst Waren, Stoffe der Zubereitungen, die durch einen Fertigungsprozess hergestellt worden sind.[660] Die bisherige Unterscheidung zwischen Verbraucherprodukten einerseits und technischen Arbeitsmitteln andererseits, ist durch die Neufassung des ProdSG entfallen. Die bisher als „technisches Arbeitsmittel" qualifizierten Produkte unterfallen aber selbstverständlich weiter dem Anwendungsbereich des ProdSG. Sämtliche Zubehörteile sind daher vom weiten Produktbegriff umfasst und können der Anwendung des ProdSG unterliegen.[661] **732**

Der Begriff „Verbraucherprodukt"[662] als Teilmenge sämtlicher Produkte bleibt aber weiterhin von Bedeutung. Für Verbraucherprodukte bestehen eine Reihe besonderer Pflichten für den Produktverantwortlichen. Verbraucherprodukte sind neue, gebrauchte oder wiederaufbereitete Produkte, die für Verbraucher bestimmt oder unter vernünftigerweise vorhersehbaren Bedingungen von Verbrauchern benutzt werden könnten, selbst wenn sie nicht für diese bestimmt sind. Verbraucherprodukte sind dabei auch solche, die dem Verbraucher i.R.d. Erbringung einer Dienstleistung zur **733**

---

656 § 2 Nr. 6 ProdSG.
657 EWR: Neben den EG-Mitgliedsstaaten gehören dem EWR Norwegen, Island und Liechtenstein an.
658 § 2 Nr. 8 ProdSG.
659 Ausführlich zum Produktbegriff vgl. *Polly* Verbraucherprodukte im Sinne des neuen Produktsicherheitsgesetzes, 2013, S. 106 ff.
660 Das ProdSG gilt neben „Produkten" auch für die Errichtung und den Betrieb überwachungsbedürftiger Anlagen, die gewerblichen oder wirtschaftlichen Zwecken dienen oder durch die Beschäftigte gefährdet werden können, vgl. näher § 1 Abs. 2 ProdSG.
661 Vgl. *Heuer/Reusch* Das neue Produktsicherheitsgesetz, 2011, S. 23. Notwendig ist, dass das Produkt zu irgendeinem Zeitpunkt einmal beweglich war. Grundstücke und Bauwerke als Ganzes fallen nicht unter den Produktbegriff. Die Produkteigenschaft ist auch problematisch bei Software oder anderen „geistigen" Produkten, vgl. hierzu insgesamt *Geiß/Doll* § 2 Rn. 20 ff. sowie unter dem neuen ProdSG *Wilrich* S. 25.
662 Ausführlich zum Begriff „Verbraucherprodukte" vgl. *Polly* Verbraucherprodukte im Sinne des neuen Produktsicherheitsgesetzes, 2013.

Verfügung gestellt werden.[663] Verbraucher sind grundsätzlich alle Personen, die nicht im Rahmen ihrer Erwerbstätigkeit handeln.[664]

734 Abschließend ist zum Produktbegriff anzumerken, dass sich der Anwendungsbereich des ProdSG nicht auf neue Produkte beschränkt. Auch das Inverkehrbringen von gebrauchten Produkten ist vom Anwendungsbereich des ProdSG erfasst.[665] Darüber hinaus ist nicht erforderlich, dass das Produkt aus der industriellen Serienfertigung hervorgegangen ist. Auch die individuelle Herstellung oder gar die Herstellung eines Prototyps fällt unter das ProdSG.

2.3 Inverkehrbringen

735 Für die Anwendbarkeit des ProdSG ist es unerlässlich, dass für die jeweiligen Produkte ein Verkehr eröffnet wurde. Produktverantwortung ist rechtlich gesehen im Wesentlichen eine Verkehrssicherungspflicht. Ohne Eröffnung eines Verkehrs entsteht grundsätzlich keine Verantwortung. Das ProdSG gilt daher nur für das Inverkehrbringen und Ausstellen von Produkten, welches selbstständig im Rahmen einer Geschäftstätigkeit[666] erfolgt. Da das Ausstellen von Produkten hauptsächlich auf Produktmessen, Ausstellungen, Schaufenster und Lagerhäuser beschränkt ist, steht für die allgemeine Unternehmenspraxis das Inverkehrbringen – nach der Begrifflichkeit des ProdSG: Bereitstellung auf dem Markt – im Mittelpunkt.

736 Bereitstellung auf dem Markt ist jede entgeltliche oder unentgeltliche Abgabe eines Produkts zum Vertrieb, Verbrauch oder zur Verwendung auf dem Markt der Europäischen Union im Rahmen einer Geschäftstätigkeit.[667] Es ist unerheblich, ob das Produkt neu, gebraucht, wiederaufgearbeitet oder wesentlich verändert worden ist. Die Einfuhr in den EWR steht dabei dem Inverkehrbringen eines neuen Produktes gleich. Die Einfuhr selbst eines *gebrauchten* Produkts, bspw. aus den USA, ist somit ein Inverkehrbringen eines neuen Produktes in den EWR. Kein Inverkehrbringen ist der bloße Transport durch einen Spediteur.[668]

737 Da das Inverkehrbringen keine Überlassung gegen Entgelt voraussetzt, gilt das ProdSG nicht nur wenn Produkte verkauft werden, sondern auch dann, wenn sie als Werbegeschenke abgegeben oder nur verliehen werden.[669] Auch die Überlassung eines Produktes zu Testzwecken stellt ein Inverkehrbringen dar. Keine Überlassung findet hingegen statt, wenn die tatsächliche Verfügungsgewalt beim Unternehmer bleibt. Dies ist beispielsweise der Fall bei einem ausschließlich vom Hersteller durchgeführten Probebetrieb[670] oder wenn der Arbeitgeber seinen eigenen Arbeitnehmern Werkzeug zur Verfügung stellt. Ein Produkt wird hingegen in den Verkehr gebracht, wenn ein Unternehmen ein anderes Unternehmen des gleichen Konzerns mit einem Produkt beliefert.

---

663 Zum Begriff „Verbraucherprodukte" vgl. auch *Lach/Polly* Produktsicherheitsgesetz, 2012, S. 21 ff.
664 Vgl. § 13 BGB.
665 Beachte hierzu jedoch die Einschränkungen in § 1 Abs. 3 Nr. 1 und Nr. 2 ProdSG.
666 Die Geschäftstätigkeit kann von einer natürlichen Person, einer Personengesellschaft (z.B. GbR, OHG, KG) oder einer juristischen Person ausgehen. Die Absicht Gewinne zu erzielen ist nicht zwingend erforderlich. Dem Grundsatz nach genügt, dass wirtschaftliche Leistungen erbracht werden.
667 § 2 Nr. 4 ProdSG.
668 Vgl. *Wilrich* § 2 Rn. 71.
669 Auch ein wiederholtes Inverkehrbringen ist nicht unbedingt erforderlich. Ausreichend sind auch isolierte, singuläre Weitergabevorgänge.
670 *Heuer/Reusch* Das neue Produktsicherheitsgesetz, 2011, S. 26.

3. Pflichten und Compliance

Ist der Anwendungsbereich des Produktsicherheitsrechts eröffnet, so trifft die jeweiligen Unternehmen eine Vielzahl von Pflichten. Diese Pflichten unterscheiden sich danach, ob das Produkt gerade erst in den Verkehr gebracht werden soll oder bereits in den Verkehr gebracht worden ist. Nachdem ein Produkt in den Verkehr gebracht bzw. auf dem Markt bereitgestellt wurde, wandelt sich die Pflicht, nur sichere Produkte in den Verkehr zu bringen, in eine Pflicht zur Produktbeobachtung um. Diese ist wiederum Grundlage von Warn- und, unter Umständen, sogar Rückrufpflichten. Darüber hinaus verleiht das Produktsicherheitsrecht den zuständigen Behörden Eingriffsbefugnisse, um die oben genannten Pflichten durchzusetzen.

738

3.1 Pflichten beim Inverkehrbringen

Nach dem ProdSG dürfen Produkte dem Grundsatz nach nur in den Verkehr gebracht werden, wenn sie so beschaffen sind, dass bei bestimmungsgemäßer oder vorhersehbarer Verwendung insbesondere die Sicherheit und Gesundheit von Verwendern oder Dritten nicht gefährdet wird.

739

3.1.1 Gewährleistung der Sicherheit

Bei der Beurteilung, ob ein Produkt sicher ist, ist eine Vielzahl von produktspezifischen Aspekten zu berücksichtigen. Dabei handelt es sich um dessen Zusammensetzung, seine Verpackung, die Anleitung für seinen Zusammenbau, seine Installation, seine Wartung und seine Gebrauchsdauer. Zu beachten ist auch die Einwirkung auf andere Produkte, soweit eine solche zu erwarten ist. Ferner spielen die Darbietung, die Aufmachung im Handel, die Kennzeichnung, Warnhinweise, die Gebrauchs- und Bedienungsanleitungen und Angaben zur Beseitigung sowie alle sonstigen produktbezogenen Angaben oder Informationen eine wesentliche Rolle bei der Einschätzung, ob ein Produkt sicher ist.[671]

740

Darüber hinaus ist zu beachten, wer die Anwender des Produktes sein werden. Von deren Empfängerhorizont und Fähigkeiten ist es abhängig, welche Anforderungen an die Sicherheit eines Produktes gestellt werden. Dies spielt vor allem eine Rolle bei Produkten, die von älteren Menschen, Kindern sowie Menschen mit Behinderungen verwendet werden. Das ProdSG schützt dabei nicht nur die Verwender der Produkte selbst, sondern auch sog. innocent by-standers. Das ProdSG erlaubt somit auch bei Drittgefährdungen eine behördliche Intervention.[672]

741

Bei der Herstellung eines Produktes und der Einschätzung, ob dieses Produkt sicher ist, ist ferner nicht nur der vom Hersteller vorgegebene bestimmungsgemäße Gebrauch zu bedenken. Es muss auch jede vorhersehbare Verwendung in Betracht gezogen werden. Auch bei einer vorhersehbaren Fehlanwendung muss das Produkt sicher sein. Das ProdSG definiert die vorhersehbare Verwendung als die Verwendung eines Produktes in einer Weise, die von derjenigen Person, die es in den Verkehr

742

---

671 Vgl. die Aufzählung in § 3 Abs. 2 S. 2 ProdSG.
672 Als Schutzobjekt nennt § 3 Abs. 2 S. 1 ProdSG allgemein „Personen". Darüber hinaus können auch weitere Rechtsgüter geschützt werden, soweit dies in den EG-Richtlinien und in den umsetzenden Rechtsverordnungen so vorgesehen ist.

bringt, nach vernünftigem Ermessen vorhersehbar ist.[673] Dabei gilt das vernünftigerweise vorhersehbare Verhalten des zu erwartenden Verwenders. Das Verbraucherverhalten ist daher unter Vernunftgesichtspunkten zu würdigen. Daher muss nicht jedes unvernünftige Verbraucherverhalten berücksichtigt werden, sondern es kann eine gewisse Nachvollziehbarkeit verlangt werden. Dies stellt zwar eine erhebliche Einschränkung dessen dar, was vorhersehbar ist. Aus Compliance-Gesichtspunkten ist der Begriff i.S.d. Vorsorgeprinzips jedoch weit auszulegen, um eine mögliche Non-Compliance weitestgehend auszuschließen. Hinzu kommt, dass beim Begriff der nachvollziehbaren Verwendung auf den zu erwartenden Verbraucherkreis abzustellen ist. Handelt es sich um ein Produkt für Kinder oder für ältere Menschen, so können ansonsten unvernünftige Verhaltensweisen wiederum vorhersehbar sein.

743 Die o.g. Anforderungen an die Sicherheit von Produkten sind – vor allem im Hinblick auf die technischen Anforderungen – nicht hinreichend konkret und in weiten Teilen auslegungsbedürftig. Sie sind daher für die tägliche Praxis im Unternehmen nur bedingt tauglich und bedürfen der Konkretisierung. Aus diesem Grund spezifiziert das ProdSG die Anforderungen an die Produktsicherheit durch Verweis auf spezielle Rechtsverordnungen. Diese Rechtsverordnungen enthalten spezifischere Regelungen für die jeweiligen Produktgruppen.[674] Sie beruhen teilweise auf harmonisiertem europäischem Recht, teilweise auf nationalem Recht. Sowohl die harmonisierten europäischen Richtlinien[675] als auch die rein deutschen Rechtsverordnungen legen jedoch zumeist ebenfalls nur allgemeine Anforderungen an die Beschaffenheit von Produkten fest. Die Regelung weiterer technischer Details wird oftmals explizit der privatwirtschaftlichen Normung überlassen. Diese privatwirtschaftlichen Normen[676] definieren dann den Stand der Technik für die jeweiligen Produkte zu einem gewissen Zeitpunkt.[677] Sie sind es, die letztendlich festlegen, wie die Anforderungen an die Produktsicherheit erfüllt werden können. Wer für die Festlegung der relevanten privatwirtschaftlichen Normen zuständig ist, richtet sich vor allem danach, ob die übergeordnete Rechtsverordnung aus dem harmonisierten oder nationalen Bereich herrührt.

744 Die europäischen Normungsorganisationen sind der Europäische Normungsausschuss (CEN), der Europäische Normungsausschuss für Elektrotechnik (CENELEC) und das Europäische Institut für Telekommunikationsnormen (ETSI).[678]

---

673 § 2 Nr. 28 ProdSG. Was vorhersehbar ist muss in jedem Einzelfall gesondert betrachtet werden. Nach der Kommission gilt als vorhersehbares Verhalten eines Verbrauchers dasjenige eines „guten Familienvaters", s. *Wilrich* § 2 Rn. 50.

674 Für Produktgruppen, für die keine solchen speziellen Rechtsverordnungen gelten, bleibt es grundsätzlich bei den allgemeinen Anforderungen, vgl. § 3 Abs. 2 ProdSG.

675 Die entsprechenden, bereits existenten EG-Richtlinien wurden in deutsches Recht umgesetzt. Sie finden sich in den Verordnungen zum ProdSG.

676 Nach der Definition der Richtlinie 98/34/EG sind europäische Normen technische Spezifikationen, die von europäischen Normungsorganisationen zur wiederholten oder ständigen Anwendung angenommen wurden und deren Einhaltung nicht zwingend (also freiwillig) ist.

677 Da der Stand der Technik zeitgebunden ist, müssen die jeweiligen Normen in regelmäßigen Zeitabständen (üblicherweise 5 Jahre) überarbeitet werden.

678 Eine der Voraussetzungen für die Schaffung einer harmonisierten Norm ist ein Auftrag der Kommission an die jeweilige Normungsorganisation diese zu erarbeiten. Ferner muss diese Norm auf europäischer Ebene im Konsens erstellt und angenommen worden sein. Zum Überblick über nationale, europäische und internationale Normen und die entsprechenden Normungsgremien vgl. *Geiß/Doll* § 2 Rn. 87a und *Lach/Polly* Produktsicherheitsgesetz, 2012, S. 13 ff.

Wenn die harmonisierte Norm im Amtsblatt der EU veröffentlicht und in wenigstens einem Mitgliedstaat national umgesetzt und bekannt gemacht wurde, begründet die Einhaltung dieser Norm bei der Herstellung des Produktes eine Vermutung, dass die europäischen Sicherheitsziele erreicht wurden. Genauer gesagt: Bei einem Produkt, das entsprechend diesen Normen zur Produktsicherheit hergestellt wurde, wird vermutet, dass es den die Norm betreffenden Anforderungen an Sicherheit und Gesundheit genügt.[679] Die Sicherheitsvermutung kann zwar widerlegt werden. Die Beweislast, dass ein Produkt unsicher ist, liegt dann jedoch bei den Behörden. Dies stellt in der Praxis einen erheblichen Vorteil dar. Es kann daher aus Compliance-Gesichtspunkten nur geraten werden, sich an den Rechtsverordnungen und privatwirtschaftlichen Normen bei der Produktentwicklung zu orientieren. Im Hinblick auf die Voraussetzungen der Vermutungswirkung ist vor allem darauf zu achten, dass die Veröffentlichung im Amtsblatt stattgefunden hat. Ansonsten tritt die Vermutungswirkung nicht ein.

Im nicht harmonisierten Bereich, also auf nationaler Ebene, ist es der Ausschuss für **745** Produktsicherheit (AfPS) beim Bundesministerium für Arbeit und Soziales, der Normen und sonstige technische Spezifikationen ermitteln kann,[680] die der Konkretisierung der allgemeinen Sicherheitsanforderungen dienen. Die Bekanntmachung erfolgt von der Bundesanstalt für Arbeitsschutz und Arbeitsmedizin (BAuA) im Gemeinsamen Ministerialblatt. Die Einhaltung dieser Normen führt dann ebenfalls zu einer Sicherheitsvermutung.[681]

Um die Compliance im Bereich der Produktsicherheit zu gewährleisten, muss daher **746** vor allem ermittelt werden, welches Gesetz, welche Rechtsverordnung und welche privatwirtschaftlichen Normen für das jeweilige Produkt anwendbar sind. Diese Normen sind grundsätzlich in einem solchen Maß konkret, dass ihre Interpretation und Umsetzung keine größeren Probleme mehr darstellt. Diesen Grundsatz einschränkend muss jedoch beachtet werden, dass die Übereinstimmung mit den Rechtsverordnungen und privatwirtschaftlichen Normen nur zu einer Sicherheitsvermutung führt. Die Übereinstimmung mit den Vorgaben aus diesen Normen entlastet den Unternehmer daher nicht völlig. Selbst die Beachtung der Vorgaben in europarechtlichen Rechtsverordnungen und privatwirtschaftlichen Normen ist daher nicht per se ausreichend. Nach dem ProdSG muss, abgesehen von den Anforderungen aus den Rechtsverordnungen und den privatwirtschaftlichen Normen, auch geprüft werden, ob das Produkt im Übrigen nicht tatsächlich gefährlich ist.[682]

Natürlich steht es dem Hersteller auch frei, sich bei der Fertigung seiner Produkte **747** nicht an den privatwirtschaftlichen Vorgaben zu orientieren. Diese haben schließlich keine Gesetzeskraft. Solange das Produkt nach den allgemeinen Anforderungen des ProdSG sicher ist und die gesetzlichen Gebote aus den Rechtsverordnungen befolgt werden, wird den Anforderungen an die Produktsicherheit genügt. Der Hersteller kann die Sicherheitsanforderungen auch auf eine andere, frei gewählte, Weise erfül-

---

679 § 4 Abs. 2 ProdSG.
680 Der AfPS ist nicht selbst Normungsgremium, er überprüft vielmehr bestehende nationale Normen auf ihre Eignung hin und/oder schlägt die Erarbeitung neuer Normen oder die Nachbesserung bestehender Normen vor. Vgl. § 33 ProdSG zu weiteren Aufgaben und zur Zusammensetzung des AfPS.
681 § 5 Abs. 2 ProdSG.
682 § 3 Abs. 1 Nr. 1, Nr. 2 ProdSG „und".

len. Wählt der Hersteller diesen Weg, trägt er jedoch die Beweislast, dass das Produkt sicher ist. Dies kann mit erheblichen praktischen Schwierigkeiten verbunden sein, vor allem wenn es bereits zu sicherheitsrelevanten Zwischenfällen mit dem Produkt gekommen ist. Darüber hinaus wäre es auch im Hinblick auf eine etwaig später drohende Produkthaftung von Nachteil, wenn sich der Hersteller nicht auf die Einhaltung der sicherheitsrelevanten Normen berufen könnte. Im Bereich der Produkthaftung führt die Einhaltung der sicherheitsrelevanten Normen zwar nicht zu einer Sicherheitsvermutung. Sie normieren jedoch Mindeststandards, deren Verletzung auf der Haftungsseite sehr nachteilig sein kann.

748 Der Produktverantwortliche sollte sich aus Compliance-Gesichtspunkten daher maßgeblich an den privatwirtschaftlichen Normen orientieren. Im Gegensatz zu den privatwirtschaftlichen Normen ist die Übereinstimmung mit den Rechtsverordnungen hingegen selbstverständlich verbindlich. Insbesondere soweit EG-Rechtsverordnungen anwendbar sind, müssen Produkte nicht nur sicher, sondern auch europarechtskonform sein. Anderenfalls sind sie nicht vertriebsfähig.

749 Wenn Produkte den spezifischen Europäischen Richtlinien unterliegen, kann der Produktverantwortliche verpflichtet sein, diese mit einer CE-Kennzeichnung zu versehen.[683] Umgekehrt darf eine CE-Kennzeichnung nicht angebracht werden, sofern keine CE-Kennzeichnungspflicht besteht. Unter die CE-Kennzeichnungspflicht fällt die große Mehrheit der technischen Produktgruppen. Unterfällt dabei ein Produkt mehreren Europäischen Richtlinien, so erhält es dennoch nur eine CE-Kennzeichnung. Zu welchen und zu wie vielen Europäischen Richtlinien die Konformität erklärt wird, folgt aus der dazugehörigen Konformitätserklärung. Mit der CE-Kennzeichnung wird grundsätzlich durch den Hersteller, der die Kennzeichnung in der Regel selbst anbringt, nach außen erklärt, dass die im europäischen Recht normierten Sicherheitsanforderungen an das jeweilige Produkt eingehalten worden sind. Die Anbringung der CE-Kennzeichnung bedeutet, dass die natürliche oder juristische Person, die die Anbringung durchführt oder veranlasst, sich vergewissert hat, dass das Erzeugnis alle Gemeinschaftsrichtlinien erfüllt und allen vorschriftsmäßigen Konformitätsbewertungsverfahren unterzogen worden ist.[684] Die Marktüberwachungsbehörden können dann von der Erfüllung dieser Sicherheitsanforderungen ausgehen und das Produkt darf sich im europäischen Markt frei bewegen. Eine Qualitätsüberwachung durch Behörden oder Dritte ist mit der CE-Kennzeichnung – anders als mit dem GS-Zeichen[685] – abgesehen von wenigen Ausnahmen (z.B. Medizinprodukte) in der Regel nicht verbunden. Für die Compliance von Bedeutung ist vor allem die im ProdSG mit der CE-Kennzeichnung wiederum verbundene Vermutungswirkung. Die nationalen Marktüberwachungsbehörden, die das ProdSG vollziehen,[686] haben bei Vorliegen der CE-Kennzeichnung grundsätzlich zu vermuten, dass das Produkt den jeweils einschlä-

---

683 Ausführlich zur CE-Kennzeichnung vgl. *Lach/Polly* Produktsicherheitsgesetz, 2012, S. 29 ff.
684 Zu den Anforderungen für die zulässige Anbringung des CE-Kennzeichens, s. Beschl. 93/465/ EWG des Rates v. 22.7.1993.
685 Das GS-Zeichen beruht anders als die CE-Kennzeichnung auf deutschem Recht. Das GS-Zeichen ist „personenbezogen" und kann nur von demjenigen verwendet werden, der es auch „verliehen" bekam.
686 Gegenüber anderen Behörden, die andere Gesetze vollziehen, gilt diese Vermutung grundsätzlich nicht.

gigen Rechtsverordnungen und europäischem Recht entspricht.[687] Die Behörde kann allerdings nachweisen, dass ein Produkt sicherheitsrechtlich bedenklich ist. Die Beweislast liegt dann allerdings bei der Behörde und nicht etwa beim Hersteller. Zu beachten ist jedoch, dass die Vermutungswirkung der CE-Kennzeichnung nur gegenüber den Behörden gilt. Sie gilt nicht gegenüber den Gerichten. Verstöße gegen die CE-Kennzeichnungspflicht sind bußgeldbewehrt[688] und haben zur Folge, dass das Produkt nicht marktfähig ist. Die Marktüberwachungsbehörden können in diesem Fall die Inverkehrgabe untersagen, eine Produktprüfung und unter Umständen eine Nachrüstung des Produkts anordnen.[689] Zudem drohen zivilrechtliche Ansprüche. Eine fehlende Marktfähigkeit kann bei einer geplanten Weiterveräußerung durch den Erwerber des Produkts einen Produktmangel darstellen. Der Hersteller kann sich daher im Einzelfall hohen Mangelfolgeschäden ausgesetzt sehen. Darüber hinaus könnten Konkurrenten wettbewerbsrechtliche Unterlassungsansprüche geltend machen.

Neben dem CE-Kennzeichen auf europäischer Ebene existiert das GS-Zeichen auf **750** nationaler Ebene für verwendungsfertige Produkte[690].[691] Der Unterschied zwischen den Kennzeichen liegt darin, dass die CE-Kennzeichnung Ausdruck der abgeschlossenen Konformitätserklärung durch den Hersteller selbst ist, während das GS-Zeichen ein Beleg einer neutralen Prüfung durch eine neutrale Stelle, der sogenannten GS-Stelle, ist. Das GS-Zeichen ist eine Sicherheitsprüfung durch Dritte, das CE-Kennzeichen eine Selbstauszeichnung. Das GS-Zeichen wird darüber hinaus nur erteilt, wenn durch das zu prüfende Produkt auch andere dem Sicherheits- oder Gesundheitsschutz dienende Vorschriften nicht verletzt werden. Erforderlich für die Vergabe des GS-Zeichens ist die Durchführung einer Baumusterprüfung durch die GS-Stelle. Die GS-Stelle darf das GS-Zeichen nur zuerkennen, wenn der Hersteller Vorkehrungen getroffen hat, dass die verwendungsfertigen Produkte mit dem geprüften Baumuster übereinstimmen.[692] Das GS-Zeichen ist jedoch stets optional, d.h. es besteht keine Pflicht das Produkt mit dem GS-Zeichen zu versehen. Die Überwachung der Einhaltung der Vorgaben zum GS-Zeichen erfolgt nicht durch die Marktüberwachungsbehörden, sondern durch die GS-Stellen selbst. Diese sollen bei Kenntnis, dass ein Produkt das GS-Zeichen ohne Zuerkennung trägt, die „erforderlichen" Maßnahmen ergreifen. Damit ist im Wesentlichen ein Vorgehen auf Grundlage des Wettbewerbsrechts mittels Abmahnung und Unterlassungsanspruch gemeint.[693]

Es ist auch darauf zu achten, dass neben dem ProdSG weitere gesetzliche Anforde- **751** rungen und Genehmigungsvoraussetzungen bestehen können, die nicht produktsicherheitsrechtlicher Art sind. So können Produkte weiteren Gesetzen (z.B. dem ElektroG) unterliegen, die kumulativ Anforderungen stellen. Auch diese Gesetze müssen selbstverständlich eingehalten werden.

---

687 Die allgemeine Vermutungswirkung des § 8 Abs. 2 S. 3 GPSG ist entfallen. Diese ergibt sich nun aus der für das jeweilige Produkt anwendbaren Produktsicherheitsverordnung, vgl. z.B. § 7 Abs. 1 S. 2 der 9. ProdSV („Maschinenverordnung").
688 § 39 Abs. 1 Nr. 6 i.V.m. § 7 Abs. 2 ProdSG.
689 Vgl. zu Marktüberwachungsmaßnahmen § 26 Abs. 2 ProdSG.
690 Verwendungsfertig sind Produkte, die bestimmungsgemäß verwendet werden können, ohne dass weitere Teile eingefügt zu werden brauchen, § 2 Nr. 27 ProdSG.
691 Ausführlich zum GS-Zeichen vgl. *Lach/Polly* Produktsicherheitsgesetz, 2012, S. 37 ff.
692 § 21 Abs. 1 Nr. 4 ProdSG.
693 Dies lässt sich aus der Gesetzesbegründung entnehmen, vgl. *Heuer/Reusch* Das neue Produktsicherheitsgesetz, 2011, S. 51. Zur Untersagung der Bewerbung eines Produkts mit dem TÜV-GS-Zeichen s. *LG Berlin* BB 2012, 1422.

3.1.2 Information der Anwender

752 Abgesehen von der technischen Konzeption des Produktes, muss der Unternehmer die Anwender über den sicheren Umgang mit dem Produkt informieren. Eine solche Informationspflicht entfällt grundsätzlich nur dann, wenn vom Gebrauch und auch der vorhersehbaren Fehlanwendung keine Gefahren ausgehen können. Da dies in der Regel nicht der Fall sein dürfte, ist es unerlässlich, sich mit dem Inhalt der Informationspflicht vertraut zu machen.

753 Der Unternehmer hat den Verbraucher im Rahmen seiner Informationspflicht generell darüber zu informieren, wie das Produkt aufzustellen, zu gebrauchen und auch zu ergänzen oder instand zu halten ist, soweit diese Hinweise zur Gewährleistung der Produktsicherheit notwendig sind.[694] Der Verbraucher soll insbesondere die erforderlichen Informationen erhalten, damit er die Gefahren, die von dem Verbraucherprodukt ausgehen und die ohne entsprechende Hinweise nicht unmittelbar erkennbar sind, beurteilen und sich dagegen schützen kann. Welche Gefahren erkennbar sind und welche nicht, sollte sich an der Sichtweise eines technisch nicht bewanderten Laien orientieren. Aber auch erkennbare Gefahren können Informationspflichten nach sich ziehen. Verbraucher sind bei erkennbaren Gefahren durch Gebrauchshinweise in den sicheren Gebrauch der Sache einzuführen. Diese müssen auch Teil der Gebrauchsanweisung sein.

754 Bei den Hinweisen und der Gebrauchsanweisung ist stets auf eine leicht verständliche Sprache zu achten. Sie sollte sich am Empfängerhorizont der Zielgruppe des Produktes orientieren und selbstverständlich auch in der Sprache des Vertriebslandes verfasst sein. Bei mehreren Zielgruppen sollte dabei die Sprache gewählt werden, die auch der am schlechtesten informierten Zielgruppe gerecht wird. Auch Piktogramme können im Einzelfall angezeigt sein. Das gilt insbesondere wenn es sich um versteckte oder unübliche Gefahrenquellen handelt.

755 Die erforderliche Gebrauchsanweisung gehört zum zwingenden Lieferumfang. Sie sollte schriftlich verfasst sein und ist entweder auf dem gelieferten Produkt anzubringen oder dem Produkt so beizufügen, dass eine Kenntnisnahme des Benutzers vernünftigerweise erwartet werden kann. Der reine Hinweis auf eine im Internet eingestellte Gebrauchsanweisung ist nicht ausreichend. Es kann sich jedoch anbieten, bei Produkten mit einem erhöhten Gefährdungspotential zusätzlich die Nummer einer Notfall-Telefonhotline anzugeben.

756 Neben der Mitlieferung einer Gebrauchsanweisung treffen Hersteller, Bevollmächtigte und Einführer noch weitere Kennzeichnungspflichten. Es müssen der Name und die Kontaktanschrift des Herstellers, des Bevollmächtigten oder des Importeurs auf dem Verbraucherprodukt bzw. dessen Verpackung angebracht werden. Dies dient einer möglichst genauen Rückverfolgbarkeit der Produkte durch die Behörden. Der Pflichtige hat das Verbraucherprodukt ferner so zu kennzeichnen, dass es eindeutig identifiziert werden kann.[695] Die Kennzeichnung dient vor allem dazu, differenzierte Korrekturmaßnahmen beim Auftreten von Produktfehlern zu ermöglichen. Häufig

---

694 Die Spielzeugrichtlinie 88/378/EWG enthält eigenständige Vorgaben für Gefahrenhinweise und Gebrauchsvorschriften. Diese spezielleren Vorschriften gehen dem allgemeineren ProdSG vor.

695 Diese Angaben können dann weggelassen werden, wenn dem Verwender diese Angaben bereits bekannt sind oder das Anbringen dieser Angaben mit einem unverhältnismäßigen Aufwand verbunden wäre, vgl. § 6 Abs. 1 Nr. 3 S. 2 ProdSG.

liegt nämlich kein Konstruktions-, sondern nur ein Fabrikationsfehler vor, d.h. nur bestimmte Chargen der Produkte unterliegen einem Fehler. Lassen sich die Produkte gewissen Chargen zuordnen, so können diese Produkte gezielt aus dem Verkehr gezogen werden. Eine Kennzeichnung sollte daher beispielsweise den Fertigungstag bzw. die Fertigungsstunde erkennen lassen bzw. auch wo, in welchem Werk das Produkt gefertigt wurde. Der Produktverantwortliche muss i.d.S. schon beim Inverkehrbringen Vorkehrungen treffen, damit mögliche Gefahren des Produktes auch nach dem Inverkehrbringen kontrolliert werden können. Der Produktverantwortliche muss je nach Gefährlichkeit des Produktes imstande sein vor Produktrisiken zu warnen oder das Produkt zurückzurufen oder zurückzunehmen. Diese Pflicht stellt damit eine Schnittstelle zu denen nun im Folgenden zu behandelnden Pflichten nach dem Inverkehrbringen dar.

3.2 Pflichten nach dem Inverkehrbringen: Produktbeobachtungs- und Rückrufpflichten

Die Produktverantwortlichen treffen nach dem ProdSG auch Pflichten nach dem Inverkehrbringen. Im Mittelpunkt stehen Produktbeobachtungs- und Notifizierungspflichten. **757**

3.2.1 Produktbeobachtungspflicht

Die primäre Pflicht nach dem Inverkehrbringen des Produktes ist die Produktbeobachtungspflicht. Sie ist Grundvoraussetzung dafür, dass etwaige Produktgefahren erfasst werden. Diese neu erfassten Produktgefahren sind Grundlage der Entscheidung, ob eine Notifizierung der Behörden oder gar Feldmaßnahmen wie beispielsweise ein Rückruf erforderlich sind. **758**

Die Produktbeobachtungspflicht ist dabei nicht auf das eigene Produkt beschränkt. Das Unternehmen muss die Bewährung seines Produktes in der Praxis auch im Hinblick auf mögliches Zubehör beobachten und überprüfen. Diese Sicherungspflicht bezieht sich zunächst auf das notwendige Zubehör, das erforderlich ist, um das Produkt funktionsfähig zu machen. Das Gleiche gilt jedoch für Zubehör, dessen Verwendung das Unternehmen durch Halterungen und Befestigungseinrichtungen ermöglicht hat. Ferner besteht eine Pflicht zur Beobachtung derjenigen Zubehörteile, die allgemein gebräuchlich sind. Die Produktbeobachtungspflicht kann sich bis zu einer Pflicht zur Überprüfung fremder Zubehörteile steigern, wenn konkreter Anlass zur Befürchtung besteht, dass das Zubehör in Verbindung mit dem eigenen Produkt für den Benutzer gefährlich sein kann. Der Hersteller sollte insoweit nur bestimmte, von ihm getestete und für sicher befundene Zubehörteile in der Gebrauchsanleitung – unter Ausschluss anderer Zubehörteile – empfehlen bzw. freigeben.[696] Bei Anhaltspunkten für etwaige Gefahren für Anwender kann es unter Umständen notwendig sein, vor Gefahren durch nicht Original- bzw. nicht ausdrücklich vom Hersteller freigegebene Zubehör- oder Ersatzteile zu warnen. **759**

Eine wesentliche Voraussetzung der Erfüllung der Produktbeobachtungspflicht ist die Schaffung eines funktionierenden Reklamations- und Beschwerdenmanagements im **760**

---

696 Vgl. hierzu ausf. *BGH* NJW 1987, 1009 in einer Entscheidung zum Produkthaftungsrecht Motorradfall.

Unternehmen.[697] Hersteller, Bevollmächtigte und Einführer müssen bei Verbraucherprodukten Stichproben in gefährdungsabhängigem Umfang durchführen sowie Beschwerden überprüfen und, falls erforderlich, in einem Beschwerdebuch dokumentieren. Dieses sollte jedenfalls Kunden-, Händler- und Marktberichte über mögliche Produktrisiken, Unfälle oder Beinah-Unfälle sowie mögliche im Feld beobachtete Fehlanwendungen des Produktes durch Verbraucher erfassen. Darüber hinaus können sich auch aus Garantiefällen, Gewährleistungsforderungen, Schadensersatzprozessen oder den Ergebnissen von Kundenbefragungen sicherheitsrelevante Aspekte ergeben. Auch dies sollte daher nach Möglichkeit zentral erfasst werden. Diese Informationen müssen dann in einem betriebsinternen Reportingsystem an zuvor als zuständig bezeichnete Entscheidungsträger weitergeleitet werden. Die Entscheidungsträger müssen die Berichte dokumentieren, bewerten und entsprechende Konsequenzen ziehen. Das Informationsmanagement muss dabei jedoch unabhängig von persönlichen Kenntnissen einzelner Mitarbeiter bleiben. Vielmehr sollte ein Dateisystem mit laufender Nummerierung angelegt werden, das die eingehenden Informationen nach Absender, Eingangsdatum, nach genau identifizierbarem, individuellem Produkt und Produktcharge erfasst. Dabei sollte die Beschwerde inhaltlich kurz beschrieben werden und eine technische Bewertung stattfinden. Letzteres muss dabei durch eine Person erfolgen, die mit hinreichendem technischem Sachverstand und entsprechenden Qualifikationen ausgestattet ist. Diese sollte auch befugt sein, die notwendigen Schlüsse aus der technischen Bewertung zu ziehen, d.h. Modifikationsanweisungen der Gebrauchsanweisung oder des Produktdesigns bzw. notwendige Feldmaßnahmen wie etwa einen Rückruf anzuordnen oder anzustoßen. Die Dokumentation ist sinnvollerweise so lange aufzuheben wie öffentlich-rechtliche (insbesondere strafrechtliche) Sanktionen oder zivilrechtliche Ansprüche greifen können. Bei internationalen Unternehmen ist beispielsweise zu prüfen, wann in welchen Ländern die Verjährungsfristen ablaufen und dann ein Sicherheitsaufschlag von mehreren Jahren zu gewähren. Besonderes Augenmerk auf eine ordnungsgemäße Dokumentation und Archivierung ist insbesondere bei etwaigen Zukäufen von Unternehmen zu legen, da produkthaftungsrechtliche Ansprüche gegen das erwerbende Unternehmen geltend gemacht werden können. Bei der Speicherung und Dokumentation dieser Information sollte ferner stets beachtet werden, dass diese in einem Gerichtsverfahren evtl. offen gelegt werden müssen. Das gilt vor allem für US-Verfahren, in denen die Discovery-Vorschriften die Offenlegung umfangreicher Dokumente und Informationen zur Frage eines Produktfehlers verlangen können. Das kann sich auch auf Informationen beziehen, die sich außerhalb der USA befinden.[698] Auch elektronisch gespeicherte Informationen können dabei Gegenstand eines Discovery Verfahrens sein.

761 Ergeben sich aus der Produktbeobachtung Erkenntnisse, so hat der Produktverantwortliche auch die Händler über mögliche Konsequenzen zu informieren.[699] Auch den Händler selbst treffen jedoch Produktbeobachtungspflichten. Er darf keine Verbraucherprodukte in den Verkehr bringen, von denen er weiß oder anhand von ihm vorliegenden Informationen oder auf Grund seiner Erfahrung wissen muss, dass sie nicht den Sicherheitsanforderungen des ProdSG entsprechen. Dies impliziert eine passive

---

697 Vgl. zum Sicherheitsmonitoring im Unternehmen aus Compliancegesichtspunkten: *Polly/Lach* CCZ 2012, 59 ff.
698 Dem Zwang zur Offenlegung im Rahmen von Discovery Proceedings können jedoch die Europäischen Datenschutzvorschriften entgegenstehen.
699 Vgl. § 6 Abs. 3 S. 1 Nr. 3 ProdSG.

Pflicht zur Produktbeobachtung. Eine aktive Pflicht zur Produktbeobachtung trifft den Händler hingegen grundsätzlich nicht. Er muss nur Informationen bewerten, die ihm vorliegen und keine Informationen einholen. Sofern dem Händler allerdings entsprechende Informationen und Erkenntnisse vorliegen, kann dieser auch zur Unterrichtung der Behörden verpflichtet sein.[700] Zu beachten ist aber in diesem Zusammenhang stets, dass fehlerhafte Informationen zu zivilrechtlichen Ansprüchen des primär Produktverantwortlichen gegen den Händler führen können. In der Praxis sollte daher vor derartigen Schritten grundsätzlich der Hersteller informiert und das weitere Vorgehen engmaschig abgestimmt werden. Dies steht auch in Einklang mit den Leitlinien für die Meldung gefährlicher Verbrauchsgüter. Danach braucht der Händler die Behörden dann nicht zu informieren, wenn er lediglich Zweifel an der Sicherheit des Produkts hat oder vermutet, dass es sich um einen Ausreißer handelt.

Die Produktbeobachtungspflicht des Herstellers beschränkt sich im Gegensatz zum Händler nicht auf eine rein passive Produktbeobachtung im Sinne einer bloßen Entgegennahme von Beschwerden. Vielmehr trifft den Hersteller, Bevollmächtigten bzw. Einführer neben der passiven auch eine aktive Produktbeobachtungspflicht. Das bedeutet, dass die genannten Personen aktiv eigene Recherchen zur Sicherheit des Produktes durchführen müssen. Das Gesetz fordert beispielsweise die Durchführung von Stichproben nach dem Inverkehrbringen der Produkte. Der Umfang der Stichprobe ist dabei abhängig von den drohenden Gefahren durch das Verbraucherprodukt. Je größer die von einem Produkt möglicherweise ausgehende Gefahr ist, desto umfangreicher müssen die Stichproben sein.[701] Es geht hierbei nicht um eine Warenausgangskontrolle innerhalb des Betriebs, sondern um Stichproben aus dem Markt. Nur die Stichproben aus dem Markt können nämlich Aufschluss darüber geben, wie Einflüsse außerhalb des Betriebs das Produkt beeinflussen. Hierzu gehören neben der konkreten Verwendung des Produktes einschließlich etwaiger Zubehörteile beispielsweise der Transport oder die Lagerung des Produktes. **762**

Darüber hinaus muss der Produktverantwortliche die Entwicklung von Wissenschaft **763** und Technik aktiv beobachten. Sollten sich aus neuen Erkenntnissen der Wissenschaft wichtige Innovationen oder Erkenntnisse zu möglichen Gefahren des Produktes ergeben, so muss dies vom Produktverantwortlichen berücksichtigt werden. Man muss sich daher auch über etwaige Studien zum Produkt informiert halten. Außerdem können auch solche Studien von Interesse sein die nicht das eigene Produkt, sondern ein vergleichbares Konkurrenzprodukt mit vergleichbaren Eigenschaften betreffen. Die Pflicht zur aktiven Beobachtung der Entwicklung von Wissenschaft und Technik ist dabei nicht auf den rein nationalen Markt beschränkt. Je nach Produkt und potentieller Gefahrenlage müssen Produktverantwortliche auch internationale Studien und Erkenntnisse aus anderen Märkten berücksichtigen.

3.2.2 Notwendige Konsequenzen bei Entdeckung neuer Produktrisiken

Nach dem Inverkehrbringen steht für die Compliance im Produktsicherheitsrecht die **764** Meldepflicht gegenüber den Behörden im Mittelpunkt.

---

700 Vgl. § 6 Abs. 5 S. 3 ProdSG.
701 § 6 Abs. 3 S. 2 ProdSG.

765 Die Pflicht, die zuständigen Behörden aus eigener Initiative unverzüglich[702] zu informieren, trifft Hersteller, Bevollmächtigte und Importeure, sobald sie wissen oder auf Grund der ihnen vorliegenden Informationen oder ihrer Erfahrung wissen müssen, dass ein von ihnen auf dem Markt bereit gestelltes Verbraucherprodukt ein Risiko für die Sicherheit und Gesundheit von Personen darstellt. Die Meldepflicht gilt dabei auch für den Händler, der etwaige Verstoß gegen die Meldepflicht ist für diesen jedoch nicht bußgeldbewehrt. Die Einzelheiten der Unterrichtung sind in Anhang I der Produktsicherheitsrichtlinie geregelt.[703] Die Pflicht zur Unterrichtung von Marktüberwachungsbehörden über etwaige Produktsicherheitsrisiken besteht nicht bei allen Produkten, sondern nur bei Verbraucherprodukten i.S.d. ProdSG.[704]

766 Eine genaue Abgrenzung, wann eine Notifizierung erforderlich ist, ist nach den gesetzlichen Vorschriften nicht einfach zu treffen. Die gesetzlichen Begriffe sind offen und bedürfen der Konkretisierung. Nach dem neuen ProdSG wird die Meldepflicht nicht – wie bisher – bei „eindeutigen Anhaltspunkten" für eine Gefahr, sondern bei Kenntnis bzw. Kennenmüssen eines Risikos ausgelöst. Der neue Wortlaut entspricht dem Wortlaut der Produktsicherheitsrichtlinie. Es ist allerdings davon auszugehen, dass sich in der Sache nichts ändert.[705] Als Orientierungshilfe können die Leitlinien für das gemeinschaftliche System zum raschen Informationsaustausch (RAPEX) und für Meldungen gem. Art. 11 der Richtlinie 2001/95/EG herangezogen werden.[706] Hierin finden sich graphische Darstellungen, die die Ermittlung des Gefährdungsgrades erleichtern.[707]Die Anwendung dieser graphischen Darstellungen setzt jedoch ebenfalls ein gewisses Maß an Erfahrung voraus. Dies betrifft insbesondere die Frage, welche Maßstäbe bei der Beurteilung von Gefahren zugrunde zu legen sind. Dies gilt umso mehr, als eine Notifizierung der Behörden erhebliche Auswirkungen haben kann. Die Notifizierung kann eine Eigendynamik in Gang setzen, bei der das Unternehmen nur noch begrenzte Einwirkungsmöglichkeiten auf das Geschehen hat.

767 Sollte eine Notifizierung erforderlich sein, so haben die Unternehmen die Behörden über die Maßnahmen zu unterrichten, die sie zur Abwendung dieser Gefahr getroffen haben.[708] Dabei kann es sich um eine Vielzahl von Maßnahmen, wie z.B. eine Anpas-

---

702 Die Auslegung des Begriffes unverzüglich ist strittig. Vor allem die Behörden vertreten hierbei oftmals einen strikteren Ansatz. Gerade deshalb sollte jede Form des schuldhaften Zögerns unbedingt vermieden werden.

703 Richtlinie 2001/95/EG des Europäischen Parlaments und des Rates v. 3.12.2001 über die allgemeine Produktsicherheit.

704 Ausführlich zur Abgrenzung von Verbraucherprodukten zu Nicht-Verbraucherprodukten vgl. *Polly* Verbraucherprodukte im Sinne des neuen Produktsicherheitsgesetzes, 2013.

705 Nach Erwägungsgrund 21 der Produktsicherheitsrichtlinie müssen die Marktteilnehmer zu dem Schluss kommen, dass Gefährdungen vorliegen. Eine Besorgnis ist nicht ausreichend, vgl. *Wilrich* Das neue Produktsicherheitsgesetz, 2012, Rn. 449.

706 Zu den RAPEX-Leitlinien und der Erstellung einer Risikobewertung vgl. *Polly* StoffR 2012, 190 ff.

707 Vgl. Entscheidung der Kommission vom 16.12.2009 (Az.: K (2009) 9843) – RAPEX Leitlinien, Tabelle 4. Zu beachten ist hierbei jedoch, dass die RAPEX Meldung an das Vorliegen einer ernsthaften Gefahr für die Gesundheit und Sicherheit von Personen anknüpft. Die Meldung an die zuständigen Behörden muss hingegen bei einem Risiko für die Sicherheit und Gesundheit von Personen erfolgen. Die RAPEX Homepage ist abrufbar unter www.ec.europa.eu/consumers/safety/rapex/index_en.htm.

708 Diese Unterrichtung darf nicht zur strafrechtlichen Verfolgung des Unterrichtenden oder für ein Verfahren nach dem Gesetz über Ordnungswidrigkeiten gegen den Unterrichtenden verwendet werden, § 6 Abs. 4 S. 2 ProdSG.

sung der Gebrauchsanweisung, eine Warnung der Anwender oder einen Rückruf handeln.[709] Ein Rückruf ist jede Maßnahme, die darauf abzielt, die Rückgabe eines dem Endverbraucher bereitgestellten Produkts zu erwirken. Davon zu unterscheiden ist die Rücknahme, worunter jede Maßnahme zu verstehen ist, mit der verhindert werden soll, dass ein Produkt, dass sich in der Lieferkette befindet, auf dem Markt bereitgestellt werden soll. Bei der Rücknahme haben die Produkte demnach die Vertriebskette noch nicht verlassen.[710] In der Praxis sind Rückrufaktionen weit überwiegend mit Rücknahmen verbunden. Die Meldepflicht bei den Behörden ist jedoch nicht nur dann einschlägig, wenn ein Rückruf erforderlich wird. Die Produktverantwortlichen haben den Behörden sämtliche einschlägigen Gefährdungslagen mitzuteilen, ganz gleich ob und wie sie beabsichtigen, diese zu beseitigen.

Die vom Unternehmen für die Zukunft geplanten Abhilfemaßnahmen zur Gefahrbeseitigung sind somit erst der zweite notwendige Schritt nach der Notifizierung. Es ist jedoch ratsam, den Behörden bei Mitteilung der erkannten Gefahrenlage unmittelbar mit der Notifizierung auch die für die Zukunft geplanten Maßnahmen mitzuteilen. Diese sind sachlich und zeitlich hinreichend zu strukturieren. Je mehr das Unternehmen den Eindruck vermittelt, die Situation erkannt, ernst genommen und unter Kontrolle zu haben, desto weniger wird die Behörde geneigt sein, eigenständig tätig zu werden. Ist dies hingegen nicht der Fall, desto eher wird die Behörde eigenständige Maßnahmen ergreifen, die für ein Unternehmen unter Umständen nur eingeschränkt kontrollierbar bleiben. **768**

Die Benachrichtigungspflicht erstreckt sich auf Angaben, die eine genaue Identifizierung des betreffenden Produkts oder Produktpostens erlauben, eine sachliche und umfassende Beschreibung der vom betreffenden Produkt ausgehenden Gefahr, und sämtliche verfügbare Informationen, die zur Rückverfolgung des Produkts beitragen können. Zudem müssen die bereits getroffenen Maßnahmen, um Gefahren für die Verbraucher abzuwenden, beschrieben werden. **769**

Zuständig für die Marktüberwachung sind die nach Landesrecht zuständigen Behörden. Dies sind in der Regel die staatlichen Gewerbeaufsichtsämter, staatlichen Arbeitsschutzämter oder die Bezirksregierungen. Daneben bestehen auch spezialgesetzliche Zuständigkeiten der Bundesbehörden. Zu nennen ist hier beispielsweise das Kraftfahrt-Bundesamt.[711] Die produktsicherheitsrechtlichen Eingriffsbefugnisse der Marktüberwachungsbehörden werden grundsätzlich abschließend durch das ProdSG geregelt.[712] Ein Rückgriff auf das allgemeine Ordnungsrecht des jeweiligen Bundeslandes ist unzulässig, es sei denn, dieser ist gesetzlich ausdrücklich erlaubt. **770**

Die Meldepflicht betrifft nur aktuelle Gefahrenlagen. Bereits abgearbeitete Gefährdungslagen liegen außerhalb der Meldepflicht nach dem ProdSG. Die Unterrichtung **771**

---

709 Diese Maßnahmen können natürlich auch dann erforderlich werden, wenn eine Notifizierung nicht erforderlich ist. Grundsätzlich müssen Sicherheitsrisiken, die von Produkten ausgehen, beseitigt werden. Dies ist schon aufgrund einer erwünschten Minimierung produkthaftungsrechtlicher Risiken geboten.
710 Die Begriffe „Rückruf" und „Rücknahme" sind legal definiert in § 2 Nr. 24, Nr. 25 ProdSG.
711 Die Überprüfung der Übereinstimmung von aus Drittländern in die EG eingeführten Erzeugnissen mit den Produktsicherheitsvorschriften obliegt der Zollverwaltung.
712 Die Marktüberwachungsbehörden können die in enumerativ § 26 Abs. 2 S. 2 aufgeführten Marktüberwachungsmaßnahmen ergreifen. Daneben können sich die Behörden auch auf die Generalklausel nach § 26 Abs. 2 S. 1 ProdSG stützen.

der Behörden unterliegt keinem[713] Formerfordernis und kann daher auch in elektronischer Form erfolgen. Um europaweit tätigen Unternehmen die Unterrichtung der jeweils zuständigen Marktüberwachungsbehörden zu erleichtern, hat die Europäische Kommission das sogenannte „Business application form" entwickelt. Hierbei handelt es sich um ein Musterformular, welches online ausgefüllt werden kann und mit welchem alle in der EU zuständigen Marktüberwachungsbehörden auf einmal unterrichtet werden können.[714] Vertreibt ein Unternehmen seine Produkte in mehreren europäischen Ländern, so kann jedoch auch in jedem Lieferstaat bei den zuständigen Behörden eine Meldung gemachen werden. Bei besonders sensiblen Themen empfiehlt sich auch die Meldung bei allen Behörden in den jeweiligen Lieferstaaten selbst vorzunehmen, damit der Hersteller etwaige regionale Problemstellungen gezielt und individuell behandeln kann. Dabei ist es nämlich oft einfacher diese Aspekte auf der nationalen Ebene direkt mit der einzelnen Behörde in der jeweiligen Landessprache zu regeln.

772 Zu beachten ist zudem, dass sich Meldepflichten auch außerhalb des Anwendungsbereiches des europäischen Produktsicherheitsrechtes ergeben. Insbesondere die USA kennen entsprechende, unter Umständen auch exterritorial wirkende, Meldepflichten (z.B. aus dem TREAD Act[715]). Die Anforderungen der Behörden können in den verschiedenen Ländern höchst unterschiedlich sein. Sehr strikte Melde- und Gefahrbeseitigungspflichten gibt es neben den USA beispielsweise in Australien und Brasilien. Bei diesen Meldungen ist darauf zu achten, dass diese möglichst gleichzeitig erfolgen, um keine Fragen hinsichtlich etwaiger zeitlicher Diskrepanzen in verschiedenen Ländern aufzuwerfen. Insbesondere Behörden und Gerichte im US-amerikanischen Rechtskreis können äußerst empfindlich darauf reagieren, wenn US-Verbraucher später als andere über Produktgefahren informiert werden. Erhöhter Erklärungsbedarf, Bußgelder und unter Umständen prozessuale Nachteile in etwaigen Gerichtsverfahren können die Folge sein.

773 Aus Compliance-Gesichtspunkten ist zu beachten, dass das Unternehmen bereits präventiv Vorkehrungen zur Vermeidung oder Beseitigung von Produktgefahren treffen muss. Der Hersteller, der Bevollmächtigte bzw. der Einführer haben daher präventiv betriebsinterne Vorkehrungen zu treffen, die ein angemessenes Risikomanagement ermöglichen. Das Risikomanagement soll Unternehmen ermöglichen, die zur Vermeidung von Produktgefahren notwendigen Maßnahmen zu treffen. Dies betrifft alle Maßnahmen, die zur Vermeidung von Produktgefahren geeignet sind, also auch Vorstufen des Rückrufs wie Warnungen oder angepasste Gebrauchs- und Verwendungshinweise. Die Pflicht zum Aufbau eines solchen Risikomanagements soll Unternehmen zwingen, sich auf Krisensituationen vorzubereiten. Es soll verhindert werden, dass Unternehmen von Krisenfällen überrascht werden, hierdurch Verzögerungen oder Fehler auftreten und sich die Gefahren für Verbraucher erhöhen. Rein faktisch handelt es sich beim Risikomanagement um jeweils unterschiedliche betriebsinterne Handlungsstrategien für unterschiedliche Notfallszenarien. Diese Strategien sollten in betriebsinternen Leitlinien festgehalten werden und von den zuständigen Personen

---

713 Die Leitlinien für die Meldung gefährlicher Verbrauchsgüter bei den zuständigen Behörden der Mitgliedsstaaten stellen jedoch ein Formblatt für die Benachrichtigung zur Verfügung. Dies ist abrufbar unter www.ec.europa.eu/consumers/cons_safe/prod_safe/gpsd/notification_dang_de.pdf.
714 Das Formular ist abrufbar unter: https://webgate.ec.europa.eu/gpsd-ba.
715 Transportation Recall Enhancement, Accountability and Documentation Act.

jederzeit abrufbar sein. Die möglichen Krisenszenarien sollten in angemessenen Zeitabständen durchgespielt, überprüft und unter Umständen an faktische Änderungen oder eine neue Rechtslage angepasst werden. Beim Rückrufmanagement handelt es sich zwar um betriebsinterne Abläufe, es muss jedoch eine Vielzahl von verschiedenen Dimensionen berücksichtigt werden. Hierzu gehören unter anderem: Ursachenklärung und Abhilfemaßnahmen, Anpassung der Produktinformationen, interne Kommunikationswege inklusive Abstimmung der Fachabteilungen, Auslieferungsstopps (eigenes Lager bzw. Händler), Kontaktaufnahme mit den Behörden, Kontaktaufnahme mit dem Versicherer, Homepageänderungen, Pressemitteilungen, Rückrufanzeigen und die Vorbereitung der Kommunikation mit den Medien.

Das Risikomanagement hat dabei nicht nur produktsicherheitsrechtliche Implikationen. Speziell ein funktionierendes Rückrufmanagement verringert persönliche Haftungsrisiken der Geschäftsführung und kann gegenüber den Versicherern im Bereich der Produkthaftpflichtversicherung einen wichtigen prämienbeeinflussenden Effekt haben. Bei der Rückrufkostenversicherung dürfte ein solches betriebsinternes System jedoch schon Voraussetzung für eine solche Versicherung sein. **774**

3.2.3 Behördliche produktsicherheitsrechtliche Anordnungen

Zur Compliance nach dem Inverkehrbringen des Produktes gehört schließlich auch die Befolgung der von den zuständigen Behörden erlassenen produktsicherheitsrechtlichen Anordnungen. Die zuständigen Behörden können solche Anordnungen im Rahmen ihrer Marktüberwachungszuständigkeit erlassen. In der Praxis werden häufig Rücklaufquoten bei Rückrufen von Behörden abgefragt. Werden diese als unzureichend angesehen, können weitere Maßnahmen angeordnet werden (z.B. Durchführung eines öffentlichen statt eines stillen Rückrufs). Welche Behörde zuständig ist, ergibt sich aus dem Landesrecht.[716] Hilfreich beim Auffinden der zuständigen Behörde ist die Funktion „Behördensuche" bei ICSMS.[717] Neben den Marktüberwachungsbehörden sind die allgemeinen Ordnungsämter oder Ortspolizeibehörden nicht zuständig, soweit es um die Gewährleistung von Sicherheit und Gesundheit in Bezug auf vom ProdSG erfasste Produkte geht. Die Ermächtigungen und Eingriffsgrundlagen des ProdSG sind insoweit abschließend. **775**

Die Marktüberwachung durch die zuständigen Behörden erfolgt durch Erhebung und Auswertung von Informationen zur Ermittlung von Mängelschwerpunkten und Warenströmen sowie durch die Aufstellung und Durchführung von Marktüberwachungsprogrammen. Die Behörden kontrollieren anhand angemessener Stichproben[718] auf geeignete Art und Weise und in angemessenem Umfang, ob die Produkte den produktsicherheitsrechtlichen Anforderungen entsprechen. Sofern der begründete Verdacht besteht, dass dies nicht der Fall ist, steht der Behörde im Einzelfall eine Vielzahl von möglichen Befugnissen zur Verfügung.[719] Im Folgenden soll nur auf **776**

---

716 Vgl. § 24 ProdSG.
717 The internet-supported information and communication system for the pan-European market surveillance of technical products, www.icsms.org.
718 In Bezug auf die Anzahl der Stichproben gibt das Gesetz vor, dass die Behörden je Land von einem Richtwert von 0,5 Stichproben pro 1 000 Einwohner und Jahr ausgehen, § 26 Abs. 1 S. 3 ProdSG.
719 Nach der Generalklausel des § 26 Abs. 2 S. 1 ProdSG können die Marktüberwachungsbehörden die „erforderlichen Maßnahmen" treffen. Zudem befindet sich eine enumerative – nicht abschließende („insbesondere") – Aufzählung möglicher Maßnahmen in § 26 Abs. 2 S. 2 ProdSG.

einige und besonders praxisrelevante Eingriffsbefugnisse eingegangen werden. Die zentrale Ermächtigungsnorm des ProdSG ist das dauerhafte Verbot der Bereitstellung eines Produktes auf dem Markt. Voraussetzung hierfür sind vergebliche Bemühungen der Marktüberwachungsbehörde den Adressaten mit milderen Mitteln (bspw. durch Änderungen des Produkts) davon abzubringen, ein Produkt in den Verkehr zu bringen, dass nicht den gesetzlichen Vorgaben entspricht.

777 Die Behörde kann ferner die Rücknahme oder den Rückruf eines Produktes durch den Produktverantwortlichen anordnen. Die Behörde hat grundsätzlich sogar den Rückruf bzw. die Rücknahme eines Produkts anordnen bzw. bereits dessen Bereitstellung auf dem Markt untersagen, sofern ein Produkt ein ernstes Risiko, insbesondere für die Sicherheit und Gesundheit von Personen darstellt.[720] Wenn auf Grundlage einer angemessenen Risikobewertung[721] ein derartiges ernstes Risiko besteht, hat die Behörde auf Rechtsfolgenseite kein Ermessen und muss eine entsprechende Anordnung erlassen.[722] Die Maßnahme selbst ist durch den Produktverantwortlichen selbst und damit auf eigene Kosten durchzuführen. Eine Vernichtung der Produkte durch die Behörde ist ebenfalls zulässig, falls die Gefahr für den Verbraucher nicht auf andere Weise zu beseitigen ist. Zu beachten ist auch die Tatsache, dass die zuständige Behörde in der Praxis oftmals von Maßnahmen absieht, wenn der Verpflichtete selbst in einer Weise handelt, die die Beseitigung der Gefährdungslage sicherstellt. Es ist deshalb ratsam, dass die Produktverantwortlichen das Gefahrenmanagement proaktiv in die Hand nehmen, um ein Tätigwerden der Behörde zu verhindern. Die Kontrolle über die ablaufenden Prozesse zu behalten, ist für Unternehmen von unschätzbarem Wert, da sich hierdurch die Auswirkungen auf die Öffentlichkeit besser kontrollieren lassen. Die Marktüberwachungsbehörden haben nämlich beispielsweise auch die Befugnis die Öffentlichkeit vor Produktrisiken zu warnen. Unternehmen sollten daher in enger Abstimmung mit den jeweils zuständigen Behörden selbst für die Beseitigung einer etwaigen Gefährdungslage sorgen.

778 Bei der Überprüfung der Rechtmäßigkeit einer solchen Anordnung im Einzelfall ist stets maßgeblich, ob sich die Behörde im Rahmen der Rechtsgrundlage gehalten hat und ihr Ermessen ordnungsgemäß ausgeübt hat. Auch dem Verhältnismäßigkeitsprinzip kann bei der Überprüfung der Rechtmäßigkeit eine entscheidende Rolle zukommen. Ist eine Anordnung unverhältnismäßig und damit rechtswidrig, so besteht die Möglichkeit Amtshaftungsansprüche geltend zu machen. Gerade die o.g. Anordnungen können nämlich erhebliche wirtschaftliche Schäden zur Folge haben.[723]

4. Besondere Pflichten der Unternehmensleitung

779 Auch im Bereich der Produktsicherheit trifft die Unternehmensleitung die allgemeine betriebliche Aufsichtspflicht nach § 130 OWiG. Sofern die danach pflichtigen Personen ihre betriebliche Aufsichtspflicht verletzen, haften sie für betriebsbezogene Zuwiderhandlungen.

---

720 Vgl. *Lach/Polly* PHi 2011, 170 ff.
721 Zur Erstellung einer angemessenen Risikobewertung vgl. *Polly* StoffR 2012, 190 ff.
722 § 26 Abs. 4 ProdSG.
723 Zur Überprüfung einer behördlichen Maßnahme vgl. *Lach/Polly* Produktsicherheitsgesetz, 2012, S. 40 f., 42 f.

Adressat der betrieblichen Aufsichtspflicht sind neben dem Betriebsinhaber die gesetzlichen Vertreter sowie rechtsgeschäftlich eingesetzte Stellvertreter (z.B. Betriebs-, Bereichsleiter) oder Personen, an die eine bestimmte Aufsichtspflicht delegiert wurde. Auch wenn die Gesamtverantwortung bei den vertretungsberechtigten Organen des Unternehmens verbleibt, kommt grundsätzlich auch eine Haftung von nachgeordneten Personen in Betracht. Zu beachten bleibt aber, dass die Möglichkeit der Delegation von bestimmten Aufsichtspflichten die Unternehmensleitung nicht in jedem Fall von einer möglichen Haftung nach § 130 OWiG befreit.

Die Unternehmensleitung trifft insofern jedenfalls folgende Pflichten: Die Unternehmensleitung ist dafür verantwortlich, zu überprüfen, welche produktsicherheitsrechtlichen Risiken aufgrund der konkreten Geschäftstätigkeit des Unternehmens bestehen und muss entsprechende Vorkehrungen zur Vermeidung von Gesetzesverstößen treffen. Dabei muss insbesondere ein taugliches unternehmensinternes System etabliert werden, das Produktrisiken erkennt und zeitadäquate Maßnahmen zur hinreichenden Adressierung dieser Risiken sicherstellt. Ferner müssen schon bei der Produktentwicklung Produktrisiken berücksichtigt werden. Beispielsweise müssen beim Produktdesign Prozesse aufgesetzt werden, die eine frühe Prüfung auf Produktrisiken berücksichtigt. Darüber hinaus muss ein internes Qualitätsmanagementsystem im Hinblick auf die Fabrikation der Produkte aufgesetzt werden. Schafft die Unternehmensleitung solche Strukturen nicht und wird insoweit auch keine Risikoanalyse der Unternehmenstätigkeit durchgeführt, kann eine Aufsichtspflichtverletzung zu bejahen sein, wenn es in der Folge zu signifikanten produktsicherheitsrechtlichen Verstößen kommt.

Dies gilt selbstverständlich auch, wenn die Unternehmensleitung bestimmte produktsicherheitsrechtliche Risiken aufgrund einer Risikoanalyse erkannt, aber nicht die erforderlichen Maßnahmen zur Abwehr etwaiger Gesetzesverstöße getroffen hat. In dieser Konstellation kann aufgrund des dann im Raum stehenden vorsätzlichen Handelns in vielen Fällen auch ein strafrechtlich relevantes Handeln vorliegen.

Hat die Unternehmensleitung Risiken erkannt und die Aufsichtspflicht sowie die Umsetzung von Sicherungssystemen entsprechend delegiert, besteht weiterhin auf ihrer Seite die Pflicht, zu kontrollieren, ob diese Aufsicht ordnungsgemäß ausgeübt wird. Eine ordnungsgemäße Überwachung erfordert dabei zumindest die Einführung entsprechender Berichtspflichten und Kontrollmechanismen.[724] Die Unternehmensleitung muss daher auf die Unternehmensgröße angepasste Berichtslinien etablieren und sicherstellen, dass geeignete Kontrollen zur Verhinderung von Gesetzesverstößen im Unternehmen vorhanden sind. Diese Pflicht steigert sich zu einer Interventionspflicht, sobald Anhaltspunkte dafür vorliegen, dass die vorhandenen Kontrollen nicht ausreichend sind oder nachgeordnete Aufsichtspersonen den ihnen übertragenen Aufsichtspflichten nicht ordnungsgemäß bzw. in nicht ausreichendem Maße nachkommen.

Wie in allen anderen für ein Unternehmen Compliance relevanten Bereichen gilt daher auch und gerade im Bereich der Produktsicherheit, dass die einmalige Etablierung von Kontrollen in Hinblick auf drohende Gesetzesverstöße nicht ausreicht. Es bedarf vielmehr einer regelmäßigen Überwachung und unter Umständen Anpassung bestehender Systeme sowie der für diese Systeme zuständigen Aufsichtspersonen. Eine Aufgabendelegation ändert insofern nichts an der bei der Unternehmensleitung

---

724 Vgl. *Moosmayer* Ziff. B II 3. a.

verbleibenden Gesamtverantwortung für die produktsicherheitsrechtliche Compliance im Unternehmen, auch wenn ihr Umfang abnimmt und sich im regelmäßigen Geschäftsgang auf eine Überwachungsverpflichtung reduziert.

5. Rechtsfolgen der Non-Compliance

780 Non-Compliance mit produktsicherheitsrechtlichen Vorschriften kann sowohl zu öffentlich-rechtlichen, insbesondere strafrechtlichen Sanktionen als auch zur zivilrechtlichen Haftung führen.[725]

781 Zunächst enthält das ProdSG selbst Straf- und Bußgeldvorschriften. Auch die ProdSG-Verordnungen sehen teilweise eigene Bußgeldbewehrungen vor. Das ProdSG ahndet abweichend vom allgemeinen Grundsatz auch fahrlässiges Handeln mit Bußgeldern. Die maximale Bußgeldandrohung wurde mit der Novellierung des ProdSG erhöht und beträgt nunmehr für einfache Verstöße 10 000 EUR und für schwerwiegendere Verstöße 100 000 EUR.[726] Auch neue Tatbestände wurden in den Bußgeldkatalog aufgenommen; bußgeldbewehrt ist nunmehr etwa, wenn der jeweilige Adressat bei Verbraucherprodukten erforderliche Angaben bzw. Kennzeichen unterlässt oder wenn bei der technischen Dokumentation nicht sorgfältig gehandelt wird.[727] In der Praxis werden jedoch eher selten Bußgelder ausgesprochen. Den Ordnungswidrigkeitstatbeständen ist nämlich in weiten Teilen gemein, dass zuvor behördliche Verfügungen ergehen müssen. Die betriebswirtschaftlichen und reputativen Auswirkungen möglicher behördlicher produktsicherheitsrechtlicher Anordnungen dürften aber in vielen Fällen schon ausreichend schmerzhaft sein, um den gewünschten Effekt beim Adressaten zu erreichen.

782 Die einzelnen Bußgeldtatbestände sind in § 39 ProdSG aufgelistet und aus sich selbst heraus verständlich. Daneben sehen auch die Verordnungen zum ProdSG teilweise eigene Bußgeldbewehrungen vor. Zudem ist der in der Gesetzesbegründung ausdrücklich erwähnte § 17 Abs. 4 OWiG zu beachten. Danach soll die Geldbuße den wirtschaftlichen Vorteil, der aus der rechtswidrigen Tat gezogen wurde, übersteigen. Wenn das gesetzliche Maß hierzu nicht ausreicht, dann kann es überschritten werden. Auch wenn diese Gewinnabschöpfungsvorschrift im Produktsicherheitsrecht soweit ersichtlich noch keine Praxisrelevanz gezeigt hat, kann sie für betroffene Unternehmen erhebliche Konsequenzen haben. Ferner kann nach § 149 GewO bei Bußgeldbescheiden eine Eintragung ins Gewerbezentralregister erfolgen.

Mitgliedern der Unternehmensleitung und den weiteren in §§ 14 StGB, 9 OWiG aufgeführten Unternehmensvertretern drohen bei Verletzung der betriebsbezogenen Aufsichtspflicht nach § 130 OWiG (siehe oben Ziff. 2.5.) zudem Bußgelder bis zu 1 Mio. EUR.

783 Durch die vorsätzliche, beharrliche Wiederholung einer Zuwiderhandlung gegen bestimmte Vorschriften des ProdSG können Ordnungswidrigkeiten zu Straftaten werden. Eine Straftat steht auch dann im Raum, wenn durch die in § 40 ProdSG genannten Verstöße gegen das ProdSGdas Leben oder die Gesundheit eines anderen oder

---

725 Vgl. *Lach/Polly* Produktsicherheitsgesetz, 2012, S. 53 ff.
726 § 39 Abs. 2 ProdSG.
727 *Lach/Polly* Produktsicherheitsgesetz, 2012, S. 59 f.; *Heuer/Reusch* Das neue Produktsicherheitsgesetz, 2011, S. 65.

Lach/Burckhardt

fremde Sachen von bedeutendem Wert[728] gefährdet werden. Straftaten nach dem ProdSG können mit Freiheitsstrafe bis zu einem Jahr oder mit Geldstrafe bestraft werden.[729] Selbstverständlich sind daneben auch die allgemeinen Vorschriften des StGB weiter anwendbar. Hierbei ist vor allem auf § 229 StGB (fahrlässige Körperverletzung) hinzuweisen. So ist insbesondere anerkannt, dass sich Verantwortliche im Unternehmen wegen fahrlässiger Körperverletzung (§ 229 StGB) oder sogar fahrlässiger Tötung (§ 222 StGB) strafbar machen können, wenn sie den erforderlichen Rückruf eines gefährlichen Produktes unterlassen und es hierdurch zu Personenschäden kommt.[730]

Die Non-Compliance mit dem ProdSG kann auch zivilrechtliche Auswirkungen **784** haben. Bestimmte Normen des ProdSG sind beispielsweise Schutzgesetze i.S.d. § 823 Abs. 2 BGB.[731] Zu beachten ist jedoch, dass das ProdSG kein öffentlich-rechtliches Gewährleistungsrecht ist. Ein Rückruf führt nicht zwangsläufig zu einer Mängelbeseitigungspflicht im Sinne einer kostenlosen Ersatzlieferung. Das ist primär die Aufgabe des Gewährleistungsrechts.[732] Diese Problematik ist insbesondere dann relevant, wenn kaufrechtliche Ansprüche verjährt sind.

III. Produkthaftung

1. Maßgebliche Normen

Die Regelungen zur Produkthaftung beruhen im Wesentlichen auf der europäischen **785** Produkthaftungsrichtlinie.[733] Diese wurde in Deutschland mit der Einführung des Produkthaftungsgesetzes umgesetzt. Neben dem Produkthaftungsgesetz (ProdHaftG) als allgemeine Regelung zu Fragen der Produkthaftung finden sich jedoch weitere spezialgesetzliche Regelungen.[734] Dabei ist vor allem das Arzneimittelgesetz von Bedeutung. Dieses enthält vorrangige, verschärfte Haftungsvoraussetzungen.

Neben den Produkthaftungsgesetzen findet parallel das allgemeine Deliktsrecht **786** aus § 823 BGB Anwendung. Die deliktsrechtliche Haftung für Produkte aus arbeitsteiliger Produktion wird im allgemeinen Deliktsrecht durch die richterrechtlich entwickelten Grundsätze der Produzentenhaftung verschärft. Das Verschulden des Produzenten wird hierdurch vermutet. Insoweit nähert sich die Haftung nach § 823 BGB der Haftung aus dem ProdHaftG und den entsprechenden Spezialgesetzen an. § 823 BGB hat jedoch neben den Produkthaftungsgesetzen eine selbstständige Bedeutung. Im Deliktsrecht gibt es beispielsweise eine Pflicht zur Produktbeobachtung nach dem Inverkehrbringen, die im allgemeinen Prod-

---

728 Ein bedeutender Schaden kann schon bei ca. 1 000 EUR beginnen, vgl. *OLG Köln* ZfS 2002, 305.
729 § 40 ProdSG.
730 Vgl. *BGH* NJW 1990, 2560 ff. – Lederspray sowie *BGH* NJW 1995, 2930 ff. – Holzschutzmittel; *Lach/Polly* Produktsicherheitsgesetz, 2012, S. 59.
731 Vgl. hierzu *Palandt/Sprau* BGB 72. Aufl. 2013, § 823 Rn. 67 unter Bezugnahme auf Entscheidungen und Literatur zum früheren GerätesicherheitsG.
732 Vgl. hierzu *BGH* BB 2009, 627 ff. mit Anmerkung *Burckhardt* – Pflegebetten.
733 Richtlinie des Rates v. 25.7.1985 zur Angleichung der Rechts- und Verwaltungsvorschriften der Mitgliedstaaten über die Haftung für fehlerhafte Produkte (85/374/EWG).
734 Die wichtigsten Sondergesetze sind das Arzneimittelgesetz (AMG), das Atomgesetz, das Gentechnikgesetz (GenTG) und das Umwelthaftungsgesetz (UmweltHaftG), vgl. *Palandt/Sprau* BGB, 72. Aufl. 2013, § 15 ProdHaftG Rn. 1.

HaftG fehlt. Darüber hinaus haftet der Produzent nach dem allgemeinen Delikts-recht ohne Haftungshöchstgrenzen[735] unbeschränkt.

2. Anwendungsbereich

787   Adressaten der Vorschriften aus den Produkthaftungsgesetzen sind Hersteller und denen gleichgestellte Personen, soweit diese Produkte in den Verkehr bringen.

Hersteller ist nach dem ProdHaftG derjenige, der ein Endprodukt, einen Grundstoff oder ein Teilprodukt hergestellt hat. Der Endhersteller hat dabei die weitestgehende Produktverantwortlichkeit. Er haftet für alle Fehler, die das Produkt aufweist. Das gilt zunächst auch wenn nur ein Teilprodukt fehlerhaft ist, das von einem anderen gelie-fert wurde. Im Außenverhältnis gegenüber Dritten haftet der Hersteller des Endpro-dukts nämlich neben dem Hersteller des unter Umständen fehlerhaften Grundstoffs oder Teilprodukts als Gesamtschuldner. Der Endhersteller muss in diesem Fall etwaige Ansprüche gegen den Lieferanten des Teilprodukts im Innenverhältnis gel-tend machen. Der Endhersteller trägt damit letztlich auch das Insolvenzrisiko seines Vorlieferanten.

788   Als Hersteller nach dem ProdHaftG gilt neben dem tatsächlichen Hersteller auch der-jenige, der sich durch das Anbringen seines Namens, seiner Marke oder eines anderen unterscheidungskräftigen Kennzeichens als Hersteller ausgibt. Soll eine potentielle Haftung als Hersteller minimiert werden, bietet es sich daher an, eigene Handelsmar-ken nicht direkt auf dem Produkt oder dessen Verpackung anzubringen und unter Umständen gezielt auf den tatsächlichen Hersteller hinzuweisen.[736] Hersteller ist fer-ner, wer ein Produkt zum Zwecke des Verkaufs, der Vermietung, des Mietkaufs oder einer anderen Form des Vertriebs mit wirtschaftlichem Zweck[737] im Rahmen seiner geschäftlichen Tätigkeit in den Geltungsbereich des Abkommens über den Europäi-schen Wirtschaftsraum einführt oder verbringt.[738] Der Drittstaaten-Importeur haftet dann auch für Fehler, die aus dem Bereich der Zulieferer stammen. Er muss daher besonderen Wert auf vertragliche Freistellungsvereinbarungen mit seinen Zulieferern legen.

789   Kann der Hersteller des Produkts nicht festgestellt werden, so gilt jeder Lieferant als dessen Hersteller. Dies gilt dann nicht, wenn der Lieferant innerhalb eines Monats, nachdem ihm die notwendige Aufforderung des Geschädigten zugegangen ist, den Hersteller oder diejenige Person benennt, die ihm das Produkt geliefert hat. Die Haf-tung des Lieferanten gilt auch, sofern der Importeur des Produkts nicht festgestellt werden kann bzw. benannt worden ist, selbst wenn der Hersteller außerhalb des EWR

---

735 Haftunghöchstgrenzen gibt es nach § 15 ProduktHaftG, § 15 UmweltHaftG, § 33 GenTG (jeweils 85 Mio. EUR) sowie § 88 S. 1 Nr. 2 AMG (120 Mio. EUR).

736 Zu beachten ist aber, dass sich der Quasi-Hersteller, der sich selbst als Hersteller ausgibt, grund-sätzlich nicht durch den bloßen Verweis auf den tatsächlichen Hersteller von der Haftung befreien kann.

737 Darunter fällt auch die unentgeltliche Verteilung von Warenproben, nicht jedoch die reine Schen-kung oder Leihe ohne dahinter stehenden wirtschaftlichen Zweck. Der wirtschaftliche Zweck muss beim Importeur schon bei Einfuhr vorgelegen haben. Eine spätere Sinnesänderung führt grundsätzlich nicht dazu, dass der Importeur als Hersteller behandelt wird, vgl. *Palandt/Sprau* BGB, 72. Aufl. 2013, § 4 ProdHaftG Rn. 7.

738 Der reine Spediteur ist kein Importeur i.d.S., sondern i.d.R. derjenige, an den dieser die Ware im Europäischen Wirtschaftsraum übergibt.

bekannt ist.[739] Dadurch wird sichergestellt, dass der potentielle Anspruchsteller in jedem Fall die Möglichkeit hat, Ansprüche gegen eine Person innerhalb des Europäischen Wirtschaftsraums geltend zu machen.

Der Produktbegriff im Sinne des Produkthaftungsgesetzes hat einen weiten Anwen- **790** dungsbereich. Produkt ist jede bewegliche Sache, auch wenn sie einen Teil einer anderen beweglichen Sache oder einer unbeweglichen Sache bildet. Der Aggregatszustand spielt keine Rolle. Neben Elektrizität können daher beispielsweise Wasser, Dampf und Gas Produkte i.S.d. ProduktHaftG sein.[740] Eine industrielle Fertigung ist nicht erforderlich. Eine rein handwerkliche Anfertigung genügt. Auch lebende Tiere zählen zu den Produkten. Reine Dienstleistungen sind hingegen ausgeschlossen. Die Produkteigenschaft geht hingegen nicht dadurch verloren, dass die Sache in eine Immobilie eingebaut wird.[741]

Für die Anwendung der Grundsätze der Produkt- oder Produzentenhaftung muss das **791** Inverkehrbringen zu einem wirtschaftlichen Zweck oder einer beruflichen Tätigkeit erfolgen. Auch die Verteilung von Werbegeschenken kann hierunter fallen. Sie dient der Absatzsteigerung und damit einem wirtschaftlichen Zweck. Für eine Haftung reicht es dabei auch aus, wenn entweder die Herstellung oder der Vertrieb im Rahmen der beruflichen Tätigkeit erfolgt sind. Die Grundsätze der Produkt- oder Produzentenhaftung sind dabei nicht nur auf industrielle Großbetriebe, sondern auch auf handwerkliche Kleinbetriebe[742] und landwirtschaftliche Betriebe[743] anwendbar.

Der Schutzbereich der Produkt- und Produzentenhaftung beschränkt sich auf die dort **792** genannten Rechtsgüter. Das sind vor allem Schäden an der Gesundheit des Verwenders und Sachschäden an dessen weiterem Eigentum. Reine Vermögensschäden werden hingegen weder nach dem ProdHaftG noch nach § 823 Abs. 1 BGB ersetzt. Ein reiner Vermögensschutz ist nur bei einer Schutzgesetzverletzung nach § 823 Abs. 2 BGB ersatzfähig oder wenn ein Anspruch nach § 826 BGB wegen vorsätzlicher sittenwidriger Schädigung besteht. Schutzgesetz kann jede Rechtsnorm sein, die zumindest auch dazu dienen soll, einzelne Personenkreise gegen die Verletzung eines bestimmten Rechtsgutes zu schützen. In diesem Zusammenhang können regulatorische Vorgaben in bestimmten Industriebereichen haftungsrechtliche Relevanz bekommen, sofern die entsprechenden Vorschriften drittschützenden Charakter entfalten, z.B. Vorgaben aus dem MPG.[744] Auch die Haftung für Sachschäden nach dem ProdHaftG unterliegt einer erheblichen Einschränkung. Sachschäden sind dort nur dann ersetzbar, wenn die beschädigte Sache ihrer Art nach gewöhnlich für den privaten Ge- oder Verbrauch bestimmt und hierzu von dem Geschädigten hauptsächlich verwendet worden ist.[745] Ob eine Sache privat oder im gewerblichen Bereich eingesetzt wird, beurteilt sich vor

---

739 § 4 Abs. 3 S. 2 ProduktHaftG.
740 Vgl. *Palandt/Sprau* BGB, 72. Aufl. 2013, § 2 ProdHaftG Rn. 1.
741 Anders hingegen, wenn ein Wohnhaus auf einem Grundstück errichtet wird. Dort wird von vornherein nur eine unbewegliche Sache hergestellt, die per Definition kein Produkt ist, vgl. *Palandt/Sprau* BGB, 72. Aufl. 2013, § 2 ProdHaftG Rn. 1.
742 Vgl. *BGH* NJW 1992, 1039 – Hochzeitsessen.
743 Vgl. MünchKomm BGB/*Wagner* § 2 ProdHaftG, Rn. 4.
744 Bei Regelwerken von Verbänden (z.B. DIN-Vorschriften, VDE-Bestimmungen, Corporate Governance Code) handelt es sich dagegen, auch wenn sie allgemein anerkannt sind, nicht um Rechtsnormen, vgl. *Palandt/Sprau* BGB, 72. Aufl. 2013, § 823, Rn. 56a.
745 § 1 Abs. 1 S. 2 ProduktHaftG. Eine solche Einschränkung gilt nicht im Bereich des allgemeinen Deliktsrechts.

allem nach der Verkehrsauffassung. Verwendungsbestimmungen sind haftungsrechtlich beachtlich, als sie die Verkehrsauffassung tatsächlich prägen, führen aber nicht automatisch zur Haftungsfreizeichnung. Aufkleber mit der Aufschrift „nur im gewerblichen Bereich" einzusetzen, haben deshalb haftungsrechtlich grundsätzlich keine Bedeutung. Es reicht aber, wenn die Sache ganz überwiegend privat verwendet worden ist. Eine vereinzelte geschäftliche Verwendung schadet nicht, selbst wenn im konkreten Schadensfall eine geschäftliche Verwendung stattfindet.

3. Pflichten und Compliance

793 Die Produkthaftung beinhaltet streng genommen keine Compliance-Pflichten. Sie schreibt keine konkreten Verhaltensregeln vor. Sie normiert Ansprüche, wenn eine Person durch einen Produktfehler geschädigt wird. Das Unternehmen haftet, wenn das Produkt einen Produktfehler aufweist und es deshalb zu einem Gesundheits- oder Sachschaden kommt.[746] Ein Verschulden im Sinne der persönlichen Vorwerfbarkeit ist im Rahmen des Produkthaftungsgesetzes nicht erforderlich.

794 Compliance im Bereich der Produkthaftung beschäftigt sich daher einerseits mit der Frage, wie man das Auftreten von Produktfehlern verhindern kann. Andererseits muss sichergestellt werden, dass im Falle möglicher Schadensersatzansprüche eine angemessene Verteidigung sichergestellt ist. Für die Compliance ist daher entscheidend, wann nach den gesetzlichen Anforderungen ein Produktfehler vorliegt, zu welchem Zeitpunkt welche Anforderungen an Unternehmen bestehen und was bei der betrieblichen Organisation beachtet werden muss, um die Einhaltung dieser Anforderungen zu gewährleisten und deren Einhaltung in einem Gerichtsverfahren nachvollziehbar darlegen zu können.

3.1 Pflichten beim Inverkehrbringen

795 Die Haftung nach dem Produkthaftungsrecht setzt zunächst das Vorliegen eines Produktfehlers voraus.

796 Ein Produkt ist nach dem ProdHaftG fehlerhaft, wenn es nicht die Sicherheit bietet, die berechtigterweise erwartet werden kann. Bei der Bewertung welche Sicherheit erwartet werden kann, gilt ein objektiver Maßstab.[747] Die Erwartungen untypischer Verbrauchergruppen (besonders unerfahrene oder besonders hochqualifizierte) sind insoweit nicht entscheidend. Maßgeblich ist, was ein durchschnittlicher Verbraucher des fraglichen Produkts objektiv erwarten konnte. Dabei können für international tätige Unternehmen regionale Unterschiede Bedeutung gewinnen. Ein Produkt, das in einem Land nicht zu beanstanden ist, kann hingegen in einem anderen Land fehlerhaft sein. Daher ist zu beachten, in welchen Ländern ein Produkt vertrieben wird und welche besonderen Sicherheitsstandards dort gelten. Notfalls muss ein Produkt an besondere regionale Sicherheitsanforderungen angepasst werden. Das gilt vor allem für die USA, in denen teilweise sehr hohe Anforderungen an die Informationspflicht gestellt werden. Gleichzeitig bestehen dort aufgrund prozessrechtlicher Besonderheiten und hoher Schadensersatzsummen sehr hohe Haftungsrisiken.

---

746 Bei Sachschäden ist zu beachten, dass eine andere Sache als das Produkt selbst beschädigt worden sein muss. Die Abgrenzung kann bei einem Endprodukt, das aus mehreren Teilprodukten besteht, schwierig sein.
747 Vgl. zuletzt *BGH* BB 2009, 1884, 1885 mit Anmerkung *Burckhardt* – Airbag.

Um diesen sehr allgemeinen Produktfehlerbegriff für die Praxis handhabbar zu **797** machen, wurden im Laufe der Zeit durch die Rechtsprechung Fallgruppen von Produktfehlern gebildet. Das Produkthaftungsrecht unterscheidet dabei im Wesentlichen zwischen drei möglichen Produktfehlern: Konstruktionsfehler, Fabrikationsfehler und Instruktionsfehler. Die Vermeidung einer Haftung wegen der verschiedenen Produktfehler verlangt je nach Produktfehler unterschiedliche compliance-relevante Verhaltensweisen.

3.1.1 Der Konstruktionsfehler (Compliance mit Konstruktionspflichten)

Ein Konstruktionsfehler ist ein Fehler im Design/Bauplan des Produkts. Bei einem **798** Konstruktionsfehler bleibt das Produkt schon nach seiner Konzeption unter dem gebotenen Sicherheitsstandard. Der Konstruktionsfehler tritt in der Planungs- und Entwicklungsphase auf. Ein solcher Fehler betrifft nicht nur einzelne Produkte, sondern die gesamte Serie.

Ein Konstruktionsfehler liegt in der Regel nicht vor, wenn das Produkt so konstruiert **799** ist, dass es unter Beachtung der Gebrauchsanleitung gefahrlos verwendet werden kann. Es darf nicht zu unerwarteten Schäden kommen, was insbesondere bei gefährlichen Produkten (z.B. einer Motorsäge) aber selbstverständlich nicht heißt, dass sämtliche Gefahren ausgeschlossen sein müssen.

Konkret darf im Rahmen der Konstruktionsphase erwartet werden, dass der Herstel- **800** ler bereits im Rahmen der Konzeption und Planung sämtliche erforderlichen und zumutbaren Sicherheitsanforderungen trifft, soweit diese zumindest in entsprechenden Fachkreisen bekannt waren.[748] Erforderlich sind die Sicherungsmaßnahmen, die nach dem im Zeitpunkt des Inverkehrbringens des Produktes vorhandenen neuesten Stand der Wissenschaft und Technik konstruktiv möglich sind und als geeignet und genügend erscheinen, um Schäden zu verhindern.[749] Der neueste Stand der Wissenschaft und Technik bildet grundsätzlich die Obergrenze der Sicherheitsanforderungen an ein Produkt. Die Mindestanforderungen an die Sicherheit eines Produkts ergeben sich aus den anerkannten Regeln der Technik, die oftmals in spezifischen technischen Normen abgebildet sind. Die strikte Befolgung dieser Regeln der Technik oder spezifischer technischer Normen kann zwar zu einer tatsächlichen Vermutung der Fehlerfreiheit führen. Sie führt jedoch nicht dazu, dass danach hergestellte Produkte immer als fehlerfrei angesehen werden müssen. Umgekehrt führt die Verletzung dieser technischen Regeln oder Normen bzw. die Unterschreitung deren Sicherheitsstandards jedoch im Regelfall zu einer tatsächlichen Vermutung, dass ein Produkt fehlerhaft ist.[750] Der Produktverantwortliche besitzt dann noch die Möglichkeit darzulegen, dass das Produkt trotzdem sicher ist. In der Praxis wird ein solcher Nachweis aber schwer zu führen sein. Aus Compliance-Gesichtspunkten sollten die Regeln der Technik und technischen Normen daher stets eingehalten werden. Darüber hinaus sollte die Berücksichtigung und Einhaltung dieser Regeln vom Produktverantwortlichen genauestens dokumentiert werden. Dies ist für eine spätere Darlegung des Sachverhaltes

---

748 Das ist dann problematisch, wenn sich die Beurteilung eines Konstruktionsfehlers danach richtet, ob ein positives Nutzen-Risiko-Profil vorliegt. Das Produkt hat dann schon keinen Produktfehler, wenn die Nutzen des Produktes dessen Risiken überwiegen. Das ist bspw. bei Arzneimitteln der Fall, vgl. § 84 Abs. 1 S. 2 Nr. 1 AMG. Die Ermittlung des Nutzens und der Risiken kann hierbei sehr umfangreich werden.
749 Vgl. *BGH* BB 2009, 1884, 1885 mit Anmerkung *Burckhardt* – Airbag.
750 *BGH* VersR 1984, 270 – Flachmeißel.

gegenüber Behörden oder in einem Gerichtsverfahren unerlässlich. Zu beachten ist ferner, dass eine bloße Branchenüblichkeit nicht mit dem neuesten Stand der Wissenschaft und Technik gleichzusetzen ist. Die Branchenüblichkeit kann hinter diesem zurückbleiben. Ein Konstruktionsfehler ist dann trotz Branchenüblichkeit nicht ausgeschlossen.[751] Im Gegensatz dazu ist der Hersteller nicht gehalten Sicherheitskonzepte umzusetzen, die bisher nur auf dem Reißbrett erarbeitet wurden oder noch in Erprobung befindlich sind.

801 Was für den Hersteller im Hinblick auf die Produktkonstruktion objektiv zumutbar ist, wird in der Praxis nach den Besonderheiten des jeweiligen Einzelfalles bestimmt. Bei der Zumutbarkeit dürfen auch wirtschaftliche Überlegungen eine Rolle spielen. Maßgeblich sind dabei die wirtschaftlichen Auswirkungen der Sicherungsmaßnahme, beispielsweise die Produktionskosten, die Absatzchancen für das veränderte Produkt und die Kosten-Nutzen-Relation.[752] Als Faustregel gilt dabei: Je größer die Gefahren, desto höher die gestellten Anforderungen. Bei erheblichen Gefahren für die menschliche Gesundheit ist dem Hersteller mehr zuzumuten, als bei kleineren körperlichen Beeinträchtigungen oder Eigentums- oder Besitzbeeinträchtigungen.[751] Der Produktverantwortliche kann im Hinblick auf seine Konstruktionspflicht jedoch nicht grundsätzlich auf zu hohe Kosten einer sicheren Alternativkonstruktion verweisen. Kann er das Produkt nicht so billig herstellen wie die Konkurrenz, so darf er den Preis nicht durch ein Minus an Produktsicherheit reduzieren.[753] Das gilt auch dann, wenn der hohe Produktpreis nur durch hohe Kosten einer Lizenz durch die Konkurrenten verursacht wird.

802 Bei der Bewertung einer bestimmten Produktkonstruktion müssen auch Gefahren berücksichtigt werden, die sich aus einem möglichen naheliegenden Fehlgebrauch ergeben können. Bei Ermittlung der Verwendungsmöglichkeiten kommt es dabei nicht auf die Sicht des Herstellers, sondern die eines objektiven Dritten an. Dabei ist zu beachten, dass es keinen einheitlichen Durchschnittsverbraucher gibt. Es kommt vielmehr auf die Vorstellungen an, welche für den jeweiligen Abnehmerkreis typisch sind. Nicht erfasst ist jedoch ein missbräuchlicher Produktgebrauch, der unter den betreffenden Umständen als unvernünftig gelten muss. Als Faustregel gilt: Je weiter sich der Gebrauch des Benutzers vom bestimmungsgemäßen Gebrauch entfernt, desto eingehender muss der Verwender darlegen, dass mit diesem Gebrauch billigerweise gerechnet werden musste. Informationen aus dem Markt über Anwendungsgewohnheiten können jedoch dazu führen, dass sich ein ursprünglich nicht vorhersehbarer Fehlgebrauch für die Zukunft zu einem naheliegenden Fehlgebrauch[754] wandelt (z.B. Dauernuckeln bei gesüßtem Kindertee[755]). Aus Compliance-Gesichtspunkten sollte der naheliegende Fehlgebrauch auch deshalb unbedingt in die Sicherheitsüberlegungen mit einbezogen und dieser Begriff weit ausgelegt werden.

---

751 Vgl. *BGH* BB 2009, 1884, 1885 mit Anmerkung *Burckhardt* – Airbag.

752 Zu den ökonomischen Grenzen des Sicherheitsaufwands vgl. *Foerste/von Westphalen* Produkthaftungshandbuch, 3. Aufl. 2012, § 24, Rn. 54 ff.

753 Zur Maßgeblichkeit des Produktpreises bei der Bestimmung der Verbrauchererwartung vgl. MünchKomm BGB/*Wagner* § 823 Rn. 623.

754 Zur Unterscheidung von nahe- und fernliegendem Fehlgebrauch vgl. *Foerste/von Westphalen* Produkthaftungshandbuch, 3. Aufl. 2012, § 24, Rn. 90 f.

755 Vgl. *BGH* NJW 1992, 560 – Kindertee I.

Lach/Burckhardt

Im Hinblick auf Konstruktionsfehler sieht das ProdHaftG jedoch wichtige Entlas- **803** tungsmöglichkeiten des Unternehmens vor. Die Haftung auf Grund eines Konstruktionsfehlers ist zunächst dann ausgeschlossen, wenn der Fehler darauf beruht, dass das Produkt in dem Zeitpunkt, in dem es der Hersteller in den Verkehr brachte, zwingenden Rechtsvorschriften über die Herstellung entsprach. Gemeint sind hiermit vor allem Gesetze oder Rechtsverordnungen, die selbst verbindliche Teilregelungen über die Produktgestaltung enthalten. Keine zwingenden Rechtsvorschriften in diesem Sinne sind jedoch die sog. Technischen Normen (VDE-Vorschriften, DIN-Normen etc.) und die Unfallverhütungsvorschriften der Berufsgenossenschaften, jedenfalls sofern nicht in Gesetzen oder Rechtsverordnungen zwingend auf diese verwiesen wird.

Das ProdHaftG sieht ferner keine Haftung für Entwicklungsrisiken vor. Ein Entwick- **804** lungsrisiko liegt vor, wenn die potentielle Gefährlichkeit des Produktes im Zeitpunkt des Inverkehrbringens des jeweiligen, individuellen Produktes nicht erkannt werden konnte. Dabei ist nicht auf den Kenntnisstand des einzelnen Herstellers abzustellen, sondern auf den objektiven Stand von Wissenschaft und Technik. Dieser ist auch nicht auf inländische Kenntnisse beschränkt, sondern kann sich auch auf den internationalen Erkenntnisstand erstrecken. Es gelten die Kenntnisse, die von einem idealtypischen Hersteller verlangt werden können. Auch vereinzelte Mindermeinungen in der Wissenschaft können eine Rolle spielen, solange diese nachvollziehbar begründet sind.[756] Waren die Gefahren aus einer bestimmten Konstruktion erkennbar und ließen sich nur nach dem Stand der Wissenschaft und Technik im Zeitpunkt der Herstellung nicht verhindern, so ist eine Haftung trotzdem nicht ausgeschlossen.[757] Dies alles ähnelt zwar sehr dem „State-of-the-Art-Einwand" im US-Recht, ist mit diesem aber nicht identisch.[758]

Zu beachten ist jedoch, dass der Hersteller die Beweislast für das Vorliegen eines Ent- **805** wicklungsrisikos oder für die Einhaltung zwingender Rechtsvorschriften trägt.[759] Er muss beispielsweise darlegen können, dass die Gefährlichkeit nicht erkannt werden konnte. Hierfür ist es erforderlich, bereits während der Planungs- und Entwicklungsphase die Überlegungen des Herstellers genau zu dokumentieren. Nur auf diese Weise lassen sich im Nachhinein die Gründe für etwaige Entwicklungsschritte nachvollziehbar darlegen. Insbesondere sollte dokumentiert werden, warum bestimmte Entscheidungen getroffen werden und dies nachvollziehbar begründet werden.

---

756 Vgl. *Foerste/von Westphalen* Produkthaftungshandbuch, 3. Aufl. 2012, § 24, Rn. 25 f.
757 Ist es im Zeitpunkt des Inverkehrbringens unmöglich eine erkennbare Gefahr zu beseitigen, kann eine Haftung dann ausgeschlossen sein, wenn der Gebrauch des Produkts bekanntermaßen nicht ohne Risiko ist oder von Natur aus eine Gefahr darstellt (Nebenwirkung von Arzneimitteln, Alkoholika, Tabakwaren, Fett- und zuckerhaltige Nahrungsmittel, etc.). Vgl. hierzu *Foerste/von Westphalen* Produkthaftungshandbuch, 3. Aufl. 2012, § 24, Rn. 109 ff.
758 Nach der US-amerikanischen Produkthaftungsdoktrin kann sogar das Vorliegen eines Produktfehlers wegen eines solchen State-of-the-Art Einwands entfallen. Der State-of-the-Art bestimmt sich außerdem nach der „most up-to-date technology and safety standards *in a particular industry* against which a product is to be judged", vgl. *Miller/Goldberg* Product Liability, 2004, 13.38 m.w.N.
759 Das gilt, trotz Fehlens einer expliziten gesetzlichen Regelung, auch im Deliktsrecht, *BGH* BB 2009, 1884, 1885 mit Anmerkung *Burckhardt* – Airbag.

3.1.2 Der Fabrikationsfehler (Compliance mit Fabrikationspflichten)

806 Ein Fabrikationsfehler ist eine negative Abweichung eines einzelnen oder einzelner Produkte vom Produktdesign. Bei einem Fabrikationsfehler weicht das den Schaden auslösende Produkt von den vom Hersteller selbst gesetzten Standards ab. Entscheidend für die vom Hersteller gesetzten Standards sind dabei die Konstruktions- und Qualitätsvorgaben. Ein solcher Fertigungsmangel entsteht erst in der Fabrikhalle und nicht bereits auf dem Reißbrett.

807 Der Hersteller ist hierbei verpflichtet, insbesondere bei möglichen schwerwiegenden Schäden, Risiken durch Fabrikationsfehler weitestgehend auszuschließen. Er hat sich vor der Inverkehrgabe davon zu überzeugen, dass das Produkt frei von Mängeln ist. Das Unternehmen sollte ein System zur Status-[760] und anschließenden Befundsicherung[761] etablieren. Bei der Erstellung eines solchen Qualitätssicherungssystems kann beispielsweise auf die Total Quality Management (TQM) Standards zurückgegriffen werden. Eine andere Möglichkeit ist es, die aufgesetzten Qualitätssicherungsprozesse ISO zertifizieren zu lassen. Konkret werden bei der Qualitätsüberprüfung Sicht-, Belastungs- und Zerstörungstests eine wesentliche Rolle spielen.

808 Ein solches System der Status- und Befundsicherung hat erheblich Vorteile. Eine Haftung des Herstellers für Fabrikationsfehler entfällt nämlich dann, wenn davon auszugehen ist, dass das Produkt im Zeitpunkt des Inverkehrbringens einen konkreten Produktfehler noch nicht aufwies. Die Beweislast hierfür liegt beim Hersteller. Der Hersteller kann diesen Entlastungsbeweis daher grundsätzlich nur dann führen, wenn er ein sinnvolles Qualitätssicherungssystem[762] aufgesetzt hat, dieses im Verfahren nachvollziehbar darlegt und eine belastbare Dokumentation der Ausgangskontrolle vorlegen kann.

3.1.3 Der Instruktionsfehler (Compliance mit Instruktionspflichten)

809 Die Vermeidung von Instruktionsfehlern ist der Bereich der Produkthaftung bei dem Compliancebeauftragte den größten Einfluss nehmen können. Hier spielen rechtliche Standards die größte Rolle.

810 Ein Instruktionsfehler liegt dann vor, wenn der Verwender des Produktes nicht ausreichend über den Umgang mit dem Produkt und mögliche Gefahren informiert wird. Es bestehen insoweit Warn- und Hinweispflichten. Der Produktverantwortliche ist verpflichtet, den Anwender in den sachgerechten und sicheren Umgang mit dem Produkt einzuweisen. Was im Erfahrungsgebiet eines potentiellen Anwenders liegt, muss hingegen nicht zum Inhalt einer Warnung gemacht werden.[763]

---

760 Statussicherung bedeutet nach der Rspr., dass der Zustand eines jeden Produktes vor der Inverkehrgabe überprüft wird, vgl. *BGH* NJW 1993, 528 – Mineralwasserflasche.

761 Befundsicherung bedeutet nach der Rspr. die Sicherstellung eines Kontrollverfahrens, durch das der Zustand eines jeden Produktes ermittelt wird und – soweit technisch möglich – alle nicht einwandfreien Produkte von der Inverkehrgabe ausgeschlossen werden, vgl. *BGH* NJW 1993, 528 – Mineralwasserflasche.

762 Zu möglichen Mitteln der Qualitätskontrolle s. *Foerste/von Westphalen* Produkthaftungshandbuch, 3. Aufl. 2012, § 24, Rn. 204 ff.

763 Vgl. *BGH* NJW 1999, 2815 für den Fall eines Papierreisswolfes und *OLG Düsseldorf* VersR 2003, 912 für etwaige Zahnschäden durch Schokoriegel sowie *LG Essen* NJW 2005, 2713 für den übermäßigen Genuss von Coca Cola.

Lach/Burckhardt

Der Hersteller hat somit über sämtliche Gefahren zu informieren, die dem Verwender **811** nicht bekannt sind. Die Warnung muss auch Gefahren umfassen, die sich aus einem nachvollziehbaren Fehlgebrauch ergeben können.[764] Unter Umständen muss sogar vor einem bestimmungswidrigen Gebrauch gewarnt werden. Gefahren, die sich aus einem vorsätzlichen oder äußerst leichtfertigen Fehlgebrauch oder einem völlig zweckfremden Missbrauch des Produkts ergeben, bleiben allerdings außer Betracht.[765] Die notwendigen Warnungen müssen vollständig, inhaltlich eindeutig und leicht verständlich sein. Die Gefahren müssen konkret aufgezeigt werden. Die möglichen Folgen einer Verwirklichung der Risiken müssen ebenfalls klar dargelegt werden. Eine allgemeine, „generalklauselartige" Warnung, die sich nicht auf konkrete Gefahren bezieht, genügt nicht. Bei der Gefahr erheblicher Gesundheitsschäden ist auch darzulegen, warum ein Produkt gefährlich ist, d.h. wie genau, auf Grund welchen Funktionszusammenhangs es zu der Gefahr kommen kann.[766] Die Warnungen müssen an gut sichtbarer Stelle erfolgen. Inhalt und Umfang der Instruktionspflichten werden wesentlich durch die mögliche Gefahr und das gefährdete Rechtsgut (wie Gesundheit, Eigentum) bestimmt. Dabei ist rein vorsorglich von dem am wenigsten informierten und damit am meisten gefährdeten Benutzerkreis auszugehen.[767] Je schwerwiegender oder versteckter die möglichen Gefahren sind, desto deutlicher müssen die Warnungen ausfallen. Dies kann beispielsweise durch eine Art „black box warning" erfolgen, indem der Gefahrenhinweis schwarz umrandet und mit Fettdruck dargestellt wird. Eine optische Hervorhebung eines Warnhinweises empfiehlt sich vor allem dann, wenn die Gebrauchsinformation auf Grund neuer Erkenntnisse aktualisiert wird. Dies soll dem Schutz von sog. Daueranwendern dienen, welche sich bereits zu einem früheren Zeitpunkt auf Basis der alten Gebrauchsanweisung mit dem Produkt vertraut gemacht hatten.[768]

Der Produktverantwortliche sollte aus Compliance-Gesichtspunkten möglichst weit- **812** reichend vor möglichen Gefahren warnen. Besteht Unsicherheit, ob eine Warnung erforderlich ist, dann sollte gewarnt werden. Auf diese Weise lassen sich Haftungsrisiken weitgehend vermeiden. Dies darf jedoch nicht dazu führen, dass die Gebrauchsanweisung übermäßig lang wird und so die einzelne Warnung in der Masse der Hinweise untergeht.[769] Welche Warnungen aufgenommen werden und welche nicht, ist daher letztlich eine Abwägungsentscheidung und muss jeweils im Einzelfall ermittelt werden. Zu beachten ist, dass eine Beachtung von öffentlich-rechtlichen Normen oder DIN-Vorschriften nicht automatisch einen Rechtfertigungsgrund darstellt und eine Warnung auch dann notwendig sein kann, wenn sie in solchen Vorschriften nicht vorgesehen ist.[770] Warnungen vor erheblichen Gesundheitsrisiken sollten in jedem Fall aufgenommen werden. Ist die Gesundheit oder körperliche Unversehrtheit durch ein Produkt bedroht, so sollte grundsätzlich schon dann eine Warnung ausgesprochen werden, wenn auf Grund eines ernstzunehmenden Verdachts zu befürchten ist, dass

---

764 S. zum naheliegenden Fehlgebrauch ausf. bereits oben die Ausführungen zum Konstruktionsfehler.
765 *Palandt/Sprau* § 3 ProdHaftG, Rn. 11.
766 Vgl. *BGH* NJW 1992, 560 ff. – Kindertee .
767 Vgl. *BGH* NJW 1994, 932 ff. – Kindertee II.
768 Vgl. *BGH* NJW 1992, 560 ff. – Kindertee I.
769 Sogenannter information-overload. Zur drucktechnischen Hervorhebung von Warnhinweisen vgl. auch *BGH* NJW 1995, 1286, 1287 – Kindertee III.
770 Vgl. *BGH* NJW 1999, 2815, 2816 – Aktenvernichter.

Gesundheitsschäden entstehen können.[771] Zu beachten ist auch, dass von Warnungen nicht nur die direkten Verwender profitieren sollen. Der Verwender muss auch darüber informiert werden wie Dritte, die sog. „bystanders", vor Produktgefahren geschützt werden.[772]

813 Der Produktverantwortliche kann sich jedoch nicht durch Warnungen der Pflicht zur ordnungsgemäßen Konstruktion entziehen. Das Fehlen einer technisch möglichen und zumutbaren Konstruktion kann nicht durch ein Mehr an Instruktion ausgeglichen werden.[773]

814 Bei der Frage, welche Warnung in eine Gebrauchsinformation aufzunehmen ist, sind ferner regionale Unterschiede zu beachten. Eine Warnung, die nach europäischem Recht nicht erforderlich ist, kann nach US-amerikanischem Recht zwingend notwendig sein und umgekehrt. Der Inhalt einer Gebrauchsinformation ist daher optimalerweise für jedes Land rechtlich zu prüfen und unter Umständen den regionalen rechtlichen Besonderheiten anzupassen.

815 Sollten Gebrauchsanweisungen einer behördlichen Genehmigung bedürfen, so kann es in verschiedenen Ländern unterschiedlich lange dauern, bis diese Genehmigung erteilt wird (z.B. bei Fach- und Gebrauchsinformationen von Arzneimitteln und Medizinprodukten). Anspruchssteller könnten in etwaigen Haftungsprozessen argumentieren, sie seien später über mögliche Gefahren aufgeklärt worden als Anwender in anderen Ländern. Um diese Diskrepanzen von Unternehmensseite erklären zu können, muss die Korrespondenz mit den Behörden zu diesen Themen unbedingt festgehalten und möglichst lange archiviert werden. Außerdem sollte vorsorglich auch versucht werden, den behördlichen Prozess zu beschleunigen, um die Warnung so schnell wie möglich in die Gebrauchsinformation aufnehmen zu können.

816 Die vom Hersteller gegebene Instruktion beschränkt sich nicht auf die Gebrauchsanweisung. Auch die sonstige Produktpräsentation in der Öffentlichkeit kann den „Inhalt" der geltenden Instruktion mitbestimmen, an der sich der Hersteller festhalten lassen muss. Je harmloser das Produkt dem Durchschnittsverbraucher in der Gesamtschau erscheinen muss, desto deutlicher ist auf dennoch bestehende Gesundheitsgefahren hinzuweisen.[774] Maßgeblich sind nicht nur Form und Gestaltung des Produkts selbst, sondern auch die Beschreibung des Produktes und seiner Gebrauchsmöglichkeiten in der Werbung oder in Katalogen. Es ist dabei nicht einmal notwendig, dass die entsprechenden Angaben vom Hersteller veranlasst wurden. Es kann genügen, dass bestimmte Aussagen dem Produktverantwortlichen hinreichend zurechenbar sind. Machen beispielsweise Vertreter aus dem von der Firma autorisierten Vertriebsnetz oder Vertriebsgesellschaften in anderen Ländern bestimmte, nicht autorisierte Angaben, so können diese je nach Beurteilung des Einzelfalles dem Produktverantwortlichen zurechenbar sein.

817 Der Produktverantwortliche muss daher bei der Vielzahl der die Instruktion bestimmenden Angaben darauf achten, dass in der Öffentlichkeit lediglich die Angaben ankommen, die wirklich erwünscht sind. Bei den verschiedenen Angaben, die gegen-

---

771 Vgl. *BGH* BB 2009, 1884, 1885 mit Anmerkung *Burckhardt* – Airbag.
772 Zur Instruktionspflicht gegenüber „bystandern" s. *Foerste/von Westphalen* Produkthaftungshandbuch, 3. Aufl. 2012, § 24, Rn. 261 ff.
773 Palandt/*Sprau* § 3 ProdHaftG, Rn. 10.
774 Vgl. MünchKomm BGB/*Wagner* § 823 Rn. 642.

Lach/Burckhardt

über der Öffentlichkeit gemacht werden, ist ferner darauf zu achten, dass keine Widersprüche entstehen. Werden in der Gebrauchsanleitung und der Öffentlichkeit unterschiedliche Angaben gemacht, so sind möglicherweise auch die Warnhinweise in der Gebrauchsanweisung wertlos. Verwirklichen sich anschließend Risiken, so kann der Produktverantwortliche haften.

Erforderlich sind daher klare unternehmensinterne Richtlinien, welche Angaben aus **818** dem Unternehmen heraus und im Vertriebsnetz gemacht werden dürfen, damit eine konsistente Produktkommunikation gewährleistet ist. In der Regel wird das durch eine zentrale Durchsicht und Prüfung sämtlicher produktbezogener Aussagen in der Werbung, dem Vertrieb und in der Produktinformation erfolgen. Das Unternehmen hat, falls falsche Angaben gemacht werden, diese zumindest mit der gleichen Intensität und Breitenwirkung zu widerrufen, um einen möglichen Irrtum wirksam zu beseitigen. Dabei müssen auch solche Angaben widerrufen werden, die nicht vom Produktverantwortlichen gebilligt wurden, wenn diese ihm zurechenbar sind.

3.2 Pflichten nach dem Inverkehrbringen

Das ProdHaftG sieht nach dem Inverkehrbringen grundsätzlich keine Pflichten des **819** Produktverantwortlichen mehr vor. Nach Deliktsrecht wandelt sich die Produktverantwortung nach dem Inverkehrbringen jedoch in eine Pflicht zur Produktbeobachtung um.[775] Die Produktbeobachtungspflicht soll die Verantwortlichkeit des Herstellers über den Zeitpunkt des Inverkehrbringens hinaus erweitern. Der Hersteller muss seine Produkte daher grundsätzlich nach dem Inverkehrbringen beobachten. Wie auch die Instruktionspflicht erstreckt sich die Produktbeobachtungspflicht je nach Grad der Gefährlichkeit auch auf Kombinationsprodukte, Zubehör und Zulieferprodukte.[776]

Bei den Produktbeobachtungspflichten handelt es sich nicht um einen eng umrissenen **820** Begriff mit exakt konkretisierten Pflichten. Unter diesen Begriff ist eine Vielzahl von gesetzlichen Handlungsanforderungen zu fassen, von der Sammlung von Kundenbeschwerden über die Warnung der Öffentlichkeit bis hin zu aufwändigen und kostspieligen Rückrufaktionen. Die Produktbeobachtung bezieht sich auf noch unbekannt gebliebene schädliche Eigenschaften und sonstige Verwendungsfolgen, die eine Gefahrenlage schaffen können.

Sinn der Produktbeobachtungspflicht ist es, den Hersteller und das Produkt auf **821** dem neuesten Stand der Wissenschaft und Technik zu halten. Der Hersteller soll neue wissenschaftliche Erkenntnisse für die im Verkehr befindliche Produkte umsetzen. Dies kann durch eine Anpassung der Gebrauchsinformation, durch eine öffentliche Information der Anwender oder eine Warnung geschehen. Aus der Produktbeobachtungspflicht können sich darüber hinaus Erkenntnisse ergeben, die einen Rückruf des Produkts erforderlich machen.[777] Das kann selbst bei Zweifeln an der Sicherheit des Produkts der Fall sein, wenn sich diese noch nicht zu einer Gefahrengewissheit verdichtet haben. Dies gilt auf jeden Fall dann, wenn ein ernstzunehmender Gefahrenverdacht vorliegt, schwerwiegende Gefahren für Leib und Leben bestehen und ungefährlichere Alternativprodukte zur Verfügung stehen.[778]

---

775 Vgl. MünchKomm BGB/*Wagner* § 823 Rn. 597.
776 Vgl. MünchKomm BGB/*Wagner* § 823 Rn. 646.
777 Zur Rückrufpflicht s. *Burckhardt* VersR 2007, 1601 ff.
778 Vgl. hierzu *BGH* BB 2009, 627 ff. mit Anm. *Burckhardt* – Pflegebetten.

822 Die Erkenntnisse aus der Produktbeobachtung müssen nicht nur bei den bisher auf dem Markt befindlichen Produkten umgesetzt werden, sondern auch bei der noch zu produzierenden Neuware. Die Erkenntnisse müssen also auch in der gegenwärtigen Produktion umgesetzt werden. Sollten beispielsweise Mängel der Konstruktion neu erkannt werden, dann muss diese verändert und mögliche Gefahrenherde beseitigt werden. Gleiches gilt für Fehler der Fabrikation und der Instruktion, die zwischenzeitlich erkannt wurden. Werden im Rahmen der Produktbeobachtung Mängel von Zulieferteilen erkannt, so muss der Endhersteller auf eine Behebung des Mangels hinwirken.

823 Qualitativ wird gemeinhin zwischen der aktiven- und der passiven Produktbeobachtungspflicht unterschieden. Die aktive Beobachtungspflicht betrifft in der Regel den Hersteller oder Personen, die einen gleichwertigen Einfluss auf das Produkt haben. Aktive Produktbeobachtung bedeutet die Pflicht zur Ermittlung neuer Informationen über mögliche Schadensrisiken des Produkts. Hierfür sind zunächst wissenschaftlich-technische Fachzeitschriften auszuwerten, bei weltweit tätigen Unternehmen etwa das internationale Fachschrifttum.[779] Im Grundsatz gilt, dass öffentlich zugängliche Quellen ausgewertet werden müssen, die produktrelevante Informationen erwarten lassen.[780] Ferner sind im Rahmen eines ordnungsgemäßen Reklamationsmanagements sämtliche Erfahrungsberichte zum Produkt auszuwerten, die dem Unternehmen aus dem Markt zugehen. Dies kann sich auch auf solche Erfahrungsberichte erstrecken, die gleiche oder sehr ähnliche Produkte anderer Hersteller betreffen, soweit diese Daten dem eigenen Unternehmen zugänglich sind.[781] Deshalb sollten öffentlich zugängliche Informationen über Rückrufaktionen und vergleichbare Maßnahmen regelmäßig kontrolliert und auf Hinweise für mögliche Fehler der eigenen Produkte durchgesehen werden. Dabei beschränken sich die zu berücksichtigenden Daten nicht nur auf Informationen, die aus dem inländischen Markt kommen. Auch Anwendungserfahrungen, die auf ausländischen Märkten gemacht werden, sind zu berücksichtigen. Die Reichweite und der Umfang der aktiven Produktbeobachtungspflicht hängen vom Schädigungspotential des Produkts, der Produktverbreitung und seinen Absatzwegen, von seinem Preis und den darauf gestützten Sicherheitserwartungen ab. Die Produktbeobachtungspflicht ist weniger ausgeprägt bei bekannten und bewährten Produkten, die sich schon länger auf dem Markt befinden. Dies gilt insbesondere wenn sie seit langer Zeit in großer Stückzahl auf dem Markt sind. Im Umkehrschluss ist die Produktbeobachtungspflicht besonders ausgeprägt bei komplexen Neuentwicklungen mit großem Schädigungspotential.[782] Auch der Aufwand, mit dem sich die entsprechenden Informationen beschaffen lassen, spielt eine Rolle bei der Reichweite der Produktbeobachtungspflichten. Allgemein stellt sich die Frage der wirtschaftlichen Zumutbarkeit der Beobachtungsmaßnahmen.

824 Bei der passiven Produktbeobachtung handelt es sich um die Pflicht Beschwerden von Kunden über Produktrisiken und Schadensfälle entgegen zu nehmen, zu sammeln und systematisch auszuwerten. Eine lediglich passive Produktbeobachtungspflicht betrifft

---

779 S. *BGH* NJW 1981, 1606, 1607 – Benomyl.
780 *OLG Schleswig* ZfS 2006, 442, 442 – Kühlschleifmittel.
781 Verbesserungen bei Konkurrenzprodukten können Hinweise auf einen Fehler(verdacht) bei eigenen Produkten geben, vgl. *BGH* NJW 1990, 906, 908 – Pferdebox.
782 *Kullmann/Pfister* Kz. 1520, S. 63. Zu beachten ist aber, dass es keine allgemein gültige Obergrenze der Produktbeobachtungspflicht gibt. Die Produktbeobachtungspflicht endet auch nicht mit der maximalen Lebensdauer der Produkte.

vor allem solche Unternehmen, die das Produkt zwar vertreiben, nicht jedoch am Herstellungsprozess beteiligt sind.[783] Das sind vor allem bloße Importeure und inländische Vertriebsgesellschaften von ausländischen Mutterunternehmen. Sie sind die Schnittstelle zwischen Verbraucher und Hersteller und müssen beobachten, wie sich das Produkt auf dem inländischen Markt mit all seinen Besonderheiten bewährt.

Um die Compliance mit Produktbeobachtungspflichten zu gewährleisten, muss wiederum unternehmensintern eine besondere Struktur geschaffen werden. Beide Formen der Produktbeobachtungspflichten erfordern ein System zur Erfassung von Beschwerden sowie deren Einstufung und Systematisierung. Die aktive Produktbeobachtungspflicht verlangt darüber hinaus einen wissenschaftlichen Apparat, der sich mit den neuesten technischen Entwicklungen auseinandersetzt. Darüber hinaus müssen die Bemühungen des Unternehmens im Bereich der Produktbeobachtung dokumentiert werden. Nur auf diese Weise kann die Compliance in einem späteren Gerichtsverfahren dargelegt werden. **825**

4. Rechtsfolgen der Non-Compliance

Produkthaftung ist ein Sammelbegriff für zivilrechtliche Anspruchsgrundlagen. Die Folge der Non-Compliance sind zivilrechtliche Ansprüche, denen das Unternehmen ausgesetzt sein kann. Auch auf der Rechtsfolgenseite muss dabei zwischen produkthaftungsrechtlicher und deliktischer Produkthaftung unterschieden werden. **826**

Liegen die Voraussetzung der Haftung aus dem ProdHaftG vor, so haftet der Produktverantwortliche verschuldensunabhängig. Die Haftung ist jedoch der Höhe nach begrenzt. Sind Personenschäden durch ein Produkt oder identische Produkte mit demselben Fehler verursacht worden, dann haftet der Ersatzpflichtige nur bis zu einem Höchstbetrag von 85 Mio. EUR.[784] Betrifft der gleiche Konstruktionsfehler mehrere sehr ähnliche Produkte der gleichen Produktreihe, stellt sich die Frage, ob gleiche oder nur ähnliche Produkte vorliegen. Sind die Produkte nur ähnlich und nicht gleich, dann können jeweils neue Höchstbeträge von 85 Mio. EUR gelten. Diese Frage wird vor allem bei Arzneimittel relevant, bei denen Arzneimittel mit gleichen Wirkstoffen, aber in verschiedenen Dosierungen in Verkehr gebracht werden.[785] **827**

Das ProdHaftG sieht – bei Sachschäden – ferner eine Selbstbeteiligung des Geschädigten in Höhe von 500 EUR vor. Diese Selbstbeteiligung wird jedoch in der Praxis keine Rolle für strategische Entscheidungen im Unternehmen spielen. Sie ist bei Personenschäden nicht anwendbar und kann nur bei Massensachschäden mit jeweils kleinem Schadensausmaß relevant werden. **828**

Ansprüche nach dem ProdHaftG verjähren nach den allgemeinen Vorschriften. Die Verjährungsfrist beträgt daher grundsätzlich drei Jahre. Zu beachten ist dabei auch, dass Ansprüche nach dem ProdHaftG 10 Jahre nach dem Inverkehrbringen des betroffenen Produkts erlöschen. Hierbei ist zu beachten, dass ein Inverkehrbringen durch den Hersteller bereits dann vorliegt, wenn der Hersteller sich der tatsächlichen Herrschaftsgewalt über das Produkt begibt, z.B. indem er es selbst ausliefert, in den **829**

---

783 Vgl. *BGH* NJW 1987, 1009 – Motorradfall und insgesamt MünchKomm BGB/*Wagner* § 823 Rn. 647.
784 § 10 Abs. 1 ProdHaftG.
785 Die entspr. Regelung im Arzneimittelrecht ist § 88 AMG.

Vertrieb gibt oder an ein nicht in den Herstellungsprozess einbezogenes Tochterunternehmen übergibt.[786]

830 Im Deliktsrecht ergeben sich einige Unterschiede zum ProdHaftG. Die besonderen Grundsätze der Produzentenhaftung betreffen zunächst, anders als im ProdHaftG, primär den tatsächlichen Hersteller. Dies wird vor allem für inländische Vertriebsgesellschaften eines internationalen Unternehmens relevant. In der Regel wird nur die Muttergesellschaft Hersteller i.S.d. Deliktsrechts sein. Die Verweisung von Anspruchstellern an die Muttergesellschaft sollte von Seiten der Vertriebsgesellschaften jedoch nur mit äußerster Vorsicht erfolgen. Sitzt die Muttergesellschaft nämlich in den USA kann eine solche Verweisung von erheblichem Nachteil sein, da die Haftungssummen in den USA wesentlich höher sind. Außerdem erschwert die Verweisung an das Mutterunternehmen die Geltendmachung einer sog. Forum non Conveniens Motion in den USA. Diese dient dazu die Geltendmachung aller Ansprüche weltweit in den USA zu verhindern.[787]

831 Bei der Haftung nach Deliktsrecht gibt es auch keinen Haftungshöchstbetrag und auch keine Selbstbeteiligung. Die Verjährung von deliktischen Ansprüchen richtet sich nach der regelmäßigen Verjährungsfrist und beträgt drei Jahre. Ein Erlöschen der Haftung 10 Jahre nach dem Inverkehrbringen gibt es im Deliktsrecht hingegen nicht.[788]

Die von deutschen Gerichten zugesprochenen Schadensersatzsummen sind moderat und nicht mit denen in den USA vergleichbar. Das liegt vor allem daran, dass das Konzept der „punitive damages", also des Strafschadensersatzes, nicht angewendet wird, da dem deutschen Schadensersatzrecht der Gedanke der Kompensation zugrunde liegt. Allerdings kann es durch die Zuerkennung von Erwerbsunfähigkeitsrenten doch zu erheblichen Schadensersatzsummen kommen. Außerdem ist bei deutschen Gerichten die Tendenz zu erkennen, zunehmend höhere Schmerzensgeldsummen für Gesundheitsverletzungen zuzusprechen. Es ist davon auszugehen, dass sich dieser Trend fortsetzt und die zugesprochenen Schadensersatzsummen insgesamt ansteigen werden.

832 Viel wichtiger noch als etwaige hohe Schadensersatzsummen sind jedoch die möglichen Imageschäden für das Produkt und die dazugehörige Marke. Produkthaftungsrechtliche Verfahren erfahren in zunehmendem Maße öffentliche Aufmerksamkeit. Dabei kann dies ein Maß erreichen, dass nicht nur das Produkt als solches beschädigt wird, sondern möglicherweise auch der Firmenname und Ruf des gesamten Unternehmens. Auch aus diesem Grund ist zu beobachten, dass größere Produktkrisen beispielsweise unmittelbaren Einfluss auf den Aktienkurs und damit auf den Wert des Unternehmens haben können.

833 Kommt es zu produkthaftungsrechtlichen Verfahren stehen auch immer strafrechtliche Aspekte im Raum. Von Bedeutung ist hierbei wieder vor allem § 229 StGB.[789] Die strafrechtliche Verantwortung wird dabei häufig im Hinblick auf die Frage diskutiert,

---

786 Palandt/*Sprau* § 1 ProdHaftG, Rn. 14 mit Verweis auf *EuGH* NJW 2006, 825.
787 Vgl. hierzu ausf. *Brock/Lach* VersR 2008, 870 ff.
788 Auch § 199 Abs. 2 BGB normiert kein Erlöschen der deliktischen Ansprüche i.d.S., sondern eine Verjährung, die als Einrede geltend gemacht werden muss. Nach § 199 Abs. 2 BGB verjähren deliktische Ansprüche wegen Personenschäden spätestens 30 Jahre nach dem schadenauslösenden Ereignis.
789 S. hierzu bereits oben zu den Folgen der Non-Compliance im Bereich Produktsicherheit.

wann ein Produkt hätte zurückgerufen werden müssen.[790] Das Strafrecht spielt auch deshalb im Bereich der Produkthaftung zunehmend eine Rolle, da Klägeranwälte versuchen im Strafverfahren eingeholte Informationen auch in Zivilverfahren zu verwerten. Oft sind sie es deshalb, die Strafanzeigen stellen.

IV. Zusammenfassung

Bei der Compliance im Bereich Produktverantwortung sind sowohl produktsicher- **834** heitsrechtliche als auch produkthaftungsrechtliche Aspekte zu beachten. Die Compliance in beiden Bereichen setzt eine gezielte und nachhaltige unternehmensinterne Organisation voraus, die die besonderen Anforderungen in diesem Bereich berücksichtigt. Neben der Haftung drohen auch erhebliche Sanktionen – nicht zuletzt über ihre Öffentlichkeitswirkung – im öffentlich-rechtlichen und strafrechtlichen Bereich. Darüber hinaus können Produktkrisen und unter Umständen damit verbundene Sanktionen und behördliche Maßnahmen erhebliche Auswirkungen auf den wirtschaftlichen Erfolg eines Unternehmens haben. Im schlimmsten Fall kann ein Produkt, eine Marke oder das Unternehmen gefährdet sein. Eine Auseinandersetzung mit dieser Thematik ist daher lohnenswert, um produktbezogene Sanktionen bzw. Haftungsrisiken von vornherein zu minimieren oder zumindest in einem etwaigen Ernstfall ausreichend vorbereitet zu sein.

---

790 Vgl. *BGH* NJW 1990, 2560 ff. – Lederspray.

6. Kapitel
Risikomanagement und Umgang mit besonderen Risikosituationen

A. Datenschutz im globalen Konzern

I. Einführung

Die Einhaltung von Datenschutzanforderungen wird in der Unternehmenspraxis **1** meist als rein juristische Aufgabe gesehen. Oftmals sind die Bemühungen eines Unternehmens um die Etablierung des erforderlichen Datenschutzniveaus leider nur auf komplexe Vertragsklauseln, umfangreiche Regelwerke und dokumentierte Verfahren fokussiert. Dabei wird das Ziel verfolgt, mögliche Datenschutzvorfälle und die damit einhergehenden möglichen Vorwürfe der Nachlässigkeit, Nachprüfungen oder Sanktionen seitens der Datenschutzbehörden, mit Beweisen der gewissenhaften Pflichtübung begegnen zu können. Die ernsthafte operative Aufgabe, das bestehende **Datenschutzrisiko** mit effektiven Risikominimierungsmechanismen zu bewältigen wird oft nicht wahrgenommen.

Wird der Datenschutz in einem Unternehmen geprüft, sei es durch den Jahresab- **2** schlussprüfer oder durch einen anlassbezogenen Sonderprüfer, werden in den allermeisten Fällen auch nur die Einhaltung der Mindeststandards und das Vorhandensein von Regelwerken und die Dokumentation von Prozessen geprüft. Es wird gefragt, ob standardmäßige Vertragsklauseln genutzt wurden, ob eine Datenschutz-Richtlinie etabliert ist und ob Handlungsanweisungen und Verfahrensabläufe zum Umgang mit personenbezogenen Daten vorgegeben sind. Das sind Prüfungsfragen, die ausschließlich der Feststellung dienen, ob die Datenschutzverantwortlichen in einem Unternehmen, bezogen auf die jeweils vor Ort anzuwendenden gesetzlichen Bestimmungen, ein Mindestmaß an Datenschutz hergestellt haben. Die Prüfungsergebnisse geben noch keine Auskunft darüber, ob der etablierte Datenschutz tatsächlich effektiv ist und die Betroffenen, also z.B. Mitarbeiter oder Kunden, und deren Daten wirksam geschützt werden.

Ein effektiver Datenschutz kann nur hergestellt werden, wenn man einen **risikobasier-** **3** **ten Ansatz** wählt. Ein Unternehmen muss sich Gedanken darüber machen, welche Folgen z.B. der Verlust oder Missbrauch der personenbezogenen Daten für den Betroffenen selbst und für das Unternehmen haben kann. Datenschutzrisiken müssen dabei immer im Kontext der Geschäftstätigkeit und des Informationswertes der zu verarbeitenden Daten oder der Anfälligkeit und Komplexität des konkreten Datenverarbeitungsprozesses berücksichtigt werden. Die Art der zu verarbeitenden personenbezogenen Daten spielt bei der Risikoeinschätzung ebenfalls eine wichtige Rolle. Auf gesetzlicher Seite ist dieser Risikoaspekt bereits verankert, bezieht sich aber nur auf die Anforderungen an den zusätzlichen Schutz beim Umgang mit sensiblen personenbezogenen Daten.

4 Die gute Nachricht ist, dass es tatsächlich einen **effektiven Datenschutz** gibt – auch wenn die Vielfältigkeit der gesetzlichen Bestimmungen viele Unternehmen daran zweifeln lassen. Die schlechte Nachricht ist, dass es keine Standardlösung mit „Plug-and-Play" Funktion gibt. Für einen effektiven Datenschutz bedarf es eines sehr guten Verständnisses um die involvierten Geschäftsprozesse, Daten und Abläufe. Neben den Datenschutzbeauftragten in einem Unternehmen sind es vor allem die Risiko- und Kontrollverantwortlichen, die direkt mit den relevanten Geschäftsprozessen vertraut sind und eine Folgeabschätzung vornehmen können. Nur deren Wissen ermöglicht eine Einschätzung der Risikosituation und damit die Einführung eines angemessenen und effektiven Datenschutzes.

5 In diesem Kapitel wird das Verfahren für einen angemessenen risiko-basierten Datenschutz-Ansatz dargestellt. Gesetzliche Anforderungen an den Datenschutz wurden in vorangegangenen Kapiteln schon ausreichend betrachtet und deshalb werden hier Risikomanagement Ansätze beschrieben, die es einem global agierenden Konzern ermöglichen, den Datenschutz über Ländergrenzen hinweg zu handhaben. Voraussetzung ist dabei, dass die entsprechenden gesetzlichen Anforderungen als Minimumstandards beschrieben und eingeführt sind. Der Umgang mit den Datenschutzrisiken in einem im Gesamtunternehmen eingebundenen Risikomanagement ist die notwendige Erweiterung und Feinjustierung der Datenschutzmaßnahmen.

II. Bestimmung und Management von Datenschutzrisiken

6 Das Bundesdatenschutzgesetz (BDSG) gibt keine spezifischen Vorgaben für die Bestimmung und das Management von Datenschutzrisiken. Allerdings werden in den Aufgaben des Beauftragten für den Datenschutz Kontroll- und Beratungsfunktionen aufgeführt, die eine Durchführung von Vorabkontrollen einschließen. Um Vorabkontrollen durchführen zu können, sind Risikoeinschätzungen notwendig. Soweit automatisierte Verarbeitungen besondere Risiken für die Rechte und Freiheiten der Betroffenen aufweisen, unterliegen sie der Prüfung vor Beginn der Verarbeitung (Vorabkontrolle).

7 In der Praxis wird das Konzept einer Risikoeinschätzung aber nicht nur bei den gesetzlich vorgeschriebenen Vorabkontrollen durchgeführt. Der Datenschutz kann in einem großen Unternehmen mit vielen komplexen Verarbeitungsprozessen nur effektiv sichergestellt werden, wenn die verarbeitende Stelle gemeinsam mit dem **Beauftragten für den Datenschutz** eine Beurteilung der geplanten Verarbeitung über die im BDSG genannten automatisierten Verarbeitungen hinaus und der dabei entstehenden Datenschutzrisiken vornehmen.

8 Die Bestimmung der Risiken muss der Startpunkt jeglichen Handelns sein. Ohne eine Risikoeinschätzung dürfte auch nicht bekannt sein, für welche Datenverarbeitungen man denn Vorabkontrollen durchzuführen hat. Alle einzuführenden Schutzmaßnahmen richten sich ebenfalls an den möglichen Risiken aus. Die Verarbeitungsschritte werden je nach Geschäftszweck, Art der zu verwendenden Daten und der einzusetzenden Systeme ein unterschiedlich hohes Risiko erzeugen und dementsprechend auch unterschiedliche Schutzmaßnahmen erfordern.

9 Soll der Beauftragte für den Datenschutz im Rahmen seiner Kontroll- und Beratungsfunktion oder im Inhalt seiner Meldepflicht eine Beurteilung abgeben, ob bestimmte

Maßnahmen[1] angemessen sind, muss er in der Praxis eine Risikoeinschätzung vornehmen, nach der sich die Angemessenheit der eingeführten Schutzmaßnahmen überhaupt erst bemessen lassen können.

Im Management von Umweltrisiken spricht man z.b. von notwendigen Vorsorgemaß- **10** nahmen um Vorfälle zu verhindern, die Umweltschäden verursachen können. Diesen Ansatz der Antizipation von Risiken und Schäden und die daran bemessene Bestimmung von **angemessenen Vorsorgemaßnahmen** gilt es auch auf den Datenschutz zu übertragen.

Zusätzlich müssen die eingeschätzten Datenschutzrisiken und die darauf abgestimmte **11** Kontrollumgebung regelmäßig überprüft werden, um auf veränderte Bedingungen reagieren zu können, z.B. neue Geschäftsfelder wurden erschlossen und bringen neue Datenschutzrisiken mit sich oder in einem risikoreichen Geschäftsbereich entsteht durch ein Wechsel der Mitarbeiter ein Defizit der notwendigen Fachkenntnisse im Datenschutz.

Die folgenden Verfahrensschritte haben sich für die Bestimmung und das Manage- **12** ment von Datenschutzrisiken in der Praxis bewährt:

1. Bestimmung der Risikofaktoren

Um das tatsächliche Datenschutzrisiko in einem Unternehmen einschätzen zu können, **13** müssen verschiedene Risikofaktoren betrachtet werden. Das alleinige Vorhandensein einer gesetzlichen Anforderung zum Schutz personenbezogener Daten und der Verstoß bzw. die Nichteinhaltung dieser Anforderung stellt noch nicht das Risiko dar. Landläufig wird das Datenschutzrisiko in einem Unternehmen mit der **Non-Compliance** oder der Nichteinhaltung gesetzlicher Anforderungen definiert. Unbestritten ist, dass die Nichteinhaltung oder der Verstoß gegen gesetzliche Anforderungen Risiken mit sich bringt, wie z.B. Reputationsschäden, Überprüfungen der Aufsichtsbehörden oder gar Sanktionen und die Verhängung von Bußgeldern. Das in einem Unternehmen bestehende Datenschutzrisiko muss jedoch über die Compliance hinaus spezifisch nach den folgenden Risikofaktoren beurteilt werden.

1.1. Geschäftskontext

Das Datenschutzrisiko steht immer im direkten Kontext mit dem jeweiligen Geschäfts- **14** feld in dem ein Unternehmen agiert. Unternehmen die z.B. direkt im Kontakt mit Endverbrauchern stehen haben in der Regel ein höheres Datenschutzrisiko als Unternehmen die z.B. im Rohstoffhandel tätig sind und nur bedingt personenbezogene Daten verarbeiten. Zusätzlich spielt es eine Rolle, ob das Unternehmen mit dem betrachteten Geschäft strategisch hohe Wachstumserwartungen hat oder ob es sich um ein schon langjährig bestehendes, moderat wachsendes Geschäft handelt. Neue Wachstumsfelder und neue strategische Märkte erzeugen in der Regel ein höheres Datenschutzrisiko, da die Anforderungen an den Datenschutz möglicherweise nicht umfänglich bekannt sind oder das Thema zunächst keine hohe Priorität hat. Im Versicherungsumfeld lässt sich dieser Ansatz der Risikomessung in Bezug auf den Datenschutz beispielhaft nach den jeweiligen Versicherungssparten oder Produkten aufzeigen (z.B. Sozial- und Krankenversicherungen, Personenversicherungen oder Sach- und Vermögensversicherungen haben ein unterschiedliches inhärentes Datenschutzrisiko).

---

1 S. nach § 9 BDSG.

1.2 Handelnde Personen

15 Für eine effektive Einschätzung des Datenschutzrisikos ist es ganz entscheidend, welche Personen mit den entsprechenden personenbezogenen Daten umgehen. Sind die handelnden Personen z.B. gut ausgebildet und sind schon alleine durch ihren Berufsstand auf die Geheimhaltung von Informationen verpflichtet (z.B. Wirtschaftsprüfer, Ärzte oder Anwälte) wird das Datenschutzrisiko geringer einzuschätzen sein, als wenn die handelnden Personen relativ neu im Job tätig sind und noch keine ausreichende Erfahrung im Umgang mit Datenschutzbelangen haben (z.B. Teilzeitangestellte in einem Call Center oder Auszubildende). In der Kategorie „Handelnde Personen" ist auch einzuschätzen, inwieweit das Bewusstsein und Wissen des Managements zum Datenschutz in einem Geschäftsbereich ausgeprägt ist und ob die eingesetzten Ressourcen ausreichen.

1.3 Externe Faktoren

16 Der externe Faktor „gesetzliche Bestimmungen und Rechtsvorschriften" ist im Datenschutz der am häufigsten genannte Risikofaktor. Wie in dieser Auflistung allerdings deutlich wird, bei weitem nicht der Einzige. Eine Risikobewertung wird jedoch bei Zunahme der gesetzlichen Anforderungen für datenschutzrelevante Themen höher ausfallen. Bei der Auflistung der relevanten Gesetze und Regelungen in dem betrachteten Geschäftsbereich wird schon deutlich, wie vielschichtig und komplex die Anforderungen sind. Dabei gehen die gesetzlichen Anforderungen oftmals weit über ein Datenschutzgesetz (wie z.B. das BDSG) hinaus. Insbesondere in den USA sind viele sektorale Anforderungen entstanden (z.B. der Health Insurance Portability and Accountability Act oder Gramm-Leach-Bliley Act), deren Datenschutzerfordernisse es umzusetzen gilt.

17 Zusätzlich zu den gesetzlichen Anforderungen können auch **Erwartungen der Öffentlichkeit** eine Rolle spielen. Haben die Medien z.B. vor allem in der Branche des betreffenden Unternehmens über Datenschutzvorfälle berichtet oder wurden Bußgeldern vermehrt an direkte Mitbewerber im Markt verhängt, muss auch das Datenschutzrisiko insgesamt höher eingestuft werden. Zumindest nimmt die Eintrittswahrscheinlichkeit zu, dass man selbst Ziel der Berichterstattung werden könnte.

1.4 Kontrollumgebung

18 Die Kontrollumgebung eines Geschäftsbereichs muss bei kapitalmarktorientierten Unternehmen zumindest von einem Wirtschaftsprüfer bewertet werden. Weitere regulatorische Anforderungen schreiben dies zunehmend auch für die internen Beurteilungen in einem Unternehmen vor. Dabei ist entscheidend, ob der **Aufbau der Kontrollumgebung** adäquat ist (oder ob überhaupt Kontrollen implementiert wurden) und ob die Kontrollen effektiv sind. Für die Einschätzung des Datenschutzrisikos und vor allem für die Entscheidung, welche Schutz- und Kontrollmaßnahmen eingeführt werden müssen, ist dies sehr bedeutend.

1.5 Erfahrung mit aufgetretenen Vorfällen

19 Treten in dem betrachteten Geschäftsbereich häufig Vorfälle auf, muss dies nicht unbedingt negativ sein. Möglicherweise wird es z.B. bei einer Serviceabteilung, die sehr viele Kunden bedient und in der sehr häufig Briefe manuell verschickt, immer wieder zu Fehlern kommen (Beispiel: Finanzauskunft wird an den falschen Adressaten versendet). Bei der Einschätzung des Risikos ist es in einem solchen Fall wichtig zu wissen, ob die betroffene Abteilung adäquat auf die Vorfälle reagiert und ob ausreichend Ressourcen vorhanden sind, um den potentiellen Schaden für den betroffenen Kunden bestmöglich reduzieren zu können. Eine **wirksame Reduzierung des Risikos** durch Datenverlust und Datenmissbrauch könnten auch durch automatisierte Kontrollen und systematische Überwachungsmechanismen erreicht werden.

1.6 Bewertungsmaßstäbe

Eine quantitative Einschätzung der oben genannten Risikofaktoren kann dazu **20** genutzt werden, Prioritäten zu setzen und zu wissen, in welchen Geschäftsbereichen die einzuführenden Schutzmaßnahmen besonders hoch sein müssen. Zum Beispiel kann eine numerische Skala[2] helfen, die einzelnen Risikofaktoren für einen Geschäftsbereich oder einen Geschäftsprozess quantitativ zu bewerten.

Tab. 1: Bewertungsskala   **21**

Punktwert	Beschreibung
0 – Nicht bekannt	Mehr Informationen sind nötig um diesen Risikofaktor einschätzen zu können
1 – Vernachlässigbar	Das Risiko ist bekannt aber als sehr gering einzuschätzen
2 – Gering	Das Risiko ist bekannt und wird regelmäßig überprüft; die Eintrittswahrscheinlichkeit ist eher gering
3 – Moderat	Das Risiko ist bekannt und wird durch regelmäßige Kontrollen vom Management wahrgenommen; die Eintrittswahrscheinlichkeit ist realistisch gegeben
4 – Bedeutend	Das Risiko ist bekannt und die ständige Kontrolle des Management ist garantiert; die Eintrittswahrscheinlichkeit ist mit hoch eingeschätzt
Keine	Datenschutzrisiken sind für dieses Geschäftsfeld nicht gegeben

2. Klassifizierung der zu verarbeitenden Daten

Ein weiterer Risikofaktor betrifft die Art der zu verarbeitenden Daten. Der Großteil **22** der weltweit eingeführten Datenschutzgesetze bezieht sich zwar insbesondere auf die Verarbeitung von personenbezogenen Daten, eine Ausgrenzung von vertraulichen und besonders wertvollen Geschäftsinformationen, die keine personenbezogenen Daten enthalten, würde aber zu einem nicht akzeptablen Risiko für ein Unternehmen führen.

Die folgende Abbildung gibt ein Beispiel, wie die verschiedenen **Datenarten** klassifi- **23** ziert werden könnten. Unternehmen werden sicher die für sie selbst am besten passende Klassifizierungsstruktur festlegen.

---

2 Vgl. Tab. 1.

24

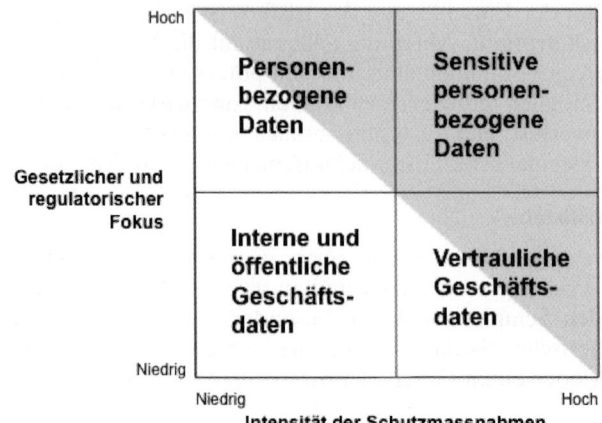

Abb. 1: Datenarten und deren Risikoklassifizierung

25 Die angegebene Nummerierung wendet die Bewertungsskala in Tab. 1 an und quantifiziert die jeweilige Datenart nach dem einzuschätzenden Risiko. Ohne weiteren Kontakt birgt die Datenart für sich genommen schon ein Risiko. Die negative Auswirkung auf den Betroffenen ist beim Verlust oder Missbrauch seiner sensiblen personenbezogenen Daten (z.B. Gesundheitsdaten) gleichfalls höher als beim Verlust oder Missbrauch von personenbezogenen Daten (z.B. Name und Anschrift). Zusätzlich steigen die regulatorischen Anforderungen zum kontrollierten Umgang mit den hier angegebenen Datenarten mit den gesetzten Bewertungen (je höher die Bewertung ist desto mehr Anforderungen müssen berücksichtigt werden).

2.1 Personenbezug

26 Das **inhärente Risiko personenbezogener Daten** ist mit der Bestimmbarkeit einer natürlichen Person (Betroffener) innerhalb eines Datensatzes verknüpft. Die Stellungnahme 4/2007 der europäischen Artikel 29-Datenschutzgruppe zum Begriff personenbezogene Daten gibt umfassend Auskunft über die Bestimmbarkeit eines Betroffenen und bezieht sich dabei ganz wesentlich auf das Risiko bzw. auf die Auswirkung auf den Betroffenen bei Datenmissbrauch. Unternehmen sollten bei der eigenen Festlegung des Personenbezugs der zu verarbeitenden Daten den Risikobezug in Bezug auf den Betroffenen (z.B. auf den Kunden oder den Mitarbeiter) einschätzen.

27 Ein global agierendes Unternehmen wird sich mit umfangreichen Listen von Datenarten mit Personenbezug konfrontiert sehen. Es gibt in den einzelnen Rechtsprechungen große Unterschiede, welche Daten als personenbezogen gelten. So müssen Listen von personenbezogenen Daten in anzuwendenden Datenschutzgesetzen (z.B. in einigen US-amerikanischen Gesetzen[3]) im eigenen **Datenschutzprogramm** berücksichtigt werden. Obwohl es beim Personenbezug von Daten weltweit unterschiedliche Meinungen gibt herrscht in der Rechtsprechung Einigkeit darüber das die Einschätzung des Datenschutzrisikos bezogen auf den Einzelnen das entscheidende Kriterium ist. Insofern ist es für ein global agierendes Unternehmen praktikabel, eine eigene Einschätzung vorzunehmen, welche Daten einen Personenbezug und bei Missbrauch potenziell eine negative Auswirkung auf den Einzelnen haben könnten.

---

3 Childrenś Online Privacy Protection Act (COPPA) 15 U.S.C. § 6501 (8) (A) – (E).

2.2 Besonders schützenswerte personenbezogene Daten

Besonders schützenswerte personenbezogene Daten, oder auch genannt „besondere **28** Arten von personenbezogenen Daten" oder „sensitive Daten" enthalten für sich genommen ein höheres Risiko. Als besonders schützenswerte personenbezogene Daten gelten z.B. Angaben über die rassistische und ethnische Herkunft, politische Meinungen, religiöse oder philosophische Überzeugungen, Gewerkschaftszugehörigkeit, Gesundheit oder Sexualleben.

Bei der Verarbeitung von sensitiven Daten müssen zusätzliche Anforderungen **29** berücksichtigt werden. Sonderregelungen gibt es im Bundesdatenschutzgesetz (BDSG)[4]. Der Grad der Sensitivität dieser Daten bestimmt sicher aber insbesondere durch deren Verwendungszusammenhang.[5] So bekommt die Risikoeinschätzung bezüglich des Geschäftskontaktes[6] eine wichtige Bedeutung auch im Zusammenhang mit der Verarbeitung sensitiver Daten.

2.3 Informationswert und Vertraulichkeit der Daten

Das BDSG legt u.a. fest, dass die mit der Datenverarbeitung beschäftigten Personen **30** auf die Geheimhaltung der personenbezogenen Daten zu verpflichten sind.[7] Die Verpflichtung auf das **Datengeheimnis** bezieht sich hier zwar ausschließlich auf den Schutz personenbezogener Daten, in der Praxis wird diese Verpflichtung aber auch auf schützenswerte Geschäftsdaten ausgeweitet. Es gibt eine Vielzahl gesetzlicher Vorschriften, die ein Unternehmen auf den Schutz der Geschäftsdaten in weiterem Sinne und auf den Schutz personenbezogener Daten im engeren Sinne verpflichten. Das Gesetz zur Kontrolle und Transparenz im Unternehmensbereich (KonTraG) bezieht sich z.B. auf die Schaffung eines unternehmensinternen Risikofrüherkennungssystem, dass in der Unternehmenspraxis umfassende Maßnahmen zur IT-Sicherheit und zum Datenschutz nach sich zieht. Andere gesetzliche Vorgaben z.B. im Onlinebereich das Teledienstedatenschutzgesetz (TDDSG)[8] oder für Telekommunikationsanbieter im Telekommunikationsgesetz (TKG)[9] fordern die **Einführung technischer Schutzmaßnahmen** und beziehen sich dabei nicht nur auf personenbezogene Daten. Ein weiteres Beispiel ist das Verbot von Insidergeschäften im Wertpapierhandelsgesetz (WpHG). Es hat eine Trennung und den Schutz von Insiderinformationen zur Folge.

Bei der Einführung geeigneter Schutzmaßnahmen bekommt damit der Informations- **31** wert der zu verarbeitenden Daten eine wichtige Bedeutung. Die Festlegung auf **Vertraulichkeitsstufen oder Schutzkategorien für Daten** im Allgemeinen ist neben der Bestimmung von personenbezogenen und nicht personenbezogenen Daten eine wesentliche Grundlage zur Risikoabschätzung.

---

4 §§ 13 Abs. 2, 28 Abs. 6–9 und 29 Abs. 5 BDSG, Sonderregelungen für besondere Arten personenbezogener Daten.

5 Vgl. *Simitis* Kommentar zum BDSG, 7. Aufl. 2011, § 3 Abs. 10, S. 378 ff.

6 S. 2. Kap. Rn. 18.

7 Vgl. § 5 BDSG, Datengeheimnis.

8 Vgl. § 4 Abs. 4 Nr. 3 TDDSG.

9 Vgl. § 109 TKG.

2.4 Unkritische und öffentlich zugängliche Daten

32 Nicht zu unterschätzen ist die Festlegung bzw. Klassifizierung von unkritischen Daten, die öffentlich zugänglich gemacht werden können. In der Praxis kann es sinnvoll sein, in dieser Kategorie, die öffentlich zugänglichen Daten von den im Unternehmen intern zugänglich zu machenden Daten zu trennen. Unter Umständen sind vor der Veröffentlichung von Daten, z.B. auf der Webseite des Unternehmens, angemessene Abnahmeprozesse einzuführen. Dies ist insbesondere bei der Veröffentlichung von Finanzdaten und Unternehmensmitteilungen bei notierten Aktiengesellschaften von entscheidender Bedeutung.

3. Einordnung der betroffenen Systeme, Anwendungen und Prozesse

33 Um **adäquate technische und organisatorische Schutzmaßnahmen** für die kategorisierten Daten einzuführen, muss festgestellt werden, welche Systeme und Anwendungen personenbezogene Daten verarbeiten und welche Geschäfts- bzw. Datenverarbeitungsprozesse betroffen sind.

3.1 Datenschutzrelevante Systeme und Anwendungen

34 Technische Schutzmechanismen werden bis jetzt noch nicht direkt mit den zu schützenden Daten verknüpft. Sicherheitseinstellungen und besondere Schutzmechanismen (z.B. die Verschlüsselung von Daten) werden in der Regel an ein bestimmtes System oder an eine Anwendung gebunden. Somit muss bei einem risikobasierten Ansatz des Datenschutzes bestimmt werden, welche Systeme und Anwendungen personenbezogene Daten verarbeiten und welche darüber hinaus besonders zu schützenden Arten von personenbezogenen Daten verarbeiten. Das Erarbeiten und Pflegen einer Liste mit den datenschutzrelevanten Systemen und Anwendungen ist dafür nicht nur administrativer Selbstzweck sondern Ausgangspunkt um die notwendigen technischen Schutzmaßnahmen bestimmen und einführen zu können.

35 Bei der Risikobewertung der datenschutzrelevanten Systeme und Anwendungen sollte eine Rolle spielen, ob Schutzmaßnahmen überhaupt zur Verfügung stehen und wie effektiv diese das festgelegte Risiko minimieren. Handelt es sich z.B. um eine Anwendung, für die technische Schwachstellen bekannt sind, ohne geeignete Gegenmaßnahmen ergreifen zu können (z.B. neue Softwarekorrekturen sind nicht verfügbar), sollte die Anwendung mit einem hohen Risikofaktor bewertet werden.

3.2 Verfahrensübersicht

36 Ein Unternehmen muss die Verarbeitung von personenbezogenen Daten in Form einer Verfahrensübersicht dokumentieren[10] um einem Betroffenen, der von seinem Recht auf Auskunft gebraucht macht, jederzeit sagen zu können, welche personenbezogenen Daten erhoben wurden, wer diese Daten verarbeitet und für welchen Zweck diese verarbeitet werden. Eine solche Verfahrensübersicht unterstützt aber darüber hinaus auch den hier beschriebenen risikobasierten Ansatz.

37 In der **Verfahrensübersicht** sollten neben den zu verarbeitenden personenbezogenen Daten und den Verarbeitungssystemen und Anwendungen auch die datenschutzrelevanten Geschäftsprozesse (die Auskunft auf den Verwendungszweck geben) erfasst werden. Damit entsteht ein komplettes Abbild der Verarbeitung von personenbezoge-

---

10 Vgl. § 4g Abs. 2, S. 1 BDSG.

nen Daten, das für das Aufsetzen und regelmäßige Optimieren von Schutzmaßnahmen eingesetzt werden kann. Zudem dient es in einem Konzern zur Schaffung von **Transparenz** über die Datentransfers zwischen einzelnen Konzerngesellschaften.

4. Festlegung angemessener Schutz- bzw. Vorsorgemaßnahmen

Erforderlich sind Maßnahmen nur, wenn ihr Aufwand in einem angemessenen Verhältnis zu dem angestrebten Schutzzweck steht.[11] In der Praxis fragt man sich bei dieser gesetzlichen Regelung sofort, ob man damit die Kosten bestimmen muss und selbst abwägt, was unangemessen, also zu teuer zu sein scheint. Bei einem risikobasierten Ansatz bezieht sich aber die Angemessenheit der Schutz- bzw. Vorsorgemaßnahmen vorrangig zunächst einmal auf das Risiko und die Maßnahmen, die das Risiko minimieren sollen (im BDSG genannt der „angestrebte Schutzzweck"). Besonders schützenswerte personenbezogene Daten erhalten einen höheren Schutzzweck und anfällige Systeme ebenfalls. Darüber hinaus wäre zur Bestimmung der Angemessenheit auch zu fragen welche Schutzmechanismen heutzutage als Standard zu sehen sind oder welche die eigene Branche einsetzt bzw. welche die eigene Kundschaft erwartet. **38**

4.1 Risikobewertung und Angemessenheit des Schutzes

Die in diesem Kapitel beschriebene **Bewertung von Datenschutzrisiken** resultiert in einer quantitativen Aussage, also einem bestimmten numerischen Wert.[12] Sinnvoll ist dieser Wert für das Management der Risiken aber nur einsetzbar, wenn man ihn dazu nutzt, Prioritäten zu setzen. Der Vergleich unterschiedlicher Geschäftsbereiche oder Märkte miteinander sollte demnach zu Managemententscheidungen führen, die geplanten Investitionen für den Schutz von personenbezogenen Daten und vertraulichen Geschäftsinformationen nach deren Effektivität und in direktem Bezug zum angestrebten **Schutzzweck** einzusetzen. **39**

Tab. 2: Beispiele der Risikobewertung **40**

#	Risikofaktor	Fall 1	Fall 2
		Punktwerte	Punktwerte
2.1.1	Geschäftskontext	4	2
2.1.2	Handelnde Personen	3	4
2.1.3	Externe Faktoren	4	1
2.1.4	Kontrollumgebung	3	2
2.1.5	Erfahrung mit Vorfällen	1	2
2.2	Datenkategorisierung	4	3
2.3	Systeme und Prozesse	3	2
	Risikobewertung	**22**	**16**

---

11 Vgl. § 9 Abs. 1, S. 2 BDSG.
12 S. Beispiele in Tab. 2.

4.2 Regelmäßige Risikoüberprüfung

41 Ohne eine regelmäßige Überprüfung der Risikosituation und einer Anpassung der Schutzmaßnahmen gibt es keinen wirksamen Datenschutz. Das trifft auch zu, wenn sich das grundlegende Geschäft eines Unternehmens kaum ändert. Rasante Veränderungen in der im Unternehmensumfeld eingesetzten Technologie bringen neue Risiken für den Datenschutz mit sich. Aber auch die Erschließung neuer Märkte und die fortschreitende Regulierung im Datenschutz sind Faktoren die eine regelmäßige Risikoüberprüfung erforderlich machen. Eine mindestens jährlich durchgeführte Risikoüberprüfung hat sich in der Praxis als zielführend erwiesen, eine noch häufiger durchgeführte Prüfung kann aber z.B. bei der Einführung neuer Systeme oder bei veränderten Prozessen notwendig werden.

4.3 Durchführung von „Privacy Impact Assessments"

42 Die gesetzliche Anforderung, vor Einführung besonders risikoreicher Verarbeitungsprozesse eine Vorabkontrolle durchzuführen, ist in Deutschland im BDSG fest verankert.[13] Diese Art der **Datenschutzfolgenabschätzung** verfolgt einen Risikomanagement Ansatz und findet sich mittlerweile auch im Vorschlag der Europäischen Kommission für eine Datenschutz-Grundverordnung unter dem Begriff „Privacy Impact Assessment" (PIA) wieder.

43 Werden in einem Unternehmen neue Verarbeitungsprozesse oder neue Systeme und Anwendungen eingeführt, die insbesondere sensitive personenbezogene Daten verarbeiten oder die das Ziel haben, die Persönlichkeit oder das Verhalten eines Betroffenen zu bewerten, ist es geboten, schon in der Planung und im Design ein PIA durchzuführen.[14] Um das Risiko der neuen Datenverarbeitung für das Unternehmen genau festzulegen, muss im Detail verstanden werden, welche Daten in den Prozess einfließen, inwieweit der Betroffene beteiligt ist und sein Einverständnis für die Verarbeitung gegeben hat und ob das Ergebnis der Datenverarbeitung eine Auswirkung (potenziell negative Auswirkung) auf den Betroffenen haben kann.

44 Unabhängig von der gesetzlichen Anforderung, eine solche Folgenabschätzung durchführen zu müssen, ist es für ein Unternehmen gerade dann sinnvoll, einen Prozess für die Durchführung von PIAs einzuführen, wenn die Aktivitäten in einem global agierenden Konzern nicht immer vollumfänglich kontrolliert werden können. Benötigt ein neuer Verarbeitungsprozess Daten und Informationen, deren Verwendung sich bei bestimmten Anwendungsfällen negativ auf einen Betroffenen auswirken können, darf es aus Unternehmenssicht auch keinen Unterschied machen, ob in dem Land des Betroffenen umfangreiche Datenschutzgesetze existieren oder nicht.

III. Konzerndatenschutz

45 Die Ausgestaltung des beschriebenen Risikomanagement Ansatzes für den Datenschutz bekommt bei der Anwendung in einem global agierenden Unternehmensverbund (Konzern) eine zusätzliche Komplexität. Das deutsche Datenschutzrecht stützt

---

13 Vgl. § 4d Abs. 5 BDSG.
14 S. *Simitis/Damann* Kommentar zum BDSG, 7. Aufl. 2011, § 3 Rn. 23, „Risikoberücksichtigung" bei der Bestimmbarkeit einer Person anhand vorliegender personenbezogener Daten.

sich bei seinen Anforderungen an die für die Datenverarbeitung „verantwortliche Stelle".[15] Sie ist in einem Konzern leider ausschließlich als eine einzelne, unabhängige Gesellschaft zu sehen und bedingt daher, dass die Datenschutzanforderungen für jede einzelne Konzerngesellschaft zu regeln sind.

Das BDSG kennt das ansonsten im deutschen Recht bekannte „Konzernprivileg" **46** nicht. Ein umfangreiches Vertragswerk zwischen den Konzerngesellschaften ist deshalb notwendig und muss die konzerninterne Datenverarbeitung über Konzerngesellschaften und Ländergrenzen hinweg regeln. Die Art. 29-Datenschutzgruppe führte hierzu aus, dass selbst in komplexen Datenverarbeitungsumfeldern, in denen verschiedene für die Verarbeitung Verantwortliche an der Verarbeitung personenbezogener Daten beteiligt sind, sichergestellt werden muss, dass die Verantwortung für die Einhaltung der Datenschutzbestimmungen und für mögliche Verletzungen dieser Bestimmungen klar zugewiesen wird, um die Beeinträchtigung des Schutzes personenbezogener Daten oder die Entstehung von negativen Kompetenzkonflikten bzw. von Schlupflöchern zu vermeiden, die dazu führen, dass bestimmte Verpflichtungen oder Rechte nach Maßgabe der EU-Datenschutzrichtlinie von keiner der Parteien erfüllt bzw. gewährleistet werden.[16]

Die komplexe datenschutzrechtliche **Vertragsgestaltung** kann enorme Auswirkungen **47** auf die Effektivität eines konzernweiten Datenschutzes haben. Nichts ist so beständig in einem Konzern wie der Wandel und so haben neue Märkte, Geschäftsfelder und Technologien einen direkten Einfluss auf die vertragliche Ausgestaltung der damit verbundenen Datenverarbeitungsprozesse. Darüber hinaus kann der Datenschutz nicht alleine von den vertraglich vereinbarten Datenschutzklauseln der beteiligten Gesellschaften leben sondern kann nur effektiv sein, wenn die vorgegebenen und vereinbarten Schutz- und Kontrollmaßnahmen auch tatsächlich operativ umgesetzt sind.

In der Konzernpraxis werden konzernweit einheitliche Datenschutzrichtlinien in **48** einem Regelwerk vorgegeben. Diese können einen Großteil der Datenschutzanforderungen abdecken, sind aber nicht dazu geeignet, besonders kritische Datenverarbeitungsprozesse im Detail zu regeln. Die einzelnen Konzerngesellschaften verpflichten sich in den internen Vertragswerken deshalb zum Einen auf die Umsetzung der Konzernregeln und zum Anderen auf die Umsetzung gesondert aufgeführter Datenschutzmaßnahmen, die in der Risikobewertung besonders hervorgehobene Bereiche betreffen (z.B. die interne Bereitstellung von Call Center Services mit Nutzung von besonders schützenswerten personenbezogenen Daten durch eine interne Konzerngesellschaft).

Die Verfahrensübersicht[17] sollte dazu genutzt werden, neben der Auflistung der bei **49** einem Datenverarbeitungsprozess involvierten Konzerngesellschaften eine Referenz zu den entsprechenden Vertragswerken und damit zu den vereinbarten Datenschutzmaßnahmen aufzunehmen. Nur die umfassende Dokumentation der zwischen den Konzerngesellschaften vereinbarten Regeln und Maßnahmen stellt die **Auditierbarkeit** sicher, die für die von der Konzernmuttergesellschaft wahrzunehmenden Compliance Prüfungen entscheidend ist.

---

15 Vgl. § 3 Abs. 7 BDSG.
16 Vgl. Art. 29-Datenschutzgruppe, Stellungnahme 1/2010, WP 169, S. 27 f.
17 S. 2. Kap. Rn. 36, 37.

50 Ähnlich wie bei dem Verhältnis zwischen einer Konzerngesellschaft und einer Drittpartei (z.B. einem externen Dienstleister) kann auch die Konzernmuttergesellschaft die Verantwortung für den Datenschutz über Vertragswerke ihre Verantwortung nicht weiter delegieren. Sie bleibt die im Datenschutzrecht festgelegte verantwortliche Stelle und muss damit die Einhaltung der mit den Konzerntochtergesellschaften vereinbarten technischen und organisatorischen regelmäßig prüfen – eine Aufgabe, die meist dem Konzerndatenschutzbeauftragten oder der im Konzern verankerten Compliance Abteilung zukommt.

IV. Anzuwendende Gesetze und Anforderungen

51 Global gültige gesetzliche Anforderungen des Datenschutzes gibt es nicht, im nächsten Kapitel wird aber auf die Anwendung von international anerkannten Standards und Rahmenwerken eingegangen. Für deren Einführung in einem global agierenden Unternehmen spricht sehr viel.

52 Neben einem übergeordneten und über Ländergrenzen hinweg gültigen internen Regelwerk mit Unternehmens- oder Konzernrichtlinien, müssen in einem global agierenden Unternehmen folgende **externe Anforderungen** berücksichtigt werden:
– nationale Datenschutzgesetze (Bund und Länder)
– Urteile und Erläuterungen aus der Rechtsprechung
– Positionen von Datenschutzbehörden und Experten
– regulatorische Anforderungen
– datenschutzbezogene Anforderungen in verwandten Gesetzen
– Anforderungen und Erwartungen der eigenen Kunden.

53 Bei der Anwendung des Datenschutzes in einem Unternehmen wird vor allem nach den lokal anzuwendenden Gesetzen agiert. Dabei müssen Nuancen, die es in jedem einzelnen nationalen Datenschutzgesetz gibt bedacht werden. Schon alleine die Frage der zuständigen Datenschutz-Aufsichtsbehörde, wenn es überhaupt eine gibt, und die möglicherweise vorgegebene Anforderung sich als Unternehmen mit Datenverarbeitungsprozessen bei der lokalen Datenschutzbehörde zu registrieren, kann von Land zu Land sehr unterschiedlich sein.

54 Dazu kommt die Notwendigkeit, nicht nur Einzelheiten der **nationalen Datenschutzgesetze** genau unter die Lupe zu nehmen, sondern darüber hinaus muss auch festgestellt werden, ob für das betreffende Unternehmen oder einzelne Konzerngesellschaften Datenschutzgesetze der föderalen Gliedstaaten (z.B. in Deutschland der Bundesländer oder in der Schweiz der Kantone) zum tragen kommen.

55 In den Mitgliedstaaten der Europäischen Union (EU) könnte es mit der in 2012 vorgeschlagenen EU-Datenschutzgrundverordnung etwas einfacher werden, da diese Verordnung vorsieht, die Datenschutzgesetze innerhalb der EU zu harmonisieren und in einigen wichtigen Themen, u.a. auch in der Frage der zuständigen Aufsichtsstelle, zu vereinheitlichen. Der Meinungsbildungs- und Gesetzgebungsprozess bis zur endgültigen Verabschiedung eines EU-weit einheitlichen Datenschutzgesetzes könnte der vorgesehenen Harmonisierung aber noch einen Strich durch die Rechnung machen.

56 Der Reformbedarf bestehender Datenschutzgesetze ist alleine deshalb schon lange überholt, weil es mittlerweile eine Vielzahl von **rechtlichen Positionen und Interpreta-**

tionen der gesetzlichen Anforderungen gibt. Dazu zählen auch Urteile und Erläuterungen aus der Rechtsprechung, Expertenmeinungen und Erkenntnisse aus bekannten Datenschutzverstößen. Diese Positionen und Erläuterungen geben oftmals die einzige Möglichkeit, eine gewisse Rechtssicherheit bei der Klarstellung der Anforderung und der einzuführenden Maßnahmen zu geben. Prominente und viel diskutierte Positionen der Art. 29-Datenschutzgruppe zum Beispiel betreffen die Definition der Begriffe „personal data"[18] und „data controller and data processor"[19] oder Empfehlungen zur datenschutzgerechten Ausgestaltung des „cloud computing"[20]. Aktuelle Urteile in der Rechtsprechung geben z.B. Auskunft über einzuführende Datenschutzmaßnahmen bei der Nutzung von Mitarbeiterdaten zur Korruptionsbekämpfung oder bei den Themen Videoüberwachung, Ortungsdienste oder zur Leistungs- und Verhaltenskontrolle in der Mitarbeiterschaft. Diese Meinungen und Rechtspositionen können einen Sachverhalt meist besser beleuchten als es alleinig die gesetzliche Anforderung kann.

Für viele Unternehmen kommen bei den Anforderungen an den Datenschutz neben **57** den lokalen Datenschutzgesetzen noch **regulatorische Anforderungen** hinzu. In den regulierten Branchen, wie z.B. Finanzdienstleister, Pharmaunternehmen oder Gesundheitsorganisationen, gibt es spezifische, datenschutzrelevante Anforderungen. Diese schließen meist auch Meldevorgaben bei Datenverlust oder Datenschutzverstößen mit ein. Sie beziehen sich aber auch meist auf Dokumentationspflichten (z.B. in der Pharmabranche) oder konkrete Anforderungen für den technischen Schutz von Daten oder Vorgaben zu bestimmten Aufbewahrungs- und Löschfristen.

Datenschutzbezogene Anforderungen in verwandten Gesetzen müssen ebenfalls **58** berücksichtigt werden. Bestimmungen im Umgang mit Telekommunikationsdaten werden z.B. im Telekommunikationsgesetz und Telemediengesetz geregelt. Gesetzliche Anforderungen zum Arbeitnehmerdatenschutz und Verbraucherdatenschutz sind separat festgelegt. Dazu kommen Pflichten und Schutzmaßnahmen, die z.B. im kirchlichen oder medizinischen Umfeld erfüllt und umgesetzt werden müssen.

Nicht alle genannten Aspekte sind auf jedes Unternehmen anwendbar, aber einen all- **59** umfassenden Überblick zu bekommen, ist entscheidend und dieser geht über den klassischen Datenschutz weit hinaus. In den USA wird z.B. der Datenschutz nicht durch ein eigenes Bundesgesetz geregelt, sondern umfasst eine Vielzahl von sektoralen Gesetzen und Bestimmungen, die es noch schwerer machen, einen einheitlichen Anforderungskatalog zu definieren.

Nicht zuletzt stellen die **Anforderungen und Erwartungen der eigenen Kunden** eine **60** der wichtigsten Erfordernisse für die Datenschutz Compliance dar. Meist werden diese Erwartungen in Form von Standardklauseln in Verträgen und Datenschutzerklärungen aufgenommen und bestehen alleinig aus dem Anspruch, die personenbezogenen Daten gesetzeskonform zu verarbeiten. Ist man selbst als Unternehmen aber z.B. Dienstleister und verarbeitet die Daten eines anderen Unternehmens in dessen Auftrag, sind in der Regel konkrete Maßnahmen in den Dienstleisterverträgen spezifiziert, nach denen die Datenverarbeitung zu erfolgen hat. Diese festgeschriebenen Erwartungen gehen oftmals über die gesetzlichen Anforderungen

---

18 Vgl. Art. 29-Datenschutzgruppe, Stellungnahme 4/2007, WP 136.
19 Vgl. Art. 29-Datenschutzgruppe, Stellungnahme 1/2010, WP 169.
20 Vgl. Art. 29-Datenschutzgruppe, Stellungnahme 5/2012, WP 196.

hinaus. Oder sie interpretieren allgemeine gesetzliche Anforderungen in Relation zu dem konkreten Datenverarbeitungsschritt.

V. Globale Datenschutz-Prinzipien

61 Bei der dargestellten Vielzahl der datenschutzbezogenen Anforderungen und Bestimmungen dürfte deutlich geworden sein, dass eine einfache Auflistung der existierenden und anzuwendenden Datenschutzgesetze in den betreffenden Ländern nicht ausreicht, um ein globales Datenschutzprogramm zu definieren – von der Vielfältigkeit der Regelungen noch gar nicht zu reden.

62 Ein effizientes und dabei vor allem effektives Datenschutzprogramm in einem global agierenden Unternehmen kommt nicht ohne ein selbst zu definierendes Rahmenwerk mit festgelegten Datenschutzprinzipien aus. Die **Harmonisierung** von Datenschutzgesetzen über Ländergrenzen hinweg sollte nach dem sogenannten „80/20 Prinzip" vorweggenommen werden. Es sollte das Ziel sein, 80 % der gesetzlichen Datenschutzanforderungen in einigen wenigen Grundprinzipien zu definieren, während lokale Nuancen, regulatorische Anforderungen oder sehr spezifische Kundenerfordernisse mit den verbleibenden 20 % festgelegt werden.

63 Umfängliche Datenschutzprinzipien werden schon seit den siebziger Jahren diskutiert und wurden erstmalig im Jahr 1980 mit den OECD-Richtlinien über Datenschutz und grenzüberschreitende Ströme personenbezogener Daten als international anerkannte Datenschutz-Grundsätze der OECD veröffentlicht. Die Datenschutz-Grundsätze der begrenzten Datenerhebung, Sicherstellung der Datenqualität, Zweckbestimmung, Begrenzung der Datennutzung, Sicherheit der Daten, Offenheit und Transparenz in Bezug auf die Verarbeitung der Daten, Einräumung des Mitspracherechts des Betroffenen und der Rechenschaftspflicht sind bis heute gültig geblieben. Die meisten Datenschutzgesetze weltweit basieren auf diesen Grundsätzen. Ihre Umsetzung in Landesrecht wurde seinerzeit in den OECD-Richtlinien empfohlen und stellen einen der wichtigsten Beiträge zur internationalen Harmonisierung des Datenschutzes dar.

64 Erst im Jahr 2011 wurde ein **technischer Standard** publiziert, der die OECD-Prinzipien in ein Rahmenwerk umsetzt und deren Anwendung in einem global agierenden Unternehmen weiter spezifiziert. Der in der Internationalen Standardisierungsorganisation (ISO) entwickelte Standard „ISO/IEC 29100 – Privacy framework" spezifiziert eine grundsätzliche Datenschutz-Terminologie, definiert die beteiligten Parteien und deren Rollen und Verantwortlichkeiten bei der Datenverarbeitung, beschreibt umfassend die wichtigsten Schutzmaßnahmen und referenziert auf Datenschutzprinzipien, die an die OECD-Prinzipien angelehnt sind.

65 Die folgenden **Datenschutzprinzipien** bilden die Grundlage des Standards ISO/IEC 29100 und können durch die im Standard dargelegten Erläuterungen zur Anwendung jedes einzelnen Grundsatzes sehr gut in die Unternehmenspraxis umgesetzt werden.

66 Datenschutzprinzipien (Privacy Principles) in ISO/IEC 29100:
- Zustimmung und Wahlrecht der betroffenen Personen,
- Rechtmäßigkeit und Bestimmung des Verwendungszwecks,
- Limitierung bei der Datenerhebung,
- Datensparsamkeit und Minimierung auf das Nötigste,

- Zweckgebundenheit bei Nutzung, Aufbewahrung und Herausgabe der Daten,
- Richtigkeit und Qualität der Daten,
- Offenheit, Transparenz und Mitteilungspflicht gegenüber den betroffenen Personen,
- individuelle Mitsprache und Garantie des Zugriffsrechts für die betroffenen Personen,
- Verantwortlichkeit und Haftung,
- Sicherheit der Daten,
- Datenschutz Compliance.

Auf Basis dieser Datenschutzprinzipien können in einem nächsten Schritt Kontroll- **67** mechanismen für das Unternehmen und für einzelne Datenverarbeitungsprozesse definiert werden. So können Erfordernisse des Datenschutzes in einen globalen Rahmen eingebunden werden. Bei der Entwicklung des ISO-Standards ISO/IEC 29100 wurde zwar festgelegt, dass der Standard keine Gesetzesanforderungen direkt umsetzt (das ist für einen technischen Standard auch nur bedingt möglich), die beteiligten Länderexperten und Arbeitsgruppen aus dem US-amerikanischen, europäischen und asiatischen Raum konnten sich aber auf die Festschreibung dieser schon über den ISO-Standard hinaus anerkannten internationalen Prinzipien einigen.

Es obliegt dem Prinzip der „Datenschutz Compliance", rechtlich notwendige Spezifi- **68** zierungen in lokalen Märkten oder Geschäftsbereichen mit aufzunehmen und Anpassungen für die einzusetzenden Datenverarbeitungssysteme oder anzuwendende Verarbeitungsprozesse vorzunehmen. Die für den Datenschutz verantwortliche Stelle hat sich durch Kontroll- und Überwachungsmechanismen regelmäßig von Umfang und Angemessenheit der festgelegten Anforderungen zu überzeugen.

Andere bekannte Datenschutz-Prinzipien und Rahmenwerke können die geschilderte **69** Unternehmenspraxis weiter ergänzen. Das sogenannte "APEC Privacy Framework" der Asia-Pacific Economic Cooperation (APEC) stellt z.B. ein umfassendes Rahmenwerk der APEC Staaten dar. Während das APEC Privacy Framework in weiten Teilen die beschriebenen OECD-Grundsätze und die im ISO-Standard ISO/IEC 29100 genutzten Datenschutz-Prinzipien übernommen hat, ist der nicht ganz selbstverständliche Grundsatz „Schadensvermeidung" als Ausgangselement vorweggestellt.

Bei der Entwicklung, Einführung und Aufrechterhaltung eines Datenschutzpro- **70** gramms in einem Unternehmen ist sicher ganz entscheidend, dass die einzuführenden Maßnahmen allesamt zum Ziel haben, Schaden von den betroffenen Personen abzuwenden. Datenschutzvorfälle und der Missbrauch personenbezogener Daten kann nicht allumfänglich verhindert werden, die beschriebenen Maßnahmen sollten es aber ermöglichen, das Risiko, dass tatsächlich ein Schaden entsteht, zu minimieren oder zumindest die negativen Auswirkungen auf den Einzelnen so gering wie möglich zu halten.

Die hier geschilderte Vorgehensweise für die Anwendung international anerkannter **71** Datenschutz-Grundsätze gilt im Übrigen auch für die Festlegung, welche Art von personenbezogenen Daten in den Anwendungsbereich der Unternehmensrichtlinien fallen und welche nicht. In der Praxis ist es wenig hilfreich, eine Unterscheidung je nach lokalem Datenschutzgesetz zu machen. Auch die umfänglich geführten Diskussionen über die „Bestimmbarkeit" und damit Anwendbarkeit von Datenschutzanforderungen auf personenbezogene Daten[21] führt nur bedingt weiter. Es sollte eine Definition für personenbezogene Daten angewandt werden, die sich z.B. in dem bereits erwähnten ISO-Standard befindet oder in Positionspapieren[22] der Art. 29 Datenschutzgruppe befinden.

VI. Datenschutzrichtlinien mit internationaler Ausprägung

72 Die Umsetzung der beschriebenen Datenschutzprinzipien und Grundsätze in globale Datenschutzrichtlinien erfolgt nach dem genannten „80/20 Prinzip". Eine globale Konzernrichtlinie legt die für das Unternehmen weltweit gültigen Prinzipien und Grundsätze fest. Sie gelten für alle Datenverarbeitungsprozesse und für alle Ländern, in denen das Unternehmen Daten verarbeitet. Unter Umständen bedingt dies, dass die Anforderungen an die Datenverarbeitung in manchen Ländern höher sind, als dies lokale Datenschutzgesetze vorgeben. In der Praxis ist dies aber der einzige Weg, die Datenschutz Compliance weltweit effizient sicherzustellen. Festzuhalten ist überdies, dass ein global agierendes Unternehmen, unabhängig von der Einhaltung lokaler Datenschutzgesetze, potenzielle Reputationsschäden bei Datenschutzvorfällen berücksichtigen muss. Gehen Daten verloren oder werden Daten missbraucht, kann das Unternehmen, zumindest in der öffentlichen Diskussion dazu, nicht mehr mit Einhaltung der lokalen Mindestvorschriften argumentieren. Entscheidend sind die selbst gesetzten Anforderungen, die einen möglichst hohen Standard erfüllen sollten.

1. Anwendung globaler Datenschutzprinzipien und Grundsätze

73 Ein global agierendes Unternehmen sollte in einer weltweit gültigen Konzernrichtlinie die beschriebenen Datenschutzprinzipien und Grundsätze darlegen. Diese gelten für alle Datenverarbeitungsprozesse im Unternehmen und sollen durch weiterführende Leitfäden und Kontrollstandards angewendet werden.

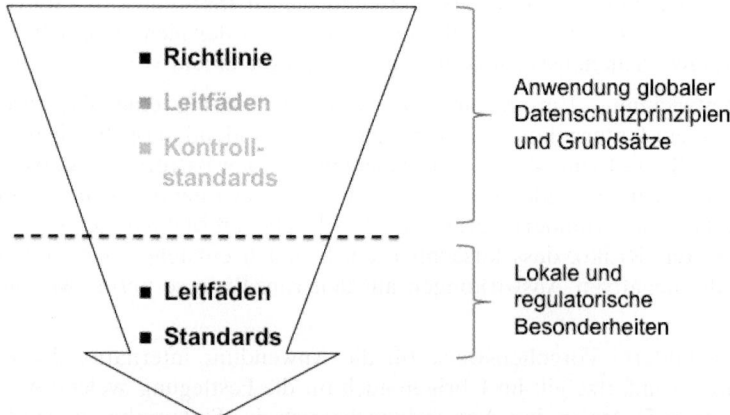

Abb. 2: Abdeckung globaler Datenschutzanforderungen

---

21 Vgl. *Schwartz* ZD 2011, 97, 98 aus internationaler Perspektive.
22 Vgl. Art. 29-Datenschutzgruppe, Stellungnahme 4/2007, WP 136.

Richtlinien, Leitfäden und Kontrollstandards sollten mit diesem prinzipien-basierten **74** Ansatz etwa 80 % der Datenschutzanforderungen abdecken können. Jedes einzelne Datenschutzprinzip der globalen Richtlinie (oder Konzernrichtlinie) wird dabei in weiterführenden Leitfäden für einzelne Geschäfts- oder Risikobereiche konkretisiert. Empfohlen wird, durch eine **Risikoanalyse** zu bestimmen, welche Geschäftsbereiche oder Datenverarbeitungsprozesse mit gesonderten Umsetzungs-Leitfäden und Kontrollstandards abgedeckt werden sollen. Es macht in jedem Fall Sinn, folgende Geschäftsbereiche oder Verarbeitungsprozesse detailliert zu beschreiben:

– Verarbeitung von Mitarbeiterdaten (Bereich Personalwesen/HR),
– Verarbeitung besonders schützenswerter personenbezogener Daten,
– Datenverarbeitung durch die interne IT-Gesellschaft oder durch Dritte,
– Auslagerung von Datenverarbeitungsprozessen oder Auftragsdatenverarbeitung.

Die Verarbeitung von Mitarbeiterdaten stellt je nach Größe des Unternehmens bzw. **75** Anzahl der Mitarbeiter, aber auch durch eine Vielzahl von arbeitsrechtlichen Anforderungen eine große Herausforderung für den Datenschutz dar. In Deutschland muss überdies bedacht werden, dass die Mitbestimmung des Betriebsrates[23] u.a. erfordert, dass der Betriebsrat darüber zu wachen hat, dass das BDSG bei der Verarbeitung von Mitarbeiterdaten eingehalten wird. So sind Regelungen, die eine Beteiligung und Zustimmung der Mitarbeiter für bestimmte Datenverarbeitungsprozesse erfordern, durch Abschluss von Betriebsvereinbarungen zu verhandeln und zu festzuschreiben.

Darüber hinaus kamen in den letzten Jahren einige internationale Konzerne in die **76** Kritik, da die Verarbeitung von Mitarbeiterdaten nicht oder nur unzureichend geregelt war. In einigen Fällen wurden Mitarbeiterdaten ohne die entsprechende Zustimmung der Betroffenen verwendet und die Mitarbeiter waren über die Nutzung nicht informiert. Beispiele dazu betreffen die Verhaltenskontrolle der Mitarbeiter z.B. durch geheime Videoüberwachung, Ortung, Telefonüberwachung oder Überwachung des Email-Verkehrs und der Internetnutzung. Eine in den Grundsätzen des Unternehmens verankerte Offenheit im Umgang mit personenbezogenen Daten und Einbeziehung der Mitarbeiter durch explizite Zustimmung ist extrem wichtig. Diese Datenschutzprinzipien müssen insbesondere für die Verarbeitung von Mitarbeiterdaten umfänglich geregelt und deren Einhaltung kontrolliert werden.

Ein weiteres Beispiel einer Verarbeitung von Mitarbeiterdaten, für das die festgeleg- **77** ten Datenschutzprinzipien und Grundsätze anzuwenden sind, betrifft die Datenübermittlung bei länderübergreifenden Gerichtsverfahren. Die Mitglieder der „Sedona Conference" konnten für diesen Anwendungsfall der Datenschutzprinzipien die sogenannten „The Sedona Conference International Privacy Principles" entwickeln. Diese Prinzipien schließen insbesondere die Einholung der Einwilligung betroffener Personen (wie z.B. der Mitarbeiter) mit ein.[24] Hat ein globaler Konzern regelmäßig grenzüberschreitende Gerichtsverfahren zu bewältigen, sind ein Leitfaden und die entsprechenden Kontrollstandards zum Umgang mit den betroffenen Mitarbeiterdaten und den anzuwendenden Datenschutzprinzipien zu empfehlen.

Andere Risikobereiche sind in der Regel in Geschäftsbereichen und Verarbeitungs- **78** prozessen zu finden, in den sensitive personenbezogene Daten verarbeitet werden.

---

23 Vgl. § 80 Abs. 1 BetrVG.
24 Vgl. *Schmidt* ZD 2012, 65 f., Übermittlung personenbezogener Daten bei staatlichen Auskunftsbegehren.

Sobald ein Unternehmen diese Art der personenbezogenen Daten geschäftsmäßig (z.B. Lebensversicherungsgeschäft, Krankenhausverwaltung etc.) verarbeitet, sollten gesonderte Leitfäden und Kontrollstandards erarbeitet und eingeführt werden.

79 Ein Bereich, der in globalen Konzernen datenschutztechnisch immer gesondert geregelt werden sollte, ist der Dienstleistungsbereich der **Informationstechnologie** (IT). Ist die IT-Dienstleistung an einen Dritten ausgelagert, geschieht dies durch Dienstleistungsverträge und gesonderte Datenschutzbestimmungen. Typischerweise werden aber IT-Dienstleistungen auch durch eigene IT-Abteilungen oder Konzerntochtergesellschaften erbracht. Für alle IT-Dienstleistungen, erbracht durch interne oder externe Personen oder Gesellschaften sind die wesentlichen Datenschutzprinzipien und Grundsätze auf Leitfäden und Kontrollstandards zu übertragen. Je risikobehafteter die Datenverarbeitungsprozesse sind, desto umfänglicher müssen auch die betreffenden Leitfäden und Kontrollstandards (insb. Datenschutzklauseln) sein.

80 Handelt es sich bei der Datenverarbeitung durch einen Dienstleister um eine Auftragsdatenverarbeitung[25] müssen darüber hinaus besondere Regelungen getroffen werden. Insbesondere müssen in diesem Fall die Grundsätze der Offenheit, Transparenz und Mitteilungspflicht gegenüber den betroffenen Personen, deren Daten an einen Dritten gegeben werden, gewahrt werden. In der Vertragsvereinbarung müssen die Pflichten des Auftragnehmers konkret beschrieben werden.[26] Ob der Auftragnehmer im In- oder Ausland ansässig ist, spielt allerdings für die bestehende Pflicht des deutschen Auftraggebers zur vertraglichen Weitergabe der dort geregelten Anforderungen grundsätzlich keine Rolle.[27]

2. Lokale und regulatorische Besonderheiten

81 Gesondert zu regeln sind etwaige lokale und regulatorische Besonderheiten, die nicht in den international anerkannten Datenschutz-Prinzipien abgedeckt sind. In der Regel handelt es sich um sehr spezifische Bestimmungen, z.B. zu:
– Informationspflichten bei Datenschutzvorfällen (z.B. U.S. Data Breach Notifications),
– Aufbewahrungs- und Löschfristen für bestimmte Daten,
– Dokumentations- oder Sicherheitsvorgaben (z.B. in der Pharmabranche),
– Meldepflichten gegenüber staatlichen Einrichtungen (z.B. zu Geldwäsche, Steuergesetze).

82 **Informationspflichten bei Datenschutzvorfällen** wurden schon im Jahr 2003 in Kalifornien/USA eingeführt. Seitdem haben sich diese gesetzlichen Pflichten auf fast alle US-Bundesstaaten ausgeweitet und es sind zusätzlich einige Bundesgesetze[28] oder regulatorische Bestimmungen hinzugekommen, die es zu beachten gilt. Eine der wesentlichen Herausforderungen für ein weltweit operierendes Unternehmen ist es dabei, die unterschiedlichen Bestimmungen, welche Art von Daten unter die Meldepflichten fallen, in welchen Fällen zu melden ist und an wen zu melden ist, einheitlich abzudecken. Dabei spielt es noch nicht einmal eine Rolle, nur die Regelungen der US-Bundesstaaten in

---

25 Vgl. § 11 BDSG.
26 Vgl. § 11 Abs. 2 S. 2 BDSG.
27 S. *Voigt* ZD 2012, 546, 550, insb. 547, Abschn. III., Auftragsdatenverarbeitung mit ausländischen Auftragnehmern.
28 Vgl. z.B. U.S. Health Information Technology for Economic and Clinical Health Act (HITECH).

einem konzernweiten Prozess einzubeziehen, in denen man eine Niederlassung oder Tochtergesellschaft hat. Vielmehr ist die Frage, ob der Betroffene ein Bürger des jeweiligen US-Bundesstaates ist oder nicht. In der Praxis hat sich für einen solchen Meldeprozess bewährt, dass man zunächst einmal alle möglichen Datenarten in die Betrachtung mit einfließen lässt (z.B. Name, Adresse, Sozialversicherungsnummer, identifizierbare Gesundheitsdaten, Kreditkartennummer, etc.). Eine zentrale Stelle im Unternehmen oder der verantwortliche Datenschutzbeauftragte prüft vorab ob ein Vorfall den jeweiligen gesetzlichen Verpflichtungen unterliegt und leitet die entsprechenden Maßnahmen ein.

Der zeitliche Rahmen für die Meldung eines Verstoßes ist meist sehr knapp bemessen **83** und wird bei schwerwiegenden Fällen im Zweifel nur wenige Tage betragen. Hinzu kommt, dass die US Meldepflichten sehr oft sogar vorschreiben, neben den Betroffenen und einer Aufsichts- oder Verbraucherschutzbehörden, bei schwerwiegenden Fällen und bei einer hohen Anzahl von Betroffenen auch die Öffentlichkeit über den Medien von dem Vorfall zu informieren. Ist ein Unternehmen hierauf nicht ausführlich vorbereitet, kann eine solche Meldung negative Auswirkungen auf das Unternehmen haben und zu einem unabwägbaren Reputationsschaden führen.

Informationspflichten haben sich mittlerweile auch in anderen Ländern außerhalb der **84** USA durchgesetzt. Einige EU Mitgliedsländer haben, bisher zwar noch begrenzt auf bestimmte Branchen oder Datenverarbeitungsprozesse (z.B. in Deutschland für die Telekommunikation), Meldepflichten eingeführt. Der Vorschlag einer neuen EU Datenschutzverordnung (2012) sieht aber schon sehr weitreichende Meldepflichten vor. Hinzu kommen eine Reihe von Staaten, die Meldepflichten vor allem aus Verbraucherschutzperspektive sehen oder die darauf abzielen, mehr Informationen zu Sicherheitsverletzungen der IT-Systeme oder zu sog. „Cybercrime"-Angriffen zu beziehen.

Aufbewahrungs- und Löschfristen sollten gesondert in einer Richtlinie geregelt werden. **85** Datenschutzgesetze geben hierzu oft keine genauen zeitlichen Fristen vor, verlangen aber z.B. eine Einschätzung, wann die Daten nicht mehr gebraucht werden oder wann ihr Verwendungszweck erlischt. Hinzu kommen meist andere behördliche Regelungen oder Branchenvorgaben, bestimmte Daten nur für einen festgelegten Zeitraum aufzubewahren und die Daten danach zu löschen. Ein Aufbewahrungs- und Löschprozess sollte aufgesetzt werden, von dem abgeleitet werden kann, welche Art von Daten wann und unter welchem Aufbewahrungs-, Lösch- oder Sperrprozess weiter verarbeitet werden sollen.

Eine Vielzahl von **Dokumentations- und Sicherheitsvorgaben** werden von bestimmten **86** Regulierungsbehörden festgesetzt, die ebenfalls zu berücksichtigen sind. Die Pharmabranche hat hierzu sehr umfangreiche Prozesse aufgesetzt, aber auch Finanzunternehmen sind z.B. verpflichtet, bestimmte Arten von Daten (z.B. Identifikationsdaten, Kreditkartennummer, etc.) durch besonders hohe Sicherheitsmechanismen vor Diebstahl, unrechtmäßigem Zugriff oder Verlust zu schützen.

Meldepflichten an Behörden gibt es natürlich nicht nur für Datenschutzvorfälle sondern **87** Meldepflichten sehen oftmals vor, Daten und insbesondere personenbezogene Daten an die Behörden zu melden, sollten z.B. Compliance Verstöße mit Verdacht auf Geldwäsche, Beteiligung an terroristischen Vereinigungen, Betrug, Korruption usw. bestehen. Hierzu sind Prozesse und Richtlinien vorzubereiten, wie die zu meldenden

Daten vorbereitet und vertraulich übermittelt werden können, ohne gleichzeitig gegen Datenschutzbestimmungen zu verstoßen.

VII. Risikosituation „Datentransfer in Länder ohne angemessenes Datenschutzniveau"

88 Mehr als sechzig Länder haben in ihren Datenschutzgesetzen Anforderungen für den **grenzüberschreitenden Datenverkehr** verankert.[29] Die entscheidenden Restriktionen, die beim Transfer personenbezogener Daten über Grenzen hinweg in ein anderes Land berücksichtigt werden müssen, bestehen vor allem für personenbezogene Daten in der EU und unter Anwendung nationaler Datenschutzgesetze der EU Mitgliedsländer und der EU Direktive 95/46/EG. Personenbezogene Daten aus Europa dürfen ohne zusätzliche Schutzmechanismen nur in ein Land mit dem von der Europäischen Kommission anerkannten, gleichwertigen Datenschutzniveau transferiert werden. Werden personenbezogene Daten aus Europa in ein Land ohne dieses gleichwertige Datenschutzniveau transferiert, sind im Vertragsverhältnis mit dem Datenimporteur die von der EU zur Verfügung gestellten „EU Model Contract Clauses" zu verwenden und die Datenschutzanforderungen an den Datenimporteur festzulegen. Die Festlegung der Zuständigkeiten und der einzuführenden Schutz- und Kontrollmaßnahmen in einem solchen Datentransfer betreffen neben den internen Konzerngesellschaften untereinander auch das Verhältnis einer europäischen Unternehmensgesellschaft zu einer Drittpartei, wie z.B. zu einem Services-Anbieter in den USA.

89 In der Praxis wird schon alleine die Frage, welcher Prozess einen Datentransfer darstellt heftig diskutiert. Der Begriff des Transfers gilt in der heutigen Zeit der digitalen Vernetzung als antiquiert. Kaum wird noch ein Transfer, also eine klassische Übertragung von A nach B bewusst angestoßen und durchgeführt. Vielmehr sind die betroffenen Daten jederzeit verfügbar, ohne zu wissen, wo sich die Daten befinden. So gilt in dieser allgegenwärtigen Vernetzung und Verfügbarkeit von Daten z.B. schon der technische Zugriff auf personenbezogene Daten von einer Person in einem Land auf ein System in einem anderen Land als Datenübertragung. Der technische Standard ISO/IEC 29100 – Privacy framework definiert die Datenverarbeitung insgesamt als jegliche Operation, die mit personenbezogenen Daten durchgeführt werden und führt Beispiele auf. Darunter gehören die Sammlung, Speicherung, Veränderung, Aufruf, Konsultation, Preisgabe, Übertragung, Aufnahme, Anonymisierung, Pseudonymisierung oder Verteilung von personenbezogenen Daten oder die Datenbeschaffung, Datenlöschung oder -vernichtung.

90 Es muss also für die Anforderung einer grenzüberschreitenden Regelung kein eigener Datentransferprozess angestoßen werden, sondern schon die Einrichtung eines Systemzugriffsrechts für eine Person in einem anderen Land führt dazu, dass man einen Datentransfer vollzieht, was wiederum vertragliche Regelungen und die Einführung von Kontrollmaßnahmen mit sich bringt. Selbst der Systemadministrator, der z.B. in den USA ansässig ist und auf die personenbezogenen Daten der europäische Konzerngesellschaft Zugriff hat, stellt eine solches Konstrukt dar. In diesem Beispiel entsteht durch den Datenzugriff faktisch ein grenzüberschreitender Datenaustausch, der

---

29 Vgl. *Kuner* Tilburg University, Regulation of Transborder Data Flows under Data Protection and Privacy Law, 2010, S. 5.

rechtlich und kontrolltechnisch geregelt werden muss. Sehr oft wird eine solche Situation nicht ausreichend berücksichtigt. Selbst in Vertragswerken z.B. mit den USA ansässigen IT Service-Anbietern wird der Bereich der Systemadministration oder Systementwicklung oft nicht gesondert betrachtet.

Bei der Einschätzung des Risikos für das Unternehmen in Bezug auf den grenzüber- **91** schreitenden Transfer von personenbezogenen Daten sollte analog der in Kapitel 2 (siehe Rn. 16 ff.) beschriebenen Verfahrensschritte vorgegangen werden. Der Geschäftskontext muss verstanden werden, u.a. um den **Zweck der Datenübertragung** festzuschreiben. Der Verwendungszweck bzw. hier der Zweck der Datenübermittlung und weiterer Verarbeitung ist das wesentliche Kriterium, von dem alle weiteren Bestimmungen bei der Regelung der Datenübermittlung abhängen. Der Datenempfänger darf die Daten nur zweckgebunden verarbeiten und nutzen.[30]

Die handelnden Personen und die rechtlich verantwortlichen Gesellschaften werden **92** benötigt um die verpflichteten Vertragsparteien in die Vertragsvereinbarung einbeziehen zu können. Auch konzernintern muss bestimmt werden, welche Konzerngesellschaften miteinander personenbezogene Daten austauschen. In der Praxis werden diese Gesellschaften an einer multilateralen Vereinbarung teilhaben, in der die adäquaten Regelungen global definiert werden (also nicht von Land zu Land unterschiedlich). Für die europäischen Gesellschaften als Datenexporteure können die von der EU zur Verfügung gestellten sog. „Model Contract Clauses" in der multilateralen Vereinbarung angewendet werden.

Gleiches gilt bei einem Transfer zu einem externen Dienstleister oder Datenverarbei- **93** tungsunternehmen. In dem Dienstleistungsvertrag müssen genaue Anforderungen an die Datenverarbeitung definiert werden, um den grenzüberschreitenden Datentransfer rechtskonform zu gestalten. Generell gilt: Die in dem Vertrag eingearbeiteten Festlegungen für den Datenschutz müssen so konkret sein, dass keine Zweifel bestehen, was der Auftragnehmer zu tun hat.[31] Bei den anzuwendenden „EU Model Contract Clauses" ist zu unterscheiden, ob die Datenübermittlung zwischen zwei „Data Controller" geregelt werden soll oder ob es sich um eine Übertragung vom „Data Controller" zu einem „Data Processor" handelt. Für beide Fälle gibt es eigene „EU Model Contract Clauses".

Externe Faktoren, die bei der Risikoeinschätzung berücksichtigt werden sollten, sind **94** z.B. die über die reinen Datenschutzbestimmungen hinausgehenden Anforderungen der Branche, arbeitsrechtliche Regelungen oder Offenlegungspflichten im Empfängerland bei rechtlichen Untersuchungen. Zusätzlich ist bei der Risikobestimmung die bestehende Kontrollumgebung beim Datenempfänger ganz entscheidend um den grenzüberschreitenden Datenverkehr adäquat regeln zu können. Bei einem neuen externen Dienstanbieter sollte sich der Datenexporteur von der bestehenden Kontrollumgebung vorab überzeugen. Zusätzlich sollte bekannt sein, inwieweit es beim Datenempfänger schon Datenschutzvorfälle gegeben hat und wie die identifizierten Auslöser der Vorfälle adressiert wurden.

---

30 Vgl. § 4c Abs. 1 S. 2 BDSG.
31 S. Initiative der AG „Internationaler Datenverkehr" des Düsseldorfer Kreises, Abgleich der Vorgaben des neuen § 11 BDSG mit denen der neuen und alten EU-Standardvertragsklauseln / Auftragsdatenverarbeitung, Februar 2010, Download unter www.datenschutz.hessen.de

95 Die notwendigen Datenschutzanforderungen für die Datenübermittlung richten sich natürlich primär an den zu übertragenden Daten aus. Dabei ist zu berücksichtigen, dass der Transfer von besonderen Arten personenbezogener Daten (z.B. Gesundheitsdaten) aus Europa in ein Land ohne angemessenes Schutzniveau mit dem Prinzip des Verbots mit Erlaubnisvorbehalt belegt ist. Hier ist äußerste Vorsicht geboten. Der Transfer darf in diesem Fall, nur in ganz bestimmten Ausnahmefällen erfolgen. Grundsätzlich gilt aber, dass bei einem schutzwürdigen Interesse des Betroffenen am Ausschluss der Übermittlung[32] in ein Drittland die Daten nicht übertragen werden dürfen. Die Übertragung in ein Land ohne angemessenes Schutzniveau zählt zu diesem Ausschlussfall, da unverhältnismäßige Eingriffe in die Persönlichkeitsrechte des Betroffenen zu erwarten sind.[33] Hat der Betroffene der Übertragung explizit zugestimmt oder hat der Datenexporteur ausreichende Maßnahmen (z.B. vertragliche Gestaltung mit „EU Model Contract Clauses") ergriffen, um dem Datenempfänger ein gleichwertiges Datenschutzniveau vorzuschreiben, kann die Datenübertragung durchgeführt werden Zu berücksichtigen ist dabei, dass der Betroffene umfänglich über die Risiken der Übermittlung seiner Daten in ein Land ohne ausreichendes Datenschutzniveau zu informieren ist.[34]

96 Bevor die geeigneten Schutzmaßnahmen festgelegt und in die vertraglichen Vereinbarungen aufgenommen werden können, sollten noch die bei der Datenübertragung und der weiteren Datenverarbeitung durch den Empfänger involvierte Informationstechnologie in Betracht gezogen werden. IT-Systeme und -Anwendungen werden durch weitere Akteure administriert, aufrechterhalten oder genutzt und so könnten sich ggf. auch zusätzliche Vertragsparteien daraus ergeben. Allenfalls müssten die festgelegten Schutzmaßnahmen an einen weiteren Personenkreis kommuniziert werden. Hinzu kommt die Frage, ob die Datenverarbeitungstechnologie die notwendigen Kontrollen überhaupt zulässt. Werden die Daten z.B. zu einem Cloud Services Anbieter übermittelt, muss der Cloud Service nach den Datenschutzvorgaben des Auftraggebers bzw. des Datenexporteurs strukturiert werden.

VIII. Datensicherheit als Bestandteil des Datenschutzes

97 Die im 5. Kapitel[35] aufgelisteten, international anerkannten und im Standard ISO/IEC 29100 veröffentlichten elf Datenschutzprinzipien enthalten das Prinzip „Datensicherheit" als ein zu regelndes Element. In der allgemeinen Diskussion um den Datenschutz wird dieser oft mit der Datensicherheit gleich gesetzt. Die Datenschutzgesetze in einigen Ländern, insbesondere in den USA, aber auch in einigen Ländern Asiens und des Nahen Ostens, fokussieren tatsächlich eher auf die Sicherheit der Daten und weniger auf Grundrechte des Betroffenen, über die Verarbeitung seiner Daten selbst zu entscheiden. Darüber hinaus kann durch die Berücksichtigung von Sicherheitsanforderungen, wie z.B. die eindeutige Identifikation eines Zugriffsberechtigten, auch ein Konflikt mit dem im Datenschutz verankerten Selbstbestimmungsrecht, wie z.B. bei der Anonymisierung der zu identifizierenden Daten entstehen.

---

32 Vgl. § 4b Abs. 2, S. 2 BDSG.
33 Vgl. *Weber und Vogt* ZD 2011, 75, Internationale Auftragsdatenverarbeitung.
34 Vgl. BITKOM, Bd. 2, Kap. II 3 c, S. 14, Übermittlung personenbezogener Daten.
35 Vgl. Rn. 66.

Im deutschen Datenschutzrecht wird die Datensicherheit im § 9 BDSG vorgeschriebe- **98**
nen, in dem die Datenverarbeiter technische und organisatorische Maßnahmen zu
treffen haben, die erforderlich sind. Weiter heißt es, dass Maßnahmen nur erforderlich
sind, wenn ihr Aufwand in einem angemessenen Verhältnis zu dem angestrebten
Schutzzweck steht. Eine sehr allgemeine Anforderung, die aber tatsächlich wieder
zurück zur schon beschriebenen Risikoeinschätzung führen muss. Die Maßnahmen
können demnach nur festgelegt werden, wenn der Schutzzweck bekannt ist und der
Schutzzweck ergibt sich aus der Einschätzung des zu minimierenden Risikos. Nur
bedingt hilfreich bei der Festlegung der Sicherheitsmaßnahmen ist die Anlage zu § 9
BDSG. Es wird gefordert, dass insbesondere Maßnahmen zu treffen sind, die je nach
Art der zu schützenden personenbezogenen Daten oder Datenkategorien geeignet
sind. Die in der Anlage aufgeführten Kontrollmaßnahmen zu Zutritt, Zugang, Zugriff,
Weitergabe und Eingabe von Daten, zur Einhaltung von Weisungen bei der Auftragsdatenverarbeitung, Schutz vor Zerstörung oder Verlust der Daten und zur getrennten
Verarbeitung bei unterschiedlichen Verarbeitungszwecken sind zwar in der Datenverarbeitung mittlerweile ein Mindeststandard, sie sind aber bei weitem nicht konkret
genug um eine „Eignung" je nach Schutzzweck vorzugeben.

In den relevanten Vertragsklauseln zu den geforderten Sicherheitsmaßnahmen zwi- **99**
schen den Parteien der Datenverarbeitung heißt es i.d.R., dass „adäquate" technische
und organisatorische Maßnahmen zu treffen sind. In Bezug auf die Anlage zu § 9
BDSG werden demnach die aufgelisteten Mindeststandards eingeführt. Es sollen
Schutzkriterien gewählt werden, die sich konkret an der Schutzbedürftigkeit der
gespeicherten Daten orientieren.[36] In der Praxis besteht aber häufig eine große Unsicherheit, welche Maßnahmen wirklich einen geeigneten Schutz bieten. Folgende Faktoren sollten bei der Bestimmung **„adäquater" oder geeigneter Sicherheitsmaßnahmen** eine Rolle spielen:

- Art, Wert und Umfang der zu verarbeitenden personenbezogenen Daten,
- Folgenabschätzung für die Betroffenen bei unsachgemäßer Datenverarbeitung,
- allgemeine Risikoeinschätzung in Bezug auf den Geschäftsprozess,
- Stand der Technik insb. in Bezug auf die Anfälligkeit der eingesetzten Informati-
  onstechnologie,
- verfügbare technische Standards, Best Practices und Expertenmeinungen zu dem
  Sachverhalt,
- Aufwands- und Kostenabschätzung.

Nur die Durchführung einer Risikoanalyse, wie in Kapitel 2[37] beschrieben, führt am **100**
Ende zur notwendigen Differenzierung der Sicherheitsmaßnahmen. Man wird nicht
in allen Fällen eine detaillierte Risikoabschätzung durchführen. Es ist aber der einzige Weg, den Datenschutz ernst zu nehmen und im Fall eines Datenschutzvorfalls
reagieren zu können bzw. auch zeigen zu können, dass das Unternehmen alle erforderlichen Schritte unternommen hat, die Daten nach den zu erwartenden Standards
zu schützen.

---

36 Vgl. *Gola und Schomerus* Rn. 9 zu § 9 BDSG.
37 Vgl. Rn. 16.

IX. Ausblick

101 Aus regulatorischer Sicht sollte es bei der Modernisierung des Datenschutz in den kommenden Jahren und Jahrzehnten weniger darauf ankommen, neue Anwendungsgebiete im Detail regeln zu wollen, sondern es sollte viel mehr ein Ziel sein, eine Harmonisierung auf internationalem Niveau herbeizuführen. Nur ein global einheitliches und auf grundlegende Prinzipien gestütztes Vorgehen beim Datenschutz verspricht einen effektiveren Schutz. Dies betrifft auch die Frage, ob der konzerninterne Austausch von Daten zukünftig praxisnaher geregelt werden kann. In den Vorschlägen zum Beschäftigtendatenschutz und in den Entwürfen zur neuen EU-Datenschutzgrundverordnung gibt es vielversprechende Ansätze. Sie stellen aber bestenfalls einen europäischen Ansatz dar. In der Stellungnahme des Bundesrates zum Entwurf eines Gesetzes zur Regelung des Beschäftigtendatenschutzes[38] heißt es dazu, dass der konzerninterne Datentransfer es vor dem Hintergrund des mit der Globalisierung einhergehenden Rationalisierungsdrucks nicht mehr zeitgemäß erscheinen lasse, Konzerngesellschaften auch weiterhin als datenschutzrechtliche Dritte zu behandeln. Die Regelungen zur Datenübermittlung seien daher an die Erfordernisse international organisierter Konzernstrukturen anzupassen. Das bedingt einen Dialog über Europa hinaus, z.B. mit den APEC Ländern und deren Vorschlag für eine globale Vorgehensweise.

102 Das Thema „Meldepflichten" wird alle Unternehmen zukünftig sehr viel mehr beschäftigen, als das schon heute der Fall ist. Die US-Bundesstaaten haben mit ihren „Breach Notification Laws" schon Anfang des Jahrtausends die Richtung vorgegeben und seit dem wurden die Regeln zur Meldung von Datenschutz- und Sicherheitsverstößen nicht nur in den USA verschärft. Während Meldepflichten schon im Jahr 2009 in die E-Privacy Direktive der EU eingearbeitet wurden und einige EU-Mitgliedsländer Vorgaben auch in ihre nationalen Datenschutzgesetze aufgenommen haben, haben die Vorschläge der Europäischen Kommission in ihrem Entwurf für die EU-Datenschutz-Grundverordnung sehr viel weitreichendere Folgen für die betroffenen Unternehmen.

103 Der Vorschlag für eine EU-Datenschutz-Grundverordnung unterscheidet ausdrücklich zwischen der Meldepflicht an die Aufsichtsbehörde[39] einerseits und an die Betroffenen andererseits.[40] Ein Unterbleiben der Benachrichtigung, aber auch die nicht rechtzeitige oder unvollständige Mitteilung, kann gegenüber einem Unternehmen mit einer Geldbuße bis 2 % des weltweiten Jahresumsatzes sanktioniert werden.[41] Damit wird die Meldepflicht nicht nur auf dem Papier stehen bleiben sondern wird sehr weitreichende Investitionen in den Unternehmen freisetzen müssen. Kapazitäten müssen geschaffen werden, um den Aufwand des Meldens von Verstößen zu bewerkstelligen und technische Voraussetzungen müssen geschaffen werden, um Verstöße rechtzeitig zu entdecken und überhaupt reagieren zu können. Ob die aus der Einführung der Meldepflicht resultierenden Investitionen in den Datenschutz tatsächlich zu einer Erhöhung des Datenschutzniveaus führt, bleibt zu bezweifeln.

---

38 Vgl. BR-Drucks. 535/10, S. 4.
39 Vgl. Europäische Kommission, 2012, Vorschlag für eine EU-Datenschutz-Grundverordnung, Art. 31.
40 Vgl. Europäische Kommission, 2012, Vorschlag für eine EU-Datenschutz-Grundverordnung, Art. 32.
41 Vgl. *Kaufmann* ZD 2012, 358 ff., 362, Meldepflichten und Datenschutz-Folgenabschätzung.

Eine weitere Herausforderung der nächsten Jahre und Jahrzehnte für den Daten- **104**
schutz wird mit dem unaufhaltsamen Trend zum „Cloud Computing" einhergehen.
Unternehmen sehen sich gezwungen Kosten zu minimieren. Die Datenverarbeitung,
zumindest dort wo sie nicht zum Kerngeschäft gehört, wird sich einem großen Ratio-
nalisierungsdruck nicht entziehen können. Das Konzept des „Cloud Computing" kol-
lidiert dabei in einigen Grundzügen den Anforderungen an den Datenschutz in seiner
heutigen Form. Die Vorgaben zur Sicherheit der Daten, wie sie z.B. in der Anlage zu
§ 9 BDSG aufgelistet sind, werden im Bezug auf das „Cloud Computing" und anderer
globaler Datenverarbeitungstechnologien zu Recht als ungenügend und schlichtweg
als nicht geeignet kritisiert.[42] Bis es jedoch ein wirklich modernisiertes Datenschutzrecht gibt, dass dem Trend zum „Cloud Computing" adäquate Schutzmaßnahmen ent-
gegensetzen kann, gibt es vermutlich schon sehr viel weitergehende virtuelle, grenz-
auflösende Technologien, die den Datenschutz heutiger Couleur noch viel mehr in
Frage stellen wird.

Ein globaler Konzern ist gut beraten, sein Datenschutzprogramm nach internationa- **105**
len Standards weiter zu entwickeln und dabei den beschriebenen 80/20 Ansatz[43] nicht
aus dem Auge zu verlieren. Einzelne Ländergesellschaften des Unternehmens müssen
dabei ein höheres Datenschutzniveau etablieren, als dies nach lokalem Datenschutzrecht notwendig wäre. Das Gleiche gilt bei der Einführung neuer Technologien in die
Geschäftsprozesse. Solange das Datenschutzrecht in bestimmten Fällen noch keine
geeigneten Maßnahmen für den Datenschutz aufgestellt hat, wird nur das nach der
hier beschriebenen Risikoabschätzung[44] vom Unternehmen selbst festgelegte Datenschutzniveau adäquat sein.

B. IT/elektronische Kommunikation

I. Einführung

IT-Compliance ist kein eindeutig und abschließend definierter Begriff. Dies folgt aus **106**
der Natur der Sache, da in der heutigen Zeit kaum ein Geschäftsprozess denkbar ist,
der nicht mindestens von IT-Systemen abhängig ist oder sogar mit Hilfe von IT umgesetzt wird. Damit hat fast jede allgemeine Compliance-Anforderung latent auch
Berührungspunkte zur IT-Compliance. IT-Compliance umfasst zum einen diejenigen
Anforderungen und Vorgaben an ein Unternehmen, die direkt auf die IT abzielen
und diese zum Gegenstand haben, und zum anderen Anforderungen und Vorgaben,
die zwar nicht direkt auf die IT abzielen, aber faktisch mit Hilfe von IT umgesetzt
werden (müssen) und damit insoweit auch für die IT von Relevanz sind.[45] Nicht
zuletzt erfordert IT-Compliance den Aufbau einer entsprechenden IT-Organisation,
d.h. einer Organisation, in der Aufgaben und Kompetenzen sachgerecht verteilt sind,
in der Informationsströme entsprechend angelegt sind und die Möglichkeiten zur

---

42 Vgl. *Schneider* ZD 12011, 6-2, Die Datensicherheit – eine vergessene Regelungsmaterie.
43 S. Rn. 63 und Rn. 74.
44 S. 2. Kap. Rn. 16 ff.
45 *Lensdorf* CR 2007, 413, 413.

Intervention aufweist, um dadurch Schäden vom Unternehmen abzuwenden.[46] Da IT fast jeden Unternehmensbereich unmittelbar oder mittelbar betrifft, zieht eine Nichtbefolgung oder auch nur Vernachlässigung von IT-Compliance weitreichende Konsequenzen nach sich. Unternehmen sind also gehalten, alle notwendigen Anforderungen an eine IT-Compliance zu erfüllen und möglichen Gefahren in diesem Bereich entgegenzuwirken.

II. IT-Risikomanagement als Geschäftsleiterpflicht

107 Mit der durch das Gesetz zur Kontrolle und Transparenz im Unternehmensbereich (KonTraG) eingeführten Vorschrift in § 91 Abs. 2 AktG wird die gesetzliche Pflicht des Vorstands begründet, geeignete Maßnahmen für das frühe Erkennen von Risiken zu treffen, die den Unternehmensbestand gefährden können. Diese Pflicht besteht nach allgemeiner Ansicht jedoch nicht nur für den Vorstand einer Aktiengesellschaft, sondern ist lediglich die Kodifikation eines allgemeinen Grundsatzes, der ebenso für andere Unternehmensformen, beispielsweise die Geschäftsführung einer GmbH, gilt. Diese Verpflichtung der Unternehmensleitung ist jedoch anders als der US-amerikanische Sarbanes-Oxley-Act nicht erst die Antwort des Gesetzgebers auf die zahlreichen Finanzskandale der 90er Jahre wie Enron oder WorldCom, sondern ist vielmehr Ausfluss der allgemeinen Pflichten eines GmbH-Geschäftsführers nach § 43 Abs. 1 GmbHG oder der Sorgfaltspflichten der Vorstandsmitglieder von Aktiengesellschaften gem. § 93 Abs. 1 S. 1 AktG, wonach diese Mitglieder der Geschäftsleitung bei der Führung der Geschäfte die Sorgfalt eines ordentlichen Geschäftsmanns anzuwenden haben.

108 Voraussetzung für die Implementierung eines angemessenen Risikomanagementsystems ist zunächst die Identifizierung möglicher Risiken, die den Bestand des Unternehmens gefährden können, demnach also auch, oder insbesondere derjenigen Risiken, die die bestehende IT-Infrastruktur eines Unternehmens gefährden können. Dann müssen die identifizierten Risiken bewertet und darauf aufbauend ein geeignetes System zur Steuerung gerade der IT-Risiken entworfen werden. Ziel eines effektiven Risikosteuerungssystems ist es, möglichst wenige Risiken selbst zu tragen. Die Risikovermeidung und -verringerung sind natürlich die effektivsten Mittel, um potentielle Gefahren auf ein Mindestmaß zu reduzieren. Dabei muss jedoch berücksichtigt werden, dass eine vollständige Vermeidung jeglicher Risiken – wie in jedem Bereich eines Unternehmens – utopisch wäre, da dies unweigerlich das Einstellen jeglicher Geschäftsaktivitäten mit sich brächte oder alternativ der zu betreibende Aufwand völlig unverhältnismäßig wäre.

1. Pflichtendelegation als Organisationspflicht

109 Risikomanagement, auch und gerade IT-Risikomanagement, ist zwar eine in der Verantwortung der Unternehmensleitung liegende Aufgabe, sie muss aber nicht allein von ihr wahrgenommen und erledigt werden. Vielmehr gehört der Aufbau einer entsprechenden unternehmensinternen Organisation, und damit eine Pflichtendelegation, zu einem angemessenen Risikosteuerungssystem. Denkbar in diesem Zusammenhang ist beispielsweise die Ernennung eines internen IT-Sicherheitsbeauftragten

---

46 Vgl. dazu MünchKomm AktG/*Spindler* § 91 Rn. 3.

als Leiter einer solchen Organisation. Möglich wäre es aber auch, zumindest einen Teil des IT-Risikomanagements und damit der IT-Compliance-Aufgaben auszulagern auf einen externen Leistungsanbieter oder auf eine interne spezifische Organisationseinheit zu übertragen, sich also Kompetenzen Dritter „einzukaufen". Dies kann für die IT-Infrastruktur insgesamt oder nur für die Aufgabe „IT-Sicherheit" gelten. Natürlich kann eine solche Verlagerung die Unternehmensleitung nur eingeschränkt entlasten, da die grundsätzliche Verantwortung weiterhin bei dieser verbleibt bzw. verbleiben muss. Dennoch ist die Ver- bzw. Auslagerung auf einen Unternehmensinternen oder einen Dritten ein Instrument zur Herbeiführung einer kosteneffizienten IT-Compliance, nicht zuletzt auch deshalb, weil sich die Verantwortlichen des Unternehmens so mehr auf ihre eigentlichen Aufgaben konzentrieren können. Eine solche Maßnahme bedarf jedoch der richtigen Vertragsgestaltung, die insbesondere eine eindeutige Aufgabenverteilung und Pflichtenzuordnung enthalten muss.

Da die Verantwortung für IT-Compliance letztlich trotz der Auslagerung einzelner **110** hierzu gehöriger Aufgaben beim Unternehmen verbleibt, müssen Kontroll- und Weisungsrechte für das auslagernde Unternehmen detailliert vereinbart werden. Im Outsourcing-Vertrag ist daher Wert auf detaillierte Regelungen zu legen, die dem auslagernden Unternehmen Kontroll- und Weisungsrechte gewähren, die das frühzeitige Erkennen von Gefahren sowie das rechtzeitige Ergreifen von Gegenmaßnahmen beim Auftreten von Gefahren ermöglichen.[47] Im Vertrag sollten auch bestimmte Qualitätsstandards und konkrete IT-Sicherheitsmaßnahmen, Notfallpläne etc. für den externen Leistungsanbieter explizit festgelegt werden, damit bei einer möglichen Schlechtleistung des Anbieters ein Mitverschulden des auslagernden Unternehmens ausgeschlossen werden kann.

2. Rechtsfolgen bei Verstoß gegen Geschäftsleiterpflicht

Verletzt die Unternehmensleitung ihre allgemeinen Sorgfaltspflichten aus §§ 93 Abs. 1 **111** S. 1, 91 Abs. 2 AktG bzw. § 43 Abs. 1 GmbHG, macht sie sich persönlich gegenüber der Gesellschaft schadensersatzpflichtig, § 93 Abs. 2 AktG, § 43 Abs. 2 GmbHG. Gegenüber Dritten haftet das Unternehmen im Rahmen der allgemeinen Vorschriften der §§ 280 ff. BGB für Schäden, die aufgrund einer vom Unternehmen begangenen Pflichtverletzung entstehen.

Die Unterhaltung geeigneter IT-Sicherheits- und Schutzvorkehrungen und damit eines **112** geeigneten Risikosteuerungssystems ist nach vielen Versicherungsverträgen Voraussetzung für die Aufrechterhaltung des Versicherungsschutzes. Dieser Versicherungsschutz wird gefährdet, wenn der Versicherungsnehmer durch ein mangelhaftes IT-Risikomanagementsystem seine Obliegenheit verletzt. Versicherungen, die im Zusammenhang mit IT-Systemen abgeschlossen werden können bzw. sollten, sind zum einen Sachversicherungen für elektronische Geräte, bei denen Sachschäden an elektronischen und elektrotechnischen Anlagen durch Ereignisse, die vom Unternehmen nicht rechtzeitig erkannt werden, versichert sind. Zum anderen schließen Unternehmen häufig Betriebsunterbrechungsversicherungen ab. Hier ist es umso wichtiger, dass das Unternehmen diesen teuer bezahlten Versicherungsschutz nicht wiederum dadurch einbüßt, dass es vermeidbare IT-Sicherheitslücken entstehen lässt oder nicht rechtzeitig erkennt und schließt.[48]

---

47 *Nolte/Becker* BB-Special 2008, 23, 25.
48 *Heckmann* MMR 2006, 280, 283.

III. IT-Sicherheit

113 Vor dem Hintergrund der Abhängigkeit zahlreicher Geschäftsprozesse von einer funktionierenden IT ist IT-Sicherheit erste Voraussetzung, um IT-Compliance im Unternehmen herzustellen und nachhaltig sicherzustellen. Neben der Funktionseinschränkung oder Funktionsunfähigkeit der IT-Systeme weisen insbesondere auch Datenverluste oder Angriffe Dritter auf das System mit dem Ziel der Schädigung oder Ausspionierung von Geschäftsgeheimnissen erhebliches Gefährdungspotential auf. Aber auch innerhalb eines Unternehmens existieren Risiken, die den Unternehmensbestand bis zu einem existenzvernichtenden Ausmaß gefährden können. Als solche kommen beispielsweise eine unsachgemäße Anwendung von IT-Systemen durch ungeschulte Mitarbeiter bis hin zum Herunterladen virusinfizierter Dateien in Betracht.

1. Begriff der IT-Sicherheit

114 Eine Legaldefinition für IT-Sicherheit findet sich in § 2 Abs. 2 BSIG. Danach bedeutet IT-Sicherheit die Einhaltung bestimmter Sicherheitsstandards, die die Verfügbarkeit, Unversehrtheit oder Vertraulichkeit von Informationen betreffen, durch Sicherheitsvorkehrungen (i) in informationstechnischen Systemen, Komponenten oder Prozessen oder (ii) bei der Anwendung von informationstechnischen Systemen, Komponenten oder Prozessen. Daraus ergeben sich folgende Schutzrichtungen der IT-Sicherheit:[49]

– Verfügbarkeit: Die Funktionalität des IT-Systems muss gewährleistet sein, d.h. dem Benutzer müssen alle Informationen und Daten zeitgerecht zur Verfügung stehen.
– Integrität: Diese Schutzrichtung bezieht sich sowohl auf eine Vollständigkeit und Unversehrtheit aller Daten und Informationen, wie auch auf die Unversehrtheit der IT-Systeme.
– Vertraulichkeit: Informationen müssen vor unwissentlicher Preisgabe oder unbefugter Kenntnisnahme geschützt werden.
– Authentizität: Diese ist gewährleistet, wenn durch geeignete Kontrollmaßnahmen sichergestellt wird, dass Daten und Informationen wirklich aus der angegebenen Quelle stammen bzw. dass die Identität eines Benutzers oder eines angeschlossenen Systems korrekt ist.

2. Standards für IT-Sicherheit

115 Vorhandene Standards, die Maßnahmen zur Schaffung von IT-Sicherheit aufzeigen und beschreiben, sind u.a. die ISO-Normen sowie der IT-Grundschutz-Katalog des BSI. Diese Standards entfalten als „Best Practice" zwar keine unmittelbar verbindliche Wirkung nach außen, bilden aber einen Maßstab für einwandfreies Verhalten und können wie allgemein anerkannte Regeln der Technik wirken und damit unbestimmte Rechtsbegriffe näher konkretisieren. Die Einhaltung bzw. Verletzung dieser Standards kann z.B. bei der Frage relevant werden, ob ein Unternehmen einen Schaden schuldhaft verursacht hat, bzw. ob das Unternehmen ein Mitverschulden i.S.v. § 254 BGB trifft. Kann das Unternehmen nachweisen, anerkannte Standards angewandt und umgesetzt zu haben, dürfte der Nachweis eines Verschuldens nur schwer gelingen. Allerdings sind vorhandene Standards keine „Musteranleitung" zur Schaffung von IT-Sicherheit. Vielmehr ist bei der Anwendung von Standards stets ihre Eignung

---

49 Vgl. *Holznagel* S. 12 ff.

Schrey

in der konkreten Unternehmenssituation zu prüfen und gegebenenfalls sind Anpassungen an die spezifischen Gegebenheiten im Unternehmen vorzunehmen.

2.1 IT-Grundschutz-Katalog des BSI

Das vom Bundesamt für Sicherheit in der Informationstechnik (BSI) entwickelte und **116** bis 2005 gültige Grundschutzhandbuch beschrieb nicht nur das Management von Informationssicherheit, sondern auch detaillierte Standard-Sicherheitsmaßnahmen aus den Bereichen Technik, Organisation, Personal und Infrastruktur. Danach wurde das Grundschutzhandbuch erneut aktualisiert und in die Methodik IT-Grundschutz einerseits und die IT-Grundschutz-Kataloge andererseits umstrukturiert. Die IT-Grundschutz-Kataloge bestehen aus einer Loseblatt-Sammlung (aktuell die 12. Ergänzungslieferung 2011) und enthalten Empfehlungen für typische Prozesse, Anwendungen und IT-Komponenten. Die Kataloge sind an IT-Sicherheitsverantwortliche sowohl in der öffentlichen Verwaltung als auch in privatwirtschaftlichen Unternehmen gerichtet und sollen diese dabei unterstützen, angemessene Sicherheitsmaßnahmen zu identifizieren und umzusetzen. Um möglichst nah am Stand der Technik sowie der Managementmethoden zu bleiben, werden die IT-Grundschutz-Kataloge bedarfsorientiert aktualisiert und ergänzt. Die IT-Grundschutz-Vorgehensweise beschreibt, wie auf der Basis von Standard-Sicherheitsmaßnahmen Sicherheitslösungen ausgewählt, aufgebaut und geprüft werden können, um nachhaltig ein angemessenes Sicherheitsniveau für alle Informationen einer Institution zu erreichen.[50] In vielen Bereichen der öffentlichen Verwaltung ist der BSI-Grundschutz verpflichtend vorgeschrieben. Da die IT-Grundschutz-Kataloge jedoch nur Vorschläge und keinen bindenden Mindeststandard enthalten, ist eine Zertifizierung nach diesen IT-Grundschutz-Katalogen nicht möglich.

2.2 ISO-Norm 17799/27002

Die aus der britischen Norm BS 7799 hervorgegangene Norm 17799 der International **117** Standardization Organisation (ISO) ist eine „Best Practice"-Sammlung und definiert ein Rahmenwerk für das IT-Sicherheitsmanagement, in dem außerdem ein Überblick über die erforderlichen IT-Sicherheitsmaßnahmen gegeben wird. Anders als in den IT-Grundschutz-Katalogen finden sich hier (vor allem in technischen Bereichen) keine detaillierten Umsetzungshinweise, sondern nur übergreifende Anforderungen, da die Empfehlungen in erster Linie für die Management-Ebene gedacht sind.[51]

Mittlerweile ist die ISO-Norm erneut aktualisiert worden und wird nunmehr unter **118** der ISO Standard Serie 2700x als ISO Standard 27002 geführt, die Empfehlungen für diverse IT-Kontrollmechanismen enthält. Der ISO-Standard 27001 „Information technology – Security techniques – Information security management systems – Requirements" ist der erste internationale Standard zum Management von Informationssicherheit, der auch eine Zertifizierung ermöglicht. Diese Zertifizierung bietet Unternehmen die Möglichkeit, sich hinsichtlich der eigenen IT-Sicherheit durch unabhängige, bei der ISO akkreditierte Gutachter überprüfen und sich somit ein Qualitätszeugnis über die eigene IT-Sicherheit ausstellen zu lassen.

---

50 S. unter www.bsi.bund.de/DE/Themen/ITGrundschutz/itgrundschutz_node.html.

51 *Gründer/Schrey/Münch* S. 304.

2.3 Referenzmodelle: CobiT und ITIL

119 Neben den oben dargestellten anerkannten Standards für IT-Sicherheit sind in der Praxis Referenzmodelle weit verbreitet, die als Beispiel für die Einführung eines IT-Risikomanagementkonzepts herangezogen werden können. Die ISACF (Information Systems Audit Control Foundation) hat 1996 das Referenzmodell „Control Objectives for Information and Related Technology" (CobiT) definiert und mehrfach weiterentwickelt. Das CobiT-Modell, so sein Grundgedanke, will ein generell anwendbares und international akzeptiertes Rahmenwerk zur Verfügung stellen, indem es eine Methode zur Kontrolle von Risiken beschreibt, die sich durch den IT-Einsatz zur Unterstützung geschäftsrelevanter Abläufe ergeben. Das CobiT-Modell beinhaltet 36 internationale IT- und Prüfungsstandards, darunter einige Standards der ISO sowie die „Information Technology Infrastructure Library" (ITIL) als Service Management Standard. Der erklärte Zweck des CobiT ist es, die Geschäftsanforderungen an die IT mit den Verantwortlichkeiten der IT zu verbinden, damit das Unternehmen seine Geschäftsziele erreichen kann.[52]

120 ITIL steht für Information Technology Infrastructure Library und ist eine Sammlung von „Best Practice"-Ansätzen im Management und Betrieb von IT-Dienstleistungen, die vom „United Kingdom's Office Of Government Commerce" (OGC) entwickelt wurde. ITIL beschäftigt sich zwar mit der Beziehung zwischen Kunden und IT-Dienstleistern, kann aber, ebenso wie CobiT, auch als Referenzmodell für den Aufbau und die Umsetzung eines rein unternehmensinternen IT-Sicherheitsmanagements herangezogen werden, da die enthaltenen Regelungsvorschläge auf die jeweilige Unternehmensstruktur angepasst werden können. Übergreifendes Ziel ist die Optimierung bzw. Verbesserung der Qualität von IT-Dienstleistungen und deren Kosteneffizienz, weshalb die IT möglichst gut mit der Unternehmensstrategie und den Geschäftsprozessen abgestimmt sein muss und nicht isoliert betrachtet werden darf.[53]

3. Konkrete Sicherheitsmaßnahmen

121 Um eine angemessene IT-Sicherheit zu gewährleisten, müssen Unternehmen nicht in jede Sicherheitsmaßnahme investieren, die technisch möglich ist. Auch auf dem Gebiet der IT-Sicherheit dürfen, so wichtig dieser Bereich auch ist, wirtschaftliche Erwägungen nicht außer Acht gelassen werden. Aufwendungen für die IT-Sicherheit müssen deshalb stets in angemessenem Verhältnis zu den gesetzlichen Verpflichtungen und zum realistischen Schadenspotential bleiben. Damit orientieren sich die von der Unternehmensleitung zu treffenden Maßnahmen im Hinblick auf die IT-Sicherheit an den konkreten Umständen des Unternehmens und seinem individuellen Sicherheitsbedürfnis.[54]

122 Unabhängig von der Größe oder dem Risikopotenzial eines Unternehmens muss immer eine ausreichende Datensicherung in Form von Kopien (Daten-Backup) erfolgen; die Sicherungskopien sind sinnvollerweise in ausreichender Entfernung von der „IT-Produktion" aufzubewahren. Die zivilrechtliche Rechtsprechung[55] führt hierzu aus, Datensicherung sei eine allgemein bekannte Selbstverständlichkeit und absolut

---

52 Vgl. ausf. Darstellung von *Hempel/Wiemken* S. 194 ff.
53 *Gründer/Schrey/Münch* S. 304.
54 *Schultze-Melling* CR 2005, 73, 74.
55 *OLG Karlsruhe* NJW-RR 1997, 554.

unverzichtbar und verwehrt im zugrundeliegenden Urteil wegen eines überwiegenden Mitverschuldens gem. § 254 BGB einen Anspruch auf Schadenersatz wegen eines vollständigen Datenverlustes, da das klagende Unternehmen es unterlassen hatte, eine ausreichende Datensicherung vorzunehmen. Ebenfalls verhältnismäßig und eine in jedem Fall zu ergreifende Maßnahme dürfte der Einsatz von Virenscannern sein. Als weitere Sicherheitsmaßnahmen bieten sich u.a. Firewalls, System- und Programmupdates, Intrusion Detection Systeme, sowie die Einführung von Zugriffsbeschränkungskonzepten, wonach geringere Zugriffsmöglichkeiten an die einfachen Nutzer und Administratorkonten mit umfassenden Zugriffsrechten für nur ausgewählte und hinreichend geschulte Personen eingerichtet werden.[56] Da in kleineren Unternehmen die Nutzer in der Regel auch die Pflege der IT-Infrastrukur übernehmen (müssen), können in diesen Fällen stark ausdifferenzierte Zugriffskonzepte allerdings auch ein Beispiel für eine eher unverhältnismäßige Maßnahme sein.

IV. Elektronischer Rechtsverkehr

In den letzten Jahren wurden zahlreiche Gesetze verabschiedet, die den elektronischen Rechtsverkehr zum Gegenstand haben. Die Vorschriften und die sich daraus ergebenden Anforderungen im Bereich des elektronischen Rechtsverkehrs ändern sich ständig, darunter sind beispielsweise das Gesetz über Rahmenbedingungen für elektronische Signaturen (SigG), das Zustellungsreformgesetz (ZustRG), das Formvorschriftenanpassungsgesetz (FormVorAnpG), das Justizkommunikationsgesetz (JKomG) sowie das Gesetz über elektronische Handelsregister und Genossenschaftsregister sowie das Unternehmensregister (EHUG). Weitere Gesetzgebungsvorhaben sind derzeit noch nicht abgeschlossen.[57]Der Begriff elektronischer Rechtsverkehr umfasst jegliche rechtsverbindliche elektronische Kommunikation sowie den sicheren, rechtlich wirksamen Austausch elektronischer Dokumente zwischen Anwälten, Bürgern, Unternehmen, Behörden und Gerichten. **123**

1. Rechtsverbindliche elektronische Kommunikation

Die rechtsverbindliche elektronische Kommunikation ist aus dem alltäglichen Geschäftsleben, insbesondere im internationalen Umfeld, nicht mehr wegzudenken. Soweit nicht im Gesetz Schriftformerfordernisse bestehen (beispielsweise bei Verbraucherdarlehensverträgen gem. § 492 BGB), ist eine elektronisch übermittelte Willenserklärung ebenso wirksam, wie eine Willenserklärung, die im Rahmen einer schriftlichen Urkunde abgegeben wird. Allerdings verfügt eine E-Mail nur über einen vergleichsweise geringen Beweiswert. Im Zivilprozess ist der Beweiswert einer E-Mail nach § 286 ZPO nämlich nur durch freie Beweiswürdigung des Gerichts zu ermitteln und trägt anders als der Beweis durch Urkunden nicht den Anschein der Authentizität und Vollständigkeit in sich.[58] Sofern Zweifel an der Echtheit bestehen oder der Beweiswert bestritten wird, muss jeweils nach den üblichen Regeln der Beweislastverteilung der jeweilige Beweisführer darlegen und beweisen, dass eine E-Mail echt ist, **124**

---

56 *Spindler* Verantwortlichkeiten von IT-Herstellern, Nutzern und Intermediären, Rn. 395 (veröffentlicht unter www.bsi.bund.de).
57 Aktuell: Entwurf eines Gesetzes zur Förderung des elektronischen Rechtsverkehrs in der Justiz, BT-Drucks. 17/11691.
58 Zum Beweiswert von E-Mails: *Roßnagel/Pfitzmann* NJW 2003, 1209 ff.

d.h. tatsächlich von dem angeblichen Absender stammt und inhaltlich authentisch ist. Da eine E-Mail keine sichere Identifizierung des Absenders zulässt und auch nicht ersichtlich ist, ob der Inhalt der E-Mail im Nachhinein manipuliert wurde, ist der Beweis der Echtheit allein mit dem elektronischen Dokument oder seinem Ausdruck kaum zu führen. Erhöhten Beweiswert schafft nur die qualifizierte elektronische Signatur i.S.v. § 2 Nr. 3 SigG, also eine elektronische Signatur die (i) auf einem zum Zeitpunkt ihrer Erzeugung gültigen qualifizierten Zertifikat beruht und (ii) mit einer sicheren Signaturerstellungseinheit erzeugt wurde. Bei dieser höchsten Sicherheitsstufe der elektronischen Signatur wird die Signatur ihrem Urheber über ein qualifiziertes Zertifikat (§ 2 Nr. 7 SigG) zugeordnet. Durch das qualifizierte Zertifikat, das von einem Zertifizierungsdiensteanbieter (ZDA) nach § 2 Nr. 8 SigG ausgestellt werden muss, wird die Zusammengehörigkeit zwischen dem öffentlich bekannten Signaturprüfschlüssel, der zur Prüfung der Signatur verwendet wird, und der Identität des Signaturschlüsselinhabers belegt. Bei einem Dokument, welches mit einer qualifizierten Signatur versehen ist, finden nach § 371a Abs. 1 ZPO die Vorschriften über die Beweiskraft privater Urkunden entsprechend Anwendung und der Anschein der Echtheit kann nur durch Tatsachen erschüttert werden, die ernstliche Zweifel daran begründen, dass die Erklärung vom Signaturschlüssel-Inhaber abgegeben wurde. Nach § 126a BGB kann bei Verwendung einer qualifizierten elektronischen Signatur ein gesetzliches Schriftformerfordernis durch die elektronische Form ersetzt werden, es sei denn im Einzelfall wurde ausdrücklich und ausschließlich Schriftform gefordert. Es kann daher durchaus empfehlenswert sein, wenn ein Unternehmen einige seiner Mitarbeiter bei einem Zertifizierungsdienst registrieren lässt und deren Hardware mit entsprechender Software und Lesegeräten ausstattet.

2. Anforderungen nach dem EHUG

125 Neben der Digitalisierung der Registerführung und der Errichtung eines zentralen Unternehmensregisters enthält das EHUG, das zum 1.1.2007 in Kraft getreten ist, vor allem grundlegende Neuerungen im Recht der Unternehmenspublizität, die gerade kleine und mittelständische Unternehmen vor große Herausforderungen stellen. Nach der durch das EHUG geänderten Vorschrift in § 325 Abs. 1 HGB müssen die gesetzlichen Vertreter von mittelgroßen und großen Kapitalgesellschaften den Jahresabschluss beim Betreiber des elektronischen Bundesanzeigers elektronisch einreichen; bei einer kleinen Kapitalgesellschaft i.S.d. § 267 Abs. 1 HGB genügt die Veröffentlichung einer nach § 266 Abs. 1 S. 3 HGB verkürzten Bilanz und des bereinigten Anhangs (§ 326 HGB). Kleinstkapitalgesellschaften (Definition in § 276a HGB) können die Pflicht aus § 325 erfüllen, indem sie die Bilanz in elektronischer Form zur dauerhaften Hinterlegung beim Betreiber des Bundesanzeigers einreichen und einen Hinterlegungsauftrag erteilen. Der Betreiber des elektronischen Handelsregisters ist gesetzlich verpflichtet, jeden Verstoß gegen die Offenlegungsfrist und -form dem Bundesamt für Justiz anzuzeigen, welches die Einhaltung der Offenlegungspflichten von Amts wegen prüfen muss. Bei einem Verstoß gegen die Offenlegungspflichten droht dem Unternehmen ein Ordnungsgeld zwischen 2 500 EUR und 25 000 EUR (§ 335 Abs. 1 S. 4 HGB).

126 Ebenfalls durch das EHUG in die einschlägigen Einzelgesetze eingeführt wurde das Erfordernis, Pflichtangaben über das Unternehmen wie Rechtsform und das Registergericht auch in geschäftlicher Korrespondenz aufzuführen, die in Form von

E-Mails versandt wird. Diese Anforderung ergibt sich also nunmehr aus den §§ 37a, 125a, 177a HGB, § 35a Abs. 1 GmbHG sowie § 80 Abs. 1 AktG. Diese Vorschriften haben in Unternehmen teilweise zu großen technischen Schwierigkeiten bei der Umsetzung geführt. Die einfachste Lösung wäre eine Aufforderung an alle Mitarbeiter gewesen, ihrer E-Mail-Signatur die jeweiligen Pflichtangaben anzuhängen. Dies birgt aber zum einen das Problem, dass nicht sichergestellt werden kann, dass alle Mitarbeiter die Angaben korrekt eingeben. Zum anderen sind diese individuell eingegebenen Signaturen durch jeden Dritten veränderbar. Das Unternehmen könnte im Streitfall, etwa bei Anfechtung eines Vertrags wegen Irrtums über die Identität des Vertragspartners oder auch nur bei einer einfachen Abmahnung durch Wettbewerber oder anspruchsbefugte Verbände, nicht nachweisen, dass es korrekte Angaben gemacht hat, die dann erst später verändert wurden. Es sollten deshalb Programme und Tools eingesetzt werden, die eine serverseitige Signatur in den E-Mail-Body einfügen. Der Administrator stellt dann die Unternehmenssignatur zentral her und das jeweilige E-Mail-System hängt diese Signatur automatisch an alle ausgehenden E-Mails an.[59] Bei Nichtbefolgung drohen dem Unternehmen auch hier Ordnungsgelder sowie wettbewerbsrechtliche Sanktionen wie Abmahnungen bis hin zu Unterlassungs- und Schadensersatzforderungen.

V. Elektronische Buch- und Aktenführung

Entschließt sich ein Unternehmen, die Buchführung mit Hilfe DV-gestützter Buchfüh- **127** rungssysteme durchzuführen, sind die Grundsätze DV-gestützter Buchführungssysteme (GoBS) neben den Grundsätzen der ordnungsgemäßen Buchführung (GoB) zu beachten. Im engen Zusammenhang mit den GoBS stehen die Grundsätze zum Datenzugriff und zur Prüfbarkeit digitaler Unterlagen (GDPdU), einer Verwaltungsanweisung des Bundesfinanzministeriums.[60] Die GDPdU enthalten Anforderungen an den Steuerpflichtigen in Bezug auf das zum 1.1.2002 eingeführte Recht der Finanzverwaltung gem. § 147 Abs. 6 AO, die mit Hilfe eines Datenverarbeitungssystems erstellte Buchführung durch Datenzugriff zu prüfen. Sowohl aus den GoBS als auch den GDPdU ergeben sich besondere Anforderungen an die elektronische Archivierung.

1. Grundsätze DV-gestützter Buchführungssysteme

Neben den GoB sind bei einer DV-gestützten Rechnungslegung vor allem die damit **128** verbundenen Anforderungen an die Sicherheit, die Nachvollziehbarkeit der Buchführungs- bzw. Rechnungslegungsverfahren und an die Abbildung der einzelnen Geschäftsvorfälle in ihrer Entstehung und Abwicklung sowie die Einhaltung der Aufbewahrungsvorschriften zu beachten. Ein sachverständiger Dritter muss sich in der IT-gestützten Rechnungslegung innerhalb angemessener Zeit einen Überblick über die Geschäftsvorfälle und die Lage des Unternehmens verschaffen können (§ 238 Abs. 1 S. 2 HGB, § 145 Abs. 1 S. 1 AO). Die buchungspflichtigen Geschäftsvorfälle müssen sich in den Handelsbüchern in ihrer Entstehung und Abwicklung verfolgen lassen. Sie sollten möglichst bald nach ihrer Entstehung vollständig und verständlich in zeitlicher Reihenfolge aufgezeichnet und in sachlicher Ordnung auf Konten abge-

---

59 *Hoeren/Pfaff* MMR 2007, 207, 209.
60 *BMF*-Schreiben v. 16.7.2001.

bildet werden.[61] Die Einhaltung der GoBS obliegt alleine dem Buchführungspflichtigen[62] und damit dem Vorstand der Aktiengesellschaft bzw. der Geschäftsführung einer GmbH. Damit verbleibt die Verantwortung bei der Unternehmensleitung, auch wenn die Buchführung auf einen externen Berater ausgelagert wurde.

2. Grundsätze zum Datenzugriff und zur Prüfbarkeit digitaler Unterlagen

129 Nach Abschn. III Ziff. 1 der GDPdU sind originär digitale Unterlagen auf maschinell verwertbaren Datenträgern zu archivieren. Originär digitale Unterlagen sind nach § 146 AO solche, die in das Datenverarbeitungssystem in elektronischer Form eingehen oder im Datenverarbeitungssystem erzeugt werden. Ein maschinell verwertbarer Datenträger ist dabei ein maschinell lesbarer und auswertbarer Datenträger. Diese Grundsätze definieren demnach die konkrete Anforderung an die eingesetzte Unternehmenssoftware, dass die betriebswirtschaftlichen Daten vom Prüfer in der nach den GoB erforderlichen Detailtiefe und Stringenz erkannt und nachvollzogen werden können. Die Finanzbehörde muss selbst unmittelbar auf das Datenverarbeitungssystem dergestalt zugreifen können, dass sie Einsicht in die gespeicherten Daten nehmen und die eingesetzte Hard- und Software zur Prüfung der gespeicherten Daten einschließlich der Stammdaten und Verknüpfungen nutzen kann. Alternativ kann die Finanzbehörde vom Steuerpflichtigen verlangen, dass er an ihrer Stelle die Daten nach ihren Vorgaben maschinell auswertet oder von einem beauftragten Dritten maschinell auswerten lässt, um dann im Rahmen eines Nur-Lesezugriffs die gewünschten Daten ablesen zu können. Ferner kann sie verlangen, dass ihr die gespeicherten Unterlagen auf einem maschinell verwertbaren Datenträger zur Auswertung überlassen werden. Die Entscheidung, von welcher Möglichkeit die Finanzbehörde Gebrauch macht, steht in ihrem pflichtgemäßen Ermessen; falls erforderlich, kann sie auch mehrere Möglichkeiten in Anspruch nehmen.[63]

130 Im Zuge der Sicherstellung von IT-Compliance muss seitens der Unternehmensleitung also zunächst der durch § 147 Abs. 6 AO vorgeschriebene Datenzugriff durch den Außenprüfer sichergestellt werden. Da die Vorschrift keine Regelung darüber trifft, wo der Datenzugriff der Außenprüfung zu erfolgen hat, gelten die allgemeinen Grundsätze, wonach die Außenprüfung grundsätzlich in den Geschäftsräumen des Steuerpflichtigen durchgeführt werden soll (§ 200 Abs. 2 AO).[64] Die Prüfungsrechte der Finanzverwaltung erfordern darüber hinaus die Sicherstellung in den IT-Systemen des Unternehmens, sodass der Prüfer des Finanzamts auch nur jene Daten einsehen kann, die für seine Prüfung wirklich relevant sind; die Zugriffsrechte sind also so auszugestalten, dass inhaltlich weitergehende Zugriffsmöglichkeiten ausgeschlossen sind – dies gilt erst recht, wenn der Buchführungspflichtige seinerseits gegenüber Dritten vertraglich oder gesetzlich zur Verschwiegenheit verpflichtet ist (z.B. Ärzte, Krankenhäuser, Lebens-, Kranken- oder Unfallversicherungen, Rechtsanwälte, Steuerberater, Wirtschaftsprüfer, Banken). Denn diese Verschwiegenheitspflichten sind auch gegenüber den Finanzbehörden anlässlich deren Prüfungen zu wahren. Zudem besteht auf Seiten der Finanzverwaltung kein Verwertungsverbot

---

61 *Niemann/Sradj/Wohlgemuth* Rn. 445.
62 GoBS Rn. 9
63 BT-Drucks. 14/2684, 130.
64 Vgl. auch § 6 BpO.

von versehentlich überlassenen, nicht steuerlich relevanten Dokumenten.[65] Auf der anderen Seite drohen dem Unternehmen Zwangsmittel oder Bußgelder bei Nichterfüllung der Anforderungen nach den GDPdU. Unternehmen sollten deshalb einerseits den Anforderungen an die Zugriffsrechte der Finanzverwaltung wirksam und vollständig nachkommen, ohne andererseits die Datensicherheit für nicht steuerrelevante Informationen, die aber für die Unternehmenssteuerung von erheblicher Bedeutung sind, zu vernachlässigen.

VI. Arbeitsrechtliche Vorgaben

Die Verordnung über Sicherheit und Gesundheitsschutz bei der Arbeit an Bildschirm- **131** geräten (Bildschirmarbeitsverordnung – BildschArbV)[66], die von der Bundesregierung aufgrund der §§ 18, 19 Arbeitsschutzgesetz (ArbSchG) erlassen wurde, normiert spezielle Handlungspflichten, aus denen sich umzusetzende Maßnahmen für die Unternehmensleitung ergeben. Insbesondere müssen danach die den Mitarbeitern bereitgestellten Systeme den geltenden Arbeitsschutzvorschriften entsprechen und beispielsweise den Beschäftigten regelmäßige Untersuchungen der Augen und des Sehvermögens angeboten werden. Verstößt das Unternehmen hiergegen, handelt es ordnungswidrig i.S.v. § 25 Abs. 1 Nr. 1 ArbSchG und riskiert eine Geldbuße von bis zu 5 000 EUR.

Da IT-Systeme oft von allen oder mindestens den meisten Mitarbeitern eines Unter- **132** nehmens genutzt werden und damit letztlich jeder einzelne Mitarbeiter auf eine funktionierende IT angewiesen ist und im Umkehrschluss durch seine Benutzung diese gefährden kann, bedarf es darüber hinaus bestimmter organisatorischer Vorkehrungen, um eine angemessene IT-Compliance zu gewährleisten. Zunächst müssen natürlich geeignete, ergonomisch gestaltete sowie möglichst fehlerresistente Betriebsmittel für die Mitarbeiter bereitgestellt werden. Um eine ordnungsgemäße Nutzung dieser Systeme zu gewährleisten, sollten darüber hinaus auch geeignete Schulungs- und Weiterbildungsmaßnahmen durchgeführt werden. Ebenfalls empfehlenswert sind klare Weisungen durch Betriebsrichtlinien zur Nutzung der unternehmenseigenen IT-Infrastruktur. Dabei genügt jedoch der bloße Erlass klarer Anweisungen noch nicht; vielmehr müssen diese durch unregelmäßige und unangekündigte Kontrollen überwacht werden. Nur mit einer solchen Kombination aus Erlass von Richtlinien und deren anschließender Überwachung kann die ordnungsgemäße Nutzung der IT-Systeme und damit die Wahrung von IT-Compliance in rechtlich ausreichender Weise sichergestellt werden.

Welche Auswirkungen das Fehlen von entsprechenden Weisungen an die Mitarbeiter **133** haben kann, zeigt sich am Beispiel der privaten Internet– und E-Mail-Nutzung am Arbeitsplatz. Im Rahmen seiner Tätigkeit ist heutzutage fast jeder Mitarbeiter auf die betriebliche Nutzung des Internets und von E-Mail-Systemen angewiesen. Ob der Mitarbeiter darüber hinaus das Recht zur privaten Nutzung hat, hängt von der Erlaubnis des Arbeitgebers ab. Im Rahmen seines Direktionsrechts ist dieser durchaus berechtigt, dem Arbeitnehmer die private Nutzung der betrieblichen Systeme zur

---

65 *Gründer/Schrey/Heinrich* S. 356.
66 Verordnung v. 4.12.1996, BGBl I, 1843; www.gesetze-im-internet.de/bildscharbv/; vgl. die Kommentierung der BildschArbV in *Kollmer/Klindt* Arbeitsschutzgesetz, 2. Aufl. 2011.

elektronischen Kommunikation und/oder zur Nutzung des Internets zu verbieten.[67] Wird ein solches Verbot ausdrücklich gegenüber dem Arbeitnehmer kommuniziert und der Arbeitnehmer setzt sich darüber hinweg, verletzt er seine Dienstpflichten gegenüber dem Arbeitgeber.

134 Häufig gestattet der Arbeitgeber seinen Mitarbeitern jedoch die private Nutzung, sei es durch ausdrückliche Gestattung im Arbeitsvertrag, in einer Betriebsvereinbarung, mittels „E-Mail-Policy" oder durch konkludente Einwilligung bzw. betriebliche Übung. In diesen Fällen entsteht zwischen Arbeitgeber und Arbeitnehmer ein Anbieter-Nutzerverhältnis und der Arbeitgeber wird rechtlich zum Anbieter von Telekommunikationsleistungen i.S.v. § 3 Nr. 6 TKG. Als Diensteanbieter i.S.d. TKG unterliegt der Arbeitgeber aber nicht nur den besonderen Anforderungen an technische Schutzmaßnahmen, insbesondere gegen Zugriffe Dritter gem. § 109 TKG, sondern auch einer Verpflichtung zur Einhaltung des Fernmeldegeheimnisses gem. § 88 TKG.[68] Darüber hinaus ist der Arbeitgeber auch Anbieter von Telemedien i.S.d. Telemediengesetzes (TMG), weshalb er auch die datenschutzrechtlichen Bestimmungen der §§ 12 ff. TMG zu beachten hat.[69] Zwar bedeutet eine Erlaubnis zur privaten Nutzung nicht, dass die Mitarbeiter zeitlich und inhaltlich unbeschränkt Internet und E-Mail zu privaten Zwecken nutzen dürfen, da diese in jedem Fall das Übermaßverbot beachten müssen. Doch ist dem Arbeitgeber eine Kontrolle darüber, ob der Arbeitnehmer sich trotz erlaubter Nutzung pflichtgemäß verhält, ohne eine vorherige Zustimmung des Arbeitnehmers weitestgehend verwehrt. Der Kontrolle stehen neben der Verpflichtung zur Wahrung des Fernmeldegeheimnisses nämlich grds. auch die Persönlichkeitsrechte des Arbeitnehmers sowie die zum 1.9.2009 in Kraft getretene neue Vorschrift des Bundesdatenschutzgesetzes (BDSG) gem. § 32 BDSG entgegen.[70]

135 Entschließt sich das Unternehmen deshalb, den Mitarbeitern eine Internet- und E-Mail-Nutzung am Arbeitsplatz zu gestatten, empfiehlt sich unbedingt eine ausdrückliche Betriebsvereinbarung, in der die Grenzen der privaten Nutzung sowie Sanktionen bei einem Missbrauch bzw. einer Überschreitung dieser Grenzen festgelegt werden. Beispielsweise kann ein beschränktes Zeitfenster für eine private Nutzung vorgegeben und das Herunterladen von Dateien gänzlich verboten werden. Letzteres ist insbesondere deshalb ratsam, weil das Herunterladen von Daten Vireninfizierungen oder andere betriebliche Störungen nach sich ziehen kann. Es sollten aber nicht nur Grenzen zur privaten Nutzung aufgezeigt werden, sondern allgemeine Handlungsanweisungen für den Gebrauch von E-Mails und des Internets gegeben werden. Denn aufgrund der einfachen Handhabung von E-Mails neigen Mitarbeiter oftmals zu einem leichtfertigen Gebrauch, ohne sich darüber klar zu sein, welche (Haftungs-)Folgen sich daraus ergeben können. Als Beispiel sei nur das Versenden oder Weiterleiten sog. „Ketten-E-Mails" genannt, die unbemerkt virusinfizierte Anhänge enthalten können. Deshalb sollten Mitarbeiter unbedingt vor einem zu unbedachten Umgang mit E-Mails gewarnt und beispielsweise das Versenden von Ketten-E-Mails gänzlich unterbunden werden.

---

67 U.a. *LAG Hamm* MMR 2006, 700, 701 f.
68 Statt vieler: *Nolte/Becker* BB-Special 2008, 23, 24; s. auch *Wissmann/Meister/Laun* Kap. 14, Rn. 3 ff. Diese noch h.M. jedoch in Frage stellend: *LArbG Berlin-Brandenburg* DB 2011, 1281, 1282; eine gesetzgeberische Entscheidung dieser Frage in einem Beschäftigendatenschutzgesetz oder der EU-Datenschutzgrundverordnung steht noch aus.
69 *Kömpf/Kunz* NZA 07, 1341 (1345).
70 So noch zur alten Rechtslage: *Stefan* NZA 2002, 585 ff.; *Raffler/Hellich* NZA 1997, 862 ff.; *Weißnicht* MMR 2003, 448 ff.; kritisch zur neuen Rechtslage: *Diller/Deutsch* DB 2009, 1462 ff.

Wie wichtig klare und gegenüber den Mitarbeitern wie auch den freien Mitarbeitern **136** mit Zugriffsmöglichkeiten auf betriebliche IT-Systeme als verbindlich kommunizierte Regeln sind, wer welche Maßnahmen an und auf betrieblichen IT-Systemen vornehmen darf, zeigt die Entscheidung des BGH vom 9.12.2008.[71] Ein Unbefugter hatte durch unerlaubte und noch dazu unsachgemäße Installation eines Computerspiels auf einem betrieblichen Rechner einen Datenverlust verursacht. Der Bundesgerichtshof verurteilte den Betroffenen zum Ersatz der Kosten sowohl für die Wiederherstellung verlorener Daten als auch die Rekonstruktion nicht mehr wiederherstellbarer Daten zu einem hohen sechsstelligen Betrag; die tatsächlichen Kosten dürften weit darüber liegen und regelmäßig nicht abschließend zu beziffern sein. Schadensersatzforderungen dürften zudem angesichts ihrer Höhe gerade gegenüber Arbeitnehmern oftmals uneinbringlich sein. Neben entsprechenden Anweisungen empfehlen sich daher auch entsprechende technische Zugriffsschutzmaßnahmen, um solche Vorfälle von vornherein zu verhindern.

VII. Branchenspezifische Anforderungen

1. Basel II

Für Finanzdienstleistungsunternehmen ergeben sich darüber hinaus noch besondere **137** Anforderungen, die ebenfalls unter IT-Compliance im engen Sinn gefasst werden können. Insbesondere die Eigenkapitalvereinbarung des Baseler Ausschuss für Bankenaufsicht von 2004 (Basel II) verpflichtet Kreditinstitute zu einer risikoorientierten Eigenkapitalunterlegung. Zusätzlich zu den Mindesteigenkapitalvorschriften für Kreditrisiken sollen nach Basel II aber auch die Betriebsrisiken (operationelle Risiken) bei der Bewertung des Risikoprofils von Unternehmenskunden und damit der Unterlegung von Finanzierungsengagements mit Eigenkapital berücksichtigt werden. Zu den klassischen operationellen Risiken zählen auch jene Risiken, die auf die IT des Unternehmens zurückzuführen sind, so dass ein professionelles IT-Risikomanagement nicht nur der Schadensvermeidung dient, sondern auch einen echten Unternehmensmehrwert bilden kann. Mit Basel II wurde demnach in Regelwerke umgesetzt, was sich in den letzten Jahren immer deutlicher abzeichnete: Dass operationelle Risiken nunmehr insbesondere vor dem Hintergrund der Verflechtung der IT mit allen Geschäftsbereichen und der daraus resultierenden Abhängigkeit einer funktionierenden IT immer mehr an Bedeutung gewinnen. Im November 2010 wurde auf dem G-20-Gipfel in Seoul das Folgedokument „Basel III" beschlossen. Kern dieser Reform ist die weitere Verschärfung der Eigenkapitelanforderungen aus „Basel II" durch Anhebung der Mindestanforderungen für Qualität, Zusammensetzung und Transparenz. Die „Basel-III"-Regeln sollen schrittweise bis 2019 eingeführt werden.

Für die Kreditvergabe bedeutet die risikoabhängige Eigenkapitalunterlegung auch die **138** Bewertung der IT-Risiken eines unternehmerischen Kreditkunden. Hat das Unternehmen entsprechend in eine leistungsfähige IT-Sicherheit investiert und befindet sich dadurch die IT-Sicherheit auf einem Stand, der den anerkannten Regeln der Technik entspricht, muss sich dies auch positiv auf das Rating dieses Unternehmens auswirken. Ist das IT-Risikomanagement eines Unternehmens nach Einschätzung der

---

71 *BGH* Urt. v. 9.12.2008 – VI ZR 173/07 – mit Anmerkung v. *Heckmann/Klinger* jurisPR-ITR 8/2009, Anm. 2.

kreditgewährenden Bank dagegen unzureichend und das Sicherheitsniveau dementsprechend niedrig, wird auch das Rating entsprechend schlecht ausfallen und das Kreditinstitut muss entweder zusätzliche Sicherheiten oder einen höheren Kreditzins verlangen.[72] Dabei muss natürlich berücksichtigt werden, dass IT-Sicherheitsrisiken bei der Risikovorsorge eines Unternehmens größeres Gewicht haben, je mehr das Unternehmen bei seinen Geschäftsabläufen auf eine funktionierende IT angewiesen ist. Gefordert ist ein IT-Risikomanagement, welches sich mit allen Aspekten der IT-Sicherheit für das jeweilige Unternehmen befasst. Hier gilt im Ergebnis das Gleiche wie für eine funktionierende IT-Sicherheit generell; kann das Unternehmen nachweisen, dass vorhandene Standards eingehalten und organisatorisch umgesetzt werden, dürfte in der Regel auch der Nachweis gegenüber der kreditgebenden Bank gelingen, dass die IT-Sicherheit des Unternehmens angemessen ist.

2. § 25a KWG und Mindestanforderungen an das Risikomanagement (MaRisk)

139   Ebenfalls für Kreditinstitute relevant ist § 25a KWG, in dem ausdrücklich von Kreditinstituten gefordert wird, angemessene Sicherheitsvorkehrungen beim Einsatz der elektronischen Datenverarbeitung zu treffen. Die gilt insbesondere auch für ausgelagerte Dienste. Auf Grundlage des § 25a KWG wurde am 15.12.2010 das Rundschreiben 11/2010 der BaFin erlassen, welches Mindestanforderungen an das Risikomanagement deutscher Kreditinstitute aufstellt. In den MaRisk werden Kreditinstitute zum Einsatz von Sicherheitsmaßnahmen verpflichtet. Darüber hinaus haben sie sich bei der Gestaltung ihrer IT-Systeme und den dazugehörigen IT-Prozessen grundsätzlich nach den „gängigen Standards" zu richten, um die Grundziele der IT-Sicherheit sicherzustellen.[73] Des Weiteren müssen sie Notfallkonzepte bereithalten, die Maßnahmen festlegen, die dazu geeignet sind, das Ausmaß möglicher Schäden zu reduzieren.[74]

VIII. IT im Rahmen der Abschlussprüfung

140   Im Rahmen der Abschlussprüfung muss der Wirtschaftsprüfer das Rechnungslegungssystem eines Unternehmens im Hinblick darauf überprüfen, ob das System den gesetzlichen Anforderungen entspricht. Da das Rechnungslegungssystem des Unternehmens in aller Regel IT-gestützt ist, hat der Abschlussprüfer das IT-System des Unternehmens insoweit zu prüfen, als dessen Elemente dazu dienen, Informationen über Geschäftsvorfälle abzubilden, die für die Rechnungslegung von Bedeutung sein können.[75] Gleichzeitig erfordert dies spezielle, auf das IT-System bezogene Prüfungsmethoden sowie besondere IT-Kenntnisse und Erfahrungen seitens des Abschlussprüfers.

1. IDW Prüfungsstandard 330

141   Der Prüfungsstandard 330 „Abschlussprüfung bei Einsatz von Informationstechnologie" des Instituts für Wirtschaftsprüfer (IDW) ist ein Leitfaden für die IT-gestützte Abschlussprüfung. Bei der Beurteilung der inhärenten Risiken auf Unternehmensebene sind im Rahmen der Entwicklung einer Prüfungsstrategie insbesondere die fol-

---

72   Vgl. Ausführungen von *Gründer/Schrey/Gründer* S. 23.
73   *BaFin*-Rundschreiben 11/2010, AT 7.2 Tz. 2.
74   *BaFin*-Rundschreiben 11/2010, AT 7.3.
75   *Gründer/Schrey/Heinrich* S. 344.

genden IT-bezogenen Risikoindikatoren zu beachten: (a) Abhängigkeit des Unternehmens von IT-Anwendungen und IT-Infrastruktur, (b) Änderungsprojekte im IT-Bereich, (c) aktuelles und spezifisches Fachwissen der IT-Spezialisten und der Anwender sowie (d) Ausrichtung der IT auf die Geschäftsstrategien und Prozessanforderungen des Unternehmens. Diese Risikoindikatoren können das Entstehen von IT-Fehlerrisiken begründen, die sich auf die Bereiche Infrastruktur, Anwendung und Geschäftsprozesse der IT erstrecken können.[76]

2. SOX 404/Euro-SOX

Welche Bedeutung ein angemessenes IT-Risikomanagementsystem im Rahmen der **142** Abschlussprüfung hat, wird anhand der Sarbanes Oxley-Act (SOX)-Gesetzgebung in den USA sowie der 8. EU-Richtlinie deutlich. Für Unternehmen, die entweder selbst oder indirekt über eine Konzerngesellschaft an der US-amerikanischen Wertpapierbörse gelistet sind, sind die Anforderungen der Sektion 404 (Internal Control over Financial Reporting) SOX zu beachten. Dort wird die Installation sowie die jährliche Überprüfung und Bewertung eines internen Kontroll-Systems und demnach auch eines IT-Risikomanagementsystems für das Finanzberichtswesen gefordert. Mit Umsetzung der sog. 8. EU-Richtlinie[77] in deutsches Recht durch das Bilanzrechts-Modernisierungsgesetz (BilMoG, in Kraft seit 29.5.2009) gelten vergleichbare Anforderungen auch für deutsche Unternehmen, die nicht an der US-amerikanischen Wertpapierbörse gelistet sind. Aus Art. 41 der 8. EU-Richtlinie folgt die Verpflichtung für jedes „Unternehmen von öffentlichem Interesse" (Aktiengesellschaften, deren Aktien auf einem geregelten Markt eines EU-Mitgliedstaats zugelassen sind, Kreditinstitute, Versicherungsunternehmen und sonstige vom nationalen Gesetzgeber zu Unternehmen von öffentlichem Interesse erklärte Unternehmen), einen Prüfungsausschuss zu bilden (erstmals anwendbar ab 1.1.2010). Unabhängig von der Verantwortung der Mitglieder der Geschäftsleitung oder von Aufsichtsorganen des Unternehmens, besteht die Aufgabe eines solchen Prüfungsausschusses darin, den Rechnungslegungsprozess, die Wirksamkeit des internen Kontrollsystems und des Risikomanagementsystems des Unternehmens zu überwachen. Bei IT-gestützter Rechnungslegung bezieht sich der Aufgabenbereich des Prüfungsausschusses auch auf das IT-Risikomanagement mit Bezug auf diese Rechnungslegungssysteme. Bei fehlendem IT-Risikomanagement in diesem Bereich kann dem Unternehmen sogar die Weigerung des Abschlussprüfers drohen, das Testat zu erteilen.

IX. Vertragliche Compliance/Vertragsmanagement

Verträge unterschiedlichster Art spielen in jedem Unternehmen eine zentrale Rolle. **143** Das Management dieser Verträge ist nicht nur auf Grund der Einhaltung des Gesetzes zur Kontrolle und Transparenz im Unternehmensbereich eine unternehmenskritische Aufgabe. Das unsachgemäße Vorgehen mit Verträgen kann erhebliche Risiken für das Unternehmen bergen. Das Vertragsmanagement bildet das Fundament für das

---

76 *Niemann/Sradj/Wohlgemuth/Niemann* Rn. 162a.
77 Richtlinie 2006/43/EG des Europäischen Parlaments und des Rates v. 17.5.2006, zuletzt geändert durch die Richtlinie 2008/EG des Europäischen Parlaments und des Rates v. 11.3.2008 über Abschlussprüfungen von Jahresabschlüssen und konsolidierten Abschlüssen, zur Änderung der Richtlinie 78/660/EWG und 83/349/EWG des Rates und zur Aufhebung der Richtlinie 84/253/EWG des Rates.

betriebswirtschaftliche Handeln eines Unternehmens.[78] Speziell bezogen auf die IT eines Unternehmens bedeutet vertragliche Compliance zum einen Management der bestehenden Verträge, also die schriftliche oder wenigstens jederzeit reproduzierbare Dokumentation derjenigen Kauf-, Wartungs-, Pflege- und Softwarelizenzverträge, die tatsächlich im Unternehmen bestehen, sowie eine permanente Analyse derjenigen Lieferungen oder Leistungen und damit der entsprechenden Verträge, die tatsächlich aufgrund der betrieblichen Bedürfnisse benötigt werden.

144 Da Software für unterschiedliche Anwendungen auf einer Vielzahl von Arbeitsplatzrechnern genutzt wird, obliegt es der Unternehmensleitung sicherzustellen, dass für die verwendete Software in ihren jeweiligen Versionsständen die erforderliche Anzahl an Nutzungsrechten vorliegt und nachweisbar ist.[79] Im Rahmen eines angemessenen Lizenzmanagements gilt es also zunächst, jegliche im Unternehmen genutzte Software zu erfassen und den einzelnen Nutzern zuzuordnen. Ziel ist es, sowohl eine Unterlizenzierung als auch eine Überlizenzierung zu vermeiden. Eine Unterlizenzierung bedeutet die Einsetzung von Software ohne Vorhandensein einer genügenden Anzahl von Nutzungsrechten, was nach § 106 UrhG sogar strafbar sein kann. Eine Überlizenzierung wäre ein erheblicher Kostenfaktor, da das Unternehmen letztlich Lizenzvergütungen für mehr Nutzungsrechte bezahlt, als rechtlich erforderlich. Ebenfalls Bestandteil der vertraglichen Compliance ist die Kontrolle darüber, dass lizenzrechtliche Beschränkungen, denen das Unternehmen im Rahmen von Lizenzverträgen unterliegt, eingehalten werden.

C. Dokumentenmanagement

I. Einführung

145 Die Erstellung, Weitergabe und Aufbewahrung von Dokumenten sowie deren ordnungsgemäße Vernichtung sind elementarer Bestandteil des täglichen Geschäftsprozesses. Ein konsistentes und in Form von praktikablen Richtlinien klar geregeltes Management von Dokumenten zur Einhaltung gesetzlicher Vorgaben stellt eine wichtige Aufgabe dar, um Haftungsansprüche oder andere Rechtsnachteile für das Unternehmen, seine Mitarbeiter und Organe zu vermeiden bzw. zu minimieren. Daher sollten folgende wichtige Themen klar geregelt werden: Vertraulichkeit und Interessenskonflikte bei der Weitergabe von Informationen, ebenso Dokumentensicherheit, elektronischen Kommunikation generell sowie der immer häufiger stattfindende grenzüberschreitende Transfer von Daten und Dokumentenbeständen. Im Folgenden werden verschiedene Aspekte des Dokumenten-Managements anhand des Lebenszyklus beleuchtet, und zwar von der Erstellung über die Weitergabe bis zur Aufbewahrung und Archivierung der Dokumente sowie deren Transfer und ordnungsgemäße Vernichtung.

---

78 *Hauschka* § 14 Rn. 7.
79 *Bierekoven* ITRB 2008, 84; ausf. zum Softwarelizenzmanagement: *Schrey/Krupna* CCZ 2012, 141 ff.

II. Erstellung von Dokumenten

Die Erstellung und der Austausch verschiedener Arten von Geschäftsinformationen **146** in Form von Dokumenten ist Alltagsgeschäft eines jeden Unternehmens. Dabei werden Informationen intern oder mit Kunden ausgetauscht oder aus anderen Quellen erstellt. Die Art der erstellten und ausgetauschten Information kann in vielfacher Hinsicht variieren und sollte daher unterschieden bzw. klassifiziert werden. Neben der grundlegenden Unterscheidung in Geschäftsinformationen und nicht geschäftsrelevante bzw. private Informationen sollten Geschäftsinformationen in öffentliche, interne, vertrauliche und geheime Informationen unterschieden und entsprechend behandelt werden. Es empfiehlt sich, Richtlinien zur Erstellung von Dokumenten in einem grundlegenden Verhaltenskodex (Code of Conduct) festzulegen. Richtlinien und Vorschriften gelten gleichermaßen für Originale, Kopien sowie Sicherheitskopien von Papierdokumenten und für elektronische Unterlagen. Zusätzlich ist es empfehlenswert, dass für die Erstellung elektronischer Dokumente, insbesondere der E-Mail-Kommunikationen sowie dem Instant Messaging, das heißt der sofortigen Nachrichtenübermittlung, vertiefende Richtlinien und Trainings erstellt werden.

Die Vielfalt der elektronischen Kommunikationsform und damit einhergehend der gespeicherten Daten nimmt ständig zu. Wurden früher beispielsweise bei einem Telefongespräch höchstens Sprachnachrichten temporär gespeichert, können die Inhalte heutzutage automatisch als Textnachricht in das E-Mail-System weitergeleitet werden. Auch werden immer mehr Dokumente mit Sprachanteilen verknüpft, zum Bespiel bei der Aufzeichnung einer internetbasierten Konferenzschaltung an der ein Dokument besprochen wurde.

Da E-Mail nach wie vor den Großteil der Geschäftskommunikation ausmacht, sollte auf dieses Medium vertieft eingegangen werden und zwar hinsichtlich Einsatzmenge, Weiterleitung, sorgfältiger Formulierung, Art der Speicherung und Bedeutung als Beweisstück bei Rechtsstreitigkeiten.

1. Abgrenzung von Geschäftsinformationen

Im Folgenden werden die Begriffe „Persönliche Unterlagen" von „Geschäftsinforma- **147** tionen" abgegrenzt. Zudem wird der Begriff „Betriebliche Unterlagen" für alle Dokumente eingeführt, welche Mitarbeiter im Rahmen ihres Beschäftigungsverhältnisses mit Systemen des Unternehmens verfasst haben. Auch aus Sicht der Compliance stellen Geschäftsbücher und Finanzaufzeichnungen einen weiteren eigenen wichtigen Bereich dar, der separat beleuchtet wird.

1.1 Persönliche, nicht geschäftsbezogene und Geschäftsinformationen

Die Unterscheidung in Geschäftsinformationen und nicht geschäftsbezogene bzw. per- **148** sönliche Unterlagen ist aus verschiedenen Gründen elementar. Aus Haftbarkeits- und Reputationsgründen sollte klar ersichtlich sein, wann Informationen im Namen des Unternehmens und wann in privater Mission erstellt und weitergeleitet werden. So selbstverständlich es für die Mitarbeiter sein sollte, dass das Firmenbriefpapier bzw. das Firmenlogo nur für Geschäftszwecke verwendet wird, so unklar wird die Verwendung von E-Mails vom Firmen-Account oftmals gehandhabt. Dies kann mannigfaltige Konsequenzen bzw. Regelungsbedarf haben (Rn. 178).

Mitarbeitern, die externe Diskussionsplattformen beruflich nutzen, sollte dieses nur, nach Einwilligung ihres Vorgesetzten und des zuständigen Compliance Officers beziehungsweise Mitarbeiters der Kommunikationsabteilung erlaubt werden. Außerdem sollten diese eine Schulung absolvieren.

149 Im Unterschied zu nicht geschäftsrelevanten Unterlagen unterliegen nur Geschäftsinformationen (Business Records) der Aufbewahrungspflicht. Geschäftsinformationen sind alle Informationen, die den täglichen Geschäftsprozess dokumentieren sowie Informationen, die Geschäftsentscheidungen beeinflussen oder rechts-, finanz-, audit- oder steuerrelevant sind, wobei es länderspezifisch Unterschiede geben kann. Nicht geschäftsbezogene Unterlagen tragen nicht zum Verständnis einer Geschäftstransaktion bei. Sie können hingegen eine Referenz oder gar nur persönliche Unterlagen darstellen.

1.2 Betriebliche Unterlagen

150 Es empfiehlt sich, alle Dokumente, die Mitarbeiter im Rahmen ihres Beschäftigungsverhältnisses mit Systemen des Unternehmens verfassen, als betriebliche Unterlagen gelten zu lassen. Diese Dokumente, insbesondere solche, die vertrauliche, gesetzlich geschützte Informationen enthalten, können dann als gesetzlich geschütztes Eigentum des Unternehmens deklariert werden und stellen einen wichtigen und wertvollen Vermögenswert dar. Zudem könnten sie leichter in möglichen Gerichtsverfahren oder Untersuchungen durch Aufsichtsbehörden als Beweismittel verwendet werden. Es empfiehlt sich, die Regelung zu betrieblichen Unterlagen nicht nur in einem Verhaltenskodex (Code of Conduct) festzulegen, sondern den Mitarbeitern immer wieder ins Bewusstsein zu rufen.

151 Den Mitarbeitern sollte zudem klar gemacht werden, dass sie betriebliche Unterlagen nicht widerrechtlich verwenden dürfen und diese zurückgeben müssen, sobald das Beschäftigungsverhältnis bei dem Unternehmen endet. Zudem kann generell darauf hingewiesen werden, dass ein gesetzeskonformer und professioneller Inhalt bei der Erstellung aller betrieblichen Dokumente hohe Bedeutung zur Aufrechterhaltung der Reputation hat. Daher sollte auf Inhalt und Stil von Mitteilungen und der Erstellung von Dokumenten sorgfältig geachtet werden. Vorbehaltlich gesetzlicher Vorschriften dürfen betriebliche Unterlagen, also alle Geschäftsunterlagen und Informationen des Unternehmens, konzerninternen oder -externen Kontrollinstanzen nicht vorenthalten werden. Dies gilt sowohl für interne als auch externe Revisoren, Rechtskonsulenten, Compliance-Mitarbeiter oder sonstige Parteien, die in dieser Funktion im Namen des Unternehmens handeln.

1.3 Finanzaufzeichnungen

152 Die Geschäftsbücher und Finanzaufzeichnungen eines Unternehmens sind die Basis für die Erstellung von Berichten für das Management, die Aktionäre und die Gläubiger des Unternehmens sowie für staatliche Stellen und sonstige Parteien. Zudem ist die wahrheitsgemäße und korrekte Aufzeichnung und Berichterstattung von Informationen von entscheidender Bedeutung für die Fähigkeit, verantwortungsvolle Geschäftsentscheide zu treffen. Die Erstellung und Verbreitung von Finanzinformationen sollte daher in Richtlinien klar geregelt werden.

153 Ein Unternehmen ist zu einer wahrheitsgemäßen und korrekten Finanzbuchhaltung verpflichtet. Rechnungsabschlüsse und die Geschäftsbücher, auf denen sie basieren,

müssen alle Transaktionen der Gesellschaft korrekt widerspiegeln und außerdem allen Gesetzes- und Rechnungslegungsvorschriften sowie internen Revisionssystemen entsprechen. Alle Mitarbeiter, die an der Erstellung von Finanzinformationen beteiligt sind, sind allgemein dafür verantwortlich, dass die Bücher des Unternehmens keine falschen oder irreführenden Einträge enthalten. Die Unternehmensleitung sollte jegliche vorsätzlich falsche Zuordnung von Transaktionen in Bezug auf Konten, Segmente oder Abrechnungsperioden verbieten. Alle Transaktionen müssen mit einer genauen, angemessen detaillierten Dokumentation belegt und auf dem korrekten Konto in der korrekten Abrechnungsperiode verbucht werden.

2. Klassifizierung von Geschäftsinformationen

Unternehmen befinden sich regelmäßig in einem Spannungsfeld: einerseits Informa- **154** tion breit zu streuen, solange dies erlaubt ist, und andererseits, falls notwendig, die Vertraulichkeit von Dokumenten zu wahren. Vertrauliche Geschäftsinformationen dürfen nur den Empfängerkreis erreichen, die von ihnen Kenntnis haben müssen („Need to know"-Prinzip). Aus Sicht der Compliance besteht daher das Ziel, in einem Unternehmen einen angemessenen Zu- und Umgang mit Geschäftsinformationen in Form von Richtlinien zu organisieren, um so u.a. die Vertraulichkeit von sensiblen Informationen angemessen sicherzustellen. Leider lassen sich immer wieder Beispiele finden, bei denen eine fehlende Kennzeichnung und unsachgemäße Weitergabe von Dokumenten zu weitreichenden Problemen führt.[80]

In einer Richtlinie zur Klassifizierung von Geschäftsinformationen sollten sowohl die **155** Klassifizierungskategorien als auch die Vorgehensweisen zur Klassifizierung pro Kategorie von Informationen und Dokumenten festgelegt werden. Ergänzend dazu sollte eine Richtlinie für die Verbreitung von Finanzinformationen (Guidelines on the Dissemination of Financial Information) erstellt werden (siehe auch Rn. 152).

2.1 Klassifizierungskategorien

Best Practice ist die Bildung von vier Kategorien, die einfach voneinander abgrenzbar **156** sein sollten:

- öffentliche Informationen (public),
- interne Informationen (internal),
- vertrauliche Informationen (confidential),
- geheime Informationen (restricted).

2.1.1 Öffentliche Informationen

Öffentliche Informationen (public information) sind Informationen, die bereits **157** öffentlich zugänglich sind, sowie Informationen, deren Veröffentlichung vorgeschrieben ist oder die Wettbewerbsposition stärken kann. Beispiele sind Informationen auf der öffentlichen Website, Medieninformationen (Ad-hoc-Publizität), gewisse Finanzberichte, Informationen über Strategie, Produkte usw. sowie Publikationen und Informationen im Rahmen von Best Practice oder Corporate Governance.

---

80 Tages Anzeiger v. 19.6.2007, Jetzt geht es den Insidern an den Kragen. Wer vertrauliche Informationen zur persönlichen Bereicherung missbraucht, muss sich vorsehen: Insider können in der Schweiz bald besser belangt werden; Tages Anzeiger v. 25.8.2006, Neues Siegel für Geheimes geplant.

2.1.2 Interne Informationen

158 Interne Informationen (internal) sind Informationen, die weder öffentlich noch vertraulich oder geheim sind.

2.1.3 Vertrauliche Informationen

159 Vertrauliche Informationen sind Informationen, die sich an einen bestimmten Empfängerkreis richten sowie gesetzlich geschützte nicht öffentliche Informationen über das Unternehmen oder Informationen, welche dem Unternehmen von Kunden anvertraut wurden. Eine weiterreichende Verbreitung kann rechtswidrig sein, zu einem Wettbewerbsnachteil, einem finanziellen Schaden oder einer Schädigung der Reputation führen. Beispiele für vertrauliche Informationen sind Inhalte, über die Stillschweigen vereinbart wurde, Unterlagen, die von Kunden unter der Voraussetzung vertraulicher Behandlung eingereicht werden sowie „Human Resources"- oder Personalakten usw.

160 Die Mitarbeiter müssen die Vertraulichkeit aller relevanten Informationen, die ihnen von dem Unternehmen anvertraut werden, oder die sonst wie im Rahmen ihres Beschäftigungsverhältnisses in ihren Besitz gelangen (Geschäftsinformationen), gewährleisten, außer wenn die Offenlegung genehmigt oder gerichtlich angeordnet wird. Eine Offenlegung erfolgt nur dann, wenn die ersuchende Partei innerhalb oder außerhalb des Unternehmens diese Informationen unbedingt kennen/einsehen („Need to know") oder nutzen („Need to use") muss. Anfragen von Aufsichtsbehörden, Vollzugsbehörden oder sonstige Anfragen im Rahmen gerichtlicher Verfahren sollten an den Compliance Officer, Datenschutzbeauftragen und/oder die Rechtsabteilung weitergeleitet werden.

161 Jede Verletzung der Vertraulichkeitspflicht beschädigt oder zerstört das Vertrauen, zieht das Ansehen des Unternehmens in Mitleidenschaft und könnte Anlass zu Schadenersatzforderungen geben. Zudem ist die Entwendung oder jede sonstige Form der widerrechtlichen Verwendung betrieblicher Unterlagen, die vertrauliche, gesetzlich geschützte Geschäftsinformationen des Unternehmens enthalten, in den meisten Rechtsordnungen ein Straftatbestand. Es sollte den Mitarbeitern klar gemacht werden, dass vertrauliche oder gesetzlich geschützte Geschäftsinformationen niemals zum eigenen persönlichen Vorteil oder zum Vorteil Dritter (einschließlich ihrer Familienangehörigen oder im gleichen Haushalt lebender Personen) verwendet oder sonst wie rechtswidrig genutzt werden dürfen. Die Pflicht zur Einhaltung der Vertraulichkeit gesetzlich geschützter Geschäftsinformationen des Unternehmens besteht auch nach Beendigung seines Beschäftigungsverhältnisses bei dem Unternehmen für den Mitarbeiter weiter. Daher sind alle Geschäftsunterlagen des Unternehmens, die vertrauliche, gesetzlich geschützte Geschäftsinformationen des Unternehmens enthalten, von Mitarbeitern zurückzugeben, wenn sie die Firma verlassen, und dürfen von ihnen nicht widerrechtlich verwendet werden.

162 Sowohl betriebsinterne als auch externe Empfänger vertraulicher Informationen sollten über ihre Vertraulichkeitspflichten gemäß den geltenden Bestimmungen informiert werden. Mitarbeiter sollten angehalten werden im Zweifelsfall davon auszugehen, dass die fragliche Information vertraulich ist und vertraulich bleiben sollte.

163 Im Zusammenhang mit vertraulichen Informationen sollten Richtlinien zur Einstufung von Insider-Geschäften erstellt werden. Als Insider-Informationen können dabei vertrauliche nicht öffentliche Informationen eingestuft werden, die „wesentlich" für den Kurs der Wertpapiere der Gesellschaft sind. Die Begriffe „wesentlich" und „nicht öffentlich" sollten dabei dem Mitarbeiter eingehend und mit Beispielen erläutert werden.

2.1.4 Geheime Informationen

Geheime Informationen sind solche Informationen, die von einem bestimmten Gremium bzw. Mitglied des Geschäftsleitungsausschusses als geheimhaltungsbedürftig eingestuft werden. Anders als bei vertraulichen Informationen kann der Empfänger nicht nach dem Need to know-Prinzip entscheiden, an wen er die Information weiterleitet. Beispiele für geheime Informationen sind Geschäftsberichte oder Halbjahresberichte vor der Veröffentlichung sowie andere interne Reports. Ergänzend zu einer Klassifizierungs-Richtlinie sollte daher eine Richtlinie über die Verbreitung von Finanzinformationen erstellt werden, welche die spezifischen Verfahren für die Verbreitung von Finanzinformationen (Ergebnisse, Pläne, Projektionen usw.) regelt. Generell gelten mindestens die gleichen Schutzmaßnahmen wie für vertrauliche Informationen. **164**

2.1.5 Anmerkung: Privilegierte Informationen

Privilegierte Informationen (privileged information) sind Informationen, die mit internen oder externen Rechtsanwälten ausgetauscht werden (siehe Rn. 207). Dokumente dieser Kategorie erhalten den länderspezifischen Status „privileged" nicht primär durch eine explizite Kennzeichnung bei der Erstellung, sondern durch eine nachträgliche, kontextbezogene Kategorisierung durch Rechtsanwälte. Aus diesem Grund empfiehlt es sich, „privileged" nicht als eigene Kategorie in die Klassifizierungs-Richtlinie aufzunehmen. Der Status „privileged" spielt bei Rechtsverfahren im angloamerikanischen Raum eine wichtige Rolle (US Fed. R. Evid. 502) und regelt, welche Dokumente der Gegenpartei offen gelegt werden müssen (siehe auch Rn. 207). **165**

2.2 Vorgehensweisen

Neben den Kategorien ist die eindeutige Vorgehensweise zur Kennzeichnung, Entscheidungsbefugnis, Verbreitung sowie Aufbewahrung und Übermittlung der Informationen bzw. Dokumente von zentraler Bedeutung. **166**

2.2.1 Kennzeichnung

Eine Kennzeichnung sollte aus pragmatischen Überlegungen heraus nur für die vertraulichen und geheimen Dokumente vorgenommen werden. Interne und ggf. öffentliche Informationen hingegen sind nicht gekennzeichnet. Vertrauliche Informationen können z.B. als „Vertraulich – eingeschränkte Verbreitung" und geheime Informationen als „Geheim – Vervielfältigung und Verteilung verboten" gekennzeichnet werden. Für „öffentliche Informationen" könnte es sich auch anbieten, diese zu kennzeichnen, da nur ausdrücklich berufene Mitarbeiter die Befugnis zur Einstufung erhalten sollten. **167**

2.2.2 Entscheidungsbefugnis

Die Entscheidungsbefugnis über die Zuteilung der betreffenden Klassifizierung sollte eindeutig geregelt sein. So sollten über zu veröffentlichende und geheime Informationen nur ausdrücklich berufene Mitarbeiter oder die Geschäftsleitungsmitglieder ent- **168** scheiden dürfen, während die Abgrenzung vertraulicher oder interner Informationen der „Inhaber" der Information (d.h. der Autor oder der Empfänger Information) entscheiden sollte.

2.2.3 Verbreitung

169 Die Verbreitung definiert den Bestimmungszweck und Empfängerkreis je Kategorie näher, z.B. in Form einer vordefinierten Empfängerliste, auf „Need to know"-Basis oder als unbestimmt. Zudem sind Konkretisierungen und Unterscheidungen in der Verbreitungsform insbesondere zwischen Papier- sowie elektronischer Form sinnvoll. Für die Papierform kann die Verwendung eines Einschreibens oder der Einsatz eines Kuriers zur Regel gemacht werden. Bei der elektronischen Form sollte unterschieden werden zwischen dem Versand einer E-Mail mit einzelnen Anhängen im gesicherten PDF-Format und dem Transfer größerer Datenbestände. Sensible elektronische Daten müssen dringend jeweils mit einer geeigneten Verschlüsselungstechnik verschlüsselt werden und sollten z.B. mittels „Secure FTP Transfer" im Internet übermittelt werden. Je nach Datenmenge wird von verschlüsselten Daten-CDs oder Daten-DVDs abgeraten.

170 Wenn Informationen als „öffentlich" eingestuft werden, dann sollten für die Verbreitung hinsichtlich des Empfängerkreises keine besonderen Einschränkungen gelten. Im Gegensatz dazu sind interne Informationen nicht für die allgemeine Veröffentlichung bestimmt. Sie können innerhalb des Unternehmens oder mit externen Partnern für berechtigte Geschäftszwecke ausgetauscht werden.

171 Vertrauliche Informationen wiederum dürfen ausschließlich an Personen weitergeleitet werden, die von ihnen Kenntnis haben müssen („Need to know"), damit sie die ihnen zugewiesenen Aufgaben erledigen können. Zudem kann jede Person, die über vertrauliche Informationen verfügt, auf eigene Verantwortung hin entscheiden, ob diese verbreitet werden sollen. Wenn bezüglich der Weitergabe als vertraulich eingestufter Informationen Unsicherheiten bestehen, ist der ursprüngliche „Informationsinhaber" zu befragen. Geheime Dokumente dürfen nur nach Vorgabe einer vordefinierten Empfängerliste verbreitet werden, die von einer Person mit Entscheidungsbefugnis zur Ernennung dieser Klassifizierungskategorie genehmigt wurde, z.B. durch ein Mitglied des Geschäftsleitungsausschusses. Diese Verteilerliste muss dem Dokument beiliegen.

2.2.4 Aufbewahrung und Übermittlung

172 Bei der Aufbewahrung von vertraulichen oder geheimen Dokumente muss der Grundsatz der Clear-Desk-Politik sichergestellt werden, also der Verschluss aller vertraulichen oder geheimen Dokumente bei Verlassen des Arbeitsplatzes. Die gleiche Sorgfalt sollte bei der Entsorgung gelten. Es sollte ein Reißwolf zur Verfügung stehen oder eine gleichwertige Entsorgungsmethode eingesetzt werden. Bei der Speicherung elektronischer Dokumente sind entsprechende Zugriffsbeschränkungen zu gewährleisten (z.B. Passwortschutz).

173 Bei der Übermittlung elektronischer Dokumente an Empfänger außerhalb des Unternehmens, beispielsweise mittels E-Mail oder als Internetpublikation, sollten diese Dokumente ausschließlich im gesicherten PDF-Format bereitgestellt werden. Dies ist aus zwei Gründen zu empfehlen. Zum einen kann so das Dokument vom Empfänger nicht direkt abgeändert werden. Zum anderen wäre die interne Dokumenten-Historie etwa durch „Track Changes" sonst nicht mehr nachvollziehbar. Bei der Erstellung von PDFs sollte zudem die korrekte Speicherung der Dokumenten-Einstellungen z.B. des Autors und des Titels, geregelt werden, insbesondere wenn es sich um im Internet veröffentlichte Dokumente handelt, da diese Informationen von den Suchmaschinen angezeigt werden. Für Papierdokumente sollten hingegen keine besonderen Einschränkungen für die Übermittlung oder Aufbewahrung bestehen.

Für interne und öffentliche Dokumente gelten keine zusätzlichen Anforderungen **174** oder besonderen Einschränkungen. Vertrauliche und geheime Papierdokumente sollten in der internen Post mit gekennzeichneten Umschlägen und auf jeder Seite gekennzeichnet verschickt werden. Für externe Post sollten die vertraulichen und geheimen Papierdokumente nur eingeschrieben oder per Kurier versendet werden und die Titelseite bzw. das Deckblatt sollten gekennzeichnet sein. Elektronische Dokumente via E-Mail-Versand sollten gekennzeichnet und ggf. verschlüsselt/gesichert übertragen werden. In bestimmten Fällen, z.B. wenn eine Unterschrift oder handschriftliche Änderungen erforderlich sind, kann eine Telefax-Übermittlung an ein beaufsichtigtes Faxgerät die bessere Lösung sein.

Im Folgenden sind die Merkmale pro Klassifizierungskategorie noch einmal in einer **175** Tabelle zusammengefasst:

Tab. 3: Klassifizierungskategorie

Merkmal Kategorie	Kennzeichnung	Entscheidungs-Befugnis	Verbreitung	Aufbewahrung
Öffentlich	Nein	Nur von ausdrücklich berufenen Mitarbeitern	Nach Freigabe: Keine Einschränkung	Keine Einschränkung
Intern	Nein	„Inhaber" der Information	Nur intern an Mitarbeiter	Aufbewahrungsfristen
Vertraulich	Ja (Vertraulich – eingeschränkte Verbreitung)	„Inhaber" der Information	„Need-to-know" Prinzip/ Inhaber befragen	Tagtäglich: „Clear-desk" Politik; Aufbewahrungsfristen; Gesicherte Entsorgung
Geheim	Ja (Geheim – Vervielfältigung und Verteilung verboten)	Nur von ausdrücklich berufenen Mitarbeitern	Vordefinierte und genehmigte Empfängerliste	Tagtäglich: „Clear-desk" Politik; Aufbewahrungsfristen; Gesicherte Entsorgung

3. Informationssperren

Informationssperren beschränken den Zugang zu Informationen auf diejenigen, die **176** diese Informationen für die Ausführung der ihnen übertragenen Arbeit unbedingt kennen müssen („Need to know"). Sie regeln zudem die selektive Offenlegung bestimmter vertraulicher Informationen („Wall Crossing"), z.B. über die Grenzen der Einheit hinaus, aus der sie stammen, soweit dies – ohne Verletzung der Bestimmungen gegen Insider-Handel – in zulässiger Weise die Geschäftsinteressen des Unternehmens fördert. Informationssperren setzen das „Need to know"-Prinzip um.

4. E-Mail-Kommunikation

177   Obwohl E-Mails weniger formal als andere schriftliche Mitteilungen zu sein scheinen, birgt die unzulässige Nutzung von E-Mail straf- und zivilrechtliche Risiken sowohl für das Unternehmen als auch für die betreffenden Mitarbeiter. Es empfiehlt sich daher für diese Art von Dokumenten „Nutzungs- und Schreibrichtlinien für E-Mail" sowie Trainingsmodule zu erstellen. Die Richtlinien sollten rechtliche Risiken, verbotenes Verhalten, Pflichten wie inhaltliche Qualität, E-Mail-Etikette, Regelung zur privaten Nutzung, der Aufbewahrung und Speicherung von E-Mails umfassen. Ziel sollte es sein, dass die Mitarbeiter wissen, für welche Zwecke E-Mails vom Firmen-Account verwendet werden können. Mitarbeiter sollten angeleitet werden, E-Mails immer sorgfältig zu formulieren und so zu bearbeiten, dass eine verantwortungsbewusste, effiziente und vorschriftgemäße Nutzung zur Minimierung der Risiken führt. Mitarbeiter sollten dafür sensibilisiert werden, dass nicht sauber formulierte Inhalte missverstanden werden können, sie sollten daher so schreiben, dass Missverständnisse möglichst ausgeschlossen sind. Um die mit der Nutzung der E-Mail-Systeme verbundenen Risiken zu reduzieren, müssen zudem gewisse E-Mail-Aktivitäten generell untersagt werden, etwa das Versenden von E-Mails mit verleumderischen, diffamierenden, verletzenden, rassistischen oder obszönen Inhalten.

178   Es empfiehlt sich des Weiteren, generell die Nutzung des E-Mail Firmen-Accounts nur für geschäftliche Zwecke zuzulassen und den Versand und Empfang privater E-Mails zu untersagen. So kann beispielsweise eine Durchsuchung von geschäftlichen E-Mail-Konten im Rahmen von Rechtsstreitigkeiten – einen legitimierten Zweck vorausgesetzt – stark erschwert werden, wenn es dem Nutzer erlaubt ist, das E-Mail-System auch für private Zwecke zu nutzen. Neben dem Bundesdatenschutzgesetz kann dann auch das Telekommunikationsgesetz zur Anwendung kommen, falls der Arbeitgeber „Diensteanbieter" i.S.v. § 3 Nr. 6 TKG wird. Damit kann die in Rn. 148 angesprochene Abgrenzungsproblematik zu Geschäftsinformationen eingegrenzt werden und es können Probleme bei der (zentralen) Speicherung und Offenlegung von E-Mails in rechtlichen Untersuchungen eingeschränkt werden (siehe auch Rn. 203).

Grundsätzlich sollte der Empfänger einer E-Mail, welche von einem Firmen-Account gesendet wird, davon ausgehen können, dass es sich um geschäftsrelevante Informationen handelt.

III. Archivierung und Aufbewahrung von Dokumenten

179   Geschäftsinformationen (Business Records) unterliegen der Aufbewahrungspflicht. Die genaue Definition und Implementierung der Aufbewahrungsfristen je Dokumententyp und Land ist im Records-Management-Bereich angesiedelt, der in dieser Frage eng mit Compliance zusammenarbeiten sollte. Kernfrage ist „Was muss warum wie wo ab wann wie lange aufbewahrt werden?" Grundlage für die Aufbewahrungspflichten sind länder- und branchenbezogene Verordnungen und Richtlinien wie beispiels-

weise die GeBüV (Geschäftsbücherverordnung), Swiss ordinance, Sarbanes-Oxley, FSA (Financial Services Authority).

In Deutschland gibt es kein allgemeingültiges „Aufbewahrungs- bzw. Archivierungs- **180** gesetz", jedoch unterschiedliche Anknüpfungspunkte hinsichtlich Prozess bzw. Zielsetzung (z.B. Art. 147 Abs. 1 Nr. 5 AO), Art der Dokumente (z.B. Art. 147 Abs. 1 Nr. 1-Nr 4 AO) und der Buchführung (Art. 239, 257 HGB, Art. 146, 147 AO, GoB, GoBS und GDPdU). Zudem kann es Sonderregelungen geben z.B. zur Risikofrüherkennungssystem (Art. 91 Abs. 2 AktG), SOX oder in Personalangelegenheiten, z.B. Arbeitszeitnachweise (Art. 16 Abs. 2 ArbZG), Lohn- und Berechnungsnachweis (Art. 165 Abs. 4 S. 2 SGB VII), Mutterschutzunterlagen (Art. 19 Abs. 2 MuSchG).

Die Dauer der Aufbewahrung variiert z.B. nach Dokumententyp mit 6 Jahren für **181** Handels- und Geschäftsbriefe (Art. 257 Abs. 4 HGB; Art. 147 Abs. 3 AO) oder 10 Jahren für Buchungsbelege, Rechungen, Bilanzen und Jahresabschlüsse. Das Verständnis, wann der Fristbeginn für die Aufbewahrung anfängt und wann der Fristablauf eintrifft, ist zudem wesentlich. So gibt es unterschiedliche Zeitpunkte je nach Sichtweise, z.B. die Dokumentenerstellung (vom Draft zur finalen Version), den Zeitpunkt wann das Dokument zu einem geschäftsrelevanten Business Record wird (z.B. ab Vertragsunterzeichnung) sowie den eigentlichen Start der Archivierung (z.B. ab Vertragsende).

Eine Definition der Aufbewahrungsfristen für die verschiedenen Kategorien und Län- **182** der ist nicht nur wichtig, damit im Zuge der Informationsflut nicht unnötig viel aufgehoben wird, was nicht zu unterschätzende unnötige Kosten für die Aufbewahrung und das Management der Dokumente verursachen würde. Auch ist eine Vorselektierung für die spätere Verwendung im Geschäftsalltag oder bei Rechtsfällen wichtig. Im Fall von Rechtsstreitigkeiten können je nach Land alle verfügbaren Unterlagen ein mögliches Beweismaterial darstellen. Somit gibt es neben der direkten Archivierungspflicht auch die indirekten Archivierungspflichten zur Nachweissicherung als auch hinsichtlich der allgemeinen Sorgfaltspflichten (Art. 93 Abs. 1 AktG, Art. 43 Abs. 1 GmbHG).

Des Weiteren kommt der Aufbewahrung von Dokumenten ein Rolle des Wissens- **183** transfers, aber auch der Durchführung von Kontrollen und Rechenschaften zu. Die Aufbewahrung kann im Spannungsfeld mit anderen Normen z.B. BDSG, TKG, GG oder dem Datenschutz stehen. In den Archivierungsregeln ist fern angegeben wie aufbewahrt werden soll (z.B. GDPdU, HGB, AO).

Für die Compliance mit Aufbewahrungspfichten ist es wichtig, das damit verbundene **184** operationale Risiko für ein Unternehmen handhabbar zu machen. Folgen der Non-Compliance können sich z.B. in steuerrechtlichen, strafrechtlichen oder zivilrechtlichen Sanktionen zeigen. Grundlage für steuerrechtliche Konsequenzen in Deutschland sind die Schätzung der Besteuerungsgrundlage durch die Finanzbehörden (Art. 162 AO), Steuergefährdung (Ordnungswidrigkeit nach Art. 379 AO). Für strafrechtliche Sanktionen können die Bankrott- bzw. Insolvenzverschleppung (Art. 283 StGB), Verletzung der Buchführungspflichten (Art. 283b StGB) oder Beseitigung beweiserheblicher Daten (Art. 274 Abs. 1 Nr. 2 StGB) angeführt werden. Grundlage für zivilrechtliche Sanktionen sind hinsichtlich der persönlichen Haftung von Geschäftsführern, Vorständen und Aufsichtsräten Art. 93 Abs. 2, 116 AktG, 43 GmbHG. Nicht zuletzt anhand der bekannten Fälle wie Enron/Anderson oder der Holocaust-Aufarbeitung werden die Folgen von Non-Compliance sichtbar.

185 Mitarbeiter sollten daher klare Anweisungen erhalten und befolgen, wie sie über den gesamten Lebenszyklus mit Dokumenten umzugehen haben. Durch praktische Übungen sollten sie genau wissen, was in ihrem Verantwortungsbereich liegt. Zudem sollten Ansprechpartner der Compliance-Abteilung bzw. des „Records Management" bekannt gemacht werden, welche die Mitarbeiter bei Fragen unterstützen können.

1. Schritte bis zur Archivierung oder Vernichtung

186 Der Lebenszyklus von Geschäftsinformationen kann in acht Phasen unterteilt werden:

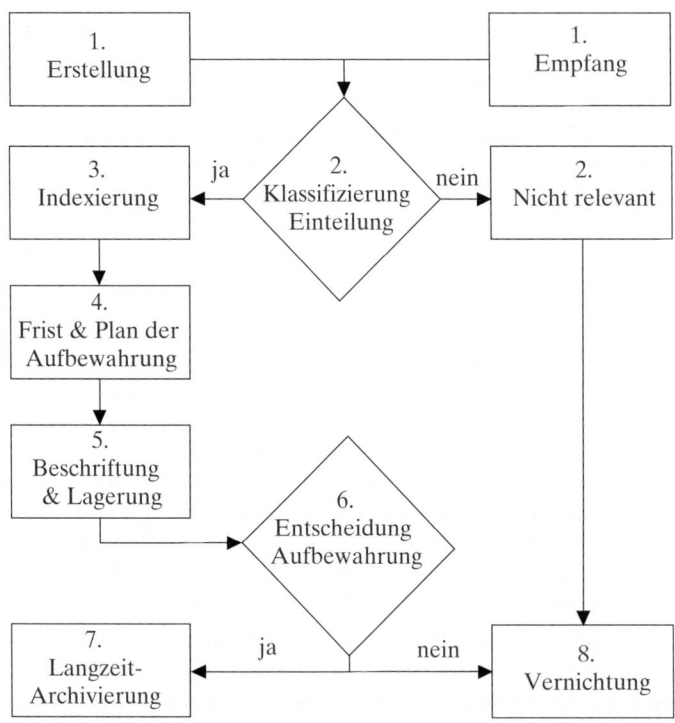

Abb. 3: Lebenszyklus von Geschäftsinformationen

1.1 Erstellung & Empfang

187 Grundlage ist die Erstellung bzw. der Empfang der Information bzw. des Dokuments. Compliance-relevante Aspekte sind ausführlicher in Rn. 146 ff. beschrieben.

1.2 Klassifizierung & Einteilung

188 Die Klassifizierung der selbst erstellten Dokumente bzw. die Einteilung in Geschäftsinformationen und nicht geschäftsrelevante Informationen wurde bereits in Rn. 154 ff. näher beleuchtet. Generell kann man auch eine sprachliche Unterscheidung von Geschäftsinformationen (Business Records) in „Business Files" und nicht geschäftsrelevante Informationen in „Allgemeine Dokumente" vornehmen. Ergänzend kann an dieser Stelle gesagt werden, dass die Einteilung von den Erstellern sowie den Empfängern der Dokumente jeweils selbst durchgeführt werden sollte. Diese Einteilung bildet einen wichtigen Schritt zur maßvollen Eindämmung der potentiell aufzubewahrenden Dokumente. Trainings für alle Mitarbeiter mit praktischen Beispielen sind wichtig, damit einer oftmals vorliegenden Unsicherheit und „Sammelwut" adäquat begegnet werden kann.

1.3 Indexierung

Für alle als Geschäftsinformationen eingestuften Dokumente ist dann eine geeignete **189** Indexierung, auch Filing genannt, notwendig. Die Vorgehensweise zur sachgerechten und konsistente Indexierung sollte dabei in Form einer Richtlinie eindeutig festgelegt sein. Die Verwendung eines zentral gepflegten Indexierungs-Tools bietet sich hierzu an. Indexierung bedeutet, dass ein Verzeichnis aller vorhandenen Dokumente angelegt wird. Durch die Indexierung erhält ein Geschäftsbereich ein Gesamtverzeichnis, damit die abgelegten Dokumente überhaupt noch gemanagt werden können, der Aufbewahrungsort eines Dokuments ausfindig gemacht werden kann und eine einfache Übergabe bei wechselnden Verantwortlichkeiten möglich ist.

1.4 Frist & Plan der Aufbewahrung

Alle Geschäftsinformationen unterliegen verabschiedeten Aufbewahrungsfristen, wel- **190** che in einer firmenspezifischen Richtlinie (Retention Schedules) festgelegt wurden und dort nachschlagbar sind. Die dort niedergeschriebenen Aufbewahrungsfristen müssen dabei mindestens den gesetzlichen Fristen entsprechen, welche je nach Art der Geschäftsinformationen und dem relevanten Land und der Branche variieren können. Die anzuwendende Aufbewahrungsfrist wird dann pro Geschäftsvorfall (Business File) errechnet. Die Mitarbeiter müssen daher nicht nur geschult werden, welche Aufbewahrungsfristen für welches Geschäftsdokument gilt, sondern auch, ab wann die Aufbewahrungsfrist anfängt zu zählen – etwa ab Erstellung, Beendigung einer Transaktion oder Abschluss eines Falles.

1.5 Beschriftung & Lagerung

Beschriftung und Lagerung aller Geschäftsinformationen bilden den nächsten Schritt. **191** Sie folgen den in der Indexierung verwendeten Kategorien.

1.6 Entscheidung zur Aufbewahrung

Die Entscheidung, ob eine Geschäftsinformation der Langzeitarchivierung unterliegt **192** oder nicht, ist von ähnlich großer Relevanz wie die Trennung in geschäfts- und nicht geschäftsrelevante Information. Es empfiehlt sich hierzu, in regelmäßigen, etwa jährlichen Abständen, eine dezentral durchgeführte und firmenweite Durchsicht der Dokumente durch die Mitarbeiter vornehmen zu lassen. Resultat ist dann die Langzeitarchivierung im firmeneigenen oder angemieteten Archiv für alle Dokumente mit einer Aufbewahrungszeit von länger als 10 Jahren.

1.7 Langzeitarchivierung & Vernichtung

Die Vernichtung sollte den Grundsätzen der allgemeinen Datenschutz-Bestimmungen **193** und der spezifischen Bestimmungen einzelner Branchen, wie z.B. dem „Fair and Accurate Credit Transaction Acts" (FACTA), folgen. Physische Geschäftsunterlagen sollten fachgemäß und umweltschonend geschreddert, verbrannt oder pulverisiert werden. Elektronische Geschäftsunterlagen sollten permanent gelöscht werden.

194 Wichtig ist, dass Geschäftsinformationen nach Ablauf der Aufbewahrungspflicht auch tatsächlich vernichtet werden, ebenso wie die nicht der Aufbewahrungspflicht unterliegenden allgemeinen Dokumente. Vor einer Bereitstellung zur Vernichtung ist zu überprüfen, ob die Dokumente einer „Legal Hold" unterliegen. Eine „Legal Hold" ist ein Prozess, den ein Unternehmen benutzt, um der Aufbewahrungspflicht aller Formen relevanter Informationen nachzukommen, wenn eine Rechtsstreitigkeit nach dem englischen Common Law erwartet wird.[81]

195 Bei vorwiegend internationalem, internem Dokumentenverkehr kann es sich empfehlen, die Aufbewahrungsfristen auf die längste geforderte Dauer zu harmonisieren. So kann eine ggf. notwendige Überprüfung der Bestände in verschiedenen Ländern entfallen, falls diese Dokumente zu verschiedenen Ländern gehören – weil sie z.B. von internationalen Teams erstellt worden sind – und unabhängig vom Ort der Aufbewahrung benötigt werden.

196 Fachempfehlung zur Umsetzung können aus den Standards für Records Management Gesamtsysteme entnommen werden (International: ISO 15489, Europa: MoReQ, Deutschland: DOMEA, Schweiz: GEVER). Diese sind jedoch zum großen Teil für die öffentliche Verwaltung entwickelt, so dass Unternehmen Fachempfehlungen berücksichtigen sollten (z.B. VOI: Code of Practice (ECM), BITKOM: Anforderungen und Lösungen für die Aktenführung im Informationszeitalter, BMWI: Handlungsleitfaden zur Aufbewahrung elektronischer und elektronisch signierter Dokumente economiesuisse Taskforce Document Retention).

2. Selbst erstellte oder empfangene Informationen

197 Für die Aufbewahrungspflicht spielt es hingegen keine Rolle, ob diese Informationen vom Mitarbeiter selbst erstellt wurden oder lediglich empfangen worden sind. Aus Compliance-Sicht empfiehlt es sich, Richtlinien zum Verfassen von Dokumenten zu erstellen, z.B. im Rahmen des Verhaltenkodexes (Code of conducts). Für E-Mails empfiehlt es sich aufgrund des täglichen, oft auch lax gehandhabten Schreibstils, jedem Mitarbeiter eine ausführliche Richtlinie und auch praktische Übungen (mit der Pflicht zur Teilnahme) anzubieten.

3. Physische oder elektronische Informationen

198 Geschäftsinformationen können alle Formate oder Medien umfassen. Physische Dokumente umfassen alle gedruckten oder geschriebene Informationen. Bei den elektronischen Informationen kann es sich um E-Mails, Dokumente wie Word-, Powerpoint-, Excel- oder PDF- sowie Musik-, Film- oder Fotodateien handeln. Hinzu können noch Einträge in Datenbanken kommen. Ebenso kann es sich um Mikrofiche-Unterlagen oder auch CDs und DVDs handeln.

4. Aufbewahrungspflicht im Falle von rechtlichen Untersuchungen

199 Im Falle von rechtlichen Untersuchungen, vor allem in Bezug zum angloamerikanischen Raum (z.B. US FED. R. CIV. P. 37,), kann die Aufbewahrungspflicht ausgeweitet werden.

---

81 Vgl. *The Sedona Conference®* The Sedona Conference® Commentary on Legal Holds, 2010.

IV. Transfer von Dokumenten

Der Austausch von verschiedenen Arten von Geschäftsinformationen in Form von **200** Dokumenten ist Alltag im Tagesgeschäft eines jeden Unternehmens. Eine zunehmende Herausforderung bei einem Datentransfer ist dabei die Tatsache, dass sich die Arbeit und Kommunikation über Landesgrenzen hinweg in den letzten beiden Jahrzehnten sehr geändert respektive zugenommen hat. Der Transfer von Dokumenten kann zum einen direkt von den Erstellern, den Datensubjekten, initiiert werden, z.B. bei der Kommunikation von Mitarbeitenden via E-Mail. Darüber hinaus werden jedoch auch in zunehmendem Maße Daten im Hintergrund oder Nachhinein von Land zu Land transferiert, z.B. zum Zweck der zentralen Speicherung oder Weiterverarbeitung. Je nach Art, Ziel und Zweck des dabei stattfinden Austausches der Dokumente sind bestimmte, oft landesspezifische Gesetze und Regelungen zu beachten.

1. Firmeninterner Datentransfer

Unternehmen arbeiten nicht nur untereinander zunehmend global vernetzt. Vielmehr **201** gibt es einen seit Jahren zunehmenden Trend, dass Firmenabteilungen internationaler Unternehmen und auch die dazugehörende Informationstechnologie und Infrastruktur länderübergreifend respektive zentral organisiert bzw. Arbeitsschritte an Dritte abgeben werden („Outsourcing"). In der Folge werden große Mengen von Daten firmenintern zwischen den Standorten der global organisierten Unternehmen bzw. an Dritte transferiert. Insbesondere unter dem Gesichtspunkt der Anforderungen zum Datenschutz muss ein länderübergreifender Datentransfer, der nicht direkt von den Datensubjekten beschritten wird, mit Hilfe von Richtlinien unterstützt werden.

Bei der Zentralisierung von Datenbeständen muss das Niveau des Datenschutzes vom **202** Ursprungsland gewährleistet werden. Die Auswahl des Ziellandes unter Datenschutzgesichtspunkten ist daher von entscheidender Bedeutung. Innerhalb der EU ist dies gewährleistet. Dort gilt die Richtlinie 95/46/EG.[82] Auf Grundlage des Art. 25 Abs. 6 der Richtlinie 95/46/EG kann entschieden werden, ob ein Drittstaat aufgrund von internen Rechtsvorschriften oder eingegangenen internationalen Verpflichtungen ein angemessenes Schutzniveau gewährleistet. Dies ist z.B. der Fall für die Schweiz und Kanada. Das Datenschutzniveau der USA wird derzeit als nicht adäquat angesehen. Um es dennoch europäischen Unternehmen zu ermöglichen, personenbezogene Daten legal in die USA zu übermitteln, wurde mit den USA ein Safe Harbor (englisch für „Sicherer Hafen")-Abkommen abgeschlossen. Dies ist eine besondere Datenschutzvereinbarung zwischen der Europäischen Union und den Vereinigten Staaten. Seit Dezember 2008 wurde auch mit der Schweiz eine solche Datenschutzvereinbarung erfolgreich ausgehandelt. Alternativ kann mit Ländern, welche einen niedrigeren Datenschutz-Level haben, ein Daten-Transfer und Auslagerungs-Richtlinien vereinbart werden („Controller to Processor Agreements" bzw. „EU Model Contracts").

2. Offenlegungspflicht bei grenzüberschreitender Untersuchung (cross-border discovery)

Bei grenzübergreifenden zivilrechtlichen Verfahren des Common Laws unterliegt **203** man einer Aufbewahrungs- und Offenlegungspflicht von allen potentiell relevanten

---

82 Durchführung der Richtlinie 95/46/EG unter ec.europa.eu/justice_home/fsj/privacy/lawreport/ index_de.htm.

Dokumenten im Rahmen der vorprozessualen Beweiserhebung (pre-trial discovery). Dies umfasst sowohl Papierdokumente als auch elektronisch gespeicherte Daten, unabhängig von Speichermedium und Speicherort. Werden in einem Verfahren z.B. in den USA auch relevante Dokumente von ausländischen Gerichtsbarkeiten respektive Datensubjekten in Europa angefragt, spricht man von einer grenzüberschreitenden Untersuchung (cross-border discovery). Grenzüberschreitender Datentransfer tritt dann ein, wenn Dokumente, die in einem Land aufbewahrt werden, zur Offenlegung in ein anderes Land transportiert werden. Landesspezifische Datenschutz-Bestimmungen (EU Richtlinie 95/46/EG, Schweizer DSG)[83], s. auch Rn. 88 ff., sowie sog. „Blocking Statutes" können in bestimmten Fällen einem einfachen Datentransfer im Wege stehen oder ihn einschränken und besondere Vorsichtsmaßnahmen notwendig machen.

204 Der US e-Discovery Think Tank, The Sedona Conference®, hat hierzu auch in Zusammenarbeit mit US-Richtern und europäischen Datenschutzbeauftragten im Dezember 2011 Internationale Prinzipien[84] herausgegeben. Auch die Artikel-29-Datenschutzgruppe, WP 158[85] hat einen ersten Entwurf eines „Leitfadens für die Bearbeitung von Ersuchen zur Übermittlung personenbezogener Daten ins Ausland zwecks Verwendung in einem Zivilprozess" erstellt, welcher von der Sedona Arbeitsgruppe kommentiert wurde.[86] Anlass für die Ausarbeitung des Dokuments WP 158 war die Feststellung der Artikel-29-Datenschutzgruppe, dass die Richtlinie 95/46/EG in den Mitgliedstaaten unterschiedlich angewandt wird, was z.T. auf die Vielfalt der zivilrechtlichen Verfahren in der EU zurückzuführen ist. Anlass zum Kommentar von Seiten der The Sedona Conference Arbeitsgruppe 6 war es, dass die im WG 158 geforderten Maßnahmen zum Teil im Widerspruch mit US-Recht stehen und eine Befolgung des Leitfadens als größtenteils nicht praktikabel erachtet wurden. Um trotz der Widersprüche zwischen den amerikanischen und europäischen Recht zu vermitteln,[87] wurden oben genannte Internationale Prinzipien von Sedona entwickelt. Diese wurden ausdrücklich von der Artikel-29-Datenschutzgruppe gutgeheißen.[88]

Können relevante Daten nicht transferiert werden, sehen sich die Unternehmen im anfragenden Land oft zivilrechtlichen bzw. strafrechtlichen Sanktionen ausgesetzt. Um dem entgegenzuwirken, kann der Einsatz eines Rechtshilfegesuches in bestimmten Fällen notwendig sein und einen Datentransfer zu ermöglichen. In der EU wird hierzu das Standardverfahren nach der Haager Konvention[89] angeboten. Hierbei ist zu bemerken, dass nicht alle Mitgliedstaaten das Haager Übereinkommen unterzeichnet

---

83 *Rosenthal/Jöhri* Handkommentar zum Datenschutzgesetz, 2008.
84 *The Sedona Conference® Working Group 6* The Sedona Conference® International Principles on Discovery, Disclosure & Data Protection, 2011.
85 *Artikel-29-Datenschutzgruppe* Arbeitsunterlage 1/2009 über Offenlegungspflichten im Rahmen der vorprozessualen Beweiserhebung bei grenzübergreifenden zivilrechtlichen Verfahren (pre-trial discovery) 2009.
86 *The Sedona Conference® Working Group 6* Comment of The Sedona Conference® Working Group 6 to Article 29 Data Protection Working Party Working Document 1/2009 ("WP 158"), 2009.
87 Vgl. *Rosenthal/Zeunert* E-Discovery und Datenschutz: Herausforderungen und Lösungsansätze für multinationale Unternehmen 2011, www.esv.info/download/katalog/media/9783503130740/Leseprobe.pdf .
88 Article 29 Data Protection Working Party, Ref. Ares(2012)703514 - 12/06/2012, http://ec.europa.eu/justice/data-protection/article-29/documentation/other-document/files/2012/20120612_letter_to_sedona_conference_en.pdf.
89 Hague Convention on the Taking of Evidence Abroad in Civil or Commercial Matters.

haben – und die, die es unterzeichnet haben, haben unter Umständen einen Vorbehalt nach Art. 23 eingelegt und erklärt – wie z.B. Deutschland. Zudem erkennt die Artikel-29-Datenschutzgruppe an, dass aus praktischer Sicht Bedenken aufgrund der möglichen Dauer eines solchen Rechtshilfeverfahrens bestehen.[90]

205 Insbesondere US-Gerichte haben oftmals sehr wenig Erfahrung mit europäischen Bestimmungen zu grenzüberschreitendem Datentransfer, beziehungsweise zu den Anforderungen die sich aus dem europäischen Datenschutz und dem Schutz der Privatsphäre ergeben. Verschleppungen oder Verkomplizierungen durch von einer Prozesspartei geforderten Maßnahmen zur Sicherstellung des Datenschutzes werden nicht zuletzt deshalb von den Richtern oftmals nicht positiv aufgenommen, weil sie an der Geschwindigkeit der Bearbeitung ihrer Fälle gemessen werden und die Einarbeitung in fremdes Recht lange zeitintensiv war. Diesem Umstand kommen die Internationalen Prinzipien der Sedona Conference als Best Practice und Empfehlung entgegen. Dass ausländisches Recht berücksichtigt werden muss, trägt dem Prinzip 1[91] Rechnung. Teil der amerikanischen Richter mögen zudem skeptisch gegenüber den vorgebrachten Bedenken der Prozesspartei sein, relevante Informationen von europäischen Mutter- oder Tochtergesellschaften für die Untersuchung in den USA einzuholen. Diese Bedenken mögen in manchen Fällen auch zu Recht bestehen, beispielsweise wenn die Datenschutz-Gesetze nicht im Einklang mit Standard Guten Glaubens (siehe auch Prinzip 2) gebracht werden sondern als Ausrede missbraucht werden, um nicht relevante Beweise offenlegen zu müssen. Mit den Internationalen Prinzipien der Sedona Conference wird den US Richtern, den Prozessparteien und Datenschutzbehörden ein Ausweg der zum Teil unüberbrückbar scheinenden Anforderungen im Cross Border Discovery aufgezeigt. Ob von den europäischen Datenschutzbehörden zum Beispiel bei der Novellierung der europäischen Datenschutzrichtlinie die Problematik der international eDiscovery oder in Form eines neuen Arbeitspapieres pragmatischer gelöst wird, bleibt abzuwarten.

206 Hervorzuheben ist jedoch, dass je nach involviertem Land, Art, Zeitpunkt und Datengegebenheit ein Datentransfer zwischen Unternehmen möglich sein kann. Eine Prüfung der Gegebenheiten ist bei grenzüberschreitendem Datentransfer somit fallweise vorzunehmen. Im Zuge der zunehmenden zentralen Speicherung international erstellter elektronischer Daten bei internationalen Unternehmen ist die Frage zu klären, ob zumindest Teile der zentral gespeicherten Daten nicht auch bei regelmäßiger Benutzung durch eine Gesellschaft in einem anderen Land dieser bereits ebenfalls gehören.

3. Privilegierte Information

207 Privilegierte Informationen sind Informationen, die mit Rechtsanwälten zum Zweck einer rechtlichen Beratung ausgetauscht werden. Der Vertraulichkeitsschutz unternehmensinterner Kommunikation mit einem Syndikusanwalt ist jedoch in einem aktuellen Urteil des Gerichtshofs der Europäischen Union (EuGH)[92] nicht bestätigt wor-

---

90 *Berliner Beauftragter für Datenschutz und Informationsfreiheit* Dokumente zu Datenschutz und Informationsfreiheit 2009, 2010.
91 Vgl. *The Sedona Conference® Working Group 6,* Principle 1: „With regard to data that is subject to preservation, disclosure, or discovery, courts and parties should demonstrate due respect to the Data Protection Laws of any foreign sovereign and the interests of any person who is subject to or benefits from such laws".
92 Vgl. Urteil v. 14.9.2010; C-550/07 P in der Sache Akzo Nobel Chemicals Ldt/Kommission,

den. Die weiteren Ausführungen behandeln das amerikanische Konzept des „Attorney-Client privilege". Der Status „privileged" schützt die Kommunikation bzw. ausgetauschte Dokumente zwischen den Rechtsanwälten und dem Kunden gegen Offenlegung gegenüber der Gegenpartei in Prozessen in diesen Ländern (siehe Rn. 165). Ziel des „Privileged"-Schutzes ist, dass der Kunde mit seinem Rechtsanwalt einen geschützten Austausch pflegen kann, wenn es um rechtliche Beratung („Legal Advice") geht. Austausch zu geschäftlicher Beratung („Business Advice") unterliegt jedoch nicht dieser Doktrin. Dokumente erhalten den länderspezifischen Status „privileged" nicht grundsätzlich oder durch eine explizite Kennzeichnung bei der Erstellung, sondern durch eine nachträgliche, kontextbezogene Kategorisierung durch Rechtsanwälte.

208 Nur wenn alle der folgenden vier Voraussetzungen erfüllt sind, trifft das „Attorney-Client Privilege" zu:

1. eine Kommunikation (mündlich oder schriftlich),
2. zwischen dem internen oder externen Rechtsanwalt (attorney) und dem Kunden (client),
3. im Vertrauen,
4. zum Zweck eine rechtliche Beratung (Legal Advice) zu bekommen bzw. zu geben.

209 Wichtig für die Mitarbeiter ist es zu wissen, dass ein Dokument nur unter bestimmten Voraussetzungen wirklich als „privileged" eingestuft werden kann, weshalb es in der Offenlegungsphase einer rechtlichen Untersuchung auch einen aufwändigeren „Privilege Review" gibt. Aus Sicht der Compliance ist daher eine Schulung der Mitarbeiter zur Bedeutung und zu den Voraussetzungen dieses Dokumentenstatus sehr empfehlenswert. Der Status „Attorney-Client Privileged" kann auch mittels einer Verzichtserklärung („Waivers") nachträglich aufgehoben werden, wenn beide Parteien zustimmen. Eine Verzichtserklärung trifft auch zu, wenn die Kommunikation außerhalb der privilegierten Parteien getragen wird.

210 Neben dem „Attorney-Client Privilege" gibt es noch die „Work Product Doctrine". Sie schützt alle physischen Dinge wie schriftliche Kommunikation und ausgetauschte Dokumente, die im Hinblick auf erwartete bzw. laufende Litigations bzw. Abitrations angefertigt werden gegen Offenlegung gegenüber der Gegenpartei im Rechtsstreit.

D. Hinweisgebersysteme zur Identifikation von Compliance-Verstößen

I. Einleitung

1. Herkunft und Definition

211 Der Begriff des Whistleblowings lässt sich von „to blow a whistle", also dem Blasen einer (Triller-)Pfeife, herleiten und ist bildlich mit der Pfeife der englischen Bobbies oder der Trillerpfeife der Schiedsrichter beim Fußball verbunden. In beiden Fällen soll durch das Signal der Pfeife auf ein (unzulässiges) Verhalten hingewiesen werden.

Eine Übersetzung der Begriffe „Whistleblower" oder „Whistleblowing" in die deut- **212**
sche Sprache ist nicht ganz unproblematisch, da naheliegende Übersetzungsansätze
(z.B. „jemanden verpfeifen") mit Wertungen verbunden sein können, die eine negative Konnotation, etwa im Hinblick auf Denunziation oder Verrat, mit sich bringen.
Da sich die Motivationslage des Hinweisgebers nicht zwingend auf die Substanz des
Hinweises auswirken muss, wäre es aber verfehlt, bei der Übersetzung einen Begriff
zu wählen, der bereits eine positive oder negative Intention antizipiert. Mit einer neutralen Begriffsbestimmung dürfte zudem eine klare Abgrenzung von missbräuchlichen
Handlungen im Rahmen von Mobbing oder Rufmordkampagnen verbunden sein. Vor
diesem Hintergrund bietet sich eine wertneutrale Übersetzung mit den Begriffen
„Hinweisgeber" und „Hinweisgeben" an, aus denen in organisatorischer Hinsicht der
Begriff des „Hinweisgebersystems" folgt. Im Rahmen dieser Darstellung werden vor
diesem Hintergrund diese deutschen Begriffe ergänzend zu den englischen Begriffen
verwendet.

Gemäß einer von Near und Miceli im Jahr 1985 gefassten Definition des Whistleblo- **213**
wings, deckt ein ehemaliges oder aktuelles Mitglied einer Organisation, das Kenntnis
von illegalen, unmoralischen oder illegitimen Verhaltensweisen hat, die im Verantwortungsbereich der Organisationsführung liegen, diese gegenüber Personen oder Organisationen auf, die entsprechende Handlungsmöglichkeit besitzen.[93] Dabei bleibt aber
offen, ob und inwieweit es sich bei den Empfängern des Hinweises um Personen oder
Organisationen inner- oder außerhalb des betroffenen Unternehmens handelt.

Bei den Hinweisgebern kann es sich entgegen dieser Definition aber regelmäßig **214**
sowohl um Insider, also um Personen innerhalb der Organisation, innerhalb der das
angezeigte Verhalten angefallen ist, als auch um Externe, also um dritte Personen
außerhalb der Organisation (z.B. Lieferanten oder Kunden), die auf einen Missstand
hinweisen, handeln. Um den Rahmen dieser Darstellung nicht zu sprengen, soll
dahingestellt bleiben, aus welcher Motivation heraus der Whistleblower eine
bestimmte Verhaltensweise anzeigt.

2. Erscheinungsformen des Whistleblowings

Whistleblowing ist in zwei grundsätzlichen Ausprägungen denkbar: **215**

Beim externen Whistleblowing wendet sich der Hinweisgeber nach diesseitigem Verständnis mit dem Hinweis auf einen Missstand nicht an eine unternehmensinterne
Stelle oder eine ihm vom Unternehmen vorgegebene Stelle. Vielmehr wendet er sich
direkt an die Behörden (z.B. die Strafverfolgungsbehörden oder die Gewerbeaufsicht), die Presse oder die breite Öffentlichkeit. Letzteres wird auch der Fall sein,
wenn er sich beispielsweise im Internet in sozialen Netzwerken, Chats oder Foren
äußert.

Das interne Whistleblowing ist anzunehmen, wenn der Hinweisgeber sich innerhalb **216**
der Organisation bzw. des Unternehmens äußert. Dies kann bei unter Nutzung von
Hinweisgebersystemen (*siehe unten*), etwa an eine Whistleblowing-Hotline, erfolgen.
Soweit solche Systeme (noch) nicht eingerichtet sind, ist ein internes Whistleblowing

---

93 *Near/Miceli* „Organizational dissidence. The case of whistle blowing", Journal of Business Ethics,
Vol. 4 (1985), S. 6: „The disclosure by organisation members (former or current) of illegal, immoral,
or illegitimate practices under the control of their employers, to persons or organisations that may
be able to effect action".

aber auch dann anzunehmen, wenn er sich an andere Stellen im Unternehmen wendet, beispielsweise an die Unternehmensleitung selbst, die Interne Revision, die Rechtsabteilung, die Compliance-Abteilung oder den Betriebsrat. Solche externen oder internen Hinweise können sowohl anonym als auch unter Offenlegung der Identität des Hinweisgebers erfolgen; auch mit nachträglicher Offenlegung der Identität.

3. Begriff des Hinweisgebersystems

217 Unter „Hinweisgebersystem" ist die Gesamtheit der unternehmensinternen Regelungen im Zusammenhang mit Hinweisen und der zu deren Umsetzung notwendigen Infrastruktur zu verstehen.[94]

218 Ausgehend von der Frage, bei welcher Stelle oder (technischen) Einrichtung innerhalb oder außerhalb des Unternehmens (z.B. einer externen Whistleblowing-Hotline) Hinweise anzubringen sind, geht es bei einem Hinweisgebersystem hinsichtlich der Form des Hinweises vor allen Dingen darum, auf welche Art und Weise ein Hinweis gegeben werden kann. Dabei ist das Augenmerk mit Blick auf die durchaus schutzwürdigen Interessen des Hinweisgebers, welcher unter Umständen Repressalien durch Kollegen oder Vorgesetzte fürchten muss, auch darauf zu richten, dass der Hinweisgeber und dessen Identität geschützt werden und ein Hinweis ggf. auch in anonymer Form gegeben werden kann. Besondere Bedeutung, insb. auch bei anonymen Hinweisen, hat die Einrichtung einer Möglichkeit von Rückfragen bzw. Rückmeldungen an den Hinweisgeber. Unter Umständen reicht ein erster Hinweis noch nicht aus, um einen Sachverhalt aufklären zu können, so dass Kontakt mit dem Hinweisgeber aufgenommen werden muss, um weitere Informationen über den potenziellen Missstand zu erlangen. Gerade in Anbetracht anonymer Hinweise kommen insoweit Mailbox- bzw. Briefkasten-Systeme als Kommunikationsmittel in Betracht. Über solche Systeme kann einem Hinweisgeber letztlich auch eine Information über das Ergebnis der Untersuchung bzw. eingeleitete Folgemaßnahmen gegeben werden, wobei in solchen Fällen datenschutzrechtliche Belange zu berücksichtigen sind, die eine umfangreiche Information an den Hinweisgeber in der Regel ausschließen werden.

219 Losgelöst von diesen aus Sicht des Hinweisgebers relevanten Belangen wird ein Hinweisgebersystem vor allen Dingen die Niederlegung und Fixierung der entsprechenden Prozesse für die Weiterverfolgung von Hinweisen und deren sach- und anlassgerechte Weiterleitung an die unternehmensinternen Organisationseinheiten umfassen.

II. Rechtsrahmen für Hinweisgebersysteme

1. Sarbanes-Oxley Act und Dodd-Frank Act

220 In verschiedenen US-Gesetzen finden sich Regelungen im Zusammenhang mit Hinweisen und Hinweisgebern, etwa in den US Sentencing Guidelines hinsichtlich der Reduzierung von Strafen beim Vorliegen effektiver interner Berichtssysteme und somit der indirekten Anregung zur Einrichtung von Hinweisgebersystemen oder im

---

94 *Schemmel/Ruhmannseder/Witzigmann* 1. Kap. Rn. 27, unter Hinweis auf *Mahnhold* NZA 2008, 737 ff.

Securites Exchange Act im Hinblick auf die Gewährung von Belohnungen für Hinweise an die SEC auf Insiderhandel.[95]

Im vorliegenden Zusammenhang sind aber grundsätzlich zwei Gesetze von Interesse, **221** namentlich der Sarbanes-Oxley Act und der Dodd-Frank Act, da der Sarbanes-Oxley Act US-börsengelistete Unternehmen zur Einrichtung eines Hinweisgebersystems verpflichtet und der Dodd-Frank Act das Whistleblower-Programm noch einmal deutlich erweitert.

1.1 Regelungssystem des Sarbanes-Oxley Acts

Beim Sarbanes-Oxley Act (SOX) handelt es sich um ein US-Bundesgesetz, das **222** im Juli 2002 durch den Kongress der USA verabschiedet worden ist. Dieses Gesetz war eine Reaktion auf mehrere spektakuläre Zusammenbrüche großer US-amerikanischer Unternehmen; von denen als prominente Beispiele Enron und Worldcom zu nennen sind.[96] Im Zusammenhang mit diesen Unternehmenszusammenbrüchen werden mehrere gemeinsame Aspekte diskutiert; gefälschte Bilanzen, mangel- oder lückenhafte interne Kontrollsysteme, Missmanagement und zu enge Beziehungen zwischen den Unternehmen und ihren Wirtschaftsprüfern. Der Sarbanes-Oxley Act hatte zum Ziel, solche Konstellationen in Zukunft zu vermeiden, um so das Vertrauen der Anleger in die Richtigkeit und Verlässlichkeit veröffentlichter Bilanzen wieder herzustellen. Dieses sollte durch gesteigerte Transparenz der Unternehmensprozesse und schärfere Kontrollen börsennotierter Unternehmen erreicht werden.

Bestandteil der entsprechenden Maßnahmen des Sarbanes-Oxley Acts sind auch **223** Regelungen, aus denen sich Pflichten zur Einführung eines Hinweisgeber-Systems ergeben.[97] Gem. Sec. 301 des Sarbanes-Oxley Acts müssen Unternehmen grundsätzlich Audit Committees bilden, deren Hauptaufgabe es ist, das Rechnungswesen, das Finanzberichtswesen und die Prüfung der Unternehmensabschlüsse zu überwachen.[98] Dieses Audit Committee muss gem. Sec. 301 (4) Verfahren einrichten, welche die vertrauliche, anonyme Anzeige fragwürdiger Buchführungs- und Bilanzprüfungspraktiken ermöglichen. Obwohl der Begriff „Whistleblowing" nicht explizit erwähnt wird, wird angenommen, dass sich aus dieser Regelung, jedenfalls für die Bereiche Buchführung, interne Buchführungskontrolle und Abschlussprüfung, eine Pflicht zur Einführung eines Hinweisgebersystems ergibt.[99]

Nur am Rande ist zu erwähnen, dass der Sarbanes-Oxley Act auch Regelungen zum **224** Schutz von Hinweisgebern enthält. Sec. 806 des Sarbanes-Oxley Acts soll den Arbeitnehmer vor Vergeltungsmaßnahmen schützen, die aus Anlass von Hinweisen des Arbeitnehmers ergriffen werden. Bei Auslandsbezug scheinen Arbeitnehmer insoweit aber durch Sec. 806 des Sarbanes-Oxley Acts nur eingeschränkt geschützt zu werden. Durch ein US-amerikanisches Arbeitsberufungsgericht wurde entschieden, dass diese Norm dann keine Auslandswirkung hat, wenn zwar ein Hinweis in den USA erfolgt, dieser aber die im Ausland erfolgte Verletzung ausländischen Rechts zum Inhalt hat;

---

95 Vgl. *Schürrle/Fleck* CCZ 2011, 218.
96 Vgl. *Reister* RIW 2005, 168, 169.
97 Vgl. insgesamt zu diesem Thema: *Refeld/Deviard* CCZ 2009, 201 ff.; *Berndet/Hoppler* BB 2005, 2623 ff.
98 Vgl. *Block* BKR 2003, 774, 778; *Kersting* ZIP 2003, 233, 239 ff.
99 Vgl. *Schemmel/Ruhmannseder/Witzigmann* 3. Kap. Rn. 6; *Mahnhold* NZA 2008, 737, 740.

eine Auslandswirkung von Sec. 806 des Sarbanes-Oxley Acts sei nur bei Verletzung eines US-amerikanischen Gesetzes zu bejahen.[100]

1.2 US Dodd-Frank Act

225   Am 21.7.2010 wurde der Dodd-Frank Wall Street Reform and Consumer Protection Act („Dodd-Frank Act") erlassen.[101] Dieses unter dem Eindruck der Finanzskandale des Jahres 2008 erlassene Gesetz[102] enthielt im Hinblick auf Hinweisgeber eine Reihe wichtiger Elemente. Hervorzuheben ist, dass Hinweisgebern unter bestimmten Voraussetzungen eine Belohnung („Bounty") für Hinweise gewährt wird und diese durch dieses Gesetz besser vor Vergeltungsmaßnahmen geschützt werden sollen. Schließlich wurde der Anwendungsbereich des Sarbanes-Oxley Acts durch den Dodd-Frank Act deutlich erweitert.

226   Hinweisgeber können eine Belohnung zwischen 10 % und 30 % der gegen den Straftäter erlassenen Geldstrafe erhalten, wobei die Festsetzung der Höhe der Belohnung im Ermessen der SEC liegt. Die Ermessensausübung erfolgt dabei auf Basis von Durchführungsbestimmungen der SEC, die unter anderem die Qualität und Bedeutung des Hinweises, aber auch die Einbeziehung unternehmensinterner Berichts- und Compliance-Systeme honorieren. Grundsätzliche Voraussetzung für eine Belohnung ist aber, dass es sich um einen „originären" Hinweis handelt. Ein solcher wird angenommen, wenn er der SEC zuvor noch nicht bekannt gewesen ist und aus der Kenntniserlangung des Hinweisenden stammt. Hinsichtlich dieser Hinweise besteht zudem eine sachliche Beschränkung in der Form, als dass diese sich auf Wertpapiergesetze beziehen müssen. Weitere Beschränkungen betreffen den persönlichen Anwendungsbereich der Hinweisgebenden. So sind beispielsweise Personen, die gesetzlich oder vertraglich zur Meldung an die SEC verpflichtet sind, grundsätzlich von Belohnungen ausgenommen.

227   Der Schutz der Hinweisgeber ist unter anderem dahingehend verbessert worden, dass diese sich nun direkt an Bundesbezirksgerichte wenden können, sie eine auf 180 Tage verlängerte Beschwerdefrist haben und insbesondere auch die Höhe des beanspruchbaren Schadensersatzes verdoppelt worden ist.

1.3 Anwendbarkeit der US-Regelungen auf Unternehmen in Deutschland

228   Aus Sicht deutscher Unternehmen stellt sich die Frage, inwieweit sie die Pflicht des Sarbanex-Oxley Acts zur Einrichtung eines Hinweisgebersystems trifft. Grundsätzlich ist nämlich festzuhalten, dass es keine direkte und unmittelbare Anwendbarkeit des Sarbanes-Oxley Acts auf deutsche Unternehmen gibt.

229   Unter Umständen können die Pflichten des Sarbanes-Oxley Acts deutsche Unternehmen aber doch treffen. Grundsätzlich richten sie die Pflichten des Sarbanes-Oxley Acts an alle Emittenten i.S.v. Sec. 2 (a) (7) des Sarbanes-Oxley Acts bzw. des Securites Exchange Acts. Daraus ergibt sich, dass Sec. 301 des Sarbanes-Oxley Acts mit der Pflicht zur Einführung eines Hinweisgebersystems von Unternehmen zu beachten ist, die an den Securites Exchange Act gebunden sind. Somit sind davon alle Unterneh-

---

100   *Rode* ZRFC 2012, 135 ff., unter Hinweis auf den Fall Villanueva v. Core Labs. NV, Arb. Case No. 09-108 (Dep't of Labor Dec. 22, 2011).
101   Vgl. dazu *Fleischer/Schmolke* NZG 2012, 361 ff.; *Schürrle/Fleck* CCZ 2011, 218 ff.
102   *Fleischer/Schmolke* NZG 2012, 361, 363; *Schürrle/Fleck* CCZ 2012, 218.

men betroffen, deren Wertpapiere an einer US-amerikanischen Börse gehandelt oder dort öffentlich angeboten werden.[103]

Daraus ergibt für deutsche Unternehmen eine Anwendbarkeit des Sarbanes-Oxley **230** Acts und somit eine Pflicht zur Einrichtung eines Hinweisgebersystems zunächst dann, wenn sie in den USA börsennotiert sind.[104] Das gleiche gilt für deutsche Unternehmen, die Tochtergesellschaften von US-Börsennotierten Muttergesellschaften sind.[105] Durch den Dodd-Frank Act wurde der Anwendungsbereich des Sarbanes-Oxley Acts auf nicht börsennotierte Tochter- und Schwesterunternehmen US-Börsennotierter Muttergesellschaften erweitert, soweit ihre Finanzinformationen in deren Konzernabschluss abgebildet sind.[106]

Vor diesem Hintergrund stellt sich für die betroffenen deutschen Unternehmen die **231** Frage, welches ihrer Organe die Pflicht zur Einrichtung eines Hinweisgebersystems trifft, da sich Sec. 301 des Sarbanes-Oxley Acts an das Audit Committee des Unternehmens richtet. Im Gegensatz zur deutschen, dualistischen Systematik mit der Aufteilung in Vorstand und Aufsichtsrat findet sich bei US-amerikanischen Unternehmensformen eine monistische Verwaltungsstruktur. Es wird aber angenommen, dass die Pflicht zur Einführung eines Hinweisgebersystems den Aufsichtsrat deutscher Unternehmen trifft.[107]

2. UK Bribery Act

Auch im Hinblick auf die Regelungen des UK Bribery Acts können sich gute Gründe **232** für die Einrichtung eines Hinweisgebersystems ergeben. Der UK Bribery Act beinhaltet sehr scharfe Antikorruptionsregelungen, die unter Umständen auch deutsche Unternehmen treffen können. Losgelöst von den darin enthaltenen Regelungen zur Strafbarkeit von Bestechungshandlungen ergibt sich aus dem UK Bribery Act für Unternehmen ein erhebliches Strafbarkeitsrisiko, soweit sie es versäumen, korruptive Handlungen durch angemessene Maßnahmen („adequate procedures") zu verhindern, zu denen auch die Einrichtung und der Betrieb eines Hinweisgebersystems im Rahmen einer Compliance-Organisation gehören kann.[108]

3. Rechtspflicht zur Einrichtung eines Hinweisgebersystems nach deutschem Recht

Für deutsche Unternehmen stellt sich die Frage, inwieweit sie losgelöst von den vor- **233** stehenden Erwägungen nach deutschem Recht eine Pflicht zur Einrichtung eines entsprechenden Hinweisgebersystems treffen könnte.

Das deutsche Recht sieht grundsätzlich keine explizite Pflicht zur Einrichtung eines **234** Hinweisgebersystems vor. Eine solche ergibt sich auch nicht aus dem Deutschen Corporate Governance Kodex.

---

103 Vgl. *Block* BKR 2003, 774 f; *Gruson/Kubicek* AG 2003, 337, 339 f.
104 Vgl. *Mahnhold* NZA 2008, 737, 741 f.; *Hütten/Stromann* BB 2003, 2223; *Lanfermann/Maul* DB 2002, 1725, 1728; *v. Zimmermann* WM 2007, 1060, 1061.
105 Vgl. *Berndt/Hoppler* BB 2005, 2623, 2625; *v. Zimmermann* WM 2007, 1060, 1061.
106 *Schürrle/Fleck* CCZ 2011, 218, 221 mit weiteren Hinweisen zu den Auswirkungen für die betroffenen Unternehmen.
107 Vgl. *Block* BKR 2003, 774, 778; *v. Zimmermann* WM 2007, 1060.
108 *Hugger/Röhrich* BB 2010, 2643, 2646; *Wilkinson* in „The 2010 UK Bribery Act, Adequate Procedures, Guidance on good practice procedures for corporate anti-bribery programmes, Transparency International", 2010, 56 ff.

235 Zwar sehen die §§ 76 Abs. 1, 93 Abs. 1 S. 1 AktG, § 130 OWiG grundsätzlich vor, dass Unternehmen sicherstellen müssen, dass ihre Mitarbeiter rechtskonform handeln. Diese Vorschriften beinhalten aber keine konkreten Vorgaben, in welcher Form die Unternehmen dies sicherstellen sollen. Dies liegt grundsätzlich im Ermessen des Unternehmens. Das Ermessen des Unternehmens, welche organisatorischen Maßnahmen es zur Sicherstellung der Rechtstreue der Mitarbeiter ergreift, kann aber dahingehend auf Null reduziert sein, dass es die Rechtstreue der Mitarbeiter durch Einrichtung eines Hinweisgebersystems überwachen bzw. sicherstellen muss.[109] Faktisch würde sich in solch einem Fall eine Pflicht zur Einführung eines Hinweisgebersystems ergeben.

4. Weitere Erwägungen bzgl. der Einführung von Hinweisgebersystemen

236 Losgelöst von der Frage, ob es eine explizite Rechtspflicht zur Einrichtung eines Hinweisgebersystems gibt, ist zu berücksichtigen, dass die Einführung eines solchen Systems auch aus anderen Gründen geboten sein kann.

237 Zunächst ist an die Sorgfaltspflichten der Unternehmensleitung nach Maßgabe der §§ 93 Abs. 1 S. 1 AktG, 43 Abs. 1 GmbH zu denken, deren Verletzung zur Haftung der Unternehmensleitung führen kann. Zur Vermeidung solcher Haftungsrisiken muss die Unternehmensleitung alle verfügbaren Erkenntnisquellen ausschöpfen, um Kenntnis von Missständen im Unternehmen zu erhalten und diesen gegensteuern zu können.[110]

238 Die Geschäftsleitung sollte in diesem Zusammenhang erwägen, ob ein Hinweisgebersystem eingerichtet wird und wie dieses ausgestaltet werden soll. Dabei wird – auch aus Akzeptanzgründen – verschiedentlich angeregt, dass die Geschäftsleitung die Ausgestaltung gemeinsam mit dem Aufsichts- oder Beirat vornimmt und kommuniziert.[111]

239 Aus Sicht der Unternehmensleitung besteht die Herausforderung, die Informationsasymmetrie im Verhältnis zwischen ihr und den (leitenden) Mitarbeitern zu egalisieren. Typischerweise sind Mitarbeiter „näher" am operativen Tagesgeschehen, so dass sie häufig Kenntnis von Vorgängen haben, die außerhalb des Wahrnehmungshorizonts der Geschäftsleitung liegen. Aus Sicht der Unternehmensleitung geht es faktisch darum, die bestehende Informationsasymmetrie zu egalisieren, um sicherzustellen, dass sie von Missständen erfährt bzw. erfahren kann. Erst mit dieser Kenntnis wird sie in die Lage versetzt, solchen Missständen effektiv begegnen zu können.

240 Der Ansatz der Unternehmensleitung, dabei ausschließlich auf das bestehende Berichtswesen und Reportingstrukturen zu vertrauen, kann im Zweifel unzureichend sein. Es ist nämlich zunächst grundsätzlich fraglich, ob die typischerweise bestehenden Berichts- und Reportingstrukturen dafür geeignet sind, dass Missstände aus ihnen erkannt werden können. Große Skandale wie Worldcom oder Enron zeichnete zudem aus, dass Rechnungswesen, Buchhaltung bzw. Controlling manipuliert worden sind.

241 Hierarchische Berichtslinien bergen aber noch weitere Aspekte, die Mitarbeiter entweder davon abhalten werden, auf Missstände hinzuweisen, oder die verhindern, dass die Informationen über Missstände die Unternehmensleitung erreichen. Mitarbeiter werden aus Sorge um den eigenen Arbeitsplatz unter Umständen von einem Hinweis auf einen Missstand absehen, wenn aus ihrer Sicht die Gefahr besteht, dass ihre direk-

---

109 Vgl. *Wybitul* ZD 2011, 118 f.
110 *BGH* NJW 2008, 3362, 3363.
111 So *Schemmel/Ruhmannseder/Witzigmann* 5. Kap. Rn. 8 mit weiteren Verweisen.

ten Vorgesetzten oder hierarchisch darüber stehende Personen in der Berichtslinie möglicherweise involviert sind, etwa bei systematischen Korruptionshandlungen. Ferner ist nicht auszuschließen, dass Hinweise auf einen Missstand innerhalb der Berichtslinie nicht weitergegeben werden. Tatbeteiligte Personen könnten Informationen bewusst zur Verschleierung der Tat unterdrücken oder (tatunbeteiligte) Vorgesetzte könnten die Informationen zwecks Vermeidung persönlicher Nachteile nicht weiterleiten, weil Taten etwa in ihrem Verantwortungsbereich vorgefallen sind.

Vor diesem Hintergrund bietet sich ein Hinweisgebersystem als paralleler Informationsweg zu den bestehenden Berichts- und Reportingsystemen an. Gelebte und funktionale Compliance-Systeme, zu deren Bestandteilen auch Hinweisgeber-Systeme gehören, können den Unternehmen auch im Zusammenhang mit einer Verbandsgeldbuße, vgl. §§ 30, 130 OWiG zugute kommen. **242**

Mit der durch ein funktionsfähiges und gelebtes Hinweisgebersystem erlangten Kenntnis von möglichen Unregelmäßigkeiten haben die Unternehmen auch die Möglichkeit, adäquat handeln und reagieren zu können. So können Hinweise etwa im Rahmen interner Ermittlungen nachverfolgt und untersucht werden. Auf diese Weise kann verifiziert werden, ob und welche Substanz ein solcher Hinweis hat. Auf Basis der so erlangten Erkenntnisse kann dann fundiert über die weitere Vorgehensweise entschieden werden. Soweit dem Hinweis wirklich Unregelmäßigkeiten zugrunde lagen, haben die Unternehmen bzw. die Unternehmensleitung die Möglichkeit, adäquate Maßnahmen einzuleiten. Zu diesen können etwa neben der Einschaltung der Behörden, auch zivil- bzw. arbeitsrechtliche Schritte oder eine Kommunikationsstrategie für den Umgang mit der Presse gehören. **243**

Ohne ein eingerichtetes Hinweisgebersystem ist die Wahrscheinlichkeit höher, dass Mitarbeiter ihre Hinweise extern, also außerhalb des Unternehmens, anbringen. Sie könnten sich beispielsweise direkt an die Behörden, etwa durch Erstattung einer Strafanzeige, oder an die Presse wenden. Denkbar ist auch, dass sich Mitarbeiter im Internet, etwa in sozialen Netzwerken, Chats oder Foren äußern. Aus Sicht der Unternehmen können sich daraus vollkommen andere Rahmenbedingungen für den Umgang mit solchen Hinweisen ergeben. Neben der Unruhe, welche diese Publizität im Unternehmen selbst erzeugt, kann dies auch das Verhältnis zu Kunden tangieren, nicht nur in sensiblen Branchen. **244**

Ungeachtet der geschäftlichen Interessen des Unternehmens bietet sich die Einrichtung eines Hinweisgebersystems auch im Interesse der Mitarbeiter und des Betriebsfriedens an. Hinsichtlich der Mitarbeiter spielt nicht nur der Hinweisgeber, welcher unter Umständen Sorge vor Repressalien hat, weil er als Unruhestifter oder Denunziant angesehen werden könnte, eine Rolle. Schutzwürdig ist auch der eines Fehlverhaltens verdächtigte Mitarbeiter, für den beispielsweise ein externer Hinweis eine erhebliche Prangerwirkung hat. Stellt sich nachträglich seine Unschuld heraus, kommt dies für den Mitarbeiter unter Umständen zu spät, weil er in seinem beruflichen Umfeld verbrannt ist. **245**

Ein funktionsfähiges Hinweisgebersystem, das von den Mitarbeitern als verlässliches Mittel zur (internen) Anzeige möglicher Missstände verstanden und genutzt wird, ist letztlich ein wichtiger Bestandteil einer durch Integrität geprägten Unternehmenskultur. Den Mitarbeitern wird durch den eigenen Arbeitgeber Integrität und Transparenz als Unternehmenswert demonstriert. Dies mag auch als positive Vorbildfunktion für **246** das Handeln der Mitarbeiter dienen, welcher sie sich verpflichtet fühlen. Hinzu kommt, dass sich dies positiv auf den Betriebsfrieden auswirken kann, weil einerseits eine funktionierende Autoritätsstruktur vorgegeben ist und andererseits ein geregelter Umgang mit Hinweisen auf Missstände Konflikte unter Arbeitnehmern bzw. zwischen diesen und ihren Vorgesetzten vorbeugen kann.[112]

III. Ausgestaltung von Hinweisgebersystemen

1. Vorgaben und Leitlinien für die Ausgestaltung von Hinweisgebersystemen

247   Auch in den Fällen, in denen US-amerikanisches oder britisches Recht die Einführung von Hinweisgebersystemen regelt, fehlen klare Vorgaben zur Ausgestaltung. Für Deutschland gilt mangels gesetzlicher Vorgaben, dass die Geschäftsleitung in pflichtgemäßem Ermessen über die Einführung und die Ausgestaltung eines Hinweisgebersystems zu entscheiden hat. Da das Thema in Deutschland relativ neu ist, hat sich noch keine publizierte und wissenschaftlich anerkannte „Best Practice" herausgebildet, an der sich Unternehmen orientieren können und müssen. Hilfsweise sollen hier vier Quellen herangezogen werden, deren Essenzen einen groben Orientierungsrahmen bieten:

– Gesetze,
– internationale Institutionen,
– Literatur,
– Beratungsfirmen.

1.1 Gesetze

248   Neben den allgemeinen legalistischen Anforderungen an die Unternehmensorganisation, die sich etwa aus § 76 AktG oder dem BetrVG ergeben, kommen konkrete Rahmenbedingungen zur Ausgestaltung eines Hinweisgebersystems für Deutschland aus dem BDSG. Dieses ist anwendbar, sobald mit den Hinweisen personenbezogene Daten aufgenommen werden, was mangels Effektivität von Hinweisen ohne jeglichen Personenbezug der Regelfall ist. Nach dem Rechtfertigungsmaßstab des § 32 Abs. 1 S. 2 BDSG muss

– sich der Meldeumfang auf im Beschäftigtenverhältnis begangene Straftaten beschränken und
– tatsächliche Anhaltspunkte, die einen Straftatverdacht begründen, mit dem Hinweis dokumentiert werden.
– Des Weiteren muss der Beschuldigte durch das System geschützt werden, um sein berechtigtes Interesse – etwa vor Verleumdung – zu wahren.

249   Dies wird regelmäßig eine Vorab-Kontrolle durch die annehmende Stelle erfordern, wonach offensichtlich ungerechtfertigte Beschuldigungen zu anonymisieren sind, d.h. der Personenbezug ist dann aufzulösen.

250   Aus den einschlägigen US-amerikanischen Gesetzen lassen sich ebenfalls nur rudimentäre Ausführungsbestimmungen bzw. -hinweise für Hinweisgebersysteme extrahieren. Der Sarbanes-Oxley Act legt in Sec. 301 lediglich den Gegenstand der Hinweise (Rechnungslegung und Prüfung) sowie das Anonymitätserfordernis für Arbeitnehmer als Hin-

---

112 Vgl. *Schemmel/Ruhmannseder/Witzigmann* 3. Kap. Rn. 39 mit weiteren Hinweisen.

Hülsberg/Kuhn

weisgeber fest. Auch die Federal Sentencing Guidelines schweigen sich zu der Ausgestaltung von Hinweisgebersystemen außerhalb des durch den Dodd-Frank Act vorgegebenen Rahmens aus.[113] Auch der UK Bribery Act einschließlich der vom Justizministerium herausgegebenen „Guidance"[114] konkretisiert keine Anforderungen an Hinweisgebersysteme.

1.2 Internationale Institutionen

Umfassende, allerdings sehr generell gehaltene Ausgestaltungshinweise finden sich in **251** den „ICC Guidelines on Whistleblowing"[115]. Danach soll ein Hinweisgebersystem

- vertraulich Anfragen von Arbeitnehmern sowie nach Möglichkeit auch von Kunden, Lieferanten und Vertretern des Unternehmens („agents") zu Verhaltensregeln und ethischen Zweifeln aufnehmen und behandeln;
- Hinweise von den vorgenannten Gruppen entgegennehmen und schnellstmöglich nachverfolgen, die sich auf nachgewiesene oder stark vermutete Verletzungen von gesetzlichen Bestimmungen, den Verhaltenskodex des betreffenden Unternehmens oder die Anti-Korruptions- und –Erpressungsrichtlinie der ICC beziehen, wobei die ICC hier nur wesentliche Verstöße benennt („[...] which could seriously harm the enterprise or the group, if no remedial action is taken.");
- von Beauftragten mit hoher Seniorität, Erfahrung und Reputation verantwortet werden, die mit hoher Autonomie ausgestattet sind und an die höchste Hierarchieebene im Unternehmen berichten; hier wäre zu klären, ob dies in der dualistischen Unternehmensverfassung der Vorstand oder der Aufsichtsrat ist;
- auch von einer externen Firma betrieben werden können, sofern diese entsprechend spezialisiert, unabhängig und von hoher Reputation ist und Professionalität und Geheimhaltung angemessen zusichert;
- möglichst viele der in den verschiedenen Ländern („different countries of operation") gesprochenen Sprachen abdecken.
- Übermittlungsarten für Hinweise sollen durch das Unternehmen frei bestimmt werden können (mündlich, telefonisch, schriftlich, per Intranet, oder jede andere Weise); lediglich zu der telefonische Übermittlung wird kostenfreie Erreichbarkeit angeregt.

Die übrigen Rules & Guidelines, wie die "OECD Good Practice Guidance on Inter- **252** nal Controls, Compliance and Ethics"[116], die "Business Principles for Countering Bribery" von Transparency International[117], die "ICC Rules of Conduct to Combat Extortion and Bribery", die "OECD Guidelines for Multinational Enterprises"[118], die

---

113 Der Dodd-Frank-Act sowie sec. 21F SEA bleiben aufgrund des institutionellen Hinweisempfängers (SEC) hier außer Betracht.

114 Department of Justice: THE BRIBERY ACT 2010 Guidance about procedures which relevant commercial organisations can put into place to prevent persons associated with them from bribing.

115 International Chamber of Commerce (ICC) Commission on Anti-Corruption: ICC Guidelines on Whistleblowing (2008) (www.iccwbo.org/advocacy-codes-and-rules/areas-of-work/corporate-responsibility-and-anti-corruption/whistleblowing/).

116 Business Principles for Countering Bribery (2003), Section 5.5. (www.transparency.org/global_priorities/private_sector/business_principles).

117 ICC Rules of Conduct to Combat Extortion and Bribery (2005), Article 7. (www.iccwbo.org/uploadedFiles/ICC/policy/anticorruption/Statements/ICC_Rules_of_Conduct_and_Recommendations%20_2005%20Revision.pdf).

118 OECD Guidelines for Multinational Enterprises (updated 2011), Chapter 2, Section 9.

"World Bank Integrity Compliance Guidelines"[119], oder die "World Economic Forum Principles for Countering Bribery"[120] enthalten zwar die Forderung nach Hinweisgebersystemen, aber keine brauchbaren Gestaltungshinweise.

1.3 Literatur

253 Ein zentrales, umfassendes Werk für den deutschsprachigen Raum stellt „Hinweisgebersysteme" von Schemmel/Ruhmannseder/Witzigmann dar.[121] Diese postulieren insb. folgende Punkte:[122]

– **Kommunikation und Verbindlichkeit**
Im Verhaltenskodex des Unternehmens sollte auf das Hinweisgebersystem hingewiesen werden; Details des Systems sollten in einer unternehmensinternen Richtlinie festgeschrieben werden. Kodex und Richtlinie sollen über Internet/Intranet zugänglich sein und es sollte auf Schulungen und Informationsveranstaltungen auf die Einrichtung des Systems hingewiesen werden. Das Hinweisgebersystem soll Verbindlichkeit für die Arbeitnehmer erlangen, wobei der Weg einer entsprechenden Betriebsvereinbarung favorisiert wird.

– **Kreis der berechtigten Hinweisgeber**
Die Frage, ob das System neben Unternehmensinternen auch externen Gruppen wie ehemaligen Arbeitnehmern sowie Lieferanten, Kunden und sonstigen Geschäftspartnern geöffnet werden soll, lässt sich nicht pauschal beantworten. Der mögliche Erkenntniszuwachs aus zusätzlichen Quellen ist gegen die steigende Missbrauchsgefahr abzuwägen, die insb. bei im Unfrieden ausgeschiedenen ehemaligen Arbeitnehmern bzw. Organmitgliedern gesehen wird.

– **Anonymität der Hinweisgeber**
Die Angst, bei Offenbarung der eigenen Identität Repressalien ausgesetzt zu werden, ist mit der Gefahr der Förderung von missbräuchlichen und zielgerichteten Meldungen und der Schaffung eines Klimas des gegenseitigen Misstrauens und der Angst abzuwägen. Anonymität wird überwiegend abgelehnt.[123] Empfohlen wird ein „Mittelweg", bei dem ein unternehmensexterner Ombudsmann die Daten des Hinweisgebers aufnimmt, diese aber vertraulich behandelt. Das Vorliegen der Daten ermöglicht neben der „Missbrauchsfilter"-Funktion auch Rückfragen an den Hinweisgeber.

– **Kontaktstelle/-person für Hinweisgeber**
Empfohlen wird ein unternehmensexterner Ombudsmann, vorzugsweise ein Rechtsanwalt, insb. wegen der Vertrauenswürdigkeit, dem Zeugnisverweigerungsrecht und dem –unter bestimmten Voraussetzungen bestehenden – Beschlagnahmeverbot. Sofern eine unternehmensinterne Person/Stelle präferiert wird, werden der Compliance-Beauftrage bzw. die Compliance-Abteilung als Kontaktstelle empfohlen.[124]

---

119 World Bank Group Integrity Compliance Guidelines (2010), Section 9. (web.worldbank.org/ WBSITE/EXTERNAL/EXTABOUTUS/ORGANIZATION/ORGUNITS/EXTDOII/0,,contentMDK:21182440menuPK:2452528pagePK:64168445piPK:64168309theSitePK:588921,00.html).

120 World Economic Forum Partnering against Corruption Initiative (PACI) Principles for Countering Bribery, Section 5.5. (https://members.weforum.org/pdf/paci/ principles_short.pdf).

121 Daneben z.B. noch *Briegel* Einrichtung und Ausgestaltung unternehmensinterner Whistleblowing-Systeme (2009).

122 Vgl. hier und im Folgenden: *Schemmel/Ruhmannseder/Witzigmann* 5. Kap. Rn. 3 ff., 8. Kap. Rn. 17 ff.

123 So auch *Neundorf* § 30 Datenschutz, in Hauschka, S. 822.

124 Auch in Fällen, in denen ein externer Dienstleister im Auftrag des Unternehmens tätig wird, spricht man von internem Whsitleblowing; lediglich in Fällen, in denen vom Unternehmen Unabhängige angesprochen werden (Strafverfolgungsbehörden, Journalisten, Organisationen etc.) spricht man von externem Whistleblowing. Vgl. *Schemmel/Ruhmannseder/Witzigmann* 1. Kap. Rn. 91 f.

- **Möglichkeiten zur Hinweisabgabe**
  Generell soll keine Möglichkeit der Hinweisübermittlung ausgeschlossen werden, mithin Brief, Fax, E-Mail, Internet-/Intranet-Portale sowie telefonische Aufnahme zulässig sein. Call-Center sind von Vorteil, sofern sie über speziell ausgebildete Mitarbeiter verfügen und eine zeitlich gering oder gar nicht eingeschränkte Erreichbarkeit bedeuten; die telefonische Kontaktaufnahme soll für den Anrufer kostenlos sein. Bei international tätigen Unternehmen sollen die jeweiligen Landessprachen/kulturellen Besonderheiten abgedeckt sein.
- **Incentivierung der Hinweisgeber**
  Zwang zur Abgabe von Hinweisen bietet sich – auch aufgrund der Grenzen der rechtlichen Zulässigkeit – nicht an. Inwieweit positiv durch Prämien/Belohnungen sanktioniert werden sollte, bleibt für den deutschen Rechtsraum offen, wird aber tendenziell zurückhaltend gesehen.
- **Hinweisgegenstand**
  Hier wird eine Begrenzung auf Unternehmensangehörige (Arbeitnehmer, Organmitglieder) und deren im Dienstverhältnis begangenen Rechtsverstöße; damit bleiben private Rechtsverstöße (in Konformität mit § 32 Abs. 1 S. 2 BDSG) außen vor. Neben den Rechtsverstößen sollte auch die Ausweitung auf unternehmensinterne Verhaltensvorschriften und Vertragsverhältnisse geprüft werden, wird aber nicht postuliert.

1.4 Beratungsfirmen

Stellvertretend für zahlreiche Beratungsfirmen sollen hier Hinweise zur Ausgestaltung **254** von Hinweisgebersystemen dargestellt werden, die von Deloitte in 2010 veröffentlicht wurden.[125] Unter Weglassung der beratertypischen Disclaimer und „weichen" Formulierungen bleiben doch aus der Beratungspraxis entwickelte Hinweise, die entsprechend der Gliederung in 3.1.3 verdichtet dargestellt werden und die im Übrigen auch bereits in der Praxis großer Unternehmen in Deutschland schon zu beobachten waren:

- **Kommunikation (und Verbindlichkeit)**
  Die Bedeutung der deutlichen und kontinuierlichen Kommunikation wird hervorgehoben. Dies kann über Aushänge, das Inter- und Intranet, Newsletter, Hinweise auf Geschäftsbriefen oder Rechnungen sowie mündlich durch die Geschäftsleitung erfolgen. Wichtig ist, dass daneben die Arbeitnehmer für unsaubere Praktiken und deren Erkennung sensibilisiert werden. Dies kann sowohl durch Präsenz- als auch durch Online-Schulungen erfolgen.
- **Kreis der berechtigten Hinweisgeber**
  Eine Beschränkung auf Arbeitnehmer sollte nicht erfolgen, da verschiedenen Studien zufolge ein Großteil der Hinweise von Unternehmensexternen wie Kunden, Lieferanten und Wettbewerbern kommt. So kommen nach einer weltweiten Erhebung der Association of Certified Fraud Examiners (ACFE) 49 % der Hinweise von Arbeitnehmern und 38 % von den vorgenannten Unternehmensexternen; 13 % konnten nicht zugeordnet werden.[126]

---

125 Deloitte Development LLC: Whistleblowing and the new race to report – The impact oft he Dodd-Frank Act and 2010's changes to U.S. Federal Sentencing Guidelines (2010) (www.deloitte.com/view/en_US/us/Insights/centers/centers-forensic-center/fb02b4b17deaa210VgnVCM2000001b56f00aRCRD.htm).
126 Asscociation of Certified Fraud Examiners (ACFE): Report to the Nations (2010) (www.acfe.com/rttn-international.aspx).

– **Schutz/Anonymität der Hinweisgeber**
Anonymität wird als wesentliche Voraussetzung für den Erfolg eines Hinweisgebersystems gesehen. Zum Schutz der Hinweisgeber wird zudem eine besondere Policy gefordert, deren Einhaltung durch den Compliance/Ethics Officer zu überwachen ist.
– **Kontaktstelle/-person für Hinweisgeber**
– **Möglichkeiten zur Hinweisabgabe**
Je breiter, desto besser. Neben einer Telefon-Hotline (Erreichbarkeit rund um die Uhr!) sollten mehrere Wege angeboten werden wie die Internet, E-Mail, Faxe/ Briefe; dabei sollten die wesentlichen Sprachen abgedeckt werden. Bei der Benennung des Systems wird übrigens der Rat erteilt, dieses bei anglizistischer Sprache „Helpline" zu nennen, um positive Assoziationen hervorzurufen.
– **Incentivierung der Hinweisgeber**
Hier werden die Vor- und Nachteile einer Incentivierung abgewogen, ohne zu einer klaren Empfehlung zu kommen.
– **Hinweisgegenstand**

255 Zusätzlich wird angeregt, die Effektivität eines Hinweisgebersystems durch das Unternehmen zur messen. Als Maßnahmen werden dazu vorgeschlagen: (anonyme) Mitarbeiterbefragung (und damit gleichzeitig eine Werbung für das Hinweisgebersystem), Benchmarking gegen andere Unternehmen, Exit Interviews mit Arbeitnehmern, Feedback von Hinweisgebern sowie die Analyse von auf anderen Wegen erhaltenen Hinweisen (warum erfolgte in diesen Fällen kein Hinweis über das Hinweisgebersystem?).

2. Interne Lösungen vs. Outsourcing

256 Bereiche, die sich für ein Outsourcing an einen externen Dienstleister anbieten, sind der Betrieb einer Telefon-Hotline bzw. –Helpline sowie eines Internet-Portals für Hinweise (technisches System) als auch die Vorab-/Plausibilitätskontrolle der eingehenden Hinweise und des Primärkontaktes für Rückfragen. Die Kriterien für die Entscheidung über den Eigenbetrieb bzw. das Outsourcing des technischen Systems sind die vorstehend formulierten Anforderungen bzgl. einer durchgehenden Erreichbarkeit und Mehrsprachigkeit sowie die generellen betriebswirtschaftlichen Erwägungen hinsichtlich Eigenentwicklung und –betrieb vs. Outsourcing von Unternehmensfunktionen (z.B. Skalierbarkeit, Kosten, Flexibilität und Qualität). Inzwischen haben sich Anbieter herausgebildet, die in Deutschland einen erheblichen Teil der technischen Hinweisgebersysteme betreiben. Nachfolgende Übersicht stellt einen Ausschnitt der in Deutschland eingesetzten Systeme dar:[127]

---

127 Ohne Bewertung und Anspruch auf Vollständigkeit, es handelt sich um Angaben der jeweiligen Unternehmen.

Anbieter	Produkt	Kurzbeschreibung*
Business Keeper AG / BUSINESS KEEPER AG	Business Keeper Monitoring System / BKMS® System	Internetbasiert; Schutz von Daten und Anwender durch Verschlüsselungsverfahren sichergestellt; Anonymität des Hinweisgebers im Rahmen des Dialogs gewährleistet; kein inhaltlicher Zugriff auf die Meldungsdaten eines Kunden und seiner Hinweisgeber durch Business Keeper AG
1000°DIGITAL GmbH / 1000°	1000°Hinweisgebersystem	Problemlose Integration in bestehende IT-Systemlandschaft; flexible Anpassung des Systems an individuelle Anforderungen; kombiniert mit E-Learning Plattform zum Thema „Compliance" erhältlich; Heimatmarkt in Deutschland.
MarketDialog GmbH / MarketDialog ▸▸▸	MarketDialog Whistleblower-Hotline-Services / Integrity-Line-Services	Ausgelagerter Meldeprozess: Hinweis wird von psychologisch geschultem Personal an die entsprechenden Personen im Unternehmen weitergeleitet; gut ausgebildetes Personal; Mehrsprachigkeit; gute Infrastruktur
IT Compliance Systeme GmbH / Compliance Systeme	Anonyme Online-Meldestelle / Hinweisgeber-Portal / Whistle Blower-Portal	Wahlweise auf unternehmenseigenen Servern installiert oder von IT Compliance Systeme GmbH gehostet; verschiedene Verschlüsselungsmethoden; Rückfragen möglich

IV. Rechtslage und -entwicklung in Deutschland

1. Aktuelle Rechtslage

Im Zusammenhang mit Hinweisgebersystemen kommt eine Vielzahl rechtlicher **257** Aspekte in Betracht. Neben zivil- und arbeitsrechtlichen Fragestellungen sind u.a. strafrechtliche, strafprozessuale und auch datenschutzrechtliche Aspekte zu gegenwärtigen. Da eine umfassende Darstellung den hier gegebenen Rahmen sprengen würde, sollen nachfolgend nur einige ausgewählte Punkte des Arbeits- und Strafrechts sowie des Datenschutzrechts näher umrissen werden.

1.1 Strafrechtliche Risiken

Trotz der stark arbeitsrechtlich geprägten Diskussion sehen sich Hinweisgeber in **258** Deutschland insbesondere auch strafrechtlichen Risiken ausgesetzt, welche sich sowohl aus dem StGB als auch aus dem Nebenstrafrecht ergeben können. Vorrangig kommen Delikte im Zusammenhang mit der Weitergabe von Geheimnissen (z.B. Betriebs- und Geschäftsgeheimnisse) in Betracht. Aber auch der Straftatbestand der falschen Verdächtigung gem. § 164 StGB oder die Ehrschutzdelikte der §§ 185 ff. StGB können bei der strafrechtlichen Beurteilung durchaus eine Rolle spielen.

1.1.1 Verrat von Geschäfts- und Betriebsgeheimnissen (§ 17 UWG)

Primär ist an § 17 UWG zu denken, der es unter Strafe stellt, wenn eine bei einem **259** Unternehmen beschäftigte Person ein Geschäfts- oder Betriebsgeheimnis, das ihr im Rahmen des Dienstverhältnisses anvertraut oder zugänglich geworden ist, während der Dauer des Dienstverhältnisses unbefugt an jemanden zum Zweck des Wettbewerbs, aus Eigennutz, zugunsten eines Dritten oder in der Absicht, den Unternehmensinhaber zu schädigen, mitteilt.

Diesem Risiko ist grundsätzlich jeder Mitarbeiter ausgesetzt, der als Hinweisgeber **260** agiert. Tauglicher Täter i.S.d. § 17 UWG ist nämlich jeder Mitarbeiter eines Unternehmens; auch Mitglieder der Geschäftsleitung oder des Aufsichtsrates.[128] Diesem Mitarbeiter muss im Rahmen seines Dienstverhältnisses ein Geschäfts- oder Betriebsgeheimnis anvertraut oder zugänglich gemacht worden sein.[129]

---

128 Vgl. MünchKomm StGB/*Janssen/Maluga* § 17 UWG, Rn 42 f.
129 Vgl. *Kiethe/Hohmann* NStZ 2006, 185, 188; *Többens* NStZ 2000, 505, 507.

261 Ein Geschäfts- oder Betriebsgeheimnis wird angenommen, wenn es sich dabei um eine im Zusammenhang mit einem Geschäftsbetrieb stehende nicht offenkundige, sondern nur einem begrenzten Personenkreis bekannte Tatsache, an deren Geheimhaltung der Unternehmensinhaber ein berechtigtes Interesse hat und die nach seinem Willen auch geheim bleiben soll, handelt.[130] Tatsachen, die ausschließlich aus der Privatsphäre des Unternehmensinhabers oder eines Mitarbeiters stammen, fehlt es am notwendigen Unternehmensbezug.[131] Offenkundige oder dem beliebigen Zugriff unterliegende Tatsachen sind ebenfalls ausgeschlossen.[132] Der notwendige Geheimhaltungswille des Unternehmens kann sich aber auch aus den Umständen sowie der Natur der Tatsache ergeben.[133]

262 Soweit im Rahmen des Hinweises durch den Whistleblower etwa auf kriminelle Vorgänge hingewiesen wird, so hat dies nach der wohl herrschenden Ansicht keinerlei Auswirkung auf die Anwendbarkeit des § 17 UWG, da sich dessen Schutzbereich auf jegliche Interessen wirtschaftlicher Natur erstreckt, insb. auch auf rechts- oder sittenwidrige Sachverhalte.[134]

263 Bei der Person des Erklärungsempfängers reicht es grundsätzlich aus, wenn sich die Mitteilung an einen beliebigen Dritten, der das Geheimnis noch nicht kennt,[135] richtet. Daraus ergibt in der Konsequenz, dass tatbestandliche Erklärungsempfänger sowohl unterfremde Personen (z.B. Journalisten, Amtsträger, Wettbewerber) als auch unternehmensinterne Personen (z.B. Arbeitskollegen) sein können.[136]

264 Die Mitteilung solcher Geschäfts- und Betriebsgeheimnisse ist aber dann nicht strafbar, wenn der Hinweisgeber gerechtfertigt handelt. Als Rechtfertigungsgründe kommen sowohl der § 138 StGB, mit der Anzeigepflicht hinsichtlich bestimmter schwerer Straftaten (z.B. Mord, Raub, Geld- oder Wertpapierfälschung), als auch eine ausdrückliche Einwilligung des Unternehmensinhabers[136] oder ggf. ein rechtfertigender Notstand gem. § 34 StGB[137] in Betracht. Hinsichtlich der Einwilligung des Unternehmensinhabers kann dessen Zustimmung zumindest grundsätzlich dann angenommen werden, wenn im Unternehmen ein Hinweisgebersystem eingerichtet wurde und die Mitteilung unter Beachtung möglicherweise bestehender Verfahrensvorschriften an dieses erfolgte.[138]

---

130 Vgl. *BGHSt* 41, 140, 142; *Köhler* in Köhler/Bornkamm, UWG, 29. Aufl. 2011, § 17 UWG Rn. 4.
131 *OLG Stuttgart* wistra 1990, 277, 278; *Kiethe/Hohmann* NStZ 2006, 185, 186.
132 *Kiethe/Hohmann* NStZ 2006, 185, 186 f.; *Többens* NStZ 2000, 505, 506.
133 Vgl. insgesamt: *OLG Karlsruhe* NJW-RR 1993, 1516, 1517; MünchKomm StGB/*Janssen/Maluga* § 17 UWG Rn. 30 ff.; *Kiethe/Hohmann* NStZ 2006; 185, 187; *BGHSt* 41, 140, 142; *Többens* NStZ 2000, 505, 506.
134 Vgl. *Harte-Bavendamm* in Harte-Bavendamm/Henning-Bodewig, UWG, 2. Aufl. 2009, § 17 UWG Rn. 6; MünchKomm StGB/*Janssen/Maluga* § 17 UWG Rn. 34 ff.; *Köhler* in Köhler/Bornkamm, UWG, 29. Aufl. 2011, § 17 UWG Rn. 9; *v. Pelchrzim* CCZ 2009, 25, 26; *Többens* NStZ 2000, 505, 506; *Zimmermann* ArbRAktuell 2012, 58; a.A. unter anderem *Diemer* in Erbs/Kohlhaas § 17 UWG Rn. 16; *Rützel* GRUR 1995, 557, 560.
135 Vgl. MünchKomm StGB/*Janssen/Maluga* § 17 UWG Rn. 47.
136 Vgl. *Zimmermann* ArbRAktuell 2012, 58.
137 Vgl. hierzu unter anderem *Harte-Bavendamm* in Harte-Bavendamm/Henning-Bodewig, UWG, 2. Aufl. 2009, § 17 UWG Rn. 11; *Koch* ZIS 2008, 500 ff.; *v. Pelchrzim* CCZ 2009, 25 ff.
138 Vgl. *Schemmel/Ruhmannseder/Witzigmann* 4. Kap. Rn. 34 m.w.N.

1.1.2 Verletzung von Privatgeheimnissen (§ 203 StGB)

Soweit es sich bei dem Hinweisgeber um einen Angehörigen bestimmter Berufsgrup- **265** pen (z.B. Ärzte, Rechtsanwälte, Wirtschaftsprüfer und deren berufsmäßige Gehilfen) handelt, kann dieser sich grundsätzlich auch gem. § 203 StGB strafbar machen. Gem. § 203 Abs. 1 StGB machen sich die Angehörigen bestimmter Berufsgruppen strafbar, wenn sie unbefugt ein fremdes Geheimnis, namentlich ein zum persönlichen Lebensbereich gehörendes Geheimnis oder ein Betriebs- oder Geschäftsgeheimnis offenbaren, dass ihnen in ihrer beruflichen Funktion offenbart worden ist. § 203 Abs. 2 StGB erweitert den Täterkreis beispielsweise auch auf Amtsträger.

Spiegelbild dieses im Vergleich zu § 17 UWG eingeschränkten Täterkreises ist der **266** Umstand, dass neben Betriebs- und Geschäftsgeheimnissen auch Privatgeheimnisse geschützt sind. Geschützt sind dabei alle Tatsachen, die sich auf die betroffene Person sowie ihre vergangenen und bestehenden Lebensverhältnisse beziehen und die nur einem beschränkten Personenkreis zugänglich sind.[139] Die Täter müssen diese (Privat-)Geheimnisse aber explizit in ihrer besonderen beruflichen Rolle erlangt haben.[140]

1.1.3 Weitere Straftatbestände im Zusammenhang mit der Verletzung von Geheimnissen

In Whistleblowing-Konstellationen kann im Zusammenhang mit der Verletzung von **267** Geheimnissen eine Strafbarkeit unter anderem aufgrund folgender Normen des Strafgesetzbuches und des Nebenstrafrechts in Betracht kommen:

§ 353b StGB stellt den Verrat von Dienstgeheimnissen etwa durch Beamte oder Angestellte des öffentlichen Dienstes unter Strafe, soweit ihnen ein Dienstgeheimnis in dieser Eigenschaft zur Kenntnis gekommen ist. Losgelöst von beamtenrechtlichen Sonderfällen kommt jedenfalls auch keine Strafbarkeit bei einem Handeln im Rahmen des § 138 StGB in Betracht.

Eine Strafbarkeit kommt zudem gem. § 404 Abs. 1 Nr. 1 AktG bei Hinweisen durch **268** Vorstands- bzw. Aufsichtsratsmitglieder einer Aktiengesellschaft sowie gem. § 85 Abs. 1 GmbHG bei Hinweisen durch Geschäftsführer, Aufsichtsratsmitglieder oder Liquidatoren einer GmbH in Betracht. Ähnliche Regelungen existieren gem. § 151 Abs. 1 Nr. 1 GenG auch für Vorstände, Aufsichtsratsmitglieder, Liquidatoren und Prüfer von Genossenschaften.

1.1.4 Falsche Verdächtigung (§ 164 StGB)

Ein weiteres strafrechtliches Risiko für Hinweisgeber besteht in der Regelung des **269** § 164 StGB, der es unter Strafe stellt, wenn jemand einen anderen bei einer Behörde oder einem zur Entgegennahme von Anzeigen zuständigen Amtsträger oder militärischen Vorgesetzten oder öffentlich wider besseres Wissen einer rechtswidrigen Tat oder der Verletzung einer Dienstpflicht in der Absicht verdächtig, ein behördliches Verfahren oder andere behördliche Maßnahmen gegen ihn herbeizuführen oder fortdauern zu lassen. Dies trifft im Kern die Behauptung strafrechtlich relevanter Handlungen.[141] Eine wider besseres Wissen erfolgte sonstiger Tatsachenbehauptung in der Absicht der Einleitung behördlicher Maßnahmen oder Verfahren ist gem. § 164 Abs. 2

---

139 *Fischer* StGB § 203 Rn. 4.
140 *Fischer* StGB § 203 Rn. 7.
141 Vgl. MünchKomm StGB/*Zopfs* § 164 Rn. 29 f.

StGB unter Strafe gestellt; dies betrifft Ordnungswidrigkeiten oder die Verletzung von Berufs- bzw. Standespflichten.[142]

270 Neben Strafanzeigen bei Behörden ist beim externen Whistleblowing vor allen Dingen auch an den Umstand zu denken, dass ein Hinweis an die breite Öffentlichkeit erfolgt. Neben einer Information an die Presse ist insoweit auch an die Veröffentlichung von Informationen in (öffentlichen) Foren oder Chatrooms zu denken.

271 Voraussetzungen für eine Strafbarkeit nach § 164 StGB ist aber auch, dass der Hinweisgeber die Verdächtigung wider besseres Wissen ausspricht. Die Behauptung muss somit unwahr sein und der Hinweisgeber muss die Unwahrheit im Zeitpunkt der Verdächtigung positiv gekannt haben.

1.1.5 Ehrverletzungsdelikte (§§ 185 ff. StGB)

272 Soweit der Hinweisgeber eine Person etwa der Begehung einer Straftat bezichtigt, kommt unter Umständen eine Strafbarkeit aufgrund der Ehrverletzungsdelikte der §§ 185 ff. StGB in Betracht, die hier aber nur kurz angerissen werden sollen. Eine Beleidigung i.S.d § 185 StGB wird insoweit bei einem Angriff auf die Ehre eines anderen durch Kundgabe eigener Miss- oder Nichtachtung angenommen[143], was in Betracht kommen kann, wenn eine Bezichtigung einer Straftat gegenüber dem Betroffenen selbst ausgesprochen wird. Bewusst gegenüber Dritten aufgestellte wahrheitswidrige Tatsachenbehauptungen können zu einer Strafbarkeit wegen Verleumdung nach § 187 StGB führen. Eine üble Nachrede i.S.d. § 186 StGB kommt in Betracht, wenn der Hinweisgeber über den Betroffenen eine Tatsache behauptet oder verbreitet, die diesen verächtlich zu machen oder in der öffentlichen Meinung herabzuwürdigen geeignet ist und nicht erweislich wahr ist.

1.2 Arbeitsrechtliche Aspekte

273 Da beim Whistleblowing in der Regel ein Arbeitnehmer auf (mögliche) Missstände des betrieblichen Umfelds seiner Erwerbstätigkeit hinweist, ist es nicht verwunderlich, dass sich dabei ein Spannungsfeld unter Umständen gegenläufiger Interessen von Arbeitnehmer und Arbeitgeber auftut, aus welchem sich erhebliche arbeitsrechtliche Risiken für den Hinweisgeber ergeben können.[144]

274 Dieses Spannungsfeld ist geprägt durch das Geheimhaltungsinteresse des Arbeitgebers auf der einen und das Aufklärungsinteresse des Arbeitnehmers auf der anderen Seite. Die Arbeitgeberseite wird in der Regel daran interessiert sein, Missstände diskret zu behandeln. Aus ihrer Sicht kann eine Information der breiten Öffentlichkeit etwa zu Irritationen und Vertrauensverlust bei Kunden und Geschäftspartnern und/ oder nicht unerheblichen Störungen des Betriebsfriedens führen. Die Interessen des Hinweisgebers sind durch dessen Aufklärungswillen geprägt, der den Hinweis auf Umstände zur Folge haben kann, die aus Sicht des Arbeitgebers unter Diskretion erfordern. Dabei spielt aus Sicht des Arbeitnehmers auch dessen Meinungsfreiheit gem. Art. 5 GG und somit eine grundrechtlich geschützte Position eine wesentliche Rolle. Der Arbeitnehmer kann zudem aufgrund seiner arbeitsvertraglichen Pflichten

---

142 *Fischer* StGB § 164 Rn. 11; MünchKomm StGB/*Zopfs* § 164 Rn. 38.
143 *Fischer* StGB § 185 Rn. 5.
144 Vgl. *Deiseroth/Derleder* ZRP 2008, 248 ff.; *Müller* NZA 2002, 436 ff.; *Simon/Schilling* BB 2011, 2421 ff.

dazu verpflichtet sein, den Arbeitgeber auf Missstände hinzuweisen,[145] etwa nach §§ 16, 17 ArbSchG, oder aufgrund arbeitsrechtlicher Nebenpflichten bei drohenden und eingetretenen Schäden im eigenen Pflichtenkreis bzw. Schadensverursachung durch zu beaufsichtigende Arbeitnehmer.[146]

Es ist ersichtlich, dass sich dieses Spannungsverhältnis verschärft, wenn es sich nicht **275** bloß um internes Whistleblowing, sondern insbesondere um externes Whistleblowing handelt. Adressaten des externen Whistleblowings können Behörden (Staatsanwaltschaft, Polizei, Gewerbeaufsicht etc.) sein, bei denen ein vergleichsweise diskreter Umgang mit dem Sachverhalt zu erwarten ist. Allerdings könnte sich der Hinweisgeber auch an die breite Öffentlichkeit wenden; etwa durch Weitergabe von Informationen an die Presse oder Äußerungen in sozialen Netzwerken, Internet-Foren etc. Mit Einschaltung der breiten Öffentlichkeit entwickelt der Hinweis des Arbeitnehmers unter Umständen eine erhebliche Eigendynamik und dem Arbeitgeber wird eine Klarstellung oder Rechtfertigung erschwert oder nahezu unmöglich gemacht.

Die gerichtliche Praxis ist durch die Abwägung dieser unterschiedlichen Interessen **276** geprägt. Der Europäische Gerichtshof für Menschenrechte hat im Fall Heinisch klargestellt, dass ein angemessener Ausgleich zwischen dem Geheimhaltungsinteresse des Arbeitgebers und dem Recht des betroffenen Arbeitnehmers auf Meinungsäußerung gefunden werden muss.[147] Das Bundesverfassungsgericht hatte bereits zuvor in einem Urteil vom 2.7.2001 herausgestellt, dass das Anzeigerecht des Arbeitnehmers und dessen Recht auf Meinungsfreiheit gem. Art. 5 GG mit den Interessen des Arbeitgebers in Einklang zu bringen sind.[148]

Im Ergebnis ist die Rechtsprechung dadurch geprägt, dass für jeden Einzelfall eine **277** Abwägung der gegenseitigen Interessen erfolgen muss. Für den Arbeitnehmer kommt es darauf an, an wen er sich mit dem Hinweis wendet und aus welcher Motivation er dabei handelt.

Soweit dem Arbeitnehmer dies im Einzelfall nicht unzumutbar ist, muss er zunächst **278** eine innerbetriebliche Klärung anstreben, bevor er sich mit dem Hinweis an eine externe Stelle wendet.[149] Wegen der zu beachtenden Geheimhaltungsinteressen des Arbeitgebers kommen dabei aber zunächst nicht die Medien, sondern vielmehr die zuständigen Behörden in Betracht.[150] Unter Umständen treffen den Arbeitnehmer aber Anzeigepflichten, etwa nach § 138 StGB oder § 21 GefStoffV. Da beispielsweise die Nichtanzeige geplanter Taten i.S.d. § 138 Abs. 1 StGB zur Strafbarkeit führen kann, dürfte dem betroffenen Arbeitnehmer in dieser besonderen Konstellation eine sofortige Einschaltung der Behörden erlaubt sein. Allerdings können die Nichteinhaltung von Berichtswegen oder die sofortige Einschaltung der (breiten) Öffentlichkeit ohne vorherigen internen Klärungsversuch objektive Kündigungsgründe darstellen.[151]

---

145 Vgl. auch im Hinblick auf individual- und kollektivarbeitsrechtliche Aspekte: *Klasen/Schäfer* BB 2012, 641 ff. m.w.N.
146 *Buchert/Jacob-Hofbauer* in Knierim/Rübenstahl/Tsambikakis 8. Kap. Rn. 9.
147 *EGMR* NZA 2011, 1269 ff.
148 *BVerfG* AP BGB § 626 Nr. 170.
149 *BAG* NZA 2004, 427 ff.; *LAG Rheinland Pfalz* ZMV 2011, 336.
150 Vgl. *Herbert/Oberrath* NZA 2005, 193, 198.
151 *EGMR* NZA 2011, 1269 ff.; *BAG* NZA 2004, 427ff; *Schmidt* in Erfurter Kommentar zum Arbeitsrecht, 12. Aufl. 2012, Art. 5 GG Rn. 37; *Simon/Schilling* BB 2011, 2421, 2424.

279 Der Arbeitnehmer darf zudem mit seinem Hinweis nicht bloß eine Schädigung des Arbeitgebers bezwecken, sondern muss in der Absicht der Sachverhaltsklärung handeln. Gleichermaßen darf er nicht eine Erpressung oder gezielte Rufschädigung des Arbeitgebers bezwecken.

280 Bei dem Hinweis auf möglicherweise begangene Straftaten sind weitere Reglementierungen zu beachten. Auf die mögliche Strafbarkeit einer falschen Verdächtigung gem. § 164 StGB wurde bereits hingewiesen. Aus der arbeitsrechtlichen Interessenabwägung ergibt sich zudem, dass beim bloßen Verdacht auf Begehung einer Straftat im Betrieb zunächst eine unternehmensinterne Klärung erforderlich ist.[152] Dies mag bei Fallgestaltungen, die zu einer Anzeigepflicht gem. § 134 StGB führen, anders gelagert sein. Leichtfertige oder grundlose Strafanzeigen gegen Kollegen oder Vorgesetzte können zur Kündigung des Hinweisgebers führen.

281 Verstöße gegen diese Leitlinien bergen das Risiko arbeitsrechtlicher Konsequenzen für den Arbeitnehmer. Diese können von Abmahnungen bis hin zu Kündigungen durch den Arbeitgeber gehen. Hinzu kommt, dass sich der Arbeitnehmer bei Verletzung seiner arbeitsrechtlichen Pflichten gegenüber dem Arbeitgeber auch schadensersatzpflichtig machen kann.

282 Zusammenfassend kann man festhalten, dass der Arbeitnehmer aufgrund seiner Loyalitätspflicht gegenüber dem Arbeitgeber zunächst verpflichtet ist, eine unternehmensinterne Klärung zu versuchen. Eine Information der Öffentlichkeit darf dann grundsätzlich nur die Ultima Ratio darstellen. Ferner muss sich der Arbeitnehmer von der Richtigkeit der Information überzeugen und den möglichen Schaden für den Arbeitnehmer abwägen. In subjektiver Hinsicht muss der Hinweisgeber bei einem externen Hinweis davon überzeugt sein, dass es keinen anderen Weg zur Abstellung des Missstandes gibt.[153]

1.3 Datenschutzrechtliche Aspekte

283 Da bei Hinweisgebersystemen mit personenbezogenen Daten umgegangen wird, ist zum Schutz der Persönlichkeitsrechte der betroffenen Personen sowohl bei der Implementierung als auch beim Betrieb von Hinweisgebersystemen dem Datenschutz Rechnung zu tragen.[154] Die Erhebung, Verarbeitung und Nutzung personenbezogener Daten ist nur zulässig, wenn die Voraussetzungen einer Ermächtigungsgrundlage gegeben sind. Entsprechende Regelungen finden für Deutschland im Bundesdatenschutzgesetz (BDSG), auch wenn sich darin keine Regelung explizit mit Hinweisgebersystemen befasst.

284 Es ist nicht überraschend, dass Hinweise auf Missstände personenbezogene Daten beinhalten. Bei personenbezogenen Daten i.S.d. § 3 Abs. 1 BDSG handelt es sich um Einzelangaben über persönliche oder sachliche Verhältnisse einer bestimmten oder bestimmbaren Person, nämlich des Betroffenen. Gem. § 4 Abs. 1 BDSG ist aber die Erhebung, Verarbeitung und Nutzung personenbezogener Daten grundsätzlich verboten. Diese ist nur dann zulässig, wenn entweder ein Erlaubnistatbestand des BDSGs bzw. einer anderen Rechtsvorschrift erfüllt ist oder der Betroffene in die Erhebung, Verarbeitung und Nutzung seiner personenbezogenen Daten eingewilligt hat.

---

152 Vgl. *LAG Hamm* BeckRS 2012, 66744.
153 Vgl. *LAG Köln* Urt. v. 5..7.2012 – 6 Sa 71/12.
154 Vgl. umfassend *v. Zimmermann* RDV 2006, 242 ff.

Eine Rechtfertigung des Umgangs mit personenbezogenen Daten beim Betrieb von **285** Hinweisgebersystemen kommt nach geltendem Recht über § 28 Abs. 1 S. 1 Nr. 2 BDSG, § 32 Abs. 1 S. 1 BDSG und § 32 Abs. 1 S. 2 BDSG in Betracht.[155]

– § 28 Abs. 1 S. 1 Nr. 2 BDSG betrifft die Erhebung, Speicherung, Veränderung und Übermittlung personenbezogener Daten bzw. deren Nutzung als Mittel für die Erfüllung eigener Geschäftszwecke zur Wahrung berechtigter Interessen des Unternehmens.

– § 32 Abs. 1 S. 1 BDSG betrifft die Erhebung, Verarbeitung oder Nutzung personenbezogener Daten von Beschäftigten im Zusammenhang mit der Entscheidung über die Begründung eines Beschäftigungsverhältnisses sowie für dessen Durchführung oder Beendigung.

– § 32 Abs. 1 S. 2 BDSG betrifft die Erhebung, Verarbeitung und Nutzung personenbezogener Daten zum Zweck der Aufdeckung von Straftaten, wenn tatsächliche Anhaltspunkte den Verdacht begründen, dass der Beschäftigte im Beschäftigungsverhältnis eine Straftat begangen hat.

Grundsätzlich muss in diesen Fällen der Grundsatz der Verhältnismäßigkeit gewahrt **286** bleiben. Bei der notwendigen Abwägung der Interessen der Beteiligten sind unter anderem die Schwere des Vorwurfs und der Verdachtsgrad zu berücksichtigen. Vor diesem Hintergrund kommt der frühzeitigen kritischen Würdigung eingehender Hinweise eine besondere Rolle zu, um missbräuchlichen Hinweisen entgegen zu wirken. Zur Vermeidung von Missbräuchen sollte das System zudem vorsehen, dass Hinweisgeber ihre Identität grundsätzlich offenlegen sollen und anonyme Hinweise damit die Ausnahme bleiben. Gerade auch vor diesem Hintergrund kommt bei Hinweisgebersystemen dem Schutz des Hinweisgebers, insbesondere dessen Identität, eine besondere Rolle zu.

Zwar kommt als Rechtfertigung datenschutzrechtlich relevanter Maßnahmen grund- **287** sätzlich auch eine Einwilligung des Betroffenen gem. §§ 4 Abs. 1, 4a BDSG in die Erhebung, Verarbeitung und Nutzung personenbezogener Daten in Betracht. Regelmäßig wird es aber wenig sinnvoll sein, beim Betrieb von Hinweisgebersystemen auf die Einwilligungen Betroffener abzustellen. Ungeachtet dessen, dass die notwendige Freiwilligkeit einer solchen Einwilligung durch einen Arbeitnehmer aufgrund des Abhängigkeitsverhältnisses zum Arbeitgeber zweifelhaft ist[156] und erteilte Einwilligungen jederzeit widerrufen werden können,[157] muss berücksichtigt werden, dass sowohl der Hinweisgeber als auch die einer Verfehlung bezichtigte Person Betroffene i.S.d. BDSG sind. Mag man von einem Hinweisgeber, der nicht anonym bleiben möchte, eine Einwilligung ggf. noch erwarten können, stellt sich dies in Bezug auf die bezichtigte Person schwierig dar. Soweit diese Kenntnis von dem gegen sie gerichteten Hinweis erlangt hat, wird sie wohl nur in Ausnahmefällen freiwillig eine Einwilligung erteilen. Da sich Einwilligungen auf einen hinreichend bestimmten Datensatz beziehen müssen[158], scheiden vorab erteilte Blankoeinwilligungen insoweit aus.

Es kommt auch in Betracht, beim Betrieb eines Hinweisgebersystems auf eine kollek- **288** tivrechtliche Lösung in Form einer Betriebsvereinbarung abzustellen, da es sich dabei

---

155 Vgl. *Wybitul* ZD-Aktuell 2012, 02794; *Schemmel/Ruhmannseder/Witzigmann* 6. Kap. Rn. 46 ff. m.w.N.
156 Vgl. *Brink/Schmid* MMR 2010, 592, 593; *Kort* MMR 2011, 294, 299; *Mengel* CCZ 2008, 85, 89.
157 Vgl. *Gola/Schomerus* BDSG § 4a Rn. 17 f.; *Lohre* ZCG 2009, 165, 168; *Mengel* CCZ 2008; 85, 89.
158 *V. Zimmermann* RDV 2006, 242, 244.

um eine andere Rechtsvorschrift i.S.d. § 4 Abs. 1 BDSG handeln kann.[159] Eine solche Lösung begegnet aber praktischen Bedenken, da sich Hinweise auch auf externe Dritte etwa als Mittäter eines Arbeitnehmers beziehen können und eine Betriebsvereinbarung auf den Umgang mit personenbezogenen Daten der Arbeitnehmer beschränkt ist.[160]

289 Bei der Beauftragung externer Stellen, etwa eines Ombudsmannes oder eines Callcenters, sollte darauf geachtet werden, dass deren Tätigkeit tatsächlich und rechtlich möglichst präzise geregelt wird. Je nach Ausgestaltung ist es zumindest möglich, dass sowohl die Tätigkeit des Callcenters als auch die des Ombudsmannes als Auftragsdatenverarbeitung i.S.d. § 11 BDSG einzuordnen ist und die datenschutzrechtliche Verantwortung beim Auftraggeber, hier also dem beauftragenden Unternehmen, verbleibt.

290 Bei Callcentern, deren Aufgabe die Entgegennahme und Weiterleitung von Hinweisen ist, ist es naheliegend, von einer bloß technischen Unterstützung auszugehen und somit einer Auftragsdatenverarbeitung auszugehen, da die Bearbeitung und Überprüfung der Hinweise und damit die Verantwortung für die Daten beim auftraggebenden Unternehmen verbleiben.[161] Findet aber keine Aufgabenübertragung i.S.d. § 11 BDSG statt, ist auf den strengeren § 29 BDSG abzustellen, der die geschäftsmäßige Datenerhebung und –speicherung zum Zweck der Übermittlung regelt.[162]

291 Die Tätigkeit des Ombudsmannes ist in der Regel nicht auf die bloße Entgegennahme und Weiterleitung von Hinweisen beschränkt, sondern umfasst weitere Aufgaben, wie etwa die tatsächliche bzw. rechtliche Vorabwürdigung der Hinweise. Soweit er dabei die Entscheidungsbefugnis über die Daten hat, wird seine Tätigkeit nicht mehr als Auftragsdatenverarbeitung, sondern als sog. Funktionsübertragung zu werten sein.[163] Er ist dann im Verhältnis zum beauftragenden Unternehmen Dritter i.S.d. § 3 Abs. 8 S. 3 BDSG, so dass jegliche Datenverarbeitung durch ihn dem eingangs geschilderten Verbot mit Erlaubnisvorbehalt des § 4 BDSG unterliegt. Es wird jedoch vertreten, dass eine Auftragsdatenverarbeitung angenommen werden kann, wenn der Ombudsmann aufgrund abstrakter, aber jedenfalls hinreichend präziser Vorgaben des beauftragenden Unternehmens letztlich nur dessen vorweggenommene Entscheidungen vollzieht.[164]

292 Eine weitere datenschutzrechtliche Besonderheit betrifft konzernweit betriebene Hinweisgebersysteme. Zwischen den konzernangehörigen Unternehmen findet in diesen Fällen mit der Weitergabe von Hinweisen an eine zentrale, verarbeitende Stelle ein Datenaustausch statt. Zwar stellt der Datentransfer zwischen einzelnen Betrieben oder Abteilungen eines Unternehmens in Deutschland keine Übermittlung i.S.d. § 3 Abs. 4 S. 2 Nr. 3 BDSG dar.[165] Ein Datentransfer zwischen rechtlich selbstständigen Gesellschaften, dies gilt auch innerhalb des Konzerns, stellt eine dem Verbot des § 4

---

159 *Schemmel/Ruhmannseder/Witzigmann* 6. Kap. Rn. 40 ff.
160 Vgl. *Wybitul* ZD-Aktuell 2012, 02794.
161 *Nezmeskal-Berggötz* CCZ 2009, 209, 212.
162 *Franzen* in Erfurter Kommentar zum Arbeitsrecht, 13. Aufl. 2013, § 32 BDSG Rn. 22 unter Hinweis auf *Barthe/Huppertz* AuA 2006, 179 ff., *Wisskirchen/Körber/Bissels* BB 2006, 1570 ff.
163 Vgl. *Gola/Schomerus* BDSG, § 11 Rn. 9.
164 *Schemmel/Ruhmanneder/Witzigmann* 6. Kap. Rn. 176 unter Hinweis auf *Heghmanns/Niehaus* wistra 2008, 161, 164.
165 Vgl. *Gola/Schomerus* BDSG, § 3 Rn. 48 und 53.

Abs. 1 BDSG unterliegende Datenübermittlung i.S.d. § 3 Abs. 4 S. 2 Nr. 3 BDSG dar.[166] Als Lösungsansätze kommen eine Auftragsdatenverarbeitung gem. § 11 BDSG, eine Funktionsübertragung oder der Abschluss einer Betriebsvereinbarung in Betracht.[167]

Letztlich bestehen Besonderheiten im Zusammenhang mit grenzüberschreitenden Datentransfers, welche insbesondere multinationale Unternehmen/Konzerne und den internationalen Betrieb von Hinweisgebersystemen treffen. Entsprechende Regelungen finden sich in den §§ 4b und 4c BDSG. Bei einem Transfer von Daten in ein Land, das sich im Geltungsbereich der EG-Datenschutzrichtlinie[168] befindet, gelten gem. § 4b Abs. 1 BDSG insbesondere die §§ 28–30a BDSG; wobei die Nichterwähnung des § 32 BDSG in § 4b Abs. 1 BDSG bloß als redaktionelles Versehen anzusehen ist.[169] Bei einem Datentransfer in Drittländer, welche also nicht in den Geltungsbereich der EG-Datenschutzrichtlinie fallen, gelten zusätzliche Voraussetzungen gem. §§ 4b und 4c BDSG; u.a. muss dort ein angemessenes Datenschutzniveau gewährleistet sein. **293**

2. Ausblick auf die Rechtsentwicklung in Deutschland

2.1 Arbeitsrecht

Im Jahr 2012 wurde durch die SPD-Fraktion ein Gesetzentwurf zu einem Hinweisgeber-schutzgesetz (nachfolgend: E-HinwGebSchG) in den Bundestag eingebracht. Dieser zielt darauf ab, die Rechtssicherheit der Arbeitnehmer in Whistleblowing-Situationen zu erhöhen. Laut § 1 E-HinwGebSchG sollte es die Rahmenbedingungen für Hinweise von Beschäftigten über innerbetriebliche Missstände regeln, um insbesondere Benachteiligungen der Hinweisgeber zu verhindern und zu beseitigen. Dabei wurde teilweise auf die bereits bestehende Rechtsprechung zum Whistleblowing zurückgegriffen. **294**

§ 3 E-HinwGebSchG enthält dabei einige grundlegende Begriffsdefinitionen, insbesondere wird darin auch der Begriff des „Missstandes" definiert. Ein Missstand i.S.d. § 3 Abs. 2 E-HinwGebSchG liegt danach vor, wenn in einem Unternehmen, Betrieb oder im Umfeld einer unternehmerischen oder betrieblichen Tätigkeit Rechte und Pflichten verletzt werden oder unmittelbar gefährdet sind; auch bei einer drohenden Gefahr für Leben oder Gesundheit von Menschen oder für die Umwelt. Gem. § 2 Abs. 1 E-HinwGebSchG bzw. § 6 Abs. 1 E-HinwGebSchG sollen Hinweisgeber auf einen solchen Missstand aufmerksam machen dürfen, wenn dieser tatsächlich besteht oder sie das Bestehen, ohne leichtfertig zu sein, annehmen. **295**

In § 6 E-HinwGebSchG wird ein Anzeigerecht der Hinweisgeber statuiert, die sich nach § 6 Abs. 1 E-HinwGebSchG neben internen Stellen auch direkt an eine externe Stelle wenden dürfen. Bei letzterer soll es sich um die Behörde handeln, die für die Entgegennahme der Anzeige oder Beseitigung des Missstandes zuständig ist; im Zweifel sollen Staatsanwaltschaft und Polizei immer zur Entgegennahme des Hinweises und Weiterleitung an die zuständigen Behörden zuständig sein. Unabhängig von dem sofortigen Recht auf Information einer solchen örtlichen Stelle sollen sich die Hinweisgeber an die breite Öffentlichkeit wenden dürfen, wenn beispielsweise eine **296**

---

166 Vgl. *Gola/Schomerus* BDSG, § 2 Rn. 21.
167 Vgl. *Schemmel/Ruhmannseder/Witzigmann* 6. Kap. Rn. 191 m.w.N.
168 Richtlinie 95/46/EG des Europäischen Parlaments und des Rates v. 24.10.1995 zum Schutz natürlicher Personen bei der Verarbeitung personenbezogener Daten und zum freien Datenverkehr (http://eur-lex.europa.eu/LexUriServ/LexUriServ.do?uri=CELEX:31995L0046:de:html).
169 *Gola/Schomerus* BDSG, § 4b Rn. 3.

Gefährdung von Leben oder Gesundheit von Menschen oder der Umwelt droht oder die zuständige Behörde nicht angemessen auf den Hinweis reagiert, wobei es unter anderem bereits unangemessen ist, wenn der Eingang des Hinweises nicht unverzüglich schriftlich bestätigt wird.

297 Neben einem Benachteiligungsverbot für Hinweisgeber werden in dem Entwurf auch Leistungsverweigerungsrechte, Beseitigungs- und Unterlassungsansprüche oder Schadensersatzansprüche des Hinweisgebers geregelt.

298 Dem E-HinwGebSchG wird Kritik entgegengebracht.[170] Diese bezieht sich unter anderem im Hinblick auf die enthaltene Definition des Missstandes, da aus der darin enthaltenen Erfassung von Pflichtverletzungen oder Rechtegefährdungen „im Umfeld einer unternehmerischen oder betrieblichen Tätigkeit" nicht unerhebliche Abgrenzungsprobleme folgen.[171] Auch wird die umfassende Verwendung unbestimmter Rechtsbegriffe kritisiert,[172] die entgegen der Intention des Gesetzesentwurfes die Rechtsunsicherheit für den rechtsunkundigen und nicht anwaltlich beratenen Hinweisgeber eher erhöhen.[173]

299 Ein Kernpunkt der Kritik zielt aber darauf ab, dass der vorliegende Entwurf die von der Rechtsprechung entwickelte Abwägung der Interessen aller Beteiligten bei Hinweisgeber-Konstellationen nur unzureichend berücksichtigt. Beispielhaft sei auf das in dem Gesetzesentwurf vorgesehene Recht zur sofortigen Anzeige eines Missstandes an eine externe Stelle verwiesen, ohne dass zunächst eine interne Klärung erfolgen soll.[174]

2.2 Datenschutzrecht

300 Der Schutz personenbezogener Daten im Beschäftigungsverhältnis ist Gegenstand eines vom Bundeskabinett am 25.8.2010 beschlossenen Gesetzesentwurfes zur Regelung des Beschäftigtendatenschutzes, zu dem der Bundesrat am 5.11.2010 mit einer Vielzahl von Änderungswünschen Stellung genommen hat.[175] Am 25.2.2011 fand dann im Bundestag die erste Lesung des von der Bundesregierung eingebrachten Entwurfes eines Gesetzes zur Regelung des Beschäftigtendatenschutzes[176] statt, der anschließend in die zuständigen Ausschüsse weiterverwiesen wurde. Am 23.5.2011 fand eine kontroverse Diskussion dieses Gesetzesentwurfes im Innenausschuss des Bundestages im Rahmen einer öffentlichen Sachverständigenanhörung statt. Am 26.9.2012 teilte der Bundestag mit, dass die Bundesregierung an ihrem Gesetzesentwurf festhalte, den sie nach wie vor für ausgewogen und sachlich richtig halte. Für den 1.2.2013 war schließlich die Abstimmung des Bundestages über den Gesetzesentwurf vorgesehen. Diese wurde aber unter Ankündigung von Gesprächen mit allen Beteiligten am 29.1.2013 von der Tagesordnung genommen. Der Vollständigkeit halber ist darauf hinzuweisen, dass auch die SPD-Fraktion[177] und die Fraktion Bündnis 90/Die Grünen[178]

---

170 Vgl. *v. Busekist/Fahrig* BB 2013, 119, 123 f.; *Klasen/Schäfer* BB 2012, 641, 647; umfassend: *Mengel* CCZ 2012, 146 ff.; *Wybitul* ZD-Aktuell 2012, 02794.
171 *Mengel* CCZ 2012, 146, 147.
172 *V. Busekist/Fahrig* BB 2013, 119, 124.
173 *Mengel* CCZ 2012, 146 ff.
174 Sinngemäß *Mengel* CCZ 2012, 146, 147; *Klasen/Schäfer* BB 2012, 641, 647; unter Hinweis auf verfassungsrechtliche Bedenken *v. Busekist/Fahrig* BB 2013, 119, 124; *Wybitul* BB 2012, 635.
175 BR-Drucks. 535/10 sowie BR-Drucks. 535/2/10.
176 BT-Drucks. 17/4230.
177 BT-Drucks. 17/69.
178 BT-Drucks. 17/4853.

eigene Gesetzesentwürfe vorgelegt haben. Der weitere Verlauf des Gesetzgebungsverfahrens bleibt auch mit Blick auf die im Jahr 2013 endende Legislaturperiode und die anstehenden Bundestagswahlen abzuwarten.

Nachfolgend werden einige der für den Betrieb von Hinweisgebersystemen relevanten Aspekte dieses Entwurfes kurz aufgegriffen: **301**

– Zunächst ist festzuhalten, dass der Gesetzesentwurf der Bundesregierung, welcher insbesondere den bisherigen § 32 BDSG durch einen eigenen Unterabschnitt(§§ 32–32l BDSG-E) ersetzen soll, selbst keine explizite Regelung zum Hinweisgebersystemen bzw. Whistleblowing enthält.[179]
– Ein Vorgehen auf Basis eine Einwilligung des Betroffenen gem. § 4 Abs. 1 BDSG ist nach § 32l Abs. 1 BDSG-E bei personenbezogenen Daten von Beschäftigen nur noch dann möglich, wenn dies in den §§ 32–32l BDSG-E ausdrücklich vorgesehen ist.
– Hinsichtlich der datenschutzrechtlichen Rechtfertigung von Hinweisgebersystemen durch Betriebsvereinbarungen soll § 4 Abs. 1 BDSG zwar eine Ergänzung erhalten, dass „andere Rechtsvorschriften" i.S.d. BDSG auch Betriebs- oder Dienstvereinbarungen sein können. Allerdings findet sich in § 32l V BDSG-E die Regelung, dass von den Vorschriften der §§ 32–32l BDSG-E nicht zu Ungunsten der Beschäftigten abgewichen werden kann. Ob Hinweisgebersysteme künftig datenschutzrechtlich noch auf Basis von Betriebsvereinbarungen zu rechtfertigen sind, ist deshalb jedenfalls fraglich.
– Gem. § 32e Abs. 2 BDSG-E darf der Arbeitgeber Beschäftigtendaten ohne Kenntnis des Beschäftigten nur erheben, wenn Tatsachen den begründeten Verdacht begründen, dass der Beschäftigte im Beschäftigungsverhältnis eine Straftat oder andere schwerwiegende Pflichtverletzung begangen hat, die den Arbeitgeber zur Kündigung aus wichtigem Grund berechtigen würde, und wenn die Erhebung erforderlich ist, um die Straftat bzw. schwerwiegende Pflichtverletzung aufzudecken oder damit in Verbindung stehende künftige Taten zu verhindern.

E. Compliance-Due Diligence – dargestellt am Beispiel der Anti-Korruptions-Due Diligence –

I. Warum Compliance-Due Diligence?

Der nachfolgende Abschnitt beschäftigt sich mit der Durchführung einer Compliance-Due Diligence bei wichtigen Unternehmenstransaktionen, wie Unternehmenskäufen, der Eingehung von Joint Ventures und der Einschaltung von Vertriebsmittlern in Compliance-kritischen Regionen. Wir wollen zunächst aufzeigen, warum die Durchführung einer solchen Compliance-Due Diligence sinnvoll, ja bisweilen sogar geboten sein kann, um dann in einem weiteren Schritt Vorbereitung, Durchführung und Umsetzung einer Compliance-Due Diligence bei M&A-Transaktionen, Joint Ventures und bei der Einschaltung von Vertriebsmittlern im Einzelnen zu beleuchten. Wir konzentrieren uns dabei auf die Anti-Korruptions-Due Diligence als den für die allge- **302**

---

179 Krit. *Kort* MMR 2011, 296 f.

meine Unternehmenspraxis wichtigsten Fall neben der Kartellrechts-Compliance. Darüber hinaus gibt es selbstverständlich auch im Rahmen von M&A-Transaktionen, Joint Venture Beziehungen und sonstigen wesentlichen Verträgen Compliance-Risikobereiche, die im Zuge einer Due Diligence abgedeckt werden können. Zum einen handelt es sich dabei um gängigere Handlungsfelder, die bereits sehr viel stärker im allgemeinen Bewusstsein verankert sind (Kapitalmarkt-Compliance, Umweltrecht, Arbeitsrecht); zum anderen geht es um sehr spezifische Compliance-Bereiche, deren Erörterung den vorliegenden Rahmen sprengen würde (beispielsweise Compliance bei Finanzdienstleistern, Banken und Versicherungen) oder aber übergreifende Ansätze wie im Rahmen der sog. Integrity-Due Diligence, deren Ziel die Überprüfung der Integrität z.B. eines Zielunternehmens und seiner Stakeholder sowie die Aufdeckung entsprechender Risiken ist.

1. Normativer und rechtspraktischer Paradigmenwechsel bei der Korruptionsbekämpfung

303 Korruptionsfragen wird sowohl in der Tagespresse als auch in der interessierten Fachöffentlichkeit nach wie vor starke Aufmerksamkeit entgegengebracht. Das jedenfalls in Deutschland relativ junge Phänomen ist eng mit der Korruptionsaffäre der Siemens Aktiengesellschaft verbunden. Bis in die jüngere Zeit wurde namentlich die Auslandskorruption in der gesellschaftlichen Wahrnehmung in Deutschland eher als Kavaliersdelikt, ja teilweise sogar als **conditio sine qua non** für die Tätigung von Geschäften in bestimmten Regionen der Welt gesehen.[180] Grund hierfür war der Umstand, dass Auslandskorruption über lange Jahre in Deutschland nicht strafbar war und zudem Schmiergeldzahlungen im Ausland sogar steuerlich als Betriebsausgaben – sog. nützliche Aufwendungen (NA) – absetzbar waren. Dazu passte es, dass die Rechtsprechung der Zivilgerichte im Zusammenhang mit der Legalitätspflicht von Organmitgliedern und Arbeitnehmern in früheren Jahren bereit war, bei der Einhaltung ausländischen Rechts eher ein Auge zuzudrücken.[181] Vom öffentlichen Bewusststein weitgehend unbemerkt, hatte der Gesetzgeber allerdings auch in Deutschland bereits Ende der 90er Jahre die steuerliche Absetzbarkeit ausländischer Schmiergeldzahlungen abgeschafft und die Auslandskorruption unter Strafe gestellt.[182] Hintergrund hierfür war die Konvention der OECD gegen die Bestechung ausländischer Amtsträger im internationalen Geschäftsverkehr aus dem Jahr 1997. Dieser sind mittlerweile mehr als 30 Staaten, unter ihnen die Bundesrepublik Deutschland, beigetreten.[183] Eine der treibenden Kräfte hinter der OECD-Konvention waren wiederum die Vereinigten Staa-

---

180 Vgl. etwa die Äußerungen des Geschäftsleiters eines mittelständischen Rohrleitungsbauers im Rahmen eines Interviews mit dem Handelsblatt im August 2010, der detailliert die Schmiergeldpraxis seines Unternehmens schilderte und das Fazit zog: "Ohne Schmiergeld geht es nicht."; Handelsblatt vom 10.8.2010, S. 20, 21, sowie die Folgemeldung zur Einleitung eines Strafverfahrens durch die zuständige Staatsanwaltschaft auf Grundlage des Interviews, Handelsblatt vom 20.8. 2010, S. 63.

181 Vgl. etwa *BGH* NJW 1985, 2405, der bei Zahlung „ortsüblicher" Schmiergelder durch Angestellte eines Unternehmens keine Verletzung ihrer Dienst- oder Vertragspflichten erkannte.

182 Nur teilweise Verschärfung durch das Jahressteuergesetz 1996 v. 11.10.1995, BGBl I S. 1250; heutige Regelung des § 4 Abs. 5 Nr. 10 EStG geschaffen durch Steuerentlastungsgesetz 1999/2000/2002 v. 24.3.1999, BGBl I S. 402; vgl. etwa *Randt* BB 2000, 1006; IntBestG v. 10.9.1998, BGBl II S. 2327.

183 „OECD Convention on Combating Bribery of Foreign Public Officials in international Business Transactions" v. 17.12.1997, abrufbar unter www.oecd.org/document/20/0,3343,en_2649_34859_ 2017813_1_1_1,00.html.

ten von Amerika. Dort ist die Bestechung ausländischer Amtsträger im internationalen Geschäftsverkehr bereits seit 1977 unter Strafe gestellt (U.S. Foreign Corrupt Practices Act – FCPA).[184]

An dem US-amerikanischen FCPA sind vor allem drei Aspekte bemerkenswert: **304** Erstens enthält das Gesetz neben einem Bestechungsverbot auch ein Verbot unzutreffender Rechnungslegung und das Gebot, ausreichende interne Überwachungs- und Kontrollmaßnahmen zu treffen, um Korruptionshandlungen zu verhindern. Dahinter steht die Überlegung, dass Bestechungszahlungen in den seltensten Fällen als solche in der Rechnungslegung ausgewiesen werden. Der Nachweis eines Rechnungslegungsverstoßes gelingt in der Regel leichter, als der Nachweis des objektiven und subjektiven Tatbestandes einer Bestechungshandlung. Zweitens ist im Zusammenhang mit dem subjektiven Tatbestand des Bestechungsverbotes bemerkenswert, dass eine Strafbarkeit auch dann besteht, wenn Geld an einen Dritten mit dem Wissen gegeben wird, dass dieser es als Schmiergeld verwenden wird, wobei das besagte Wissen bereits dann angenommen wird, wenn der Täter Kenntnis von Umständen hat, aus denen sich die hohe Wahrscheinlichkeit einer solchen Schmiergeldzahlung ergibt (es sei denn, er kann seine Gutgläubigkeit positiv nachweisen).[185] Drittens ist der internationale Anwendungsbereich des FCPA hervorzuheben. Dem Bestechungsverbot unterliegen alle natürlichen und juristischen Personen, die in den USA ansässig sind. Alternativ reicht es aus, dass die Tathandlung einen Bezug zu den USA aufweist. Dies muss nicht unbedingt ein Bezug zum Territorium der USA sein, auch eine Verwendung des U.S. Bankensystems oder die Verwendung von U.S.-Währung für die Abwicklung der korrupten Transaktion könne ausreichen.[186] Hinsichtlich der Rechnungslegungsvorschriften des FCPA erstreckt sich der internationale Anwendungsbereich auch auf ausländische Unternehmen, die als Wertpapier-Emittent bei der SEC registriert sind.[187]

In Europa hat die Strafbarkeit von Auslandskorruption in jüngster Zeit durch den **305** U.K. Bribery Act[188] einen signifikanten Impetus erhalten, der nicht zuletzt auf dessen weiten territorialen Geltungsbereich[189] sowie die neuen Bestimmungen zur Unternehmensstrafbarkeit[190] zurückzuführen ist. Ausländische Unternehmen, die eine gewisse Geschäftstätigkeit im Vereinigten Königreich entfalten, können in Zusammenschau beider Regelungen unabhängig von ihrem Sitz für Bestechungshandlungen ihnen zuzurechnender Personen, die im Interesse des Unternehmens vorgenommen werden, strafrechtlich zur Verantwortung gezogen werden. Bemerkenswert ist hierbei, dass die Bestechungshandlungen selbst keinen Bezug zur Geschäftstätigkeit des Unternehmens im Vereinigten Königreich haben müssen. Unternehmen steht gegen entsprechende Vorwürfe nur eine einzige Verteidigung zu – eine Strafbarkeit entfällt nur,

---

184 15 USC §§ 78m, 78dd-1, 78dd-2, 78dd-3, eingeführt durch den Foreign Corrupt Practices Act, Pub. L. 105/366 v. 10.11.1998, abrufbar unter www.usdoj.gov/criminal/fraud/docs/statute.html.
185 15 USC § 78dd-1(f)(2)(B), § 78dd-2(h)(2)(B), § 78dd-3(f)(3)(B).
186 *Goldspink/O'Kane* PLC Cross-border Quarterly, v. 3.9.2007, S. 21.
187 *Goldspink/O'Kane* PLC Cross-border Quarterly, v. 3.9.2007, S. 22.
188 Bribery Act 2010 vom 8.4.2010, in Kraft getreten am 1.7.2011 und abrufbar unter www.legislation.gov.uk/ukpga/2010/23/contents.
189 Vgl. Section 12 Bribery Act 2010, der lediglich eine enge Verbindung („close connection") zum Vereinigten Königreich erfordert.
190 Vgl. Section 7 Bribery Act 2010.

Rieder/Falge

wenn das Unternehmen nachweisen kann, dass es angemessene Vorkehrungen getroffen hat, um derartigen Handlungen vorzubeugen.[191]

306 Die vom deutschen Gesetzgeber 2007 in Umsetzung verschiedener internationaler Abkommen beabsichtigte Zusammenführung der in zahlreichen strafrechtlichen Nebengesetzen verstreuten Vorschriften zur Bekämpfung der Korruption im internationalen Bereich im Strafgesetzbuch wurde bislang nicht umgesetzt. Ebenso unterblieb die gleichzeitig geplante tatbestandliche Ausweitung des deutschen Bestechungsrechts.[192] Geplant war hierbei, die derzeit erforderliche Tathandlung im „Wettbewerb" zu ergänzen und auch den bloßen Verstoß gegen Pflichten, die den Täter als Angestellten gegenüber dem Unternehmen treffen, für eine Bestrafung wegen Bestechung bzw. Bestechlichkeit ausreichen zu lassen.[193] Punktuelle Änderungen des Ordnungswidrigkeitenrechts sind derzeit im Rahmen der 8. GWB-Novelle angedacht, mit der eine Rechtsnachfolge in die Bußgeldhaftung von Unternehmen im Rahmen von Unternehmenstransaktionen in das OWiG aufgenommen und der Bußgeldrahmen deutlich erhöht werden soll.[194]

307 Während die Inlandskorruption in Deutschland seit Ende der 90er Jahre mit beachtlicher Intensität verfolgt wird – die Kriminalstatistik ergibt für die letzten Jahre jeweils einen Wert von deutlich über 1000 Verfahren – führte die Bekämpfung der Auslandskorruption in Deutschland jedenfalls bis in die jüngste Vergangenheit ein Schattendasein mit einer sehr geringen Zahl von Verfahren.[195] Spektakuläre Fälle wie Siemens und MAN belegen den Paradigmenwechsel der letzten Jahre, wobei zuzugestehen ist, dass ein Fall wie Siemens bei weitem nicht so spektakulär verlaufen wäre, wenn die U.S. amerikanischen Verfolgungsbehörden – Securities and Exchange Commission (SEC) und Department of Justice (DOJ) – nicht in den Fall involviert gewesen wären. Der Fall Siemens stellt dabei alles in Deutschland je da gewesene in Sachen Auslandskorruption und deren Sanktionierung in den Schatten. Zusätzlich zu den im Jahr 2007 mit deutschen Straf- und Steuerbehörden ausgehandelten Sanktionen in Höhe von 201 Mio. EUR[196] erzielte Siemens Ende des Jahres 2008 mit den U.S.-amerikanischen und deutschen Behörden einen Vergleich zur Beendigung der Korruptionsermittlungen, nach dem Siemens Sanktionen in Höhe von insgesamt ca. 1 Mrd. EUR akzeptierte.[197]

---

191 Vgl. Section 7 (2) Bribery Act 2010 sowie den diesbezüglichen Leitfaden des U.K. Ministry of Justice vom März 2011 zu angemessenen Vorkehrungen, abrufbar unter www.justice.gov.uk/legislation/bribery.

192 Entwurf eines Strafrechtsänderungsgesetzes, BT-Drucks. 16/6558 v. 4.10.2007; vgl. zu den praxisrelevanten Änderungen *Schuster/Rübenstahl* wistra 2008, 201, 206 ff.

193 BT-Drucks. 16/6558, 31.

194 Vgl. Beschlussempfehlung und Bericht des Ausschusses für Wirtschaft und Technologie (9. Ausschuss), BT-Drucks. 17/11053, S. 9 f., die am 18.10.2012 im Bundestag angenommen wurde.

195 Verfahren mit internationalem Bezug wurden erstmals im Jahr 2004 gemeldet. Insgesamt waren im Jahr 2004 sechs derartige Verfahren anhängig; in den Folgejahren stieg diese Zahl kontinuierlich auf bereits 88 neue Verfahren in der ersten Jahreshälfte 2008 an. Aus dem internationalen Umfeld sind bislang ca. 400 Verfahren der EU gegen eigene Mitarbeiter, mehr als 100 korruptionsbezogene Verfahren der OECD sowie die umfassende Untersuchung der Vereinten Nationen gegen mehr als 2000 Unternehmen im Zusammenhang mit dem irakischen „Oil for Food"-Programm zu erwähnen.

196 Vgl. Ad-hoc-Mitteilung der Siemens AG v. 4.10.2007.

197 Vgl. Ad-hoc-Mitteilung der Siemens AG v. 15.12.2007.

Vor dem Hintergrund dieser Entwicklungen ist festzuhalten: Bei der Bekämpfung der **308** Auslandskorruption hat nach dem normativen Paradigmenwechsel Ende der 90er Jahre nunmehr auch ein rechtspraktischer Paradigmenwechsel stattgefunden.[198] Es ist daher davon auszugehen, dass eine hohe Anzahl von Korruptionsfällen in deutschen Unternehmen und ihren ausländischen Tochtergesellschaften „schlummern", die noch nicht verjährt sind, und die es im Rahmen beispielsweise von M&A-Transaktionen und anderen wesentlichen Vertragsschlüssen aufzudecken gilt, um sich nicht ein Korruptions- und Compliance-Problem „einzukaufen".

2. Begriff und Bedeutung der Compliance-Due Diligence

Die Durchführung einer Due Diligence ist namentlich bei M&A-Transaktionen und bei **309** der Eingehung von Joint Ventures seit vielen Jahren fester Bestandteil des Transaktionsprozesses. Grundlegende Ziele einer jeden Due Diligence sind zum einen die Aufdeckung von Umständen, die den Vertragsschluss insgesamt in Frage stellen (**show-stopper**), zum Zweiten die Ermittlung wesentlicher wertbildender Faktoren, die Einfluss auf die Berechnung der Gegenleistung für den Vertragsgegenstand haben und drittens die Identifizierung wesentlicher Risiken im Zusammenhang mit dem Vertragsschluss und ggf. ihre Absicherung durch vertragliche Freistellungen oder Garantieversprechen. Die Durchführung einer Due Diligence gehört gerade bei M&A-Transaktionen allgemein mehr und mehr zur Verkehrssitte, von Sonderfällen, wie beispielsweise feindlichen Übernahmen, einmal abgesehen. Es ist mittlerweile sowohl in der obergerichtlichen Rechtsprechung als auch in der Literatur eine zunehmend anzutreffende Auffassung, dass dem Geschäftsleiter des Unternehmenserwerbers im Rahmen seiner organschaftlichen Sorgfaltspflicht die Durchführung einer Due Diligence obliegen kann (§ 93 AktG, § 43 GmbHG).[199]

Es liegt auf der Hand, dass bereits vor diesem allgemeinen Hintergrund die Durch- **310** führung einer Korruptions-Due Diligence geboten sein kann. Ein Unternehmen kann so von Korruption durchsetzt sein, dass ein Erwerbsinteressent bei Kenntnis dieses Umstandes vom Erwerb komplett absehen will. Jedenfalls aber handelt es sich bei historischen Korruptionsproblemen um einen „wertbildenden", besser gesagt „wertmindernden" Faktor. Denn immerhin haftet das zu erwerbende Unternehmen ggf. gem. §§ 130, 30 OWiG auf die Zahlung von Geldbußen, die durch das Prinzip der Gewinnabschöpfung beträchtliche Summen erreichen können, wie nicht zuletzt der Fall Siemens zeigt. Die geplante Rechtsnachfolge in die Bußgeldhaftung einer Zielgesellschaft kann das Risiko von Bußgeldzahlungen darüber hinaus auf den Erwerber verlagern. Darüber hinaus birgt der Erwerb eines Unternehmens mit Compliance-Problemen ein Haftungsrisiko für die Geschäftsleiter des Erwerbers, obliegt es ihnen doch Kraft ihrer organschaftlichen Legalitätspflicht dafür Sorge zu tragen, dass auch in Tochterunternehmen Recht und Gesetz eingehalten werden (vgl. Ziff. 4.1.3 Deutscher Corporate Governance Kodex).[200] Verletzen sie ihre damit

---

198 Neben der repressiven Wirkung des Strafrechts wird in jüngster Zeit auch die präventive Wirkung betont, vgl. *Nell/Schlüter* NJW 2008, 1996 ff., die die Möglichkeit einer strafbefreienden Selbstanzeige als Instrument der Korruptionsbekämpfung diskutieren.

199 So insbesondere *OLG Oldenburg* Urteil v. 22.6.2006 – 1 U 34/03; *Böttcher* NZG 2005, 49; *Hemeling* ZHR 169, 274; *Ulmer* DB 2004, 859, 860; *Werner* ZIP 2000, 989, 990 ff.; *Kiethe* NZG 1999, 976, 983; a.A. *Fleischer/Körber* BB 2001, 841, 847; *Loges* DB 1997, 965, 968; *Lutter* ZIP 1997, 613.

200 Vgl. 2. Kap. Rn. 5 ff., 19 ff.

zusammenhängende Überwachungs- und Kontrollpflicht, kommt eine persönliche Haftung der Geschäftsleiter bis hin zur Strafbarkeit[201] in Betracht.

311 Weniger offensichtlich als bei M&A-Transaktionen und Joint Venture-Beziehungen ist die Bedeutung der Compliance-Due Diligence im Zusammenhang mit der Eingehung von Vertragsbeziehungen zu Vertriebsmittlern. Diesem Problemfeld zuzuordnen ist eine ganze Reihe von rechtstatsächlichen Erscheinungsformen, vom Vermittlungsagenten über Kommissionäre bis hin zu Beratern und Dienstleistern aller Art. Gemeinsames Merkmal dieser Geschäftsbeziehungen ist in der Regel, dass der Vertragsschluss mit einem (ausländischen) Kunden nur dann als möglich dargestellt wird, wenn ein solcher Vertriebsmittler eingeschaltet wird, der aufgrund seiner besonderen Beziehungen in dem betroffenen Markt und zu den potentiellen Kunden die Gewähr bietet, dass ein Vertragsschluss zustande kommt. Es ist kein Geheimnis, dass solche Vermittlerstrukturen häufig benutzt werden, um indirekt Schmiergeldzahlungen zu leisten und gleichzeitig zu verschleiern. Der Vermittler leitet einen Teil des an ihn bezahlten Vermittlungsentgeltes an eine verantwortliche Person bei dem Kunden weiter, die die Entscheidung für den Vertragsschluss getroffen hat.

312 Weshalb soll nun beispielsweise ein deutsches Unternehmen vor der Aufnahme einer Geschäftsbeziehung zu einem solchen Vertriebsmittler eine intensive Due Diligence in Bezug auf diesen Vertriebsmittler durchführen, um festzustellen, ob es sich bei ihm um einen „ehrlichen Makler" handelt oder aber um eine Schaltstelle für die Abzweigung bzw. Weiterleitung von Schmiergeldern? Reicht es nicht aus, nach dem Prinzip vorzugehen „Was ich nicht weiß, macht mich nicht heiß"?

313 Die damit zusammenhängende Problematik wurde soweit ersichtlich zuerst vom U.S.-amerikanischen Gesetzgeber normativ adressiert. Das U.S.-amerikanische Gesetz gegen die Bestechung ausländischer Amtsträger (FCPA) enthält wie bereits erwähnt eine ausdrückliche Bestimmung, wonach zum einen eine strafbare Bestechung auch dann vorliegt, wenn das Schmiergeld einem Vermittler gegeben wird „in dem Wissen", dass dieser es an den betreffenden Amtsträger weiterleiten wird. Zum anderen enthält das FCPA die ausdrückliche Bestimmung, dass solches „Wissen" bereits dann anzunehmen ist, wenn der Täter Umstände kennt, aus denen sich eine hohe Wahrscheinlichkeit (**high probability**) hierfür ergibt – es sei denn, der Täter war tatsächlich gutgläubig, dass eine solche Bestechung nicht stattfinden würde.[202] Da sich (insbesondere im Nachhinein) objektive Umstände, aus denen sich eine hohe Wahrscheinlichkeit einer Bestechungstat ergeben, leicht finden lassen – und seien es nur die Korruptionsneigung eines Landes allgemein, eine ungewöhnlich hohe Vermittlungsprovision oder verwandtschaftliche Beziehungen zu einem Amtsträger –, ist die Praxis in den USA bereits vor einigen Jahren dazu übergegangen, vor der Einschaltung solcher Vertriebsmittler eine detaillierte Due Diligence durchzuführen, um im Ernstfall den guten Glauben i.S.d. vorgenannten amerikanischen Bestimmung nachweisen zu können.[203]

314 Bei näherer Betrachtung handelt es sich dabei keineswegs um eine Besonderheit des amerikanischen Rechtes. Im deutschen Recht gibt es zwar keine ausdrückliche Bestimmung, die mit der zitierten FCPA-Regelung vergleichbar wäre. Ähnliche

---

201 Vgl. *BGH* ZIP 2009, 1867, 1869 zur Garantenstellung von Compliance Officern.

202 15 USC § 78dd-1(f)(2)(B), § 78dd-2(h)(2)(B), § 78dd-3(f)(3)(B).

203 So explizit der jüngst herausgegebene Leitfaden der *Criminal Division of the U.S. Department of Justice* und der *Enforcement Division of the U.S. Securities and Exchange Commission*, S. 22 f.; abrufbar unter www.justice.gov/criminal/fraud/fcpa/guide.pdf.

Ergebnisse lassen sich nach deutschem Recht aber bereits aus allgemeinen Grundsätzen ableiten. Nach deutschem Recht reicht für die Strafbarkeit bedingter Vorsatz; dafür ist ausreichend, dass der Täter den tatbestandlichen Erfolg für möglich hält und ihn billigend in Kauf nimmt. Damit ist die Vorsatzschwelle nach deutschem Recht sogar niedriger als nach dem FCPA, wo immerhin Kenntnis von Umständen erforderlich ist, aus denen sich eine **hohe** Wahrscheinlichkeit einer Schmiergeldzahlung ergeben muss. Um also einem aus objektiven Umständen abgeleiteten Korruptionsvorsatz entgegenzutreten, ist auch nach deutschem Recht bei der Einschaltung von Vertriebsmittlern in korruptionsgeneigten Weltregionen die sorgfältige Überprüfung dieser Personen geboten. Geschieht dies nicht, bestehen Strafbarkeitsrisiken für die auf Seiten des Unternehmens handelnden Personen sowie ein Ordnungswidrigkeitenrisiko für das Unternehmen selbst (§ 30 OWiG). Schließlich besteht ein persönliches Haftungsrisiko für die Geschäftsleiter, wenn ihnen der Vorwurf gemacht werden kann, sie seien ihren Überwachungs- und Kontrollpflichten nicht ordnungsgemäß nachgekommen (§ 130 OWiG). Daneben besteht ein zivilrechtliches Haftungsrisiko des Geschäftsleiters nach § 93 Abs. 2 AktG, § 43 Abs. 2 GmbHG in Fällen, in denen zwar eine Schmiergeldzahlung durch das Unternehmen selbst nicht nachgewiesen werden kann, die Zahlung an einen Dritten durch das Unternehmen jedoch vom Geschäftsleiter auch nicht gerechtfertigt werden kann.

Aus all dem folgt: Es ist aus heutiger Sicht ein elementares Gebot der Haftungsvermeidung, bei M&A-Transaktionen, Joint Venture-Beziehungen und bei der Einschaltung von Vertriebsmittlern, eine angemessene Compliance Due-Diligence durchzuführen. In den nachfolgenden Abschnitten zeigen wir auf, wie eine solche Überprüfung geplant, durchgeführt und umgesetzt werden kann.   **315**

II. Compliance-Due Diligence bei M&A-Transaktionen

Der nachfolgende Abschnitt stellt dar, wie im Rahmen einer M&A-Transaktion die **316** Compliance-Due Diligence vorbereitet und durchgeführt werden kann, wie mit im Zuge der Due Diligence identifizierten Compliance-Problemen umzugehen ist und welche Sonderfragen sich stellen, wenn zwischen Vertragsschluss und Vertragsvollzug, also zwischen Signing und Closing, neue Compliance-Probleme auftreten. Ferner widmet sich dieser Abschnitt der Compliance im Rahmen der Post-Merger-Integration. Schließlich werden Besonderheiten im Rahmen von Joint Ventures kurz beleuchtet.

1. Planung und Vorbereitung der Compliance-Due Diligence

Im Rahmen der Vorbereitung einer Compliance-Due Diligence im Zusammenhang **317** mit einer M&A-Transaktion sind vier Schritte maßgeblich: Erstens die Festlegung der Ziele der Compliance-Due Diligence, zweitens die Entscheidung, ob überhaupt eine Compliance-Due Diligence stattfinden soll, drittens die Ermittlung des anwendbaren Rechtsrahmens und schließlich viertens die Ausarbeitung eines fokussierten Due Diligence-Planes.

1.1 Ziele der Compliance-Due Diligence

318 Die allgemeinen Ziele einer jeden Due Diligence[204] – Identifizierung von **show-stoppern**, der wesentlichen wertbildenden Faktoren und wesentlicher Risiken – lassen sich für den Bereich der Compliance-Due Diligence wie folgt konkretisieren. Zunächst geht es um die Aufdeckung von und den Umgang mit Compliance-Problemen, die in dem Zielunternehmen schlummern können. Es geht darüber hinaus darum, eine strafrechtliche Verantwortlichkeit zu vermeiden, die dadurch entstehen kann, dass ein Zielunternehmen erworben wird, welches einem Ordnungswidrigkeiten-Risiko nach §§ 130, 30 OWiG unterliegt. Hinzu kommt die mögliche zivil- und ordnungswidrigkeitenrechtliche Haftung der Geschäftsleiter des Zielunternehmens und auch des Käufers, wenn sie ihren zivil- bzw. strafrechtlichen Organisationspflichten im Hinblick auf das Zielunternehmen nicht nachkommen. Nicht zuletzt stellen Compliance-Probleme eine erhebliche Gefahr für den Ruf und die Markenstärke eines Unternehmens dar.

1.2 Entscheidung über die Notwendigkeit einer Compliance-Due Diligence

319 Wenngleich die Durchführung einer Compliance-Due Diligence, namentlich einer Anti-Korruptions-Due Diligence, einem zunehmenden Trend entspricht, ist es keineswegs eine „ausgemachte Sache", dass im Rahmen einer jeden M&A-Transaktion eine solche Compliance- bzw. Anti-Korruptions-Due Diligence stattzufinden hat. Zum einen unterbleibt eine Compliance-Due Diligence selbstverständlich dann, wenn schon keine Due Diligence im Übrigen stattfindet, bspw. bei einer feindlichen Übernahme. Diese Fälle sind allerdings selten. Eine Compliance-Due Diligence kann aber auch dann entfallen, wenn eine sorgfältige Einschätzung sowohl der von außen erkennbaren Risikofaktoren als auch der äußeren Rahmenbedingungen des Transaktionsprozesses ergibt, dass der Erwerber bzw. Erwerbsinteressent nicht auf eine Compliance-Due Diligence bestehen sollte.

320 In diesem Zusammenhang sind auf Basis öffentlich verfügbarer Informationen und etwaigen Sonderwissens des Erwerbsinteressenten folgende Fragestellungen von Bedeutung:

– Ist das Zielunternehmen in der Vergangenheit mit Compliance-Problemen aufgefallen, einschließlich seiner Führungskräfte und Gesellschafter?
– Ist das Zielunternehmen in einer compliance- bzw. korruptionsgefährdeten Branche tätig? Großprojekte und Regierungsaufträge sind naheliegenderweise korruptionsgefährdeter als der Vertrieb von Massenprodukten im privaten Geschäftsverkehr.
– Ist das Zielunternehmen in korruptionsgefährdeten Ländern mit wesentlichen Umsätzen geschäftlich tätig? In diesem Zusammenhang kann der von der Organisation Transparency International jährlich herausgegebene Corruption Perceptions Index eine wertvolle Hilfestellung leisten.[205]

321 Legen die Antworten auf diese Fragen ein nicht zu vernachlässigendes Korruptionsrisiko nahe, spricht dies sehr stark für die Durchführung einer Compliance-Due Diligence. Es kann sein, dass die Rahmenbedingungen des Transaktionsprozesses dem

---

204 Vgl. *Hörtnagl/Zwirner* in Beck'sches Mandatshandbuch Unternehmenskauf, 2. Aufl. 2013, S. 51 ff.; *Semler* Handbuch des Unternehmens- und Beteiligungskaufs, 7. Aufl. 2010, S. 726; *Beisel/Andreas* in Beck'sches Mandatshandbuch Due Diligence, 2. Aufl. 2010, S. 123 für die rechtliche Due Diligence allgemein.
205 Für das Jahr 2012 abrufbar unter www.transparency.de/Tabellarisches-Ranking.2197.0.html.

Erwerbsinteressenten starke Beschränkungen auferlegen. Insbesondere bei Auktionsverfahren ist dies häufig anzutreffen. Es sind daher Situationen denkbar, in denen rein praktisch die Durchführung einer Compliance-Due Diligence ausscheidet. In solchen Fällen ist eine besonders sorgfältig vorbereitete Risikoentscheidung erforderlich, damit sich die Geschäftsleiter des Erwerbsunternehmens später nicht dem Vorwurf aussetzen, sie hätten nicht auf angemessener Informationsgrundlage entschieden und durch den „blinden" Erwerb des Zielunternehmens ihre unternehmerische Risikobereitschaft in unzulässiger Weise überspannt.[206]

1.3 Ermittlung des relevanten Rechtsrahmens

Ist die Grundsatzentscheidung für die Durchführung einer Compliance-Due Diligence **322** gefallen, ist in einem dritten Schritt im Rahmen der Vorbereitung der Due Diligence zu ermitteln, welche Rechtsordnungen und Rechtsvorschriften auf das Zielunternehmen und seine Geschäftstätigkeit, einschließlich seiner Tochtergesellschaften und Zweigniederlassungen, anwendbar sind. Im Bereich der Korruptionsbekämpfung werden dies regelmäßig mehrere Rechtsordnungen sein. So verbietet bspw. das deutsche Recht, ebenso wie das Recht anderer europäischer Staaten und das der USA, die Bestechung ausländischer Amtsträger im geschäftlichen Verkehr. Ob ein Handeln tatbestandsmäßig ist, wird vielfach davon abhängen, auf welchem Territorium und durch welche Staatsbürger es geschehen ist. Daneben werden Korruptionstaten in den allermeisten Fällen auch nach dem jeweiligen lokalen Recht verboten sein. Hinzu kommen typische Begleitdelikte wie Steuerhinterziehung, falsche Rechnungslegung und ggf. auch Geldwäsche.

Im Hinblick auf anwendbare lokale Rechtsordnungen ist die Gefahr nicht zu unter **323** schätzen, dass bei einem Eigentümerwechsel des Unternehmens seitens der zuständigen lokalen Ermittlungsbehörden ein stärkerer Wille vorhanden sein kann, die lokalen Rechtsvorschriften auch durchzusetzen, selbst wenn das unter der Ägide des bisherigen Eigentümers ganz anders gewesen sein mag. Zu beachten ist ferner, dass die nationalen Ermittlungsbehörden weltweit immer stärker zusammenarbeiten.

Schließlich gehört noch ein weiterer Schritt zur Bestimmung des einschlägigen anwend **324** baren Rechtes. Es ist danach zu fragen, ob es aus Rechtsgründen Einschränkungen für die Durchführung der Due Diligence aus Rechtsgründen geben kann. Einschränkungen können sich insoweit aus anwendbaren Datenschutzvorschriften, Regelungen des Telekommunikationsrechtes (E-Mail-Verkehr) und aus vertraglichen Vertraulichkeitsklauseln ergeben.[207] Die Erfahrung zeigt, dass europäische Datenschutzvorschriften in der Regel auf pragmatische Weise gehandhabt und praxistaugliche Lösungen für die Durchführung einer Due Diligence gefunden werden können. Bemerkenswerterweise haben gerade osteuropäische Staaten, insbesondere Russland und Nachfolgestaaten der UDSSR, ausgesprochen strenge Datenschutzvorschriften in Kraft gesetzt. Erschwert wird der Umgang mit diesen Vorschriften zusätzlich dadurch, dass es nur eine sehr geringfügig ausgeprägte Anwendungspraxis, dafür aber oftmals schwerwiegende potentielle Sanktionen bei Verstößen gibt.

---

206 Vgl. *BGHZ* 135, 244 – ARAG/Garmenbeck sowie § 93 Abs. 1 S. 2 AktG – Business Judgement Rule.

207 Vgl. hierzu insbesondere die für interne Untersuchungen richtungsweisende Entscheidung *BVerfG* MMR 2009, 673 mit Anm. *Krüger.* Daneben wirken sich Gesetzesänderungen im Bereich des Datenschutz- sowie des Telekommunikationsrechts auf interne Untersuchungen aus, vgl. etwa § 32 BDSG zur Datenerhebung, -verarbeitung und -nutzung für Zwecke des Beschäftigungsverhältnisses.

1.4 Erstellung eines fokussierten Due Diligence-Planes

325 Ein wesentlicher Bestandteil des Due Diligence-Planes ist die Zusammenstellung und Auswertung von Informationen, die öffentlich oder über Dritte zugänglich sind. Hierzu gehören neben vom Zielunternehmen selbst veröffentlichten Informationen auch Medienberichte, Informationen lokaler Kontaktpersonen, Botschaften und ggf. von Business Intelligence-Dienstleistern.

326 Darüber hinaus ist die Due Diligence-Request-Liste das entscheidende Werkzeug für die fokussierte Vorbereitung der Due Diligence. Thematische Schwerpunkte der Request-Liste sollten sein: das Compliance-Programm des Zielunternehmens, historische Compliance-Probleme und die Identifizierung und Untersuchung der Risikobereiche des Zielunternehmens, in denen sich Compliance-Probleme verbergen könnten.[208]

327 Die grundlegende Struktur einer Compliance-Due Diligence Request Liste kann in etwa wie folgt aussehen:

– Hintergrundinformationen: Gesellschafter und Organmitglieder des Zielunternehmens; grundlegende gesellschaftsrechtliche Dokumentation (Satzung, Handelsregisterauszug und Ähnliches); Gründungsdatum; Größe der Zielgesellschaft (Mitarbeiterzahl, Umsatz); Kundenstruktur; Qualifikation und Erfahrung der Mitarbeiter; bisherige Geschäftsbeziehungen zwischen Zielunternehmen und Erwerbsinteressent; zuständige Aufsichtsbehörden;

– Länder- und industriespezifische Risikoanalyse: Identifikation aller Länder, in denen das Zielunternehmen geschäftlich tätig ist; Angabe des Umsatzes in sämtlichen dieser Länder; Informationen über Ermittlungen und behördliche oder gerichtliche Verfahren in der betreffenden Branche;

– Risikoeinschätzung hinsichtlich des Zielunternehmens: Auflistung von Joint-Venture-Partnern, Vertriebspartnern, Beratern und sonstigen Intermediären; Beziehungen zu Amtsträgern oder Regierungsorganisationen auf Seiten des Zielunternehmens, seiner Gesellschafter oder seiner Führungskräfte; verwandtschaftliche Beziehungen dieser Personen zu Amtsträgern; geschäftliche Beziehungen des Zielunternehmens, seiner Gesellschafter und Führungskräfte zu Regierungsorganisationen und Amtsträgern; Auflistung der Provisions- und sonstigen Vergütungszahlungen an Vertriebsmittler und Intermediäre in den letzten fünf Jahren; Analyse der im Hinblick auf Vertriebsmittler und Intermediäre durchgeführten Due Diligence; Verfahren zur Entscheidung über den Vertragsschluss mit Intermediären und Vertriebsmittlern; gerichtliche und behördliche Verfahren oder Ermittlungen oder diesbezügliche Vorwürfe gegen das Zielunternehmen in Bezug auf Compliance-relevante Sachverhalte bzw. gegen Vertriebsmittler und Intermediäre des Zielunternehmens;

– Compliance-Organisation und Compliance-Programm des Zielunternehmens: Stellenbeschreibung und Lebenslauf des Chief Compliance Officers; Beschreibung des Compliance-Programms im Zielunternehmen und seiner Vertriebsmittler und Intermediäre (Code of Conduct, Richtlinien, etc.); Beschreibung des Compliance-Trainings; Berichte über Compliance-bezogene Kontrollen (z.B. der internen Revision); Vorstands- und Prüfungsausschussprotokolle zu Compliance-bezogenen Fragestellungen; Beschreibung des Buchführungs- und Rechnungslegungssystems;

---

208 Vgl. auch Münchener Vertragshandbuch/*Rieder* Band 4, 7. Aufl. 2012, Form X.1.

Beschreibung der internen Berichtslinien zur Anzeige von Compliance-Verstößen, einschließlich möglicher Whistleblower-Hotlines; periodische Evaluierungen und Verbesserungen des Compliance-Programms; Kopien etwaiger Compliance Certifications von Führungskräften und Mitarbeitern;
– Sonstige Compliance-Bereiche: Soweit veranlasst, sind entsprechende Fragenkataloge für sonstige Compliance-Bereiche zu entwickeln, beispielsweise Geldwäsche, Ausfuhrkontrollen und Ähnliches.

Der letzte entscheidende Baustein bei der Due Diligence-Planung ist die Zusammenstellung eines geeigneten Due Diligence-Teams. Es versteht sich von selbst, dass dem Team juristische Experten angehören müssen. Darüber hinaus sind die mit der allgemeinen Financial-Due Diligence beschäftigten Personen, z.B. Wirtschaftsprüfer, in die Compliance-Due Diligence einzubeziehen. Ob schließlich forensische Experten zum Due Diligence-Team gehören sollen, ist eine Frage des Einzelfalls. In einem ersten Schritt wird dies vermutlich nicht erforderlich sein. Anders kann sich die Sachlage darstellen, wenn im Zuge der Due Diligence erhebliche Compliance-Probleme festgestellt werden, die einer detaillierten Aufarbeitung und Untersuchung bedürfen. **328**

Regelmäßig stellt sich bei der Zusammensetzung des Due Diligence-Teams die Frage nach internem und externem Sachverstand. Soweit beim Erwerbsinteressenten Mitarbeiter vorhanden sind, die in Compliance-Fragen versiert sind und die notwendige Kapazität aufbringen können, um an der Due Diligence vollumfänglich teilzunehmen, spricht nichts dagegen, auf diese Ressourcen zurückzugreifen. Im Regelfall allerdings wird eine vollständig interne Mannschaft nicht ausreichen, um dem oftmals herrschenden Zeitdruck bei der Due Diligence gerecht zu werden, so dass auf externe Berater und deren Unterstützung zurückgegriffen werden muss. **329**

Schließlich gilt bei der Compliance-Due Diligence dieselbe Binsenweisheit, die für jede Form der Due Diligence gilt: Das Due Diligence-Team muss umfassend auf seine Aufgabe vorbereitet werden, beispielsweise durch schriftliche Instruktionen oder im Rahmen eines Kick-off Meetings, um sicherzustellen, dass alle Teammitglieder wissen, wonach sie Ausschau zu halten haben und warum. **330**

2. Durchführung der Compliance-Due Diligence

Bei der Durchführung der Compliance-Due Diligence sind zunächst eine Reihe praktischer Erwägungen zu beachten. Darüber hinaus hat die Compliance-Due Diligence bei ihrer Durchführung drei thematische Schwerpunkte: Das Compliance-Programm des Zielunternehmens, historische Compliance-Probleme und die Identifizierung möglicherweise existierender, im Zielunternehmen schlummernder Compliance-Probleme. **331**

2.1 Praktische Erwägungen

Kein Unternehmenskauf ist wie der andere, und auch keine Compliance-Due Diligence ist wie die andere. Gleichwohl gibt es eine Reihe von praktischen Erwägungen, die in jedem Fall angestellt werden sollten, um ein optimales Due Diligence-Ergebnis zu erzielen. Diese Erwägungen kreisen um fünf Themenkomplexe: **332**

Erstens sollten sich alle Beteiligten bei der Due Diligence immer wieder die Frage stellen, durch welche Fragetechnik sie am effektivsten an die gewünschten Informationen herankommen. In aller Regel ist dies eine Kombination aus Unterlagenanforde- **333** rungen (Document Requests) und inhaltlichen Fragen, die von dem Zielunternehmen entsprechend inhaltlich beantwortet werden sollten. So liegt es beispielsweise auf der Hand, dass der Inhalt von Verträgen mit Intermediären nur sinnvoll geprüft werden kann, wenn diese Verträge in Kopie vollständig vorgelegt werden. Umgekehrt mag es schwierig sein, den Verfahrensablauf und Freigabeprozess für den Abschluss eines Vertrages mit einem Intermediär allein anhand vorhandener Unterlagen nachzuvollziehen. Gerade wenn diese Abläufe nicht hinreichend organisiert sind, wird es an den erforderlichen Dokumenten fehlen, so dass diesen Themen durch die Stellung gezielter Fragen viel effizienter auf die Spur gekommen werden kann.

334 Zweitens darf sich die Compliance-Due Diligence in keinem Fall auf eine reine Datenraum- und Dokumenten-Due Diligence beschränken. Von essentieller Bedeutung ist die Durchführung von Informationsgesprächen (Interviews) mit entscheidenden Wissensträgern innerhalb des Zielunternehmens. Hierzu gehören beispielsweise Compliance-Verantwortliche, Mitarbeiter der Steuer- und Rechtsabteilung, der internen Revision sowie Vertriebsmitarbeiter und Vertriebsmanager, beispielsweise mit spezifischer Zuständigkeit für Regierungsgeschäfte. Ferner sollten stichprobenartig Geschäftsführer ausländischer Tochtergesellschaften (Country Managers) befragt werden, sofern dies die notwendigen Vertraulichkeitserwägungen zulassen.

335 Drittens ist die Kommunikation innerhalb des Due Diligence-Teams während der Durchführung der Due Diligence von entscheidender Bedeutung für den Erfolg der Due Diligence. Dies gilt selbstverständlich allgemein für jede Art und für jeden Teilbereich der Due Diligence und soll deshalb an dieser Stelle nicht weiter ausgeführt werden. Es mag der Hinweis genügen, dass sich regelmäßige Statusmeetings bzw. Statustelefonkonferenzen als sehr effizientes Werkzeug zur Steuerung des Due Diligence-Prozesses eingebürgert haben.

336 Viertens ist der Umgang mit Folgefragen zu klären. In der Regel sind Folgefragen im Rahmen des Due Diligence-Prozesses möglich. Sie müssen nur sehr rasch gestellt werden, da das Zeitfenster für die Due Diligence insgesamt oftmals kurz bemessen ist und bereits sehr bald für den Fortgang der Transaktion entscheidende Weichenstellungen vorgenommen werden müssen (beispielsweise die Abgabe eines verbindlichen Angebotes). Gerade die Identifizierung von Compliance-Problemen kann intensives Nachfragen erfordern. In der Regel offenbaren sich Compliance-Probleme nicht sofort auf den ersten Blick als eindeutige Sachverhalte, die unter die einschlägigen Tatbestände subsumiert werden können. Vielmehr ist es meist so, dass zunächst lediglich Indizien für ein mögliches Problem (Red Flags) vorliegen, denen dann im Einzelnen nachgegangen werden muss. So mag sich beispielsweise herausstellen, dass in einem bestimmten Land Vertriebsmittler für das Unternehmen tätig werden, die außergewöhnlich hohe Provisionen erhalten oder schlecht beleumundet sind. In solchen Fällen sind gezielte Nachfragen angezeigt.

337 Die fünfte und letzte wesentliche praktische Erwägung für die Durchführung jeder Due Diligence ist die Gestaltung des Due Diligence-Berichtes. Hierüber werden in der Regel im Rahmen der Due Diligence allgemein Festlegungen getroffen, so dass diejenigen, welche mit der Compliance-Due Diligence beschäftigt sind, ihre Arbeitsergebnisse in das allgemeine Berichtsformat einsteuern können und sollten. Die Berichtsverfasser müssen dabei sorgfältig unterscheiden zwischen tatsächlich festgestellten Compliance-Problemen und bloßen Indizien für mögliche Compliance-Probleme (Red Flags, s.o.). Letztere können ggf. im Rahmen einer Post-Signing Due Dili-

gence nochmals vertieft aufgegriffen werden. Auch für die Formulierung vertraglicher Garantien und Freistellungen mag es einen Unterschied darstellen, ob ein Compliance-Problem bereits vollständig identifiziert und quantifiziert werden kann, oder ob lediglich die Möglichkeit eines Problems im Raum steht.

2.2 Analyse und Bewertung des Compliance-Programms innerhalb des Zielunternehmens

Wesentlicher Baustein einer jeden Compliance-Due Diligence ist die Analyse und Bewertung des im Zielunternehmen vorhandenen Compliance-Programmes. Die Bewertung orientiert sich zum einen an einschlägigen Rechtsvorschriften. Diese existieren branchenspezifisch beispielsweise für Finanzdienstleister, Banken und Versicherungen. Ferner existiert geschriebenes Recht für diejenigen Unternehmen, auf die das Sarbanes-Oxley-Gesetz der USA Anwendung findet.[209] Darüber hinaus ist die Messlatte für das Compliance-Programm des Zielunternehmens die nationale oder internationale Best Practice.[210] Dabei handelt es sich um einen sich entwickelnden Standard, der wenige eindeutige Schwarz-Weiß-Regeln kennt. Gleichwohl gibt es typische Komponenten eines guten Compliance-Programms, auf die sich die Compliance-Due Diligence in jedem Fall erstrecken sollte. Im Wesentlichen handelt es sich dabei um die folgenden sieben Aspekte:

338

– Erstens sollte die Stellung des Chief Compliance Officers, wenn es ihn gibt, und der Compliance-Abteilung ermittelt werden. Entscheidend sind hier beispielsweise die Stellenbeschreibung und Richtlinien, sowie die praktischen Erfahrungen des Compliance-Personals. Als Faustregel gilt, dass der Chief Compliance Officer der Geschäftsleitung entweder direkt oder vermittelt durch maximal eine weitere Hierarchiestufe berichten sollte.

– Zweitens ist das Augenmerk auf Compliance-Richtlinien zu richten. Idealerweise verfügt das Unternehmen über einen umfassenden Verhaltenskodex (Code of Conduct) und ergänzende Richtlinien für einzelne Compliance-Felder, beispielsweise Korruptionsprävention, Arbeitssicherheit, Diskriminierungsfreiheit und Ähnliches.

– Ein dritter Prüfungsschwerpunkt ist das Compliance-Training. Es ist eine Binsenweisheit, dass allein das Aufschreiben von Compliance-Regeln in Verhaltenskodices noch keine Garantie für rechtstreues Verhalten der Mitarbeiter in allen Geschäfts- und Lebenslagen bietet. Compliance-Regeln müssen regelmäßig vermittelt werden. Darüber hinaus sollten Trainings- und Schulungsmaßnahmen mit einer Erfolgskontrolle, verbunden sein. Ferner sollte eine regelmäßige Auffrischung stattfinden.[211]

– Viertens ist zu überprüfen, welche Informations- und Meldekanäle das Unternehmen für die unternehmensinterne Anzeige von Compliance-Problemen bereithält. In der angloamerikanisch geprägten Praxis haben sich hierfür Compliance-Hotlines, Whistleblower-Hotlines und Ähnliches eingebürgert. Im europäischen Rechtskreis besteht nach wie vor Zurückhaltung, bisweilen sogar Ablehnung gegenüber solchen Instrumenten. Namentlich in Frankreich, aber auch in Deutschland werden oftmals datenschutzrechtliche Bedenken gegen anonyme Whistleblower-Hotlines geltend gemacht.[212] Fakt ist jedoch, dass nach statistischen Erhebun-

---

209 Vgl. 2. Kap. Rn. 39 ff.
210 Vgl. 2. Kap. Rn. 46 ff.
211 Vgl. 4. Kap. Rn. 47 ff.
212 Vgl. 5. Kap. Rn. 352 ff.

gen etwa 25 % aller Compliance-Probleme in Unternehmen durch interne Melde-
systeme wie beispielsweise Whistleblower-Hotlines überhaupt erst ans Tageslicht
gelangen. Unseres Erachtens ist daher die Möglichkeit einer anonymen, unternehmensinternen Anzeige ein wesentliches Element eines guten Compliance-Programms. Sofern eine solche Einrichtung existiert, sollte sich die Due Diligence auch
auf die praktische Nutzung derselben beziehen: Wie häufig gehen Anzeigen ein?
Wie sehen die typischen Fälle aus? Wie werden diese Fälle bearbeitet?

– Ein fünfter wesentlicher Punkt bei der Überprüfung des Compliance-Systems
  gerade im Bereich der Korruptions-Compliance ist der Umgang mit Vertriebsmittlern und Intermediären. Die hierfür bestehenden Richtlinien, Zuständigkeiten, Formulare, Standardvertragsklauseln, Verfahren und Ähnliches sind detailliert unter
  die Lupe zu nehmen. Einzelheiten hierzu ergeben sich aus dem Schlussabschnitt
  dieses Teils.

– Sechstens ist das Compliance-System daraufhin zu überprüfen, wie die Einhaltung
  der Compliance-Vorschriften im Zielunternehmen überwacht und kontrolliert wird.
  Gibt es beispielsweise ein Überwachungsprogramm der internen Revision mit
  stichprobenartigen Kontrollen in regelmäßigen Abständen? Welche anderen Maßnahmen hat das Zielunternehmen ergriffen, um die Einhaltung seiner Compliance-
  Vorschriften zu überprüfen?

– Siebtens und letztens gehört zu einem guten Compliance-Programm die vollständige und rückhaltlose Aufklärung von Compliance-Verstößen und die Ergreifung
  angemessener Sanktionen gegenüber denjenigen, die sich Compliance-Verstöße
  haben zuschulden kommen lassen. Dies betrifft zum einen arbeitsrechtliche Maßnahmen, von der Abmahnung bis hin zur Beendigung des Arbeitsverhältnisses, und
  zum anderen die Geltendmachung von Schadensersatzansprüchen, sofern solche
  bestehen. Schließlich kann im Einzelfall auch eine Strafanzeige gegen Mitarbeiter
  oder Mitglieder der Geschäftsleitung die angemessene Reaktion bei einem Compliance-Verstoß darstellen.

2.3 Ermittlung und Analyse historischer Compliance-Probleme

339 Der zweite thematische Schwerpunkt bei der Durchführung der Compliance-Due
Diligence ist die Ermittlung und Bewertung historischer Compliance-Verstöße. Dabei
sind vor allem vier Fragen vordringlich:

– Erstens ist die Frage von Interesse, wann und wie oft Compliance-Verstöße in der
  Vergangenheit vorgekommen sind.

– Zweitens ist zu fragen, wie das Zielunternehmen darauf reagiert hat. Wie wurde
  mit den Schuldigen umgegangen, in arbeitsrechtlicher, zivilrechtlicher und strafrechtlicher Hinsicht? Welche Maßnahmen wurden ergriffen, um eine Wiederholung
  vergleichbarer Probleme zu verhindern?

– Ein dritter Fragenbereich betrifft den Umgang mit der Öffentlichkeit und den
  Ermittlungsbehörden im Zusammenhang mit Compliance-Verstößen. Hat das Zielunternehmen Verstöße in seiner regelmäßigen geschäftlichen Berichterstattung
  offen gelegt? Fand ein Austausch mit zuständigen Ermittlungsbehörden statt?

– Viertens und letztens ist zu ermitteln, ob sich aus früheren Compliance-Verstößen
  fortwährende Einschränkungen oder Beeinträchtigungen der laufenden Geschäftstätigkeit innerhalb des Zielunternehmens ergeben. Dies kann beispielsweise dann
  der Fall sein, wenn eine zuständige Behörde als Folge eines früheren Compliance-
  Verstoßes Auflagen verhängt hat oder das Zielunternehmen für eine gewisse Zeit

von der Teilnahme an öffentlichen Ausschreibungen ausgeschlossen wurde. Falls ein Zielunternehmen der Jurisdiktion der amerikanischen Behörden unterliegt, ist danach zu fragen, ob als Folge eines Compliance-Verstoßes ein Compliance-Monitor, eine Art Bewährungshelfer, eingesetzt wurde, der die Compliance Bemühungen des Unternehmens für einen beachtlichen Zeitraum, beispielsweise drei Jahre, zu überwachen und an die Ermittlungsbehörden entsprechend Bericht zu erstatten hat.

2.4 Ermittlung potentieller Compliance-Probleme

Der dritte und schwierigste inhaltliche Schwerpunkt bei der Compliance-Due Dili-   **340** gence ist die Ermittlung potentieller, im Zielunternehmen schlummernder Compliance-Probleme. Schwerpunktmäßig sollte sich dieser Teil der Due Diligence auf die als riskant eingestuften Geschäftsfelder und geografischen Regionen konzentrieren. Da Compliance-Probleme den Betrachter nur in seltenen Fällen als solche eindeutig „anspringen", muss sich die Due Diligence insoweit zwangsläufig auf typische Indizien und Verdachtsmomente (Red Flags) konzentrieren. Für den Bereich der Korruptions-Due Diligence sind insoweit, ohne Anspruch auf Vollständigkeit, die folgenden Verdachtsmomente von besonderer Bedeutung:

– Verdächtig sind zunächst ungewöhnliche Zahlungsvorgänge, wie beispielsweise Barzahlungen, Überweisungen auf Überseekonten oder Nummernkonten, auffällig runde Beträge und Buchführungseinträge mit unüblichen Beschreibungen und Ähnliches.
– Verdachtsmomente können sich auch aus der Verwendung von Vertriebsmittlern und Intermediären ergeben. Dies kann insbesondere dann der Fall sein, wenn die Einschaltung eines solchen Vertriebsmittlers ohne nachvollziehbaren geschäftlichen Anlass erfolgt, wenn mehrere Vertriebsmittler für dieselbe Transaktion tätig werden oder die Vermittlungsprovisionen ungewöhnlich hoch sind.
– Ein weiteres Verdachtsmoment sind Beziehungen zu Amtsträgern auf Seiten des Zielunternehmens oder auf Seiten der vom Zielunternehmen verwendeten Vertriebsmittler.
– Ein vierter Problembereich sind Auslagenerstattungen für Mitarbeiter. Erfahrungsgemäß werden Schmiergeldzahlungen bisweilen als Reisekosten, Spesen oder Auslagen für geschäftliche Geschenke deklariert.
– Schließlich sollten zumindest stichprobenartig typische Buchhaltungskonten auf Anomalien hin untersucht werden. Dies umfasst beispielsweise Konten für Kommissionen, Berater, Lobbying, Marketing, Reisekosten, Spesen, Unterhaltung und Konten für „Sonstiges".

3. Umsetzung der Due Diligence-Ergebnisse

Bei der Umsetzung der im Rahmen einer Compliance-Due Diligence aufgefundenen   **341** Ergebnisse sind drei Zeitphasen zu unterscheiden: Die Phase vor Vertragsschluss, die Phase zwischen Vertragsschluss und Vertragsvollzug (Closing) und die Phase nach Vertragsvollzug.

3.1 Der Umgang mit aufgedeckten Compliance Problemen vor Vertragsschluss

Hat die Compliance-Due Diligence vor Vertragsschluss ernsthafte Compliance-Pro-   **342** bleme zu Tage gefördert, stellen sich zwei grundsätzliche Fragen: Sollen die identifizierten Probleme gegenüber den zuständigen Behörden oder vielleicht sogar gegenüber der Öffentlichkeit offen gelegt werden? Und: Welche Auswirkungen haben die aufgefundenen Probleme auf die beabsichtigte Transaktion?

3.1.1 Offenlegung gegenüber Behörden bzw. der Öffentlichkeit

343 Die Frage einer möglichen Offenlegung von identifizierten Compliance-Problemen ist unter zwei Aspekten bedeutsam: Zum einen ist zu fragen, ob eine gesetzliche Offenlegungspflicht besteht. Wenn dies nicht der Fall ist, muss zum Zweiten überlegt werden, ob gleichwohl eine Offenlegung zweckmäßig wäre.

344 Gesetzliche Offenlegungspflichten sind selten. Das einschlägige Strafrecht, beispielsweise das Korruptionsstrafrecht, enthält regelmäßig keinerlei Anzeigepflichten. § 138 StGB (Nichtanzeige geplanter Straftaten) ist regelmäßig nicht einschlägig, da es an einer der darin aufgezählten Katalogtaten fehlen wird. Schon eher können im Einzelfall Anzeigepflichten nach dem Geldwäschegesetz in Betracht kommen.[213] Am ehesten kann sich eine Offenlegungspflicht aus der kapitalmarktrechtlichen Ad-hoc-Publizität ergeben (§ 15 WpHG). Dies setzt voraus, dass entweder das Zielunternehmen oder das Verkäuferunternehmen dieser Form der Kapitalmarktpublizität unterliegt. Aus Sicht des Erwerbsinteressenten liegt dagegen vor Vertragsschluss keine Ad-hoc pflichtige Insiderinformation vor, wenn er bei einem Zielunternehmen Compliance-Verstöße entdeckt. Aber auch aus Sicht des Zielunternehmens bzw. des Verkäuferunternehmens, sofern dieses der Ad-hoc Publizität unterliegt, stellt keinesfalls jeder identifizierte Compliance-Verstoß oder gar nur Compliance-Verdacht eine Ad-hoc pflichtige Insiderinformation dar. Zum einen ist genau danach zu fragen, ob der Sachverhalt tatsächlich schon soweit aufgeklärt ist, dass von einer hinreichend konkreten Information gesprochen werden kann. Zum Zweiten ist im Einzelfall zu prüfen, ob die Information geeignet ist, im Fall ihres öffentlichen Bekanntwerdens den Börsen- oder Marktpreis des betreffenden Wertpapiers erheblich zu beeinflussen (§ 13 Abs. 1 S. 1 a.E. WpHG). Auch dies ist bei weitem nicht in jedem Fall gegeben.

345 Unabhängig von der Einschlägigkeit gesetzlicher Anzeige- oder Offenlegungspflichten ist in jedem Fall der Frage nachzugehen, ob eine Anzeige gegenüber Ermittlungsbehörden zumindest zweckmäßig ist. Die hierfür erforderliche Beurteilung kann von Jurisdiktion zu Jurisdiktion unterschiedlich ausfallen. Die überkommene Praxis in Deutschland ist mit Anzeigen gegenüber der Staatsanwaltschaft in solchen Fällen sehr zurückhaltend, kann sich hieraus doch ein erhebliches Störpotential für den Transaktionsablauf ergeben. Darüber hinaus ist die Reaktion einer deutschen Staatsanwaltschaft vielfach wenig berechenbar. Jedenfalls bei manchen Staatsanwaltschaften ist es

---

213 § 11 GwG bestimmt, dass solche Tatsachen meldepflichtig sind, welche darauf schliessen lassen, dass eine Finanztransaktion einer Geldwäsche dient oder im Falle ihrer Durchführung dienen würde. Die Anzeige ist an die zuständigen Strafverfolgungsbehörden und in Kopie an das Bundeskriminalamt zu erstatten. Diese Pflichten treffen im Rahmen bestimmter Geschäfte auch Rechtsanwälte, §§ 11 Abs. 1, 2 Abs. 1 GwG, wenn und soweit nicht die Ausnahme des § 11 Abs. 3 greift. Meldepflichtig sind neben Finanzinstituten auch Unternehmen und sonstige Personen, welche an Finanztransaktionen beteiligt sind. In Umsetzung der Richtlinie 2005/60/EG des Europäischen Parlaments und des Rates v. 26.10.2005 zur Verhinderung der Nutzung des Finanzsystems zum Zwecke der Geldwäsche und der Terrorismusfinanzierung wurden die meldepflichtigen Tatbestände verschärft bzw. ausgeweitet: Gesetz zur Ergänzung der Bekämpfung der Geldwäsche und der Terrorismusfinanzierung (Geldwäschebekämpfungsergänzungsgesetz – GwBekErgG) v. 13.8.2008, BGBl I S. 1690 sowie Gesetz zur Optimierung der Geldwäscheprävention vom 22.12.2011, BGBl I. S. 2959.

nicht ausgeschlossen, dass sie den guten Willen der Transaktionspartner zur Kooperation mit den Ermittlungsbehörden wenig oder gar nicht honorieren, sondern stattdessen mit umfassenden Durchsuchungs- und Verhaftungsmaßnahmen quittieren.

Am anderen Ende des Spektrums stehen Jurisdiktionen, bei denen sich eine Kooperation mit den Ermittlungsbehörden auch im Zuge von M&A-Transaktionen geradezu als Best Practice eingebürgert hat. Paradigmatisch hierfür sind die USA, und dort insbesondere die SEC und das Department of Justice (DOJ), wenn es um Korruptionsfälle geht. Die dortigen Behörden sind in der Regel grundsätzlich gesprächsbereit, was ihre Reaktion auf offen gelegte Compliance-Verstöße anbelangt. Dies eröffnet insbesondere dem Erwerbsinteressenten die Möglichkeit, eine recht zuverlässige Risikoabschätzung zu erhalten, inwieweit er bei Durchführung des Unternehmenskaufes dem Risiko einer Strafverfolgung im Sinne einer „Successor Liability" unterliegt. Die Praxis der U.S.-Behörden geht mehr und mehr dahin, historische Compliance-Verstöße nicht gegenüber dem Unternehmenserwerber zu verfolgen, wenn er sich im Gegenzug zusammen mit dem Veräußerer und dem Zielunternehmen zu einer umfassenden Aufklärung und Kooperation mit den Behörden verpflichtet. Die Praxis hat gezeigt, dass das damit zu gewinnende Maß an Rechtssicherheit häufig die Nachteile einer Selbstanzeige (Stör- und Verzögerungspotential) überwiegt. **346**

3.1.2 Auswirkungen identifizierter Compliance-Probleme auf die geplante Transaktion

Werden im Rahmen einer Compliance-Due Diligence vor Vertragsschluss Compliance-Probleme und Compliance-Verstöße identifiziert, kann sich dies in vierfacher Weise auf den Vertragsschluss auswirken: **347**

– Die erste Frage lautet: Ist das Compliance-Problem von solcher Art oder von solchem Gewicht, dass aus Sicht des Erwerbsinteressenten vom Vertragsschluss Abstand genommen werden sollte (show-stopper)? Dies wird relativ selten der Fall sein. In den meisten Fällen lassen sich Compliance-Probleme im Zuge der Kaufpreisbildung, durch Garantien bzw. Freistellungen und durch entsprechende Aufarbeitungsmaßnahmen in den Griff bekommen. Denkbar ist, dass sich das Compliance-Problem auf einen isolierbaren Teil des Zielunternehmens beschränkt. In einem solchen Fall kann erwogen werden, diesen Unternehmensteil aus der Transaktion auszuschließen (carve-out). Aber auch dies werden seltene Ausnahmefälle sein.

– Die zweite Frage ist, wie sich das identifizierte Compliance-Problem auf die Kaufpreisbildung auswirkt. Steht beispielsweise fest, dass mit Strafzahlungen, Geldbußen oder der Anordnung eines Verfalls in voraussehbarer Höhe zu rechnen ist, kann dieser Betrag vom Kaufpreis abgezogen werden, ebenso wie die mutmaßlichen Kosten für die weitere Aufklärung, die Beseitigung der Compliance-Verstöße und die erforderliche Verbesserung des Compliance-Programms. Ist eine solche Quantifizierung nicht möglich, bietet es sich an, zumindest für sämtliche zu erwartende Belastungen, die aus dem identifizierten Compliance-Problem resultieren, eine Freistellung zu vereinbaren.

– In einem dritten Schritt ist zu prüfen, welche Garantien und Gewährleistungen der Erwerbsinteressent vom Verkäufer im Hinblick auf Compliance-Themen verlangen sollte. Üblich ist insoweit zum einen eine allgemein gehaltene Garantie, die in breitem Umfang die Einhaltung anwendbaren Rechts zusichert, soweit nicht Gegenteiliges ausdrücklich vor Vertragsschluss offen gelegt, ggf. in einem Disclosure Schedule sogar formalisiert bekannt gegeben wurde. Zum anderen sind Gewährleistungen zu spezifisch identifizierten Problembereichen denkbar. Aus Sicht des Verkäufers stellt sich die Frage, wie er seinerseits den Inhalt von abzugebenden Gewährleistungsversprechen absichern soll. In diesem Zusammenhang hat es sich eingebürgert, von den wesentlichen Auskunftspersonen innerhalb des Zielunternehmens Bestätigungsschreiben (Certifications) einzuholen.

– Viertens und letztens stellt sich gerade im Hinblick auf identifizierte Compliance-Probleme die Frage, welche zusätzlichen Untersuchungs- und Ermittlungsmaßnahmen angezeigt sind. Oftmals wird sich innerhalb des knapp bemessenen Zeitrahmens für eine Due Diligence ein Compliance-Verdachtsfall nicht bis ins letzte Detail aufklären und ergründen lassen. Zum Zeitpunkt des Vertragsschlusses liegen in einem solchen Fall Verdachtsmomente und Indizien für einen Compliance-Verstoß vor, sichere Erkenntnisse eines subsumtionsfähigen Sachverhaltes sind dagegen eher die Ausnahme. In einem solchen Fall besteht keineswegs nur die Möglichkeit, entweder vom Vertragsschluss abzusehen oder aber den Vertrag im Sinne eines „Augen zu und durch" abzuschließen und durchzuführen, sondern es ist mittlerweile mehr und mehr üblich, in diesen Fällen ein detailliertes Prozedere zu vereinbaren, wie der Compliance-Verdacht gemeinsam nach Vertragsschluss weiter aufgeklärt, in welchem Umfang mit Ermittlungsbehörden zusammengearbeitet werden soll und wie sich die möglichen Ergebnisse einer weiteren Untersuchung auf den Unternehmenskaufvertrag – beispielsweise in Form von Kaufpreisanpassungen, Freistellungen, Gewährleistungen aber auch möglicherweise Rücktrittsrechten – auswirken sollen.

3.2 Besonderheiten bei der Aufdeckung von Compliance-Problemen zwischen Vertragsschluss und Vertragsvollzug

348 Es kommt nicht selten vor, dass nach Abschluss des Unternehmenskaufvertrages, und – bisweilen kurz – vor dessen Vollzug (Closing) neue Compliance-Probleme auftauchen. Wie ist mit solchen Fällen umzugehen?

349 In einem ersten Schritt stellt sich die Frage, welche Regelungen der Unternehmenskaufvertrag hierzu enthält. Beispielsweise kann der neu entdeckte Compliance-Sachverhalt ein vertragliches Rücktrittsrecht auslösen. Denkbar wäre etwa, dass eine in Unternehmenskaufverträgen typischerweise vereinbarte Material Adverse Change Klausel einschlägig ist. Vorstellbar ist weiterhin, dass zumindest eine Compliance-Garantie tatbestandlich einschlägig ist, so dass dem Verkäufer zunächst, soweit möglich, üblicherweise die Beseitigung des Garantieverstoßes und damit die Beseitigung des Compliance-Problems obliegt. Falls dies nicht gelingt, schuldet der Verkäufer in der Regel Schadensersatz in der vertraglich vereinbarten Art und Weise.

350 Oftmals wird es allerdings so sein, dass die vertraglich vereinbarten Regelungsmechanismen nicht ausreichen, um ein vor Vertragsvollzug identifiziertes Compliance-Problem hinreichend zu adressieren. Sofern nicht genau dieser Fall bereits bei Vertragsschluss vorhergesehen und einer vertraglichen Regelung unterworfen wurde, stellt sich spätestens jetzt die Frage, ob der Unternehmenskaufvertrag um entsprechende Vereinbarungen zur Aufarbeitung des neu entdeckten Compliance-Falles, zur eventuellen Kooperation mit Behörden und zu den weiteren Rechtsfolgen zu erweitern ist.

351 Abschließend ist auch in diesem Zusammenhang darauf hinzuweisen, dass sich in der Praxis der Trend mehr und mehr durchsetzt, ein zwischen Vertragsschluss und Vertragsvollzug identifiziertes Compliance-Problem nicht zum Anlass zu nehmen, vom Vertrag Abstand zu nehmen oder den Vertragsvollzug auf mehr oder weniger lange Zeit aufzuschieben, bis das Compliance-Problem in allen Einzelheiten aufgearbeitet ist. In der Regel lässt sich ein Modus Vivendi finden, der den Vertragsvollzug gestattet und eine nachträgliche gemeinsame Aufarbeitung des Compliance-Problems ermöglicht.

Anders mag es sein, solange und soweit es dem Erwerber nicht gelingt, zu einer hinreichend zuverlässigen Einschätzung zu gelangen, welcher Art und welchen Umfangs das Compliance-Problem überhaupt ist. In einem solchen Fall liegt es näher, das Closing aufzuschieben oder vom Vertrag insgesamt zurückzutreten.

352

3.3 Das Thema Compliance im Rahmen der Post-Merger Integration

Nach Vollzug eines Unternehmenskaufvertrages steht der Erwerber im Rahmen der Post-Merger Integration vor der Aufgabe, das erworbene Unternehmen möglichst rasch in seine bestehende konzernweite Compliance-Organisation einzugliedern. Dabei empfiehlt es sich, eine einheitliche konzernweite Compliance-Organisation und ein konzernweites Programm aufzulegen und durchzuführen. Dies hat in der Regel zur Folge, dass die Compliance-Organisation und das Compliance-Programm des erworbenen Unternehmens einer umfassenden Bestandsaufnahme (z.B. im Rahmen eines „culture audit") und einer grundlegenden Überarbeitung bedürfen.

353

Umgekehrt kann der Erwerb eines Unternehmens auch Rückwirkungen auf das bestehende Compliance-Programm haben. Dies kann beispielsweise dann der Fall sein, wenn das erworbene Unternehmen neue Risikobereiche oder in wesentlichem Umfang neues Geschäft in Compliance-gefährdeten Regionen enthält, die so im bisherigen Unternehmensverbund des Erwerbers nicht vorhanden waren. In diesem Fall muss die konzernweite Compliance-Organisation des Erwerbers so fortentwickelt werden, dass sie den neuen Risiken angemessen ist.

354

Ferner versteht sich von selbst, dass das erworbene Unternehmen auch im Hinblick auf Compliance-Schulungen und Compliance-Überprüfungen in die regelmäßigen konzernweiten Abläufe des Erwerbers einzubeziehen ist.

355

Sollten schließlich Compliance-Probleme „erworben" worden sein, die vor Vertragsvollzug nicht vollständig beseitigt wurden, müssen die entsprechenden Ermittlungen und Abhilfemaßnahmen nunmehr nach Vertragsvollzug nachgeholt werden. Soweit hierzu Vereinbarungen mit dem Veräußerer bestehen, beispielsweise über eine gemeinsame Vorgehensweise bei der Durchführung solcher Ermittlungen, sind diese und die daraus folgenden Beschränkungen zu beachten. Ergeben sich nach Vertragsvollzug neue Compliance-Probleme, die vorher nicht entdeckt wurden, sind wiederum die vertraglichen oder gesetzlichen Rechtsbehelfe auf ihre Einschlägigkeit zu überprüfen, insbesondere vertragliche Gewährleistungen mit Compliance-Bezug.

356

4. Besonderheiten bei Joint Venture-Beziehungen

Die Eingehung eines Joint Ventures ist im Ausgangspunkt eine Form einer M&A-Transaktion. Deshalb gelten zunächst die vorstehenden Ausführungen hinsichtlich der Planung, Vorbereitung und Durchführung einer Compliance-Due Diligence bei M&A-Transaktionen auch für Joint Ventures entsprechend. Die Due Diligence Frage stellt sich dabei insbesondere aus Sicht desjenigen Vertragspartners, der zu einem

357

bestehenden Geschäft neu hinzukommt. Bringen beide Partner Unternehmen oder Unternehmensteile in das Joint Venture ein, stellt sich für beide Seiten die Compliance-Due Diligence Frage im Hinblick auf das jeweils vom anderen einzubringende Unternehmen.

358 Ob demgegenüber eine Compliance-Due Diligence auch bei dem jeweiligen Joint Venture-Partner selbst angezeigt ist, ist eine davon getrennt zu betrachtende Frage. Im Grundsatz ist sie zu verneinen. In erster Linie relevant i.S.d. Vermeidung von Haftungsrisiken sind für jeden Joint Venture-Partner nur diejenigen Unternehmensteile des anderen Partners, die in das Joint Venture eingebracht werden. Gleichwohl kann es nicht schaden, öffentlich verfügbare Informationen über den Joint Venture-Partner im Hinblick auf Compliance-relevante Sachverhalte zu untersuchen, da sich daraus immerhin Hinweise für mögliche Compliance-Probleme auch in dem eingebrachten Unternehmensteil ergeben können.

359 Ist das Joint Venture einmal errichtet, trifft beide Partner eine fortlaufende Verantwortung für die Einhaltung der Compliance-Vorschriften und deren Überwachung und Kontrolle im Joint Venture.

360 Die einschlägigen vertraglichen Vereinbarungen über das Joint Venture sollten – ähnlich einem Unternehmenskaufvertrag – wechselseitige Garantien und Gewährleistungen zu Compliance-Themen enthalten. Abhängig von den Ergebnissen der Due Diligence können auch hier Freistellungsvereinbarungen zu bereits identifizierten konkreten Compliance-Verstößen angezeigt sein.

361 Besonderheiten können sich ergeben, wenn einer der Joint Venture-Partner eine staatliche Organisation oder ein staatseigenes Unternehmen ist. In diesen Fällen sind die Möglichkeiten, vor Vertragsschluss eine Due Diligence durchzuführen, oftmals stark begrenzt. Ergibt eine sorgfältige Abwägung, dass das Joint Venture gleichwohl eingegangen werden soll, bleibt als einzige Möglichkeit sich vor Compliance-Problemen zu schützen, bei der Durchführung des Joint Ventures auf ein Maximum an Transparenz zu setzen. Zweckmäßig ist hierfür die Vereinbarung hinreichender Informations- und Kontrollrechte in der Joint Venture-Vereinbarung. Diese Rechte müssen dann aber auch entsprechend ausgeübt werden.

362 Treten während der Joint Venture-Beziehung innerhalb des Joint Ventures Compliance-Probleme auf, sind diese ebenso zu behandeln, wie Compliance-Probleme innerhalb des eigenen Unternehmens. Der Sachverhalt muss vollständig und rückhaltlos aufgeklärt werden, die Rechtsverstöße sind abzustellen und die verantwortlichen Personen zur Rechenschaft zu ziehen in arbeitsrechtlicher und zivilrechtlicher, ggf. auch in strafrechtlicher Hinsicht. Schließlich sind entsprechende organisatorische Maßnahmen erforderlich, um eine Wiederholung vergleichbarer Compliance-Verstöße zu vermeiden. Wehrt sich der Joint Venture-Partner gegen eine solche Vorgehensweise, sind die Möglichkeiten der Rechtsdurchsetzung nach den einschlägigen Joint Venture-Vereinbarungen zu prüfen. Ist insoweit kein „Durchkommen" und besteht keine Möglichkeit, Compliance-Verstöße abzustellen, ist die Beendigung der Joint Venture-Beziehung ernsthaft in Betracht zu ziehen, um weitergehende Haftungsfolgen zu vermeiden.

III. Due Diligence bei Intermediären

Wie im einleitenden Abschnitt dargelegt, ist die Durchführung einer Compliance- **363** Due Diligence bei der Einschaltung von Vertriebsmittlern und Intermediären jedenfalls in korruptionsgeneigten Regionen nachhaltig zu empfehlen, um sich von vornherein nicht dem Vorwurf auszusetzen, man hätte als Auftraggeber mit der Möglichkeit gerechnet und diese auch billigend in Kauf genommen, dass der Intermediär einen Teil des an ihn fließenden Geldes für Schmiergeldzwecke verwendet. Grundsätzlich lassen sich auch hier drei Phasen unterscheiden: Planung, Durchführung und Umsetzung.

1. Planung: Institutionalisierung des Due Diligence-Prozesses

M&A-Transaktionen sind in der Regel Ad-hoc-Vorhaben, die sich durch Zeitdruck **364** und die Hinzuziehung externer Ressourcen auszeichnen. Die Einbindung von Vertriebsmittlern und Intermediären geschieht dagegen in der Unternehmenspraxis regelmäßig auf einer fortlaufenden Basis. Die typische Gefahrenlage ergibt sich hier daraus, dass die Kontakte zu solchen Mittelspersonen in der Regel in den Regionen und ausländischen Tochtergesellschaften von den dortigen Vertriebs- und Geschäftsverantwortlichen an Ort und Stelle hergestellt werden. Aufgrund des typischerweise herrschenden Umsatzdruckes und der Einfärbung des Rechtsbewusstseins durch lokale Gegebenheiten liegt häufig die Gefahr nahe, dass Vertriebsmittler und Intermediäre auf diese Weise ohne näheres Hinsehen, vielleicht sogar durch bewusstes Ignorieren problematischer Indizien eingebunden werden. Genau diese Konstellation aber kann Anknüpfungspunkt für den Vorwurf bedingten Vorsatzes werden. Ihr muss daher durch geeignete organisatorische Maßnahmen und die Institutionalisierung einer strengen Compliance-Due Diligence für Intermediäre entgegengewirkt werden.

Für die Institutionalisierung des Due Diligence-Prozesses im Hinblick auf Interme- **365** diäre sind vor allem drei Komponenten von entscheidender Bedeutung:

– Erstens muss in einer allgemeinverbindlichen Weise, beispielsweise in Form einer Richtlinie, unternehmensweit festgelegt werden, welches Verfahren bei der Einschaltung von Intermediären und Vertriebsmittlern einzuhalten ist.
– Zweitens müssen die Zuständigkeiten für Anbahnung und Abschluss von Verträgen mit Intermediären und Vertriebsmittlern so definiert werden, dass der oben beschriebenen Gefahrensituation entgegengewirkt wird. Dies bedingt, dass die Befugnis zum Abschluss solcher Verträge niemals allein bei den regionalen Vertriebs- oder Geschäftsverantwortlichen liegen darf. Stattdessen muss eine zentrale Compliance-Stelle in die Vorbereitung und den Abschluss solcher Verträge eingebunden werden.
– Drittens muss das Vertragsanbahnungsverfahren formalisiert werden. Es müssen unternehmensweit einheitlich zu verwendende Formulare erstellt werden, um Ausweich- und Umgehungsmanöver zu vermeiden. Zu diesen Formularen gehören Vordrucke, beispielsweise für eine umfassende Selbstauskunft des angehenden Intermediäres, für die Risikobewertung durch die zuständigen Stellen im Unternehmen sowie Standardvertragsklauseln, mit denen einem Intermediär die Beachtung compliance-relevanter Vorgaben verbindlich auferlegt wird.[214]

---

214 Vgl. etwa Münchener Vertragshandbuch/*Rieder* Band 4, 7. Aufl. 2012, Form X.2 und Form X.3.

2. Durchführung der Compliance-Due Diligence

366 Die Durchführung der Compliance-Due Diligence im Hinblick auf Vertriebsmittler und Intermediäre setzt sich im Wesentlichen aus drei Schritten zusammen: aus einer umfassenden Selbstauskunft des angehenden Vertragspartners, einer Analyse sonstiger, unabhängiger Informationsquellen und einer sorgfältigen Risikobewertung.

2.1 Selbstauskunft

367 Auf Grundlage eines standardisierten Fragebogens ist der angehende Vertragspartner aufzufordern, umfassend über seine rechtlichen und geschäftlichen Verhältnisse Auskunft zu geben. Schwerpunkte der Selbstauskunft sind vor allem die folgenden Bereiche:

- Hintergrundinformationen: Rechtsform, Gesellschafter, Geschäftsführer, Gründungsdatum, Unternehmensgröße (Mitarbeiterzahl, Umsatz, geografischer Tätigkeitsbereich), Art und Zahl der übrigen Kunden, Qualifikationen und Erfahrung der Mitarbeiter und bisherige Geschäftsbeziehungen zum Unternehmen.
- Beziehungen zu Regierungseinrichtungen und Amtsträgern: Amtsträgereigenschaft von Gesellschaftern und Organmitgliedern, Verwandtschaft zu Amtsträgern, sonstige Beziehungen (finanzieller oder anderer Art) zu Regierungseinrichtungen und Amtsträgern.
- Anwendbare lokale Rechtsvorschriften: Genehmigungen für die beabsichtigten Dienstleistungen, Zahlungsregeln, Steuerpflichten.
- Compliance-Informationen: Frühere strafrechtliche Verurteilungen oder Ermittlungen, Wissen um die einschlägigen Antikorruptionsvorschriften, Bestehen eines Compliance Programms, bestehender Ausschluss von öffentlichen Aufträgen, Submissionsabsprachen, bestehende wesentliche Rechtsstreitigkeiten.
- Referenzen: Einholung mehrerer unabhängiger geschäftlicher Referenzen mit Adresse und Telefonnummer und einer Beschreibung der für diese erbrachten Dienstleistungen.

2.2 Analyse unabhängiger Informationsquellen

368 Neben der vorstehend beschriebenen detaillierten Selbstauskunft gehört zu einer ordnungsgemäßen Compliance-Due Diligence vor der Einschaltung von Vertriebsmittlern und Intermediären die Analyse sonstiger öffentlich zugänglicher oder anderweitig verfügbarer Informationsquellen. Hierzu gehören neben Presseberichten und über das Internet verfügbaren Informationen auch Auskünfte staatlicher Botschaften vor Ort und ggf. Auskünfte von Business Intelligence-Dienstleistern.

2.3 Risikobewertung

369 Die im Wege der Selbstauskunft und auf Basis unabhängiger Quellen erhobenen Informationen sind in einem standardisierten Due Diligence-Bericht zusammenzufassen und zu bewerten. Wesentlich ist dabei in einem ersten Schritt herauszuarbeiten, welche geschäftliche bzw. wirtschaftliche Begründung überhaupt für die Einschaltung des Intermediäres existiert. Von entscheidender Bedeutung ist ferner, wie die Gesellschaft den Vertragspartner kennen gelernt hat, welche weiteren möglichen Vertragspartner in Betracht gezogen wurden und warum gerade dieser Vertragspartner ausgewählt worden ist. Wesentliche weitere Komponenten der Risikobewertung ergeben sich aus Art und Höhe der Gegenleistung, die für den Vertragspartner vorgeschlagen wird. Insoweit ist ein Vergleich zu den marktüblichen Gegenleistungen für reale, legale Vermittlungsdienste anzustellen. Verdachtsmomente können Aussagen des Partners sein wie, seine Involvierung und die Bezahlung der von ihm verlangten Vergütung sei erforderlich, um das Geschäft zu erlangen. Argwohn sollte auch erregen, wenn der Partner darauf besteht, die Gegenleistung teilweise oder vollständig in bar, auf ein Nummernkonto oder ein sonstiges überseeisches Konto überwiesen zu erhalten. In besonderer Weise Verdacht erregend sind selbstverständlich Absprachen über gefälschte oder verfälschte Leistungsdokumentationen. Schließlich ist es ein schlechtes Zeichen, wenn sich der Vertragspartner weigert, Standardvertragsklauseln zu Compliance-Themen zu akzeptieren.

Am Ende der Risikoeinschätzung steht die grundlegende Entscheidung, ob mit dem **370** Partner ein Vertrag geschlossen werden soll oder nicht. In den seltensten Fällen werden die Ergebnisse der Due Diligence reinweiß oder nur schwarz sein. Oftmals ergibt die Risikoeinschätzung, dass gewisse Verdachtsmomente und Indizien für unrechtmäßiges Verhalten vorliegen, ein überzeugender Beweis oder Gegenbeweis insoweit aber nicht gelingt. In diesen Fällen muss die Entscheidung über den Vertragsschluss in jedem Fall zu einer zentralen Compliance-Stelle eskaliert werden. Diese hat zu entscheiden, ob weitere Ermittlungen angestellt werden sollen, um höhere Sicherheit im Hinblick auf die unklaren Umstände und Gesichtspunkte zu erlangen. Gelingt dies nicht, oder lohnen zusätzliche Ermittlungen nicht, ist zu entscheiden, ob die identifizierten „Red Flags" von solch geringer Art oder solch geringem Gewicht sind, dass sie guten Gewissens im Vertrauen auf die Wirksamkeit beispielsweise von Compliance-Vertragsklauseln in Kauf genommen werden können. Ist dies nicht der Fall, kann von einem Vertragsschluss nur abgeraten werden.

Während des gesamten Prozesses darf ein Gesichtspunkt niemals aus den Augen ver- **371** loren werden: Die Erst- und Letztverantwortung für das rechtmäßige Verhalten von Vertriebsmittlern und Intermediären liegt bei den lokalen und regionalen Vertriebs- und Geschäftsleitern. Es muss daher auch deren Anliegen sein, rechtstreue Vertriebsmittler und Intermediäre zu engagieren. Es ist nicht ausreichend, dass sie routinemäßig die vorgegebenen Formulare ausfüllen und die Entscheidung sodann in der Zentrale getroffen wird. Diesen Punkt fest im Bewusstsein der Betroffenen zu verankern, ist eine der wesentlichen Aufgaben der Compliance-Schulungen im Unternehmen.

3. Verwendung von Standardvertragsklauseln

In den letzten Jahren hat sich international mehr und mehr die Übung durchgesetzt, **372** Intermediären und Vertriebsmittlern die Unterzeichnung von Compliance-bezogenen Standardvertragsklauseln abzuverlangen. Typische Inhalte solcher Klauseln sind folgende:
- Verpflichtung zur zukünftigen Rechtstreue;
- Garantieerklärung im Hinblick auf rechtstreues Verhalten in der Vergangenheit;
- Zusicherung, Organmitglieder und Mitarbeiter über die einschlägige Rechtslage in Compliance-Fragen und ggf. darüber hinausgehende Compliance-Richtlinien des Auftraggebers aufzuklären;
- Verbot nicht offen gelegter Geschäftsbeziehungen zu Regierungsorganisationen und Amtsträgern;
- Zahlungen nur auf Grundlage detaillierter Leistungsbeschreibungen und durch unbare Zahlungsmittel;

- Informations- und Kontrollrechte des Auftraggebers;
- Kündigungsrecht bei Verstoß gegen die Compliance-Klauseln;
- Abgeschlossene Verträge mit Intermediären müssen, ebenso wie die zugehörigen Due Diligence-Ergebnisse, voll umfänglich zentral aufbewahrt und jederzeit zugreifbar sein, um im Falle von Ermittlungen und diesbezüglichen Vorwürfen jederzeit den entsprechenden Entlastungsbeweis führen zu können.

4. Periodische Aktualisierung

373 Es ist normalerweise nicht damit getan, den Vertragspartner einmalig zur Compliance zu verpflichten. Vielmehr hat es sich als Standard eingebürgert, regelmäßige Aktualisierungen zu verlangen, beispielsweise in Form einer jährlichen Selbstzertifizierung durch den Vertragspartner, in deren Rahmen er bestätigt, im abgelaufenen Jahr seine Verpflichtungen eingehalten zu haben und nochmals bekräftigt, dies auch in Zukunft weiterhin so zu handhaben.

374 In gleicher Weise reicht es nicht aus, Informations- und Kontrollrechte vertraglich zu vereinbaren. Diese müssen auch regelmäßig ausgeübt werden.

5. Compliance-Probleme nach Vertragsschluss

375 Ergeben sich nach Vertragsschluss Compliance-Probleme, ist mit diesen wie mit allen anderen Compliance-Fällen ordnungsgemäß umzugehen. An erster Stelle steht dabei die Ermittlung des relevanten Sachverhaltes, sodann die Beseitigung des rechtswidrigen Zustandes und die Sanktionierung gegenüber den Verantwortlichen. Hierzu kann auch die Kündigung des Vertrags mit dem Intermediär gehören, in dessen Verantwortungsbereich ein Compliance-Verstoß aufgetreten ist.

7. Kapitel
Compliance und Strafrecht

A. Unternehmensinterne Ermittlungen in Compliance-Fällen

I. Einführung

Ein nicht auf der präventiven, sondern auf der repressiven Ebene angesiedeltes Element der Compliance bilden die Internen Ermittlungen. Sie sind wesentlicher Bestandteil eines effektiven Compliance-Programms und dienen nicht nur dazu, mögliches Fehlverhalten aufzudecken und abzustellen, sondern auch der Prävention.[1]   **1**

Mittels Interner Ermittlungen, die vielfach durch externe Berater durchgeführt werden, können Risiken, die sich aus möglichen Unregelmäßigkeiten und Normverstößen für das Unternehmen ergeben, unter Kontrolle gehalten und gemindert werden.   **2**

Die Nachteile, die sich nicht erst aus der Sanktion, sondern bereits dann ergeben, wenn die Behörden auf ein Fehlverhalten im Unternehmen aufmerksam geworden sind, können erheblich sein. Daher sehen sich Entscheidungträger der Unternehmen zunehmend veranlasst, sich selbst mit der Untersuchung und Aufklärung verdächtiger Vorgänge im Unternehmen zu befassen. Dieser Vorgang wird als Interne Ermittlung bzw. Internal Investigation oder Corporate Internal Investigation bezeichnet.   **3**

Das Instrumentarium hat seinen Ursprung in den USA und ist in Deutschland erstmals im Zusammenhang mit größeren entdeckten Korruptionsfällen in Unternehmen, wie etwa Siemens oder MAN von der Öffentlichkeit bemerkt worden.   **4**

Der Umfang und die Art und Weise der Ermittlungen ist in Deutschland neu. Zwar kannte man Formen von eigenen Untersuchungen zum Beispiel in der Art, dass eine Behörde Prüfungen eines Wirtschaftsprüfers anstößt. Unüblich war aber bislang, dass das Unternehmen selbst solche Ermittlungen durchführt, wie sie grundsätzlich nur von der Staatsanwaltschaft bekannt sind. Eine Interne Ermittlung des Unternehmens dient nämlich – wie auch die behördliche Ermittlung – grundsätzlich der kompromisslosen Aufklärung und Wahrheitsfindung unter Zugrundelegung aller vorhandenen und legal zugänglichen Beweismittel. Das bedeutet, dass sowohl ent- als auch belastende Tatsachen herangezogen werden sollen und müssen.   **5**

In der Regel werden die Ermittlungen nicht durch die Leitungsorgane oder Mitarbeiter aus dem Bereich Compliance durchgeführt, sondern durch die Innenrevision. Zusätzlich werden aber gerade in größeren Fällen externe Berater, wie spezialisierte Anwaltskanzleien oder Wirtschaftsprüfungsgesellschaften mit den Ermittlungen beauftragt. Das geschieht zum einen deshalb, weil die eigenen Kapazitäten im Unternehmen nicht immer ausreichen, um gerade komplexe Sachverhalte zu untersuchen. Zum anderen kann in schwierigen Fällen – etwa wenn Führungspersonen unter Verdacht stehen oder bereits staatsanwaltschaftliche Maßnahmen erfolgt sind – ein Vertrauens- und Reputationsschaden nur abgewendet werden, wenn ein neutraler und unabhängiger Berater die Sachverhaltsaufklärung durchführt.   **6**

---

1 Vgl. *Moosmayer* S. 95.

7 Die eigene Interne Ermittlung kann dem Unternehmen helfen, gerade bei großen und komplexen Verdachtsfällen, nicht gänzlich die Kontrolle über die Geschehnisse zu verlieren. In vielfacher Hinsicht können sich Fälle von Regelverstößen im Unternehmen in unberechenbarer Weise entwickeln. Den Kern bildet der Interne Vertrauensverlust, der sich daraus ergibt, dass ungewiss ist, wer, wann und in welchem Umfang gegen Regeln verstoßen hat und ob das unrechtmäßige Verhalten noch andauert. Aber auch die Ungewissheit darüber, ob das betroffene Unternehmen bereits im Fokus behördlicher Ermittlungen steht bzw. wie diese Ermittlungen ablaufen werden und was sie zu Tage bringen, führt zu nicht steuerbaren und schädigenden Auswirkungen. Schließlich besteht auch ein erhebliches Risiko von Reputationsschäden, etwa durch Medienberichte, denen das Unternehmen ausgesetzt ist bzw. denen es bei eigener Untätigkeit nichts entgegenhalten kann.

8 Insoweit tut das Unternehmen gut daran, eigene Untersuchungen anzustellen, um aufzuklären, ob es in den eigenen Reihen Regelverstöße gibt. Naturgemäß kann das Ausmaß aller mit einem Rechtsverstoß in Verbindung stehenden Schäden umso stärker gemindert werden, je früher er entdeckt wird und entsprechende Maßnahmen ergriffen werden.

9 Auch wenn sich das Instrumentarium der Internen Ermittlung zunehmend etabliert, besteht eine Vielzahl rechtlicher Probleme. Diese ergeben sich vor allem in dem Kontext, dass eine juristische Person, die – auch, wenn sie ein echtes und ehrliches Aufklärungsinteresse hat – im Grunde nicht unabhängig ist, umfassende Aufklärungsmaßnahmen vornimmt.

10 Nicht zu vernachlässigen ist auch die Frage, ob die Interne Ermittlung aus Unternehmenssicht tatsächlich der lückenlosen Aufklärung dienen soll oder ob sie nicht vielmehr dazu geeignet ist, die Ermittlungen der Staatsanwaltschaft zu beeinflussen. Insbesondere die Tatsache, dass in komplexen Fällen die Staatsanwaltschaft aufgrund mangelnder Ressourcen gar nicht in der Lage wäre, Ermittlungen in einem solchem Ausmaß, wie es das finanzstarke Unternehmen kann, durchzuführen, spielt hierbei eine Rolle.

II. Definition und Hintergrund

11 Eine Interne Ermittlung ist eine unternehmensinterne Untersuchung, die der Aufklärung von Pflichtverletzungen im oder aus dem Unternehmen und von Mitarbeitern des Unternehmens oder der Unternehmensleitung dienen soll.[2] Untersuchungsgegenstand sind dabei typischerweise bilanz-, aufsichts-, insiderrechtliche oder strafrechtliche Fragen.[3]

12 Die Interne Ermittlung kann durch jeden Hinweis auf ein mögliches Fehlverhalten, sei es aus einem Hinweisgebersystem, einer Beobachtung von Angehörigen der Compliance-Organisation oder aufgrund von strafrechtlichen Ermittlungen ausgelöst werden.

---

2 Vgl. *Nestler* in Knierim/Rübenstahl/Tsambikakis, 1. Kap. Rn. 46.
3 Vgl. *Mengel* NZA 2006, 112.

Ohne Zweifel gehört die Interne Ermittlung in den Kontext der Compliance. Compli- **13** ance ist die Gesamtheit aller organisatorischer Maßnahmen zur Verhinderung von Verstößen gegen Regeln und bestehendes Recht. Um eben diese Maßnahmen ergreifen zu können, müssen die spezifischen Risiken identifiziert werden. Dies erfolgt zwar grundsätzlich abstrakt und präventiv. Selbstverständlich sind aber auch die Fälle eingeschlossen, in denen sich ein Risiko bereits realisiert zu haben scheint. Nur dann, wenn ein Verdacht untersucht und geklärt wird, kann das Risiko im Speziellen erkannt und die entsprechende Maßnahme ergriffen werden, um den Rechtsverstoß abzustellen und künftig zu vermeiden.

Insoweit ist auch die Aufdeckung von Gesetzes- und Normverstößen und damit das **14** Instrument Interne Ermittlung ein wesentliches Element der Compliance.

Für die Durchführung Interner Ermittlungen gibt es mehrere Gründe. Da der **15** Ursprung der Internen Ermittlung in den USA liegt, sind auch die Gründe zunächst im Kontext des US-amerikanischen Rechtssystems zu betrachten.

Aufgrund der in den USA bestehenden United States Sentencing Guidelines **16** (U.S.S.G.) können juristische Personen und deren Angehörige bei Rechtsverstößen im Rahmen ihrer Tätigkeit mit Geldstrafen belegt werden. In den U.S.S.G ist geregelt, dass die eigene Aufklärung der Tat und die sich daran anschließende Anzeige oder auch eine umfängliche Kooperation mit den Behörden zu einem geringeren Strafrahmen führen kann.

Zudem steht den Strafverfolgungsbehörden ein Ermessen zu, ob sie gegen eine **17** juristische Person Anklage erheben. Von der Erhebung der Anklage kann die Behörde insbesondere dann absehen, wenn die juristische Person die Aufklärung der Rechtsverstöße betrieben, die Tat angezeigt hat und willens ist, mit den Behörden zu kooperieren.[4]

Auch Regulierungsbehörden, wie etwa die Wertpapieraufsichtsbehörde, die Securities **18** and Exchange Commission (SEC) können im Falle der Kooperation von Strafen absehen oder mindestens geringere Strafen verhängen.[5]

Obgleich sich solche Regelungen nicht im deutschen Recht finden, ist die Motivation **19** für die Durchführung der Internen Ermittlung in praktischer Hinsicht in Deutschland nicht grundsätzlich anders als in den USA.

Außerdem kann eine staatsanwaltschaftliche Ermittlung auch die Geschäftsabläufe im **20** Unternehmen erheblich beeinträchtigen, schlimmstenfalls sogar komplett zum Erliegen bringen. Eigene Ermittlungstätigkeiten und eine Kooperation mit der Staatsanwaltschaft bzw. der Polizei sorgen dafür, dass die Ermittlungsbehörden die eigenen Ermittlungen reduzieren oder diese so ausführt, dass die die Abläufe im Unternehmen wenig stören.[6] Auch vor diesem Hintergrund besteht eine Motivation für eigene Untersuchungen des geschädigten Unternehmens.

Schließlich wird das Unternehmen durch eine Interne Ermittlung auch gegenüber den **21** Unternehmensangehörigen signalisieren, dass Hinweisen auf Fehlverhalten auch tat-

---

4 Dies ist dem sogenannten „Thompson Memorandum" geregelt: Schreiben von Larry D. Thompson, Deputy Attorney General (Department of Justice) vom 20.1.2003, Principles of Federal Prosecution of Business Organizations.
5 Vgl. hierzu *Wagner* CCZ 2009, 9.
6 So auch *Wagner* CCZ 2009, 10.

sächlich nachgegangen wird und keine strafbaren Verhaltensweisen geduldet oder gar vertuscht werden.[7] Insoweit kommt der Internen Ermittlung auch ein präventiver Aspekt zu.[8]

III. Rechtliche Pflicht zur Sachverhaltsaufklärung

22 Unabhängig davon, dass es viele Vorteile hat, bei dem Verdacht auf Norm- und Gesetzesverstöße eigene Ermittlungen anzustellen, kann jedenfalls in der Aktiengesellschaft sogar von einer Pflicht zur Durchführung einer Internen Ermittlung ausgegangen werden.

23 Eine solche Pflicht lässt sich zum einen aus den allgemeinen Vorstandspflichten der §§ 76 Abs. 1, 93 Abs. 1 AktG herleiten. Ganz allgemein lässt sich in diesem Zusammenhang sagen, dass aufgrund und im Rahmen der Unternehmerfunktion des Vorstands eine Pflicht zur Aufklärung eines Sachverhalts besteht, wenn diese Aufklärung im Unternehmensinteresse liegt. Konkreter kann das bedeuten, dass eine Interne Sachverhaltsaufklärung dann angezeigt ist, wenn etwa das Ergebnis der Ermittlungen erhebliche Auswirkungen auf das Unternehmen hat. Das gilt auch, wenn wesentliche Entscheidungen, die der Vorstand zu treffen hat, mit dem Ergebnis einer Sachverhaltsaufklärung in Verbindung stehen.[9]

24 Ebenso lässt sich eine Pflicht herleiten, wenn der Verdacht sich etwa auf Personen in Führungspositionen bezieht, deren Besetzung ebenfalls zu den Pflichten und Aufgaben des Vorstands gehört.

25 Teilweise wird auch als Teilelement der Überwachungssorgfalt eine Pflicht des Vorstands, Hinweisen auf Gesetzesverletzungen oder Unregelmäßigkeiten von Unternehmensangehörigen unverzüglich nachzugehen gesehen.[10]

26 Eine Pflicht zur Sachverhaltsermittlung bzw.- aufklärung kann sich zudem aus § 130 Abs. 1 S. 1 OwiG ergeben. Im Gesetzestext ist die Rede von „Aufsichtsmaßnahmen, die erforderlich sind, um in dem Betrieb oder Unternehmen Zuwiderhandlungen gegen Pflichten zu verhindern, die den Inhaber treffen und deren Verletzung mit Strafe oder Geldbuße bedroht ist…, wenn eine solche Zuwiderhandlung begangen wird, die durch gehörige Aufsicht verhindert oder wesentlich erschwert worden wäre." Der Begriff der Aufsicht soll hier auch einschließen, dass gegen Rechtsverstöße eingeschritten wird, was vielfach erst nach einer Untersuchung eines Verdachts möglich ist.[11]

27 Schließlich lässt sich zwar keine konkrete Pflicht, aber eine Notwendigkeit der Aufklärung von Sachverhalten auch aus der sogenannten Business Judgement Rule, der aktienrechtlichen Vorschrift zur Haftungsvermeidung (§ 93 Abs. 1 S. 2 AktG) ableiten. Danach liegt eine Pflichtverletzung nicht vor, „wenn das Vorstandsmitglied bei einer unternehmerischen Entscheidung vernünftigerweise annehmen durfte, auf der Grundlage angemessener Information zum Wohle der Gesellschaft zu handeln." Unterlässt

---

7 Vgl. *Moosmayer* S. 96.
8 Vgl. *Nestler* in Knierim/Rübenstahl/Tsambikakis, 1. Kap. Rn. 46.
9 Vgl. *Wagner* CCZ 2009, 10 ff.
10 *Fleischer* § 8 Rn 35.
11 Vgl. *König* in Göhler, OwiG, § 130 Rn. 11; *Wagner* CCZ 2009, 13.

Poppe

der Vorstand trotz bestehender Anhaltspunkte die Aufklärung eines möglichen Regelverstoßes und hat deshalb eben keine ausreichende Informationsbasis, um seine Entscheidungen zu treffen, so wird ihm die Business Judgement Rule nicht zu Gute kommen können und er für einen Schaden, der dem Unternehmen entsteht, persönlich haften.

Dies gilt nicht nur für den Vorstand der Aktiengesellschaft. Auch der Geschäftsführer **28** einer GmbH kann sich auf das Haftungsprivileg der Business Judgement Rule berufen.[12] Daraus ergibt sich umgekehrt aber auch, dass für ihn die gleichen Voraussetzungen wie für den Vorstand gelten, alle Informationsquellen ausschöpfen und daher eben auch eine Aufklärung zu betreiben.

Schließlich soll in diesem Zusammenhang auch das vielbeachtete obiter dictum des **29** BGH[13] nicht unerwähnt bleiben, wonach sich der Compliance Officer als Gehilfe eines strafrechtlich handelnden Unternehmensangehörigen strafbar machen kann, wenn er es unterlässt, Rechtsverstöße aufzudecken und sie zu verhindern. Der Compliance Officer wird sich schon zur Vermeidung seiner eigenen Strafbarkeit daher in der Pflicht sehen, Hinweisen und Anhaltspunkten in der erforderlichen Weise nachzugehen. Das ist zum Teil nur durch eine Interne Ermittlung möglich.

IV. Maßnahmen der Informationsgewinnung und deren Zulässigkeit

1. Allgemeine Grundsätze

Zur umfassenden Sachverhaltsaufklärung müssen im Rahmen der Internen Ermitt- **30** lung regelmäßig Unterlagen und Daten gesichtet und ausgewertet sowie vielfach Mitarbeiter oder Leitungsorgane befragt werden. So notwendig diese Maßnahmen oft sind, so schwierig und komplex sind die damit verbundenen rechtlichen Fragestellungen.[14]

Verstoßen die Ermittelnden bei ihrer Tätigkeit gegen bestehendes Recht, steht der **31** Erfolg und das Ergebnis der Ermittlung schnell in Frage. Eine unsachgemäß durchgeführte Ermittlung birgt für das Unternehmen und dessen Verantwortliche rechtliche und sogar strafrechtliche Risiken. Zudem können Fehler bzw. Rechtsverstöße bei den Ermittlungen dazu führen, dass die Ergebnisse nicht gerichtsverwertbar und deshalb Schadensersatz- oder sonstige Ansprüche nicht durchsetzbar sind.[15]

Hinzu kommt, dass eine Interne Ermittlung regelmäßig der Wiederherstellung der **32** Rechtstreue und Reputation des Unternehmens dienen soll, so dass Rechtsverstöße bei der Untersuchung kontraproduktiv wären.[16]

Die Ermittlungsmaßnahmen müssen also stets mit dem Blick auf straf-, datenschutz-, **33** arbeits- und zivilrechtliche Risiken durchgeführt werden. Andernfalls ist die Interne Ermittlung nicht nur mehr oder weniger umsonst erfolgt, sondern bringt auch noch zahlreiche Folgeprobleme für das Unternehmen und die Beteiligten mit sich.

---

12 BT-Drucks. 15/5092, 12.
13 *BGH* BB 2009, 2263.
14 Vgl. *Moosmayer* S. 96.
15 Vgl. *Klengel/Mückenberger* CCZ 2009, 81.
16 *Mengel/Ullrich* NZA 2006, 241.

2. Vorgehensweise

34 Wie auch eine polizeiliche Ermittlung muss jede Interne Ermittlung das Ziel verfolgen, möglichst umfassende und ausschöpfende Sachverhaltsinformationen zu erlangen. Die Ermittlung soll dazu führen, dass Täter individualisiert und deren Handlung nach Zeit und Ausmaß identifiziert werden können. Zudem muss das Ergebnis mit ausreichenden, belastbaren und vor allem gerichtsverwertbaren Beweismitteln zu belegen sein, die im Rahmen der Ermittlung gesichert werden müssen. Regelmäßig wird die Taktik der Ermittlung daher sein, Existenz, Art und Anlass der Untersuchungen vor potentiellen Täter verborgen zu halten, um Verdunkelungshandlungen zu vermeiden.[17]

3. Informationsquellen

35 Die Ermittlungspersonen können zunächst frei zugängliche Informationsquellen, wie zum Beispiel Handelsregisterauszüge, unproblematisch nutzen. Außerdem kann – da es sich um Ermittlungen des Unternehmens selbst bzw. von diesem beauftragte Dritte handelt- auf sämtliche Daten und Unterlagen, die Geschäftsvorfälle betreffen, zugegriffen werden.

3.1 Akten und Personalakten

36 Unterlagen und Akten, die Geschäftsvorfälle betreffen, sind dienstliche Dokumente der Arbeitnehmer, die der Arbeitgeber uneingeschränkt einsehen darf. Auch wenn der Arbeitnehmer die Akten angelegt hat oder führt, darf er die Einsichtnahme durch den Arbeitgeber nicht verweigern.[18] Ebenso wenig darf er dienstliche Unterlagen vernichten, da er nur der Besitzdiener der Unterlagen ist.[19]

37 Der Arbeitgeber darf sich zudem die – auch noch ungeöffnete – Geschäftspost des Mitarbeiters ansehen.[20] Ist ein verschlossener Brief nicht eindeutig als Geschäftspost zu identifizieren, darf er ebenfalls vom Arbeitgeber geöffnet werden.[21] Auch die gesamte geschäftliche Korrespondenz, die der Arbeitnehmer geführt hat, muss er auf Verlangen an den Arbeitgeber oder für ihn tätige Dritte herausgeben.[22]

38 Auch für elektronische Akten und Dokumente besteht ein uneingeschränktes Einsichtsrecht des Arbeitgebers. Wie auch im Falle von Unterlagen in Papierform kann das Unternehmen elektronische Unterlagen dem Arbeitnehmer entziehen bzw. ihm den Zugriff verweigern. Das kann etwa durch eine Zugangssperre oder auch die Wegnahme von dienstlichen Computern geschehen.

39 Für private Dokumente oder Dateien gilt etwas anderes. Ist es dem Arbeitnehmer grundsätzlich gestattet, seinen dienstlichen Computer auch für private Zwecke zu nutzen, so ist das aus dem verfassungsrechtlich gewährleisteten Persönlichkeitsrecht abgeleitete Interesse des Arbeitnehmers am Schutz seiner Privatsphäre bzw. das Briefgeheimnis zu beachten.[23]

---

17 So auch *Klengel/Mückenberger* CCZ 2009, 81.
18 *Mengel/Ulrich* NZA 2006, 241, 242.
19 Vgl. *BAG* NZA 1990, 933.
20 *Oberwetter* NZA 2008, 609.
21 Vgl. *Klengel/Mückenberger* CCZ 2009, 81, 83.
22 *Mengel* NZA 2006, 241.
23 Vgl. *Weißgerber* NZA 2003, 1005.

Privatpost des Arbeitnehmers darf der Arbeitgeber nicht öffnen, auch wenn sie am **40** Arbeitsplatz aufbewahrt wird.

Sofern die Ermittlungen den Zugriff auf Personalakten erforderlich machen, muss **41** ebenfalls das Persönlichkeitsrecht des Arbeitnehmers beachtet werden. Er steht unter dem Schutz vor einer zu weit gehenden Kontrolle und Ausforschung seiner Persönlichkeit und der Offenlegung personenbezogener Daten.[24] Gleichwohl ist es möglich, im Rahmen Interner Ermittlungen Personalakten einzusehen, wenn das Interesse des Arbeitgebers das Recht auf informelle Selbstbestimmung des Arbeitnehmers überwiegt.[25] Das ist regelmäßig dann der Fall, wenn es für die berechtigten Zwecke der Internen Ermittlung im Einzelfall auf Informationen aus der Personalakte ankommt.

Dennoch muss aber der Kreis der Zugriffsberechtigten klein gehalten werden und die **42** Informationen dringend vertraulich behandelt werden. Gerade dann, wenn Dritte Einsicht in die Personalakten erhalten, muss das Unternehmen die besondere Vertraulichkeit sicherstellen und Vorkehrungen treffen, um eine unbefugte Offenlegung zu verhindern.[25]

3.2 E-Mails

Häufig kommt es im Rahmen einer Internen Ermittlung zu Situationen, in denen die **43** Auswertung betrieblicher E-Mail-Accounts einzelner Mitarbeiter zweckmäßig ist.[26] Solche Kontrollen sind grundsätzlich möglich und zulässig, unterliegen aber einer strengen rechtlichen Prüfung, da sie grundsätzlich Persönlichkeitsrechte der Betroffenen verletzen können.

Zunächst muss unterschieden werden, ob das Unternehmen seinen Mitarbeitern die **44** private Nutzung betrieblicher E-Mail-Systeme gestattet. Keine Hindernisse bestehen, wenn nur die dienstliche Nutzung erlaubt ist. Dann gilt die gesamte Korrespondenz an oder von der Firmenadresse als dienstlich veranlasst und kontrollierenden Eingriffen des Arbeitgebers zugänglich.[27] Der Arbeitgeber oder von ihm Beauftragte sind dann berechtigt, Verbindungsdaten sowie Ziel- und Sendeadressen zu speichern.[28] Ferner darf er den Inhalt der E-Mails zur Kenntnis nehmen und diese kontrollieren. Dies gilt deshalb, weil solche Mails als Bestandteil der Arbeit des Mitarbeiters und als Äußerungen des Unternehmens gelten. Sowohl eingehende als auch ausgehende Nachrichten sind Teil der Unternehmenskommunikation und stehen dem Unternehmen zu.[28] Auch das Ermittlungsteam hat also in diesem Fall umfassende Zugriffs- und Auswertungsrechte.

Anders verhält es sich, wenn der Firmenaccount für private Zwecke genutzt werden **45** darf. Gerade weil ein vollständiges Verbot nicht zeitgemäß ist,[29] zeigt sich, dass in der Praxis viele Unternehmen die private Nutzung nicht verbieten bzw. Verbote nicht konsequent durchsetzen. Daher werden sich viele Unternehmensverantwortliche im Falle einer Internen Ermittlung der Frage stellen müssen, wann die Auswertung der E-Mails in Frage kommt.

---

24 Vgl. *BAG* NZA 1990, 933.
25 Vgl. *BAG* NZA 1990, 933 f.
26 Vgl. hierzu die Ausführungen in 5. Kap. Rn. 222 ff.
27 *Klengel/Mückenberger* CCZ 2009, 83.
28 *Oberwetter* NZA 2008, 609, 611.
29 Vgl. auch *Wybitul* ZD 2011, 69, 70.

46 Auch wenn Arbeitgeber, die betriebliche E-Mail-Zugänge von Mitarbeitern kontrollieren, nicht der Strafandrohung des § 206 Abs. 1 StGB unterliegen,[30] müssen sie eine von der Rechtsprechung geforderte umfassende Abwägung zwischen den Unternehmensinteressen und den Schutzinteressen des Arbeitnehmers mit höchster Sorgfalt durchführen.[31]

47 Zudem gilt § 32 Abs. 1 BSDG, der regelt, dass eine E-Mail-Auswertung zur Verwirklichung eines Kontrollzwecks geeignet, erforderlich und verhältnismäßig sein muss. Die Kontrolle der E-Mails muss unterbleiben, wenn die Verhältnismäßigkeitsprüfung zu Gunsten des Arbeitnehmers ausfällt.[32]

48 In praktischer Hinsicht bedeutet das, dass eine Kontrolle bzw. Auswertung von E-Mails nur in solchen Ausnahmefällen zulässig ist, in denen sie als Maßnahme zum Schutz des Unternehmens unumgänglich ist. Dies ist anerkannt, wenn etwa ein konkreter Verdacht auf die Begehung einer Straftat besteht.[33] Das gleiche gilt, wenn eine Interne Ermittlung für das Unternehmen existenzielle Missstände aufklären soll. Dann besteht zwar kein konkreter, sondern allenfalls ein abstrakter Verdacht auf eine Straftat, allerdings wird die Situation als vergleichbar angesehen.[34]

49 Nicht zulässig ist aber eine dauerhafte Überwachung der E-Mail-Korrespondenz. Auch die Kontrolle privater E-Mails ist grundsätzlich unzulässig und nur in Ausnahmefällen gerechtfertigt.[35]

50 In Unternehmen, die eine private Nutzung von E-Mails erlauben, stellt sich im Falle einer Untersuchung zudem oftmals das Problem, dass private E-Mails möglicherweise nicht von geschäftlichen E-Mails zu unterscheiden sind. In solchen Fällen die Auswertung von E-Mails gänzlich als unzulässig anzusehen,[36] erscheint kontraproduktiv. Dennoch sollten die an der Auswertung Beteiligten dafür Sorge tragen, dass E-Mails mit erkennbar privatem Inhalt sofort geschlossen und wenn möglich auch separiert werden.

51 Um diesem Problem zu begegnen, empfiehlt es sich grundsätzlich, Regeln zur privaten E-Mail-Nutzung im Unternehmen aufzustellen. Denkbar wäre, dass die Mitarbeiter angehalten werden, private E-Mails als solche zu kennzeichnen. Eine andere Möglichkeit ist auch, den Mitarbeitern zwar zu erlauben, private E-Mails zu schreiben, hierfür allerdings nicht den Firmenaccount, sondern einen privaten E-Mail-Account zu nutzen. So verringert sich in dem Fall, in dem tatsächlich eine E-Mail-Auswertung vorgenommen werden muss, das Risiko eines Rechtsverstoßes und damit unter Umständen auch der Unverwertbarkeit der Ergebnisse.

3.3 Telefonate

52 In bestimmten Fällen kann es auch zielführend sein, zu untersuchen, wann oder welche Telefonate ein in den Fokus geratener Unternehmenszugehöriger geführt hat. Denkbar ist auch, dass das Bedürfnis besteht, Telefonate ab- bzw. mitzuhören.

---

30 Vgl. hierzu auch die ausführliche Übersicht bei *Wybitul* ZD 2011, 69; *Salvenmoser/Schreier* Handbuch Wirtschaftsstrafrecht, 1243 Rn. 60 ff.
31 Vgl. *LAG Berlin-Brandenburg* ZD 2011, 43 ff.; *LAG Niedersachsen* MMR 2005, 178 ff.
32 *Wybitul* ZD 2011, 69.
33 Vgl. *Mengel* BB 2004, 2014 m.w.N.
34 Vgl. *Mengel/Ullrich* NZA 2006, 240, 243.
35 *Mengel* Kap. 4, Rn. 14 ff.
36 Wie in der Literatur vielfach vertreten, vgl. etwa *Koch* NZA 2008, 911, 912; *Vietmeyer/Byers* MMR 2010, 807.

Keine Bedenken bestehen in der Regel im Hinblick auf das Erfassen von Telefonda- **53** ten, wie Uhrzeit, Dauer oder Kosten.[37] Dies gilt allerdings nur uneingeschränkt für dienstlich geführte Telefonate. Bei privaten Telefonaten ist etwa das Speichern von gewählten Rufnummern unzulässig, da es Persönlichkeitsrechte des Arbeitnehmers verletzt.[37]

Nicht zulässig ist auch die inhaltliche Kontrolle von Telefonaten durch Abhören oder **54** vergleichbare Maßnahmen. Sofern Telefonate aufgenommen werden, verwirklicht der Arbeitgeber sogar den Tatbestand des § 201 StGB und macht sich strafbar.[38]

In jedem Fall sind Erkenntnisse, die auf diesem Weg gewonnen werden, nicht prozes- **55** sual verwertbar. Denkbar und nicht unüblich ist es jedoch, dass der Betroffene weiß, dass Telefonate mitgehört werden. Dies schließt eine Strafbarkeit aus.

3.4 Überwachen und Durchsuchen des Arbeitsplatzes

Grundsätzlich steht es dem Arbeitgeber frei, sich den Arbeitsplatz, den er seinen Mit- **56** arbeitern zur Verfügung stellt, anzuschauen. Dann aber, wenn die Privatsphäre des Arbeitnehmers betroffen wird, etwa indem in seine Aktentasche oder Manteltaschen geschaut wird, wird dies als bedenklich angesehen.

Eine Videoüberwachung des Arbeitsplatzes ist nur unter strengen Voraussetzungen **57** zulässig. Grundsätzlich besteht ein Unterschied zwischen einer offenen und einer heimlichen Überwachung. Bereits das offene Überwachen des Arbeitsplatzes per Video stellt für den Arbeitnehmer eine erhebliche Einschränkung dar, da sie ihn dem Druck aussetzt, unter ständiger und uneingeschränkter Kontrolle zu stehen. Daher ist eine offene Überwachung auch nur zulässig, wenn ein Kontrollinteresse des Arbeitgebers besteht und die Maßnahme verhältnismäßig ist. Dieses Interesse wird nur gegeben sein, wenn Anhaltspunkte für ein unrechtmäßiges Verhalten, welches den Arbeitgeber schädigen kann bestehen, die nicht auf andere Weise verifiziert werden können.

Die heimliche Überwachung eines Arbeitnehmers in seinem Arbeitsbereich ist nur **58** kurzfristig und nur dann zulässig, wenn gegenwärtig der Verdacht einer Straftat besteht und keine andere Maßnahme zur Aufklärung zur Verfügung steht. Insoweit muss die Maßnahme eine Notwehrhandlung sein, um eine Straftat abzuwenden. Andernfalls ist der Straftatbestand des § 201 StGB erfüllt.

Schließlich ist auch die Tonüberwachung eines Mitarbeiters am Arbeitsplatz in Form **59** eines Lauschangriffes nur als Notwehr- oder Notstandsmaßnahme zulässig und erfüllt ansonsten ebenfalls § 201 StGB. Ein Lauschangriff im privaten Lebensbereich ist ebenfalls strafbar und auch arbeitsrechtlich nicht verwertbar.[39]

3.5 Mitarbeiterbefragungen

Unabhängig von der Frage, welche Mitarbeiter oder Führungsorgane befragt werden, **60** stellt sich regelmäßig grundsätzlich die Frage, ob und wie im Hinblick auf die Interne Ermittlung im Allgemeinen kommuniziert wird. Grundsätzlich gilt es selbstverständlich alles zu vermeiden, was zu Verdunkelungs- oder Vereitelungshandlungen führen kann. Daher schadet es keinesfalls, vertraulich mit dem Umstand umzugehen, dass Untersuchungen im Unternehmen durchgeführt werden. Gleichwohl kann es aber in

---

37 *BAG* NZA 1986, 643, 647.
38 *Klengel/Mückenberger* CCZ 2009, 81, 84.
39 Vgl. *Klengel/Mückenberger* CCZ 2009, 81, 84.

bestimmten Fällen sinnvoll sein, die Mitarbeiter durch eine knappe Mitteilung über die andauernde Interne Ermittlung zu unterrichten. Dies kann sich etwa dann emp-fehlen, wenn die Kooperation breiter Gruppen von Mitarbeitern erforderlich ist. Die Unterrichtung kann auch dann sinnvoll sein, wenn bereits staatsanwaltschaftliche Ermittlungen aufgenommen wurden oder aus anderem Grund eine gewisse Unruhe in das Unternehmen gelangt ist. Hier kann die Information dazu dienen, Gerüchten oder Unsicherheiten entgegen zu wirken.

61 Die Entscheidung, wer in welchem Umfang befragt werden soll ist im Einzelfall zu treffen und wird sich vielfach auch erst im Verlauf einer Untersuchung ergeben.

62 Geht die Ermittlung auf den Hinweis einer Person zurück, wird es in der Regel hilf-reich sein, diese zuerst zu befragen, um zu überprüfen, ob es sich um einen ernst zu nehmenden und weiter zu verfolgenden Hinweis handelt. Zudem ergeben sich aus dem Gespräch mit dem Hinweisgeber regelmäßig auch weitere Ermittlungsansätze.

63 Konzentriert sich der Verdacht auf eine bestimmte Person oder einen bestimmten Personenkreis muss anhand der Taktik der Ermittlung entschieden werden, wann die Verdächtigen selbst befragt werden sollen.

64 Ziel muss jedenfalls sein, so viele Beweismittel wie möglich zu finden und zu sichern und jegliche Möglichkeit der Verdunkelung zu verhindern. Bei einem konkreten Ver-dacht gegen einen Mitarbeiter kann es auch erforderlich sein, diesen unmittelbar von seiner Arbeit zu suspendieren, um ihm jeglichen Zugriff zu verwehren.

65 Die Befragung im Rahmen einer Internen Untersuchung erfolgt durch das Unterneh-men bzw. dessen Vertreter. Der Befragte erteilt seine Auskünfte daher auf arbeits-rechtlicher Grundlage.[40] Zu den arbeitsvertraglichen Nebenpflichten gehört die Treue-pflicht gegenüber dem Arbeitgeber.[41] Daraus folgt eine Pflicht des Arbeitnehmers, den Arbeitgeber über drohende Schäden zu informieren.[42] Die Pflicht des Arbeitneh-mers, Auskünfte zu erteilen und damit auch an einer Mitarbeiterbefragung teilzuneh-men, ergibt sich zudem auch aus dem Weisungsrecht des Arbeitgeber s. Er ist gem. §§ 675, 666 BGB analog, vollumfänglich zur Auskunft verpflichtet, wenn sich die Fra-gen auf seinen Arbeitsbereich beziehen, der Arbeitgeber ein schutzwürdiges Interesse an der Erlangung der Informationen hat und die geforderten Auskünfte keine über-mäßige Belastung für den Arbeitnehmer darstellen.[43]

66 Den Arbeitnehmer trifft daher grundsätzlich eine Mitwirkungspflicht bei der Aufklä-rung unternehmensinterner Vorgänge. Die Unternehmensleitung oder deren Vertre-ter können ihn daher anweisen, wahrheitsgemäß und umfassend über sein direktes Arbeitsumfeld zu berichten, also über Art und Umfang seiner Tätigkeit, über seinen Arbeitsbereich sowie über Wahrnehmungen im Zusammenhang mit seiner Arbeits-leistung.[44]

67 Der Umfang der Auskunftspflicht des Arbeitnehmers, der lediglich als Beobachter, also als Zeuge in Frage kommt, ist noch nicht umfassend geklärt.[45] Obliegt einem Arbeitnehmer aber die Kontrolle bzw. Überwachung eines anderen, so hat er eine

---

40 Vgl. *Knierim* in Knierim/Rübenstahl/Tsambikakis, 7. Kap. Rn. 7.
41 Vgl. *Dendorfer* in Münchener Anwaltshandbuch Arbeitsrecht, § 35 Rn. 115.
42 *LAG Düsseldorf* – Urt. v. 12.12.2005 – 10 TaBV 46/05.
43 *BAG* NZA 1996, 637, 638.
44 *Schürrle/Olbers* CCZ 2010, 178, 179.
45 Vgl. dazu *Rudkowski* NZA 2011, 612, 614.

Anzeigepflicht, die sich aus seiner arbeitsvertraglichen Treuepflicht ableitet.[46] Daraus ergibt sich, dass der Arbeitnehmer im Rahmen einer Befragung erst recht eine Pflicht zur Auskunft über derartige Vorgänge hat. Auch die Beobachtung von schädigenden Handlungen außerhalb des eigenen Arbeitsbereichs muss aufgrund der bestehenden Treuepflicht dem Arbeitgeber im Rahmen der Befragung mitgeteilt werden.[47] Hier reicht die Treuepflicht aber nur soweit, wie es dem Arbeitnehmer unter Berücksichtigung der Umstände im Einzelfall zumutbar ist. Der Arbeitgeber muss ein berechtigtes Interesse an der Beantwortung der Fragen haben und die Beantwortung darf für den Arbeitnehmer keine übermäßige Belastung darstellen.[48] Er kann daher nur dann die Auskunft verweigern, wenn er nicht nach seinem persönlichen Arbeitsbereich befragt wird und zusätzlich auch sein Interesse daran, keine Fragen zu beantworten, das Interesse des Arbeitgebers überwiegt.

Auch dann, wenn sich der Arbeitgeber die Informationen schneller oder einfacher auf andere Weise beschaffen kann, kann ein Anspruch aus Auskunftserteilung eines Mitarbeiters ausgeschlossen sein. Hier ist bei der Interessenabwägung stets zu berücksichtigen, welche Nachteile dem Arbeitnehmer im Falle seiner Auskunft drohen.[49] **68**

Die Auskunftspflicht des Arbeitnehmers wird nicht dadurch ausgeschlossen, dass er sich durch seine wahrheitsgemäßen Angaben selbst wegen einer Straftat oder Ordnungswidrigkeit belasten würde.[50] Er hat vielmehr die Pflicht, den Arbeitgeber auch über Schäden, die er selbst verursacht hat, aufzuklären. Gleichwohl kann aber die Tatsache, dass er sich selbst belastet, in die erforderliche Interessenabwägung einfließen. Das gleiche gilt dann, wenn ihm etwa der Verlust des Arbeitsplatzes oder eine behördliche oder zivilrechtliche Inanspruchnahme droht.[51] Auch moralische Bedenken können eine Rolle spielen und bei der Abwägung zu berücksichtigen sein. **69**

Da sich die Auskunftsrechte im Rahmen einer Internen Ermittlung aus dem Arbeitsvertrag ergeben, enden die Befugnisse des Unternehmens bzw. dessen beauftragter Ermittlungspersonen auch außerhalb des Arbeitsverhältnisses. Ein Recht, Auskünfte von Dritten, wie etwa Geschäftspartnern oder Familienangehörigen zu erlangen, besteht nicht. Erlangt der Ermittelnde allerdings dennoch Auskünfte von Dritten, die ihm diese freiwillig erteilt haben, können sie selbstverständlich in die Auswertung einfließen. **70**

Bei der Ausgestaltung des Gesprächs ist der Befragende grundsätzlich frei. In der Regel sollten die Mitarbeiter zu Beginn der Befragung über den Zweck der Untersuchung, die Vorgehensweise und die Verwendung der Ergebnisse informiert werden.[52] **71**

Eine Belehrung muss nicht erfolgen.[53] Es bietet sich aber an, die Befragten zu Beginn eines Gesprächs darauf hin zu weisen, dass Aussagen, die sie gegenüber Vertretern des Unternehmens, insbesondere Rechtsanwälten tätigen, zwar der Vertraulichkeit unterliegen, es allerdings der Entscheidung des Unternehmens obliegt, ob die erlangten Informationen in einem zivilrechtlichen Prozess verwendet oder an staatliche **72**

---

46 *BGH* NJW-RR 1989, 614, 615.
47 So auch *Denhofer* in Münchener Anwaltshandbuch Arbeitsrecht, § 35 Rn. 115.
48 *Schürrle/Olbers* CCZ 2010, 178, 179.
49 Vgl. *Schürrle/Olbers* CCZ 2010, 178, 179.
50 So das BVerfG im sog. „Gemeinschuldnerbeschluss": BVerfGE 56, 37.
51 Vgl. *Diller* DB 2004, 314.
52 So auch *Schürrle/Olbers* CCZ 2010, 178, 179.
53 Vgl. *Tsambikakis* in Knierim/Rübenstahl/Tsambikakis, 7. Kap. Rn. 37.

Behörden weitergegeben werden. Der Hinweis sollte auch dann erfolgen, wenn das Unternehmen sich noch nicht zur Information der Ermittlungsbehörden entschieden hat bzw. diese noch nicht involviert sind.

73 Unter keinen Umständen dürfen Aussagen durch Drohungen, etwa mit arbeitsrechtlichen Konsequenzen, erzwungen werden. Zudem schadet es nicht, sich um eine angenehme Gesprächsatmosphäre zu bemühen und alles, was den Befragten einschüchtern könnte, zu unterlassen.

74 Die Befragung hat nichts mit einer polizeilichen oder staatsanwaltschaftlichen Vernehmung zu tun. In der Praxis ist teilweise zu beobachten, dass sich Rechtsanwälte oder andere mit den Ermittlungen Beauftragte wie Kriminalbeamte gerieren. Schon an der Bezeichnung einer angefertigten Niederschrift der Befragung als „Vernehmungsprotokoll" zeigt sich manches Mal, dass die Beteiligten ihre Rolle verkennen. Ein solches Verhalten kann kontraproduktiv sein und schlimmstenfalls dazu führen, dass die Ergebnisse der Befragung nicht verwertbar sind. Zu berücksichtigen ist auch, dass dann, wenn neben den Internen Ermittlungen bereits behördliche Ermittlungen geführt werden, es nicht zur Kooperation der Staatsanwaltschaft beiträgt, wenn die Unternehmensvertreter deren Aufgaben und Befugnisse wahrnehmen.

75 Der befragte Mitarbeiter hat keinen grundsätzlichen Anspruch auf die Beiziehung einen Rechtsbeistandes bei Gesprächen mit dem Arbeitgeber oder dessen Vertretern.[54] Es ist allerdings in manchen Fällen hilfreich, wenn ein Rechtsanwalt an der Befragung teilnimmt. Er kann dem Mitarbeiter bei Fragen zur Verfügung stehen, ihm im Vorfeld den Ablauf und den Hintergrund der Befragung erläutern und ihn über seine Rechte und Pflichten aufklären. Denkbar ist hierbei sogar, dass das Unternehmen selbst veranlasst, dass der Beistand hinzugezogen wird und auch die Kosten dafür übernimmt. Das hat zur Folge, dass das Mandatsverhältnis zwischen dem Rechtsanwalt und dem Unternehmen besteht. Es spricht aber auch nichts dagegen, dass der Arbeitnehmer einen selbst gewählten Rechtsanwalt hinzuzieht.

76 Über die Befragung ist eine Mitschrift anzufertigen.[55] In welcher Form sie abgefasst wird, liegt im Ermessen der Ermittelnden. Es bietet sich jedoch an, kein Wortprotokoll zu führen, sondern vielmehr in einem Memo den Gesprächsinhalt zusammenzufassen. Dieses Memo enthält dann die Wiedergabe der Informationen durch den Befragenden und muss nicht von dem Befragten genehmigt werden.

3.6 Whistleblower-Hotlines

77 Zur Aufklärung eines Sachverhalts kann im Rahmen einer Internen Ermittlung auch eine Whistleblower-Hotline eingerichtet werden.[56] Dies ist dann rechtlich nicht zu beanstanden, wenn ein berechtigtes Interesse des Unternehmens am Betrieb der Hotline besteht und keine schutzwürdigen Interessen von Betroffenen überwiegen. Dient die Hotline der Aufklärung von Fehlverhalten, wie etwa Korruptionsstraftaten, Kartellrechtsverstößen oder Finanzkriminalität, wird ein überwiegendes Interesse des Arbeitgebers in der Regel gegeben sein. Vor der Einrichtung einer Whistleblower-Hotline sollten alle Beteiligte, wie die Geschäftsleitung, Innenrevision, der Betriebsrat, der Datenschutzbeauftragten und der Compliance-Officer informiert werden.

---

54 Vgl. *Schürrle/Olbers* CCZ 2010, 178, 179.
55 Vgl. *Tsambikakis* in Knierim/Rübenstahl/Tsambikakis, 7. Kap. Rn. 74.
56 Vgl. auch die Ausführungen im 6. Kap. Rn. 211 ff.

3.7 Amnestie-Programme

Der Aufklärung eines Sachverhalts kann es auch dienen, Mitarbeitern, die bereit sind, **78** vollständige und wahrheitsgemäße Angaben über Fehlverhalten zu machen, zuzusichern, sie von zivilrechtlicher Haftung und arbeitsrechtlichen Konsequenzen zu verschonen. Das Instrument der Amnestie sollte aber zurückhaltend und mit Vorsicht eingesetzt werden. Zum einen kann dadurch innerhalb des Unternehmens schnell der Eindruck entstehen, dass über Rechtsverstöße und Fehlverhalten sanktionslos hinweggesehen wird. Zum anderen kann der Unternehmensverantwortliche, der mit zum Wohle der Gesellschaft und mit der gebotenen kaufmännischen Sorgfalt zu handeln hat, nicht ohne Weiteres auf ggf. erhebliche Schadensersatzforderungen verzichten. Hinzu kommt, dass das Ausmaß des Schadens eventuell auch erst im Zuge der Auskünfte der Befragten und damit nach der Amnestiezusage abzusehen ist. Es muss insoweit eine Abwägung erfolgen, ob das Aufklärungsinteresse das Sanktionsinteresse überwiegt.

Auch sollten Amnestieprogramme nur dann angeboten werden, wenn sich zeigt, dass **79** auf andere Weise nicht an die nötigen Informationen zu kommen ist. Das kann dann der Fall sein, wenn ein oder vor allem mehrere Mitarbeiter jegliche Auskunft verweigern.

Entscheiden sich die Beteiligten einer Internen Ermittlung gemeinsam mit den Unter- **80** nehmensverantwortlichen für ein Amnestieprogramm darf nicht in Vergessenheit geraten, dass dies nur für solche Sanktionen gilt, die in der Disposition des Unternehmens stehen. In einem eventuellen Straf-oder Bußgeldverfahren hat dies keine Bedeutung. Es kann lediglich zu Gunsten eines Beschuldigten gewertet werden, dass er an der Aufklärung mitgewirkt hat.

V. Mitwirkung des Betriebsrates

In vielen Fällen kann es nicht nur rechtlich erforderlich, sondern auch zweckmäßig **81** sein, den Betriebsrat in die Internen Ermittlungen einzubinden.[57]

Der Betriebsrat kann zum einen vielfach wertvolle Informationen liefern und auch die **82** Akzeptanz der Belegschaft im Hinblick auf die Untersuchungsmaßnahme steigern.[58] Zum anderen können Fehler in Bezug auf den Betriebsrat zu erheblichen Konsequenzen und nachteiligen Auswirkungen auf die Untersuchungen führen. Betriebsräte haben etwa rechtliche Möglichkeiten, Interne Ermittlungen zu stoppen oder zu verzögern. Sie können zum Beispiel im Wege einer einstweiligen Verfügung die Fortsetzung von mitbestimmungspflichtigen Maßnahmen untersagen lassen.[59] Werden Interne Ermittlungen mitbestimmungswidrig durchgeführt, steht dem Betriebsrat ein Unterlassungsanspruch zu, er kann sogar verlangen, dass Ermittlungsergebnisse vernichtet werden.[60] Daher sollte bei jeder Internen Ermittlung geprüft und überlegt werden, wie der Betriebsrat einzubinden ist und rechtzeitig der Kontakt gesucht werden.

---

57 Vgl. hierzu auch 5. Kap. Rn. 222 ff.
58 Vgl. *Wybitul* RdA 2011, 362, 363.
59 *BAGE* 76, 364.
60 *Wybitul* RdA 2011, 362, 363.

VI. Schutz und Verwertbarkeit der Ermittlungsergebnisse

83 Das Bundesverfassungsgericht hat in seinem sogenannten „Gemeinschuldnerbeschluss" ein strafprozessuales Verwertungsverbot erzwungener Auskunftsmaßnahmen angenommen.[61] Auch in der strafprozessualen Literatur wird vertreten, dass belastende Aussagen aus Interviews im Rahmen von Internen Ermittlungen nicht verwertbar sein sollen.[62] Allerdings steht dem der vieldiskutierte Beschluss des LG Hamburg gegenüber, nach dem Unterlagen von Ermittlungsteams einer Anwaltskanzlei und Befragungsprotokolle nicht dem Beschlagnahmeverbot des § 97 Abs. 1 Nr. 2 StPO unterliegen. Dies wird damit begründet, dass die Regelung des § 97 Abs. 1, 2 StPO das Vertrauensverhältnis zwischen dem Beschuldigten und dem Zeugnisverweigerungsberechtigten schützen solle. Zwischen dem Interviewpartner und einem Befragten bestehe ein solches Verhältnis aber nicht. Das würde auch dann gelten, wenn der Befragte selbst der Beschuldigte in dem späteren Strafverfahren ist. Das LG Hamburg[63] sieht bei einer Internen Ermittlung in der Zielrichtung des Mandats – die im Übrigen bereits von dem geschädigten Unternehmen und nicht dem Befragten beauftragt ist – darin, etwaige Schadensersatz- oder sonstige Ansprüche zu identifizieren. Die Befragten befanden sich daher nicht in einer „ratsuchenden Stellung", sondern waren selbst Gegenstand der Untersuchung, was den Schutz des § 97 Abs. 1, 2 StPO ausschließt.[64]

84 Mit einer Verwertung in einem Straf- oder Ordnungswidrigkeitenverfahren ist insoweit zu rechnen.

VII. Kooperation mit Behörden

85 Bei jeder Internen Ermittlung stellt sich die Frage, ob und wann die Ermittlungsbehörden eingeschaltet werden sollen. Wenn die Entscheidung zur Kooperation mit den Ermittlungsbehörden getroffen wird, erfordert die Zusammenarbeit aus Unternehmenssicht dennoch eine besondere Rücksichtnahme auf die Belange und die Stellung der behördlichen Ermittlungen.[65]

86 Der Zeitpunkt der gezielten und freiwilligen Hinzuziehung der Ermittlungsbehörden ist insoweit gut zu überlegen.

87 Werden die Ermittlungsbehörden zu früh oder zu einem falschen Zeitpunkt eingeschaltet, kann der Effekt, dass das Unternehmen die Ermittlungen beeinflussen kann, schnell verloren gehen. Das kann etwa dadurch passieren, dass die Ermittlungsbehörden Maßnahmen einleitet, die zum einen öffentlichkeitswirksam sind und zum anderen erheblich in die Geschäftsabläufe eingreifen. Dazu zählen vor allem Durchsuchungsmaßnahmen.

88 Gleichwohl können gerade die Maßnahmen, die den Ermittlungsbehörden zur Verfügung stehen und die selbstverständlich viel weiter reichen als die des Geschädigten, aber auch nützlich und richtungsweisend bei der eigenen Sachverhaltsaufklärung sein.

---

61 *BVerfG* NJW 1981, 1431, 1433.
62 Vgl. *Gerst* CCZ 2012, 1, 3 m.w.N.
63 *LG Hamburg* NJW 2011, 942 ff.
64 Vgl. *LG Hamburg* NJW 2011, 942 ff.
65 Vgl. auch *Schürrle/Olbers* CCZ 2010, 178, 179.

Es kann also durchaus im Interesse der schnellen Aufklärung des Sachverhalts liegen, dass auch behördliche Ermittlungen durchgeführt werden.

Kristallisiert sich aufgrund eigener Untersuchungen heraus, dass eine Straftat im oder **89** aus dem Unternehmen heraus begangen wurde, sollte die Staatsanwaltschaft grundsätzlich aber früher oder später involviert werden. Ein Unternehmen, welches selbst Strafanzeige erstattet, macht nämlich deutlich, dass es an der Aufklärung interessiert ist und ebnet den Weg für eine kooperative und vertrauensvolle Zusammenarbeit mit der Staatsanwaltschaft.[66] Davon profitiert das Unternehmen im Verlauf der staatsanwaltschaftlichen Ermittlungen in der Regel erheblich. Zum anderen verdeutlicht das Unternehmen auch, dass es kein Fehlverhalten duldet und Verdachtsfälle auch von neutraler Stelle aufklären lässt.

Das Interesse an behördlichen Ermittlungen liegt für das Unternehmen vor allem **90** darin, dass die Staatsanwaltschaft all die Beweismittel beschaffen kann, die für das Unternehmen nicht zugänglich sind. Zu denken ist hier etwa an Informationen, die bei Durchsuchungen der privaten Wohnungen Verdächtiger oder Finanzermittlungen erlangt wurden. Von den Ermittlungsergebnissen kann das geschädigte Unternehmen im Wege der Akteneinsicht Kenntnis erlangen und sie bei ihren eigenen Ermittlungen und vor allem für mögliche Haftungsprozesse gegen die betroffenen Mitarbeiter nutzen. Ein weiteres Interesse sollte sich daraus ergeben, dass ein Zivilprozess, der wegen einer schädigenden Handlung aufgrund einer Straftat geführt wird, weit höhere Aussichten auf Erfolg hat, wenn wegen des in Rede stehenden Fehlverhaltens auch Ermittlungen der Staatsanwaltschaft laufen oder es gar zu einer strafrechtlichen Verurteilung gekommen ist.

Ist die Staatsanwaltschaft noch nicht von selbst auf Rechtsverstöße aufmerksam **91** geworden, empfiehlt es sich also aufgrund der Ergebnisse Interner Ermittlungen vielfach, Strafanzeige zu erstatten. Damit die Staatsanwaltschaft sich mit der gebotenen Eile den Ermittlungen annehmen kann, sollte die Strafanzeige bereits wesentliche Informationen enthalten. Idealerweise beinhaltet sie schon konkrete Tatsachen und Beweismittel, so dass sogleich strafprozessuale Maßnahmen gerechtfertigt sind. Gerade in komplexen oder brisanten Fällen empfiehlt es sich auch, die Strafanzeige nicht schlicht auf den Postweg zu geben, sondern im Rahmen eines Termins mit dem zuständigen Staatsanwalt vorzubesprechen. Dies beugt Missverständnissen vor und kann dazu beitragen, schon im Vorfeld der Strafanzeige wesentliche Fragen zu erörtern. Zudem ermöglicht es auch eine erste Einschätzung dazu, wie der Staatsanwalt dem Fall gegenüber eingestellt ist.

Gerade in komplexen Wirtschaftssachen wird die Staatsanwaltschaft von der eigenen **92** Ermittlungsbereitschaft des geschädigten Unternehmens Gebrauch machen. Gerade bei Ermittlungsarbeiten, die mit hohem personellem Aufwand oder Kosten verbunden sind, greifen die Ermittlungsbehörden gern und häufig auf die Möglichkeiten der Internen Ermittlungen zurück. In der Regel wird sich dann, wenn auch die Staatsanwaltschaft von der Zusammenarbeit mit dem Geschädigten profitiert auch ihre Kooperationsbereitschaft erhöhen.

Es empfiehlt sich im Übrigen auch, mögliche zivil- oder arbeitsrechtliche Maßnahmen **93** des Unternehmens gegen seine Schädiger mit den Ermittlungsbehörden abzustimmen. Nicht selten können nämlich die Maßnahmen des Unternehmens den Erfolg der

---

66 So auch *Klengel/Mückenberger* CCZ 2009, 81, 84.

staatsanwaltlichen Ermittlungen gefährden. Eventuelle Bedenken des Unternehmens – die in der Praxis speziell die arbeitsrechtlichen Maßnahmen betreffen – sind meist unbegründet. Insbesondere wird vielfach die zweiwöchige Kündigungsfrist des § 626 Abs. 2 S. 1 BGB bei außerordentlichen Kündigungen überschätzt. Kein Arbeitgeber ist gehalten, einen verdächtigen Arbeitnehmer unmittelbar und ohne vertiefte Überprüfung zu kündigen. Vielmehr darf die Frist des § 626 Abs. 2 S. 1 BGB erst dann beginnen, wenn der Arbeitgeber nach pflichtgemäßem Ermessen notwendig erscheinende Maßnahmen durchgeführt hat, um den Sachverhalt zu klären.[67] Auch dann, wenn die Staatsanwaltschaft aus ermittlungstaktischen Gründen vorgibt, dass eine außerordentliche Kündigung noch nicht, sondern erst zu einem späteren Zeitpunkt erfolgen soll, erwächst dem Unternehmen kein Nachteil daraus. Nach ständiger Rechtsprechung des BAG kann nicht von einem Arbeitgeber verlangt werden, dass er gegen das Votum der Staatsanwaltschaft belastendes Material vorab in einer arbeitsgerichtliche Auseinandersetzung verwenden muss.[68]

94 Schließlich ist es regelmäßig zielführend, die Zusammenarbeit mit den Ermittlungsbehörden nicht auf die Anfangsphase zu begrenzen. Vielmehr sollte der Kontakt gehalten und Informationen über den Ermittlungsfortschritt erlangt werden. So kann der Geschädigte möglicherweise aktiv verhindern, dass die Ermittlungen stagnieren, indem er etwa Hilfe bei Ermittlungsmaßnahmen anbietet.

95 Der Verlauf der Ermittlungen kann auch dann von großem Interesse sein, wenn bereits parallel zivilrechtliche Auseinandersetzungen geführt werden. Es ist zum Beispiel bei der Verfolgung deliktischer Ansprüche hinderlich, überraschend vom Gegner zu erfahren, dass das Ermittlungsverfahren gegen ihn eingestellt wurde.

96 Selbst dann, wenn die Staatsanwaltschaft zur Einstellung des Verfahrens entschlossen ist, ist es hilfreich, sich als Geschädigter noch einmal in Erinnerung zu bringen. Dies bietet zum Beispiel die Chance, bei einer Einstellung gegen Auflage nach § 153a StPO wenigstens auf eine Täter-Opfer-Ausgleichsauflage hinzuwirken. Die Staatsanwaltschaft macht aus eigenem Antrieb hiervon vielleicht nicht Gebrauch. Der Geschädigte aber hat den Vorteil, zumindest einen Teil seines Schadens entschädigt zu bekommen – und zwar ohne einen Zivilprozess zu führen.

97 In der Praxis werden die besten Ergebnisse erzielt, wenn es gelingt, den ständigen Kontakt mit den Ermittlungsbehörden zu halten und mit diesen arbeitsteilig zusammen zu arbeiten, sofern dies rechtlich zulässig ist.[69]

VIII. Abschluss der Internen Ermittlung

98 Die Interne Ermittlung sollte mit einem Abschlussbericht enden. Der Bericht soll die Ergebnisse der Internen Untersuchung und Vorschläge für erforderliche Maßnahmen enthalten.[70]

99 Sofern noch keine parallelen behördlichen Ermittlungen stattgefunden haben, muss der Bericht auch eine Empfehlung beinhalten, ob, gegen wen und aus welchem Grund

---

67 Vgl. *BAG* – Urt. v. 5.6.2008 – 2 AZR 25/07.
68 Vgl. *BAG* – Urt. v. 17.3.2005 – 2 AZR 245/04.
69 So auch *Klengel/Mückenberger* CCZ 2009, 81, 84.
70 So auch *Moosmayer* S. 97.

Strafanzeige erstattet werden soll. Er dient dann idealerweise auch als Grundlage der Strafanzeige und kann ggf. sogar als Anlage zu einer möglichen Strafanzeige verwendet werden.

Der Bericht soll idealerweise auch die Beweismittel enthalten, die in einem sich **100** anschließenden Haftungsprozess eingeführt werden.

Die Unternehmensleitung ist ebenfalls über den Abschluss und die Ergebnisse der **101** Ermittlungen zu informieren. Schließlich sollten die Ergebnisse einer Internen Ermittlung auch dazu genutzt werden, um die bestehende Compliance-Organisation zu prüfen und ggf. erforderliche Anpassungen im Hinblick auf die Untersuchungsergebnisse durchzuführen.[71] An dieser Stelle wird wiederum deutlich, warum die Interne Ermittlung so bedeutsam für ein wirksames Compliance-System ist.

B. Strafbarkeit von Vorständen, Compliance Officern, Mitarbeitern

I. Einführung

Corporate Compliance soll einerseits betriebswirtschaftlichen, andererseits rechtli- **102** chen Zwecken dienen. Diese Ziele konvergieren zwar oft, können aber in einer konkreten Entscheidungssituation zu inkongruenten Verhaltensanforderungen führen. Bspw. kann in einer Situation der (subjektiv erwartete) betriebswirtschaftliche Nutzen der Begehung einer Straftat größer sein als der legalen Verhaltens. Folgenabwägungen, bei denen die Sanktionserwartung und Entdeckungswahrscheinlichkeit auf der einen Seite und der Gewinn bei Begehung einer Straftat oder Ordnungswidrigkeit auf der anderen Seite abgeglichen werden, sind geradezu charakteristisch für die Wirtschaftskriminalität. In der Kriminologie wurden sie insbesondere vom *rational choice* – Ansatz beschrieben.[72] Das Spannungsfeld zwischen betriebswirtschaftlichen und rechtlichen Anforderungen prägt die Tätigkeit im Bereich der Corporate Compliance. Vorstände, Compliance Officer und Mitarbeiter benötigen fundierte rechtliche Kenntnisse, um nicht die Schwelle zur Begehung von Ordnungswidrigkeiten oder von Straftaten zu überschreiten. Demnach besteht ein Bedürfnis, die straf- und ordnungswidrigkeitenrechtlich relevanten Umstände zu beleuchten.

Zunächst sind relevante Straf- und Bußgeldnormen aufzuzeigen (dazu sogleich unter **103** Rn. 104 ff.) sowie die Grundsätze straf- und ordnungswidrigkeitenrechtlicher Haftung in Unternehmen zu erläutern (s. Rn. 110 ff.). Hierauf aufbauend lassen sich konkrete straf- und ordnungswidrigkeitenrechtliche Haftungsrisiken von Vorständen (s. Rn. 118 ff.), Compliance Officern (s. Rn. 151 ff.) und Mitarbeitern (s. Rn. 157 ff.) illustrieren.

---

71 Vgl. *Moosmayer* S. 104.
72 Dazu *Göppinger/Bock* § 10 Rn. 88.

II. Einschlägige straf- und ordnungswidrigkeitenrechtliche Tatbestände im Überblick

104 Es bestehen im Bereich des Corporate Compliance straf- und ordnungswidrigkeiten-rechtliche Haftungsrisiken. Ungeachtet des Streits, wodurch sich das Wesen der Ordnungswidrigkeit im Gegensatz zur Straftat auszeichnet,[73] lässt sich der wesentliche Unterschied zwischen den beiden Kategorien an der (Un)Rechtsfolge festmachen. Der Geldbuße als typisierende Sanktion einer Ordnungswidrigkeit (§ 1 Abs. 1 OWiG) fehlt das mit der Kriminalstrafe notwendigerweise verbundene sozialethische Unwerturteil.[74]

1. Tatbestände des materiellen Strafrechts

105 Die Tatbestände des materiellen Strafrechts, die im Bereich des Corporate Compliance besondere Bedeutung erlangen, sind im Wirtschafsstrafrecht verortet. Dieser Begriff ermangelt bislang einer anerkannten und trennscharfen Definition. Materielle Begriffsbestimmungen, die sich an den Charakteristika der Täter,[75] der Vorgehensweise der Täter oder den geschützten sozialen Interessen orientieren, widerstreiten mit einer formalen Definition, die sich an der Zuständigkeit der Wirtschafsstrafkammer gem. § 74c GVG orientiert.[76] Die Orientierung am Katalog des § 74c Abs. 1 GVG weist den Vorteil der scharfen Konturierung auf, der lediglich durch den Rekurs auf das Erfordernis besonderer Kenntnisse des Wirtschaftsverkehrs in § 74c Abs. 1 Nr. 6 GVG relativiert wird.

106 In Anlehnung an die von § 74c Abs. 1 GVG aufgezählten Sachgebiete lassen sich als gesteigerte Bedeutung einnehmende Delikte die Folgenden nennen:
- im Recht zum Schutz geistigen Eigentums: Patentverletzung (§ 142 PatG), Gebrauchsmusterverletzung (§ 25 GebrMG), Kennzeichenverletzung (§ 143 MarkenG), Verletzung der Gemeinschaftsmarke (§ 143a MarkenG), Verletzung geographischer Herkunftsangaben (§ 144 MarkenG), Geschmacksmusterverletzung (§ 51 GeschmMG), Urheberrechtsverletzung (§§ 106 ff. UrhG);
- im Wettbewerbsrecht: die strafbare Werbung (§ 16 UWG) und Straftaten im Bereich der Wirtschaftsspionage und Konkurrenzausspähung (§§ 17, 18, 19 UWG);
- im Recht der Handelsgesellschaften: Verstöße gegen Offenlegungs-, Register-, Berichts- und Geheimhaltungspflichten (§§ 399, 400, 403, 404 AktG, 82, 85 GmbHG, 313 ff. UmwG, 147, 150, 151 GenG), Insolvenzstraftaten (§ 15a Abs. 4, Abs. 5), Bilanzdelikte (§§ 331 ff. HGB);
- im Anlegerschutzrecht: Depotunterschlagung (§ 34 DepotG), unwahre Angaben über das Eigentum (§ 35 DepotG), Verleiten zu Börsenspekulationsgeschäften (§ 49 BörsenG), Betreiben verbotener Geschäfte und Handeln ohne Erlaubnis (§ 54 KWG), verbotener Insiderhandel (§ 38 Abs. 1 WpHG), Kurs- und Preismanipulation (§ 38 Abs. 2 WpHG);
- im Außenwirtschaftsrecht: Verstoß gegen Ausfuhrverbote (§ 34 AWG);
- im Steuerrecht:[77] Steuerhinterziehung (§ 370 AO), Bannbruch (§ 372 AO), Steuerhehlerei (§ 374 AO);

---

73 Hierzu *Göhler/König* vor § 1 Rn. 2 ff.; *Mitsch* § 3 Rn. 7 ff.
74 *BVerfGE* 22, 49, 80; 27, 18, 33; 45, 272, 288; *BGHSt* 11, 263, 266; 39, 291, 299.
75 Bekannt geworden ist der von Sutherland geprägte Begriff des „white-collar-crime".
76 Im Überblick *Wabnitz/Janovsky/Dannecker* 1. Kap. Rn. 5 ff.
77 Zum Thema Compliance und Steuerstrafrecht, s. instruktiv *Wessing* SAM 2007, 175.

– im Insolvenzstrafrecht: Bankrott (§§ 283, 283a StGB), Verletzung der Buchführungspflicht (§ 283b StGB), Gläubigerbegünstigung (§ 283c StGB), Schuldnerbegünstigung (§ 283d StGB);
– im allgemeinen Strafrecht: Computerbetrug (§ 263a StGB), Subventionsbetrug (§ 264 StGB), Kapitalanlagebetrug (§ 264a StGB), Kreditbetrug (§ 265b StGB), Bestechung und Bestechlichkeit im geschäftlichen Verkehr (§ 299 StGB) und im Verhältnis zu Amtsträgern (§§ 331 ff. StGB) sowie Betrug (§ 263 StGB) und Untreue (§ 266 StGB).

Des Weiteren gibt es Delikte, die nicht in den Zuständigkeitsbereich der Wirtschafts- **107** strafkammer fallen, aber dennoch eine nicht unerhebliche Bedeutung im Bereich der Wirtschaftskriminalität entfalten.[78]

Eine darüber hinausgehende Differenzierung lässt sich danach vornehmen, ob die **108** Delikte in Unternehmen typischerweise von der Geschäftsleitung oder von Angehörigen niedrigerer Hierarchiestufen begangen werden.[79] In beiden Fällen kann weiterhin danach unterschieden werden, ob eine Schädigung des Unternehmens intendiert ist.

2. Tatbestände des Ordnungswidrigkeitenrechts

Für den Compliance-Bereich relevante Bußgeldtatbestände finden sich regelmäßig in **109** denselben Spezialgesetzen, die die einschlägigen Straftatbestände normieren. Sie sanktionieren in der Regel weniger gravierende Verstöße gegen die Verhaltensgebote, die auch den Straftatbeständen zugrunde liegen. Eine weitere bedeutsame Vorschrift findet sich in § 130 OWiG, der die Sanktionierung von Aufsichtspflichtverletzungen in Betrieben und Unternehmen androht.[80]

III. Grundsätze straf- und ordnungswidrigkeitenrechtlicher Haftung in Unternehmen

Straf- und ordnungswidrigkeitenrechtliche Haftungsrisiken bestehen sowohl für die **110** verantwortlich handelnden natürlichen Personen als auch für die juristische Person bzw. Personenvereinigung als Unternehmensträger.

1. Haftungsrisiko für die verantwortlich handelnden natürlichen Personen

Für die verantwortlich handelnde natürliche Person kommen neben der unmittelba- **111** ren Täterschaft (§ 25 Abs. 1 Alt. 1 StGB), also der Verwirklichung sämtlicher Tatbestandsmerkmale in eigener Person,[81] weitere Beteiligungsformen in Betracht. Bei arbeitsteiliger Vorgehensweise ist die Mittäterschaft (§ 25 Abs. 2 StGB) zu bedenken. Schließlich kann sich eine Strafbarkeit als mittelbarer Täter unter dem Aspekt der Organisationsherrschaft (§ 25 Abs. 1 Alt. 2 StGB) ergeben.[82] Liegt die rechtswidrige Tat eines anderen vor, ist eine Beteiligung an dieser als Anstifter (§ 26 StGB) oder Gehilfe (§ 27 StGB) in Betracht zu ziehen. Als Anknüpfungspunkt für die Tatbege-

---

78 Hierzu zählt bspw. das Umweltstrafrecht, insbesondere §§ 324 ff. StGB.
79 So die Unterteilung bei *Hauschka/Stephan/Seidel* § 25 Rn. 22 f.
80 Dazu unten Rn. 146 ff.
81 *Fischer* StGB § 25 Rn. 3.
82 Dazu unten Rn. 126 ff.

hung kann sowohl ein positives Tun als auch ein Unterlassen herangezogen werden. Letzteres ist grundsätzlich nur dann der Fall, wenn die jeweilige Person eine rechtliche Handlungspflicht trifft.[83] Im hier interessierenden Bereich des Compliance kann sich eine Handlungspflicht insbesondere aus dem Vorverhalten und aus der Herrschaft über eine Gefahrquelle (z.B. gefährliche Anlage) ergeben.[84]

112 Im Ordnungswidrigkeitenrecht wird demgegenüber keine Unterscheidung zwischen Tätern und Teilnehmern vorgenommen. Stattdessen regelt § 14 OWiG einen Einheitstäterbegriff.[85] Aus Vereinfachungsgründen erfolgt dort keine Prüfung, ob der Tatbeitrag des Beteiligten als Täterschaft oder als Teilnahme zu werten ist. Art und Gewicht des Tatbeitrags werden bei der Bußgeldbemessung berücksichtigt.[86] Hinsichtlich der Ahndung unechten Unterlassens findet sich im Ordnungswidrigkeitenrecht die § 13 StGB nachgebildete Regelung des § 8 OWiG.

2. Haftungsrisiko von juristischen Personen und Personenvereinigungen

113 Die strafrechtliche Verantwortlichkeit ist im deutschen Strafrecht auf natürliche Personen beschränkt. Juristische Personen und Personenvereinigungen können sich nicht strafbar machen. Die Einführung einer Unternehmensstrafbarkeit wird jedoch kontrovers diskutiert.[87]

114 Die Sanktionierung von Unternehmen kann im Ordnungswidrigkeitenrecht über § 30 Abs. 1 OWiG erfolgen. § 30 OWiG enthält keinen eigenen Ahndungstatbestand, sondern leitet das Delikt einer natürlichen Person auf eine juristische Person oder Personenvereinigung über, als hätte diese das Delikt begangen.[88] Zweck der Norm ist einerseits repressiv der Ausgleich der durch eine Tat entstandenen Vorteile, andererseits präventiv die Schaffung einer Anreizwirkung auf Leitungsorgane zur Herstellung rechtlicher Compliance.[89] Die Anwendung von § 30 setzt voraus:

– dass eine bestimmte Straftat oder Ordnungswidrigkeit, gleichgültig welcher Art, begangen wurde,
– dass eine juristische Person oder Personenvereinigung i.S.v. Abs. 1 Nr. 1–5 gegeben ist,
– dass der Täter der Straftat oder Ordnungswidrigkeit in einem Organ- oder Vertretungsverhältnis bzw. in einer Verantwortungsposition zum genannten Personenverband stand,
– dass durch die Tat Pflichten, welche die juristische Person oder Personenvereinigung treffen, verletzt worden sind oder dass diese durch die Tat bereichert worden ist oder bereichert werden sollte.[90]

---

83 Etwas anderes gilt bei den echten Unterlassungsdelikten, vgl. *Wessels/Beulke* Strafrecht Allgemeiner Teil, 39. Aufl. 2009, Rn. 696.
84 Dazu unten Rn. 132 ff.
85 *Bohnert* § 14 Rn. 1; *Göhler/König* § 14 Rn. 1.
86 *Müller-Gugenberger/Bieneck/Häcker* § 19 Rn. 30.
87 *Tiedemann* Rn. 242 ff.; MünchKomm StGB/*Radtke* § 14 Rn. 123; *Hirsch* ZStW 107 (1995), 287 ff.; *Dannecker* GA 2001, 101 jeweils m.w.N.; Beschluss der JMK v. 15.11.2012 zu einer Gesetzesinitiative Nordrhein-Westfalens.
88 *Bohnert* § 30 Rn. 5; eingehend zur normativen Konstruktion KK OWiG/*Rogall* § 30 Rn. 2 ff; zu Fragen der Gesamtrechtsnachfolge vgl. *BGH* NJW NStZ-RR 2012, 87.
89 *Hauschka/Stephan/Seidel* § 25 Rn. 86; *Eidam* wistra 2003, 447, 448; *Mitsch* § 16 Rn. 6 f.
90 *Bohnert* § 30 Rn. 6.

Im Hinblick auf den relevanten Personenkreis dürfte im Compliance-Bereich die erst **115** 2002 eingefügte Generalklausel des § 30 Abs. 1 Nr. 5 eine besondere Rolle spielen. Hiernach kann auch als Anknüpfungstat die Tat einer Person gewertet werden, die für die Unternehmens- oder Betriebsleitung verantwortlich handelt, wozu auch die „sonstige Ausübung von Kontrollbefugnissen in leitender Stellung gehört". Der Begriff der Kontrolle wird so verstanden, dass der physische Täter aufgrund der Befugnis zur Beaufsichtigung der Verwaltung der juristischen Person eine Führungsposition innehat.[91] Nach der Konzeption des Gesetzgebers sollen hierunter z.B. mit der internen Finanzkontrolle oder Rechnungsprüfung betraute Personen und mit Leitungsbefugnissen ausgestattete Umweltbeauftragte fallen.[92] In Abhängigkeit vom Einfluss auf Entscheidungen des Unternehmens oder des Betriebs im Einzelfall dürften hierunter auch Compliance Officer fallen.

Die Geldbuße gegen das Unternehmen kann bei einer vorsätzlichen Straftat bis zu **116** 1 Mio. EUR betragen, bei einer fahrlässigen Straftat bis zu 500 000 EUR (§ 30 Abs. 2 S. 1 OWiG; zu einem Sonderfall § 30 Abs. 2 S. 3 OWiG). Im Falle einer Ordnungswidrigkeit bestimmt sich das Höchstmaß der Geldbuße nach dem für die Ordnungswidrigkeit angedrohten Höchstmaß der Geldbuße (§ 30 Abs. 2 S. 2 OWiG). Diese Bußgeldrahmen können überschritten werden, wenn nur so die Vorteile aus der Tat abgeschöpft werden können (§§ 30 Abs. 3 i.V.m. 17 Abs. 4 OWiG).

Neben der Sanktion aus § 30 OWiG spielen in wirtschaftlicher Hinsicht die Vorschrif- **117** ten über die Gewinnabschöpfung in §§ 29a OWiG, 73 ff. StGB und §§ 34 ff. GWB eine Rolle.[93]

IV. Strafbarkeit von Vorständen

Bei der Betrachtung der Strafbarkeit von Vorständen sind sowohl täterschaftliche **118** Beteiligungsformen als auch die Teilnahme an den rechtswidrigen Taten anderer zu berücksichtigen. Besonderes Augenmerk ist auf die Unterlassensstrafbarkeit zu richten. Im engen Zusammenhang mit der Strafbarkeit steht die ordnungswidrigkeitenrechtliche Haftung aus § 130 OWiG. Der Begriff des Vorstands wird hier nicht im strengen aktienrechtlichen Sinn, sondern im weiteren Sinn als Synonym für die Unternehmensleitung verstanden.

1. Unmittelbare Täterschaft

Verwirklicht ein Mitglied der Unternehmensleitung in eigener Person sämtliche **119** Merkmale eines Straftatbestandes, so ist er als unmittelbarer Täter zu bestrafen.

Enthält ein Tatbestand strafbarkeitsbegründende besondere persönliche Merkmale, **120** so erlangt die Organ- und Vertreterhaftung des § 14 StGB Bedeutung. Die Norm erstreckt den Regelungsbereich solcher Straftatbestände, die durch einen begrenzten Kreis von Normadressaten charakterisiert sind, auf solche Personen, die – ohne bereits unmittelbar Normadressaten zu sein – Pflichten des unmittelbaren Adressaten zu erfüllen haben.[94] Der Transformation durch § 14 StGB zugängliche Sonderdelikte

---

91 Vgl. *Achenbach* wistra 2002, 441, 443 mit Nachweisen zu den Gesetzgebungsmaterialien.
92 BT-Drucks. 14/8998, 10.
93 Hierzu s. Rn. 193 ff.
94 MünchKomm StGB/*Radtke* § 14 Rn. 1.

finden sich in großer Zahl im Wirtschaftsstrafrecht, dabei hauptsächlich im Neben-strafrecht.[95] Im Ordnungswidrigkeitenrecht findet sich eine dem § 14 StGB entspre-chende Regelung in § 9 OWiG.

2. Strafbarkeit bei arbeitsteiliger Begehungsweise

121 Wirtschaftsstraftaten werden häufig arbeitsteilig begangen. Bei arbeitsteiliger Bege-hungsweise ist prinzipiell zwischen Täterschaft und Teilnahme zu unterscheiden. Dabei differenziert die Rechtsprechung bei der Feststellung, ob eine Person als Täter oder Teilnehmer gehandelt hat, danach, ob sie mit Täterwillen oder mit Teilnehmer-willen gehandelt hat. Diese subjektive Abgrenzung erfährt durch die Einbeziehung objektiver Kriterien eine deutliche Objektivierung. Hiernach dienen als Anhalts-punkte für die Täterschaft der Grad des eigenen Interesses am Erfolg der Tat, der Umfang der Tatbeteiligung, die Tatherrschaft bzw. der Wille zur Tatherrschaft.[96]

122 Im wirtschaftlichen Bereich kann die Beteiligung mehrerer an einer Straftat auf der horizontalen Ebene in dem Zusammenwirken mehrerer voneinander mehr oder weni-ger unabhängiger Personen bestehen. Hiervon zu unterscheiden ist das hierarchisch gegliederte, also vertikale Zusammenwirken mehrerer Personen auf verschiedenen Stufen des Unternehmens.[97]

2.1 Horizontale Ebene

123 Auf der horizontalen Ebene werfen vor allem von Kollegialorganen getroffene Ent-scheidungen Probleme auf. In der Lederspray-Entscheidung hat sich der BGH für die Grundsätze der Generalverantwortung der gesamten Geschäftsführung ausgespro-chen.[98] Ein Organmitglied, das für einen Beschluss stimmt, haftet im Falle einer Straf-tat als Mittäter i.S.d. § 25 Abs. 2 StGB, selbst wenn die erforderliche Mehrheit ohne seine Stimme zustande gekommen wäre.

124 Zugleich akzeptiert die Rechtsprechung aber auch die Begrenzung von Verantwor-tungsbereichen.[99] Demgemäß erfolgt eine strafrechtliche Zurechnung primär nur für den im Rahmen der Ressortverteilung jeweils eigenen Verantwortungsbereich. Damit geht das Vertrauensprinzip einher, demgemäß jedes Mitglied der Unternehmenslei-tung darauf vertrauen darf, dass die anderen Mitglieder ihre Aufgaben ordnungsge-mäß erfüllen. Wenn sich aber Zweifel und Unstimmigkeiten ergeben, ist eine Rück-frage oder eigene Nachprüfung geboten.[100]

125 Eine Teilnahme an rechtswidrigen Taten anderer wird auf der horizontalen Ebene eher selten in Form der Anstiftung (§ 26 StGB) anzutreffen sein. Bedeutung entfaltet jedoch die Beihilfe (§ 27 StGB), wobei insbesondere die psychische Unterstützung, also das Bestärken des Tatentschlusses beim Täter, Probleme aufwirft. Maßgeblich ist, dass durch die psychische Beihilfe eine messbare Erhöhung des Risikos einer rechts-

---

95 Überblick bei MünchKomm StGB/*Radtke* § 14 Rn. 55 f.; *Göhler/König* § 9 Rn. 6; KK OWiG/*Rogall* § 9 Rn. 29.
96 *Wessels/Beulke* Strafrecht Allgemeiner Teil, 39. Aufl. 2009 Rn. 515 f. m.w.N.
97 *Tiedemann* Rn. 235.
98 *BGHSt* 37, 106; instruktiv zur Problematik *Semler/Peltzer/Taschke* § 10 Rn. 15 ff.; *Wabnitz/Janov-sky/Raum* 4. Kap. Rn. 29 ff.; *Müller-Gugenberger/Bieneck/Schmid* § 30 Rn. 22 ff.
99 Vgl. im Überblick *Tiedemann* Rn. 238.
100 *BGHSt* 46, 30, 35.

widrigen Tat eintritt.[101] Subjektiv ist erforderlich, dass der Gehilfe sich der Risikoerhöhung seines Beitrags bewusst ist sowie dass er die Herbeiführung des tatbestandlichen Erfolgs zumindest billigend in Kauf nimmt. Die wesentlichen Merkmale der Haupttat, insbesondere Unrechtsgehalt und Angriffsrichtung müssen vom Gehilfen erfasst werden, damit sein Vorsatz bejaht werden kann.[102]

2.2 Vertikale Ebene

Auf der vertikalen Ebene sind ebenfalls unterschiedliche Konstellationen arbeitsteiliger Tatbegehung zu berücksichtigen. Die folgenden Betrachtungen beziehen sich dabei auf die Strukturen innerhalb eines Einzelbetriebes. Die weitergehende Problematik der Verantwortlichkeit einer Konzernleitung bleibt demgemäß hier außer Betracht.[103]   **126**

Beim Zusammenwirken von Mitgliedern der Unternehmensleitung mit Personen unterer Hierarchiestufen kommt Mittäterschaft gem. § 25 Abs. 2 StGB in Betracht. Unter Berücksichtigung der Kriterien für die Abgrenzung von Tätern und Teilnehmern nimmt jedoch die Wahrscheinlichkeit dafür ab, dass noch Täterschaft des Mitarbeiters vorliegt (und folglich Mittäterschaft bejaht werden kann), je größer das Gefälle in der Hierarchie zwischen Unternehmensleitungsmitglied und Mitarbeiter ist.[104]   **127**

Weist ein Mitglied der Unternehmensleitung einen Mitarbeiter zu einem Verhalten an, das einen Straftatbestand erfüllt, so kann hierin eine Anstiftung (§ 26 StGB) zu einer Straftat des Mitarbeiters liegen. Oftmals wird das Mitglied der Unternehmensleitung aber selbst Täter sein und der Mitarbeiter nur Beihilfe (§ 27 StGB) zu dessen Tat leisten.[105]   **128**

In der neueren Rechtsprechung spielt die Rechtsfigur der mittelbaren Täterschaft kraft Organisationsherrschaft eine wichtige Rolle.[106] Die Figur wurde für die strafrechtliche Bewältigung des in totalitären Machtapparaten durch die Hintermänner („Schreibtischtäter") verwirklichten Unrechts entwickelt. Sie erlangte in der Rechtsprechung des BGH zur strafrechtlichen Verantwortlichkeit von Mitgliedern des Nationalen Verteidigungsrats der ehemaligen DDR für die Tötungen an der innerdeutschen Grenze („Mauerschützen") Bedeutung.[107] Zugleich erfolgte die Weichenstellung für die Ausdehnung der Konstruktion auf wirtschaftliche Unternehmen. Von der Rechtsprechung ist mittlerweile anerkannt, dass auch in wirtschaftlichen Unternehmen Mitglieder der Unternehmensleitung als mittelbare Täter kraft Organisationsherrschaft fungieren können. Nutzt ein Mitglied der Geschäftsleitung oder die Geschäftsleitung als Kollektiv Rahmenbedingungen aus, die regelhafte Abläufe auslösen, die ihrerseits zu der vom Hintermann erstrebten Tatbestandsverwirklichung führen, so kann der Hintermann als mittelbarer Täter bestraft werden.[108] Dabei wird es als unerheblich angesehen, ob der unmittelbar   **129**

---

101 *BGHSt* 42, 135, 138.
102 *Fischer* § 27 Rn. 22; vgl. auch *BGH* wistra 2012, 302.
103 Instruktiv *Schneider/Schneider* ZIP 2007, 2061 mit sehr weitgehenden Annahmen.
104 *Tiedemann* Rn. 240.
105 Vgl. *Tiedemann* Rn. 240.
106 Vgl. *Koch* JuS 2008, 496, 498.
107 *BGHSt* 40, 218.
108 *BGH* NJW 1998, 767.

Handelnde volldeliktisch handelt sowie ob ein Unterlassen[109] oder Tun seitens des Hintermanns vorliegt. Die strafrechtliche Haftung greift überdies bereits dann, wenn die Unternehmensleitung die Strukturen vorgegeben hat, ohne dass es im Einzelfall darauf ankäme, dass die Hintermänner Kenntnis von den einzelnen rechtsgutsverletzenden Handlungen haben.[110]

3. Strafbarkeit durch Unterlassen

130 Neben der Begehung von Straftaten durch positives Tun besteht die Möglichkeit einer Strafbarkeit durch Unterlassen. Auch beim Unterlassen sind Täterschaft und Teilnahme möglich, wobei die Rechtsprechung wie beim Tun[111] auf die subjektive Beziehung des Täters zur Tat abstellt, also nach dem Vorliegen eines Täter- oder Teilnehmerwillens.[112]

131 Der in § 13 StGB enthaltenen gesetzgeberischen Wertung lässt sich entnehmen, dass ein Unterlassen – außer im Fall unechter Unterlassungsdelikte[113] – nur strafbar ist, wenn den Unterlassenden eine rechtliche Pflicht zur Abwendung des jeweiligen tatbestandsmäßigen Erfolgs (Garantenpflicht) trifft. Dementsprechend stellt sich die Frage, inwieweit Mitglieder der Unternehmensleitung die Rechtspflicht trifft, strafrechtlich relevante Erfolge innerhalb des Unternehmens abzuwenden. Besondere Aufmerksamkeit verdient hierbei die Konstellation, dass Mitarbeiter sich vorsätzlich rechtswidrig verhalten und die Unternehmensleitung es unterlässt, hiergegen einzuschreiten. Zwanglos leitet dies zur Frage über, ob die Unternehmensleitung verpflichtet ist, Systeme einzuführen, die der Früherkennung und Vorbeugung solcher Taten dient, mithin zur Problematik einer Pflicht zur Implementierung von Compliance-Programmen.

3.1 Allgemeine Erfolgsabwendungspflichten

132 Die Garantenpflichten i.S.d. § 13 StGB lassen sich in Schutzpflichten für bestimmte Rechtsgüter und Überwachungspflichten im Hinblick auf bestimmte Gefahrquellen unterteilen.[114]

133 Für die Unternehmensleitung bestehen Schutzpflichten insbesondere für das Vermögen einer juristischen Person. Diese Garantenpflicht beruht darauf, dass die juristische Person selbst unfähig ist, ihre Rechtsgüter zu schützen, sowie auf der bewussten Übernahme von Pflichten durch ihre Organe.[115] In diesem Zusammenhang ist stets auch an eine Untreuestrafbarkeit gem. § 266 StGB zu denken.[116] Des Weiteren können sich Schutzpflichten aus Gewährsübernahme ergeben, wobei im Wirtschaftsstrafrecht zwischen Unternehmen vertraglich vereinbarte Integritätsklauseln eine Rolle spielen.[117]

---

109 Dazu unten Rn. 136 ff.
110 *Semler/Peltzer/Taschke* § 10 Rn. 30 ff.
111 Dazu Rn. 121 ff.
112 *BGHSt* 2, 150, 156; 43, 381, 396; vgl. auch *Fischer* § 13 Rn. 51 f. und MünchKomm StGB/*Freund* § 13 Rn. 253 auch mit Nachweisen zu abweichenden Auffassungen in der Literatur.
113 Im Wirtschaftsstrafrecht entfalten insoweit bspw. die unterlassene Buchführung (§ 283b Abs. 1 Nr. 1 Alt. 1 StGB) oder die unterlassene Insolvenzantragstellung (§§ 84 Abs. 1 Nr. 2 i.V.m. § 64 Abs. 1 GmbHG) Bedeutung.
114 Im Überblick *Wessels/Beulke* Strafrecht Allgemeiner Teil, 39. Aufl. 2009, Rn. 716.
115 *Müller-Gugenberger/Bieneck/Schmid* § 30 Rn. 102.
116 Zur Vermögensbetreuungspflicht des Geschäftsführers s. MünchKomm StGB/*Dierlamm* § 266 Rn. 79 ff.
117 *Schlösser* wistra 2006, 446.

Überwachungspflichten der Unternehmensleitung können insbesondere aus einem **134** pflichtwidrigen gefährdenden Vorverhalten (Ingerenz) resultieren, speziell aus dem Inverkehrbringen von Produkten.[118] Beim Inverkehrbringen gefährlicher Produkte stellt die Rechtsprechung nur geringe Anforderungen an die Pflichtwidrigkeit des Vorverhaltens.[119] Das Vorverhalten braucht nicht schuldhaft zu sein, sondern es genügt die rechtliche Missbilligung des Gefährdungserfolgs zur Begründung der Garantenpflicht. Hieran fehlt es bei offensichtlichen „Ausreißern". Besteht eine Garantenpflicht, so ergibt sich hieraus eine strafbewehrte Pflicht zum Produktrückruf.[119] Im Zusammenhang mit der strafrechtlichen Produkthaftung ist zu bemerken, dass die Rechtsprechung die Anforderungen an den Nachweis der Kausalität insofern eingeschränkt hat, dass es ausreichend ist, Ersatz- oder Reserveursachen auszuschließen.[120] Ein positiver Nachweis des Kausalzusammenhangs ist damit entbehrlich.

Schwierigkeiten bei der Zuordnung von Pflichten zu Entscheidungsträgern wirft die **135** Übertragung von Aufgaben durch Delegation auf. Die Delegation führt zu einer Überwachungspflicht, deren Intensität einzelfallabhängig ist. Jedoch gilt auch insoweit der Vertrauensgrundsatz, sodass sich der Delegierende auf die ordnungsgemäße Erfüllung der Aufgaben verlassen darf, solange sich keine entgegenstehenden Anhaltspunkte ergeben.[121] In der Praxis werfen häufig Konstellationen Probleme auf, in denen es an einer nachvollziehbaren Verantwortungsverteilung aufgrund mangelnder Eindeutigkeit der Delegation fehlt.[122]

3.2 Geschäftsherrenhaftung

Ob eine generelle strafbewehrte Pflicht für Mitglieder der Unternehmensleitung zur **136** Verhinderung von Straftaten ihrer Mitarbeiter besteht, wird unter dem Stichwort der Geschäftsherrenhaftung diskutiert. Kernproblem ist die Reichweite der Eigenverantwortlichkeit der Mitarbeiter für ihr Handeln. Ob es über ausdrückliche gesetzliche Regelungen (z.B. § 357 StGB) hinaus strafbewehrte Pflichten zur Verhinderung von Straftaten durch Mitarbeiter gibt, wurde in der Rechtsprechung bisher kaum behandelt.[123] Das Spektrum der in der Literatur vertretenen Ansichten ist breit.[124]

Eine allgemeine Garantenpflicht von Personen der Unternehmensleitung zur Verhin- **137** derung von Straftaten Beschäftigter ist nach zutreffender h.M. wegen des Selbstverantwortungsprinzips abzulehnen.[125] Anderes kann allenfalls bei betriebsbezogenen Straftaten gelten. Nach einer jüngeren Entscheidung des BGH ist eine Tat betriebsbezogen, wenn sie einen inneren Zusammenhang mit der betrieblichen Tätigkeit des Begehungstäters oder mit der Ar des Betriebes aufweist[126] Der BGH hat die Voraussetzungen für eine Garantenpflicht offengelassen. Ob eine Garantenpflicht zur Verhinderung einer solchen betriebsbezogenen Straftat besteht, kann unter Berücksichti-

---

118 Zur strafrechtlichen Produkthaftung eingehend s. *Achenbach/Ransiek/Kuhlen* II. Kap. Rn. 5 ff.
119 *BGHSt* 37, 106, 119 – Lederspray.
120 *BGHSt* 37, 106, 112 – Lederspray.
121 *Wabnitz/Janovsky/Raum* 3. Kap. Rn. 42.
122 *Wabnitz/Janovsky/Raum* 3. Kap. Rn. 44.
123 S. aber *Tiedemann* Rn. 183; *Müller-Gugenberger/Bieneck/Schmid* § 30 Rn. 91 zur reichsgerichtlichen Rspr.
124 Vgl. *Achenbach* in *Achenbach/Ransiek* Kap. I 3 Rn. 32; *Müller-Gugenberger/Bieneck* § 30 Rn. 98.
125 *Fischer* § 13 Rn. 38.
126 *BGH* CCZ 2012, 157, 157; zu anderen Ansätzen: *Semler/Peltzer/Taschke* § 10 Rn. 35; Bsp. bei *Roxin* AT 2 § 32 Rn. 139; *Schönke/Schröder/Stree* § 13 Rn. 52.

gung der Organisationsmacht des Geschäftsherrn und seiner Herrschaft über die Gefahrenquelle entschieden werden.[127]

138 Die praktische Bedeutung der Geschäftsherrenhaftung ist dadurch beschränkt, dass zum einen die Erfolgszurechnung im Hinblick auf die Quasikausalität des Unterlassens Nachweisschwierigkeiten bereitet, zum anderen der auf das nicht verhinderte konkrete Delikt bezogene Vorsatz oft fehlen wird.[128]

139 Die Anerkennung der Lehre von der mittelbaren Täterschaft kraft Organisationsherrschaft ermöglicht eine anderweitige Lösung der einschlägigen Fälle.[129] Damit wird die dogmatische Diskussion um die Geschäftsherrenhaftung in der Praxis entschärft.[130] Das gilt umso mehr insofern, als die Organisationsherrschaft nach Ansicht der Rechtsprechung auch durch Unterlassen entstehen kann.[131] Das kommt in Betracht, wenn eine Unrechtsorganisation bereits besteht, die eine Gefahr für die ständige Begehung strafrechtlich relevanter Handlungen in sich birgt, und die Geschäftsleitung Maßnahmen unterlässt, um diese Situation zu beheben.[132]

3.3 Pflicht zur Einführung von Compliance-Programmen

140 Ob eine Pflicht zur Einführung von Compliance-Programmen in Unternehmen besteht, ist heftig umstritten. Aus strafrechtlicher Sicht entfaltet dies insofern Bedeutung, dass bejahendenfalls hieraus eine Garantenpflicht i.S.d. § 13 StGB als Anknüpfungspunkt für die Bestrafung von Mitgliedern der Unternehmensleitung abgeleitet werden könnte.

141 Außer Frage steht zunächst der Nutzen von Compliancen-Programmen zur Vermeidung zivil-, straf- und ordnungswidrigkeitenrechtlicher Haftung.[133] Für die Frage einer Rechtspflicht lassen sich hieraus freilich keine Schlussfolgerungen ziehen.

142 Eine positivrechtliche Regelung findet sich in § 91 Abs. 2 AktG, der den Vorstand verpflichtet, geeignete Maßnahmen zu treffen, insbesondere ein Überwachungssystem einzurichten, damit den Fortbestand der Gesellschaft gefährdende Entwicklungen früh erkannt werden. Die 1998 durch das KonTraG[134] eingeführte Norm soll der gesetzgeberischen Zielsetzung entsprechend auch Ausstrahlungswirkung auf die GmbH entfalten.[135] Ob § 91 Abs. 2 AktG eine gesetzliche Pflicht zur Einführung von Compliance-Programmen begründet, lässt sich freilich mit guten Gründen in Zweifel ziehen.[136]

143 Bei der Diskussion um eine Rechtspflicht zur Einführung von Compliance-Programmen widerstreiten im Wesentlichen zwei Positionen. Auf der einen Seite gibt es Befürworter einer derartigen allgemeinen Rechtspflicht. *Schneider*[137] begründet sie mit einer Gesamtanalogie zu all denjenigen Einzelvorschriften, die Vorkehrungen zur

---

127 *Fischer* § 13 Rn. 28.
128 *Achenbach/Ransiek* 3. Kap. Rn. 35 ff.
129 Dazu s. Rn. 126 ff.
130 *Tiedemann* Rn. 181.
131 *BGH* JZ 2003, 575, 579 mit abl. Anm. *Ranft* JZ 2003, 582; vgl. auch *BGHSt* 40, 257, 265.
132 *Wabnitz/Janovsky/Raum* VI. Kap. Rn. 65.
133 *Kiethe* GmbHR 2007, 393, 396.
134 Gesetz zur Kontrolle und Transparenz im Unternehmensbereich, BGBl I 1998, 786.
135 *Romeike/Münzenberg* S. 103 f.; *Hauschka/Stephan/Seidel* § 25 Rn. 51 f.
136 Zur Diskussion *Fleischer* AG 2003, 291, 298.
137 ZIP 2003, 645, 649; vgl. auch *Schneider/v. Buttlar* ZIP 2004, 1621, 1622.

Verhinderung gesetzeswidrigen Verhaltens vorschreiben. Hauschka[138] ist dem mit dem Hinweis entgegengetreten, dass sich Unternehmen unzweifelhaft an die Gesetze halten müssen, dass ihnen im Regelfall die Mittel und Wege überlassen sein müssen, um diese Rechtstreue zu gewährleisten.

Nur letztere Ansicht vermag zu überzeugen.[139] Für einen Analogieschluss fehlt bereits **144** konstruktiv die Regelungslücke, denn der Gesetzgeber hat sich bewusst nur für die Normierung einzelner Pflichten entschieden. Der Pflichtenkanon, dem ein Unternehmer unterworfen ist, mag zwar im Einzelfall derart verdichtet sein, dass die Implementierung eines Compliance-Programms zur Einhaltung der Rechtspflichten sehr nützlich ist, die grundsätzlich gewährleistete Freiheit beim Treffen unternehmerischer Entscheidungen bleibt hiervon freilich unberührt. Erreicht ein Unternehmer auf andere Weise als durch Einführung eines Compliance-Programms die Erfüllung rechtlicher Pflichten, so genügt er hiermit vollumfänglichen den gesetzlichen Anforderungen. Der in der Literatur bisweilen anzutreffende Schluss von der Nützlichkeit bzw. Sinnhaftigkeit auf die gesetzliche Pflicht vermag wegen der Vermengung von lex lata und lex ferenda jedenfalls nicht zu überzeugen.

Im Einklang mit dem fragmentarischen Charakter des Strafrechts (ultima ratio) hat **145** der Gesetzgeber Verstöße gegen die allgemeine Aufsichtspflicht lediglich mit Bußgelddrohungen bewehrt (§ 130 OWiG). Diese Entscheidung ist zu respektieren und nicht durch die Konstruktion einer Pflicht, die im Rahmen des Untreuetatbestandes (§ 266 StGB) strafrechtliche Relevanz entfalten könnte, zu umgehen. Es muss davor gewarnt werden, eine Pflicht zur Implementierung von Compliance-Programmen zu begründen, die als Anknüpfungspunkt für eine Unterlassungsstrafbarkeit dienen könnte. Im Zusammenspiel mit der ausufernd weiten Auslegung des Untreuetatbestandes[140] droht die Schaffung einer Generalklausel par excellence für die Strafbarkeit von Rechtsverstößen im Wirtschaftsleben.[141]

4. Aufsichtspflichtverletzung

Wie bereits erwähnt, ist im Ordnungswidrigkeitenrecht eine bußgeldbewehrte Auf- **146** sichtspflicht normiert. Gem. § 130 Abs. 1 S. 1 OWiG handelt ordnungswidrig, wer als Inhaber eines Betriebes oder Unternehmens vorsätzlich oder fahrlässig die Aufsichtsmaßnahmen unterlässt, die erforderlich sind, um in dem Betrieb oder Unternehmen Zuwiderhandlungen gegen Pflichten zu verhindern, die den Inhaber treffen und deren Verletzung mit Strafe oder Geldbuße bedroht ist. Objektive Bedingung der Verfolgbarkeit ist, dass eine solche Zuwiderhandlung begangen wird, die durch gehörige Aufsicht verhindert oder wesentlich erschwert worden wäre. Zu den erforderlichen Aufsichtsmaßnahmen gehören gem. § 130 Abs. 1 S. 2 OWiG auch die Bestellung, sorgfältige Auswahl und Überwachung von Aufsichtspersonen.

Die Vorschrift ist gegenüber der Ahndung oder Bestrafung des Betriebs- oder Unter- **147** nehmensinhabers wegen Beteiligung an einer Ordnungswidrigkeit oder Straftat subsi-

---

138 ZIP 2004, 877, 878.
139 Ebenso *Wessing* SAM 2007, 175, 176; vgl. auch *Ringleb/Krämer/Lutter/v. Werder/Ringleb* Deutscher Corporate Government Kodex, Rn. 618; a.A. *Kiethe* GmbHR 2007, 393, 397; *Bürkle* BB 2005, 565, 568; *Fleischer* AG 2003, 291, 299 und NZG 2004, 1129, 1131.
140 Hierzu auch aus verfassungsrechtlicher Sicht MünchKomm StGB/*Dierlamm* § 266 Rn. 3 ff.
141 Vgl. auch für Verstöße gegen die Pflicht aus § 91 Abs. 2 AktG die Darstellung bei *Romeike/Münzenberg* S. 113 ff.

diär.[142] Die Norm soll verhindern, dass der Unternehmer sich durch Delegation seiner straf- oder bußgeldrechtlichen Verantwortung für Fehlverhalten entzieht.[143] Die Zuwiderhandlung muss sich gegen Pflichten des Inhabers richten, also betriebsbezogen sein. Die Zuwiderhandlung muss nur tatbestandsmäßig und rechtswidrig, jedoch nicht schuldhaft bzw. vorwerfbar begangen worden sein.[144] Der Betriebs- oder Unternehmensinhaber braucht bezüglich der Zuwiderhandlung nicht vorsätzlich oder fahrlässig zu handeln.[145]

148   Welche Aufsichtspflichten bestehen, wird in § 130 OWiG nicht normiert. Außer in Spezialgesetzen[146] werden sie insbesondere durch Richterrecht konkretisiert. In der Praxis ist festzustellen, dass die Gerichte häufig von der Zuwiderhandlung auf die unzureichende Prävention schließen. Es wird dann festgestellt, welche Maßnahmen im Einzelfall noch hätten ergriffen werden müssen, nicht jedoch, was grundsätzlich erforderlich ist.[147] Dies ist misslich, will man im Rahmen von Compliance-Programmen vorbeugend tätig werden.

149   Der Umfang der Pflichten ist unter Berücksichtigung des Maßes der Gefährdung, der Art des Betriebes, seiner Größe, Organisationsstruktur als auch der Erfahrungen, die in der Vergangenheit gemacht wurden, zu bestimmen.[148] Inhalt der Aufsichtspflicht sind bspw. die sorgfältige Auswahl und Überwachung von Aufsichtspersonen (vgl. § 130 Abs. 1 S. 2 OWiG), die Aufmerksamkeit gegenüber Entwicklungen der rechtlichen und technischen Normen, die Durchführung von Stichproben, der Vollzug von Durchsetzungsmaßnahmen, die genaue Aufteilung der Verantwortlichkeiten und Zuständigkeiten, die Implementierung innerbetrieblicher Kontrollsysteme und Organisationsmaßnahmen, die Durchführung von Schulungen.[149] Die große Kongruenz zu den basalen Compliance-Themen ist freilich nicht zufällig.[150] Das geforderte Verhalten muss jedenfalls geeignet, erforderlich und zumutbar sein.[151]

150   Wird ein Unternehmen von einer Personenmehrheit geleitet, so gehört die Aufsichtspflicht zur Gesamtverantwortung der Unternehmensleitung. Die Pflichten können aber auf das Ressort eines einzelnen Mitglieds übertragen werden. Die übrigen Angehörigen der Unternehmensleitung können sich in diesem Fall auf den Vertrauensgrundsatz[152] berufen, sodass eine Haftung entfällt, bis erkennbar wird, dass die Pflichten nicht ordnungsgemäß erfüllt werden.[153]

---

142 *Bohnert* § 130 Rn. 8; vgl. auch *Göhler/König* § 130 Rn. 25 ff.
143 *Mitsch* § 13 Rn. 60; eingehend KK OWiG/*Rogall* § 130 Rn. 1 ff.
144 *Többens* NStZ 1999, 1, 5.
145 *Mitsch* § 13 Rn. 58.
146 Bsp. bei *Müller-Gugenberger/Bieneck/Schmid* § 30 Rn. 107.
147 Vgl. *Hauschka/Greeve* BB 2007, 165, 166, die zugleich Empfehlungen für die Anforderungen an eine Compliance in der Korruptionsprävention formulieren. Kritik im Hinblick auf das Bestimmtheitsgebot (Art. 103 Abs. 2 GG, § 3 OWiG) äußert *Achenbach* in Achenbach/Ransiek I. Kap. 3 Rn. 54.
148 *OLG Zweibrücken* NStZ-RR 1998, 311.
149 *BGHSt* 9, 319, 323; 25, 158, 162 f.; *BGH* wistra 1985, 228; *BayObLG* wistra 2001, 478, 479; vgl. auch *Müller-Gugenberger/Bieneck/Schmid* § 30 Rn. 122 ff.; eingehend KK OWiG/*Rogall* § 130 Rn. 38 ff.
150 *Hauschka/Stephan/Seidel* § 25 Rn. 79 sprechen von den „Kernmerkmalen der Compliance-Organisation".
151 *OLG Düsseldorf* wistra 1999, 116.
152 S. Rn. 123 ff.
153 *OLG Hamm* NJW 1971, 817; KK OWiG/*Rogall* § 130 Rn. 68.

V. Strafbarkeit von Compliance Officern

Für Compliance Officer bestehen vielfältige Möglichkeiten, mit dem Strafgesetz in **151** Konflikt zu geraten. Hierbei kann differenziert werden zwischen Straftaten, die durch unzureichende oder fehlerhafte Tätigkeit im Vorfeld von Regelverstößen begangen werden und solchen, die Regelverstößen im Unternehmen zeitlich nachgeordnet sind. Im Folgenden können nur einige spezifische Konstellationen beleuchtet werden, die in der Praxis besonders relevant sind.

1. Strafbarkeit im Rahmen der Vorbeugung von Regelverstößen

Ausgehend von der Aufgabe von Compliance Officern, Regelverstößen in ihrem **152** Unternehmen vorzubeugen, stellt sich die Frage nach strafrechtlichen Konsequenzen bei unzureichender oder unterlassener Tätigkeit. Weiterhin wirft die Informations- und Beratungstätigkeit von Compliance Officern strafrechtliche Probleme auf.

1.1 Unzureichende Intervention

Erlangt ein Compliance Officer Kenntnis von einer geplanten Straftat oder Ordnungs- **153** widrigkeit, so trifft ihn keine Anzeigepflicht gegenüber staatlichen Behörden. Dies folgt im Umkehrschluss aus § 138 StGB. Gleichwohl kann ein Compliance Officer gezwungen sein, gegen geplante Regelverstöße einzuschreiten, von denen er Kenntnis erlangt. Dies beruht auf der Garantenstellung, die er kraft vertraglicher Übernahme von Schutzpflichten innehat.[154] Erfolgsabwendungspflichten, die die Geschäftsleitung treffen,[155] können infolge Delegation an die Compliance-Abteilung nunmehr (auch) für deren Mitarbeiter maßgebend sein. Da die Übernahme von Erfolgsabwendungspflichten gegenüber einer ihrerseits garantenpflichtigen Person (bzw. Personenkreis, nämlich der Geschäftsleitung) erfolgt, rückt der jeweilige Compliance Officer in vollem Umfang in deren Garantenstellung ein, haftet also strafrechtlich ohne Einschränkung.[156]

Verstöße hiergegen führen bei Eintritt eines strafrechtlichen Erfolgs unter Umständen **154** zur Unterlassungsstrafbarkeit, wobei regelmäßig nur Beihilfe in Betracht kommen wird. Vom Garantenpflichtigen wird gefordert, grundsätzlich das objektiv Erforderliche im Rahmen seiner Möglichkeiten zu tun, soweit ihm dies zumutbar ist.[157] Irrt der Garant über die Reichweite seiner Pflicht, insbesondere über die Notwendigkeit weiterer Maßnahmen zur Erfolgsabwendung, so scheidet eine Vorsatzstrafbarkeit aus.

Erlangt die Compliance-Abteilung bereits keine Kenntnis von geplanten oder bevor- **155** stehenden Verstößen, ist eine Strafbarkeit der Compliance Officer selbst bei Fahrlässigkeit in aller Regel zu verneinen. Ohnehin werden zumindest in großen Unternehmen einzelne Regelverstöße unbemerkt bleiben. Weist die Compliance-Abteilung bereits strukturelle oder organisatorische Mängel auf, die geradezu zwangsläufig dazu führen, dass Gesetzesverstöße nicht aufgedeckt werden, so fällt dies nicht den Compliance Officern, sondern im Rahmen ihrer Verantwortlichkeit der Geschäftsleitung zur Last.

---

154 Zur Garantenstellung aufgrund vertraglicher Übernahme von Pflichten *Fischer* § 13 Rn. 23; *Schönke/ Schröder/Stree* § 13 Rn. 28.

155 S. Rn. 118 ff.

156 Vgl. allg. zum Einrücken in eine Garantenstellung *BGHSt* 47, 224, 232; *Schönke/Schröder/Stree* § 13 Rn. 30.

157 *Schönke/Schröder/Stree* vor § 13 Rn. 151.

1.2 Informations- und Beratungstätigkeit

156 Zur Tätigkeit von Compliance Officern gehört es, über rechtliche Fragestellungen aufzuklären. Hierbei besteht die Gefahr, dass der Empfänger einer rechtlichen Information diese zur Begehung von Straftaten ausnutzt. Auch kann eine Rechtsauskunft für deren Empfänger der Anlass sein, einen Tatentschluss zu fassen. In diesen Fällen wird man regelmäßig keine Strafbarkeit wegen Beihilfe oder Anstiftung zur Straftat des Auskunftsempfängers annehmen können. Gelten für einen Compliance Officer Berufsgesetze, aufgrund derer er zur Beratung und Auskunftserteilung verpflichtet ist, greifen die insoweit entwickelten Leitlinien der Rechtsprechung: erteilt ein Berater (Rechtsanwalt, Steuerberater, Wirtschaftsprüfer), für den Berufsgesetze gelten, lediglich Rat oder Auskünfte im Rahmen seiner berufsrechtlichen Pflichten, so ist regelmäßig davon auszugehen, dass er nicht eine Straftat unterstützen, sondern eine Berufspflicht erfüllen will.[158]

157 Ist die erteilte Rechtsauskunft falsch bzw. unvertretbar, so scheitert die Strafbarkeit des Auskunftserteilenden regelmäßig am fehlenden Vorsatz. Wird jedoch vorsätzlich ein Verbotsirrtum (§ 17 StGB) beim Auskunftsempfänger hervorgerufen und begeht dieser aufgrund dessen eine Straftat, so kommt für den Auskunftserteilenden eine Strafbarkeit in Form der mittelbaren Täterschaft (§ 25 Abs. 1 Alt. 2 StGB) in Betracht.[159]

2. Strafbarkeit nach Kenntniserlangung von Regelverstößen

158 Ist ein Regelverstoß durch Mitarbeiter des Unternehmens begangen worden und hat ein Compliance Officer hiervon Kenntnis erlangt, so treffen ihn bezüglich dieses Verstoßes grundsätzlich keine strafbewehrten Handlungspflichten.[160] Allenfalls kann Anlass dazu bestehen, weiteren gleichgearteten Verstößen vorzubeugen.[161] Der BGH[162] hat in einer neueren Entscheidung in einem obiter dictum eine „regelmäßige Garantenstellung" eines Compliance Officers mit dem Hinweis angenommen, dessen Aufgabe sei die „Verhinderung von Rechtsverstößen, insbesondere von Straftaten, die aus dem Unternehmen heraus begangen werden und für dieses erhebliche Nachteile durch Haftungsrisiken oder Ansehensverluste bringen können". Dies ist in der Literatur zu Recht auf Kritik gestoßen.[163]

159 Vorsicht ist jedoch geboten, dass in den Bemühungen um Reparatur des Schadens bzw. um Wiedergutmachung keine weiteren Rechtsverstöße begangen werden. Es kann nämlich passieren, dass ein Compliance Officer sich durch die Mitarbeiter in strafbare Verhaltensweisen verstricken lässt. Relevant sind in diesem Zusammenhang u.a. Maßnahmen, die die Straftatbestände der Begünstigung (§ 257 StGB), Strafverei-

---

158 *RGSt* 37, 321, 323; vgl. auch *RGSt* 60, 6, 8; *BGH* NStZ 1993, 43; NStZ-RR 1999, 184, 186; NStZ 2000, 34; *Müller-Gugenberger/Bieneck/Häcker* § 95 Rn. 11 f.; allg. zur Beihilfe durch neutrale Handlungen MünchKomm StGB/*Joecks* § 27 Rn. 41 ff.
159 *BGHSt* 35, 353; *Schönke/Schröder/Cramer/Heine* § 25 Rn. 38.
160 Freilich können sonstige Maßnahmen (z.B. Selbstanzeige) im Hinblick auf strafrechtliche Konsequenzen für den Betroffenen sinnvoll und demzufolge anzuraten sein.
161 S. Rn. 153 ff.
162 *BGHSt* 54, 44 unter Hinweis auf *Kraft/Winckler* CCZ 2009, 29.
163 Vgl. *Rübenstahl* NZG 2009, 1341 ff.; *Berndt* StV 2009, 689; *Stoffers* NJW 2009, 3176; zustimmend: *Campos Nave* BB 2009, 2059; *Thiel von Herff* BB 2009, 1985; weiterführend *Mosbacher/Dierlamm* NStZ 2010, 268.

telung (§ 258 StGB), Hehlerei (§ 259 StGB), Geldwäsche (§ 261 StGB) sowie der Urkundenfälschung (§ 267 StGB) erfüllen.

VI. Strafbarkeit von Mitarbeitern

Die Mitarbeiter in einem Unternehmen sind oftmals die, die die straf- oder bußgeld- **160** bewehrte Handlung unmittelbar ausführen. Relevant ist zudem die Frage, wie sie sich zu verhalten haben, wenn sie Kenntnis von Regelverstößen anderer Unternehmensangehöriger erlangen.

Im Folgenden unbeachtet bleiben die Konstellationen, in denen Mitarbeitern im Rahmen **161** ihrer Leitungstätigkeit bspw. im unteren und mittleren Management mit strafbewehrten Pflichten konfrontiert sind. Insoweit gilt mit Abschlägen, die unter Berücksichtigung des individuellen Verantwortungsbereichs vorzunehmen sind, das Entsprechende wie zu der Strafbarkeit von Mitgliedern der Unternehmensleitung.[164]

1. Deliktsverwirklichung in eigener Person

Weitgehend unproblematisch sind die Fälle, in denen ein Unternehmensangehöriger **162** einen Straf- oder Ordnungswidrigkeitentatbestand in eigener Person verwirklicht (unmittelbare Täterschaft gem. § 25 Abs. 1 Alt. 1 StGB). An seiner Verantwortlichkeit ändert sich nichts dadurch, dass er zu der Tat unter Umständen von einem Vorgesetzten angestiftet worden ist. Desgleichen gilt für die Fälle, in denen ein Mitarbeiter innerhalb eines Unrechtssystems agiert, bei dem die Organisationsherrschaft der Vorgesetzten dazu führt, dass er zur Straftatbegehung veranlasst wird. Ein Mitarbeiter kann sich nicht zur Rechtfertigung seiner Taten auf Weisungen berufen, denn er trägt selbst die Verantwortung dafür, dass sein Verhalten rechtskonform ist. Die Ausführung einer rechtswidrigen Weisung ist demzufolge grundsätzlich ihrerseits rechtswidrig.[165]

Auch die Berufung auf Rechtsunkenntnis wird dem Mitarbeiter in der Regel nicht zur **163** Straffreiheit verhelfen. Zur Straffreiheit führt nur der unvermeidbare Verbotsirrtum (§ 17 S. 1 StGB). An die Vermeidbarkeit werden von der Rechtsprechung sehr hohe Anforderungen gestellt.[166] In Zweifelsfällen hat er die erforderliche Rechtsauskunft einzuholen. Dabei reicht es für die Bejahung der Unvermeidbarkeit des Irrtums aus, wenn der Mitarbeiter sich bei einem Rechtskundigen, den er ohne Verschulden als kompetent ansehen konnte, eingehend erkundigt hat.[167] Zu bemerken ist aber, dass die Rechtsprechung uneinheitlich ist und tendenziell vom Handelnden große Anstrengungen verlangt, damit dieser in den Genuss der Straflosigkeit kommt.

Von der Rechtsprechung uneinheitlich beantwortet wird, inwiefern der Mitarbeiter **164** dadurch seiner Pflicht zur Einholung von Rechtsauskünften genügt, dass er sich an einen „Hausjuristen" wendet.[168] Im hier interessierenden Kontext stellt sich die Frage, inwiefern der Mitarbeiter Straffreiheit dadurch erlangen kann, dass er auf Auskünfte der Compliance-Abteilung vertraut. Während die Einholung von Auskünften beim

---

164 S. Rn. 146 ff.
165 *Schönke/Schröder/Lenckner* vor § 32 Rn. 87.
166 Eingehend MünchKomm StGB/*Joecks* § 17 Rn. 36 ff.
167 *BGHSt* 5, 118; *BGH* NJW 1989, 409; *Schönke/Schröder/Cramer/Sternberg-Lieben* § 17 Rn. 18; anders bei „Stegreifauskünften" *BGH* NStZ 2000, 307, 309.
168 NK/*Neumann* § 17 Rn. 75; MünchKomm StGB/*Joecks* § 17 Rn. 57.

Hausjuristen zum Teil als ausreichend angesehen wurde,[169] wird dies wohl von der h.M. verneint.[170] In Zweifelsfällen sollte ein schriftliches Gutachten eines externen Rechtsexperten für das jeweilige Rechtsgebiet eingeholt werden.

165 Hiervon zu unterscheiden sind die Konstellationen, in denen der Irrtum sich nicht auf die rechtliche Zulässigkeit, sondern auf tatsächliche Umstände bezieht. Hat der Mitarbeiter eine Fehlvorstellung über tatsächliche Gegebenheiten, kann er, auch dann wenn der Irrtum – z.B. durch das Verhalten eines Vorgesetzten – fremdinduziert ist, nur wegen fahrlässiger Tatbegehung bestraft werden (§ 16 StGB).[171] Die Voraussetzungen der Fahrlässigkeitsstrafbarkeit sind sodann gesondert zu prüfen.

2. Verhalten bei Kenntniserlangung von Regelverstößen

166 Erlangt ein Mitarbeiter Kenntnis von geschehenen oder geplanten Regelverstößen durch andere Mitarbeiter, stellt sich für ihn die Frage, wie er reagieren soll. Dabei agiert er im Spannungsfeld zwischen dem Recht und der Pflicht zur Meldung von Gesetzesverstößen.

2.1 Recht zur Meldung von Gesetzesverstößen

167 Die Frage, inwieweit der Arbeitnehmer ein Recht zur Meldung von Gesetzesverstößen hat, ist insbesondere in Judikatur und Schrifttum zum Arbeitsrecht unter dem Stichwort des „Whistleblowing" thematisiert worden.[172] Hierunter versteht man die Weitergabe von Informationen über vermeintliche oder tatsächliche Verstöße in einem Unternehmen durch einen Mitarbeiter.[173] Aus strafrechtlicher Sicht ist zwischen der Mitteilung an interne und der an externe Stellen zu unterscheiden.

168 Besteht in einem Unternehmen eine Compliance-Abteilung, so ist die Weitergabe von Informationen in der Regel unproblematisch. Das interne Whistleblowing ist vielmehr sogar erwünscht. Dieser Wunsch wird oftmals dadurch bekräftigt, dass eine Whistleblower-Hotline eingerichtet wird. Ist der Compliance Officer Berufsgeheimnisträger i.S.d. § 203 Abs. 1 Nr. 3 StGB wird zudem die Vertraulichkeit zwischen dem meldenden Mitarbeiter und dem Officer durch die diesen treffende Verschwiegenheitspflicht geschützt.[174]

169 Problematischer ist hingegen die Weitergabe von Informationen an externe Stellen. Neben die erhebliche Gefahr arbeitsrechtlicher Konsequenzen tritt die Möglichkeit einer Bestrafung wegen Verrats von Betriebs- und Geschäftsgeheimnissen gem. § 17 UWG. Immerhin werden Strafanzeigen an die zuständigen Behörden als nicht tatbestandsmäßig qualifiziert, da sie nicht unbefugt sind.[175] Bei der Offenbarung von Ordnungswidrigkeiten oder Straftaten an Dritte fehlt es regelmäßig an einem Handeln „zu Zwecken des Wettbewerbs".[175]

---

169 *OLG Frankfurt* NJW 1989, 1745; *OLG Braunschweig* NStZ-RR 1998, 251.
170 *BGHSt* 30, 276.
171 Vgl. *Schönke/Schröder/Lenckner* vor § 32 Rn. 88.
172 Vgl. *BAG* DB 2004, 878; *Bürkle* DB 2004, 2158; *Deiseroth* AuR 2007, 34 und 198; *Binkert* AuR 2007, 195.
173 *Bürkle* DB 2004, 2158.
174 *Bürkle* DB 2004, 2158, 2161.
175 *Erbs/Kohlhaas/Diemer* § 17 UWG Rn. 24.

Damit bestehen aus strafrechtlicher Sicht in aller Regel keine Einschränkungen des **170** Rechts zur Meldung von Gesetzesverstößen. Trotzdem erscheint es regelmäßig empfehlenswert, eine interne Weitergabe dem externen Whistleblowing solange vorzuziehen, wie sie gleichermaßen erfolgsversprechend ist. Dies lässt sich abgesehen von den insoweit bestehenden arbeitsvertraglichen Nebenpflichten mit den wirtschaftlichen und rechtlichen Interessen des Unternehmens an einer eigenständigen Problembehebung begründen.[176]

2.2 Pflicht zur Meldung von Gesetzesverstößen

Grundsätzlich gilt, dass den Mitarbeiter keine Pflicht zur Anzeige von Straftaten **171** gegenüber Behörden trifft (arg. e. § 138 StGB). Eine Anzeigepflicht kann jedoch mittelbar aus anderen strafbewehrten Pflichten resultieren.

So kann die Anzeige geplanter Rechtsverstöße an eine interne oder externe Kontrollstelle die erforderliche Maßnahme zur Abwendung eines strafrechtlich relevanten Erfolges sein. Den Mitarbeiter trifft jedenfalls dann eine Pflicht zur Mitteilung des Gesetzesverstoßes, wenn er eine Garantenstellung hat. Eine Garantenstellung kann sich insbesondere aus vertraglichen Vereinbarungen, z.B. dem Arbeitsvertrag ergeben. Besondere Bedeutung hat insoweit die Untreuestrafbarkeit gem. § 266 StGB. Dabei gilt, dass eine Vereinbarung nur dann eine Vermögensbetreuungspflicht des Mitarbeiters gegenüber dem Unternehmen begründet, wenn das Rechtsverhältnis gerade auf die Betreuung fremder Vermögensinteressen gerichtet ist, die Pflicht also besonders qualifiziert ist.[177]

C. Konsequenzen: Bußgelder, Einziehung, Verfall

I. Einführung

Pflichtenverstöße von Vorständen, Compliance Officern oder Mitarbeitern können je **172** nach Art und Schwere des Verstoßes unterschiedliche Konsequenzen haben. Die stärkste staatliche Sanktion ist die **Strafe** als klassische Folge einer Straftat, wobei bekanntlich zwischen den sog. Hauptstrafen (§§ 38 ff. StGB: Freiheitsstrafe, Geldstrafe) und den sog. Nebenstrafen (z.B. Fahrverbot, § 44 StGB) unterschieden wird. Die weniger gravierenden Ordnungswidrigkeiten werden mit der **Geldbuße** – als Hauptsanktion des Ordnungswidrigkeitenrechts – sanktioniert (§§ 1, 17 OWiG). Während Freiheitsstrafen und Geldstrafen Sanktionen für Verbrechen und Vergehen sind, versteht sich die Geldbuße eher als nachdrückliche Ermahnung zur künftigen Pflichtenerfüllung, die nicht – wie die Geld- oder Freiheitsstrafe – mit dem ehrenrührigen sozial-ethischen Unwerturteil verbunden ist.[178] Neben der Strafe oder der Geldbuße oder alternativ hierzu kann als Konsequenz eines Pflichtenverstoßes auch der Verfall oder die Einziehung angeordnet werden. Das Institut des **Verfalls** (§§ 73 ff. StGB) als Maßnahme zur Abschöpfung rechtswidrig erlangter Vermögensvorteile gilt für das

---

176 *Bürkle* DB 2004, 2158, 2160.
177 Vgl. *Fischer* § 266 Rn. 18; MünchKomm StGB/*Dierlamm* § 266 Rn. 30 ff.
178 *Krey* Deutsches Strafrecht, Allgemeiner Teil, 3. Aufl. 2008, Rn. 20.

gesamte Strafrecht,[179] findet darüber hinaus aber auch im Ordnungswidrigkeitenrecht Anwendung (vgl. §§ 17 Abs. 4, 29a, 30 Abs. 3 OWiG). Demgemäß sehen der BGH und das BVerfG hierin auch keine Strafe oder strafähnliche Sanktion.[180] Vielmehr dient der Verfall vor allem präventiven Zwecken.[181] Anders als beim Verfall handelt es sich bei der **Einziehung** (§§ 74 ff. StGB) von Tatmitteln oder von Gegenständen, die durch eine vorsätzliche Straftat hervorgebracht worden sind, in bestimmten Fällen (insbesondere bei Anordnung gegenüber dem Täter oder Teilnehmer) um eine Strafe, sofern sie wegen der Gefährlichkeit des Gegenstandes angeordnet wird um eine Sicherungsmaßnahme, teilweise aber auch um eine gemischte Sanktion.[182] Soweit es sich etwa bei der Anordnung der Einziehung um eine Strafe handelt, setzt auch sie Schuld bzw. zumindest verminderte Schuldfähigkeit des Täters oder Teilnehmers voraus.[183]

173 Auch das OWiG enthält in den §§ 22 ff. OWiG Rahmenvorschriften für Einziehung und Verfall, die jedoch mit den allgemeinen Vorschriften der §§ 74 ff. StGB weitgehend übereinstimmen.[184] Im Ordnungswidrigkeitenrecht dient die Einziehung vorwiegend der Sicherung der Allgemeinheit und der Rechtsordnung; sie ist teilweise reine Sicherungsmaßnahme, hat aber in bestimmten Fällen auch Vorbeugungs- und Ahndungscharakter.[185]

II. Bußgelder

1. Begriff und Rechtsnatur der Geldbuße

174 Der Begriff Bußgeld bzw. Geldbuße ist streng von der Geldstrafe zu trennen. Denn wie dargelegt handelt es sich bei ersterer (typischerweise) um eine Unrechtsfolge auf eine Ordnungswidrigkeit, bei letzterer um eine Sanktion auf eine Straftat. Die Geldbuße setzt zwar nach § 1 Abs. 1 OWiG eine tatbestandsmäßige, rechtswidrige und vorwerfbare Handlung voraus, sie dient aber nicht dazu, eine Tat zu sühnen, sondern eine bestimmte Ordnung wiederherzustellen.[186] Gleichzeitig ist sie eine Mahnung an den Betroffenen, auch die im Vorfeld des Rechtsgüterschutzes errichteten Ge- und Verbote (künftig) zu beachten.[187] Bei Uneinbringlichkeit der Geldbuße verwandelt sich diese nicht – wie die Geldstrafe – in eine Ersatzfreiheitsstrafe (§ 43 StGB), sondern es kann **Erzwingungshaft** angeordnet werden (§ 96 OWiG).

175 Während die Verhängung von Freiheitsstrafen und Geldstrafen als Sanktionen für Straftaten der rechtsprechenden Gewalt vorbehalten ist (Art. 92 GG), erfolgt die Ahndung von Ordnungswidrigkeiten mit einer Geldbuße in Form eines Bußgeldbescheids durch die Exekutive (vgl. § 35 OWiG).[188] Erst auf den Einspruch des Betroffe-

---

179 Vgl. *Meyer-Goßner* vor § 430 Rn. 2; *Fischer* § 73 Rn. 2.
180 *BGH* 51, 65, 67; NStZ-RR 2004, 214, 215; *BVerfG* NJW 2004, 2073, 2074 ff.; a.A. *Schönke/Schröder/Eser* vor § 73 Rn. 18 f.
181 *Fischer* § 73 Rn. 4.
182 Hierzu: *Schönke/Schröder/Eser* vor § 73 Rn. 13 ff.; *Fischer* § 74 Rn. 2.
183 *Schönke/Schröder/Eser* vor § 73 Rn. 5, § 74 Rn. 4; *Fischer* § 74 Rn. 11.
184 Vgl. *Göhler/König* vor § 22 Rn. 1.
185 *Göhler/König* vor § 22 Rn. 2 ff.
186 *Göhler/König* vor § 1 Rn. 9.
187 *Göhler/König* vor § 1 Rn. 9.
188 *Krey* Deutsches Strafrecht, Allgemeiner Teil, 3. Aufl. 2008, Rn. 22.

nen gegen den Bußgeldbescheid (§§ 67 ff. OWiG) entscheiden die Strafgerichte über die Ahndung der Ordnungswidrigkeit.[189] Aber auch in diesem Fall gilt der Betroffene wegen der Ahndung mit einer bloßen Geldbuße nicht als vorbestraft; denn Geldbußen werden nicht in das Bundeszentralregister eingetragen (§§ 3, 4 BZRG).[190]

Nicht jede Geldbuße ist jedoch Sanktion auf eine Ordnungswidrigkeit. Insbesondere **176** Verletzungen von Berufspflichten, die nicht an einzelne Tatbestände anknüpfen, sind mangels tatbestandsmäßig bestimmter Handlung keine Ordnungswidrigkeiten i.S.d. § 1 Abs. 1 OWiG.[191] Soweit die einschlägigen Gesetze insoweit als berufsgerichtliche Maßnahme die Geldbuße vorsehen (wie z.B. § 114 Abs. 1 Nr. 3 BRAO), lässt dies keine Rückschlüsse auf das Vorliegen einer Ordnungswidrigkeit zu. Besser wäre daher der Begriff Disziplinarbuße, wie ihn etwa § 22 Abs. 1 Nr. 3 Wehrdienstordnung (WDO) verwendet.

2. Bemessung der Geldbuße

Grundlage für die Zumessung der Geldbuße nach dem Ordnungswidrigkeitenrecht **177** sind gem. § 17 Abs. 3 OWiG die Bedeutung der Ordnungswidrigkeit und der Vorwurf, der den Täter trifft. Auch die wirtschaftlichen Verhältnisse des Täters kommen in Betracht; bei geringfügigen Ordnungswidrigkeiten bleiben sie jedoch in der Regel unberücksichtigt. Die Höhe der Geldbuße soll nach § 17 Abs. 4 OWiG den wirtschaftlichen Vorteil, den der Täter aus der Ordnungswidrigkeit gezogen hat, übersteigen. Reicht das gesetzliche Höchstmaß hierzu nicht aus, so kann es überschritten werden. Letzteres ist Ausdruck des Instituts des Verfalls, das – wie erwähnt – auch im Ordnungswidrigkeitenrecht gilt.

Neben diesem äußersten Rahmen für die Bemessung der Geldbuße finden sich **178** nähere Richtlinien oftmals in sog. Bußgeldkatalogen, die eine gleichmäßige Behandlung sehr häufig vorkommender Ordnungswidrigkeiten gewährleisten.[192]

3. Hinweise zum Verfahren in Bußgeldsachen

Trotz der Trennung zwischen Strafrecht und Ordnungswidrigkeitenrecht ist das Ord- **179** nungswidrigkeitenverfahren entsprechend dem Strafverfahren – wenn auch vereinfacht diesem gegenüber – ausgestaltet, sodass ergänzend die allgemeinen Gesetze über das Strafverfahren (insbesondere StPO und GVG) gelten (§ 46 Abs. 1 OWiG). Während im Strafverfahren jedoch im Grundsatz das Legalitätsprinzip gilt (§ 152 Abs. 2 StPO), also Verfolgungszwang herrscht, liegt die Verfolgung von Ordnungswidrigkeiten gem. § 47 Abs. 1 OWiG im pflichtgemäßen Ermessen der Verwaltungsbehörden (Opportunitätsprinzip).[193] Gegen den von der Verwaltungsbehörde erlassenen Bußgeldbescheid kann der Betroffene innerhalb von zwei Wochen nach seiner Zustellung schriftlich oder zur Niederschrift bei der Verwaltungsbehörde, die den Bußgeldbescheid erlassen hat, Einspruch einlegen (§ 67 Abs. 1 OWiG). Die Verwaltungsbehörde überprüft den Bescheid auf mögliche Abhilfe und übersendet ihn, wenn sie ihn aufrechterhält, an die zuständige Staatsanwaltschaft (§ 69 Abs. 2 S. 1, Abs. 3 S. 1

---

189 *Krey* Deutsches Strafrecht, Allgemeiner Teil, 3. Aufl. 2008, Rn. 23.
190 Vgl. *Krey* Deutsches Strafrecht, Allgemeiner Teil, 3. Aufl. 2008, Rn. 22.
191 *Göhler/König* vor § 1 Rn. 39.
192 *Göhler/König* § 17 Rn. 27.
193 Vgl. *Müller-Gugenberger/Bieneck/Niemeyer* § 14 Rn. 4.

OWiG). Mit dem Eingang der Akten bei der Staatsanwaltschaft gehen die Aufgaben der Verfolgungsbehörde auf sie über. Die Staatsanwaltschaft legt die Akten dem Richter beim Amtsgericht vor, wenn sie weder das Verfahren einstellt noch weitere Ermittlungen durchführt (§ 69 Abs. 4 OWiG). Über den Einspruch entscheidet das Amtsgericht, in dessen Bezirk die Verwaltungsbehörde, die den Bußgeldbescheid erlassen hat, ihren Sitz hat (§ 68 Abs. 1 OWiG).

4. Bedeutung der Geldbuße im Wirtschaftsleben

180   Da das geltende deutsche Recht die Verhängung von Kriminalstrafen für juristische Personen oder Personenvereinigungen nicht erlaubt und nur über § 14 StGB – bzw. für Ordnungswidrigkeiten über § 9 OWiG – den „Durchgriff" auf die dahinter stehenden verantwortlichen natürlichen Personen sicherstellt, erlangen Geldbußen gegen Unternehmen(-sträger) eine besondere Bedeutung.

4.1 § 30 OWiG als Grundnorm für die Unternehmensgeldbuße

181   Zentrale Vorschrift für Geldbußen gegen juristische Personen und Personenvereinigungen ist § 30 OWiG, der an strafbares oder ordnungswidriges Verhalten der vertretungsberechtigten Organe oder deren leitende Mitarbeiter anknüpft[194] und damit umgekehrt den Durchgriff auf die juristische Person oder Personenvereinigung ermöglicht. Nach § 30 Abs. 1 Nr. 1 OWiG kann gegen eine juristische Person eine Geldbuße festgesetzt werden, wenn ein vertretungsberechtigtes Organ oder ein Mitglied eines solchen Organs eine Straftat oder Ordnungswidrigkeit begangen hat, durch die Pflichten, welche die juristische Person treffen, verletzt worden sind oder die juristische Person bereichert worden ist oder werden sollte. Gleiches gilt bei Personenvereinigungen im Falle derartiger Pflichtverletzungen des Vorstands eines nicht rechtsfähigen Vereins oder eines Vorstandsmitglieds (Nr. 2) sowie des vertretungsberechtigten Gesellschafters einer rechtsfähigen Personengesellschaft (Nr. 3), ebenso für Pflichtverletzungen des Generalbevollmächtigten oder des in leitender Stellung agierenden Prokuristen oder Handlungsbevollmächtigten einer juristischen Person oder einer in Nummer 2 oder 3 genannten Personenvereinigung (Nr. 4) sowie für entsprechende Pflichtverletzungen sonstiger Personen, die für die Leitung des Betriebs oder Unternehmens einer juristischen Person oder einer in Nummer 2 oder 3 genannten Personenvereinigung verantwortlich handeln, wozu auch die Überwachung der Geschäftsführung oder die sonstige Ausübung von Kontrollbefugnissen in leitender Stellung gehört (Nr. 5). § 30 OWiG differenziert also zwischen der Verletzung einer betriebsbezogenen Pflicht und der Verletzung einer sonstigen Pflicht, die zur Bereicherung der juristischen Person oder Personenvereinigung geführt hat. In beiden Fällen ist der Rückgriff auf die juristische Person oder Personenvereinigung zulässig.[195] Hintergrund dieser Regelung ist, dass eine juristische Person nicht selbst, sondern durch ihre Organe handelt, ihr aber die Vorteile des Handelns ihrer Organe zufließen.[196]

182   Die Geldbuße beträgt nach § 30 Abs. 2 OWiG im Falle einer vorsätzlichen Straftat bis zu 1 Mio. EUR (Nr. 1), im Falle einer fahrlässigen Straftat bis zu 500 000 EUR (Nr. 2). Im Falle einer Ordnungswidrigkeit bestimmt sich das Höchstmaß der Geldbuße nach dem für die Ordnungswidrigkeit angedrohten Höchstmaß der Geldbuße; dies gilt auch

---

194 Hierzu *Müller-Gugenberger/Bieneck* § 23 Rn. 42 ff.
195 Vgl. hierzu auch *Wabnitz/Janovsky/Dannecker* 1. Kap. Rn. 118 f.
196 *Müller-Gugenberger/Bieneck/Niemeyer* § 21 Rn. 89.

im Falle einer Tat, die gleichzeitig Straftat und Ordnungswidrigkeit ist, wenn das für die Ordnungswidrigkeit angedrohte Höchstmaß der Geldbuße das Höchstmaß nach § 30 Abs. 2 Nr. 1 und 2 OWiG übersteigt. Wird wegen der Straftat oder Ordnungswidrigkeit ein Straf- oder Bußgeldverfahren gegen die natürliche Person nicht eingeleitet oder wird es eingestellt oder von Strafe abgesehen, so kann die Geldbuße gem. § 30 Abs. 4 OWiG auch **selbstständig** gegen die juristische Person oder Personenvereinigung festgesetzt werden. Die selbstständige Festsetzung einer Geldbuße gegen die juristische Person oder Personenvereinigung ist jedoch ausgeschlossen, wenn die Straftat oder Ordnungswidrigkeit aus rechtlichen Gründen nicht verfolgt werden kann. Die verantwortliche natürliche Person muss also insbesondere rechtswidrig und schuldhaft gehandelt haben, und die Tat muss verfolgbar sein, was etwa bei Verjährung nicht der Fall wäre.

Die Bezugnahme auf Straftaten und Ordnungswidrigkeiten verdeutlicht bereits, dass **183** auch im Strafverfahren über die Festsetzung einer Geldbuße gegen eine juristische Person oder eine Personenvereinigung nach § 30 OWiG zu entscheiden sein kann. Für diesen Fall bestimmt § 444 Abs. 1, Abs. 2 StPO, dass das Gericht die Beteiligung der juristischen Person oder Personenvereinigung am Strafverfahren anordnet, soweit es die Tat betrifft, und sie zur Hauptverhandlung geladen wird. Die Festsetzung einer Geldbuße gegen die juristische Person oder Personenvereinigung schließt es nach § 30 Abs. 5 OWiG aber aus, gegen sie wegen derselben Tat den Verfall nach den §§ 73 oder 73a des Strafgesetzbuches oder nach § 29a OWiG anzuordnen. Verfall und Geldbuße können hier also **nicht** nebeneinander angeordnet werden. Sanktionen gegen die verantwortlichen natürlichen Personen und gegen die juristische Person oder Personenvereinigung sind grundsätzlich in einem einheitlichen Verfahren zu verhängen, um sicherzustellen, dass keine unzulässige „Doppelbestrafung" verhängt wird, sondern die Sanktionen schuldangemessen verteilt werden.[197]

Bei der Bemessung der **Höhe** einer Geldbuße als Rechtsfolge einer Ordnungswidrig- **184** keit auf dem Gebiet des Wirtschaftsstrafrechts ist § 17 Abs. 4 OWiG von besonderer Bedeutung, wonach die Geldbuße den wirtschaftlichen Vorteil, den der Täter aus der Ordnungswidrigkeit gezogen hat, übersteigen soll, ggf. sogar unter Überschreitung des gesetzlichen Höchstmaßes der Geldbuße. Unter den Begriff „wirtschaftlicher Vorteil" fallen dabei nicht nur Geldgewinne, sondern auch andere wirtschaftliche Vorteile wie die Verbesserung der Marktposition oder durch die Ordnungswidrigkeit bedingte Kostenersparnissel.[198] Nach Auffassung des Bundesverfassungsgerichts verlangt der allgemeine Gleichheitssatz des Art. 3 GG jedoch, dass entweder die Geldbuße mit dem Abschöpfungsbetrag bei der Einkommensbesteuerung abgesetzt werden kann oder ihrer Bemessung nur der um die absetzbare Einkommensteuer verminderte Betrag zugrunde gelegt wird.[199]

Insbesondere die Kartellbehörden[200] haben von der Verhängung einer Unternehmens- **185** geldbuße nach § 30 OWiG bislang regen Gebrauch gemacht, wobei die Geldbußen

---

197 *Müller-Gugenberger/Bieneck* § 23 Rn. 45.
198 Vgl. auch *Müller-Gugenberger/Bieneck/Niemeyer* § 21 Rn. 88.
199 BVerfGE 81, 228; *Müller-Gugenberger/Bieneck/Niemeyer* § 21 Rn. 88.
200 Den Kartellbehörden obliegt die Verhängung einer Unternehmensgeldbuße gem. § 82 GWB grds. auch dann, wenn der Kartellrechtsverstoß zugleich eine Straftat darstellt; doch können sie das Verfahren an die Staatsanwaltschaft abgeben; vgl. *Wabnitz/Janovsky/Dannecker* 16. Kap. Rn. 48; *Müller-Gugenberger/Bieneck* § 57 Rn. 82.

oftmals spektakulär hoch waren, um den betroffenen Unternehmen zumindest eine gewisse Spürbarkeit zu vermitteln.[201] Dies wird noch dadurch erleichtert, dass die in § 30 Abs. 2 OWiG genannten Höchstbeträge keineswegs absolut sind, sondern über § 17 Abs. 4 OWiG (mit § 81 Abs. 5 GWB) im Wege der Gewinnabschöpfung deutlich erhöht werden können. Allerdings darf die Geldbuße gem. § 81 Abs. 4 S. 2 GWB 10 % des im der Behördenentscheidung vorausgegangenen Geschäftsjahr erzielten Gesamtumsatzes des Unternehmens oder der Unternehmensvereinigung nicht übersteigen, wobei das Erreichen dieser Obergrenze von 10 % auch nur in einem der denkbar schwersten Fälle zulässig sein dürfte.[202]

4.2 Geldbußen für Aufsichtspflichtverletzungen, § 130 OWiG

186 Auch die Aufsichtspflichtverletzung des Inhabers eines Betriebs oder Unternehmens gem. § 130 OWiG stellt die Verletzung einer betriebsbezogenen Pflicht dar und genügt daher als Anknüpfungstat für die Verhängung einer Unternehmensgeldbuße,[203] was ebenfalls im Kartellrecht von besonderer praktischer Relevanz ist.[204] Insbesondere in Fällen, in denen die handelnden natürlichen Personen mangels schuldloser Unkenntnis von der Tat nicht über die Organhaftung nach § 14 StGB oder § 9 OWiG für die Tat herangezogen werden können und § 30 OWiG mangels Straftat oder Ordnungswidrigkeit der handelnden natürlichen Personen nicht an deren Verhalten anknüpfen kann, kann der Betriebsinhaber jedenfalls wegen Verletzung der Aufsichtspflicht nach § 130 OWiG verantwortlich sein, sodass über § 30 OWiG doch noch ein Durchgriff auf die juristische Person oder Personenvereinigung möglich ist.

187 **Erweitert** wird der Anwendungsbereich der §§ 130, 30 OWiG noch dadurch, dass bei § 130 OWiG nicht nur der Betriebsinhaber eine Aufsichtspflichtverletzung begehen kann, sondern über § 9 OWiG auch formell oder faktisch vertretungsberechtigte Organe einer Kapitalgesellschaft, vertretungsberechtigte Gesellschafter einer Personengesellschaft sowie Betriebsleiter, Niederlassungsleiter oder ausdrücklich beauftragte Unternehmensangehörige.[205] Während solche Geldbußen für Aufsichtspflichtverletzungen im Kartellrecht zwar hohe praktische Bedeutung haben, zumal den Kartellbehörden die Verhängung einer Unternehmensgeldbuße gem. § 82 GWB grundsätzlich auch dann obliegt, wenn der Kartellrechtsverstoß zugleich eine Straftat darstellt,[206] spielen sie etwa im Insolvenzstrafrecht keine große Rolle. Denn die Staatsanwaltschaften sind schon mit der Verfolgung von Straftaten hinreichend ausgelastet und im Umgang mit Ordnungswidrigkeiten auch wenig geübt.[207]

---

201 Vgl. hierzu: *BGH* NStZ 1986, 78; *Wabnitz/Janovsky/Dannecker* 16. Kap. Rn. 109; *Müller-Gugenberger/Bieneck* § 23 Rn. 39 m.w.N., § 57 Rn. 117 ff.

202 So *Wabnitz/Janovsky/Dannecker* 16. Kap. Rn. 111 ff.

203 *Göhler/König* § 130 Rn. 3; *Müller-Gugenberger/Bieneck* § 23 Rn. 44; *Wabnitz/Janovsky/Dannecker* 1. Kap. Rn. 118.

204 *Müller-Gugenberger/Bieneck* § 57 Rn. 83.

205 *Müller-Gugenberger/Bieneck* § 57 Rn. 38; *Bohnert* OWiG, § 130 Rn. 8, 12; *Fleischer* AG 2003, 291, 294.

206 *Wabnitz/Janovsky/Dannecker* 16. Kap./Rn. 48. Sie können das Verfahren freilich auch an die Staatsanwaltschaft abgeben, vgl. *Müller-Gugenberger/Bieneck* § 57 Rn. 82.

207 *Müller-Gugenberger/Bieneck* § 77 Rn. 37.

Schrödel

4.3 Geldbußen gegen natürliche Personen über die Zurechnung nach § 9 OWiG

Viele Tatbestände – wie etwa die des GWB – richten sich nur an das Unternehmen. **188** So sind etwa gem. § 1 GWB Vereinbarungen zwischen Unternehmen, Beschlüsse von Unternehmensvereinigungen und aufeinander abgestimmte Verhaltensweisen, die eine Verhinderung, Einschränkung oder Verfälschung des Wettbewerbs bezwecken oder bewirken, verboten. Da § 1 UWG unmittelbar nur das Unternehmen als Normadressaten hat, könnte ein Bußgeld wegen eines Verstoßes gegen das Kartellverbot des § 1 GWB ohne die Zurechnungsnorm des § 9 OWiG gegenüber den handelnden natürlichen Personen nicht verhängt werden, obwohl die Tathandlungen selbst nicht von den Unternehmen, sondern den dahinter stehenden natürlichen Personen begangen werden.[208] Diese Lücke wird durch die Zurechnungsnorm des § 9 OWiG behoben: Handelt jemand als vertretungsberechtigtes Organ einer juristischen Person oder als Mitglied eines solchen Organs (Nr. 1), als vertretungsberechtigter Gesellschafter einer rechtsfähigen Personengesellschaft (Nr. 2) oder als gesetzlicher Vertreter eines anderen (Nr. 3), so ist gem. § 9 Abs. 1 OWiG ein Gesetz, nach dem besondere persönliche Eigenschaften, Verhältnisse oder Umstände (besondere persönliche Merkmale) die Möglichkeit der Ahndung begründen, auch auf den Vertreter anzuwenden, wenn diese Merkmale zwar nicht bei ihm, aber bei dem Vertretenen vorliegen. § 9 Abs. 2 OWiG erweitert diese Zurechnungsregel auf gewillkürte Vertreter. Ohne die Zurechnungsnorm des § 9 OWiG würden sich folgende Probleme ergeben: Der Normadressat (z.B. das Unternehmen) könnte in vielen Fällen mangels eigener Handlung nicht zur Verantwortung gezogen werden. Die handelnden natürlichen Personen würden von Bußgeldtatbeständen, die nur Unternehmen etc. als Normadressaten haben, nicht erfasst; ihr Verhalten könnte damit ebenfalls nicht sanktioniert werden. § 30 OWiG liefe ebenfalls leer; denn mangels Straftat oder Ordnungswidrigkeit der handelnden natürlichen Personen fehlt die nach § 30 OWiG erforderliche Anknüpfungstat zur Verhängung einer Unternehmensgeldbuße. Erst über die Zurechnungsnorm des § 9 OWiG wird das Verhalten der natürlichen Personen zur Ordnungswidrigkeit und gelingt damit über § 30 OWiG (ggf. mit § 130 OWiG) der Durchgriff auf das Unternehmen, dem eigentlichen Normadressaten. Die drei Vorschriften der §§ 30, 130 und 9 OWiG stehen somit zueinander in unmittelbarem inneren Zusammenhang und bilden gewissermaßen eine Troika zur effektiven Bekämpfung der Wirtschaftskriminalität.[209]

Zu den besonderen persönlichen Merkmalen i.S.d. § 9 OWiG zählen nach der Legal- **189** definition besondere persönliche Eigenschaften, Verhältnisse oder Umstände. Hierzu gehört etwa die Stellung als Gewerbetreibender, Arbeitgeber oder Unternehmer sowie als Umstände etwa die Gewerbsmäßigkeit oder Geschäftsmäßigkeit.[210] Soweit Bußgeldtatbestände also den Arbeitgeber zum Normadressaten haben, erstreckt § 9 OWiG den Adressatenkreis bei juristischen Personen oder Personenvereinigungen auch auf die gesetzlichen Vertreter des Arbeitgebers; die Bezugnahme auf den Inhaber eines Betriebs oder eines Unternehmens umfasst über § 9 Abs. 2 OWiG auch den gewillkürten Vertreter des Betriebs- bzw. Unternehmensinhabers etc. Dabei ist es für die Verantwortlichkeit der gesetzlichen Vertreter oder Beauftragten unschädlich, wenn der Bestellungsakt unwirksam ist, solange jedenfalls ein faktisches Vertretungs-

---

208 Vgl. *Wabnitz/Janovsky/Dannecker* 16. Kap. Rn. 106.
209 *Göhler/König* § 9 Rn. 2 m.w.N.
210 *Göhler/König* § 9 Rn. 6.

oder Auftragsverhältnis besteht (§ 9 Abs. 3 OWiG).[211] Eine entsprechende Zurechnungsregel enthält § 14 StGB,[212] der die Organ- oder Vertreterhaftung bei Straftaten regelt, und dann über die Begründung der Verantwortlichkeit der handelnden natürlichen Personen zur Verhängung einer Unternehmensgeldbuße nach § 30 OWiG führen kann. Solche Zurechnungsregeln sind daher entscheidende Brücke zur Unternehmensgeldbuße und daher von besonderer rechtlicher und praktischer Bedeutung.

4.4 Geldbuße gegen Unternehmen im Europäischen Wettbewerbsrecht

190 Weniger bedeutsam sind solche Zurechnungsregeln bei Bußgeldtatbeständen auf europäischer Ebene. Zu nennen sind hier insbesondere die Bußgeldtatbestände des europäischen Wettbewerbsrechts, die in Art. 23 Europäische Kartellverordnung (KartVO)[213] und Art. 14 EG-Fusionskontrollverordnung (FKVO)[214] normiert sind.[215] Nach Art. 23 KartVO kann die Kommission gegen Unternehmen und Unternehmensvereinigungen durch Entscheidung Geldbußen verhängen, wenn bestimmte vorsätzliche oder fahrlässige Pflichtverletzungen vorliegen (z.B. unrichtige oder irreführende Angaben bei Auskunftsverteilung oder Verstöße gegen das Kartellverbot gem. Art. 81 oder das Marktmacht-Missbrauchsverbot nach Art. 82 des EG-Vertrags etc.). Solche nach Art. 23 Abs. 1 und Abs. 2 KartVO getroffenen Entscheidungen, die sich unmittelbar gegen das Unternehmen bzw. die Unternehmensvereinigung richten und nicht gegen ihre Vertreter, haben gem. Art. 23 V KartVO ausdrücklich keinen strafrechtlichen Charakter.[216] Gleichwohl können sie für das Unternehmen existenzbedrohend werden; denn die von der Europäischen Kommission verhängten Bußgelder haben schon Höhen von rund 450 Mio. EUR für ein Unternehmen erreicht.[217] Gleichwohl werden sie nicht als Strafe angesehen. Gleiches gilt für die von der Kommission nach Art. 14 FKVO durch Entscheidung festgesetzten Geldbußen gegen Unternehmen oder Unternehmensvereinigungen. Auch sie richten sich unmittelbar gegen das Unternehmen bzw. die Unternehmensvereinigung und sind gem. Art. 14 Abs. 4 FKVO nicht strafrechtlicher Art.

191 Bei der Festsetzung der Höhe der Geldbuße sind die Art, die Schwere und die Dauer der Zuwiderhandlung zu berücksichtigen (Art. 14 Abs. 3 FKVO). Dies entspricht auch der Regelung in Art. 23 III KartVO, wonach bei der Festsetzung der Höhe der Geldbuße sowohl die Schwere der Zuwiderhandlung als auch deren Dauer zu berücksichtigen sind. In beiden Fällen wird die Höhe der Geldbuße jedoch auf 10 % des erzielten Gesamtumsatzes des letzten Geschäftsjahres begrenzt, bei leichterem „Ungehorsam" sogar auf 1 % des Jahresumsatzes (vgl. Art. 23 Abs. 1, Abs. 2 KartVO, Art. 14 Abs. 1, Abs. 2 FKVO). Wie die deutsche Geldbuße dient auch die europäische Geldbuße der Ahndung begangenen Unrechts und zugleich der Abschreckung. Noch ausgeprägter

---

211 *Göhler/König* § 9 Rn. 46 f.
212 S. hierzu: *Schönke/Schröder/Lenckner/Perron* § 14; *Fischer* § 14 Rn. 1 b.
213 Verordnung (EG) Nr. 1/2003 des Rates zur Durchführung der in den Art. 81 und 82 des Vertrags niedergelegten Wettbewerbsregeln v. 16.12.2002, ABlEG Nr. L 1 v. 4.1.2003, S. 1 ff.; gültig ab 1.5.2004.
214 Verordnung (EG) Nr. 139/2004 des Rates v. 20.1.2004 über die Kontrolle von Unternehmenszusammenschlüssen („EG-Fusionskontrollverordnung"), ABlEG Nr. L 24/1 v. 29.1.2004.
215 Hierzu: *Wabnitz/Janovsky/Dannecker* 16. Kap. Rn. 153 ff., 231 ff.; *Müller-Gugenberger/Bieneck* § 57 Rn. 16 ff., 41 ff.
216 Diese Klarstellung ist vor dem Hintergrund der mangelnden Strafgewalt der Kommission zu sehen.
217 S. hierzu die statistischen Nachweise bei: *Hauschka* BB 2004, 1178; *Lampert* BB 2002, 2237.

als im deutschen Recht ist jedoch der Aspekt der Verwaltungsstrafe,[218] die im Gegensatz zur Kriminalstrafe noch von der Entscheidungsgewalt der Kommission erfasst wird.

Adressaten der Bußgeldtatbestände sind – anders als im deutschen Recht – aus- **192** schließlich die Unternehmen (Unternehmensträger oder Unternehmensvereinigungen), nicht die Organmitglieder (Geschäftsführer, Vorstand etc.), wobei der Begriff Unternehmen nach europäischem Verständnis keine Gewinnerzielungsabsicht voraussetzt, sondern nur die Teilnahme am Wirtschaftsleben (jede kommerzielle oder wirtschaftliche Tätigkeit). Es gilt also ein weiter sog. wirtschaftlicher Unternehmensbegriff.[219] Dies kann insbesondere auch bei der Ahndung von Verstößen eines Konzerns eine Rolle spielen. Jedenfalls bei wirtschaftlicher Einheit wird man in vielen Fällen neben dem unmittelbar handelnden Unternehmen dann auch das übergeordnete Unternehmen zur Verantwortung ziehen können.[220] Obwohl eine Zurechnungsregel wie § 9 OWiG oder § 14 StGB fehlt, findet auch im europäischen Wettbewerbsrecht eine Zurechnung statt, da die Bußgeldtatbestände, soweit sie Elemente des Verwaltungsstrafrechts enthalten, Verschulden voraussetzen. Diese geht sogar noch viel weiter. Denn es ist nicht erforderlich, dass die handelnde natürliche Person etwa als Inhaber, Geschäftsführer oder Vorstand tätig wurde. Vielmehr genügt es, wenn eine Person im Rahmen der ihr vom Unternehmensträger eingeräumten Befugnisse tätig geworden ist.[221] Diese weiten Zurechnungsgrundsätze machen einen Ordnungswidrigkeitentatbestand wie § 130 OWiG, der an Aufsichtspflichtverletzungen des Betriebsinhabers etc. anknüpft damit auch entbehrlich.[222] Dies führt aber nicht dazu, dass nun deutsche Kartellbehörden in gleicher Weise Geldbußen gegen Unternehmen verhängen. Das einzelstaatliche Verfahren bleibt vielmehr unabhängig, d.h. wenn das Bundeskartellamt oder eine Landeskartellbehörde z.B. einen schuldhaften Verstoß gegen das Kartellverbot feststellt, erlässt es nach deutschem Recht einen Bußgeldbescheid nach § 81 Abs. 1 GWB i.V.m. dem OWiG, also nicht nach Art. 23 KartVO. Diese Vorschrift dient nur der Verhängung von Geldbußen durch die Kommission.[223]

III. Einziehung und Verfall

Die (straf-)rechtlichen Institute der Einziehung und des Verfalls können im Rahmen **193** dieses Handbuchs nur kursorisch dargestellt werden, um einen Überblick über die möglichen umfassenden vermögensrechtlichen Folgen von Straftaten nicht nur für den Einzelnen, sondern auch für das Unternehmen zu gewähren. Hinsichtlich der Einzelheiten dieser komplexen Materie sei auf die hierzu veröffentlichten Standardwerke und Kommentare verwiesen.

---

218 *Müller-Gugenberger/Bieneck* § 57 Rn. 48 m.w.N.
219 *Wabnitz/Janovsky/Dannecker* 16. Kap. Rn. 162; *Müller-Gugenberger/Bieneck* Rn. 50 f.
220 Hierzu *Wabnitz/Janovsky/Dannecker* 16. Kap. Rn. 163 ff. m.w.N.
221 Vgl. *EuGH* Urteil v. 7.6.1983, Rs 100/80, 1983, S. 1825 – Pioneer.
222 *Müller-Gugenberger/Bieneck* § 57 Rn. 52 m.w.N.
223 Vgl. hierzu *Müller-Gugenberger/Bieneck* § 57 Rn. 25; s. auch *Wabnitz/Janovsky/Dannecker* 16. Kap. Rn. 129.

1. Verfall

194 Ist eine rechtswidrige Tat begangen worden und hat der Täter oder Teilnehmer für die Tat oder aus ihr etwas erlangt, so ordnet das Gericht nach § 73 Abs. 1 StGB dessen Verfall an. Dies gilt jedoch nicht, soweit dem Verletzten aus der Tat ein Anspruch erwachsen ist, dessen Erfüllung dem Täter oder Teilnehmer den Wert des aus der Tat Erlangten entziehen würde (sog. Rückgewinnungshilfe), § 73 Abs. 1 S. 2 StPO. Der Verfall ist also unzulässig, wenn der beim Täter oder einem Dritten angefallene Tatvorteil dazu dient, den Schaden des durch die Tat individuell Verletzten zu kompensieren.[224] Hat etwa der Gesellschafter einer GmbH Untreue zum Nachteil der Gesellschaft begangen, kann der Verfall nach § 73 Abs. 1 S. 2 StGB nicht angeordnet werden, da der Gesellschaft gegen den Täter Ersatzansprüche zustehen.[225] Unter das **aus der Tat** erlangte „Etwas" fallen alle Vermögenswerte, die dem Täter unmittelbar aus der Verwirklichung des Tatbestandes selbst zufließen (Beute). Zu den Vermögenswerten zählen nicht nur bewegliche Sachen und Rechte, Nutzungen und ersparte Aufwendungen, sondern auch andere unmittelbar aus der Tat gezogene Tatvorteile wie die Vermeidung von Verlusten, die Verbesserung der Marktposition sowie Gewinne aus unzulässigen Überpreisen oder verbotenen Devisengeschäften, nicht aber rein immaterielle Werte. **Für die Tat** erlangt sind Vermögenswerte, die der Täter als Gegenleistung für sein rechtswidriges Handeln erhält (z.B. Bestechungslohn; Provisionen).[226] Nicht dem Verfall unterliegt, was durch den Einsatz oder die Verwertung des erlangten Etwas oder bei Gelegenheit der Deliktsverwirklichung erlangt wird.

195 Für den Bereich der Korruptionsdelikte unterliegen damit sowohl die Leistung des Vorteilsgebers als auch der wirtschaftliche Wert des Auftrags, also der wirtschaftliche Gewinn,[227] dem Verfall. Da auch ersparte Aufwendungen ein aus der Tat erlangtes Etwas darstellen, sind auch Bereiche wie das Umweltstrafverfahren für Gewinnabschöpfungsmaßnahmen zugänglich, sodass sichergestellt wird, dass sich Umweltdelikte z.B. in Form illegaler Sonderabfallbeseitigung nicht lohnen.[228]

196 Es gilt seit März 1992 das Bruttoprinzip, d.h. der gesamte Vermögenszuwachs unterliegt dem Verfall.[229] Gegenleistungen oder Unkosten werden dabei nicht in Abzug gebracht. Die Anordnung des Verfalls erstreckt sich auch auf die gezogenen Nutzungen (also Sach- und Rechtsfrüchte sowie Gebrauchsvorteile, §§ 99, 100 BGB), worunter insbesondere auch Zinsgutschriften fallen, die der Täter durch verzinsliche Anlegung rechtswidrig erlangten Kapitals – etwa aus Verkauf einer Sache unter Verstoß gegen das AWG – erlangt hat.[230] Allerdings fallen Gewinne, die der Täter mit einem Unternehmen erzielt, das er durch Kapital aus einer rechtswidrigen Tat auf- oder ausgebaut hat, nicht mehr unter den Begriff der Nutzungen i.S.d. § 73 Abs. 2 S. 1 StGB.[231]

---

224 Hierzu: *Wabnitz/Janovsky/Podolsky* 26. Kap. Rn. 18 ff.; *Müller-Gugenberger/Bieneck/Prasser/Winkelbauer* § 16 Rn. 116; *Hauschka/Stephan/Seidel* § 25 Rn. 103.

225 *BGH* wistra 2001, 96.

226 MünchKomm StGB/*Joecks* § 73 Rn. 27 f; *Wabnitz/Janovsky/Podolsky* 26. Kap. Rn. 15.

227 Nicht aber der vereinbarte Werklohn, vgl. *BGH* NJW 2006, 925; wobei hierin z.T. ein Widerspruch zum Bruttoprinzip gesehen wird, *Fischer* § 73 Rn. 11 m.w.N.

228 Vgl. *Müller-Gugenberger/Bieneck/Pfohl* § 54 Rn. 342 f.

229 BT-Drucks. 12/1134 v. 10.9.1991, S. 12; *BGH* JR 2003, 335; *Müller-Gugenberger/Bieneck/Pfohl* § 54 Rn. 341; *Wabnitz/Janovsky/Podolsky* 26. Kap. Rn. 16.

230 Str., vgl.: MünchKomm StGB/*Joecks* § 73 Rn. 44 m.w.N.; *Müller-Gugenberger/Bieneck/Niemeyer* § 21 Rn. 71.

231 *Schönke/Schröder/Eser* § 73 Rn. 33; MünchKomm StGB/*Joecks* § 73 Rn. 45.

Es handelt sich – wie etwa auch bei Gewinnen aus Börsenspekulation mit rechtswidrig erlangtem Kapital – um bloße mittelbare Vorteile.[232] Schließlich kann sich der Verfall auch auf die Gegenstände erstrecken, die der Täter oder Teilnehmer durch die Veräußerung eines erlangten Gegenstandes oder als Ersatz für dessen Zerstörung, Beschädigung oder Entziehung oder auf Grund eines erlangten Rechts erworben hat (§ 73 Abs. 2 StGB).

Ist die Anordnung des Verfalls wegen der Beschaffenheit des Erlangten (etwa reine **197** Gebrauchsvorteile) oder aus anderen Gründen nicht möglich (Verlust, Verbrauch) oder wird davon abgesehen, das Surrogat für verfallen zu erklären, ist die Anordnung des Verfalls von Wertersatz auszusprechen (§ 73a S. 1 StGB). Schließlich kann in dem Fall, dass der Wert des Erlangten hinter dem Wert im Zeitpunkt der gerichtlichen Entscheidung zurückbleibt, auch neben dem Verfall der Verfall von Wertersatz angeordnet werden (§ 73a S. 2 StGB).

Bei der Geldwäsche spielt neben der Einziehung auch der Verfall eine bedeutende **198** Rolle, zumal bei banden- oder gewerbsmäßiger Geldwäsche gem. § 261 Abs. 7 S. 2, S. 3 StGB sogar der **erweiterte Verfall** für zulässig erklärt wird. Der erweiterte Verfall nach § 73d StGB setzt voraus, dass eine rechtswidrige Tat nach einem Gesetz begangen wurde, das auf § 73d StGB verweist. In diesem Fall ordnet das Gericht den Verfall von Gegenständen des Täters oder Teilnehmers auch dann an, wenn die Umstände die Annahme rechtfertigen, dass diese Gegenstände für rechtswidrige Taten oder aus ihnen erlangt worden sind. Das bedeutet, dass die Verfallsobjekte zum einen nicht aus der Tat stammen müssen, die konkret abgeurteilt wird. Zum anderen muss die rechtswidrige Herkunft der Verfallsobjekte nicht im Einzelnen nachgewiesen werden, sondern es genügt, dass Umstände vorliegen, die die Annahme rechtswidriger Herkunft rechtfertigen.[233] Allerdings verlangt der BGH auch hier, dass das Gericht aufgrund erschöpfender Beweiserhebung und -würdigung die feste Überzeugung von der rechtswidrigen Herkunft der Gegenstände gewonnen hat.[234] Neben § 261 Abs. 7 StGB verweisen aus dem Bereich des Wirtschaftsstrafrechts insbesondere auch § 263 Abs. 7 StGB (banden- oder gewerbsmäßiger Betrug), § 263a Abs. 2 StGB (banden- oder gewerbsmäßiger Computerbetrug), § 302 StGB (banden- oder gewerbsmäßige Bestechlichkeit oder Bestechung im geschäftlichen Verkehr), § 338 StGB (banden- oder gewerbsmäßige Bestechlichkeit oder Bestechung) sowie § 36 Abs. 3 AWG (banden- oder gewerbsmäßige Begehung von Straftaten nach § 34 AWG) auf den erweiterten Verfall nach § 73d StGB.

Würde die Anordnung des Verfalls für den Betroffenen eine unbillige Härte bedeu- **199** ten, so sieht das Gericht hiervon ab, § 73c Abs. 1 S. 1 StGB (Härteklausel).[235]

Wird der Verfall eines Gegenstandes hingegen angeordnet, geht das Eigentum an der **200** Sache oder das verfallene Recht mit der Rechtskraft der Entscheidung auf den Staat über, wenn es dem von der Anordnung Betroffenen zu dieser Zeit zusteht (§ 73e Abs. 1 S. 1 StGB). Auch im Falle einer Ordnungswidrigkeit kann nach § 29a OWiG der Verfall angeordnet werden, wobei er dort nicht neben die Geldbuße tritt, sondern anstelle der Geldbuße angeordnet wird: Hat der Täter für eine mit Geldbuße

---

232 *Schönke/Schröder/Eser* § 73 Rn. 33; ebenso *BGH* NStZ 1996, 332 – Gewinne aus Glücksspiel.
233 MünchKomm StGB/*Joecks* § 73d Rn. 2.
234 *BGH* St 40, 371; dies akzeptiert das BVerfG als verfassungskonforme Auslegung, vgl. Beschluss v. 14.1.2004, 2 BvR 564/95 = *BVerfG* E 110, 1 ff.
235 Hierzu: *BGH* Beschluss v. 17.8.1994, 3 StR 296/94; *Wabnitz/Janovsky/Podolsky* Kap. 26 Rn. 49 ff.

bedrohte Handlung oder aus ihr etwas erlangt und wird gegen ihn wegen der Handlung eine Geldbuße nicht festgesetzt, so kann gegen ihn der Verfall eines Geldbetrages bis zu der Höhe angeordnet werden, die dem Wert des Erlangten entspricht (§ 29a Abs. 1 OWiG). Dass der Verfall nicht zusätzlich zur Geldbuße angeordnet wird, erklärt sich bereits daraus, dass die Geldbuße gem. § 17 Abs. 4 OWiG den wirtschaftlichen Vorteil, den der Täter aus der Ordnungswidrigkeit gezogen hat, übersteigen soll, und zwar selbst dann, wenn hierzu das gesetzliche Höchstmaß der Geldbuße überschritten werden muss. Bereits die Geldbuße soll also nach § 17 Abs. 4 OWiG eine Gewinnabschöpfung vornehmen, sodass für eine zusätzliche Anordnung des Verfalls ohnehin kein Raum mehr ist. Der Verfall erschöpft sich nämlich darin, Vermögensvorteile abzuschöpfen, die durch eine rechtswidrige Tat (§ 73 Abs. 1 StGB) bzw. eine mit Geldbuße bedrohte Handlung (§ 29a Abs. 1 OWiG) erlangt sind. Die Straftat oder Ordnungswidrigkeit soll sich wirtschaftlich nicht lohnen.[236] Zur Abschöpfung von rechtswidrigen Vermögensvorteilen werden hier verstärkt „Finanzermittlungen" durchgeführt.[237]

201 Besondere Bedeutung erlangt der Verfall im Wirtschaftsstrafrecht dadurch, dass nach der sog. Vertreterklausel des § 73 Abs. 3 StGB bei der Anordnung des Verfalls ein Zugriff auf das Vermögen einer juristischen Person oder Personenvereinigung möglich ist, wenn dieses aus der Tat oder für die Tat erlangt wurde[238] (entsprechendes gilt gem. § 29a Abs. 2 OWiG bei Ordnungswidrigkeiten): Hat der Täter oder Teilnehmer für einen anderen gehandelt und hat dieser dadurch etwas erlangt, so richtet sich die Anordnung des Verfalls nach den Abs. 1 und 2 gegen ihn. Ob der Empfänger insoweit gut- oder bösgläubig war, spielt grundsätzlich keine Rolle. Wenn der Geschäftsführer einer GmbH also in strafbarer Weise für diese gehandelt hat und der Gesellschaft die Vorteile aus der Tat zugeflossen sind, kann nach § 73 Abs. 3 StGB gleichwohl der Verfall angeordnet werden, wobei auch hier das Bruttoprinzip gilt.[239] Selbst gegenüber Dritten besteht die Möglichkeit, Gewinne nach dem Bruttoprinzip abzuschöpfen, wenn sie diese in strafbarer Weise etwa durch Hehlerei oder Geldwäsche erlangt haben.[240] Soweit nach § 30 OWiG allerdings eine Verbandsgeldbuße, also eine Geldbuße gegen eine juristische Person oder Personenvereinigung festgesetzt wird, kann gegen die juristische Person oder Personenvereinigung wegen derselben Tat der Verfall nach §§ 73 oder 73a StGB oder nach § 29a OWiG nicht angeordnet werden (§ 30 Abs. 5 OWiG).

2. Einziehung

202 Nach § 74 Abs. 1 StGB können Gegenstände, die durch eine vorsätzliche Straftat hervorgebracht oder zu ihrer Begehung oder Vorbereitung gebraucht worden oder bestimmt gewesen sind, eingezogen werden. Aus einer Tat hervorgebracht sind solche Gegenstände, die ihre Existenz der Straftat verdanken, etwa die unechte Urkunde, Produktimitationen oder verfälschte Lebensmittel. Das gestohlene Geld oder der Bestechungslohn unterliegen demgegenüber dem Verfall (siehe oben). Gegenstände,

---

236 MünchKomm StGB/*Joecks* vor § 73 Rn. 3.
237 So *Müller-Gugenberger/Bieneck/Niemeyer* § 11 Rn. 115.
238 Hierzu: *Wabnitz/Janovsky/Dannecker* 16. Kap. Rn. 31 ff.; *Hauschka/Stephan/Seidel* § 25 Rn. 105 ff.
239 Vgl.: *BGH* Urteil v. 21.8.2002, 1 StR 115/02 = BGHSt 47, 369 ff.; *Wabnitz/Janovsky/Dannecker* 16. Kap. Rn. 33.
240 MünchKomm StGB/*Joecks* § 73 Rn. 50.

die bei der Begehung oder der Vorbereitung der Tat verwendet worden sind, sind etwa der Fluchtwagen oder die vom Vorteilsgeber überlassene Ferienwohnung. Demgegenüber unterliegen die sog. Beziehungsgegenstände, die notwendiger Gegenstand der Tat sind, ohne deren Produkt zu sein, nicht der Einziehung. Dazu zählen geschmuggelte Waren, Fahrzeug beim Fahren ohne Fahrerlaubnis. Die Einziehung ist nur zulässig (Abs. 2), wenn die Gegenstände zur Zeit der Entscheidung dem Täter oder Teilnehmer gehören oder zustehen (Nr. 1) oder die Gegenstände nach ihrer Art und den Umständen die Allgemeinheit gefährden oder die Gefahr besteht, dass sie der Begehung rechtswidriger Taten dienen werden (Nr. 2). Die Einziehung nach § 74 Abs. 2 Nr. 1 StGB soll den Tatbeteiligten neben der Hauptstrafe als zusätzliches Übel am Vermögen treffen, hat also primär Strafcharakter und setzt daher auch Verschulden des Tatbeteiligten voraus.[241] Unter den Voraussetzungen des § 76a StGB kann die Einziehung aber auch selbstständig angeordnet werden, ohne dass es (im Übrigen) zu einer Bestrafung des Täters kommt. Im Falle des § 74 Abs. 2 Nr. 2 StGB ist die Einziehung auch zulässig, wenn der Täter ohne Schuld gehandelt hat (§ 74 Abs. 3 StGB). Denn die Einziehung nach Nr. 2 dient als Sicherungsmaßnahme der Gefahrenabwehr.[242] Während § 74 Abs. 1 StGB an eine vorsätzliche (rechtswidrige und bei Nr. 1 schuldhafte) Straftat anknüpft, können unter den Voraussetzungen des § 22 OWiG Gegenstände auch als Nebenfolge einer Ordnungswidrigkeit eingezogen werden, soweit es das Gesetz ausdrücklich zulässt (§ 22 Abs. 1 OWiG). Auch hier ist die Einziehung nur zulässig, wenn die Gegenstände zur Zeit der Entscheidung dem Täter gehören oder zustehen (§ 22 Abs. 2 Nr. 1 OWiG) oder die Gegenstände nach ihrer Art und den Umständen die Allgemeinheit gefährden oder die Gefahr besteht, dass sie der Begehung von Handlungen dienen werden, die mit Strafe oder mit Geldbuße bedroht sind (§ 22 Abs. 2 Nr. 2 OWiG), wobei im Falle der Nr. 2 die Einziehung der Gegenstände auch zulässig ist, wenn der Täter nicht vorwerfbar gehandelt hat (§ 22 Abs. 3 OWiG).

Die Einziehung kann also sowohl bei Straftaten als auch bei Ordnungswidrigkeiten **203** neben der Strafe bzw. der Geldbuße ausgesprochen werden, unter den Voraussetzungen des § 76a StGB bzw. § 27 OWiG auch selbstständig (unabhängig von einer Strafe oder Geldbuße). Neben einer Strafe kommt jedoch eine Einziehung nach § 22 OWiG nicht in Betracht. Denn bei Zusammentreffen von Straftat und Ordnungswidrigkeit begründet § 21 Abs. 1 OWiG den Vorrang des Strafverfahrens: Ist eine Handlung gleichzeitig Straftat und Ordnungswidrigkeit, so wird nur das Strafgesetz angewendet. Auf die in dem anderen Gesetz angedrohten Nebenfolgen kann erkannt werden. Nur wenn eine Strafe nicht verhängt wird, kann im Falle des Abs. 1 die Handlung als Ordnungswidrigkeit geahndet werden, sodass dann auch die Einziehung nach § 22 OWiG unter den übrigen Voraussetzungen angeordnet werden kann. Wird ein Gegenstand eingezogen, so geht das Eigentum an der Sache oder das eingezogene Recht mit der Rechtskraft der Entscheidung auf den Staat über (§ 74e Abs. 1 StGB, vgl. auch § 26 Abs. 1 OWiG).

Hat der Täter oder Teilnehmer den Gegenstand, der ihm zur Zeit der Handlung **204** gehörte oder zustand und dessen Einziehung hätte angeordnet werden können, vor der Anordnung der Einziehung verwertet, namentlich veräußert oder verbraucht, oder hat er die Einziehung des Gegenstandes sonst vereitelt, so kann die Einziehung

---

241 MünchKomm StGB/*Joecks* § 74 Rn. 2.
242 MünchKomm StGB/*Joecks* § 74 Rn. 4.

eines Geldbetrages gegen den Täter bis zu der Höhe angeordnet werden, die dem Wert des Gegenstandes entspricht (§§ 74c Abs. 1 StGB, 25 Abs. 1 OWiG). Das Verfahren bei Einziehungen ist in §§ 430 ff. StPO geregelt. Diese Vorschriften gelten über § 46 Abs. 1 OWiG sinngemäß auch für die Anordnung der Einziehung als Nebenfolge einer Ordnungswidrigkeit, wobei § 87 OWiG eine Sondervorschrift enthält, die jedoch primär die Zuständigkeit der Verwaltungsbehörden im Gegensatz zu sonst im Strafverfahren dem Richter vorbehaltenen Anordnungen betrifft und im Übrigen eine Anpassung an das Bußgeldverfahren bezweckt.[243]

205 Das Institut der Einziehung spielt in der Praxis eine zunehmend bedeutende Rolle, insbesondere auch im Wirtschaftsstrafrecht, wobei sowohl bei der Einziehung als auch beim Verfall vermehrt der Zugriff auf Vermögen im Ausland (Schweiz, Liechtenstein etc.) Bedeutung erlangt.[244] § 261 Abs. 7 StGB ordnet für die Geldwäsche ausdrücklich an, dass Gegenstände, auf die sich die Straftat bezieht, eingezogen werden. Handelt es sich bei dem Beziehungsgegenstand zugleich um das aus der Haupttat erlangte, ist die Einziehung gem. § 73 Abs. 1 StGB.[245] Dabei wird durch den Verweis auf § 74a StGB die Einziehung auch unter erweiterten Voraussetzungen zugelassen. Während sie sich nach § 74 Abs. 2 Nr. 1 StGB auf den Eigentümer der Sache oder den Inhaber des Rechts bezieht und nur bei gefährlichen Gegenständen i.S.d. § 74 Abs. 2 Nr. 2 StGB mit Wirkung gegenüber tatunbeteiligten Eigentümern oder Rechtsinhaber angeordnet werden kann, ist die Einziehung nach § 74a StGB abweichend von § 74 Abs. 2 Nr. 1 StGB auch dann zulässig, wenn derjenige, dem der Gegenstand zur Zeit der Entscheidung gehört oder zusteht, wenigstens leichtfertig dazu beigetragen hat, dass die Sache oder das Recht Mittel oder Gegenstand der Tat oder ihrer Vorbereitung gewesen ist (Nr. 1), oder den Gegenstand in Kenntnis der Umstände, welche die Einziehung zugelassen hätten, in verwerflicher Weise erworben hat (Nr. 2). Voraussetzung ist jedoch, dass ein Gesetz – wie hier § 261 Abs. 7 StGB – auf § 74a StGB verweist.

206 Auch im Lebensmittelrecht können Gegenstände, auf die sich eine Straftat nach §§ 58, 59 Lebensmittel- und Futtermittelgesetzbuch (LFGB)[246] oder eine Ordnungswidrigkeit gem. § 60 LFGB bezieht, bereits unter den Voraussetzungen des § 74a StGB bzw. der Parallelvorschrift des § 23 OWiG eingezogen werden, was § 61 LFGB klarstellt. Erweiterte Einziehungsmöglichkeiten sieht auch § 375 Abs. 2 AO für die Zoll- und Verbrauchsteuerhinterziehung vor: Ist eine Steuerhinterziehung, ein Bannbruch nach § 372 Abs. 2, § 373 AO oder eine Steuerhehlerei begangen worden, so können die Erzeugnisse, Waren und andere Sachen, auf die sich die Hinterziehung von Verbrauchsteuer oder Einfuhr- und Ausfuhrabgaben i.S.d. Art. 4 Nr. 10 und 11 des Zollkodexes, der Bannbruch oder die Steuerhehlerei bezieht (Nr. 1), und die Beförderungsmittel, die zur Tat benutzt worden sind (Nr. 2), eingezogen werden, wobei zusätzlich auf § 74a StGB verwiesen wird. § 143 Abs. 5 MarkenG i.V.m. § 74a StGB ermöglicht die erweiterte Einziehung von Piratenware und der Herstellungswerkzeuge. Aber auch bei anderen schutzrechtsverletzenden Waren und Produktionseinrichten findet

---

243 Vgl. *Göhler/König* vor § 87 Rn. 1.

244 Ausländische Entscheidungen können unter den Voraussetzungen der §§ 48 ff. IRG vollstreckt werden, s. hierzu *Müller-Gugenberger/Bieneck/Richter* § 9 Rn. 43.

245 *BGH* wistra 2010, 264.

246 Lebensmittel-, Bedarfsgegenstände- und Futtermittelgesetzbuch.

die Einziehung einen weiten Anwendungsbereich.[247] Insgesamt ist die Einziehung fester Bestandteil des Wirtschaftsstrafrechts.

3. Sonderregel für Organe und Vertreter

Parallel zu den Zurechnungsregeln der §§ 9 OWiG, 14 StGB finden sich in § 75 StGB **207** und § 29 OWiG auch entsprechende Zurechnungsnormen für Organe und Vertreter im Hinblick auf die Einziehung: Hat jemand als vertretungsberechtigtes Organ einer juristischen Person oder als Mitglied eines solchen Organs (Nr. 1), als Vorstand eines nicht rechtsfähigen Vereins oder als Mitglied eines solchen Vorstandes (Nr. 2), als vertretungsberechtigter Gesellschafter einer rechtsfähigen Personengesellschaft (Nr. 3), als Generalbevollmächtigter oder in leitender Stellung als Prokurist oder Handlungsbevollmächtigter einer juristischen Person oder einer in Nummer 2 oder 3 genannten Personenvereinigung (Nr. 4) oder als sonstige Person, die für die Leitung des Betriebs oder Unternehmens einer juristischen Person oder einer in Nummer 2 oder 3 genannten Personenvereinigung verantwortlich handelt, wozu auch die Überwachung der Geschäftsführung oder die sonstige Ausübung von Kontrollbefugnissen in leitender Stellung gehört (Nr. 5), eine Handlung vorgenommen, die ihm gegenüber unter den übrigen Voraussetzungen der §§ 74–74c und 74f StGB bzw. §§ 22–25 und 28 OWiG die Einziehung eines Gegenstandes oder des Wertersatzes zulassen oder den Ausschluss der Entschädigung begründen würde, so wird seine Handlung bei Anwendung dieser Vorschriften dem Vertretenen zugerechnet, und zwar auch dann, wenn der Bestellungsakt unwirksam ist, aber ein faktisches Vertretungsverhältnis vorliegt. Damit ermöglichen § 75 StGB und § 29 OWiG den Zugriff auf Einziehungsobjekte, die nicht im Eigentum des unmittelbar agierenden Täters (natürliche Person), sondern der juristischen Person oder Personenvereinigung stehen.[248] Ihr wird die strafrechtlich oder ordnungswidrigkeitenrechtlich relevante Handlung des Täters zugerechnet, sodass die in ihrem Eigentum stehenden Gegenstände, die durch eine vorsätzliche Straftat oder durch eine Ordnungswidrigkeit hervorgebracht oder zu ihrer Begehung oder Vorbereitung gebraucht worden oder bestimmt gewesen sind, eingezogen werden können. Hierdurch wird verhindert, dass die Einziehung – bei Vorliegen aller übrigen Voraussetzungen – lediglich daran scheitert, dass der Handelnde nicht selbst Eigentümer ist.

4. Verfahrensrechtliche Hinweise

Bestehen Gründe für die Annahme, dass Gegenstände **eingezogen** werden, so können **208** sie gem. § 111b Abs. 1 StPO bereits vor dem rechtskräftigen Urteil durch Beschlagnahme nach § 111c StPO sichergestellt werden. In der Praxis erfolgt dies oftmals in einem frühen Stadium der Ermittlungen, regelmäßig im Zuge der ersten Durchsuchungsmaßnahmen. Sind Gründe für die Annahme vorhanden, dass die Voraussetzungen der Einziehung von Wertersatz vorliegen, kann nach § 111b Abs. 2 StPO zu deren Sicherung nach § 111d StPO der dingliche Arrest angeordnet werden. Die Beschlagnahme einer beweglichen Sache wird in den Fällen des § 111b StPO dadurch bewirkt, dass die Sache in Gewahrsam genommen oder die Beschlagnahme durch Siegel oder in anderer Weise kenntlich gemacht wird (§ 111c Abs. 1 StPO). Die Beschlagnahme einer Forderung oder eines anderen Vermögensrechtes, das nicht den Vorschriften

---

247 Vgl. hierzu *Müller-Gugenberger/Bieneck/Gruhl* § 55 Rn. 28.
248 *Schönke/Schröder/Eser* § 75 Rn. 1; *Göhler/König* § 29 Rn. 1; MünchKomm StGB/*Joecks* § 75 Rn. 1.

über die Zwangsvollstreckung in das unbewegliche Vermögen unterliegt, wird durch Pfändung bewirkt (§ 111c Abs. 3 StPO). Wie bei der Einziehung können auch beim **Verfall** bereits im Ermittlungsverfahren Gegenstände durch Beschlagnahme nach § 111c StPO sichergestellt werden, wenn Gründe für die Annahme bestehen, dass diese Gegenstände für verfallen erklärt werden, § 111b Abs. 1 StPO.[249] Dies gilt nach § 111b Abs. 5 StPO auch dann, wenn der Verfall nach § 73 Abs. 1 S. 2 StGB ausgeschlossen ist. In diesem Fall dient die Beschlagnahme der Sicherung der Schadensersatzansprüche des Verletzten (als sog. Rückgewinnungshilfe).[250]

209 Gegen die vorläufigen Sicherungsmaßnahmen stehen dem Betroffenen die (unbefristeten) Rechtsmittel der Beschwerde (§ 304 StPO) und, sofern ein Betrag von 20 000 EUR überschritten wird, der weiteren Beschwerde (§ 310 Abs. 1 Nr. 3 StPO) zu. Diese Verfahren im Einzelnen darzustellen, würde den Rahmen dieses Handbuches sprengen. Wie auch in allen anderen Fällen, in denen eine Privatperson oder ein Unternehmen von staatsanwaltschaftlichen Ermittlungshandlungen betroffen ist, empfiehlt sich daher die Konsultation eines mit der strafrechtlichen Materie vertrauten Rechtsbeistandes, insbesondere wenn die wirtschaftliche Handlungsfähigkeit und damit die Existenz durch die vorläufigen Sicherungsmaßnahmen auf dem Spiel steht.

---

249 Vgl. *Hauschka/Stephan/Seidel* § 25 Rn. 114 ff.
250 Näher hierzu *Wabnitz/Janovsky/Podolsky* 26. Kap. Rn. 71 ff., 98 ff.

8. Kapitel
Compliance und Aufsichtsrecht

A. Zulassungsvoraussetzungen für Unternehmen des Finanzsektors[1]

I. Compliance-Themen im Vorfeld der Gründung

Corporate Governance-Grundsätze haben die letzten Jahre stark an Bedeutung **1** gewonnen. Mit der zunehmenden Regulierung und Beaufsichtigung der Kapitalmärkte rückt nicht nur die Umsetzung auf operativer Ebene im Hinblick auf Compliance und Aufsicht immer stärker in den Blickpunkt von Unternehmen und insbesondere von Banken, Versicherungen sowie Investmentgesellschaften. Auch Corporate Governance-Themen, d.h. die Verantwortung der Organe für die Berücksichtigung der Regulierung und das Einstellen auf die Beaufsichtigung durch Aufsichtsbehörden und Kapitalmarkt spielen eine immer größere Rolle.

Gerade auch in der weiterhin unsicheren Zeit der Bewältigung der Nachwehen der **2** Finanzmarktkrise ist Corporate Governance wichtiger und mehr gefordert denn je. Während Compliance in erster Linie die Einhaltung von Gesetzen und anderen Vorschriften ist und insbesondere in Bezug auf das Aufsichtsrecht für die betroffenen Unternehmen eine organisatorische Herausforderung darstellt, ist Corporate Governance im weiteren Sinn der Blick von oben, d.h. die Einführung einer Kultur und die Durchwirkung des Unternehmens mit dieser, um nachhaltig der Compliance (auch für die Vorsorge verantwortlich) und der Aufsicht (die vor allem post factum tätig wird) nachzukommen.

Die Unternehmen müssen organisatorische Vorkehrungen und laufende Prozesse ent- **3** wickeln und unterhalten, um das Risiko eines Verstoßes gegen Vorschriften zu minimieren. Verantwortlich ist letztlich der Vorstand.

Bereits im Vorfeld der Aufnahme des Geschäftsbetriebs können Compliance-Themen **4** Bedeutung erlangen. Im Finanzsektor ist die Geschäftsaufnahme regelmäßig an eine vorherige Erlaubniserteilung durch eine Aufsichtsbehörde geknüpft. Neben den ohnehin einzuhaltenden gesellschaftsrechtlichen Anforderungen gilt es in diesen Fällen die besonderen öffentlich-rechtlichen Anforderungen des Aufsichtsrechts zu befolgen, die oftmals das Gesellschaftsrecht überlagern und sich auch unmittelbar auf die Unternehmensstruktur und -organisation auswirken.

---

1 Für die wertvolle Unterstützung bei der Erstellung der Teile A, B und C zum Kapitel Compliance und Aufsichtsrecht bedanken wir uns insbesondere bei Frau Corinna Baltzer, Herrn Dr. Tim Horak, Herrn Michael Feyrer und Frau Ana Paula Tavares, alle Clifford Chance. Aktuelle Entwicklungen wurden bis Januar 2013 berücksichtigt.

II. Erlaubnispflichtige Geschäfte

5 Die folgende Darstellung soll einen Überblick über die wichtigsten zum jetzigen Zeitpunkt erlaubnispflichtigen Geschäfte auf dem Finanzmarkt einschließlich des Versicherungssektors geben. Der aktuelle Trend deutet allerdings darauf hin, immer weitere Geschäfte rund um die Finanz- und Kapitalmärkte einer Erlaubnis zu unterwerfen. Dies gilt nicht nur für Hedgefonds, Private Equity-Fonds und Rating-Agenturen, sondern für alle Bereiche der sogenannten Schattenbanken.

6 *Abb. 1: Erlaubnispflichtige Geschäfte*

Erstversicherungsgeschäft[2]	
Vorschrift: § 5 VAG	**Genehmigungsbehörde:** BaFin[3]
Art des Geschäfts Kriterien des Bundesverwaltungsgerichts für Versicherungsgeschäft in ständiger Rechtsprechung (BVerwG VersR 1993, 1217 f. m.w.N.): – Übernahme bestimmter Leistungen – gegen Entgelt – für den Fall eines ungewissen Ereignisses – Verteilung des übernommenen Risikos auf eine Vielzahl durch die gleiche Gefahr bedrohter Personen <u>und</u> – Kalkulation der Risikoübernahme beruht auf dem Gesetz der großen Zahl	
Vereinbarungen, die in einem inneren Zusammenhang mit einem Rechtsgeschäft anderer Art stehen und von dort ihr eigentliches Gepräge erhalten, sind kein Versicherungsgeschäft. Das Versicherungsgeschäft muss gewerbsmäßig oder in einem Umfang betrieben werden, der einen in kaufmännischer Weise eingerichteten Geschäftsbetrieb erfordert.[4]	
Ausnahmen von der Erlaubnispflicht enthalten § 1 Abs. 1, 3 und 4 VAG für bestimmte Unternehmen und Geschäftsarten. Die Aufsichtsbehörde kann kleinere Versicherungsvereine auf Gegenseitigkeit von der laufenden Aufsicht nach dem VAG freistellen.[5]	

---

2 Für die gewerbsmäßige Vermittlung von Versicherungsverträgen und die gewebsmäßige Versicherungsberatung ist eine Erlaubnis der zuständigen Industrie- und Handelskammer erforderlich, §§ 34d Abs. 1 S. 1 und 34e GewO.

3 Teilweise kann auch eine Landesaufsichtsbehörde für die Beaufsichtigung eines Versicherers zuständig sein, §§ 146 f. VAG.

4 *Fahr/Kaulbach/Bähr* § 1 Rn. 42 ff.

5 § 157a VAG.

Erstversicherungsgeschäft[6]	
Rückversicherungsgeschäft[7]	
Vorschrift: § 119 VAG	**Genehmigungsbehörde:** BaFin

Art des Geschäfts
Deutschland – § 9 VAG
– Mittelbares Betreiben des Versicherungsgeschäfts
Europa – Art. 13 Abs. 7a Solvency II[8]
– Rückversicherung bezeichnet die Übernahme von Risiken, die von einem anderen (Rück-) Versicherungsunternehmen abgegeben werden.

Versicherungs-Zweckgesellschaft	
Vorschrift: § 121g Abs. 1 S. 2 VAG	**Genehmigungsbehörde:** BaFin

Art des Geschäfts
§ 121g Abs. 1 S. 1 VAG
– Kapital- oder Personengesellschaft
– Sitz oder Hauptverwaltung im Inland
– Weder Erst- noch Rückversicherungsunternehmen
– Übernahme von Risiken von Erst- oder Rückversicherungsunternehmen
– Schadensrisiken werden vollständig über die Emission von Schuldtiteln oder einen anderen Finanzierungsmechanismus abgesichert
– Rückzahlungsansprüche der Darlehensgeber oder der Finanzierungsmechanismus sind den Rückversicherungsverpflichtungen der Gesellschaft nachgeordnet

Bankgeschäft	
Vorschrift: § 32 Abs. 1 S. 1 HS. 1 KWG	**Genehmigungsbehörde:** BaFin

Art des Geschäfts
§ 1 Abs. 1 S. 2 Nr. 1–12 KWG[9]
– Einlagengeschäft (Annahme fremder Gelder als Einlage)
– Pfandbriefgeschäft (Geschäfte gem. § 1 Abs. 1 S. 2 PfandBG)
– Kreditgeschäft (Gewährung von Gelddarlehen und Akzeptkrediten)
– Diskontgeschäft (Ankauf von Wechseln und Schecks)

---

6 Für die gewerbsmäßige Vermittlung von Versicherungsverträgen und die gewebsmäßige Versicherungsberatung ist eine Erlaubnis der zuständigen Industrie- und Handelskammer erforderlich, §§ 34d Abs. 1 S. 1 und 34e GewO.
7 Für die gewerbsmäßige Vermittlung von Rückversicherungsverträgen ist eine Erlaubnis der zuständigen IHK erforderlich, § 34d Abs. 10 i.V.m. Abs. 1 S. 1 GewO.
8 Richtlinie 2009/138/EG des Europäischen Parlaments und des Rates v. 25.11.2009 betreffend die Aufnahme und Ausübung der Versicherungs- und der Rückversicherungtätigkeit (Solvabilität II bzw. Solvency II-Rahmenrichtlinie), ABlEG Nr. L 335/1 v. 17.12.2009; s. auch Rn. 129 und 169 ff.
9 Die BaFin hat zur Erläuterung einzelner Bankgeschäfte Merkblätter veröffentlicht, die – wie alle anderen im folgenden zitierten BaFin Quellen – unter www.bafin.de abrufbar sind.

Erstversicherungsgeschäft[10]
– Finanzkommissionsgeschäft (Handel mit Finanzinstrumenten im eigenen Namen und für fremde Rechnung) – Depotgeschäft (Verwahrung und Verwaltung von Wertpapieren für andere) – Revolvinggeschäft (Eingehung der Verpflichtung, zuvor veräußerte Darlehensforderungen vor Fälligkeit zurückzuerwerben) – Garantiegeschäft (Übernahme von Gewährleistungen für andere: Bürgschaften, Garantien etc.) – Durchführung des bargeldlosen Scheckeinzugs (Scheckeinzugsgeschäft), des Wechseleinzugs (Wechseleinzugsgeschäft) und die Ausgabe von Reiseschecks (Reisescheckgeschäft) – Emissionsgeschäft (Übernahme von Finanzinstrumenten für eigenes Risiko zur Platzierung oder Übernahme gleichwertiger Garantien) – Tätigkeit als zentraler Kontrahent i.S.d. § 1 Abs. 31 KWG
Das Bankgeschäft muss gewerbsmäßig oder in einem Umfang betrieben werden, der einen in kaufmännischer Weise eingerichteten Geschäftsbetrieb erfordert. Ausnahmen von der Erlaubnispflicht enthält § 2 KWG für bestimmte Unternehmen und Geschäftsarten. Die BaFin kann einzelne Institute von der Anwendung bestimmter Vorschriften freistellen.[11]

Finanzdienstleistung	
Vorschrift: § 32 Abs. 1 S. 1 HS. 1 KWG	**Genehmigungsbehörde:** BaFin
Art des Geschäfts **§ 1 Abs. 1a S. 2 Nr. 1–11 KWG**[12] – Anlagevermittlung (Vermittlung von Geschäften über die Anschaffung und Veräußerung von Finanzinstrumenten) – Anlageberatung (Abgabe von persönlichen Empfehlungen, die sich auf Geschäfte mit bestimmten Finanzinstrumenten beziehen) – Betrieb eines multilateralen Handelssystems – Platzierungsgeschäft (Platzierung von Finanzinstrumenten ohne feste Übernahmeverpflichtung) – Abschlussvermittlung (Anschaffung und Veräußerung von Finanzinstrumenten in fremdem Namen für fremde Rechnung) – Finanzportfolioverwaltung (Verwaltung von in Finanzinstrumente angelegtem Vermögen für andere mit eigenem Entscheidungsspielraum)	

---

10 Für die gewerbsmäßige Vermittlung von Versicherungsverträgen und die gewebsmäßige Versicherungsberatung ist eine Erlaubnis der zuständigen Industrie- und Handelskammer erforderlich, §§ 34d Abs. 1 S. 1 und 34e GewO.
11 § 2 Abs. 4 KWG.
12 Die BaFin hat zur Erläuterung einzelner Finanzdienstleistungen Merkblätter veröffentlicht.

Erstversicherungsgeschäft[13]
– Eigenhandel (Handel mit Finanzinstrumenten für eigene Rechnung als Dienstleistung für andere) – Eigengeschäft (Handel mit Finanzinstrumenten für eigene Rechnung, der keine Dienstleistung für andere darstellt) – Drittstaateneinlagenvermittlung (Vermittlung von Einlagengeschäften mit Unternehmen mit Sitz außerhalb des EWR) – Sortengeschäft (Handel mit Sorten) – Factoring (laufender Ankauf von Forderungen auf der Grundlage von Rahmenverträgen mit oder ohne Rückgriff) – Finanzierungsleasing (Abschluss von Finanzierungsleasingverträgen als Leasinggeber und Verwaltung von Objektgesellschaften i.S.d. § 2 Abs. 6 S. 1 Nr. 17 KWG) – Anlageverwaltung (Anschaffung und Veräußerung von Finanzinstrumenten für eine Gemeinschaft von Anlegern, die natürliche Personen sind, mit Entscheidungsspielraum bei der Auswahl der Finanzinstrumente, sofern dies ein Schwerpunkt des angebotenen Produktes ist und zu dem Zweck erfolgt, dass diese Anleger an der Wertentwicklung der erworbenen Finanzinstrumente teilnehmen)
Die Finanzdienstleistung muss für andere gewerbsmäßig oder in einem Umfang erbracht werden, der einen in kaufmännischer Weise eingerichteten Geschäftsbetrieb erfordert. Ausnahmen von der Erlaubnispflicht enthält § 2 KWG für bestimmte Unternehmen und Geschäftsarten.

Zahlungsdienste[14]	
Vorschrift: § 8 Abs. 1 S. 1 ZAG	**Genehmigungsbehörde:** BaFin
Art des Geschäfts § 1 Abs. 2 Nr. 1–6 ZAG – Ein- oder Auszahlungsgeschäft – Zahlungsgeschäft – Zahlungsgeschäft mit Kreditgewährung – Zahlungsauthentifizierungsgeschäft – Digitalisiertes Zahlungsgeschäft – Finanztransfergeschäft	
Die Zahlungsdienste müssen als Zahlungsinstitut i.S.v. § 1 Abs. 1 Nr. 5 ZAG im Inland gewerbsmäßig oder in einem Umfang erbracht werden, der einen in kaufmännischer Weise eingerichteten Geschäftsbetrieb erfordert; es darf keine Ausnahme gem. § 1 Abs. 10 ZAG vorliegen.	
Vorschrift: § 8a Abs. 1 S. 1 ZAG	**Genehmigungsbehörde:** BaFin
§ 1a Abs. 2 und 3 ZAG – Ausgabe von E-Geld (elektronisch oder magnetisch gespeicherter monetärer Wert)	

---

13 Für die gewerbsmäßige Vermittlung von Versicherungsverträgen und die gewebsmäßige Versicherungsberatung ist eine Erlaubnis der zuständigen Industrie- und Handelskammer erforderlich, §§ 34d Abs. 1 S. 1 und 34e GewO.

14 S. *BaFin* Merkblatt Hinweise zu dem Gesetz über die Beaufsichtigung von Zahlungsdiensten v. Dezember 2011.

Erstversicherungsgeschäft[15]
Das E-Geld-Geschäft muss als Zahlungsinstitut i.S.v. § 1 Abs. 1 Nr. 5 ZAG im Inland gewerbsmäßig oder in einem Umfang erbracht werden, der einen in kaufmännischer Weise eingerichteten Geschäftsbetrieb erfordert; es darf keine Ausnahme gem. § 1a Abs. 5 ZAG vorliegen.

Pensionsfonds	
Vorschrift: § 112 Abs. 2 i.V.m. § 5 VAG	**Genehmigungsbehörde:** BaFin
Art des Geschäfts **§ 112 Abs. 1 VAG** – Rechtsfähige Versorgungseinrichtung – Erbringung von Leistungen der betrieblichen Altersvorsorge im Wege des Kapitaldeckungsverfahrens für einen oder mehrere Arbeitgeber zugunsten von Arbeitnehmern – Höhe der Leistungen oder Höhe der für diese Leistungen zu entrichtenden künftigen Beiträge darf nicht für alle vorgesehenen Leistungsfälle durch versicherungsförmige Garantien zugesagt werden – Arbeitnehmer haben eigenen Anspruch auf Leistung gegen den Pensionsfonds – Verpflichtung, die Altersversorgungsleistung als lebenslange Zahlung zu erbringen	

Kapitalanlagegesellschaft	
Vorschrift: § 7 InvG	**Genehmigungsbehörde:** BaFin
Art des Geschäfts **§ 2 Abs. 6 InvG** – Hauptzweck des Unternehmens ist die Verwaltung inländischen Investmentvermögens oder EU-Investmentvermögens sowie die individuelle Vermögensverwaltung	

Investmentaktiengesellschaft	
Vorschrift: § 97 InvG	**Genehmigungsbehörde:** BaFin
Art des Geschäfts **§ 2 Abs. 5 S. 1 InvG** – Satzungsmäßiger Gegenstand des Unternehmens ist auf Anlage und Verwaltung ihrer Mittel beschränkt – Grundsatz der Risikomischung – Gemeinschaftliche Kapitalanlage in Vermögensgegenständen nach § 2 Abs. 4 Nr. 1–4, 7 und 9, 10 und 11 InvG – Anleger haben Recht zur Rückgabe ihrer Aktien	

Errichtung einer Börse	
Vorschrift: § 4 BörsG	**Genehmigungsbehörde:** Börsenaufsichtsbehörde, d.h. zuständige oberste Landesbehörde[16]

---

15 Für die gewerbsmäßige Vermittlung von Versicherungsverträgen und die gewebsmäßige Versicherungsberatung ist eine Erlaubnis der zuständigen Industrie- und Handelskammer erforderlich, §§ 34d Abs. 1 S. 1 und 34e GewO.

16 Oberste Landesbehörde ist der landesrechtlich jeweils zuständige Fachminister oder Senator (i.d.R. der Wirtschaftsminister/-senator).

Erstversicherungsgeschäft[17]
Art des Geschäfts **§ 2 Abs. 1 BörsG**
– Teilrechtsfähige Anstalt des öffentlichen Rechts – Überwachung und Regelung eines multilateralen Systems nach Maßgabe des BörsG – Zusammenbringen oder Fördern des Zusammenbringens der Interessen einer Vielzahl von Personen am Kauf und Verkauf von dort zum Handel zugelassenen Wirtschaftsgütern und Rechten innerhalb des Systems nach festgelegten Bestimmungen in einer Weise, die zu einem Vertrag über den Kauf dieser Handelsobjekte führt

Märkte für Finanzinstrumente mit Sitz im Ausland und deren Betreiber	
Vorschrift: § 37i WpHG	**Genehmigungsbehörde:** BaFin
Art des Geschäfts **§ 37i WpHG**	
– Markt für Finanzinstrumente mit Sitz in einem Drittstaat – Kein organisierter Markt oder multilaterales Handelssystem i.S.d. WpHG – Gewährung eines unmittelbaren Marktzugangs für Handelsteilnehmer mit Sitz im Inland über ein elektronisches Handelssystem – Bsp.: Ausländische Börsen, die Handelsteilnehmer als sog. *Remote Member* über einen Handelsbildschirm vom Inland aus am Börsenhandel teilnehmen lassen	

Unternehmensbeteiligungsgesellschaft	
Vorschrift: § 15 Abs. 1 UBGG	**Genehmigungsbehörde:** Zuständige oberste Landesbehörde
Art des Geschäfts **§ 1a Abs. 1 UBGG**	
– Eine von der BaFin als Unternehmensbeteiligungsgesellschaft anerkannte Gesellschaft	

Wagniskapitalgesellschaft	
Vorschrift: § 14 Abs. 1 WKBG	**Genehmigungsbehörde:** BaFin
Art des Geschäfts **§ 2 Abs. 1 WKBG**	
– Gesellschaft, die von der BaFin als Wagniskapitalbeteiligungsgesellschaft und nicht gleichzeitig als Unternehmensbeteiligungsgesellschaft anerkannt wurde	

Die Aufsicht auf den Finanzmärkten wird in Deutschland primär von der Bundesanstalt für Finanzdienstleistungsaufsicht (BaFin) durchgeführt. Die BaFin vereinigt seit 1.5.2002 die Banken-, Versicherungs- und Wertpapieraufsicht unter einem Dach (Allfinanzaufsicht). **7**

---

17 Für die gewerbsmäßige Vermittlung von Versicherungsverträgen und die gewebsmäßige Versicherungsberatung ist eine Erlaubnis der zuständigen Industrie- und Handelskammer erforderlich, §§ 34d Abs. 1 S. 1 und 34e GewO.

8 *Abb. 2: Leitungsstruktur der BaFin[18]*

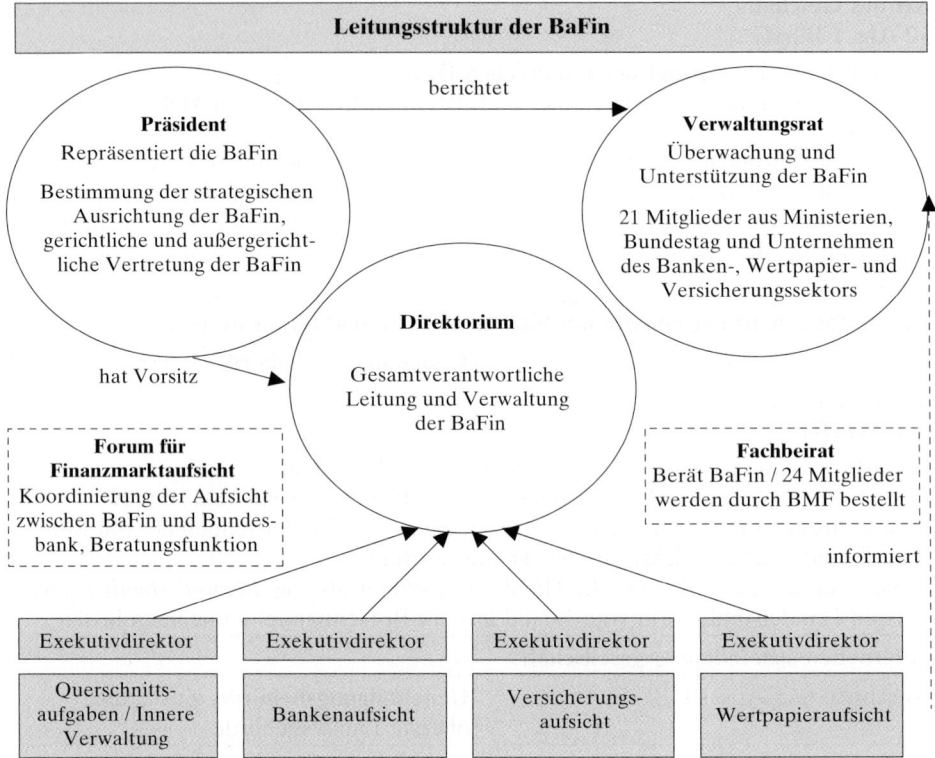

9   Bei der Beaufsichtigung von Banken wird die BaFin von der Deutschen Bundesbank unterstützt.[19] Eine Umgestaltung der Aufsichtsstruktur und des Verhältnisses zwischen BaFin und Bundesbank ist immer wieder vor allem auch als Folge der Finanzmarktkrise 2008 in der Diskussion. Dennoch wird wohl auch in Zukunft an der Allfinanzaufsicht der BaFin und der Aufgabenteilung zwischen BaFin und Bundesbank bei der Bankenaufsicht festgehalten. Allerdings hat der Gesetzgeber der Bundesbank zuletzt auch Aufgaben im Bereich der makroprudentiellen Aufsicht übertragen.[20] Damit wurde die nationale Aufsichtsstruktur an die neuen EU Aufsichtsstrukturen für

---

18   Ab dem 1.3.2013 werden dem Verwaltungsrat der BaFin nur noch 17 stimmberechtigte Mitglieder angehören, s. § 7 Abs. 3 FinDAG n.F. Darüber hinaus wird der BaFin ab dem 1.3.2013 auch ein Verbraucherbeirat zur Seite stehen, s. § 8a FinDAG n.F.

19   Die Grundlage für die Arbeitsteilung von BaFin und der Deutschen Bundesbank bei der Bankenaufsicht wird durch § 7 KWG geregelt (s. auch § 3 Abs. 3 ZAG, der auf § 7 KWG verweist). Einzelheiten folgen aus der Richtlinie zur Durchführung und Qualitätssicherung der laufenden Überwachung der Kredit- und Finanzdienstleistungsinstitute durch die Deutsche Bundesbank (Aufsichtsrichtlinie) v. 21.2.2008.

20   Das zum 1.1.2013 zum Großteil in Kraft getretene Gesetz zur Stärkung der deutschen Finanzaufsicht (FinStabG), hält an der grundsätzlichen Aufgabenteilung zwischen BaFin und der Deutschen Bundesbank fest. Jedoch wird bei der Deutschen Bundesbank ein Ausschuss für Finanzstabilität angesiedelt, § 2 FinStabG; zu den ersten Schritten in diese Richtung bereits *Weber-Rey/Horak* VersR 2011, 452 ff.

den Finanzsektor angeglichen, für den seit dem 1.1.2011 drei Europäische Aufsichtsbehörden (European Supervisory Authorities, ESAs)[21] Aufgaben im Bereich der mikroprudentiellen Aufsicht ausführen, während der bei der Europäischen Zentralbank in Frankfurt/M. angesiedelte Europäische Ausschuss für Systemrisiken Aufgaben im Bereich der makroprudentiellen Aufsicht wahrnimmt.[22]

III. Anmeldung/Genehmigung eines erlaubnispflichtigen Versicherungsgeschäfts

Erlaubnispflichtige Geschäfte bedürfen einer vorherigen Erlaubniserteilung durch die **10** zuständige Aufsichtsbehörde. Eine Erlaubnispflicht kann beispielsweise auch daraus resultieren, dass ein Unternehmen einer genehmigten Tätigkeit in einem größeren als dem ursprünglich genehmigten Umfang nachgeht, also die Geschäftstätigkeit erweitert.

Abb. 3: Beispiele für Erlaubnisbeantragung **11**

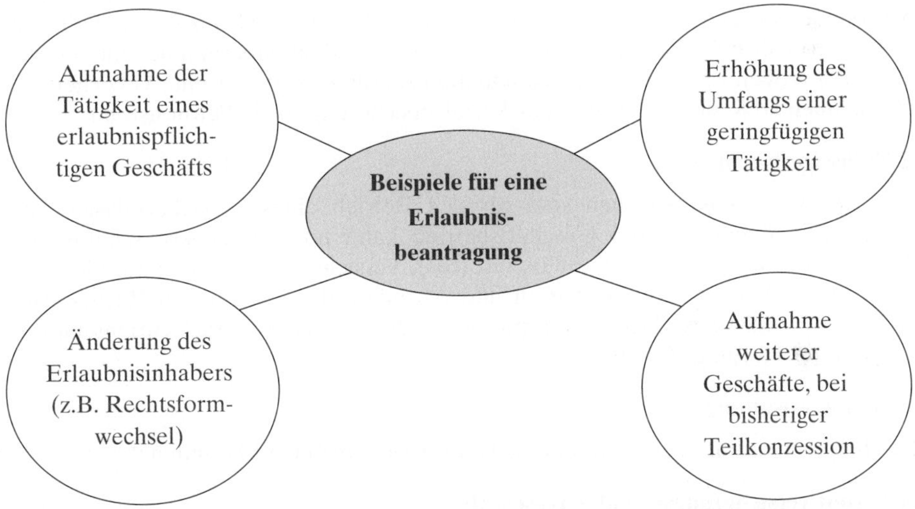

Im Folgenden werden die Voraussetzungen einer Erlaubniserteilung am Beispiel der **12** Anmeldung eines Erstversicherungsunternehmens dargestellt, um der hohen Bedeutung aktueller Entwicklungen rund um Solvency II im Versicherungssektor gerecht werden zu können. Für die Anmeldung eines Kredit- oder eines Finanzdienstleistungsinstituts sowie einer Rückversicherungs-Aktiengesellschaft werden Checklisten zur Verfügung gestellt.

---

21 Bei den ESAs handelt es sich um die Europäische Bankaufsichtsbehörde (European Banking Authority, EBA) mit Sitz in London, die Europäische Aufsichtsbehörde für das Versicherungswesen und die betriebliche Altersversorgung (European Insurance and Occupational Pensions Authority, EIOPA) mit Sitz in Frankfurt/M. sowie die Europäische Wertpapier- und Börsenaufsichtsbehörde (European Securities and Markets Authority, ESMA) mit Sitz in Paris. Vertiefend hierzu *Weber-Rey* AG 2011, R259 f.; *dies.* AG 2011, R235 f.; *dies.* AG 2010, R453 ff.

22 Hierzu *Weber-Rey* AG 2012, R204 ff.

13 Versicherungsunternehmen bedürfen zum Geschäftsbetrieb der Erlaubnis der Aufsichtsbehörde.[23] In der Regel ist die Erlaubnis der BaFin einzuholen. In bestimmten Fällen ist allerdings eine Landesaufsichtsbehörde zuständig. Landesaufsichtsbehörden beaufsichtigen öffentlich-rechtliche Versicherer mit auf das jeweilige Land beschränkter Tätigkeit und ggf. privatrechtliche Versicherungsunternehmen von wirtschaftlich geringer Bedeutung, Pensionsfonds i.S.d. § 112 Abs. 1 VAG und öffentlich-rechtliche Wettbewerbs-Versicherungsunternehmen.[24]

14 Die an eine Erlaubniserteilung geknüpften Bedingungen müssen über den Zeitpunkt der Erlaubniserteilung hinaus auch während der gesamten Geschäftstätigkeit des Versicherungsunternehmens erfüllt bleiben.

1. Rechtliche Voraussetzungen einer Genehmigung

1.1 Definition des Versicherungsgeschäfts

15 Die Gesellschaft muss ein Versicherungsgeschäft i.S.d. § 1 Abs. 1 VAG betreiben. Der Begriff Versicherungsgeschäft ist allerdings nicht legaldefiniert. Nach der ständigen Rechtsprechung des Bundesverwaltungsgerichts liegt ein Versicherungsgeschäft vor, „wenn gegen Entgelt für den Fall eines ungewissen Ereignisses bestimmte Leistungen übernommen werden, wobei das übernommene Risiko auf eine Vielzahl durch die gleiche Gefahr bedrohter Personen verteilt wird und der Risikoübernahme eine auf dem Gesetz der großen Zahl beruhende Kalkulation zugrunde liegt."[25] Keine Versicherungsunternehmen i.d.S. sind die Träger der Sozialversicherung sowie Pensionsfonds.[26]

1.2 Zulässige Rechtsform

16 Nicht alle Gesellschaftsformen sind für den Betrieb eines Versicherungsgeschäfts zulässig. Die Erlaubnis zum Geschäftsbetrieb kann nur Aktiengesellschaften einschließlich der Europäischen Gesellschaft (SE), Versicherungsvereinen auf Gegenseitigkeit (VVaG) sowie Körperschaften und Anstalten des öffentlichen Rechts erteilt werden.[27] Unzulässig ist dagegen beispielsweise die Rechtsform einer Gesellschaft mit beschränkter Haftung (GmbH).

1.3 Hauptverwaltung

17 Die Hauptverwaltung des Unternehmens muss sich im Inland befinden.[28]

1.4 Verbot versicherungsfremder Geschäfte

18 Wenn ein Unternehmen das Versicherungsgeschäft betreiben möchte, darf es neben den typischen Versicherungstätigkeiten nur solche Geschäfte betreiben, die mit den

---

23 § 5 Abs. 1 VAG; vertiefend zur Zulassungsaufsicht und den aufsichtsrechtlichen Vorgaben an die Organisation eines Versicherungsunternehmens *Bürkle* § 1 Rn. 28 ff.; s. auch *Waclawik* Handbuch des Fachanwalts Versicherungsrecht, 6. Kap. Rn. 123 ff.; *Kaulbach* Handbuch des Versicherungsaufsichtsrechts § 2.

24 §§ 146 f. VAG.

25 *BVerwG* VersR 1993, 1217 m.w.N.; ausf. *Winter* S. 98 ff.; Ausnahmen und Einschränkungen der Erlaubnispflicht enthält § 1 Abs. 3 und 4 VAG; s. dazu auch *BaFin* Merkblatt Hinweise für Registergerichte zu Bank-, Versicherungs-, Finanzdienstleistungs-, E-Geldgeschäften und Zahlungsdiensten v. 21.9.2012 (zuletzt geändert am 31.10.2012).

26 § 1 Abs. 1 Nr. 1 und 2 VAG.

27 § 7 Abs. 1 VAG.

28 § 7 Abs. 1a VAG; hierzu *Eilert* Handbuch des Versicherungsaufsichtsrechts § 5.

Versicherungsgeschäften in einem unmittelbaren Zusammenhang stehen,[29] denn Versicherungsunternehmen sollen möglichst nur versicherungsspezifischen Risiken ausgesetzt sein.[30] Jedenfalls darf der Antragsteller nicht solche Geschäfte betreiben, die nicht in einem unmittelbaren Zusammenhang mit Versicherungsgeschäften stehen und die Solvabilität des Unternehmens gefährden können.[31]

Bei einer Kreditaufnahme durch Versicherungsunternehmen liegt nach § 7 Abs. 2 S. 3 **19** VAG regelmäßig kein unmittelbarer Zusammenhang mit den Versicherungsgeschäften vor. Der Gesetzgeber geht davon aus, dass eine Kreditaufnahme regelmäßig mit erheblichen Risiken verbunden ist. Ausnahmen sollen jedoch in engen Grenzen, etwa bei kurzfristiger Liquiditätshilfe oder kurzfristigem Überziehungskredit in Betracht kommen.[32] Die Möglichkeit, nachrangige Verbindlichkeiten einzugehen, bleibt von dem Kreditaufnahmeverbot unberührt.[33]

Ein verbotenes versicherungsfremdes Geschäft soll bereits dann vorliegen können, **20** wenn ein Versicherer konzernrechtlich über ein branchenfremdes Unternehmen herrscht. Unzulässig soll insofern selbst ein Beherrschungsvertrag über eine Bank sein können, denn auch Bankgeschäfte stehen in keinem unmittelbaren Zusammenhang mit Versicherungsgeschäften.[34]

Die Abgrenzung eines Vertrags über eine Finanzrückversicherung von einem Darle- **21** hensvertrag ist nicht immer eindeutig.[35] Während Finanzrückversicherungsverträge unter den Voraussetzungen des § 121e VAG zulässig sind und von Versicherern abgeschlossen werden dürfen, ist die Aufnahme von Krediten durch (Rück-)Versicherungsunternehmen regelmäßig unzulässig.[36]

1.5 Spartentrennung

Wird eine Erlaubnis zum Betrieb der Lebensversicherung oder der Krankenversiche- **22** rung erteilt, darf keine andere Versicherungssparte zugleich betrieben werden (sog. Spartentrennungsgebot).[37] Dadurch sollen Quersubventionierungen zu Lasten der Versicherungsnehmer in diesen Sparten verhindert werden.[38] Das Spartentrennungsgebot hat Auswirkungen auf das Versicherungsunternehmensrecht: Es wird differenziert nach Lebensversicherern, Krankenversicherern und Kompositversicherern.[39] Anders als bei den Kredit- und Finanzdienstleistungsinstituten nach dem Kreditwesengesetz (KWG), bei denen ein einziges Institut mehrere Bankgeschäfte und/oder Finanzdienstleistungen unter dem Dach derselben Gesellschaft erbringen darf, ist hierfür im Versicherungsunternehmensrecht eine Konzernbildung erforderlich, bei der bspw. eine Lebensversicherungs- und eine Krankenversicherungsgesellschaft als Schwesterunternehmen unter einer Holding stehen.

---

29 § 7 Abs. 2 S. 1 VAG.
30 *Fahr/Kaulbach/Bähr* § 7 Rn. 12.
31 *Fahr/Kaulbach/Bähr* § 7 Rn. 15.
32 Begründung zum Regierungsentwurf des Gesetzes zur Stärkung der Finanzmarkt- und der Versicherungsaufsicht v. 27.4.2009, BT-Drucks. 16/12783, 18.
33 § 7 Abs. 2 S. 3 2. HS VAG.
34 Str., s. *Fahr/Kaulbach/Bähr* § 7 Rn. 21 f. mit dem Hinweis, § 7 Abs. 2 S. 1 VAG könne nur Geschäfte betreffen, die das Versicherungsunternehmen selbst („eigenhändig") betreibt.
35 Vertiefend *Dreher/Lange* WM 2009, 193 ff.
36 § 7 Abs. 2 S. 3 VAG.
37 § 8 Abs. 1a S. 1 und 2 VAG.
38 *Hetmeier* VW 1991, 1191 f.
39 Kritisch zum Spartentrennungsgebot *Brachmann* VW 2004, 1072.

1.6 Geeignete Funktionsträger

1.6.1 Geschäftsleiter

23   Die Geschäftsleiter eines Versicherungsunternehmens müssen zuverlässig und fachlich geeignet sein.[40] Mit Geschäftsleitern sind diejenigen natürlichen Personen gemeint, die nach Gesetz oder Satzung oder als Hauptbevollmächtigte (einer Niederlassung in einem Mitgliedstaat der Europäischen Gemeinschaft oder einem anderen Vertragsstaat des EWR-Abkommens) zur Führung der Geschäfte und zur Vertretung des Versicherungsunternehmens berufen sind.[41] Dies sind bei Versicherungs-Aktiengesellschaften und Versicherungsvereinen auf Gegenseitigkeit die Vorstandsmitglieder. Diese Versicherungsunternehmen müssen mindestens zwei Vorstandsmitglieder haben (Vier-Augen-Prinzip).[42]

24   Ein Geschäftsleiter darf bei höchstens zwei (Rück-)Versicherungsunternehmen, Pensionsfonds, Versicherungs-Holdinggesellschaften oder Versicherungs-Zweckgesellschaften als Geschäftsleiter tätig sein.[43] Wenn es sich um Unternehmen derselben Versicherungs- oder Unternehmensgruppe handelt, kann die Aufsichtsbehörde mehr Mandate zulassen, etwa wenn es sich um spezialisierte Tochtergesellschaften handelt, bei denen Interessenkonflikte ausgeschlossen werden können, oder wenn die betreffende Person nur für einen eng begrenzten Zuständigkeitsbereich berufen werden soll.[44]

25   *Abb. 4: Gegenüberstellung der Definition eines Geschäftsleiters nach KWG und VAG*

Geschäftsleiter	
KWG	**VAG**
Natürliche Person, die – nach Gesetz – Satzung oder – Gesellschaftsvertrag zur Führung der Geschäfte und zur Vertretung eines Instituts in der Rechtsform – einer juristischen Person oder – einer Personenhandelsgesellschaft berufen ist	Natürliche Person, die – nach Gesetz – Satzung oder – als Hauptbevollmächtigte einer Niederlassung in einem Mitgliedstaat der Europäischen Gemeinschaft oder einem anderen Vertragsstaat des EWR-Abkommens zur Führung der Geschäfte und zur Vertretung des Versicherungsunternehmens berufen ist

---

40   § 7a Abs. 1 S. 1 VAG; *BaFin* Merkblatt für die Prüfung der fachlichen Eignung und Zuverlässigkeit von Geschäftsleitern gemäß VAG, KWG, ZAG und InvG, 7.2.2013, s. Rn. 108 ff.; s. etwa *Waclawik* Handbuch des Versicherungsaufsichtsrechts § 4 und *Bähr* Handbuch des Versicherungsaufsichtsrechts § 12.

41   § 7a Abs. 1 S. 4 VAG; Einzelheiten bei *Koch* 100 Jahre materielle Versicherungsaufsicht in Deutschland, Bd. 1, 2001, S. 342 ff.; instruktiv *Bähr* FS Stuttgarter Lebensversicherung a.G., 2008, S. 69 ff.

42   §§ 34 S. 1 i.V.m. 156 S. 1 VAG; entsprechend § 33 Abs. 1 Nr. 5 KWG für bestimmte Kreditinstitute und Finanzdienstleistungsinstitute.

43   § 7a Abs. 1 S. 5 VAG auch i.V.m. § 121a Abs. 1 S. 1 VAG. Im Bankensektor gibt es keine entsprechende gesetzliche Beschränkung der Geschäftsleitermandate. Auch dort ist jedoch mit bisheriger BaFin-Übung davon auszugehen, dass im Hinblick auf die zeitliche Beanspruchung von Geschäftsleitern nur eine eng begrenzte Anzahl von Mandaten übernommen werden kann.

44   § 7a Abs. 1 S. 6 VAG und Beschlussempfehlung und Bericht des Finanzausschusses, BT-Drucks. 16/13684, 43. Die BaFin hat zur Erläuterung der gesetzlichen Anforderungen ein Merkblatt zu Geschäftsleiter-Mehrfachmandaten veröffentlicht (2.5.2011), das auch Hinweise für die Berücksichtigung von Mandaten als Hauptbevollmächtigter enthält.

Die fachliche Eignung eines Geschäftsleiters setzt ausreichende theoretische und **26** praktische Kenntnisse in Versicherungsgeschäften und darüber hinaus auch Leitungs-erfahrung voraus.[45] Diese Erfordernisse werden als erfüllt betrachtet, sofern die Person eine dreijährige leitende Tätigkeit bei einem Versicherungsunternehmen von ver-gleichbarer Größe und Geschäftsart nachweisen kann.[46]

Der Begriff der Zuverlässigkeit entspricht dem Begriff des § 35 Abs. 1 Gewerbeord- **27** nung (GewO).[47] Unzuverlässigkeit wird bei einer Person angenommen, die keine Gewähr bietet, ihr Gewerbe in Zukunft ordnungsgemäß auszuüben.[48]

Die Zuverlässigkeit einer Person beurteilt die BaFin anhand der bei ihr eingereichten **28** Unterlagen.[49]

1.6.2 Mitglieder des Aufsichtsrats

Die Aufsichtsbehörden überwachen ebenfalls, ob die Aufsichtsratmitglieder von **29** (Rück-)Versicherungsunternehmen, Pensionsfonds, Versicherungs-Holdinggesell-schaften und gemischten Finanzholding-Gesellschaften zuverlässig sind und die zur Wahrnehmung der Kontrollfunktion sowie zur Beurteilung und Überwachung der Geschäfte des Unternehmens erforderliche Sachkunde besitzen.[50] Dabei sind Umfang und die Komplexität der von dem Unternehmen betriebenen Geschäfte zu berück-sichtigen.[51]

Jeweils höchstens zwei ehemalige Geschäftsleiter eines Versicherungsunternehmens **30** können Mitglied des Aufsichtsrats sein und jedes Aufsichtsratmitglied darf höchstens fünf Kontrollmandate bei unter der Aufsicht der BaFin stehenden Unternehmen aus-üben.[52] Mandate bei Unternehmen derselben Versicherungs- oder Unternehmens-gruppe bleiben dabei außer Betracht.[53]

1.6.3 Inhaber bedeutender Beteiligungen

Die Inhaber einer bedeutenden Beteiligung an einem Versicherungsunternehmen **31** müssen den im Interesse einer soliden und umsichtigen Führung des Versicherungsun-ternehmens zu stellenden Anforderungen genügen, insbesondere zuverlässig sein.

---

45 § 7a Abs. 1 S. 2 VAG.
46 § 7a Abs. 1 S. 3 VAG. Die BaFin prüft die fachliche Eignung vor allem anhand eines Lebenslaufs des Geschäftsleiters, der mit dem Erlaubnisantrag einzureichen ist, vgl. *BAV* Rundschreiben R 6/97 v. 18.6.1997, VerBAV 11/97 S. 311 f.
47 *Fahr/Kaulbach/Bähr* § 7a Rn. 4.
48 *Prölss/Präve* § 7a Rn. 9; s. Rn. 116 ff.
49 Vgl. *BAV* Rundschreiben R 6/97 v. 18.6.1997, VerBAV 11/97 S. 311 f., wonach neben einem Lebens-lauf etwa auch ein polizeiliches Führungszeugnis und eine Straffreiheitserklärung vorzulegen sind.
50 § 7a Abs. 4 VAG auch i.V.m. §§ 1b Abs. 2 und 121a Abs. 1 S. 1 VAG; beachte hierzu auch *BaFin* Merkblatt zur Kontrolle von Mitgliedern von Verwaltungs- und Aufsichtsorganen gem. KWG und VAG v. 3.12.2012; s. auch *Bürkle/Scheel* Handbuch des Versicherungsaufsichtsrechts § 13.
51 § 7a Abs. 4 S. 2 VAG. Zu den Anforderungen an die Sachkunde der Aufsichtsratmitglieder s. Beschlussempfehlung und Bericht des Finanzausschusses v. 1.7.2009, BT-Drucks. 16/13684, 40 f.; s. auch *BaFin* Merkblatt zur Kontrolle von Mitgliedern von Verwaltungs- und Aufsichtsorganen gem. KWG und VAG v. 3.12.2012.
52 § 7a Abs. 4 S. 3 und 4 VAG. Eine entsprechende Regelung enthält § 36 Abs. 3 KWG für die Mitglie-der des Aufsichts- oder Verwaltungsrats eines Instituts oder einer Finanzholding-Gesellschaft; dort werden allerdings auf die Anzahl der Kontrollorgane solche bei Unternehmen nicht mitgerechnet, die demselben institutsbezogenen Sicherungssystem angehören.
53 § 7a Abs. 4 S. 4 VAG; s. dazu *Weber-Rey* AG-Report 2009, R 353 ff.

Hält nicht eine natürliche Person, sondern eine juristische Person oder Personenhandelsgesellschaft die bedeutende Beteiligung, gelten diese Anforderungen auch für diejenigen natürlichen Personen, die nach Gesetz, Satzung oder Gesellschaftsvertrag zur Führung der Geschäfte und zur Vertretung berufen sind, sowie ggf. für die persönlich haftenden Gesellschafter.[54] Eine bedeutende Beteiligung liegt vor, „wenn, ob im Eigen- oder im Fremdinteresse, unmittelbar oder mittelbar über ein oder mehrere Tochterunternehmen oder ein gleichartiges Verhältnis oder durch Zusammenwirken mit anderen Personen oder Unternehmen mindestens 10 % des Kapitals oder der Stimmrechte einer Versicherungs-Aktiengesellschaft oder des Gründungsstocks eines Versicherungsvereins auf Gegenseitigkeit gehalten werden oder wenn auf die Geschäftsführung eines anderen Unternehmens ein maßgeblicher Einfluss ausgeübt werden kann."[55]

32   *Abb. 5: Gegenüberstellung der Definition eines Inhabers einer bedeutenden Beteiligung nach KWG und VAG*

Inhaber einer bedeutenden Beteiligung	
KWG	**VAG**
Wenn,	Wenn,

– unmittelbar oder mittelbar
– über ein oder mehrere Tochterunternehmen oder ein gleichartiges Verhältnis oder im Zusammenwirken mit anderen Personen oder Unternehmen
– mindestens 10 %
  – des Kapitals oder
  – der Stimmrechte eines dritten Unternehmens
  – im Eigen- oder Fremdinteresse gehalten werden
– oder maßgeblicher Einfluss auf die Geschäftsführung eines anderen Unternehmens
	– im Eigen- oder im Fremdinteresse,
	– unmittelbar oder mittelbar
	– über ein oder mehrere Tochterunternehmen oder ein gleichartiges Verhältnis oder durch Zusammenwirken mit anderen Personen oder Unternehmen
	– mindestens 10 %
	  – des Kapitals oder
	  – der Stimmrechte (Versicherungs-Aktiengesellschaft)
	  – des Gründungsstocks (Versicherungsverein auf Gegenseitigkeit)
	– oder maßgeblicher Einfluss auf die Geschäftsführung eines anderen Unternehmens

1.6.4 Weitere Personen

33   Folgende weitere Personen müssen ihre Zuverlässigkeit und fachliche Eignung nachweisen:

– Geschäftsleiter von Schadensabwicklungsunternehmen für die Rechtsschutzversicherung,[56]

---

54 § 7a Abs. 2 S. 1 f. VAG; zu den i.R.d. Zulassungsverfahrens einzureichenden Unterlagen zu den Inhabern bedeutender Beteiligungen s. *BAV* Rundschreiben R 4/98 v. 11.8.1998, VerBAV 10/98, S. 203 f. (mittlerweile aufgehoben in Punkt II Nr. 2 durch *BaFin* Erklärung v. 7.4.2009 Az. VA 37 – I 2233 – 2009/0001).
55 § 7a Abs. 2 S. 3 VAG.
56 § 8a Abs. 3 S. 1 VAG.

- verantwortliche Aktuare in der Lebens- und Krankenversicherung,[57]
- der Treuhänder von zur Überwachung des Sicherungsvermögens von Lebensversicherungen und privaten Kranken- und Pflegeversicherungen und sein Stellvertreter,[58]
- der für die KFZ-Haftpflichtversicherung benannte Schadenregulierungsbeauftragte,[59]
- Hauptbevollmächtigte von Niederlassungen von Versicherungsunternehmen mit Sitz außerhalb der EU und des EWR und von Versicherungsunternehmen mit Sitz in der EU oder dem EWR, die nicht den europäischen Versicherungsrichtlinien unterliegen, in Deutschland.[60]

1.7 Sicherungsfonds

Lebensversicherer und substitutive Krankenversicherer,[61] mit Ausnahme der Pensions- und Sterbekassen, müssen einem Sicherungsfonds angehören, der dem Schutz der Ansprüche ihrer Versicherungsnehmer, der versicherten Personen, Bezugsberechtigten und sonstiger aus dem Versicherungsvertrag begünstigter Personen dient.[62] Im Krisenfall kann die Aufsichtsbehörde den Versicherungsbestand eines Versicherungsunternehmens zur Fortführung auf den Sicherungsfonds übertragen.[63]   **34**

Das Bundesministerium der Finanzen hat die Protektor Lebensversicherungs-AG mit der Wahrnehmung der Aufgaben des Sicherungsfonds für Lebensversicherungen und die Medicator AG mit der Wahrnehmung der Aufgaben des Sicherungsfonds für Krankenversicherungen beliehen.[64]   **35**

1.8 Geschäftsplan

Mit dem Antrag auf Erteilung einer Erlaubnis zum Geschäftsbetrieb muss ein Geschäftsplan eingereicht werden. Der Geschäftsplan hat einen gesetzlich vorgeschriebenen Zweck und Mindestinhalt. Er muss darlegen: **36**

- den Zweck des Unternehmens,
- die Einrichtung des Unternehmens,
- das Gebiet des beabsichtigten Geschäftsbetriebs,
- die Verhältnisse, aus denen sich die dauernde Erfüllbarkeit der Verpflichtungen ergibt.[65]

---

57 §§ 11a Abs. 1 S. 2, 11d, 12 Abs. 2 S. 2 VAG; *BAV* Rundschreiben R 3/95 v. 4.8.1995.
58 §§ 70, 71, 76 VAG, *BaFin* Rundschreiben 13/2005 (VA) v. 8.8.2005.
59 § 13c Abs. 1 S. 3 Nr. 2 VAG; zu der Möglichkeit, eine juristische Person als Schadenregulierungsbeauftragten einzusetzen, deren Vertreter über die erforderliche Zuverlässigkeit und fachliche Eignung verfügen, s. *Koch* 100 Jahre materielle Versicherungsaufsicht in Deutschland, Bd. 1, 2001, S. 345 f.
60 §§ 106 Abs. 2 S. 2 und 110d Abs. 2 S. 1 Nr. 1 VAG.
61 § 12 VAG.
62 §§ 124 ff. VAG.
63 § 125 VAG i.V.m. §§ 89 Abs. 1 S. 1 und 88 Abs. 2 VAG.
64 Verordnung über die Übertragung von Aufgaben und Befugnissen eines Sicherungsfonds für die Lebensversicherung an die Protektor Lebensversicherungs-AG v. 11.5.2006; Verordnung über die Übertragung von Aufgaben und Befugnissen eines Sicherungsfonds für die Krankenversicherung an die Medicator AG v. 11.5.2006.
65 § 5 Abs. 2 VAG.

37 Der Geschäftsplan muss darüber hinaus die Satzung,[66] die Angabe der konkret in Deckung genommenen Risiken einer Sparte,[67] Unternehmensverträge[68] und Verträge über Funktionsausgliederungen[69] enthalten.

38 Eine Zusammenstellung der verschiedenen Versicherungssparten befindet sich in Anlage A zum Versicherungsaufsichtsgesetz. Die Angabe der in Deckung genommenen Risiken einer Sparte dient regelmäßig nicht dazu, die Erlaubnis auf die genannten Risiken zu beschränken, es sei denn, das Unternehmen beantragt eine auf diese Risiken beschränkte Erlaubnis.[70] Die Erlaubnis wird vielmehr i.d.R. für die gesamte Sparte erteilt.

39 Bei den einzureichenden Unternehmensverträgen handelt es sich um:[71]
– Beherrschungs-,
– Gewinnabführungs-,
– Teilgewinnabführungs-,
– Betriebspacht- und Betriebsüberlassungsverträge.

40 Der Geschäftsplan umfasst auch Verträge über Funktionsausgliederungen. Der Kernbereich des Betriebs von Versicherungsgeschäften muss der Aufsicht der BaFin dauerhaft zugänglich sein.[72] Soll ein Teil dieses Kernbereichs auf ein drittes Unternehmen ausgelagert werden, ist der BaFin im Rahmen des Erlaubnisverfahrens der Funktionsausgliederungsvertrag als Bestandteil des Geschäftsplans vorzulegen. Die BaFin prüft dann, ob die Vertragsgestaltung dem Erfordernis einer wirksamen Überwachung des ausgelagerten Bereichs hinreichend Rechnung trägt und die gesetzlichen Anforderungen an Funktionsausgliederungsverträge erfüllt.[73]

41 Das VAG bestimmt, welche Bereiche eines Versicherungsunternehmens zum Kernbereich des Betriebs von Versicherungsgeschäften gehören. Dies sind:
– der Vertrieb,
– die Bestandsverwaltung,
– die Leistungsbearbeitung,
– das Rechnungswesen,
– die interne Revision,
– die Vermögensanlage,
– die Vermögensverwaltung.[74]

42 Damit die Voraussetzungen einer Funktionsausgliederung vorliegen, muss allerdings auch eine gewisse Erheblichkeitsgrenze überschritten werden. Dazu muss eine der genannten Funktionen eines Versicherungsunternehmens ganz oder zumindest zu einem wesentlichen Teil einem anderen Unternehmen auf Dauer übertragen werden.[75]

---

66 Die Satzung ist nur insoweit Teil des Geschäftsplans, als sie sich nicht auf allgemeine Versicherungsbedingungen bezieht, § 5 Abs. 3 Nr. 1 VAG.
67 § 5 Abs. 3 Nr. 2 HS. 1 VAG; Besonderheiten gelten für Sterbekassen, vgl. § 5 Abs. 3 Nr. 2 HS. 2 VAG.
68 § 5 Abs. 3 Nr. 3 VAG.
69 § 5 Abs. 3 Nr. 4 VAG.
70 § 6 Abs. 2 VAG; *Fahr/Kaulbach/Bähr* § 5 Rn. 36 f.
71 § 5 Abs. 3 Nr. 3 VAG i.V.m. §§ 291 und 292 AktG.
72 *Prölss/Präve* § 5 Rn. 85; *Fahr/Kaulbach/Bähr* § 5 Rn. 41.
73 §§ 53d und 64a Abs. 4 VAG; *BaFin* Ziff. 8 MaRisk VA. Zu den Voraussetzungen für die Wirksamkeit von Funktionsausgliederungsverträgen s. auch § 13 Abs. 1a VAG; s. hierzu *Horak* Outsourcing in Versicherungsunternehmen, 2011, S. 22 ff.
74 § 5 Abs. 3 Nr. 4 VAG; zur Erläuterung der einzelnen Kernbereiche s. *Horak* S. 25 ff.
75 § 5 Abs. 3 Nr. 4 VAG, s. *Horak* S. 43 ff.

Da die gesetzlichen Anforderungen an Funktionsausgliederungsverträge auch für die **43** Ausgliederung sonstiger Dienstleistungen gelten,[76] verlangt die BaFin bei Antragstellung die Vorlage sämtlicher Dienstleistungsverträge.[77]

2. Finanzielle Voraussetzungen einer Genehmigung

Im Folgenden werden die finanziellen Voraussetzungen einer Erlaubniserteilung bei **44** einem Erstversicherungsunternehmen dargestellt. Der daran anschließende Exkurs über die Kapitalanforderungen bei der Anmeldung eines Kredit- oder Finanzdienstleistungsinstituts soll einen Vergleich zu ähnlichen Anforderungen des Bankensektors bieten, ohne auf alle sonstigen Details für diese Gruppe von Instituten gesondert einzugehen.[78]

2.1 Eigenmittel

Bei Antragstellung muss nachgewiesen werden, dass ausreichende Eigenmittel zur **45** Verfügung stehen.[79] Das geschieht durch eine Bestätigung des kontoführenden Kreditinstituts, dass die Eigenmittel auf einem Konto der Gesellschaft endgültig zur freien Verfügung des Vorstands stehen.[80] Die erforderlichen Eigenmittel berechnen sich aus dem Mindestgarantiefonds und der sog. Solvabilitätsspanne.

Abb. 6: Erforderliches Kapital bei der Gründung einer Versicherung **46**

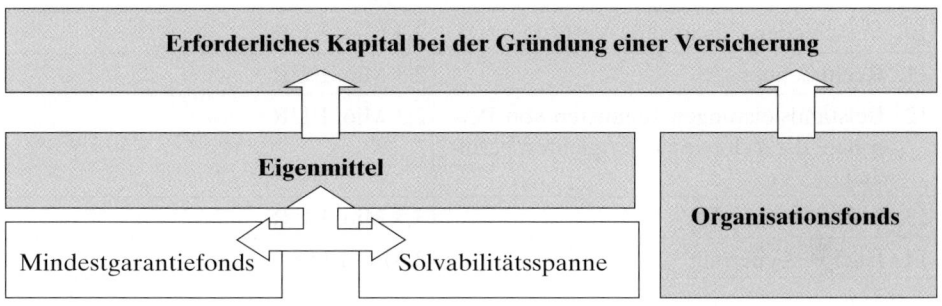

---

76 §§ 53d und 64a Abs. 4 VAG.
77 *BaFin* Hinweise für die Zulassung inländischer Versicherungs-Aktiengesellschaften zum Betrieb der Lebensversicherung v. 13.1.2012, Ziff. II.5; *BaFin* Hinweise für die Zulassung von Versicherungs-Aktiengesellschaften zum Betrieb der Schaden- und Unfallversicherung in der Bundesrepublik Deutschland v. 1.11.2011, Ziff. III.4. Anders als bei Funktionsausgliederungsverträgen hängt die Wirksamkeit eines Dienstleistungsvertrags wegen des eindeutigen Wortlauts des § 13 Abs. 1a S. 1 f. VAG nicht von dessen Vorlage bei der BaFin ab, s. *Horak* S. 45, Fn. 180 und S. 62 f.
78 Zu den Anforderungen an eine Erlaubniserteilung für Kredit- oder Finanzdienstleistungsinstitute s. auch die Checklisten unter Rn. 89.
79 § 5 Abs. 4 S. 1 VAG.
80 Vgl. § 37 Abs. 1 AktG; *BaFin* Hinweise für die Zulassung von Versicherungs-Aktiengesellschaften zum Betrieb der Schaden- und Unfallversicherung in der Bundesrepublik Deutschland v. 1.11.2011, Ziff. A.II.1.d).

2.1.1 Mindestgarantiefonds

47 In jedem Fall müssen mindestens Eigenmittel in Höhe des Mindestgarantiefonds zur Verfügung stehen.[81] Bei dem Mindestgarantiefonds handelt es sich um eine statische Größe, die sich je nach Versicherungssparte unterscheidet (s. Abb. 7).[82]

48 *Abb. 7: Mindestgarantiefonds bei Versicherungen*

Mindestgarantiefonds bei Versicherungen	
Versicherungssparte/-geschäft	**Höhe des Mindestgarantiefonds**
1. Unfall	2,3 Mio. EUR
2. Krankheit	2,3 Mio. EUR
3. Kasko	2,3 Mio. EUR
4. Transportgüter	2,3 Mio. EUR
5. Sachversicherung	2,3 Mio. EUR
6. Hagel-, Frost- und sonstige Sachschäden	2,3 Mio. EUR
7. Haftpflicht	3,5 Mio. EUR
8. Kredit	3,5 Mio. EUR
9. Kaution	3,5 Mio. EUR
10. Verschiedene finanzielle Verluste	2,3 Mio. EUR
11. Rechtsschutz	2,3 Mio. EUR
12. Beistandsleistungen zugunsten von Personen, die sich in Schwierigkeiten befinden	2,3 Mio. EUR
13. Leben	3,5 Mio. EUR
14. Rückversicherung	3 Mio. EUR

2.1.2 Solvabilitätsspanne

49 Aus § 53c Abs. 1 S. 1 VAG ergibt sich, dass Eigenmittel in Höhe der sog. Solvabilitätsspanne vorhanden sein müssen, sofern diese über den Mindestgarantiefonds hinausgeht. Bei der Solvabilitätsspanne handelt es sich allerdings um einen fest zu ermittelnden Wert und gerade nicht um eine Spanne mit einem Toleranzbereich. Die Höhe der Solvabilitätsspanne ist in der Sachversicherung entweder auf Grundlage der jährlichen Beiträge (Beitragsindex) oder nach den durchschnittlichen Aufwendungen für Versicherungsfälle der letzten drei Geschäftsjahre (Schadensindex) zu berechnen. Maßge-

---

81 § 5 Abs. 4 S. 1 i.V.m. § 53c Abs. 2 VAG.
82 §§ 2 und 5 KapAusstV. Wird das Versicherungsgeschäft in der Rechtsform eines VVaG betrieben, ermäßigt sich nach §§ 2 Abs. 3 und 5 Abs. 2 KapAusstV der Mindestbetrag des Garantiefonds um 25 %. Weitere Ausnahmen sind für VVaG gem. § 2 Abs. 4 KapAusstV zu beachten. Wenn ein Versicherungsunternehmen auch das in Rückdeckung übernommene Versicherungsgeschäft betreibt, muss die Höhe des Garantiefonds unter den Voraussetzungen des § 2 Abs. 2a KapAusstV für das gesamte Versicherungsgeschäft mindestens 3,2 Mio. EUR betragen. Für reine Rückversicherungsunternehmen folgt die Höhe des Mindestgarantiefonds aus der Verordnung über die Kapitalausstattung von Rückversicherungsunternehmen (RückKapV).

bend ist der ermittelte höhere Index.[83] Bei der Lebensversicherung wird die Solvabilitätsspanne auf der Grundlage der Deckungsrückstellung, der Beitragsüberträge und des Risikokapitals unter Berücksichtigung der rückversicherten Anteile berechnet.[84]

Bei der Anmeldung eines Versicherers ist die Ermittlung der Solvabilitätsspanne aufgrund vorhandener Daten nur möglich, wenn er, etwa über den Erwerb eines Versicherungsbestands, bereits zu Geschäftsbeginn über einen Anfangsbestand an Versicherungsverträgen verfügt.[85] Im Rahmen des Geschäftsplans sind jedoch auch Schätzungen für die ersten drei Geschäftsjahre über die Provisionsaufwendungen, die sonstigen Aufwendungen für den laufenden Versicherungsbetrieb, die voraussichtlichen Beiträge, die voraussichtlichen Aufwendungen für Versicherungsfälle und die voraussichtliche Liquiditätslage vorzulegen.[86] Auf der Grundlage dieser Schätzungen kann bei Antragstellung eine Solvabilitätsspanne berechnet werden.[87] **50**

2.1.3 Berechnung der erforderlichen Eigenmittel

Die Eigenmittel müssen mindestens so hoch bemessen sein, dass sie dem Mindestgarantiefonds entsprechen. Übersteigt die auf Grundlage eines übernommenen Versicherungsbestands oder der Schätzungen für die Geschäftsentwicklungen berechnete Solvabilitätsspanne den Mindestgarantiefonds, so müssen die Eigenmittel ausreichen, um auch diese zu decken. **51**

Unterliegt das Versicherungsunternehmen aufgrund seiner Zugehörigkeit zu einer Versicherungsgruppe oder einem Finanzkonglomerat der zusätzlichen Beaufsichtigung, so ist die Angemessenheit der Eigenmittelausstattung auch auf Versicherungsgruppenebene bzw. Finanzkonglomeratsebene nachzuweisen.[88] **52**

Die BaFin verlangt außerdem, dass die zur Verfügung stehenden Eigenmittel nicht nur die gesetzliche Mindesthöhe erreichen.[89] **53**

Für die Zukunft ist darzulegen, welche finanziellen Mittel voraussichtlich zur Verfügung stehen werden, um die Verpflichtungen aus den Verträgen und die Anforderungen an die Kapitalausstattung zu erfüllen.[90] **54**

2.2 Organisationsfonds

Mit dem Antrag auf Erlaubniserteilung ist auch eine Schätzung der für den Aufbau der Verwaltung und ggf. des Vertreternetzes erforderlichen Aufwendungen einzureichen. Zugleich ist nachzuweisen, dass die dafür erforderlichen Mittel, der sog. Organisationsfonds, zusätzlich zu den Eigenmitteln zur Verfügung stehen.[91] **55**

---

83 § 1 Abs. 1 S. 1 und 2 KapAusstV.
84 Wegen der Einzelheiten s. § 4 KapAusstV.
85 *Fahr/Kaulbach/Bähr/Kaulbach* § 5 Rn. 53.
86 § 5 Abs. 4 S. 3 VAG.
87 *BaFin* Hinweise für die Zulassung von Versicherungs-Aktiengesellschaften zum Betrieb der Schaden- und Unfallversicherung in der Bundesrepublik Deutschland v. 1.11.2011, Ziff. A.II.1.b).
88 Vgl. §§ 104a ff. VAG; *BaFin* Hinweise für die Zulassung inländischer Versicherungs-Aktiengesellschaften zum Betrieb der Lebensversicherung v. 13.1.2011, Ziff. II.7.
89 *BaFin* Hinweise für die Zulassung inländischer Versicherungs-Aktiengesellschaften zum Betrieb der Lebensversicherung v. 13.1.2011, Ziff. II.7; *BaFin* Hinweise für die Zulassung von Versicherungs-Aktiengesellschaften zum Betrieb der Schaden- und Unfallversicherung in der Bundesrepublik Deutschland (v. 1.11.2011, Ziff. A.II.1.b).
90 § 5 Abs. 4 S. 4 VAG.
91 § 5 Abs. 5 Nr. 3 VAG.

56 Die Aufwendungen für den Aufbau der Verwaltung umfassen die Aufwendungen für die Zulassung (z.b. Beratungs- und Notargebühren) sowie die Aufwendungen für den Aufbau des Unternehmens. Dazu gehören insbesondere:

– Aufwendungen für die Betriebs- und Geschäftsausstattung,
– Einrichtungsaufwendungen der Organisation für die Erfassung und Bearbeitung der Geschäftsvorfälle bis hin zur Rechnungslegung,
– Aufwendungen für das Personal im Innen- und Außendienst.[92]

57 Welcher Zeitraum für den Aufbau der Verwaltung anzusetzen ist, ist gesetzlich nicht festgelegt. Die BaFin verlangt Schätzungen für einen Zeitraum von mindestens fünf Geschäftsjahren.[93]

58 Der Organisationsfonds ist bei Versicherungs-Aktiengesellschaften eine offene Rücklage, bei Versicherungsvereinen auf Gegenseitigkeit Teil des sog. Gründungsstocks.[94]

59 Bei Versicherungs-Aktiengesellschaften wird der Organisationsfonds regelmäßig aus Mitteln aufgebracht, die die Aktionäre neben der Einlage auf die Aktien unter ausdrücklichem Verzicht auf Rückzahlung, Tilgung und Gewinnbeteiligung einzahlen.[95]

60 Eine Rückausschüttung des Organisationsfonds an die Aktionäre soll auch nach der Gründungsphase ausgeschlossen sein, denn bei allen Versicherungsunternehmen können Marktentwicklungen und Änderungen des Aufsichtsrechts Umstrukturierungen (etwa des Governance-Systems im Rahmen der Umsetzung des § 64a VAG und der MaRisk VA) und somit einen besonderen Kapitalaufwand erfordern, der durch den Organisationsfonds gedeckt werden kann. Eine Zweckbindung des Organisationsfonds auf solche Maßnahmen sollte erwogen werden.[96]

61 Die BaFin verlangt darüberhinaus von den Gründern des Versicherungsunternehmens, sich für die ersten sieben Geschäftsjahre über die Einrichtung eines Organisationsfonds hinaus dazu zu verpflichten, Verluste des Versicherungsunternehmens persönlich auszugleichen und die Zahlungsfähigkeit der Gesellschaft und die jederzeitige Bedeckung der versicherungstechnischen Passiva auf Aufforderung auch unterjährig durch liquiditätswirksame Zuschüsse zu gewährleisten.[97]

62 Sofern keine außergewöhnlichen Umstände vorliegen, verlangt die BaFin bei Sachversicherungen Mindestbeträge zwischen 500 000 EUR und 1,5 Mio. EUR für den Orga-

---

92 Vgl. *BaFin* Hinweise für die Zulassung von Versicherungs-Aktiengesellschaften zum Betrieb der Schaden- und Unfallversicherung in der Bundesrepublik Deutschland v. 1.11.2011, Ziff. A.III.1.

93 *BaFin* Hinweise für die Zulassung inländischer Versicherungs-Aktiengesellschaften zum Betrieb der Lebensversicherung v. 13.1.2011, Ziff. II.8.

94 § 22 Abs. 1 S. 1 VAG.

95 *BaFin* Hinweise für die Zulassung inländischer Versicherungs-Aktiengesellschaften zum Betrieb der Lebensversicherung v. 13.1.2011, Ziff. II.9, Anlage 3; *BaFin* Hinweise für die Zulassung von Versicherungs-Aktiengesellschaften zum Betrieb der Schaden- und Unfallversicherung in der Bundesrepublik Deutschland v. 1.11.2011, Ziff. A.III.1.

96 *Prölss/Präve* § 5 Rn. 113; a.A. *Fahr/Kaulbach/Bähr/Kaulbach* § 5 Rn. 66, der eine Vereinbarung der Rückzahlung des Organisationsfonds für möglich hält.

97 *BaFin* Hinweise für die Zulassung inländischer Versicherungs-Aktiengesellschaften zum Betrieb der Lebensversicherung v. 13.1.2011, Ziff. II.9, Anlage 3; *BaFin* Hinweise für die Zulassung von Rückversicherungs-Aktiengesellschaften in der Bundesrepublik Deutschland v. 22.1.2008, Ziff. A.II.8, Anlage 1; s. auch *Prölss/Präve* § 5 Rn. 114, der auf Probleme hinweist, wenn ein anderes Versicherungsunternehmen auf diese Weise zur Abgabe einer harten Patronatserklärung verpflichtet wird.

nisationsfonds.[98] Bei Lebensversicherungen und Krankenversicherungen kann der Organisationsfonds auch höher sein.

2.3 Exkurs: Kapitalanforderungen bei der Zulassung eines Kredit- oder Finanzdienstleistungsinstituts

Auch bei der Gründung eines Kredit- oder Finanzdienstleistungsinstituts sind Kapitalanforderungen zu erfüllen. Das Anfangskapital muss von den Laufenden Eigenmittelanforderungen eines Instituts unterschieden werden.[99] Die Aufnahme einzelner Geschäftsarten kann einen höheren Kapitalbedarf als das gesetzliche Anfangskapital begründen.[100] Bei dem Anfangskapital handelt es sich i.d.R. um eine statische Größe, die auf Grundlage einer Zukunftsprognose ermittelt wird. Die Höhe des Anfangskapitals bemisst sich nach den voraussichtlich in den ersten drei bis fünf Jahren zu tätigenden Geschäften des Instituts und soll aus der Geschäftsaufnahme drohende Verluste auffangen können.[99] Das Anfangskapital muss aus Kernkapital bestehen.[101] Es muss im Inland zur Verfügung stehen, was bedeutet, dass es zweifelsfrei jederzeit für geschäftliche Zwecke oder zur Gläubigersicherung ins Inland transferierbar sein muss.[102]   **63**

Zur Absicherung bereits getätigter Geschäfte muss ein Institut über angemessene Eigenmittel verfügen, deren Höhe sich nach dem Umfang und der Risikolage der laufenden Geschäfte richtet.[103] Die Höhe der angemessenen Eigenmittel ist nach der Solvabilitätsverordnung zu ermitteln.   **64**

Abb. 8: Erforderliches Kapital bei der Gründung eines Kreditinstituts   **65**

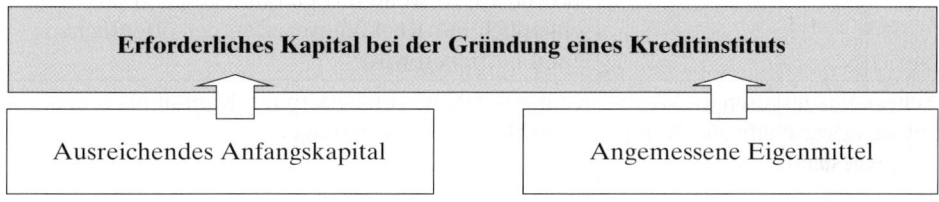

---

98 *BaFin* Hinweise für die Zulassung von Versicherungs-Aktiengesellschaften zum Betrieb der Schaden- und Unfallversicherung in der Bundesrepublik Deutschland v. 1.11.2011, Ziff. A.III.1.

99 *Schimansky/Bunte/Lwowski/Fischer* Bd. II § 128 Rn. 10.

100 Bei Wertpapierhandelsbanken etwa liegt das erforderliche Anfangskapital derzeit bspw. bei mindestens 730 000 EUR und bei Einlagenkreditinstituten bei mindestens 5 Mio. EUR, § 33 Abs. 1 S. 1 Nr. 1 KWG.

101 § 33 Abs. 1 S. 1 Nr. 1 i.V.m. § 10 Abs. 2a S. 1 Nr. 1–6 und Nr. 8 KWG; s. hierzu *Deutsche Bundesbank/ BaFin* Merkblatt über die Erteilung einer Erlaubnis zum Betreiben von Bankgeschäften gem. § 32 Abs. 1 KWG v. 9.6.2008, S. 6.

102 *Boos/Fischer/Schulte-Mattler/Fischer* § 32 Rn. 42.

103 Seit Inkrafttreten des Gesetzes zur Stärkung der Finanzmarkt- und der Versicherungsaufsicht (BGBl I 2009, S. 2305) kann die Aufsichtsbehörde für ein Institut im Einzelfall höhere Eigenmittelanforderungen festsetzen, bspw. wenn es Risiken eingeht, die durch die geltenden Solvabilitätsanforderungen nicht mehr hinreichend abgedeckt werden (§ 10 Abs. 1b KWG). Durch dieses Gesetz wird es der Aufsichtsbehörde auch erleichtert, bei einer nicht ordnungsgemäßen Geschäftsorganisation die Eigenmittelanforderungen zu erhöhen (§ 45b KWG).

66 *Abb. 9: Anfangskapital bei Kredit- und Finanzdienstleistungsinstituten*

Anfangskapital bei Kredit- und Finanzdienstleistungsinstituten	
Kreditinstitute[104]	
Eingliederungskreditinstitut	Mindestens 5 Mio. EUR
Bausparkassen	Mindestens 15 Mio. EUR[105] (zusätzlich ggf. 350 000 EUR für einen Organisationsfonds zum Aufbau eines Außendienstes)
Pfandbriefgeschäft	Kapital nach den tatsächlichen Anforderungen; mindestens 25 Mio. EUR[106]
Kreditgeschäft	Kein gesetzlich Anfangskapital; Kapital nach den tatsächlichen Anforderungen
Diskontgeschäft	Kein gesetzlich Anfangskapital; Kapital nach den tatsächlichen Anforderungen
Finanzkommissionsgeschäft	Mindestens 730 000 EUR
Depotgeschäft	Kein gesetzlich Anfangskapital; Kapital nach den tatsächlichen Anforderungen
Revolvinggeschäft	Kein gesetzlich Anfangskapital; Kapital nach den tatsächlichen Anforderungen
Garantiegeschäft	Mindestens 1,5 Mio. EUR; mindestens 500 000 EUR, wenn das Garantiegeschäft ausschließlich mit Rückbürgschaften der öffentlichen Hand betrieben wird[105]
Scheckeinzugsgeschäft, Wechseleinzugsgeschäft und Reisescheckgeschäft	Kein gesetzlich Anfangskapital; Kapital nach den tatsächlichen Anforderungen
Emissionsgeschäft	Mindestens 730 000 EUR
Wertpapierhandelsbank[107]	Mindestens 730 000 EUR
E-Geld-Geschäft	Mindestens 350 000 EUR
Tätigkeit als zentraler Kontrahent[108]	Mindestens 5 Mio. EUR

---

104 § 33 Abs. 1 S. 1 KWG *und Deutsche Bundesbank/BaFin* Merkblatt über die Erteilung einer Erlaubnis zum Betreiben von Bankgeschäften gem. § 32 Abs. 1 KWG, Stand 31.12.2007.

105 *Deutsche Bundesbank/BaFin* Merkblatt über die Erteilung einer Erlaubnis zum Betreiben von Bankgeschäften gem. § 32 Abs. 1 KWG, Stand 31.12.2007.

106 § 2 Abs. 1 S. 2 Nr. 1 Pfandbriefgesetz (PfandBG).

107 § 1 Abs. 3d S. 3 KWG.

108 § 1 Abs. 31 KWG, s. auch *BaFin* Merkblatt mit Hinweisen zum Tatbestand der Tätigkeit als zentraler Kontrahent v. 2.3.2009.

Anfangskapital bei Kredit- und Finanzdienstleistungsinstituten	
Finanzdienstleistungsinstitute[109]	
Anlageberatung	– Mindestens 730 000 EUR bei Handel auf eigene Rechnung;
Anlagevermittlung	– Wenn keine Befugnis, sich bei der Erbringung
Abschlussvermittlung	von Finanzdienstleistungen Eigentum oder Besitz
Finanzportfolioverwaltung	an Geldern oder Wertpapieren von Kunden zu verschaffen, und kein Handel mit Finanzinstru-
Betrieb eines multilateralen Handelssystems	menten auf eigene Rechnung, – mindestens 50 000 EUR
Platzierungsgeschäft	– Finanzportfolioverwalter mindestens 25 % ihrer Kosten[110]
Anlageverwaltung	
Eigenhandel	– Mindestens 730 000 EUR bei Handel auf eigene Rechnung;
Drittstaateneinlagenvermitt-lung	– Wenn kein Handel mit Finanzinstrumenten auf eigene Rechnung,
Sortengeschäft	– mindestens 125 000 EUR
Factoring	
Finanzierungsleasing	

Anlageberater, Anlage- und Abschlussvermittler, die nicht befugt sind, sich bei der **67** Erbringung von Finanzdienstleistungen Eigentum oder Besitz an Geldern oder Wertpapieren von Kunden zu verschaffen und die nicht auf eigene Rechnung mit Finanzinstrumenten handeln, brauchen kein Anfangskapital nachzuweisen, wenn sie eine Berufshaftpflichtversicherung abgeschlossen haben.[111] Die Berufshaftpflichtversicherung muss eine Versicherungssumme von mindestens 1 Mio. EUR für jeden Versicherungsfall und von mindestens 1,5 Mio. EUR für alle Versicherungsfälle eines Versicherungsjahrs vorsehen.[111] Die Berufshaftpflichtversicherung muss insbesondere Schäden abdecken, die auf einer Falschberatung durch das Institut beruhen.[112] Sind solche Anlageberater, Anlage- und Abschlussvermittler zusätzlich registrierte Versicherungsvermittler und haben sie als solche bereits eine Berufshaftpflichtversicherung abgeschlossen, reduziert sich die geforderte Versicherungssumme um 50 %.[113] Das Mindestanfangskapital beträgt in diesem Fall 25 000 EUR.[114]

Aus § 2 Abs. 7 KWG folgt, dass Anforderungen an das Anfangskapital gem. § 33 Abs. 1 Nr. 1 KWG nicht einzuhalten sind bei Instituten, die außer der Drittstaateneinlagenvermittlung, dem Sortengeschäft, dem Factoring und dem Finanzierungsleasing keine weiteren Finanzdienstleistungen gem. § 1 Abs. 1a S. 2 KWG erbringen.

---

109 § 33 Abs. 1 S. 1 KWG, *Deutsche Bundesbank* Merkblatt über die Erteilung einer Erlaubnis zum Erbringen von Finanzdienstleistungen, Stand Dezember 2012.
110 § 10 Abs. 9 KWG.
111 § 33 Abs. 1 S. 2 KWG.
112 *Deutsche Bundesbank* Merkblatt über die Erteilung einer Erlaubnis zum Erbringen von Finanzdienstleistungen, Stand Dezember 2012.
113 § 33 Abs. 1 S. 3 KWG.
114 § 33 Abs. 1 S. 1 Nr. 1 f) KWG.

68 *Abb. 10: Anfangskapital bei Kapitalanlage- und Investmentaktiengesellschaften*

Anfangskapital bei Kapitalanlage- und Investmentaktiengesellschaften[115]	
Kapitalanlage- und Investmentaktiengesellschaften	– Mindestens 300 000 EUR – Je nach Wert der verwalteten Sondervermögen können Eigenmittel bis 10 Mio. EUR verlangt werden

3. Erlaubnisantrag

69 Mit dem Erlaubnisantrag sind Anforderungen[116] zu erfüllen, die teilweise davon abhängig sind, für welche Versicherungssparte(n) die Erlaubnis beantragt wird.

70 Zusätzlich zu dem Geschäftsplan sind mit dem Erlaubnisantrag einzureichen:
- Gründungsunterlagen,[117]
- Schätzung der für den Aufbau der Verwaltung und des Vertreternetzes erforderlichen Aufwendungen und der Nachweis, dass die dafür erforderlichen finanziellen Mittel (Organisationsfonds) zur Verfügung stehen,[118]
- Angaben zur beabsichtigten Rückversicherung,[119]
- Angaben zur Beurteilung der Zuverlässigkeit und fachlichen Eignung der Geschäftsleiter,[120]
- Angaben zur Beurteilung der Zuverlässigkeit und Sachkunde der Aufsichtsratsmitglieder,[121]
- Angaben zu den Inhabern bedeutender Beteiligungen,[122]
- Angaben zu engen Verbindungen zu anderen natürlichen Personen oder Unternehmen,[123]
- Angaben zur Beurteilung der Zuverlässigkeit und fachlichen Eignung des verantwortlichen Aktuars,[124]
- im Falle von Lebensversicherungen, substitutiven Krankenversicherungen und privaten Pflegeversicherungen Angaben zu Fachkenntnissen, Unabhängigkeit, Belastung durch andere wesentliche Verpflichtungen und Wohnsitz des vorgeschlagenen Treuhänders für das Sicherungsvermögen und seines vorgeschlagenen Stellvertreters,[125]
- für den Fall der geplanten Geschäftsaufnahme einer substitutiven Krankenversicherung[126] oder einer gesetzlichen Pflichtversicherung die allgemeinen Versicherungsbedingungen (AVB),[127]

---

115 § 11 Investmentgesetz (InvG).
116 § 5 Abs. 4, 5 VAG.
117 *BaFin* Hinweise für die Zulassung inländischer Versicherungs-Aktiengesellschaften zum Betrieb der Lebensversicherung v. 13.1.2011, Ziff. II.2.
118 § 5 Abs. 5 Nr. 3 VAG, s. Rn. 55 ff.
119 § 5 Abs. 5 Nr. 2 VAG.
120 § 5 Abs. 5 Nr. 5 VAG; *BaFin* Merkblatt für die Prüfung der fachlichen Eignung und Zuverlässigkeit von Geschäftsleitern gemäß VAG, KWG, ZAG und InvG, 7.2.2013.
121 § 5 Abs. 5 Nr. 9 VAG; s. Rn. 29.
122 § 5 Abs. 5 Nr. 6 VAG.
123 § 5 Abs. 5 Nr. 6a VAG.
124 §§ 5 Abs. 5 Nr. 7, 11a VAG; *BAV* Rundschreiben R 3/95 v. 4.8.1995.
125 §§ 70, 71, 76 und 79 VAG; *BaFin* Rundschreiben 13/2005 (VA) v. 8.8.2005.
126 I.S.d. § 12 Abs. 1 VAG; unter einer substitutiven Krankenversicherung versteht man eine Krankenversicherung, die geeignet ist, die gesetzliche Krankenversicherung zu ersetzen (private Krankenversicherung), vgl. *Prölss/Präve* § 12 Rn. 11.
127 § 5 Abs. 5 Nr. 1 VAG; Auflistung gesetzlicher Pflichtversicherungen bei *Fahr/Kaulbach/Bähr/Kaulbach* § 5 Rn. 59.

- für den Fall der geplanten Geschäftsaufnahme einer substitutiven Krankenversicherung die Grundsätze für die Berechnung der Prämien und der mathematischen Rückstellungen,[128]
- ggf. Angabe von Namen und Anschriften der Schadenregulierungsbeauftragten in der Kraftfahrzeughaftpflichtversicherung,[129]
- ggf. Angaben über die zur Verfügung stehenden Mittel, um zugesagte Beistandsleistungen zu erfüllen.[130]

Der Aufsicht sind die Grundzüge der geplanten Rückversicherung darzustellen. Dies **71** ist von Bedeutung für die Berechnung der erforderlichen Eigenmittel und für die Beurteilung der Erfüllbarkeit der Verpflichtungen des Antragsstellers; (teilweise) rückversicherte Risiken können mit weniger Eigenmitteln hinterlegt werden. Die BaFin verlangt zusätzlich – über die Vorgaben des Gesetzes hinaus – die Vorlage der Rückversicherungsverträge im Entwurf mit der Erklärung des Rückversicherers, dass die Verträge im Falle der Zulassung gültig werden.[131]

Bei den Angaben, die für die Beurteilung der Zuverlässigkeit und fachlichen Eignung **72** der Geschäftsleiter[132] wesentlich sind, handelt es sich um die folgenden Unterlagen:[133]

- lückenloser, eigenhändig unterzeichneter Lebenslauf des Geschäftsleiters,
- Negativverklärung des Geschäftsleiters zu Straf-, Ermittlungs-, Ordnungswidrigkeiten-, Konkurs-, Vergleichs-, Gesamtvollstreckungs- und Insolvenzverfahren, Verfahren zur Abgabe einer eidesstattlichen Versicherung und vergleichbare Verfahren,
- Führungszeugnis neuesten Datums,
- Auszug aus dem Gewerbezentralregister bei früherer Ausübung einer selbstständigen Tätigkeit,[134]
- Angaben über familiäre Beziehungen[135] zu Aufsichtsratsmitgliedern.

Entsprechende Unterlagen sind auch für die Beurteilung der Zuverlässigkeit und **73** Sachkunde der Aufsichtsratsmitglieder[136] einzureichen.

Ausländische Staatsangehörige müssen vergleichbare Unterlagen des Staates vorle- **74** gen, in dem sie ihren ständigen Wohnsitz haben, sofern sie über kein Führungszeugnis oder keinen Auszug aus dem Gewerberegister verfügen.

---

128 § 5 Abs. 5 Nr. 1a VAG.
129 Sofern die Zulassung zum Betrieb einer Kraftfahrzeughaftpflichtversicherung für Landfahrzeuge mit eigenem Antrieb beantragt wird, §§ 5 Abs. 5 Nr. 8 und 7b VAG.
130 Dies gilt nur, sofern die Erlaubnis zum Geschäftsbetrieb einer Versicherung beantragt wird, die Beistandsleistungen zugunsten von Personen erbringt, die sich auf Reisen oder während der Abwesenheit von ihrem Wohnsitz oder ständigem Aufenthaltsort oder unter anderen Bedingungen in Schwierigkeiten befinden, sofern die Risiken nicht unter andere Versicherungssparten fallen, vgl. § 5 Abs. 5 Nr. 4 VAG.
131 Gegen eine Pflicht zur Vorlage der Verträge s. *Prölss/Präve* § 5 Rn. 112.
132 § 7a Abs. 1 VAG.
133 *BAV* Rundschreiben R 6/97 v. 18.6.1997. Für den Erlaubnisantrag von Kreditinstituten und Finanzdienstleistungsinstituten gelten die Vorschriften der §§ 5 und 14 der Verordnung über die Anzeigen und die Vorlage von Unterlagen nach dem Kreditwesengesetz (Anzeigenverordnung, AnzV) v. 19.12.2006 (BGBl I 2006, 3245).
134 §§ 149, 150 GewO.
135 Angehörige i.S.v. § 11 StGB.
136 S. Rn. 29.

75 Werden hier keine ausreichenden Angaben gemacht, kann dies für sich bereits ein Grund sein, der die BaFin dazu berechtigt, den Erlaubnisantrag abzulehnen.[137]

76 Zu den Inhabern bedeutender Beteiligungen sind folgende Angaben zu machen:[138]
- Angaben zur Person des Inhabers und zur Höhe der Beteiligung,[139]
- Name des Inhabers der Beteiligung,
- Art und Höhe der Beteiligung (unmittelbar oder mittelbar gehalten),
- Rechtsform des Inhabers,
- Angabe, ob es sich bei dem Inhaber um ein Tochterunternehmen[140] handelt,
- ggf. Jahresabschlüsse der letzten drei Geschäftsjahre (nebst Prüfungsberichten von unabhängigen Abschlussprüfern, sofern solche zu erstellen sind),[141]
- ggf. Konzernstruktur und konsolidierte Konzernabschlüsse der letzten drei Geschäftsjahre (nebst Prüfungsberichten von unabhängigen Abschlussprüfern, sofern solche zu erstellen sind).[142]

77 Darüber hinaus sind Angaben zu machen, die erforderlich sind, um zu beurteilen, ob die Inhaber bedeutender Beteiligungen den im Interesse einer soliden und umsichtigen Führung des Versicherungsunternehmens zu stellenden Ansprüchen genügen, insbesondere zuverlässig sind.[143] Dazu gehört zunächst eine Negativerklärung des Inhabers der bedeutenden Beteiligung zu Straf-, Ermittlungs-, Ordnungswidrigkeiten-, Konkurs-, Vergleichs-, Gesamtvollstreckungs- und Insolvenzverfahren, Verfahren zur Abgabe einer eidesstattlichen Versicherung und vergleichbaren Verfahren.[144] Zusätzlich sind auf Verlangen der BaFin folgende Unterlagen einzureichen:
- lückenloser, eigenhändig unterzeichneter Lebenslauf,
- Führungszeugnis neuesten Datums,
- Nachweis über eine Zuverlässigkeitsprüfung und ihr Ergebnis, sofern solche durch eine andere Behörde stattgefunden hat,
- Auszug aus dem Gewerbezentralregister bei früherer Ausübung einer selbstständigen gewerblichen Tätigkeit.[145]

78 Alle zur Beurteilung der Zuverlässigkeit von Inhabern bedeutender Beteiligungen erforderlichen Angaben und Unterlagen sind, wenn der Inhaber eine juristische Person oder Personenhandelsgesellschaft ist, für die natürlichen Personen einzureichen, die nach Gesetz, Satzung oder Gesellschaftsvertrag zur Führung der Geschäfte und zur Vertretung der Gesellschaft berufen sind.[146]

---

137 § 8 Abs. 1 S. 4 i.V.m. § 5 Abs. 5 Nr. 5 VAG.
138 § 5 Abs. 5 Nr. 6 VAG; *BAV* Rundschreiben R 4/98 v. 11.8.1998. Für Kreditinstitute und Finanzdienstleistungsinstitute verweist § 14 der AnzV auf § 8 Nr. 1–5, §§ 9–11 und 14 der Inhaberkontrollverordnung (InhKontrollV); zur Vereinheitlichung der Anforderungen s. Rn. 79.
139 § 5 Abs. 5 Nr. 6 lit. a) VAG.
140 § 7a Abs. 2 S. 6 VAG.
141 § 5 Abs. 5 Nr. 6 lit. c) VAG.
142 § 5 Abs. 5 Nr. 6 lit. d) VAG.
143 § 5 Abs. 5 Nr. 6 lit. b) VAG; *BAV* Rundschreiben R 4/98 v. 11.8.1998.
144 *BAV* Rundschreiben R 4/98 v. 11.8.1998.
145 §§ 149, 150 GewO.
146 § 7a Abs. 2 S. 2 VAG.

Seit dem 17.3.2009 regelt die Inhaberkontrollverordnung (InhKontrollV),[147] welche **79** Informationen und Unterlagen bei einem Erwerb oder einer Erhöhung einer bedeutenden Beteiligung an einem Unternehmen des Finanzsektors bei der Aufsichtsbehörde einzureichen sind. Die Angaben sind z.T. umfangreicher, als die bisher zu Inhabern bedeutender Beteiligungen einzureichenden Angaben – so gewinnt z.B. die Prüfung der fachlichen Eignung an Gewicht –, z.T. sind die Anforderungen aber auch begrenzter. Während die Anzeigenverordnung (AnzV), in der geregelt ist, welche Informationen und Unterlagen bei einem Antrag auf Erteilung einer Erlaubnis für den Betrieb eines Kredit- oder Finanzdienstleistungsinstituts einzureichen sind, auf die Regelungen der Inhaberkontrollverordnung verweist, ist eine solche Anpassung im Bereich der Versicherungsaufsicht bisher nicht erfolgt. Eine Vereinheitlichung der Anforderungen durch eine entsprechende Regelung im Versicherungsbereich wäre wünschenswert und ließe sich im Rahmen der Umsetzung von Solvency II implementieren.

IV. Versagungsgründe

1. Zwingende Versagungsgründe

Soweit die Geschäftsleiter, Mitglieder des Aufsichtsrats oder Inhaber einer bedeuten- **80** den Beteiligung an einem Erstversicherungsunternehmen die gesetzlichen Anforderungen nicht erfüllen, hat die Aufsichtsbehörde die Erlaubnis zu versagen.[148]

Die Erlaubnis muss auch versagt werden, wenn ein Erstversicherungsunternehmen im **81** Fall der Erteilung der Erlaubnis Tochterunternehmen einer Versicherungs-Holdinggesellschaft[149] oder einer gemischten Finanzholding-Gesellschaft[150] wird und Tatsachen die Annahme rechtfertigen, dass eine Person, die die Geschäfte der Holdinggesellschaft tatsächlich führt, nicht zuverlässig ist oder nicht über die erforderliche fachliche Eignung verfügt.[151]

Ergibt sich aus dem Geschäftsplan und den übrigen der Aufsichtsbehörde vorgelegten **82** Unterlagen, dass die Belange der Versicherten nicht ausreichend gewahrt oder die Verpflichtungen aus den Versicherungen nicht genügend als dauernd erfüllbar dargetan sind, muss die Erlaubnis ebenfalls versagt werden.[152] Zur Wahrung der Belange der Versicherten gehört die Einhaltung der aufsichtsrechtlichen, der das Versicherungsverhältnis betreffenden und aller sonstigen die Versicherten betreffenden Vor-

---

147 Die InhKontrollV wurde als Art. 1 der Verordnung zur weiteren Umsetzung der Beteiligungsrichtlinie v. 20.3.2009 veröffentlicht, BGBl I 2009, 562; s. *BaFin* Merkblatt mit Hinweisen zu dem Verfahren sowie den Anzeigen nach § 2c KWG und § 104 VAG, jeweils in Verbindung mit der Inhaberkontrollverordnung v. 22.7.2009; s. auch Rn. 366 ff.
148 § 8 Abs. 1 S. 1 Nr. 1, 2 und 5 VAG. Bei Rückversicherungsunternehmen gilt Entsprechendes nach § 121 Abs. 1 Nr. 1, 2, 4 VAG.
149 Gem. § 104a Abs. 2 Nr. 4 VAG.
150 Gem. § 104k Nr. 3 VAG.
151 § 8 Abs. 1 S. 1 Nr. 2a VAG i.V.m. § 7a Abs. 3 VAG.
152 § 8 Abs. 1 S. 1 Nr. 3 VAG, der auf die gem. § 5 Abs. 4 S. 3 und 4 und Abs. 5 VAG vorzulegenden Unterlagen verweist. Eine Gefährdung der Belange der Versicherten soll insbesondere aus der Nichteinhaltung organisatorischer Vorkehrungen herrühren, zu denen auch Funktionsausgliederungen gehören sollen, vgl. *Fahr/Kaulbach/Bähr/Kaulbach* § 8 Rn. 24 ff.; richtlinienkonforme Auslegung dieses generalklauselartigen Versagungsgrunds bei *Winter* S. 608 ff.

schriften sowie der rechtlichen Grundlagen des Geschäftsplans.[153] Die Interessen der Versicherten müssen allerdings nur ausreichend durch die Aufsicht gewahrt werden.[154]

83 Eine Erlaubnis kann weiterhin nur erteilt werden, wenn das Spartentrennungsgebot zwischen jeweils der Lebensversicherung und der substitutiven Krankenversicherung und allen anderen Versicherungssparten eingehalten ist.[155]

84 Ein weiterer zwingender Ablehnungsgrund besteht für den Betrieb einer Krankenversicherung, wenn Tarife eingeführt werden sollen, die einen gleichartigen Versicherungsschutz einführen wie die eines konzernmäßig verbundenen Versicherungsunternehmens und dadurch die Belange der Versicherten nicht ausreichend gewahrt sind.[156]

85 *Abb. 11: Übersicht der wichtigsten Versagungsgründe für Erstversicherungsunternehmen ohne Ermessen der BaFin*

Versagungsgründe für Erlaubnis für Versicherungsunternehmen – Ohne Ermessen der Aufsichtsbehörde[157] –	
Geschäftsleiter	– unzuverlässig – fachlich ungeeignet oder – mehr als zwei Mandate als Geschäftsleiter bei (Rück-) Versicherungsunternehmen, Pensionsfonds, Versicherungs-Holdinggesellschaften oder Versicherungs-Zweckgesellschaften (Aufsichtsbehörde kann mehr Mandate zulassen, wenn es sich um Unternehmen derselben Unternehmensgruppe handelt)
Aufsichtsratsmitglied	– unzuverlässig – verfügt nicht über erforderliche Sachkunde – mehr als zwei ehemalige Geschäftsleiter des Unternehmens Mitglied des Aufsichtsrats oder – mehr als fünf Kontrollmandate bei unter Aufsicht der BaFin stehenden Unternehmen (außer innerhalb derselben Unternehmensgruppe)
Person, die die Geschäfte einer Holding tatsächlich leitet	– sofern der Erstversicherer Tochterunternehmen einer Versicherungs-Holdinggesellschaft oder einer gemischten Finanzholding-Gesellschaft wird, – unzuverlässig oder – verfügt nicht über die zur Führung der Geschäfte der Holdinggesellschaft erforderliche fachliche Eignung
Nach dem Geschäftsplan und anderen Unterlagen	– Belange der Versicherten nicht ausreichend gewahrt oder – Verpflichtungen aus den Versicherungsverträgen nicht genügend als dauernd erfüllbar dargestellt

---

153 *Prölss/Präve* § 8 Rn. 14; zu den aufsichtsrechtlichen Anforderungen s. Rn. 15 ff.
154 *Prölss/Präve* § 8 Rn. 15; *Fahr/Kaulbach/Bähr/Kaulbach* § 8 Rn. 17.
155 § 8 Abs. 1a VAG.
156 § 8 Abs. 1 S. 1 Nr. 4 VAG.
157 § 8 Abs. 1 VAG.

2. Ermessensabhängige Versagungsgründe

Die Aufsichtsbehörde kann die Erlaubnis versagen, wenn Tatsachen die Annahme **86** rechtfertigen, dass eine wirksame Aufsicht über das Erstversicherungsunternehmen beeinträchtigt wird.[158] Solche Beeinträchtigungen können insbesondere aus der Eingliederung des Unternehmens in einen intransparenten Unternehmensverbund[159] resultieren oder ihren Ursprung in ausländischen Rechtsvorschriften, die für verbundene Unternehmen gelten, oder einer unbefriedigenden Kooperation ausländischer Aufsichtsbehörden haben.[160]

Die Aufsichtsbehörde kann die Erlaubnis schließlich versagen, wenn der Antrag keine **87** ausreichenden Angaben oder Unterlagen enthält.[161]

Abb. 12: Übersicht der wichtigsten Versagungsgründe für Erstversicherungsunternehmen mit **88**
Ermessen der BaFin

Versagungsgründe für Erlaubnis für Versicherungsunternehmen – Mit Ermessen der Aufsichtsbehörde[162] –

– Bei Beeinträchtigung der wirksamen Aufsicht durch Einbindung in einen Unternehmensverbund oder enge Verbindung zu einem Unternehmensverbund durch
   – Struktur des Beteiligungsgeflechts oder mangelhafte wirtschaftliche Transparenz
   – Rechts- oder Verwaltungsvorschriften eines Drittstaates, die auf andere Unternehmen des Verbunds anwendbar sind
   – andere Unternehmen des Verbunds werden im Staat ihres Sitzes oder ihrer Hauptverwaltung nicht wirksam beaufsichtigt oder
   – die für andere Unternehmen des Verbunds zuständige Aufsichtsstelle ist nicht zu einer befriedigenden Zusammenarbeit mit der Aufsichtsbehörde bereit

– Der Erlaubnisantrag enthält keine ausreichenden Angaben oder Unterlagen

---

158 § 8 Abs. 1 S. 2 VAG.
159 Ausreichend ist bereits eine enge Verbindung gem. § 8 Abs. 1 S. 4 VAG zu einem solchen Unternehmensverbund.
160 § 8 Abs. 1 S. 3 VAG.
161 § 8 Abs. 1 S. 5 VAG.
162 § 8 Abs. 1 S. 2 – 4 VAG.

V. Anmeldung einer Rückversicherungs-Aktiengesellschaft

89 *Abb. 13: Vorschlag einer Checkliste für die Anmeldung einer Rückversicherungs-Aktiengesellschaft[163]*

Anmeldung einer Rückversicherungs-Aktiengesellschaft	
1. Grundsätzliche Voraussetzungen an eine Erlaubniserteilung	
Nr.	**Voraussetzung**
1.1	Vorhandensein der zum Geschäftsbetrieb erforderlichen Mittel/ausreichendes Anfangskapital im Inland
1.2	Geschäftsleiter
	– Mindestens zwei Vorstandsmitglieder
	– Höchstens zwei Mandate als Geschäftsleiter bei (Rück-) Versicherungsunternehmen, Pensionsfonds, Versicherungs-Holdinggesellschaften oder Versicherungs-Zweckgesellschaften (Aufsichtsbehörde kann mehr Mandate zulassen, wenn es sich um Unternehmen derselben Unternehmensgruppe handelt)
	– Zuverlässigkeit und fachliche Eignung
1.3	Mitglieder des Aufsichtsrats
	– Höchstens zwei ehemalige Geschäftsleiter des Unternehmens
	– Höchstens fünf Kontrollmandate bei unter Aufsicht der BaFin stehenden Unternehmen (außer innerhalb derselben Unternehmensgruppe)
	– Zuverlässigkeit und Sachkunde
1.4	Erfüllen der im Interesse einer soliden und umsichtigen Führung des Versicherungsunternehmens zu stellenden Ansprüche, insbesondere Zuverlässigkeit, durch die Inhaber bedeutender Beteiligungen
1.5	Hauptverwaltung im Inland
1.6	Fähigkeit und Bereitschaft zur Schaffung der organisatorischen Vorkehrungen zum ordnungsgemäßen Betreiben der Geschäfte
2. Anforderungen an den Erlaubnisantrag	
Nr.	**Anforderung**
2.1	**Formelle Anforderungen**
2.1.1	Der Antrag ist schriftlich durch den zukünftigen Erlaubnisträger zu stellen[164]
2.1.2	Zu adressieren an die BaFin

---

163 Beruhend auf § 119 VAG; *BaFin* Hinweise für die Zulassung von Rückversicherungs-Aktiengesellschaften in der Bundesrepublik Deutschland v. 22.1.2008; *BaFin* Rundschreiben 6/2005 (VA) v. 2.6.2005.
164 Die Aufsichtsbehörden stellen keine Vordrucke/Muster für den Antrag zur Verfügung.

2.2	Inhalt
2.2.1	Aktienrechtliche Gründung
	– Notarielle Niederschrift über die Gründung samt
	– Satzung
	– Erster Aufsichtsrat (unter Angabe der Nationalitäten der Mitglieder, Benennung der ausgeübten Tätigkeit der Mitglieder und Offenlegung weiterer Aufsichtsratsmandate der Mitglieder)
	– Erster Abschlussprüfer
	– Beglaubigter Handelsregisterauszug
2.2.2	Vorlage eines Tätigkeitsplans
	– Satzung
	– Darstellungen zum Unternehmen
	– Zweck des Unternehmens
	– Einrichtung des Unternehmens
	– Beabsichtigtes Geschäftsgebiet (Angabe des örtlichen Wirkungskreises nach (Teil-)Kontinenten; Darstellung, in welchen Mitglied- oder Vertragsstaaten das Rückversicherungsgeschäft über Niederlassungen betrieben werden soll)
2.2.3	Nachweis der erforderlichen Eigenmittel
	– In Höhe des Mindestgarantiefonds (mindestens 3 Mio. EUR)
	– In Höhe der Solvabilitätsspanne
	– Vorlage von Schätzungen für die ersten drei Jahre über
	– Aufwendungen für Rückversicherungsprovisionen
	– Sonstige laufende Aufwendungen für den Betrieb des Rückversicherungsgeschäfts
	– Voraussichtliche Beiträge
	– Voraussichtliche Aufwendungen für Versicherungsfälle
	– Voraussichtliche Liquiditätslage
	– Darlegung, welche finanziellen Mittel in den ersten drei Jahren voraussichtlich zur Verfügung stehen werden, um die Verpflichtungen aus den Verträgen und die Anforderungen an die Kapitalausstattung zu erfüllen
	– Schätzung der für den Aufbau der Verwaltung erforderlichen Aufwendungen und Nachweis eines ausreichenden Organisationsfonds
	– Bankbestätigung über Vorhandensein des Grundkapitals und offener Rücklagen und endgültige Verfügbarkeit für den Vorstand auf Konto der Bank
2.2.4	Geschätzte Bilanz und geschätzte Gewinn- und Verlustrechnung für das erste Geschäftsjahr

2.2.5	Angabe der Arten der Rückversicherung
	– Risiken, die im Wege der Rückversicherung in Rückdeckung genommen werden sollen
	– Lebensversicherung
	– Personenversicherung mit Ausnahme der Lebensversicherung
	– Haftpflichtversicherung
	– Kredit- und Kautionsversicherung
	– Transportversicherung
	– Sonstige Nichtlebensrückversicherung
	– Arten der Rückversicherungsverträge, die geschlossen werden sollen
	– Proportionale Rückversicherung
	– Nicht-proportionale Rückversicherung
	– Fakultative Rückversicherung
	– Abschluss von Rückversicherungsverträgen mit im Vordergrund stehenden Finanzierungselementen
2.2.6	Unternehmensverträge
	– Beherrschungs-, Gewinnabführungs-, Teilgewinnabführungs-, Betriebspacht- und Betriebsüberlassungsverträge
2.2.7	Übersichten über Funktionsausgliederungsverträge und Dienstleistungsverträge
2.2.8	Angaben über Art und Umfang der beabsichtigten Retrozession
2.2.9	Angaben über den Vorstand
	– Mindestens zwei Vorstandsmitglieder
	– Höchstens zwei Mandate als Geschäftsleiter bei (Rück-) Versicherungsunternehmen, Pensionsfonds, Versicherungs-Holdinggesellschaften oder Versicherungs-Zweckgesellschaften (Aufsichtsbehörde kann mehr Mandate zulassen, wenn es sich um Unternehmen derselben Unternehmensgruppe handelt)
	– Nachweis der Zuverlässigkeit und fachlichen Eignung der Vorstandsmitglieder
	– Lückenloser und eigenhändig unterschriebener Lebenslauf (der Lebenslauf soll familiäre Beziehungen zu Aufsichtsratsmitgliedern offen legen)
	– Führungszeugnis
	– Negativerklärung zu Straf-, Ermittlungs-, Ordnungswidrigkeiten- und Insolvenzverfahren, Verfahren zur Abgabe einer eidesstattlichen Versicherung und ähnlichen Verfahren
	– Mitteilung der Ressortverteilung

2.2.10	Angaben zu Aufsichtsratsmitgliedern
	– Höchstens zwei ehemalige Geschäftsleiter des Unternehmens
	– Höchstens fünf Kontrollmandate bei unter Aufsicht der BaFin stehenden Unternehmen (außer innerhalb derselben Unternehmensgruppe)
	– Angaben, die für die Beurteilung der Zuverlässigkeit und des Sachverstands der Aufsichtsratsmitglieder wesentlich sind
2.2.11	Angaben zu sonstigem fachkundigem Personal (Anzahl/Qualifikation)
2.2.12	Angaben zu Inhabern bedeutender Beteiligungen
	– Identität
	– Höhe ihrer Beteiligung
	– Nachweis des Erfüllens der im Interesse einer soliden und umsichtigen Führung des Versicherungsunternehmens zu stellenden Ansprüche, insbesondere der Zuverlässigkeit der Inhaber bedeutender Beteiligungen bzw. ihrer gesetzlichen oder satzungsmäßigen Vertreter
	– Lückenloser und eigenhändig unterzeichneter Lebenslauf
	– Führungszeugnis neuesten Datums
	– Negativerklärung zu Straf-, Ermittlungs-, Ordnungswidrigkeiten- und Insolvenzverfahren, Verfahren zur Abgabe einer eidesstattlichen Versicherung und ähnlichen Verfahren
	– Ggf. Jahresabschlüsse der letzten drei Jahre nebst Prüfungsberichten von unabhängigen Abschlussprüfern, sofern solche zu erstellen sind (in deutscher Sprache)
	– Im Falle einer Konzernangehörigkeit eines Inhabers einer bedeutenden Beteiligung
	– Darstellung der Konzernstruktur
	– Ggf. konsolidierte Konzernabschlüsse nebst Konzernprüfungsberichten der letzten drei Geschäftsjahre von unabhängigen Abschlussprüfern, sofern solche zu erstellen sind (in deutscher Sprache)
2.2.13	Angabe bestehender enger Verbindungen

VI. Anmeldung eines Kredit- oder Finanzdienstleistungsinstituts

90 *Abb. 14: Vorschlag einer Checkliste für die Anmeldung eines Kreditinstituts[165]*

Anmeldung eines Kreditinstituts	
1. Grundsätzliche Voraussetzungen an eine Erlaubniserteilung	
Nr.	**Voraussetzung**
1.1	Vorhandensein der zum Geschäftsbetrieb erforderlichen Mittel/ausreichendes Anfangskapital im Inland
1.2	Geschäftsleiter
	– Mindestens zwei Geschäftsleiter, die nicht nur ehrenamtlich zur Verfügung stehen
	– Zuverlässigkeit und fachliche Eignung
1.3	Erfüllen der im Interesse einer soliden und umsichtigen Führung des Versicherungsunternehmens zu stellenden Ansprüche, insbesondere Zuverlässigkeit, durch die Inhaber bedeutender Beteiligungen
1.4	Hauptverwaltung im Inland
1.5	Fähigkeit und Bereitschaft zur Schaffung der organisatorischen Vorkehrungen zum ordnungsgemäßen Betreiben der Geschäfte
2. Anforderungen an den Erlaubnisantrag[166]	
Nr.	**Anforderung**
2.1	**Formelle Anforderungen**
2.1.1	Der Antrag ist schriftlich durch den zukünftigen Erlaubnisträger zu stellen[167]
2.1.2	Zu adressieren an die BaFin
2.1.3	Dreifache Ausfertigung des Antrags samt aller erforderlichen Unterlagen
2.2	**Inhalt[168]**
2.2.1	Angaben im Antrag
	– Firma
	– Rechtsform

---

165 Beruhend auf § 32 KWG, §§ 14, 5 AnzV; InhKontrollV; *Deutsche Bundesbank/BaFin* Merkblatt über die Erteilung einer Erlaubnis zum Betreiben von Bankgeschäften gem. § 32 Abs. 1 KWG, Stand 31.12.2007.

166 *BAV* Rundschreiben R 6/97 v. 18.6.1997. Für den Erlaubnisantrag von Kreditinstituten und Finanzdienstleistungsinstituten gelten die Vorschriften der §§ 5 und 14 AnzV.

167 Die Aufsichtsbehörden stellen keine Vordrucke/Muster für den Antrag zur Verfügung.

168 Anders als bei Versicherungsunternehmen (vgl. § 8 Abs. 1 S. 1 Nr. 5 VAG) kann die BaFin bei Kredit- und Finanzdienstleistungsinstituten die Zulassung zum Geschäftsbetrieb nach § 33 KWG nicht schon deshalb versagen, weil der Aufsichtsrat entweder unzuverlässig ist oder nicht über die nötige Sachkunde verfügt. Dessen ungeachtet erwartet die BaFin auch von den Geschäftsleitern von Kredit- und Finanzdienstleistungsinstituten die Erfüllung der Anforderungen an die persönliche Zuverlässigkeit und Sachkunde (§ 36 Abs. 3 S. 1 KWG).

	– Sitz, Anschrift, Telefon- und Faxnummer
	– Geschäftszweck/Gegenstand des Unternehmens
	– Bankgeschäfte, für die eine Erlaubnis beantragt wird
	– Mindestens zwei nicht nur ehrenamtliche Geschäftsleiter (Vier-Augen-Prinzip)
	– Zusammensetzung der Organe
	– Voraussichtlicher Zeitpunkt der Geschäftsaufnahme
2.2.2	Beglaubigte Ablichtungen der Gründungsunterlagen (Gründungsprotokoll/ggf. Gründungsbericht)
2.2.3	Beglaubigte Ablichtung des Gesellschaftsvertrages oder der Satzung
2.2.4	Beglaubigte Ablichtungen des erstmaligen Beschlusses über die Bestellung der Geschäftsleiter
2.2.5	Geschäftsordnung für Geschäftsleiter
2.2.6	Nachweis der zum Geschäftsbetrieb erforderlichen Mittel
2.2.7	Angaben zur Beurteilung der Zuverlässigkeit der
	– Antragsteller
	– Geschäftsleiter
2.2.8	Angaben zur Beurteilung der fachlichen Eignung (Lebensläufe) der
	– Inhaber
	– Geschäftsleiter
2.2.9	Tragfähiger Geschäftsplan
	– Darstellung der Art der geplanten Geschäfte
	– Begründete Darlegung der künftigen Entwicklung der geplanten Geschäfte
	– Planbilanzen
	– Plangewinnrechnungen
	– Planverlustrechnungen
	Für die ersten drei vollen Geschäftsjahre nach Aufnahme des Geschäftsbetriebs
	– Darstellung des organisatorischen Aufbaus des Instituts (unter anderem durch ein Organigramm)
	– Zuständigkeiten der Geschäftsleiter und Personalausstattung
	– Beabsichtigte Errichtung von Zweigstellen
	– Beabsichtigte Bankgeschäfte im Wege des grenzüberschreitenden Dienstleistungsverkehrs innerhalb des EWR
	– Beabsichtigte Auslagerungen von Bereichen
	– Geplante interne Kontrollverfahren

2.2.10	Angabe, ob das Kreditinstitut ein Handelsbuch- oder Nichthandelsbuchinstitut sein wird
2.2.11	Angaben zu Inhabern bedeutender Beteiligungen
	– Nachweis über die Identität oder die Existenz des Anzeigepflichtigen
	– Amtlich beglaubigte Kopie der aktuellen Satzung, des aktuellen Gesellschaftsvertrages oder einer gleichwertigen Vereinbarung
	– Liste der gesetzlichen oder satzungsmäßigen Vertreter
	– Darstellung der geschäftlichen Aktivitäten
	– Liste der Personen, in deren Eigentum oder unter deren Kontrolle der Inhaber der bedeutenden Beteiligung steht
	– Höhe ihrer Beteiligung
	– Nachweis des Erfüllens der im Interesse einer soliden und umsichtigen Führung des Kreditinstituts zu stellenden Ansprüche, insbesondere der Zuverlässigkeit der Inhaber bedeutender Beteiligungen bzw. ihrer gesetzlichen oder satzungsmäßigen Vertreter
	– Lückenloser und eigenhändig unterzeichneter Lebenslauf
	– Führungszeugnis neuesten Datums
	– Erklärung zu Straf-, Ordnungswidrigkeits- und Insolvenzverfahren, Verfahren zur Abgabe einer eidesstattlichen Versicherung und vergleichbaren Verfahren, aufsichtsbehördlichen Maßnahmen, behördlichen Versagungen von Registereintragungen oder Erlaubnissen oder Ausschluss vom Betrieb eines Gewerbes
	– Ggf. Jahresabschlüsse der letzten drei Jahre nebst Prüfungsberichten von unabhängigen Abschlussprüfern, sofern solche zu erstellen sind (in deutscher Sprache)
	– Im Falle einer Konzernangehörigkeit eines Inhabers einer bedeutenden Beteiligung
	– Darstellung der Konzernstruktur
	– Darstellung der Geschäftätigkeit des Konzerns
	– Aufstellung aufsichtspflichtiger Konzernunternehmen
	– Ggf. konsolidierte Konzernabschlüsse nebst Konzernprüfungsberichten der letzten drei Geschäftsjahre von unabhängigen Abschlussprüfern, sofern solche zu erstellen sind (in deutscher Sprache)
	– Sofern der Inhaber einer bedeutenden Beteiligung eine natürliche Person ist und keinem Konzern angehört, eine Liste der Unternehmen, deren Geschäfte er führt oder über die er Kontrolle hat
	– Sofern der Inhaber einer bedeutenden Beteiligung keine natürliche Person ist und keinem Konzern angehört, eine Liste der Personen, die an dem Inhaber mindestens 10 % der Kapitalanteile oder Stimmrechtsanteile halten oder einen maßgeblichen Einfluss auf ihn ausüben können

	– Sonstige Anzeigen und Unterlagen nach § 2c KWG i.V.m. der InhKontrollV
2.2.12	Angabe bestehender enger Verbindungen
2.2.13	Darstellung und Nachweise über das Vorhandensein und die wirtschaftliche Herkunft der Eigen- und Fremdmittel, die zur Finanzierung des Kreditinstituts eingesetzt werden sollen
2.2.14	Treffen von Maßnahmen zur Geldwäscheprävention
2.2.15	Mitgliedschaft in einer Entschädigungseinrichtung

Abb. 15: Vorschlag einer Checkliste für die Anmeldung eines **91**
Finanzdienstleistungsinstituts[169]

Anmeldung eines Finanzdienstleistungsinstituts	
1. Grundsätzliche Voraussetzungen an eine Erlaubniserteilung	
Nr.	**Voraussetzung**
1.1	Vorhandensein der zum Geschäftsbetrieb erforderlichen Mittel/ausreichendes Anfangskapital im Inland
1.2	Geschäftsleiter
	– Mindestens zwei Geschäftsleiter, die dem Institut nicht nur ehrenamtlich zur Verfügung stehen, wenn das Finanzdienstleistungsinstitut befugt ist, sich bei der Erbringung von Finanzdienstleistungen Eigentum oder Besitz an Geldern oder Wertpapieren der Kunden zu verschaffen[170]
	– Zuverlässigkeit und fachliche Eignung
1.3	Erfüllen der im Interesse einer soliden und umsichtigen Führung des Versicherungsunternehmens zu stellenden Ansprüche, insbesondere Zuverlässigkeit, durch die Inhaber bedeutender Beteiligungen
1.4	Hauptverwaltung im Inland
1.5	Fähigkeit und Bereitschaft zur Schaffung der organisatorischen Vorkehrungen zum ordnungsgemäßen Betreiben der Geschäfte
2. Anforderungen an den Erlaubnisantrag	
Nr.	**Anforderung**
2.1	**Formelle Anforderungen**
2.1.1	Der Antrag ist schriftlich durch den zukünftigen Erlaubnisträger zu stellen[171]
2.1.2	Zu adressieren an die BaFin
2.1.3	Dreifache Ausfertigung des Antrags samt aller erforderlichen Unterlagen

---

169 § 32 KWG; § 14 AnzV; InhKontrollV; *Deutsche Bundesbank* Merkblatt über die Erteilung einer Erlaubnis zum Erbringen von Finanzdienstleistungen, Stand April 2009.
170 § 33 Abs. 1 S. 1 Nr. 5 KWG; im Übrigen ist ein Geschäftsleiter ausreichend.
171 Die Aufsichtsbehörden stellen keine Vordrucke/Muster für den Antrag zur Verfügung.

2.2	**Inhalt**
2.2.1	Angaben im Antrag
	– Firma
	– Rechtsform
	– Sitz, Anschrift, Telefon- und Faxnummer
	– Geschäftszweck/Gegenstand des Unternehmens
	– Zusammensetzung der Organe
	– Voraussichtlicher Zeitpunkt der Geschäftsaufnahme
	– Angabe, für welche Finanzdienstleistung die Genehmigung beantragt wird
	– Erklärung darüber, ob[172]
	– Die Befugnis besteht, sich Eigentum oder Besitz an Geldern oder Wertpapieren der Kunden zu verschaffen und
	– Auf eigene Rechnung mit Finanzinstrumenten gehandelt werden soll
2.2.2	Beglaubigte Ablichtungen der Gründungsunterlagen (Gründungsprotokoll/ggf. Gründungsbericht)
2.2.3	Beglaubigte Ablichtung des Gesellschaftsvertrages oder der Satzung
2.2.4	Nachweis der zum Geschäftsbetrieb erforderlichen Mittel
2.2.5	Beglaubigte Ablichtungen des erstmaligen Beschlusses über die Bestellung der Geschäftsleiter
2.2.6	Geschäftsordnung für Geschäftsleiter
2.2.7	Angaben zur Beurteilung der Zuverlässigkeit
	– Der Antragsteller
	– Des/der Geschäftsleiter(s)
2.2.8	Angaben zur Beurteilung der fachlichen Eignung (Lebensläufe)
	– Der Inhaber
	– Des/der Geschäftsleiter(s)
2.2.9	Tragfähiger Geschäftsplan
	– Darstellung der Art der geplanten Geschäfte
	– Begründete Darlegung der künftigen Entwicklung der geplanten Geschäfte
	– Planbilanzen
	– Plangewinnrechnungen
	– Planverlustrechnungen

---

172 § 33 Abs. 1 S. 1 Nr. 5 KWG.

	Für die ersten drei vollen Geschäftsjahre nach Aufnahme des Geschäftsbetriebs
	– Beschreibung der beabsichtigten Geschäftsabwicklung
	– Muster (soweit bereits entworfen) der
	– Kundenverträge
	– Verwaltungsverträge
	– Konto-/Depotvollmachten
	– AGBs
	– Darstellung des organisatorischen Aufbaus des Instituts (unter anderem durch ein Organigramm)
	– Zuständigkeiten der Geschäftsleiter
	– Beabsichtigte Errichtung von Zweigstellen (ob/wo)
	– Beabsichtigte Finanzdienstleistungen im Wege des grenzüberschreitenden Dienstleistungsverkehrs innerhalb des EWR
	– beabsichtigte Auslagerungen von Bereichen
	– Darstellung der geplanten internen Kontrollverfahren
2.2.10	Angaben zu Inhabern bedeutender Beteiligungen
	– Nachweis über die Identität oder die Existenz des Anzeigepflichtigen
	– Amtlich beglaubigte Kopie der aktuellen Satzung, des aktuellen Gesellschaftsvertrages oder einer gleichwertigen Vereinbarung
	– Liste der gesetzlichen oder satzungsmäßigen Vertreter
	– Darstellung der geschäftlichen Aktivitäten
	– Liste der Personen, in deren Eigentum oder unter deren Kontrolle der Inhaber der bedeutenden Beteiligung steht
	– Höhe ihrer Beteiligung
	– Nachweis des Erfüllens der im Interesse einer soliden und umsichtigen Führung des Versicherungsunternehmens zu stellenden Ansprüche, insbesondere der Zuverlässigkeit der Inhaber bedeutender Beteiligungen bzw. ihrer gesetzlichen oder satzungsmäßigen Vertreter
	– Lückenloser und eigenhändig unterzeichneter Lebenslauf
	– Führungszeugnis neuesten Datums
	– Erklärung zu Straf-, Ordnungswidrigkeits- und Insolvenzverfahren, Verfahren zur Abgabe einer eidesstattlichen Versicherung und vergleichbaren Verfahren, aufsichtsbehördlichen Maßnahmen, behördlichen Versagungen von Registereintragungen oder Erlaubnissen oder Ausschluss vom Betrieb eines Gewerbes
	– Ggf. Jahresabschlüsse der letzten drei Jahre nebst Prüfungsberichten von unabhängigen Abschlussprüfern, sofern solche zu erstellen sind (in deutscher Sprache)

	– Im Falle einer Konzernangehörigkeit eines Inhabers einer bedeutenden Beteiligung
	– Darstellung der Konzernstruktur
	– Darstellung der Geschäftstätigkeit des Konzerns
	– Aufstellung aufsichtspflichtiger Konzernunternehmen
	– Ggf. konsolidierte Konzernabschlüsse nebst Konzernprüfungsberichten der letzten drei Geschäftsjahre von unabhängigen Abschlussprüfern, sofern solche zu erstellen sind (in deutscher Sprache)
	– Sofern der Inhaber einer bedeutenden Beteiligung eine natürliche Person ist und keinem Konzern angehört, eine Liste der Unternehmen, deren Geschäfte er führt oder über die er Kontrolle hat
	– Sofern der Inhaber einer bedeutenden Beteiligung keine natürliche Person ist und keinem Konzern angehört, eine Liste der Personen, die an dem Inhaber mindestens 10 % der Kapitalanteile oder Stimmrechtsanteile halten oder einen maßgeblichen Einfluss auf ihn ausüben können
	– Sonstige Anzeigen und Unterlagen nach § 2c KWG i.V.m. der Inhaberkontrollverordnung
2.2.11	Angabe bestehender enger Verbindungen
2.2.12	Wertpapierhandelsunternehmen in der Rechtsform des Einzelkaufmanns: Erklärung über Schutz der Kunden für den Fall der Geschäftseinstellung; Nachweis getroffener Vorkehrungen (insb. Einwilligung des genannten Vertreters)
2.2.13	Treffen von Maßnahmen zur Geldwäscheprävention

VII. Erlaubnis

92 Die Erlaubnis der Aufsichtsbehörde muss vor Aufnahme der Geschäftstätigkeit vorliegen. Die Erlaubnis wird für jede Versicherungssparte gesondert und in der Regel ohne Zeitbeschränkung erteilt. Die Erlaubnis zum Geschäftsbetrieb muss durch die Aufsichtsbehörde erteilt werden, soweit kein Versagungsgrund vorliegt.[173] Der Zugang zum Versicherungsgeschäft ist also durch ein präventives Verbot mit Erlaubnisvorbehalt geregelt.[174] Das Betreiben eines Versicherungsgeschäfts ohne eine entsprechende Erlaubnis ist grundsätzlich strafbar.[175] Die aufsichtsbehördliche Entscheidung über eine Erlaubnispflicht hat Bindungswirkung, auch gegenüber den Registergerichten.[176]

93 Kreditinstitute und Finanzdienstleistungsinstitute dürfen nur in das Handelsregister eingetragen werden, wenn die Erlaubnis zum Betrieb von Bankgeschäften bzw. zum Erbringen von Finanzdienstleistungen nachgewiesen wird.[177] Versicherungsvereine auf

---

173 § 8 Abs. 4 VAG.
174 *Winter* S. 608.
175 § 140 VAG.
176 § 2 S. 1 VAG; s. *Prölss/Präve* § 2 Rn. 10.
177 § 43 Abs. 1 KWG.

Gegenseitigkeit werden durch die Erlaubnis des Betriebs eines Versicherungsgeschäfts rechtsfähig.[178] Für die Eintragung in das Handelsregister ist auch hier die Vorlage der Erlaubnis zum Geschäftsbetrieb Voraussetzung.[179]

Die BaFin scheint weiterhin davon auszugehen, dass Versicherungs-Aktiengesellschaften erst nach der Erteilung der Erlaubnis als Versicherungsunternehmen in das Handelsregister eingetragen werden können.[180] Hierfür fehlt es jedoch gegenwärtig an einer gesetzlichen Grundlage. Gegen eine Analogie zu den Regelungen für Kreditinstitute und Versicherungsvereine auf Gegenseitigkeit spricht, selbst wenn man eine Analogie im Verwaltungsrecht für zulässig hielte,[181] dass das Versicherungsaufsichtsgesetz in diesem Zusammenhang keine Lücke, sondern eine abschließende Regelung enthält, die der des Gewerberechts entspricht und sich weder aus dem Gesetzeswortlaut noch aus den Gesetzesmaterialien entnehmen lässt, dass Versicherungs-Aktiengesellschaften entgegen den Zielen des MoMiG nur in das Handelsregister eingetragen werden dürfen, wenn die Erlaubnis zum Betrieb von Versicherungsgeschäften nachgewiesen wird.

Abb. 16: Registergericht und Gründungseintragung

Aufgaben des Registergerichts bei der Gründung einer (Rück-)Versicherung, eines Kredit- oder eines Finanzdienstleistungsinstituts	
Prüfungspflichten	**Eintragung**
– Prüfung von Amts wegen, ob eine Erlaubnis für Bankgeschäfte oder Finanzdienstleistungen erforderlich ist – Prüfung, ob Erlaubnis für (Rück-) Versicherungsgeschäft erforderlich ist, ist seit Inkrafttreten des MoMiG nicht mehr erforderlich[182] – Prüfung der tatsächlichen Voraussetzungen und rechtliche Beurteilung – In Zweifelsfällen Einholung der Meinung der BaFin	– Eintragung von Kredit- und Finanzdienstleistungsinstituten erst bei Vorliegen der Erlaubnis – Seit Inkrafttreten des MoMiG ist für die Eintragung einer Versicherungs-Aktiengesellschaft das Vorliegen der Erlaubnis nicht mehr erforderlich[182] – Bei der Anmeldung von Versicherungsvereinen auf Gegenseitigkeit ist weiterhin die Erlaubnis mit einzureichen – Erlaubnis entbehrlich, soweit Freistellung von der Beaufsichtigung durch die BaFin[183] erfolgte

---

178 § 15 VAG.
179 § 31 Abs. 1 VAG; Für (Rück-) Versicherungs-Aktiengesellschaften ergab sich das Erfordernis der Vorlage der Erlaubnis vor Eintragung in das Handelsregister früher aus § 37 Abs. 4 Nr. 5 AktG a.F. Seit dem Inkrafttreten des Gesetzes zur Modernisierung des GmbH-Rechts und zur Bekämpfung von Missbräuchen (MoMiG) v. 23.10.2008 (BGBl I, 2026) am 1.11.2008 ist diese Vorschrift des Aktiengesetzes entfallen. Dadurch sollte die Unternehmensgründung bei erlaubnispflichtigem Unternehmensgegenstand erleichtert werden (Gesetzesbegründung des MoMiG, BT-Drucks. 16/6140, 81).
180 S. *BaFin* Hinweise für Registergerichte zu Bank-, Versicherungs-, Finanzdienstleistungs-, E-Geld-Geschäften und Zahlungsdiensten v. 21.9.2012, die davon ausgehen, dass die Registergerichte sich das Vorliegen der Erlaubnis nachweisen lassen müssen.
181 *Stelkens/Bonk/Sachs* § 44 Rn. 54; gegen eine belastende Analogie im Verwaltungsrecht s. *BVerfG* NJW 1996, 3146 und *Konzak* NVwZ 1997, 872 f.
182 S. Rn. 93 f.
183 Nach § 2 Abs. 4 oder Abs. 5 KWG.

B. Aufsichtsrechtliche Anforderungen an Corporate Governance und Organisation von Unternehmen des Finanzsektors

I. Einführung

96 Corporate Governance, Risikomanagement und Compliance sind spätestens seit der Finanzmarktkrise und auf absehbare Zeit weiterhin von herausragender Bedeutung. Diese Themen rücken als Kernelemente des risikobasierten Ansatzes von Solvency II jetzt schon in den Fokus. Das zeigt sich gerade an den Schwerpunkten der Interimsmaßnahmen gemäß der Stellungnahme der EIOPA vom 20.12.2012.[184] Sowohl auf europäischer als auch auf nationaler Ebene steigen die Anforderungen an die Geschäftsführung und -organisation der Unternehmen. Die von den Unternehmen einzuhaltenden Anforderungen variieren in den verschiedenen Branchen, nach Art und Umfang der betriebenen Geschäfte, aber auch je nach Gesellschaftsform und Kapitalmarktbezug.

97 Während in dem vorangegangenen Kapitel mit den Voraussetzungen an eine Erlaubniserteilung Compliance-Themen im Vorfeld der Gründung von Unternehmen des Finanzsektors dargestellt sind, soll in diesem Kapitel vor allem ein Überblick über die aktuellen Anforderungen und Entwicklungen im Bereich der Corporate Governance und Unternehmensorganisation dieser Unternehmen gegeben werden. Dabei sollen schwerpunktmäßig die Anforderungen an die Entscheidungsträger der Unternehmen, an ihre Risikomanagement- und Compliance-Organisation und für das Outsourcing beleuchtet werden.

II. Corporate Governance

98 Corporate Governance im weiten Sinne umfasst sämtliche Grundsätze ordnungsmäßiger Unternehmensführung.[185] Sie ist kein rein aufsichtsrechtliches Thema, sondern betrifft sowohl unregulierte Unternehmen als auch kapitalmarktorientierte Unternehmen und regulierte Unternehmen des Finanzsektors. Dennoch wird Corporate Governance oft mit dem Aufsichtsrecht in Verbindung gebracht, was sicher darauf zurückzuführen ist, dass Themen wie Risikomanagement, Compliance und die Zuverlässigkeit und Eignung von Entscheidungsträgern im Aufsichtsrecht intensiv behandelt werden.

1. Entsprechenserklärung nach dem Aktiengesetz

99 Der von der Deutschen Corporate Governance Kommission veröffentlichte Deutsche Corporate Governance Kodex (DCGK) stellt wesentliche gesetzliche Vorschriften zur

---

184 *EIOPA* Opinion on interim measures regarding Solvency II, 20.12.2012.

185 Corporate Governance beschreibt das Verhältnis zwischen der Führung eines Unternehmens, seinem Aufsichts- oder Verwaltungsrat (Aufsichtsorgan), den Aktionären und anderen Interessengruppen (Stakeholder), s. EU-Kommission, Aktionsplan: Europäisches Gesellschaftsrecht und Corporate Governance – ein moderner Rechtsrahmen für engagiertere Aktionäre und besser überlebensfähige Unternehmen, 12.12.2012, S. 3; *OECD* Grundsätze der Corporate Governance, 2004, S. 11.

Leitung und Überwachung deutscher börsennotierter Gesellschaften (Unternehmensführung) dar und enthält international und national anerkannte Standards guter und verantwortungsvoller Unternehmensführung. Er macht damit die Corporate-Governance-Standards in Deutschland transparent.[186] Der Kodex richtet sich in erster Linie an börsennotierte Gesellschaften. Er enthält Empfehlungen und Anregungen. Weicht eine börsennotierte Gesellschaft von den Empfehlungen des DCGK ab, müssen sowohl Vorstand als auch Aufsichtsrat der Gesellschaft dies in der jährlichen Entsprechenserklärung gem. § 161 AktG im amtlichen Teil des Bundesanzeigers offen legen und begründen ("comply or explain").

Durch das Bilanzrechtsmodernisierungsgesetz (BilMoG)[187] wurde der Adressatenkreis der Entsprechenserklärung erweitert: Eine Entsprechenserklärung müssen seither Vorstand und Aufsichtsrat börsennotierter Gesellschaften, darüber hinaus aber auch Vorstand und Aufsichtsrat solcher Gesellschaften abgeben, die ausschließlich andere Wertpapiere als Aktien (z.B. Schuldverschreibungen) zum Handel an einem organisierten Markt emittieren (i.S.d. § 2 Abs. 5 WpHG) <u>und</u> deren ausgegebene Aktien auf eigene Veranlassung der Gesellschaft über ein multilaterales Handelssystem (i.S.d. § 2 Abs. 3 S. 1 Nr. 8 WpHG) gehandelt werden. Die Entsprechenserklärung ist nicht nur den Aktionären, sondern auch der Öffentlichkeit dauerhaft zugänglich zu machen. Dazu ist die Erklärung gem. § 161 Abs. 2 AktG auf der Internetseite der Gesellschaft zu veröffentlichen. **100**

2. Erklärung zur Unternehmensführung

Die Gesellschaften, die eine Entsprechenserklärung nach § 161 AktG abgeben müssen, sind auch verpflichtet, eine Erklärung zur Unternehmensführung in einen gesonderten Abschnitt ihres Lageberichts aufzunehmen, die mehr Transparenz in die individuellen Corporate Governance-Praktiken der Unternehmen bringen soll.[188] Im Zusammenhang mit der Erklärung zur Unternehmensführung ist gem. dem DCGK durch die betroffene Gesellschaft auch ein sog. Corporate Governance Bericht zu veröffentlichen.[189] Die Erklärung zur Unternehmensführung kann auch auf der Internetseite der Gesellschaft öffentlich zugänglich gemacht werden. Dann ist jedoch eine Bezugnahme im Lagebericht unter Angabe der Internetseite erforderlich.[190] Die Erklärung zur Unternehmensführung ist nicht Bestandteil der Lageberichtsprüfung des Abschlussprüfers.[191] **101**

---

186 *Ringleb/Kremer/Lutter/v. Werder* Rn. 83.
187 Gesetz zur Modernisierung des Bilanzrechts (Bilanzrechtsmodernisierungsgesetz – BilMoG) v. 25.5.2009, BGBl I 2009, 1102; zu den europarechtlichen Hintergründen s. *Weber-Rey* AG 2008, 345 ff.; zu den Auswirkungen des BilMoG auf Versicherungsunternehmen s. *Geib/Ellenbürger* VW 2008, 1173 ff.
188 § 289a HGB; vertiefend *Paetzmann* ZCG 2009, 64 ff.; *Melcher/Mattheus* DB 2008, 52, 54 f.
189 Ziff. 3.10, 5.4.1 und 7.1.3 DCGK.
190 § 289a Abs. 1 HGB.
191 § 317 Abs. 2 S. 3 HGB.

102 *Abb. 17: Corporate Governance-Erklärungen*

Entsprechenserklärung	
Vorschrift	§ 161 AktG
Pflicht	Abgabe einer Entsprechenserklärung zum Deutschen Corporate Governance Kodex
Adressaten	Vorstand und Aufsichtsrat von – Börsennotierten Aktiengesellschaften – Nicht-börsennotierten Aktiengesellschaften, die ausschließlich andere Wertpapiere als Aktien zum Handel an einem organisierten Markt i.S.d. § 2 Abs. 5 WpHG ausgegeben haben <u>und</u> deren ausgegebene Aktien auf eigene Veranlassung über ein multilaterales Handelssystem i.S.d. § 2 Abs. 3 S. 1 Nr. 8 des WpHG gehandelt werden
Inhalt der Erklärung	Den vom BMJ im amtlichen Teil des Bundesanzeigers bekannt gemachten Empfehlungen der Regierungskommission Deutscher Corporate Governance Kodex – wurde und wird entsprochen oder – welche Empfehlungen nicht angewendet wurden oder werden und warum sie nicht angewendet wurden oder werden
Ort der Veröffentlichung	Internetseite der Aktiengesellschaft
Zeitpunkt der Erklärung	Jährlich
Abschlussprüfung	Börsennotierte Gesellschaften sind nach § 285 Nr. 16 und § 314 Abs. 1 Nr. 8 HGB verpflichtet, im Anhang an den Jahresabschluss anzugeben, dass die Erklärung nach § 161 Abs. 1 AktG abgegeben und den Aktionären dauerhaft zugänglich gemacht wurde. Dies hat der Abschlussprüfer im Rahmen der Abschlussprüfung zu kontrollieren.
Erklärung zur Unternehmensführung	
Vorschrift	§ 289a HGB
Pflicht	Abgabe einer Erklärung zur Unternehmensführung

Adressaten	– Börsennotierte Aktiengesellschaften – Nicht-börsennotierte Aktiengesellschaften, die ausschließlich andere Wertpapiere als Aktien zum Handel an einem organisierten Markt i.S.d. § 2 Abs. 5 WpHG ausgegeben haben <u>und</u> deren ausgegebene Aktien auf eigene Veranlassung über ein multilaterales Handelssystem i.S.d. § 2 Abs. 3 S. 1 Nr. 8 des WpHG gehandelt werden[192]

Inhalt der Erklärung	– Entsprechenserklärung gem. § 161 AktG
	– Relevante Angaben zu Unternehmensführungspraktiken, die über die gesetzlichen Anforderungen hinaus angewendet werden; Hinweis, wo diese Informationen öffentlich zugänglich sind
	– Beschreibung[193]
	  – der Arbeitsweise von Vorstand und Aufsichtsrat
	  – der Zusammensetzung und Arbeitsweise der Ausschüsse von Vorstand und Aufsichtsrat

Ort der Veröffentlichung	Lagebericht oder Internetseite der Gesellschaft und Bezugnahme auf Internetseite im Lagebericht unter Angabe der Internetadresse
Zeitpunkt der Erklärung	Erklärung zur Unternehmensführung erfolgt als gesonderter Abschnitt des Lageberichts im Rahmen des Jahresabschlusses
Abschlussprüfung	Keine Überprüfung durch den Abschlussprüfer

3. Besonderheiten des Finanzsektors

Kredit- und Finanzdienstleistungsinstitute, Versicherungen und andere beaufsichtigte **103** Unternehmen des Finanzsektors müssen eine Entsprechenserklärung und eine Erklärung zur Unternehmensführung (samt Corporate Governance Bericht) nur abgeben, wenn sie börsennotiert oder kapitalmarktorientiert sind.

Darüber hinaus können sich die beaufsichtigten Unternehmen des Finanzsektors – **104** wie auch alle anderen Unternehmen – dem DCGK oder anderen freiwilligen Verhaltenskodices unterwerfen. Ein prominentes Beispiel hierfür dürften die *Principles of Conduct and Best Practice Recommendations* des *Institute of International Finance* (IIF)[194] sein, denen sich als Reaktion auf die Finanzmarktkrise im Juni 2008 weltweit

---

192 Zur Notwendigkeit der Abgabe der Erklärung zur Unternehmensführung durch Vorstand und Aufsichtsrat der Gesellschaft s. *Paetzmann* ZCG 2009, 64, 65, ausführlich *Bachmann* ZIP 2010, 1517 ff.

193 Ein Verweis auf diese Beschreibung reicht nach § 289a Abs. 2 Nr. 3 HGB aus, sofern sie auf der Internetseite der Gesellschaft öffentlich zugänglich ist.

194 IIF, Final Report of the IIF Committee on Market Best Practices: Principles of Conduct and Best Practice Recommendations, Juli 2008; s. auch z.B. Bundesverband Investment und Asset Management e.V. (BVI), Wohlverhaltensregeln für Kapitalanlagegesellschaften (Stand September 2012) und Bundesverband deutscher Banken (BdB), Best-Practice-Leitlinien für Wertpapier-Compliance, Juni 2011.

über 200 Banken freiwillig unterwarfen. Dieser freiwillige Kodex stellt beispielsweise auch umfangreiche Anforderungen an das Risikomanagement der Institute. Eine organisierte Kontrolle der Einhaltung der Maßnahmen durch einzelne Institute erfolgt allerdings nicht.

III. Anforderungen an Entscheidungsträger

1. Einleitung

105 Ein wichtiges Element einer wirksamen Risikoprävention ist die sorgsame Auswahl der Entscheidungsträger der Unternehmen. Nicht selten geraten Unternehmen aufgrund fehlerhaften Verhaltens einzelner Personen in finanzielle Schieflagen. Gerade im Banken- und Versicherungssektor ist es daher erforderlich, die Befugnis zur Leitung der Geschäfte an das Vorhandensein besonderer Kenntnisse und Erfahrungen sowie der individuellen Zuverlässigkeit anzuknüpfen.

106 Dieses Kapitel soll einen Überblick darüber geben, welche Funktionsträger bei Unternehmen des Finanzsektors spezielle Zuverlässigkeits- und Eignungsanforderungen zu erfüllen haben. Darüber hinaus werden die Befugnisse der Aufsichtsbehörden dargelegt. Neben einer Darstellung der geltenden Grundsätze sollen auch aktuelle Entwicklungen berücksichtigt werden, um einen Ausblick auf neue Standards zu geben. Da sich die Anforderungen an die Zuverlässigkeit und fachliche Eignung von Personen aus dem Finanzsektor oftmals ähneln, sollen durch eine einheitliche Darstellung Wiederholungen vermieden werden.

2. Betroffene Unternehmen

107 Anforderungen an die Zuverlässigkeit und fachliche Eignung von Entscheidungsträgern gelten insbesondere für Erst- und Rückversicherungsunternehmen sowie für Versicherungs-Holdinggesellschaften, Finanzholding-Gesellschaften und gemischte Finanzholding-Gesellschaften, Kredit- und Finanzdienstleistungsinstitute, Kapitalanlage- und Investmentaktiengesellschaften sowie für die Träger von Börsen.

3. Entscheidungsträger

3.1 Geschäftsleiter

108 Die Geschäftsleiter der vorgenannten Unternehmen müssen zuverlässig und fachlich geeignet sein.[195] Diese persönlichen Anforderungen müssen nicht nur im Zeitpunkt der Erlaubniserteilung, sondern während der gesamten Geschäftstätigkeit erfüllt sein. Die Anforderungen an die Zuverlässigkeit und fachliche Eignung von Geschäftsleitern von Unternehmen des Finanzsektors ähneln sich in ihren Grundzügen.[196]

---

195 § 7a Abs. 1 S. 1 (i.V.m. § 1b Abs. 2 und § 121a Abs. 1 S. 1) und § 7a Abs. 3 VAG, § 2d KWG, § 1 Abs. 2 i.V.m. § 33 Abs. 1 S. 1 Nr. 2 KWG, § 7b Nr. 3 InvG i.V.m § 33 Abs. 2 Nr. 2 und 3 KWG, §§ 7b Nr. 3 und 97 Abs. 1 S. 3 Nr. 3 InvG, § 15 Abs. 1 S. 3 BörsG; *BaFin* Merkblatt für die Prüfung der fachlichen Eignung und Zuverlässigkeit von Geschäftsleitern gem. VAG, KWG, ZAG und InvG, 7.2.2013; s. Rn. 23 ff.

196 *Koch* 100 Jahre materielle Versicherungsaufsicht in Deutschland Bd. 1, 2001, S. 346; instruktiv zur Aufsicht über Geschäftsleiter von Versicherungsunternehmen *Bähr* FS Stuttgarter Lebensversicherung a.G., 2008, S. 69 ff.

Im Versicherungsbereich darf ein Geschäftsleiter bei höchstens zwei (Rück-) Versi- **109**
cherungsunternehmen, Pensionsfonds, Versicherungs-Holdinggesellschaften oder Versicherungs-Zweckgesellschaften als Geschäftsleiter tätig sein.[197] Wenn es sich um
Unternehmen derselben Versicherungs- oder Unternehmensgruppe handelt, kann die
Aufsichtsbehörde mehr Mandate zulassen, etwa wenn es sich um spezialisierte Tochtergesellschaften handelt, bei denen Interessenkonflikte ausgeschlossen werden können, oder wenn die betreffende Person nur für einen eng begrenzten Zuständigkeitsbereich berufen werden soll.[198]

Bei der Bestellung eines neuen Geschäftsleiters bedarf es weder der Erlaubnis noch **110**
der Genehmigung durch die BaFin. Vielmehr ist das zuständige Organ, also z.B. der
Aufsichts- oder Verwaltungsrat oder die Gesellschafterversammlung, allein verantwortlich. Möchte ein Geschäftsleiter eines Versicherungsunternehmens allerdings
mehr als zwei Mandate innerhalb einer Versicherungs- oder Unternehmensgruppe
wahrnehmen, werden das dritte und jedes weitere Mandat erlaubnispflichtig, während
die ersten beiden Mandate erlaubnisfrei bleiben.[199] Die Absicht der Bestellung des
Geschäftsleiters muss in jedem Fall der Aufsichtsbehörde angezeigt werden.[200] Im
Rahmen dieser Anzeige ist die Qualifikation darzulegen. Gelangt die Aufsichtsbehörde zu dem Schluss, dass die persönlichen Voraussetzungen fehlen, kann sie die
Bestellung des Geschäftsleiters untersagen.[201]

3.2 Inhaber einer bedeutenden Beteiligung

Die Erwerber und Inhaber einer bedeutenden Beteiligung an einem Erst- oder Rück- **111**
versicherungsunternehmen, einer Versicherungs-Holdinggesellschaft, einem Kredit-
oder Finanzdienstleistungsinstitut, einer Kapitalanlagegesellschaft, einer Investmentak-
tiengesellschaft oder einem Börsenträger sowie ihre gesetzlichen oder satzungsmäßigen
Vertreter oder persönlich haftenden Gesellschafter müssen den im Interesse einer soliden und umsichtigen Führung des Unternehmens zu stellenden Ansprüchen genügen,
insbesondere zuverlässig sein.[202] Hier steht die Zuverlässigkeit im Vordergrund. Eine
fachliche Eignung ist aber insoweit erforderlich, als sie im Interesse des Unternehmens
und in Anbetracht des Einflusses, den der Inhaber einer bedeutenden Beteiligung auf
seine Geschäftsleitung ausüben kann, von Bedeutung ist.

3.3 Antragsteller/Inhaber

Bei der Stellung eines Antrags auf Zulassung zum Geschäftsbetrieb eines Kreditinsti- **112**
tuts oder eines Finanzdienstleistungsinstituts muss auch der Antragsteller, also bei
einer Aktiengesellschaft oder einer GmbH die gesetzlichen Vertreter, bei einer Perso-

---

197 § 7a Abs. 1 S. 5 VAG aufgrund des Gesetzes zur Stärkung der Finanzmarkt- und der Versicherungsaufsicht (BGBl I 2009, 2305) auch i.V.m. § 121a Abs. 1 S. 1 VAG. Im Bankensektor gibt es keine
entsprechende gesetzliche Beschränkung der Geschäftsleitermandate. Auch dort ist jedoch mit bisheriger BaFin-Übung davon auszugehen, dass im Hinblick auf die zeitliche Beanspruchung von
Geschäftsleitern nur eine eng begrenzte Anzahl von Mandaten übernommen werden kann.
198 § 7a Abs. 1 S. 6 VAG und Beschlussempfehlung und Bericht des Finanzausschusses, BT-Drucks. 16/
13684, 43.
199 S. *BaFin* Merkblatt zu Geschäftsleiter-Mehrfachmandaten v. 2.5.2011 Ziff. 2.
200 § 24 Abs. 1 Nr. 1 KWG, § 13d Nr. 1 VAG.
201 *Schimansky/Bunte/Lwowski/Fischer* Bd. II § 128 Rn. 48.
202 § 7a Abs. 2 S. 1 i.V.m. § 104 Abs. 1b S. 1 Nr. 1 VAG, auch i.V.m. §§ 121a Abs. 1 S. 1 und 1b Abs. 2 VAG;
§ 33 Abs. 1 Nr. 3 KWG i.V.m. §§ 2c Abs. 1 und 35 Abs. 2 Nr. 3 KWG, § 7b Nr. 4 InvG und § 99 Abs. 2
i.V.m § 2a InvG, § 4 Abs. 3 Nr. 3 BörsG.

nenhandelsgesellschaft die persönlich haftenden Gesellschafter und bei einem Einzel-
kaufmann der Inhaber, zuverlässig sein.[203] Diese Anforderung gilt auch während des
laufenden Geschäftsbetriebs. Die Inhaber von Kredit- und Finanzdienstleistungsinstituten müssen zudem die zur Leitung des Instituts erforderliche fachliche Eignung
haben. Das gilt für persönlich haftende Gesellschafter nur, wenn sie nicht von der
Geschäftsführung ausgeschlossen sind.[204]

3.4 Mitglieder des Verwaltungs- oder Aufsichtsrats

113 Die Mitglieder der Verwaltungs- und Aufsichtsräte von Kredit- und Finanzdienstleis-
tungsinstituten, (Rück-) Versicherungen, (gemischten) Finanzholding-Gesellschaften
und Versicherungs-Holdinggesellschaften müssen ihre Zuverlässigkeit und die zur
Wahrnehmung der Kontrollfunktion sowie zur Beurteilung und Überwachung der
Geschäfte des Unternehmens erforderliche Sachkunde darlegen.[205] Die Mitglieder der
Aufsichtsräte von Kapitalanlage- und Investmentaktiengesellschaften sollen, sofern
sie nicht als Vertreter der Arbeitnehmer in den Aufsichtsrat gewählt werden, ihrer
Persönlichkeit und Sachkunde nach die Wahrung der Interessen der Anleger bzw.
Aktionäre gewährleisten können.[206]

114 Jeweils höchstens zwei ehemalige Geschäftsleiter eines (Rück-) Versicherungsunternehmens, eines Instituts gem. § 1 Abs. 1b KWG, einer Versicherungs-Holdinggesellschaft oder einer Finanzholding-Gesellschaft können Mitglied des Aufsichtsrats der
Gesellschaft sein und jedes Aufsichtsratsmitglied darf höchstens fünf Kontrollmandate
bei unter der Aufsicht der BaFin stehenden Unternehmen ausüben.[207] Im Versicherungsbereich bleiben dabei Mandate bei Unternehmen derselben Versicherungs- oder
Unternehmensgruppe außer Betracht.[208] Im Bankbereich werden auf die Anzahl der
Kontrollorgane Mandate bei Unternehmen nicht mitgerechnet, die demselben institutsbezogenen Sicherungssystem[209] angehören.[210]

3.5 Weitere Personen

115 Anforderungen an die Zuverlässigkeit (und fachliche Eignung) von weiteren Personen
in besonderen Funktionen ergeben sich aus der Eigenart des betroffenen Teils des
Finanzsektors und der dort betriebenen Geschäfte. So ist beispielsweise im Börsenge-

---

203 § 33 Abs. 1 Nr. 2 KWG; *Boos/Fischer/Schulte-Mattler/Fischer* § 33 Rn. 34.

204 *Boos/Fischer/Schulte-Mattler* § 33 Rn. 44.

205 § 36 Abs. 3 KWG, § 7a Abs. 4 VAG auch i.V.m. §§ 1b Abs. 2 und 121a Abs. 1 S. 1 VAG; *BaFin* Merkblatt zur Kontrolle von Mitgliedern von Verwaltungs- und Aufsichtsorganen gem. KWG und VAG
v. 3.12.2012; s. auch Rn. 29.

206 §§ 6 Abs. 3 S. 1 und Abs. 4 und § 106a InvG.

207 § 7a Abs. 4 S. 3 und 4 VAG auch i.V.m. § 121a Abs. 1 S. 1 VAG, § 36 Abs. 3 S. 7 KWG. § 1b Abs. 2 verweist für Versicherungs-Holdinggesellschaften nicht auf § 7a Abs. 4 S. 4. Dabei dürfte es sich jedoch
um ein Redaktionsversehen handeln, da der Regierungsentwurf des Gesetzes zur Stärkung der
Finanzmarkt- und der Versicherungsaufsicht auf sämtliche Mandatsbeschränkungen für Aufsichtsratsmitglieder verwies. Neben den aufsichtsrechtlichen Anforderungen sind bei (börsennotierten)
Aktiengesellschaften die Anforderungen nach § 100 AktG zu beachten.

208 § 7a Abs. 4 S. 4 VAG.

209 Institutsbezogene Sicherungssysteme sind die Sicherungseinrichtungen der regionalen Sparkassen-
und Giroverbände und die Sicherungseinrichtung des Bundesverbandes der deutschen Volksban-
ken und Raiffeisenbanken, s. § 12 Abs. 1 Einlagensicherungs- und Anlegerentschädigungsgesetz
(EAEG).

210 § 36 Abs. 3 S. 7 KWG; s. dazu *Weber-Rey* AG-Report 2009, R 353 ff.

setz geregelt, dass neben den Geschäftsführern und Inhabern von bedeutenden Beteiligungen an Börsen auch die Mitglieder des Börsenrates,[211] Börsenhändler[212] und Skontroführer[213] zuverlässig und fachlich geeignet sein müssen. Bei Lebensversicherungsunternehmen und Versicherungen, die die substitutive Krankenversicherung anbieten, und anderen Versicherungen, die einen Verantwortlichen Aktuar bestellen müssen, muss dieser zuverlässig und fachlich geeignet sein.[214] Ähnliche Anforderungen gelten für den Treuhänder zur Überwachung des Sicherungsvermögens von Lebensversicherungen und privaten Kranken- und Pflegeversicherungen und seinen Stellvertreter,[215] den Treuhänder bei einer Prämienänderung in der privaten Krankenversicherung,[216] die Geschäftsleiter von juristischen Personen des Privatrechts, auf die die Aufgaben und Befugnisse eines Sicherungsfonds nach dem VAG übertragen werden,[217] den Verwalter eines Refinanzierungsregisters und der Sonderbeauftragte nach dem KWG,[218] die Stellvertreter, die ein Institut nach dem Tode eines Inhabers einer Erlaubnis zum Betreiben des Instituts ohne Erlaubnis für die Erben weiterführen,[219] sowie für Mitglieder des Sachverständigenausschusses von Kapitalanlagegesellschaften.[220]

4. Anforderungen

4.1 Zuverlässigkeit

Der Begriff der Zuverlässigkeit ist im gewerberechtlichen Sinne des § 35 Abs. 1 GewO **116** zu verstehen.[221] Unzuverlässigkeit wird bei einer Person angenommen, die keine Gewähr bietet, ihr Gewerbe in Zukunft ordnungsgemäß auszuüben.[222] Es kommt demnach auf eine Zukunftsprognose an. Dabei ist auf die Besonderheiten der betriebenen Geschäfte und die besonders hohe Vertrauensempfindlichkeit des Finanzsektors abzustellen.[223] Die Annahme der Unzuverlässigkeit muss sich aus Tatsachen ergeben, die in der Vergangenheit eingetreten sind. Ein Verschulden, moralischer Vorwurf oder Charaktermangel wird allerdings nicht vorausgesetzt.[224]

Die Tatsachen, aus denen sich aus aufsichtsbehördlicher Sicht die Unzuverlässigkeit **117** ergeben soll, müssen sich stets auf das konkret ausgeübte Gewerbe und die Funktion des Betreffenden in dem Unternehmen beziehen. Eine Unzuverlässigkeit schlechthin gibt es nicht.[225] Darüber hinaus muss die Aufsichtsbehörde bei der Beurteilung der Zuverlässigkeit einer Person die Grundsätze der Sachgerechtigkeit und Verhältnismä-

---

211 § 13 Abs. 3 BörsG.
212 § 19 Abs. 5 BörsG.
213 § 27 Abs. 1 S. 2 BörsG.
214 § 11a Abs. 1 VAG auch i.V.m. §§ 11d, 11e, 12 Abs. 2 S. 2 VAG.
215 §§ 70, 71, 76 VAG, *BaFin* Rundschreiben 13/2005 (VA) v. 8.8.2005.
216 § 12b Abs. 3 S. 1 VAG.
217 § 127 Abs. 1 S. 2 Nr. 1 VAG.
218 § 22e Abs. 1 S. 1 und Abs. 2 S. 2 sowie § 45c KWG.
219 § 34 Abs. 2 S. 3 KWG.
220 § 77 Abs. 2 S. 2 InvG.
221 *Fahr/Kaulbach/Bähr* § 7a Rn. 4.
222 *Prölss/Präve* § 7a Rn. 9.
223 So für den Bankensektor *Boos/Fischer/Schulte-Mattler/Fischer* § 33 Rn. 35.
224 Einzelheiten bei *Koch* 100 Jahre materielle Versicherungsaufsicht in Deutschland, Bd. 1, 2001, S. 347.
225 *Boos/Fischer/Schulte-Mattler/Fischer* § 33 Rn. 36; *Koch* 100 Jahre materielle Versicherungsaufsicht in Deutschland, Bd. 1, 2001, S. 347.

ßigkeit besonders beachten. Daraus ergibt sich auch, dass beispielsweise bei einmaligen Verfehlungen noch keine Unzuverlässigkeit angenommen werden darf.[226]

118 Die Annahme der Unzuverlässigkeit einer Person liegt bei erheblichen Vorstrafen aus Vermögensstraftaten, bei schwerwiegenden Ordnungsverstößen (Steuervergehen), bei der laufenden Verletzung gesetzlicher und aufsichtsrechtlicher Verpflichtungen, bei Unzuverlässigkeit im Arbeitsleben, bei persönlichen Schwächen oder bei unverschuldeten Mängeln wie krankhaften Störungen nahe.[227]

119 Die Zuverlässigkeit einer Person braucht nicht positiv nachgewiesen zu werden. Sie wird unterstellt, solange aus den vorzulegenden Unterlagen keine Tatsachen erkennbar sind, die die Unzuverlässigkeit der Person begründen.

4.2 Fachliche Eignung

120 Im Unterschied zur Zuverlässigkeit wird die fachliche Eignung nicht vermutet, wenn keine negativen Tatsachen vorliegen. Vielmehr muss sich aus dem Lebenslauf der Person, insbesondere aus Ausbildung, Vorerfahrungen, bisheriger Tätigkeit und ausgeübten Verantwortungsbereichen die fachliche Eignung positiv ableiten lassen. Dabei ist in jedem Einzelfall individuell die Qualifikation mit den Erfordernissen der zu übernehmenden Funktion abzugleichen.[228] Diese hängt entscheidend von der Geschäftsart und Größe des betroffenen Unternehmens und vor allem auch von den betriebenen Geschäften auf dem Finanzmarkt ab. Der Geschäftsleiter eines Versicherungsunternehmens muss über eine andere fachliche Eignung verfügen, als der Geschäftsleiter eines Universalkreditinstituts oder einer Kapitalanlagegesellschaft.[229]

121 Geschäftsleiter müssen in ausreichendem Maße über theoretische und praktische Kenntnisse in den betreffenden Geschäften sowie über Leitungserfahrung verfügen. Die aufsichtsrechtlichen Gesetze enthalten auch Regelvermutungen, nach denen die fachliche Eignung einer Person anzunehmen ist, wenn sie eine dreijährige leitende Tätigkeit bei einem Unternehmen von vergleichbarer Größe und Geschäftsart nachgewiesen hat.[230] Diese Vermutung ist allerdings widerlegbar.

122 Theoretische Kenntnisse können je nach Tätigkeitsbereich der Person betriebswirtschaftlicher, volkswirtschaftlicher, steuerlicher und wirtschaftsrechtlicher Art sein. Sie werden regelmäßig im Rahmen von Berufsausbildung, Weiterbildung, akademischem Studium, in der Praxis oder durch spezielle Lehrgänge erworben.

123 Die erforderlichen praktischen Kenntnisse sollen sicherstellen, dass die Person die vorhandenen theoretischen Kenntnisse auch tatsächlich umsetzen kann.

124 Die Anforderungen an die theoretischen und praktischen Kenntnisse sind unterschiedlich. Der verantwortliche Aktuar eines Lebensversicherungsunternehmens muss beispielsweise über ausreichende Kenntnisse in der Versicherungsmathematik verfügen und Berufserfahrung vorweisen können.[231] Die berufliche Eignung eines

---

226 *Boos/Fischer/Schulte-Mattler/Fischer* § 33 Rn. 36.
227 *Boos/Fischer/Schulte-Mattler/Fischer* § 33 Rn. 37; *Koch* 100 Jahre materielle Versicherungsaufsicht in Deutschland, Bd. 1, 2001, S. 347 f.
228 *Boos/Fischer/Schulte-Mattler/Fischer* § 33 Rn. 45.
229 Ähnlich *Schimansky/Bunte/Lwowski/Fischer* Bd. II § 128 Rn. 43.
230 S. bspw. § 7a Abs. 1 S. 3 VAG i.V.m § 121a Abs. 1 S. 1 VAG und § 33 Abs. 2 S. 2 KWG, der nicht nur für Kredit- und Finanzdienstleistungsinstitute, sondern auch für Kapitalanlagegesellschaften gilt.
231 § 11a Abs. 1 VAG.

Börsenhändlers wird angenommen, wenn die erforderlichen fachlichen Kenntnisse und Erfahrungen nachgewiesen werden, die zum Handel an der Börse befähigen.

Die Leitungserfahrung soll die persönliche Eignung für eine verantwortliche und kompetente Führung sicherstellen und in der Geschäftsleitung oder in der Ebene unmittelbar darunter erworben worden sein. Sie muss daher nicht in allen Bereichen, in denen theoretische oder praktische Fachkenntnisse vorliegen müssen, ausgeübt worden sein. Vielmehr genügt der Nachweis hinreichender Führungsqualifikation, wenn daneben praktische Erfahrung unterhalb dieser Ebene in den wesentlichen Geschäftsbereichen vorliegt.[232] **125**

In der Aufsichtspraxis wird im Rahmen der fachlichen Eignung grundsätzlich auch verlangt, dass ein Geschäftsleiter die deutsche Sprache in Wort und Schrift in hinreichendem Maße beherrscht und mit dem deutschen Rechts- und Wirtschaftssystem vertraut ist.[233] **126**

Nach § 64a Abs. 1 S. 3 VAG sind die Geschäftsleiter von Versicherungsunternehmen für die ordnungsgemäße Geschäftsorganisation einschließlich eines angemessenen Risikomanagements verantwortlich. Dafür benötigen alle Geschäftsleiter mindestens fachliche Grundkenntnisse und die Fähigkeit, beurteilen zu können, welches Risikomanagement für ihre Geschäftsorganisation angemessen ist.[234] Dies bedeutet eine Erweiterung der notwendigen fachlichen Qualifikation der Geschäftsleiter und somit auch der drohenden Organhaftung.[235] **127**

Von den Mitgliedern des Aufsichts- oder Verwaltungsrats wird anstelle der fachlichen Eignung die zur Wahrnehmung der Kontrollfunktion sowie zur Beurteilung und Überwachung der Geschäfte, die das Unternehmen betreibt, erforderliche Sachkunde verlangt.[236] Dabei sind der Umfang und die Komplexität der von dem Unternehmen betriebenen Geschäfte sowie die innerhalb des Aufsichts- oder Verwaltungsrats wahrgenommene Funktion zu berücksichtigen.[237] **128**

5. Solvency II und CRD IV

Die Solvency II-Rahmenrichtlinie[238] sieht vor, dass alle Personen, die ein Versicherungs- oder Rückversicherungsunternehmen leiten oder andere Schlüsselfunktionen innehaben, über ausreichende Berufsqualifikationen, Kenntnisse und Erfahrungen verfügen müssen, um ein solides und vorsichtiges Management zu gewährleisten (fachliche Qualifikation). Diese Personen müssen darüber hinaus zuverlässig und inte- **129**

---

232 *Boos/Fischer/Schulte-Mattler/Fischer* § 33 Rn. 47, 59; *Koch* 100 Jahre materielle Versicherungsaufsicht in Deutschland, Bd. 1, 2001, S. 350.
233 *Koch* 100 Jahre materielle Versicherungsaufsicht in Deutschland, Bd. 1, 2001, S. 351; *Prölss/Präve* § 7a Rn. 21.
234 Entwurf eines Neunten Gesetzes zur Änderung des VAG v. 24.9.2007, BT-Drucks. 16/6518, 16.
235 Kritisch *Dreher/Schaaf* WM 2008, 1765, 1767, 1773 f.
236 § 7a Abs. 4 VAG auch i.V.m. §§ 1b Abs. 2 und 121a Abs. 1 S. 1 VAG.
237 § 7a Abs. 4 S. 2 VAG. Zu den Anforderungen an die Sachkunde der Aufsichtsratsmitglieder s. Beschlussempfehlung und Bericht des Finanzausschusses v. 1.7.2009, BT-Drucks. 16/13684, 40 f.; *BaFin* Merkblatt zur Kontrolle von Mitgliedern von Verwaltungs- und Aufsichtsorganen gem. KWG und VAG v. 3.12.2012 Ziff. I.1.
238 Richtlinie 2009/138/EG des Europäischen Parlaments und des Rates v. 25.11.2009 betreffend die Aufnahme und Ausübung der Versicherungs- und der Rückversicherungstätigkeit (Solvabilität II), ABlEG Nr. L 335/1 v. 17.12.2009 (Solvency II-Rahmenrichtlinie), s. auch Rn. 169 ff.

ger (persönliche Zuverlässigkeit) sein *(fit and proper)*.[239] Eine Umsetzung dieser Anforderungen in das VAG wird zum einen zu einer Erweiterung des Geschäftsleiterbegriffs führen, da nicht auf die formelle Position (durch Gesetz oder Satzung zur Vertretung des Unternehmens berufen), sondern auf die faktische Leitung abgestellt wird, zum anderen werden zusätzlich zu den Geschäftsleitern Mitarbeiter mit Schlüsselfunktion erfasst.[240] Auch für den europäischen Bankensektor sind Bemühungen zu erkennen, die Zuverlässigkeits- und Eignungsanforderungen auf Schlüsselfunktionen zu beziehen.[241]

130 Zu den Schlüsselfunktionen unter Solvency II gehören bereits nach Ansicht von CEIOPS[242] wichtige und entscheidende Funktionen und Aufgaben im Rahmen des Governance-Systems eines Versicherungsunternehmens, insbesondere die Risikomanagement Funktion, die Compliance Funktion, die Interne Revision Funktion und die Versicherungsmathematische Funktion.[243] Nach derzeitigem Verständnis handelt es sich bei den Schlüsselfunktionen eines Kreditinstituts um alle Arbeitnehmer außerhalb des Geschäftsführungsorgans, deren Stellung im Unternehmen ihnen einen wesentlichen Einfluss auf die Geschäftsführung („*direction*") des Instituts ermöglicht. Hierzu sollen neben den Leitern der internen Unterstützungs- und Kontrollfunktionen des Instituts auch die Leiter von wichtigen Geschäftsbereichen sowie die Hauptbevollmächtigten wichtiger EWR Niederlassungen oder Geschäftsführer von Tochterunternehmen in Drittstaaten gehören.[244]

6. Vergütungsregeln

131 Die Finanzmarktkrise wurde zum Anlass genommen, Vergütungsregeln in der Privatwirtschaft zu thematisieren. Dabei ging es zunächst um Vergütungsregeln im Finanz-

---

239 Art. 42 Abs. 1 (und Art. 43) Solvency II; s.a. *CEIOPS'* Advice for Level 2 Implementing Measures on Solvency II: System of Governance CEIOPS-DOC-29/09 v. 10.11.2009, Ziff. 3.38 ff.; zuvor bereits CEIOPS Issues Paper on Implementing Measures on System of Governance v. 3.11.2008 Ziff. 5.1 ff.; und CEIOPS Issues Paper on Risk Management and Other Corporate Issues v. 17.7.2007, Ziff. 2.2, Rn. 21. Hierzu *Weber-Rey* AG 2008, 345, 356, *dies.* AG-Report 2007, R 396 und *Dreher* VersR 2012, 1061 ff.

240 *Weber-Rey* AG 2008, 345, 356, *dies.* AG-Report 2007, R 396.

241 S. EBA Guidelines on the assessment of the suitability of members of the management body and key function holders (EBA/GL/2012/06), 22.11.2012; *Weber-Rey* „Vorstand und Aufsichtsrat in der Pflicht" in Börsen Zeitung v. 27.10.2012.

242 Das ehemalige Committee of European Insurance and Occupational Pensions Supervisors (CEIOPS, www.ceiops.org), das am 1.1.2011 von der neuen europäischen Versicherungsaufsichtsbehörde (European Insurance and Occupational Pensions Authority, EIOPA, www.eiopa.europa.eu) abgelöst wurde, s. Rn. 9.

243 *CEIOPS'* Advice for Level 2 Implementing Measures on Solvency II: System of Governance CEIOPS-DOC-29/09 v. 10.11.2009, Ziff. 3.39; CEIOPS Issues Paper on Implementing Measures on System of Governance v. 3.11.2008 Ziff. 5.2; zum Teil wird vertreten, zu den Schlüsselfunktionen würden nach der Solvency II-Rahmenrichtlinie neben den genannten Governance Funktionen keine weiteren Funktionen eines Versicherungsunternehmens gehören, s. *Dreher* VersR 2012, 933, 935 f., 942. Der Entwurf der Bundesregierung eines Zehnten Gesetzes zur Änderung des Versicherungsaufsichtsgesetzes (10. VAG-Novelle) v. 15.2.2012 sieht in § 25 VAG-E und der dazugehörigen Gesetzesbegründung dagegen einen weiten Anwendungsbereich für die persönlichen Anforderungen an Schlüsselfunktionen vor.

244 S. EBA Guidelines on the assessment of the suitability of members of the management body and key function holders (EBA/GL/2012/06), 22.11.2012, S. 11; ausdrücklich gegen eine Anwendung der persönlichen Anforderungen auf das Senior Management eines Versicherungsunternehmens *Dreher* VersR 2013, 35 ff.

sektor. Die dort bisher üblichen Vergütungssysteme gelten als mitursächlich für die Finanzmarktkrise, da sie Mitarbeiter zum Teil veranlasst haben, übermäßige Risikopositionen einzugehen.[245] Variable Vergütungsbestandteile orientierten sich zu sehr an kurzfristigen Erfolgsgrößen und berücksichtigten nicht oder zumindest nicht hinreichend das mit dem Erfolg verbundene Risiko. Wirkten sich die Handlungen der Mitarbeiter nachträglich negativ aus, so konnten die geleisteten variablen Zahlungen nicht zurückgefordert werden. Maßnahmen, die auf internationaler Ebene gefordert wurden, um negative Anreizsysteme zu verhindern,[246] wurden in Deutschland zunächst durch die BaFin in ihren Mindestanforderungen an das Risikomanagement von Kredit- und Finanzdienstleistungsinstituten sowie (Rück-) Versicherungsunternehmen umgesetzt. Darüberhinaus hat sich Deutschland zu einer schnellen Umsetzung der Grundsätze, die das FSF in seinen *Principles for Sound Compensation Practice* und den *Implementation Standards* formuliert hat, verpflichtet. Zunächst hatte die BaFin übergangsweise durch zwei Rundschreiben – eines für Banken und Finanzdienstleistungsinstitute, das andere für Versicherer – die Anforderungen an Vergütungssysteme geregelt.[247] Mittlerweile regeln § 25a Abs. 1 S. 3 Nr. 4, Abs. 5 KWG und § 64b VAG sowie die Verordnungen über die aufsichtsrechtlichen Anforderungen an Vergütungssysteme (i) von Instituten (Instituts-Vergütungsverordnung, Instituts-VergV) und (ii) im Versicherungsbereich (Versicherungs-Vergütungsverordnung, VersVergV).

Auch außerhalb des Finanzsektors gerieten Gehalts- und Bonuszahlungen, die als **132** unverhältnismäßig hoch angesehen wurden, insbesondere variable Vergütungsbestandteile, die sich am Aktienkurs börsennotierter Unternehmen orientierten, zunehmend in die Kritik. Auch hierzu wurden auf internationaler Ebene Maßnahmen empfohlen.[248] In Deutschland wurde im Juni 2009 das Gesetz zur Angemessenheit der Vorstandsvergütung beschlossen, durch das die Vergütungsregeln für Aktiengesellschaften verschärft wurden. Zugleich ergänzte die Deutsche Corporate Governance Kommission die primär an börsennotierte Aktiengesellschaften gerichteten Vergütungsregeln des DCGK.[249] Mittlerweile enthält der DCGK detaillierte Vorgaben für die Vergütung der

---

245 FSF Principles for Sound Compensation Practices v. 2.4.2009; sowohl die FSF *Principles for Sound Compensation Practices* als auch die entsprechenden *Implementation Standards* v. 25.10.2009 wurden von den Staatschefs der G-20-Staaten bei dem Gipfel in Pittsburgh am 24. und 25.9.2009 angenommen.

246 Sowohl die EU-Kommission, als auch CEBS und CEIOPS hatten infolge der Finanzmarktkrise Grundsätze und Empfehlungen zur Vergütungspolitik von Unternehmen des Finanzsektors vorgelegt: *High-level Principles for Remuneration Policies* des CEBS v. 20.4.2009, *CEIOPS' Advice for Level 2 Implementing Measures on Solvency II: Remuneration Issues* v. 10.11.2009 (CEIOPS-DOC-51/09), Vorschläge der EU-Kommission zur Änderung der Richtlinie 2006/48/EG des Europäischen Parlaments und des Rates v. 14.6.2006 über die Aufnahme und Ausübung der Tätigkeit der Kreditinstitute im Hinblick auf Vergütungsregeln, Pressemitteilung der EU-Kommission v. 13.7.2009, IP/09/1120, Empfehlung der EU-Kommission zur Vergütungspolitik im Finanzdienstleistungssektor v. 30.4.2009 (ABlEU Nr. L 120/22 v. 15.5.2009).

247 *BaFin* Rundschreiben 22/2009 (BA) – Aufsichtsrechtliche Anforderungen an die Vergütungssysteme von Instituten v. 21.12.2009; *BaFin* Rundschreiben 23/2009 (VA) – Anforderungen an Vergütungssysteme im Versicherungsbereich v. 21.12.2009 (beide aufgehoben).

248 Empfehlung der EU-Kommission zur Ergänzung der Empfehlungen zur Regelung der Vergütung von Mitgliedern der Unternehmensleitung börsennotierter Gesellschaften v. 30.4.2009 (ABlEU Nr. L 120/28 v. 15.5.2009).

249 Gesetz zur Angemessenheit der Vorstandsvergütung (VorstAG) BGBl I, 2009, 2509; Deutscher Corporate Governance Kodex i.d.F. v. 18.6.2009; s. hierzu *Weber-Rey* WM 2009, 2255.

Vorstände.[250] Dennoch hat die Regierungskommission DCGK angekündigt, die Vorstandsvergütung im Jahr 2013 zu einem ihrer Prüfungsschwerpunkte für eine Überarbeitung des DCGK zu machen.[251] Auch die EU-Kommission hat jüngst angekündigt, im Jahr 2013 neue Regelungen für die Managementvergütung von börsennotierten Gesellschaften zu erlassen, um so insbesondere die nationalen Vorschriften der Mitgliedstaaten zu den Berichtspflichten, den obligatorischen Aktionärsabstimmungen über die Vergütungspolitik eines Unternehmens und den Vergütungsbericht zu harmonisieren.[252]

6.1 Gesellschaftsrechtliche Anforderungen

133 Für die Festsetzung der Vergütung der Vorstandsmitglieder einer Aktiengesellschaft ist das Aufsichtsratsplenum zuständig.[253] Die Entscheidung über die Vergütung eines Vorstandsmitglieds kann daher nicht an einen Ausschuss delegiert, aber von diesem vorbereitet werden.[254] Die vom Aufsichtsrat festzusetzende Vergütung muss angemessen sein und darf die übliche Vergütung nicht ohne besondere Gründe übersteigen.[255] Für die Beurteilung der Angemessenheit der Vergütung ist abzustellen auf die Aufgaben des einzelnen Vorstandsmitglieds, seine persönliche Leistung, die wirtschaftliche Lage, den Erfolg und die Zukunftsaussichten des Unternehmens sowie die Üblichkeit der Vergütung sowohl unter Berücksichtigung des Vergleichsumfelds als auch der Vergütungsstruktur, die ansonsten in der Gesellschaft gilt.[254] Die Mitglieder des Aufsichtsrats haften für die Festsetzung einer unangemessenen Vergütung.[256]

134 Bei börsennotierten Aktiengesellschaften kann sich auch die Hauptversammlung mit der Vergütung der Vorstandsmitglieder befassen und über die Billigung des Vergütungssystems beschließen.[257] Dieser Beschluss ist zwar unverbindlich, dennoch wird erwartet, dass Vorstand und Aufsichtsrat durch die Möglichkeit der Kontrolle durch die Hauptversammlung zu besonderer Gewissenhaftigkeit bei der Festlegung der Vorstandsvergütung angehalten werden können.[258]

135 Bei börsennotierten Gesellschaften ist die Vergütungsstruktur auf eine nachhaltige Unternehmensentwicklung auszurichten.[259] Die monetären Vergütungteile sollen fixe und variable Bestandteile umfassen, die Vergütungsstruktur darf aber nicht zum Eingehen unangemessener Risiken verleiten.[260] Die variablen Vergütungsteile sollen daher eine mehrjährige Bemessungsgrundlage haben.[261] Sowohl positiven als auch negativen Entwicklungen soll bei der Ausgestaltung der variablen Vergütungsteile Rechnung getragen werden (Bonus-Malus-System).[260] Als variable Vergütungsteile kommen z.B. Aktienoptionen in Betracht. Diese können frühestens vier Jahre nach

---

250 S. Ziff. 4.2.2–4.2.5 DCGK.
251 S. *Regierungskommission DCGK* Presseerklärung v. 14.6.2012.
252 *EU Kommission* „Aktionsplan: Europäisches Gesellschaftsrecht und Corporate Governance – ein moderner Rechtsrahmen für engagiertere Aktionäre und besser überlebensfähige Unternehmen" der EU-Kommission v. 12.12.2012, S. 10.
253 § 107 Abs. 3 S. 3 i.V.m. § 87 Abs. 1 AktG.
254 Ziff. 4.2.2 DCGK.
255 § 87 Abs. 1 S. 1 AktG.
256 § 116 AktG; s. auch Begründung zum Gesetzesentwurf v. 17.3.2009, BT-Drucks. 16/12278, 8.
257 § 120 Abs. 4 AktG.
258 Begründung der Beschlussempfehlung des Rechtsausschusses v. 17.6.2009, BT-Drucks. 16/13433, 18 f.
259 § 87 Abs. 1 S. 2 AktG.
260 Ziff. 4.2.3 DCGK.
261 § 87 Abs. 1 S. 3 AktG.

Weber-Rey/Benzler

Einräumung der Option ausgeübt werden,[262] wodurch dem begünstigten Vorstand ein stärkerer Anreiz zu nachhaltigem Handeln zum Wohl des Unternehmens gegeben werden soll.

Der Aufsichtsrat soll zudem bei der variablen Vergütung für außerordentliche Ent- **136** wicklungen (z.B. Übernahmen oder andere sog. *windfall profits*) eine Obergrenze (*Cap*) vereinbaren. Mittlerweile wurden auch die Voraussetzungen für die Möglichkeit der nachträglichen Herabsetzung von Vorstandsbezügen durch den Aufsichtsrat vereinfacht:[263] Der Aufsichtsrat soll die Bezüge herabsetzen,[264] wenn die Lage der Gesellschaft sich so sehr verschlechtert, dass die Weitergewährung der Bezüge unbillig für die Gesellschaft wäre.[265]

6.2 Vergütungsregeln: Aufsichtsrechtliche Anforderungen

Die Anforderungen an die Vergütungssysteme von Instituten und Versicherungsunter- **137** nehmen regeln die § 25a Abs. 1 S. 3 Nr. 4, Abs. 5 KWG und § 64b VAG und vor allem die auf dieser Grundlage erlassene InstitutsVergV und die VersVergV. Beide Vergütungsverordnungen sehen zunächst allgemeine Anforderungen für alle betroffenen Unternehmen und für alle deren Geschäftsleiter und Mitarbeiter vor.[266] Daneben bestehen besondere Anforderungen für Versicherungsunternehmen und deren Geschäftsleiter, deren Bilanzsumme 90 Mrd. EUR, sowie Institute und deren Geschäftsleiter, deren Bilanzsumme 40 Mrd. EUR überschreiten. Versicherungsunternehmen mit einer Bilanzsumme von über 45 Mrd. EUR, aber weniger als 90 Mrd. EUR, müssen auf der Grundlage einer plausiblen, umfassenden und für Dritte nachvollziehbaren Risikoanalyse (Selbsteinschätzung) eigenverantwortlich festlegen, ob die besonderen Anforderungen auf sie anzuwenden sind.[267] Gleiches gilt für Institute mit 10 bis 40 Mrd. EUR Bilanzsumme. Die Anforderungen an die Vergütungssysteme von Instituten und Versicherungsunternehmen ähneln sich in ihren Grundzügen, allerdings kommt es in den Details immer wieder zu Abweichungen. Die folgende Abbildung 18 soll einen allgemeinen Überblick über die wesentlichen Anforderungen beider Vergütungsverordnungen geben:

---

262 § 193 Abs. 2 Nr. 4 AktG.
263 § 87 Abs. 2 AktG.
264 Bis zum VorstAG war der Aufsichtsrat nur zur Herabsetzung berechtigt.
265 Zuvor war eine wesentliche Verschlechterung und eine schwere Unbilligkeit erforderlich.
266 § 3 der jeweiligen Verordnung.
267 § 1 Abs. 2 der jeweiligen Verordnung; diese Selbsteinschätzung entlastet die BaFin und stellt die Unternehmen vor große Herausforderungen; für die Organe der betroffenen Institute und Versicherungsunternehmen bedeutet dies ein erhebliches Haftungsrisiko und eine erhöhte Relevanz der Business Judgement Rule.

138 *Abb. 18: Hauptanforderungen an die Vergütung bei den Unternehmen des Finanzsektors*

Auf einen Blick: **Hauptanforderungen an die Vergütung bei Unternehmen des Finanzsektors**	
Festsetzung	– Kompetenz des Aufsichtsratsplenums für die Festsetzung der Vorstandsvergütung. – *Say on pay* bei börsennotierten Unternehmen. – Überwachung der Angemessenheit der Vergütungssysteme für Geschäftsleiter und solche Mitarbeiter, die hohe Risikopositionen begründen können, durch Vergütungsausschuss des Unternehmens (in dem auch Mitarbeiter sitzen).
Angemessenheit	– Die Vergütungssysteme sind zumindest einmal jährlich auf ihre Angemessenheit zu überprüfen und gegebenenfalls anzupassen. – Bei der Ausgestaltung der Vergütungssysteme aller Geschäftsleiter und Mitarbeiter einzelner Organisationseinheiten ist der gesamte Erfolg des Unternehmens angemessen zu berücksichtigen. – Angemessenes Verhältnis zwischen fixer und variabler Vergütung von Geschäftsleitern und solchen Mitarbeitern, die hohe Risikopositionen begründen können.
Nachhaltigkeit	– Einklang zwischen Vergütungssystemen und den in der Unternehmensstrategie niedergelegten Zielen. – Berücksichtigung des nachhaltigen Erfolgs des Unternehmens bei der variablen Vergütung von Geschäftsleitern und solchen Mitarbeitern, die hohe Risikopositionen begründen können.
Variable Vergütung	– Keine garantierten Bonuszahlungen; Ausnahme: bei Einstellung für max. ein Jahr. – Einbehalt von mindestens 40 % bzw. 60 % der variablen Vergütung von Geschäftsleitern und solchen Mitarbeitern, die hohe Risikopositionen begründen können, während eines angemessenen Zeitraums. – Mindestens 50 % der variablen Vergütung (bei Unternehmen des Versicherungssektors gilt dies nur für den zurückbehaltenen Betrag) müssen von einer nachhaltigen Wertentwicklung des Unternehmens abhängig sein. – Berücksichtigung von negativen Erfolgsbeiträgen (Malus).
Cap	– Auszahlung variabler Vergütungsbestandteile kann von der BaFin untersagt oder auf einen bestimmten Anteil des Jahresergebnisses beschränkt werden.
Herabsetzung	– Berücksichtigung von negativen Erfolgsbeiträgen (Malus) von Geschäftsleitern und von Mitarbeitern, die hohe Risikopositionen begründen können.

Auf einen Blick:	
Hauptanforderungen an die Vergütung bei Unternehmen des Finanzsektors	
Abfindungen	– Abfindungen sind bei börsennotierten Unternehmen auf zwei Jahresvergütungen begrenzt, wobei der Abfindungsbetrag die Vergütung für die Restlaufzeit des Anstellungsvertrags nicht übersteigen darf (doppelter Cap).
	– Die Vergütungssysteme müssen so ausgerichtet sein, dass negative Anreize für die Geschäftsleiter und Mitarbeiter zur Eingehung unverhältnismäßig hoher Risikopositionen vermieden werden.
Offenlegung	– Offenlegung der Vergütung und der Vergütungspolitik nach HGB und weitere Anforderungen an Offenlegung, insbesondere bei Banken. Offenlegung mindestens auf der eigenen Internetseite; jährliche Aktualisierungspflicht.
	– Geschäftsleiter und Mitarbeiter müssen über die Ausgestaltung der für sie maßgeblichen Vergütungssysteme in Kenntnis gesetzt werden.

Zu beachten ist auch die für das Jahr 2013 angekündigte Überarbeitung der Empfehlungen und Anregungen unter Einsatz von Muster-Tabellen im Deutschen Corporate Governance Kodex durch die Regierungskommission.[268]

IV. Risikomanagement

Risikomanagement ist die systematische Erfassung und Bewertung von Risiken sowie **139** die Steuerung von Reaktionen auf festgestellte Risiken. Eine der wichtigsten Lehren aus der Finanzmarktkrise ist die Erkenntnis, dass Unternehmen über gut organisierte und funktionierende Risikomanagementsysteme verfügen müssen. Das gilt vor allem für Banken und andere Unternehmen des Finanzsektors, wie durch eine Reihe von Studien und Untersuchungen zu den Ursachen und Folgen der Finanzmarktkrise belegt wurde.[269] Bisher existieren allerdings keine einheitlichen gesetzlichen Anforderungen an Risikomanagementsysteme der Unternehmen, besonders dann, wenn diese sich außerhalb des beaufsichtigten Finanzsektors bewegen.

---

268 *Regierungskommission DCGK* Pressemitteilung v. 5.2.2013.
269 The Liikanen Report – High-level Expert Group on reforming the structure of the EU banking sector, 2.10.2012, S. 93, 106; The Walker Review – A review of corporate governance in UK banks and other financial industry entities 16.7.2009 S. 8 ff.; *HM Treasury*, Reforming Financial Markets 8.7.2009, S. 35 ff.; *Financial Services Authority (FSA)* The Turner Review – A regulatory response to the global banking crisis 18.3.2009, S. 92 f.; The High-Level Group on Financial Supervision in the EU – de Larosière-Report 25.2.2009; G 20 Declaration of the Summit on Financial Markets and the World Economy, 15.11.2008 Rn. 110 ff. und 122 ff.; Ricol-Report – Report on the Financial Crisis Mission entrusted by the President of the Republic – in the context of the 2008 French Presidency of the European Union under the leadership of René Ricol September 2008, S. 15, 54 f. und 77 f.; *Institute of International Finance (IIF)* Final Report of the IIF Committee on Market Best Practices: Principles of Conduct and Best Practice Recommendations Juli 2008, S. 31 ff. und 115 ff.; *FSF* Report of the Financial Stability Forum on Enhancing Market and Institutional Resilience (Draghi-Report) 7.4.2008, S. 7, 11, 22 ff. und 58 f.

1. Gesellschaftsrechtliche Anforderungen

140 Bislang kennt das deutsche Gesellschaftsrecht keine Vorschrift, die verbindlich die Anforderungen an das Risikomanagement von Unternehmen definiert. Aus § 91 Abs. 2 AktG folgt jedoch, dass der Vorstand einer AG Maßnahmen zu ergreifen hat, um für die AG bestandsgefährdende Entwicklungen frühzeitig erkennen zu können (Risikofrüherkennung).[270] Der Gesetzgeber verstand hierunter die Verpflichtung des Vorstands, für ein angemessenes Risikomanagement und für eine angemessene Interne Revision zu sorgen.[271] § 91 Abs. 2 AktG enthält allerdings keine gesetzlichen Vorgaben für die Geschäftsorganisation. Die konkrete Gestaltung des Risikomanagements ist von der Größe, Branche, Struktur, dem Kapitalmarktzugang usw. abhängig.[272]

141 Seit Inkrafttreten des BilMoG am 29.5.2009 sieht das Aktiengesetz zudem vor, dass der Aufsichtsrat einer AG einen Prüfungsausschuss bestellen kann, der sich u.a. mit der Überwachung der Wirksamkeit des Risikomanagementsystems befasst.[273] Während die Bestellung des Prüfungsausschusses nach dem Aktiengesetz freiwillig ist, sind kapitalmarktorientierte Kapitalgesellschaften[274] nach dem Handelsgesetzbuch verpflichtet, einen solchen Prüfungsausschuss einzurichten, wenn sie keinen Aufsichts- oder Verwaltungsrat haben, in dem mindestens ein unabhängiges Mitglied über Sachverstand auf den Gebieten Rechnungslegung oder Abschlussprüfung verfügt.[275] Da der Prüfungsausschuss sich mit der Wirksamkeit des Risikomanagementsystems zu befassen hat, muss davon ausgegangen werden, dass der Gesetzgeber unabhängig davon, ob ein Prüfungsausschuss eingerichtet wird oder seine Aufgaben von dem Aufsichtsrat wahrgenommen werden, voraussetzt, dass kapitalmarktorientierte Kapitalgesellschaften verpflichtet sind, ein Risikomanagementsystem einzurichten.[276] Es ist zu erwarten, dass die Anforderungen an dieses Risikomanagementsystem – abhängig von Umfang und

---

270 S. hierzu etwa *Drygala* FS Hopt 2010, S. 541 ff.

271 Regierungsbegründung zu dem Gesetz zur Kontrolle und Transparenz im Unternehmensbereich (KonTraG) v. 28.1.1998, BT-Drucks. 13/9712, 15; dennoch ist dies in der Literatur weiterhin umstritten; zum Streitstand s. etwa *Hüffer* § 91 AktG, Rn. 8 f.

272 Regierungsbegründung zu dem Gesetz zur Kontrolle und Transparenz im Unternehmensbereich (KonTraG) v. 28.1.1998, BT-Drucks. 13/9712, 15.

273 § 107 Abs. 3 S. 2 AktG; ausführlich zu den Anforderungen an das Risikomanagement nach dem BilMoG etwa *Kort* ZGR 2012, 440 ff. und *Wohlmannstetter* ZGR 2010, 472 ff.

274 Nach § 264d HGB sind kapitalmarktorientierte Kapitalgesellschaften solche Kapitalgesellschaften, die einen organisierten Markt i.S.d. § 2 Abs. 5 WpHG durch von ihnen ausgegebene Wertpapiere i.S.d. § 2 Abs. 1 S. 1 WpHG in Anspruch nehmen oder die Zulassung solcher Wertpapiere zum Handel an einem organisierten Markt beantragt haben.

275 §§ 324 i.V.m. 264d HGB. S. auch Art. 41 Abs. 2 lit b) der Abschlussprüferrichtlinie (Richtlinie 2006/43/EG des Europäischen Parlaments und des Rates v. 17.5.2006 über Abschlussprüfungen von Jahresabschlüssen und konsolidierten Abschlüssen, zur Änderung der Richtlinien 78/660/EWG und 83/349/EWG des Rates und zur Aufhebung der Richtlinie 84/253/EWG des Rates, ABlEU Nr. L 157/87 v. 9.6.2006).

276 So auch die Regierungsbegründung des BilMoG v. 30.7.2008, in der es heißt, dass § 91 Abs. 2 AktG den Vorstand einer börsennotierten Aktiengesellschaft verpflichte, für eine methodische und fortdauernde Risikofrüherkennung und ihre systematische Überwachung Sorge zu tragen und dies als Verpflichtung zur Einrichtung eines umfassenden internen Risikomanagementsystems bezeichnet wird, BT-Drucks. 16/10067, 102; dennoch strittig, s. etwa *Kort* ZGR 2010, 440 ff. und *Dreher* FS Hüffer, 2009, S. 161, 162 ff.

Geschäft des Unternehmens – in Zukunft im Rahmen der Reaktionen auf die Finanzmarktkrise noch genauer gesetzlich geregelt werden.[277]

Der DCGK[278] sieht vor, dass der Vorstand für ein angemessenes Risikomanagement **142** und Risikocontrolling im Unternehmen zu sorgen hat und den Aufsichtsrat regelmäßig, zeitnah und umfassend auch über für das Unternehmen relevante Fragen der Risikolage, des Risikomanagements und der Compliance informiert.[279] Hierbei handelt es sich nach der Systematik des Kodex um die Wiedergabe geltenden Rechts.[280] Anders als es die gesetzliche Regelung in § 107 Abs. 3 S. 2 AktG vorsieht, empfiehlt der DCGK seit der letzten Überarbeitung vom 15.5.2012 nicht mehr, dass sich der Prüfungsausschuss des Aufsichtsrats (*Audit Committee*) insbesondere auch mit dem Risikomanagement befasst.[281] Der DCGK empfiehlt jedoch, dass der Aufsichtsratsvorsitzende zwischen den Sitzungen mit dem Vorstand[282] regelmäßig Kontakt halten und mit ihm u.a. Fragen der Risikolage und des Risikomanagements sowie der Compliance des Unternehmens beraten soll.[283] Empfehlungen des DCGK gehen allerdings über das geltende Recht hinaus und müssen nicht zwingend befolgt werden. Eine Gesellschaft kann von Empfehlungen des DCGK abweichen, sofern sie dies in ihrer jährlichen Entsprechenserklärung gem. § 161 Abs. 1 AktG offen legt und begründet (*comply or explain*).[284] Auch ein Abweichen von einer Empfehlung des DCGK kann bei entsprechender Begründung durchaus im Interesse einer guten Unternehmensführung liegen.[285]

Eine Pflicht, (bestandsgefährdende) Risiken von der Gesellschaft fernzuhalten, lässt **143** sich zudem aus den Sorgfaltspflichten eines „ordentlichen und gewissenhaften Geschäftsleiters" für den Vorstand einer AG und der Sorgfalt eines „ordentlichen Geschäftsmannes", die von dem Geschäftsführer einer GmbH verlangt wird, ableiten.[286] Die Entscheidung darüber, ob und in welchem Umfang im konkreten Einzelfall eine Risikofrüherkennung oder sogar Risikomanagement betrieben werden soll, liegt im unternehmerischen Ermessen und sollte sorgfältig abgewogen und dokumentiert werden. Dabei steht die Geschäftsleitung hinsichtlich drohender Haftungsansprüche unter dem Schutz der *Business Judgement Rule*.[287] Das deutsche Gesellschaftsrecht enthält jedoch derzeit keine Vorschriften, die konkrete organisatorische Anforderungen an ein Risikomanagementsystem vorgeben.

---

277 So sieht etwa der „Aktionsplan: Europäisches Gesellschaftsrecht und Corporate Governance – ein moderner Rechtsrahmen für engagiertere Aktionäre und besser überlebensfähige Unternehmen" der EU-Kommission v. 12.12.2012 zumindest vor, dass die Berichtspflichten der Unternehmen bezüglich des Risikomanagements erweitert werden sollen.
278 Deutscher Corporate Governance Kodex in der Fassung v. 15.5.2012.
279 Ziff. 4.1.4 und 3.4 Abs. 2 S. 1 DCGK.
280 Vgl. Präambel DCGK. Dies ist problematisch, da das Aktiengesetz gerade kein Risikomanagement fordert. § 91 Abs. 2 AktG fordert lediglich ein Überwachungssystem zur Früherkennung bestandsgefährdender Risiken. Seit Inkrafttreten des BilMoG entspricht diese Einschätzung für kapitalmarktorientierte Kapitalgesellschaften aber der Gesetzeslage, s. Rn. 141.
281 Ziff. 5.3.2 DCGK.
282 Insbesondere mit dem Vorsitzenden bzw. Sprecher des Vorstands.
283 Ziff. 5.2 Abs. 3 S. 1 DCGK.
284 S. Rn. 99.
285 Präambel des DCGK.
286 § 93 Abs. 1 AktG, § 43 Abs. 1 GmbHG; ähnlich hinsichtlich einer Compliance-Organisation *Bachmann* Gesellschaftsrecht in der Diskussion 2007, S. 92, der darüber hinaus die GmbH & Co. KG einbezieht.
287 Vgl. § 93 Abs. 1 S. 2 AktG.

2. Aufsichtsrechtliche Anforderungen

144   Aufsichtsrechtliche Regelungen zum Risikomanagement finden sich u.a. im KWG, im VAG und im WpHG. Eine Schlüsselposition nimmt dabei § 25a Abs. 1 KWG ein, auf den § 33 Abs. 1 S. 1 WpHG verweist. Der Gesetzgeber orientierte sich auch bei der Formulierung des § 64a Abs. 1 VAG am Kreditwesengesetz.[288]

2.1 Bankenaufsicht

145   Seit der Finanzmarktkrise ist vor allem das Risikomanagement der Banken in den Fokus öffentlicher Kritik und politischer Debatten geraten. Langfristig ist mit einer Annäherung der internationalen Aufsichtspraktiken und abgestimmten Risikomanagement-Grundsätzen auf den internationalen Finanzmärkten zu rechnen. Besonders im Bankensektor müssen sowohl nationale als auch internationale Entwicklungen im Bereich der Corporate Governance und des Risikomanagements der Institute aufmerksam verfolgt werden.

2.1.1 Banken-, Kapitaladäquanz- und Finanzmarktrichtlinie

146   Die aufsichtsrechtlichen Anforderungen an das Risikomanagement von Kredit- und Finanzdienstleistungsinstituten orientieren sich vor allem am europäischen Recht.[289] Ursprünglich wurde § 25a KWG u.a. aufgrund der Umsetzung von Basel II[290] durch die Banken- und die Kapitaladäquanzrichtlinie sowie im Zuge der Umsetzung der Finanzmarktrichtlinie geprägt.[291] Schon heute werden die gesetzlichen Anforderungen in Deutschland und deren Konkretisierungen durch die BaFin durch Basel III[292] und dessen Umsetzung in Europa durch das CRD IV-Paket[293] beeinflusst, obwohl die entsprechenden EU-Rechtsakte bisher lediglich in Entwurfsfassungen vorliegen. Darüber hinaus sind zuletzt auch die Leitlinien (Guidelines) der EBA zur internen Governance in die MaRisk BA der BaFin eingeflossen.[294] Weiterhin steht eine Überarbeitung der Vorschriften zur internen Governance der Institute durch §§ 25a ff. KWG-E des CRD IV-Umsetzungsgesetzes bevor.[295]

---

288   Entwurf eines Neunten Gesetzes zur Änderung des Versicherungsaufsichtsgesetzes v. 24.9.2007, BT-Drucks. 16/6518, 15.

289   Zur Corporate Governance der Banken *Basler Ausschuss für Bankenaufsicht* Verbesserung der Unternehmensführung in Banken, Februar 2006; dazu *Hopt* FS Nobbe, 2009, S. 853 ff. und *Mülbert* BKR 2006, 349 ff., *ders.* ZHR 173 (2009), 1 ff.

290   Eigenkapitalvorschriften, die vom Basler Ausschuss für Bankenaufsicht vorgeschlagen wurden.

291   *Fischer/Petri/Steidle* WM 2007, 2313, 2314.

292   Überarbeitung der Eigenkapitalvorschriften des Basler Ausschusses für Bankenaufsicht.

293   Basierend auf den Entwürfen der EU-Kommission für eine Richtlinie über den Zugang zur Tätigkeit von Kreditinstituten und die Beaufsichtigung von Kreditinstituten und Wertpapierfirmen und zur Änderung der Richtlinie 2002/87/EG des Europäischen Parlaments und des Rates über die zusätzliche Beaufsichtigung der Kreditinstitute, Versicherungsunternehmen und Wertpapierfirmen eines Finanzkonglomerats (KOM(2011) 453) v. 20.7.2011 und für eine Verordnung über Aufsichtsanforderungen an Kreditinstitute und Wertpapierfirmen (KOM (2011) 0452 v. 20.7.2011).

294   *EBA* Guidelines on Internal Governance (GL 44) v. 27.9.2011; *BaFin* Anschreiben zu den MaRisk BA 10/2012 v. 14.12.2012.

295   Entwurf eines Gesetzes zur Umsetzung der Richtlinie 2013/.../EU über den Zugang zur Tätigkeit von Kreditinstituten und die Beaufsichtigung von Kreditinstituten und Wertpapierfirmen und zur Anpassung des Aufsichtsrechts an die Verordnung (EU) Nr. .../2013 über die Aufsichtsanforderungen an Kreditinstitute und Wertpapierfirmen (CRD IV-Umsetzungsgesetz), BT-Drucks. 17/10974 v. 15.10.2012.

2.1.2 Kreditwesengesetz und MaRisk BA

Die BaFin konkretisiert in den Mindestanforderungen an das Risikomanagement **147** (MaRisk BA)[296] ihre Auslegung von § 25a KWG.[297] Im Rahmen der Umsetzung des CRD IV-Paket durch das CRD IV-Umsetzungsgesetz wird es allerdings zu einer Neuordnung der einzelnen Governance-Anforderungen kommen.

Über die ohnehin einzuhaltenden Anforderungen des § 25a KWG hinaus kommt den **148** MaRisk BA als Verwaltungsvorschriften im Außenverhältnis keine Verbindlichkeit zu; dennoch sind für die Adressaten die MaRisk, BA wie Gesetze zu befolgen. Verwaltungsintern bewirken die MaRisk BA eine Verpflichtung der BaFin, sich an die Konkretisierungen der MaRisk BA zu halten, um so zu einer gleichförmigen Rechtsanwendung zu gelangen (Selbstbindung der Verwaltung).[298]

Die Geschäftsleitung[299] eines Instituts (z.B. der Vorstand eines Kredit- oder Finanz- **149** dienstleistungsinstituts) ist dafür verantwortlich, dass das Institut so strukturiert ist, dass es über eine ordnungsgemäße Geschäftsorganisation verfügt.[300] Die Geschäftsleitung trifft hierbei eine Gesamtverantwortung, unabhängig von der Zuordnung konkreter Aufgaben und Verantwortlichkeiten zwischen den einzelnen Geschäftsleitern.[301]

Die ordnungsgemäße Organisation des Geschäftsbetriebs muss im Ergebnis dazu füh- **150** ren, dass mindestens Folgendes sichergestellt ist:

- die Einhaltung der vom Institut zu beachtenden gesetzlichen Bestimmungen (Compliance),[300]
- die Einhaltung der betriebswirtschaftlichen Notwendigkeiten,[300]
- der Betrieb eines angemessenen und wirksamen Risikomanagements, auf dessen Basis die Risikotragfähigkeit laufend sicherzustellen ist,[302]
- angemessene Regelungen zur jederzeitigen Bestimmbarkeit der finanziellen Lage des Instituts,[303]
- eine vollständige Dokumentation der Geschäftstätigkeit,[304]
- Sicherungssysteme gegen Geldwäsche und gegen betrügerische Handlungen zu Lasten des Instituts.[305]

In der nachstehenden Abbildung sind die Einzelbausteine des Risikomanagements **151** unterteilt in (i) das Risikotragfähigkeitskonzept und die Risikostrategie,[306] (ii) die

---

296 *BaFin* Rundschreiben 10/2012 (BA) – Mindestanforderungen an das Risikomanagement v. 14.12.2012 (MaRisk BA).

297 Zu den MaRisk BA vertiefend *Hannemann/Schneider* MaRisk, 3. Aufl. 2011; *Weber-Rey* AG 2008, 345, 350 ff.; *Zimmermann* BKR 2005, 208 ff.; *Schmitz-Lippert/Schneider* WPg 2005, 1353 ff.

298 Ähnlich *Hessischer Verwaltungsgerichtshof* WM 2007, 392, 393; zu der faktischen Bindungswirkung von BaFin Verlautbarungen s. auch *Weber-Rey/Baltzer* in Hopt/Wohlmannstetter, Handbuch Corporate Governance von Banken, 2011, 431, 456 ff.; zu den Rechtswirkungen von Leitlinien der ESAs s. *Weber-Rey* „ESA-Leitlinien haben faktische Bindung", Börsen Zeitung v. 23.6.2012.

299 § 25a Abs. 1 S. 2 i.V.m. § 1 Abs. 2 S. 1 KWG.

300 § 25a Abs. 1 S. 1 KWG.

301 Einzelheiten zur Gesamtverantwortung einer Geschäftsleitung bei *Boos/Fischer/Schulte-Mattler/Braun* § 25a Rn. 67 ff.; *Dreher/Schaaf* WM 2008, 1765, 1766 ff.

302 § 25a Abs. 1 S. 3 KWG; zum Risikomanagement auf Gruppenebene s. *BaFin* AT 4.5 MaRisk BA.

303 § 25a Abs. 1 S. 6 Nr. 1 KWG.

304 § 25a Abs. 1 S. 6 Nr. 2 KWG.

305 § 25c Abs. 1 und 2 KWG.

306 § 25a Abs. 1 S. 3 Nr. 1 KWG.

Aufbau- und Ablauforganisation,[307] (iii) die Risikosteuerung und das Risikocontrolling, (iv) eine angemessene Ausstattung (personell und technisch), (v) ein Notfallkonzept (vi) interne Kontrollverfahren, bestehend aus einer Internen Revision und internen Kontrollsystemen und (vii) ein auf eine nachhaltige Entwicklung des Instituts ausgerichtetes Vergütungssystem.[308]

152 Im Zusammenhang mit dem internen Risikomanagement eines Instituts fordern die MaRisk BA eine intensive institutsinterne Kommunikation der einzelnen Risikomanagement-Organisationseinheiten untereinander sowie mit der Geschäftsleitung. Nur ausnahmsweise bestehen Informations- oder Berichtspflichten gegenüber der Aufsichtsbehörde. § 25a Abs. 1 S. 3 KWG regelt weitere Einzelanforderungen an ein angemessenes Risikomanagement.

153 *Abb. 20: Ordnungsgemäße Geschäftsorganisation, angemessenes Risikomanagement und Kommunikationsnetz nach § 25a KWG i.V.m. den MaRisk BA*

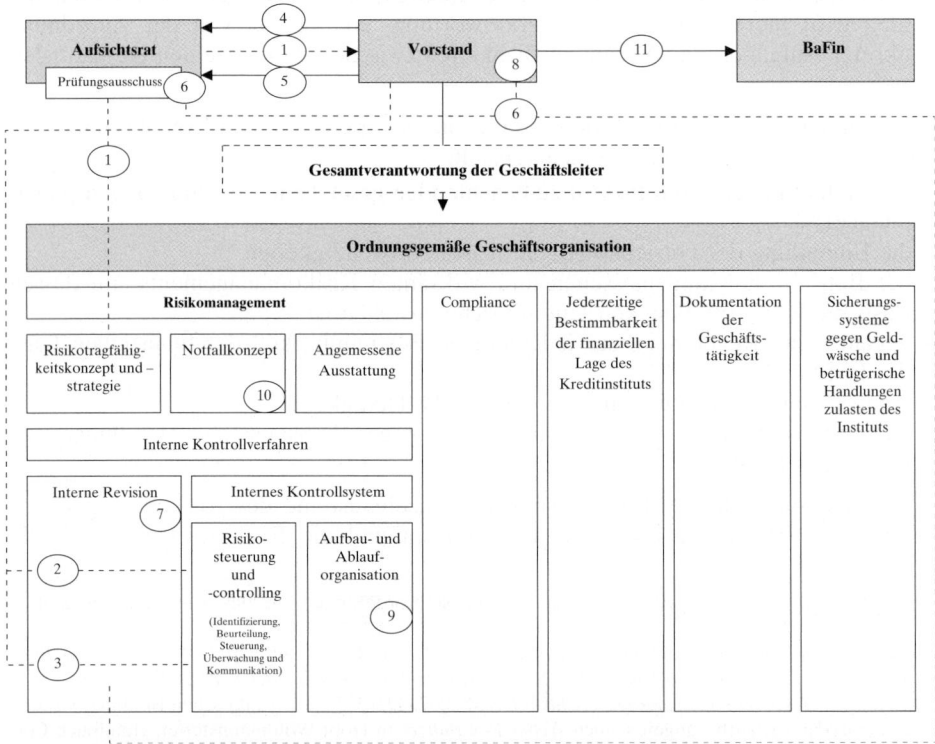

154 Notwendiger Bestandteil eines jeden Risikomanagementsystems ist eine Risikostrategie. Das KWG und die MaRisk BA sehen eine enge Anlehnung der Risikostrategie an das Risikotragfähigkeitskonzept[309] vor. Beide sind stark an der nachhaltigen Geschäftsstrategie eines Instituts auszurichten. Die Geschäftsstrategie, die Risikostra-

---

307 § 25a Abs. 1 S. 3 Nr. 1 KWG.
308 § 64a Abs. 1 S. 4 VAG.
309 Ein Institut muss einen internen Prozess zur Sicherstellung der Risikotragfähigkeit einrichten.

tegie und das Risikotragfähigkeitskonzept müssen aufeinander abgestimmt sein. Dementsprechend sind die Inhalte und auch Änderungen der Risikostrategie zusammen mit der Geschäftsstrategie innerhalb des Instituts in geeigneter Weise zu kommunizieren (Ziff. 1).[310]

Zum Risikomanagementsystem gehört auch die Einrichtung interner Kontrollverfahren. Diese bestehen aus dem internen Kontrollsystem und der Internen Revision.[311] Innerhalb des internen Kontrollsystems ist eine Risikosteuerungs- und -kontrollfunktion zu schaffen, deren Aufgabe u.a. darin liegt, wesentliche Risiken und damit verbundene Risikokonzentrationen zu identifizieren, beurteilen, steuern, überwachen und zu kommunizieren.[312] Die MaRisk BA verlangen, dass sich die Geschäftsleitung in angemessenen Abständen über die Risikosituation des Instituts und die Ergebnisse regelmäßig durchzuführender Stresstests[313] berichten lässt. Die Risikoberichterstattung muss in nachvollziehbarer und aussagefähiger Art verfasst werden und hat neben einer Darstellung auch eine Beurteilung der Risikosituation zu enthalten. Die Darstellung der Ergebnisse der Stresstests hat insbesondere die ihnen zugrunde liegenden Annahmen und die potentiellen Auswirkungen auf die Risikosituation und die Risikodeckungspotentiale des Instituts zu umfassen. Bei Bedarf können auch Handlungsvorschläge in die Risikoberichterstattung aufgenommen werden (Ziff. 2).[314] **155**

Ist eine Information unter Risikogesichtspunkten als wesentlich einzustufen, so muss sie unverzüglich an die Geschäftsleitung, die jeweiligen Verantwortlichen und ggf. auch an die Interne Revision des Instituts weitergeleitet werden. Geeignete Maßnahmen und Prüfungshandlungen müssen frühzeitig eingeleitet werden können. Hierfür ist ein entsprechendes Verfahren festzulegen (Ziff. 3).[315] **156**

Das interne Kontrollsystem muss über eine Aufbau- und Ablauforganisation verfügen.[316] Die in diesem Rahmen zu erlassenden Organisationsrichtlinien (z.B. Handbücher, Arbeitsanweisungen oder Arbeitsablaufbeschreibungen) müssen schriftlich fixiert und den betroffenen Mitarbeitern in geeigneter Weise bekannt gemacht werden.[317] Prozesse und damit verbundene Aufgaben, Kompetenzen, Verantwortlichkeiten, Kontrollen sowie Kommunikationswege sind klar zu definieren und aufeinander abzustimmen (Ziff. 4).[318] **157**

Die MaRisk BA fordern über den Gesetzeswortlaut des § 25a Abs. 1 KWG hinaus von jedem Institut die Schaffung einer Risikocontrolling-Funktion sowie jeweils einer Funktion für die Compliance und die Interne Revision (besondere Funktionen).[319] Die Risikocontrolling-Funktion ist zuständig für die unabhängige Überwachung und

---

310 *BaFin* AT 4.1 und 4.2 MaRisk BA.
311 § 25a Abs. 1 S. 3 Nr. 1 KWG.
312 § 25a Abs. 1 S. 3 Nr. 1 lit. b) KWG.
313 S. *BaFin* AT 4.3.2 Rn. 3 ff. MaRisk BA.
314 *BaFin* AT 4.3.2 Rn. 3 MaRisk BA; Einzelheiten der Risikoberichterstattung sind in BTR 1 bis BTR 4 der MaRisk BA geregelt.
315 *BaFin* AT 4.3.2 Rn. 5 MaRisk BA.
316 § 25a Abs. 1 S. 3 Nr. 1 lit. a) KWG.
317 *BaFin* AT 5 Rn. 1 und 2 MaRisk BA.
318 *BaFin* AT 4.3.1 Rn. 2 MaRisk BA.
319 *BaFin* AT 4.4 MaRisk BA; zu den sog. Schlüsselfunktionen eines Versicherungsunternehmens s. Rn. 129 f.; s. auch *Weber-Rey* „Vorstand und Aufsichtsrat in der Pflicht" in Börsen Zeitung v. 27.10.2012.

Kommunikation der Risiken[320] (Ziff. 2), die Compliance-Funktion u.a. für die Vermeidung von Rechtsrisiken resultierend aus der Nichteinhaltung rechtlicher Vorgaben[321] und die Funktion der Internen Revision für die Prüfung und Beurteilung der Wirksamkeit und Angemessenheit des Risikomanagements, des internen Kontrollsystems sowie der Ordnungsmäßigkeit sämtlicher Aktivitäten und Prozesse des Instituts.[322] Jede der drei Funktionen ist grundsätzlich der Geschäftsleitung unterstellt und dieser berichtspflichtig (Ziffern 5, 6, 7). Die Leiter der Funktionen müssen besondere qualitative Anforderungen entsprechend ihres Aufgabengebietes erfüllen[323] und im Falle einer Personalveränderung bzgl. des Leiters einer der drei genannten Funktionen ist der Aufsichtsrat zu informieren.[324]

158 Die BaFin lässt es zu, dass die Leitung der Compliance-Funktion einem Geschäftsleiter übertragen wird, wenn aus Gründen der Betriebsgröße die Einrichtung einer Compliance-Abteilung unverhältnismäßig wäre.[325] Bei dem Leiter der Risikocontrolling-Funktion muss es sich um eine Person auf einer ausreichend hohen Führungsebene handeln, bei großen, internationalen Instituten mit komplexen Geschäftsaktivitäten erwartet die BaFin sogar, dass ein Geschäftsleiter diese Funktion leitet.[326] Für die Interne Revision lässt es die BaFin dagegen zu, einem Geschäftsleiter sämtliche Revisionsaufgaben zu übertragen, sofern die Einrichtung einer Revisionseinheit für das betroffene Institut unverhältnismäßig wäre. Die Mitarbeiter aller drei Funktionen müssen ausreichende Befugnisse und einen uneingeschränkten Zugang zu Informationen erhalten, um ihre jeweilige Kontrollfunktion effektiv ausüben zu können.[327] Es ist sicherzustellen, dass die Mitarbeiter der Risikocontrolling-Funktion organisatorisch von den Bereichen getrennt werden, die für die Initiierung oder den Abschluss von Geschäften zuständig sind.[328] Die Mitarbeiter der Internen Revision dürfen nicht mit revisionsfremden Aufgaben befasst und Mitarbeiter anderer Organisationseinheiten dürfen grundsätzlich nicht mit Aufgaben der Internen Revision betraut werden.[329] Dagegen ist es zulässig, die Compliance-Funktion an andere Kontrolleinheiten – wie etwa die Risikocontrolling-Funktion – anzubinden; eine Anbindung an die Interne

---

320 *BaFin* AT 4.4.1 Rn. 1 MaRisk BA.
321 Die Compliance-Funktion soll für eine angemessene Compliance-Kultur im Institut sorgen, vgl. *BaFin* Anschreiben zu den MaRisk BA 10/2012 v. 14.12.2012. Die Zielvorgaben an die Compliance-Funktion werden von der BaFin in AT 4.4.2 Rn. 1 f. MaRisk BA beschrieben als: (i) Identifizierung wesentlicher Compliance-Risiken (resultierend aus der Nichteinhaltung rechtlicher Vorgaben), (ii) Entgegenwirken gegen diese Compliance-Risiken, (ii) Implementierung wirksamer Verfahren zur Einhaltung der für das Institut wesentlichen rechtlichen Regelungen und Vorgaben und entsprechender Kontrollen sowie (iii) Unterstützung und Beratung der Geschäftsleitung hinsichtlich der Einhaltung der rechtlichen Regelungen und Vorgaben; für den Wertpapiersektor ergeben sich zusätzliche aufsichtsrechtliche Anforderungen an die Compliance-Funktion aus *BaFin* Rundschreiben 4/2010 (WA) – Mindestanforderungen an die Compliance-Funktion und die weiteren Verhaltens-, Organisations- und Transparenzpflichten nach §§ 31 ff. WpHG für Wertpapierdienstleistungsunternehmen (MaComp) v. 7.6.2010, Stand 7.12.2012.
322 *BaFin* AT 4.4.3 Rn. 3 MaRisk BA.
323 *BaFin* AT 7.1 Rn. 2 MaRisk BA.
324 *BaFin* AT 4.4.1 Rn. 5, AT 4.4.2 Rn. 7 und AT 4.4.3 Rn. 6 MaRisk BA.
325 *BaFin* AT 4.4.2 Rn. 4 MaRisk BA.
326 *BaFin* AT 4.4.1 Rn. 4 MARisk BA.
327 *BaFin* AT 4.4.1 Rn. 3, AT 4.4.2 Rn. 5, AT 4.4.3 Rn. 4 MaRisk BA.
328 *BaFin* AT 4.4.1 Rn. 1 MaRisk BA.
329 *BaFin* BT 2.2 Rn. 2 f. MaRisk BA.

Revision ist dagegen aus Sicht der BaFin unzulässig.[330] Darüber hinaus besteht hinsichtlich der Compliance-Funktion auch die Möglichkeit, dass diese auf andere Organisationseinheiten zurückgreift, mithin dezentral organisiert wird.

Die MaRisk BA sehen vor, sicherzustellen, dass der Vorsitzende des Aufsichtsorgans **159** oder ggf. des Prüfungsausschusses direkt vom Leiter der Internen Revision Auskünfte einholen kann. Bei einem solchen Auskunftsersuch ist die Geschäftsleitung des Instituts einzubeziehen.[331] Ein entsprechendes Auskunftsrecht des Vorsitzenden des Aufsichtsorgans gegenüber den Leitern der Compliance Funktion oder der Risikocontrolling-Funktion ist dagegen nicht vorgesehen. Die Interne Revision hat ihre Aufgaben selbstständig und unabhängig wahrzunehmen. Bei der Berichterstattung der Internen Revision und deren Auswertung von Prüfungsergebnissen muss sichergestellt sein, dass sie frei von Weisungen ist[332] (Ziff. 8).

Im Vergleich zu den anderen besonderen Funktionen geben die MaRisk BA der Inter- **160** nen Revision einen relativ detaillierten Rahmen für die Planung und Durchführung von Prüfungen sowie deren Dokumentation und Berichterstattung vor: Zunächst ist ein Plan über die Durchführung von Prüfungen der Internen Revision zu erstellen und von der Geschäftsleitung zu genehmigen.[333] Die Interne Revision hat zeitnah über jede Prüfung einen schriftlichen Bericht anzufertigen, der grundsätzlich den fachlich zuständigen Mitgliedern der Geschäftsleitung vorzulegen ist.[334] Bei schwerwiegenden Mängeln muss der Bericht unverzüglich der Geschäftsleitung vorgelegt werden.[335] Werden als wesentlich eingestufte Mängel nicht in angemessener Zeit beseitigt, so hat der Leiter der Internen Revision darüber zunächst den fachlich zuständigen Geschäftsleiter schriftlich zu informieren. Erfolgt die Mängelbeseitigung dennoch nicht, so ist die Geschäftsleitung spätestens im Rahmen des nächsten Gesamtberichts schriftlich über die noch nicht beseitigten Mängel zu unterrichten.[336] Der Gesamtbericht der Internen Revision über die im Laufe des Jahres vorgenommenen Prüfungen ist der Geschäftsleitung stets (zeitnah) vorzulegen[337] (Ziff. 9).

Sofern die Interne Revision Mängel festgestellt hat, müssen diese abgestellt werden. **161** Besteht allerdings hinsichtlich der zu ergreifenden Maßnahmen keine Einigkeit zwischen der geprüften Organisationseinheit und der Internen Revision, so ist erstere verpflichtet, gegenüber der Geschäftsleitung eine Stellungnahme hierzu abzugeben (Ziff. 9).[338]

Sofern Weisungen und Beschlüsse der Geschäftsleitung für die Interne Revision von **162** Bedeutung sein können, sind sie ihr bekannt zu geben. Insbesondere ist die Interne

---

330 Eine entsprechende Anbindung dürfte auch gegen das Prinzip der „*Three Lines of Defense*" verstoßen, wonach im Rahmen eines abgestuften Verfahrens zunächst die Geschäftsleitung für die Vermeidung wesentlicher Risiken zuständig ist und auf der zweiten Stufe durch Governance-Funktionen wie z.B. die Risikomanagement und die Compliance-Funktion unterstützt wird. In einem dritten und letzten Schritt überwacht die völlig unabhängige Interne Revision u.a. die Wirksamkeit und Angemessenheit des Risikomanagements und des internen Kontrollsystems.
331 *BaFin* AT 4.4.3 Rn. 2 MaRisk BA.
332 *BaFin* BT 2.2 Rn. 1 MaRisk BA.
333 *BaFin* BT 2.3 MaRisk BA.
334 *BaFin* BT 2.4 Rn. 1 MaRisk BA.
335 *BaFin* BT 2.4 Rn. 5 MaRisk BA.
336 *BaFin* BT 2.5 Rn. 2 MaRisk BA.
337 *BaFin* BT 2.4 Rn. 4 MaRisk BA.
338 *BaFin* BT 2.4 Rn. 3 MaRisk BA.

Revision über wesentliche Änderungen des Risikomanagements des Instituts rechtzeitig zu informieren (Ziff. 10).[339]

163 Teil des Risikomanagements ist auch ein Notfallkonzept als Notfallvorsorge eines Instituts. Das Notfallkonzept muss geeignete Maßnahmen zur Reduzierung von Schäden vorsehen. Durch regelmäßige Notfalltests sind Wirksamkeit und Angemessenheit des Konzepts zu überprüfen. Die Ergebnisse dieser Tests sind wiederum zu kommunizieren; sie sind den jeweiligen Verantwortlichen mitzuteilen. Darüber hinaus müssen die im Notfall zu verwendenden Kommunikationswege im Vorhinein bestimmt werden (Ziff. 11).[340]

164 Auch die aktienrechtlichen Bestimmungen enthalten eine allgemeine Berichtspflicht des Vorstands gegenüber dem Aufsichtsrat[341] (Ziff. 12). In mancherlei Hinsicht sehen die MaRisk BA allerdings eine darüber hinausgehende Kommunikation mit dem Aufsichtsrat vor.[342] So soll die Geschäftsleitung das Aufsichtsorgan unabhängig vom Eintritt bestimmter Ereignisse vierteljährlich schriftlich in angemessener Weise über die Risikosituation einschließlich geplanter Maßnahmen im Hinblick auf besondere Risiken informieren. Darüber hinaus sind für das Aufsichtsorgan unter Risikogesichtspunkten wesentliche Informationen unverzüglich von der Geschäftsleitung weiterzuleiten. Hierzu haben Geschäftsleitung und Aufsichtsorgan gemeinsam ein geeignetes Verfahren festzulegen.[343]

165 Die Geschäftsleitung hat das Aufsichtsorgan mindestens einmal jährlich über die von der Internen Revision festgestellten schwerwiegenden sowie über die noch nicht behobenen wesentlichen Mängel in inhaltlich prägnanter Form zu unterrichten. Über besonders schwerwiegende Mängel ist das Aufsichtsorgan unverzüglich durch die Geschäftsleitung in Kenntnis zu setzen.[344]

166 Nur in ganz bestimmten Situationen ist auch die Interne Revision verpflichtet, Feststellungen direkt dem Aufsichtsorgan mitzuteilen.[345] Dies ist der Fall, wenn die Geschäftsleitung ihrer Pflicht nicht nachkommt, den Vorsitzenden des Aufsichtsorgans (Ziff. 13) sowie die Aufsichtsbehörden (BaFin und Deutsche Bundesbank, Ziff. 14) über einen Bericht der Internen Revision über schwerwiegende Feststellungen gegen einen oder mehrere Geschäftsleiter zu informieren.[346]

167 Es gibt keine Pflicht der Institute, den Aufsichtsbehörden regelmäßig Risiko- oder Revisionsberichte vorzulegen. Dennoch müssen die Institute diese Informationen für die laufende Beaufsichtigung bereit halten (Ziff. 14).

2.2 Versicherungsaufsicht

168 Im Bereich der Versicherungsaufsicht kommt dem Risikomanagement eine ganz besondere Rolle zu; es wird verstärkt zum Gegenstand europäischer und nationaler Regelungen.[347]

---

339 *BaFin* AT 4.4.3 Rn. 5 MaRisk BA.
340 *BaFin* AT 7.3 MaRisk BA.
341 § 90 AktG.
342 *BaFin* AT 4.2 Rn. 5, AT 4.3.2 Rn. 6, AT 4.4.1 Rn. 5, AT 4.4.2 Rn. 6 f., AT 4.4.3 Rn. 2 und 6 sowie BT 2.4 Rn. 5 f. MaRisk BA.
343 *BaFin* AT 4.3.2 Rn. 6 MaRisk BA.
344 *BaFin* BT 2.4 Rn. 6 MaRisk BA.
345 S. aber auch *BaFin* AT 4.4 Rn. 2 MaRisk BA, dazu bereits unter Rn. 159.
346 *BaFin* BT 2.4 Rn. 5 MaRisk BA.
347 Instruktiv zur Corporate Governance von Versicherungsunternehmen International Association of Insurance Supervisors (IAIS) and Organisation for Economic Cooperation and Development (OECD) Issues Paper on Corporate Governance v. 13.3.2009 und OECD Guidelines on Insurer Governance, Mai 2011.

2.2.1 Solvency II

Das Solvency II-Vorhaben beinhaltet eine Überarbeitung und Modernisierung der **169** europäischen Versicherungsvorschriften. Die Solvency II-Rahmenrichtlinie[348] soll dazu dienen, den Verbraucherschutz zu verbessern, die Beaufsichtigung zu modernisieren, die Marktintegration zu vertiefen und die internationale Wettbewerbsfähigkeit der europäischen Versicherungswirtschaft auszubauen. Dazu fasst die Solvency II-Rahmenrichtlinie 14 bestehende EU-Richtlinien des Versicherungssektors zusammen und passt sie den aktuellen Herausforderungen der Versicherungs- und Finanzmärkte an. Insbesondere im Bereich des Risikomanagements stehen mit Solvency II umfangreiche Neuregelungen bevor. Die Versicherer sollen allen Arten von Risiken, denen sie ausgesetzt sind, Rechnung tragen und effizienter mit ihnen umgehen.[349]

Die Solvency II-Rahmenrichtlinie enthält in den Art. 41–49 Anforderungen an das **170** Governance-System von (Rück-) Versicherungsunternehmen, die auch die Einrichtung eines wirksamen Risikomanagementsystems vorsehen.[350] Die Anforderungen an das Governance-System sind in der nachfolgenden Übersicht dargestellt.

Abb. 21: Übersicht Governance-System nach der Solvency II-Rahmenrichtlinie **171**

Das Governance-System nach der Solvency II-Rahmenrichtlinie
Art. 41: Allgemeine Anforderungen an das Governance-System
Anforderungen an Versicherungs- und Rückversicherungsunternehmen – Das Governance-System ist der Wesensart, dem Umfang und der Komplexität der Tätigkeiten angemessen – Wirksamkeit und Gewährleistung eines soliden und vorsichtigen Managements der Geschäftstätigkeit – Angemessene und transparente Organisationsstruktur mit einer klaren Zuweisung und zweckmäßigen Aufteilung der Zuständigkeiten – Wirksames System zur Gewährleistung der Übermittlung von Informationen – Schriftliche Leitlinien für das Risikomanagement, die interne Kontrolle, die Interne Revision und ggf. Auslagerungen sowie deren Umsetzung und Überprüfung

– Kontinuität und Regelmäßigkeit der Prozesse; Entwicklung von Notfallplänen
– Einhaltung der Anforderungen der Artikel 42–49 bzgl.
   – Eignungsanforderungen an Personen, die das Unternehmen tatsächlich leiten oder andere Schlüsselaufgaben innehaben
   – Einrichtung eines wirksamen Risikomanagementsystems
   – Interne Bewertung des Risikos und der Solvabilität
   – Interne Kontrolle
   – Interne Revision
   – Versicherungsmathematische Funktion
   – Auslagerung
   – Regelmäßige interne Kontrollen

---

348 Richtlinie 2009/138/EG des Europäischen Parlaments und des Rates v. 25.11.2009 betreffend die Aufnahme und Ausübung der Versicherungs- und der Rückversicherungstätigkeit (Solvabilität II), ABlEU Nr. L 335 v. 17.12.2009, S. 1 (Solvency II-Rahmenrichtlinie).
349 *Europäische Kommission* Pressemitteilung v. 10.7.2007, IP/07/1060.
350 Vertiefend *Bürkle* VersR 2007, 1595 ff.

Das Governance-System nach der Solvency II-Rahmenrichtlinie
Art. 41: Allgemeine Anforderungen an das Governance-System
Anforderungen an die Mitgliedstaaten und Aufsichtsbehörden
– Die Mitgliedstaaten sorgen für die Ausstattung der Aufsichtsbehörden mit angemessenen Mitteln, Methoden und Befugnissen, um die Governance-Systeme zu prüfen, potentielle Risiken zu bewerten und eine Verbesserung sowie einen Ausbau des Governance-Systems fordern zu können – Die Mitgliedstaaten erkennen den Nachweis über die Zuverlässigkeit einer Person durch einen anderen Mitgliedstaat an (Art. 43)

172 Ein wirksames Risikomanagementsystem muss nach der Solvency II-Rahmenrichtlinie die Strategien, Prozesse und Meldeverfahren umfassen, die erforderlich sind, um die eingegangenen und potentiellen Risiken kontinuierlich zu identifizieren, zu bewerten, zu überwachen, zu handhaben und zu melden.[351] Das Risikomanagementsystem muss effektiv und gut in die Organisationsstruktur und die Entscheidungsprozesse des Unternehmens eingegliedert sein, wobei die Personen, die das Unternehmen tatsächlich leiten oder andere Schlüsselaufgaben innehaben, gebührend zu berücksichtigen sind.[352] Des Weiteren ist die Schaffung einer Risikomanagement-Funktion vorgesehen, die je nach den Gegebenheiten des Einzelfalls bei kleineren Versicherern auch von einer einzelnen Person wahrgenommen werden kann. Diese muss so strukturiert sein, dass sie die Umsetzung des Risikomanagementsystems erleichtert.[353]

173 Die EU-Kommission wird die Vorschriften der Solvency II-Rahmenrichtlinie teilweise in Zusammenarbeit mit EIOPA in den kommenden Monaten weiter konkretisieren. Die EU-Mitgliedstaaten wurden ursprünglich durch die Richtlinie verpflichtet, die Bestimmungen bis zum 31.10.2012 in nationales Recht umzusetzen. Die Solvency II-Rahmenrichtlinie ist allerdings weiterhin Gegenstand von Änderungen durch die sog. Omnibus II-Richtlinie,[354] bei deren Verabschiedung es immer wieder zu Schwierigkeiten im Rahmen der Kompromissfindung der beteiligten Akteure im Trilog-Verfahren kommt. Diese Verzögerungen führen auch zu einer Verschiebung des Inkrafttretens von Solvency II auf noch ungewisse Zeit. Es wird jedoch sowohl auf europäischer Ebene als auch von einigen EWR Mitgliedstaaten wie Deutschland erwogen, u.a. die Governance-Anforderungen unter der sog. Säule 2 von Solvency II vorab (durch sog. *interim measures*) anzuwenden.[355]

---

351 Art. 44 Abs. 1 S. 1 der Solvency II-Rahmenrichtlinie.

352 Art. 44 Abs. 1 S. 2 der Solvency II-Rahmenrichtlinie.

353 Art. 44 Abs. 4 der Solvency II-Rahmenrichtlinie; s. hierzu auch *CEIOPS'* Advice for Level 2 Implementing Measures on Solvency II: System of Governance CEIOPS-DOC-29/09 v. 10.11.2009 zuvor bereits *CEIOPS* Issues Paper on Implementing Measures on System of Governance v. 3.11.2008; und *CEIOPS* Issues Paper on Risk Management and Other Corporate Issues v. 17.7.2007.

354 Basierend auf dem Entwurf der EU-Kommission einer Richtlinie zur Änderung der Richtlinien 2003/71/EG und 2009/138/EG im Hinblick auf die Befugnisse der Europäischen Aufsichtsbehörde für das Versicherungswesen und die betriebliche Altersversorgung und der Europäischen Wertpapieraufsichtsbehörde (KOM(2011) 0008 endg.) v. 19.1.2011.

355 *EIOPA* Opinion on interim measures regarding Solvency II, 20.12.2012.

2.2.2 Versicherungsaufsichtsgesetz und MaRisk VA

Der deutsche Gesetzgeber hat die Verpflichtung zur Errichtung eines angemessenen **174** Risikomanagementsystems und die Anforderungen daran für (Rück-) Versicherungsunternehmen und Pensionsfonds bereits zum 1.1.2008 eingeführt.[356] Seit dem Inkrafttreten des Gesetzes zur Stärkung der Finanzmarkt- und der Versicherungsaufsicht[357] gilt diese Verpflichtung auch für Versicherungs-Holdinggesellschaften. Die Anforderungen des VAG werden – wie die der entsprechenden Vorschrift des KWG – durch ein Rundschreiben der BaFin konkretisiert. Die Aufsichtsrechtlichen Mindestanforderungen an das Risikomanagement der Versicherungsunternehmen (MaRisk VA) wurden am 22.1.2009 von der BaFin veröffentlicht und seither nicht aktualisiert.[358] Sowohl § 64a VAG als auch die MaRisk VA lehnen sich inhaltlich – soweit möglich – an die zum Erlasszeitpunkt bestehenden Regelungen des Bankensektors an,[359] die allerdings seither – anders als die MaRisk VA – mehrfach Gegenstand von Aktualisierungen waren.

Jedes Mitglied der Geschäftsleitung[360] eines Versicherungsunternehmens (z.B. des **175** Vorstands) ist dafür verantwortlich, dass das Versicherungsunternehmen über eine ordnungsgemäße Geschäftsorganisation verfügt.[361]

Die ordnungsgemäße Organisation des Geschäftsbetriebs muss im Ergebnis dazu füh- **176** ren, dass mindestens Folgendes sichergestellt ist:
- die Einhaltung der von dem Versicherungsunternehmen zu beachtenden Gesetze und Verordnungen sowie der aufsichtsbehördlichen Anforderungen (Compliance),[362]
- eine dem Geschäftsbetrieb angemessene ordnungsgemäße Verwaltung und Buchhaltung,[363]
- ein angemessenes Risikomanagement.[363]

Versicherungsunternehmen müssen weiter über angemessene Vergütungssysteme ver- **177** fügen.[364] Versicherungsunternehmen, die das Lebensversicherungsgeschäft[365] oder Geschäfte über Unfallversicherungsverträge mit Prämienrückgewähr betreiben, müssen im Rahmen ihrer ordnungsgemäßen Geschäftsorganisation auch angemessene

---

356 § 64a VAG; Einzelheiten bei *Krämer* Handbuch des Versicherungsaufsichtsrechts § 10; *Dreher* VersR 2008, 998 ff.; zum Risikomanagement auf Versicherungsgruppenebene *Dreher/Schaaf* WM 2008, 1765, 1772 f.; kritisch *Bürkle* VW 2008, 212, 213 f.; der Entwurf der Bundesregierung eines Zehnten Gesetzes zur Änderung des Versicherungsaufsichtsgesetzes v. 15.2.2012 (10. VAG-Novelle) wurde bis auf Weiteres wegen der Verzögerungen der Omnibus II-Richtlinie zurückgestellt (s. Erklärung der Bundesregierung v. 9.5.2012). Dieser Entwurf sieht in den §§ 24 ff. VAG-E umfangreiche Änderungen der Governance-Vorschriften für Versicherungsunternehmen vor.
357 Gesetz zur Stärkung der Finanzmarkt- und der Versicherungsaufsicht v. 29.7.2009, BGBl I, 2305.
358 *BaFin* Rundschreiben 3/2009 – Aufsichtsrechtliche Mindestanforderungen an das Risikomanagement (MaRisk VA) v. 22.1.2009; s. *Weber-Rey* AG-Report 2009, R 124 ff.; ausführlich zu den einzelnen Elementen des Risikomanagements und deren Konkretisierung auf der Grundlage des Entwurfs dieses MaRisk VA Rundschreibens *Dreher* VersR 2008, 998, 1006.
359 *BaFin* Anschreiben zur Konsultation 8/2008 MaRisk VA v. 30.4.2008.
360 § 64a Abs. 1 S. 2 i.V.m. § 7a Abs. 1 S. 4 VAG.
361 § 64a Abs. 1 S. 1 VAG; vgl. auch Rn. 149 hinsichtlich der Gesamtverantwortung der Geschäftsleitung einer Bank.
362 § 64a Abs. 1 S. 1 VAG.
363 § 64a Abs. 1 S. 3 VAG.
364 § 64b VAG.
365 I.S. d Richtlinie 2002/83/EG des Europäischen Parlaments und des Rates v. 5.11.2002.

Systeme betreiben und auf aktuellem Stand halten, die sie in die Lage versetzen, Geschäftsbeziehungen und einzelne Transaktionen zu erkennen, die auf Grund des öffentlichen und im Unternehmen verfügbaren Erfahrungswissens über die Methoden der Geldwäsche und der Terrorismusfinanzierung als zweifelhaft oder ungewöhnlich anzusehen sind.[366]

178 Das Gesetz schreibt keine genaueren Anforderungen an die Compliance-Organisation und die nach Art und Umfang des Geschäftsbetriebs ausgerichtete angemessene und ordnungsgemäße Verwaltung und Buchführung vor. Die notwendigen Bestandteile eines angemessenen Risikomanagements werden jedoch benannt. Dabei handelt es sich um (i) die Risikostrategie, (ii) die Aufbau- und Ablauforganisation, (iii) das interne Steuerungs- und Kontrollsystem und (iv) die Interne Revision.[367]

179 Die nachfolgende Übersicht verdeutlicht die dem internen Steuerungs- und Kontrollsystem und der Internen Revision zukommenden Pflichten im Risikomanagement-System, die sich teilweise überschneiden.

180 *Abb. 22: Ordnungsgemäße Geschäftsorganisation, angemessenes Risikomanagement und Berichtspflichten ggü. der BaFin (§§ 64a, 55c VAG)*

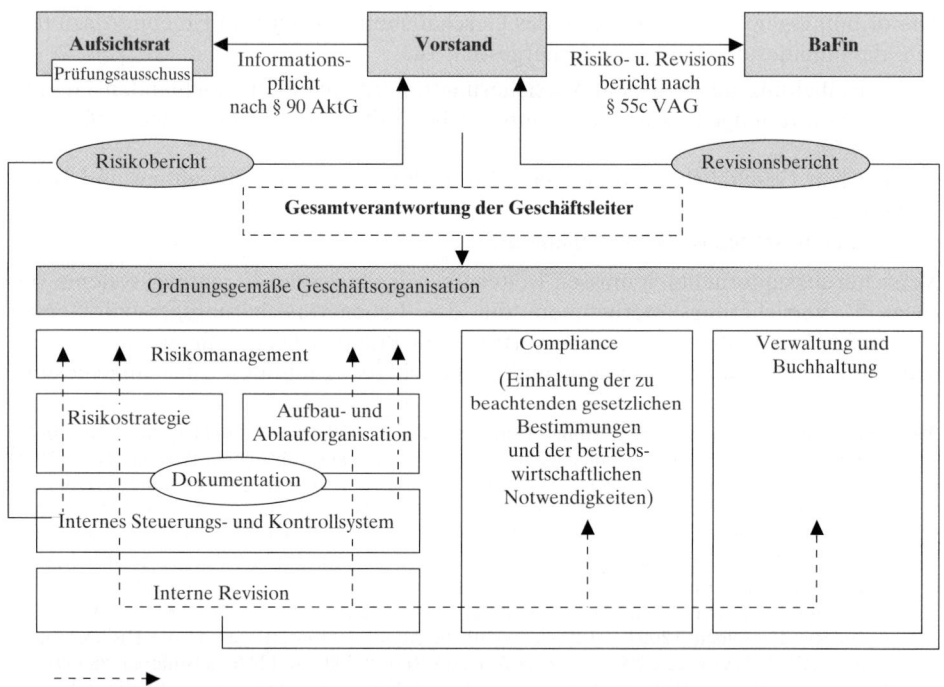

181 Ein angemessenes Risikomanagement erfordert die Einrichtung eines internen Steuerungs- und Kontrollsystems mit einem im Gesetz definierten Aufgaben- und Tätigkeitsbereich.

---

366 § 80d Abs. 1 S. 1 i.V.m. § 80c VAG.
367 § 64a Abs. 1 S. 4 VAG.

Das interne Steuerungs- und Kontrollsystem muss folgende Elemente umfassen:[368] **182**
- ein die Risikostrategie berücksichtigendes angemessenes Risikotragfähigkeitskonzept, aus dem ein geeignetes Limitsystem abgeleitet wird,[369]
- angemessene, auf der Risikostrategie beruhende Prozesse, mit denen die Risiken identifiziert, analysiert und bewertet sowie gesteuert und überwacht werden,[370]
- eine angemessene unternehmensinterne Kommunikation über die als wesentlich eingestuften Risiken.[371] In diese Kommunikation müssen alle Stellen einbezogen werden, für die das Risiko von Bedeutung ist.
- eine aussagefähige Berichterstattung gegenüber der Geschäftsleitung (Risikobericht) über
  - die wesentlichen Ziele des Risikomanagements,
  - die Methoden, mit denen die Risiken bewertet werden,
  - was getan wurde, um die Risiken zu begrenzen,
  - wie sich die Maßnahmen der Risikobegrenzung ausgewirkt haben und die Ziele erreicht und gesteuert wurden[372]
  - und der BaFin vorgelegt werden.[373]

Die Interne Revision hat die gesamte Geschäftsorganisation des (Rück-) Versiche- **183**
rungsunternehmens oder Pensionsfonds zu überprüfen.[374] Details enthält das Gesetz nicht. Die Einwirkungsmöglichkeiten der Internen Revision gehen über das Risikomanagement hinaus, in das sie organisatorisch eingegliedert ist. Die Interne Revision ist also auch für die Kontrolle der ordnungsgemäßen Erfüllung der Compliance-Verpflichtungen und der Verwaltung und Buchhaltung zuständig.

Der Risikobericht und der jährliche Revisionsbericht sind auch der Aufsichtsbehörde **184**
vorzulegen.[375]

Eine separate Dokumentationspflicht besteht für die Risikostrategie, die aufbau- und **185**
ablauforganisatorischen Regelungen sowie für das interne Steuerungs- und Kontrollsystem.[376] Die Dokumentation muss für Dritte nachvollziehbar sein und ist sechs Jahre lang aufzubewahren.[377]

2.3 Wertpapieraufsicht

Die Anforderungen an das Risikomanagement von Wertpapierdienstleistungsunter- **186**
nehmen nach dem Wertpapierhandelsgesetz beruhen insbesondere auf den Vorgaben der EU-Richtlinie über Märkte für Finanzinstrumente (MiFID),[378] die im Wertpapier-

---

368 § 64a Abs. 1 S. 4 Nr. 3 VAG.
369 § 64a Abs. 1 S. 4 Nr. 3a VAG.
370 § 64a Abs. 1 S. 4 Nr. 3b VAG.
371 § 64a Abs. 1 S. 4 Nr. 3c VAG.
372 § 64a Abs. 1 S. 4 Nr. 3d VAG.
373 § 55c Abs. 1 Nr. 1 und Abs. 5 VAG; s. hierzu *Dreher* ZVersWiss 2009, 187, 202 f., der sich über die Risikoberichterstattung hinaus umfassend mit den Offenlegungspflichten von Versicherungsunternehmen gegenüber der BaFin befasst.
374 § 64a Abs. 1 S. 4 Nr. 4 VAG.
375 § 55c Abs. 1 Nr. 2 und Abs. 5 VAG. Das Kreditwesengesetz enthält dagegen für den Bankensektor keine ausdrückliche Pflicht zur Vorlage eines Risiko- oder eines Revisionsberichts, *Weber-Rey* AG 2008, 345, 357.
376 § 64a Abs. 3 S. 1 VAG.
377 § 64a Abs. 3 VAG.
378 Richtlinie 2004/39/EG des Europäischen Parlaments und des Rates v. 21.4.2004 über Märkte für Finanzinstrumente, ABlEU Nr L 145/1 v. 30.4.2004 (MiFID).

handelsgesetz und im Kreditwesengesetz umgesetzt wurden.[379] Die Anforderungen der MiFID sind weiterhin gültig, werden allerdings in Zukunft durch die sog. MiFID 2 weiterentwickelt.[380]

2.3.1 MiFID

187 Die MiFID sieht vor, dass Wertpapierfirmen[381] über effiziente Verfahren zur Risikobewertung verfügen müssen.[382] Die Anforderungen an das Risikomanagement werden in der Durchführungsrichtlinie der EU-Kommission zur MiFID konkretisiert.[383]

2.3.2 Wertpapierhandelsgesetz, Kreditwesengesetz und MaRisk BA

188 Das Wertpapierhandelsgesetz verweist hinsichtlich der Anforderungen an das Risikomanagement von Wertpapierdienstleistungsunternehmen auf § 25a Abs. 1 KWG.[384] Danach müssen auch Wertpapierdienstleistungsunternehmen ein angemessenes und wirksames Risikomanagement einrichten. Wertpapierdienstleistungsunternehmen sind Kreditinstitute und Finanzdienstleistungsinstitute, die Wertpapierdienstleistungen erbringen.[385] I.d.R. gilt § 25a KWG für diese Unternehmen auch direkt. Auch die MaRisk BA[386] in der die BaFin ihre Auslegung von § 25a KWG niedergelegt hat, findet in diesem Zusammenhang Anwendung.[387] Daneben gelten für Wertpapierdienstleistungsunternehmen die MaComp der BaFin[388], in denen weitere organisatorische Anforderungen vorgegeben werden.

V. Compliance

189 Compliance in dem hier behandelten Sinne ist die Organisation eines Unternehmens zur Sicherstellung der Einhaltung gesetzlicher und anderer Pflichten im Unternehmen. Ebenso wie das Risikomanagement ist Compliance daher auch ein Thema der Unternehmensorganisation und in manchen Wirtschaftssektoren darüber hinaus der staatlichen Beaufsichtigung.

---

379 Zu den organisatorischen Anforderungen an Kapitalanlagegesellschaften und selbstverwaltende Investmentaktiengesellschaften s. § 9a InvG (i.V.m. § 99 Abs. 3 S. 2 InvG).

380 Basierend auf den Vorschlägen der EU-Kommission für eine EU Richtlinie über Märkte für Finanzinstrumente zur Aufhebung der Richtlinie 2004/39/EG des Europäischen Parlaments und des Rates (2011/0298 (COD)) v. 20.10.2011 und für eine EU Verordnung über Märkte für Finanzinstrumente und zur Änderung der EMIR-Verordnung über OTC-Derivate, zentrale Gegenparteien und Transaktionsregister (2011/0296 (COD)) v. 20.10.2011.

381 Wertpapierfirmen sind nach Art. 4 Abs. 1 Nr. 1 MiFID Personen, die im Rahmen ihrer üblichen beruflichen oder gewerblichen Tätigkeit gewerbsmäßig eine oder mehrere Wertpapierdienstleistungen für Dritte erbringt und/oder eine oder mehrere Anlagetätigkeiten ausüben.

382 Art. 13 Abs. 5 Unterabs. 2 MiFID.

383 Art. 7 Richtlinie 2006/73/EG der Kommission v. 10.8.2006, ABlEU Nr. L 241/26 v. 2.9.2006.

384 § 33 Abs. 1 S. 1 WpHG; s. Rn. 147 ff.

385 Wegen der genauen Definition s. § 2 Abs. 4 WpHG; s. auch *Assmann/Schneider* § 2 Rn. 140 ff.

386 *BaFin* Rundschreiben 10/2012 (BA) – Mindestanforderungen an das Risikomanagement v. 14.12.2012 (MaRisk BA).

387 Zu den MaRisk BA vertiefend *Hannemann/Schneider* MaRisk, 4. Aufl. 2011; *Weber-Rey* AG 2008, 345, 350 ff.; *Zimmermann* BKR 2005, 208 ff.; *Schmitz-Lippert/Schneider* WpG 2005, 1353 ff.

388 BaFin Rundschreiben 4/2010 (WA) – Mindestanforderungen an die Compliance-Funktion und die weiteren Verhaltens-, Organisations- und Transparenzpflichten nach §§ 31 ff. WpHG für Wertpapierdienstleistungsunternehmen (MaComp) v. 7.6.2010, Stand 7.12.2012.

Im Folgenden sollen gesellschafts- und aufsichtsrechtliche Anforderungen an die **190** Compliance-Organisation in Unternehmen des Finanzsektors dargestellt werden.

1. Gesellschaftsrechtliche Anforderungen

Unternehmen sind verpflichtet, im Rahmen ihrer Geschäftsführung Rechtsverstöße **191** zu vermeiden. Die Inhaber, gesetzlichen Vertreter und Organe müssen die Aufsichtsmaßnahmen ergreifen, die erforderlich sind, um Rechtsverstöße in dem Unternehmen zu verhindern.[389] Dies ist eine Selbstverständlichkeit, die keiner besonderen Erwähnung bedarf. Im Gesellschaftsrecht werden dennoch immer wieder kontroverse Diskussionen zum Thema Compliance geführt. Dabei geht es u.a. um die Frage, welche Maßnahmen ein Management zu ergreifen hat, um das Risiko etwaiger Gesetzesverstöße möglichst gering zu halten.[390]

Das allgemeine Gesellschaftsrecht enthält keine Vorschrift, nach der eine Gesell- **192** schaft, gleich welcher Größe, zwingend über eine Compliance-Organisation verfügen müsste.[391] Aus § 91 Abs. 2 AktG folgt lediglich für Aktiengesellschaften, dass diese über ein System zur Früherkennung (Überwachungssystem) bestandsgefährdender Risiken verfügen müssen.[392] Da auch etwaige Rechtsrisiken unter Umständen bestandsgefährdend sein können, muss das Früherkennungssystem auch größere Rechtsrisiken berücksichtigen.[393] Die Verantwortung hierzu liegt beim Vorstand einer Aktiengesellschaft. Die Gestaltung des Überwachungssystems richtet sich nach der Größe, Branche, Struktur und dem Kapitalmarktzugang des Unternehmens, und der Vorstand kann bei seiner Ausgestaltung von seinem Ermessen nach der *Business Judgement Rule* Gebrauch machen.[394] Das Aktiengesetz enthält keine konkreten Anforderungen an die Geschäftsorganisation.

Seit Inkrafttreten des BilMoG sind kapitalmarktorientierte Kapitalgesellschaften, die **193** keinen Aufsichtsrat besitzen, verpflichtet, einen Prüfungsausschuss zu errichten, zu dessen Aufgaben es gehört, sich mit der Wirksamkeit „des internen Kontrollsystems" der Gesellschaft zu befassen.[395] Das Gesetz definiert nicht, was zum internen Kontrollsystem gehört. Die Gesetzesbegründung erwähnt lediglich, dass das interne Revisionssystem dazu gehöre.[396] Vor dem Hintergrund verschiedener internationaler Standards ist aber davon auszugehen, dass auch eine Compliance-Funktion zu dem internen Kontrollsystem gehört[397] und bei kapitalmarktorientierten Kapitalgesellschaften

---

389 Vgl. für Ordnungswidrigkeiten und Straftaten §§ 9, 130 OWiG.
390 Vertiefend *Bürkle* BB 2005, 565 ff.; zu der Rolle des Aufsichtsrats im Rahmen der Überwachung der Compliance s. etwa *Lutter* FS Hüffer, S. 617 ff.
391 *Spindler* MünchKomm AktG, § 91 Rn. 36 m.w.N., zum Meinungsstand in der Literatur s. auch *Bachmann* Gesellschaftsrecht in der Diskussion, 2007, S. 67 ff.
392 *Weber-Rey* AG 2008, 345 m.w.N.; zu den Anforderungen an ein Risikofrüherkennungs- und Überwachungssystem *Blasche* CCZ 2009, 62 ff.; s. Rn. 140.
393 *Dreher* FS Hüffer S. 161, 168 ff.
394 § 93 Abs. 1 S. 2 AktG.
395 §§ 246d und 324 HGB i.V.m. § 107 Abs. 3 S. 2 AktG; nach § 264d HGB sind kapitalmarktorientierte Kapitalgesellschaften solche Kapitalgesellschaften, die einen organisierten Markt i.S.d. § 2 Abs. 5 WpHG durch von ihnen ausgegebene Wertpapiere i.S.d. § 2 Abs. 1 S. 1 WpHG in Anspruch nehmen oder die Zulassung solcher Wertpapiere zum Handel an einem organisierten Markt beantragt haben.
396 Gesetzesbegründung des BilMoG, BT-Drucks. 16/10067, 102.
397 So gehört eine Compliance-Funktion sowohl nach Art. 46 Solvency II-Rahmenrichtlinie, als auch nach den Grundsätzen für eine wirksame Bankenaufsicht des Basler Ausschusses für Bankenaufsicht v. Oktober 2006 (Grundsatz 17) zu dem internen Kontrollsystem.

bestehen muss.[398] Die Ausgestaltung dieser Funktion liegt aber auch in diesem Fall im Ermessen der Geschäftsleitung.

194 Auch der DCGK[399] sieht vor, dass der Vorstand für die Einhaltung der gesetzlichen Bestimmungen und der unternehmensinternen Richtlinien zu sorgen hat und auf deren Beachtung durch die Konzernunternehmen hin wirkt (Compliance).[400] Hierbei handelt es sich um die Wiedergabe geltenden Rechts, ohne dass der Kodex die Einrichtung einer Compliance-Organisation für börsennotierte Gesellschaften empfiehlt.[401] Die vom Vorstand zu treffenden Compliance-Maßnahmen müssen angemessen und verhältnismäßig sein.[402] Darüber hinaus empfiehlt der DCGK in Ziff. 5.3.2, dass Aufsichtsräte börsennotierter Gesellschaften einen Prüfungsausschuss (*Audit Committee*) einrichten sollen, der sich auch mit Compliance befassen soll, sofern nicht ein anderer Ausschuss hiermit betraut ist. Hierbei handelt es sich nicht um zwingendes Recht, sondern lediglich um eine Empfehlung. Außerdem wird der Prüfungsausschuss zu kontrollieren haben, ob der Vorstand angemessene organisatorische Compliance-Vorkehrungen getroffen hat und seinerseits deren Einhaltung überwacht.[403]

195 Auch eine GmbH kann im Einzelfall unter Berücksichtigung ihrer Größe, Komplexität und ihrer Struktur analog § 91 Abs. 2 AktG verpflichtet sein, ein angemessenes System zur Risikofrüherkennung zu betreiben.[404] Hierzu gehört auch die Früherkennung des Risikos von Vorschriftenverstößen. Konsequenterweise besteht aber auch hier weder eine zwingende Verpflichtung des GmbH-Geschäftsführers, eine Compliance-Organisation einzurichten, noch existieren konkrete gesetzliche Vorgaben an eine solche Organisation.[405]

196 Personengesellschaften sind gesetzlich nicht dazu verpflichtet, ein System zur Früherkennung bestandsgefährdender Risiken zu betreiben, und müssen daher auch nicht über eine Compliance-Organisation verfügen.[406]

2. Aufsichtsrechtliche Anforderungen

197 Die gesetzlichen Anforderungen des KWG, VAG und WpHG an die Compliance-Funktion von Unternehmen des Finanzsektors[407] geben keine starren Strukturen für eine Organisation der Compliance-Funktion vor, sondern enthalten prinzipienbasierte Vorgaben und stehen unter dem Vorbehalt allgemeiner Verhältnismäßigkeitserwägungen (Proportionalitätsprinzip).

---

398 Zu den Compliance-Aufgaben des Vorstands einer AG s. etwa *Dreher* FS Hüffer, 2010, S. 161, 168 ff.; *Kort* FS Hopt, 2010, S. 983 ff.
399 Deutscher Corporate Governance Kodex in der Fassung v. 15.5.2012.
400 Ziff. 4.1.3 DCGK.
401 *Ringleb/Kremer/Lutter/v. Werder* Rn. 615.
402 *Weber-Rey* AG 2008, 345, 346 m.w.N.
403 So *Lutter* FS Hüffer, 2009, S. 617, 619 für den Aufsichtsrat.
404 Regierungsbegründung zum KonTraG v. 28.1.1998, BT-Drucks. 13/9712, 15; s. Rn. 143.
405 Ähnlich *Hauschka/Gebauer/Niermann* § 31 Rn. 12 ff. die allerdings auf die Notwendigkeit bei Emittenten auf organisierten Kapitalmärkten hinweisen, über Compliance-Abteilungen zu verfügen.
406 S. Rn. 143.
407 § 25a Abs. 1 S. 1 KWG, § 64a Abs. 1 S. 1 VAG und § 33 Abs. 1 WpHG.

2.1 Bankenaufsicht

Bankaufsichtsrechtliche Anforderungen an die Compliance der Kredit- und Finanz- **198** dienstleistungsinstitute enthält das Kreditwesengesetz. Nach § 25a Abs. 1 S. 1 KWG müssen Kredit- und Finanzdienstleistungsinstitute über eine ordnungsgemäße Geschäftsorganisation verfügen, die die Einhaltung der von den Instituten zu beachtenden gesetzlichen Bestimmungen gewährleistet. Die Geschäftsleiter der Institute sind für diese ordnungsgemäße Geschäftsorganisation verantwortlich.[408]

Fraglich ist, wie weit das Spektrum der gesetzlichen Vorschriften reicht, für deren Ein- **199** haltung die Compliance-Funktion zu sorgen hat.[409] Die Formulierung „der vom Institut zu beachtenden gesetzlichen Bestimmungen" umfasst nicht nur die Vorschriften des KWG, sondern ihrem Wortlaut nach alle Gesetze, an die sich ein Institut halten muss. Dennoch werden unter den Rechtsvorschriften, für deren Einhaltung eine aufsichtsrechtlich erforderliche Compliance-Funktion zuständig ist, richtigerweise nur die Vorschriften verstanden, die einen Bezug zum Aufsichtsrecht haben. In diesem Bereich sind nicht nur die Gesetze, sondern auch die sie konkretisierenden Verordnungen umfasst. Die BaFin geht davon aus, dass den entsprechenden rechtlichen Anforderungen auch ein wesentliches Compliance-Risiko anhaften muss und grenzt den Kreis der relevanten Vorschriften teilweise ein auf Vorgaben zu Wertpapierdienstleistungen (WpHG), Geldwäsche und Terrorismusfinanzierung, allgemeine Verbraucherschutzvorgaben (z.B. auch mit Bezug auf das Kreditgeschäft oder andere Aktivitäten), Datenschutzvorgaben und die Verhinderung doloser Handlungen zu Lasten des Instituts. Darüber hinaus können ggf. weitere rechtliche Regelungen und Vorgaben relevant sein, sofern sie vom Institut unter Compliance-Gesichtspunkten als wesentlich eingestuft wurden (Selbsteinschätzung).[410] Eine Pflicht zur Beachtung von Vorschriften ohne einen direkten Bezug zum Aufsichtsrecht lässt sich aus den allgemeinen Anforderungen an eine ordnungsgemäße Geschäftsführung ableiten.[411] Verstöße in diesem Bereich dürften aber zu keinem Einschreiten der BaFin führen – dessen ungeachtet können sie ein Einschreiten anderer Behörden oder eine zivilrechtliche Haftung verursachen.

Die Anforderungen an eine angemessene Compliance-Organisation im Rahmen der **200** ordnungsgemäßen Geschäftsorganisation eines Instituts werden gesetzlich nicht weiter konkretisiert. Die Entscheidung über die Ausgestaltung der Compliance-Organisation bleibt daher den Instituten selbst überlassen.

Die BaFin verlangt, dass die Compliance-Funktion mindestens jährlich und darüber **201** hinaus anlassbezogen der Geschäftsleitung über ihre Tätigkeit berichtet und dass diese Berichte auch an das Aufsichtsorgan und die Interne Revision weiterzuleiten sind. Im Rahmen dieser Berichtspflicht muss die Compliance-Funktion auch die Angemessenheit und Wirksamkeit der Regelungen zur Einhaltung der wesentlichen rechtlichen Regelungen und Vorgaben beurteilen. Ggf. hat der Bericht auch Angaben zu möglichen Defiziten und den zu deren Behebung getroffenen Maßnahmen zu enthalten.[412]

---

408 § 25a Abs. 1 S. 2 i.V.m. § 1 Abs. 2 S. 1 KWG.
409 Einzelheiten bei *Boos/Fischer/Schulte-Mattler/Braun* § 25a Rn. 37 ff.
410 *BaFin* Anschreiben zu den MaRisk BA 10/2012 v. 14.12.2012.
411 *Boos/Fischer/Schulte-Mattler/Braun* § 25a Rn. 43.
412 *BaFin* AT 4.3.2 Rn. 6 MaRisk BA; für Wertpapierdienstleistungsunternehmen ergeben sich zusätzliche aufsichtsrechtliche Anforderungen an die Berichtspflichten aus *BaFin* MaComp BT 1.2.2.

2.2 Versicherungsaufsicht

202 Auch das Versicherungsaufsichtsgesetz enthält Anforderungen an die Compliance-Funktion der Unternehmen.[413] Zwar existieren bislang noch keine konkreten gesetzlichen Vorgaben an eine Compliance-Organisation, dies wird sich allerdings im Zuge der Umsetzung des Solvency II-Prozesses für alle EU-Mitgliedstaaten ändern.

2.2.1 Solvency II

203 Die Solvency II-Rahmenrichtlinie sieht eine bedeutende Ausweitung aufsichtsrechtlicher Compliance-Pflichten für Erst- und Rückversicherungsunternehmen vor. Als Teil des Governance-Systems[414] wird von den Versicherern die Schaffung einer Compliance-Funktion im Unternehmen verlangt.[415] Die Compliance-Funktion gehört zu dem internen Kontrollsystem der Versicherungen.[416]

204 Zu den Aufgaben der Compliance-Funktion gehört
– die Überwachung der Einhaltung der Anforderungen,
– die Beratung der Geschäftsleitung zu der Einhaltung der gemäß der Solvency II-Rahmenrichtlinie erlassenen Rechts- und Verwaltungsvorschriften,
– die Bewertung der möglichen Auswirkungen von Änderungen des Rechtsumfelds auf die Tätigkeit des Unternehmens und
– die Identifizierung und Bewertung des Risikos der Einhaltung der rechtlichen Vorgaben.[417]

205 Die Solvency II-Rahmenrichtlinie gibt im Einklang mit ihrem prinzipienbasierten Ansatz lediglich die Grundsätze für die Compliance-Funktion vor. Die EU-Kommission wird – teilweise unterstützt durch EIOPA – die Anforderungen an die Compliance-Funktion jedoch auf den nachgeordneten Stufen des durch den Lissabon-Vertrag modifizierten Lamfalussy-Verfahrens weiter konkretisieren.[418]

2.2.2 Versicherungsaufsichtsgesetz

206 Nach § 64a VAG müssen Versicherungsunternehmen über eine ordnungsgemäße Geschäftsorganisation verfügen müssen, die die Einhaltung der von ihnen zu beachtenden Gesetze und Verordnungen sowie der aufsichtsbehördlichen Anforderungen gewährleistet.[419] Diese Vorschrift ist sowohl auf Erstversicherer, als auch auf Rückversicherer, Pensionsfonds und auf Versicherungs-Holdinggesellschaften nach § 1b VAG

---

413 Vertiefend *Bürkle* § 1; *ders.* Handbuch des Versicherungsaufsichtsrechts § 9.
414 Kap. 4, 2. Abschn. (Art. 41–49) Solvency II-Rahmenrichtlinie.
415 Art. 45 Abs. 1 Unterabs. 2 und Abs. 2 Solvency II-Rahmenrichtlinie.
416 Ausführlich *Bürkle* CCZ 2008, 50 ff.
417 Art. 46 Abs. 1 Unterabs. 2 und Abs. 2 Solvency II-Rahmenrichtlinie; zu den einzelnen Aufgaben der Compliance-Funktion nach dem Rahmenrichtlinienentwurf s. *Bürkle* CCZ 2008, 50, 52 ff; *CEIOPS'* Advice for Level 2 Implementing Measures on Solvency II: System of Governance CEIOPS-DOC-29/09 v. 10.11.2009, Ziff. 3.244; zuvor bereits *CEIOPS* Issues Paper on Implementing Measures on System of Governance v. 3.11.2008 Rn. 7.21. ff.
418 Art. 50 Abs. 1 Solvency II-Rahmenrichtlinie; s. *Weber-Rey/Baltzer* in Hopt/Wohlmannstetter, Handbuch Corporate Governance von Banken, 2011 S. 439 ff.; zu dem modifizierten Lamfalussy-Verfahren s. *Weber-Rey/Horak* WM 2013, 721 ff.; zu der Gefahr einer Überregulierung auf dieser Ebene vgl. *Dreher* VersR 2008, 998; *Bürkle* VersR 2009, 866, 873; zu den unterschiedlichen Arten von Regelungssätzen *Weber-Rey* ZGR 2010, 543, 552 ff.
419 Zu der Compliance-Organisation in der Versicherungswirtschaft vor Verabschiedung des § 64a VAG s. *Hauschka/Preusche* § 37.

anwendbar.[420] Mit der Einführung dieser Vorschrift zum 1.1.2008 wollte der Gesetzgeber den Anforderungen von Solvency II vorgreifen, um die deutsche Versicherungswirtschaft frühzeitig auf diese vorzubereiten.

Entsprechend dem prinzipienbasierten Ansatz der Solvency II-Rahmenrichtlinie enthält § 64a VAG keine konkreten Vorgaben an die Organisation der Compliance-Funktion. Verantwortlich für die ordnungsgemäße Geschäftsorganisation sind die Geschäftsleiter des Unternehmens.[421] Damit liegt aber zugleich auch das Risiko einer Fehleinschätzung bzw. des Abweichens von den Vorstellungen der BaFin bei der Geschäftsleitung. Es ist daher ratsam, die Entwicklungen des Solvency II-Prozesses zu verfolgen und absehbare Anforderungen bei der Organisation der Compliance-Funktion zu berücksichtigen. **207**

Die Einrichtung einer Compliance-Abteilung ist aus Gründen der Verhältnismäßigkeit nicht in allen Unternehmen erforderlich, auch wenn sie bei größeren Versicherern üblich und angemessen ist. Bei kleinen Unternehmen kann die Compliance-Funktion auch in der Rechtsabteilung[422] angesiedelt oder an eine andere Kontrolleinheit angebunden werden.[423] **208**

2.3 Wertpapieraufsicht

Die Compliance-Organisation im Wertpapiersektor dient insbesondere der Erfüllung wertpapierrechtlicher Pflichten, wie beispielsweise den Wohlverhaltens-, den Markttransparenz- und den Meldepflichten. Die Anforderungen an die Compliance von Wertpapierdienstleistungsunternehmen nach dem WpHG beruhen auf den MiFID,[424] die im Wertpapierhandelsgesetz und im Kreditwesengesetz umgesetzt wurden.[425] **209**

2.3.1 MiFID

Die MiFID verlangt von den Wertpapierfirmen die Einrichtung einer Compliance-Funktion. Sie sieht vor, dass Wertpapierfirmen angemessene Strategien und Verfahren vorsehen müssen, die ausreichen, um sicherzustellen, dass das Unternehmen, seine Geschäftsleitung, Beschäftigten und vertraglich gebundenen Vermittler den Verpflichtungen gemäß der MiFID sowie den einschlägigen Vorschriften für persönliche Geschäfte dieser Personen nachkommen.[426] Die Anforderungen an die Compliance-Funktion sind in der Durchführungsrichtlinie der EU-Kommission konkretisiert.[427] **210**

---

420 §§ 113 Abs. 1, 121a Abs. 1 i.V.m. 64a Abs. 1 S. 1 VAG.
421 § 64a VAG i.V.m. § 7a Abs. 1 S. 4 VAG.
422 *Dreher* VersR 2008, 998, 1004.
423 So die Sicht der BaFin bei Instituten, bei denen die Compliance-Funktion auch anderen Kontrolleinheiten (außer der Internen Revision) angebunden werden und bei denen ausnahmsweise auch ein Mitglied der Geschäftsleitung die Funktion des Compliance-Beauftragten übernehmen kann, *BaFin* MaRisk BA AT 4.4.2 Rn.3 f.
424 Richtlinie 2004/39/EG des Europäischen Parlaments und des Rates v. 21.4.2004 über Märkte für Finanzinstrumente, ABlEU Nr. L 145/1 v. 30.4.2004, die aktuell Gegenstand einer Überarbeitung ist, s. hierzu Rn. 186.
425 Zu den organisatorischen Anforderungen an Kapitalanlagegesellschaften und selbstverwaltende Investmentaktiengesellschaften s. § 9a InvG (i.V.m. § 99 Abs. 3 S. 2 InvG).
426 Art. 13 Abs. 2 MiFID.
427 Art. 6 Richtlinie 2006/73/EG der Kommission v. 10.8.2006, ABlEU Nr. L 241/26 v. 2.9.2006.

2.3.2 Wertpapierhandelsgesetz

211 Wertpapierdienstleistungsunternehmen[428] müssen gem. § 33 Abs. 1 S. 1 WpHG dieselben organisatorischen Anforderungen an eine ordnungsgemäße Geschäftsorganisation erfüllen, wie Kredit- und Finanzdienstleistungsinstitute nach § 25a Abs. 1 KWG. Ein Wertpapierdienstleistungsunternehmen muss so organisiert sein, dass die Einhaltung der zu beachtenden gesetzlichen Bestimmungen und der betriebswirtschaftlichen Notwendigkeiten gewährleistet ist.[429] Darüber hinaus müssen Wertpapierdienstleistungsunternehmen die weiteren organisatorischen Anforderungen des § 33 Abs. 1 S. 2 WpHG erfüllen. Diese werden durch die Verordnung der BaFin zur Konkretisierung der Verhaltensregeln und Organisationsanforderungen für Wertpapierdienstleistungsunternehmen (WpDVerOV) konkretisiert.[430] Darüber hinaus hat die BaFin ein Rundschreiben über die Mindestanforderungen an die Compliance-Funktion (MaComp) von Wertpapierdienstleistungsunternehmen veröffentlicht.

212 Nach § 33 Abs. 1 S. 2 WpHG müssen Wertpapierdienstleistungsunternehmen angemessene Grundsätze aufstellen, Mittel vorhalten und Verfahren einrichten, die darauf ausgerichtet sind, sicherzustellen, dass das Wertpapierdienstleistungsunternehmen selbst und seine Mitarbeiter den Verpflichtungen des Wertpapierhandelsgesetzes nachkommen. Für diese Zwecke ist insbesondere eine dauerhafte und wirksame Compliance-Funktion einzurichten, die ihre Aufgaben unabhängig wahrnehmen kann.[431] Dabei sind Art, Umfang, Komplexität und Risikogehalt des Geschäfts sowie Art und Spektrum der von dem Unternehmen angebotenen Wertpapierdienstleistungen zu berücksichtigen (Verhältnismäßigkeitsgrundsatz).[432]

213 Die mit der Compliance-Funktion betrauten Mitarbeiter müssen der Geschäftsleitung und dem Aufsichtsorgan mindestens einmal jährlich Bericht über die Angemessenheit und Wirksamkeit der Compliance-Funktion und über Maßnahmen zur Behebung von Verstößen des Wertpapierdienstleistungsunternehmens selbst oder seiner Mitarbeiter gegen Verpflichtungen nach dem Wertpapierhandelsgesetz oder zur Beseitigung des Risikos solcher Verstöße erstatten.[433]

214 Das Wertpapierdienstleistungsunternehmen muss einen Compliance-Beauftragten ernennen, der für die Compliance-Funktion und die Berichte an die Geschäftsleitung und das Aufsichtsorgan verantwortlich ist.[434] Der Compliance-Beauftragte und die übrigen mit der Compliance-Funktion betrauten Personen müssen über die erforderlichen Fachkenntnisse, Mittel und Kompetenzen sowie über Zugang zu allen für ihre Tätigkeit relevanten Informationen verfügen, um ihre Aufgaben ordnungsgemäß und unabhängig erfüllen zu können.[435] Sie dürfen weder an den Wertpapierdienstleistun-

---

428 Zur Definition des Wertpapierdienstleistungsunternehmens s. Rn. 188.

429 § 25a Abs. 1 S. 1 KWG.

430 Verordnung zur Konkretisierung der Verhaltensregeln und Organisationsanforderungen für Wertpapierdienstleistungsunternehmen (WpDVerOV).

431 § 33 Abs. 1 S. 2 Nr. 1 WpHG; s. auch Bundesverband deutscher Banken (BdB) Best-Practice-Leitlinien für Wertpapier-Compliance, Juni 2011.

432 § 33 Abs. 1 S. 3 WpHG.

433 § 33 Abs. 1 S. 2 Nr. 5 WpHG; zu den Berichtspflichten der Compliance-Funktion an die Geschäftsleitung *Hense/Renz* CCZ 2008, 181 ff.

434 § 12 Abs. 4 S. 1 WpDVerOV; hierzu *Brinkmann/Schäfer* Compliance-Konsequenzen aus der MiFID, 2008, Rn. 666 ff.; *Spindler* WM 2008, 905, 909 ff.; *Veil* WM 2008, 1093, 1096 ff.; *Lösler* WM 2008, 1098 ff.

435 § 12 Abs. 4 S. 3 WpDVerOV.

Weber-Rey/Benzler

gen beteiligt sein, die sie überwachen, noch darf die Art und Weise ihrer Vergütung eine Beeinträchtigung ihrer Unvoreingenommenheit bewirken oder wahrscheinlich erscheinen lassen.[436] Erleichterungen können sich aus dem Proportionalitätsgrundsatz ergeben.[437]

Aufgabe der Compliance-Funktion nach dem WpHG ist es, die Gefahr einer Verlet-   **215** zung des Wertpapierhandelsgesetzes und der in den dazu erlassenen Verordnungen geregelten Verpflichtungen durch das Wertpapierdienstleistungsunternehmen oder seine Mitarbeiter sowie die mit einer solchen Verletzung verbundenen Risiken aufzudecken, diese Risiken soweit wie möglich zu beschränken und der BaFin eine effektive Aufsicht zu ermöglichen.[438] Die Compliance-Funktion muss außerdem

– die Angemessenheit und Wirksamkeit der Compliance-Funktion sowie die zur Behebung von Defiziten getroffenen Maßnahmen überwachen und regelmäßig bewerten sowie
– die Mitarbeiter im Hinblick auf die Einhaltung der Verpflichtungen nach dem Wertpapierhandelsgesetz und den dazu erlassenen Verordnungen beraten und unterstützen.[439]

Abb. 23: Ordnungsgemäße Geschäftsorganisation eines Wertpapierdienstleistungs-   **216**
unternehmens nach dem WpHG

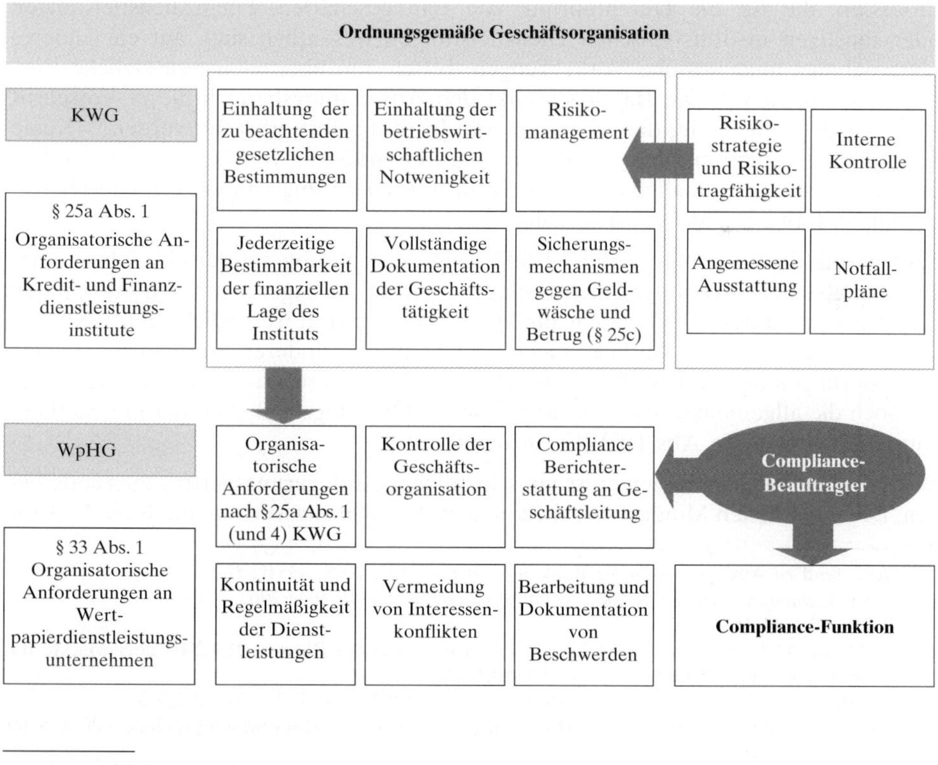

436 § 12 Abs. 4 S. 4 WpDVerOV.
437 § 12 Abs. 5 WpDVerOV; s. auch Rn. 216.
438 § 12 Abs. 1 und 2 WpDVerOV.
439 § 12 Abs. 3 WpDVerOV.

3. Outsourcing

217 Unter Outsourcing versteht man die Übertragung einer Aufgabe eines Unternehmens auf einen Dritten (Dienstleister). Das Outsourcing ist eine organisatorische Maßnahme. Das Aufsichtsrecht regelt Auslagerungssachverhalte als Bestandteil einer ordnungsgemäßen Geschäftsorganisation.

3.1 Bankenaufsicht

218 § 25a Abs. 2 KWG enthält aufsichtsrechtliche Anforderungen an Auslagerungen von Instituten.[440] Die BaFin hat ihre Auslegung der Anforderungen an das Risikomanagement einschließlich der Anforderungen an Outsourcingverträge in den MaRisk BA veröffentlicht.[441]

3.1.1 Finanzmarktrichtlinie

219 Die aktuelle Fassung des § 25a Abs. 2 KWG wurde u.a. maßgeblich durch Art. 13 Abs. 5 Unterabs. 1 der MiFID[442] in Verbindung mit Art. 13 und 14 der Durchführungsrichtlinie zur MiFID[443] beeinflusst.

3.1.2 Kreditwesengesetz und MaRisk BA

220 Nach § 25a Abs. 2 KWG muss ein Institut bei der Auslagerung von Aktivitäten und Prozessen, die für die Durchführung von Bankgeschäften, Finanzdienstleistungen oder sonstigen institutstypischen Dienstleistungen wesentlich sind, auf ein anderes Unternehmen angemessene Vorkehrungen treffen, um übermäßige zusätzliche Risiken zu vermeiden.[444] Die BaFin schränkt den Anwendungsbereich dieser Vorschrift auf Dienstleistungen ein, die ansonsten vom Institut selbst erbracht würden.[445] Keine Auslagerung in diesem Sinne ist ein „sonstiger Fremdbezug von Leistungen", zu dem beispielsweise der einmalige oder gelegentliche Fremdbezug von Gütern und Dienstleistungen (etwa Rechtsberatung) zählt.[446]

221 Auslagernde Institute müssen im Vorfeld einer Auslagerung auf der Grundlage einer Risikoanalyse eigenverantwortlich festlegen, welche Auslagerungen von Aktivitäten und Prozessen unter Risikogesichtspunkten für das Institut wesentlich sind.[447] Nur bei solchen „wesentlichen Auslagerungen" sind die besonderen aufsichtsrechtlichen Anforderungen der MaRisk BA zu beachten. Bei unwesentlichen Auslagerungen sind dennoch die allgemeinen Anforderungen an die Ordnungsmäßigkeit der Geschäftsorganisation gem. § 25a Abs. 1 KWG einzuhalten.[448]

222 Wesentlichen Auslagerungen muss ein schriftlicher Auslagerungsvertrag zugrunde liegen. Die inhaltlichen Mindestvorgaben an den Auslagerungsvertrag durch die MaRisk

---

440 Vertiefend zu Auslagerungen bei Banken *Schneider* WPg 2008, 435 ff.; *Hanten/Görke* BKR 2007, 489 ff.; *Gennen/Schreiner* CR 2007, 757 ff.; *Fischer/Petri/Steidle* WM 2007, 2313 ff.
441 *BaFin* AT 9 MaRisk BA.
442 Richtlinie 2004/39/EG des Europäischen Parlaments und des Rates v. 21.4.2004 über Märkte für Finanzinstrumente, ABlEU Nr. L 145/1 v. 30.4.2004.
443 Richtlinie 2006/73/EG der Kommission v. 10.8.2006, ABlEU Nr. L 241/26 v. 2.9.2006.
444 Zu Auslagerungen von Instituten s. *Horak* Outsourcing bei Versicherungsunternehmen, 2011, S. 69 ff.
445 *BaFin* MaRisk BA, AT 9, Rn. 1.
446 *BaFin* Erläuterungen zu den MaRisk BA, AT 9, Rn. 1.
447 *BaFin* MaRisk BA, AT 9, Rn. 2.
448 *BaFin* MaRisk BA, AT 9, Rn. 3.

BA[449] dienen im Wesentlichen der Sicherstellung der Einhaltung der aufsichtsrechtlichen Anforderungen an eine Auslagerung:

- Spezifizierung (ggf. Abgrenzung) der vom Auslagerungsunternehmen (Dienstleister) zu erbringenden Leistung,
- Festlegung von Informations- und Prüfungsrechten der Internen Revision sowie externer Prüfer beim Auslagerungsunternehmen,[450]
- Sicherstellung der Informations- und Prüfungsrechte sowie der Kontrollmöglichkeiten der BaFin beim Auslagerungsunternehmen,
- soweit erforderlich Weisungsrechte,[451]
- Regelungen zur Sicherstellung der Beachtung datenschutzrechtlicher Bestimmungen,
- Kündigungsrechte und angemessene Kündigungsfristen,
- Regelungen über die Möglichkeit und Modalitäten einer Weiterverlagerung,
- Verpflichtung des Auslagerungsunternehmens zur Information des auslagernden Instituts über Entwicklungen, die die ordnungsgemäße Erledigung der ausgelagerten Aktivitäten und Prozesse beeinträchtigen können.[449]

Der Auslagerungsvertrag ist nicht genehmigungspflichtig und muss der BaFin nicht **223** vorgelegt werden, so dass sie von dessen Inhalt i.d.R. erst im Rahmen der Abschlussprüfung des Instituts Kenntnis erlangt,[452] wenn damit nicht eine Änderung des Geschäftsplans einhergeht.

Grundsätzlich können alle Aktivitäten und Prozesse ausgelagert werden. Neben den **224** im Rahmen eines Auslagerungsvertrags zu berücksichtigenden Punkten gelten folgende Einschränkungen:

- keine Beeinträchtigung der Ordnungsmäßigkeit der Geschäfte und Dienstleistungen oder der Geschäftsorganisation eines Instituts i.S.v. § 25a Abs. 1 KWG,[453]
- die Leitungsaufgaben der Geschäftsleitung sind nicht auslagerungsfähig,[454]
- Wahrung eines angemessenen und wirksamen Risikomanagements unter Einbeziehung der ausgelagerten Aktivitäten und Prozesse,[455]
- keine Delegation der Verantwortung der Geschäftsleitung an das Auslagerungsunternehmen.[456] Die Verantwortung für die Einhaltung der vom Institut zu beachtenden gesetzlichen Bestimmungen verbleibt auch weiterhin beim auslagernden Institut,[457]

---

449 *BaFin* MaRisk BA, AT 9, Rn. 6.
450 Unter den Voraussetzungen von BT 2.1 Tz. 3 MaRisk BA kann die Interne Revision des auslagernden Instituts auf eigene Prüfungshandlungen verzichten. Das gilt auch für Auslagerungen auf Mehrmandantendienstleister, *BaFin* Erläuterungen zu den MaRisk BA, AT 9, Rn. 6.
451 Auf die Vereinbarung von Weisungsrechten zugunsten des auslagernden Instituts kann verzichtet werden, wenn die von dem Auslagerungsunternehmen zu erbringende Leistung deutlich im Auslagerungsvertrag spezifiziert ist. Das gilt auch für Auslagerungen auf Mehrmandantendienstleister, *BaFin* Erläuterungen zu den MaRisk BA, AT 9, Rn. 6.
452 Bei besonders kritischen Auslagerungen soll die BaFin allerdings weiterhin das Recht haben, sich den Vollzug der Auslagerung anzeigen zu lassen und Informationen zur Beurteilung der Auslagerung anfordern zu können, Begr. RegE FRUG v. 12.1.2007, BT-Drucks. 16/4028, 129.
453 § 25a Abs. 2 S. 2 KWG.
454 *BaFin* MaRisk BA, AT 9, Rn. 4.
455 § 25a Abs. 2 S. 3 KWG.
456 § 25a Abs. 2 S. 4 KWG.
457 § 25a Abs. 2 S. 5 KWG.

– keine Beeinträchtigung der BaFin und der Prüfer des Instituts bei der Wahrnehmung ihrer Aufgaben, ihrer Auskunfts- und Prüfungsrechte sowie Kontrollmöglichkeiten der BaFin in Bezug auf die ausgelagerten Aktivitäten und Prozesse.[458]

225   *Abb. 24: Auskunfts-, Prüfungs- und Weisungsrechte sowie Kontrollmöglichkeiten bei dem Dienstleistungsunternehmen – Kredit- und Finanzdienstleistungsinstitute*

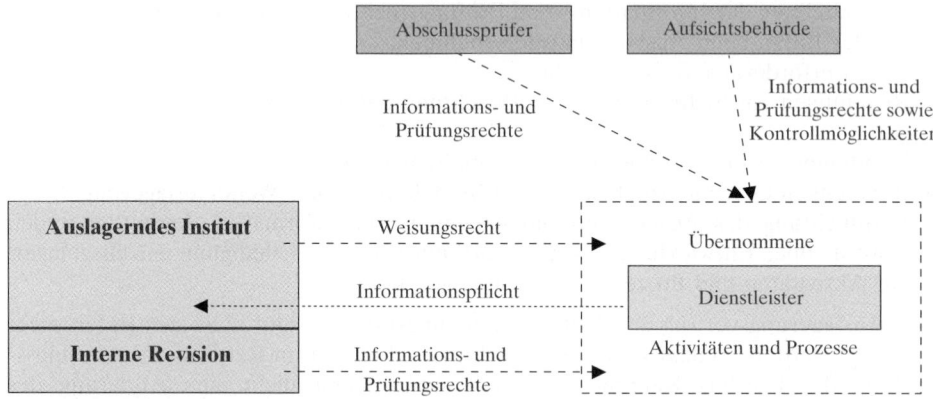

3.2 Wertpapieraufsicht

226   Die Anforderungen an das Outsourcing bei Wertpapierdienstleistungsunternehmen entsprechen denen bei Kredit- und Finanzdienstleistungsinstituten. Dennoch gibt es auch einige sektorspezifische Besonderheiten.

3.2.1 Finanzmarktrichtlinie

227   Die Anforderungen an das Outsourcing von Wertpapierdienstleistungsunternehmen wurden maßgeblich durch die Finanzmarktrichtlinie und deren Durchführungsrichtlinie beeinflusst.[459]

3.2.2 Wertpapierhandelsgesetz, Kreditwesengesetz, MaRisk BA und MaComp

228   Wertpapierdienstleistungsunternehmen i.S.d. § 2 Abs. 4 WpHG müssen auch die Anforderungen des § 25a Abs. 2 KWG erfüllen, wenn sie Aktivitäten und Prozesse sowie Finanzdienstleistungen auslagern möchten.[460] Ebenso gelten die Konkretisierungen der MaRisk BA für Wertpapierdienstleistungsunternehmen.

229   Neben dem Verweis auf § 25a Abs. 2 KWG enthält § 33 Abs. 2 WpHG lediglich zwei Klarstellungen.[461] So darf eine Auslagerung nicht die Rechtsverhältnisse des Unternehmens zu seinen Kunden, seine gesetzlichen Verhaltenspflichten gegenüber den Kunden oder die Voraussetzungen, unter denen dem Wertpapierdienstleistungsunternehmen eine Erlaubnis nach § 32 KWG erteilt worden ist, verändern.[462]

---

458   § 25a Abs. 2 S. 6 und 7 KWG.
459   Begr. RegE FRUG v. 12.1.2007, BT-Drucks. 16/4028, 53.
460   § 33 Abs. 2 S. 1 WpHG.
461   *Büchner/Kokert/Schmalzl/Kokert* Rn. 19 f.
462   § 33 Abs. 2 S. 2 f. WpHG.

Bei der Auslagerung der Finanzportfolioverwaltung für Privatkunden an ein Unter- **230** nehmen mit Sitz in einem Drittstaat muss das Auslagerungsunternehmen für diese Dienstleistung in dem Drittstaat zugelassen oder registriert sein und von einer Behörde beaufsichtigt werden, die mit der BaFin eine hinreichende Kooperationsvereinbarung unterhält, oder die Auslagerungsvereinbarung muss bei der BaFin angezeigt und von ihr nicht innerhalb eines angemessenen Zeitraums beanstandet worden sein.[463]

3.3 Kapitalanlagegesellschaften

Kapitalanlagegesellschaften müssen bei Auslagerungen, die für die Durchführung der **231** Geschäfte der Kapitalanlagegesellschaft wesentlich sind, die Anforderungen des § 16 InvG beachten. Zwar gleichen diese Anforderungen in ihren Grundzügen denen der wesentlichen Auslagerungen nach § 25a Abs. 2 KWG, dennoch gilt es auch einige Besonderheiten zu beachten. Beispielsweise dürfen Kapitalanlagegesellschaften ausdrücklich nur solche Auslagerungen tätigen, die dem Zweck einer effizienteren Geschäftsführung dienen.[464] Besonderheiten gelten für die Auslagerung der Portfolioverwaltung.[465] Die durch eine Kapitalanlagegesellschaft übertragenen Aufgaben sind in dem Verkaufsprospekt aufzuführen.[466] Während im Rahmen des § 25a Abs. 2 KWG die Abgabe einer Absichts- und Vollzugsanzeige für wesentliche Auslagerungen abgeschafft wurde, sieht § 16 Abs. 5 InvG vor, dass nach der Beendigung eines Geschäftsjahres einer Kapitalanlagegesellschaft der BaFin sämtliche in dem jeweiligen Geschäftsjahr bestehenden Auslagerungen unverzüglich und gesammelt anzuzeigen sind.

3.4 Versicherungsaufsicht

Auch für (Rück-)Versicherungsunternehmen gelten aufsichtsrechtliche Anforderun- **232** gen an das Outsourcing.[467]

3.4.1 Solvency II

Europarechtliche Anforderungen an das Outsourcing bei Versicherungsunternehmen **233** gab es bislang nicht. Die Solvency II-Rahmenrichtlinie enthält nun in Art. 13 Ziff. 28 eine Definition des Begriffs „Outsourcing" und in Art. 49 konkrete Anforderungen, die neben den allgemeinen Anforderungen des Art. 41 der Solvency II-Rahmenrichtlinie an das Governance-System der Unternehmen bei Auslagerungen kritischer oder wichtiger operativer Funktionen oder Tätigkeiten zu beachten sind.[468] Art. 38 der Solvency II-Rahmenrichtlinie enthält weitere Anforderungen an Auslagerungsvereinbarungen, durch die die Beaufsichtigung ausgelagerter Funktionen und Tätigkeiten sichergestellt werden soll.[469]

---

463 § 33 Abs. 3 WpHG; weitere Einzelheiten folgen aus *BaFin* MaComp AT 9.
464 § 16 Abs. 1 S. 1 InvG.
465 § 16 Abs. 2 InvG.
466 § 16 Abs. 4 InvG.
467 S. hierzu *Horak* Outsourcing in Versicherungsunternehmen, 2011.
468 Zu den allgemeinen Anforderungen des Art. 41 der Solvency II-Rahmenrichtlinie s. *Weber-Rey/ Bloomberg* European Law Journal Vol. 2 No. 12 (2008), 22, 24.
469 S. hierzu auch *CEIOPS'* Advice for Level 2 Implementing Measures on Solvency II: System of Governance, CEIOPS-DOC-29/09 v. 10.11.2009.

3.4.2 Versicherungsaufsichtsgesetz und MaRisk VA

234 Das VAG unterscheidet bei der Ausgliederung zwischen Funktionsausgliederungen und Dienstleistungsverträgen. Während die materiellen Anforderungen an beide Arten von Ausgliederungen grundsätzlich gleich sind, gelten für Funktionsausgliederungen zusätzliche Wirksamkeitsvoraussetzungen.

235 Funktionsausgliederungen sind Verträge, durch die der Vertrieb, die Bestandsverwaltung, die Leistungsbearbeitung, das Rechnungswesen, die interne Revision, die Vermögensanlage oder die Vermögensverwaltung eines (Rück-) Versicherungsunternehmens ganz oder zu einem wesentlichen Teil einem anderen Unternehmen auf Dauer übertragen werden soll.[470] Dienstleistungsverträge betreffen die Ausgliederung sonstiger Funktionen.[471]

236 Die Anforderungen des VAG an Ausgliederungen werden durch die MaRisk VA der BaFin weiter konkretisiert.[471] Im Grundsatz sind alle Aktivitäten und Prozesse eines Versicherungsunternehmens ausgliederungsfähig, solange daraus keine Beeinträchtigung der Ordnungsmäßigkeit der Geschäftsorganisation[472] resultiert. Nach den MaRisk VA muss ein Versicherer auf der Grundlage einer durchzuführenden Risikoanalyse eigenverantwortlich festlegen, welche Aktivitäten und Prozesse unter Risikogesichtspunkten ausgegliedert werden können.[473] Die Leitungsaufgaben der Geschäftsleitung können nicht ausgegliedert werden, und Ausgliederungen dürfen nicht zu einer Delegation der Verantwortung der Geschäftsleitung an das Auslagerungsunternehmen führen.[474]

237 Funktionsausgliederungsverträge von Erstversicherungsunternehmen werden nach dem VAG nur nach Vorlage bei der Aufsichtsbehörde wirksam. Werden sie mit inländischen Versicherungsunternehmen abgeschlossen, so werden sie mit der Vorlage wirksam, werden sie mit ausländischen Versicherungsunternehmen oder mit Nicht-Versicherungsunternehmen abgeschlossen, so kann die Aufsichtsbehörde innerhalb von drei Monaten nach ihrer Vorlage widersprechen.[475] Diese Frist kann von der Aufsichtsbehörde auf sechs Monate verlängert werden.[476] Solche Funktionsausgliederungsverträge werden, wenn die Aufsichtsbehörde nicht widerspricht, mit Ablauf der Frist oder sobald die Aufsichtsbehörde die Unbedenklichkeit der Verträge feststellt, wirksam.[477] Diese Wirksamkeitsvoraussetzungen haben keinen europarechtlichen Hintergrund. Sie gelten nur für Erstversicherungsunternehmen, nicht für Rückversicherer.

238 Das Versicherungsunternehmen hat sich bei allen Ausgliederungsverträgen die erforderlichen Auskunfts- und Weisungsbefugnisse vertraglich zu sichern und die ausgegliederten Funktionen und übertragenen Aufgaben in sein Risikomanagement einzubeziehen.[478]

---

470 §§ 5 Abs. 3 Nr. 4, 119 Abs. 2 S. 2 Nr. 6 VAG.
471 *BaFin* Rundschreiben 3/2009 (VA), Aufsichtsrechtliche Mindestanforderungen an das Risikomanagement (MaRisk VA), Ziff. 8, Erläuterung zu Rn. 1.
472 Nach § 64a Abs. 1 VAG.
473 *BaFin* MaRisk VA, Ziff. 8, Rn. 2. Bei wesentlichen Änderungen der Risikosituation ist die Risikoanalyse anzupassen, ggf. muss die Auslagerung sogar beendet werden.
474 *BaFin* MaRisk VA, Ziff. 8, Erläuterung zu Rn. 1.
475 § 13 Abs. 1a S. 2 und 3 VAG.
476 § 13 Abs. 1a S. 4 VAG.
477 § 13 Abs. 1a S. 3 und 5 VAG.
478 § 64a Abs. 4 S. 2 VAG; Ein Weisungsrecht ist nicht erforderlich, soweit im Rahmen einer steuerlichen Organschaft ein Versicherer Funktionen an eine Muttergesellschaft ausgliedert und diese sich für die Wahrnehmung der Funktionen vertraglich den gleichen aufsichtsrechtlichen Anforderungen unterwirft, die für den ausgliedernden Versicherer gelten, § 64a Abs. 4 S. 3 VAG.

Die BaFin stellt die folgenden Anforderungen an vertragliche Vereinbarungen über **239** Ausgliederungen:

- Spezifizierung (ggf. Abgrenzung) der vom Dienstleister zu erbringenden Leistung,
- Festlegung von Informations- und Prüfungsrechten der Internen Revision sowie externer Prüfer beim Auslagerungsunternehmen,
- Sicherstellung der Informations- und Prüfungsrechte sowie der Kontrollmöglichkeiten der BaFin beim Auslagerungsunternehmen,
- Weisungsrechte,
- Regelungen zur Sicherstellung der Beachtung datenschutzrechtlicher Bestimmungen,
- angemessene Kündigungsfristen,
- Sicherstellung der Einhaltung der versicherungsaufsichtsrechtlichen Anforderungen durch den Dienstleister,
- Verpflichtung des auslagernden Versicherers zur Information des Dienstleisters über Entwicklungen, die die ordnungsgemäße Erledigung der ausgelagerten Aktivitäten und Prozesse beeinträchtigen können.[479]

Die ordnungsgemäße Ausführung der ausgegliederten Funktionen und übertragenen **240** Aufgaben, die Steuerungs- und Kontrollmöglichkeiten der Geschäftsleitung sowie die Prüfungs- und Kontrollrechte der Aufsichtsbehörde dürfen nicht beeinträchtigt werden.[480] Mit der Ausgliederung verbundene Risiken sind zu identifizieren, zu analysieren, zu bewerten und angemessen zu steuern. Darüber hinaus ist die Ausführung der ausgegliederten Aktivitäten und Prozesse ordnungsgemäß zu überwachen. Für den Fall der beabsichtigten Beendigung der Ausgliederungsvereinbarung hat der Versicherer Vorkehrungen zu treffen, um die Kontinuität und Qualität der ausgegliederten Aktivitäten und Prozesse auch weiterhin gewährleisten zu können.[481]

Abb. 25: Auskunfts-, Prüfungs- und Weisungsrechte sowie Kontrollmöglichkeiten bei dem **241**
Dienstleistungsunternehmen – Erst- und Rückversicherungsunternehmen

---

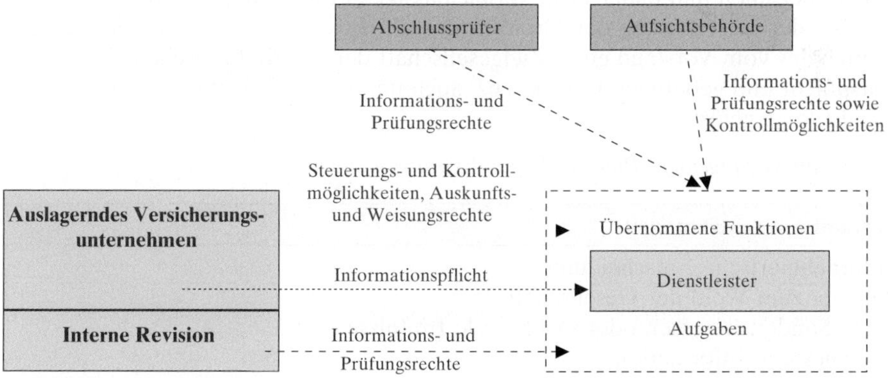

479 *BaFin* MaRisk VA, Ziff. 8, Erläuterungen zu Rn. 2. Hier unterscheiden sich die MaRisk VA von den MaRisk BA. Während nach AT 9, Rn. 6h) der MaRisk BA das Auslagerungsunternehmen gegenüber dem Dienstleistungsunternehmen informationspflichtig ist, ist nach den Ziff. 8, Erläuterung zu Rn. 2 der MaRisk VA das ausgliedernde Versicherungsunternehmen zur Information des Auslagerungsunternehmens verpflichtet; vgl. Rn. 222, 225 und 241. Dabei handelt es sich vermutlich um einen Redaktionsfehler der MaRisk VA.

480 § 64a Abs. 4 S. 1 VAG; zum Outsourcing von Risikomanagementfunktionen s. *Dreher/Schaaf* WM 2008, 1765, 1770 ff.

481 *BaFin* MaRisk VA, Ziff. 8, Rn. 3.

C. Compliance bei M&A-Transaktionen

I. Einführung

242 Andere Abschnitte dieses Handbuchs haben Compliance und Corporate Governance als zentrales Thema. Der vorliegende Abschnitt soll Compliance und M&A verbinden. Erfasst werden zum einen wichtige Compliance-Grundsätze für Transaktionen und zum anderen die Compliance-Themen, die bei M&A- und anderen Unternehmenstransaktionen zu beachten sind.

243 Nachfolgend soll ein Überblick über die relevanten Compliance-Themen des Gesellschaftsrechts und des Kapitalmarktrechts gegeben werden, wobei viele Aspekte lediglich kurz dargestellt, aber durch knappe Übersichten für den praktischen Gebrauch veranschaulicht werden.

II. Compliance-Grundsätze für Transaktionen

1. Überblick

244 Bei Kauf und Verkauf von Aktien im Rahmen von M&A-Transaktionen sind aktienrechtliche und kapitalmarktrechtliche Anforderungen zu beachten. Der Vorstand einer Aktiengesellschaft wird in diesem Zusammenhang immer wieder mit teilweise widerstreitenden Interessen konfrontiert.

245 Die kapitalmarktrechtlichen Vorschriften mit Verhaltenspflichten für Emittenten und für mit Finanzinstrumenten handelnde Personen führen in der Praxis oft zu Auslegungsschwierigkeiten, die sich insbesondere auf Fragen des Insiderrechts und der Ad-hoc-Pflicht beziehen und daher nicht vernachlässigt werden dürfen. Schwieriger noch wird es bei der Bestimmung der Grenzen des aktienrechtlichen Vertraulichkeitsgebots, durch das vom Vorstand einer Zielgesellschaft der Konflikt zwischen Verschwiegenheitspflicht und gebotener Transparenz, auch unter Berücksichtigung der *Business Judgement Rule*, gelöst werden muss.[482]

246 *Abb. 26: Business Judgement Rule: Tatbestandsvoraussetzungen*

Tatbestandsvoraussetzungen
– Unternehmerische Entscheidung – Handeln zum Wohl der Gesellschaft – Keine Sonderinteressen oder sachfremde Einflüsse – Angemessene Information – Guter Glaube

247 Im Folgenden werden die zu berücksichtigenden Kernthemen im Zusammenhang mit M&A-Transaktionen dargestellt. Die unternehmerische Entscheidung für eine Offenlegung von Informationen im Rahmen einer Transaktion und die geltenden gesell-

---

482 § 93 Abs. 1 S. 2 AktG.

Weber-Rey/Benzler

schaftsrechtlichen und kapitalmarktrechtlichen Anforderungen dazu sind in diesem Zusammenhang von zentraler Bedeutung.

2. Aktienrechtliches Vertraulichkeitsgebot

Nach § 93 Abs. 1 S. 3 AktG sind Vorstandsmitglieder verpflichtet, über vertrauliche **248** Angaben und Geheimnisse der Gesellschaft Stillschweigen zu bewahren. Diese als eine Präzisierung der organschaftlichen Treuepflicht angesehene Verpflichtung[483] ist eine Kernvorschrift im deutschen Aktienrecht und gewinnt zentrale Bedeutung u.a. im Rahmen von M&A-Transaktionen.

Die Pflicht zur Verschwiegenheit nach § 93 Abs. 1 S. 3 AktG kann weder einge- **249** schränkt noch erweitert oder ausgeschlossen werden.[484] Sie kann aber beispielsweise durch interne Richtlinien der Gesellschaft oder durch Geschäftsordnungen präzisiert werden.[485]

2.1 Vertrauliche Angaben und Geheimnisse

Vertrauliche Angaben sind sämtliche Informationen, die ein Vorstandsmitglied in sei- **250** ner Eigenschaft als Vorstand erlangt hat und deren Weitergabe für die Gesellschaft möglicherweise nachteilig ist. Geheimnisse dagegen sind geheimhaltungsbedürftige Tatsachen, die nicht offenkundig sind und im Interesse der Gesellschaft auch nicht offenkundig werden sollen.[486] Ob eine Tatsache ein Geheimnis ist, bestimmt sich objektiv nach dem Unternehmensinteresse.

Beide Begriffe sind nicht synonym. Zudem sind an die unbefugte Weitergabe vertrau- **251** licher Angaben andere Rechtsfolgen geknüpft als an die unbefugte Weitergabe von Geheimnissen. Der Verrat von Geheimnissen ist strafbar, die Weitergabe vertraulicher Angaben nicht.[487] Beides kann jedoch zu einer Schadensersatzpflicht führen.[488] Außerdem kann die Verletzung der Schweigepflicht wichtiger Grund für den Widerruf der Bestellung als Vorstandsmitglied sein.

Abb. 27: Vertrauliche Angaben vs. Geheimnisse **252**

Elemente des Vertraulichkeitsgebots	
VERTRAULICHE ANGABEN	**GEHEIMNISSE**
Informationen, die ein Vorstandsmitglied in seiner Eigenschaft als Vorstand erlangt hat und deren Weitergabe für die Gesellschaft möglicherweise nachteilig ist.	Geheimhaltungsbedürftige Tatsachen, die nicht offenkundig sind und im Interesse der Gesellschaft auch nicht offenkundig werden sollen.

---

483 *Hüffer* § 93 Rn. 6 m.w.N.
484 Kölner Komm. AktG/*Mertens* § 93 Rn. 66.
485 MünchKomm AktG/*Hefermehl/Spindler* § 93 Rn. 43.
486 *Hüffer* § 93 Rn. Rn. 7.
487 § 404 Abs. 1 Nr. 1 AktG.
488 MünchKomm AktG/*Hefermehl/Spindler* § 93 Rn. 45; *Hüffer* § 93 Rn. 10.

Elemente des Vertraulichkeitsgebots	
VERTRAULICHE ANGABEN	**GEHEIMNISSE**
Pflichtverletzung	
↓	↓
– Schadensersatz	– Schadensersatz – Geldstrafe – Freiheitsstrafe bis 1 (bei nicht börsennotierten Gesellschaften) bzw. 2 Jahren (bei börsennotierten Gesellschaften)[489]

2.2 Adressaten des Vertraulichkeitsgebots

253 Die Verschwiegenheitspflicht erstreckt sich auf alle Mitglieder des Vorstands und verbietet jede Form der Offenbarung an Dritte, nicht aber gegenüber dem Aufsichtsrat oder innerhalb des Vorstands.[490] Sie endet nicht mit dem Ende der Amtszeit eines Vorstandsmitglieds, sondern wirkt darüber hinaus fort.[491]

254 Für Mitglieder des Aufsichtsrats ergibt sich die Pflicht zur Verschwiegenheit aus § 93 Abs. 1 S. 3 i.V.m. § 116 AktG.[492] Diese Pflicht wird als notwendiges Korrelat zur Informationspflicht des Vorstands gegenüber dem Aufsichtsrat betrachtet, ohne die eine konstruktive Zusammenarbeit der Gesellschaftsorgane nicht möglich wäre.[493] Der Umfang der Schweigepflicht ist dabei der gleiche wie für den Vorstand.[494]

2.3 Grenzen des Vertraulichkeitsgebots

255 Die Verschwiegenheitspflicht ist kein Selbstzweck. Sie hat vielmehr dem Unternehmen zu dienen und ist ein Teil der Treuepflicht des Organs gegenüber der Gesellschaft. Wo es das Unternehmensinteresse gebietet zu reden, hört dementsprechend die Schweigepflicht auf.[495] Weiterhin bilden auch kapitalmarktrechtliche Vorschriften, z.B. zur Ad-hoc-Publizität, Ausnahmen zur Verschwiegenheitspflicht. Sie findet ihre Grenzen schließlich in Situationen, in denen es einem Vorstandsmitglied unzumutbar ist zu schweigen, weil das Eigeninteresse (etwa an einer effektiven Verteidigung in einem Strafverfahren) dem Geheimhaltungsinteresse der Gesellschaft vorgeht.

256 Die Zulässigkeit der Weitergabe von vertraulichen Informationen und Geheimnissen durch den Vorstand der Zielgesellschaft im Rahmen einer Due Diligence bei dem Kauf eines Unternehmens ist heutzutage weitestgehend akzeptiert. Die restriktive

---

489 Oder gar bis zu zwei (bei nicht börsennotierten Gesellschaften) bzw. drei (bei börsennotierten Gesellschaften) Jahren, wenn der Täter entgeltlich oder in der Absicht, sich oder einen anderen zu bereichern oder einen anderen zu schädigen gehandelt hat; vgl. § 404 Abs. 2 AktG.

490 MünchKomm AktG/*Hefermehl/Spindler* § 93 Rn. 51 ff.; *Hüffer* § 93 Rn. 8, § 90 Rn. 3; beachte aber insoweit Kölner Komm. AktG/*Mertens* § 93 Rn. 79, 80 zur Verschwiegenheitspflicht gegenüber dem Aufsichtsrat in Ausnahmefällen.

491 Kölner Komm. AktG/*Mertens* § 93 Rn. 84; *Hüffer* 93 Rn. 8.

492 *Schwintowski* NJW 1990, 1009, 1010 ff.

493 *Hüffer* § 116 Rn. 6.

494 *Hüffer* § 116 Rn. 6; Kölner Komm. AktG/*Mertens* § 116 Rn. 35; MünchKomm AktG/*Semler* § 116 Rn. 373.

495 Kölner Komm. AktG/*Mertens* § 93 Rn. 82.

Auffassung,[496] die eine Befugnis des Vorstands, Unternehmensinterna an Dritte weiterzugeben, grundsätzlich[497] ablehnt, hat wenig Beachtung gefunden. Die überwiegende Meinung vertritt vielmehr die Ansicht, dass die Offenlegung von vertraulichen Informationen im Zusammenhang mit einem Unternehmenskauf zulässig ist, vorausgesetzt, die Vertraulichkeit kann gewahrt werden, und soweit eine Due Diligence für den Erfolg der Verhandlungen im Hinblick auf das Interesse der Gesellschaft unerlässlich ist.[498]

Letztendlich muss der Vorstand immer im Vorfeld einer Offenlegung vertraulicher **257** Informationen oder Geheimnisse als Ausfluss der *Business Judgement Rule* eine Interessenabwägung durchführen. Sein Ermessensspielraum bei der Entscheidung über die Zulässigkeit der Offenlegung und dementsprechend der Due Diligence kann auf Grund des Interesses der Gesellschaft weitestgehend entfallen, wenn beispielsweise ein Unternehmenskauf ohne Due Diligence gar nicht machbar wäre und das Fortbestehen der Gesellschaft von einem Verkauf abhängt. Aber auch der gegenteilige Fall ist denkbar und eine Untersagung geboten, wenn dem Vorstand bewusst ist, dass beispielsweise ein Vollzug der Transaktion gar nicht beabsichtigt oder ein unmittelbarer Wettbewerber im Spiel ist.

3. Insiderrecht als Grenze für die Offenlegung von Informationen

Das aktienrechtliche Vertraulichkeitsgebot hat ein Pendant in den kapitalmarkt- **258** rechtlichen Vorschriften zum Insiderhandel.[499] Insider sind Marktteilnehmer, die über eine Insiderinformation, d.h. über eine nicht öffentlich bekannte kursrelevante Information in Bezug auf einen Emittenten von Insiderpapieren oder auf Insiderpapiere verfügen.[500] Auf Grund der besonderen Sensibilität von Informationen im Kapitalmarktrecht fordert das Gesetz einen verantwortlichen Umgang mit derartigen Informationen von jedem, der eine Insiderinformation erlangt.[501]

---

496 Wie z.B. *Lutter* ZIP 1997, 613, 617, auch *Ziemons* AG 1999, 492, 495.

497 Also außerhalb einer Ausnahmesituation.

498 Hierzu z.B. MünchKomm AktG/*Hefermehl/Spindler* § 93 Rn. 63.

499 Die relevanten Vorschriften finden sich im WpHG und in der WpAIV und dienen in weiten Teilen der Umsetzung der Richtlinie 2003/6/EG v. 28.1.2003 über Insider-Geschäfte und Marktmanipulation (Marktmissbrauch) (AblEU Nr. L 96/16 v.12.4.2003) sowie Durchführungsrechtsakten auf deren Grundlage. Der europäische Gesetzgeber ist bestrebt, den gegenwärtigen Rechtsrahmen durch eine Marktmissbrauchsverordnung, die einen einheitlichen aufsichtsrechtlichen Rahmen schaffen soll, sowie eine neue Marktmissbrauchsrichtlinie mit strafrechtlichen Mindestvorgaben zu ersetzen (für einen Überblick über das Gesetzgebungsvorhaben s. http://ec.europa.eu/internal_market/securities/abuse/index_de.htm).

500 § 13 Abs. 1 WpHG; s. Rn. 262.

501 Die Verwaltungspraxis der BaFin ist im Emittentenleitfaden der *BaFin* (Stand 28.4.2009) zusammengefasst. Daneben finden sich Auslegungshinweise zur Marktmissbrauchsrichtlinie und auf ihrer Grundlage ergangenen Durchführungsrechtsakten auf der Homepage der Europäischen Wertpapier- und Marktaufsichtsbehörde (*European Securities and Markets Authority*, ESMA) unter www.esma.europa.eu/page/Market-abuse.

259 *Abb. 28: Verbot von Insidergeschäften*

Verbot von Insidergeschäften	
Betroffene Finanzinstrumente (Insiderpapiere)[502]	– Aktien und andere Finanzinstrumente – Zugelassen zum Handel an einer inländischen Börse oder an einer inländischen Börse in einen regulierten Markt oder den Freiverkehr einbezogen (Antrag auf Zulassung oder Einbeziehung bzw. öffentliche Ankündigung genügt) – Zugelassen zum Handel an einem organisierten Markt in einem anderen EU-Mitgliedstaat oder EWR-Vertragsstaat – Deren Preis unmittelbar/mittelbar von Finanzinstrumenten abhängt, die an einer inländischen Börse zum Handel zugelassen oder in den regulierten Markt/Freiverkehr einbezogen sind oder die in einem anderen EU-Mitgliedstaat oder EWR-Vertragsstaat zum Handel an einem organisierten Markt zugelassen sind
Umfang des Verbots (Insidergeschäfte)	– Erwerb oder Veräußerung von Insiderpapieren unter Verwendung einer Insiderinformation – Unbefugte Mitteilung oder unbefugtes Zugänglichmachen einer Insiderinformation – Empfehlung oder Verleitung zu Erwerb oder Veräußerung von Insiderpapieren auf der Grundlage einer Insiderinformation – Ausnahmen berücksichtigen
Sanktionen bei Verstößen[503]	– Bei Erwerb oder Veräußerung: Freiheitsstrafe bis fünf Jahre oder Geldstrafe – Bei Weitergabe oder Empfehlung als sog. Primärinsider:[504] Freiheitsstrafe bis fünf Jahre oder Geldstrafe – Bei Weitergabe oder Empfehlung als sog. Sekundärinsider:[505] Geldbuße bis 200 000 EUR, für juristische Personen bis 1 000 000 EUR falls strafbare Handlung durch Führungspersonen

---

502 § 12 WpHG.
503 §§ 38 Abs. 1, 39 Abs. 2 Nr. 3 und 4 i.V.m. Abs. 4 WpHG.
504 Die Begriffe „Primärinsider" und „Sekundärinsider" werden im Gesetz nicht verwendet, sind aber gebräuchlich. Als Primärinsider werden entsprechend § 38 Abs. 1 Nr. 2 WpHG sind Personen, die als Mitglied des Geschäftsführungs- oder Aufsichtsorgans, als persönlich haftender Gesellschafter des Emittenten oder eines mit dem Emittenten verbundenen Unternehmens, auf Grund einer Beteiligung am Kapital des Emittenten oder eines mit dem Emittenten verbundenen Unternehmens, auf Grund ihres Berufs oder ihrer Tätigkeit oder ihrer Aufgabe bestimmungsgemäß oder auf Grund der Vorbereitung oder Begehung einer Straftat über eine Insiderinformation verfügen, bezeichnet. Im Fall der Weitergabe oder Empfehlung von Insiderinformationen können sich Primärinsider nach dieser Vorschrift strafbar machen. Für Sekundärinsider, d.h. jedermann, der kein Primärinsider ist, kommt die Ahndung von Verstößen gegen das Weitergabe- oder Empfehlungsverbot als Ordnungswidrigkeit in Betracht (§ 39 Abs. 2 Nr. 3 und 4 i.V.m. Abs. 4 WpHG). Das Verbot, Insiderpapiere zu erwerben oder zu veräußern, ist hingegen unabhängig davon, ob der Erwerber bzw. Veräußerer Primär- oder Sekundärinsider ist, strafbewehrt (§ 38 Abs. 1 Nr. 1 i.V.m. § 14 Abs. 1 Nr. 1 WpHG).
505 Es kommt für die Stellung als Sekundärinsider nicht darauf an, wie die Person Kenntnis von der Insidertatsache erlangt hat. Der Bußgeldrahmen für juristische Personen ergibt sich aus § 30 Abs. 2 OWiG.

Die Nutzung und die Weitergabe von Insiderinformationen sind grundsätzlich unzu- **260**
lässig,[506] auch wenn aktienrechtlich eine Offenlegung unproblematisch wäre. Deshalb
ist bei börsennotierten Gesellschaften besondere Vorsicht bei der Entscheidung zur
Offenlegung von Unternehmensinterna geboten.

Abb. 29: Insiderinformation **261**

Insiderinformation[507]	
<u>Konkrete</u> Information	– Präzise Information über Umstände, die bereits existieren oder deren Eintritt mit hinreichender Wahrscheinlichkeit erwartet werden kann[508] – Hinreichende Grundlage für Einschätzung des zukünftigen Verlaufs des Börsen- oder Marktpreises
Über <u>nicht öffentlich</u> bekannte Umstände	– Nicht zeitgleich einem breiten Anlegerpublikum und damit einer unbestimmten Zahl von Personen zugänglich (Bekanntgabe gegenüber bestimmten Kreisen genügt nicht)
Mit mittelbarem oder unmittelbarem Bezug auf einen oder mehrere Emittenten von Insiderpapieren[509] oder auf die Insiderpapiere selbst	– Finanzinstrumente, die zum Handel an einer inländischen Börse oder an einem organisierten Markt in der EU oder dem EWR zugelassen (Antrag oder öffentliche Ankündigung genügt) oder in den regulierten Markt oder Freiverkehr einbezogen sind, oder – deren Preis unmittelbar oder mittelbar von solchen Finanzinstrumenten abhängt, unabhängig davon, ob sie an einer Börse gehandelt werden
Zur erheblichen <u>Preisbeeinflussung geeignet</u>	– Unabhängig von dem tatsächlichen Eintreten einer Veränderung; entscheidend ist, ob ein verständiger Anleger die Information bei seiner Anlageentscheidung berücksichtigen würde

---

506 § 14 Abs. 1 Nr. 1 und Nr. 2 WpHG.
507 § 13 WpHG; *BaFin* Emittentenleitfaden, Stand 28.4.2009, III.2.1, S. 30 f.
508 BaFin Emittentenleitfaden, Stand 28.4.2009, III 2.1.1. Der *EuGH* (NJW 2012, 2787 Geltl ./. Daimler) hat auf Vorlage des BGH klargestellt, dass bei zeitlich gestreckten Vorgängen, bei denen ein bestimmter Umstand verwirklicht oder ein bestimmtes Ereignis herbeigeführt werden soll, nicht nur dieser Umstand oder dieses Ereignis präzise Informationen sein können, sondern auch vorgelagerte Zwischenschritte. Die Entscheidung des BGH steht noch aus.
509 § 12 WpHG.

262 *Abb. 30: Pflicht zum verantwortlichen Umgang mit Insiderinformationen*

Umgang mit Insiderinformationen	
Verbot des <u>Insiderhandels</u>, d.h. Erwerb oder Veräußerung von Insiderpapieren unter Verwendung einer Insiderinformation für eigene oder fremde Rechnung oder für einen Anderen	– Erwerb oder Veräußerung von Insiderpapieren erfüllt nur den Verbotstatbestand, wenn dafür Insiderinformationen verwendet werden – Die Insiderinformation muss im Zeitpunkt der Ordererteilung vorliegen: vom Insiderhandelsverbot ausgenommen sind also Geschäfte, zu denen sich jemand vor Kenntnis der Insiderinformation verpflichtet hat – Versuch oder Insiderhandel in leichtfertiger Verkennung der Verwendung einer Insiderinformation – Ausnahme: Vererbung oder Schenkung und die durch eine Willenserklärung des Vertragspartners bedingte Übertragung
<u>Unbefugte</u> Mitteilung oder unbefugtes Zugänglichmachen von Insiderinformationen	– Die Weitergabe ist unbefugt, wenn sie nicht im üblichen Rahmen bei Ausübung der Arbeit oder des Berufs oder in Erfüllung von Aufgaben des Insiders für den Emittenten geschieht – Nicht unbefugt ist die Weitergabe an Berater, wenn die Information von diesen Beratern für die Erfüllung der ihnen übertragenen Aufgaben benötigt wird. Es ist für die Zulässigkeit nicht entscheidend, ob die Person, an die die Insiderinformation weitergegeben wird, einem gesetzlichen oder vertraglichen Verschwiegenheitsgebot unterliegt – Nicht unbefugt ist die Weitergabe im Rahmen einer Due Diligence-Prüfung, soweit dies zur Absicherung einer konkreten Erwerbsabsicht bei einem Paket- oder Kontrollerwerb erforderlich ist; Vertraulichkeitsverpflichtung ist zu beachten
<u>Empfehlung oder Verleitung</u> zu Erwerb oder Veräußerung von Insiderpapieren auf der Grundlage einer Insiderinformation	– Zum Handeln verleitet, wer den Willen des Anderen durch beliebige Mittel beeinflusst, auch ohne die Insiderinformation offen zu legen

263 Das Insiderrecht sanktioniert die unbefugte Weitergabe oder das unbefugte Zugänglichmachen von Insiderinformationen an Dritte.[510] Der Insider macht einem Dritten die Insiderinformation auch zugänglich, wenn er die Voraussetzungen dafür schafft, dass dieser die Information zur Kenntnis nehmen kann, ohne dass der Insider die Information direkt weitergibt.

264 Eine befugte Weitergabe oder ein befugtes Zugänglichmachen liegt vor, wenn dies in Erfüllung gesetzlicher Mitteilungspflichten erfolgt. Ferner handelt der Insider befugt,

---

510 § 14 Abs. 1 Nr. 2 WpHG.

wenn es für die konkrete Aufgabe oder Tätigkeit unerlässlich ist, die Information weiterzugeben.[511] Ob dies der Fall ist, muss im Wege einer Interessenabwägung geprüft werden. Abzuwägen sind einerseits das Interesse, das Risiko von Insiderdelikten möglichst gering zu halten, und andererseits die Funktionserfordernisse rechtlicher und wirtschaftlicher Institutionen. Vor dem Hintergrund, dass der Kreis von Insidern vor Veröffentlichung der Information möglichst klein bleiben soll, darf eine Weitergabe ausschließlich an die Personen erfolgen, die die Information zur Erfüllung ihrer Aufgaben benötigen. Die Weitergabe von Insiderinformationen an unternehmensexterne Berater, wie z.B. Rechtsanwälte oder Kredit- und Finanzdienstleistungsinstitute, stellt keine unbefugte Weitergabe dar, wenn die Informationen von diesen Personen tatsächlich für die Erfüllung der ihnen übertragenen Aufgaben benötigt werden.[512]

Darüber hinaus gibt es Ausnahmen zum Insiderhandelsverbot und Fälle, bei denen eine Weitergabe von Insiderinformationen i.d.R. nicht als unbefugt angesehen wird.[513] **265**

Abb. 31: Ausnahmen vom Verbot des Insiderhandels **266**

Ausnahmen vom Verbot des Insiderhandels	
Handel mit eigenen Aktien im Rahmen von Rückkaufprogrammen	– Unter bestimmten Voraussetzungen (Bekanntgabe des Rückkaufs, Einhaltung von Informationspflichten über die Transaktion, Einhaltung bestimmter Handelsbedingungen)
	– Zu bestimmten Zwecken (Herabsetzung des Kapitals des Emittenten, oder Erfüllung der Verpflichtung aus einem Schuldtitel, der in Beteiligungskapital umgewandelt werden kann, oder Erfüllung der Verpflichtung aus einem Belegschaftsaktienprogramm oder einer anderen Form der Zuteilung von Aktien an Mitarbeiter des Emittenten oder einer Tochtergesellschaft)

---

511 *Schimansky/Bunte/Lwowski/Hopt* Bd. II § 107 Rn. 60; Kölner Komm. WpHG/*Pawlik* § 14 Rn. 44.

512 *BaFin* Emittentenleitfaden, Stand 28.4.2009, III.2.2.2.1, S. 41.

513 Für Rückkaufprogramme und Kursstabilisierungsmaßnahmen bestimmt § 14 Abs. 2 WpHG, dass kein Verstoß gegen das Insiderhandelsverbot vorliegt, wenn die in der Verordnung (EG) Nr. 2273/2003 der Kommission vom 22.12.2003 zur Durchführung der Richtlinie 2003/6/EG des Europäischen Parlaments und des Rates - Ausnahmeregelungen für Rückkaufprogramme und Kursstabilisierungsmaßnahmen (ABlEU Nr. L 336/33 v. 23.12.2003) geregelten Voraussetzungen erfüllt sind. Im Übrigen ist die Gesetzeslage weniger klar, da andere Ausnahmen von Insiderhandelsverbot nur in den Erwägungsgründen der Marktmissbrauchsrichtlinie erwähnt werden, im Gesetzestext aber keinen Niederschlag gefunden haben. Der Emittentenleitfaden der BaFin, Stand 28.4.2009, enthält unter III.2.2.1.4, S. 37 ff.) Ausführungen dazu, wann etwa im Rahmen einer Due-Diligence-Prüfung kein „Verwenden" einer Insiderinformation vorliegt. Durch das Urteil des *EuGH* BKR 2010, 65 ist allerdings eine gewisse Rechtsunsicherheit entstanden. Der EuGH scheint grundsätzlich von einer widerleglichen Vermutung der „Nutzung" einer Insiderinformation i.S.v. Art. 2 Abs. 1 der Marktmissbrauchsrichtlinie (dem entspricht in § 14 Abs. 1 Nr. 1 WpHG die „Verwendung") auszugehen, wenn die objektiven Tatbestandsmerkmale der Vorschrift vorliegen. Andererseits erkennt der EuGH unter Bezugnahme auf die Erwägungsgründe der Marktmissbrauchsrichtlinie an, dass es Fälle gibt, in denen es an einem „ungerechtfertigten Gebrauch einer Insiderinformation fehlt.

Ausnahmen vom Verbot des Insiderhandels	
	– Bei Aktienrückkäufen aus sonstigen Gründen (z.B. wenn ein Unternehmen den Rückkauf beschließt, um die Aktien später als Akquisitionswährung zu verwenden oder für ein noch nicht bekannt gegebenes Mitarbeiterbeteiligungsprogramm zu nutzen) ist im Einzelfall zu prüfen, ob sie verbotenen Insiderhandel darstellen
Kursstabilisierungsmaßnahmen	– Nur zeitlich befristet zulässig – Vor Beginn der Zeichnungsfrist muss bekannt gegeben worden sein, dass möglicherweise Kursstabilisierungsmaßnahmen durchgeführt werden – Nach Ablauf des Stabilisierungszeitraums ist mitzuteilen, ob solche Maßnahmen tatsächlich ergriffen worden sind – Anforderungen an Preis und Volumen der Kursstabilisierung sind einzuhalten
Geschäfte, zu denen sich jemand vor Kenntnis der Insiderinformation verpflichtet hat	– In dem vorgesehenen Umfang – Keine nachträgliche Erweiterung oder wesentlichen Änderungen zulässig
Nach einer Due-Diligence-Prüfung getätigte außerbörsliche Erwerbe	– Auch wenn der Erwerber im Erwerbszeitpunkt durch die Due-Diligence-Prüfung Kenntnis von Insiderinformationen hatte – Aber nur, soweit die Erwerbsabsicht bereits vor der Prüfung bestand und der Vertragspartner über den gleichen Kenntnisstand verfügt (verboten sind aber alongside purchases, d.h., wenn der Erwerber über seinen gefassten Plan hinaus zusätzliche Wertpapiere erwirbt)
Vorbereitung eines öffentlichen Übernahmeangebots, nachdem im Laufe einer vorangegangenen Due-Diligence-Prüfung Insiderinformationen erlangt wurden	– Die Abgabe eines öffentlichen Angebots, in dem der Bieter eine Insiderinformation verwendet, ist aber erst möglich, nachdem der Emittent eine Ad-hoc-Mitteilung veröffentlicht hat

267 Im Zusammenhang mit Unternehmenskäufen sind die nach einer Due-Diligence-Prüfung getätigten außerbörslichen Erwerbe eine wichtige Ausnahme vom Verbot des Insiderhandels. Demnach hindert die Tatsache, dass eine Due Diligence durchgeführt wurde, nicht daran, Aktien des Unternehmens zu erwerben, sofern die Kaufabsicht in dem betroffenen Umfang bereits davor fest stand und dokumentiert wurde. In diesem Fall fehlt es an der Kausalität zwischen Kenntnis der Insidertatsache und Erwerb. Im Gegensatz dazu ist das Ausnutzen des Insiderhandels für den Erwerb nicht erlaubt.

Das liegt beispielsweise vor, wenn der potenzielle Käufer seine Erwerbsabsicht nach einer Due Diligence erweitert.

Wichtig in diesem Zusammenhang ist eine klare Dokumentation der Maßnahmen im **268** Hinblick auf die Einhaltung der Compliance-Vorgaben, wie z.B.:[514]

- ordnungsgemäße Entscheidung über die Offenlegung von Informationen, unter Durchführung einer Interessenabwägung,
- Prüfung der Ad-hoc-Pflicht und ggf. Selbstbefreiung,
- bewusste Auswahl der Beteiligten,
- Sicherstellung der Wahrung der Vertraulichkeit,
- Einhaltung der internen Compliance-Richtlinien,
- ordnungsgemäße Führung von Insiderverzeichnissen.[515]

Abb. 32: Insiderverzeichnisse **269**

Pflicht zur Führung von Insiderverzeichnissen	
Verzeichnisführungspflichtige	– Inlandsemittenten[516] – Im Auftrag oder für Rechnung solcher Emittenten handelnde Personen (Dienstleister)
Aufzunehmende Personen	– Personen, die für den Emittenten oder für im Auftrag oder für Rechnung des Emittenten handelnde Personen tätig sind und bestimmungsgemäß Zugang zu Insiderinformationen haben
Modelle für den Aufbau der Verzeichnisse	– Aufbau nach Insiderinformationen/Projekten – Aufbau nach Funktions-/Vertraulichkeitsbereichen, in denen Insiderinformationen typischerweise vorkommen
Aufzunehmende Daten[517]	– Deutlich hervorgehobene Überschrift „Insiderverzeichnis nach § 15b WpHG" – Name des zur Führung des Insiderverzeichnisses Verpflichteten und die Namen der von ihm mit der Führung beauftragten Personen – Hinweis auf Einbindung einer in seinem Auftrag oder für seine Rechnung handelnden Person – Angaben zu den Personen mit Zugang zu Insiderinformationen

---

514 Für umfangreiche Checklisten über die Einhaltung von Compliance-Grundsätzen s. *Umnuß/Fietz* S. 251 ff.

515 Emittenten und in ihrem Auftrag oder für ihre Rechnung handelnde Personen sind verpflichtet, Verzeichnisse über solche Personen zu führen, die für sie tätig sind und bestimmungsgemäß Zugang zu Insiderinformationen haben, § 15b WpHG und §§ 14 ff. WpAIV.

516 §§ 15 Abs. 1 S. 1 und 2; § 2 Abs. 7 WpHG; s. auch die Darstellung der Definition bei *Assmann/Schneider* § 2 Rn. 166 und 175; *BaFin* Emittentenleitfaden, Stand 28.4.2009, IV.2.1.1.1 ff., S. 48 ff.; s. auch Rn. 271.

517 Bis auf Namen sind alle Daten durch Referenz auf eine andere Datenbank zu ersetzen, soweit eine nachträgliche Übertragung unverzüglich möglich ist.

Pflicht zur Führung von Insiderverzeichnissen	
	– Grund für die Erfassung der jeweiligen Person im Verzeichnis – Beginn und Ende der Zugriffsmöglichkeit, wobei urlaubs- oder kürzere krankheitsbedingte Abwesenheiten nicht anzugeben sind – Angaben über Erstellung und Aktualisierung des Insiderverzeichnisses
Aktualisierung des Verzeichnisses	– Das Insiderverzeichnis ist unverzüglich zu aktualisieren, wenn es unrichtig oder unvollständig geworden ist
Aufklärungspflichten	– Die im Insiderverzeichnis geführten Personen sind durch den Emittenten über rechtliche Pflichten, die sich aus dem Zugang zu Insiderinformationen ergeben, sowie über Rechtsfolgen von Verstößen aufzuklären
Form, Aufbewahrung und Vernichtung	– Papierform oder Datenträger – Daten müssen jederzeit verfügbar sein und innerhalb angemessener Frist lesbar gemacht werden können – Daten sind so aufzubewahren, dass nur die im Unternehmen für die Führung des Verzeichnisses verantwortlichen Personen und die mit der Führung des Verzeichnisses beauftragten Personen Zugriff haben (z.B. Compliance- oder IT-Zuständige) – Daten sind nach Erstellung sechs Jahre lang aufzubewahren; Frist beginnt mit jeder Aktualisierung neu zu laufen – Nach Ablauf der Aufbewahrungsfrist sind die Daten zu vernichten

4. Ad-hoc-Publizität

4.1 Veröffentlichungspflicht

270 Die in § 15 WpHG normierte Ad-hoc-Publizität verpflichtet einen Inlandsemittenten[518] von Finanzinstrumenten, Insiderinformationen,[519] die ihn unmittelbar betreffen, unverzüglich zu veröffentlichen und sie unverzüglich, jedoch nicht vor ihrer Veröffentlichung, dem Unternehmensregister i.S.d. § 8b HGB zur Speicherung zu übermitteln.[520]

---

518 Zu dem Begriff Inlandsemittent s. Rn. 271.
519 Zu dem Begriff Insiderinformation s. Rn. 261.
520 § 15 Abs. 1 S. 1 WpHG, §§ 3a ff. WpAIV; ausf. zu Ad-hoc-Publizität *Fuchs/Pfüller* WpHG, 2009, § 15; *BaFin* Emittentenleitfaden, Stand 28.4.2009, IV., S. 47 ff.

Pflicht zur Ad-hoc-Publizität	

Betroffene Emittenten	– Inlandsemittenten[521] von Finanzinstrumenten, insbesondere
	  – Emittenten mit Sitz in Deutschland,
	  – deren Aktien oder Schuldverschreibungen mit einer Stückelung von weniger als 1 000 EUR
	  – zum Handel an einem organisierten Markt im Inland oder in einem anderen EU-Mitgliedstaat oder EWR-Vertragsstaat zugelassen sind (Antrag auf Zulassung oder Einbeziehung bzw. öffentliche Ankündigung der Antragstellung genügt).
	– Bloße Einbeziehung der Finanzinstrumente in geregelten Markt genügt nicht
	– Einbeziehung der Finanzinstrumente in Freiverkehr genügt nicht

Umfang der Pflicht	– Unverzügliche Veröffentlichung von Insiderinformationen, die den Emittenten unmittelbar betreffen – Selbstbefreiung möglich
Sanktionen bei Verstößen	– Geldbuße bis 1 000 000 EUR[522]

Das Erfordernis der unmittelbaren Betroffenheit schränkt den Anwendungsbereich **272** der Ad-hoc-Publizitätspflicht gegenüber dem allgemeinen Insiderhandelsverbot ein. Eine den Emittenten nur mittelbar betreffende Insiderinformation ist zwar nicht ad-hoc-veröffentlichungspflichtig, löst aber das Insiderhandelsverbot aus.[523] Voraussetzung der Publizitätspflicht ist, dass die Information den Emittenten selbst betrifft.[524]

Eine Insiderinformation betrifft den Emittenten insbesondere dann unmittelbar, wenn **273** sie sich auf Umstände bezieht, die in seinem Tätigkeitsbereich eingetreten sind.[525] Auch „von außen" kommende Umstände können den Emittenten unmittelbar betreffen. Das gilt z.B. für Übernahmeangebote und die Absicht des Großaktionärs, ein Squeeze-out-Verfahren durchzuführen. Die meisten von außen kommenden Umstände betreffen einen Emittenten jedoch nicht unmittelbar, insbesondere, wenn sie nicht nur ihn, sondern auch seine Mitbewerber betreffen.[526]

---

521 §§ 15 Abs. 1 S. 1 und 2; § 2 Abs. 7 WpHG; s. auch die Darstellung der Definition bei *Assmann/ Schneider* § 2 Rn. 166 und 175; *BaFin* Emittentenleitfaden, Stand 28.4.2009, IV.2.1.1.1 ff., S. 48 ff.; s. auch Rn. 277.
522 Außerdem kann im Falle der unterlassenen unverzüglichen Mitteilung bzw. der Veröffentlichung unwahrer Insiderinformationen ein Dritter, Ersatz des ihm dadurch entstandenen Schadens gem. § 37b bzw. § 37c WpHG verlangen. Zur Schadensberechnung in diesem Fall s. *BGH* NJW 2012, 1800.
523 *BaFin* Emittentenleitfaden, Stand 28.4.2009, IV.2.2.2, S. 55.
524 *BaFin* Emittentenleitfaden, Stand 28.4.2009, IV.2.2.2, S. 53; kritisch *Assmann/Schneider* § 15 Rn. 56.
525 § 15 Abs. 1 S. 3 WpHG.
526 Für Beispiele für Umstände, die Emittenten nur mittelbar betreffen, s. CESR/02-089d Rn. 36; *BaFin* Emittentenleitfaden, Stand 28.4.2009, IV.2.2.2, S. 54.

4.2 Vorabmitteilung

274 Der Emittent ist verpflichtet, die Insiderinformation eine halbe Stunde vor der Veröffentlichung an die BaFin und an die Geschäftsführungen der Börsen, an denen die vom Unternehmen emittierten Finanzinstrumente zugelassen sind oder Derivate gehandelt werden, die sich auf die Finanzinstrumente beziehen, zu übermitteln (Vorabmitteilung).[527] Das gilt auch bei einer Nachholung der Veröffentlichung nach einer Selbstbefreiung.[528]

4.3 Selbstbefreiung

275 Der Inlandsemittent kann sich von der Ad-hoc-Publizitätspflicht befreien, solange es der Schutz seiner berechtigten Interessen erfordert, keine Irreführung der Öffentlichkeit zu befürchten ist und er die Vertraulichkeit der Insiderinformation gewährleisten kann (Selbstbefreiung).[529]

276 *Abb. 34: Selbstbefreiung*

Selbstbefreiung	
Berechtigte Interessen	– Emittent muss abwägen, ob der Schutz seiner Interessen gegenüber dem Interesse des Kapitalmarkts an einer vollständigen und zeitnahen Veröffentlichung überwiegt
	– Beispiele:[530] – Das Ergebnis oder der Gang laufender Verhandlungen über Geschäftsinhalte, die im Falle ihres öffentlichen Bekanntwerdens geeignet wären, den Börsen- oder Marktpreis erheblich zu beeinflussen, würden von der Veröffentlichung wahrscheinlich erheblich beeinträchtigt und eine Veröffentlichung würde die Interessen der Anleger ernsthaft gefährden – Verträge/Entscheidungen des Geschäftsführungsorgans, deren Wirksamkeit eine noch ausstehende Zustimmung eines anderen Organs des Emittenten erfordert, müssten unter Hinweis auf die ausstehende Zustimmung bekannt gegeben werden und die Bekanntgabe würde die sachgerechte Bewertung der Information durch das Publikum gefährden. Angesichts der dem Aufsichtsrat aktienrechtlich zugewiesenen Überwachungsaufgabe ist eine Befreiung hier regelmäßig zulässig – Neuentwicklung von Produkten, Patenten, Erfindungen bis zur Absicherung der Rechte

---

527 § 15 Abs. 4 WpHG, § 8 WpAIV; s. auch *BaFin* Emittentenleitfaden, Stand 28.4.2009, IV.5.1, S. 73 f.
528 § 15 Abs. 3 und 4 WpHG.
529 § 15 Abs. 3 WpHG, § 8 Abs. 5 WpAIV. Die BaFin entnimmt dem Wortlaut des § 8 Abs. 5 WpAIV, dass die Selbstbefreiung nicht von selbst eintritt, sondern eines Beschlusses des geschäftsführenden Organs bedarf (*BaFin* Emittentenleitfaden, Stand 28.4.2009, IV.3, S. 65)
530 § 6 WpAIV; *BaFin* Emittentenleitfaden, Stand 28.4.2009, IV.3.1, S. 66 f.

Selbstbefreiung	
Keine Irreführung der Öffentlichkeit	– Der Emittent darf während des Befreiungszeitraums keine Signale setzen, die zu der noch nicht veröffentlichten Insiderinformation in Widerspruch stehen
Gewährleistung der Vertraulichkeit	– Der Emittent hat zu gewährleisten, dass die Insiderinformationen im Zeitraum der Befreiung nur an Personen weitergegeben werden, die diese zur Wahrnehmung der ihnen übertragenen Aufgaben benötigen. Falls Teile der der Insiderinformation zugrundliegenden Umstände in den Markt dringen, kann der Emittent dennoch den Aufschub der Veröffentlichung fortsetzen, sofern das Bekanntwerden nicht auf einer Vertraulichkeitslücke aus seiner Sphäre beruht. Er darf jedoch aktiv keine gegenläufigen Erklärungen abgeben oder dementierende Signale setzen, die die Öffentlichkeit in die Irre führen würden

4.3.1 Berechtigtes Interesse

Die erste Voraussetzung für die Selbstbefreiung von der Ad-hoc-Publizitätspflicht ist **277** das Vorhandensein eines berechtigten Interesses des Emittenten. Diskutiert wird, ob ein objektiv berechtigtes Interesse ausreicht oder ob eine Interessenabwägung vorgenommen werden muss.

§ 6 S. 2 Nr. 1 WpAIV fordert eine Interessenabwägung, dem zum Teil in der Litera- **278** tur gefolgt wird.[531] Danach muss das Geheimhaltungsinteresse des Emittenten von größerem Gewicht sein als die Interessen des Kapitalmarkts an einer zeitnahen Veröffentlichung. Art. 6 Abs. 2 der Marktmissbrauchsrichtlinie[532] verlangt jedoch keine Interessenabwägung für eine Selbstbefreiung eines Emittenten. In der Literatur wird angenommen, eine Verschärfung der in der Richtlinie vorgesehenen Publizitätsverpflichtungen durch einen Mitgliedstaat ist nicht zulässig.[533] Deshalb wird in der Literatur wird daher eine richtlinienkonforme einschränkende Auslegung des § 6 S. 2 Nr. 1 WpAIV vorgeschlagen. Danach soll ein Überwiegen des Geheimhaltungsinteresses des Emittenten über die Interessen des Kapitalmarkts an der Veröffentlichung vorliegen, wenn sich der Emittent auf berechtigte Belange stützt.[534]

4.3.2 Keine Irreführung der Öffentlichkeit

Während des Befreiungszeitraums darf der Emittent aktiv keine Signale setzen, die zu **279** der noch nicht veröffentlichten Insiderinformation in Widerspruch stehen.[535] Der Emittent darf nicht durch sein Verhalten, einschließlich seines Informationsverhaltens, Vorstellungen erwecken, die im Lichte der Insiderinformationen unzutreffend sind.[536]

---

531 *Assmann/Schneider* § 15 Rn. 136 ff; s. auch *BaFin* Emittentenleitfaden, Stand 28.4.2009, IV.3.1, S. 66.
532 Richtlinie 2003/6/EG des Europäischen Parlaments und des Rates über Insidergeschäfte und Marktmanipulation v. 28.1.2003, AblEU Nr. L 96/16 v. 12.4.2003.
533 *Möllers* WM 2005, 1393, 1396; Kölner Komm. WpHG/*Versteegen* § 15 Anh. § 6 WpAIV Rn. 16.
534 Kölner Komm. WpHG/*Versteegen* § 15 Anh. § 6 WpAIV Rn. 16.
535 *BaFin* Emittentenleitfaden, Stand 28.4.2009, IV.3.3, S. 68.
536 *Assmann/Schneider* § 15 Rn. 161.

280 Dieses Kriterium soll verhindern, dass sich die allgemeine Informationslage über die schlichte Unkenntnis von der Insiderinformation hinaus verschlechtert, indem sich Fehlvorstellungen über den relevanten Sachverhalt etablieren oder zu verfestigen drohen. Hierbei heißt „Irreführung" die Herbeiführung von unzutreffenden Annahmen über Sachverhalte. Es ist nicht entscheidend, ob der Emittent für die Irreführung verantwortlich gemacht werden kann. Eine Irreführung kann bereits dann drohen, wenn von berufener Stelle unzutreffende Informationen verbreitet wurden.[537]

281 Angesichts des Sinn und Zwecks der Befreiungsnorm, nämlich die berechtigten Interessen des Emittenten zu schützen, hat der Emittent die Möglichkeit, der Irreführung durch Äußerungen Dritter auf andere Weise als durch die Veröffentlichung entgegenzuwirken.[538] Voraussetzung ist allerdings, dass zum einen die Vertraulichkeit der Insiderinformation gewahrt wird und zum anderen keine Fehlvorstellungen hervorgerufen werden. Die BaFin sieht das Verfolgen einer „no comment policy" in diesem Zusammenhang nicht als Irreführung an.[539]

4.3.3 Gewährleistung der Vertraulichkeit

282 Weitere Voraussetzung für die Befreiung von der Ad-hoc-Publizität ist die Gewährleistung der Vertraulichkeit der Insiderinformationen. Der Emittent hat organisatorische Maßnahmen zu ergreifen, die sicherstellen, dass die Informationen nur an solche Personen weitergegeben werden, die diese zur Erfüllung ihrer Aufgaben benötigen.[540] Eine Dokumentation der getroffenen Maßnahmen zur Sicherstellung der Vertraulichkeit ist anzuraten und nach Ansicht einiger Autoren sogar erforderlich.[541] Hat der Emittent Grund zu der Annahme, dass durch eine Vertraulichkeitslücke in seinem Herrschaftsbereich die Insiderinformation selbst oder Gerüchte in Bezug auf die Insiderinformation in die Öffentlichkeit gelangt sind, muss er die Insiderinformation veröffentlichen.[542]

4.3.4 Nachholung der Veröffentlichung

283 Fällt eine der Voraussetzungen der Selbstbefreiung weg, muss die Veröffentlichung unverzüglich nachgeholt werden.[543] Bei zwischenzeitlich veränderten Umständen ist mit der Nachholung der Veröffentlichung der aktuelle Sachstand bekannt zu geben.[544] Dies heißt im Umkehrschluss, dass keine Ad-hoc-Mitteilung erfolgen muss, wenn die zum Befreiungszeitpunkt vorhandene Insiderinformation inzwischen nicht mehr existiert.[545]

284 In der Vorabmitteilung an die BaFin sind bei einer Nachholung der Veröffentlichung auch die Gründe der Befreiung von der Pflicht zur Veröffentlichung, der Zeitpunkt der Entscheidungen über Aufschub und Veröffentlichung der Insidertatsache sowie zwischenzeitlicher Überprüfungen und die Identität der an der Entscheidung über die Befreiung beteiligten Personen anzugeben.[546]

---

537 Kölner Komm. WpHG/*Versteegen* § 15 Rn. 153 ff.; etwas anders *Assmann/Schneider* § 15 Rn. 160.
538 Kölner Komm. WpHG/*Versteegen* § 15 Rn. 160.
539 *BaFin* Emittentenleitfaden, Stand 28.4.2009, IV.3.2, S. 67.
540 *BaFin* Zu diesem Erfordernis vgl. Emittentenleitfaden, Stand 28.4.2009, IV.3.3, S. 67 f.
541 Z.B. *Brandi/Süßmann* AG 2004, 650.
542 *BaFin* Emittentenleitfaden, Stand 28.4.2009, IV.3.3, S. 67.
543 § 15 Abs. 3 S. 2 WpHG; *Assmann/Schneider* § 15 Rn. 166 ff.; *Brandi/Süßmann* AG 2004, 642, 649.
544 *Assmann/Schneider* § 15 Rn. 171 f.
545 *BaFin* Emittentenleitfaden, Stand 28.4.2009, IV.3, S. 65.
546 § 15 Abs. 3 S. 4 WpHG, § 8 Abs. 5 WpAIV; *Schneider* BB 2005, 897, 898; *Veith* NZG 2005, 254, 258; *Diekmann/Sustmann* NZG 2004, 929, 935.

5. Directors' Dealings

5.1 Umfang der Pflicht zur Mitteilung eigener Geschäfte

Personen, die bei einem Emittenten von börsengehandelten Aktien Führungsaufga-   **285**
ben wahrnehmen oder mit solchen Personen in einer engen Beziehung stehen, sind
verpflichtet, eigene Geschäfte mit Aktien des Emittenten oder sich darauf beziehenden Finanzinstrumenten dem Emittenten und der BaFin innerhalb von fünf Werktagen mitzuteilen[547] (sog. Directors' Dealings).[548]

Abb. 35: Pflicht zur Mitteilung von Directors' Dealings   **286**

Pflicht zur Mitteilung von Directors' Dealings	
Auslösende Emittenten	– Emittenten von Aktien, die – an einer inländischen Börse zum Handel zugelassen sind, oder – in einem anderen EU-Mitgliedstaat oder EWR-Vertragsstaat zum Handel an einem organisierten Markt zugelassen sind, wenn der Emittent seinen Sitz im Inland hat, oder – in einem anderen EU-Mitgliedstaat oder EWR-Vertragsstaat zum Handel an einem organisierten Markt zugelassen sind, wenn der Emittent seinen Sitz außerhalb der EU oder des EWR hat und die Bundesrepublik Deutschland Herkunftsstaat i.S.d. WpHG[549] ist. – Antrag auf Zulassung oder öffentliche Ankündigung des Antrags steht der Zulassung jeweils gleich.
Umfang der Pflicht	– **Führungspersonen/ihnen nahestehende Personen**: Mitteilung eigener Geschäfte mit Aktien des Emittenten oder sich darauf beziehenden Finanzinstrumenten gegenüber dem Emittenten und der BaFin innerhalb von 5 Werktagen.[550] – Betroffener Emittent, wenn er zugleich Inlandsemittent[551] ist: Unverzügliche Veröffentlichung der Information und Mitteilung der Veröffentlichung an BaFin; Übermittlung an das Unternehmensregister.
Sanktionen bei Verstößen	– Geldbuße bis 100 000 EUR im Falle der Pflichtverletzung bei der Mitteilung oder der Veröffentlichung. – Geldbuße bis 50 000 EUR im Falle der Pflichtverletzung bei der Übermittlung an das Unternehmensregister.

---

547 § 15a Abs. 1 WpHG.
548 S. hierzu *Pfüller/Habersack/Mülbert/Schlitt* Handbuch der Kapitalmarktrechtinformation, 2008, § 21; *Fuchs/Pfüller* WpHG, 2009, § 15a.
549 § 2 Abs. 6 WpHG.
550 Bei Überschreitung der Bagatellgrenze i.H.v. 5 000 EUR beginnt die Frist für die Nachmeldung mit dem Abschluss des die Bagatellgrenze überschreitenden Verpflichtungsgeschäfts, *BaFin* Emittentenleitfaden, Stand 28.4.2009, V.2.7 S. 93.
551 § 2 Abs. 7 WpHG.

5.2 Mitteilungspflichtige Personen

287   Mitteilungspflichtig sind Personen mit Führungsaufgaben, aber auch Personen, die zu Personen mit Führungsaufgaben in enger Beziehung stehen.[552] Dazu zählen auch juristische Personen, Gesellschaften[553] und Einrichtungen, wenn sie von einer Person mit Führungsaufgaben oder von einer mit einer solchen in enger Beziehung stehenden (natürlichen) Person geleitet werden[554] oder direkt oder indirekt von einer solchen Person kontrolliert werden, zugunsten einer solchen Person gegründet wurden oder sich ihre wirtschaftlichen Interessen weitgehend mit denen einer Person mit Führungsaufgaben oder einer in enger Beziehung zur Führungsperson stehenden (natürlichen) Person decken.[555]

288   *Abb. 36: Mitteilungspflichtige Personen*

Mitteilungspflichtige Personen[556]	
Personen mit Führungsaufgaben	– Persönlich haftende Gesellschafter – Mitglieder eines Leitungs-, Verwaltungs- oder Aufsichtsorgans des Emittenten (Organmitglieder im formellen Sinn) – Sonstige Personen, die regelmäßig Zugang zu Insiderinformationen haben und zu wesentlichen unternehmerischen Entscheidungen, d.h. Entscheidungen über zukünftige Entwicklungen und Geschäftsperspektiven, ermächtigt sind (Führungskräfte im materiellen Sinn).[557]
Personen, die zu Personen mit Führungsaufgaben in enger persönlicher Beziehung stehen	– Ehepartner oder eingetragene Lebenspartner – Unterhaltsberechtigte Kinder[558] – Andere Verwandte, sofern diese mit einer Person mit Führungsaufgaben zum Zeitpunkt des Abschlusses des meldepflichtigen Geschäfts seit mindestens einem Jahr im selben Haushalt lebten
Weitere Mitteilungspflichtige	– Juristische Personen, Gesellschaften und Einrichtungen, wenn sie von einer Führungsperson oder von einer nahestehenden Person geleitet oder kontrolliert werden, die zugunsten einer solchen Person gegründet wurden oder wenn ihre wirtschaftlichen Interessen weitgehend mit denen einer solchen Person übereinstimmen.

289   Der Emittent der betreffenden Aktien ist von der Mitteilungspflicht für Directors' Dealings ausgenommen (aber nicht von der Veröffentlichungspflicht der ihm mitge-

---

552   § 15a Abs. 1 S. 1 und 2 WpHG; genauer dazu *Assmann/Schneider/Sethe* § 15a Rn. 45 ff.; Kölner Komm. WpHG/*Heinrich* § 15a Rn. 42 ff.; *BaFin* Emittentenleitfaden, Stand 28.4.2009, V.1.2.2 S. 85 f.
553   Zur Einbeziehung von Personengesellschaften: Kölner Komm. WpHG/*Heinrich* § 15a Rn. 46; anders *BaFin* Emittentenleitfaden, Stand 28.4.2009, V.1.2.3 S. 87 f.
554   § 15a Abs. 3 S. 2 WpHG.
555   § 15a Abs. 3 S. 3 WpHG; *Assmann/Schneider/Sethe* § 15a Rn. 54.
556   § 15a Abs. 2 und 3 WpHG.
557   *Assmann/Schneider/Sethe* § 15a Rn. 35 ff.; Kölner Komm. WpHG/*Heinrich* § 15a Rn. 41; *Erkens* Der Konzern, 2005, 29, 32; *BaFin* Emittentenleitfaden, Stand 28.4.2009, V.1.2.1, S. 85 f.
558   §§ 1601 ff. BGB.

teilten Information); es muss sich also stets um ein anderes Unternehmen als den Emittenten handeln.[559]

Die BaFin legt den Kreis der mitteilungspflichtigen Personen eng aus und lässt **290** Geschäfte von Gesellschaften nur dann eine Mitteilungspflicht auslösen, wenn darüber für die Person mit Führungsaufgaben oder eine ihr nahestehende natürliche Person eine Möglichkeit besteht, sich einen nennenswerten wirtschaftlichen Vorteil zu sichern.[560] Nicht erfasst werden danach Geschäfte von gemeinnützigen Gesellschaften und Einrichtungen.[561] Bei Geschäften sonstiger Gesellschaften kann ein nennenswerter wirtschaftlicher Vorteil für die Person mit Führungsaufgaben oder eine ihr nahestehende natürliche Person aber z.B. dann erzielt werden, wenn die besagten Personen mit mehr als 50 % an der betreffenden Gesellschaft beteiligt sind, mindestens 50 % der Stimmrechte halten oder ihnen 50 % des Gewinns der Gesellschaft zugerechnet werden, sie mithin maßgeblichen Einfluss auf die Gesellschaft ausüben können.[562]

5.3 Mitteilungspflichtige Geschäfte

Von der Mitteilungspflicht erfasst sind alle Geschäfte mit Aktien des Emittenten, **291** unabhängig davon, ob das Geschäft an oder außerhalb der Börse abgewickelt wird, sowie Finanzinstrumente, die sich auf die Aktien des Emittenten beziehen, insbesondere Derivate, unabhängig davon, ob deren Preis unmittelbar oder mittelbar von dem der Aktien abhängt oder die Finanzinstrumente vom Emittenten selbst oder von dritter Seite emittiert wurden.[563]

Die Mitteilungspflicht entsteht erst, wenn die Summe der Geschäfte einer Person mit **292** Führungsaufgaben und der mit dieser Person in einer engen Beziehung stehenden Personen insgesamt einen Betrag von 5 000 EUR innerhalb des Kalenderjahres übersteigt (Bagatellgrenze).[564] Wird jedoch der Schwellenwert überschritten, müssen alle Geschäfte, unabhängig von ihrer Höhe, nachgemeldet werden.[565]

Die BaFin nimmt sowohl den Erwerb und die Gewährung von Finanzinstrumenten **293** auf arbeitsvertraglicher Grundlage oder als Vergütungsbestandteil als auch Erbschaften und Schenkungen von der Mitteilungspflicht nach § 15a WpHG aus.[566] Das gilt auch für die Ausübung derivativer auf arbeitsvertraglicher Grundlage oder als Vergütungsbestandteil erworbener oder gewährter Finanzinstrumente und den ggf. damit verbundenen Erwerb von Finanzinstrumenten.[567] Der Erwerb von Aktien als Voraussetzung zur Teilnahme an einem entsprechenden Programm soll hingegen der Mittei-

---

559 Zur Auslegung des § 15a Abs. 3 WpHG: *Assmann/Schneider/Sethe* § 15a Rn. 46 ff.; Kölner Komm. WpHG/*Heinrich* § 15a Rn. 47.

560 *BaFin* Emittentenleitfaden, Stand 28.4.2009, V.1.2.5, S. 87.

561 *BaFin* Emittentenleitfaden, Stand 28.4.2009, V.1.2.5, S. 87; Kölner Komm. WpHG/*Heinrich* § 15a Rn. 50.

562 *BaFin* Emittentenleitfaden, Stand 28.4.2009, V.1.2.6, S. 87. Zur einschränkenden Auslegung des § 15a WpHG: Kölner Komm. WpHG/*Heinrich* § 15a Rn. 48.

563 *Letzel* BKR 2002, 862, 867; *Assmann/Schneider/Sethe* § 15a Rn. 66 ff.; *BaFin* Emittentenleitfaden, Stand 28.4.2009, V.5.2 f., S. 88 f.

564 § 15a Abs. 1 S. 5 WpHG; Zur Berechnung: Kölner Komm. WpHG/*Heinrich* § 15a Rn. 60; *BaFin* Emittentenleitfaden, Stand 28.4.2009, V.5.2.3, S. 89 f.

565 Kölner Komm. WpHG/*Heinrich* § 15a Rn. 61; *Assmann/Schneider/Sethe* § 15a Rn. 94.

566 *BaFin* Emittentenleitfaden, Stand 28.4.2009, V.2.2 S. 89, V.3.7.11, S. 100; Kölner Komm. WpHG/*Heinrich* § 15a Rn. 62; *Assmann/Schneider/Sethe* § 15a Rn. 83; a.A. zur Schenkung: *Erkens* Der Konzern, 2005, 29, 35; Kölner Komm. WpHG/*Heinrich* § 15a Rn. 55.

567 *BaFin* Emittentenleitfaden, Stand 28.4.2009, V.2.2 S. 89, V.3.7.1.2, S. 100.

---

lungspflicht unterliegen.[568] Auch die Veräußerung der auf arbeitsvertraglicher Grundlage oder als Vergütungsbestandteil erworbenen oder gewährten Finanzinstrumente ist mitteilungspflichtig.[569]

294 Die Mitteilungspflicht wird ausgelöst, sobald die erfassten Personen eigene Geschäfte in Aktien oder sich darauf beziehende Finanzinstrumente tätigen, wobei der Zeitpunkt der schuldrechtlichen Verpflichtung entscheidend ist.[570] Das nachfolgende dingliche Geschäft, sollte es überhaupt stattfinden, muss dann nicht nochmals gemeldet werden.[571] Das Gleiche gilt für den Fall, dass der schuldrechtliche Anspruch aufschiebend bedingt ist. Die Mitteilungspflicht entsteht bereits zum Zeitpunkt des Geschäftsabschlusses.[572] Geschäfte mit auflösenden Bedingungen sind zunächst wie bedingungslose Geschäfte zu behandeln.[573] Tritt die auflösende Bedingung ein, ist dies dem Emittenten und der BaFin mitzuteilen und die Veröffentlichung zu korrigieren.[574]

295 Als eigene Geschäfte gelten weiterhin Wertpapierpensions- und Darlehensgeschäfte und ebenso Geschäfte, die ein Vermögensverwalter im eigenen Namen für Rechnung des Mitteilungsverpflichteten abschließt.[575] Dagegen löst die Verpfändung oder Sicherheitsübereignung keine Meldepflicht aus.[576]

5.4 Nachfolgende Pflichten des Emittenten

296 Nach Erhalt der Mitteilung muss der Emittent, sofern er ein Inlandsemittent i.S.d. WpHG[577] ist, diese unverzüglich veröffentlichen und dem Unternehmensregister zur Speicherung übermitteln. Er muss zudem der BaFin die Veröffentlichung mitteilen.[578]

6. Marktmanipulation

6.1 Umfang des Verbots der Marktmanipulation

297 Der Tatbestand des Verbots der Marktmanipulation (§ 20a WpHG) umfasst drei Tatbestandsvarianten:

– informationsgestützte Manipulation
– handelsgestützte Manipulation
– sonstige Täuschungshandlungen.

---

568 *BaFin* Emittentenleitfaden, Stand 28.4.2009, V.2.2 S. 89.
569 Kölner Komm. WpHG/*Heinrich* § 15a Rn. 62; *BaFin* Emittentenleitfaden, Stand 28.4.2009, V.3.7.1.1 S. 100.
570 *Erkens* Der Konzern 2005, 29, 35; *Assmann/Schneider/Sethe* § 15a Rn. 87; Kölner Komm. WpHG/ *Heinrich* § 15a Rn. 52.
571 Keine Verpflichtung zur Doppelmitteilung: *Assmann/Schneider/Sethe* § 15a Rn. 72.
572 *Assmann/Schneider/Sethe* § 15a Rn. 73; differenzierter Kölner Komm. WpHG/*Heinrich* § 15a Rn. 54 und *BaFin* Emittentenleitfaden, Stand 28.4.2009, V.3.7.7.2, S. 102: soweit der Eintritt der Bedingung nicht oder nicht ausschließlich von Willen der betreffenden Person abhängt, soll die Meldepflicht erst mit Eintritt der Bedingung entstehen.
573 *BaFin* Emittentenleitfaden, Stand 28.4.2009, V.3.7.7.1, S. 102 f.; Kölner Komm. WpHG/*Heinrich* § 15a Rn. 54.
574 Kölner Komm. WpHG/*Heinrich* § 15a Rn. 54.
575 *Erkens* Der Konzern 2005, 29, 35; *Assmann/Schneider/Sethe* § 15a Rn. 79; Kölner Komm. WpHG/ *Heinrich* § 15a Rn. 58; *BaFin* Emittentenleitfaden, Stand 28.4.2009, V.3.7.10, S. 103 (einzelfallbezogene Betrachtung).
576 *Assmann/Schneider/Sethe* WpHG § 15a Rn. 81; anders: Kölner Komm. WpHG/*Heinrich* § 15a Rn. 57, zumindest Pfandverwertung kann Mitteilungspflicht auslösen.
577 §§ 2 Abs. 7 und 15 Abs. 1 S. 2 WpHG.
578 § 15a Abs. 4 WpHG.

Abb. 37: Verbot der Marktmanipulation **298**

Verbot der Marktmanipulation[579]	

Betroffene Finanzin-strumente	– Aktien und andere Finanzinstrumente, die
	  – an einer inländischen Börse zum Handel zugelassen sind oder in den regulierten Markt oder in den Freiverkehr einbezogen sind, oder
	  – in einem anderen EU-Mitgliedstaat oder EWR-Vertragsstaat zum Handel an einem organisierten Markt zugelassen sind

	– Antrag auf Zulassung oder Einbeziehung oder öffentliche Ankündigung der Antragstellung genügt – Waren, die an einem organisierten Markt gehandelt werden – Ausländische Zahlungsmittel, die an einem organisierten Markt gehandelt werden
Umfang des Verbots	– Informationsgestützte Manipulation: Verbot, unrichtige oder irreführende Angaben über bewertungserhebliche Umstände zu machen oder bewertungserhebliche Umstände entgegen bestehender Rechtsvorschriften zu verschweigen, wenn die Angaben oder das Verschweigen geeignet sind, auf den Börsen- oder Marktpreis des Finanzinstruments einzuwirken – Handelsgestützte Manipulation: Verbot, Geschäfte vorzunehmen oder Kauf- oder Verkaufsaufträge zu erteilen, die geeignet sind, falsche oder irreführende Signale für das Angebot, die Nachfrage oder den Börsen- oder Marktpreis zu geben oder ein künstliches Preisniveau herbeizuführen – Sonstige Täuschungshandlungen: Verbot, Täuschungshandlungen vorzunehmen, die geeignet sind, auf den Börsen- oder Marktpreis einzuwirken
Sanktionen bei Verstößen	– Freiheitsstrafe bis fünf Jahren oder Geldstrafe, wenn – (bedingter) Vorsatz und – Einwirken auf den Börsen- oder Marktpreis

	– Freiheitsstrafe bis zu einem Jahr oder Geldstrafe, wenn
	  – Leichtfertigkeit und
	  – Einwirken auf den Börsen- oder Marktpreis
	– Geldbuße bis 1 000 000 EUR

---

579 § 20a WpHG. Verstöße gegen das Verbot der Marktmanipulation sind in den Fällen des § 39 Abs. 1 Nr. 1 und 2 und Abs. 2 Nr. 11 WpHG Ordnungswidrigkeiten und in den Fällen des § 38 Abs. 2 Nr. 1–3 WpHG Straftaten. Um ein Schutzgesetz i.S.d. § 823 Abs. 2 BGB handelt es bei § 20a WpHG hingegen nach *BGH* NJW 2012, 1800, 1802 f. nicht, so dass ein zivilrechtlicher Schadensersatzanspruch auf dieser Grundlage ausscheidet.

6.1.1 Informationsgestützte Manipulation

6.1.1.1 Machen von Angaben

299 Angaben sind nachprüfbare Gegebenheiten, also Tatsachenmitteilungen, Werturteile[580] und Prognosen mit einem plausiblen Tatsachenkern.[581]

300 Angaben macht, wer Erklärungen über das Vorliegen oder Nichtvorliegen von Umständen abgibt.[582] Für das Machen der Angabe reicht es aus, wenn die Erklärung nach außen dringt und von mindestens einer weiteren Person zur Kenntnis genommen werden kann.[583] Tatsächliche Kenntnisnahme, Irrtumserregung beim Adressaten oder tatsächliche Kurs- und Marktpreisbeeinflussung ist nicht erforderlich.[584] Unerheblich ist auch, in welchem Kontext (Pressekonferenz, Analystentreffen, Bilanzen etc.) und in welcher Art und Weise die Kundgabe erfolgt.[585]

6.1.1.2 Unrichtigkeit und Irreführung

301 Unrichtig sind Angaben, wenn sie nicht der Wahrheit entsprechen, d.h. wenn sie nicht vorhandene Umstände als vorhanden bzw. vorhandene Umstände als nicht vorhanden darstellen.[586] Die Unrichtigkeit muss dabei nach fachmännischem Urteil eindeutig sein, sodass eine gegenteilige Interpretation nicht mehr möglich ist.[587] Die Unrichtigkeit von Werturteilen und Prognosen liegt dann vor, wenn sie auf einer unrichtigen oder unvollständigen Tatsachenbasis beruhen, sich daraus nicht plausibel ableiten lassen oder bei richtigem Tatsachenkern das Werturteil oder die Prognose bei verständiger Würdigung evident nicht vertretbar ist.[588]

302 Irreführend sind Angaben, die zwar inhaltlich richtig sind, jedoch aufgrund ihrer Darstellung beim Empfänger der Information eine falsche Vorstellung über den geschilderten Sachverhalt nahe legen.[589] Gemeint sind damit auch Konstellationen, bei denen verschiedene (inhaltlich richtige) Sachumstände mit einer evident sachlichen Ungleichgewichtung mitgeteilt werden.[590] Als irreführend gelten ebenfalls unvollständige Angaben, wenn diese zu einem unzutreffenden Gesamteindruck führen.[591]

---

580 Auch Meinungsäußerungen und Einschätzungen.

581 *BaFin* Emittentenleitfaden, Stand 28.4.2009, VI.3.2.1.2, S. 108; *Assmann/Schneider/Vogel* § 20a Rn. 69 ff.; ausf.: Kölner Komm. WpHG/*Mock/Stoll/Eufinger* § 20a Rn. 155-157; ebenfalls von § 2 Abs. 1 S. 1 MaKonV erfasst.

582 *BaFin* Emittentenleitfaden, Stand 28.4.2009, VI.3.2.1, S. 107; *Assmann/Schneider/Vogel* § 20a Rn. 59.

583 *BaFin* Emittentenleitfaden, Stand 28.4.2009, VI.3.2.1.1, S. 108.; ausf.: Kölner Komm. WpHG/*Mock/Stoll/Eufinger* § 20a Rn. 158; *Assmann/Schneider/Vogel* WpHG § 20a Rn. 65.

584 *Assmann/Schneider/Vogel* WpHG § 20a Rn. 65; Kölner Komm. WpHG/*Mock/Stoll/Eufinger* § 20a Rn. 158.

585 *BaFin* Emittentenleitfaden, Stand 28.4.2009, VI.3.2.1.1, S. 108; *Assmann/Schneider/Vogel* § 20a Rn. 65; ausführlich: Kölner Komm. WpHG/*Mock/Stoll/Eufinger* § 20a Rn. 158.

586 *Sorgenfrei* wistra 2002, 321, 323; *Assmann/Schneider/Vogel* § 20a Rn. 60.

587 Kölner Komm. WpHG/*Mock/Stoll/Eufinger* § 20a Rn. 161.

588 Kölner Komm. WpHG/*Mock/Stoll/Eufinger* § 20a Rn. 162; *BaFin* Emittentenleitfaden, Stand 28.4.2009, VI.3.2.1.3, S. 108.

589 Begr. RegE AnSVG, BT-Drucks. 15/3174.

590 Kölner Komm. WpHG/*Mock/Stoll/Eufinger* § 20a Rn. 163.

591 *BaFin* Emittentenleitfaden, Stand 28.4.2009, VI.3.2.1.3, S. 108, die BaFin erfasst unvollständige Angaben ebenfalls als unrichtige Angaben. S. auch Kölner Komm. WpHG/*Mock/Stoll/Eufinger* § 20a Rn. 163.

Erkennt die verantwortliche Person, dass Angaben unrichtig oder irreführend sind, unterliegt diese Person Berichtigungs- und Aktualisierungspflichten.[592]   **303**

6.1.1.3 Bewertungserhebliche Umstände

Die Angaben müssen Umstände betreffen, die für die Bewertung von Finanzinstru-   **304**
menten erheblich sind. Nach § 2 Abs. 1 S. 1 MaKonV sind dies Tatsachen und Werturteile, die ein verständiger Anleger bei seiner Anlageentscheidung berücksichtigen
würde. Auch künftige Gegebenheiten können gem. § 2 Abs. 1 S. 2 MaKonV bewertungserhebliche Umstände sein, wenn mit hinreichender Wahrscheinlichkeit damit
gerechnet werden kann, dass sie in Zukunft eintreten werden.

Zur Beurteilung der Bewertungserheblichkeit ist eine objektiv-nachträgliche Pro-   **305**
gnose bezogen auf den Zeitpunkt der Kundgabe bzw. des Unterlassens vorzunehmen.[593] Maßgebliche Sicht ist dabei die eines verständigen Anlegers, die Sichtweise
der tatsächlich handelnden Person ist daher nicht entscheidend.[594]

Ferner bestimmt § 2 Abs. 2 MaKonV, dass es sich bei ad-hoc-pflichtigen Insiderinforma-   **306**
tionen gem. § 15 Abs. 1 S. 1 WpHG, sowie bei Entscheidungen und Kontrollerwerben,
die nach § 10 oder § 35 WpÜG zu veröffentlichen sind, regelmäßig um bewertungserhebliche Umstände handelt. Des Weiteren enthält § 2 Abs. 3 MaKonV Beispiele für
zwingend bewertungserhebliche und § 2 Abs. 4 MaKonV Beispiele für potenziell als
bewertungserheblich anzusehende Umstände.

6.1.1.4 Verschweigen bewertungserheblicher Umstände entgegen einer Rechtspflicht

Ein Verschweigen liegt immer dann vor, wenn ein anzugebender Umstand überhaupt   **307**
nicht oder gegenüber einzelnen Personen, gegenüber denen der Umstand aber anzugeben gewesen wäre, nicht angegeben worden ist.[595] Ferner auch dann, wenn die
Offenbarungspflicht nicht vollständig erfüllt wird oder bestimmte Fristen nicht eingehalten, also Angaben nicht rechtzeitig gemacht werden.[596] Die bloße Verletzung von
Form- und Verfahrensvorschriften über die Offenbarung gilt nur dann als Verschweigen i.S.d. Norm, soweit der gewünschte Publikationserfolg gefährdet ist.[597]

Ein Verschweigen stellt nur dann eine Marktmanipulation dar, wenn die betroffene Per-   **308**
son eine Offenbarungspflicht hatte. Diese Pflicht zur Offenbarung muss eine bestehende Rechtspflicht sein, die aus einem deutschen Gesetz, einer deutschen Verordnung,
einer europäischen Verordnung oder, unter bestimmten Umständen, auch aus ausländi-
schem Recht resultieren kann.[598] Ist eine juristische Person zur Offenbarung verpflichtet, so können alle natürlichen Personen, die unternehmensintern für die Erfüllung der

---

592 *Assmann/Schneider/Vogel* § 20a Rn. 67; *BaFin* Emittentenleitfaden, Stand 28.4.2009, VI.3.2.2 S. 109;
     differenzierter Kölner Komm. WpHG/*Mock/Stoll/Eufinger* § 20a Rn. 160; wegen Ad-hoc-Berichti-
     gungen und Ad-hoc-Aktualisierungen s. § 15 Abs. 2 S. 2 WpHG i.V.m. § 4 Abs. 3 WpAIV und § 15
     Abs. 1 WpHG i.V.m. § 4 Abs. 2 WpAIV sowie *BaFin* Emittentenleitfaden, Stand 28.4.2009, VI.4.4
     S. 71, IV. 4.5 S. 72, IV.5.2.1 S. 74.
593 Kölner Komm. WpHG/*Mock/Stoll/Eufinger* § 20a Rn. 177.
594 *BaFin* Emittentenleitfaden, Stand 28.4.2009, VI.3.2.3 S. 109; Kölner Komm. WpHG/*Mock/Stoll/
     Eufinger* § 20a Rn. 177; *Assmann/Schneider/Vogel* § 20a Rn. 86.
595 *Assmann/Schneider/Vogel* § 20a Rn. 101; Kölner Komm. WpHG/*Mock/Stoll/Eufinger* § 20a Rn. 169.
596 Kölner Komm. WpHG/*Mock/Stoll/Eufinger* § 20a Rn. 169; *BaFin* Emittentenleitfaden, Stand
     28.4.2009, VI.3.2.4.1, S. 110.
597 *Assmann/Schneider/Vogel* § 20a Rn. 101; Kölner Komm. WpHG/*Mock/Stoll/Eufinger* § 20a Rn. 171.
598 *BaFin* Emittentenleitfaden, Stand 28.4.2009, VI.3.2.4.3 S. 110.

dem Unternehmen obliegenden gesetzlichen Veröffentlichungspflicht zuständig sind, eine Marktmanipulation begehen.[599] Andere Personen können wegen ihrer Mitwirkung an der Marktmanipulation (Anstiftung, Beihilfe) verantwortlich sein.[600]

6.1.1.5 Eignung, auf den Preis einzuwirken

309 Um als Marktmanipulation zu gelten, muss die gemachte Angabe oder das entsprechende Schweigen geeignet sein, auf den Börsen- oder Marktpreis eines Finanzinstrumentes einzuwirken. Eine tatsächliche Einwirkung ist nicht erforderlich, der abstrakte Gefährdungstatbestand reicht aus.[601] Es ist gleichgültig, in welche Richtung eine Eignung zur Preisbeeinflussung besteht. Nach dem Wortlaut der Norm spielt es ebenso keine Rolle, ob die mögliche Kurseinwirkung erheblich ist,[602] mit der Konsequenz, dass kein Kauf- oder Verkaufsanreiz entstehen muss.[603] Die Anforderungen an die Eignung zur Preiseinwirkung sind daher wesentlich geringer als bei der Definition der Insiderinformation nach § 13 WpHG, die für die Insiderhandelsverbote und die Ad-hoc-Mitteilungspflichten entscheidend ist.[603]

310 Die Preiseinwirkungseignung ist mittels objektiv nachträglicher Prognose festzustellen.[604] Hierbei ist wiederum auf die Perspektive eines mit den Marktverhältnissen vertrauten verständigen Anlegers abzustellen.

6.1.2 Handelsgestützte Manipulation

6.1.2.1 Vornahme von Geschäften und Erteilung von Aufträgen

311 Geschäfte sind sämtliche in Bezug auf Finanzinstrumente getätigte Transaktionen, wie Erwerb, Veräußerung und Sicherungsgeschäfte.[605] Dabei kann es sich um Eigen- oder Fremdgeschäfte handeln oder um Geschäfte, die auf eigene oder fremde Rechnung bzw. in eigenem oder fremdem Namen getätigt worden sind.[605]

312 Ein Geschäft gilt mit Abschluss des Verpflichtungsgeschäfts als vorgenommen.[606] Ein Auftrag ist erteilt, wenn er dem Adressaten zugegangen ist.[607]

6.1.2.2 Manipulationseignung

313 Das Geschäft oder der Auftrag müssen geeignet sein, entweder (i) falsche oder irreführende Signale für das Angebot, die Nachfrage oder den Preis von Finanzinstrumenten zu geben (Irreführungs- oder Markttäuschungseignung) oder (ii) ein künstliches Preisniveau herbeizuführen (Preismanipulationseignung). Die Eignung wird dabei durch eine objektiv nachträgliche Prognose festgestellt, wobei eine tatsächliche Beeinflussung der Angebots-, Nachfrage- oder Preissituation nicht erforderlich ist.[608]

---

599 *BaFin* Emittentenleitfaden, Stand 28.4.2009, VI.3.1 S. 106.
600 *BaFin* Emittentenleitfaden, Stand 28.4.2009, VI.3.1 S. 107.
601 Kölner Komm. WpHG/*Mock/Stoll/Eufinger* § 20a Rn. 180; *Assmann/Schneider/Vogel* § 20a Rn. 112, 118; *BaFin* Emittentenleitfaden, Stand 28.4.2009, VI.3.2.5, S. 111.
602 BaFin Emittentleitfaden, Stand 28.4.2009, VI.3.2.5.; insoweit kritisch: *Sorgenfrei* wistra 2002, 321, 326 f.
603 *BaFin* Emittentenleitfaden, Stand 28.4.2009, VI.3.2.5, S. 111.
604 Kölner Komm. WpHG/*Mock/Stoll/Eufinger* § 20a Rn. 182 f.; ausf. *Assmann/Schneider/Vogel* § 20a Rn. 119–122; *BaFin* Emittentenleitfaden, Stand 28.4.2009, VI.3.2.5, S. 111.
605 *Assmann/Schneider/Vogel* § 20a Rn. 145.
606 Kölner Komm. WpHG/*Mock/Stoll/Eufinger* § 20a Rn. 188; *Assmann/Schneider/Vogel* § 20a Rn. 146.
607 Kölner Komm. WpHG/*Mock/Stoll/Eufinger* § 20a Rn. 188; *Assmann/Schneider/Vogel* § 20a Rn. 148.
608 *Assmann/Schneider/Vogel* § 20a Rn. 149; Kölner Komm. WpHG/*Mock/Stoll/Eufinger* § 20a Rn. 190.

6.1.2.3 Falsche oder irreführende Signale für Angebot, Nachfrage oder Preis

Ein Signal liegt vor, wenn das Geschäft bzw. der Auftrag geeignet ist, das Angebots- oder **314** Nachfrageverhalten auf dem Markt bzw. den Preis zu beeinflussen, gleich in welche Richtung die Eignung zur Beeinflussung besteht oder ob es zu einer tatsächlichen Beeinflussung kommt oder eine solche überhaupt von jemandem wahrgenommen wird.[609] Transaktionen kommt eine Signalwirkung zu, wenn ein verständiger Anleger sie bei seiner Anlageentscheidung mit Sicherheit berücksichtigt hätte, eine Geeignetheit zur Signalgebung, wenn deren Berücksichtigung durch einen verständigen Anleger nicht auszuschließen ist.[610] Ein Signal ist falsch oder irreführend, wenn es nicht mit der tatsächlichen Marktsituation in Bezug auf das jeweilige Finanzinstrument übereinstimmt.[611]

Dieser sehr weite Tatbestand der Marktmanipulation wird durch die Marktmanipula- **315** tions-Konkretisierungsverordnung (MaKonV) begrenzt.[612]

6.1.2.4 Künstliches Preisniveau

Es liegt ein künstliches Preisniveau vor, wenn es die wahren, wirtschaftlichen Verhält- **316** nisse oder den marktgerechten Preis verfehlt, es also nicht mehr als Ergebnis eines unbeeinflussten Marktgeschehens anzusehen ist.[613]

6.1.3 Vornahme sonstiger Täuschungshandlungen

Sonstige Täuschungshandlungen oder Unterlassungen sind solche, die geeignet sind, **317** einen verständigen Anleger über die wahren wirtschaftlichen Verhältnisse an einer Börse oder einem Markt in die Irre zu führen und den Preis eines Finanzinstruments an der Börse oder dem Markt hoch- oder herunterzutreiben oder beizubehalten.[614] Zur Vornahme einer sonstigen Täuschungshandlung ist entweder ein positives Tun oder ein garantenpflichtwidriges Unterlassen vorausgesetzt.[615]

6.2 Ausnahmen zum Verbot der Marktmanipulation

Die Verbotstatbestände greifen nicht, wenn die Handlungen mit der zulässigen Markt- **318** praxis vereinbar sind und der Handelnde legitime Gründe dafür hat (Ausnahmen).[616] Als zulässige Marktpraxis gelten nur solche Gepflogenheiten, die auf dem jeweiligen Markt nach vernünftigem Ermessen erwartet werden können und von der BaFin als zulässige Marktpraxis anerkannt werden. Eine solche Anerkennung durch die BaFin ist bisher noch nicht erfolgt. Tatbestandsausnahmen gelten auch für den Handel mit eigenen Aktien im Rahmen von Rückkaufprogrammen sowie Maßnahmen zur Stabilisierung des Preises von Finanzinstrumenten.[617]

---

609 *Assmann/Schneider/Vogel* § 20a Rn. 150.
610 Kölner Komm. WpHG/*Mock/Stoll/Eufinger* § 20a Rn. 192.
611 Kölner Komm. WpHG/*Mock/Stoll/Eufinger* § 20a Rn. 191.
612 § 3 Verordnung zur Konkretisierung des Verbotes der Marktmanipulation (Marktmanipulations-Konkretisierungsverordnung) v. 1.3.2005 (BGBl I 2005, S. 515); s. auch *Assmann/Schneider/Vogel* § 20a Rn. 153 ff.
613 Kölner Komm. WpHG/*Mock/Stoll/Eufinger* § 20a Rn. 194; *Assmann/Schneider/Vogel* § 20a Rn. 151.
614 § 4 Abs. 1 MaKonV; Beispiele für sonstige Täuschungshandlungen: Bestechen eines Skontoführers, das Ausstreuen von Gerüchten, Scalping etc.; s. *BaFin* Emittentenleitfaden, Stand 28.4.2009, VI.3.2.6, S. 112.
615 *Assmann/Schneider/Vogel* § 20a Rn. 210 f; Kölner Komm. WpHG/*Mock/Stoll/Eufinger* § 20a Rn. 203.
616 § 20a Abs. 2 WpHG, §§ 7 ff. MaKonV.
617 § 20a Abs. 3 WpHG. Welche Bedingungen Rückkaufprogramme sowie Stabilisierungsmaßnahmen erfüllen müssen, um unter die Ausnahme zu fallen, ergibt sich aus der Verordnung (EG) Nr. 2273/2003 der EU-Kommission v. 22.12.2003, ABlEU Nr. L 336/33 v. 23.12.2003.

III. Offenlegung von Beteiligungen

319 Ziel von Offenlegungspflichten ist es vor allem, Transparenz und Rechtssicherheit zu schaffen. In den letzten Jahren sind die internationalen Anforderungen an die Transparenz von Beteiligungen zunehmend in den Vordergrund gerückt und die Offenlegungspflichten sind in Folge dessen immer wieder ausgeweitet worden.[618]

320 Es gibt im deutschen Gesellschaftsrecht eine bedeutende Anzahl an gesellschaftsrechtlichen Offenlegungspflichten, die sich aus unterschiedlichen Tatbestandsvoraussetzungen ergeben und unterschiedliche Zwecke verfolgen. Dieser Abschnitt legt die Pflichten zur Offenlegung von Beteiligungen an Kapitalgesellschaften (und insbesondere an kapitalmarktorientierten Kapitalgesellschaften) dar.

1. Gesellschaftsrechtliche Pflichten zur Offenlegung von Beteiligungen

321 Die gesellschaftsrechtlichen Pflichten, Beteiligungen an Unternehmen offen zu legen, beruhen auf unterschiedlichen Gesetzen und Vorschriften, wobei die aktienrechtlichen Offenlegungspflichten besonders hervorzuheben sind (allerdings gem. § 20 Abs. 8 nicht für Aktien eines Emittenten i.S.d. § 21 Abs. 2 des WpHG gelten).

1.1 Aktienrechtliche Offenlegungspflichten

1.1.1 Offenlegung von Beteiligungsveränderungen

322 Die aktienrechtlichen Pflichten hinsichtlich der Offenlegung von Beteiligungen an nicht börsennotierten Gesellschaften[619] werden in den §§ 20 ff. AktG geregelt. Mit diesen Vorschriften wird zum einen die Offenlegung der Beteiligungsverhältnisse und zum anderen die Unterrichtung der Gesellschaft, der Aktionäre, der Gläubiger und der Öffentlichkeit über Konzernbildungen bezweckt. Zudem soll dadurch Rechtssicherheit über Beteiligungsquoten erreicht werden.[620]

323 *Abb. 38: Aktienrechtliche Pflichten zur Offenlegung von Beteiligungen nach § 20 AktG*

Norm	§ 20 Abs. 1, 2, 5–8 AktG	§ 20 Abs. 3, 5–8 AktG	§ 20 Abs. 4, 5–8 AktG
	Schachtelbeteiligung kraft Zurechnung	**Schachtelbeteiligung ohne Zurechnung**	**Mehrheitsbeteiligung**
Mitteilungspflichtige	Jedes **Unternehmen**	**Kapitalgesellschaft**	Jedes **Unternehmen**
Sitz der Mitteilungspflichtigen	Inland oder Ausland	Inland	Inland oder Ausland
Tatbestand	Überschreiten oder Unterschreiten von Schachtelbeteiligungen (d.h. Beteiligungen > 25 %)	Überschreiten oder Unterschreiten von Schachtelbeteiligungen (d.h. Beteiligungen > 25 %)	Überschreiten oder Unterschreiten von Mehrheitsbeteiligungen (d.h. Beteiligungen > 50 %)

---

618 S. hierzu *Weber-Rey/Benzler/Habersack/Mülbert/Schlitt* Handbuch der Kapitalmarktrechtinformation, 2013, § 20.
619 §§ 20 Abs. 8, 21 Abs. 5 AktG.
620 *BGH* AG 2006, 501; *Assmann/Schneider* vor § 21 Rn. 61; Kölner Komm. AktG/*Koppensteiner* § 20 Rn. 1.

Norm	§ 20 Abs. 1, 2, 5–8 AktG	§ 20 Abs. 3, 5–8 AktG	§ 20 Abs. 4, 5–8 AktG
	Schachtelbeteiligung kraft Zurechnung	**Schachtelbeteiligung ohne Zurechnung**	**Mehrheitsbeteiligung**
Berechnung der Beteiligungshöhe	Direkt gehaltene Anteile *plus* Zuzurechnende Anteile nach § 16 Abs. 2 S. 1 und Abs. 4 AktG	Direkt gehaltene Anteile *plus* Zuzurechnende Anteile nach § 16 Abs. 2 S. 1 und Abs. 4 AktG	Direkt gehaltene Anteile *plus* Zuzurechnende Anteile nach § 16 Abs. 2 S. 1 und Abs. 4 AktG
	plus Anteile, deren Übereignung das Unternehmen verlangen kann		
	plus Anteile, zu deren Abnahme das Unternehmen verpflichtet ist		
Zielunternehmen	an einer **AG** oder **KGaA**	an einer **AG** oder **KGaA**	an einer **AG** oder **KGaA**
Sitz des Zielunternehmens	Inland	Inland	Inland
Frist für die Mitteilung	Unverzüglich nach Eintritt des Tatbestands	Unverzüglich nach Eintritt des Tatbestands	Unverzüglich nach Eintritt des Tatbestands
Mitteilungsadressat	Zielgesellschaft → Bekanntgabe in den Gesellschaftsblättern	Zielgesellschaft[621]	Zielgesellschaft → Bekanntgabe in den Gesellschaftsblättern

---

621 I.d.R. muss die Gesellschaft, die eine Mitteilung erhalten hat, diese in den Gesellschaftsblättern (s. für die AG § 25 AktG) veröffentlichen. Diese Bekanntmachungspflicht gilt jedoch nicht für Mitteilungen von Schachtelbeteiligungen ohne Zurechnung (wenn diese nicht auch eine Mitteilung nach § 20 Abs. 1 AktG umfassen), weil damit lediglich das Ziel verfolgt wird, die jeweils andere Gesellschaft über die Tatsache der wechselseitigen Beteiligung zu informieren. Eine weitere Publizität ist in diesem Fall nicht erforderlich. Sollte aber in der Mitteilung nach § 20 Abs. 3 AktG eine Mitteilung nach Abs. 1 enthalten sein, ist letztere bekannt zu machen, wenn sie nicht schon früher bekannt gemacht worden ist.

Norm	§ 20 Abs. 1, 2, 5–8 AktG	§ 20 Abs. 3, 5–8 AktG	§ 20 Abs. 4, 5–8 AktG
	Schachtelbeteiligung kraft Zurechnung	Schachtelbeteiligung ohne Zurechnung	Mehrheitsbeteiligung
Rechtsfolge unterlassener Mitteilung	Temporärer Rechtsverlust[622]	Verlust der Privilegierung nach § 328 Abs. 2 AktG[623]	Temporärer Rechtsverlust
	Ausnahmen: Kein Verlust des Anspruchs auf Dividende und Abwicklungsüberschüsse, solange die Mitteilung nicht vorsätzlich unterlassen wurde. Diese Ansprüche ruhen bis zu dem Zeitpunkt, in dem die Mitteilung erfolgt.[624] Kein Bußgeld		**Ausnahmen:** Kein Verlust des Anspruchs auf Dividende und Abwicklungsüberschüsse, solange die Mitteilung nicht vorsätzlich unterlassen wurde. Diese Ansprüche ruhen bis zu dem Zeitpunkt, in dem die Mitteilung erfolgt. Kein Bußgeld

324 *Abb. 39: Aktienrechtliche Pflichten zur Offenlegung von Beteiligungen nach § 21 AktG*

Norm	§ 21 Abs. 1 AktG	§ 21 Abs. 2 AktG
	Schachtelbeteiligung	Mehrheitsbeteiligung
Mitteilungspflichtige	AG und KGaA	AG und KGaA
Sitz der Mitteilungspflichtigen	Inland	Inland

---

622 Dabei werden nicht nur die Aktien erfasst, die das Unternehmen selbst besitzt, sondern auch die Aktien, die dem Unternehmen gem. § 16 Abs. 4 AktG (Zurechnung von Anteilen) zuzurechnen sind. Die Ausübungsbeschränkung erstreckt sich aber nicht auf Aktien, die dem Unternehmen nach § 20 Abs. 2 AktG (Schachtelbeteiligung kraft Zurechnung) zuzurechnen sind (a.A. *Burgard* Die Offenlegung von Beteiligungen, Abhängigkeits- und Konzernlagen bei der Aktiengesellschaft, 1990, S. 56 f.), es sei denn, die Voraussetzungen von § 16 Abs. 4 AktG sind gleichzeitig erfüllt.

623 I.R.d. § 328 Abs. 1 AktG wird für wechselseitige Beteiligungen eine Ausübungssperre für Rechte aus den Anteilen einer die 25 % Schwelle überschießenden Beteiligung geregelt. D.h., die Mitteilung der einen an die andere Gesellschaft hat zur Folge, dass diese (andere Gesellschaft) die sich aus ihrer Beteiligung ergebenden Rechte nur bis 25 % des Grundkapitals der gehaltenen (einen) Gesellschaft ausüben darf. Diese Beschränkung wirkt nicht zu Lasten desjenigen Unternehmens, das seine Mitteilungspflicht nach § 20 Abs. 3 oder § 21 Abs. 1 AktG erfüllt, bevor ihm das andere Unternehmen eine entsprechende Mitteilung macht oder es anderweitig von der wechselseitigen Beteiligung Kenntnis erhält. Beinhaltet die Mitteilung nach § 20 Abs. 3 AktG allerdings gleichzeitig eine Mitteilung nach § 20 Abs. 1 AktG, so richten sich die Folgen einer Pflichtverletzung zusätzlich nach § 20 Abs. 7 AktG (ruhende Ansprüche).

624 Der Unterschied zum Rechtsverlust ist, dass bei dem Ruhen der Rechte der zugrundeliegende Anspruch rückwirkend wirksam wird, wenn die Mitteilung nachgeholt wird. Allerdings bleibt es bei dem Rechtsverlust, wenn die rechtzeitige Mitteilung vorsätzlich unterblieben ist. Eine nur fahrlässige Verletzung der Mitteilungspflicht führt hingegen nicht zu einem Rechtsverlust.

Norm	§ 21 Abs. 1 AktG	§ 21 Abs. 2 AktG
	Schachtelbeteiligung	**Mehrheitsbeteiligung**
Tatbestand	Überschreiten oder Unterschreiten von Schachtelbeteiligungen (d.h. Beteiligungen > 25 %)	Überschreiten oder Unterschreiten von Mehrheitsbeteiligungen (d.h. Beteiligungen > 50 %)
Berechnung der Beteiligungshöhe	Direkt gehaltene Anteile *plus* Zuzurechnende Anteile nach § 16 Abs. 1 und 4 AktG	Direkt gehaltene Anteile *plus* Zuzurechnende Anteile nach § 16 Abs. 1 und 4 AktG
Zielunternehmen	an einer **Kapitalgesellschaft**	an einem **Unternehmen beliebiger Rechtsform**
Sitz des Zielunternehmens	Inland	Inland[625]
Frist für die Mitteilung	Unverzüglich nach Eintritt des Tatbestands	Unverzüglich nach Eintritt des Tatbestands
Mitteilungsadressat	Zielgesellschaft	Zielgesellschaft
Rechtsfolge unterlassener Mitteilung	Temporärer Rechtsverlust **Ausnahmen:** Kein Verlust des Anspruchs auf Dividende und Abwicklungsüberschüsse, solange die Mitteilung nicht vorsätzlich unterlassen wurde. Diese Ansprüche ruhen bis zu dem Zeitpunkt, in dem die Mitteilung erfolgt. Kein Bußgeld	Temporärer Rechtsverlust **Ausnahmen:** Kein Verlust des Anspruchs auf Dividende und Abwicklungsüberschüsse, solange die Mitteilung nicht vorsätzlich unterlassen wurde. Diese Ansprüche ruhen bis zu dem Zeitpunkt, in dem die Mitteilung erfolgt. Kein Bußgeld

1.1.2 Identifizierung der Inhaber von Namensaktien

§ 67 AktG ermöglicht Aktiengesellschaften, in ihrer Satzung Voraussetzungen für die **325** Eintragung von Legitimationsaktionären in das Aktienregister festzulegen. Darüber hinaus kann die Gesellschaft von dem im Aktienregister Eingetragenen Auskunft darüber verlangen, für wen er oder sie die Aktien hält.

1.2 Offenlegungspflichten nach GmbH-Gesetz

Bei jeder Veränderung des Gesellschafterbestandes oder des Beteiligungsumfangs ist **326** eine von den Gesellschaftern unterschriebene Gesellschafterliste zum Handelsregister

---

625 Ob das von der Mitteilungspflicht begünstigte Unternehmen seinen Sitz im Inland haben muss, ist in der Literatur strittig; dafür *Hüffer* § 21 Rn. 3; dagegen etwa *Assmann/Schneider* vor § 21 Rn. 62; Kölner Komm. AktG/*Koppensteiner* § 21 Rn. 4

einzureichen.[626] Hat ein Notar an Veränderungen im Gesellschafterbestand mitgewirkt, hat er die Gesellschafterliste anstelle der Geschäftsführer zu unterschreiben, zum Handelsregister einzureichen und eine Abschrift der geänderten Liste an die Gesellschaft zu übermitteln.[627]

2. Kapitalmarktrechtliche Offenlegungspflichten

327 Die kapitalmarktrechtlichen Offenlegungspflichten werden in erster Linie im WpHG und im WpÜG geregelt.

2.1 Mitteilungs- und Veröffentlichungspflichten bei Beteiligungsveränderungen nach Wertpapierhandelsgesetz

328 Das WpHG regelt in den §§ 21 ff. die Publizität von Beteiligungen an börsennotierten Gesellschaften und begründet dadurch die Offenlegung der Inhaberschaft von stimmrechtsverleihenden Aktien und von Finanzinstrumenten, die zum Erwerb solcher Aktien berechtigen oder einen solchen Erwerb ermöglichen.

329 Grundsätzlich hat jeder Aktionär eines börsennotierten Unternehmens eine effektive[628] Veränderung der Eigentumsverhältnisse dem Emittenten und der BaFin mitzuteilen, sofern bestimmte Schwellen berührt werden. Daneben sind sukzessive durch § 25 f. WpHG zusätzliche Meldepflichten für das (direkte oder indirekte) Halten von Finanzinstrumenten,[629] die dem Inhaber das Recht verleihen, Stimmrechtsaktien eines Emittenten, für den Deutschland der Herkunftsstaat ist, zu erwerben oder aufgrund ihrer Ausgestaltung den Erwerb ermöglichen, eingeführt worden.[630]

---

626 Grundsätzlich kann ein Erwerber auf die Richtigkeit der Eintragung vertrauen (eingeschränkter Gutglaubensschutz). Das gilt nicht, wenn die Liste zum Zeitpunkt des Erwerbs des Geschäftsanteils weniger als drei Jahre unrichtig und die Unrichtigkeit dem Berechtigten nicht zuzurechnen ist. Ein gutgläubiger Erwerb ist ferner nicht möglich, wenn dem Erwerber die mangelnde Berechtigung bekannt oder infolge grober Fahrlässigkeit unbekannt ist oder der Liste ein Widerspruch zugeordnet ist.

627 § 40 Abs. 2 GmbHG.

628 Es ist i.d.R. auf den dinglichen Rechtsakt abzustellen; vgl. hierzu *Steuer/Baur* WM 1996, 1477.

629 Vgl. § 2 Abs. 2b WpHG für die Definition von Finanzinstrumenten.

630 Insbesondere seit der Einfügung des § 25a WpHG, der über die Vorgaben der Transparenzrichtlinie (Richtlinie 2004/109/EG des Europäischen Parlaments und des Rates v. 15.12.2004 zur Harmonisierung der Transparenzanforderungen in Bezug auf Informationen über Emittenten, deren Wertpapiere zum Handel auf einem geregelten Markt zugelassen sind, und zur Änderung der Richtlinie 2001/34/EG, ABlEU Nr. L 390/38 vom 31.12.2004), hinausgeht, hat das Melderechtsregime eine erhebliche Ausdehnung erfahren. Eine Gesamtliste der häufigen Fragen zu den Meldepflichten nach §§ 25 und 25a WpHG (Stand: 9.1.2012) stellt die BaFin auf ihrer Homepage unter www.bafin.de/SharedDocs/FAQs/DE/WA_Meldepflichten_wphg25/faq_wphg25a_00_gesamtliste.htm zur Verfügung. Das Rechtsgebiet bleibt weiter in Bewegung. Die Überarbeitung der Transparenzrichtlinie ist seit 2010 in Arbeit. S. http://ec.europa.eu/internal_market/securities/transparency/index_de.htm. Einen Überblick hierzu bietet *Veil* WM 2012, 53 ff.

Abb. 40: Mitteilungspflichten nach §§ 21, 25 und 25a WpHG **330**

Norm	§ 21 WpHG	§ 25 WpHG	§ 25a WpHG
	Mitteilungspflichten aufgrund des Haltens von Stimmrechten	**Mitteilungspflichten aufgrund des Haltens von Finanzinstrumenten**	**Mitteilungspflichten aufgrund des Haltens von Finanzinstrumenten**
Mitteilungspflichtige	Inhaber von Stimmrechten	Inhaber von Finanzinstrumenten oder sonstigen Instrumenten, die das Recht verleihen, einseitig im Rahmen einer rechtlich bindenden Vereinbarung mit Stimmrechten verbundene und bereits ausgegebene Aktien zu erwerben	Inhaber von Finanzinstrumenten oder sonstigen Instrumenten, die nicht bereits von § 25 WpHG erfasst sind und ihrem Inhaber oder einem Dritten auf Grund ihrer Ausgestaltung ermöglichen, mit Stimmrechten verbundene und bereits ausgegebene Aktien zu erwerben
Sitz der Mitteilungspflichtigen	Inland oder Ausland		
Tatbestand	Erreichen, Überschreiten oder Unterschreiten von 3 %, 5 %, 10 %, 15 %, 20 %, 25 %, 30 %, 50 % oder 75 % der Stimmrechte[631]	Möglichkeit des Erreichens, Überschreitens oder Unterschreitens von 5 %, 10 %, 15 %, 20 %, 25 %, 30 %, 50 % oder 75 % der Stimmrechte durch Ausüben der Rechte aus den Finanzinstrumenten oder sonstigen Instrumente	Erreichen, Überschreiten oder Unterschreiten von 5 %, 10 %, 15 %, 20 %, 25 %, 30 %, 50 % oder 75 % der Stimmrechte auf Grund der Ausgestaltung der weiteren Finanzinstrumente oder sonstigen Instrumente

---

631 Die Meldeschwellen beziehen sich nur auf den Stimmrechtsanteil (im Gegensatz dazu stellt § 20 AktG auf den Kapitalanteil und nur in § 20 Abs. 4 AktG zusätzlich auf den Stimmrechtsanteil ab). Die Stimmrechtsquote wird ermittelt, indem die maßgeblichen Stimmrechte des Mitteilungspflichtigen in Verhältnis zu der Gesamtzahl der vorhandenen Stimmen der Gesellschaft gesetzt werden.

Norm	§ 21 WpHG	§ 25 WpHG	§ 25a WpHG
	Mitteilungspflichten aufgrund des Haltens von Stimmrechten	**Mitteilungspflichten aufgrund des Haltens von Finanzinstrumenten**	**Mitteilungspflichten aufgrund des Haltens von Finanzinstrumenten**
Berechnung der Beteiligungshöhe	Direkt gehaltene Stimmrechte *plus* Zuzurechnende Stimmrechte gemäß § 22 WpHG *minus* Nicht zu berücksichtigende Stimmrechte gem. § 23 WpHG	Mittelbar oder unmittelbar gehaltene Finanzinstrumente und sonstige Instrumente *plus* Zusammenrechnung mit den Beteiligungen gem. § 21 und 22 WpHG *minus* Nicht zu berücksichtigende Stimmrechte gem. § 23 WpHG	Mittelbar oder unmittelbar gehaltene weitere Finanzinstrumente und sonstige Instrumente *plus* Zusammenrechnung mit den Beteiligungen gem. §§ 21, 22 und 25 WpHG *minus* Nicht zu berücksichtigende Finanzinstrumente oder sonstige Instrumente gem. § 25a Abs. 3 WpHG
Zielunternehmen	Emittent, für den Deutschland der Herkunftsstaat ist und dessen Aktien zum Handel an einem organisierten Markt zugelassen sind[632]		
Sitz des Zielunternehmens	Inland oder Ausland, solange Deutschland als Herkunftsstaat angesehen wird		
Frist für die Mitteilung	Unverzüglich, spätestens innerhalb von 4 Handelstagen nach Kenntnis oder Kennenmüssen des Erreichens, Überschreitens oder Unterschreitens einer Meldeschwelle		
Mitteilungsadressat	– Emittent – BaFin	– Emittent – BaFin	– Emittent – BaFin

---

632 §§ 2 Abs. 5 und 5 WpHG.

Norm	§ 21 WpHG	§ 25 WpHG	§ 25a WpHG
	Mitteilungspflichten aufgrund des Haltens von Stimmrechten	**Mitteilungspflichten aufgrund des Haltens von Finanzinstrumenten**	**Mitteilungspflichten aufgrund des Haltens von Finanzinstrumenten**
Rechtsfolge unterlassener Mitteilung	– Temporärer Rechtsverlust[633] als Regel – Dividendenbezugsrecht und Anspruch auf Teilhabe am Abwicklungserlös: Rechtsverlust nur bei Vorsatz und wenn Mitteilung nicht nachgeholt wurde[634] – Bußgeld bis 1 000 000 EUR[635]	– Bußgeld bis 1 000 000 EUR[636]	– Bußgeld bis 1 000 000 EUR[636]

Nach Mitteilung durch den Aktionär ist der Emittent verpflichtet, die Mitteilung zu **331** veröffentlichen, an die BaFin zu übermitteln und an das Unternehmensregister weiterzuleiten. Damit wird auch die Öffentlichkeit von den bedeutenden Beteiligungsveränderungen in Kenntnis gesetzt.

Abb. 41: Veröffentlichungspflichten nach §§ 26 und 26a WpHG **332**

Norm	§ 26 WpHG (i.V.m. §§ 21, 25, 29a WpHG)	§ 26 WpHG (i.V.m. §§ 21, 29a WpHG)	§ 26a WpHG (i.V.m. § 29a WpHG)
	Veröffentlichung und Übermittlung einer erhaltenen Mitteilung	**Veröffentlichung und Übermittlung einer Erklärung bei Erwerb/Veräußerung eigener Aktien**	**Veröffentlichung der Gesamtzahl der Stimmrechte am Ende eines jeden Kalendermonats**
Veröffentlichungspflichtige	Inlandsemittent[637]	Inlandsemittent	Inlandsemittent

---

633 § 28 WpHG; für die Zeit, für welche die Mitteilungspflichten nicht erfüllt werden und – wenn die Mitteilung hinsichtlich der Stimmrechtshöhe vorsätzlich oder grob fahrlässig unterlassen wurde – für die sechs Monate nach Nachholung der Mitteilung. Diese Sechsmonatsfrist gilt jedoch nicht, wenn die Abweichung in der Höhe weniger als 10 % des tatsächlichen Stimmrechtsanteils beträgt und keine Mitteilung über das Erreichen, Überschreiten oder Unterschreiten einer der Meldeschwellen unterlassen wurde.

634 Voraussetzung für das Ruhen dieser Rechte ist, dass der Meldepflichtige die Offenlegungspflicht vorsätzlich verletzt hat und die Mitteilung nicht nachgeholt wurde.

635 § 39 Abs. 2 Nr. 2 (e) WpHG i.V.m. § 39 Abs. 4 WpHG.

636 § 39 Abs. 2 Nr. 2 (f) WpHG i.V.m. § 39 Abs. 4 WpHG.

637 Zu dem Begriff „Inlandsemittent" s. Rn. 271; die BaFin kann Inlandsemittenten mit Sitz in einem Drittstaat von den Veröffentlichungspflichten nach §§ 26 Abs. 1 und 26a WpHG freistellen, soweit diese Emittenten gleichwertigen Regeln eines Drittstaates unterliegen oder sich solchen Regeln unterwerfen. Dennoch sind die im Ausland veröffentlichten Informationen der BaFin mitzuteilen und dem Unternehmensregister zu übermitteln.

Norm	§ 26 WpHG (i.V.m. §§ 21, 25, 29a WpHG)	§ 26 WpHG (i.V.m. §§ 21, 29a WpHG)	§ 26a WpHG (i.V.m. § 29a WpHG)
	Veröffentlichung und Übermittlung einer erhaltenen Mitteilung	Veröffentlichung und Übermittlung einer Erklärung bei Erwerb/Veräußerung eigener Aktien	Veröffentlichung der Gesamtzahl der Stimmrechte am Ende eines jeden Kalendermonats
Tatbestand	Veröffentlichung und Übermittlung einer erhaltenen Mitteilung nach §§ 21 und 25 oder nach entsprechender EU-/EWR-Auslandsvorschrift	Veröffentlichung und Übermittlung einer Erklärung bei Erwerb/Veräußerung eigener Aktien beim Erreichen, Überschreiten oder Unterschreiten von 3 %, 5 % oder 10 % in Bezug auf eigene Aktien (Schwelle von 3 % gilt <u>nur</u> für Emittenten, für die Deutschland der Herkunftsstaat ist)	Betrifft Veröffentlichung der Gesamtzahl der Stimmrechte am Ende eines jeden Kalendermonats, in dem es zu einer Veränderung der Stimmrechte gekommen ist
Berechnung der Beteiligungshöhe	N/A	Selbst gehaltene Aktien *plus* Aktien, die über eine in eigenem Namen, aber für Rechnung des Emittenten handelnde Person gehalten werden	N/A
Frist für die Veröffentlichung	Unverzüglich, spätestens innerhalb von 3 Handelstagen nach Zugang der Mitteilung	Unverzüglich, spätestens innerhalb von 4 Handelstagen nach Erreichen, Überschreiten oder Unterschreiten einer Meldeschwelle	Zum jeweiligen Kalendermonatsende
Veröffentlichungsadressat	– Öffentlichkeit → Durch Veröffentlichung in Medien, bei denen davon ausgegangen werden kann, dass sie die Information in der gesamten EU und in den übrigen EWR-Staaten verbreiten. – BaFin – Unternehmensregister	– Öffentlichkeit → Durch Veröffentlichung in Medien, bei denen davon ausgegangen werden kann, dass sie die Information in der gesamten EU und in den übrigen EWR-Staaten verbreiten. – BaFin – Unternehmensregister	– Öffentlichkeit → Durch Veröffentlichung in Medien, bei denen davon ausgegangen werden kann, dass sie die Information in der gesamten EU und in den übrigen EWR-Staaten verbreiten. – BaFin – Unternehmensregister

Norm	§ 26 WpHG (i.V.m. §§ 21, 25, 29a WpHG)	§ 26 WpHG (i.V.m. §§ 21, 29a WpHG)	§ 26a WpHG (i.V.m. § 29a WpHG)
	Veröffentlichung und Übermittlung einer erhaltenen Mitteilung	Veröffentlichung und Übermittlung einer Erklärung bei Erwerb/Veräußerung eigener Aktien	Veröffentlichung der Gesamtzahl der Stimmrechte am Ende eines jeden Kalendermonats
Rechtsfolge unterlassener Veröffentlichung	– Bußgeld bis 200 000 EUR[638]	– Bußgeld bis 200 000 EUR[638]	– Bußgeld bis 200 000 EUR[639]

2.2 Offenlegungspflicht für Inhaber wesentlicher Beteiligungen

§ 27a WpHG verpflichtet Aktionäre, die die Schwelle von 10 % der Stimmrechte aus **333** Aktien oder eine höhere Schwelle erreichen oder überschreiten, dem Emittenten innerhalb von 20 Handelstagen[640] die mit dem Anteilserwerb verfolgten Ziele mitzuteilen und über die Herkunft der Mittel Auskunft zu geben. Dadurch sollen die Emittenten bessere Informationen über ihre Anteilsinhaber erhalten.[641] Für die Berechnung der Meldeschwelle werden Stimmrechte aus Finanzinstrumenten nach §§ 25 f. WpHG nicht berücksichtigt.

Zu den mit dem Erwerb der Stimmrechte verfolgten Zielen ist anzugeben, ob **334**
– die Investition der Umsetzung strategischer Ziele oder der Erzielung von Handelsgewinnen dient,
– beabsichtigt ist, innerhalb der nächsten zwölf Monate weitere Stimmrechte zu erlangen,
– eine Einflussnahme auf die Besetzung von Verwaltungs-, Leitungs- und Aufsichtsorganen des Emittenten angestrebt wird, und
– eine wesentliche Änderung der Kapitalstruktur der Gesellschaft, insbesondere im Hinblick auf das Verhältnis von Eigen- und Fremdfinanzierung und die Dividendenpolitik, angestrebt wird.[642]

Zur Mittelherkunft hat der Meldepflichtige nur anzugeben, ob und inwieweit es sich **335** um Fremd- oder Eigenmittel handelt, die er zur Finanzierung des Erwerbs der Stimmrechte aufgenommen hat.

---

638 §§ 39 Abs. 2 Nr. 2g und Nr. 6 WpHG i.V.m. § 39 Abs. 4 WpHG.
639 §§ 39 Abs. 2 Nr. 6 WpHG i.V.m. § 39 Abs. 4 WpHG.
640 Das Zeitfenster von 20 Handelstagen wird teilweise mit der Begründung als sehr lang erachtet, dass der Meldepflichtige während dieses Zeitraums weiter unbegrenzt und unerkannt weitere Aktien erwerben darf, vgl. *Möllers/Holzner* NZG 2008, 166, 169. Das Argument scheint allerdings unberechtigt, denn es geht hier nicht darum, das Erreichen eines Schwellenwerts mitzuteilen. Dafür gilt ohnehin die viel kürzere Frist von vier Handelstagen.
641 BT-Drucks. 16/7438, 8.
642 Kapitalanlagegesellschaften, Investmentaktiengesellschaften sowie ausländische Verwaltungsgesellschaften und Investmentgesellschaften i.S.d. Richtlinie 2009/65/EG, die einem Art. 56 Abs. 1 S. 1 der Richtlinie 2009/65/EG entsprechenden Verbot unterliegen, sofern eine Anlagegrenze von 10 % oder weniger festgelegt worden ist unterliegen nicht der Mitteilungspflicht; eine Mitteilungspflicht besteht auch dann nicht, wenn eine Art. 57 Abs. 1 S. 1 und Abs. 2 der Richtlinie 2009/65/EG entsprechende zulässige Ausnahme bei der Überschreitung von Anlagegrenzen vorliegt (§ 27a Abs. 1 S. 6 WpHG).

336 Der Emittent hat die erhaltene Mitteilung oder die Tatsache, dass die Mitteilungspflicht durch den Aktionär nicht erfüllt wurde, zu veröffentlichen.[643]

337 Die Anwendung der Vorschrift kann in der Satzung von Emittenten ausgeschlossen werden.[644]

2.3 Offenlegungspflichten im Rahmen eines öffentlichen Angebots nach Wertpapiererwerbs- und Übernahmegesetz

338 Das WpÜG regelt die Rechte und Pflichten im Zusammenhang mit öffentlichen Angeboten zum Erwerb von Wertpapieren. Im Folgenden soll allerdings nur kurz auf Offenlegungspflichten bei Beteiligungsveränderungen eingegangen werden. Hierzu gehören die Pflicht zur Offenlegung des Erwerbs der Kontrolle sowie die Veröffentlichungspflichten des Bieters nach Abgabe eines öffentlichen Angebots (sog. Wasserstandsmeldungen).

2.3.1 Kontrollmeldungen nach § 35 WpÜG

339 Wer die Kontrolle über eine Zielgesellschaft erlangt, hat den Umfang seiner Beteiligung an dieser Gesellschaft nach § 35 Abs. 1 WpÜG (Kontrollmeldung) und ein Angebot zum Erwerb der Aktien der Zielgesellschaft zu veröffentlichen. Kontrolle liegt vor, wenn mindestens 30 % der Stimmrechte der Zielgesellschaft gehalten werden.[645] Es kommt nicht darauf an, wie die Kontrolle erreicht wurde, d.h. durch Kauf über die Börse oder außerhalb einer Börse, unmittelbar oder mittelbar.[646] Allerdings besteht keine Pflicht, ein weiteres Angebot abzugeben, wenn die Kontrolle auf Grund eines Übernahmeangebots erlangt wurde.[647]

340 *Abb. 42: Veröffentlichungspflichten bei Erlangen der Kontrolle*

Norm	§ 35 WpÜG
Mitteilungspflichtige	Inhaber von mindestens 30 % der Stimmrechte einer Zielgesellschaft
Sitz der Mitteilungspflichtigen	Inland
Tatbestand	Erreichen der 30 %-Schwelle der Stimmrechte
Berechnung der Beteiligungshöhe	Direkt gehaltene Stimmrechte *plus* Zuzurechnende Stimmrechte gem. § 30 WpÜG *minus* Nicht zu berücksichtigende Stimmrechte gem. § 36 WpÜG Befreiung von der Angebotspflicht gem. § 37 WpÜG möglich

---

643 § 27a Abs. 2 WpHG.
644 § 27a Abs. 3 WpHG.
645 § 29 Abs. 2 WpÜG.
646 Für die Berechnung der Kontrollschwelle können bestimmte Stimmrechte außer Acht gelassen werden. Außerdem kann die BaFin den Erwerber unter bestimmten Umständen von der Pflicht zur Angebotsabgabe befreien (s. Abb. 42).
647 § 35 Abs. 3 WpÜG; s. das Merkblatt der BaFin zur Auslegung des § 35 Abs. 3 WpÜG v. 12.7.2007. Danach muss zwischen dem Übernahmeangebot und der Kontrollerlangung ein zeitlicher und sachlicher Zusammenhang liegen, um die Voraussetzungen des § 35 Abs. 3 WpÜG zu erfüllen.

Norm	§ 35 WpÜG
Zielunternehmen	Emittent, dessen Aktien an einem organisierten Markt im EWR zugelassen sind
Sitz des Zielunternehmens	Inland
Börsennotierung der Aktien	Ja
Frist für die Veröffentlichung	Unverzüglich, spätestens innerhalb von 7 Kalendertagen nach Kenntnis oder Kennenmüssen des Erreichens der Kontrolle
Adressat der Veröffentlichung	– Geschäftsführung der Börsen, (i) an denen Wertpapiere des Bieters, der Zielgesellschaft oder anderer durch das Angebot unmittelbar betroffener Gesellschaften zum Handel zugelassen sind und (ii) an denen Derivate gehandelt werden, sofern die Wertpapiere Gegenstand der Derivate sind[648] – BaFin[649] – Öffentlichkeit[650] – Zielgesellschaft[651]
Rechtsfolge unterlassener Mitteilung	– Temporärer Rechtsverlust[652] – Bußgeld bis 1 000 000 EUR[653]

2.3.2 Veröffentlichungspflichten nach Abgabe des Angebots gem. § 23 WpÜG

Der Bieter hat gem. § 23 Abs. 1 WpÜG die Anzahl sämtlicher ihm zustehenden oder **341** zuzurechnenden Stimmrechtsanteile unverzüglich zu veröffentlichen und der BaFin mitzuteilen (Wasserstandsmeldungen) und zwar:

– nach Veröffentlichung der Angebotsunterlage wöchentlich sowie in der letzten Woche vor Ablauf der Annahmefrist täglich,[654]
– unverzüglich nach Ablauf der Annahmefrist,
– unverzüglich nach Ablauf der weiteren Annahmefrist (Zaunkönigregelung),[655]
– unverzüglich nach Erreichen der 95 % Schwelle (Squeeze-out-Schwelle).[656]

Zudem muss ein Bieter, der die Kontrolle über die Zielgesellschaft erlangt hat, die Höhe der vor Ablauf des Jahres nach Veröffentlichung der Angebotsunterlagen erworbenen Aktien- und Stimmrechtsanteile ebenfalls unverzüglich veröffentlichen

---

648 § 10 Abs. 2 S. 1 und 2 i.V.m. § 35 WpÜG.
649 § 10 Abs. 2 S. 3 i.V.m. § 35 WpÜG.
650 § 10 Abs. 3 i.V.m. § 35 WpÜG.
651 § 10 Abs. 5 i.V.m. § 35 WpÜG.
652 § 59 WpÜG.
653 § 60 Abs. 3 WpÜG i.V.m. § 60 Abs. 1 Nr. 1a WpÜG.
654 Damit werden die Marktteilnehmer über die Akzeptanz des Angebots informiert, s. Begr. RegE zum Gesetz zur Regelung von öffentlichen Angeboten zum Erwerb von Wertpapieren und von Unternehmensübernahmen, BT-Drucks. 14/7034, 50.
655 Sog. Zaunkönigregelung nur für Übernahmeangebote (§ 19 Abs. 2 WpÜG).
656 Erforderliche Schwelle für den Ausschluss der Minderheitsaktionäre im Rahmen des Squeeze-outs (§ 39a WpÜG und §§ 327a ff. AktG).

und bei der BaFin melden. Der Angebotsempfänger soll damit prüfen können, ob er nach § 31 WpÜG einen Anspruch auf eine höhere Gegenleistung hat.[657]

3. Pflicht zur Anzeige des Erwerbs bedeutender Beteiligungen

342 Die Absicht des Erwerbs bedeutender Beteiligungen an Unternehmen des Finanzsektors oder ihrer Erhöhung über die gesetzlich vorgegebenen Schwellenwerte ist der Aufsichtsbehörde anzuzeigen. Die BaFin ist ermächtigt, den Erwerb bzw. die Erhöhung der bedeutenden Beteiligung innerhalb des ihr vorgegebenen Beurteilungszeitraums zu untersagen.[658] Die Absicht der Veräußerung bedeutender Beteiligungen an Unternehmen des Finanzsektors und die Absicht ihrer Herabsetzung unter die gesetzlich vorgegebenen Schwellenwerte sind der Aufsichtsbehörde ebenfalls anzuzeigen. Diese Anzeige dient jedoch nur der Information der Aufsichtsbehörde und löst keine Untersagungsbefugnis der Aufsichtsbehörde aus.

343 Die nachfolgende Tabelle gibt einen Überblick über diese Anzeigepflichten nach dem Kreditwesengesetz und dem Versicherungsaufsichtsgesetz.

344 *Abb. 43: Anzeigepflichten hinsichtlich der Absicht von Erwerb und Veräußerung bedeutender Beteiligungen nach § 2c KWG und §§ 104, 121a und 1b VAG*

Norm	§ 2c KWG (i.V.m. § 1 Abs. 9 KWG)	§§ 104, 121a, 1b VAG (i.V.m. § 7a Abs. 2 VAG)
Aufsicht über Inhaber bedeutender Beteiligungen		
Anzeigepflichtige	Jedermann	Jedermann
Zielunternehmen	– Kreditinstitute – Finanzdienstleistungsinstitute	– Erstversicherungsunternehmen – Rückversicherungsunternehmen – Versicherungs-Holdinggesellschaften
Tatbestand	– Erwerb, Erhöhung, Veräußerung oder Absenkung einer bedeutenden Beteiligung – Mindestens 10 % der Stimmrechte oder des Nennkapitals – oder – Maßgeblicher Einfluss auf die Geschäftsführung der Zielgesellschaft	– Erwerb, Erhöhung, Veräußerung oder Absenkung einer bedeutenden Beteiligung – Mindestens 10 % der Stimmrechte oder des Nennkapitals – oder – Maßgeblicher Einfluss auf die Geschäftsführung der Zielgesellschaft·

---

657 *Assmann/Pötzsch/Schneider* § 23 Rn. 3.
658 § 2c Abs. 1b KWG und § 104 Abs. 1b VAG. S. im Einzelnen Rn. 349 ff.

Norm	§ 2c KWG (i.V.m. § 1 Abs. 9 KWG)	§§ 104, 121a, 1b VAG (i.V.m. § 7a Abs. 2 VAG)
	Aufsicht über Inhaber bedeutender Beteiligungen	
	– Erreichen, Überschreiten oder Unterschreiten von 20 %, 30 % oder 50 % der Stimmrechte oder des Nennkapitals – Begründung oder Beendigung der Kontrolle der Zielgesellschaft – Beachtung der Zurechnungsvorschriften (§ 1 Abs. 9 KWG i.V.m. § 22 Abs. 1–3a WpHG)	– Erreichen, Überschreiten oder Unterschreiten von 20 %, 30 % oder 50 % der Stimmrechte oder des Nennkapitals – Begründung oder Beendigung der Kontrolle der Zielgesellschaft – Beachtung der Zurechnungsvorschriften (§ 7a Abs. 2 VAG i.V.m. § 22 Abs. 1–3a WpHG)
Frist für die Mitteilung	– Unverzüglich nach Vorliegen einer festen Absicht (Sicherheit über Transaktionsabschluss nicht erforderlich) – BaFin kann dem Erwerber/ Veräußerer eine Frist für die Mitteilung des Abschlusses/ Nicht-Abschlusses der Transaktion setzen	– Unverzüglich nach Vorliegen einer festen Absicht (Sicherheit über Transaktionsabschluss nicht erforderlich) – BaFin kann dem Erwerber/ Veräußerer eine Frist für die Mitteilung des Abschlusses/ Nicht-Abschlusses der Transaktion setzen
Entscheidung der Aufsichtsbehörde	– Untersagung innerhalb des Beurteilungszeitraums möglich	– Untersagung innerhalb des Beurteilungszeitraums möglich
Mitteilungsadressat	– BaFin – Deutsche Bundesbank	– BaFin

4. Kartellrechtliche Anzeigepflichten

In der Bundesrepublik ist das Bundeskartellamt für den Schutz des Wettbewerbs **345** zuständig. Auf europäischer Ebene übernimmt die Europäische Kommission als Wettbewerbsbehörde diese Aufgabe. Zum Kartellrecht gehört unter anderem das Fusionskontrollrecht, das den Zusammenschluss von Unternehmen regelt. Das deutsche Kartellrecht ist im Gesetz gegen Wettbewerbsbeschränkungen (GWB) geregelt. Daneben ist insbesondere das europäische Wettbewerbsrecht von Bedeutung. Anzumerken ist, dass im Bereich der Fusionskontrolle die Regelungen des GWB nicht anzuwenden sind, soweit die Europäische Kommission nach der VO 139/2004 (Fusionskontrollverordnung, FKVO)[659] ausschließlich zuständig ist (Art. 21 Abs. 3 FKVO, § 35 Abs. 3 GWB).

---

659 Verordnung (EG) Nr 139/2004 des Rates v. 20.1.2004 über die Kontrolle von Unternehmenszusammenschlüssen.

346 Die nachfolgende Tabelle gibt einen Überblick über die Anzeigepflichten nach dem GWB und nach der Verordnung über die Kontrolle von Unternehmenszusammenschlüssen.

347 *Abb. 44: Fusionskontrolle nach GWB und FKVO*

Norm	§§ 35 ff. GWB	Verordnung (EG) Nr. 139/2004 des Rates vom 20.1.2004 über die Kontrolle von Unternehmenszusammenschlüssen, FKVO
	FKVO ist – sofern anwendbar – vorrangig zu GWB	
Anwendbarkeit	**Umsatzschwellen** – Alle beteiligten Unternehmen/Unternehmensgruppen 500 Mio. EUR weltweit und – mindestens ein beteiligtes Unternehmen/eine Unternehmensgruppe in Deutschland 25 Mio. EUR	**Umsatzschwellen** **Entweder** – Alle beteiligten Unternehmen/Unternehmensgruppen zusammen weltweit mehr als 5 Mrd. EUR und – mindestens zwei beteiligte Unternehmen/Unternehmensgruppen EU-weit jeweils mehr als 250 Mio. EUR
	– Bei Kreditinstituten, Finanzinstituten, Bausparkassen und Kapitalanlagegesellschaften im Sinne von § 2 Abs. 6 InvG tritt an die Stelle der Umsatzerlöse der Gesamtbetrag der in § 34 Abs. 2 S. 1 Nr. 1 Buchstabe a) bis e) der Kreditinstituts-Rechnungslegungsverordnung in der jeweils geltenden Fassung genannten Erträge abzüglich der Umsatzsteuer und sonstiger direkt auf diese Erträge erhobener Steuern (§ 38 Abs. 4 S. 1 GWB) – Bei Versicherungsunternehmen treten an die Stelle der Umsatzerlöse die Prämieneinnahmen des letzten abgeschlossenen Geschäftsjahrs (§ 38 Abs. 4 S. 2 GWB). Prämieneinnahmen sind die Einnahmen aus dem Erst- und Rückversicherungsgeschäft einschließlich der in Rückdeckung gegebenen Anteile (§ 38 Abs. 4 S. 3 GWB)	**Oder** – Alle beteiligten Unternehmen/Unternehmensgruppen zusammen weltweit mehr als 2,5 Mrd. EUR und – mindestens zwei beteiligte Unternehmen/Unternehmensgruppen EU-weit jeweils mehr als 100 Mio. EUR und – Alle beteiligten Unternehmen/Unternehmensgruppen in mindestens drei EU-Mitgliedstaaten zusammen mehr als jeweils 100 Mio. EUR und – mindestens zwei beteiligte Unternehmen/Unternehmensgruppen in jedem der drei vorstehend erfassten EU-Mitgliedstaaten jeweils mehr als 25 Mio. EUR – Ausnahmen für den Fall, dass alle Beteiligten im Wesentlichen in einem EU-Mitgliedstaat tätig sind – Bei Kredit- und sonstigen Finanzinstituten sowie Versicherungsunternehmen ist Art. 5 Abs. 3 FKVO zu beachten.

Norm	§§ 35 ff. GWB	Verordnung (EG) Nr. 139/2004 des Rates vom 20.1.2004 über die Kontrolle von Unternehmenszusammenschlüssen, FKVO
	FKVO ist – sofern anwendbar – vorrangig zu GWB	
Beteiligungs-schwelle	– 25 % oder mehr – 50 % oder mehr – Kontrollerwerb – Erwerb wettbewerblich erheblichen Einflusses neben Beteiligung < 25 – Vermögenserwerb	– Kontrollerwerb
Fristen	– Freigabe durch Bundeskartellamt vor Vollzug notwendig	– Freigabe durch die Europäische Kommission vor Vollzug notwendig
Mitteilungs-adressat	– Bundeskartellamt	– Europäische Kommission

IV. Genehmigungspflichtige Geschäfte

Die Aufsicht über Unternehmen des Finanzsektors dient insbesondere dem Schutz der **348** Kunden, Anleger und Versicherungsnehmer. Wegen des erheblichen Einflusses, den Inhaber bedeutender Beteiligungen auf die Unternehmen ausüben können, bedarf der Kauf besonderer Beteiligungen an Unternehmen des Finanzsektors der Genehmigung der Aufsichtsbehörde. Das VAG sieht darüber hinaus vor, dass Erst- und Rückversicherungsunternehmen ihren Versicherungsbestand ganz oder teilweise übertragen können. Dabei wird die vertragsrechtlich erforderliche Genehmigung durch die Versicherungsnehmer durch die Genehmigung der Aufsichtsbehörde ersetzt.

1. Erwerb bedeutender Beteiligungen an Unternehmen des Finanzsektors

1.1 Europarechtliche Vorgaben

Der Erwerb und die Erhöhung bedeutender Beteiligungen an Unternehmen des **349** Finanzsektors – Kreditinstituten, Finanzdienstleistungsinstituten, Erst- und Rückversicherungsunternehmen, Pensionsfonds sowie Versicherungs-Holdinggesellschaften – bedarf bereits seit einigen Jahren der Genehmigung (bzw. „Nicht-Untersagung") der zuständigen Aufsichtsbehörde. Die entsprechenden Vorschriften des Kreditwesengesetzes und des Versicherungsaufsichtsgesetzes beruhten bis zum März 2009 auf den verschiedenen für diese Unternehmen geltenden EU-Richtlinien.

Die EU-Beteiligungsrichtlinie[660] soll dafür sorgen, dass die aufsichtsrechtliche Beur- **350** teilung auf der Grundlage eines eindeutigen und transparenten Verfahrens sowie einer begrenzten Zahl klarer aufsichtsrechtlicher Beurteilungskriterien erfolgt.

---

660 Richtlinie 2007/44/EG des Europäischen Parlaments und des Rates v. 5.9.2007 zur Änderung der Richtlinie 92/49/EWG des Rates sowie der Richtlinien 2002/83/EG, 2004/39/EG, 2005/68/EG und 2006/48/EG in Bezug auf Verfahrensregeln und Bewertungskriterien für die aufsichtsrechtliche Beurteilung des Erwerbs und der Erhöhung von Beteiligungen im Finanzsektor (Beteiligungsrichtlinie) ABlEU Nr. L 247/1 v. 21.9.2007).

351 CEBS, CEIOPS und CESR, Vorgänger der europäischen Aufsichtsbehörden, haben die Vorgaben der Beteiligungsrichtlinie in einer gemeinsamen Empfehlung konkretisiert.[661]

1.2 Bedeutende Beteiligung

352 Eine bedeutende Beteiligung liegt vor, wenn mindestens 10 % des Kapitals oder der Stimmrechte eines Unternehmens des Finanzsektors unmittelbar oder mittelbar über ein oder mehrere Tochterunternehmen oder ein gleichartiges Verhältnis oder durch Zusammenwirken mit anderen Personen oder Unternehmen im Eigen- oder Fremdinteresse gehalten werden oder wenn auf die Geschäftsführung des Unternehmens ein maßgeblicher Einfluss ausgeübt werden kann.[662] Bei der Berechnung des Stimmrechtsanteils gelten kraft Verweisung die Zurechnungsregelungen, die das Wertpapierhandelsgesetz im Zusammenhang mit Mitteilungspflichten bei dem Erwerb von Stimmrechten an börsennotierten Emittenten vorsieht.[663] Dazu zählt insbesondere die Zurechnung von treuhänderisch gehaltenen Anteilen und von Anteilen Dritter, mit denen der Erwerber sein Verhalten in Bezug auf das Unternehmen abstimmt (*acting in concert*).[664]

353 Bei der Berechnung der Beteiligung bleiben die Kapitalanteile oder Stimmrechte unberücksichtigt, die Kredit- oder Finanzdienstleistungsinstitute im Rahmen des Emissionsgeschäfts halten, wenn sie nicht ausgeübt oder anderweitig benutzt werden, um in die Geschäftsführung des Emittenten einzugreifen, und innerhalb eines Jahres nach dem Zeitpunkt des Erwerbs veräußert werden.[665]

1.3 Untersagungsgründe

354 Die Aufsichtsbehörde kann den Erwerb oder die Erhöhung einer bedeutenden Beteiligung untersagen, wenn Tatsachen die Annahme rechtfertigen, dass

– der Anzeigepflichtige nicht zuverlässig ist oder aus anderen Gründen nicht den im Interesse einer soliden und umsichtigen Führung des Zielunternehmens zu stellenden Ansprüchen genügt[666] – nach dem VAG ist dies auch der Fall, wenn der Erwerber nicht nachweisen kann, dass er über angemessene geschäftliche Pläne für die Fortsetzung und die Entwicklung der Geschäfte des Versicherungsunternehmens verfügt und die Belange der Versicherten oder die berechtigten Interessen der Vorversicherer ausreichend gewahrt sind,[667]

– das Zielunternehmen durch die Begründung oder Erhöhung der bedeutenden Beteiligung mit dem Inhaber der bedeutenden Beteiligung in einen Unternehmensverbund eingebunden würde, der durch die Struktur des Beteiligungsgeflechts oder

---

661 Guidelines for the prudential assessment of acquisitions and increases in holdings in the financial sector required by Directive 2007/44/EC, CEBS/2008/214, CEIOPS-3L3-19/08, CESR/08-543b.
662 §§ 7a Abs. 2 S. 3 VAG, 1 Abs. 9 S. 1 KWG.
663 §§ 7a Abs. 2 S. 4 VAG, 1 Abs. 9 S. 2 KWG.
664 §§ 7a Abs. 2 S. 4 VAG, 1 Abs. 9 S. 2 KWG i.V.m. § 22 Abs. 2 WpHG.
665 §§ 7a Abs. 2 S. 5 VAG, 1 Abs. 9 S. 3 KWG.
666 §§ 104 Abs. 1b S. 1 Nr. 1 VAG, 2c Abs. 1b S. 1 Nr. 1 KWG. Fehlt dem Inhaber einer bedeutenden Beteiligung an einem Kreditinstitut die erforderliche Zuverlässigkeit, so fehlt es gem. § 3 Nr. 1 c) des Statuts des Einlagensicherungsfonds (Stand Mai 2012), an einer Voraussetzung für die Mitgliedschaft. Private deutsche Banken gehören dem Einlagensicherungsfonds in der Regel auf freiwilliger Basis an.
667 § 104 Abs. 1b S. 1 Nr. 1 VAG.

durch mangelhafte wirtschaftliche Transparenz eine wirksame Aufsicht über das Zielunternehmen beeinträchtigen würde,[668]
- das Zielunternehmen durch die Begründung oder Erhöhung der bedeutenden Beteiligung Tochterunternehmen eines Unternehmens derselben Finanzbranche mit Sitz in einem Drittstaat würde, das im Staat seines Sitzes oder seiner Hauptverwaltung nicht wirksam beaufsichtigt wird oder dessen zuständige Aufsichtsstelle nicht zu einer befriedigenden Zusammenarbeit mit der für das Zielunternehmen zuständigen Aufsichtsbehörde bereit ist,[669]
- das Zielunternehmen nicht in der Lage sein oder bleiben wird, den Aufsichtsanforderungen zu genügen,[668]
- ein durch den Anzeigepflichtigen vorgesehener künftiger Geschäftsleiter des Zielunternehmens nicht zuverlässig oder nicht fachlich geeignet ist,[670]
- im Zusammenhang mit dem beabsichtigten Erwerb Geldwäsche oder Terrorismusfinanzierung stattfinden oder stattgefunden haben oder der Erwerb das Risiko eines solchen Verhaltens erhöhen könnte[671] oder
- der Anzeigepflichtige nicht über die notwendige finanzielle Solidität verfügt.[672]

Der Anzeigepflichtige verfügt insbesondere dann nicht über die notwendige finanzielle Solidität, wenn er aufgrund seiner Kapitalausstattung oder Vermögenssituation in seiner Rolle als Anteilseigner voraussichtlich nicht den besonderen gesetzlichen Anforderungen an die Eigenmittel und die Liquidität des Zielunternehmens gerecht werden kann.[673] Nach der Gesetzesbegründung muss der Anzeigepflichtige in der Lage sein, insbesondere in Krisenfällen oder zur Vermeidung von Krisenfällen, mit Blick auf die tatsächlichen oder geplanten Geschäfte des Unternehmens – eingebettet in ein schlüssiges Geschäftskonzept – dem Unternehmen Eigenmittel oder Liquidität zur Verfügung zu stellen.[674] Diese Anforderungen gehen zwar weit, müssen aber von der Aufsichtsbehörde aber unter Berücksichtigung des Verhältnismäßigkeitsgrundsatzes angewandt werden. **355**

Der beabsichtigte Erwerb kann auch untersagt werden, wenn die Angaben des Erwerbers in der Anzeige oder weitere Informationen, die die Aufsichtsbehörde während der Beurteilung angefordert hat, unvollständig oder nicht richtig sind oder nicht den Anforderungen der Inhaberkontrollverordnung genügen.[675] **356**

Ausdrücklich klargestellt wird in KWG und VAG, dass bei der Prüfung des beabsichtigten Erwerbs nicht auf wirtschaftliche Bedürfnisse des Marktes abgestellt werden und die Aufsichtsbehörde keine Vorbedingungen an die Höhe der zu erwerbenden Beteiligung knüpfen darf.[676] Nach § 3 des Statuts des Einlagensicherungsfonds des Bundesverbandes deutscher Banken e. V. (Stand: Mai 2012) gehört zu den Voraussetzungen der Mitgliedschaft im Einlagensicherungsfonds, dass keine Tatsachen vorliegen, welche die Annahme rechtfertigen, dass der Inhaber einer bedeutenden Beteiligung (§ 1 Abs. 9 KWG) oder sein gesetzlicher oder satzungsmäßiger Vertreter oder **357**

---

668 §§ 104 Abs. 1b S. 1 Nr. 2 VAG, 2c Abs. 1b S. 1 Nr. 2 KWG.
669 §§ 104 Abs. 1b S. 1 Nr. 3 VAG, 2c Abs. 1b S. 1 Nr. 3 KWG.
670 §§ 104 Abs. 1b S. 1 Nr. 4 VAG, 2c Abs. 1b S. 1 Nr. 4 KWG.
671 §§ 104 Abs. 1b S. 1 Nr. 5 VAG, 2c Abs. 1b S. 1 Nr. 5 KWG.
672 §§ 104 Abs. 1b S. 1 Nr. 6 VAG, 2c Abs. 1b S. 1 Nr. 6 KWG.
673 §§ 104a Abs. 1b S. 1 Nr. 6 VAG, 2c Abs. 1b S. 1 Nr. 6 KWG.
674 BegrRegE BT Drucks. 16/10536, 18 und 22.
675 §§ 2c Abs. 1b S. 2 KWG, 104 Abs. 1b S. 2 1. HS VAG.
676 §§ 2c Abs. 1b S. 3 KWG, 104 Abs. 1b S. 2 2. HS VAG.

persönlich haftender Gesellschafter nicht zuverlässig ist oder aus anderen Gründen nicht den im Interesse einer soliden und umsichtigen Führung der Bank zu stellenden Ansprüchen genügt.

1.4 Überprüfungsverfahren

358 Das Überprüfungsverfahren beginnt mit der Einreichung der schriftlichen Anzeige durch den interessierten Erwerber bei der Aufsichtsbehörde. Die Anzeige der Absicht des Erwerbs einer bedeutenden Beteiligung (mindestens 10 %) an einem Unternehmen des Finanzsektors oder deren Erhöhung über einen der gesetzlichen Schwellenwerte (20 %, 30 % oder 50 % des Kapitals oder der Stimmrechte oder Erwerb der Kontrolle) hinaus ist unverzüglich einzureichen.[677] In der Praxis wird der Vollzug des Erwerbs davon abhängig gemacht, dass die Aufsichtsbehörde ihn nicht untersagt. Es empfiehlt sich eine enge Abstimmung mit der Aufsicht. Es sollte zudem sichergestellt sein, dass die interne Willensbildung abgeschlossen ist und keine Zustimmung eines Gremiums mehr aussteht.

359 Die Absicht, eine bedeutende Beteiligung an einem Unternehmen des Finanzsektors aufzugeben oder unter einen der gesetzlichen Schwellenwerte zu senken, muss ebenfalls unverzüglich schriftlich angezeigt werden, löst aber nicht das Überprüfungsverfahren für den Erwerb aus.

360 Ist die eingereichte Anzeige vollständig, d.h. enthält sie alle von der Inhaberkontrollverordnung vorgeschriebenen Angaben und Anlagen, so hat die Aufsichtsbehörde den Eingang der Anzeige umgehend – spätestens innerhalb von zwei Arbeitstagen – schriftlich gegenüber dem Anzeigepflichtigen zu bestätigen.[678] Ab dem Datum des Schreibens, mit dem die Aufsichtsbehörde den Eingang der vollständigen Anzeige schriftlich bestätigt hat, stehen ihr grundsätzlich 60 Arbeitstage für die Prüfung des beabsichtigten Beteiligungserwerbs zur Verfügung.[679] Mit dem Bestätigungsschreiben muss dem Anzeigepflichtigen der Tag mitgeteilt werden, an dem der Beurteilungszeitraum endet.[680]

361 Da der Beurteilungszeitraum erst beginnt, wenn eine vollständige Anzeige eingereicht wurde, kommt es für den Zeitraum bis zum Abschluss des Verfahrens wesentlich darauf an, wie viel Zeit die Zusammenstellung der erforderlichen Unterlagen in Anspruch nimmt. Es empfiehlt sich, schon während der Zusammenstellung der Unterlagen Kontakt mit der Aufsichtsbehörde aufzunehmen, um das Prüfungsverfahren bestmöglich vorzubereiten.[681] Eine solche Zusammenarbeit kann es der Aufsichtsbehörde ermöglichen, im Interesse des Erwerbers bereits vor Ablauf des Beurteilungszeitraums eine positive Entscheidung über den Erwerb zu fällen.

362 Die Aufsichtsbehörde kann das Beurteilungsverfahren bis spätestens zum 50. Arbeitstag des Beurteilungszeitraums einmal unterbrechen, um weitere Informationen anzufordern, die für eine abschließende Beurteilung notwendig sind.[682] Dabei kann es sich um Informationen handeln, die nicht in der Liste der mit der Absichtsanzeige einzureichenden Informationen und Unterlagen enthalten sind. Der Beurteilungszeitraum

---

677 §§ 2c Abs. 1 S. 1 und 6 KWG, 104 Abs. 1 S. 1 und 6 VAG.
678 §§ 2c Abs. 1 S. 1 und 7 KWG, 104 Abs. 1 S. 1 und 7 VAG.
679 §§ 2c Abs. 1a S. 1 KWG, 104 Abs. 1a S. 1 VAG.
680 §§ 2c Abs. 1a S. 2 KWG, 104 Abs. 1a S. 2 VAG.
681 Erwägungsgrund 7 der Beteiligungsrichtlinie.
682 §§ 2c Abs. 1a S. 3 KWG, 104 Abs. 1a S. 3 VAG.

ist in diesen Fällen vom Zeitpunkt der Anforderung der weiteren Informationen bis zu deren Eingang bei der Aufsichtsbehörde gehemmt, er darf allerdings insgesamt 80 Arbeitstage (bzw. 90 Arbeitstage, wenn der Anzeigepflichtige außerhalb des EWR ansässig ist oder beaufsichtigt wird oder kein Unternehmen des Finanzsektors ist) nicht überschreiten.[683]

Ändert der Anzeigepflichtige in einem laufenden Verfahren seine Erwerbsabsicht **363** dahingehend, dass ein weiterer Schwellenwert überschritten werden soll, gilt die ursprüngliche Absicht als aufgegeben. Der Anzeigepflichtige hat in diesem Fall eine neue Anzeige einzureichen und der Beurteilungszeitraum beginnt von neuem.[684]

Entscheidet die Aufsichtsbehörde sich für eine Untersagung des Erwerbs, so muss sie **364** diese Entscheidung dem Anzeigepflichtigen innerhalb von zwei Arbeitstagen und unter Einhaltung des Beurteilungszeitraums schriftlich unter Angabe der Gründe mitteilen.[685]

Wird der Erwerb der Beteiligung nicht innerhalb des Beurteilungszeitraums schriftlich **365** untersagt, kann die Aufsichtsbehörde eine Frist setzen, nach deren Ablauf ihr der Anzeigepflichtige den Vollzug oder den Nichtvollzug des beabsichtigten Erwerbs anzuzeigen hat.[686]

1.5 Einzureichende Informationen und Unterlagen

Die Inhaberkontrollverordnung bestimmt die einzureichenden Informationen und **366** Unterlagen und enthält Formulare, die für die Anzeige des Erwerbs oder der Erhöhung einer bedeutenden Beteiligung zu verwenden sind. Unterlagen und Erklärungen sind grundsätzlich in deutscher Sprache einzureichen; sind sie in einer anderen Sprache verfasst, ist eine amtlich beglaubigte Übersetzung einzureichen. Die Aufsichtsbehörde kann auf diese Übersetzung jedoch im Einzelfall verzichten.[687]

Ändern sich nach Absendung einer Absichtsanzeige bis zum Ende des Beurteilungs- **367** zeitraums Angaben in den eingereichten Unterlagen und Erklärungen, hat der Anzeigepflichtige die betroffenen Dokumente unverzüglich aktualisiert einzureichen. Unterlässt er dies oder geht die Aktualisierung der Angaben so spät ein, dass der Aufsichtsbehörde für ihre Prüfung innerhalb des Beurteilungszeitraums keine fünf Arbeitstage zur Verfügung stehen, gelten die Angaben in den eingereichten Unterlagen und Erklärungen als nicht richtig, mit der Folge, dass die Aufsichtsbehörde, je nach Gewicht der Angaben, den Erwerb untersagen kann.[688]

Die Inhaberkontrollverordnung sieht unter bestimmten Voraussetzungen verschie- **368** dene Erleichterungen vor. So muss der Anzeigepflichtige Unterlagen und Erklärungen, die er bereits mit einer früheren Anzeige innerhalb des letzten Jahres vor der aktuellen Absichtsanzeige eingereicht hat, nur dann erneut einreichen, wenn sich die in den Unterlagen und Erklärungen enthaltenen Angaben verändert haben. Die Aufsichtsbehörde kann im Einzelfall auch einen längeren Zeitraum zulassen.[689]

---

683 §§ 2c Abs. 1a S. 6–9 KWG, 104 Abs. 1a S. 6–9 VAG.
684 § 7 Abs. 2 S. 1 InhKontrollV.
685 §§ 2c Abs. 1b S. 4 KWG, 104 Abs. 1b S. 3 VAG.
686 §§ 2c Abs. 1b S. 6–8 KWG, 104 Abs. 1 S. 5–7 VAG.
687 § 2 Abs. 3 InhKontrollV.
688 § 7 Abs. 3 InhKontrollV.
689 § 16 Abs. 1 S. 1 f. InhKontrollV.

369 Zudem gibt es Erleichterungen für bestimmte qualifizierte Erwerber einschließlich beaufsichtigter Unternehmen des Finanzsektors mit Sitz in Deutschland oder dem EWR.[690] Bei Erwerb durch einen Konzern kann die Aufsichtsbehörde auf Absichtsanzeigen von konzernangehörigen anzeigepflichtigen Unternehmen ganz oder teilweise verzichten, soweit sie an dem Zielunternehmen nur mittelbar beteiligt wären und nicht an der Spitze des Konzerns stehen.[691]

370 Im Folgenden werden die Unterlagen und Erklärungen genannt, die zu dem Erwerber, zu der Zuverlässigkeit und Geeignetheit des Erwerbers, der Personen, die ihn gesetzlich vertreten und der Geschäftsleiter, die er bei dem Zielunternehmen bestellen möchte, und zu den insbesondere finanziellen Auswirkungen und Hintergründen des Erwerbs einzureichen sind.

1.5.1 Allgemeine Unterlagen und Erklärungen zum Erwerber

371 Die folgenden Unterlagen und Erklärungen sind zu der Person des Erwerbers und der Personen, die auf ihn einen erheblichen Einfluss ausüben können, sowie den zukünftigen Geschäftsleitern des Zielunternehmens mit der Anzeige einzureichen:
- Nachweis der Identität des Anzeigepflichtigen,
- Liste der gesetzlichen Vertreter und persönlich haftenden Gesellschafter,
- Darstellung der geschäftlichen Aktivitäten des Anzeigepflichtigen,
- Liste der Personen, in deren Eigentum oder unter deren Kontrolle der Anzeigepflichtige steht, oder auf deren Veranlassung der Erwerb durchgeführt wird,
- Angabe der Personen, die als Geschäftsleiter des Zielunternehmens bestellt werden sollen,
- Angaben zu aktivischen und passivischen Beteiligungsverhältnissen, zur Konzernzugehörigkeit und sonstigen Einflussmöglichkeiten des Anzeigepflichtigen,[692]
- Darstellung der wirtschaftlichen Verhältnisse des Anzeigepflichtigen:
  - Jahresabschlüsse und, sofern diese zu erstellen sind oder freiwillig erstellt wurden, Lageberichte, Berichte über die Jahresabschlussprüfung unabhängiger Abschlussprüfer, Kapitalflussrechnungen und Segmentberichterstattungen, jeweils der letzten drei Geschäftsjahre,[693]
  - wenn der Anzeigepflichtige einem Konzern angehört, Konzernabschlüsse und Berichte über die Konzernabschlussprüfung unabhängiger Abschlussprüfer jeweils der letzten drei Geschäftsjahre, sofern diese zu erstellen sind oder freiwillig erstellt wurden,[694]
  - soweit ein (auch unaufgefordert erstelltes) Rating des Anzeigepflichtigen vorliegt, das jüngste Rating jeder Ratingagentur und aussagekräftige Unterlagen der beurteilenden Ratingagentur.[695]

1.5.2 Erklärungen und Unterlagen zu Zuverlässigkeit und Geeignetheit

372 Zur Zuverlässigkeit des Erwerbers und der Personen, die auf ihn einen erheblichen Einfluss ausüben können, sowie der zukünftigen Geschäftsleiter des Zielunternehmens sind folgende Unterlagen mit der Anzeige einzureichen:

---

690 § 16 Abs. 2 S. 1 InhKontrollV.
691 § 16 Abs. 3 S. 1 InhKontrollV.
692 Zu allem § 8 InhKontrollV.
693 § 13 Abs. 2 InhKontrollV.
694 § 13 Abs. 4 InhKontrollV.
695 § 13 Abs. 6 InhKontrollV.

– Für den Anzeigepflichtigen, seine gesetzlichen Vertreter und persönlich haftenden Gesellschafter und die Personen, die als Geschäftsleiter des Zielunternehmens bestellt werden sollen, Angabe von Verfahren, die gegen diese Personen, von ihnen jemals geleitete Unternehmen oder gegen Unternehmen, über die der Anzeigepflichtige Kontrolle hat, geführt werden oder geführt worden sind.[696]
– Lebensläufe des Anzeigepflichtigen, seiner gesetzlichen Vertreter und persönlich haftenden Gesellschafter und der Personen, die als Geschäftsleiter des Zielunternehmens bestellt werden sollen.[697]

1.5.3 Erklärungen und Unterlagen zum beabsichtigten Erwerb

Die Anforderungen an die Informationen, die zu dem wirtschaftlichen Hintergrund **373** des beabsichtigten Erwerbs gegeben werden müssen, wurden mit der Umsetzung der Beteiligungsrichtlinie erheblich erweitert. Nunmehr sind einzureichen:

– Eine ausführliche Darstellung der finanziellen und der sonstigen Interessen des Anzeigepflichtigen an der bedeutenden Beteiligung; dabei ist auch auf mögliche Konflikte mit den Interessen des Zielunternehmens einzugehen und zu erklären, wie verhindert werden soll, dass sie sich negativ auf das Zielunternehmen auswirken werden.[698]
– Eine Darstellung und Nachweise über das Vorhandensein und die wirtschaftliche Herkunft der Eigen- und Fremdmittel, die für den Erwerb eingesetzt werden sollen.[699]
– Sämtliche im Zusammenhang mit dem beabsichtigten Erwerb getroffenen Vereinbarungen und Verträge.[699]
– Eine Darstellung der strategischen Ziele und Pläne, die mit dem Erwerb verfolgt werden. Zur Wahrung des Verhältnismäßigkeitsprinzips sind die Anforderungen hier umfangreicher, wenn eine höhere Beteiligung erworben werden soll, als bei dem Erwerb einer geringeren Beteiligung:
  – Bei Erwerb der Kontrolle über das Zielunternehmen[700] – Geschäftsplan einschließlich Planbilanzen und Plangewinn und -verlustrechnung für die nächsten drei Geschäftsjahre nach dem Erwerb sowohl für das Zielunternehmen als auch für den Konzern, sowie Angaben zu den Auswirkungen des Erwerbs auf die Unternehmens- und Organisationsstruktur des Zielunternehmens.[701]
  – Bei Erwerb einer Beteiligung im Umfang von 20 % bis 50 % der Kapital- oder Stimmrechtsanteile des Zielunternehmens – Angaben zu der geplanten strategischen Entwicklung und detaillierte Aussagen über die Art der beabsichtigten zukünftigen Einflussnahme auf das Zielunternehmen, seine finanzielle Ausstattung, die Kapitalallokation des Zielunternehmens sowie zu der Bereitschaft und der wirtschaftlichen Fähigkeit, dem Zielunternehmen zukünftig weiteres Kapital zur Verfügung zu stellen, sofern dies notwendig wird.[702]

---

696 § 9 Abs. 1 S. 1 InhKontrollV.
697 § 10 InhKontrollV.
698 § 12 Abs. 1 und 2 InhKontrollV.
699 § 14 InhKontrollV.
700 Nach § 7a Abs. 2 S. 8 VAG besteht eine Kontrolle, wenn ein Unternehmen im Verhältnis zu einem anderen Unternehmen als Mutterunternehmen i.S.d. § 290 HGB gilt, oder einen beherrschenden Einfluss auf es ausüben kann, also insbesondere, wenn es eine Mehrheit der Stimmrechte hält.
701 § 15 Abs. 1 InhKontrollV.
702 § 15 Abs. 2 InhKontrollV.

– Bei Erwerb einer Beteiligung von weniger als 20 % der Kapital- oder Stimmrechtsanteile – Angabe der allgemeinen strategischen Ziele, die mit dem Erwerb
verfolgt werden, der beabsichtigten zukünftigen Einflussnahme auf das Zielunternehmen und Aussagen zur Bereitschaft und der wirtschaftlichen Fähigkeit,
dem Zielunternehmen zukünftig weiteres Kapital zur Verfügung zu stellen,
sofern dies notwendig wird.[703]
– Angabe des Veräußerers.

2. Bestandsübertragung

374 (Rück-)Versicherungsunternehmen können sämtliche oder einen Teil ihrer Versicherungsverträge im Wege der im VAG geregelten Bestandsübertragung auf andere
(Rück-)Versicherungsunternehmen übertragen.[704] Bei der Bestandsübertragung handelt es sich um einen Vertrag eigener Art, der sowohl Schuldübernahmen als auch
Forderungsabtretungen enthält. Nach allgemeinem Zivilrecht ist eine Schuldüber-
nahme nur wirksam, wenn der Gläubiger zustimmt.[705] Das wären hier die Versicherungsnehmer, deren Versicherungsverträge übertragen werden sollen. Bei der
Bestandsübertragung wird das Verfahren für das Versicherungsunternehmen vereinfacht, indem die Zustimmung der Versicherungsnehmer durch eine Genehmigung der
Aufsichtsbehörde ersetzt wird. Die Zustimmung jedes einzelnen Versicherungsneh-
mers muss nicht gesondert eingeholt werden.[706]

375 Die EU-Versicherungsrichtlinien schreiben vor, dass die Mitgliedstaaten nach Maßgabe des nationalen Rechts die Möglichkeit der Bestandsübertragung vorsehen müssen.[707] Dazu gehört, dass die Bestandsübertragung gegenüber den Versicherungsneh-
mern und Versicherten sowie gegenüber allen anderen Personen, die Rechte oder
Pflichten aus den übertragenen Verträgen haben, automatisch wirkt. Die Mitgliedstaaten können vorsehen, dass die Versicherungsnehmer ihren Vertrag innerhalb einer
bestimmten Frist nach der Übertragung kündigen dürfen.[708] Von dieser Möglichkeit
hat der deutsche Gesetzgeber keinen Gebrauch gemacht.

2.1 Anwendungsbereich

376 Das VAG enthält eine Vielzahl von Vorschriften, die die Bestandsübertragung verschiedener Rechtsträger regeln. Für die Bestandsübertragung durch deutsche Erstversicherungsunternehmen sieht das Gesetz ein Genehmigungsverfahren vor.[709] Besonderheiten
gelten, wenn es sich um den in einem anderen EWR-Staat erworbenen Versicherungs-

---

703 § 15 Abs. 3 InhKontrollV.
704 Die Regelungen finden sich je nachdem, ob es sich um den Bestand eines Erst- oder Rückversi-
cherungsunternehmens handelt, wo das Versicherungsunternehmen seinen Sitz hat und wo der
Bestand erworben wurde in den §§ 14, 44, 44a, 105 Abs. 2, 108, 111d, 121f und 121i VAG, s. Rn. 376
und 382.
705 § 415 BGB.
706 Vgl. § 14 Abs. 5 VAG.
707 Art. 14 Lebensversicherungsrichtlinie (2002/83/EG) v. 5.11.2002, ABlEG Nr. L 345/1 v. 19.12.2002;
Art. 12 3. Richtlinie Schadenversicherung (92/49/EWG) v. 18.6.1992, ABlEG Nr. L S. 228/1 v.
11.8.1992; Art. 18 Rückversicherungsrichtlinie (2005/68/EG) v. 16.11.2005, ABlEU Nr. L 323/32 v.
13.10.2007.
708 Art. 14 Lebensversicherungsrichtlinie (2002/83/EG) v. 5.11.2002, ABlEG Nr. L S. 345; Art. 12 3.
Richtlinie Schadenversicherung (92/49/EWG) v. 18.6.1992, AblEG Nr. L S. 228; Art. 18 Rückversicherungsrichtlinie (2005/68/EG) v. 16.11.2005, AblEU Nr. L S. 323.
709 § 14 VAG; dasselbe gilt im Falle der Bestandsübertragung durch Pensionsfonds, § 113 Abs. 1 VAG.

bestand handelt oder der Versicherungsbestand auf ein Unternehmen mit Sitz in einem anderen EWR-Staat übertragen wird.[710]

Möchte ein Erstversicherungsunternehmen, das als VVaG organisiert ist, einen **377** Bestand übertragen, so gelten zusätzliche Regelungen zum Schutz der Rechte der Vereinsmitglieder.[711]

Auf Bestandsübertragungen durch deutsche Niederlassungen von Erstversicherungs- **378** unternehmen mit Sitz in einem Staat außerhalb des EWR (Drittstaat) auf deutsche Versicherungsunternehmen finden die Regelungen Anwendung, die für die Bestands- übertragung durch deutsche Versicherungsunternehmen gelten.[712] Besonderheiten gel- ten bei der Übertragung auf eine Niederlassung eines Versicherungsunternehmens mit Sitz in einem Drittstaat oder auf ein Versicherungsunternehmen mit Sitz in einem anderen Staat des EWR.[713]

Auf die Bestandsübertragung von Versicherungsunternehmen mit Sitz im Ausland ist **379** grundsätzlich das ausländische Recht am Sitz des Unternehmens anwendbar. Das VAG regelt jedoch die Beteiligung der BaFin an Verfahren zur Übertragung von Ver- sicherungsbeständen, die Versicherungsunternehmen aus anderen Staaten des EWR in Deutschland über eine Niederlassung oder im Wege des freien Dienstleistungsver- kehrs erworben haben.[714]

Für Rückversicherungsunternehmen enthält das VAG Regelungen für die Übertra- **380** gung des Versicherungsbestands von

- deutschen Rückversicherungsunternehmen auf (Rück-)Versicherungsunternehmen in Deutschland oder einem anderen EWR-Staat und auf deutsche Niederlassungen von (Rück-)Versicherungen aus Drittstaaten und
- deutschen Niederlassungen von Rückversicherungen aus Drittstaaten auf (Rück-)- Versicherungsunternehmen in Deutschland oder einem anderen EWR-Staat und auf deutsche Niederlassungen von (Rück-)Versicherungen aus Drittstaaten.[715]

Die nachfolgende Tabelle zeigt die verschiedenen in dem VAG geregelten Verfahren **381** der Bestandsübertragung sowie die Zuständigkeiten der beteiligten Aufsichtsbehörden.

---

710 § 14 Abs. 2 VAG.
711 §§ 14 Abs. 3, 44 f. VAG.
712 §§ 105 Abs. 2 i.V.m. 14 VAG.
713 § 108 VAG.
714 § 111d VAG.
715 § 121f VAG.

382

Abb. 45: Fallkonstellationen der Bestandsübertragung nach VAG

VAG-Norm	Fallkonstellation			Zuständigkeit		
	Übertragendes Unternehmen	Versicherungsbestand	Übernehmendes Versicherungsunternehmen	Genehmigung	Mitwirkung weiterer Aufsichtsbehörden	
§ 14 Abs. 2	Inländisches Erstversicherungsunternehmen	Im Inland abgeschlosser Versicherungsbestand	Inländisches Erstversicherungsunternehmen	Für beide Versicherungsunternehmen zuständige Aufsichtsbehörden (BaFin bzw. Landesaufsichtsbehörde)	
§ 14 Abs. 2 S. 3	Inländisches Erstversicherungsunternehmen	Im Inland abgeschlossener Versicherungsbestand	Erstversicherungsunternehmen mit Sitz in EG/EWR	Für das übertragende Versicherungsunternehmen zuständige Aufsichtsbehörde	Solvabilitätsbescheinigung der Aufsichtsbehörde des übernehmenden Versicherungsunternehmens
§ 14 Abs. 2 S. 1	Inländisches Erstversicherungsunternehmen	In EG/EWR über Niederlassung oder im freien Dienstleistungsverkehr abgeschlossener Versicherungsbestand	Erstversicherungsunternehmen mit Sitz in EG/EWR	Für das übertragende Versicherungsunternehmen zuständige Aufsichtsbehörde	Solvabilitätsbescheinigung der Aufsichtsbehörde des übernehmenden Versicherungsunternehmens
					Zustimmung der Aufsichtsbehörde(n) der EG/EWR-Staaten, in denen die Risiken belegen sind

VAG-Norm	Fallkonstellation			Zuständigkeit	
	Übertragendes Unternehmen	Versicherungsbestand	Übernehmendes Versicherungsunternehmen	Genehmigung	Mitwirkung weiterer Aufsichtsbehörden
§ 105 Abs. 2 i.V.m. § 14	Inländische Niederlassung eines Erstversicherungsunternehmens mit Sitz in einem Drittstaat	Im Inland abgeschlossener Versicherungsbestand	Inländisches Erstversicherungsunternehmen/Inländische Niederlassung eines Erstversicherungsunternehmens mit Sitz in einem Drittstaat	Für die Niederlassung und das übernehmende Versicherungsunternehmen zuständige Aufsichtsbehörden	Anhörung der Aufsichtsbehörde des EG/EWR-Staates der übertragenden Niederlassung
§ 105 Abs. 2 i.V.m. §§ 14 und 108	Inländische Niederlassung eines Erstversicherungsunternehmens mit Sitz in einem Drittstaat	Im Inland abgeschlossener Versicherungsbestand	Erstversicherungsunternehmen mit Sitz in EG/EWR	BaFin	Solvabilitätsbescheinigung der Aufsichtsbehörde des übernehmenden Versicherungsunternehmens Zustimmung der Aufsichtsbehörde(n) der EG/EWR-Staaten, in denen die Risiken belegen sind
§ 111d	Ausländisches Erstversicherungsunternehmen mit Sitz in EG/EWR	Im Inland über Niederlassung oder im freien Dienstleistungsverkehr abgeschlossener Versicherungsbestand	Erstversicherungsunternehmen mit Sitz in EG/EWR	Aufsichtsbehörde mit Sitz in EG/EWR nach Recht des Sitzlandes	– Zustimmung der BaFin oder – Stellungnahme der BaFin, wenn der Versicherungsbestand keine im Inland belegenen Risiken betrifft

VAG-Norm	Fallkonstellation			Zuständigkeit	
	Übertragendes Unternehmen	Versicherungsbestand	Übernehmendes Versicherungsunternehmen	Genehmigung	Mitwirkung weiterer Aufsichtsbehörden
§ 121f Abs. 1	Inländisches Rückversicherungsunternehmen	Im Inland oder Ausland abgeschlossener Versicherungsbestand	Erst- oder Rückversicherungsunternehmen mit Sitz in EG/EWR	BaFin	Solvabilitätsbescheinigung der Aufsichtsbehörde des übernehmenden Versicherungsunternehmens
§ 121f Abs. 2	Inländisches Rückversicherungsunternehmen	Im Inland oder Ausland abgeschlossener Versicherungsbestand	Inländische Niederlassung eines Erst- oder Rückversicherungsunternehmen mit Sitz in einem Drittstaat	BaFin	Solvabilitätsnachweis der übernehmenden Drittstaatenniederlassung
§ 121i Abs. 4	Inländische Niederlassung eines Rückversicherungsunternehmens mit Sitz in einem Drittstaat	Im Inland oder Ausland abgeschlossener Versicherungsbestand	Erst- oder Rückversicherungsunternehmen mit Sitz in EG/EWR oder inländische Niederlassung eines Erst- oder Rückversicherungsunternehmen mit Sitz in einem Drittstaat	BaFin	Solvabilitätsnachweis der übernehmenden Niederlassung bzw. des übernehmenden Versicherungsunternehmens

2.2 Bestandsübertragung bei Erstversicherungsunternehmen

Im Folgenden werden die für eine Bestandsübertragung zwischen deutschen Erstver- **383**
sicherungsunternehmen geltenden Grundsätze näher dargestellt.

2.2.1 Versicherungsbestand

Der Versicherungsbestand eines Versicherungsunternehmens setzt sich aus der **384**
Gesamtheit seiner Versicherungsverträge zusammen und kann ganz oder teilweise
übertragen werden. Ein Teilbestand muss nach objektiven versicherungstechnischen
bzw. versicherungsvertraglichen Merkmalen abgegrenzt werden können.[716]

2.2.2 Beteiligte Unternehmen

Beide beteiligte Unternehmen müssen als Versicherungsunternehmen zugelassen sein. **385**
Das übernehmende Unternehmen muss spätestens mit der Bestandsübertragung diese
Voraussetzung erfüllen.[717]

Wegen des Grundsatzes der Spartentrennung können Versicherungsbestände nicht **386**
zwischen Lebens- und Nicht-Lebensversicherungsunternehmen bzw. Kranken- und
Nicht-Krankenversicherungsunternehmen übertragen werden.[718]

2.2.3 Bestandsübertragungsvertrag

Der Bestandsübertragungsvertrag bedarf der Schriftform.[719] Notarielle Beurkundung **387**
ist nicht erforderlich, auch wenn diese nach anderen Vorschriften für die Übertragung
von Vermögensgegenständen erforderlich wäre.[720]

Insbesondere bei Teilübertragungen von Versicherungsbeständen ist der zu übertra- **388**
gende Bestand genau zu bezeichnen.[721]

Der Bestandsübertragungsvertrag hat hinsichtlich des Versicherungsbestands verfü- **389**
gende Wirkung, ist allerdings bis zur aufsichtsbehördlichen Genehmigung insoweit
schwebend unwirksam.[722]

Vermögensgegenstände und Verträge, die zu dem Versicherungsbestand in Bezug ste- **390**
hen, insbesondere also etwa das entsprechende gebundene Vermögen sowie die dazugehörigen Rückversicherungsverträge, werden nicht von der verfügenden Wirkung
der Bestandsübertragung erfasst und müssen nach den allgemeinen Grundsätzen des
Vertrags- und Sachenrechts (insbesondere unter Berücksichtigung von Zustimmungs-
vorbehalten und des Bestimmtheitsgebots) übertragen werden.[723]

---

716 *Prölss/Präve* § 14 Rn. 4.
717 *Prölss/Präve* § 14 Rn. 6; *Lutter/Hübner* Anh. 1 § 189 Rn. 18.
718 § 14 Abs. 1 S. 2 i.V.m. § 8 Abs. 1a VAG.
719 § 14 Abs. 6 VAG.
720 § 14 Abs. 6 2. HS VAG i.V.m. § 311b Abs. 3 BGB für die Übertragung des gesamten Vermögens;
das gilt nach h.M auch bei einer Übertragung von Grundstücken, *Prölss/Präve* § 14 Rn. 10; *Fahr/
Kaulbach/Bähr/Kaulbach* § 14 Rn. 34; *Lutter/Hübner* Anh. 1 § 189 Rn. 23.
721 *Weber-Rey/Krecek* NVersZ 2000, 105, 108 f.
722 *Scholz* VersR 1997, 1070, 1071.
723 *Weber-Rey/Baltzer* WM 2007, 2184, 2187; *Lüttringhaus* VersR 2008, 1036, 1037.

2.2.4 Zustimmung von Organen der beteiligten Unternehmen

2.2.4.1 Aktiengesellschaft

391 Ob bei Versicherungs-Aktiengesellschaften die Zustimmung von Aufsichtsrat oder Hauptversammlung erforderlich ist, richtet sich nach den Besonderheiten des Einzelfalls. Eine solche Zustimmung kann kraft Gesetz oder Satzung vorgesehen sein.

392 Nach § 179a AktG ist eine Zustimmung der Hauptversammlung erforderlich, wenn durch die Bestandsübertragung das Vermögen der Aktiengesellschaft als Ganzes übertragen werden soll. Auch unterhalb dieser Schwelle kann gemäß der Rechtsprechung des Bundesgerichtshofs[724] ein Zustimmungserfordernis bestehen, wenn ein wesentlicher Teil des Versicherungsbestands übertragen wird.[725]

393 Auch wenn mit der Bestandsübertragung eine Satzungsänderung einhergeht, ist ein Beschluss der Hauptversammlung erforderlich.[726]

394 Die Satzung oder die Geschäftsordnung des Vorstands oder des Aufsichtsrats können zudem vorsehen, dass der Aufsichtsrat einer Bestandsübertragung zustimmen muss.

2.2.4.2 VVaG

395 Nach § 44 VAG ist bei der Bestandsübertragung von Versicherungsvereinen auf Gegenseitigkeit die Zustimmung der obersten Vertretung des übertragenden Versicherungsvereins erforderlich. Soweit durch die Bestandsübertragung Versicherungsnehmer ihre Mitgliedschaft verlieren (also bei Übertragungen auf Aktiengesellschaften oder auf VVaG ohne Erwerb der Mitgliedschaft), soll in dem Zustimmungsbeschluss auch über die Höhe der Abfindung für den Verlust der Mitgliedschaft beschlossen werden.[727]

396 Dazu muss der Gesamtwert der Eigentumsposition der Mitglieder genau bestimmt und auf dieser Grundlage dann ein angemessener Interessenausgleich zwischen den ausscheidenden Vereinsmitgliedern und den anderen Betroffenen, also dem aufnehmenden Versicherungsunternehmen und seinen Anteilseignern einerseits und den Versicherten andererseits hergestellt werden.

2.2.4.3 Öffentlich-rechtliche Versicherungsunternehmen

397 Für öffentlich-rechtliche Versicherungsunternehmen können sich Zustimmungserfordernisse aus den entsprechenden Landesgesetzen ergeben.

2.2.5 Genehmigung durch die Aufsichtsbehörde

2.2.5.1 Zuständigkeit

398 Die Bestandsübertragung bedarf der Genehmigung der Aufsichtsbehörden, die für die Aufsicht über die beteiligten Versicherungsunternehmen zuständig sind (BaFin bzw. Landesaufsichtsbehörde).[728]

---

724 *BGH* NJW 1982, 1703 – Holzmüller; *BGH* ZIP 2004, 1001 – Gelatine I; *BGH* ZIP 2004, 993 – Gelatine II.
725 *Lutter/Hübner* Anh. 1 § 189 Rn. 26 ff.
726 §§ 119 Abs. 1 Nr. 5, 179 AktG.
727 §§ 44 S. 3, 44a VAG.
728 § 14 Abs. 1 S. 1 VAG.

2.2.5.2 Voraussetzungen der Genehmigung

Das Erfordernis einer aufsichtsbehördlichen Genehmigung dient der Wahrung der **399** Belange der Versicherten. Die Genehmigung ist zu erteilen, wenn die Belange der Versicherten gewahrt sind und die Verpflichtungen aus den Versicherungen als dauernd erfüllbar dargetan sind.[729]

Die Voraussetzung der dauernden Erfüllbarkeit der Verpflichtungen aus den Versi- **400** cherungen nimmt auf den Wortlaut des § 53c VAG Bezug. Danach müssen Versicherungsunternehmen zur Sicherstellung der dauernden Erfüllbarkeit der Verträge stets über freie unbelastete Eigenmittel mindestens in der Höhe der geforderten Solvabilitätsspanne verfügen.[730]

Für Verträge mit Überschussbeteiligung darf die Genehmigung nur erteilt wer- **401** den, wenn der Wert der Überschussbeteiligung der Versicherten des aufnehmenden und des übertragenden Versicherers nach der Bestandsübertragung nicht niedriger ist als vorher.[731] Dazu ist ein hypothetischer Vergleich einer Übertragungsbilanz bei dem übertragenden Versicherungsunternehmen und einer Übernahmebilanz bei dem aufnehmenden Versicherungsunternehmen anzustellen.[732] In diesen Bilanzen sind die Forderungen und Verbindlichkeiten der Versicherungsunternehmen nicht nach handelsbilanziellen Grundsätzen, sondern zum Zeitwert (*fair value*) anzusetzen.[732]

Wenn aufgrund von Bestandsübertragungen von Versicherungsvereinen auf Gegen- **402** seitigkeit Mitglieder ganz oder teilweise Rechte verlieren, darf die Genehmigung nur erteilt werden, wenn der Bestandsübertragungsvertrag ein angemessenes Entgelt vorsieht, es sei denn, das übernehmende Versicherungsunternehmen ist ebenfalls ein Versicherungsverein auf Gegenseitigkeit und die betroffenen Mitglieder des übertragenden Vereins werden Mitglieder in dem aufnehmenden Verein.[733]

Die Genehmigung der Bestandsübertragung ist gem. § 14 Abs. 7 VAG im Bundesan- **403** zeiger zu veröffentlichen. Das übernehmende Versicherungsunternehmen ist verpflichtet, die Versicherungsnehmer über Anlass, Ausgestaltung und Folgen der Bestandsübertragung zu informieren, sobald die Bestandsübertragung wirksam geworden ist.[734]

2.3 Bestandsübertragung bei Rückversicherungsunternehmen

Rückversicherungsbestände von deutschen Rückversicherungsunternehmen und von **404** deutschen Niederlassungen von Rückversicherungsunternehmen mit Sitz außerhalb des EWR können ebenfalls mit Genehmigung der BaFin durch schriftlichen Bestandsübertragungsvertrag übertragen werden.[735]

Die Genehmigung wird erteilt, wenn durch eine Bescheinigung der zuständigen **405** Behörde nachgewiesen ist, dass das übernehmende Unternehmen unter Berücksichtigung der Übertragung über Eigenmittel in Höhe der geforderten Solvabilitäts-

---

729 § 14 Abs. 1 S. 2 VAG.
730 BegrRegE zum Neunten Gesetz zur Änderung des VAG, BT-Drucks. 16/6518, 14.
731 § 14 Abs. 4 S. 1 VAG.
732 § 14 Abs. 4 S. 2 VAG.
733 § 14 Abs. 3 VAG.
734 § 14 Abs. 7 S. 2 VAG.
735 § 121 f Abs. 1 VAG.

spanne verfügt. Im Gegensatz zur Bestandsübertragung bei Erstversicherungsunternehmen wird also nicht explizit verlangt, dass auch die Interessen der Versicherten gewahrt sind.[736]

3. Umwandlung

406 Neben der Bestandsübertragung stehen Versicherungsunternehmen – ebenso wie Kredit- und Finanzdienstleistungsinstituten – grundsätzlich die verschiedenen Umwandlungsarten nach dem Umwandlungsgesetz (UmwG) zur Verfügung, um ihr Vermögen als Ganzes oder in Teilen im Wege der Gesamtrechtsnachfolge – also ohne Zustimmung der Vertragspartner – zu übertragen. Das UmwG schreibt für die Durchführung von Umwandlungen umfangreiche formelle und inhaltliche Anforderungen vor.

407 Im Folgenden soll ein Überblick über die Umwandlungsarten und die Besonderheiten, die insbesondere für Versicherungsvereine auf Gegenseitigkeit gelten, sowie die aufsichtsrechtlichen Anforderungen an Umwandlungen gegeben werden.

3.1 Umwandlungsrecht

408 Das UmwG regelt das Verfahren für die folgenden Umwandlungsformen: Verschmelzung, Spaltung (Aufspaltung, Abspaltung und Ausgliederung), Vermögensübertragung und Formwechsel.[737] Es besteht ein *numerus clausus* der Umwandlungsarten, d.h., diese Umwandlungen können nur nach den Vorschriften des UmwG oder eines anderen Gesetzes durchgeführt werden.[738]

3.1.1 Verschmelzung

409 Durch die Verschmelzung können Rechtsträger unter Auflösung ohne Abwicklung durch Übertragung des Vermögens im Ganzen auf einen anderen (bestehenden oder neuen) Rechtsträger verschmolzen werden.[739] Die Anteilsinhaber (Gesellschafter, Partner, Aktionäre oder Mitglieder) des übertragenden Rechtsträgers erhalten im Gegenzug Anteile oder Mitgliedschaften des übernehmenden Rechtsträgers.[739]

410 (Versicherungs-) Aktiengesellschaften können ebenso wie Gesellschaften mit beschränkter Haftung und Personenhandelsgesellschaften sowohl übertragender, als auch übernehmender Rechtsträger einer Verschmelzung sein.[740] VVaG können untereinander verschmolzen und durch Versicherungs-Aktiengesellschaften im Wege der Verschmelzung aufgenommen werden.[741] Versicherungs-Aktiengesellschaften können jedoch nicht auf VVaG verschmolzen werden.[742]

411 Bei einer Verschmelzung zwischen zwei VVaG braucht der Verschmelzungsvertrag kein Umtauschverhältnis festzulegen, da die Mitglieder des übertragenden VVaG durch die Verschmelzung zu Mitgliedern des übernehmenden VVaG werden.[743]

---

736 Vgl. dazu *Weber-Rey/Baltzer* WM 2007, 2184, 2187; *Bürkle* VersR 2008, 1590, 1591.
737 Vgl. § 1 Abs. 1 UmwG.
738 § 1 Abs. 2 UmwG.
739 § 2 UmwG.
740 §§ 3, 60 ff. UmwG.
741 § 109 UmwG; zu den möglichen Umstrukturierungsmaßnahmen bei VVaG s. *Weber-Rey/Guinomet* AG 2002, 278.
742 § 109 UmwG.
743 *Schmitt/Hörtnagl/Stratz/Hörtnagl* § 110 Rn. 1; *Semler/Stengel/Koerfer* § 110 Rn. 2 und § 113 Rn. 1.

Unterschiedliche Unternehmenswerte der an der Verschmelzung beteiligten VVaG **412** müssen jedoch entweder in der Satzung des übernehmenden VVaG bei der Bestimmung der Beteiligung der Mitglieder am Überschuss[744] sowie am Liquidationsüberschuss[745] berücksichtigt werden, oder es ist den Mitgliedern des vermögenderen VVaG eine Ausgleichsleistung zu gewähren.[746] Die Aufsichtsbehörde kann die Genehmigung der Verschmelzung verweigern, wenn die Satzungsregelungen des übernehmenden VVaG im Hinblick auf die Überschussbeteiligung und die Beteiligung am Liquidationserlös die Wertrelation der Unternehmenswerte nicht ausreichend berücksichtigen.[747]

3.1.2 Spaltung

Bei der Spaltung nach dem UmwG ist zwischen drei verschiedenen Gestaltungsformen zu unterscheiden: **413**

- Aufspaltung eines „übertragenden" Rechtsträgers unter Auflösung ohne Vermögensabwicklung und unter Übertragung des gesamten Vermögens auf bestehende oder neue übernehmende Rechtsträger gegen Gewährung von Anteilen oder Mitgliedschaften dieser Rechtsträger an die Anteilsinhaber des übertragenden Rechtsträgers (Aufspaltung),
- Abspaltung eines Teils oder mehrerer Teile des Vermögens des übertragenden Rechtsträgers durch Übertragung auf einen oder mehrere bestehende oder neue übernehmende Rechtsträger gegen Gewährung von Anteilen oder Mitgliedschaften dieser Rechtsträger an die Anteilsinhaber des übertragenden Rechtsträgers (Abspaltung), und
- Ausgliederung eines Teils oder mehrerer Teile des Vermögens des übertragenden Rechtsträgers durch Übertragung auf einen oder mehrere bestehende oder neue übernehmende Rechtsträger gegen Gewährung von Anteilen oder Mitgliedschaften dieser Rechtsträger an den übertragenden Rechtsträger (Ausgliederung).[748]

Als übertragende und als übernehmende Rechtsträger kommen außer Kapitalgesell- **414** schaften und Personenhandelsgesellschaften insbesondere auch VVaG in Betracht.[749] Für VVaG bestehen allerdings erhebliche Einschränkungen. Bei einer Auf- oder Abspaltung durch einen VVaG als übertragenden Rechtsträger müssen die übernehmenden Rechtsträger VVaG oder Versicherungs-Aktiengesellschaften sein.[750] Das gilt jedenfalls, soweit von der Umwandlungsmaßnahme auch Versicherungsverträge betroffen sind.[751] Eine Ausgliederung kann durch VVaG nur erfolgen, wenn damit keine Übertragung von Versicherungsverträgen verbunden ist.[752] Andernfalls würde die zwingende Verbindung zwischen der Mitgliedschaft und dem Versicherungsverhältnis durch die Ausgliederung aufgehoben.[753] Bei einer Spaltung eines anderen Rechtsträgers als eines VVaG kann ein VVaG nicht übernehmender Rechtsträger sein.[750]

---

744 § 38 VAG.
745 § 48 VAG.
746 *Semler/Stengel/Koerfer* § 110 Rn. 4, § 113 Rn. 6 ff.
747 *Semler/Stengel/Koerfer* § 113 Rn. 6; s. Rn. 40 f.
748 § 123 UmwG.
749 § 124 i.V.m. § 3 Abs. 1 UmwG.
750 § 151 S. 1 UmwG.
751 *Semler/Stengel/Koerfer* § 151 Rn. 10.
752 § 151 S. 2 UmwG.
753 *Schmitt/Hörtnagl/Stratz/Hörtnagl* § 151 Rn. 1; *Semler/Stengel/Koerfer* § 151 Rn. 1.

3.1.3 Vermögensübertragung

415 Ein übertragender Rechtsträger kann im Wege der Vermögensübertragung sein Vermögen als Ganzes (Vollübertragung), in Teilen oder nur zu einem Teil (Teilübertragung) auf bestehende Rechtsträger übertragen.[754]

416 Bei der Vollübertragung überträgt ein Rechtsträger sein Vermögen als Ganzes auf einen anderen bestehenden Rechtsträger. Das Verfahren ähnelt der Verschmelzung, mit dem Unterschied, dass die Anteilsinhaber des übertragenden Rechtsträgers als Gegenleistung, keine Anteile oder Mitgliedschaften an dem übernehmenden Rechtsträger, sondern andere Vermögenswerte erhalten.[755]

417 Bei der Teilübertragung stehen drei Gestaltungsformen zur Verfügung, die den Spaltungsarten (Aufspaltung, Abspaltung und Ausgliederung) ähneln. So kann ein übertragender Rechtsträger
– sein Vermögen unter Übertragung der Vermögensanteile auf andere bestehende Rechtsträger gegen Gewährung einer Gegenleistung an die Anteilsinhaber des übertragenden Rechtsträgers, die nicht in Anteilen oder Mitgliedschaften dieser Rechtsträger besteht, aufspalten,
– einen Teil oder mehrere Teile seines Vermögens durch Übertragung auf einen oder mehrere bestehende Rechtsträger gegen Gewährung einer Gegenleistung an die Anteilsinhaber des übertragenden Rechtsträgers, die nicht in Anteilen oder Mitgliedschaften dieser Rechtsträger besteht, abspalten, oder
– einen Teil oder mehrere Teile seines Vermögens durch Übertragung auf einen oder mehrere bestehende oder neue Rechtsträger gegen Gewährung einer Gegenleistung an den übertragenden Rechtsträger, die nicht in Anteilen oder Mitgliedschaften dieser Rechtsträger besteht, ausgliedern.[756]

418 Der Anwendungsbereich der Vermögensübertragung ist dadurch stark eingeschränkt, dass sie nur zwischen ganz bestimmten Rechtsträgern möglich ist. Kapitalgesellschaften können allgemein auch Vermögen durch die Vermögensübertragung auf den Bund, ein Land, eine Gebietskörperschaft oder einen Zusammenschluss von Gebietskörperschaften übertragen.[757] Im Versicherungsbereich bestehen zusätzlich die folgenden Möglichkeiten:
– Voll- oder Teilübertragung von einer Versicherungs-Aktiengesellschaft auf einen oder mehrere VVaG oder auf öffentlich-rechtliche Versicherungsunternehmen
– Voll- oder Teilübertragung von einem VVaG auf Versicherungs-Aktiengesellschaften oder auf öffentlich-rechtliche Versicherungsunternehmen
– Voll- oder Teilübertragung von einem öffentlich-rechtlichen Versicherungsunternehmen auf Versicherungs-Aktiengesellschaften oder auf einen oder mehrere VVaG.[758]

419 Das UmwG regelt die Besonderheiten, die für diese Formen der Vermögensübertragung gelten. Insbesondere sieht es zum Schutz der Mitglieder von VVaG vor, dass sie im Falle einer Vollübertragung als Ausgleich für den Verlust der Mitgliedschaft eine

---

754 § 174 UmwG.
755 § 174 Abs. 1 UmwG.
756 § 174 Abs. 2 UmwG.
757 § 175 Nr. 1 UmwG.
758 § 175 Nr. 2 UmwG.

angemessene Gegenleistung erhalten müssen.[759] Das Gleiche gilt nach den allgemeinen Grundsätzen auch bei einer aufspaltenden Teilübertragung.[760] Bei der ausgliedernden Teilübertragung erscheint es ungerechtfertigt, den ausscheidenden Mitgliedern keine Entschädigung für den Verlust ihrer Mitgliedschaft zu gewähren.[761] Dies könnte auch einer Genehmigung durch die BaFin entgegenstehen, wenn es dazu führt, dass die Interessen dieser Mitglieder nicht ausreichend gewahrt sind.[762]

3.1.4 Formwechsel

Durch einen Formwechsel kann ein Rechtsträger eine andere Rechtsform erhalten.[763] **420** Formwechselnde Rechtsträger können sowohl Personenhandelsgesellschaften und Kapitalgesellschaften, als auch VVaG und Körperschaften und Anstalten öffentlichen Rechts sein.[764] Rechtsträger neuer Rechtsform können insbesondere Personenhandelsgesellschaften und Kapitalgesellschaften sein.[765]

Da Versicherungsunternehmen nur Aktiengesellschaften (einschließlich der Europäi- **421** schen Aktiengesellschaft, SE), VVaG oder Körperschaften und Anstalten des öffentlichen Rechts sein dürfen, kommen in diesem Sektor nur Formwechsel von VVaG und Körperschaften oder Anstalten des öffentlichen Rechts in eine Versicherungs-Aktiengesellschaft in Betracht.[766]

3.2 Aufsichtsrecht

3.2.1 Bankaufsichtsrecht

Gehen infolge einer Umwandlung erlaubnispflichtige Bank- oder Finanzdienstleis- **422** tungsgeschäfte auf einen neuen Rechtsträger über, der bisher nicht die entsprechende Erlaubnis hat, so benötigt dieser eine Erlaubnis nach § 32 KWG. Es findet mithin keine Rechtsnachfolge statt. Auch für einen Formwechsel kann – ungeachtet der umwandlungsrechtlichen Beurteilung – eine Erlaubnis erforderlich sein, wenn es an der strukturellen Identität des Erlaubnisträgers fehlt.[767] Das ist z.B. bei einem Formwechsel einer Kapitalgesellschaft in eine Personenhandelsgesellschaft der Fall.[768]

Gemäß § 24 Abs. 2 KWG besteht eine Anzeigepflicht gegenüber der BaFin sowie der **423** Deutschen Bundesbank, wenn ein Kreditinstitut die Absicht hat, sich mit einem anderen Kreditinstitut zu vereinigen. Dabei ist zu beachten, dass auch bei einer Vereinigung von Kredit- oder Finanzdienstleistungsinstituten die Erteilung einer neuen Erlaubnis erforderlich sein kann, wenn der Erlaubnisumfang der beteiligten Institute nicht identisch ist.

Gemäß § 24 Abs. 1 Nr. 3 KWG hat ein Kredit- oder Finanzdienstleistungsinstitut der **424** BaFin sowie der Deutschen Bundesbank jede Änderung der Rechtsform unverzüglich anzuzeigen, wenn nicht bereits eine Erlaubnis erforderlich ist.

---

759 § 181 UmwG.
760 *Semler/Stengel/Fonk* § 184 Rn. 2.
761 *Semler/Stengel/Fonk* § 184 Rn. 5.
762 §§ 14a, 14 Abs. 1 S. 2 VAG, Rn. 425 f.
763 § 190 Abs. 1 UmwG.
764 § 191 Abs. 1 UmwG.
765 § 191 Abs. 2 UmwG.
766 *Semler/Stengel/Koerfer* § 291 Rn. 2.
767 *Boos/Fischer/Schulte-Mattler/Braun* § 24 Rn. 70; § 32 Rn. 36.
768 *Boos/Fischer/Schulte-Mattler/Braun* § 24 Rn. 73; § 32 Rn. 37.

3.2.2 Versicherungsaufsichtsrecht

425 Umwandlungen von Versicherungsunternehmen bedürfen einer Genehmigung der für die Versicherungsunternehmen zuständigen Aufsichtsbehörden.[769] Die Genehmigung ist Wirksamkeitsvoraussetzung.[770] Die fehlende Genehmigung stellt ein Eintragungshindernis dar.[771]

426 Die Genehmigung ist zu erteilen, wenn die Belange der Versicherten gewahrt und die Verpflichtungen aus den Versicherungen als dauerhaft erfüllbar dargetan sind.[772] Zudem prüft die zuständige Behörde auch die Einhaltung der umwandlungsrechtlichen Vorschriften.[773]

---

769 § 14a S. 1 VAG; *Wolf* VersR 2008, 1441 ff. argumentiert mit guten Gründen für eine Einschränkung des Genehmigungserfordernisses auf Umwandlungen, bei denen wie bei der Bestandsübertragung Versicherungsverträge übergehen.

770 *Prölss/Präve* § 14a Rn. 8.

771 *Schmitt/Hörtnagl/Stratz/Hörtnagl* § 17 Rn. 1.

772 § 14a S. 2 i.V.m. § 14 Abs. 1 S. 2 VAG.

773 § 14a S. 3 VAG.

Anhang

Anhang

1. Checkliste: Mindestinhalt einer Compliance-Intranetseite

1. Einführung durch den Group Compliance Officer (Grundlagen, Voraussetzungen und Verpflichtungen).
2. Darstellung Organisation der Compliance-Abteilung: Personal und Verantwortungsbereiche (Organigramm, ggf. mit Landkarte zur Veranschaulichung der einzelnen Standorte), Kontaktdaten und Fotos der Compliance-Verantwortlichen.
3. Verhaltenskodex (Code of Conduct) in den im Unternehmen vorherrschenden Sprachen (sollte im PDF-Format zum Herunterladen verfügbar sein).
4. Compliance-Programm (PDF-Format).
5. Whistleblowing-Hotline mit allen verfügbaren, auch anonymisierten Telefonnummern und Ansprechpartnern.
6. Zusätzliche Verhaltensrichtlinien.
7. Neuigkeiten; Pressemeldungen, aktuelle Ereignisse aus der Compliance-Szene.
8. Aktuell einzuhaltende Termine und Fristen (z.B. Handelssperren bei Bekanntgabe von Unternehmenszahlen wie z. B. Quartalsergebnissen).
9. Schulungsmaterial (eventuell nur für Mitarbeiter der Compliance-Organisation beschränkt abrufbar).
10. Nützliche Hinweise und Links (z.B. Adressen und Telefonnummern einschlägiger Behörden und Ansprechpartner, Internetlinks zu wichtigen Organisationen wie z.B. Transparency International; NGOs etc.).
11. Ggf. einschlägige Gesetzestexte, unternehmensinterne Richtlinien und Verfügungen zum Nachschlagen.
12. Wichtig: Das „look and feel" einer Compliance-Intranetseite sollte so gestaltet sein, dass den potentiellen Besuchern die Scheu genommen wird, sich mit dem Thema Compliance auseinanderzusetzen. Die gilt vor allem für diejenigen, die konkreten Rat oder Hilfe suchen. Deshalb empfiehlt es sich, Illustrationen (z.B. Cartoons) und Fotos zu verwenden, um das unter Umständen bedrohlich erscheinende Thema etwas aufzulockern. Gleichzeitig sollte auf möglichst große Benutzerfreundlichkeit geachtet werden.

2. Muster „Code of Conduct"

Gemeinsame ethische Verhaltensnormen für das Unternehmen XYZ und seine Mitarbeiter weltweit

a) Langfassung

Einleitung

Das Unternehmen XYZ (nachfolgend „XYZ" genannt) mit allen seinen Tochter- und Konzerngesellschaften hat sich der Entwicklung einer Firmenkultur verschrieben, die sich der Wirtschaftsethik und der Einhaltung aller geltenden Gesetze in höchstem Maße verpflichtet fühlt. Zentrales Anliegen des Unternehmens ist daher, dass sich alle seine Mitarbeiter geschäftlich und privat integer und ethisch korrekt verhalten und die Rechtsvorschriften, die weltweit für unsere Betriebe gelten, strikt beachten. Nach Auffassung von XYZ ist die Verpflichtung zu ethischem Verhalten und Integrität ein Vermögenswert, der bei Kunden, Lieferanten, Mitarbeitern und Aktionären eine wichtige Vertrauensbasis schafft. Zur praktischen Umsetzung dieser Verpflichtung hat XYZ diesen Verhaltenskodex entwickelt.

Da sich die Geschäftstätigkeit des Unternehmens auf viele Teile der Welt erstreckt, unterliegt sie der Gesetzgebung vieler Länder. In manchen Fällen können zwischen den Gesetzen dieser Länder Unterschiede bestehen. In diesen Fällen ist stets Rücksprache mit dem zuständigen Compliance Officer zu halten, um zu klären, wie mögliche Widersprüche aufgelöst werden können.

Dieser Verhaltenskodex stellt keinen Arbeitsvertrag dar, verfolgt jedoch den Zweck, Fehlverhalten zu verhindern und integres und ethisch korrektes Verhalten zu fördern, wozu unter anderem die ethisch korrekte Handhabung von tatsächlichen und vermeintlichen Interessenskonflikten zwischen persönlichen und geschäftlichen Interessen gehören.

Grundwerte

XYZ hat zur Unterstützung dieses Verhaltenskodex eine Reihe von Grundwerten festgelegt, die dem Unternehmen auch als Leitbilder für seine Geschäftstätigkeit und den Umgang seiner Mitarbeiter untereinander dienen sollen. Diese Grundwerte sind Geschäftsethik, faire Zusammenarbeit, herausragende Leistungen, Entwicklung und Respekt. Wenn ein Mitarbeiter der Meinung ist, dass diese Grundwerte gefährdet sind, sollte er sich mit seinem Vorgesetzten, Mitarbeitern der Personalabteilung oder dem zuständigen Compliance Officer in Verbindung setzen.

Geltungsbereich

Dieser Verhaltenskodex gilt für alle von XYZ kontrollierten Unternehmen, für alle Mitarbeiter sowie für alle für XYZ agierenden Vertreter. Darüber hinaus wird von allen Personen, die als Berater oder Beauftragte im Namen von XYZ handeln, bei der Führung der Geschäfte im Auftrag des Unternehmens die Einhaltung aller der Verhaltensordnung zugrunde liegenden Prinzipien erwartet. Das Unternehmen wird diesen Beratern und Beauftragten diesen Verhaltenskodex bei Bedarf zur Verfügung stellen. Als kontrolliertes Unternehmen gilt jedes Unternehmen, an dem ein oder mehrere XYZ-Unternehmen zu mehr als 50 Prozent beteiligt sind, oder falls der Group Compliance Officer dies so bestimmt.

Hinsichtlich verbundener Unternehmen, die die obige Definition eines kontrollierten Unternehmens nicht erfüllen, entspricht es der Unternehmenspolitik, diesen Verhaltenskodex solchen Unternehmen zur Verfügung zu stellen und diese zur Einführung ähnlicher Regelungen anzuhalten, damit die Erfüllung der hier bestimmten Grundsätze der Geschäftsintegrität und Geschäftsethik gewährleistet sind.

Compliance-Programm/Ressourcen

Im Rahmen unseres Compliance-Programms wird ein Group Compliance Officer sowie pro Region ein Regional Compliance Officer ernannt. Namen und Telefonnummern sowie sonstige Kontaktdaten dieser Personen finden Sie auf den letzten Seiten dieses Verhaltenskodex und auf der Compliance-Seite im Intranet. Darüber hinaus hat das Unternehmen ein webbasiertes und telefonisches Meldesystem eingeführt. Diese Ressourcen dienen zum einen der Meldung von Verstößen und zum anderen der Beantwortung von Fragen hinsichtlich dieses Verhaltenskodex. Alle Mitarbeiter sind aufgefordert, Fragen zur Anwendung des Verhaltenskodex zu stellen. Die Mitarbeiter können diese Fragen entweder an ihren Vorgesetzten (falls kein tatsächlicher oder möglicher Interessenskonflikt vorliegt) oder an ihren Compliance Officer richten.

Verantwortungsbereich

Jeder Mitarbeiter ist persönlich für die Einhaltung des Verhaltenskodex verantwortlich. Ferner zeichnet jeder Vorgesetzte für die Anwendung und Umsetzung des Verhaltenskodex in seinem Geschäftsbereich verantwortlich.

Berichtspflichten

Mitarbeiter, die eine Situation beobachten oder denen eine Situation bekannt wird, die ihrer Meinung nach einen Verstoß gegen den Verhaltenskodex darstellt, sind verpflichtet, ihren Vorgesetzten oder den Compliance Officer zu benachrichtigen bzw. das Meldesystem zu nutzen, es sei denn, der Verhaltenskodex bestimmt etwas anderes. Verstöße, die einen Vorgesetzten betreffen, sollten dem Compliance Officer direkt gemeldet werden; der Vorgesetzte ist in diesem Fall zu umgehen. Erhält ein Vorgesetzter einen Bericht über einen Verstoß, ist er dafür verantwortlich, sich in Abstimmung mit dem Compliance Officer mit der Angelegenheit zu befassen. Angelegenheiten, die Rechnungslegung und Rechnungsprüfung betreffen, sowie tatsächliche oder mögliche Betrugsfälle innerhalb des Unternehmens bzw. gegen das Unternehmen sollten dem Compliance Officer direkt bzw. über das Meldesystem berichtet werden. Dieses System ist online über das Intranet oder telefonisch erreichbar. Über das Meldesystem oder anderweitig eingegangene Meldungen, Anrufe oder E-Mail-Mitteilungen werden vertraulich und respektvoll behandelt. Sollte ein Mitarbeiter eine anonyme Mitteilung vorziehen, werden alle erforderlichen Schritte unternommen, um seine Identität geheim zu halten. Alle Mitteilungen werden ernst genommen, und, sofern begründet, alle gemeldeten Verstöße werden untersucht.

XYZ duldet keine Repressalien gegen Mitarbeiter aufgrund von Meldungen, die in gutem Glauben erfolgen. Des Weiteren werden keine nachteiligen arbeitsrechtlichen Maßnahmen gegen Mitarbeiter eingeleitet, die in gutem Glauben Meldung erstattet haben. Erfolgen Anschuldigungen jedoch leichtfertig, in böser Absicht, mutwillig oder zum persönlichen Vorteile, werden disziplinarische Maßnahmen gegen die jeweilige Person eingeleitet.

Damit gewährleistet werden kann, dass die Durchführung aller vom Unternehmen eingeleiteter Untersuchungen sämtlichen einschlägigen rechtlichen Anforderungen entspricht, muss vor der Einleitung derartiger Untersuchungen in Absprache mit dem Leiter der Rechtsabteilung Rücksprache mit dem Group Compliance Officer genommen werden.

Schulung

Um sicherzustellen, dass alle Mitarbeiter ihre Verantwortung dem Verhaltenskodex gemäß verstehen, sind Trainingsmaßnahmen ein wesentlicher Bestandteil des Compliance-Programms von XYZ. Neue Mitarbeiter erhalten als Teil ihrer Orientierung eine Online-Einweisung in die Verhaltensordnung des Unternehmens. Alle Mitarbeiter erhalten mindestens einmal jährlich Compliance-Schulungen. Sämtliche Mitarbeiter, deren Tätigkeit oder deren Kompetenzbereiche die Einhaltung von für die XYZ-Betriebe geltenden Gesetze, Vorschriften und/oder Verhaltensnormen beinhalten, nehmen bei Bedarf oder nach Anforderungen an weiteren speziellen Schulungen teil, insbesondere an regelmäßigen Auffrischungskursen.

Bestätigung und Zertifizierung

Der Verhaltenskodex kann auch vom Intranet bzw. von der Website des Unternehmens abgerufen werden. Sämtliche Mitarbeiter sind verpflichtet, den Verhaltenskodex zu lesen und zu verstehen. Alle fest angestellte Mitarbeiter sind verpflichtet, einmal jährlich eine Verpflichtungserklärung dergestalt abzugeben, dass sie sich dem Verhaltenskodex verpflichten.

Die Verhaltensordnung

Verhalten im Beruf

XYZ ist darum bemüht, ein positives, anspruchsvolles und solidarisches Arbeitsumfeld für seine Mitarbeiter zu schaffen, in dem Leistung und die Einhaltung der Grundwerte anerkannt und belohnt werden und in dem Chancengleichheit und die Möglichkeit zur Entfaltung und Weiterentwicklung für den einzelnen besteht. Um diese Ziele zu erreichen, hat XYZ diesen Verhaltenskodex eingeführt, in dem die Regeln und ethischen Prinzipien für das Verhalten der Mitarbeiter festgeschrieben sind. Verstöße gegen die im Verhaltenskodex festgelegten Regeln und ethischen Prinzipien werden nicht geduldet und führen zu Disziplinarmaßnahmen gegenüber den Verantwortlichen.

Meldung von unethischem Verhalten und Richtlinien gegen Repressalien

Mitarbeiter sollten Rücksprache mit ihrem Vorgesetzten und/oder einem Compliance-Verantwortlichen nehmen oder das webbasierte oder telefonische Meldesystem in Anspruch nehmen, wenn sie sich hinsichtlich der Vorgehensweise in einer bestimmten Situation nicht sicher sind. Zudem sollen Mitarbeiter Verstöße gegen Gesetze, Vorschriften, Auflagen und gegen diesen Verhaltenskodex einem Compliance-Verantwortlichen melden. Das Unternehmen wird keine Repressalien aufgrund von Meldungen dulden, die in gutem Glauben erfolgt sind. Überdies werden keine nachteiligen arbeitsrechtlichen Maßnahmen gegen Mitarbeiter eingeleitet, die in gutem Glauben Meldung erstattet haben.

Aufrichtiges und faires Geschäftsgebaren, Interessenskonflikte, Schutz und ordnungsgemäße Nutzung der Vermögenswerte des Unternehmens

Die Mitarbeiter sind verpflichtet, sich im Umgang mit Kunden, Lieferanten, Wettbewerbern und Mitgliedern der Belegschaft aufrichtig, ethisch korrekt und gerecht zu verhalten. Es ist den Mitarbeitern nicht erlaubt, andere Personen durch Manipulation, Verschleierung, Missbrauch von vertraulichen oder geheimen Informationen sowie durch Falschdarstellung von wesentlichen Tatsachen oder sonstiges unfaires Verhalten auszunutzen oder zu missbrauchen.

Unfaires Geschäftsgebaren ist nicht nur unethisch, sondern kann unter Umständen zu Betrugsvorwürfen führen und deshalb die Mitarbeiter oder das Unternehmen der Gefahr straf- oder zivilrechtlicher Verfolgung aufgrund einer angeblichen Verletzung von Gesetzen zur Verhinderung von Betrug oder Kartellverstößen aussetzen.

Die Mitarbeiter sind zum einen verpflichtet, alle Eigeninteressen zu vermeiden, die in Konflikt mit den Interessen des Unternehmens stehen oder zu stehen scheinen oder von denen Gefahr für das Ansehen des Unternehmens ausgehen könnte. Zum anderen haben die Mitarbeiter alle tatsächlichen oder möglichen Interessenskonflikte (einschließlich aller wesentlichen Geschäftsvorgänge oder -beziehungen, die möglicherweise zu solchen Konflikten führen) umgehend dem zuständigen Compliance-Verantwortlichen zu melden und sich an die Anweisungen zur Vorgehensweise bei derartigen Interessenskonflikten zu halten. Ein Interessenskonflikt besteht dann, wenn Maßnahmen seitens eines Mitarbeiters direkt oder indirekt von persönlichen Überlegungen, dritten Personen oder von tatsächlichem oder potenziellem persönlichen Nutzen oder Gewinn beeinflusst sind oder zu sein scheinen. Die Mitarbeiter dürfen ohne vorherige schriftliche Zustimmung des Leiters der Rechtsabteilung oder des Compliance-Verantwortlichen nicht die Funktion eines gesetzlichen oder bevollmächtigten Vertreters, Mitarbeiters oder Beraters außerhalb der Firmengruppe XYZ übernehmen, es sei denn, die Aufgabe entspricht den hierfür geltenden Richtlinien von XYZ. Geschäftsvorgänge mit verwandten Parteien, also Transaktionen zwischen einem XYZ-Unternehmen und einem Mitarbeiter (bzw. einem Unternehmen, an dem der Mitarbeiter eine Beteiligung hat, nicht jedoch ein bescheidener Anteilsbesitz an öffentlich gehandelten Unternehmen) erfordern die Genehmigung des Compliance Officer oder des Leiters der Rechtsabteilung.

Darüber hinaus sind die Mitarbeiter verpflichtet, die legitimen Interessen des Unternehmens zu vertreten und zu wahren. Die Mitarbeiter dürfen die sich im Rahmen ihrer Bemühungen zur Unterstützung der berechtigten Interessen des Unternehmens ergebenden Geschäftschancen nicht zur Förderung eigener Interessen wahrnehmen. Des Weiteren müssen die Mitarbeiter die Vermögenswerte des Unternehmens schützen und die effiziente Nutzung derselben gewährleisten. Diebstahl, Unachtsamkeit und Verschwendung wirken sich unmittelbar auf die Rentabilität des Unternehmens aus. Alle Vermögenswerte des Unternehmens sollten ausschließlich für legitime Geschäftszwecke eingesetzt werden.

Vertraulichkeit

Die Mitarbeiter können Zugang zu gesetzlich geschützten und vertraulichen Unterlagen bezüglich des Geschäfts, der Kunden und der Lieferanten des Unternehmens haben. Sie müssen diese Unterlagen für die Dauer ihres Arbeitsverhältnisses und auch danach vertraulich behandeln und dürfen diese vertraulichen Unterlagen außer im Rahmen ihrer Arbeit weder verwenden noch weitergeben. Die Folgen der unbefugten Weiterleitung von Unterlagen über interne Angelegenheiten oder Entwicklungen oder von Unterlagen über nicht-öffentliche, geheime oder gesetzlich geschützte Informationen können schwerwiegend sein. Außer dass eine solche Weitergabe möglicherweise gegen das Gesetz verstößt, könnte das Unternehmen dadurch unter anderem im Wettbewerb benachteiligt werden oder das Vertrauen eines Kunden des Unternehmens missbrauchen. Weder derzeitige noch frühere Mitarbeiter dürfen unter das Anwaltsgeheimnis fallende Informationen oder Arbeitsprodukte eines Anwalts ohne die vorherige schriftliche Zustimmung des Leiters der Rechtsabteilung oder eines sonstigen zuständigen rechtlichen Vertreters des Unternehmens preisgeben. Gesetzlich geschützte oder vertrauliche Informationen, die Mitarbeiter in anderweitiger Eigenschaft (einschließlich vorheriger Arbeitsverhältnisse) erhalten haben, sollten nicht entgegen den für derartige Informationen geltenden Nutzungsbeschränkungen eingesetzt werden. Mitarbeiter, die solchen Einschränkungen unterliegen, sollte ihre Vorgesetzten entsprechend informieren. Der Diebstahl oder die wissentliche Entgegennahme von gestohlenen, gesetzlich geschützten Informationen gilt in den meisten Rechtsordnungen als strafbare Handlung. Sollten einem Mitarbeiter gesetzlich geschützte Informationen eines Dritten angeboten werden oder sollte er derartige Informationen entdecken bzw. über das Vorhandensein widerrechtliche angeeigneter Informationen Kenntnis erhalten, muss er sich umgehend mit dem Compliance Officer in Verbindung setzen.

Öffentlichkeitsarbeit des Unternehmens

Medien: Sämtliche Kontakte mit Medienvertretern sollten in erster Linie von den Kommunikationsverantwortlichen im Unternehmen gehandhabt werden. Die Mitarbeiter sollten alle Medienanfragen, darunter auch Anfragen nach Informationen, Interviews oder redaktionellen Beiträgen. an die zuständigen Kommunikationsverantwortlichen weiterleiten. Mitarbeiter, die im Rahmen ihrer Arbeit mit den Medien Kontakt haben, dürfen keine Gerüchte oder Spekulationen bezüglich der Geschäftstätigkeit des Unternehmens kommentieren.

Pressemitteilungen: Sämtliche Pressemitteilungen werden von der Kommunikationsabteilung herausgegeben. Diese ist für Entwurf und Genehmigung aller Pressemitteilungen zuständig, die XYZ oder eine ihrer Konzerngesellschaften herausgibt.

Konferenzen: Mitarbeiter, die im Namen des Unternehmens bei externen Anlässen oder Konferenzen auftreten, haben den zuständigen Kommunikationsverantwortlichen zu informieren und für Vorträge oder Präsentationen eine Genehmigung einzuholen

Empfehlungen: Von der Nutzung des Namens XYZ durch nicht an XYZ angeschlossene Unternehmen wird grundsätzlich abgeraten. Sämtliche Anfragen an XYZ oder ihre Mitarbeiter, die Nutzung des Namens XYZ für die Empfehlung von Produkten, Dienstleistungen, Firmen etc. zu gestatten, müssen unter Angabe konkreter Gründe, die für eine Genehmigung sprechen, an die Kommunikationsabteilung weitergeleitet werden. Die Kommunikationsabteilung und die Rechtsabteilung sind gemeinsam für die Prüfung der Anfrage zuständig.

Anfragen von Aufsichtsbehörden: Anfragen von Aufsichtsbehörden oder Regierungsvertretern sollten an den jeweiligen regional zuständigen Compliance-Verantwortlichen oder an den Leiter der Rechtsabteilung weitergegeben werden.

Drogen

Der illegale Gebrauch, Einkauf und Verkauf, die Weitergabe und der Besitz sowie der Konsum von Mitteln, die unter das Betäubungsmittelgesetz fallen (außer ärztlich verschriebenen Medikamenten), ist auf dem Gelände des Unternehmens verboten.

Diskriminierung

Das Unternehmen verbietet Diskriminierung von Mitarbeitern und Stellenbewerbern aufgrund von Geschlecht, Rasse, Hautfarbe, Alter, Religion, sexueller Orientierung, Ehestand, Herkunft, Behinderung, Abstammung oder politischen Meinungen bzw. sonstigen Merkmalen.

Belästigung

Das Unternehmen verbietet jegliche Belästigung. Von den Mitarbeitern wird verlangt, dass sie einander mit Respekt behandeln. Belästigung umfasst jegliches Verhalten, das eine andere Person wahrscheinlich beleidigt oder demütigt oder das aus angemessenen Gründen von einem vernünftigen Menschen so verstanden werden kann, dass es Bedingungen für die Beschäftigung selbst oder für Gelegenheiten zur Beförderung setzt.

Wertpapierhandel

XYZ ist ein der SEC-Aufsicht unterliegendes und an der New York Stock Exchange notiertes Unternehmen, das im Hinblick auf den Handel seiner Wertpapiere strengen Vorschriften unterliegt.

Mitarbeitern und deren Familienmitgliedern ist der Handel mit Wertpapieren untersagt, solange sie im Besitz von wesentlichen, nicht-öffentlichen Informationen über das Unternehmen oder Drittunternehmen sowie über Kunden oder Lieferanten mit bedeutenden Geschäftsbeziehungen zum Unternehmen sind. Informationen gelten als wesentlich, wenn eine erhebliche Wahrscheinlichkeit besteht, dass ein normaler Anleger die betreffenden Informationen für die Entscheidung, ob Wertpapiere gekauft, gehalten oder verkauft werden sollen, als wichtig betrachtet. Kurz gesagt sind alle Informationen wesentlich, die mit einer gewissen Wahrscheinlichkeit den Kurs von Wertpapieren beeinflussen können.

Informationen gelten nur dann als öffentlich, wenn sie durch angemessene Kanäle für die Öffentlichkeit freigegeben wurden und genügend Zeit vergangen ist, damit der Anlagemarkt die Informationen aufnehmen und bewerten konnte.

Wesentliche, nicht-öffentliche Informationen sollten nur dem Personal sowie denjenigen externen Beratern offenbart werden, deren Arbeit den Besitz dieser Unterlagen erfordert. Alle Personen, die zu den entsprechenden Unterlagen Zugang erhalten, sollten über ihren Insiderstatus unterrichtet und, falls notwendig, zur Unterzeichnung einer Geheimhaltungsvereinbarung veranlasst werden. Wesentliche, nicht-öffentliche Informationen dürfen nicht an andere weitergegeben werden, auch nicht an Familienmitglieder oder im selben Haushalt lebende Personen, Freunde, Bekannte, die Medien oder Analysten.

Investitionen von Mitarbeitern in XYZ-Wertpapiere sind willkommen. Damit das Unternehmen bzw. die Mitarbeiter nicht unter Umständen bei einer Verletzung von gesetzlichen Regelungen haften müssen, können Käufe und Verkäufe von XYZ-Wertpapieren nach Maßgabe des Unternehmens nur während so genannter Einlasszeiten getätigt werden. Einlasszeiten beginnen bei der Börsenöffnung am dritten vollen Börsentag nach der Veröffentlichung von Quartals- und Jahresberichten und enden am fünfzehnten Tag des dritten Kalendermonats des betreffenden Kalenderquartals. In finanziellen Notlagen oder sonstigen Härtefällen kann der Handel von Fall zu Fall mit vorheriger Genehmigung des Leiters der Rechtsabteilung außerhalb einer Einlasszeit gestattet werden. Niemand darf XYZ-Wertpapiere kaufen oder verkaufen, auch nicht in Einlasszeiten, wenn er oder sie im Besitz von wesentlichen, nicht-öffentlichen Informationen ist. Scheidet ein Mitarbeiter während gesperrten Einlasszeiten (Sperrfristen) aus dem Dienst des Unternehmens aus, muss sich der ehemalige Mitarbeiter bis zur nächsten offenen Einlasszeit an die XYZ-Richtlinien über den Wertpapierhandel halten oder beim Compliance-Verantwortlichen eine Ausnahmegenehmigung beantragen.

Der Leiter der Rechtsabteilung hat jederzeit die Befugnis, eine Sperrfrist bezüglich des Handels mit XYZ-Wertpapieren zu erklären (sogar in Einlasszeiten). Eine Sperrfrist bedeutet, dass jeglicher Handel in allen davon betroffenen Wertpapieren über den vom Leiter der Rechtsabteilung bestimmten Zeitraum hinweg sofort eingestellt werden muss. Eine Sperrfrist kann im Hinblick auf Wertpapiere von Firmen erklärt werden, mit denen das Unternehmen Geschäftsverbindungen unterhält oder unterhalten könnte bzw. in die das Unternehmen investiert bzw. investieren könnte. Niemand darf gegenüber Dritten offenbaren, dass eine Sperrfrist erklärt wurde.

Gelegentlich kann das Unternehmen seinen Mitarbeitern Optionen zum Kauf von XYZ-Wertpapieren zu einem bestimmten Preis innerhalb eines gewissen Zeitraums bieten. Das Unternehmen ist nicht verpflichtet, den Status derartiger Optionen zu überwachen und unter anderem die Mitarbeiter darüber zu informieren, wann Optionen verfallen. Dementsprechend sollten sich Mitarbeiter bezüglich der Überwachung des Status von derartigen Zuweisungen auf keinen Fall auf das Unternehmen verlassen. Ferner übernimmt das Unternehmen keine Verantwortung für Entscheidungen, die Mitarbeiter hinsichtlich der Ausübung derartiger Optionen treffen.

Die Nichteinhaltung der Richtlinien des Unternehmens zum Wertpapierhandel kann dazu führen, dass Mitarbeiter bzw. Familienangehörige der Mitarbeiter sich strafbar machen oder zivilrechtlich haftbar sind sowie sich Disziplinarmaßnahmen seitens des Unternehmens aussetzen, die im schlimmsten Fall zur Entlassung führen können. Die Verantwortung für die Einhaltung des geltenden Rechts und der Richtlinien des Unternehmens liegt bei jedem einzelnen Mitarbeiter selbst.

Richten Sie bitte alle Anfragen zum Wertpapierhandel sowie zu Fragen von Insider-Wissen an den Leiter der Rechtsabteilung oder an den zuständigen Compliance Officer.

Elektronische Kommunikation

Elektronische Kommunikation schließt alle Aspekte der Sprach-, Video- und Datenkommunikation ein, wie etwa Voicemail, E-Mail, Instant-Messaging, Fax und Internet. Die Mitarbeiter sollten elektronische Kommunikation auf den vom Unternehmen bereitgestellten Systemen für Geschäftszwecke und nicht zum persönlichen Gebrauch nutzen. Sie dürfen persönliche E-Mail-Konten oder private Computer zu Hause nicht zum Senden und Empfangen von XYZ-Informationen oder zur Abwicklung von XYZ-Geschäften einsetzen, außer dies wurde von Seiten des Leiters der Rechtsabteilung oder vom Compliance-Verantwortlichen genehmigt. Darüber hinaus darf Instant-Messaging hinsichtlich der Geschäfte des Unternehmens nur über die Systeme des Unternehmens erfolgen, es sei denn, der Compliance-Verantwortliche oder die IT-Abteilung des Unternehmens hat die

Nutzung außerhalb der Unternehmenssysteme genehmigt. Über Mobiltelefone verschickte Kurznachrichten (SMS) dürfen nicht zur Abwicklung der Geschäfte des Unternehmens eingesetzt werden. Unter anderem dürfen Mitarbeiter nicht an Online-Foren teilnehmen, in denen das Geschäft des Unternehmens bzw. dessen Kunden oder Lieferanten diskutiert werden: Daraus kann sich ein Verstoß gegen die Geheimhaltungsrichtlinien des Unternehmens ergeben, oder das Unternehmen kann sich deswegen einer Klage wegen Verleumdung oder sonstiger Haftung gegenübersehen. Das Unternehmen behält sich das Recht vor, alle für die elektronische Kommunikation genutzten Geräte, Softwaresysteme oder sonstigen Anlagen des Unternehmens zu prüfen. Die Mitarbeiter sollten daher bei der Benutzung der Unternehmenssysteme keinen Schutz ihrer Privatsphäre erwarten.

Den Mitarbeitern ist es untersagt, Telefongespräche aufzunehmen, es sei denn, dies wurde ausdrücklich vom Leiter der Rechtsabteilung oder vom Compliance-Verantwortlichen genehmigt. Darüber hinaus ist die Aufnahme von innerbetrieblichen Vorträgen oder Präsentationen ohne die ausdrückliche Genehmigung des Leiters der Rechtsabteilung oder des Compliance-Verantwortlichen nicht erlaubt.

Dokumentenmanagement, Rechnungslegung und Verhinderung von Betrug

Genauigkeit, Zuverlässigkeit und Fristwahrung bei der Erstellung aller Finanz- und Geschäftsaufzeichnungen sind gesetzlich vorgeschrieben und von großer Bedeutung für die Entscheidungsfindung im Unternehmen und die ordnungsgemäße Erfüllung der Berichtspflichten von XYZ. Die Bestimmungen der US-amerikanischen Wertpapiergesetze, des US-amerikanischen Gesetzes zur Verhinderung der Bestechung ausländischer Regierungen („Foreign Corrupt Practices Act") und sonstiger für die Geschäftsbücher, Unterlagen und Bekanntgabe von Informationen geltenden Gesetze verlangen vom Unternehmen, genaue Bücher und Unterlagen zu führen und ein angemessenes internes Kontrollsystem zu entwickeln und einzuführen.

Wenn das Unternehmen maximal 50 Prozent der Stimmrechte einer in- oder ausländischen Firma hält, muss es nach Maßgabe der Bestimmungen des US-amerikanischen Gesetzes zur Verhinderung der Bestechung ausländischer Regierungen („Foreign Corrupt Practices Act") für Geschäftsbücher und –unterlagen in gutem Glauben in einem der Sachlage angemessenen Grad seinen Einfluss nutzen, um zu bewirken, dass die in- oder ausländische Firma ein geeignetes System interner Kontrollen entwickelt, das den spezifischen, im Gesetz dargelegten Buchungs- und Aufzeichnungsanforderungen und internen Rechnungslegungskontrollen nachkommt. Alle Geschäftsunterlagen, Spesenkonten, Rechnungen, Lohnlisten, Leistungsbelege, Berichte an Behörden und sonstigen Unterlagen müssen tatsachengetreu abgefasst sein. Darüber hinaus müssen alle bei der US-Börsenaufsicht SEC eingereichten Berichte und Unterlagen sowie andere öffentliche Mitteilungen vollständig, angemessen, genau und verständlich sein.

Alle Unternehmensmittel und -vermögenswerte müssen gemäß den Verfahren des Unternehmens ausgewiesen sein. Die Geschäftsbücher und –unterlagen von XYZ müssen sorgfältig und vollständig erstellt werden und alle wesentlichen Geschäftsvorgänge genauestens wiedergeben. Falsche oder irreführende Angaben sind ungesetzlich und keinesfalls gestattet. Keinesfalls dürfen geheime oder nicht ausgewiesene Mittel oder Vermögensgegenstände vorgehalten werden. Gestattet das Unternehmen die Existenz von Handkassen, müssen diese Mittel gemäß dem internen Kontrollsystem des Unternehmens verwaltet werden. Außer in vom Controlling der maßgeblichen Geschäftseinheit genehmigten Handkassen dürfen keine Barmittel gehalten werden. Elektronische Übertragungen von Finanzmitteln gelten nicht als Bargeldtransaktionen, müssen jedoch gemäß den Unternehmensrichtlinien durchgeführt werden. Die Verwendung von Unternehmensmitteln oder -vermögen für ungesetzliche oder missbräuchliche Zwecke ist strengstens verboten.

Die Mitarbeiter dürfen weder selbst noch auf Anweisung Dritter Maßnahmen ergreifen, um die mit der Revision oder Prüfung der Jahresabschlüsse des Unternehmens befassten Wirtschafts- oder Buchprüfer in betrügerischer Absicht und mit dem Zweck, die Finanzberichte zu manipulieren, zu beeinflussen, zu nötigen oder zu täuschen. Ferner dürfen sie keine Dritten anweisen, derartige Maßnahmen zu ergreifen. Maßnahmen, die zu einem grundlegend irreführenden Jahresabschluss führen können, sind beispielsweise:

– Ausgabe eines Berichts zu den Jahresabschlüssen des Unternehmens, der aufgrund von wesentlichen Verstößen gegen allgemein anerkannte Rechnungslegungsgrundsätze, allgemein anerkannte Buchprüfungsgrundsätze und sonstiger fachlicher Normen nicht zulässig war;

– Nichtausführung von Revisionen, Prüfungen und anderen nach allgemein anerkannten Buchprüfungsgrundsätzen und sonstigen fachlichen Normen erforderlichen Verfahren;

– Versäumnis, einen Bericht unter bestimmten Umständen zurückzuziehen;

– Nichtmeldung von bestimmten Angelegenheiten an den Rechnungsprüfungsausschluss des Unternehmens.

Es ist ein wichtiges Anliegen von XYZ, Betrug zu verhindern bzw. aufzudecken. Betrug kann sich wesentlich auf die Integrität unserer Jahresabschlüsse und auf unsere Reputation auswirken. Deshalb hat XYZ:

– entsprechende Maßnahmen zur Verringerung des Betrugsrisikos eingeführt, einschließlich eines Risiko- und Kontrollbewertungsverfahrens;

– Systeme für Mitarbeiter eingeführt, die sie zur (auf Wunsch anonymen) Meldung von möglichen oder tatsächlichen Betrugsfällen nutzen können;

– Verfahren zur Untersuchung von tatsächlichem oder möglichem Betrug festgelegt.

Im Gegensatz zu fahrlässigem Verhalten erfolgt Betrug vorsätzlich und geht in der Regel mit der bewussten Verschleierung von Tatsachen zum Zweck der Täuschung einher. Es können sowohl Mitglieder der Geschäftsführung, als auch Mitarbeiter oder Dritte daran beteiligt sein. Betrug kann unter Umständen zur Bilanzfälschung führen, zum Beispiel durch:

– Falschangaben, die sich aus betrügerischen Finanzberichten ergeben (wie zum Beispiel unzulässige Verbuchung von Einnahmen, zu hoch angegebene Aktiva oder zu niedrig angegebene Passiva);

– Falschdarstellungen, die sich aus der Veruntreuung von Vermögenswerten ergeben (etwa nicht existierende Lieferanten);

– Ausgaben für unzulässige Zwecke;

– durch Betrug erlangte Erträge und Vermögenswerte sowie die Umgehung von Kosten und Ausgaben.

XYZ hat ein Kontrollumfeld zur Verringerung des Betrugsrisikos geschaffen. Darüber hinaus wird Betrug durch ein Risikobewertungs- und Kontrollsystem untersucht, an dem die Finanzabteilung sowie die Innenrevision beteiligt sind. Kontrollen, die das Betrugsrisiko verringern, werden jährlich neu bewertet. Die Mitarbeiter werden gebeten, ihren Vorgesetzten oder dem Compliance-Verantwortlichen Betrugsmöglichkeiten oder -motive mitzuteilen, die ihrer Meinung nach in den vorhandenen Kontrollsystemen des Unternehmens nicht ausreichend berücksichtigt werden. Diese Kontrollen sind unter anderem die Trennung bestimmter Aufgaben im Unternehmen, ordnungsgemäße Prüfungs- und Genehmigungsverfahren sowie die Überwachung von Daten und Dokumentationen durch eine neutrale dritte Seite.

Des Weiteren hat das Unternehmen Rahmenbedingungen für interne Kontrollen entwickelt, um gesetzliche Erfordernisse zu erfüllen und angemessene Zusicherungen hinsichtlich der Verlässlichkeit der Jahresabschlüsse des Unternehmens geben zu können. Jeder Mitarbeiter ist dazu verpflichtet, diese Bemühungen zu unterstützen, damit diese Verfahren und Kontrollen stets eingehalten werden.

Verstöße gegen diese Verfahren und Kontrollen sind umgehend dem Controller oder dem hierfür zuständigen Compliance-Verantwortlichen zu melden.

Bewirtung, Geschenke und Zahlungen

XYZ beschafft und vertreibt Waren und Dienstleistungen auf der Basis von guter Qualität und Kundendienst. Es sollte nie der Eindruck entstehen, dass Entscheidungen des Unternehmens bezüglich der Beschaffung und Bereitstellung von Waren und Dienstleistungen getroffen wurden, weil Geschenke, Vergünstigungen, Bewirtungen oder sonstige Zuwendungen geleistet oder erhalten worden waren, deren Ergebnis eine bevorzugte Behandlung war oder sein sollte. Die Übergabe und die Annahme von Wertgegenständen als Anreiz für solche Entscheidungen sind verboten.

Die Übergabe oder die Annahme von Geschenken oder Bewirtungen von nominellem Wert im Rahmen des im Geschäftsleben allgemein Üblichen sind dann gestattet, wenn vernünftigerweise nicht erwartet werden kann, dass diese zu Begünstigungen oder zu einem Gefühl der Verpflichtung führen.

Spenden an politische Parteien

In bestimmten Ländern sind (direkte oder indirekte) Spenden von Unternehmen an politische Parteien oder an Kandidaten für politische Ämter gesetzlich verboten. Zum Beispiel verbietet das US-amerikanische Bundesrecht solche Spenden im Zusammenhang mit den Bundeswahlen, Vorwahlen oder Parteitagen. Darüber hinaus sind in vielen US-amerikanischen Bundesstaaten Spenden von Unternehmen an politische Parteien untersagt. Außerdem verbietet das US-amerikanische Bundesrecht politische Spenden von Personen, die nicht US-amerikanische Bürger oder Einwohner der USA mit ständiger Aufenthaltsgenehmigung sind. Wenn politische Spenden durch Unternehmen rechtmäßig sind, dürfen solche Spenden nur aus Mitteln kommen, die diesem Zweck klar zugewiesen wurden und die vom Board of Directors des spendenden Unternehmens genehmigt wurden.

Bestechung

Es dürfen keine Bestechungsgelder oder ähnliche Zahlungen bzw. Vergünstigungen direkt oder indirekt an Mitarbeiter von Lieferanten, Kunden oder sonstige Dritte gezahlt oder geleistet werden.

Bestechung umfasst jegliche direkte oder indirekte Zahlung und Bereitstellung von Wertgegenständen an gesetzliche oder bevollmächtigte Vertreter, an einen Mitarbeiter oder einen Repräsentanten eines Kunden oder eines Lieferanten des Unternehmens, mit der das Ziel verfolgt werden soll, geschäftliche Entscheidungen und Handlungen der betreffenden Person zu beeinflussen.

Kartellrecht und Wettbewerb

Die globale Geschäftstätigkeit des Unternehmens unterliegt den Kartell- und Wettbewerbsgesetzen verschiedener Länder. Die Mitarbeiter müssen bezüglich aller kartell- und wettbewerbsrechtlicher Fragen die für die Einhaltung und Erfüllung dieser Gesetze zuständige Personen und den internen Rechtsberater konsultieren.

Im Allgemeinen verbietet das Kartell- und Wettbewerbsrecht Verträge oder Handlungen, die den Wettbewerb beschränken. Verstöße sind unter anderem Vereinbarungen zwischen Wettbewerbern, in denen Preise festgelegt bzw. kontrolliert oder Märkte und Gebiete zwischen Wettbewerbern aufgeteilt werden. Ausnahmen können für gesetzlich zulässige Joint Ventures oder für vom Gesetzgeber regulierte Tätigkeiten bestehen. Falls nicht vom zuständigen Compliance-Verantwortlichen ausdrücklich genehmigt, untersagt XYZ seinen Mitarbeitern, an Diskussionen oder Übereinkünften mit Wettbewerbern zu folgenden Themen teilzunehmen bzw. entsprechende Verträge mit Konkurrenzunternehmen abzuschließen:

– Bestimmung, Erhöhung, Senkung, Stabilisierung oder anderweitige Beeinflussung von Preisen oder Provisionen;

– Aufteilung von Märkten, Gebieten oder Kunden;

– Angelegenheiten, die die Verfügbarkeit oder die Bedingungen von Produkten oder Dienstleistungen betreffen;

– Ermutigung zu einem Boykott von Personen, Kunden, Produkten oder Dienstleistungen.

Es ist den Mitarbeitern außerdem untersagt, mit Mitbewerbern, Vertretern oder sonstigen Dritten künstlich überhöhte Angebote, Preise und/oder sonstige Konditionen und Bestimmungen zu besprechen oder vorzulegen, um damit Dritten wirtschaftliche Vorteile zu verschaffen bzw. Nachteile zuzufügen und/oder den falschen Anschein eines rechtmäßigen Wettbewerbs innerhalb der Branche zu erwecken.

Gesundheit, Sicherheit und Umweltschutz

Das Unternehmen führt seine Geschäfte so, dass die Gesundheit und Sicherheit seiner Mitarbeiter, seiner Kunden, der Öffentlichkeit und der Umwelt geschützt werden. Es entspricht den Richtlinien des Unternehmens, alle einschlägigen Gesundheits-, Sicherheits- und Umweltschutzanforderungen einzuhalten bzw. zu erfüllen. Jegliche tatsächliche bzw. vermutete Abweichung von diesen Richtlinien ist umgehend zu melden.

Antiboykottgesetze

Die Vereinigten Staaten von Amerika haben Gesetze erlassen, die die Teilnahme an internationalen Boykotten verbieten oder mit Strafen belegen, die nicht von den USA mitgetragen werden, insbesondere den Boykott Israels durch arabische Länder. Das US-amerikanische Recht verlangt, dass jegliche Aufrufe zur Teilnahme an derartigen nicht sanktionierten Boykotten zu melden sind. Die US-amerikanischen Gesetze gelten für Körperschaften, die unter US-amerikanischem Recht gegründet wurden, für die von diesen kontrollierten ausländischen Konzerngesellschaften sowie für US-Bürger und ständig in den USA lebenden Ausländern, die bei diesen Körperschaften angestellt sind, nicht allerdings für Staatsbürger der USA, die für ein nicht-US-amerikanisches Unternehmen arbeiten und außerhalb der USA leben. Alle Mitarbeiter sind dazu verpflichtet, vor der Ergreifung jeglicher Maßnahmen Boykottaufrufe an den zuständigen Compliance-Verantwortlichen weiterzuleiten.

Sanktionen und Handelsbeschränkungen

In den Ländern, in denen XYZ tätig ist, gelten zahlreiche unterschiedliche Gesetze, die den Handel beschränken. US-amerikanische Handelsbeschränkungen gelten in allen Fällen für Staatsbürger und Einwohner der USA mit dauernder Aufenthaltsgenehmigung, ungeachtet ihres Wohnortes, sowie für in den USA gegründete Körperschaften in den USA.

Der zuständige Compliance-Verantwortliche führt eine aktuelle Liste der Gebiete, für die Sanktionen der USA, der Vereinten Nationen und der Europäischen Union sowie sonstige Sanktionen gelten, die in einer „Watchlist" zusammengefasst sind. Im Hinblick auf bestimmte in dieser Watchlist berücksichtigte Länder können Transaktionen unter der Voraussetzung erfolgen, dass bestimmte Bedingungen nicht verletzt werden. Die Watchlist ändert sich gelegentlich. Die aktuelle Version ist auf der Compliance-Seite im Intranet des Unternehmens unter dem Kapitel „Handelsbeschränkungen/Sanktionen" zu finden.

Des Weiteren veröffentlichen das US-amerikanische Schatzamt, die Europäische Union und die Bank von England regelmäßig Listen mit sogenannten Specially Designated Nationals (SDNs), das ist eine Liste mit natürlichen und juristischen Personen, für die Handelsverbote bestehen und deren Vermögen in manchen Fällen eingefroren werden muss, weil geltend gemacht wird, dass sie im Namen boykottierter Länder handeln. Es bestehen ferner Einschränkungen hinsichtlich des Handels mit als Terroristen bezeichneten Personen, ausländischen terroristischen Organisationen, Drogenhändlern, Bossen im Drogenhandel, an Geldwäsche beteiligten Unternehmen und Schiffen, an denen entsprechend bezeichnete Länder ein Interesse haben. Zusätzlich sind Waffenembargos über bestimmte Länder verhängt. Und es gelten Einschränkungen für den Handel mit Rohdiamanten.

Darüber hinaus unterliegen alle Geschäfte im Zusammenhang mit dem Verkauf und der Lieferung von Waffen oder Militärtechnik der Genehmigung des zuständigen Compliance-Verantwortlichen.

Es wird von den Mitarbeitern verlangt, dass sie ihre Kunden mit der gebührenden Sorgfalt überprüfen, um sicherzustellen, dass diese nicht mit SDNs in Kontakt stehen oder sonstige Sanktionen, Einschränkungen oder Embargos verletzten. Das Verfahren muss protokolliert werden. Ein Vertreter der Rechtsabteilung oder eine Mitglied des Compliance-Teams kann bei der Feststellung aktueller Einschränkungen sowie der Bestimmung von SDNs und bei der Durchführung entsprechender Prüfungen behilflich sein.

Bestechungsverbot für Beamte, Regierungsangestellte etc.

Mitarbeiter, die durch ihre Tätigkeit mit Beamten, Regierungsangestellten, politischen Parteien, Kandidaten für politische Ämter und Angestellten von internationalen Organisationen in Kontakt kommen, müssen sich an strengsten beruflichen Verhaltensnormen orientieren. Sie dürfen den vorstehend genannten Personen oder Organisationen niemals Werte oder Wertgegenstände anbieten, um auf diese Weise zu versuchen, bestimmte Ergebnisse für das Unternehmen zu erzielen.

Bekämpfung von Geldwäsche

Als Geldwäsche bezeichnet man das Verfahren zur Einschleusung von im Rahmen illegaler Tätigkeiten erwirtschafteter Gewinne in das rechtmäßige Finanzsystem, um den Eindruck zu erwecken, dass die Gewinne aus legaler Quelle stammen. Das Unternehmen ist bestrebt, Geldwäsche zu verhindern und aufzudecken, und das Unternehmen ist unter Umständen nach Maßgabe der Gesetzgebung zur Bekämpfung von Geldwäsche verpflichtet, und deshalb bestrebt, effektive Strategien zur Verhinderung der Geldwäsche einzuführen. Das Unternehmen verfügt über ein Wachsamkeitsprogramm, das zur Bekämpfung von Versuchen, die Einrichtungen des Unternehmens zur Geldwäsche zu missbrauchen, vorgesehen und in den Grundsatzerklärungen ausführlich beschrieben ist. Mitarbeiter, deren Aufgabenbereich die Risikoprüfung, die Überprüfung von Kunden und sonstige Tätigkeiten umfasst, die für Geldwäsche erheblich sind, müssen sich auch mit den entsprechenden Grundsatzerklärungen vertraut machen. Mitarbeitern, die wissentlich illegales Verhalten gestatten oder verdächtige Aktivitäten ignorieren, die auf Geldwäsche hindeuten, drohen Disziplinarverfahren und unter Umständen zusammen mit dem Unternehmen straf- und zivilrechtliche Haftung. Da die mit Geldwäsche zusammenhängenden Probleme vielschichtig sind, sollten die Mitarbeiter nicht versuchen, alleine damit fertig zu werden. Mitarbeiter, die diesbezüglich Fragen haben oder Kenntnis von fragwürdigen Geschäften oder Umständen erlangen, die auf Geldwäsche hinweisen, sollten umgehend den zuständigen Compliance-Verantwortlichen zu Rate ziehen.

Das Compliance-Schulungsprogramm befasst sich ebenfalls mit dem Thema Geldwäsche.

Datenschutz

Damit der Schutz aller erfassten personenbezogenen Daten und die Einhaltung des geltenden Datenschutzrechts gewährleistet werden können, muss jeder Mitarbeiter, der im Besitz von nichtöffentlichen, persönlichen Informationen über Kunden, potenziellen Kunden oder Mitarbeitern des Unternehmens ist, ein Höchstmaß an Vertraulichkeit wahren und darf keine persönlichen Informationen weitergeben, außer es liegt eine entsprechende Erlaubnis vom zuständigen Compliance-Verantwortlichen vor. Die Mitarbeiter müssen durch die Nutzung sicherer E-Mail-Systeme oder Verschlüsselungstechnik dafür sorgen, dass elektronische Daten dieser Art bei der Übertragung, Verarbeitung und Speicherung geschützt sind. Die Übertragung von personenbezogenen Daten innerhalb von XYZ (insbesondere von EU-Ländern in ein Land außerhalb der EU) unterliegt der Datenübertragungsvereinbarung der XYZ-Firmengruppe, die auf der EU-Mustervereinbarung beruht und die für die Datenübertragung geltenden Grundsätze festlegt.

Aktenführung/Schriftgutverwaltung

Wirtschaftliche, steuerliche, buchhalterische und rechtliche Überlegungen setzen die ordnungsgemäße Verwahrung der Geschäftsunterlagen des Unternehmens voraus. Aus diesem Grund verfügt das Unternehmen über Richtlinien zur Aktenführung/Schriftgutverwaltung (Records Management), die sowohl für elektronische Unterlagen als auch für Papierdokumente gilt. Eine Ausfertigung dieser Richtlinien wurde allen Mitarbeitern zur Verfügung gestellt. Da alle Mitarbeiter diese Richtlinie einhalten müssen, wird ihnen angeraten, sich mit der Richtlinie vertraut zu machen. Die in dieser Richtlinie bestimmten Aufbewahrungsfristen gelten für alle Geschäftsunterlagen des Unternehmens, es sei denn, das Unternehmen hat angeordnet, dass die Löschung oder Entsorgung sämtlicher oder bestimmter Kategorien von Unterlagen vorübergehend (beispielsweise aufgrund unmittelbar bevorstehender, angedrohter oder laufender Untersuchungen oder Verfahren von Regierungsbehörden, schwebende Zivilklagen oder –verfahren oder Vorladungen) bis auf Weiteres ausgesetzt wurden. Wenn Mitarbeiter aus verschiedenen Gründen (zum Beispiel aufgrund Kenntnis unmittelbar bevorstehender oder angedrohter Untersuchungen oder Verfahren) der Meinung sind, dass bestimmte Unterlagen über die festgelegte Aufbewahrungsfrist hinaus verwahrt werden sollten, ist umgehend Rücksprache mit dem zuständigen Compliance-Verantwortlichen zu nehmen.

Steuerliche Vorschriften

Da die Unternehmen der XYZ-Firmengruppe in einer Vielzahl von Ländern geschäftlich tätig sind, unterliegen sie der Aufsicht unterschiedlicher Steuerbehörden. Dementsprechend hat das Unternehmen eine weltweite Steuerabteilung eingerichtet, zu deren Pflichtenkreis die Einhaltung bzw. Erfüllung von Steuervorschriften und -verfahren gehört. Die Mitarbeiter müssen sich mit den regelmäßig von der Steuerabteilung veröffentlichten Steuerrichtlinien und -protokollen des Unternehmens vertraut machen und diesen nachkommen. Sämtliche steuerbezogenen Anfragen sollten an die Steuerabteilung verwiesen werden.

Komplex strukturierte Transaktionen mit erhöhtem Risiko

Das Unternehmen verfügt über unternehmensweite Richtlinien und Verfahren, die die genaue Überprüfung von Geschäftsabschlüssen des Unternehmens ermöglichen, die ein rechtliches Risiko oder eine Bedrohung des Ansehens von XYZ darstellen könnten (sogenannte komplex strukturierte Transaktionen mit erhöhtem Risiko). Unter anderem unterstützen diese Richtlinien das Unternehmen in der Feststellung, Einschätzung, Bewältigung und Kontrolle dieser Risiken innerhalb des bestehenden Kontrollsystems. Geschäftsvorgänge, die eingehender geprüft werden müssen, sind unter anderem Transaktionen,

– denen allem Anschein nach die wirtschaftliche Substanz oder der Geschäftszweck fehlt;
– die allem Anschein nach für fragwürdige Zwecke in Bezug auf Rechnungslegung und oder aufsichtsrechtliche oder steuerliche Auflagen vorgesehen sind;
– die insofern bedenklich erscheinen, als der Kunde die Transaktion in seinen öffentlich eingereichten Berichten oder Jahresabschlüssen in einer Weise meldet oder bekannt gibt, die grundlegend irreführend ist oder im Widerspruch zum Wesen der Transaktion oder zu den anwendbaren Auflagen von Aufsichtsbehörden oder Rechnungslegungsanforderungen stehen.

Alle Mitarbeiter, die mit einer komplex strukturierten Transaktion mit erhöhtem Risiko befasst sind, müssen bei den Überprüfungen entsprechende Sorgfaltspflichten wahren und geeignete Schritte einleiten, um die von der Transaktion ausgehenden Risiken anzugehen. Jegliche Bedenken hinsichtlich komplex strukturierter Transaktionen mit erhöhtem Risiko sollten dem Chefsyndikus der entsprechenden Geschäftseinheit, dem Leiter der Rechtsabteilung oder dem zuständigen Compliance-Verantwortlichen vorgebracht werden.

b) Kurzfassung

Geltungsbereich und Zuständigkeiten

Dieser Verhaltenskodex beinhaltet sämtliche rechtlichen und ethischen Compliance-Regeln, die das Unternehmen ABC (im Folgenden „ABC") weltweit anwendet. Allerdings hat dieser Verhaltenskodex keinen Vorrang vor anwendbaren lokalen Gesetzen und Vorschriften. Diese können möglicherweise Abweichungen vom Verhaltenskodex erfordern.

Der Kodex gilt für alle Mitarbeiter und Vertreter von ABC, die im Namen von ABC handeln. Vorsätzliche oder fahrlässige Verstöße gegen den Kodex haben entsprechende disziplinarische Maßnahmen zur Folge.

Das Management muss mit gutem Beispiel vorangehen.

In redlicher Absicht erfolgende Hinweise über unerlaubte Handlungen werden begrüßt und unterstützt. Repressalien gegen Personen, die in redlicher Absicht solche Hinweise erteilen, sind untersagt.

Geschäftsethik von ABC

In einer ethischen Konfliktsituation sollten Sie Ihrem gesunden Menschenverstand und Ihrem Urteilsvermögen im Geiste dieses Verhaltenskodex folgen. Sollten Sie Zweifel haben, ob Sie auf dem richtigen Weg sind, bitten Sie Ihren Compliance-Verantwortlichen, Ihren Vorgesetzten oder einen Kollegen, dem Sie vertrauen, um Rat, bevor Sie handeln.

Wenn Sie unsicher sind, wie Sie vorgehen sollen, können Ihnen die folgenden Fragen bei Ihrer Entscheidung helfen:

Entsprechen die von mir geplanten Maßnahmen den geltenden Gesetzen, sonstigen Vorschriften sowie ethischen Verhaltensnormen?

Bin ich ehrlich und fair?

Wird mein Handeln auch in Zukunft Bestand haben?

Was werde ich im Nachhinein davon halten?

Kann ich die von mir geplanten Maßnahmen und die möglichen Konsequenzen gegenüber meinen Kolleginnen und Kollegen rechtfertigen?

Wie würde es wirken, wenn die Situation auf der Titelseite einer Zeitung veröffentlicht werden würde?

Das Engagement von ABC für Nachhaltigkeit

ABC fühlt sich den Grundsätzen der Nachhaltigkeit stark verpflichtet. Zwar schaffen wir wirtschaftlichen Wohlstand, doch sind die sozialen und ökologischen Auswirkungen auf einem Niveau zu halten, das es auch künftigen Generationen ermöglicht, ihre Bedürfnisse zu erfüllen.

ABC fühlt sich verpflichtet, die Bedürfnisse und Erwartungen ihrer Kunden, Geschäftspartner, Aktionäre und ihrer Mitarbeiter durch die Einhaltung von Gesetzen, sonstigen Normen und Verhaltensregeln im Bereich Ethik und Umwelt zu erfüllen, die frühzeitige Erkennung und Bewältigung von sozialen Gefahren und Umweltrisiken zu verbessern, die Entwicklung neuer Produkte zu fördern, die zur Verminderung von sozialen und ökologischen Risiken beitragen sowie auch die interne ökologische Bilanz von Infrastruktur und Logistik zu verbessern.

ABC verfolgt einen langfristigen Ansatz, um wirtschaftlich erfolgreich zu sein, indem sie sich an Geschäften beteiligt, die mit der nachhaltigen Entwicklung politischer, wirtschaftlicher, sozialer und ökologischer Systeme vereinbar sind. Unsere Geschäftspartner teilen unsere Grundsätze und unser Engagement für Nachhaltigkeit.

Moralisches Verhalten

Diskriminierung und Belästigung am Arbeitsplatz

ABC fördert eine Arbeitsumgebung der Chancengleichheit, die frei von jeder Form der Belästigung und Diskriminierung ist. Jedes auf Einschüchterung zielende Verhalten ist untersagt, ob im Büro, im betriebsinternen oder kundenbezogenen Rahmen oder auch durch Nutzung unserer IT-Systeme.

Beleidigendes, belästigendes oder verletzendes Benehmen von Mitarbeitern oder Kundenvertretern gegenüber Kolleginnen und Kollegen ist nicht akzeptabel, gleich, ob verbaler, physischer oder visueller Natur. Beispiele hierfür sind unter anderem abfällige Bemerkungen aufgrund rassischer, ethnischer oder sonstiger Merkmale, die unter dem besonderen Schutz des Gesetzes stehen, sowie unerwünschte sexuelle Annäherungsversuche.

Sprechen Sie offen darüber, wenn Ihnen das Benehmen eines Mitarbeiters oder Kundenvertreters unangenehm ist, und melden Sie jede Belästigung umgehend.

Bei Belästigung oder Diskriminierung wenden Sie sich an die Personalabteilung, den Compliance-Verantwortlichen oder eine sonstige zuständige Stelle. Dort erhalten Sie die notwendige Unterstützung.

Arbeitsschutz

Wir alle sind dafür verantwortlich, durch die Einhaltung von Arbeitsschutzbestimmungen und -praktiken die Sicherheit am Arbeitsplatz zu gewährleisten.

Drohungen oder Akte physischer Gewalt und Einschüchterung sind untersagt.

Bitte melden Sie Unfälle, Verletzungen, gefährliche Arbeitsgeräte, Praktiken oder Arbeitsbedingungen umgehend Ihrem Vorgesetzten, dem Compliance Officer oder dem für Sicherheit im Unternehmen Verantwortlichen.

Interessenskonflikte

Den Mitarbeitern ist es untersagt, ihre Position oder Eigentum von ABC für persönliche Vorteile zu missbrauchen. Jeder mögliche Interessenskonflikt ist unverzüglich dem Vorgesetzten und dem Compliance-Verantwortlichen zu melden.

Interessenskonflikte entstehen, wenn Ihre eigenen privaten Interessen Ihre Arbeitspflichten oder die Interessen von ABC beeinträchtigen oder zu beeinträchtigen scheinen. Deshalb sollten Sie ABC nicht bei einer Transaktion oder in einer Geschäftsbeziehung vertreten, bei der Sie oder ein naher Familienangehöriger ein persönliches finanzielles Interesse haben. Des Weiteren sollten Sie keine privaten Geschäfte mit Kunden oder Lieferanten von ABC machen, wenn es dabei zu unzulässiger Beeinflussung kommt oder zu kommen scheint. Zudem sollten Sie ohne Einwilligung Ihres Vorgesetzten und des Compliance Officer keine ABC-externe Tätigkeit annehmen, einschließlich der Mitgliedschaft in Vorständen und Aufsichtsräten anderer Gesellschaften, die Ihre Pflichten bei ABC oder die Interessen von ABC beeinträchtigen kann.

Nutzen Sie niemals Ihre Position oder das Eigentum von ABC zu Ihrem persönlichen Vorteil aus.

Geschenke, Zuwendungen und Einladungen

Bescheidene Geschenke und Einladungen können als übliche Zeichen der Höflichkeit zwischen Geschäftspartnern ausgetauscht werden, dürfen jedoch niemals geschäftliche Entscheidungen beeinflussen.

Bitte denken Sie an Folgendes:

– Es besteht nur ein geringer Unterschied zwischen zulässigen Geschenken, die dem Aufbau einer guten persönlichen Geschäftsbeziehung dienen, und Bestechung oder Korruption.

– Probleme entstehen, wenn Geschenke und Einladungen zwischen Geschäftspartnern unsere Fähigkeit oder diejenige unseres Geschäftspartners beeinträchtigen oder zu beeinträchtigen scheinen, objektive und faire Geschäftsentscheidungen zu treffen.

– Unerlaubte Geschenke werden oft heimlich und indirekt gemacht.

– Wiederholte Geschenke können, unabhängig davon, wie klein sie sind, so wirken, als bauten sie eine unangemessene Verpflichtung gegenüber dem Schenkenden auf, und sind deshalb nicht akzeptabel.

Akzeptieren oder offerieren Sie keine Geschenke, Zuwendungen oder Einladungen, die als unfaire oder illegale Beeinflussung einer Geschäftsbeziehung oder Entscheidung angesehen werden könnten. Dies gilt auch für die Zeiten, in denen traditionell Geschenke gemacht werden, zum Beispiel vor Weihnachten.

Der Wert von Geschenken, auch unter Berücksichtigung ihrer Häufigkeit, sollte einen unbedeutenden Gesamtbetrag nicht übersteigen.

Verlassen Sie sich auf Ihren gesunden Menschenverstand. Wenn es für Sie schwierig wird zu entscheiden, ob bestimmte Geschenke oder Einladungen innerhalb der Grenzen akzeptabler Geschäftspraktiken liegen, sollten Sie sich fragen:

– Ist das legal?

– Ist dies eindeutig geschäftsbezogen?

– Liegt dies in einem vernünftigen Rahmen? Und ist es nicht unangebracht?

– Würde eine entsprechende Veröffentlichung ABC in Verlegenheit bringen?

– Wird dadurch Druck ausgeübt, eine entsprechende Gegenleistung zu erbringen oder besondere Gefälligkeiten zu gewähren?

Wenn Sie nach Rücksprache mit Ihrem Vorgesetzten und/oder dem Compliance Officer weiterhin Zweifel haben, sollten Sie von der Sache Abstand nehmen.

Bestechung und Korruption

ABC legt großen Wert auf langfristige Beziehungen und verkehrt mit Geschäftspartnern, Aufsichtsbehörden und staatlichen Organen auf der Basis von Ethik, Leistung und Vertrauen. Unerlaubte Zahlungen oder sonstige rechtswidrige Begünstigungen können für ABC niemals Grundlage solcher Beziehungen sein.

– Folgende Verhaltensregeln können in kritischen Situationen als Orientierungshilfe dienen:

– Ignorieren Sie jeden Hinweis auf Bestechung bzw. lehnen Sie sie klar und deutlich ab.

– Gegebenenfalls benötigen Sie einen Zeugen, der Sie begleitet.

– Vereinbaren Sie nichts, selbst wenn eine wohltätige Spende vorgeschlagen wird.

– Spielen Sie auf Zeit und lassen Sie sich rechtlich beraten.

– Sammeln Sie entsprechende Informationen.

ABC verbietet jede Form von Korruption und Bestechung.

Sie dürfen keinerlei Zahlungen oder Geschenke an unsere Geschäftspartner oder an Funktionsträger aus Politik und Verwaltung leisten, um damit eine Handlung oder Entscheidung zugunsten von Geschäftsabschlüssen zu beeinflussen oder andere widerrechtliche Ziele zu erreichen.

Falls Sie Zweifel haben, sollten Sie immer Ihren Vorgesetzten und/oder Ihren Compliance-Beauftragten konsultieren.

Betrug oder sonstige widerrechtliche Verwendung von Firmeneigentum

ABC toleriert keinerlei Betrug (strafbarer Täuschungsakt zur persönlichen Bereicherung) und arbeitet, falls erforderlich, mit den Ermittlungsbehörden und anderen staatlichen Organen zusammen.

Geschäftsinformationen oder andere Vermögenswerte von ABC dürfen von den Mitarbeitern nicht missbraucht werden, auch nicht nach ihrem Ausscheiden aus dem Unternehmen.

Zögern Sie nicht, Ihren Vorgesetzten und/oder Ihren Compliance-Beauftragten davon zu unterrichten, wenn Sie den begründeten Verdacht haben, dass eine betrügerische Aktivität im Gange ist.

Das Eigentum von ABC, etwa Geldmittel, Computer oder sonstige werthaltige Produkte, darf nur für zulässige Geschäfte oder sonstige genehmigte Zwecke eingesetzt und keinesfalls rechtswidrig verwendet werden.

- ABC wird die erforderlichen Maßnahmen gegen Sie ergreifen, falls Sie
- Eigentum von ABC entwenden oder missbräuchlich verwenden,
- Geschäftsdokumente oder betriebliche Unterlagen fälschen oder

vertrauliche, ABC gehörende Geschäftsinformationen missbrauchen.

Das Management ist für die Verhinderung von Betrugsrisiken verantwortlich, indem es angemessene Kontrollmechanismen und -prozesse einrichtet.

Geschäftsdokumente und Kommunikation

Alle Dokumente und Mitteilungen, die von Mitarbeitern verfasst werden, sind betriebliche Unterlagen und können gegebenenfalls in Gerichtsprozessen oder Untersuchungen durch Aufsichtbehörden als Beweismittel vorgebracht und dadurch öffentlich bekannt werden.

Bitte überlegen Sie genau, welche Informationen Sie außerhalb des Unternehmens weitergeben: Jeder übereilte Kommentar gegenüber den Medien, Behörden oder sonstigen staatlichen Stellen können falsch interpretiert oder missverstanden werden und möglicherweise eine für ABC unerwünschte Haftung mit sich bringen.

Informationen dürfen internen und externen Revisoren, Rechtsberatern und den Compliance-Beauftragten von ABC oder sonstigen Personen, die in dieser Funktion im Namen von ABC handeln, nicht vorbehalten werden.

Beachten Sie die folgenden Richtlinien, wenn Sie Dokumente verfassen oder kommunizieren:

- Denken Sie über alle Ihre Äußerungen genau nach, unabhängig davon, in welchem Medium sie erfolgen.
- Kommunizieren Sie überlegt, professionell und gesetzeskonform.
- Verfassen Sie niemals etwas, mit dem Sie nicht identifiziert werden möchten.
- Sprechen Sie nur mit den Behörden oder den Medien, wenn Sie dazu befugt sind. Leiten Sie entsprechende Anfragen an die Compliance- oder die Rechtsabteilung bzw. die Pressestelle von ABC weiter.

Betriebliche Unterlagen von ABC, die vertrauliche Geschäftsinformationen enthalten, sind Eigentum des Unternehmens und dürfen von den Mitarbeitern nicht widerrechtlich verwendet werden.

Aktenaufbewahrung

ABC betreibt eine ordnungsgemäße und gesetzeskonforme Aktenaufbewahrung. Geschäftsdokumente sind ein bedeutsamer Vermögenswert und mit angemessener Sorgfalt zu handhaben.

Geschäftsunterlagen einschließlich E-Mails sind in Übereinstimmung mit den einschlägigen gesetzlichen Aufbewahrungsfristen und den internen Aufbewahrungsrichtlinien von ABC aufzubewahren und zu vernichten.

Geschäftsunterlagen von ABC, die Gegenstand einer gerichtlichen oder aufsichtsrechtlichen Untersuchung sind, dürfen weder verändert noch vernichtet werden.

Finanzunterlagen

Alle Transaktion von ABC werden durch eine korrekte und gesetzeskonforme Buchführung und Dokumentation belegt.

Die korrekte und gesetzeskonforme Aufzeichnung und Berichterstattung von Informationen ist von entscheidender Bedeutung für unsere Fähigkeit, verantwortungsvolle Geschäftsentscheidungen treffen zu können. Auf unsere Geschäftsbücher wird zurückgegriffen, um Berichte für unsere Manager, Aktionäre, Gläubiger sowie staatliche Stellen und sonstige Parteien zu verfassen.

Die Rechnungsabschlüsse von ABC sowie die Bücher und Unterlagen, auf denen sie basieren, müssen

- alle Transaktionen des Unternehmens korrekt widerspiegeln;
- allen Gesetzes- und Rechnungslegungsvorschriften entsprechen und
- mit dem internen Kontrollsystem von ABC übereinstimmen.

Falsche oder irreführende Einträge in unsere Geschäftsbücher sind strengstens untersagt.

Die Finanzberichterstattung ist entsprechend den geltenden Gesetzen und den Grundsätzen ordnungsgemäßer Rechnungslegung zu erstellen. Alle relevanten Finanzdaten müssen internen und externen Revisoren auf Verlangen zur Verfügung stehen.

Einsatz von Informationstechnologie (IT)

Die IT-Einrichtungen und –Systeme von ABC (E-Mail, Internet und sonstige Telekommunikationsanlagen) dürfen nur für rechtmäßige betriebliche Zwecke genutzt werden.

Die unzulässige Nutzung von E-Mail, Internet und sonstigen Telekommunikationsanlagen von ABC kann für Sie rechtliche Folgen haben.

Beachten Sie, dass E-Mails Geschäftsunterlagen sind und unter Umständen als Beweismittel vor Gericht verwertet oder auf sonstige Weise öffentlich bekannt gemacht werden können.

ABC kann, soweit dies gesetzlich zulässig und falls dies aus Sicherheits- oder aus betrieblichen Gründen geboten ist, auf die E-Mails und Internet-Aktivitäten der Mitarbeiter zugreifen.

Nutzen Sie die IT von ABC verantwortungsvoll. Die Verwendung des E-Mail- und Internet-Systems sowie der sonstigen Telekommunikationsanlagen von ABC ist für folgende Zwecke untersagt:

Zum persönlichen Vorteil sowie für rechtswidrige oder sonstige unzulässige Zwecke;

- um beleidigendes, verletzendes oder anderweitig belästigendes Material zu versenden oder auf dieses zuzugreifen;
- um auf andere Systeme oder Daten rechtswidrig oder unbefugt zuzugreifen;
- um sich an Online-Chats oder Diskussionsgruppen für nichtdienstliche Zwecke zu beteiligen oder sich in diesen auf eine Weise zu betätigen, die eine Haftung von ABC mit sich bringen könnte;
- um Geschäfte und Aktivitäten zu betreiben, die mit der Geschäftstätigkeit von ABC nicht in Zusammenhang stehen.

Von der Nutzung der IT von ABC für den persönlichen Gebrauch wird dringend abgeraten.

Folgen Sie Ihrem gesunden Menschenverstand und greifen Sie nicht auf Nachrichten zu bzw. versenden Sie keine Nachrichten und speichern Sie keine Informationen, die andere nicht sehen sollen.

Datenschutz und Vertraulichkeit

ABC respektiert und schützt die personenbezogenen Daten und die Privatsphäre des Einzelnen.

Personenbezogene Daten dürfen nur unter den Voraussetzungen der geltenden Datenschutzgesetze verarbeitet werden.

Falls Sie Zweifel haben, wie personenbezogene Daten zu handhaben sind, wenden Sie sich bitte an Ihren Compliance Officer oder an Ihren Datenschutzbeauftragten.

Stellen Sie sicher, dass die Personen, die Ihnen ihre persönlichen Daten anvertrauen, wissen, zu welchen Zwecken diese verarbeitet werden.

Prüfen Sie, ob die Ihnen überlassenen persönlichen Daten richtig sind und bewahren Sie diese nur so lange auf, wie diese für den ursprünglichen Zweck tatsächlich benötigt werden.

Schützen Sie personenbezogene Daten vor Missbrauch.

Verhalten im Marktumfeld

Kartellverbot

ABC folgt den Grundsätzen eines fairen und offenen Wettbewerbs; daher trifft ABC keine Absprachen mit Konkurrenten über wirtschaftlich sensible Fragen wie Preise, Geschäftsbedingungen oder Marktaufteilung.

Die Wettbewerbsregelungen gelten nicht nur formale Vereinbarungen; sie gelten gleichermaßen für lose, informelle Abmachungen, vertrauliche Absprachen und „gentlemen's agreements".

Treffen Sie mit Mitbewerbern keine Absprachen und tauschen Sie mit ihnen keine Informationen aus über:

– Bedingungen für Geschäftssparten oder Kunden;

– den Umfang oder Zeitpunkt von Änderungen bei derartigen Bedingungen;

– die Aufteilung von Märkten nach Vertragsgebieten und/oder Kunden.

Bei Zweifeln darüber, ob es sich tatsächlich um wettbewerbswidrige Absprachen handelt, wenden Sie sich bitte an Ihre Rechtsabteilung oder an Ihren Compliance-Verantwortlichen.

Geldwäsche

Um zu verhindern, dass ABC ungewollt in Geldwäsche-Aktivitäten verwickelt wird, ist der Grundsatz „know your customer" zu befolgen, wonach stets die Identität des jeweiligen Kunden oder Geschäftspartners festzustellen ist.

Bei Geldwäsche handelt es sich um einen Vorgang, bei dem

– Geldmittel aus unrechtmäßigen Quellen in rechtmäßige Finanzkanäle eingeschleust werden;

– rechtmäßige Geldmittel für unrechtmäßige Zwecke abgezweigt werden.

Die Feststellung der Identität Ihres Kunden ist zwingend. Soweit möglich sollten Sie:

– einen Nachweis über die Identität des Kunden einschließlich seiner Vermögensquellen und seiner Geschäfte verlangen;

– sämtliche Vollmachten Ihres Geschäftspartners prüfen;

– den dem Geschäft zugrunde liegenden Zweck ermitteln.

Verdächtig können insbesondere folgende Geschäftsgebaren sein:

– zahlreiche Wertpapiertransaktionen über viele Ländergrenzen hinweg und/oder mit geringen Umsätzen oder wenn Erlöse ungeprüften Fremdkonten gutgeschrieben werden;

– Transaktionen ohne offensichtlichen Grund, zum Beispiel Eintausch ausländischer Wertpapiere geringer Bonität gegen andere Wertpapiere hoher Bonität;

– Inhaberwertpapiere, die außerhalb eines anerkannten Depotsystems aufbewahrt werden.

Informieren Sie Ihren Compliance-Verantwortlichen und/oder Ihren Vorgesetzten über jeden Verdacht!

Alle Transaktionen, die den Anschein der Rechtswidrigkeit haben, sollten abgelehnt werden.

Einhaltung steuerrechtlicher Vorschriften

Die Geschäfte von ABC entsprechen den geltenden Steuervorschriften und sind für sämtliche zuständigen Behörden transparent.

ABC unterstützt keinerlei Maßnahmen oder Absichten, die zu rechtswidrigen oder unethischen Steuervorteilen für ABC, Mitarbeiter oder Kunden führen.

Integrität der Informationen

Vertraulichkeit

Die Mitarbeiter haben die Vertraulichkeit von Geschäftsinformationen zu wahren, die ihnen im Rahmen ihrer Tätigkeit bei oder für ABC anvertraut werden.

Die widerrechtliche Verwendung gesetzlich geschützter Geschäftsinformationen von ABC ist ein Straftatbestand. Dadurch können zudem ABC oder ihre Kunden geschädigt und Mitbewerber bevorteilt werden.

Die Pflicht zur Einhaltung der Vertraulichkeit von Informationen besteht auch nach Beendigung Ihres Beschäftigungsverhältnisses bei ABC weiter.

Vertrauliche Geschäftsinformationen von ABC, einschließlich Informationen über Kunden von ABC, dürfen keinesfalls zum persönlichen Vorteil verwendet oder auf sonstige Weise für unzulässige Zwecke missbraucht werden.

Geben Sie Informationen nur dann betriebsintern oder –extern weiter, wenn der Empfänger diese Information unbedingt kennen oder nutzen muss.

Hüten Sie sich vor unachtsamem „Ausplaudern" im gesellschaftlichen Rahmen. Wahren Sie im Zweifel immer die Vertraulichkeit.

Geschäftsunterlagen oder sonstige betriebliche Dokumente, die vertrauliche und/oder gesetzlich geschützte Geschäftsinformationen von ABC enthalten, dürfen von unseren Mitarbeitern nicht widerrechtlich verwendet werden.

Insider-Geschäfte

ABC verbietet Insider-Geschäfte; diese sind rechtswidrig und unethisch.

Zu den Insider-Informationen zählen bedeutende, den Kurs beeinflussende Informationen, die beispielsweise die finanzielle Lage, Akquisitionen, Produkte oder Geschäftsaktivitäten eines Unternehmens oder Fusionen betreffen.

Mitarbeiter dürfen weder direkt noch indirekt mit Wertpapieren einer Gesellschaft handeln, wenn sie im Besitz wesentlicher, nichtöffentlicher Insider-Informationen über diese Gesellschaft sind.

Es ist zudem rechtswidrig, Insider-Informationen an Dritte weiterzugeben, die gegebenenfalls eine Investitionsentscheidung auf der Basis dieser Informationen treffen oder diese ihrerseits weitergeben könnten.

„Potenzielle Insider", das sind Mitglieder der Geschäftsleitung und des Aufsichtsrats von ABC sowie deren Mitarbeiter sowie Mitarbeiter, die wesentliche, nichtöffentliche Finanzinformationen verfassen oder mitteilen, unterliegen den Beschränkungen einer Handelssperre („Close Period"). Dies bedeutet:

– kein privater Handel während eines festgesetzten Zeitraums und

– keine Weitergabe der betreffenden Insider-Informationen.

Fragen Sie im Zweifel Ihren Compliance Officer oder unterlassen Sie jeden diesbezüglichen Handel.

Informationssperren

Informationssperren beschränken die Weitergabe von Informationen nach dem „Need-to-know" Prinzip.

Versuchen Sie nicht, vertrauliche Informationen von einem Transaktions- oder Projektteam zu erhalten, dem Sie nicht angehören.

In einigen spezifischen Fällen können bestimmte vertrauliche Informationen zwischen Transaktionseinheiten ausgetauscht werden, zum Beispiel zur Unterstützung des Marketings. Wenden Sie sich für derartige Fälle an den Compliance Officer.

Vertrauliche Informationen dürfen nicht zwischen Transaktions- und Investment-Einheiten ausgetauscht werden.

Diejenigen, die für wesentliche, nichtöffentliche oder sonstige vertrauliche Transaktionen oder Projekte verantwortlich sind, müssen angemessene Informationssperrmaßnahmen treffen, zum Beispiel:

– physische Trennung von anderen Aktivitäten,

– Projekt-Codenamen,

– Beschränkung des Adressatenkreises bei vertraulichen Dokumenten,

– Vertraulichkeitserklärungen,

– Listen derjenigen, die an einer Transaktionen mit Insider-Informationen beteiligt sind, sowie

– Beschränkungen bei Überschreiten der Informationssperre.

Geistiges Eigentum (IP)

ABC respektiert die IP-Rechte Dritter und ist gleichzeitig bestrebt, die IP-Rechte an eigenen Arbeitsprodukten zu schützen.

Bei zahlreichen Daten- und Medienformen, zum Beispiel im Internet, in E-Mail-Systemen oder anderen Bild- oder Schriftunterlagen, an Produkten, Markennamen und an technischen Abläufen, bestehen IP-Rechte, und zwar unabhängig davon, ob diese auf Papier oder elektronisch festgehalten sind.

Das Kopieren von Materialien Dritter zum begrenzten persönlichen Gebrauch oder für ABC-interne Schulungszwecke kann, je nach anwendbarem Recht, zulässig sein, doch sollten Sie in jedem Fall auf übermäßiges Kopieren und Vervielfältigen solcher Unterlagen verzichten.

Ihre Arbeitsprodukte und alle mit diesen verbundenen IP-Rechte, zum Beispiel Urheber-, Marken- und Patentrechte, sind Eigentum von ABC, sofern nicht ausdrücklich anders geregelt.

3. Muster Compliance Policies

a) Datenschutz

Richtlinien zum Datenschutz der ABC-Gruppe

Herausgegeben durch die Geschäftsleitung

I. Einleitung

Mangelnder Schutz oder unrichtige Behandlung von personenbezogenen Daten können Verletzungen der Privat- und Intimsphäre des Einzelnen zur Folge haben. Die ABC-Gruppe (im folgenden „ABC") ist deshalb bestrebt, die Privatsphäre sowie die persönlichen Daten ihrer Mitarbeiter und anderer Personen, über die ABC Informationen im Rahmen ihrer Geschäftätigkeit verarbeitet, nachhaltig zu schützen.

„Datenschutz" beinhaltet den Schutz von Informationen über lebende natürliche Personen (und, je nach geltendem Recht, über juristische Personen) und gibt Regeln bzw. Richtlinien für die mögliche Nutzung solcher Informationen vor. Personenbezogene Daten können in unterschiedlichen Formen erstellt und aufbewahrt werden, zum Beispiel elektronisch, auf Papier, auf Fotos oder in PDAs. Personenbezogene Daten umfassen sowohl Tatsachen als auch Meinungen über die betroffenen Personen. Mit anderen Worten: Der Datenschutz sichert die Privatsphäre derjenigen, die von der elektronischen oder sonstigen Datenverarbeitung betroffen sind.

II. Vorrang geltender lokaler Gesetze und Vorschriften

Diese Richtlinien umfassen verschiedene Grundsätze, die in geltenden lokalen oder supranationalen Datenschutzgesetzen und -bestimmungen festgeschrieben sind. Hierzu zählen insbesondere die wichtigsten, in den meisten nationalen und supranationalen Regelungen festgelegten, gemeinsamen Datenschutzprinzipien. Aufgrund lokaler Datenschutz- oder ähnlicher Gesetze oder spezifischer ABC-Richtlinien und der geschäftlichen Aktivitäten von ABC kann/muss gegebenenfalls von bestimmten Prinzipien der vorliegenden Richtlinien abgewichen werden.

III. Einhaltung der Richtlinien

Diese Richtlinien gelten für alle Mitarbeiter, die bei ABC personenbezogene Daten verarbeiten. Darüber hinaus müssen Dritte, die für ABC personenbezogene Daten verarbeiten, dieselben – oder gleichwertige – Datenschutzprinzipien beachten, die in den vorliegenden Richtlinien oder in entsprechenden lokalen ABC-Richtlinien festgeschrieben sind. Verstöße gegen Datenschutzgesetze und -bestimmungen können geahndet werden und darüber hinaus den Ruf von ABC schädigen. Jede Missachtung dieser Richtlinien wird als Fehlverhalten des betreffenden Mitarbeiters gewertet und kann, je nach Sachverhalt und Schwere des Vergehens, zu Disziplinarmaßnahmen oder sonstigen rechtlichen Konsequenzen führen. Wenn Sie hinsichtlich der Vorgehensweise in einem konkreten Fall unsicher sind oder Zweifel haben, ob bestimmte personenbezogene Daten einen zusätzlichen Schutz erfordern, fragen Sie bitte möglichst umgehend Ihren lokalen Compliance Officer, den Datenschutzbeauftragten oder ein Mitglied der zuständigen Personalabteilung.

IV. Geltungsbereich

Die Prinzipien dieser Richtlinien gelten für jede Verbreitung personenbezogener Daten. „Verarbeitung" ist ein allgemeiner Begriff, unter den fast alles fällt, was man mit Informationen tun kann, von der Erfassung und Aufzeichnung von Daten über die Speicherung und Übermittlung bis hin zur Änderung und Vernichtung. Auch der bloße Besitz von Informationen gilt bereits als „Verarbeitung". Datenschutz betrifft jede Verarbeitung „personenbezogener Daten". Personenbezogene Daten sind Informationen über „betroffene Personen", d. h. lebende natürliche – in bestimmten Ländern auch juristische – Personen, die anhand dieser Daten identifizierbar sind, und zwar auch dann, wenn der betreffende Name gar nicht ausdrücklich genannt wird.

„Sensitive personenbezogene Daten" stehen nach den relevanten Gesetzen und Bestimmungen sowie nach diesen Richtlinien unter erhöhtem Schutz. Hierbei handelt es sich um Informationen, die sich – je nach lokalem Recht – meist auf folgende Merkmale beziehen:

- rassische oder ethnische Herkunft;
- politische oder ideologische Einstellungen;
- religiöse oder weltanschauliche Überzeugungen;
- Gewerkschaftszugehörigkeit;
- physischer oder psychischer Gesundheitszustand;
- Intimsphäre einschließlich sexueller Orientierung;
- Vorstrafen.

V. Allgemeine Datenschutzprinzipien

Bei ABC gelten zum Schutz der Privatsphäre aller unserer Mitarbeiter sowie aller anderen (natürlichen und/oder – je nach geltendem Recht – juristischen) Personen, über die ABC personenbezogene Daten verarbeitet, die folgenden Datenschutzprinzipien. Nach diesen Prinzipien sollen die Informationen über personenbezogene Daten folgende Anforderungen erfüllen:

Die Daten müssen verhältnismäßig und rechtmäßig verarbeitet werden. Dies bedeutet, dass Sie vor der Verarbeitung personenbezogener Informationen in der Regel die ausdrückliche oder stillschweigende Einwilligung der Betroffenen einholen müssen, außer soweit es für die Leistungsbemessung im Rahmen der vertraglichen Beziehung mit der betroffenen Person erforderlich ist oder etwas anderes gesetzlich zulässig oder vorgeschrieben ist.

Die Daten dürfen nur zu dem ursprünglich beabsichtigten/mitgeteilten/festgelegten Zweck verarbeitet werden.

Die Daten müssen angemessen und relevant sein und dürfen nicht unnötig detailliert bzw. überflüssig sein.

Die Daten müssen richtig sein und sind bei Unrichtigkeit zu korrigieren.

Die Daten dürfen nicht länger als notwendig aufbewahrt werden.

Die Daten dürfen nur unter Wahrung der Rechte der betroffenen Person verarbeitet werden. Hierzu zählt das Recht der betroffenen Person, auf ihre von ABC gespeicherten personenbezogenen Daten zuzugreifen, und das Recht, ABC unter bestimmten Bedingungen an der Verarbeitung dieser Daten zu hindern.

Die Daten müssen sicher und geschützt vor dem Zugriff Unbefugter aufbewahrt werden.

Die Daten dürfen aus dem Europäischen Wirtschaftsraum (EWR) oder der Schweiz heraus nur gestützt auf einen Vertrag, der die Standard-Datenschutzklauseln der Europäischen Union erfüllt, exportiert werden, es sei denn, der Datenexport ist anderweitig gesetzlich erlaubt. Bei Fragen hierzu wenden Sie sich bitte an den Compliance Officer, den Datenschutzbeauftragten oder den zuständigen Ansprechpartner in der Personalabteilung.

VI. Unsere gruppenweiten Datenschutzgrundsätze

1. Erfassung, Nutzung und Speicherung personenbezogener Daten

Achten Sie darauf, dass die personenbezogenen Daten, über die Sie verfügen, angemessen, relevant und, gemessen an den geschäftlichen Zwecken von ABC, nicht unnötig oder übermäßig umfangreich sind.

Achten Sie darauf, dass die personenbezogenen Daten korrekt sind und auf dem aktuellen Stand gehalten werden und dass sie nicht länger als nach den rechtlichen und/oder internen Aufbewahrungsvorschriften erforderlich aufbewahrt werden. Unrichtige Daten sind umgehend zu korrigieren.

Beachten Sie die Rechte von (natürlichen und/oder, je nach lokalem Recht, juristischen) Personen, über die Sie Informationen haben (z. B. das Recht auf Zugang zu den über sie vorhandenen Informationen).

Achten Sie darauf, dass die für die Verarbeitung erforderlichen Einwilligungen eingeholt werden.

Gehen Sie bei der Beschaffung und Verarbeitung von Daten fair, angemessen und rechtmäßig vor. Berücksichtigen Sie die Sensibilität der Daten und treffen Sie angemessene Vorkehrungen für deren Sicherheit.

2. Sicherheit personenbezogener Daten

Ergreifen Sie aktive Maßnahmen, um die zufällige, unzulässige oder vorsätzliche Weitergabe bzw. den Missbrauch oder Verlust personenbezogener Daten sowie den unberechtigten Zugriff darauf zu verhindern.

Begrenzen Sie die Weitergabe personenbezogener Daten und den Zugriff darauf auf Personen, die die Daten für ihre dienstliche Tätigkeit benötigen. Unberechtigte Zugriffe auf personenbezogene Daten – oder der Versuch dazu – sind zu verhindern.

3. Weitergabe personenbezogener Daten an Dritte

Geben Sie personenbezogene Daten über Mitarbeiter, Ansprechpartner bei Kunden, Geschäftskontakte, Berater, Vertreter oder Auftragnehmer nicht ohne ausdrückliche oder stillschweigende Einwilligung der Betroffenen an Dritte weiter, sofern nicht etwas anderes gesetzlich vorgesehen oder vorgeschrieben ist.

Immer wenn eine Person oder Organisation, z. B. eine Marketingagentur, eine Lohnabrechnungsfirma, ein IT-Dienstleister oder ein externer Administrator von Ihnen oder Ihrem Verantwortungsbereich mit der Verarbeitung personenbezogener Daten für ABC beauftragt wird, ist darauf zu achten, dass

– ABC mit dem Auftragnehmer einen schriftlichen Vertrag abschließt, in dem sich dieser verpflichtet, die personenbezogenen Daten nur entsprechend den Anweisungen von ABC oder nach Maßgabe der Gesetze zu verarbeiten und jederzeit eine angemessene Datensicherheit zu gewährleisten und auch seine Mitarbeiter, Berater, Vertreter und Subunternehmer entsprechend zu verpflichten;

– Verträge mit externen Dienstleistern ähnliche Bestimmungen enthalten wie die vorliegende Richtlinie oder die lokalen Richtlinien von ABC, oder dass diese externen Dienstleister interne Richtlinien haben und beachten, die den vorliegenden Richtlinien oder diesbezüglichen lokalen ABC-Richtlinien inhaltlich entsprechen.

4. Übermittlung in andere Länder

Personenbezogene Daten dürfen weder direkt noch indirekt in ein anderes Land übermittelt werden, außer in den folgenden Fällen:

– In ein Land innerhalb des Europäischen Wirtschaftsraums (EWR) oder in die Schweiz oder an ein US-Unternehmen, das die „Safe Harbor"-Prinzipien übernommen hat;

– aufgrund eines Vertrags, der die Standard-Datenschutzklauseln der EU erfüllt;
– aufgrund einer rechtmäßigen Ausnahme.

Anträge auf Auskunftserteilung

Vorbehaltlich legitimer Interessen oder rechtlicher Verpflichtungen von ABC hat jede Person, über die ABC personenbezogene Informationen hat, einen Rechtsanspruch auf Auskunft über diese Datensammlung. Der Betroffene muss einen schriftlichen Antrag auf Auskunft über diese Information stellen. Wenn Sie einen solchen Antrag auf Auskunftserteilung erhalten, benachrichtigen Sie bitte umgehend den Compliance Officer, den Datenschutzbeauftragten oder den zuständigen Ansprechpartner in der Personalabteilung.

Wenn tatsächlich Daten der Person verarbeitet werden, sollte auf den Antrag hin in der Regel Folgendes zur Verfügung gestellt werden:

eine Kopie der Daten,
die Herkunft der Daten,
der Zweck, zu dem die Daten verarbeitet werden,
die Angabe, an wen ABC die Daten grundsätzlich weiterleiten könnte,
gegebenenfalls: der Grund für die Verarbeitung der personenbezogenen Daten, sofern dieser nicht vertraulich zu behandeln ist.

Nicht erforderlich ist die Offenlegung von Daten, wenn dies für ABC mit unverhältnismäßigem Aufwand verbunden wäre. Was als unverhältnismäßig gilt, ist je nach Sachverhalt vom Compliance Officer, vom Datenschutzverantwortlichen oder vom zuständigen Ansprechpartner in der Personalabteilung zu entscheiden.

Anträge auf Auskunftserteilung können darüber hinaus abgelehnt werden, wenn ABC einem identischen oder ähnlichem Antrag der betroffenen Person bereits früher nachgekommen ist.

Der Compliance Officer, der Datenschutzverantwortliche oder der zuständige Ansprechpartner in der Personalabteilung hat den Antrag auf Auskunftserteilung dem Antragsteller schnellstmöglich zu beantworten. Die Antwort sollte nicht später als 40 Tage ab Antragseingang erfolgen.

VII. Verhaltensregeln

Bitte beachten Sie unbedingt folgende Regeln:

– Bitte denken Sie grundsätzlich daran, dass es Datenschutzgesetze gibt, und halten Sie sich daran, wenn Sie mit Informationen über Menschen, also mit personenbezogenen Daten, zu tun haben.
– Verarbeiten Sie personenbezogene Daten nur zu dem Zweck, zu dem diese ursprünglich erfasst wurden.
– Stellen Sie sicher, dass die Datenbestände unter Ihrer Verantwortung und Verwaltung korrekt und aktuell sind.
– Achten Sie darauf, dass Menschen, die Ihnen personenbezogene Daten geben, wissen was Sie damit vorhaben (oder dass dies zumindest angenommen werden kann).
– Denken Sie daran, dass Personen, über die Sie bzw. ABC personenbezogene Daten führen, in diese Einsicht nehmen dürfen.
– Leiten Sie Anträge von Personen, die Einsicht in ihre bei ABC gespeicherten personenbezogenen Daten nehmen möchten, an Ihren Compliance Officer, Datenschutzbeauftragten oder den zuständigen Ansprechpartner in der Personalabteilung weiter.
– Bewahren Sie die von Ihnen verwalteten personenbezogenen Daten sicher auf.
– Ergreifen Sie aktive Maßnahmen, um die zufällige, unzulässige oder vorsätzliche Weitergabe und den Missbrauch oder Verlust personenbezogener Daten sowie den unberechtigten Zugriff darauf zu verhindern.

– Geben Sie personenbezogene Daten nur dann an andere weiter, wenn diese sie für den beabsichtigten Zweck benötigen.

– Denken Sie daran, dass in anderen Ländern Anforderungen an den Datenschutz gelten, die von den hier dargestellten abweichen und/oder Vorrang vor ihnen haben können. Wenn Sie hinsichtlich der Verarbeitung personenbezogener Daten im Zweifel sind, wenden Sie sich bitte immer an Ihren Compliance Officer, Datenschutzbeauftragten oder den zuständigen Ansprechpartner in der Personalabteilung.

– Bewahren Sie personenbezogene Daten nur so lange auf, wie es für deren ursprünglichen Zweck erforderlich war.

– Sammeln Sie Daten nur zu geschäftlichen Zwecken von ABC.

– Speichern oder verwenden Sie sensible personenbezogene Daten über ethnische Herkunft, Rassenzugehörigkeit, Vorstrafen, Gewerkschaftsangehörigkeit, physische oder psychische Gesundheit, Intimsphäre einschließlich sexueller Orientierung oder private Finanzen der Betroffenen nur mit deren ausdrücklicher oder stillschweigender Einwilligung oder mit Erlaubnis des Compliance Officers, des Datenschutzbeauftragten oder des zuständigen Ansprechpartners in der Personalabteilung, sofern nicht etwas anderes gesetzlich zulässig oder vorgeschrieben ist.

VIII. Mitarbeiter

Alle Mitarbeiter, die bei ABC personenbezogene Daten verarbeiten oder Dritte mit der Verarbeitung personenbezogener Daten für ABC beauftragt haben, müssen diese Richtlinien sowie die geltenden Datenschutzgesetze und -vorschriften zur Datenverarbeitung beachten. Bei Unklarheiten oder Fragen, oder wenn ein Verstoß gegen diese Richtlinie oder andere Datenschutzgrundsätze von ABC festgestellt oder vermutet wird, ist unverzüglich der lokale Compliance Officer, der Datenschutzbeauftragte oder der zuständige Ansprechpartner in der Personalabteilung zu unterrichten. Diese Meldungen werden vertraulich behandelt.

b) E-Mail-Verkehr

Richtlinien für das Verfassen von E-Mails

Herausgegeben durch die Geschäftsleitung

I. Zweck

Die vorliegenden Richtlinien sollen den ordnungsgemäßen Einsatz des E-Mail-Systems von ABC sicherstellen.

II. Geltungsbereich

Die Richtlinien gelten für alle Mitarbeiter von ABC, die das E-Mail-System von ABC benutzen.

III. Rechtliche Risiken

E-Mail ist ein geschäftliches Kommunikationsmittel, das verantwortungsbewusst, effizient und vorschriftsmäßig benutzt werden muss. E-Mails mögen weniger formell erscheinen als andere schriftliche Korrespondenz, aber auch sie tragen den Briefkopf von ABC. Bei der Verwendung des E-Mail-Systems von ABC repräsentieren Sie daher das Unternehmen. Deshalb ist es wichtig, dass Sie die rechtlichen Risiken kennen, die sich aus der E-Mail-Nutzung ergeben. Denken Sie daran, dass sowohl ABC als auch Sie selbst zur Verantwortung gezogen werden können, wenn Sie

– per E-Mail etwas verschicken, bei dem es für Sie oder ABC peinlich wäre, wenn es an die Öffentlichkeit käme;
– E-Mails mit verleumderischem, beleidigendem, verletzendem, rassistischem oder obszönem Inhalt verschicken oder weiterleiten;
– vertrauliche Informationen an Unbefugte weiterleiten;
– rechtswidrig Nachrichten ohne Erlaubnis weiterleiten oder kopieren und damit Urheberrechte verletzen;
– einen Anhang versenden, der einen Virus enthält;
– ungewollte Verpflichtungen eingehen.

IV. Verbotenes Verhalten

Die folgenden Regeln sind strikt zu befolgen. Es ist verboten,
– E-Mails mit verleumderischem, beleidigendem, verletzendem, rassistischem oder obszönem Inhalt zu versenden oder weiterzuleiten;
– E-Mails zu fälschen oder zu fälschen versuchen;
– beim Versenden von E-Mails die eigene Identität zu verschleiern oder zu verschleiern versuchen;
– E-Mails über das E-Mail-Konto einer anderen Person zu versenden.

V. Pflichten

ABC betrachtet das E-Mail als wichtiges Kommunikationsmittel. Adäquater E-Mail-Inhalt und schnelle Reaktionszeiten vermitteln Professionalität. Bei der Formulierung von E-Mails ist dieselbe Sorgfalt geboten wie bei jeder anderen schriftlichen Kommunikation. Daher sind folgende Richtlinien zu beachten:

1. Inhaltliche Qualität

Überlegen Sie genau, ob die E-Mail das geeignete Kommunikationsmittel für vertrauliche Inhalte ist oder ob ein Brief in diesem Falle angemessener wäre. Kennzeichnen Sie E-Mails als „persönlich" oder „vertraulich" und, falls erforderlich, verschlüsseln Sie diese.

Gehen Sie davon aus, dass jede Nachricht einmal an die Öffentlichkeit gelangen wird. Überlegen Sie sich daher genau, was Sie schreiben.

Kommunizieren Sie besonnen und professionell, und lesen Sie alle E-Mails vor der Übermittlung noch einmal durch.

Überprüfen Sie vor dem Versand stets die Rechtschreibung.

2. E-Mail Etikette

Der Stil für E-Mails ist bei ABC informell. Die Sätze sollten kurz und prägnant sein.

Gliedern Sie Ihre E-Mails gut. Teilen Sie dem Empfänger schon im Betreff mit, worum es geht.

Überlegen Sie genau, wer die E-Mail erhalten muss. Verwenden Sie die Funktion „An Alle Antworten" nur, wenn es nötig ist.

Versenden Sie keine unnötigen Anhänge.

Setzen Sie Empfänger, von denen Sie eine Antwort oder eine bestimmte Aktion erwarten, nicht in die Felder „cc" oder „bcc".

Geben Sie bei weitergeleiteten E-Mails an, welche Aktionen Sie vom Empfänger erwarten.

Kennzeichnen Sie E-Mails nur dann als „dringend", wenn der Inhalt ein sofortiges Handeln erfordert.

VI. Private Nutzung

Das E-Mail-System von ABC ist ausschließlich für geschäftliche Zwecke zu verwenden.

VII. Aufbewahrung von E-Mails

E-Mails sind entsprechend den gesetzlichen Aufbewahrungsfristen sowie gemäß den ABC-internen Aufbewahrungsrichtlinien aufzubewahren.

VIII. Einhaltung der Richtlinien

Bei Zuwiderhandlungen gegen diese Richtlinien behält sich ABC disziplinarische Maßnahmen bis hin zur Kündigung Ihres Arbeitsverhältnisses und/oder sonstige rechtliche Schritte vor. Alle Mitarbeiter, denen ein Verstoß gegen diese Richtlinien bekannt wird, haben dies ihrem Compliance Officer oder der Rechtsabteilung zu melden.

IX. Fragen

Mit Fragen oder Anmerkungen zu diesen Richtlinien wenden Sie sich bitte an Ihren Compliance Officer oder an die Rechtsabteilung.

c) Aufbewahrung von Dokumenten

Richtlinien zum Dokumentenmanagement der ABC-Gruppe

Herausgegeben durch die Geschäftsleitung

I. Einleitung

Die richtige Organisation von Dokumenten und deren Aufbewahrung ist von großer Bedeutung, um zum einen einen transparenten Zugang zu aktuellen und archivierten Geschäftsunterlagen zu gewährleisten und um zum anderen die rechtlichen, regulatorischen und steuerlichen Aufbewahrungsfristen einzuhalten.

ABC ist sehr daran gelegen, ein effizientes und langfristig funktionierendes Dokumentenmanagementsystem sowohl für Papierdokumente als auch für elektronische Dokumente im Unternehmen zu etablieren.

Diese Richtlinien bilden den Rahmen für das weltweite Dokumentenmanagement der ABC-Gruppe. Als Teil der Corporate Governance gilt die Richtlinie für alle Mitarbeiter von ABC.

II. Ziele

Alle Geschäftsunterlagen müssen ordentlich, strukturiert, sicher und nachhaltig abgelegt und gespeichert werden.

Geschäftsunterlagen müssen einfach zugänglich und schnell auffindbar sein.

Bei unvorhergesehenen Ereignissen, wie zum Beispiel Naturkatastrophen oder Unglücksfällen, ist dafür zu sorgen, dass die Kontinuität des Geschäftsbetriebs gewährleistet ist.

ABC verpflichtet sich, sämtliche rechtlichen, regulatorischen und steuerlichen Aufbewahrungspflichten einzuhalten.

Möglichen Anfragen von Behörden sowie behördlichen und gerichtlichen Aufforderungen zur Herausgabe von Dokumenten ist im Rahmen der rechtlichen Erfordernisse Folge zu leisten.

Die Mitarbeiter von ABC müssen wissen, wie sie aktuelle und archivierte Dokumente zu behandeln haben.

III. Grundlagen und Verantwortungsbereiche

Um die oben genannten Ziele zu erreichen, verpflichten sich sämtliche Geschäftsbereiche von ABC, die folgenden grundlegenden Erfordernisse zu erfüllen:

Festlegung der relevanten Aufbewahrungsfristen und -pflichten.

Relevante Unterlagen werden identifiziert, klassifiziert und entsprechend sicher verwahrt.

Ablagestandards werden definiert und umgesetzt.

Die sichere Aufbewahrung der Dokumente wird gewährleistet.

Information sowohl in Papier- als auch in elektronischen Dokumenten muss leicht zugänglich und auffindbar sein.

Verantwortliche Record Management Coordinators sind zu benennen.

Mitarbeiter sind entsprechend zu schulen.

Diese Verantwortlichkeiten schließen die Definition der lokal jeweils gültigen Aufbewahrungsfristen, die für den entsprechenden Geschäftsbereich von Bedeutung sind, mit ein.

Beispiel für Deutschland:

Die gesetzlichen Aufbewahrungsfristen gemäß § 257 HGB betragen

10 Jahre für Handelsbücher, Inventare, Eröffnungsbilanzen, Jahresabschlüsse, Einzelabschlüsse nach § 325 Absatz 2a, Lageberichte, Konzernabschlüsse, Konzernlageberichte, sowie die zu ihrem Verständnis erforderlichen Arbeitsanweisungen und sonstigen Organisationsunterlagen und für Buchungsbelege,

6 Jahre für empfangene Handelsbriefe und die Wiedergabe (Kopien) der versandten Handelsbriefe.

Die Aufbewahrungsfristen gemäß § 147 Absatz 3 Satz 1 AO sind entsprechend. Jedoch ist der Ablauf der Aufbewahrungsfrist gemäß § 147 Absatz 3 Satz 3 AO gehemmt, soweit und solange die Unterlagen für Steuern von Bedeutung sind, für welche die Festsetzungsfrist noch nicht abgelaufen ist.

Stichwortverzeichnis

Die fetten Zahlen verweisen auf die Kapitel, die mageren auf die Randnummern.

Stichwortverzeichnis

Stichwortverzeichnis

Stichwortverzeichnis

Stichwortverzeichnis

Stichwortverzeichnis

Stichwortverzeichnis

Stichwortverzeichnis

Stichwortverzeichnis

Stichwortverzeichnis

Stichwortverzeichnis